Kranebitter/Maier (Hrsg)

Unternehmensbewertung für Praktiker

Unternehmensbewertung für Praktiker

herausgegeben von

Dr. Gottwald Kranebitter
Wirtschaftsprüfer und Steuerberater

Dr. David A. Maier
Unternehmensberater, CVA

3. Auflage

Zitiervorschlag: *Autor* in *Kranebitter/Maier* (Hrsg), Unternehmensbewertung für Praktiker³ (2017) Seite

---

Bibliografische Information der Deutschen Nationalbibliothek

Die Deutsche Nationalbibliothek verzeichnet diese Publikation in der Deutschen Nationalbibliografie; detaillierte bibliografische Daten sind im Internet über http://dnb.d-nb.de abrufbar.

Hinweis: Aus Gründen der leichteren Lesbarkeit wird auf eine geschlechtsspezifische Differenzierung verzichtet. Entsprechende Begriffe gelten im Sinne der Gleichbehandlung für beide Geschlechter.

Das Werk ist urheberrechtlich geschützt. Alle Rechte, insbesondere die Rechte der Verbreitung, der Vervielfältigung, der Übersetzung, des Nachdrucks und der Wiedergabe auf fotomechanischem oder ähnlichem Wege, durch Fotokopie, Mikrofilm oder andere elektronische Verfahren sowie der Speicherung in Datenverarbeitungsanlagen, bleiben, auch bei nur auszugsweiser Verwertung, dem Verlag vorbehalten.

Es wird darauf verwiesen, dass alle Angaben in diesem Fachbuch trotz sorgfältiger Bearbeitung ohne Gewähr erfolgen und eine Haftung der Herausgeber, der Autoren oder des Verlages ausgeschlossen ist.

ISBN 978-3-7143-0292-9 (Print)
ISBN 978-3-7094-0829-2 (E-Book-PDF)
ISBN 978-3-7094-0830-8 (E-Book-ePub)

© Linde Verlag Ges.m.b.H., Wien 2017
1210 Wien, Scheydgasse 24, Tel.: 01/24 630
www.lindeverlag.at

Druck: Hans Jentzsch & Co GmbH
1210 Wien, Scheydgasse 31
Dieses Buch wurde in Österreich hergestellt.

PEFC zertifiziert
Dieses Produkt stammt aus nachhaltig bewirtschafteten Wäldern und kontrollierten Quellen
www.pefc.at
PEFC/06-39-15

Gedruckt nach der Richtlinie „Druckerzeugnisse" des Österreichischen Umweltzeichens, Druckerei Hans Jentzsch & Co GmbH, UW Nr. 790

Vorwort

„Schließen zwei Wirtschaftssubjekte einen Vertrag, etwa über den Kauf eines Fahrzeuges, so ist dem Käufer offenbar das Auto wichtiger (‚mehr wert') als der Betrag, den er dafür bezahlt. Sonst tauschte er sein Geld nicht gegen das Auto. Und dem Verkäufer ist offenbar der bezahlte Geldbetrag wichtiger (‚mehr wert') als das Fahrzeug. Sonst tauschte er sein Auto nicht gegen das Geld. Gleich ist für beide der Preis, der in Form des Kaufpreises von Hand zu Hand geht. Der Vertrag wird abgeschlossen, weil es einen Unterschied zwischen Preis und Wert gibt. Dabei können der Vertrag und die Leistung für den einen lebenswichtig sein und für den anderen ein weiteres, verhältnismäßig unwichtiges Geschäft. Der eine kann dabei unter Druck stehen, während der andere mit ihm spielt. Einigen sie sich, so hat jeder am Ende doch nur zugestimmt, weil er das Herzugebende insgesamt im Moment geringer schätzt als das, was er erhält. Jeder gewinnt etwas hinzu. Steht der eine Partner unter Druck, weil er zB existenziell wichtige Güter eintauschen muss (Kontrahierungsdruck), dann kann der andere Partner das ausnutzen und die Vertragssituation ausreizen bis zu der Grenze, wo der Käufer entweder trotz seiner Bedürfnisse den geforderten Geldbetrag höher wertzuschätzen beginnt als die begehrte Ware, oder wo der Käufer aufhören muss zu verhandeln, weil er den Preis wegen des Mangels an Geld schlicht nicht mehr bezahlen kann."[1]

Das „aus dem Leben gegriffene" Beispiel lässt sich gut auf die Bewertung von Unternehmen übertragen. Es gibt im konkreten Fall

- ein Bewertungsobjekt (das Auto);
- zwei Subjekte (Verkäufer und Käufer);
- einen Anlass (den Verkauf des Autos);
- einen Zweck (die Bildung eines Preises, zu dem beide Parteien kontrahierungswillig sind);
- die Funktion des Gutachters (als neutraler Sachverständiger) wird im konkreten Fall durch die (freie) Preisbildung am Markt ersetzt; und
- einen Bewertungsstichtag (den Abschluss des Kaufvertrages).

Das vorliegende Buch setzt sich mit der Praxis der Unternehmensbewertung auseinander und beschränkt methodische Ausführungen auf das notwendige Maß. Die Schwerpunkte sind so gesetzt, dass dem Leser einerseits die einschlägigen gesetzlichen und berufsständischen Normen in der DACH-Region erläutert und im Volltext zur Verfügung gestellt werden, andererseits praktische Hilfestellungen bei der Durchführung von Unternehmensbewertungen aus dem Blickwinkel verschiedener Berufsgruppen (Wirtschaftsprüfer, Sachverständige, Investmentbanken) und unterschiedlicher Branchen geboten werden. Dieses Buch ist keine geschlossene systematische Darstellung der Unternehmensbewertung und beschäftigt sich ausschließlich mit der (anlassbezogenen) Ermittlung von Unternehmenswerten, nicht jedoch mit daraus abgeleiteten Themen wie zB der wertorientierten Unternehmensführung.

---

[1] Suhr, Geld ohne Mehrwert (1983).

Abschnitt A umfasst die Grundlagen der Bewertung. Zunächst werden Bewertungsgrundlagen und Bewertungsverfahren erläutert. Im Anschluss befasst sich dieser Abschnitt mit den für Unternehmensbewertungen relevanten Rechtsgrundlagen und den berufsständischen Normen in der DACH-Region.

Abschnitt B beschäftigt sich mit Branchenspezifika in Form von ausgewählten Branchenbeispielen und stellt damit einen Kernbereich des vorliegenden Buches dar.

Abschnitt C umfasst Sonderthemen aus der Praxis der Unternehmensbewertung.

Der Anhang soll den Leser als Nachschlagewerk unterstützen.

Wien, im Februar 2017   Die Herausgeber

Verzeichnis der Herausgeber und Autoren

Herausgeber

Dr. Gottwald Kranebitter ist Wirtschaftsprüfer und Steuerberater in einer mittelständischen Beratungskanzlei in Wien. Seine Beratungsschwerpunkte liegen in den Bereichen Mergers & Acquisitions und Unternehmensbewertung. In komplexen Wirtschaftscausen ist er als Gerichts- und als Privatgutachter tätig. Branchenschwerpunkte sind unter anderem Finanzdienstleistungsunternehmen, insbesondere Banken.

Dr. David A. Maier (CVA) ist selbständiger Unternehmensberater mit dem Schwerpunkt Unternehmensbewertung, Controlling und Finanzierung. Im Rahmen seiner Consultingprojekte übernimmt er auch die Funktion als externer CFO für mittelständische Unternehmen. Er ist allgemein beeideter und gerichtlich zertifizierter Gerichtssachverständiger für Unternehmensbewertung und -planung sowie Lektor an der FH Wien.

Autoren

Dr. Marcus Aschauer, Head Corporate Advisory Germany – Credit Suisse; langjährige Erfahrung in der Führung von internationalen M&A-Transaktionen, bei Kapitalmarkttransaktionen und im Corporate Finance. Aufsichtsrat und Vortragender in den Bereichen M&A, Unternehmensbewertung und Kapitalmarktfinanzierungen.

Dr. Thomas Außerlechner (WP/StB) ist Partner bei PKF Österreicher-Staribacher, einer internationalen Beratungs- und Prüfungskanzlei in Wien. Seine Tätigkeitsschwerpunkte liegen in den Bereichen Unternehmensbewertung, gesellschaftsrechtliche Sonderprüfungen sowie steuerliche Strukturierung und internationale Steuerfragen. Er ist Autor von Fachbeiträgen und Fachvortragender, weiters als allgemein beeideter und gerichtlich zertifizierter Sachverständiger sowohl im Gerichtsauftrag als auch als Privatgutachter tätig.

Mag. Dr. Robert Bachl ist Wirtschaftsprüfer und Steuerberater, Certified Valuation Analyst (CVA), allgemein beeideter und gerichtlich zertifizierter Sachverständiger sowie Fachautor und Vortragender auf dem Gebiet der Unternehmensbewertung und des Steuerrechts.

Dr. Andreas R. Boué ist Investment Director bei Investnet GmbH in Wien, der österreichischen Tochter des schweizerischen Private-Equity-Investorennetzwerks. Er blickt auf eine rund 20-jährige Erfahrung mit Venture-Capital- und Private-Equity-Finanzierungen im deutschsprachigen Raum zurück, ist Autor mehrerer Bücher und Beiträge zu diesem Themenschwerpunkt und Universitätslektor (Wirtschaftsuniversität Wien).

Verzeichnis der Herausgeber und Autoren

Mag. Robert Ehrenhöfer leitet seit 2007 das Corporate Advisory der Credit Suisse in Österreich, davor sieben Jahre im Corporate Finance/M&A der Investkredit Bank und drei Jahre im Equity Capital Markets der CA IB Investmentbank. Abschluss des Studiums der Internationalen Betriebswirtschaftslehre an der Universität Wien sowie Ausbildung zum Certified European Financial Analyst (CEFA).

RA MMag. Dr. Markus Fellner ist Partner der Fellner Wratzfeld & Partner Rechtsanwälte GmbH. Er zählt sowohl national als auch international zu den führen Wirtschaftsanwälten Österreichs. Seine Expertise liegt insbesondere in den Bereichen Gesellschaftsrecht, M&A, Umgründungen, Bankrecht und Finanzierungen.

Dr. Lars Franken, Wirtschaftsprüfer, Chartered Financial Analyst, ist Gesellschafter/Mitglied des Vorstands der IVC Independent Valuation & Consulting Aktiengesellschaft Wirtschaftsprüfungsgesellschaft. Er ist Mitglied im Fachausschuss für Unternehmensbewertung und Betriebswirtschaft (FAUB) des IDW sowie Mitglied der IDW-Arbeitsgruppen „Bewertung von KMU", „Bewertung von Schulden" und „Planung".

Mag. Reinhard Friesenbichler ist Gründer und Geschäftsführer der rfu Unternehmensberatung, Österreichs Spezialistin auf Nachhaltiges Investment. Sonstige Funktionen sind zB jene als Lehrbeauftragter an mehreren Hochschulen und Gutachter für das Österreichische Umweltzeichen. Er ist Autor von zahlreichen Artikeln und Buchbeiträgen zum Thema Nachhaltiges Investment.

Dipl.-Kfm. Andreas Geltinger ist als Abteilungsleiter in einer systemrelevanten Großbank in Deutschland für Konzernentwicklung und Beteiligungen zuständig. Zuvor arbeitete er bei einer der Big-Four-Wirtschaftsprüfungsgesellschaften und war dort als Projektleiter vor allem für große Unternehmensbewertungen und M&A-Aufträge verantwortlich. Darüber hinaus ist er geschäftsführender Gesellschafter der CSM Controlling-Seminar Martinsried GmbH, die sich unter anderem der praktischen Anwendung und Weiterentwicklung von Grundsätzen der ordnungsgemäßen Bewertung von Banken und Finanzinstituten widmet. Er verfasste in den letzten Jahren eine Vielzahl von Büchern und Fachartikeln zum Thema Bankbewertung.

Martin Geyer ist Unternehmensberater und Sachverständiger mit den Beratungsschwerpunkten Präventionsberatung Fraud (Wirtschaftskriminalität) sowie forensischer Aufarbeitung, Analyse und Dokumentation derartiger Handlungen in Organisationen. Er ist als Sachverständiger sowohl im Gerichtsauftrag als auch privat in den Bereichen Bank & Börse, Buchhaltung & Bilanzierung und Unternehmensbewertung tätig.

Ass.-Prof. MMag. Dr. Stefan O. Grbenic, StB, CVA ist Assistant Professor am Institut für Betriebswirtschaftslehre und Betriebssoziologie im Fachbereich Management Control, Accounting und Finance an der Technischen Universität Graz. Sein Forschungsschwerpunkt liegt in der Unternehmensbewertung, insbesondere im Market Approach. Daneben ist er Steuerberater, international zertifizierter Valuation Analyst (EACVA und NACVA) sowie allgemein beeideter und gerichtlich zertifizierter Sachverständiger.

Mag. Andreas Hämmerle, Studium der Volkswirtschaftslehre mit Fachrichtung Finanzwissenschaften an der Leopold-Franzens-Universität Innsbruck; Internationaler Universitätslehrgang mit Fachrichtung Controlling, Finanz- und Rechnungswesen, International Retail Management an der Universität St. Gallen. Seit 2008 CFO der MTH Retail Group mit den Schwerpunkten Konzernentwicklung, IFRS, Change-Management, Akquisitionen, Sanierungen, Compliance und Controlling in Veränderungssituationen.

Mag. Christian Hurek ist geschäftsführender Gesellschafter von Oaklins TJP Corporate Finance GmbH und TJP Advisory International GmbH mit dem Schwerpunkt Mergers & Acquisitions, Unternehmensbewertungen sowie Unternehmensrestrukturierungen. Er ist unter anderem als Lektor an der Donau-Universität Krems tätig.

Prof. Dr. Tobias Hüttche (WP, StB, CVA) leitet das Institut für Finanzmanagement an der Hochschule für Wirtschaft FHNW in Basel. Er ist Partner einer Treuhandgesellschaft mit Standorten in Deutschland und der Schweiz und berät Unternehmer und Unternehmen bei finanziellen Entscheidungen.

Stephan Kleebinder ist Senior Consultant bei Advicum Consulting in Wien. Seine Beratungsschwerpunkte liegen im Bereich Corporate Finance, insbesondere in der Eigenkapitalberatung, Mergers & Acquisitions und Unternehmensbewertung. Zusätzliche Expertise hat er sich durch seine vielfältige Transaktions- und Projekterfahrung im Bereich Real Estate erarbeitet.

Daniel Knuchel lic.oec.HSG ist Partner und Gesellschafter der Advicum Consulting in Wien. Seine Beratungsschwerpunkte liegen in den Bereichen Sanierung und Restrukturierung sowie im Bereich Mergers & Acquisitions. Branchenschwerpunkte sind unter anderem Real Estate und Fertigungsindustrie. Seine Erfahrungen und Kompetenzen setzt er auch regelmäßig in mehreren Beteiligungsunternehmen ein.

Georg Köller, Diplom-Ökonom, ist seit 2006 bei der IVC Independent Valuation & Consulting Aktiengesellschaft Wirtschaftsprüfungsgesellschaft tätig. Schwerpunkte seiner Tätigkeit sind die Erstellung und Qualitätssicherung von Gutachten im Bereich Unternehmensbewertung.

Dr. Peter Lasinger ist Investment Manager bei einem Venture Capital Fonds in Wien. Er hat zahlreiche Frühphasenfinanzierungen strukturiert und geleitet und unterstützt als Beirat wachstumsstarke Portfoliounternehmen. Er publiziert und lehrt an Universitäten zu den Themen IT Geschäftsmodelle, Technologiemanagement und Venture Capital.

Filippo Milanetto ist Steuerberater und Wirtschaftsprüfer nach italienischem Recht und in Italien auch in die Liste der Wirtschaftsprüfer eingetragen sowie Unternehmensberater. Er ist spezialisiert in sämtlichen Bereichen der forensischen Buchhaltungsanalyse und der Unternehmensbewertung.

Prof. Dr. Ulrich Moser, Wirtschaftsprüfer, Steuerberater, Certified Valuation Analyst, ist Professor für betriebliche Steuerlehre und Rechnungswesen an der Fachhochschule Erfurt. Den Schwerpunkt seiner Forschungstätigkeit bildet die Bewertung von immateriellen Vermögenswerten. Daneben berät er namhafte Unternehmen bei Fragen der Bewertung immaterieller Vermögenswerte. Er ist regelmäßig Referent bei in- und ausländischen Intellectual Property- und Unternehmensbewertungskonferenzen sowie Fachautor.

Verzeichnis der Herausgeber und Autoren

Ao. Univ.-Prof. Dr. Erich Pummerer (StB) ist am Institut für Rechnungswesen, Steuerlehre und Wirtschaftsprüfung an der Universität Innsbruck tätig und Mitglied in mehreren Aufsichtsräten. Neben der wissenschaftlichen Tätigkeit liegen Schwerpunkte der Beratungstätigkeit im Bereich der Unternehmensbewertung und der spezialisierten Steuerberatung.

Dr. Victor Purtscher (StB) ist Partner bei KPMG in Wien mit dem Schwerpunkt Unternehmensbewertung. Er ist Mitglied der Arbeitsgruppe „Unternehmensbewertung" der Kammer der Wirtschaftstreuhänder sowie Universitätslektor, Gerichtssachverständiger und Autor von Büchern und zahlreichen Beiträgen zum Thema Unternehmensbewertung.

Mag. Michaela Schinagl (StB) ist Senior Managerin und Prokuristin bei KPMG in Linz. Ihr Tätigkeitsschwerpunkt liegt im Bereich Unternehmensbewertung, hierbei insbesondere bei Bewertungsgutachten, transaktionsbezogenen Bewertungen und Fairness Opinions. Ihr weiterer Fokus liegt bei Purchase Price Allocations und Impairment Tests.

Edith Schuster ist selbständige Unternehmensberaterin mit Beratungsschwerpunkten forensische Buchhaltungs- und Datenanalysen sowie Unternehmensbewertung. Sie hat langjährige Erfahrung im Internationalen Controlling und war als CFO bei einem großen internationalen Abfallunternehmen tätig.

Prof. Dr. Bernhard Schwetzler hält den Lehrstuhl „Finanzmanagement" an der HHL Leipzig Graduate School of Management. Er ist Vorsitzender der beiden Arbeitskreise „Fairness Opinion" und „Corporate Transaction and Valuation" der Deutschen Vereinigung für Finanzanalyse und Asset Management (DVFA), Mitglied des wissenschaftlichen Beirates des Bundesverbandes Deutscher Kapitalanlagegesellschaften (BVK) und Gründungs- und Vorstandsmitglied der European Association of Certified Valuators and Analysts Germany (EACVA). Er hat zahlreiche Beiträge zu den Themen Unternehmensbewertung, M&A und Private Equity in nationalen und internationalen Fachzeitschriften publiziert und ist Herausgeber des Jahrbuches Unternehmensbewertung.

Mag. Georg Weinberger (WP) ist Partner bei KPMG in Wien mit dem Schwerpunkt auf der Prüfung und Beratung von Versicherungsunternehmen, sowie deren Bewertung. Er ist Mitglied der Arbeitsgruppe „Versicherungen" der Kammer der Wirtschaftstreuhänder sowie der FEE.

Inhaltsverzeichnis

Vorwort V
Verzeichnis der Herausgeber und Autoren VII

Abschnitt A – Grundlagen der Bewertung

David A. Maier
Bewertungsanlässe und -funktionen 3

Christian Hurek
Der Prozess der Bewertung 27

David A. Maier
Discounted-Cash-Flow-Verfahren 37

Erich Pummerer
Ertragswertverfahren 73

Bernhard Schwetzler
Multiplikatorverfahren 109

Victor Purtscher
KFS/BW 1 137

Lars Franken/Georg Köller
IDW S 1 – Vergleichende Darstellung im Hinblick auf den KFS/BW 1 161

Tobias Hüttche
Unternehmensbewertung in der Schweiz 183

Markus Fellner
Unternehmensbewertung in der österreichischen Rechtsprechung 195

Thomas Außerlechner
Unternehmensbewertung bei Umgründungen (Österreich) 229

Abschnitt B – Ausgewählte Branchenbeispiele

Andreas Geltinger
Bewertung von Banken 259

Georg Weinberger/Vincent-Alexander Hruška
Bewertung von Versicherungsunternehmen 293

Andreas Hämmerle
Bewertung von Handelsunternehmen 315

Michaela Schinagl
Bewertung von Industrieunternehmen 329

Andreas R. Boué/Peter Lasinger
Unternehmensbewertung aus Sicht von Private-Equity-Investoren 341

David A. Maier
Bewertung von Biotechnologieunternehmen 359

Robert Bachl
Bewertung von Wirtschaftsprüfungs- und Steuerberatungsunternehmen 381

Abschnitt C – Sonderthemen der Bewertung

Wolfgang Rainer
Die Behandlung von Synergieeffekten im Rahmen von Unternehmensbewertungen 403

Reinhard Friesenbichler
Unternehmenswert und Nachhaltigkeit 425

Stephan Kleebinder
Relevanz von Länderrisiken in der Bewertung 447

Werner Gleißner
Rating und Insolvenzwahrscheinlichkeit: Wirkung auf Fremdkapitalkosten
und Unternehmenswert 461

David A. Maier
Fairness Opinions 475

Ulrich Moser
Bewertung immaterieller Vermögenswerte 499

Stefan Grbenic
Kontrollprämien in der Multiplikatorbewertung mittels Transaktionsmultiplikatoren 545

Martin Buchegger/Daniel Knuchel
Bandbreitenplanung von Praktikern für Praktiker 565

Martin Geyer/Filippo Milanetto/Edith Schuster
Bewertung durch den Sachverständigen – Methodik und Probleme 587

Marcus Aschauer/Robert Ehrenhöfer
Unternehmensbewertungen in Investmentbanken 607

Gottwald Kranebitter
Unternehmensbewertung im Rahmen von Privatisierungen öffentlicher
Unternehmen 635

KFS BW 1 (2014) 639

IDW S 1 (2008) 679

Fachmitteilung der Schweizer Treuhandkammer 708

Wiener Verfahren 1996 723

Stichwortverzeichnis 735

Abschnitt A –
Grundlagen der Bewertung

Bewertungsanlässe und -funktionen

David A. Maier

1. **Klassifizierung der Bewertungsanlässe**
2. **Bewertungsanlässe in der Praxis**
    2.1. Gesetzliche Anlässe
    2.2. Sonstige Anlässe
3. **Werttheorien**
    3.1. Der objektive Wert
    3.2. Der subjektive Wert
    3.3. Der objektivierte Wert
    3.4. Marktwert
4. **Bewertungsfunktionen**
    4.1. Hauptfunktionen
    4.2. Nebenfunktionen
5. **Funktionen des Gutachters**
    5.1. Neutraler Gutachter
    5.2. Berater
    5.3. Schiedsgutachter

1. Klassifizierung der Bewertungsanlässe

Das Fachgutachten KFS BW 1 findet hinsichtlich der Bewertungsanlässe eine klare und einfache Formulierung und meint hierzu knapp: *„Die Anlässe für Unternehmensbewertungen sind vielfältig"*. Zur Konkretisierung werden noch einige Beispiele genannt.[1] Der deutsche Standard IDW S 1 ist hier zwar etwas umfangreicher und erwähnt die Anlässe in Form einer groben Kategorisierung, mit Hauptaugenmerk auf gesetzliche oder vertragliche Grundlagen, Rechnungslegungszwecke, steuerliche oder börsenrechtliche Anlässe, respektive auch freiwillige Unternehmensbewertungen, geht aber auch nicht vertiefend auf das Thema ein.[2]

Es existieren unterschiedliche Varianten der Klassifizierung von Bewertungsanlässen und sämtliche Einteilungsversuche, wie zB nach der Lebensphase des Unternehmens, nach rechtlichen Vorschriften, in Abhängigkeit der Änderung der Eigentumsverhältnisse oder nach der Interessenlage der Gesellschafter, haben ihre Berechtigung.[3] In der älteren Literatur (1970er Jahre) findet sich oftmals eine taxative Aufzählung, die den Zweck hat, die Notwendigkeit der Bewertung von Unternehmen aufzuzeigen. Die theoretisch fundierte Klassifizierung der Bewertungsanlässe soll in einem Handbuch für Praktiker nicht weiter vertieft werden, allerdings ist es wichtig zu wissen, dass der Bewertungszweck in einem Zusammenhang mit dem Bewertungsanlass steht und beide Faktoren wiederum Einfluss auf das Bewertungsergebnis haben. Die Anlässe der Unternehmensbewertung wirken somit auf den Bewertungszweck, welcher wiederum Auswirkungen auf das Rechenverfahren und das Bewertungsergebnis hat.[4] Konkret bedeutet dies nach der funktionalen Lehre der Unternehmensbewertung, dass ein bestimmter Bewertungsanlass zu einem Bewertungszweck führt, woraus, abhängig von diesem, unterschiedliche Unternehmenswerte resultieren können. Diese Auffassung hat sich mittlerweile auch in Literatur und Rechtsprechung durchgesetzt.

Eine sich in der Literatur immer wieder findende Klassifizierung der Bewertungsanlässe besteht in der Unterscheidung zwischen *transaktionsbezogenen* und *nicht transaktionsbezogenen* Anlässen. Die *transaktionsbezogenen* Anlässe bzw diejenigen, welche auf eine Änderung der Eigentumsverhältnisse am zu bewertenden Unternehmen abstellen, werden von *Petersen/Zwirner/Brösel* anhand vier Kriterien unterteilt:[5]

- Nach der Art der Eigentumsveränderung (Kauf/Verkauf; Fusion/Spaltung)
- Nach dem Grad der Verbundenheit in jungierte und disjungierte Konfliktsituationen
- Nach dem Grad der Komplexität in ein- und mehrdimensionale Konfliktsituationen
- Nach dem Grad der Dominanz in dominierte und nicht dominierte Konfliktsituationen

Wesentlich für die Unterscheidung in dominierte und nicht dominierte Konfliktsituationen ist, ob eine Partei gegen den Willen der anderen die Eigentümerstellung einseitig

---

[1] Vgl KFS BW 1, 2014, Tz 14.
[2] Vgl *Trentini, S./Farmer, P./Purtscher, V.* (2014) 269 bzw IDW S 1 2008, Kapitel 2.2.
[3] Vgl *Drukarczyk, J./Schüler, A.* (2016) 2; *Peemöller, V. H.* (2015) 21; *Matschke, M. J./Brösel, G.* (2012) 66.
[4] Dies resultiert aus der Lehre der funktionalen Unternehmensbewertung, welche von *Moxter* entwickelt wurde; vgl hierzu *Moxter, A.* (1983), 6; *Peemöller, V. H.* (2015) 21.
[5] Vgl *Matschke, M. J.* (2013) 38; *Matschke, M. J./Brösel, G.* (2012) 88 mwN,

beeinflussen kann; dh eine Partei hat eine beherrschende Stellung.[6] Die Konfliktsituation ergibt sich daraus, dass eine Partei (Verkäufer) zugunsten einer anderen (Verkäufer) ihre Eigentümerstellung, meist gegen eine Zahlung in Form einer Geldleistung, aufgibt. Um die theoretisch fundierte Klassifizierung in einem Praxishandbuch nicht weiter zu vertiefen, erfolgt in den nächsten Kapiteln lediglich die Unterteilung der Bewertungsanlässe entsprechend ihrem Transaktionsbezug, wobei nicht immer eine klare Trennung anhand der gewählten Kriterien möglich ist.

Bewertungsanlässe		
Mit Transaktionsbezug		**Ohne Transaktionsbezug**
Dominiert	*Nicht dominiert*	
Squeeze Out	Kauf/Verkauf eines Unternehmens oder Unternehmensanteils[7]	Beteiligungsbewertung, Impairment Tests
Gesellschafterausschluss	Umgründungsmaßnahmen wie Verschmelzung, Spaltung	Einführung Value Based Management Konzepte (EVA®)
Pflichtangebot im Rahmen eines Übernahmeangebotes	Eintritt eines Gesellschafters durch Kapitalerhöhung ohne Ausscheiden eines anderen Gesellschafters	Fairness Opinion
Erbauseinandersetzungen	Sacheinlage	Bonitätsanalyse/Rating
Abfindungsfälle im Familienrecht		Bewertung von Patenten und Marken
Systematisierung von Bewertungsanlässen; in Anlehnung an *Mandl, G./Rabel, K.* (1997) 14.		

2. Bewertungsanlässe in der Praxis

Auch wenn KFS BW 1 (2014) die Bewertungsanlässe nur knapp und ohne eine Systematisierung vorzunehmen erwähnt, stellen Umgründungen, neben dem Eintritt neuer Gesellschafter (Kapitalerhöhung, Börsegang), oder die Abfindung bestehender Gesellschafter wohl die häufigsten Anlässe einer Unternehmensbewertung dar. Im Folgenden sind die wesentlichsten Anlässe einer Unternehmensbewertung, in Bezug auf gesetzlich begründete oder sonstige Bewertungsanlässe kurz dargestellt.[8]

---

6   Vgl *Mandl, G./Rabel, K.* (1997) 13.
7   Für den Fall, dass ein sogenanntes Drag-Along Right existiert, wäre die Mitverkaufspflicht als dominierte Transaktion zu bewerten, womit auch diese Einteilung nicht trennscharf ist.
8   Es handelt sich hierbei um eine taxative, nicht abschließende Aufzählung der häufigsten Bewertungsanlässe. Darüber hinaus gibt es insbesondere im Steuerrecht und im Familienrecht weitere Anlässe, bei denen die Ermittlung eines Unternehmenswertes erforderlich sein kann.

2.1. Gesetzliche Anlässe

Verschmelzung durch Aufnahme (AktG, GmbHG)

Bei der Verschmelzung durch Aufnahme (§ 220 AktG) ist eine sachgerechte Bewertung beider Unternehmen, deren Wert letztendlich das Umtauschverhältnis der Aktien bestimmt, im Interesse der Aktionäre. Im Verschmelzungsbericht gem § 220a AktG ist insbesondere auf das Umtauschverhältnis einzugehen und auf besondere Schwierigkeiten bei der Bewertung der Unternehmen hinzuweisen. Der Verschmelzungsprüfer hat entsprechend § 220b in seinem Prüfungsbericht eine Erklärung darüber abzugeben, ob das vorgeschlagene Umtauschverhältnis angemessen ist und muss außerdem die Methoden, die zur Ermittlung desselben geführt haben, benennen. Ebenso muss erklärt werden, aus welchen Gründen diese angewandten Methoden angemessen erscheinen. Jeder Aktionär hat nach § 225c AktG unter bestimmten Voraussetzungen das Recht auf eine richterliche Überprüfung der Angemessenheit des Umtauschverhältnisses.

Erfolgt die Verschmelzung zweier GmbHs nach § 96 GmbHG, sind die betreffenden aktienrechtlichen Regelungen sinngemäß anzuwenden und gem § 97 Abs 2 haben die Geschäftsführer jedem Gesellschafter auf Verlangen Auskunft über alle für die Verschmelzung wesentlichen Angelegenheiten der Gesellschaft zu geben. Darunter ist auch die Angemessenheit des Umtauschverhältnisses, die mit Ermittlung der Unternehmenswerte verbunden ist, zu verstehen.

Verschmelzung durch Neugründung (AktG, GmbHG)

Die §§ 220 bis 222, 224 Abs 1 Z 2, Abs 2, 4 und 5, sowie §§ 225 bis 228, 230 und 232 Abs 2 gelten sinngemäß bei einer Verschmelzung durch Neugründung gemäß § 233 AktG. In diesem Fall werden Aktiengesellschaften durch Gründung einer neuen AG verschmolzen. Bei Gesellschaften mit beschränkter Haftung (§ 96 Abs 1 Z 2) erfolgt sinngemäß die Anwendung der aktienrechtlichen Regelungen gem §§ 220 bis 233 AktG.

Sacheinlage (§ 20 AktG)

Nach § 20 AktG können Sacheinlagen oder Sachübernahmen nur Vermögensgegenstände sein, deren wirtschaftlicher Wert feststellbar ist, um damit gleichzeitig die Zahl an auszugebenden Stückaktien festzulegen. Im Rahmen der Gründung ist hierfür ein Gründungsprüfer zu bestellen der gem § 26 Abs 1 Z 2 AktG auch feststellt, ob der Wert der Sacheinlage den Wert der dafür ausgegebenen Aktien erreicht.

Die aktienrechtlichen Vorschriften sind gem § 6a GmbHG auch auf Gesellschaften mit beschränkter Haftung anzuwenden.

Rechtsformübergreifende Verschmelzung (AktG, GmbHG)

Bei einer Verschmelzung einer Aktiengesellschaft (aufnehmende Gesellschaft) mit einer GmbH (übertragende Gesellschaft) nach § 234 und § 234a AktG und vice versa gelten die §§ 220 bis 233 AktG sinngemäß.

Die Bestimmungen des § 220a AktG gelten ebenso bei einer Vermögensübertragung auf eine Gebietskörperschaft (§ 235 AktG) und auf einen Versicherungsverein auf Gegenseitigkeit (§ 236 AktG).

Gemäß § 6 Abs 2 UmgrStG sind nach einer Verschmelzung zweier Gesellschaften, bei der die Beteiligungsverhältnisse nicht den Wertverhältnissen entsprechen, diese im Zweifel durch ein Gutachten eines Sachverständigen nachzuweisen. Grundsätzlich gilt es, einen objektivierten Wert der Unternehmen und das daraus resultierende Umtauschverhältnis festzustellen, um den Unterschiedsbetrag und einen etwaigen Wertausgleich zu ermitteln.

Umwandlung durch Übertragung des Vermögens auf eine Personengesellschaft (UmwG)

Kapitalgesellschaften können nach Maßgabe der Bestimmungen des Umwandlungsgesetzes auf dem Wege der Gesamtrechtsnachfolge in eine Personengesellschaft (OG, KG, Einzelunternehmen) umgewandelt werden. Sofern der Hauptgesellschafter über mindestens 90 % des Grund-/Stammkapitals an einer Kapitalgesellschaft verfügt, kann das Vermögen einschließlich Schulden nach § 2 Abs 2 Z 1 UmwG auf ihn oder in eine Offene Gesellschaft oder Kommanditgesellschaft übertragen werden. Den anderen Gesellschaftern ist dabei nach Z 3 eine angemessene Barabfindung zu gewähren, wozu der Wert der übertragenden Gesellschaft festzustellen ist. Entsprechend § 2 Abs 3 UmwG ist ein Umwandlungsprüfer zu bestellen, der die Angemessenheit der Barabfindung zu kontrollieren hat, da die Vorschriften über die Verschmelzung durch Aufnahme (§§ 220 bis 221a, § 225a Abs 2, §§ 225b bis 225m AktG – ausgenommen § 225c Abs 3 und 4, § 225e Abs 3 zweiter Satz und § 225j –, §§ 226 bis 232 AktG, §§ 97, 98 und 100 GmbHG) sinngemäß anzuwenden sind. Dieselben Bestimmungen gelten bei einer Umwandlung unter gleichzeitiger Errichtung einer eingetragenen Personengesellschaft (§ 5 UmwG).

Gewinnabführungsvertrag § 238 AktG

Ein Vertrag, durch den sich eine Aktiengesellschaft verpflichtet, ihren Gewinn ganz oder zu mehr als 75 % an eine andere Person abzuführen, bedarf zur Wirksamkeit einer Mehrheit von drei Viertel des bei der Beschlussfassung vertretenen Grundkapitals.[9] Da die vermögensrechtlichen Nachteile der Aktionäre, die von der Gewinnabführung nicht betroffen sind, klar auf der Hand liegen und gegen das aktionärsrechtliche Gleichbehandlungsgebot verstoßen (§ 47a AktG), ist den benachteiligten Aktionären eine Entschädigung anzubieten. Diese wird in Form einer Dividendengarantie über die Laufzeit des Gewinnabführungsvertrages gewährt, die Ermittlung der zukünftigen Gewinne ist auf Basis einer ertragswertorientierten Unternehmensbewertung durchzuführen.[10] Juristisch vertreten wird auch ein Austritt des Aktionärs unter angemessener Barabfindung, welche ebenfalls über eine Unternehmensbewertung ermittelt wird. Anzumerken ist, dass die praktische Bedeutung der Gewinnabführungsverträge durch die Einführung der Gruppenbesteuerung im Jahr 2005 in Österreich stark zurückgegangen ist, während in Deutschland der Abschluss von Gewinnabführungsverträgen einen häufigen Bewertungsanlass darstellt.

---

9   § 238 Abs 1 und Abs 3 AktG.
10 Vgl *Gall, M.*, § 238 AktG Gewinngemeinschaft (2012) 3157 ff.

Umwandlung einer AG in eine GmbH und vice versa (AktG)

Bei einer Umwandlung einer Aktiengesellschaft in eine GmbH gemäß § 239 AktG steht den widersprechenden Aktionären gemäß § 244 AktG gegen Hingabe ihrer Aktien eine angemessene Barabfindung zu. Der Vorstand hat hierüber einen Bericht zu erstellen und die Höhe der Barabfindung, die durch einen sachverständigen Prüfer auf Angemessenheit zu untersuchen ist, zu begründen,. Die gleichen Regelungen gelten bei der Umwandlung einer Gesellschaft mit beschränkter Haftung in eine Aktiengesellschaft gem § 245 iVm § 253 AktG.

Spaltung von Kapitalgesellschaften (SpaltG)

Eine Kapitalgesellschaft kann ihr Vermögen nach dem Spaltungsgesetz spalten, wobei die übertragende Gesellschaft beendigt wird (Aufspaltung gem § 1 Abs 2 Z 1 SpaltG) oder fortbesteht (Abspaltung gem § 1 Abs 2 Z 2 SpaltG). Die aufnehmende Gesellschaft kann eine bestehende oder neu zu gründende Kapitalgesellschaft sein.

Der Vorstand der übertragenden Gesellschaft hat einen schriftlichen Bericht zu erstatten, in dem die Spaltung, der Spaltungsplan im Einzelnen und insbesondere das Umtauschverhältnis der Anteile (einschließlich allfälliger barer Zuzahlungen), sowie deren Aufteilung auf die Anteilsinhaber und die Maßnahmen gemäß § 15 Abs 5 rechtlich und wirtschaftlich ausführlich erläutert und begründet werden. Auf besondere Schwierigkeiten bei der Bewertung der Unternehmen und auf die gemäß § 3 Abs 4 zu erstellenden Gründungsprüfungsberichte ist hinzuweisen. Gemäß § 5 Abs 4 hat der vom Vorstand (Aufsichtsrat) bestellte Spaltungsprüfer über das Ergebnis zu berichten. Bei einer nicht-verhältniswahrenden Spaltung ist der Bericht mit einer Erklärung darüber abzuschließen, ob das vorgeschlagene Umtauschverhältnis der Anteile und gegebenenfalls die Höhe der baren Zuzahlungen und deren Aufteilung auf die Anteilsinhaber, sowie das Barabfindungsangebot angemessen sind. Dabei ist insbesondere anzugeben:

1. nach welchen Methoden das vorgeschlagene Umtauschverhältnis der Anteile, deren Aufteilung auf die Anteilsinhaber, sowie das Barabfindungsangebot ermittelt worden sind;
2. aus welchen Gründen die Anwendung dieser Methoden angemessen ist;
3. welches Umtauschverhältnis und welche Verteilung auf die Anteilsinhaber sich bei der Anwendung verschiedener Methoden, sofern mehrere angewendet worden sind, jeweils ergeben würde.

Zugleich ist dazu Stellung zu nehmen, welche Gewichtung diesen Methoden beigemessen wurde und darauf hinzuweisen, ob und welche besonderen Schwierigkeiten bei der Bewertung aufgetreten sind.

Jeder Anteilsinhaber, der einer nichtverhältniswahrenden Spaltung widersprochen hat, hat Anspruch auf angemessene Barabfindung seiner Anteile (§ 2 Abs 1 Z 13 SpaltG). Dies gilt auch für den Fall, dass die neue Gesellschaft eine andere Rechtsform als die übertragende Gesellschaft hat. Voraussetzung ist der Widerspruch gegen den Spaltungsbeschluss.

Gesellschafterausschluss „Squeeze Out" (GesAusG, UGB)

Die Haupt- bzw Generalversammlung einer Aktiengesellschaft bzw einer GmbH kann, sofern auf den Hauptgesellschafter mind 90 % der Anteile entfallen, die anderen Gesellschafter gemäß § 1 Abs 3 GesAusG gegen Gewährung einer angemessenen Barabfindung ausschließen. Der Vorstand/die Geschäftsführung hat gem § 3 Abs 1 hierüber einen Bericht zu erstatten, in dem auf die Angemessenheit der Barabfindung eingegangen wird; auf besondere Schwierigkeiten bei der Bewertung ist hinzuweisen und nach § 3 Abs 2 ist von einem sachverständigen Prüfer zu kontrollieren, ob die Vergütung adäquat ist.

Bei einer offenen Gesellschaft gibt es unterschiedliche Auflösungsgründe (§ 131 UGB). Scheidet ein Gesellschafter aus, ist ihm, wenn die Gesellschaft fortgesetzt wird, gem § 137 UGB Abs 2 in Geld derjenige Betrag auszubezahlen, den er im Falle einer Auflösung derselben erhielte. Der Wert des Gesellschaftsvermögens ist durch Schätzung ausfindig zu machen. Der Wortlaut dieser Bestimmung könnte den Anschein erwecken, dass hier ein Liquidationswert zu ermitteln sei, jedoch bemisst sich die Abfindung nach einheitlicher Auffassung der Judikatur nach dem „vollen" bzw „wahren" Wert des Geschäftsanteils und es sind ertragswertorientierte Verfahren anzuwenden.[11]

Freiwilliges oder verpflichtendes Übernahmeangebot (§ 4 ÜbG, § 22 ÜbG)

Bei öffentlichen Angeboten zum Erwerb von Beteiligungspapieren, die von einer Aktiengesellschaft mit Sitz im Inland ausgegeben wurden und an einer österreichischen Börse zum Handel auf einem geregelten Markt zugelassen sind, bedarf es unabhängig davon, ob es sich um ein freiwilliges Übernahmeangebot oder ein Pflichtangebot handelt, einer Angebotsunterlage, welche die für jedes Beteiligungspapier gebotene Gegenleistung, sowie die zur Bestimmung derselben angewandte Bewertungsmethode darlegt.[12] Der unabhängige Sachverständige hat, neben der Vollständigkeit und Gesetzmäßigkeit der Angebotsunterlage, das Angebot auch hinsichtlich der offerierten Gegenleistung zu prüfen. Hierzu ist eine Wertermittlung des Unternehmens notwendig.

Austritt aus einer Personengesellschaft (ABGB, UGB)

Für eine Gesellschaft nach bürgerlichem Recht bzw eine Personengesellschaft gilt gem § 1184 Abs 2 ABGB bzw § 109 Abs 4 UGB, dass für die Leistung eines Nachschusses, zB für die Sanierung des Unternehmens, eine Stimmenmehrheit erforderlich ist. Dissentierenden Gesellschaftern wird ein Austrittsrecht eingeräumt. Als Folge des Ausscheidens schuldet die Gesellschaft ein Abfindungsgutachten, welches durch eine Unternehmensbewertung zu ermitteln ist. Als deren Stichtag dient der Tag der Beschlussfassung.[13]

Bewertung von Beteiligungen (§ 204 Abs 2 UGB)

Gemäß § 189a Z 2 UGB sind Beteiligungen Anteile an anderen Unternehmen, die dazu bestimmt sind, dem eigenen Geschäftsbetrieb langfristig zu dienen. Im Rahmen der Anschaffung sind die Beteiligungen bei der Erstbewertung mit den Anschaffungskosten

---

[11] Allgemeine Grundlage der Unternehmensbewertung ist der Ertragswert und nicht der Substanzwert; OGH 5 Ob 649/80; vgl *Mandl, G./Rabel, K.* (1997) 392.
[12] § 7 Abs 4 ÜbG.
[13] Vgl *Harrer, F.* (2016) 10.

inkl den Anschaffungsnebenkosten zu beurteilen. Der Anschaffung wird in aller Regel eine Annahme über den Wert vorausgegangen sein, der im Rahmen einer Unternehmensbewertung ermittelt und im anschließenden Verhandlungsergebnis als Kaufpreis (= Anschaffungskosten) festgelegt wurde. Bei Finanzanlagen besteht gemäß § 204 Abs 2 UGB ein Wahlrecht hinsichtlich der Abwertung, auch wenn die Wertminderung voraussichtlich nicht von Dauer ist (gemildertes Niederstwertprinzip). Verändern sich die Rahmenbedingungen dauerhaft und wird vom Wahlrecht Gebrauch gemacht sowie auf den niedrigeren beizulegenden Wert[14] (§ 204 Abs 2 UGB) abgeschrieben, sind nach dem Gesetzeswortlaut (§ 189 a Z 4 UGB) und herrschender Meinung Börsen- oder Marktpreise heranzuziehen. Sofern diese nicht verfügbar sind, sind die Grundsätze ordnungsgemäßer Unternehmensbewertung gem KFS BW 1 (2014) zu beachten.[15] Anlässe für eine dauerhafte Wertminderung und somit für die Durchführung einer Unternehmensbewertung können unterschiedlichster Natur sein, wie zB Änderung der Mittelzuflüsse, gesunkene Ertragskraft, Wegfall von Synergien, Stilllegung, Änderung des anteiligen Eigenkapitals, Änderung des Kapitalisierungszinssatzes, und dergleichen. Festzuhalten ist, dass bei einer dauerhaften Beteiligungsabsicht der subjektive Unternehmenswert zur Anwendung gelangt, während bei einer Veräußerungsabsicht ein objektivierter Unternehmenswert zu bestimmen ist.

Bewertung von Beteiligungen gem IAS 39

Nach IAS 39 zählen Beteiligungen zu den Financial Instruments und sind mit dem beizulegenden Zeitwert (Fair Value) zu bewerten. Der Fair Value ist dabei als der Preis, der bei der Veräußerung des Vermögensgegenstandes im Rahmen einer geordneten Transaktion zwischen freien Parteien am Bewertungsstichtag erzielt wird, definiert.[16] Sofern der Fair Value nicht unmittelbar anhand einer Preisnotierung feststellbar ist, sind gemäß IFRS 13 angemessene Bewertungstechniken, wie marktbasierte, einkommensbasierte oder kostenbasierte Ansätze anzuwenden. Seitens des IASB werden dabei umfangreiche Anwendungshilfen zu den Barwertberechnungen vorgegeben. Damit ist die Bewertung einer Beteiligung im Rahmen eines Jahresabschlusses nach IFRS eine klassische Bewertungsaufgabe.

Der beizulegende Zeitwert einer Beteiligung wird mithilfe eines sogenannten Impairment Tests (IAS 36) ermittelt, der auf Ansätzen und Techniken beruht, die ihren Ursprung in der Unternehmensbewertung haben. Ist dabei der erzielbare Betrag (Nutzungswert oder Nettoveräußerungserlös) für die Beteiligung niedriger als der Buchwert derselben, ist eine außerplanmäßige Abschreibung durchzuführen.[17] Notierte Preise an einem aktiven Markt liefern dabei den besten Anhaltspunkt für den erzielbaren Betrag, ansonsten sind

---

14 Zu beachten sind die Unterschiede in den Begriffen „beizulegender Wert" gem § 189a Z 3 UGB und „beizulegender Zeitwert" gem § 189a Z 4 UGB; während beim beizulegenden Wert ein subjektiver Unternehmenswert ermittelt wird, erfolgt bei der Ermittlung des beizulegenden Zeitwertes eine Berechnung eines objektivierten Unternehmenswertes.
15 Ermittelt wird in diesem Falle ein subjektiver Unternehmenswert; gem § 6 Z 2 lit a EStG wird vom Teilwert gesprochen und sofern dieser niedriger ist, besteht ein Abschreibungswahlrecht; der Teilwert ist nach Grundsätzen der Unternehmensbewertung zu bestimmen (vgl VwGH vom 28.11.2001, 99/13/0254; VwGH vom 6.7.2006, 2006/15/0186 und vom 25.6.2016 [2005/14/0121]).
16 Vgl IFRS 13.9.
17 Vgl *Bertl, R.* (2005) 127.

oben genannte Bewertungsverfahren zur Bestimmung des beizulegenden Zeitwertes anzuwenden. Der Nutzungswert ermittelt sich dabei aus der Summe der Barwerte der zukünftigen Mittelzuflüsse (Cash Flows) der zahlungsmittelgenerierenden Einheit.

Purchase Price Allocation – Unternehmenszusammenschlüsse nach IFRS 3

Ein Unternehmenserwerb gem IFRS 3 liegt vor, wenn ein Unternehmen über ein anderes Unternehmen einen kontrollierenden Einfluss erlangt. Dies erfolgt in der Regel über einen share deal. Zur Ermittlung des Goodwill ist zum Erwerbszeitpunkt eine Neubewertung des erworbenen Eigenkapitals nach den Regeln des IFRS 3 vorzunehmen, wobei alle stillen Reserven und Lasten aufzudecken sind. Die Differenz aus dem neu bewerteten Eigenkapital und den Anschaffungskosten der Akquisition ist als Goodwill zu bilanzieren. Die erworbenen Vermögenswerte und Schulden sind gem IFRS 3.18 neu mit ihrem beizulegenden Zeitwert im Erwerbszeitpunkt zu bewerten. Der beizulegende Zeitwert ist definiert als derjenige Betrag, zu dem der Vermögenswert zwischen sachverständigen, vertragswilligen und voneinander unabhängigen Geschäftspartnern getauscht wird.[18] Für die Ermittlung des beizulegenden Zeitwertes sind Methoden der Unternehmensbewertung anzuwenden, wobei nach IFRS 3.45 innerhalb einer einjährigen Frist auch geschätzte Wertansätze zur Anwendung kommen können.

Der bilanzierte Goodwill ist einmal jährlich mittels eines sog Impairment Tests auf seine Werthaltigkeit zu prüfen.

Erbauseinandersetzungen, Pflichtteilsrecht

Erbauseinandersetzungen zählen zu jenen Bewertungsanlässen, in denen die Bewertung unabhängig vom Bewertungssubjekt erfolgt. Zum Anlass für die Bewertung aufgrund der gesetzlichen Vorschrift wird der Erbfall bei der Bestimmung des Pflichtteils. Der Pflichtteil gem § 756 ABGB nF ist der Wert des Vermögens, der dem Pflichtteilsberechtigten zukommen soll. Ob diesem ein Pflichtteilsanspruch zusteht, hängt von zwei Rechtsfragen ab, in denen auch Bewertungsthemen enthalten sind:[19]

(i) Die Bemessungsgrundlage zur Ermittlung des Pflichtteils, auf den die Pflichtteilsquote angewandt wird, muss festgestellt werden. Sind Aktien, Unternehmen oder Gesellschaftsanteile im Nachlass enthalten, bedarf dies einer Unternehmensbewertung.

(ii) Feststellung, ob der Wertanspruch aus der Anwendung der Pflichtanteilsquote auf die Bemessungsgrundlage durch anrechnungspflichtige Zuwendungen des Erblassers gedeckt ist. In dem Fall, dass der Erblasser Vermögenswerte im Rahmen der Schenkung unter Lebenden (§ 781 ABGB nF) übertragen hat, ist der Wert dieser zugewendeten Sachen zu ermitteln.

In den beiden genannten Bewertungsanlässen wird die Bestimmung eines objektivierten Anteilswertes erfolgen, sofern der Erblasser testamentarisch nichts anderes geregelt hat oder vertraglich andere Bestimmungen zur Geltung kommen.

---
18 Vgl *Petersen, K./Busch, J./Mugler, K.* (2013) 542; entsprechend der Vorgaben der IFRS hat das IDW im Standard IDW RS HFA 16 die Vorgehensweise zur Ermittlung der beizulegenden Zeitwerte erläutert.
19 Vgl *Hügel, H. F./Aschauer, M.* (2016) 232.

Bewertungsanlässe und -funktionen

Steuerrechtliche Bewertungen (BewG, UmgrStG)

Die Bemessungsgrundlage der meisten österr Steuern besteht aus Geldbeträgen in Form von Einkommen, Gehältern, Entgelten, etc, sodass die Feststellung des Wertes keine besonderen Probleme aufwirft. Besteht der Steuergegenstand jedoch nicht aus Geldbeträgen, muss dieser bewertet bzw in einen Geldbetrag umgewandelt werden. Hierzu gibt das Bewertungsgesetz Vorgaben, wobei die in den einzelnen Steuergesetzen definierten Bewertungsvorschriften Vorrang vor denen des Bewertungsgesetzes haben. Keine besonderen Bestimmungen hinsichtlich der Bewertung von Anteilen von Kapitalgesellschaften mit dem gemeinen Wert finden sich beispielsweise im Grunderwerbsteuergesetz, Gebührengesetz und Einkommensteuergesetz. Für Abgabensachverhalte nach diesen Rechtsvorschriften ist daher das Wiener Verfahren die maßgebende Richtlinie.[20]

Gemäß § 13 Abs 2 BewG ist der gemeine Wert von Aktien, Anteilen an Gesellschaften mbH, Genussscheinen und Partizipationsscheinen grundsätzlich aus Verkäufen abzuleiten. Sofern keine Verkäufe vorliegen, die für die Ableitung des gemeinen Wertes geeignet erscheinen, ist dieser unter Beachtung des gesamten Vermögens und der Ertragsaussichten der Gesellschaft zu schätzen. Konkretisiert hat sich das sog „Wiener Verfahren" im Erlass des Bundesministeriums für Finanzen vom 13. November 1996. Das Wiener Verfahren wurde vom VwGH für die Ermittlung des gemeinen Wertes akzeptiert.[21]

Auch kennt das Steuerrecht eine Vielzahl von Bestimmungen, in denen eine Unternehmensbewertung erforderlich sein kann. In der steuerrechtlichen Literatur kommt dabei der Begriff des Verkehrswertes häufig vor, der iSd UmgrStG dem ordentlichen Wert nach § 305 ABGB entspricht.[22]

In der österreichischen Literatur wird der gemeine Wert (§ 10 Abs 3 BewG) vom Verkehrswert unterschieden, in dem beim Verkehrswert die persönlichen und ungewöhnlichen Verhältnisse außer Betracht bleiben.[23] In den UmgrStR 2002 wird dies in Rz 681 auch deutlich gemacht.

Zahlreiche Anlässe ergeben sich aus aus dem UmgrStG. Bewertungsanlass ist hier einerseits die Feststellung eines positiven Verkehrswertes (Einbringung, Zusammenschluss, Realteilung, Steuerspaltung) und andererseits die Wahrung der Äquivalenz des Umtauschverhältnisses (Verschmelzung, Einbringung).

2.2. Sonstige Anlässe

Neben den gesetzlichen Bestimmungen, die eine Bewertung erforderlich machen, gibt es eine Vielzahl vertraglich fundierter bzw auf freiwilliger Übereinkunft der Parteien basierter Bewertungsanlässe.

Unternehmenskauf bzw -verkauf

Hierbei handelt es sich vermutlich um einen der häufigsten Anlässe, für den eine Unternehmensbewertung benötigt wird. In aller Regel ist der Kaufpreisfindung eine Unter-

---

20 Vgl WKO, März 2016, 2.
21 VwGH 27.8.1990, 89/15/0124.
22 Vgl *Hager, P.* (2014) 47.
23 Vgl *Hager, P.* (2014) 48.

nehmensbewertung vorausgegangen, in der der Bewerter, abhängig davon, ob er Käufer oder Verkäufer als Berater unterstützt, eine Kaufpreisober- bzw untergrenze ermittelt hat. Die Wertvorstellungen von Käufer und Verkäufer haben letztendlich zum Transaktionspreis inkl sämtlicher Nebenbedingungen (Earn-out-Klausel) geführt. Unter Einbeziehung der Motive des Unternehmenskaufes ergeben sich nochmals eine Vielzahl weiterer Bewertungsanlässe (Nachfolgethematik, Veräußerung von Geschäftsbereichen, die nicht zur Strategie des Unternehmens passen, uvm) In diesen Fällen handelt es sich im Gegensatz zu vielen rechtlichen Anlässen (GesAusG; Verschmelzung mit Barabfindung, WpÜG, etc) um eine nicht dominante Transaktion, dh der Bewertungsanlass entspringt der Privatautonomie von Käufer und Verkäufer.

Die Wertfindung im Rahmen eines Börsenganges ist ebenfalls darunter zu subsumieren und der Ausgabekurs der neuen Aktien wird neben der Fähigkeit, sämtliche Aktien am Markt platzieren zu können, auch von einer vorausgegangenen Unternehmensbewertung bestimmt.

Wertorientierte Vergütung

Mit dem in Deutschland eingeführten „Gesetz zur Angemessenheit der Vorstandsvergütung" (VorstAG) gewann die Vergütungsbemessung als Bewertungsanlass zunehmende Bedeutung. Ob das Management eine (nachhaltige) Wertsteigerung für die Anteilseigner des Unternehmens erreicht hat, wird in der Regel über eine Unternehmensbewertung festgestellt. In der Praxis sind hier oftmals shareholder-value-orientierte Ansätze in den Unternehmen implementiert (Cash Flow Return on Investment, Economic Value Added, Market Value Added), sodass innerhalb der Bewertung die Kapitalkosten eine besondere Bedeutung erlangen und die Ableitung derselben mit besonderer Sorgfalt vorzunehmen ist, da als Maßstab die über einen festgelegten Kapitalkostensatz erwirtschaftete Überrendite zur Bemessung der wertorientierten Vergütung herangezogen wird.

Fairness Opinion

Eine Fairness Opinion stellt die Stellungnahme eines Sachverständigen in Form eines Berichtes (Opinion Letter) dar, welcher darlegt, ob die Parameter einer Unternehmenstransaktion im Sinne der Aktionäre angemessen sind. Die Unternehmensbewertung selbst ist zwar von der Fairness Opinion klar abgegrenzt, jedoch wird es im Rahmen der Erstellung des Opinion Letters bzw Valuation Memorandums notwendig sein, dass sich der Gutachter ein klares Bild über die Herleitung des Unternehmenswertes verschafft. In der Regel wird er selbst ein Bewertungsmodell erstellen, um die getroffenen Annahmen und den daraus resultierenden Wert zu plausibilisieren.[24]

Zusammenfassung

In den vorangegangenen Ausführungen wurden die häufigsten Bewertungsanlässe gemäß österreichischem Recht dargestellt. Das Aktiengesetz, das UGB und die Bestimmungen zur Umgründung, Spaltung und Verschmelzung nehmen dabei einen dominierenden Raum ein. Meistens stehen die Bestimmungen im Zusammenhang mit dem Eingriff von Rechten, die die Gesellschafterstellung betreffen.

---

24 Vgl hierzu auch das Kapitel Fairness Opinions.

3. Werttheorien

3.1. Der objektive Wert

Bis in die 50/60er Jahre war die objektive Unternehmensbewertung, die einen objektiven, für jede Person realisierbaren Unternehmenswert, ermittelt, vorherrschend. Die Bestimmung dieses Wertes sollte losgelöst von subjektiven Interessen und Möglichkeiten der Individuen erfolgen.[25] Der Unternehmenswert wäre demnach eine Quasi-Eigenschaft des Unternehmens. Hintergrund dafür, dass der objektive Wert sehr lange in der Literatur diskutiert wurde, war wohl, dass dem Begriff des "Objektiven" eine bestimmte Nachprüfbarkeit, Wissenschaftlichkeit und Allgemeingültigkeit anhaftet.[26] Die Ermittlung eines objektiven Wertes warf im Rahmen der Diskussionen allerdings immer neue Probleme auf.[27] Wird nämlich vom Bewertungssubjekt abstrahiert, müsste der so ermittelte Unternehmenswert von jeder „normalen" Person realisierbar sein, die es aber de facto nicht gibt. Ein weiteres wichtiges Argument gegen den „objektiven Unternehmenswert" war, dass die Ermittlung eines Entscheidungswertes zwischen zwei Parteien in dieser Form nicht möglich war, da ein Einigungspreis von den subjektiven Entscheidungsbedingungen der Parteien abhängt.[28] Wesentlichster Kritikpunkt an der objektiven Bewertungslehre war, dass deren Vertreter nicht erklären konnten, warum Unternehmen ge- und verkauft werden, wenn deren Wert letztlich für alle Beteiligten gleich hoch ist.[29] Der objektive Unternehmenswert spielt daher in der heutigen Diskussion keine Rolle mehr.

3.2. Der subjektive Wert

Ab den 60er Jahren war die Idee des objektiven Unternehmenswertes nicht mehr zu halten und die Lehre vom subjektiven Unternehmenswert begann sich durchzusetzen. Mittels des subjektiven Wertes sollte das Unternehmen in Abhängigkeit vom Bewertungssubjekt auf Basis der subjektiven Planungen und Fähigkeiten der Person (Käufer) bewertet werden.[30] Gleichzeitig bedeutet dies, dass es nicht mehr einen Unternehmenswert, sondern unendlich viele Werte gibt, die von jedem Bewertungssubjekt, dessen Planungen, Vorstellungen und Handlungsmöglichkeiten, abhängen. Sämtliche Verbundeffekte, Synergiepotentiale und Verwertungsmöglichkeiten des Bewertungssubjekts fließen in die Wertermittlung ein. Das Bewertungsergebnis ist damit nicht mehr als isolierte „Eigenschaft" zu betrachten, sondern als Werturteil einer bestimmten Person (= Bewertungssubjekt). Dasselbe gilt auch für einen wesentlichen Werttreiber des Unternehmenswertes, nämlich den Diskontierungszinssatz, der ebenfalls subjektbezogen interpretiert wird. Konsequent weitergedacht ist der subjektive Wert für einen Käufer derjenige, den er maximal zu zahlen bereit ist (Grenzpreis des Käufers), sodass ihm kein Vermögensnachteil entsteht. Gleichzeitig ist dies die Kaufpreisobergrenze für den Käufer. Auf der Seite des

---
25 Vgl *Mellerowicz, K.* (1952) 12.
26 Vgl *Matschke, M. J./Brösel, G.* (2012) 12 ff, mwN.
27 Vgl *Bretzke, W.-R.* (1976) 544.
28 Vgl *Matschke, M. J./Brösel, G.* (2012) 16.
29 Vgl *Wollny, C.* (2008) 24.
30 Vgl *Hering* (2004) 105 mwN.

Verkäufers, der ebenfalls auf Basis seiner Planungen und Handlungsmöglichkeiten einen subjektiven Unternehmenswert ermittelt hat, ist dieser der mindestens zu erzielende Verkaufspreis (Grenzpreis des Verkäufers). Ist der Grenzpreis des Käufers gleich dem Grenzpreis des Verkäufers oder liegt dieser darüber, wird eine Transaktion stattfinden. Der hierfür zu zahlende Preis hängt allerdings vom Verhandlungsgeschick der Parteien ab. Die Subjektbezogenheit des Unternehmenswertes gab auch viel Anlass zur Kritik, insbesondere, dass ein Wert eines unparteiischen Gutachters weder theoretisch möglich ist, noch praktisch ermittelt werden kann, wenn es keine „interessierende" Partei gibt. Kritisch gesehen wird bei der subjektiven Werttheorie auch, dass die Bewertung des Einzelnen aufgrund der Subjektivität nicht nachvollziehbar ist, da alle Faktoren, die zu einem Werturteil führen, in einer Einheit zusammengefasst sind.[31] Auf der anderen Seite ist ein Unternehmenswert bei einer Vielzahl von Eigentümern, wie es bei börsennotierten Aktiengesellschaften üblich ist, kaum zu ermitteln, da es praktisch unmöglich ist, alle subjektiven Werte zu bestimmen.

Dennoch findet die Ermittlung des subjektiven Unternehmenswertes zahlreiche Anwendungen und KFS BW 1 (2014) widmet sich diesem mit einer genauen Definition: *Der subjektive Unternehmenswert ist ein Entscheidungswert und wird mit Hilfe eines Diskontierungsverfahrens ermittelt. In ihn fließen die subjektiven Vorstellungen und persönlichen Verhältnisse sowie sonstige Gegebenheiten (zB Synergieeffekte) des Bewertungssubjekts ein. Für einen potentiellen Käufer bzw Verkäufer soll dieser Wert die relevante Preisober- bzw Preisuntergrenze aufzeigen.*[32]

Das Fachgutachten KFS BW 1 (2014) widmet sich dem subjektiven Wert an mehreren Stellen:

Punkt / Rz	Thema
2.5.1 / 15	Bewertungszweck
2.5.3 / 19	Ermittlung eines subjektiven Unternehmenswertes
3.5 / 29	Berücksichtigung von Transaktionskosten und transaktionsbedingten Ertragssteuerwirkungen
4.1.1 / 31	Anwendungen Ertragswertverfahren / DCF-Verfahren
4.3 / 50	Festlegung des Diskontierungssatzes
4.4.3 / 89–94	Ermittlung der finanziellen Überschüsse
4.5.3 / 113	Renditeforderung der Eigenkapitalgeber
7.4 / 142 a	Behandlung negativer finanzieller Überschüsse
8 / 151	Ermittlung eines Anteilswertes

Tabelle 1: Subjektiver Wert in KFS BW 1

---
31 Vgl *Peemöller, V.-H.* (2001) 7.
32 Vgl KFS BW 1 (2014), Rz 19.

Subjektive Unternehmenswerte leiten sich immer aus den individuellen Vorstellungen des Bewertungssubjekts ab und berücksichtigen sämtliche Handlungsalternativen und möglichen Umweltzustände. Der subjektive Wert ist der Grenzpreis des Käufers bzw Verkäufers. Im Fall der Bemessung von Abfindungsansprüchen wäre der Grenzpreis der „richtige" Betrag zur Befriedigung des ausscheidenden Gesellschafters. Bei einer Vielzahl von Gesellschaftern ist es jedoch nicht möglich, unterschiedliche Grenzpreise zu ermitteln, sodass ein typisierter Unternehmenswert für einen typisierten Gesellschafter – der objektivierte Unternehmenswert – eingeführt wurde.

3.3. Der objektivierte Wert

Die Gegensätze zwischen den Lehren des objektiven und subjektiven Unternehmenswertes bzw deren Vor- und Nachteile wurden in Deutschland erst in den siebziger Jahren durch Einführung der funktionalen Unternehmensbewertungstheorie (Kölner Funktionenlehre) überwunden.[33] Zentrale Erkenntnis ist, dass der Wert eine subjektive und zweckabhängige Kategorie ist, dh der Unternehmenswert ist auch abhängig von der Aufgabenstellung des Bewerters, womit das Unternehmen einen subjektiven Wert hat, welcher je nach Aufgabenstellung (Zweck)[34] unterschiedlich sein kann.[35] Es gibt somit **nicht den** einzelnen Unternehmenswert und **das** Verfahren zu Ermittlung des Unternehmenswertes, sondern es wird je nach Bewertungszweck auf die Verfahren der subjektiven oder objektiven Unternehmensbewertungslehre zurückgegriffen.[36]

Das Zweckabhängigkeitsprinzip der Unternehmensbewertung wird im österreichischen Standard (KFS BW 1 2014) in Punkt 3.1 (Rz 22) wie folgt definiert:

„Da mit einem Bewertungsanlass unterschiedliche Bewertungszwecke verbunden sein können, ist die Aufgabenstellung für die Unternehmensbewertung allein aus dem mit der Bewertung verbundenen Zweck abzuleiten. Dieser bestimmt die Vorgangsweise bei der Unternehmensbewertung, insbesondere die Auswahl des geeigneten Bewertungsverfahrens und die Annahmen hinsichtlich Planung und Diskontierung der künftigen finanziellen Überschüsse. Eine sachgerechte Unternehmenswertermittlung setzt daher voraus, dass im Rahmen der Auftragserteilung der Bewertungszweck und die Funktion, in der der Wirtschaftstreuhänder tätig wird, festgelegt werden".

Die Einführung des objektivierten Wertes ist zwar kein Ergebnis der Kölner Funktionenlehre, allerdings war es vor allem bei gesetzlichen Anlässen notwendig einen intersubjektiv nachprüfbaren Unternehmenswert zu ermitteln, wenn zB zur Feststellung einer angemessenen Barabfindung viele Gesellschafter betroffen sind und daher nicht viele einzelne subjektive Werte ermittelt werden können, sondern ein Unternehmens-

---

33 Vgl *Matschke, M. J./Brösel, G.* (2012) 22 mwN. zu den grundlegenden Arbeiten der Kölner Funktionenlehre.
34 Die Worte Funktion, Zweck, Aufgabe werden hier synonym verwendet.
35 Bekannt als Zweckabhängigkeitsprinzip der Unternehmensbewertung; interessant dabei ist, dass das Zweckabhängigkeitsprinzip in der angelsächsischen Literatur unbekannt ist und ihm kaum eine Bedeutung beigemessen wird. Dies zeigt sich im Fehlen der Diskussion in den Standardlehrbüchern zum Thema Bewertung. Hinsichtlich der Erklärung für dieses Phänomen sind sich die Autoren noch uneinig; vgl *Matschke, M. J.* (2013) 31, FN 6.
36 Vgl *Gröger, H.-C.* (2009) 15; *Matschke, M. J.* (2013) 31.

wert, der alle Gesellschafter gleichermaßen behandelt und für alle angemessen ist.[37] Die Nachvollziehbarkeit der Ermittlung des Unternehmenswertes und die intersubjektive Nachprüfbarkeit der Berechnungen waren zentrale Anforderungen bei der Einführung des objektivierten Unternehmenswertes.[38] Die Ent-Subjektivierung im Rahmen der Ermittlung des objektivierten Wertes wird als Typisierung bezeichnet.[39] Als Bewertungssubjekt wird ein typisierter Eigentümer unterstellt. Um zum objektivierten Unternehmenswert zu gelangen, werden folgende Typisierungen vorgenommen und Annahmen getroffen:[40]

- Das Unternehmen wird auf Basis des bestehenden Konzeptes fortgeführt.
- Das Unternehmen generiert, auf Basis des Unternehmenskonzeptes und sämtlichen Einflussfaktoren und den daraus abgeleiteten realistischen Zukunftsprognosen, ein bestimmtes Ertragspotenzial.
- Der entnehmbare Zahlungsstrom ist nachhaltig und berücksichtigt die Substanzerhaltung, dh die Investitionsraten und das Ausschüttungsverhalten sind zu berücksichtigen.
- Transaktionskosten und transaktionsbedingte Ertragssteuerwirkungen werden nicht berücksichtigt.
- Bei der Planungsrechnung dürfen nur solche Maßnahmen berücksichtigt werden, die bereits eingeleitet oder hinreichend konkret sind.
- Es ist von durchschnittlichen Managementleistungen auszugehen und, sofern stark personenbezogene Erfolgsbeiträge in der Planung enthalten sind, sind diese außer Acht zu lassen.
- Synergieeffekte sind nur insofern zu berücksichtigen, als deren Realisierung bereits eingeleitet ist.
- Der Diskontierungszinssatz ist kapitalmarkttheoretisch abzuleiten (CAPM) und nachvollziehbar zu begründen.
- Steuern sind typisiert anzuwenden.

Die Definitionen des objektivierten Wertes aus unterschiedlichen Quellen lassen erkennen, dass Typisierungen hinsichtlich der Eigentümer und eine Objektivierung der Rahmenbedingungen (in Bezug auf die Realisierbarkeit) vorgenommen werden.

- Der objektivierte Wert ist ein typisierter Zukunftserfolgswert, der sich bei Fortführung des Unternehmens im unveränderten Konzept und mit realistischen Zukunftserwartungen im Rahmen seiner Marktchancen und -risiken, finanziellen Möglichkeiten sowie sonstigen Einflussfaktoren bestimmen lässt.[41]
- Der objektivierte Unternehmenswert wird unter typisierenden Annahmen mit Hilfe eines Diskontierungsverfahrens ermittelt. Er repräsentiert jenen Unternehmenswert, der sich bei Fortführung des Unternehmens auf Basis des bestehenden Unternehmenskonzepts mit allen realistischen Zukunftserwartungen im Rahmen der Markt-

---

37 § 47a AktG: „Aktionäre sind unter gleichen Voraussetzungen gleich zu behandeln".
38 Vgl *Peemöller, V.-H.* (2001) 7.
39 Vgl *Wollny, C.* (2008) 24.
40 Vgl KFS BW 1 (2014).
41 Vgl WP Handbuch (2002), Band II, 11, Rz 35.

chancen und -risiken, der finanziellen Möglichkeiten des Unternehmens sowie der sonstigen Einflussfaktoren ergibt.[42]
- Der objektivierte Wert ist der Wert, (...) der aus Sicht eines objektiv-vernünftigen dritten Betrachters als angemessen gelten kann.[43]
- Der objektivierte Wert stellt einen intersubjektiv nachprüfbaren Zukunftserfolgswert aus Sicht der Anteilseigner dar. Dieser ergibt sich aus der Fortführung des Unternehmens auf Basis des bestehenden Unternehmenskonzeptes und mit allen realistischen Zukunftserwartungen im Rahmen der Marktchancen, -risiken und finanziellen Möglichkeiten des Unternehmens sowie sonstigen Einflussfaktoren.[44]

Es zeigt sich anhand obiger Definitionen deutlich, dass die Wertvorstellungen von potentiellen Käufern oder wertverändernde Argumente des Verkäufers (entspricht der jeweiligen subjektiven Sicht) nicht berücksichtigt werden. Der objektivierte Wert weist einerseits eine Nähe zum Marktwert und andererseits eine Verbindung zum ordentlichen Wert gem § 305 ABGB[45] oder zum gemeinen Wert gem § 10 Abs 3 BewG[46] auf. Dies ist mit ein Grund warum bei vielen gesetzlichen Bewertungsanlässen der objektivierte Unternehmenswert zur Anwendung kommt.

3.4. Marktwert

Seit den 80er Jahren des 20. Jahrhunderts haben kapitalmarktorientierte Bewertungsverfahren an Bedeutung gewonnen.[47] Wesentlich im Rahmen einer diesem Schema folgenden Unternehmensbewertung ist, dass bei der Ermittlung des Marktwertes die an den Börsen notierten Preise in der Bewertung berücksichtigt werden. Der Marktwert gibt jenen Betrag an, der an einem idealisierten Kapitalmarkt für den zukünftigen Zahlungsstrom aus dem zu bewertenden Unternehmen an die Kapitalgeber bei einem Kauf zu zahlen bzw bei einem Verkauf zu erzielen wäre.[48] Reale Bedeutung hat dieser (Markt-)Wert (= Preis)[49] bei der Festlegung des Emissionskurses bei einem IPO. Grundsätzlich wird nach dem Preis gefragt, der sich auf einem idealisierten (theoretischen) Markt einstellen

---

42 Vgl KFS BW 1, 2.5.2., Rz 16.
43 LG Dortmund 19.3.2007 – 18 AktE 5/03.
44 Vgl IDW S 1 2008, Rz 29.
45 Der ordentliche Wert nach § 305 ABGB ist der gewöhnliche und allgemeine Wert, bei dem es nicht auf den wirtschaftlichen Zusammenhang und die persönlichen Verhältnisse der Interessenten ankommt. Vgl *Hager, P.* (2014) 47.
46 § 10 Abs 3 BewG: Der gemeine Wert wird durch den Preis bestimmt, der im gewöhnlichen Geschäftsverkehr nach der Beschaffenheit des Wirtschaftsgutes bei einer Veräußerung zu erzielen wäre. Dabei sind alle Umstände, die den Preis beeinflussen, zu berücksichtigen. Ungewöhnliche oder persönliche Verhältnisse sind nicht zu berücksichtigen.
47 Grundlage hierfür waren die Erkenntnisse aus der neoklassischen Finanzierungstheorie mit der Annahme der Existenz von vollkommenen Kapitalmärkten. Vgl *Drukarczyk, J./Schüler, A.* (2007) 101; *Matschke, M. J./Brösel, G.* (2012) 26 f, mwN.
48 Vgl *Gröger, H.-C.* (2009) 18.
49 Nur zu Beginn der Aufnahme des Börsenhandels fallen Unternehmenswert und Preis zusammen, auch wenn die beiden Begriffe nicht als Synonyme verwendet werden dürfen. Dem Marktwert ist die Annahme inhärent, dass sich Wert und Preis der Aktie entsprechen. Hinweis für ein Auseinanderfallen von Wert und Preis sind schon alleine die täglichen Empfehlungen von Analysten, die auf eine Über- oder Unterbewertung von Aktien hinweisen. Würden Wert und Preis für alle Marktteilnehmer zusammenfallen, gäbe es keinen Grund Aktien zu kaufen oder zu verkaufen und es würde kein Handel stattfinden, sodass alleine daraus schon der subjektive Wert ein gültiges Konzept darstellt und die Zweckabhängigkeit der Bewertung stützt.

würde. Dieser theoretische Markt basiert auf den restriktiven Prämissen der neoklassischen Finanzierungstheorie, die in der Realität nicht vorhanden sind, sodass daraus kein entscheidungsorientierter Unternehmenswert ableitbar ist.[50] Gleichzeitig erfolgt damit eine Verwischung der Begriffe „Wert" und „Preis". Da der Marktwert nicht nach Käufer und Verkäufer differenziert, sind Marktwerte in der deutschsprachigen Literatur umstritten. Anlass zur Kritik gibt einerseits der fehlende Subjektbezug[51] und andererseits die Tatsache, dass es sich beim Marktwert nicht um einen Preis für das Unternehmen als *„Ganzes"* handelt, sondern um einen Preis der Anteile bei einem gegebenen Handelsvolumen.[52] Der Marktwert des Eigenkapitals ergibt sich somit als Produkt aus Anzahl der Aktien mal Aktienkurs – ein praktisch über den realen Markt nicht realisierbarer Wert. Gegen eine Gleichsetzung des Marktwertes mit dem Entscheidungswert spricht auch, dass der Aktienwert sich aus der prognostizierten Dividendenvereinnahmung und/oder der zukünftigen Kurssteigerung generiert, die in keinem Zusammenhang zum Zahlungsstrom stehen, wenn ein Käufer die Gesamtunternehmung inkl möglicher Änderungen der Geschäftspolitik oder der Ausnutzung von Synergien erwirbt.[53]

Der Marktwert, abgeleitet aus den in der Realität nicht anzutreffenden Annahmen auf Basis der prognostizierten Cashflows, kann im Hinblick auf die funktionale Werttheorie lediglich als Argumentationswert verwendet werden. Dieser Umstand hat sich auch in der Rechtsprechung durchgesetzt, da der Wert der Abfindung nach der Entscheidung des deutschen Bundesverfassungsgerichts, unter der Voraussetzung eines ausreichend liquiden Marktes, mindestens dem Börsenkurs entsprechen muss.[54]

4. Bewertungsfunktionen

4.1. Hauptfunktionen

Mit der Einführung der funktionalen Unternehmensbewertung, dh die Vorgehensweise bei der Bestimmung des Unternehmenswertes und der Unternehmenswert selbst sind abhängig vom Bewertungszweck (Zweckadäquanzprinzip), können Haupt- und Nebenfunktionen unterschieden werden. Weitgehende Einigkeit in der Literatur besteht hinsichtlich der Hauptfunktionen, die auch in den Praxisstandards Erwähnung finden:[55]

- Entscheidungsfunktion (auch Beratungsfunktion) → Entscheidungswert
- Vermittlungsfunktion (Schiedsspruch- oder Arbitriumfunktion) → Schiedswert
- Argumentationsfunktion (Begründungsfunktion) → Argumentationswert

---

50 Zu den wesentlichen Prämissen zählen Marktvollkommenheit, Marktvollständigkeit, Vollständigkeit des Wettbewerbes sowie die Annahmen zum CAPM und der Modigliani-Miller-Hypothese: vgl *Haeseler, H. R./ Hörmann, F.* (2009) 523 ff; *Haeseler, H. R./Hörmann, F.* (2010); *Breuer, S.* (1997) 223 f.
51 Wesentlich hierfür sind die konkreten Ziele, Pläne und Handlungsmöglichkeiten des Individuums auf dem unvollkommenen Markt.
52 *Matschke, M. J./Brösel, G.* (2012) 27.
53 Vgl *Oblrich, M./Frey, N.* (2013) 347.
54 BVerfG 27.4.1999 – 1 BvR 1613/94; in Österreich relevante Judikatur zur (Nicht-)Berücksichtigung des Börsenkurses verweist stark auf die deutsche Judikatur: siehe: OGH 6.6.2001, 6 Ob 109/01z; OGH 6.11.2008, 6 Ob 91/08p; OGH 5.7.2001, 6 Ob 99/01d.
55 Vgl KFS BW 1 (2014), Rz 16, 19, 20, 21; IDW S 1 (2008), Rz 12; zur exakten Definition der Haupt- und Nebenfunktionen vgl *Matschke, M. J.* (2013) 32.

Die Hauptfunktionen beziehen sich auf jene Bewertungsanlässe, die auf eine Änderung der Eigentumsverhältnisse am zu bewertenden Unternehmen ausgerichtet sind. Alle anderen Anlässe werden als Nebenfunktionen systematisiert.[56] Wesentliche Nebenfunktionen sind die Informationsfunktion, die Steuerbemessungsfunktion, die Bilanzfunktion und die Vertragsgestaltungsfunktion.[57]

Der Entscheidungswert wird für ein bestimmtes Entscheidungssubjekt (Käufer, Verkäufer) in einer speziellen Entscheidungssituation (Erwerb, Verkauf) ermittelt. Entsprechend dem Subjektivitätsprinzip fließen die individuellen Vorstellungen und persönlichen Verhältnisse sowie sonstige Gegebenheiten des Bewertungssubjekts ein. Es wird ein **subjektiver Wert** ermittelt und der Entscheidungswert stellt jenen Wert dar, der dem Bewertungssubjekt bei einem Kauf oder Verkauf des Unternehmens indifferent zur Entscheidungsalternative steht.[58] Es wird somit die Kaufpreisober- bzw -untergrenze bestimmt und der Entscheidungswert wird oft auch als „Wert hinter vorgehaltener Hand" bezeichnet. Daraus folgt, dass man in Verhandlungssituationen grundsätzlich nicht mit diesem Wert zu tun hat und die bei Gericht oder außergerichtlich vorgelegten Gutachten keine Entscheidungswerte sind. Vor dem Hintergrund dieser Funktion wird der Entscheidungswert auch als Basiswert bezeichnet, da dieser als Ausgangspunkt zur Überleitung zu Schieds- oder Argumentationswerten dienen kann. Der Entscheidungswert ist nicht mit dem Marktwert ident und kann nach den kapitalmarktorientierten Modellen nicht abgeleitet werden.

Der Schiedswert oder Arbitriumwert ist das Ergebnis der Unternehmensbewertung im Rahmen der Vermittlungsfunktion. Der Schiedswert wird von einem unparteiischen Dritten (Gutachter) auf Basis derjenigen Bedingungen ermittelt, bei denen ein fairer und angemessener Interessenausgleich stattfindet und der Gutachter eine Einigung der Konfliktparteien für möglich hält.[59] Es ist damit ein Kompromissvorschlag, der dahingehend gestaltet ist, dass er die Konfliktparteien überzeugt und als zumutbar, fair oder angemessen wahrgenommen wird. KFS BW 1 (2014) definiert in Rz 20: *„Der Schiedswert wird ausschließlich nach sachlichen Gesichtspunkten festgestellt, berücksichtigt aber die Investitionsalternativen und die persönlichen Verhältnisse der Bewertungssubjekte in angemessenem Umfang"*. Ausgangspunkt des Schiedswertes kann daher der jeweilige Entscheidungswert der Konfliktparteien sein und auf Basis dessen soll der Schiedswert anhand von angemessenen Hinzurechnungen bzw Abschlägen gefunden werden. Der Schiedswert ist somit der Kompromissvorschlag zwischen den subjektiven Unternehmenswerten zweier Parteien. Überzeugt der Arbitriumwert und ist er innerhalb des Einigungsbereichs (Grenzpreis des Käufers bzw Verkäufers) wird dieser bei einer Unternehmenstransaktion zum Preis. Der Schiedswert wird besonders bei dominierenden Konfliktsituationen, wie zB bei der Bemessung von Abfindungsansprüchen (Squeeze Out), benötigt. Hierbei ist der Schiedswert regelmäßig ein von den Parteien anzuerkennender Wert. Erwähnenswert ist, dass es nicht den einen Wert gibt, sondern letztendlich

---
56 Vgl *Matschke, M. J.* (2013) 32.
57 Vgl *Peemöller, V.-H.* (2001) 8; *Mandl, G./Rabel, K.* (1997) 15.
58 Vgl *Aschauer, E./Purtscher, V.* (2011) 102.
59 Vgl *Matschke, M. J.* (2013) 35; *Aschauer, E./Purtscher, V.* (2011) 102; *Peemöller, V.-H.* (2001) 10.

ein Unternehmenswert festgelegt werden muss, der innerhalb des Einigungsbereichs zwischen der dominierenden Partei und einer möglichen Vielzahl von dominierten Parteien liegen muss. Stark geprägt ist diese Thematik auch von Rechtsfragen, die der sachverständige Gutachter jedenfalls zu berücksichtigen hat.[60]

Der Argumentationswert ist ein parteiischer Wert und wird vom Bewerter im Rahmen seiner Beratungsfunktion erbracht. In die Unternehmenswertermittlung fließen alle Argumente des Bewertungssubjektes ein, die im Rahmen der Verhandlung über den Wert die möglichst beste Lösung für eine Partei erreichen. Ziel des Argumentationswertes ist die Beeinflussung des Verhandlungspartners.[61] Hilfreich bei der Ermittlung der Argumentationswerte ist die Kenntnis der jeweiligen Entscheidungswerte der Parteien. In der Beratungspraxis hat der Argumentationswert eine herausragende Bedeutung, insbesondere bei der Absicherung von unternehmerischen Entscheidungen im Rahmen der Erstellung von „Fairness Opinions".

4.2. Nebenfunktionen

Innerhalb der Funktionenlehre sind die Nebenfunktionen nicht als weniger bedeutend zu interpretieren. Definitionsgemäß handelt es sich um Unternehmensbewertungen, bei denen es nicht um eine Änderung von Eigentumsverhältnissen geht, womit oftmals interpersonale Konflikte verbunden sind und der Entscheidungswert eine hohe Bedeutung hat.

Die Nebenfunktionen inkl einiger klassischer Anwendungsfälle sind:[62]

- Kreditierungsunterstützungsfunktion (Kreditvergabe, Bestimmung von Beleihungsgrenzen)
- Steuerungsfunktion (wertorientiertes Controlling, Value Based Management)
- Vertragsgestaltungsfunktion (Vertragsklauseln hinsichtlich Abfindung, Austritt, etc)
- Motivationsfunktion (Bestimmung von Prämien und Boni)
- Krisenbewältigungsfunktion (Sanierungs- oder Insolvenzprüfungen)
- Steuerbemessungsfunktion (Festlegung der Steuerbemessungsgrundlage, EStG, Erbschaft, etc)
- Informationsfunktion (auch Rechnungslegungs- oder Bilanzfunktion; Bestimmung von Anteilswerten zum Zwecke der Bilanzierung)
- Ausschüttungsbemessungsfunktion (erfolgsabhängige Vergütung)
- Es zeigt sich deutlich, dass die Nebenfunktionen individuelle Anforderungen stellen und durchwegs eine hohe Komplexität aufweisen können.
- Die funktionale Bewertungslehre und der damit verbundene Katalog der Funktionen war und ist nach wie vor Kritik ausgesetzt. Einerseits ist die Abgrenzung in Haupt- und Nebenfunktionen abhängig von der Perspektive des Betrachters und andererseits existieren Bewertungszwecke, die nicht in das vorliegende Schema passen, sodass im Wesentlichen Abgrenzungsprobleme bestehen bleiben.

---

60 Vgl *Karami, B.* (2013) 414 ff.
61 Vgl *Brösel, G./Zwirner, C./Petersen, K.* (2013) 228.
62 Vgl *Brösel, G.* (2006) 128.

5. Funktionen des Gutachters

Mit der Einführung des Zweckabhängigkeitsprinzips in die Unternehmensbewertung sind unterschiedliche Wertarten sowie Funktionen des Bewerters verbunden. Das IDW nimmt keine Differenzierung nach Funktion des Unternehmenswertes, sondern nach der Funktion des Wirtschaftsprüfers vor und hat daraus einen Funktionenkatalog für Wirtschaftsprüfer abgeleitet.[63] Die Unterscheidung zwischen diesen beiden Konzepten „Funktion des Unternehmenswertes" und der „Funktion des Unternehmensbewerters" ist wesentlich und in nachfolgender Abbildung wird ein Versuch unternommen die beiden Konzepte miteinander zur Deckung zu bringen.

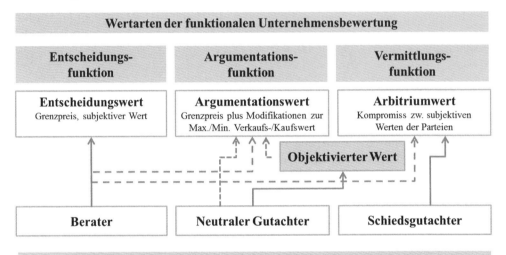

Quelle: eigene Darstellung in Anlehnung an IDW S 1, 2008; *Matschke, M. J.* (2013) 37

Die Funktion als Berater lässt sich mit der Entscheidungsfunktion, die Funktion als Schiedsgutachter lässt sich mit der Vermittlungsfunktion relativ einfach zur Deckung bringen. Die Aufgabe als Berater nimmt eine zentrale Stellung ein, da diese Funktion bei der Ermittlung aller drei Wertarten zum Tragen kommt. Die Beratungsfunktion hat ihre Berechtigung bei der Ermittlung aller drei Wertarten, da jedem Auftrag ein Beratungsaspekt innewohnt, auch wenn das IDW diesen Umstand negiert. Bemerkenswert ist, dass der objektivierte Wert, der bei den gesetzlichen Bewertungsanlässen in der Praxis am häufigsten zur Anwendung kommt, keine Berücksichtigung in der funktionalen Unternehmensbewertungstheorie (Kölner Funktionenlehre) findet.

Der österreichische Standard KFS BW 1 (2014) erwähnt in Punkt 2.5 Rz 15–21 explizit die Bewertungszwecke und Funktionen des Wirtschaftstreuhänders, nimmt jedoch keine Verbindung zwischen der Rolle des Gutachters und den einzelnen Bewertungszwecken vor. Hintergrund ist, dass der österreichische Standard zB die Ermittlung eines

---
63 WP-Handbuch 2002, Tz 31 ff, 9 ff.

objektivierten Wertes im Rahmen der Beratungsfunktion zulässt.[64] Die Funktion, die der Wirtschaftstreuhänder einnimmt, ist schriftlich bei der Auftragserteilung und im Gutachten zu erwähnen.

Es werden entsprechend der Bewertungsstandards[65] drei verschiedene Funktionen eines Bewerters im Rahmen der Unternehmensbewertung unterschieden:

a) Neutraler Gutachter
b) Berater
c) Schiedsgutachter/Vermittler

5.1. Neutraler Gutachter

In der Funktion als neutraler Gutachter wird der sog objektivierte Wert des Unternehmens ermittelt. Dieser objektivierte Wert ist ein Wert, welcher unabhängig von den individuellen Vorstellungen der betroffenen Parteien ist und auf dem bereits vorhandenen und realisierten Unternehmenskonzept basiert. Er wird unter der Fortführungsprämisse unter Leitung des bestehenden Managements, der vorhandenen Ressourcenausstattung und vor dem Hintergrund der aktuellen Marktsituation ohne wertbeeinflussende Faktoren eines potentiellen Käufers (Synergien, Restrukturierung, etc) bestimmt.

Das Konzept der unveränderten Fortführung des Unternehmenskonzeptes im Zusammenhang mit der realistischen Einschätzung der externen Einflüsse stellt den Bewerter vor eine große Herausforderung. Aus der Vielzahl der damit verbundenen Probleme seien hier einige beispielhaft genannt:[66]

- Bei großen Bewertungsfällen bereitet die Abgrenzung von beschlossenen Maßnahmen, welche erst in der Zukunft wirksam werden, zum bestehenden Unternehmenskonzept oftmals Schwierigkeiten. Zu nennen sind Markteintrittsstrategien, F&E-Projekte und deren zukünftiges Umsatzpotential, Reorganisationsmaßnahmen inkl Schließung von Werken usw.
Eine Lösung ergibt sich meist erst aus der Beurteilung des Einzelfalles. Sofern Veränderungen im Unternehmen „alltäglich" oder Bestandteil des Konzeptes sind, können diese Maßnahmen miteinbezogen werden (Modellwechsel in der Automobilindustrie). Stellt die Maßnahme einen materiellen Einschnitt in das Unternehmenskonzept dar, wie zB bei Restrukturierungen, wird eine Einbeziehung in der Regel nicht in Betracht kommen.
- Ein häufig anzutreffendes Problem ist in diesem Zusammenhang die Bewertung von jungen Unternehmen. Die zentrale Frage ist, was zum bestehenden Unternehmenskonzept gehört, wenn das Unternehmen noch in der Produktentwicklung tätig ist, und erst der Erfolg der Produktentwicklung zu Umsätzen führt. Es ist davon auszugehen, dass das aktuelle Unternehmenskonzept, wofür das Unternehmen gegründet wurde, noch nicht erreicht ist und die Bewertung anhand des später umsatzgenerierenden Unternehmen vorzunehmen ist.

---

64 *Aschauer, E./Purtscher, V.* (2011) 105; anzumerken ist hierbei, dass die Beratungsfunktion allen drei Funktionen des Gutachters mehr oder weniger stark innewohnt. Dies ist in obiger Abbildung durch die gestrichelte Linie angedeutet.
65 Vgl KFS BW 1 (2014), Rz 21; IDW S 1 2008, Rz 31.
66 Vgl *Kaden, J.* (2007) 82.

- Problematisch erweist sich auch die Bewertung eines Unternehmens, welches zB in einen Konzernverbund eingebettet ist und im Rahmen des Konzerns eine definierte Teilaufgabe wahrnimmt. Dieses Unternehmen folgt mit anderen Unternehmen des gleichen Konzerns einem gemeinsamen Konzept, welches sich nur durch den Verbund aller Konzernunternehmen gemeinsam verwirklichen lässt. In solchen Fällen kann es sein, dass das Unternehmen losgelöst aus dem Konzernverbund aufgrund des Fehlens des betrieblichen Zusammenhanges keinen bzw nur einen geringen Unternehmenswert hat. In diesen Fällen muss für die Ermittlung des Unternehmenswertes klargestellt werden, nach welchen Annahmen die Bewertung erfolgt.

Die makroökonomischen Faktoren und all jene Einflüsse, denen das Unternehmen ausgesetzt ist, sind vom Bewerter zu berücksichtigen. Dabei muss er von den nach seiner Auffassung realistischen Zukunftserwartungen ausgehen und dies auch ausführlich begründen können.

Der in dieser Weise ermittelte objektivierte Unternehmenswert kann eine sinnvolle Grundlage für die Ableitung von subjektiven Werten sein, indem durch Hinzurechnungen und Abschlägen vorteilhafte und nachteilige Effekte einbezogen werden.

5.2. Berater

Im Rahmen der Beratungsfunktion wird der Bewerter entscheidungsunterstützende Argumente für den Auftraggeber bereitstellen. Dies ist vor allem beim Unternehmenskauf oder -verkauf der Fall, da es in solchen Fällen einerseits um die Festlegung von Kaufpreisober- bzw untergrenzen (Entscheidungswert) geht und andererseits auch Argumente für eine Senkung bzw Erhöhung des Kaufpreises gefunden werden sollen (Argumentationswert). Der Bewerter unterstützt bei den subjektiven Bewertungsüberlegungen und ist auch ausschließlich seinem Auftraggeber verpflichtet. Aufgabe des Bewerters in der Ausübung seiner Beratungsfunktion ist es:[67]

- Know-how zur Verfügung zu stellen
- Ein in sich geschlossenes, nachvollziehbares Bewertungskalkül zu erstellen
- Die subjektiven Wertvorstellungen und Informationsgrundlagen auf Realisierbarkeit zu prüfen

Die Aufgaben in der Beratungsfunktion können dabei sehr vielseitig sein und aus Praxissicht ist es sinnvoll, den „scope of work" möglichst eindeutig zu definieren. Festgelegt ist im Vertragsverhältnis eindeutig, welche Interessen zu vertreten sind und wem der Bewerter verpflichtet ist.

5.3. Schiedsgutachter[68]

Im Rahmen der Schiedsgutachter-/Vermittlungsfunktion wird der Bewerter tätig, wenn er im Rahmen einer Konfliktsituation zwischen zwei Parteien vermitteln soll bzw wenn er im Rahmen von gesetzlichen Vorschriften tätig wird (zB zur Festlegung von Abfindungs-

---
67 WP Handbuch (2002), Abschnitt A, Rz 40, 12.
68 Vgl *Kaden, J.* (2007) 83.

zahlungen). In dieser Schiedsfunktion soll er grundsätzlich neutral sein – im Sinne einer Neutralität gegenüber den beteiligten Parteien. Er ist dabei aufgerufen, einen Einigungswert oder Vermittlungswert zwischen den jeweiligen **subjektiven** Wertvorstellungen der beteiligten Parteien zu finden, dh grundsätzlich sollen die individuellen Bewertungsfaktoren beider Seiten in diesen Einigungswert einfließen. Typischerweise liegt der Einigungswert zwischen der subjektiven Preisuntergrenze des Verkäufers und der subjektiven Preisobergrenze des Käufers.[69]

Aufgabe des Schiedsgutachters ist es, einen Schiedswert zu finden, der den Interessen der beteiligten Parteien gleichermaßen gerecht wird.

Für die Tätigkeit des Schiedsgutachters ergeben sich daraus einige typische Probleme. Zunächst ist festzustellen, dass der Schiedsgutachter möglicherweise oft mit relativ dürftigen Informationen ausgestattet ist, je nachdem, wie sein Auftragsverhältnis begründet wurde. Dadurch wird es ihm möglicherweise schwerfallen, die individuellen Synergiepotenziale zu identifizieren bzw zu berücksichtigen. Aufgrund der Interessenlage, insbesondere des Käufers, wird dieser den Gutachter nicht mit allen Informationen ausstatten, die dieser für die Bemessung der Käufersynergien benötigen würde. Sofern diese Synergiepotenziale durch den Gutachter tatsächlich erfasst werden können, stellt sich grundsätzlich die Frage, inwieweit der Verkäufer an den Synergien teilhaben soll, die durch die Aktivität des Käufers bzw durch die Integration in das Käuferunternehmen erst realisierbar werden.

Literatur

Aschauer, E./Purtscher, V., Einführung in die Unternehmensbewertung (2011)

Bertl, R., Die Methode des Impairmenttests, in: *Bertl, R. et al.*, Abschreibungen in den Handels- und Steuerbilanzen (2005)

Bretzke, W.-R., Zur Problematik des Objektivitätsanspruchs in der Unternehmungsbewertungslehre, Ein Nachtrag zum Methodenstreit, in: BFuP, 28. Jg (1976), 543–553

Breuer, W., Die Marktwertmaximierung als finanzwirtschaftliche Entscheidungsregel, in: WiSt, 26. Jg, 1997, 222–226

Brösel, G./Zwirner, C./Petersen, K., Unternehmensbewertung im Rahmen der Argumentationsfunktion – Ein Überblick, in: *Petersen, K./Zwirner, C./Brösel, G.*, Handbuch Unternehmensbewertung (2013) 227–233

Brösel, G., Eine Systematisierung der Nebenfunktionen der funktionalen Unternehmensbewertungstheorie, in: BFuP, 58. Jg 2006, 128–143

Drukarczyk, J./Schüler, A., Unternehmensbewertung (2016)

Drukarczyk, J./Schüler, A., Unternehmensbewertung (2007)

Gall, M., § 238 Gewinngemeinschaft, in: *Doralt, P./Novotny, C./Kalss, S.* (Hrsg), Kommentar zum Aktiengesetz[2] (2012) 3157–3165

Gröger, H.-C., Kapitalmarktorientierte Unternehmensbewertung (2009)

Haeseler, H. R./Hörmann, F., Wissenschaftliche Infragestellung der aktuellen Unternehmensbewertungsmethodik, in: *Seicht, G.* (Hrsg), Jahrbuch für Controlling und Rechnungswesen (2009) 523–538

---

69 *Kaden, J.* (2007) 83.

Haeseler, H. R./Hörmann, F., Unternehmensbewertung auf dem Prüfstand, Wissenschaftliche Widerlegung US-amerikanischer Unternehmensbewertungskonzepte[2] (2010)
Hager, P., Unternehmensbewertung im Steuerrecht – Teil 1, in: RWZ 2014, Heft 7–8, 47–58
Harrer, F., Sanieren oder Ausscheiden, in: GES 2016, Heft 1, 4–13
Hering, T., Quo vadis Bewertungstheorie? in: *Burkhardt, T./Körnert, J./Walther, U.* (Hrsg), Banken, Finanzierung und Unternehmensführung, FS für K. Lohmann (2004) 105–122
Hirschler, K., Beteiligungsbewertung im Unternehmens- und Steuerrecht in der Wirtschaftskrise, in: RWZ, 2009, 10, 81–87
Hügel, H. F./Aschauer, M., Pflichtteilsrecht und Unternehmensbewertung bei der Gründung von Unternehmensstiftungen, in: *Barth, P./Pesendorfer, U.*, Praxishandbuch des neuen Erbrechts (2016) 227–286
Kaden, J., Funktionen des Bewerters, in: *Kranebitter, G.*, Unternehmensbewertung für Praktiker (2007)
Karami, B., Unternehmensbewertung beim Squeeze Out, in: *Petersen, K./Zwirner, C./Brösel, G.*, Handbuch Unternehmensbewertung (2013) 413–428
Mandl, G./Rabel, K., Unternehmensbewertung – Eine praxisorientierte Einführung (1997)
Matschke, M. J./Brösel, G., Unternehmensbewertung (2012)
Matschke, M. J., Grundzüge der funktionalen Unternehmensbewertung, in *Petersen, K./Zwirner, C./Brösel, G.*, Handbuch Unternehmensbewertung (2013) 29–49
Matschke, M. J./Brösel, G., Unternehmensbewertung[4] (2012)
Matschke, M. J., Grundzüge der funktionalen Unternehmensbewertung, in: *Petersen, K./Zwirner, C./Brösel, G.*, Handbuch Unternehmensbewertung (2013), 29–49
Mellerowicz, K., Der Wert der Unternehmung als Ganzes (1952)
Moxter, A., Grundsätze ordnungsmäßiger Unternehmensbewertung[2] (1983)
Münstermann, H., Wert und Bewertung der Unternehmung (1966)
Olbrich, M./Frey, N., Relevanz von Marktpreisen (Aktienkursen), in *Petersen, K./Zwirner, C./Brösel, G.*, Handbuch Unternehmensbewertung (2013) 341–351
Peemöller, V.-H., Wert und Werttheorien, in: *Peemöller, V.-H.* (Hrsg): Praxishandbuch der Unternehmensbewertung (2001)
Peemöller, V. H., Anlässe der Unternehmensbewertung, in: *Peemöller, V.H.* (Hrsg) Praxishandbuch der Unternehmensbewertung[6] (2016) 21–29
Petersen, K./Busch, J./Mugler, K., Rechnungslegung und Unternehmensbewertung (Goodwillbilanzierung nach IFRS inkl Kaufpreisallokation), in: *Petersen, K./Zwirner, C./Brösel, G.*, Handbuch Unternehmensbewertung (2013) 538–555
Trentini, S./Farmer, P./Purtscher, V., Unternehmensbewertung – Die Fachgutachten im Vergleich[2] (2014)
WKO, Ermittlung des gemeinen Wertes von inländischen nicht notierten Wertpapieren und Anteilen – „Wiener Verfahren 1996" März 2016; abgefragt am: 12.7.2016: https://www.wko.at/Content.Node/Service/Steuern/Weitere-Steuern-und-Abgaben/Sonstige-Abgaben/weitere_WienerVerfahren1996.pdf
Wollny, C., Der objektivierte Unternehmenswert (2008)
WP-Handbuch: 2002[12], Band II, Teil A, Tz 31 ff, 9 ff

Der Prozess der Bewertung

Christian Hurek

1. **Einführung**
   1.1. Grundsätze der Unternehmensbewertung
   1.2. Anforderung an den Bewerter/Gutachter
2. **Durchführung der Unternehmensbewertung**
   2.1. Dokumentation
3. **Anforderung an eine Unternehmensbewertung**
   3.1. Planungsrechnung und Plausibilitätsüberlegungen
4. **Zusammenfassung**

1. Einführung

Unternehmensbewertung ist ein Prozess, an dessen Ende der Wert, dh ein potenzieller Preis, eines Unternehmens ermittelt werden soll. Dabei ist die Unternehmensbewertung nie Selbstzweck, sondern durch verschiedenartige Anlässe und Zwecke determiniert. Die Komplexität und Vielschichtigkeit möglicher Bewertungsfallgestaltungen haben zur Folge, dass rein schematische Verfahren nicht zu erwarteten Ergebnissen führen und bestehende Verfahren immer wieder angepasst werden müssen.[1] Die Komplexität einer Unternehmensbewertung ist an der Mehrdimensionalität der Parameter Anlässe, Zwecke und Bewertungsmethoden erkennbar.

Des Weiteren erwächst die Besonderheit der Unternehmensbewertung regelmäßig daraus, dass Unternehmen in der Praxis selbst ein komplexes System darstellen. So existieren zahlreiche betriebswirtschaftliche Teilbereiche, welche im Rahmen einer jeden Unternehmensbewertung ordnungsgemäß erfasst und abgebildet werden sollen und sich letztlich zu einem monetären Wert verdichten. So fließen beispielhaft Aspekte der Kapitalmarkt- und Investitionstheorie, der strategischen Unternehmensplanung sowie des Steuerrechts in eine Unternehmensbewertung ein.

Die Anzahl der zur Verfügung stehenden Verfahren nimmt ebenfalls stetig zu. Diese Vielzahl an Bewertungsmethoden resultiert einerseits aus der funktionalen Bewertungslehre, da unterschiedliche Bewertungszwecke unterschiedliche Bewertungsverfahren erfordern, anderseits aus den aus Theorie und Praxis laufend gewonnenen Erkenntnissen.[2]

Die vorgenannten Elemente erfordern zur sinnhaften Bewältigung ein prozessuales Vorgehen. Ein Prozess selbst kann als Folge von Aktivitäten gesehen werden, welche zu einem Endzustand führen. So besteht ein Prozess aus mehreren Schritten, die in einer bestimmten Reihenfolge durchzuführen sind, um die gewünschten Ergebnisse zu erreichen.[3]

1.1. Grundsätze der Unternehmensbewertung

Die Komplexität und Vielschichtigkeit einer Unternehmensbewertung führten zum Entstehen von Grundsätzen der Unternehmensbewertung, welche im Sinne eines möglichst widerspruchsfreien Normensystems der Steuerung des Unternehmensbewertungsprozesses dienen.[4] Des Weiteren erfordert die Komplexität ein strukturiertes Vorgehen des Bewerters, determiniert in einem nachvollziehbaren und ebenfalls widerspruchsfreien Rahmen.

Die Entwicklung dieser Grundsätze ist ebenfalls als ein Prozess zu verstehen, welcher im deutschsprachigen Raum insbesondere von den Interessenvertretungen der Wirtschaftsprüfer bzw Wirtschaftstreuhänder getragen wird. Das vom Fachsenat für Betriebswirtschaft und Organisation des Instituts für Betriebswirtschaft, Steuerrecht und Organisa-

---
1 *Schacht*, Praxishandbuch Unternehmensbewertung (2009) 11.
2 *Schacht*, Praxishandbuch Unternehmensbewertung (2009) 18.
3 *Rudolf*, Prozessorganisation (2007) 1.
4 *Matschke*, Unternehmensbewertung (2013) 760.

tion der Kammer der Wirtschaftstreuhänder in der Version vom 26. März 2014 erstellte Fachgutachten zur Unternehmensbewertung („KFS/BW 1" 2014) sowie der vom Institut der Wirtschaftsprüfer in Deutschland veröffentlichte Standard: Grundsätze zur Durchführung von Unternehmensbewertungen („IDW S 1" idF 2008) legen beide auf Basis der in Theorie, Praxis und Rechtsprechung entwickelten Standpunkte die Grundsätze dar, nach denen ihre Mitglieder Unternehmensbewertungen durchführen.[5] Als weitere Quellen zur Ableitung der Grundsätze können die von der deutschen Vereinigung für Finanzanalyse und Assetmanagement eV erstellte Best-Practice-Empfehlung Unternehmensbewertung (DVFA 2012, Corporate Transactions and Valuations) sowie auszugsweise der 2011 veröffentlichte IDW-Standard zur Erstellung von Fairness Opinions („IDW S 8") herangezogen werden.

1.2. Anforderung an den Bewerter/Gutachter

Die Vielschichtigkeit, die Methodenvielfalt sowie der dezidierte Hinweis, dass die in den Fachgutachten dargelegten Grundsätze zur Ermittlung von Unternehmenswerten nur einen Rahmen festlegen, die Auswahl und Anwendung der konkreten Methode sowie die Nutzung der Grundsätze jedoch in der alleinigen Verantwortung des Bewerters/Gutachters liegen, verdeutlichen die hohen Anforderungen, welche an einen Bewerter/Gutachter gestellt werden.[6] Nachfolgend sind wesentliche Charakteristika zusammengefasst:

- Sachkenntnis und -kompetenz („handwerkliches" Know-how)
- Verständnis/Erfahrung für branchenspezifische Besonderheiten
- Sorgfalt
- Integrität und Unabhängigkeit
- Verschwiegenheit und Zuverlässigkeit
- Verständnis (Bewertung nicht ausschließlich finanzorientiert sondern markt- und absatzorientiert)
- Infrastruktur (Verfügbarkeit von Marktdaten, Bewertungen börsennotierter Unternehmen, Transaktionswerte etc)

Da die Ermittlung der künftigen finanziellen Überschüsse im Mittelpunkt der Unternehmensbewertung steht und es sich in den meisten Fällen um einen Zukunftserfolgswert handelt, bestehen auch hohe Anforderungen hinsichtlich der Plausibilisierung der Prognosen und Planungsrechnungen. Fehlerquellen können entstehen aus einer naiven linearen Fortschreibung der Vergangenheit in die Zukunft oder mangelnde Intensität bei der Recherche nach externen und internen Risikopotenzialen und Chancenpotenzialen.[7]

Zusammenfassend wird die Qualität der Unternehmensbewertung maßgeblich von der Methodenwahl, der Argumentation der Input-Parameter, die Sorgfalt bei der Wahl der Bewertungsprämissen (endogene Faktoren) sowie die in die Bewertung eingehenden Daten (exogene Faktoren) bestimmt.

---
5 Rz 2 KFS/BW 1 (2014) bzw Rz 1 IDW S 1 (2008).
6 Rz 3 KFS/BW 1 (2014).
7 *Jörn*, Unternehmensbewertung (2005) 193.

2. Durchführung der Unternehmensbewertung

Die aus den Grundsätzen, Anlässen und Funktionen ableitbare Komplexität erfordert ein prozessuales Vorgehen, welches idealtypisch in nachfolgende Phasen unterteilt werden kann:

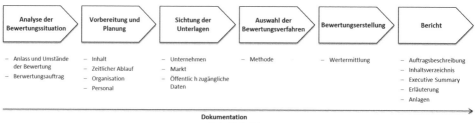

- Analyse der Bewertungssituation
  Zunächst wird die Bewertungssituation mit Fokus auf Anlass und Umstände der Bewertung analysiert und der Bewertungszweck festgelegt. Daraus wird der Bewertungsauftrag abgeleitet und schriftlich festgehalten.
- Vorbereitung und Planung
  In einem nächsten Schritt werden Inhalt und Umfang der Bewertung festgelegt sowie der zeitliche Ablauf definiert und es wird eine Projektorganisation aufgesetzt.
- Sichtung der Unterlagen
  Die Informationsbeschaffung ist ein zentraler Schritt der Bewertung und umfasst die vom Unternehmen zur Verfügung gestellten Unterlagen (je nach Bewertungsanlass oft nur zeitlich und inhaltlich limitiert verfügbar), Informationen über Markt und Wettbewerber aus unternehmensinternen sowie aus externen Quellen. Ziel ist die Ermittlung der für die Bewertung relevanten Daten.
- Auswahl der Bewertungsverfahren
  Die Auswahl des geeigneten Bewertungsverfahrens wird determiniert durch den Bewertungszweck (das Fachgutachten KFS/BW 1 spricht auch von der *Maßgeblichkeit des Bewertungszwecks*), den Bewertungsanlass sowie die verfügbaren Informationen.
- Bewertungserstellung
  Die Phase der Bewertungserstellung ist durch die Auswertung der verfügbaren Informationen sowie die Transformation der Daten in einen Wert gekennzeichnet. Da der Unternehmenswert grundsätzlich als Zukunftserfolgswert ermittelt wird,[8] ist in dieser Phase eine eingehende Beschäftigung des Bewerters/Gutachters mit der Planungs- und Prognoserechnung erforderlich, welche in eine Plausibilitätsbeurteilung mündet.[9]
- Bericht
  Das Ergebnis der Unternehmensbewertung wird aus Gründen der Nachvollziehbarkeit und Nachprüfbarkeit in einem schriftlichen Bericht zusammengefasst.

---

[8] Rz 7 IDW S 1 (2008).
[9] Rz 68 KFS/BW 1 (2014).

2.1. Dokumentation

Eine möglichst vollständige Dokumentation bildet die Klammer über die Phasen der Unternehmensbewertung, welche insbesondere eine Begründung und Erläuterung der gesetzten Schritte beinhalten soll. Damit wird den in den Fachgutachten näher erläuterten Erfordernissen nach Nachvollziehbarkeit (*intersubjektive Nachprüfbarkeit*) und Transparenz Rechnung getragen.[10] Im Rahmen der Unternehmensbewertung fließt eine Vielzahl an Annahmen in das Bewertungsergebnis ein, welche im Bericht/Gutachten vollständig zu dokumentieren sind. Insbesondere ist erkennbar zu machen, ob es sich bei den getroffenen Annahmen um solche des Managements, des Unternehmens, des Bewerters/Gutachters oder anderer sachkundiger Dritter handelt.

In der Praxis kommen zu Dokumentationszwecken Arbeitshilfen zum Einsatz bzw wird die Anwendung bestimmter Arbeitspapiere in den Fachgutachten zur Unternehmensbewertung empfohlen:

- Checkliste Unternehmensbewertung
- Anforderungsliste Informationsbedarf
- Vollständigkeitserklärung
- Haftungsbestimmungen
- Allgemeine Auftragsbedingungen (zB der Wirtschaftstreuhänder)
- Inhaltsverzeichnis gemäß den Fachgutachten zur Unternehmensbewertung (siehe nachfolgendes Kapitel)

3. Anforderung an eine Unternehmensbewertung

Eine grundlegende Funktion eines Bewertungsgutachtens, welche analog auf andere Formen der Unternehmensbewertung anzuwenden ist, besteht darin, den Empfänger in die Lage zu versetzen, die getroffenen Annahmen, die Wertfindung und ihre Methoden, Grundsatzüberlegungen und Schlussfolgerungen mit vertretbarem Aufwand nachzuvollziehen und aus seiner Sicht würdigen zu können.[11] Der Bewerter/Gutachter hat die Unternehmensbewertung so aufzubereiten, dass ein sachkundiger Dritter als Adressat sie innerhalb angemessener zeitlicher Frist intersubjektiv nachvollziehen kann bzw offene Punkte mithilfe der Arbeitspapiere klären kann.[12]

In der Praxis ist zu beobachten, dass sich Inhalt und Aufbau der Unternehmensbewertungen an den Empfehlungen der Fachgutachten orientieren. Die nachfolgende Tabelle beschreibt die wesentlichen Inhalte einer Bewertung gemäß des Fachgutachtens KFS/BW 1 2014 bzw des IDW Standard S 1 idF 2008):

---

10 Rz 174–175 IDW S 1 (2008).
11 Rz 175 IDW S 1 (2008).
12 Rz 173–174 IDW S 1 (2008).

Der Prozess der Bewertung

Bestandteile	KFS/BW 1 2014	IDW S 1 2008
Beschreibung Auftrag und Auftraggeber	152, 155	179
Bewertungsanlass	152	179
Bewertungszweck	152	–
Bewertungsstichtag	152	179
Bewertungsobjekt	155	179
• Unterlagen		
• Vergangenheitsanalyse		177
• Planung und Plausbilisierung		
Bewertungsmethode und Begründung	155	179
Bewertungsschritte	155	–
Betriebsnotwendiges Vermögen		179
Nicht betriebsnotwendiges Vermögen	155	179
Bewertungsergebnis	155	179
• Plausibilisierung		
Funktion des Bewerters/Gutachters	155	179
Abschließende Feststellungen		179

- Darstellung Bewertungsaufgabe
  Dies umfasst den Auftraggeber, Auftragnehmer, Auftragsbedingungen sowie Auftrag Bewertungsobjekt, Bewertungssubjekt, Bewertungsanlass, Bewertungszweck, Funktion des Wirtschaftstreuhänders, Bewertungsstichtag, eventuelle Weitergabe der Beschränkungen für das Bewertungsgutachten, Hinweis auf die Einholung einer Vollständigkeitserklärung vor Ausfertigung des Bewertungsgutachtens.
- Bewertungsanlass und Bewertungszweck
  Auslösendes Ereignis für die Erstellung der Unternehmensbewertung. Aufgrund der Vielzahl an Bewertungsanlässen werden diese systematisch zu Bewertungszwecken zusammengefasst (wie subjektiver, objektivierter Unternehmenswert etc).[13]
- Bewertungsstichtag
  Zeitpunkt, für den der Wert des Unternehmens festgestellt wird.
- Bewertungsobjekt
  Die Begriffe Unternehmen bzw Unternehmung stehen in der Unternehmensbewertung für das Bewertungsobjekt, wobei sich dies auf „Unternehmen als Ganzes" sowie „abgrenzbare Unternehmensteile" beziehen kann.[14]
  Das Bewertungsobjekt ist im Hinblick auf wirtschaftliche, rechtliche und steuerliche Gesichtspunkte zu beschreiben, was zur Plausibilisierung der Planung/Prognose dienen soll.[15] Des Weiteren sind die der Bewertung zugrunde liegende Informationen und Unterlagen darzustellen.

---
13 Rz 13 KFS/BW 1 (2014).
14 *Matschke*, Unternehmensbewertung (2013) 4.
15 *Hager*, Was ist bei Prüfung eines Unternehmensbewertungsgutachtens zu beachten? RWZ 2013/91.

- Bewertungsmethode und Begründung
  In der Theorie und Praxis haben sich verschiedene Methoden mit unterschiedlichen Ansätzen herausgebildet. Die Fachgutachten gehen im Detail auf die Ertragswert- sowie DCF-Verfahren (Discounted-Cash-Flow-Verfahren) ein. Die Nachvollziehbarkeit erfordert eine ausführliche Begründung der methodischen Vorgehensweise im konkreten Anlassfall.
- Bewertungsschritte
  Beschreibung der Vorgehensweise zur Ermittlung des Unternehmenswertes wie Sichtung der Unterlagen, Ermittlung der relevanten Daten, Transformation der Daten in einen Wert und Verwendung des ermittelten Wertes.[16]
- Betriebsnotwendiges Vermögen und nicht betriebsnotwendiges Vermögen
  Abgrenzung des für die Fortführung des Betriebes erforderlichen Vermögens; das verbleibende nicht betriebsnotwendige Vermögen wird einer gesonderten Bewertung unterzogen, wobei die Abgrenzung zu begründen ist.
- Bewertungsergebnis
  Abhängig von der angewandten Methode sehen die Fachgutachten eine Plausibilisierung des Bewertungsergebnisses anhand von Multiplikatorverfahren (Börsenmultiplikatoren, Transaktionsmultiplikatoren) vor.
- Funktion des Bewerters/Gutachters
  Die Funktion des Bewerters/Gutachters ist aus dem Bewertungszweck ableitbar und ebenfalls nachvollziehbar zu beschreiben. Die wesentlichen Funktionen sind: neutraler Gutachter, Berater, Schiedsgutachter.
- Abschließende Feststellungen
  Dies umfasst neben der Zusammenfassung der Ergebnisse etwaige Hinweise auf eingeschränkte Information, Mangelhaftigkeit der Planungsrechnungen und damit auf eingeschränkte Verlässlichkeit des Bewertungsergebnisses.

3.1. Planungsrechnung und Plausibilitätsüberlegungen

Einen zentralen Prozess der Unternehmensbewertung stellt die Würdigung der Unternehmensplanung dar, da der Wert eines Unternehmens bei den so genannten Gesamtbewertungsverfahren (Ertragswert-Verfahren, Discounted Cash-Flow-Verfahren und Vergleichsverfahren) durch den künftig erzielbaren Ertrag des Unternehmens bestimmt wird. Diesem Umstand wird auch im Fachgutachten KFS/BW 1 Rechnung getragen, welches im Vergleich zum vorherigen Fachgutachten detaillierte Anweisungen zur Plausibilitätsbeurteilung der Planung beinhaltet.[17]

Die Plausibilitätsbeurteilung wird neben der formellen Plausibilität (rechnerische Richtigkeit, methodische Anforderung einer integrierten Planungsrechnung) um eine materielle Plausibilität erweitert, welche die Würdigung der der Planung zugrunde liegenden Annahmen im Fokus hat. Beide Analysen erfordern ein hohes Maß an Dokumentation und entsprechende Darstellung im Bewertungsgutachten. Insbesondere die Darstellung des aktuellen Rechnungswesens sowie deren Historie und laufende Durchführung von

---
16 *Matschke*, Unternehmensbewertung (2013) 120.
17 Rz 68–73 KFS/BW 1 (2014).

Planungen und Planungskontrolle sind wesentliche Punkte für die Nachvollziehbarkeit der Planungsrechnung.

Auch die Grundsätze ordnungsgemäßer Unternehmensplanung, Leitfaden des Instituts der Unternehmensberater IdU im BDU, Version 2.1., sehen Mindestanforderungen vor, welche Parallelitäten zu den Anforderungen einer Unternehmensbewertung aufweisen und in den Prozess der Unternehmensbewertung miteinfließen sollen:

Planungsgrundsätze und -prinzipien	Definition
Vollständigkeit	Berücksichtigung aller für die Erreichung der geplanten Ziele erforderlichen Sachverhalte
Wesentlichkeit und Angemessenheit	Einbeziehen jene Informationen und Sachverhalte in die Unternehmensplanung, die zur Darstellung der voraussichtlichen Unternehmensentwicklung bedeutsam sind
Folgerichtigkeit	sachlich korrekte Darstellung der Ausgangslage mit Angaben aller Prämissen der Weiterentwicklung
Dokumentation	Nachprüfbarkeit der Ordnungsmäßigkeit der Unternehmensplanung
Transparenz	Klare Definition und einheitliche Verwendung der Begriffe, Begrenzung der Unsicherheit durch Anwendung geeigneter Prognosemethoden und Simulationsverfahren
Planungsprinzipien	Je nach Grad der Partizipation der Führungsebene des Unternehmens wird nach Top-down-Planung, Bottom-up-Planung und Gegenstromverfahren unterschieden
Planungsprozess	Gliederung in Anregungsphase (Ziele festlegen, Informationsbeschaffung, Analyse des Unternehmens und der Umwelt), Suchphase (Entwicklung von Lösungsmöglichkeiten zur Zielerreichung) und Entscheidungsphase (Festlegung der endgültigen Ziele und Handlungsalternativen)

4. Zusammenfassung

Der Prozess der Unternehmensbewertung orientiert sich in der Praxis an den Grundsätzen der Unternehmensbewertung, im deutschsprachigen Raum manifestiert in den Fachgutachten KFS/BW 1 bzw IDW S 1. Es handelt sich dabei um eine einheitliche Festlegung eines methodischen Rahmens, welcher im praktischen Einzelfall um spezifische Fragestellungen und deren Lösung zu erweitern ist.[18]

Der Bewertungsprozess umfasst in der Regel mehrere Personenkreise, wodurch die Grundsätze auch einen Kommunikationsunterstützungseffekt erfüllen müssen. Damit

---

18 *Rabl*, Unternehmensbewertung Festschrift für Gerwald Mandl zum 70. Geburtstag (2010) 29.

das Ergebnis des Bewertungsprozesses von allen an der Bewertung Beteiligten sowie allen von der Bewertung betroffenen Personen gleichermaßen interpretiert werden kann, sind die Grundsätze möglichst lückenlos, überschneidungs- und widerspruchsfrei festzulegen sowie klar und eindeutig zu formulieren.[19] Dies erfordert einen hohen Grad an formaler Dokumentation, um der Prämisse der Nachvollziehbarkeit, welche eine wesentliche Gemeinsamkeit der verschiedenen Grundsätze darstellt, Genüge zu tun.

---

19   *Matschke*, Unternehmensbewertung (2013) 770.

Discounted-Cash-Flow-Verfahren

David A. Maier

1. **Grundlagen**
2. **DCF-Verfahren – Varianten**
   2.1. WACC-Ansatz
   2.2. TCF-Ansatz
   2.3. APV-Ansatz
   2.4. Equity-Ansatz
   2.5. Vergleich der DCF-Verfahren – Vor- und Nachteile
3. **Terminal Value**
4. **Bestimmung der Kapitalkosten**
   4.1. Eigenkapitalkosten
      4.1.1. Grundlagen
      4.1.2. Basiszinssatz
      4.1.3. Marktrisikoprämie
      4.1.4. Beta-Faktor
   4.2. Fremdkapitalkosten

1. Grundlagen[1]

Bei den Discounted-Cash-Flow-Verfahren wird der Unternehmenswert durch die Diskontierung von Cashflows mit einem risikoadäquaten Zinssatz ermittelt. Zur Verbreitung dieses Verfahrens in Europa hat sicherlich die zunehmende Bedeutung des Shareholder-Value-Ansatzes, der durch die Unternehmensberatungsgesellschaften rasch Eingang in alle größeren, vor allem börsennotierten Unternehmen, gefunden hat, beigetragen.[2] Basis des Shareholder-Value-Ansatzes ist nämlich, dass Maßnahmen des Managements auf den Marktwert des Eigenkapitals wirken. Um diese Wirkung messen zu können, muss der Marktwert des Eigenkapitals, dessen Wert durch ein Discounted-Cash-Flow-Verfahren ermittelt werden kann, bestimmt werden.[3] Ein weiterer Grund für die schnell wachsende Popularität der DCF-Verfahren war, dass bei der Bestimmung des Kapitalisierungszinssatzes auf ein kapitalmarkttheoretisch fundiertes und anerkanntes Modell (Capital Asset Pricing Model, kurz: CAPM) zurückgegriffen werden kann. Damit wurde erreicht, dass nicht mehr die individuelle Risikoeinstellung des Investors, sondern eine am Aktienmarkt beobachtbare Überrendite Maßstab für den Risikozuschlag war.

Die DCF-Verfahren stellen einen investitionstheoretisch fundierten Ansatz dar und basieren auf dem Kapitalwertkalkül, dh der Marktwert des Eigenkapitals wird – analog zur Ermittlung des Wertes einer Investition – auf Basis der auf den Bewertungszeitpunkt abgezinsten, zukünftig zu erwartenden Zahlungsüberschüsse (Cashflows) ermittelt.

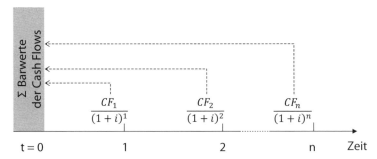

Abbildung 1: Berechnung der Barwerte durch Diskontierung von Cashflows

Abhängig von den Annahmen zu den Cashflows, den Diskontierungszinssätzen und der Kapitalstruktur im Zeitablauf werden insgesamt vier Varianten der DCF-Verfahren unterschieden.[4] Die einzelnen Varianten unterscheiden sich in der Definition und Berechnung der Cashflows und der Diskontierungszinssätze, sowie der Beachtung der Fremdfinanzierung und der daraus resultierenden Steuerwirkung.[5] Die Bestimmung des Marktwertes des Eigenkapitals kann nach zwei grundsätzlichen Verfahren erfolgen:

---
1 In diesem Kapitel erfolgt die Darstellung der einzelnen DCF-Verfahren, welche in allen Standardlehrbüchern der Unternehmensbewertung mehr oder weniger detailliert dargestellt werden. Daher findet in diesem Beitrag lediglich die grundlegende Darstellung der Verfahren statt, die den Bewerter in die Lage versetzen soll, alle Varianten in der Praxis anzuwenden. Aus diesem Grund kommt es zu keiner ausführlichen Würdigung der Literatur, sondern es wird auf Lehrbücher mit einem entsprechend starken Praxisbezug verwiesen.
2 Vgl *Velthuis, L./Wesner, P.* (2005) 2.
3 Vgl *Ballwieser, W.* (1995) 121.
4 Vgl *Mandl, G./Rabel, K.* (1997) 382.
5 Vgl *Hachmeister, D.* (1996) 257; *Peemöller, V.-H.* (2001) 268 mwN.

- **Nettokapitalisierung:** Hierbei werden die dem Eigenkapitalgeber zufließenden freien Cashflows mit der risikoäquivalenten Renditeforderung der Eigentümer (Equity-Verfahren, direkte Methode) diskontiert.
- **Bruttokapitalisierung:** Hierbei handelt es sich um einen zweistufigen Prozess. Im ersten Schritt erfolgt die Diskontierung der allen Kapitalgebern (Eigen- und Fremdkapitalgeber) zufließenden Cashflows mit den Gesamtkapitalkosten. Zur Berechnung des Marktwertes des Eigenkapitals muss in einem zweiten Schritt noch der Marktwert des Fremdkapitals abgezogen werden (Entity-Verfahren, indirekte Methode).[6]

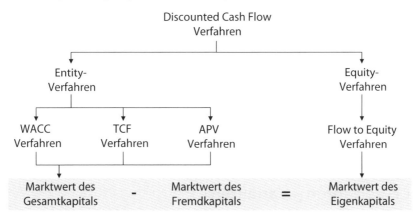

Abbildung 2: Überblick über die DCF-Verfahren [*Quelle: eigene Darstellung*]

Mit den DCF-Verfahren verbunden ist die Ermittlung der Cashflows und der Kapitalisierungszinssätze.

Die vom Unternehmen zu erwirtschaftenden operativen Einzahlungsüberschüsse werden anhand einer integrierten, über mehrere Perioden reichenden Gesamtunternehmensplanung, bestehend aus Bilanz, Gewinn- und Verlustrechnung und Finanzplanung, abgeleitet. Wie bereits erwähnt, sind abhängig vom gewählten DCF-Ansatz Free Cash Flows, Total Cash Flows oder die Flow to Equity zu berechnen, die sich entsprechend der getroffenen Annahmen hinsichtlich Finanzierungsstruktur unterschiedlich ableiten. Der Cashflow als Differenz zwischen den zahlungswirksamen Erträgen und Aufwendungen wird in der Regel nach der indirekten Methode abgeleitet. Ausgangspunkt ist hierbei das Jahresergebnis aus der Plan-GuV, das um alle nicht zahlungswirksamen Aufwendungen zu erhöhen und um alle nicht zahlungswirksamen Erträge zu vermindern ist. Des Weiteren werden nicht betriebsnotwendiges Vermögen oder betriebsfremde Vorgänge ebenfalls auf ihre Zahlungswirksamkeit geprüft und aus der Kalkulation des Cashflows ausgeschieden.

In der Regel erfolgt die Ableitung der Cashflows für eine Detailplanungsphase (drei bis fünf Jahre), danach für eine Grobplanungsphase und für den Rest der Lebensdauer des Unternehmens wird eine ewige Rente diskontiert, mittels derer der Terminal Value berechnet wird.[7]

---

6   Vgl *Peemöller, V.-H.* (2001) 268.
7   Vgl KFS BW 1: 2014, Punkt 4.4.1.4.

Tax shield

Bei der Berechnung der Cashflows nach den unterschiedlichen Verfahren hat die Berücksichtigung der Fremdfinanzierung wesentlichen Einfluss. Ein fremdfinanziertes Unternehmen hat aufgrund des zu zahlenden Zinsaufwandes, welcher steuerlich abzugsfähig ist, im Vergleich zu einem vollständig eigenfinanzierten Unternehmen eine niedrigere Steuerbemessungsgrundlage und bezahlt daher weniger Steuern.[8] Dieser Steuervorteil bzw diese Unternehmenssteuerersparnis innerhalb einer Periode wird als *„tax shield"* bezeichnet. Die Höhe des tax shields (TS_t) eines teilweise fremdfinanzierten Unternehmens errechnet sich für eine bestimmte Periode t über:

$$TS_t = s * i * FK_{t-1}$$

s = Unternehmenssteuersatz (25 % KÖSt für Österreich)
i = Renditeforderung der Fremdkapitalgeber
FK_{t-1} = Bestand an zinstragendem Fremdkapital zu Beginn der Periode t

Zusammenfassend kann gesagt werden, dass die Ermittlung der Cashflows Annahmen über die zukünftige Kapitalstruktur, Ausschüttungen, Investitionen, Kapitalaufnahmen und -rückzahlungen, sowie über die Steuerwirkungen auf Unternehmens- und Eigentümerebene erfordert.

2. DCF-Verfahren – Varianten
2.1. WACC-Ansatz

Das WACC-Verfahren ist das in der Praxis am häufigsten angewandte Verfahren der Bruttokapitalisierung. Die Ableitung der so genannten Free Cash Flows erfolgt unter der Annahme der vollständigen Eigenfinanzierung des Unternehmens. Damit sind die Free Cash Flows „finanzierungsneutral" und die Kapitalstruktur des Unternehmens wird allein über den Diskontierungszinssatz erfasst. Bei dieser Betrachtungsweise erfolgt auch eine Trennung des Unternehmens in einen Leistungsbereich und einen Finanzierungsbereich, da der so berechnete Free Cash Flow ausschließlich dem Leistungsbereich entspringt. Dieser operative Free Cash Flow steht den Eigen- und Fremdkapitalgebern zur Verfügung, jegliche Finanzierungsströme zwischen dem Unternehmen und den Kapitalgebern (Dividenden, Ausschüttungen, Zins- und Tilgungszahlungen, Kreditaufnahmen) sind nicht erfasst.[9] Diese operativen Free Cash Flows, die allen Kapitalgebern zur Verfügung stehen, werden nun in einem zweiten Schritt mit den gewichteten durchschnittlichen Kapitalkosten, die einen Mischzinssatz aus den Renditeansprüchen der Eigen- und Fremdkapitalgeber darstellen, diskontiert.[10]

Die im ersten Schritt notwendige Herleitung der Free Cash Flows zeigt sich in nachstehenden Tabellen, wobei im angloamerikanischen Raum die Ableitung über das EBIT die gängigere Version darstellt. Beide Varianten führen aber zum identen Ergebnis.[11]

---

[8] Vgl *Heesen, B.* (2014) 89; *Peemöller, V.-H.* (2001) 283.
[9] Daraus leitet sich auch die Bezeichnung „free" ab, da dieser Cashflow allen Eigenkapitalgebern zur Verfügung steht.
[10] Vgl *Peemöller, V.-H.* (2001) 281.
[11] Wird vom EBIT ausgegangen und darauf der jeweilige Unternehmenssteuersatz angewandt, sind die Steuern auf das EBIT (vor Zinsen) höher und umfassen damit auch das tax shield. Die Fremdkapitalzinsen werden somit auch nicht mehr hinzugerechnet.

Gewinn vor Steuern	EBIT (Earnings before interest and taxes)
− Unternehmenssteuern	− adjustierte Steuern auf das EBIT
= **Jahresergebnis**	= **NOPLAT (net operating profit less adjusted taxes)**
+ Zinsen und ähnliche Aufwendungen	
+/− Abschreibungen/Zuschreibungen	+/− Abschreibungen/Zuschreibungen
+/− Zuführung/Auflösung von Rückstellungen	+/− Zuführung/Auflösung von Rückstellungen
−/+ Zunahme/Abnahme ARAP	−/+ Zunahme/Abnahme ARAP
+/− Zunahme/Abnahme PRAP	+/− Zunahme/Abnahme PRAP
= **operativer Brutto Cash Flow**	= **operativer Brutto Cash Flow**
− Investitionen immaterielle Vermögensgegenstände	− Investitionen immaterielle Vermögensgegenstände
− Investitionen in Sachanlagevermögen	− Investitionen in Sachanlagevermögen
− Investitionen Finanzanlagevermögen	− Investitionen Finanzanlagevermögen
−/+ Zunahme/Abnahme des Working Capitals	−/+ Zunahme/Abnahme des Working Capitals
= **operativer Cash Flow**	= **Free Cash Flow**
− Unternehmenssteuerersparnis aus anteiliger Fremdfinanzierung	
= **Free Cash Flow**	
Quelle: *Peemöller* (2001) 281.	Quelle: *Eayrs, W. E./Ernst, D./Prexl, S.* (2007) 333.

Ausgangspunkt der Berechnung der operativen Free Cash Flows ist das operative Ergebnis vor Zinsen und Steuern (EBIT = earnings before interest and taxes). Vom EBIT werden die adaptierten Steuern abgezogen. Hierbei handelt es sich um fiktive, ertragsabhängige Steuern, die bezahlt werden müssten, wenn das Unternehmen kein Fremdkapital hätte, womit die Steuerbemessungsgrundlage höher ist, sodass bewusst eine unrichtige Ermittlung der so genannten „cash taxes" erfolgt. Die Berechnung passiert einfach durch Multiplikation des EBIT mit dem Unternehmenssteuersatz.[12] Deutlich wird dabei auch, dass die vom Verschuldungsgrad abhängige Steuerersparnis aus den Fremdkapitalzinsen keinen Einfluss auf den Free Cash Flow hat. Die Berücksichtigung des Kapitalstrukturrisikos erfolgt erst bei der Herleitung des Kapitalisierungszinssatzes.

Das daraus resultierende operative Ergebnis vor Zinsen und nach adaptierten Steuern (NOPLAT = net operating profit less adjusted taxes) stellt jenes Resultat dar, welches das Unternehmen erzielen würde, wenn es vollständig eigenkapitalfinanziert wäre. Außerordentliche oder betriebsfremde Erträge und Aufwendungen müssen separat behandelt werden. Da nur die aus der echten betrieblichen Tätigkeit resultierenden Free Cash Flows berücksichtigt werden dürfen, müssen betriebsfremde Erträge, wie zB Mieterträge aus betrieblich nicht genutzten Immobilien, bereits beim EBIT herausgerechnet und separat behandelt werden.

Zur Überleitung zum operativen Brutto-Cashflow, muss noch eine Korrektur der nichtzahlungswirksamen Aufwendungen und Erträge erfolgen.[13] Neben Abschreibungen und Zuschreibungen sind hier auch Buchgewinne aus dem Abgang von Anlagevermögen und die Veränderung von Rückstellungen zu berücksichtigen. Als Brutto-Cashflow ist jener Betrag zu verstehen, der ohne zusätzliche Kapitalmaßnahmen für Investitionen in das Anlage- und Nettoumlaufvermögen, sowie für Ausschüttungen, zur Verfügung steht.

---

12 Vgl *Mandl, G./Rabel, K.* (1997) 317; Verlustvorträge wären entsprechend periodengerecht zu berücksichtigen.
13 Vgl hierzu die einschlägigen Standardlehrbücher, wie zB *Coenenberg, A. G./Günther, E.* (1993) Sp 301; *Küting, K. H./Weber C.-P.* (2004) 131.

Discounted-Cash-Flow-Verfahren

Im Allgemeinen spricht man von Veränderungen des Nettoumlaufvermögens (working capital), wenn Werte wie Vorräte, Forderungen aus Lieferungen und Leistungen, geleistete Anzahlungen, sonstige Forderungen, kurzfristige Rückstellungen, Verbindlichkeiten aus Lieferungen und Leistungen, erhaltene Anzahlungen, sonstige Verbindlichkeiten, sowie aktive und passive Rechnungsabgrenzungsposten berücksichtigt werden.[14]

Nachstehende Abbildung verdeutlicht nochmals die Trennung des Finanzierungs- und Leistungsbereiches und die Ableitung des WACC:

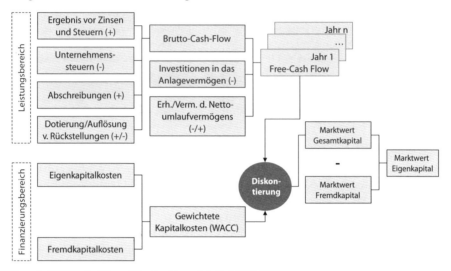

Abbildung 3: WACC Verfahren [Quelle: *Meyersiek, D.* (1991) 235]

Entsprechend dem Kapitalwertkalkül werden die nach dem obigen Berechnungsschema erhaltenen Free Cash Flows mit einem Mischzinssatz, den gewichteten Kapitalkosten (WACC: weighted average cost of capital) diskontiert. Der WACC entspricht den gewichteten durchschnittlichen Kosten für das Eigen- und Fremdkapital und wird gemäß nachstehender Formel berechnet:

$$WACC = r_{FK} * (1 - t) * \frac{FK}{GK} + r_{EK} * \frac{EK}{GK}$$

r_{FK} = Kosten Fremdkapital
r_{EK} = Kosten Eigenkapital
FK = Marktwert des Fremdkapitals
EK = Marktwert des Eigenkapitals
GK = Marktwert des Gesamtkapitals
t = Unternehmenssteuersatz

Nachdem die Free Cash Flows abgeleitet wurden, sind in einem zweiten Schritt die gewichteten Kapitalkosten zu ermitteln. Die Eigenkapitalkosten werden gemäß untenstehender Grafik auf Basis des CAPM hergeleitet.

---

14 Hierbei handelt es sich um das Nettoumlaufvermögen im weitesten Sinne, da anderweitige Definitionen zB die kurzfristigen Rückstellungen im operativen Brutto-Cashflow schon berücksichtigt haben.

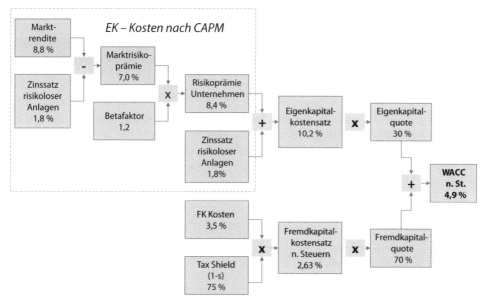

Abbildung 4: Berechnung des WACC

2.2. TCF-Ansatz

Im Rahmen der Bruttokapitalisierung können anstatt der Free Cash Flows auch sogenannte Total Cash Flows (TCFs) herangezogen werden. Nachfolgende Tabelle zeigt das Berechnungsschema:

	EBIT (Earnings before interest and taxes)
–	Fremdkapitalzinsen
=	**EBT (Earnings before taxes)**
–	Steuern auf das EBT
=	**Jahresergebnis**
+	Fremdkapitalzinsen
+/–	Abschreibungen/Zuschreibungen
+/–	Zuführung/Auflösung von Rückstellungen
–/+	Zunahme/Abnahme ARAP
+/–	Zunahme/Abnahme PRAP
=	**operativer Brutto Cash Flow**
–	Investitionen immaterielle Vermögensgegenstände
–	Investitionen in Sachanlagevermögen
–	Investitionen Finanzanlagevermögen
–/+	Zunahme/Abnahme des Working Capitals
=	**Total Cash Flow**

Tabelle 5: Berechnung des Total Cash Flows (TCF) [Quelle: *Heesen, B.* (2000) 92]

Discounted-Cash-Flow-Verfahren

Der TCF-Ansatz unterscheidet sich vom WACC-Ansatz in der Behandlung der Unternehmenssteuerersparnis. Während beim WACC-Ansatz die anteilige Unternehmenssteuerersparnis aus den Fremdkapitalzinsen im Kapitalisierungszinssatz angerechnet wird, ist beim TCF-Ansatz das „tax shield" bereits im Cashflow berücksichtigt. Der TCF ist daher genau um die Unternehmenssteuerersparnis höher als der Free Cash Flow.

Total Cash Flow = Free Cash Flow + Unternehmenssteuerersparnis aus Fremdkapitalzinsen.

Der Total Cash Flow wird, da das „tax shield" im Cashflow einbezogen ist, mit den gewichteten Kapitalkosten diskontiert, wobei die Steuerentlastung der Fremdkapitalkosten entfällt, da dies zu einer doppelten Berücksichtigung führen würde.

$$WACC = r_{FK} * \frac{FK}{GK} + r_{EK} * \frac{EK}{GK}$$

r_{FK} = Rendite Fremdkapital
r_{EK} = Rendite Eigenkapital
FK = Marktwert des Fremdkapitals
EK = Marktwert des Eigenkapitals
GK = Marktwert des Gesamtkapitals

Im Vergleich zum WACC-Ansatz fehlt die Berücksichtigung der steuerlichen Abzugsfähigkeit der Fremdkapitalzinsen („tax shields") als Term *(1-t)* in den Kapitalkosten.

Der TCF-Ansatz wird in der Praxis kaum angewandt, da die TCFs direkt von den Annahmen über die Kapitalstruktur beeinflusst werden. In der Regel ergeben sich aus der Planung schwankende zukünftige Cashflows und Kapitalstrukturen. Die unterschiedliche Kapitalstruktur führt zu verschiedenen periodenspezifischen Fremdkapitalzinsen, die explizit in die TCF-Ermittlung aufgenommen werden müssen.[15] Der TCF-Ansatz ist darüber hinaus nicht mehr finanzierungsneutral, da Fremdkapitalaufnahmen und -tilgungen zu unterschiedlichen Zinsaufwendungen und damit verbundenen Steuerersparnissen führen.

2.3. APV-Ansatz

Der APV-Ansatz ist ein weiteres Verfahren der Bruttokapitalisierung, bei dem eine komponentenweise Ermittlung des Marktwertes des Gesamtkapitals erfolgt. In einem ersten Schritt wird wie beim WACC-Ansatz der Free Cash Flow des fiktiv vollständig eigenfinanzierten Unternehmens ermittelt. Im Gegensatz zu den Entity-Verfahren werden die Free Cash Flows nicht mit einem gewichteten Kapitalkostensatz, sondern mit der Renditeforderung der Eigentümer (Eigenkapitalkosten) diskontiert. Damit erhält man den Marktwert des unverschuldeten Unternehmens.

Im zweiten Schritt werden die Auswirkungen der Verschuldung durch Ermittlung der „tax shields" (vgl Kapitel 1) berücksichtigt. Der Wertbeitrag der Fremdfinanzierung errechnet sich dadurch, dass die aus der steuerlichen Absetzbarkeit der Fremdkapitalzinsen resultierenden Unternehmenssteuerersparnisse mit dem risikoadäquaten Zinsfuß

---

15 Vgl *Hachmeister, D.* (1995) 110.

diskontiert werden.[16] Abhängig davon ob die „tax shields" sicher oder unsicher sind, kann eine Diskontierung mit dem risikolosen Zinsfuß, mit den Fremdkapitalkosten oder mit den Eigenkapitalkosten erfolgen. Die Wahl des Diskontierungszinses kann dabei einen erheblichen Einfluss auf den Gesamtunternehmenswert ausüben.[17] Die Marktwerterhöhung entspricht dem Barwert der Steuerersparnisse und die Summe beider Barwerte ergibt den Gesamtmarktwert des verschuldeten Unternehmens im APV-Ansatz.

$$GK = \sum_{t=1}^{\infty}\left(\frac{FCF_t}{(1+r(EK)_u)^t}\right) + \sum_{t=1}^{\infty}\left(\frac{s*i*FK_{t-1}}{(1+i_r)^t}\right)$$

FCF_t = Free Cash Flows in der betrachteten Periode t
$r(EK)_u{}^t$ = Rendite Eigenkapitalgeber des unverschuldeten Unternehmens der betrachteten Periode t
i_r = risikoadäquater Zinsfuß
i = Renditeforderung der Fremdkapitalgeber
FK_{t-1} = Bestand an zinstragendem Fremdkapital zu Beginn der Periode t
s = Unternehmenssteuersatz (25 % KÖSt für Österreich)
i = Renditeforderung der Fremdkapitalgeber

Das Berechnungsschema des APV-Ansatzes zeigt nachfolgende Abbildung:

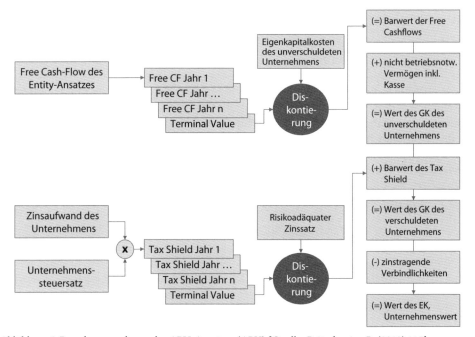

Abbildung 6: Berechnungsschema des APV-Ansatzes (APV) [Quelle: *Britzelmaier, B.* (2013) 115]

---

16 Vgl *Druckarczyk, J.* (1996) 160; *Aschauer, E./Purtscher, V.* (2011) 126; *Henselmann, K./Kniest, W:* (2015) 358.
17 KFS BW 1: 2014, Rn 44 erwähnt daher, dass die getroffenen Annahmen im Bewertungsgutachten zu erläutern und zu begründen sind.

2.4. Equity-Ansatz

Bei der Anwendung des Equity-Verfahrens (= Nettoverfahren) wird der Wert des Eigenkapitals (Shareholder Value) direkt durch Diskontierung derjenigen Cashflows ermittelt, die ausschließlich den Eigenkapitalgebern (Gesellschaftern, Investoren) zur Verfügung stehen. Dieser Cashflow wird auch als Flow to Equity (FTE) bezeichnet. Um den FTE zu berechnen, müssen in der Ermittlung des Cashflows auch all jene Zahlungsströme, die den Fremdkapitalgebern zustehen (Zinszahlungen, Tilgungen), berücksichtigt werden, sodass sich schematisch folgende Berechnung ergibt:

	Flow to Equity		Zusammenhang zw FTE und FCF
	EBIT (Earnings before interest and taxes)		**Operativer Free Cash Flow**
–	Fremdkapitalzinsen	–	Fremdkapitalzinsen
=	**EBT (Earnings before taxes)**	+	Unternehmenssteuerersparnis auf FK-Zinsen
–	Steuern auf das EBT	+/–	Aufnahme/Tilgung von Fremdkapital
=	**Jahresergebnis**	=	**FLOW TO EQUITY (FTE)**
+/–	Abschreibungen/Zuschreibungen		
+/–	Zuführung/Auflösung von Rückstellungen		
–/+	Zunahme/Abnahme ARAP		
+/–	Zunahme/Abnahme PRAP		
=	**operativer Brutto Cash Flow**		
–	Investitionen immaterielle Vermögensgegenstände		
–	Investitionen Sachanlagevermögen		
–	Investitionen Finanzanlagevermögen		
–/+	Zunahme/Abnahme des Working Capitals		
+/–	Fremdkapitalaufnahmen/-tilgungen		
=	**FLOW TO EQUITY (FTE)**		

Da die Cashflows, in diesem Fall die FTEs in Form von Ausschüttungen und Dividenden ausschließlich den Eigenkapitalgebern zustehen, bedarf es auch der risikoadäquaten Diskontierung. Daher werden die Flow to Equity nicht mit einem Mischzinssatz, sondern mit der Renditeforderung der Eigentümer diskontiert. Der Equity Value entspricht direkt dem so ermittelten Barwert, zuzüglich eines möglichen Barwertes aus dem nicht betriebsnotwendigen Vermögen, wie nachfolgende Abbildung verdeutlicht.

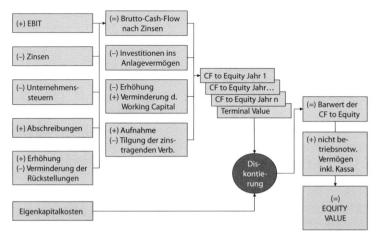

Abbildung 7: Berechnungsschema des Equity-Ansatzes (APV) [Quelle: *Britzelmaier, B.* (2013) 118]

2.5. Vergleich der DCF-Verfahren – Vor- und Nachteile

Sämtliche in den vorangegangenen Kapiteln vorgestellten DCF-Methoden basieren auf der Kapitalwertberechnung, unterscheiden sich aber in der Berechnung der Cashflows, des Diskontierungszinssatzes, in der Erfassung der Steuervorteile aus der Fremdfinanzierung und in der Berücksichtigung der Kapitalstrukturveränderungen. Nachfolgende Tabelle macht die Unterschiede nochmals deutlich:

Merkmale	Entity Approach	Equity Approach	APV-Verfahren
Cashflow-Definition	Free Cash Flow (FCF) oder Total Cash Flows (TCF)	Flow-to-Equity (FTE)	Free Cash Flows (FCF)
Diskontierungszins	Mischzinsfuß (WACC) aus Renditeforderung der Eigenkapitalgeber für das verschuldete Unternehmen und Fremdkapitalkosten	Renditeforderung der Eigenkapitalgeber für das verschuldete Unternehmen	Renditeforderung der Eigenkapitalgeber für das unverschuldete Unternehmen
Ermittlung des Equity Value	Marktwert des Gesamtkapitals (im WACC Ansatz) abzgl Marktwert des zinstragenden Fremdkapitals = Equity Value	Barwert der FTE = Equity Value	Marktwert des unverschuldeten Unternehmens + Barwert des „tax shield" aus Fremdfinanzierung = Marktwert des Gesamtkapitals abzgl Marktwert des zinstragenden Fremdkapitals = Equity Value
Kapitalstruktur	Konstante Kapitalstruktur wird unterstellt	Kapitalstrukturunabhängige Renditeforderung der Eigenkapitalgeber wird unterstellt	Berücksichtigung von Kapitalstrukturänderungen im Rahmen des „tax shield" aus Fremdfinanzierung

Welche Methode zur Anwendung kommt, wird stark von der Kapitalstruktur beeinflusst. In der Praxis haben sich der WACC-Ansatz und der APV-Ansatz durchgesetzt.

3. Terminal Value

In den vorangegangen Kapiteln wurde die Methodik der Herleitung der zu diskontierenden Cashflows (FCF, TCF, FTE) für eine Periode aufgezeigt. Unbeantwortet ist noch die Frage, für wie viele Perioden die Cashflows berechnet werden sollen. Die einschlägigen Fachgutachten (KFS BW 1; IDW S 1) und die Grundsätze der Unternehmensbewertung treffen hierzu eine eindeutige Aussage.[18] Diese lautet, dass die Cashflows über die Lebensdauer des Unternehmens abgeleitet werden müssen. Grundsätzlich wird eine unendliche Lebensdauer des Unternehmens unterstellt. Vor dem Hintergrund der Aussage „Bewerten heißt Vergleichen" muss eine Identität zwischen der Investition in das Unternehmen und der risikoadäquaten Alternativinvestition hergestellt werden (Laufzeit-

---

18 KFS BW 1: 2014, Rn 63; IDW S 1 (2008) Tz 117; vgl *Wollny, C.* (2008) 85.

äquivalenz). Daher ist die Ableitung des Zahlungsstromes hinsichtlich Dauer und Struktur des bewerteten Unternehmens und der Alternativinvestition herzustellen. Für die Betrachtung von gesamten Unternehmen wird von einer unendlichen Lebensdauer ausgegangen (going concern), auch wenn dies, wie aus den Insolvenzstatistiken zu entnehmen ist, in der Praxis nicht erfüllt ist und die Realität auch zeigt, dass Unternehmen aufgrund von Verschmelzungen, Übernahmen, Umgründungen, etc nicht unbegrenzt existieren. Die Annahme der unendlichen Lebensdauer ist vielmehr der Tatsache geschuldet, dass eine begrenzte Lebensdauer noch weniger vorhersagbar und schlichtweg nur in Ausnahmefällen (Bergbau, Kraftwerke, Patentende beim Produkt etc) begründbar ist.[19] Da die Planung der Cashflows umso schwieriger wird, je weiter diese in die Zukunft reichen, wird die Unterscheidung in drei Phasen – eine Detailplanungsphase, eine Grobplanungsphase und eine so genannte ewige Rente – empfohlen.[20] Die Annahmen hinsichtlich der Entwicklung der Unternehmens-Cashflows nach den beiden Planungsphasen können nur mehr sehr pauschal getroffen werden. Hier wird der Bewerter sich an branchenabhängigen Zyklen und marktüblichen Rentabilitätsniveaus orientieren und es sind bestimmte Konvergenzannahmen zu treffen, damit das Unternehmen nach der Planungsphase in ein Idealmodell eines eingeschwungenen Gleichgewichtszustands übergeführt wird.[21] Während für die Detailplanungsphase drei bis fünf Jahre vorgeschlagen werden, kann die Grobplanungsphase in Abhängigkeit von Produktlebens- und Investitionszyklen, langfristigen Darlehensverhältnissen und steuerlichen Verlustvorträgen auch auf zehn Jahre und mehr ausgedehnt werden.[22] Richtigerweise spricht man auch von einer Konvergenzplanung.

Wachstumsrate

Nach Abschluss der Konvergenzplanungsphase wird der im Fortführungszeitraum anfallende Cashflow in Form einer ewigen Rente geplant und mit dem um die Wachstumsrate verminderten Kapitalisierungszinssatz diskontiert. Die Bestimmung der Wachstumsrate ist in der Praxis von hoher Bedeutung, da der Terminal Value oft einen Großteil des gesamten Unternehmenswertes ausmacht und auch vom Wachstumsabschlag abhängt. Einflussfaktoren auf das Wachstum sind Mengen- und Preissteigerungen, der technische Fortschritt, Exportsteigerung, reales BIP-Wachstum oder Inflation. Die Praxis zeigt, dass fast 80 % der Bewertungsgutachten die Planzahlen der letzten Detailplanungsphase mit einer Wachstumsrate fortschreiben.[23] Hinsichtlich dieser sind unterschiedliche Verläufe denkbar. Es kann mit einer konstanten Wachstumsrate, mit einer einmaligen abrupten Änderung (Senkung) der Wachstumsrate zu einem bestimmten Zeitpunkt der Restwertphase oder einer kontinuierlichen Abnahme der Wachstumsrate gegen ein Normalwachstum gerechnet werden.[24] Eine allgemein gültige Vorgehensweise bei der Ableitung eines nachhaltigen Ergebnisses gibt es nicht, es bleibt letztendlich die

---

19 Seitens der Rechtsprechung ist auch von einer unbegrenzten Lebensdauer auszugehen; vgl OLG München, 17.7.2007, 31 Wx 060/06.
20 KFS BW 1: 2014, Rn 60–65.
21 Empfehlung der Arbeitsgruppe Unternehmensbewertung des Fachsenats für Betriebswirtschaft der Kammer der Wirtschaftstreuhänder zur Grobplanungsphase und zur Rentenphase (Terminal Value) vom 4.11.2015.
22 Vgl *Wollny, C.* (2008) 174, welcher für die beiden ersten Phasen sogar bis zu 30 Jahre empfiehlt.
23 Vgl *Hachmeister, D./Ruthardt, F./Mager, C.* (2014) 1210.
24 Vgl *Henselmann, K./Kniest, W.* (2015) 171.

Empfehlung der kritischen Würdigung der Planungsannahmen und die fundierte Argumentation betreffend der verwendeten Wachstumsrate. Wie notwendig die besonders sorgfältige Vorgehensweise bei der Ableitung des Terminal Values ist, zeigt eine Auswertung von Bewertungsgutachten, die feststellte, dass bei 83 % der Gutachten der Barwert der ewigen Rente mehr als 60 % des Unternehmenswertes ausmacht, sodass die Bedeutung der sorgfältigen Ableitung nicht hoch genug eingeschätzt werden kann.[25]

Die Formel zur Umrechnung der ewigen Rente zum Terminal Value lautet:[26]

$$TV = \frac{CF_T * (1 + g)}{(i - g)} * \frac{1}{(1 + i)^T}$$

TV = Terminal Value = Fortführungswert
CF_T = Cashflow der letzten Detail- bzw Grobplanungsphase
i = Diskontierungszinssatz
g = Wachstumsrate des bewertungsrelevanten Cashflows
T = Anzahl der Jahre der Detail- bzw Grobplanungsphase

Da die Cashflows der ewigen Rente auf das Ende der Detail- bzw Grobplanungsphase abgezinst werden, muss zur Barwertermittlung auf den Bewertungsstichtag der so ermittelte Wert nochmals um T Perioden abgezinst werden.

Der verwendete Wachstumsabschlag g beim Zinssatz bzw die Wachstumsrate beim Cashflow ist unternehmensindividuell zu bestimmen, indes eine Auswertung von Bewertungsgutachten zeigte, dass der Wachstumsabschlag durchschnittlich bei 1,13 % liegt, wobei auch hier betont werden muss, dass eine eingehende Begründung und sorgfältige Ableitung des Wachstumsabschlages aufgrund der Wertrelevanz dieses Faktors notwendig ist.[27] Mit Wachstum ist langfristig ein inflationsbedingtes Wachstum gemeint, da ein dauerhaftes, absolutes Wachstum aufgrund der „natürlichen" Konvergenzprozesse schwer aufrechtzuerhalten ist.[28]

Um die Konsistenz der Annahmen zu Renditeerwartungen, Wachstumsrate und Thesaurierung in der Rentenphase zu gewährleisten, ist bei der Ermittlung des Terminal Value ein konsistentes Wachstumsmodell zugrunde zu legen. Die daraus resultierende Ableitung der Annahmen und deren Konsequenzen wurden in einer eigenen Empfehlung der Arbeitsgruppe für Unternehmensbewertung der Kammer der Wirtschaftstreuhänder zusammengefasst.[29]

Ein wesentlicher Aspekt zum Verständnis des Terminals Value ist der Zeitwert der Cashflows in Abhängigkeit von der Höhe des Diskontierungszinssatzes. In nachfolgender

---

25 Vgl *Meitner, M.* (2012) 579 mwN; *Hachmeister, D./Ruthardt, F./Mager, C.* (2014) 1214.
26 Vgl *Heesen, B.* (2014) 206; *Peemöller, V.-H.* (2001) 333.
27 Vgl *Hachmeister, D./Ruthardt, F./Mager, C.* (2014) 1213.
28 Absolutes Wachstum wäre über Preis- und Mengenänderungen denkbar, wobei schwer zu argumentieren ist, dass ein Unternehmen einen dauerhaften Wettbewerbsvorteil aufrechterhalten kann und der Markt keine Sättigungstendenzen aufweist.
29 Empfehlung der Arbeitsgruppe Unternehmensbewertung des Fachsenats für Betriebswirtschaft der Kammer der Wirtschaftstreuhänder zur Grobplanungsphase und zur Rentenphase (Terminal Value) vom 4.11.2015; Rn 29 ff; vgl *Rabel, K.* (2016) 15.

Abbildung ist der Anteil des Barwertes in Prozent in Abhängigkeit von der Anzahl der Perioden und des Zinssatzes dargestellt.

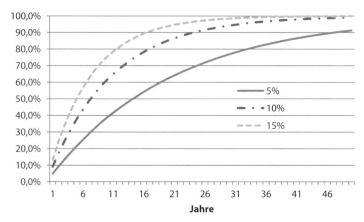

Abbildung 8: Barwerte in Abhängigkeit der Zeit und des Zinses [Quelle: eigene Darstellung]

Es zeigt sich deutlich, dass bei einem Zinssatz von 10 % bzw 15 % bereits nach 25 bzw 17 Jahren mehr als 90 % der Barwertsumme erreicht sind. Bei einem Zinssatz von 5 % sind nach 48 Planjahren mehr als 90 % des Gesamtbarwertes abgebildet. Dies bedeutet, dass zB bei einem Diskontierungszins von 10 % in 48 Perioden bereits 99 % des Gesamtbarwertes erreicht sind, sodass die Annahme der unendlichen Lebensdauer alleine aufgrund des Diskontierungseffektes relativiert wird.

Ausschüttungsquote

Neben der Wachstumsrate ist auch eine Annahme hinsichtlich einer nachhaltigen Ausschüttungsquote zu treffen. KFS BW 1 erwähnt, dass in der Detailplanungsphase die Ausschüttung unter Berücksichtigung der Investitionen und Kapitaltilgungen sowie der rechtlichen Restriktionen zu planen ist. Bei der Rentenphase ist auf die Konsistenz der Renditeerwartung, Wachstum und Thesaurierung zu achten.[30] In der Praxis wird eine Typisierung vorgenommen, die sich an verschiedenen Ausschüttungsquoten orientieren kann:[31]

- der marktüblichen Ausschüttungsquote eines zugrunde gelegten Marktindex,
- einer branchenüblichen Ausschüttungsquote,
- der Ausschüttungsquote der Peer Group,
- der historischen Ausschüttungsquote des Unternehmens;

Im Rahmen der Peer-Group-Analyse für die Ableitung des Betafaktors sind daher auch die empirisch beobachtbaren Ausschüttungsquoten zu erheben. Empirische Untersuchungen belegen eine Ausschüttungsquote von 40–60 %, wobei der Median bei rund 50 % liegt.[32]

---

30 KFS BW 1: 2014, Rn 63, 80, 115.
31 *Wagner, W./Jonas, M./Ballwieser, W./Tschöpel, A* (2006) 1009.
32 Vgl *Hachmeister, D./Ruthardt, F./Mager, C.* (2014) 1214.

4. Bestimmung der Kapitalkosten

Im vorangegangenen Kapitel wurden die bei unterschiedlichen DCF-Verfahren verwendeten Cashflows abgeleitet. Diese werden im Rahmen des Kapitalwertkalküls mit einem so genannten Diskontierungs- oder Kapitalisierungszinssatz auf einen Bewertungsstichtag abgezinst. Dieser Zinssatz ist entweder ein Mischzinssatz aus Eigenkapital- und Fremdkapitalkosten, entspricht der Renditeforderung der Eigenkapitalgeber oder ist der sichere Basiszinssatz. Wichtig dabei ist, dass eine methodische Gleichheit zwischen Zähler (Cashflows) und Nenner (Zinssatz) in der Barwertberechnung hergestellt wird, dh der Flow to Equity muss mit den Eigenkapitalkosten, und der Free Cash Flow mit einem Mischzinssatz diskontiert werden.

Grundlage für diese Vorgehensweise ist einerseits die Transformation der zukünftigen Cashflows in einen Barwert[33] und andererseits die Herstellung der Risikoäquivalenz zwischen der Investition in das Unternehmen und derjenigen in eine gleichwertige (= gleiches Risiko) Wertpapierveranlagung. Hintergrund dafür ist die Annahme, dass der Investor (Eigenkapitalgeber, Shareholder) immer die Alternative zwischen einer Investition in das betrachtete Unternehmen und einer risikoäquivalenten Wertpapierveranlagung hat. Ausgangspunkt zur Berechnung der Rendite der risikoadäquaten Veranlagung ist der „quasi-sichere" Basiszinssatz, da der Investor sein Kapital jedenfalls zu dieser Rendite veranlagen kann. Da eine Investition in das Unternehmen mit höherem Risiko verbunden ist, muss der risikolose Basiszinssatz um einen Risikozuschlag[34] erhöht werden, wodurch die Alternative risikoäquivalent wird. Die Herstellung der Äquivalenz zwischen den Cashflows der Unternehmung und den Erträgen aus einer Wertpapierinvestition wird von so genannten Äquivalenzprinzipien geleitet. Damit werden die Erträge aus der Alternativanlage der Qualität und Struktur der Ausschüttungen aus dem Bewertungsobjekt gleichgestellt. Diese sind:[35]

- Laufzeitäquivalenz: Dauer und Struktur des Zahlungsstroms der Alternativanlage und des zu bewertenden Unternehmens sind gleich.
- Kapital-(Arbeitskraft-)-einsatzäquivalenz: Gleich einzusetzende Arbeitsleistung zur Erzeugung des Zahlungsstromes, dh bei Einzelunternehmern oder stark eigentümergeführten Unternehmen wäre der Cashflow aus dem Unternehmen um einen drittvergleichsfähigen Unternehmerlohn zu kürzen.
- Steueräquivalenz: Hiermit ist gemeint, dass die Zuflüsse und die Alternativrendite entweder einheitlich einer Vorsteuer- oder Nachsteuerbetrachtung unterworfen werden.
- Ausschüttungsäquivalenz
- Währungsäquivalenz
- Risikoäquivalenz: Identische Unsicherheit der prognostizierten zukünftigen Zahlungsströme. Die Unsicherheit wird in der Praxis im Rahmen der Risikozuschlagsmethode

---

[33] Hiermit wird der Zeitwert des Geldes berücksichtigt und zukünftige Zahlungen werden auf den heutigen Wert transformiert.
[34] Das Risiko wird in diesem Fall über die so genannte Risikozuschlagsmethode (Zuschlag zum Basiszinssatz) berücksichtigt, die national und international gebräuchlich ist. Vgl KFS BW 1: 2014, Rn 100; wichtig dabei ist, dass mit der Anwendung der Risikozuschlagsmethode die prognostizierten Cashflows zu einem Erwartungswert verdichtet und damit „quasi-sicher" sind. Das Risiko wird ausschließlich über den Zinssatz abgebildet.
[35] Vgl *Ballwieser, W.* (2007) 85 ff mwN; *Mandl, G./Rabel, K.* (1997) 75 ff.

im Bewertungskalkül erfasst.[36] Die Herstellung dieser Risikoäquivalenz stellt wohl die größte rechentechnische Herausforderung bei der Unternehmensbewertung dar, insbesondere, da die Annahmen über die Kapitalstruktur wesentlichen Einfluss haben.[37] In der Praxis am weitesten verbreitet sind der WACC- und der APV-Ansatz.

4.1. Eigenkapitalkosten

4.1.1. Grundlagen

Eine Investition in ein Unternehmen bietet keine Garantie für sichere Gewinne (bzw Cashflows), wie zB die Veranlagung in „quasi"-risikofreie Wertpapiere (Staatsanleihen von Ländern mit einem Triple AAA Rating mit fixen Kuponzahlungen über eine vergleichbare Laufzeit). Die Unsicherheit, ob und in welcher Höhe die geplanten Cashflows eintreffen, entspricht dem Risiko, das der Kapitalgeber bei der Investition in das Unternehmen eingeht. Der Investor wird daher nur dann Mittel einbringen, wenn er für die Übernahme des Risikos eine Abgeltung in der Höhe des gewählten Kalkulationszinssatzes erhält. Dieser wird vom Investor so hoch gewählt, dass das subjektive Risiko der Investition in das Unternehmen im Vergleich zur risikofreien Anlage kompensiert wird. Der Kalkulationszinsfuß ist daher um einen Risikoaufschlag zum sicheren Basiszinssatz zu erhöhen.

Formelmäßig ergibt sich daher folgende Darstellung:

$$r_{EK} = r_f + z$$

r_{EK} = Rendite des Eigenkapitals = Eigenkapitalkosten
r_f = risikoloser Zinsfuß
z = Risikoprämie/Risikozuschlag

Ausgehend von einem sicheren Basiszinssatz wird ein angemessener Risikozuschlag zur Abbildung des Risikoniveaus des Unternehmens gewählt (gleichbedeutend mit der Unsicherheit, dass die geplanten Cashflows realisiert werden). Die Eigenkapitalkosten setzen sich daher aus zwei Komponenten zusammen: dem risikolosen Zinsfuß und einem Risikoaufschlag als Abgeltung für das übernommene Risiko.

Im einfachsten Fall werden die Eigenkapitalkosten von den Aktionären in Form einer Zielrendite vorgegeben, da diese eine konkrete Renditevorstellung (Risikoeinschätzung) für das zu bewertende Unternehmen haben.[38] Diese Risikoeinschätzung ist allerdings subjektiv und kann je nach Risikoaversion des Investors unterschiedlich hoch ausfallen.

---

36 Alternativ wäre auch die Risikoäquivalenz durch entsprechende Abschläge bei den prognostizierten Zahlungsströmen herstellbar, sodass diese als sicher gelten können. Dies wäre durch Befragung des Investors möglich, bedeutete aber gleichzeitig, dass bei unterschiedlichen Investoren unterschiedliche Sicherheitsäquivalente resultierten, was eine objektivierte Bewertung der Zahlungsströme nicht mehr möglich macht. Vgl *Mandl, G./Rabel, K.* (1997) 218.
37 Vgl *Wollny, C.* (2008) 81 f.
38 Vgl *Drukarczyk, J.* (1998) 119 ff; dort als individualistischer Ansatz bezeichnet; bei Private-Equity-Gesellschaften beträgt diese Renditeforderung zw 15 und 25 % pa; im Unternehmen wird für Investitionsprojekte oftmals auch eine Zielrendite für das Eigenkapital vorgegeben.

Da eine objektive, von der jeweiligen Risikonutzenfunktion unabhängige Renditeforderung benötigt wird, bedarf es einer kapitalmarktorientierten Ableitung des mit der Investition übernommenen Risikos. Dies geschieht in der Form, dass die Risikoprämien aus dem Kapitalmarkt aus empirisch beobachteten durchschnittlichen Renditen auf dem Aktienmarkt abgeleitet werden.

Der angewandte Diskontierungszinssatz, welcher die Eigenkapitalkosten enthält, hat einen erheblichen Einfluss auf den Unternehmenswert und ist somit von hoher Relevanz. Daher empfiehlt KFS BW 1 auch, dass die Ableitung der Eigenkapitalkosten nachvollziehbar zu begründen ist und die Annahmen vollständig darzustellen sind.[39]

4.1.2. Basiszinssatz

Wie oben dargestellt, setzt sich der Diskontierungszinssatz aus einem Basiszinssatz und einer Risikoprämie zusammen. Zur Bestimmung des Basiszinses ist von einer risikolosen Kapitalmarktveranlagung auszugehen, die hinsichtlich Laufzeit äquivalent ist und sich aus der zum Bewertungsstichtag gültigen Zinsstrukturkurve ableitet.[40] Diese Empfehlung zur Ableitung des Basiszinses wird in diesem Kapitel anhand der gängigen Praxis konkretisiert, wobei aufgrund der Empfehlung des FAUB des IDW die Methode nach Svensson stark favorisiert wird, welche daher auch hohe praktische Bedeutung bei der Bestimmung des objektivierten Unternehmenswertes erlangt hat. Der Basiszins ist ausgehend von den aktuellen Zinsstrukturkurven und zeitlich darüber hinausgehenden Prognosen herzuleiten. Die Zinsstrukturkurven können, ausgehend von einem Stichtag, einen ansteigenden, linearen oder fallenden Verlauf haben. In ökonomisch stabilen Kapitalmarktverhältnissen zeigt die Zinsstrukturkurve einen ansteigenden Verlauf, dh, mit zunehmender Restlaufzeit der Anleihe erhöht sich die Verzinsung. Grund für eine ansteigende Zinsstrukturkurve ist die Liquiditätsprämie, die die Anleger für die fehlende Flexibilität ihrer Mittelverwendung entschädigt. Zinsstrukturkurven drücken das Zusammenspiel der Erwartungen hinsichtlich Inflation, Zinsänderungen, makroökonomischen Entwicklungen, geldpolitischen Entscheidungen und die Reaktionen der Anleger darauf aus. Existiert eine steigende oder inverse Zinsstrukturkurve, muss ein nach Perioden differenzierter Basiszinssatz verwendet werden. Der damit verbundene Aufwand der Ermittlung und Anwendung periodenspezifischer Zinssätze ist gegenüber dem Vorteil der Genauigkeit abzuwägen.

Der Basiszinssatz erfüllt die Funktion einer für jedermann verfügbaren sicheren Investition und stellt die Grundlage für die Bestimmung der Eigenkapitalkosten dar. Dieser wird um einen Risikoaufschlag, der das operative und finanzielle Risiko des Unternehmens abbildet, erhöht. Als risikofrei gilt eine festverzinsliche Anlage, soweit sie weder Währungs-, Termin- noch Ausfallrisiken aufweist.[41] Da in der Realität keine risikolose Anlageform existiert, wird für den risikolosen Zinsfuß die Rendite von Staatsanleihen mit einem Triple AAA Rating herangezogen, da diese das geringste Risiko aufweisen und quasi sicher sind. Für die Bestimmung des Basiszinssatzes in der Eurozone ist der Basiszinssatz des Landes maßgeblich, dessen Staatsanleihen die niedrigsten Zinssätze

---

39 Vgl KFS BW 1: 2014, Rn 112.
40 Vgl KFS BW 1: 2014, Rn 104.
41 Vgl *Ballwieser, W.* (2003) 23.

aufweisen. Deutsche Staatsanleihen erfüllen diese Bedingung. Das Land, in dem das Unternehmen oder der Investor seinen Sitz hat, spielt keine Rolle.[42] Der Basiszins ist zum Bewertungsstichtag abzuleiten, auch wenn die Bewertung durch den Gutachter aufgrund eines anhängigen Gerichtsverfahrens erst viele Jahre nach dem Stichtag durchzuführen ist. Die Rechtsprechung vertritt ebenso das Stichtagsprinzip, wenn auch eine Durchschnittsbildung von drei, dem Stichtag vorhergehenden Monaten präferiert wird.[43] Die Zusammenfassung der spot rates zu Drei-Monats-Durchschnitten wird mit einer gewissen Glättung der Kurve begründet. Das IDW empfiehlt zusätzlich noch die Rundung auf den nächsten Zehntelprozentpunkt.[44] Die Verwendung eines langfristigen Durchschnittszinses der Umlaufrenditen inländischer Anleihen der öffentlichen Hand ist nicht mehr gängige Praxis, da sich gezeigt hat, dass selbst Kapitalmarktprofis keine besseren Zinsprognosen hervorbringen, als die aus der Zinsstrukturkurve des Bewertungsstichtages abgeleiteten Zinssätze.[45]

Die Anleihen, aus denen der Basiszins abgeleitet wird, existieren nur für endliche Laufzeiten (10 bis 30 Jahre), sodass eine Anschlussverzinsung für die ewige Rente gefunden werden muss. Es gibt unterschiedliche Lösungsvorschläge für die Verwendung eines Anschlusszinses, die durchaus kontrovers diskutiert werden.[46] Aus Sicht der Objektivierung und Vereinfachung empfiehlt das IDW, den ermittelten Stichtagszins mit einer Restlaufzeit von 30 Jahren als nachhaltigen Schätzwert anzusetzen und diesen für die Anschlussverzinsung zu verwenden.[47] Die Arbeitsgruppe „Unternehmensbewertung" des Fachsenats für Betriebswirtschaft und Organisation empfiehlt die Ableitung des Basiszinses aus der Zinsstrukturkurve deutscher Bundesanleihen für eine Laufzeit von 30 Jahren.[48]

Ableitung des Basiszinses mittels der Svensson-Methode

Neben der Laufzeitäquivalenz ist auch die Herstellung der Zahlungsstrukturäquivalenz zwischen Bewertungsobjekt und alternativer Kapitalmarktveranlagung notwendig. Die pro Periode erwarteten Cashflows aus dem Unternehmen sind daher mittels einer sicheren Veranlagung zu duplizieren. Die Duplizierung, dh die Kopie der Cashflows aus dem Unternehmen, erfolgt mit Null-Kupon-Anleihen, deren periodenspezifischer Zinssatz (spot rate) aus dem Kapitalmarkt ablesbar ist.[49] Die spot rates oder Kassazinssätze ent-

---

42 Vgl *Wollny, C.* (2008) 260 mwN.
43 LG Frankfurt/M 21.3.2006, 3-5 O 153/04; das IDW empfiehlt zum Ausgleich kurzfristiger Marktschwankung die Bildung eines Durchschnittswertes der dem Bewertungsstichtag vorangegangenen drei Monate, das österreichische Fachgutachten stellt in Tz 104 auf den Stichtagszins ab und fordert keine Durchschnittsbildung.
44 Bis Juli 2016 hat das IDW die Rundung auf den nächsten vollen Viertelprozentpunkt empfohlen. Vor dem Hintergrund des niedrigen Zinsniveaus wurde diese Vereinfachung auf die Rundung auf ein Zehntelprozent reduziert, da der „Rundungsfehler" ansonsten eine zu starke Wirkung auf den Unternehmenswert gehabt hätte.
45 Vgl *Munkert, M. J.* (2005) 130 f; die durchschnittlichen Umlaufrenditen stellen einen gewichteten Durchschnitt unterschiedlicher Anleihen über unterschiedliche Laufzeiten dar, womit das Prinzip der Laufzeitäquivalenz verletzt ist.
46 Vgl *Kruschwitz, L.* (2009) 13–17.
47 FAUB, FN-IDW 2008, 491.
48 Empfehlung der Arbeitsgruppe Unternehmensbewertung des Fachsenats für Betriebswirtschaft und Organisation zum Basiszinssatz vom 18.10.2006.
49 Null-Kupon-Anleihen sind Anleihen, die während der Laufzeit keine Zinsen auszahlen, sondern den gesamten Betrag (Nominale plus Zinsen) am Ende der Laufzeit an den Investor zahlen. Vgl *Perridon, L./Steiner, M.* (1999) 398.

sprechen den Renditen der Anleihen zu einem bestimmten Zeitpunkt. Dies bedeutet, dass für jeden Cashflow für die Periode t_1 bis unendlich eine quasi-sichere Null-Kupon-Anleihe, deren spot rate am Kapitalmarkt ablesbar ist, gefunden werden muss. Das Anlageuniversum von Null-Kupon-Anleihen ist jedoch begrenzt, sodass man aus den Effektivverzinsungen der gesamten notierten Null-Kupon-Anleihen eine Renditestruktur schätzt. Darüber hinaus ist es durch ein so genanntes finanzmathematisches „stripping" möglich, die bestehenden Kuponanleihen in synthetische Null-Kupon-Anleihen umzuwandeln.[50] Die finanzmathematische Herausforderung, aus den Kapitalmarktdaten der umlaufenden Kuponanleihen und Null-Kuponanleihen, die Zinsstruktur (entspricht dem Zusammenhang zwischen Laufzeit und Zinssatz) zu schätzen, wird durch die taggleiche Veröffentlichung von Daten der Deutschen Bundesbank wesentlich erleichtert. Die Schätzung erfolgt seit 1997 mit Hilfe der *Svensson*-Methode entsprechend nachstehender Formel:[51]

$$z(t,\beta,\tau) = \beta_0 + \beta_1 \left(\frac{1-e^{\left(-\frac{t}{\tau_1}\right)}}{\frac{t}{\tau_1}} \right) + \beta_2 \left(\frac{1-e^{\left(-\frac{t}{\tau_1}\right)}}{\frac{t}{\tau_1}} - e^{\left(-\frac{t}{\tau_1}\right)} \right) + \beta_3 \left(\frac{1-e^{\left(-\frac{t}{\tau_2}\right)}}{\frac{t}{\tau_2}} - e^{\left(-\frac{t}{\tau_2}\right)} \right)$$

Die für die Berechnung notwendigen Parameter können über die Zeitreihen-Datenbank unentgeltlich von der Deutschen Bundesbank bezogen und in die eigenen Excel-Dateien integriert werden. Die Svensson-Methode zeigt mit steigender Laufzeit t eine immer flacher verlaufende Zinsstrukturkurve, die langfristig gegen den Wert β_0 konvergiert. Der Bewerter kann daher relativ einfach zu jedem beliebigen Bewertungsstichtag Zerobond-Zinssätze aus der aktuellen Zinsstrukturkurve ableiten, wobei in Deutschland ein Durchschnitt aus den drei dem Bewertungsstichtag vorangehenden Monaten gebildet werden soll. In Österreich ist die Durchschnittsbildung aus dem aktuellen Gutachten KFS BW 1 nicht ableitbar. Für das nach dem Jahr 30 folgende Jahr kann der Zerobond-Zinssatz des Jahres 30 angewandt werden, wobei dieser um die angenommene Wachstumsrate zu kürzen ist.

Ausgelöst durch unterschiedliche Literaturmeinungen kam es bei den Praktikern oftmals zu Verwirrungen, da behauptet wurde, dass das Ergebnis der Schätzfunktion stetige und nicht diskrete Zinssätze seien. Die Bundesbank nutzt jedoch zur Bestimmung der Parameter eine Funktion, sodass bei Eingabe derselben in obige Formel diskrete Zerobond-Zinssätze resultieren und diese daher auch verwendet werden können. Wird auf die Daten der EZB zugegriffen, erhält man jedoch stetige Zinssätze, die wie folgt umzurechnen sind.[52]

$$\text{Zinsatz}_{\text{diskret}} = e^{\text{Zinssatz}_{\text{stetig}}} - 1$$

---
50 Vgl *Perridon, L./Steiner, M.* (1999) 203.
51 Vgl Deutsche Bundesbank Monatsbericht Oktober 1997, 63 f mwN.
52 Vgl *Henselmann, K./Kniest, W.* (2015) 199; *Wollny, C.* (2007) 277.

4.1.3. Marktrisikoprämie

Die Abbildung des operativen und finanziellen Risikos und die damit verbundene Tatsache, dass die zukünftigen Cashflows nicht wie geplant zu Zahlungszuflüssen beim Investor führen, erfolgt über einen Risikozuschlag zum risikolosen Zinssatz gemäß

$$r_{EK} = r_f + z$$

Der Risikozuschlag z wird genau in der Höhe gewählt, die dem risikoscheuen Investor einen subjektiv „gefühlten" Ausgleich zur Übernahme des Risikos, Anteile an einem Unternehmen zu halten, abgilt. Im einfachsten Fall werden die Eigenkapitalkosten von den Shareholdern vorgegeben, da diese eine konkrete Renditevorstellung für das zu bewertende Unternehmen haben.[53] Diese subjektive Betrachtungsweise kann objektiviert werden, indem über das Capital Asset Pricing Model und die Portfoliotheorie die Sichtweise des Marktes eingeführt wird.[54] Die auf Arbeiten von *Markowitz* zurückgehende Portfolio-Theorie zeigt die Vorteilhaftigkeit einer Investition in einem Portfolio im Gegensatz zur Direktanlage in ein einzelnes Wertpapier. Mit dem nach *Tobin* benannten Separationstheorem erfolgt mit der Einführung einer risikolosen Veranlagung die Trennung der individuellen Risikofreudigkeit des Investors und die Einführung einer objektiven Marktsicht. Die Erkenntnisse der Portfoliotheorie und des Separationstheorems münden dann in das CAPM, welches die Preisbildung von riskanten Finanzierungstiteln auf dem Kapitalmarkt erklären soll.[55]

Danach ermitteln sich die Eigenkapitalkosten aus

$$r_{EK} = r_f + z = r_f + (r_M - r_f) * \beta$$

Die Übernahme des mit der Investition verbundenen Risikos erfolgt in Form der Marktrisikoprämie r_M. Diese ist somit ein Maß für die zusätzliche Rendite, die die Investoren verlangen, um das Marktportfolio und nicht nur die risikofreie Anlage zu halten. Üblicherweise wird die Marktrisikoprämie in Form der empirisch beobachteten durchschnittlichen Rendite auf dem Aktienmarkt abgeleitet. Der oben in der Formel verwendete Beta-Faktor ist ein Maß für das systematische Risiko des einzelnen Unternehmens und wird in Kapitel 4.1.4. näher erläutert.

Das CAPM geht von einigen restriktiven Modellannahmen aus, welche in der Praxis nicht oder nur unzureichend erfüllt sind:

- Es existiert ein vollkommener Kapitalmarkt, dh, alle Kapitalmarktteilnehmer verfügen zu jedem Zeitpunkt über die gleichen Informationen, die kostenlos zugänglich sind.
- Alle Kapitalmarktanlagen sind marktfähig und beliebig teilbar.
- Alle Investoren haben homogene Erwartungen bzgl der Wertpapierrenditen, dh, die Anleger schätzen die Wertpapierrenditen, die Standardabweichung und die Kovarianzen der Wertpapierrenditen gleich ein.

---

[53] Bei Private-Equity-Gesellschaften beträgt diese Renditeforderung zw 15 und 25 % pa; im Unternehmen wird für Investitionsprojekte oftmals auch eine Zielrendite für das Eigenkapital vorgegeben.

[54] Vgl *Sharpe, W.F.* (1964) 425 ff; *Lintner, J.* (1965) 13 ff; *Mossin, J.* (1966) 768 ff sowie die Behandlung des CAPM und deren Weiterentwicklung in den Standardlehrbüchern zur Unternehmensbewertung.

[55] In diesem Beitrag erfolgt keine Herleitung der theoretischen Basis des CAPM. Hierzu kann auf die Standardlehrbücher zur Unternehmensbewertung, mit der jeweils dort zitierten Basisliteratur, verwiesen werden. Vgl *Peemöller, V.-H.* (2001) 288; *Mandel G./Rabel K.* (1997) 287 ff; *Perridon, L./Steiner, M.* (1999) 263; *Wollny, C.* (2008) 291 ff; *Aschauer, E./Purtscher, V.* (2011) 139.

- Es gibt risikofreie Anlagen und es besteht die Möglichkeit, unbegrenzt Geld zum sicheren Zinssatz aufzunehmen oder anzulegen.
- Es existieren keine Transaktionskosten.
- Es existieren keine Steuern.
- Der Planungszeitraum beträgt eine Periode.

Obwohl das CAPM empirisch nicht zufriedenstellend bestätigt werden konnte,[56] scheint es über fünfzig Jahre später noch immer die geeignetste Grundlage zur Kapitalkostenbestimmung zu sein. Seit einigen Jahren regt sich jedoch heftigere Kritik an der Bestimmung objektivierter Unternehmenswerte durch die mittels CAPM abgeleiteten Kapitalkosten, da vermehrt Studien veröffentlicht werden, in denen Kapitalmarktanomalien nicht durch das CAPM erklärt werden können.[57] Im Wesentlichen sind es drei Kritikpunkte, die die Anwendung des CAPM in der Praxis fragwürdig erscheinen lassen:

- Fehlende empirische Überprüfbarkeit des CAPM, da das Marktportfolio nicht zu erfassen ist und deshalb approximiert werden muss.[58]
- Das CAPM bezieht sich auf eine zukünftige Periode. Die empirischen Untersuchungen werden auf Basis von historischen Daten durchgeführt, die für zukünftige Prognosen angewandt werden. Das gleiche gilt für den Betafaktor, der aus historischen Aktienkursschwankungen hergeleitet wird und Eingang in den Diskontierungszins für zukünftige Cashflows findet.[59]
- Die stark vereinfachenden und damit realitätsfremden Annahmen.

Zur Verteidigung des CAPM wird seine theoretische Eleganz und seine einfache Handhabung sowie die Tatsache, dass sich seine Hauptaussagen grundsätzlich als richtig erweisen, vorgebracht. Aus diesem Grund wurden auch zahlreiche Modifikationen des Modells, wie das Mehr-Perioden oder Tax-CAPM entwickelt,, die einzelne restriktive Annahmen abschwächen, aber mit dem „Praktiker-CAPM" doch wenig gemein haben.[60]

Schätzverfahren für die Marktrisikoprämie

Der Risikozuschlag errechnet sich gemäß obiger Formel nach CAPM aus der Performancedifferenz zwischen der risikofreien Anlage und dem Marktportfolio (= Marktrisikoprämie), multipliziert mit dem Betafaktor. Der Umstand, dass die empirisch beobachtbare Gesamtrendite in den risikolosen Basiszinssatz und eine Risikoprämie zerlegt werden kann, ist grundsätzlich ein Vorteil, da beides beobachtbare Kapitalmarktparameter sind.[61] Die Ableitung aus historischen Daten ist auf den ersten Blick einfach und im Rahmen der Unternehmensbewertung auch üblich, birgt jedoch einige Schwierigkeiten, die nachfolgend dargestellt werden. Da die Marktrisikoprämie nicht direkt auf dem Kapitalmarkt beobachtet werden kann, ist diese mittels Schätzverfahren herzuleiten,

---

56 Vgl *Timmreck, C.* (2005) 35.
57 Vgl *Gleissner, W.* (2014) 151 mwN zu empirischen Studien das CAPM betreffend.
58 Vgl *Roll, R./Ross, S. A.* (1994) 130.
59 Vgl *Gleissner, W.* (2014) 152.
60 Vgl *Gleissner, W.* (2014) 163; *Dempsey, M.* (2013) 7; *Dempsey, M.* (2013) 82; *Stehle, R./Schulz, A.* (2005) 22 ff.
61 Vgl *Bertram, I./Castedello, M./Tschöpel, A.* (2015) 468.

wobei die Wahl des Schätzverfahrens und dessen Einflussfaktoren eine erhebliche Wirkung auf den Wert der Marktrisikoprämie nehmen können. Verschärft wurde die Problematik der Schätzung der Marktrisikoprämie durch die Finanzkrise, da die Zinsen für Staatsanleihen sanken, womit grundsätzlich auch die Kapitalkosten niedriger wurden und damit ceteris paribus die Unternehmenswerte stiegen, was aber nicht der ökonomischen Realität entsprach. Mit der Finanzmarktkrise wurde die Schwierigkeit der Ableitung der historischen Marktrisikoprämie und deren Anwendung auf zukünftige Cashflows nochmals besonders deutlich. Das IDW und auch die Arbeitsgruppe Unternehmensbewertung des Fachsenats für Betriebswirtschaft und Organisation der Kammer der Wirtschaftstreuhänder empfahlen im Zeitraum zwischen 2008 bis 2012, die Marktrisikoprämie zu erhöhen.[62] Begründet wurde dies mit folgenden Argumenten:[63]

- Bestimmte Trends, die in früheren Jahren die Marktrisikoprämie gemindert haben, werden von anderen Effekten überlagert.
- Von Finanzanalysten erstellte Ex-ante-Analysen zu sog impliziten Marktrisikoprämien legen eine Orientierung am oberen Ende der historisch gemessenen Aktienrenditen nahe.

Obwohl die historischen Aktienrenditen einfach beobachtbare Kapitalmarktparameter sind, ergeben sich bei der Schätzung der historischen Marktrisikoprämie einige Problemfelder, die das Ergebnis stark beeinflussen können, sodass eine Abweichung von bis zu 2 % möglich ist:

- **Festlegung des Aktienindizes als Marktportfolio:**
  Hier hat sich noch kein einheitlicher Standard herausgebildet. Außerdem gibt es kein globales Gesamtmarktportfolio, das auch die risikofreien Anlagen enthält. Näherungsweise wird auf einen sehr breit gefassten Aktienindex (C-DAX, DAX) zurückgegriffen, wobei es auch sachgerecht wäre, einen weltweiten Index zu Grunde zu legen.[64]
- **Festlegung des Beobachtungszeitraumes:**
  Um Aussagen über langfristige Entwicklungen treffen und die potenziellen Effekte durch Konjunktur- und Kurszyklen einschätzen zu können, wäre der Rückgriff auf längere Zeiträume vorteilhaft, wobei etwaige Strukturbrüche die Aussagekraft reduzieren können. Bei kurzen Ermittlungszeiträumen würden die aktuellen Marktentwicklungen, die uU besonders prognosegeeignet sind, einfließen. Die Frage nach der Auswahl des richtigen Prognosezeitraumes wird bis heute kontrovers diskutiert. Geeinigt hat man sich lediglich auf die Berücksichtigung der Daten nach dem zweiten Weltkrieg, häufig ab 1955.[65]
- **Art der Mittelwertbildung – Durchschnittsrendite:**
  Bislang ist für die zu ermittelnde Einjahresrendite des Marktportfolios nicht abschließend geklärt, ob zur Durchschnittsbildung das arithmetische oder geometrische

---

62 Für Deutschland und die Empfehlungen des IDW: FAUB, FN-IDW 2009, 696 f; FAUB, FN-IDW 2012, 568; für Österreich und die Empfehlungen der Arbeitsgruppe Unternehmensbewertung vom 17.1.2012, vom 18.6.2012; in der Empfehlung vom 4.10.2012, die die Empfehlung vom 17.1.2013 ersetzt, wurde empfohlen die Markrisikoprämie von 4,5 % auf 5,5 % (vor Steuern) auf 5,5 % bis 7,0 % hinaufzusetzen.
63 Vgl *Ballwieser, W./Friedrich, T.* (2015) 451; FAUB, FN-IDW 2012, 568.
64 Vgl *Dörschell, A./Franken, L./Schulte, J.* (2009) 91.
65 Vgl *Kruschwitz, L./Löffler, A.* (2008) 807; *Stehle, R.* (2004) 909 ff; *Reese, R.* (2007) 33 f mwN.

Mittel herangezogen werden soll, obgleich einige Gründe für das arithmetische Mittel sprechen.[66] Die Art der Mittelwertbildung ist von Bedeutung, da die Unterschiede zwischen den Mittelwerten wesentlich sein können und proportional zu der Varianz der beobachteten Renditen zunehmen.[67] Ein einfaches Beispiel zeigt die Relevanz des Themas: Eine Aktie, die im Jahr 1 zu 100 €, im Jahr 2 zu 50 € und im Jahr 3 zu 100 € notiert, hätte nach dem arithmetischen Mittel eine Rendite von 25 %, nach dem geometrischen Mittel von 0 % (Arithmetisches Mittel: (–50 % + 100 %)/2 = 25 %; geometrisches Mittel: $r_{geom.} = \sqrt[n]{(1+r_1)*(1+r_2)} - 1 = 0\%$)

- **Statistische Eigenschaften:**
  Hier fließen vor allem Überlegungen zu den statistischen Eigenschaften (Prognosefähigkeit, Stationarität, stochastische [Un]abhängigkeit und Unverzerrtheit) der ermittelten Renditen ein.

Wesentlicher Nachteil bei der Ableitung aus historischen Aktienrenditen bleibt, dass diese nicht aussagekräftig genug für die Zukunft sind, da insbesondere in Rezessions- oder Boomphasen der Wirtschaft eine Verzerrung resultiert und es abhängig von den getroffenen Annahmen (Beobachtungszeitraum, risikoloser Zins, Marktindex, Art der Durchschnittsbildung) bei der Berechnung zu starken Verwerfungen kommen kann. Verschiedene Studien grenzen die Marktrisikoprämie auf eine Bandbreite von –1,8 % bis 12,7 % ein, was deutlich von der Empfehlung von 5,5 % bis 7,0 % entfernt ist.[68] Die Nicht-Beobachtbarkeit des Marktportfolios führt dazu, dass die Marktrisikoprämie empirisch nicht verifiziert werden kann. Zusätzlich ist es inkonsistent, den zukunftsgerichteten risikofreien Zins und die historischen Aktienrenditen zu verknüpfen.

Die Marktrisikoprämie als Performancedifferenz zwischen dem Erwartungswert der Rendite risikobehafteter Anlagen (= Marktportfolio) und der risikolosen Veranlagung führt dazu, dass eine stichtagsbezogene Größe (spot rates der Bundesanleihen) mit einer über die Zeit schwankenden Größe (Rendite Marktportfolio) gemischt wird.

Aus realwirtschaftlicher Perspektive erscheint jedoch langfristig die Annahme einer konstanten, erwarteten, realen Rendite des „Marktportfolios" plausibel. In diesem Fall würde jede Erhöhung (Reduzierung) des risikolosen Basiszinses zu einer gleichzeitigen Senkung (Erhöhung) der Marktrisikoprämie führen, womit beide Größen negativ korreliert sind. Die in der jüngeren Vergangenheit resultierenden Verwerfungen durch die Finanzkrise könnten damit adäquat erfasst werden, da der Rückgang des risikolosen Zinssatzes mit einer Erhöhung der Marktrisikoprämie einherging.[69] Der Vorschlag von *Gleissner* geht sogar davon aus, dass die Anpassung an den risikolosen Basiszins erfolgen sollte, um damit die Verzerrungen durch die Geldpolitik der EZB zu kompensieren, womit eine Anpassung sich auf alle Unternehmen gleich auswirken würde.[70]

---

66 Vgl *Vargas, S.* (2012) 813; *Stehle, R.* (2004) 910 f.
67 Vgl *Dörschell, A./Franken, L./Schulte, J.* (2009) 94 f.
68 Vgl *Stehle, R./Hauladen, J.* (2004) 931.
69 Vgl *Gleissner, W.* (2014) 263.
70 $r_{EK} = r_f + z = r_f + (r_M - r_f) * β$; bei Anpassung der Marktrisikoprämie würden risikoreichere Unternehmen aufgrund der Multiplikation mit dem Beta-Faktor stärker betroffen sein.

Die implizite Marktrisikoprämie

Die kurz skizzierten Problemfelder bei der Ableitung der Marktrisikoprämie aus historischen Renditen und deren fragliche Eignung als Schätzer für zukünftige Renditen haben zu unterschiedlichen Versuchen geführt, die Marktrisikoprämie über andere Methoden zu ermitteln.[71] Aktuell wird, wie die jüngere Literatur zeigt, der Ansatz der impliziten Marktrisikoprämie intensiver verfolgt.[72] Auch das Fachgutachten KFS BW 1 2014 hat auf die Defizite der historischen Marktrisikoprämie reagiert und nennt nun in Rn 111 explizit, dass die Eigenkapitalkosten auch nach anderen üblichen Verfahren abgeleitet werden können.

Eine Möglichkeit, die Marktrisikoprämie abzuleiten ist die Berechnung aus den zukunftsgerichteten Analystenerwartungen und den vorhandenen Marktpreisen. Neben dem Vorteil, dass die so ermittelte Marktrisikoprämie eine stichtagsbezogene, zukunftsorientierte Renditeschätzung ist, gibt es aber auch Nachteile, wie nachfolgende Tabelle zeigt:[73]

Vorteile	Nachteile
Prospektive Schätzung	Subjektivität der im Modell zugrunde liegenden Parameter und damit mögliche Berücksichtigung von nicht-finanziellen Erwartungen
Veränderlichkeit im Zeitablauf	Abhängigkeit von der Qualität und Verfügbarkeit von Daten
Verwendung aktueller Daten	Gleichsetzung von Börsenkapitalisierung und Unternehmenswert (Wert = Preis)
Kurzfristige Messung möglich	Hohe Reagibilität der nachhaltig angenommenen Wachstumsraten
	Tendenziell zu optimistische Schätzung der Analysten (bias)
	Anwendung einer evtl durch kurzfristige Verzerrungen zu hohen oder zu niedrigen impliziten MRP auf das unendliche Bewertungskalkül

Zur Ableitung der impliziten Kapitalkosten stehen verschiedene Modelle zur Verfügung.[74] Der Großteil beruht grundsätzlich auf Dividendendiskontierungsmodellen.[75] Der theoretische Hintergrund basiert auf einer Inversion des Bewertungsverfahrens, da sich der Wert einer Aktie im einfachsten Fall aus der Dividende des nächsten Jahres und den Kapitalkosten ergibt. Die Umformung nach k führt zu den impliziten Kapitalkosten. Setzt man nun für k den Term nach dem CAPM ein, erhält man nach weiterer Umformung die Marktrisikoprämie.

---

71 Vgl *Claus, J./Thomas, J.* (2001) 1629 ff; *Copeland, T./Koller, T./Murrin, J.* (2002) 272 ff; *Stehle, R.* (2004) 909 ff.
72 Vgl *Aders, C./Aschauer, E.* (2016) 195 mwN.
73 Vgl *Baumüller, J./Kroner, J.* (2014) 236.
74 Für eine Übersicht über bestehende Methoden vgl *Echterling, F./Eierle, B./Ketterer, S.* (2015) 235 mwN., wobei die Autoren zum Schluss kommen, dass sich aktuell noch keine favorisierte Methode herauskristallisiert.
75 Vgl *Jäckel, C./Käserer, C./Mühlhäuser, K.* (2013) 368 ff; *Aders, C./Aschauer, E.* (2016) 202.

Wert der Aktie	Implizite Kapitalkosten	Marktrisikoprämie
$V = \dfrac{D_1}{k-g}$	$k = \dfrac{D_1}{V} - g$	$MRP = \dfrac{1}{\beta} * \left(\dfrac{D_1}{V} - g - r_f\right)$

Es zeigt sich, dass die Wachstumsrate bzw Wachstumsprognose einen wesentlichen Einfluss ausüben kann. Die aktuell verwendeten Verfahren zur Bestimmung der impliziten Marktrisikoprämie beruhen auf komplexeren, mehrperiodigen Modellen. Das in der Praxis am häufigsten verwendete Modell ist das Residual Income Model (RIM). Es schätzt den Wert des Unternehmens auf Basis des Buchwertes plus den zukünftig erwarteten Residualgewinnen, die als Gewinn (Jahresüberschuss) abzüglich der von den EK-Gebern geforderten Verzinsung des Eigenkapitals ermittelt werden.[76]

Die aktuellen Studien für Österreich zeigen zum 31.12.2015 eine implizite Marktrisikoprämie von 6,7 %, womit diese innerhalb der von der Arbeitsgruppe für Unternehmensbewertung vorgeschlagenen Bandbreite von 5,5 % bis 7,0 % liegt.[77] Die Studie von *Jäckel/Käserer/Mühlhäuser* ergab für 2011 eine Marktrisikoprämie von 9,3 % und die Fenebris GmbH ermittelte für dasselbe Jahr einen Wert von 10,5 %.[78] Es zeigt sich, dass auch hier Unterschiede, die einen wesentlichen Einfluss auf den Unternehmenswert haben, zu Tage treten. Hintergrund ist, dass die implizite Marktrisikoprämie von der Einstellung der Investoren, den Annahmen über die Wachstumsrate und dem risikolosen Basiszins abhängt. Es bleibt daher den zukünftigen Forschungen vorbehalten, zu ermitteln, ob sich die implizite Marktrisikoprämie durchsetzen wird, wobei diese wohl auch kein „Allheilmittel" darstellt. Vorerst ist sie aufgrund der vielfältigen Annahmen wohl nur als Ergänzung zur Plausibilisierung der bestimmten historischen Marktrisikoprämie zu verstehen.

Rechtsprechung zur Marktrisikoprämie

Die Marktrisikoprämie wird in der Rechtsprechung als eigene Schätzaufgabe, welche durch den Bewertenden durchzuführen ist, verstanden. Die Finanz- und Schuldenkrise hat dazu geführt, dass der IDW-Fachausschuss in Deutschland und die Arbeitsgruppe Unternehmensbewertung in Österreich die Marktrisikoprämie 2012 angehoben haben. Mit dem stark sinkenden Zinsniveau (risikoloser Zinssatz) und der Anhebung der Marktrisikoprämie werden nun Urteile veröffentlicht, die zeigen, inwiefern die Gerichte der Empfehlung hinsichtlich der Anhebung der Marktrisikoprämie folgen.

Die jüngste Entscheidung vom 23.2.2016 des LG Hamburg (403 HKO 152/14) bestätigt die Empfehlung des FAUB, eine höhere Marktrisikoprämie zu verwenden. Begründet wird dies mit den immer noch spürbaren Verwerfungen am Kapitalmarkt und den damit verbundenen sehr niedrigen Renditen deutscher Staatsanleihen und der gleichzeitig gestiegenen Risikoaversion der Anleger.

Im Gegensatz dazu hat das LG Dortmund (LG 18 052/13) die Verwendung der höheren vom FAUB empfohlenen Marktrisikoprämie kritisch hinterfragt. Argumentiert wird dies

---

76 Vgl *Aders, C./Aschauer, E.* (2016) 196 mwN.
77 Vgl *Aders, C./Aschauer, E.* (2016) 202.
78 Vgl *Jäckel, C./Käserer, C./Mühlhäuser, K.* (2013) 365 ff.

damit, dass die oft zitierte Studie von *Stehle* einen sehr langen Zeitraum umfasst, welche mehrere volkswirtschaftliche Zyklen (Aufschwungphasen und Krisenzeiten) inkludiert und daher die Verwendung der Marktrisikoprämie von 4 bis 5 % nicht zu beanstanden sei. Ähnlich argumentiert auch das LG Frankfurt/M (3-05 O 43/13) vom 25.11.2014. Hier wurde im Zuge der Ermittlung der Barabfindung die erhöhte Marktrisikoprämie von 5,5 % angewandt und das Gericht entschied, dass eine nachträgliche Anwendung der erhöhten Marktrisikoprämie nicht möglich sei.

Im Urteil des LG Hamburg (403 HKO 43/13) vom 26.9.2014 wurde dagegen die Anwendung der erhöhten Marktrisikoprämie nicht beanstandet. Insgesamt zeigt sich die aktuelle Rechtsprechung uneinheitlicher, als dies vor der Finanz- und Schuldenkrise war. Die Gründe gegen die Verwendung einer höheren Marktrisikoprämie stützen sich meist auf die fehlende Schwere und Dauer der Krise.[79] Es bleibt abzuwarten, ob hier eine Vereinheitlichung der Entscheidungen der Gerichte stattfindet.

4.1.4. Beta-Faktor[80]

Die Annahmen des CAPM unterstellen einen voll diversifizierten Investor, der das Marktportfolio hält und das CAPM stellt einen Zusammenhang zwischen der erwarteten Rendite des einzelnen Wertpapiers r_j und dem damit verbundenen Risiko als Differenz zwischen der Rendite des Marktportfolios r_M und dem risikolosen Zinsfuß r_f, multipliziert mit dem Beta-Faktor des Wertpapiers, her.

$$r_j = r_f + (r_M - r_f) * \beta_j$$

Die geforderte Rendite setzt sich aus dem risikolosen Zinsfuß und der dafür geforderten Prämie für die Übernahme des Risikos zusammen. Die Marktrisikoprämie $r_M - r_f$ wurde im vorherigen Kapitel diskutiert. Der Beta-Faktor spielt in der Unternehmensbewertung deshalb so eine bedeutende Rolle, da damit das systematische Risiko des betrachteten Unternehmens quantifiziert wird. Anders formuliert ist nur die Veränderung des Risikos im Portfolio bei Investition in das Unternehmen erheblich. Das CAPM erlaubt eine marktmäßige Bestimmung der zusätzlichen Risikoprämie. Ein Unternehmen ist unterschiedlichen Risiken ausgesetzt, welche in unternehmensexterne (Branchenentwicklung, Wettbewerb, BIP Wachstum) und unternehmensinterne Faktoren (Management, Produktlebenszyklus, Innovationsgrad, Ertragskraft, Verschuldungsgrad etc) unterteilt werden können. Da annahmegemäß der Investor vollständig diversifiziert ist, trägt er nur mehr das systematische Risiko des konkreten Unternehmens. Alle anderen Risiken, die unternehmensspezifisch sind, können „wegdiversifiziert" werden. Empirisch beobachtbare Beta-Faktoren enthalten nur noch das systematische Risiko, welches in drei Bereiche untergliedert werden kann:[81]

---

79 Vgl *Hachmeister, D./Hufnagel V.* (2015) 2522.
80 In diesem Abschnitt erfolgen nur die wesentlichen theoretischen Grundlagen des Beta-Faktors, sofern diese für den Praktiker zur Erlangung eines besseren Verständnisses für die Ableitung von Beta-Faktoren relevant sind. Im Übrigen sei auf die Standardliteratur zur Unternehmensbewertung verwiesen.Vgl *Peemöller, V.-H.* (2001) 290; *Mandl, G./Rabel, K.* (1997) 297 ff; *Wollny, C.* (2008) 292 ff; *Aschauer, E./Purtscher, V.* (2011) 177.
81 *Schacht, U./Fackler, M.* (2005) 120; rund 50–80 % des Gesamtrisikos entfallen auf das unsystematische und 20–50 % entfallen auf das systematische Risiko, vgl *Wollny, C.* (2007) 302.

- Unternehmensumfeld und -branche: bestimmte Branchen (Energieversorger, Lebensmittelindustrie, Versicherungen) weisen ein geringeres Beta als innovative zyklische Branchen auf. Je stabiler die Erträge der Branche, desto geringer ist der Betafaktor.
- Operatives Risiko: Unternehmen mit einem hohen Fixkostenanteil weisen ein höheres Beta auf, da Umsatzrückgänge aufgrund der Fixkostenstruktur stärker auf das Ergebnis wirken.[82]
- Finanzielles Risiko: Je höher der Verschuldungsgrad, desto größer der Betafaktor, da das Ergebnis bei hohen Fremdkapitalbeständen durch Zinszahlungen und Tilgungen beeinflusst wird. Bei einer Verschuldung von null spiegelt der Beta-Faktor nur mehr das operative Risiko wider.

Das systematische Risiko des zusätzlich in das Portfolio aufgenommenen Wertpapiers gibt die Stärke der Veränderung der Rendite des Wertpapiers bei einer gleichzeitigen Veränderung der Rendite des Marktportfolios an. Vereinfacht gesprochen kann der Beta-Faktor auch als Schwankungskoeffizient bzw als Maß für die Sensitivität der Aktie im Vergleich zum Gesamtmarkt interpretiert werden. Der Faktor beschreibt, wie stark die Aktie auf eine Veränderung des Marktes reagiert bzw diese Veränderung nachvollzieht. Grafisch wird der Beta-Faktor über die so genannte Wertpapierlinie dargestellt:[83]

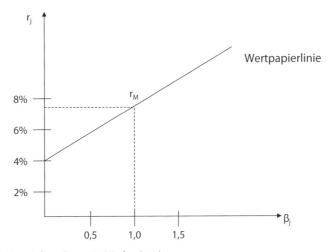

Abbildung 9: Wertpapierlinie (Security Market Line)

Entsprechend der Formel und der obigen Grafiken hat das Marktportfolio einen Beta-Faktor von 1,0. Ist der Beta-Faktor größer (kleiner) 1 bedeutet dies, dass die Aktie überproportional (unterproportional) auf Kursänderungen des Marktportfolios (meist ein zugrundeliegender Marktindex wie zB DAX, Dow Jones) reagiert. Steigt zB der Marktindex um 10 % und beträgt der Beta-Faktor 0,8 (1,2), dann steigt der Kurs des einzelnen Wert-

---

82 Das operative Risiko wird manchmal auch in das Umsatzrisiko und das Fixkostenrisiko unterteilt, sodass der Einflussfaktor „Unternehmensumfeld und -branche" in diesem Faktor über das Umsatzrisiko enthalten ist und nur mehr das operative und finanzielle Risiko bleibt. Vgl *Henselmann, K./Kniest, W.* (2015) 245.
83 Die Gerade läuft durch die Rendite des Marktportfolios bei einem Beta-Faktor von 1 und dem risikolosen Zinsfuß mit einem Beta-Faktor von null.

Discounted-Cash-Flow-Verfahren

papiers um 8 % (12 %). Die risikolose Veranlagung hat gemäß Definition einen Betafaktor von null. Theoretisch kann der Betafaktor auch negative Werte annehmen. Dies würde bedeuten, dass der Marktindex zB um 10 % steigt und der Kurs des Wertpapiers sinkt.

Als Maß für das systematische Risiko kann der Beta-Faktor auch als Volatilitätsmaß bezeichnet werden, da er die Schwankungsbreite des Kurses eines einzelnen Wertpapiers ins Verhältnis zur Schwankung des Marktportfolios setzt. Mathematisch kann dies als Quotient aus Kovarianz der Rendite des Wertpapiers j mit der Rendite des Marktportfolios und der Varianz der Rendite des Marktportfolios definiert werden:

$$\beta_j = \frac{\sigma_{jM}}{\sigma_M^2} = \frac{Cov(r_j; r_M)}{\sigma_M^2}$$

r_j = erwartete Rendite der Aktie j
r_M = erwartete Rendite des Marktportfolios
β_j = Beta der Aktie j
σ_{jM} = Kovarianz der Aktie j mit dem Marktportfolio
σ_M^2 = Varianz des Marktportfolios

Ableitung von Betafaktoren durch Regression historischer Aktienrenditen

Der Beta-Faktor eines Wertpapiers kann mit Hilfe der linearen Regression (OLS) auf Basis der historischen Renditen des Wertpapiers und des Marktportfolios ermittelt werden. Im einfachsten Fall werden die vorhandenen Renditen des Marktportfolios auf der Abszisse und die Renditen des Wertpapiers auf die Ordinate aufgetragen. Damit liegt eine mehr oder weniger stark gestreute Punktwolke vor, durch die mittels mathematischer Methode eine Regressionsgerade gelegt wird. Die Steigung der Regressionsgerade entspricht dem Beta-Faktor.

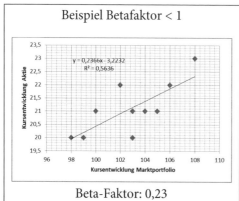

Beispiel Betafaktor < 1

Beta-Faktor: 0,23

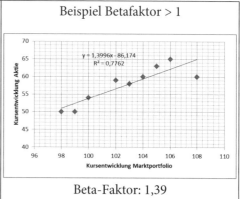

Beispiel Betafaktor > 1

Beta-Faktor: 1,39

Je nach Beschaffenheit der Punktwolke wird diese, wie die obigen Beispiele zeigen, unterschiedlich gut durch die Gerade repräsentiert. Vom Grad der Repräsentation hängt die Güte der Regressionsgeraden und damit die Güte des Beta-Faktors ab. Ein Maß für die Güte der Regression ist der Korrelationskoeffizient. Er gibt die Stärke eines positiven oder negativen Zusammenhangs an und liegt zwischen plus 1 und minus 1. Ein Korrelationskoeffizient von +1 (–1) bedeutet, dass ein perfekter positiver (negativer) Zusammenhang besteht. Je näher der Korrelationskoeffizient bei null liegt, desto schwächer ist der Zusammenhang. Die Güte und Aussagekraft des Beta-Faktors hängt damit stark vom Korrelationskoeffizienten ab und dieser ist umso besser, je näher der Korrelationskoeffizient bei eins liegt. In der Praxis wird nicht der Korrelationskoeffizient r, sondern dessen Quadrat, definiert als Bestimmtheitsmaß, verwendet. Zusätzlich kann zur Berechnung der Güte des Beta-Faktors noch der t-Test durchgeführt werden.[84]

Wie bereits bei der Berechnung der Marktrisikoprämie hängt der Beta-Faktor bei der Berechnung von mehreren Faktoren ab:[85]

- **Periodizität**:
  Das der Berechnung zugrundeliegende Zeitintervall hat einen erheblichen Einfluss auf die Höhe des Beta-Faktors. Es ergeben sich zum Teil große Abweichungen, ob für die Durchschnittsbetrachtung der historischen Zeitreihe die letzten neun Monate oder die letzten zwei Jahre herangezogen werden. Je länger die Zeitreihe, desto größer ist die Punktwolke und desto aussagekräftiger die Regression. Nachteilig ist allerdings, dass weiter zurückliegende Daten weniger aktuell sind und die aktuelle Marktentwicklung weniger gut repräsentieren. In der Praxis greift man auf eine Regression der letzten 250 Tage zurück. Zu entscheiden ist ebenfalls, ob Monats-, Wochen- oder Tagesrenditen herangezogen werden.

- **Referenzindex**:
  Die Regression erfolgt gegen die Rendite des Marktportfolios, welches nicht existiert und daher durch einen Index (ATX, DAX, TEC-DAX, NYSE) repräsentiert wird. Es stellt sich damit automatisch die Frage, gegen welchen Index die Regression erfolgen soll. Bei börsennotierten Unternehmen ist diese Frage noch relativ einfach zu beantworten, denn es wird derjenige Index sein, in dem das Unternehmen sich selbst befindet. Hieraus ist auch der Beta-Faktor leicht zu ermitteln. Bei nichtbörsennotierten Unternehmen kann lediglich eine Approximation über sogenannte Peer-Group- oder Branchenbetas erfolgen, die wiederum aus börsennotierten Unternehmen derselben Branche ermittelt werden. Die Zuordnung der einzelnen Unternehmen zu einer Branche wirft weitere schwierige Fragen auf.

- **Liquidität der Aktie**:
  Die Liquidität der gehandelten Aktien des zu bewertenden Unternehmens oder der Vergleichsunternehmen (im Falle von nicht börsennotierten Unternehmen), aus denen ein durchschnittlicher Beta-Faktor ermittelt werden soll, muss ebenfalls berücksichtigt werden, denn die Illiquidität führt ebenfalls zu starken Verzerrungen.

- **Peer Group**:
  Bei der Bewertung von nicht börsennotierten Unternehmen ist zur Bestimmung des Beta-Faktors des nicht börsennotierten Unternehmens im Sinne der Anwendung der Analogiemethode eine Peer Group zusammenzustellen, welche mit dem zu bewerten-

---

84 Der t-Test gibt Auskunft darüber, inwiefern die unabhängige Variable (Marktrendite) Einfluss auf die abhängige Variable (Aktienrendite) hat. Vgl *Henselmann, K./Kniest, W.* (2015) 251; *Dörschell, A./Franken, L./Schulte, J.* (2009) 133.
85 Vgl *Dörschell, A./Franken, L./Schulte, J.* (2009) 120 ff.

den Unternehmen weitgehend identisch ist.[86] Wesentlich dabei ist, dass die Peer Group ähnliche systematische Risiken wie das Bewertungsobjekt aufweist und es sind die qualitativen und quantitativen Faktoren, die die Vergleichbarkeit herstellen sollen, zu definieren. Oft gibt es kein vergleichbares Unternehmen, sodass dem Bewerter bei der Definition der Auswahlkriterien ein wesentlicher Ermessensspielraum zukommt.

Zusammenfassend können für die Ableitung des Beta-Faktors folgende Empfehlungen gegeben werden:

- Auswahl der börsennotierten Vergleichsunternehmen mit Sitz im selben Land wie das betrachtete Unternehmen
- Die börsennotierten Unternehmen sollen über einen hohen Freefloat und eine möglichst hohe Liquidität im täglichen Handel aufweisen.
- Die Branche sollte so eng wie möglich definiert sein und Mischkonzerne mit mehreren unterschiedlichen Geschäftsfeldern sind nicht zu berücksichtigen.
- Es sollte mind eine Zeitreihe von 250 Tagen verfügbar sein, um eine gewisse Stabilität der Regression zu gewährleisten.

Berücksichtigung des Verschuldungsgrades

Der aus der Regression der historischen Aktienrenditen[87] abgeleitete Beta-Faktor als Maß für das systematische Risiko umfasst das Geschäftsrisiko (operating beta) und das Kapitalstrukturrisiko (financial beta).[88] Besonders relevant ist dies bei Branchenbetas, bei denen ein durchschnittlicher Betafaktor aus den Betafaktoren von Unternehmen derselben Branche errechnet wird, da diese Unternehmen auch unterschiedliche Verschuldungsgrade und damit ein unterschiedliches Finanzierungsrisiko aufweisen. Daher müssen die aus den öffentlich zugänglichen Datenbanken (sog Roh-Betas) durch „Unlevern" um das Finanzierungsrisiko bereinigt werden. Dies geschieht mit folgender Formel:

$$\beta_{uP} = \frac{\beta_{vP}}{(1 + (1 - t)\frac{FK_P}{EK_P})}$$

β_{uP} = Beta-Faktor des unverschuldeten Peer Group Unternehmens „unlevered Beta"
t = Unternehmenssteuersatz des Peer Group Unternehmens
FK_P = Fremdkapital zu Marktwerten des Peer Group Unternehmens
EK_P = Eigenkapital zu Marktwerten des Peer Group Unternehmens
β_{vP} = Beta-Faktor des verschuldeten Peer Group Unternehmens

Die Formel ergibt sich einerseits durch die Bestimmung der Eigenkapitalkosten nach *Modigliani/Miller* $r_{EK} = r_{EK}^{VG=0} + (r_{EK}^{VG=0} - r_f) \cdot \frac{FK}{EK}$ und der Ableitung der Eigenkapitalkosten gemäß CAPM $r_{EK} = r_f + (r_M - r_f) * \beta_j$. Durch Gleichsetzen beider Gleichungen und Umformung nach Beta erhält man die Beziehung zwischen verschuldeten und unverschuldeten Betafaktoren.[89]

---
86 Vgl *Dörschell, A./Franken, L./Schulte, J.* (2009) 217 ff.
87 Des zu bewertenden Unternehmens oder der Peer Group.
88 Vgl *Aschauer, E./Purtscher, V.* (2011) 185.
89 Vgl *Henselmann, K./Kniest, W.* (2015) 246.

Durch Umstellen der Gleichung erhält man durch „relevern" den Beta-Faktor des Zielunternehmens.

$$\beta_{vT} = \beta_{uP}\left(\left(1+\left(1-t_T\right)\frac{FK_T}{EK_T}\right)\right)$$

β_{uP} = Beta-Faktor des unverschuldeten Peer Group Unternehmens „unlevered Beta"
t_T = Unternehmenssteuersatz des Target Unternehmens
FK_T = Fremdkapital zu Marktwerten des Target Unternehmens
EK_T = Eigenkapital zu Marktwerten des Target Unternehmens
β_{vT} = Beta-Faktor des verschuldeten Target Unternehmens

Obige Formeln basieren auf den so genannten „Textbook-Formeln", die im Wesentlichen auf Arbeiten von *Modigliani/Miller* und *Hamada* basieren, welche, um konsistente Bewertungsergebnisse zu erzielen, noch angepasst werden müssen.[90] In KFS BW 1 (2014) Rn 107 wird explizit auf diese Anpassungsformeln Bezug genommen, sodass die Auswirkung des Kapitalstrukturrisikos auf den Beta-Faktor jedenfalls zu berücksichtigen ist.

Hinsichtlich der Vorgehensweise in der Praxis werden nach Definition der Peer-Group-Unternehmen und deren berechneten Beta-Faktoren diese mit dem bekannten Verschuldungsgrad „delevered". Daraus resultiert ein um das Fremdkapital bereinigte Beta (sog „unlevered" Beta), welches ausschließlich nur mehr vom operativen Risiko beeinflusst wird. Für diesen Schritt ist es notwendig, das FK/EK (debt/equity ratio) und den relevanten Steuersatz der Unternehmen zu kennen. Im zweiten Schritt werden die Betas der unverschuldeten Unternehmen aggregiert und auf Basis des Medians oder Mittelwertes wird durch „relevern" der Beta-Faktor des verschuldeten Bewertungsobjekts ermittelt.

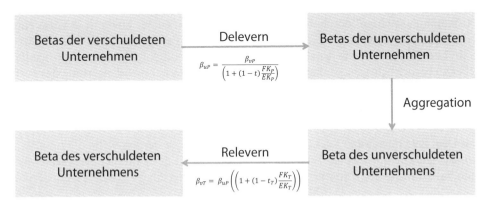

Abbildung 10: Levern und Relevern von Beta-Faktoren [Quelle: eigene Darstellung]

90 Hierbei handelt es sich um die Anpassungen nach *Miles/Ezzel* bzw *Harris/Pringle*, die abhängig von den Annahmen, wie sicher die „tax shields" der zukünftigen Periode sind, zu abweichenden Unternehmenswerten führen.Vgl *Aschauer, E./Purtscher, V.* (2011) 188 ff.

Die Herleitung des Beta-Faktors hat gezeigt, dass trotz aller Objektivierungsversuche eine Vielzahl von subjektiven Entscheidungen zu treffen ist. Diese umfassen die Ermittlung des Basiszinssatzes, die Auswahl des Aktienindexes, die Auswahl des Zeitraums der historischen Aktienrenditen und die Auswahl der Peer Group.

4.2. Fremdkapitalkosten

Die Kosten des Fremdkapitals fließen in die Ermittlung des Diskontierungszinses beim WACC- und TCF-Verfahren ein. Grundsätzlich hängen die Fremdkapitalkosten von den jeweiligen Kreditkonditionen, den aktuellen Marktgegebenheiten und der Bonität des Schuldners ab. Entsprechen die aktuellen Konditionen den aktuell gültigen Marktgegebenheiten, kann der Buchwert (= Rückzahlungsbetrag) dem Marktwert gleichgesetzt werden. Weichen die Konditionen gemäß Darlehensvertrag von den aktuellen Marktkonditionen ab, ist der Marktwert des Darlehens anhand der aktuellen Marktkonditionen zu berechnen.[91]

Zu den zinstragenden Verbindlichkeiten zählen Verbindlichkeiten gegenüber Kreditinstituten, Anleihen, Verbindlichkeiten aus der Annahme gezogener Wechsel, Verbindlichkeiten gegenüber Unternehmen, mit denen ein Beteiligungsverhältnis besteht, sofern es sich um Finanzverbindlichkeiten handelt. Sämtliche anderen Verbindlichkeiten wie Lieferantenkredite, erhaltene Anzahlungen, passive Rechnungsabgrenzungen etc werden nicht berücksichtigt.[92]

Bisher wurde angenommen, dass das Fremdkapital nicht ausfallbedroht sei, dh die Fremdkapitalkosten entsprechen dem risikolosen Zins. In der Praxis ist jedoch auch das Fremdkapital mit einem Risiko behaftet. Das Risiko der Fremdkapitalgeber steigt mit zunehmendem Verschuldungsgrad. Die Übernahme eines Teils des systematischen Risikos, welches grundsätzlich von den Eigenkapitalgebern getragen wird, senkt gleichzeitig die EK-Kosten. Die grundsätzliche Annahme seitens *Modigliani/Miller*, dass die Eigenkapitalkosten mit zunehmendem Verschuldungsgrad steigen, wird daher durch die „Risikomitübernahme" durch die FK-Geber vermindert. Dieser Effekt ist in Form eines Debt Beta zu berücksichtigen. Neben der Erwähnung im Fachgutachten KFS BW 1 (2014) in Rn 114, dass ein Debt Beta bei der Ermittlung der Renditeforderung der Eigenkapitalgeber zu berücksichtigen sei, hat die Arbeitsgruppe Unternehmensbewertung des Fachsenats für Betriebswirtschaft und Organisation der österreichischen Kammer der Wirtschaftstreuhänder 2015 zusätzlich eine Empfehlung zur Berücksichtigung eines Debt Beta nach dem Fachgutachten KFS/BW1 veröffentlicht.[93]

Das Debt Beta muss seitens der Empfehlung berücksichtigt werden, wenn die zum Basiszinssatz laufzeitäquivalenten Fremdkapitalkosten (r FK) des Unternehmens wesentlich vom Basiszinssatz (r (f)) abweichen. Die Berücksichtigung eines Debt Beta kann darüber

---

[91] Vgl *Aschauer, E./Purtscher, V.* (2011) 214.
[92] Der Ansatz der Pensionsrückstellungen und deren Zinssätze werden kontrovers diskutiert, vgl hierzu *Drukarczyk, J./Schüler, A.* (2007).
[93] Innerhalb des theoretischen Rahmens des CAPM ist die Verwendung eines Debt-Beta nicht einfach zu argumentieren, da das Marktportfolio auch um liquide Fremdkapitaltitel ergänzt werden müsste, dieses in der Praxis aber aus liquiden Aktientitel besteht. Vgl *Ballwieser, W.* (2016), 437 ff.

hinaus aus Gründen der Wesentlichkeit unterbleiben, wenn davon auszugehen ist, dass die Nichtberücksichtigung keinen wesentlichen Einfluss auf das Bewertungsergebnis hat. Gemäß Empfehlung ist dies dann der Fall, wenn die Differenz zwischen laufzeitäquivalenten Fremdkapitalzinsen und risikolosem Zinssatz weniger als 200 Basispunkte (dh 2,0 %) beträgt oder sich ein Debt Beta von kleiner als 0,120 ergeben würde.[94]

Wird ein Debt Beta berücksichtigt, sind die Bewertungsgleichungen entsprechend anzupassen.[95]

$$\beta_v = \beta_u + (\beta_u - \beta_{FK}) * \frac{FK_{t-1}}{EK_{t-1}}$$

Die Anwendung eines Debt Beta führt, aufgrund der Reduktion von β_v in der Berechnung der Kapitalkosten gemäß CAPM zu einer Verminderung der Eigenkapitalkosten und ceteris paribus zu einer Erhöhung des Marktwertes des Eigenkapitals. Die Anwendung des Debt Beta ist daher, um etwaige Überbewertungen zu vermeiden, nur dann zulässig, wenn die Fremdkapitalgeber tatsächlich systematische Risiken übernehmen. Dies ist im konkreten Einzelfall zu entscheiden.[96]

Literaturverzeichnis

Aders, C./Aschauer, E., Die implizite Marktrisikoprämie am österreichischen Kapitalmarkt, in: RWZ 6/2016, 195–202

Aschauer, E./Purtscher, V., Einführung in die Unternehmensbewertung (2011)

Ballwieser, W., Aktuelle Aspekte der Unternehmensbewertung, WPg, 1995, 119–121

Ballwieser, W., Debt Beta als problemloses Konzept? Motivationen, Theoriehintergrund und Praxisrelevanz, in: Corporate Finance (2016), 437–445

Ballwieser, W., Unternehmensbewertung: Prozeß, Methoden und Probleme² (2007)

Ballwieser, W., Zum risikolosen Zins für die Unternehmensbewertung, in: Richter, F./Schüler, A./Schwetzler, B. (Hrsg), Kapitalgeberansprüche, Marktwertorientierung und Unternehmenswert; Festschrift für Prof. Dr. Dr. h.c. Jochen Drukarczyk (2003) 23

Ballwieser, W./Friedrich, T., Peers, Marktrisikoprämie und Insolvenzrisiko: Einige Anmerkungen zu drei Problemen der Unternehmensbewertung, in: Corporate Finance, Nr 12, 2015, 449–457

Baumüller, J./Kroner, J., Bestimmung impliziter Marktrisikoprämien für den österreichischen Kapitalmarkt, in RWZ, Heft 7–8, 2014, 234–245

Bertram, I./Castedello, M./Tschöpel, A., Überlegungen zur Marktrendite und zur Marktrisikoprämie, in: Corporate Finance, Nr 12, 2015, 468–473

Britzelmaier, B., Wertorientierte Unternehmensführung (2013)

Claus, J./Thomas, J., Equity Premia as Low as Three Percent? Evidence from Analysts' Earnings Forecasts for Domestic and International Markets, in: The Journal of Finance, Volume LVI, No 5, 2001, 1629–1666

---

[94] Vgl Rz 10 der Empfehlung der AG Unternehmensbewertung vom 21.5.2015; *Enzinger, A./Mandl, G.* (2015) 170.
[95] Vgl *Enzinger, A./Pellet, M./Leitner, M.*, 2014/49, 211 ff.
[96] Zur indirekten Ermittlung des Debt Beta vgl *Enzinger, A./Mandl, G.* (2015) 170 ff.

Coenenberg, A. G./Günther, E., Cash Flow, in: *Chmielewicz, K./Schweitzer, M.* (Hrsg), 1993, Sp 301–311

Copeland, T./Koller, T./Murrin, J., Valuation: Measuring and Managing the Valuation of Companies³ (2002)

Dempsey, M., The Capital Asset Pricing Model (CAPM): The History of a Failed Revolutionary Idea in Finance? in: Abacus a journal of accounting, finance and business studies, 49, 2013, 7–23

Dempsey, M., The CAPM: A Case of Elegance is for Tailors? Abacus a journal of accounting, finance and business studies, 49, 2013, 82–87

Dörschell, A./Franken, L./Schulte, J., Der Kapitalisierungszinssatz in der Unternehmensbewertung (2009)

Drukarczyk, J. Unternehmensbewertung² (1998)

Eayrs, W. E./Ernst, D./Prexl, S., Corporate-Finance-Training; Planung, Bewertung und Finanzierung von Unternehmen (2007)

Echterling, F./Eierle, B./Ketterer, S., A review of the literature on methods of computing the implied cost of capital, in: International Review of Financial Analysis, 2015, Vol 42, issue C, 235–252

Enzinger, A./Mandl, G., Das Debt Beta nach dem Fachgutachten KFS/BW1, in: RWZ, 2015/46, S 168–182

Enzinger, A./Pellet, M./Leitner, M., Debt Beta und Konsistenz der Bewertungsergebnisse, in: RWZ 2014/49, 211–217

Gleissner, W., Kapitalmarktorientierte Unternehmensbewertung: Erkenntnisse der empirischen Kapitalmarktforschung und alternative Bewertungsmethoden, in: Corporate Finance 4/2014, 151–167

Gleissner, W., Die Marktrisikoprämie: stabil oder zeitabhänig? in: Die Wirtschaftsprüfung, 5/2014, 258–264

Hachmeister, D., Die Abbildung der Finanzierung im Rahmen verschiedener Discounted Cash-Flow-Verfahren, in: ZfbF 1996, 251–277

Hachmeister, D./Ruthardt, F./Mager, C., Unendlichkeit als Problem der Unternehmensbewertung – eine empirische Analyse von Bewertungsgutachten, in: Der Betrieb, Nr 22, 2014, 1219–1214

Hachmeister, D./Hufnagel V., Marktrisikoprämie in der Finanzkrise: Aktuelle Übersicht über die Rechtsprechung in Spruchverfahren, in: Der Betrieb, Heft 44 vom 30.10.2015, 2521–2523

Heesen, B., Beteiligungsmanagement und Bewertung für Praktiker (2000)

Henselmann, K./Kniest, W., Unternehmensbewertung: Praxisfälle mit Lösungen⁵ (2015)

Jäckel, C./Käserer, C./Mühlhäuser, K., Analystenschätzungen und zeitvariable Marktrisikoprämien: eine Betrachtung der europäischen Kapitalmärkte, in: Die Wirtschaftsprüfung (2013) 365–383

KFS BW 1: Fachgutachten des Fachsenats für Betriebswirtschaft und Organisation der Kammer der Wirtschaftstreuhänder zur Unternehmensbewertung, 2014

Kruschwitz, L., Zum Problem der Anschlussverzinsung (2009) 13–17

Kruschwitz, L/Löffler, A., Kapitalkosten aus theoretischer und praktischer Perspektive, in: Die Wirtschaftsprüfung, 17 (2008) 803–810

Küting, K. H./Weber C.-P., Die Bilanzanalyse (2004)

Mandl, G./Rabel, K., Unternehmensbewertung (1997)

Meitner, M., Der Terminal Value in der Unternehmensbewertung, in: *Peemöller, V.-H.*, Praxishandbuch der Unternehmensbewertung (2012)

Meyersiek, D., Unternehmenswert und Branchendynamik, BFuP, 1991, 233–240

Munkert, M. J., Der Kapitalisierungszinssatz in der Unternehmensbewertung (2005)

Peemöller, V.-H. (Hrsg), Praxishandbuch der Unternehmensbewertung (2001)

Perridon, L./Steiner, M., Finanzwirtschaft der Unternehmung[10] (1999)

Rabel, K., Grobplanungsphase und Rentenphase nach dem Fachgutachten KFS Bw 1, in: BewertungsPraktiker Nr 1/2016, 15–21

Reese, R., Schätzung von Eigenkapitalkosten für die Unternehmensbewertung (2007)

Roll, R./Ross, S. A., On the Cross-Sectional Relation between Expected Returns and Betas, in: The Journal of Finance, Vol 49, 1994, 101–121

Stehle, R., Die Festlegung der Risikoprämie von Aktien im Rahmen der Schätzung des Wertes von börsennotierten Kapitalgesellschaften, in: Die Wirtschaftsprüfung, Jg 57, Heft 17, 2004, 906–927

Stehle, R./Schulz, A., Empirische Untersuchungen zur Frage CAPM vs Steuer-CAPM – Ein Literaturüberblick mit einer eigenen Untersuchung für Deutschland, in: Die Aktiengesellschaft, Sonderheft, 20. November 2005, 22–34

Stehle, R./Hauladen, J., Die Schätzung der US-amerikanischen Risikoprämie auf Basis der historischen Renditezeitreihe, in: Die Wirtschaftsprüfung, Jg 57, 2004, 928–936

Timmreck, C., Kapitalmarktorientierte Sicherheitsäquivalente-Konzeption und Anwendung bei der Unternehmensbewertung (2005)

Vargas, S., Bestimmung der historischen Marktrisikoprämie im Rahmen von Unternehmensbewertungen, in: Der Betrieb, Nr 15, 2012, 813–819

Velthuis, L./Wesner, P., Value based management (2005)

Wagner, W./Jonas, M./Ballwieser, W./Tschöpel, A., Unternehmensbewertung in der Praxis – Empfehlungen und Hinweise zur Anwendung des IDW S 1, in: WPg, Jg 59, 2006, 1005–1028

Wollny, C., Der objektivierte Unternehmenswert (2008)

Ertragswertverfahren

Erich Pummerer

1. **Einleitung**
2. **Ertragswertverfahren**
   2.1. Ermittlung des Unternehmenszahlungsstromes
      2.1.1. Detailplanungszeitraum
      2.1.2. Folgezeitraum
   2.2. Bestimmung der Eigenkapitalkosten
      2.2.1. Ermittlung der Risikoprämie
      2.2.2. Risikoprämie und Fremdfinanzierung
      2.2.3. Berücksichtigung der Besteuerung
   2.3. Unternehmenswert nach Ertragswertverfahren
3. **Unterschiede Ertragswertverfahren und DCF-Verfahren**
   3.1. Überleitung Zahlungsüberschuss
   3.2. Kapitalkosten DCF-Verfahren
      3.2.1. Eigenkapitalkosten – CAPM
      3.2.2. Gesamtkapitalkosten – WACC
   3.3. Bewertung nach DCF-Verfahren
4. **Zusammenfassende Einschätzung**

1. Einleitung

Nachdem Unternehmensbewertungen praktisch oft von Steuerberatern oder Wirtschaftsprüfern durchgeführt werden, hat der Fachsenat für Betriebswirtschaft und Organisation der Kammer der Wirtschaftstreuhänder wesentliche Aspekte der Unternehmensbewertung und häufig eingesetzte Verfahren im Fachgutachten KFS BW1 zusammengefasst.[1] Gemäß diesem Fachgutachten wird bei der Unternehmensbewertung regelmäßig davon ausgegangen, dass Unternehmenseigner ausschließlich an den finanziellen Vorteilen, die mit dem Unternehmenseigentum verbunden sind, interessiert sind. Daraus leitet sich die Zahlungsstromorientierung der modernen Unternehmensbewertung ab. Ein Unternehmen ist aus Sicht der Unternehmensbewertung also im Wesentlichen ein Gebilde, das den Eigentümern zukünftig einen Zahlungsstrom verspricht.

Moderne Unternehmensbewertungsverfahren leiten den Wert, den Entscheidungsträger einem Unternehmen beimessen sollen, aus dem Vergleich des Unternehmenszahlungsstromes mit dem einer adäquaten Alternativanlage ab. Im Unterschied zu Einzelbewertungsverfahren (zB Substanzwertverfahren), bei denen der Wert des Unternehmens als Summe der Werte der einzelnen Vermögensgegenstände ermittelt wird, stellen Gesamtbewertungsverfahren auf das Zusammenwirken aller Faktoren ab und berücksichtigen damit, dass im Fall der Unternehmensbewertung das Ganze mehr als die Summe seiner Teile sein kann: Aus der Unternehmensfortführung müssen größere Vorteile zu erwarten sein als bei der Schließung des Unternehmens und Veräußerung der einzelnen Vermögensgegenstände. Ist das nicht der Fall, ist es günstiger, das Unternehmen einzustellen und die einzelnen Wirtschaftsgüter zu verkaufen und so den Substanzwert zu realisieren. Der Substanzwert ist demgemäß die Untergrenze eines Ertragswertes.

Wegen der Wiederveranlagungsmöglichkeiten zugeflossener Mittel ist die zeitliche Struktur des aus dem Unternehmen zu erwartenden Zahlungsstroms aus Sicht der Unternehmenseigner für die Unternehmensbewertung wichtig. Um den unterschiedlichen Wert von gleichen Zahlungen zu unterschiedlichen Zeitpunkten zu berücksichtigen, wird im Rahmen der Diskontierungsverfahren der Unternehmenswert als Barwert der zukünftig mit dem Unternehmenseigentum verbundenen finanziellen Vorteile ermittelt. Durch die Barwertbildung wird ein zukünftiger Zahlungsüberschuss auf die Rendite der Alternativanlage normiert. Die Rendite der Alternativanlage bestimmt die Entwicklung des Kapitals, wenn es nicht in das Unternehmen, sondern alternativ veranlagt wird.

Zur Bestimmung der Rendite der Alternativanlage zum Unternehmen gehen Ertragswertverfahren und kapitalmarktorientierte Verfahren von gänzlich unterschiedlichen Annahmen aus: Beim Ertragswertverfahren wird die Verzinsung einer adäquaten Alternativanlage aus der subjektiven Sicht eines bestimmten Bewertungssubjekts (Unternehmenseigner oder potentieller Käufer) ermittelt. Bei den kapitalmarktorientierten Verfahren wird hingegen darauf abgestellt, welche geforderte Verzinsung sich für das zu bewertende Unternehmen auf einem Kapitalmarkt ergeben müsste. Das ist ein wesentlicher

---

[1] *Aschauer, E./Purtscher, V.*, Regeln für Unternehmensbewertung (2014); *Trentini, S. et al*, Fachgutachten im Vergleich (2014); Fachsenat für Betriebswirtschaft und Organisation der Kammer der Wirtschaftstreuhänder, Fachgutachten zur Unternehmensbewertung KFS/BW 1, 2014.

konzeptioneller Unterschied, der dazu führt, dass dasselbe Unternehmen abhängig von der Bewertung über ein Ertragswertverfahren oder ein kapitalmarktorientiertes Verfahren nicht denselben Wert aufweisen wird.

Werden bei der Bewertung die subjektiven Vorstellungen eines Auftraggebers berücksichtigt, wird ein subjektiver Unternehmenswert abgeleitet. Erfolgt hingegen die Bewertung aus Sicht eines unabhängigen Dritten, werden alle Ermessensspielräume bei der Bewertung begründet damit genutzt, wie sie aus Sicht des Bewerters ein fremder Dritter nutzen würde. Damit wird ein objektivierter Unternehmenswert ermittelt. Objektive Unternehmenswerte existieren nicht.

Bewertungsverfahren, bei denen die Renditeforderung der Unternehmenseigner aus einem Kapitalmarktmodell abgeleitet wird, stellen die Gruppe der Discounted-Cashflow-Verfahren dar (DCF-Verfahren). Die Entwicklung der Kapitalmarkttheorie hat dazu geführt, das kapitalmarktorientierte Verfahren modern geworden sind und zunehmend häufig in der Bewertungspraxis eingesetzt werden. So wurden von Wirtschaftsprüfungsgesellschaften in Deutschland gemäß einer Untersuchung aus 1994 noch 80 % der Unternehmensbewertungen auf Basis des Ertragswertverfahrens durchgeführt,[2] während in Österreich zu Beginn der 1990er Jahre die Ertragswertorientierung erst in einem Viertel der Bewertungsanlässe berücksichtigt wurde.[3] Aus einer aktuellen Untersuchung von *Nadvornik/Sylle* ergibt sich, dass von in Österreich befragten Unternehmensbewertern zwar 79,70 % DCF-Verfahren einsetzen, aber von dieser Grundgesamtheit der Bewerter immer noch 65,48 % auch das Ertragswertverfahren einsetzen.[4] Ähnliche Ergebnisse zeigen sich auch für Deutschland.[5] Das Ertragswertverfahren ist auch für die Rechtsprechung relevant.[6] Aus diesen Untersuchungsergebnissen lässt sich schließen, dass das Ertragswertverfahren trotz der immer häufigeren Kapitalmarktorientierung nach wie vor als Bewertungsverfahren für kleinere und mittlere Unternehmen eingesetzt wird und demnach für die Bewertungspraxis weiter von wesentlicher Bedeutung ist.

Dem zunehmenden Einsatz der aus dem angelsächsischen Raum eingeführten DCF-Verfahren trägt auch das aktuelle Fachgutachten zur Unternehmensbewertung (KFS BW1) in der Form Rechnung, dass den Anwendungsproblemen der kapitalmarktorientierten Verfahren wesentlicher Raum gewidmet wird.

Bei Unternehmensbewertungen, bei denen der objektivierte Unternehmenswert ermittelt werden soll (zB iZm Umgründungen), ist das Unternehmen aus Sicht eines fremden Dritten zu bewerten.[7] Subjektive Einschätzungen eines Bewertungssubjekts sollen dabei keine Rolle spielen. Weil bei den kapitalmarktorientierten Bewertungsverfahren vom einzelnen Bewertungssubjekt abstrahiert wird, ergibt sich für die Ermittlung objektivierter Unternehmenswerte ein konzeptioneller Vorteil, weil die Verhältnisse auf einem Kapitalmarkt durch einen unbekannten Grenzinvestor und nicht durch einen subjektiven Investor bestimmt werden.

---

2 *Peemöller, V. H. et al*, Unternehmensbewertung in Deutschland (1994).
3 *Mandl, G./Rabel, K.*, Unternehmensbewertung (1999) 59.
4 *Nadvornik, W./Sylle, F.*, Unternehmensbewertungslandschaft in Österreich (2012).
5 *Fischer-Winkelmann, W. F./Busch, K.*, Anwendung von Unternehmensbewertungsverfahren (2009).
6 *Schüler, A.*, Unternehmensbewertung in der Rechtsprechung (2015).
7 *Hager, P.*, Unternehmensbewertung im Steuerrecht (2014) 200.

Daraus könnte abgeleitet werden, dass die DCF-Verfahren mittlerweile in der Bewertungspraxis eine überproportional große Rolle spielen und diese Verfahren gegenüber dem Ertragswertverfahren zu favorisieren wären. Trotz der großen Popularität und der zahlreichen modern klingenden Abkürzungen und Fachbegriffe rund um die kapitalmarktorientierten Verfahren ist dem aber nicht zwingend so. Vielmehr stellt sich wie bei jeder praxisorientierten Anwendung theoretischer Modelle die Frage, ob bei der konkreten Anwendung die Annahmen, unter denen aus einem Modell plausible Verhältnisse prognostiziert werden können, vertretbar eingehalten werden. Ist das nicht der Fall, führen weder Ertragswertverfahren, noch kapitalmarktorientierte Verfahren zu sachgerechten Bewertungsergebnissen. Aufgrund der im Vergleich zum Ertragswertverfahren noch zahlreicheren und stärker vereinfachenden Annahmen wird das Bewertungsergebnis letztlich auch bei kapitalmarktorientierten Verfahren so stark von Ad-hoc-Annahmen geprägt sein, dass der Vorteil einer objektivierten Ermittlung der von der Alternativanlage zu fordernden Rendite dermaßen schwindet, dass keine Überlegenheit gegenüber dem Ertragswertverfahren hinsichtlich einer willkürfreien Anwendung mehr besteht. Deswegen ist die Aussage in KFS BW1 Rz 50, objektivierte Unternehmenswerte wären nur durch Anwendung kapitalmarktorientierter Verfahren zu ermitteln, in dieser Form nicht haltbar.

Der Beitrag ist weiter folgendermaßen aufgebaut: In Abschnitt 2 wird einerseits entlang von Beispielüberlegungen skizziert, wie der bewertungsrelevante Zahlungsstrom eines Unternehmens ermittelt werden kann. Zudem werden auch für kleinere und mittlere Unternehmen spezifische Probleme diskutiert, wie einer Bewertung langfristig repräsentative Verhältnisse zu Grunde gelegt werden können. Andererseits wird in Abschnitt 2 diskutiert, wie im Rahmen des Ertragswertverfahrens die Äquivalenz hinsichtlich des Risikos zwischen Unternehmen und Alternativanlage hergestellt werden kann. Abschnitt 2.3 ist der Diskussion der Frage gewidmet, welche Unterschiede zwischen der Ermittlung eines Unternehmenswertes anhand des Ertragswertverfahrens und DCF-Verfahrens bestehen und wie unterschiedliche Unternehmenswerte durch die konzeptionellen Unterschiede der Verfahren begründet werden können. In Abschnitt 4 erfolgt eine zusammenfassende Einschätzung hinsichtlich der praktischen Anwendbarkeit des Ertragswertverfahrens im Vergleich zu DCF-Verfahren.

2. Ertragswertverfahren

Das Ertragswertverfahren ist wie die DCF-Verfahren ein Diskontierungsverfahren. Technisch wird der zukünftig aus dem Unternehmen zu erwartende Zahlungsstrom mit einer relevanten laufzeitabhängigen Alternativanlage auf den Bewertungsstichtag abgezinst. Dann sind sämtliche Vorteile des zukünftigen Unternehmenseigentums auf den Bewertungsstichtag bezogen. Der Barwert dieser zukünftigen Vorteile stellt den Grenzpreis für das Unternehmen dar. Wird genau der Grenzpreis des Unternehmens durch einen Erwerber gezahlt, kann dieser vom Bewertungsstichtag aus gesehen davon ausgehen, im Vergleich zur Investition in die Alternativanlage gleichgestellt zu sein. Die Zahlungsströme müssen sich aber nicht nur bezüglich des Erwartungswerts, sondern auch vom

Risiko her entsprechen. Sonst werden aus Sicht von risikoaversen Entscheidungsträgern Äpfel mit Birnen verglichen. Das führt auch bei der Unternehmensbewertung zu keinen brauchbaren Vergleichsergebnissen. Deswegen ist die Wahl des Zinssatzes der Alternativanlage für die Unternehmensbewertung so entscheidend: Wird von einer hohen Renditeforderung der Unternehmenseigner ausgegangen, erzielt jeder in die Alternativanlage investierte Euro einen hohen erwarteten Ertrag. Damit ein Investor im Vergleich zur Alternativanlage bei der in Unternehmensinvestitionen gleichgestellt werden kann, muss auch das Unternehmen hohe Rückflüsse liefern. Eine attraktive Alternativanlage macht ein gegebenes Unternehmen vergleichsweise unattraktiv, weil ein Investor zum Erzielen eines hohen Zahlungsstromes nicht das Unternehmen benötigt, sondern auf die Alternativanlage zurückgreifen kann.

Technisch wird der Unternehmenswert bei den Diskontierungsverfahren zweigeteilt dargestellt. Der erste Teil zeigt jenen Wert, der der Bewirtschaftung des Unternehmens über den Detailplanungszeitraum (DPZ) zuzurechnen ist. Dazu werden die periodenspezifischen Zahlungsüberschüsse des Detailplanungszeitraumes unter Anwendung eines laufzeitabhängigen Kalkulationszinssatzes auf den Bewertungsstichtag abgezinst.

Der zweite Teil des Unternehmenswertes repräsentiert jenen Wert, der der Fortführung des Unternehmens über den Detailplanungszeitraum hinaus zuzumessen ist. Weil bei der Unternehmensbewertung – außer es liegen konkrete andere Informationen vor – von einer unbegrenzten Unternehmensfortführung auszugehen ist, wird der Fortführungswert in der Regel als Barwert einer ewigen Rente ermittelt. Gelingt es einem Unternehmen, inflationsbedingte Preissteigerungen an die Kunden weiterzugeben, steigt auch der Zahlungsüberschuss (ZÜ) mit der Inflationsrate. Nachdem die Rendite der Alternativanlage in der Regel als Nominalverzinsung ausgedrückt wird, muss die inflationsbedingte Steigerung des Zahlungsüberschusses in der ewigen Rente berücksichtigt werden. Darauf bezieht sich die Wachstumsrate w in der folgenden Bewertungsvorschrift für den Unternehmenswert (UW):

$$UW = \underbrace{\sum_{t=1}^{DPZ} \frac{Z\ddot{U}_t}{\left(1+i_{Kalk,t}\right)^t}}_{\text{Wert DPZ}} + \underbrace{\frac{Z\ddot{U}_\infty}{i_{Kalk,\infty} - w} \cdot \frac{1}{\left(1+i_{Kalk,DPZ}\right)^{DPZ}}}_{\text{Fortführungswert}} \quad (1)$$

Aus (1) wird der Vergleichscharakter der Diskontierungsverfahren offensichtlich. Die Zahlungsüberschüsse des Unternehmens stehen im Zähler der Brüche. Der Nenner repräsentiert die Alternativanlage. Der Bruchstrich kann daher als Latte interpretiert werden, über den das Unternehmen springen muss. Je besser die Alternativanlage, desto höher liegt die Latte für das zu bewertende Unternehmen, um attraktiv zu sein.

Nachdem sich übliche Detailplanungszeiträume über drei bis fünf Jahre erstrecken, wird der Unternehmenswert meist durch den Fortführungswert (Continuing Value) dominiert. Deswegen sind der Abschätzung des Zahlungsstromes für die ewige Rente und dem Kalkulationszinssatz für den Fortführungszeitraum besondere Aufmerksamkeit zu widmen.

Bei der Durchführung einer Unternehmensbewertung bestehen damit zwei wesentliche Problembereiche:

Es ist der mit dem Unternehmenseigentum zukunftsorientiert zu erwartende Zahlungsüberschuss zu planen (KFS BW1 Rz 51–94). Das Bewertungsergebnis kann aber nur dann sachgerecht sein, wenn ein plausibel geplanter Unternehmenszahlungsstrom mit einer relevanten Alternativanlage verglichen wird (KFS BW1 Rz 95–117).

Bezüglich der Bestimmung der Alternativanlage unterscheiden sich Ertragswertverfahren und DCF-Verfahren konzeptionell. Üblicherweise wird davon ausgegangen, dass die relevante Alternativanlage für das Ertragswertverfahren auf Basis der Risikopräferenzen der Anteilseigner bestimmt wird, während bei den DCF-Verfahren die Bestimmung der Rendite der Alternativanlage zum Unternehmen kapitalmarktorientiert erfolgt. Bei dieser Kapitalmarktorientierung spielen die individuellen Risikopräferenzen in der Regel keine Rolle, weil der Markt durch einen repräsentativen Investor charakterisiert werden kann.

Nachfolgend wird zuerst die Ableitung des bewertungsrelevanten Zahlungsstromes für das Ertragswertverfahren skizziert. Dem folgt die Diskussion der möglichen Ableitung der Rendite der Alternativanlage auf Basis individueller Präferenzen. Danach werden wesentliche Unterschiede zwischen dem Ertragswertverfahren und den DCF-Verfahren diskutiert, um dann die Bewertungsergebnisse vergleichen zu können.

2.1. Ermittlung des Unternehmenszahlungsstromes

2.1.1. Detailplanungszeitraum

Bei jeder Unternehmensbewertung ist zu planen, welche Zahlungsüberschüsse zukünftig mit dem Unternehmenseigentum verbunden sind. Diese Planung muss grundsätzlich vom Auftraggeber erstellt und übermittelt werden. Um auf Basis der Unternehmensplanung nachweisen zu können, dass im Unternehmen entstandene Zahlungsüberschüsse an die Anteilseigner ausgeschüttet werden können, muss der Unternehmensbewertung eine integrierte Vermögens-, Ertrags- und Finanzplanung über einen sogenannten Detailplanungszeitraum zu Grunde gelegt werden. Dieser Detailplanungszeitraum soll eine Zeitspanne zwischen drei und fünf Jahren umfassen. Befindet sich das Unternehmen während dieses Zeitraumes in keinem gleichgewichtigen Zustand, der eine plausible Fortschreibung der Verhältnisse in die weitere Zukunft ermöglicht, ist an den Detailplanungszeitraum eine Grobplanungsphase anzuschließen. Während der Grobplanungsphase ist dann der Übergang zu langfristig plausiblen Verhältnissen abzubilden.[8] Außerordentliche Veränderungsprozesse sollen am Ende dieser Grobplanungsphase abgeschlossen sein. Andernfalls kann von keiner gleichförmigen (realen) ewigen Rente ausgegangen werden.

Praktisch ergeben sich hinsichtlich der von Auftraggebern übermittelten Planung oftmals folgende Probleme:

---

8 *Purtscher, V./Sylle, F.*, Grobplanungsphase und Konvergenz (2015).

- Kleine Unternehmen verfügen nicht immer über eine brauchbare Mittelfristplanung über einen üblichen Detailplanungszeitraum. Selbst wenn ein Rechenwerk über einen entsprechenden Zeitraum besteht, sind die Plangrößen vielfach durch Fortschreibung der vergangenen Verhältnisse gewonnen worden, ohne durch entsprechende strategische Überlegungen begründet zu sein, die durch Marktanalysen geprüft werden könnten. Die einzige strategische Überlegung bei kleineren Unternehmen über die zukünftige Unternehmenstätigkeit ist in vielen Fällen jene, dass das Unternehmen so wie bisher fortgeführt werden solle.
- Selbst wenn über einen längeren Zeitraum geplant wird, liegt diese Planung meist nicht in Form einer integrierten Unternehmensplanung vor.
- Auch eine realistische Unternehmensplanung muss nicht den Ansprüchen der Zahlungsstromermittlung als Basis einer Unternehmensbewertung genügen, weil die konkreten Verhältnisse der wenigen Jahre des Detailplanungszeitraumes in den seltensten Fällen für die langfristige Investitions- und Finanzierungstätigkeit des zu bewertenden Unternehmens repräsentativ sein werden.

Eine der ersten Aufgaben im Rahmen der Unternehmensbewertung ist dann, aus den Vorstellungen der aktuellen oder potentiellen zukünftigen Unternehmenseigner eine plausible mittelfristige integrierte Unternehmensplanung abzuleiten. Bei der Ermittlung eines objektivierten Unternehmenswertes sind dabei keine subjektiven Vorstellungen des Auftraggebers über zukünftige Plangrößen zu berücksichtigen. Auch aus diesem Grund kann es erforderlich sein, von einer übermittelten und an sich schlüssigen Unternehmensplanung abzuweichen.

Die weiteren Überlegungen zur Umsetzung von Diskontierungsverfahren sollen anhand von Beispielüberlegungen verdeutlicht werden. Das Beispiel ist dabei so konstruiert, dass sich im Vorsteuerfall eindeutige Verhältnisse ergeben. Die Genauigkeit der Berechnung erfolgt gleich wie die Darstellung der Nachkommastellen.

Im Detailplanungszeitraum von drei Jahren ist von folgenden Verhältnissen auszugehen:

Jahr	1	2	3
Umsatzerlöse	60,44	62,17	64,00
variable Kosten	– 6,04	– 6,22	– 6,40
Fixkosten	– 20,00	– 20,40	– 20,81
Abschreibung	– 20,00	– 20,00	– 20,00
Zwischensumme	**16,00**	**17,28**	**18,66**
Fremdkapitalzinsen	– 4,00	– 4,00	– 4,00
Zwischensumme	**12,00**	**13,28**	**14,66**
KSt	– 3,00	– 3,32	– 3,67
Jahresüberschuss	**9,00**	**9,96**	**10,99**

Tabelle 1: Unternehmensplanung Detailplanungszeitraum

Ertragswertverfahren

Die Fixkosten ohne Abschreibungen steigen jährlich mit einer Inflationsrate von 2 %. Die variablen Kosten sollen 10 % der Umsatzerlöse betragen. Die Umschlagshäufigkeit der Forderungen aus Lieferungen und Leistungen beträgt bezogen auf den Endstand der Forderungen vier. Der Stand der Forderungen am Beginn des ersten Planjahres (Unternehmensgründung) beträgt null.

Das Anlagevermögen weist Anschaffungskosten iHv 200 auf. Die betriebsgewöhnliche Nutzungsdauer ergibt sich aus einer vorsichtigen Schätzung mit zehn Jahren, während von einer technischen Nutzungsdauer von zwölf Jahren ausgegangen wird, nach der ein Ersetzen der jeweiligen Anlage unbedingt erforderlich ist.

Von den Investitionskosten sollen 100 fremdfinanziert werden. Dann ergibt sich im Gründungszeitpunkt ein Verschuldungsgrad von 100 %. Die Eigenkapitalquote beträgt demgemäß 50 %. Bei praktischen Bewertungen kann in der Regel weder bei der Planung der künftigen Fremdkapitalaufwendungen noch zur Ableitung des Basiszinssatzes von einer flachen Zinsstruktur ausgegangen werden.[9] Trotzdem werden die Fremdkapitalkosten im Beispiel mit vereinfachend zeitunabhängig 3 % des aushaftenden Betrages angenommen. Zusätzlich soll von einer endfälligen Fremdfinanzierung mit einer Laufzeit von zehn Jahren ausgegangen werden.

Das zu bewertende Unternehmen ist als GmbH organisiert. Dann fallen auf Unternehmensebene 25 % Körperschaftsteuer und im Fall einer Ausschüttung an natürliche Personen als Gesellschafter nochmals 27,50 % an Kapitalertragsteuer an. Vereinfachend wird das System der Ertragsteuervorauszahlungen und einer anschließenden Veranlagung vernachlässigt und die Steuer als jeweils am Jahresende zahlungswirksam angenommen. Aus der Kombination der beiden Besteuerungsebenen ergibt sich nach der Steuerreform 15/16 eine proportionale Gesamtbelastung von 45,625 %.

Für die Zeitspanne nach dem Detailplanungszeitraum ist von einer unveränderten Fortführung des Unternehmens auszugehen. Zudem ist anzunehmen, dass die Zahlungsüberschüsse im Fortführungszeitraum jährlich mit der Inflationsrate (2 %) wachsen. Dies ist dann der Fall, wenn es dem Unternehmen gelingt, inflationsbedingte Kostensteigerungen durch Inflationsanpassung des Umsatzes an die Kunden weiterzugeben.

Das Unternehmen geht davon aus, jederzeit Veranlagungen tätigen zu können, die eine erwartete Rendite von 8 % erwarten lassen.

Gemäß KFS BW1 Rz 80 ist während des Detailplanungszeitraumes zur Bewertung von jenen Zahlungsüberschüssen auszugehen, die gemäß der Planung nicht für Investitionen oder zur Fremdkapitaltilgung benötigt werden. Dann ergibt sich der in nachfolgender Tabelle dargestellte Zahlungsstrom während des Detailplanungszeitraumes:

Jahr	1	2	3
Jahresüberschuss	9,00	9,96	10,99
Abschreibung	20,00	20,00	20,00
Änderung Netto-UV	– 15,11	– 0,43	– 0,46
Zahlungsüberschuss	**13,89**	**29,53**	**30,53**

Tabelle 2: Zahlungsstromplanung Detailplanungszeitraum

---

9 *Bassemir, M. et al*, Basiszinssatz in der Praxis der Unternehmensbewertung (2012).

In der ersten Planperiode erfolgt die Einzahlung durch die Eigenkapitalgeber und die Zuzählung des Fremdkapitals. In gleicher Höhe ist ein negativer Investitionscashflow zu berücksichtigen, sodass der Saldo aus Investitions- und Finanzierungscashflow null ist. Daneben sind zur Überleitung vom Jahres- auf den Zahlungsüberschuss bei diesem Beispiel lediglich die Abschreibung und Veränderungen im Netto-Umlaufvermögen zu berücksichtigen. Der Aufbau der Forderungen in der ersten Periode führt zu einem verzögerten Zahlungszufluss. In der zweiten und dritten Planperiode ergibt sich die teilweise Verschiebung der Einzahlungen aus dem Umsatz lediglich bezüglich des Umsatzwachstums und ist daher quantitativ nicht mehr von wesentlicher Bedeutung.

Nachdem während des Detailplanungszeitraumes von der Ausschüttung der in Tabelle 2 abgeleiteten Zahlungsüberschüsse auszugehen ist, ist bereits in der ersten Periode festzustellen, dass das unternehmensrechtliche Ausschüttungspotenzial aus der laufenden Tätigkeit geringer ist als der Zahlungsüberschuss. Deswegen müssen (Kapital-)Rücklagen aufgelöst werden, um am Ende des ersten Jahres das erforderliche unternehmensrechtliche Ausschüttungspotenzial darstellen zu können.

Jahr	1	2	3
Jahresüberschuss	9,00	9,96	10,99
Änderung Rücklagen	4,89	19,57	19,54
Bilanzgewinn	**13,89**	**29,53**	**30,53**

Tabelle 3: Bilanzgewinn nach Abstimmung mit Zahlungsüberschüssen

Nachdem während der ersten drei Planjahre keine Investitionen erforderlich sind und auch keine Fremdkapitaltilgung erfolgt, ergeben sich die nachfolgend dargestellten Bilanzen für den Detailplanungszeitraum:

Zeitpunkt	0	1	2	3
SAV	200,00	180,00	160,00	140,00
Forderungen L&L	0,00	15,11	15,54	16,00
liquide Mittel	0,00	13,89	29,53	30,53
Summe Aktiva	200,00	209,00	205,07	186,53

Zeitpunkt	0	1	2	3
Eigenkapital				
Nominalkapital	35,00	35,00	35,00	35,00
Rücklagen	65,00	60,11	40,54	21,00
Bilanzgewinn		13,89	29,53	30,53
Verb. geg. KI	100,00	100,00	100,00	100,00
Summe Passiva	200,00	209,00	205,07	186,53

Tabelle 4: Planbilanzen Detailplanungszeitraum

Nachdem ein Viertel der Umsatzerlöse eines Jahres am Jahresende noch in Forderungen besteht, ergibt sich im ersten Jahr ein entsprechender Aufbau der Forderungen aus Lieferungen und Leistungen. Die liquiden Mittel, die während des ersten Jahres entstanden sind, haben den Kassenstand entsprechend erhöht. Vereinfachend wird der Zeitraum zwischen dem jeweiligen Bilanzstichtag und der tatsächlichen Ausschüttung vernachlässigt, sodass davon ausgegangen wird, dass der Liquiditätsabfluss aus der Ausschüttung bereits zum 1. Januar des jeweiligen Folgejahres erfolgt. Durch die berücksichtigte Vollausschüttung wird der Stand der liquiden Mittel also jeweils zum Jahresanfang wieder auf null gestellt. Zu diesem Zeitpunkt fließen den Anteilseignern die Gewinnanteile zu. Deswegen wird vereinfachend auch angenommen, dass Körperschaft- und Kapitalertragsteuer zum selben Zeitpunkt anfallen.

Für den Zeitraum der Detailplanung ist die Planung lediglich dahingehend zu analysieren, ob die geplanten Ausschüttungen an die Unternehmenseigner auch rechtlich möglich sind. Dies ist dann der Fall, wenn den Zahlungsüberschüssen des Unternehmens entsprechende Bilanzgewinne gegenübergestellt werden können.

Anders verhält es sich für den Folgezeitraum. Die Planung ist dahingehend zu beurteilen, ob zum Ende des Detailplanungszeitraumes für die langfristige Unternehmenstätigkeit repräsentative Verhältnisse vorliegen. Nur dann stellen die für den Detailplanungszeitraum geplanten Ausschüttungen einen geeigneten Indikator zur Bestimmung der ewigen Rente dar.

2.1.2. Folgezeitraum

In KFS BW1 Rz 68 wird bezüglich der Plausibilisierung der Planung zwischen formeller und materieller Prüfung unterschieden. Eine formell beschlossene Planung wird nur bei größeren Unternehmen vorliegen. Selbst im Aktienrecht sind Vorschaurechnungen nur für ein Jahr vorgeschrieben.[10] Liegt eine solche Planung vor, ist für die Unternehmensbewertung sicherzustellen, dass auf die vom Vorstand beschlossene und dem Aufsichtsrat vorgelegte Version abgestellt wird.

Hinsichtlich der materiellen Prüfung einer Planung wird im Fachgutachten lediglich ausgeführt, dass die der Planung zugrundeliegenden Annahmen kritisch zu würdigen sind und die die Planung stützenden Argumente kritisch zu beurteilen sind (KFS BW1 Rz 71). Aufgrund der Vielzahl der möglichen Aspekte kann das Fachgutachten aber keine detaillierteren Empfehlungen bieten.

Ganz wesentliches Element der materiellen Prüfung einer Planung ist, dass die Faktoren der Erfolgsrechnung zueinander in einer plausiblen Beziehung stehen müssen. Im Fall von steigenden Umsatzerlösen ist beispielsweise regelmäßig auch mit einem höheren Materialaufwand zu rechnen. Ändern sich die Verhältnisse während des Detailplanungszeitraumes entsprechend, könnte dies auf eine geänderte Technologie zurückzuführen sein. Dann ist im Rahmen der materiellen Prüfung der Planung zu hinterfragen, ob auch im Investitionsbereich die Beschaffung dieser neueren Technologie abgebildet

---

10 *Ihlau, S./Duscha, H.*, Planungsrechnung (2013).

ist. Das Feld der materiellen Prüfung der der Bewertung eines Unternehmens zugrunde zu legenden Planung ist naturgemäß groß.[11] Vielfach enthält die Planung auch Wirkungen strategischer Projekte, die zum Bewertungsstichtag zwar geplant aber noch nicht weiter konkretisiert sind. Solche Projekte sind bei einer subjektiven Unternehmensbewertung zu berücksichtigen, wenn der Auftraggeber an einem Entscheidungswert interessiert ist. Bei objektivierter Bewertung des Unternehmens sind jedoch nur solche Projekte in die Planung aufzunehmen, die so hinreichend konkretisiert sind, dass die Wurzel des Erfolges bereits durch die bisherigen Unternehmenseigner geschaffen wurde.

Im Rahmen einer Plausibilitätsbeurteilung der der Bewertung zugrunde zu legenden Planung kann auch die Entwicklung der einzelnen Positionen der Planbilanzen analysiert werden. Aus der Prüfung der Vermögensplanung kann abgeleitet werden, ob die für die Leistungserstellung erforderliche Unternehmenssubstanz erhalten bleibt und langfristig von einem finanziellen Gleichgewicht des Unternehmens ausgegangen werden kann. Damit soll letztlich beurteilt werden, ob der Bewertung nur jene erwarteten Zahlungsüberschüsse zu Grunde gelegt werden, die über die Substanzerhaltung des Unternehmens hinaus erwirtschaftet wurden.

Bezogen auf das eingeführte Beispiel können folgende Überlegungen angestellt werden:

- Die Verhältnisse bezüglich des Umlaufvermögens befinden sich zum Ende des Detailplanungszeitraumes offensichtlich in einem weitgehenden Gleichgewichtszustand. Dem Forderungsaufbau des ersten Jahres stehen in den beiden Folgejahren nur moderate Steigerungen gegenüber, sodass sich wegen Veränderungen im Nettoumlaufvermögen keine großen Abweichungen zwischen dem Ertrags- und Zahlungsüberschuss mehr ergeben.
- Weil für das Anlagevermögen von einem 12-jährigen Investitionsintervall auszugehen ist, sind im Detailplanungszeitraum keine Investitionsauszahlungen enthalten. Deswegen nimmt entsprechend den tatsächlichen Verhältnissen das Anlagevermögen ab. Gemäß den Finanzierungsverträgen des Unternehmens sind während des Detailplanungszeitraumes auch keine Tilgungszahlungen fällig, womit die Verbindlichkeiten gegenüber Kreditinstituten konstant bleiben.
- Auffallend ist, dass auf Basis der realistischen und den tatsächlichen Gegebenheiten entsprechenden Planung die rechtliche Ausschüttungsmöglichkeit in Form eines Bilanzgewinns nur durch die stetige Auflösung von Rücklagen möglich ist. Trotzdem ändert sich die Kapitalstruktur während des Detailplanungszeitraumes nur unwesentlich. Die Eigenkapitalquote sinkt von anfänglich 50 % auf 46,39 % zum Ende des Planungszeitraumes.

Daraus könnte geschlossen werden, dass den Ausschüttungen des Detailplanungszeitraumes eine nachhaltige Unternehmensplanung zugrunde liegt. Dies ist jedoch nicht der Fall. Deswegen stellt die der Bewertung zugrundeliegende realistische Planung, die von den tatsächlichen Gegebenheiten ausgeht, in diesem Fall keine brauchbare Grundlage für die Ableitung eines sachgerechten Unternehmenswertes dar.

---

11 *Bertl, R./Fattinger, S.*, Unternehmensplanung aus Sicht der Unternehmensbewertung (2010).

Das zu bewertende Unternehmen besteht annahmegemäß lediglich aus einem Vermögensgegenstand, dessen technische Nutzungsdauer zwölf Jahre beträgt, während der unternehmensrechtliche Abschreibungszeitraum sich über zehn Jahre erstreckt. Es ist also bekannt, dass eine Wiederbeschaffung aus Sicht des Bewertungsstichtages in einem Intervall von zwölf Jahren zu erfolgen hat und der erste Wiederbeschaffungszeitpunkt in zwölf Jahren ist. Diese Wiederbeschaffungen werden in der Planung des Detailplanungszeitraumes nicht erfasst, weil in diesen drei Jahren auch tatsächlich keine Wiederbeschaffungen erfolgen müssen. Würde man die Verhältnisse einfach in die Zukunft fortschreiben, impliziert das die Annahme, dass zukünftig überhaupt keine Wiederbeschaffungen mehr erforderlich sein werden. Es würde also unterstellt, dass man aus dem Unternehmen ewig Vorteile ziehen kann, ohne dass die Betriebsgrundlage erneuert werden müsste. Dies ist naturgemäß keine brauchbare Annahme.

Ein erster Ansatzpunkt könnte sein, im Gegensatz zur realistischen Planung jährlich von einer vollständigen Investitionsdeckung auszugehen und damit anzunehmen, dass die jährlichen Abschreibungen den Reinvestitionen entsprechen. Finanzwirtschaftlich würde man damit einen Barwert der Wiederbeschaffungskosten iHv

$$BW_{Inv,Abschr.} = \frac{Abschreibung}{i_{Kalk}} = 250 \qquad (2)$$

rechnen. Dabei wird aber vernachlässigt, dass die Wiederbeschaffungskosten einerseits mit der Inflationsrate steigen und andererseits bis zum erwarteten Wiederbeschaffungszeitpunkt noch eine erhebliche Zeitspanne vergeht. Die bei langfristigen Investitionen ganz beträchtlichen Effekte von Zinsen und Zinseszinsen aus der Wiederveranlagung werden dabei deswegen vernachlässigt.

Aus den bekannten Wiederbeschaffungsintervallen und dem Kalkulationszinssatz kann in Kombination mit der geschätzten Inflationsrate der Barwert der Wiederbeschaffungskosten folgendermaßen bestimmt werden:[12]

Der Realzinssatz beträgt bei einem Nominalzinssatz von 8 % und einer Inflationsrate von 2 %

$$i_{real} = \frac{1 + i_{nom}}{1 + inf} - 1 = 5{,}88\,\% \qquad (3)$$

Nachdem das Reinvestitionsintervall zwölf Jahre ist, beträgt der Zinssatz über diese Zeitspanne dann

$$i_{real,12} = (1 + i_{real})^{12} - 1 = 98{,}50\,\% \qquad (4)$$

Daraus folgt, dass der Barwert der zukünftig zu erwartenden realen Investitionen in das Anlagevermögen zur Aufrechterhaltung der zum Bewertungsstichtag gegebenen Unternehmenssubstanz

$$BW_{Inv} = \frac{Investition_{real}}{i_{real,12}} = 203{,}05 \qquad (5)$$

---

12 *Pummerer, E.*, Bewertung von KMU (2015) 230 ff.

beträgt. Dieser Barwert lässt sich folgendermaßen interpretieren: Wird dieser Betrag zum Nominalzinssatz iHv 8 % veranlagt, können aus den Zinsen und Zinseszinsen zukünftig sämtliche Reinvestitionen finanziert werden, ohne dass der Kapitalstamm real vermindert wird. Deswegen stellt der in (5) abgeleitete Barwert jenen Betrag dar, den ein Erwerber des Unternehmens vom Wert des Unternehmens wegen der zukünftig zu erwartenden Investitionen weniger zahlen würde als für ein Unternehmen, bei dem zukünftig keine Investitionen zur Erzielung der Umsatzerlöse notwendig wären.

Um die Reinvestitionen während des Detailplanungszeitraumes abbilden zu können, kann der Barwert der zukünftigen Investitionen in Form einer fiktiven Miete berücksichtigt werden. Dazu ist der Barwert der Investitionen durch Multiplikation mit dem Realzinssatz in eine reale ewige Rente umzuwandeln. Während des Detailplanungszeitraumes sind dann die um die Inflationsrate erhöhten fiktiven Mieten zu berücksichtigen:

$$\text{Miete}_{real} = BW_{Inv} \cdot i_{real} = 11{,}94 \tag{6}$$

Aus dem Vergleich der aus finanzwirtschaftlicher Sicht für die zukünftigen Reinvestitionen zu berücksichtigenden fiktive Miete iHv 11,94 mit der Abschreibung iHv 20 folgt unmittelbar, dass das Abstellen auf die Abschreibung als zukünftigen gleichförmigen Investitionscashflow zu einer gravierenden Unterbewertung des zu bewertenden Unternehmens führen würde. Die Annahme, dass der Investitionscashflow etwa den Abschreibungen entspricht, wird sich daher nur bei sehr großen Unternehmen sinnvoll treffen lassen, bei denen jedes Jahr eine größere Zahl an Vermögensgegenständen ausscheidet und durch neue Vermögensgegenstände ersetzt wird. Ist ein Unternehmen jedoch durch wenige große Investitionen in das Anlagevermögen geprägt, die eine lange Nutzungsdauer aufweisen, wird eine solche vereinfachende Vorgangsweise zu einem unbrauchbaren Bewertungsergebnis führen.

Diese Vorgangsweise zur Berücksichtigung der zukünftigen Investitionen ist aus finanzwirtschaftlicher Sicht sachgerecht. Sie vernachlässigt jedoch, dass durch die lineare Abschreibung aus steuerlicher Sicht in der Regel ein Vorteil entsteht. Zwar werden nur die historischen Anschaffungskosten und nicht die zukünftigen Wiederbeschaffungskosten linear auf die unternehmensrechtliche (und damit außer bei steuerrechtlich vorgegebenen Nutzungsdauern auch steuerrechtliche) Nutzungsdauer verteilt. Aus finanzwirtschaftlicher Sicht ist die ökonomische Abschreibung aber wesentlich geringer, weil die Möglichkeit des Ansparens auf den zukünftig erforderlichen Investitionsbetrag unberücksichtigt bleibt. Deswegen führt die lineare Verteilung der Anschaffungskosten auf die Nutzungsdauer in der Regel zum sogenannten Steuerparadoxon, bei dem sich der Barwert einer Investition unter Berücksichtigung von Ertragsteuern erhöht, weil das Steuersystem die Investition in die Sachanlage günstiger stellt als die Investition in die Alternativanlage. Dieser Effekt wird bei Ansatz der oben dargestellten fiktiven Miete vernachlässigt.

Anders ist die Situation im Bereich der Fremdfinanzierung einzuschätzen. Während des Detailplanungszeitraumes werden beim Beispiel (vertragsgemäß) keine Tilgungen berücksichtigt. Dies bedeutet jedoch nicht, dass nicht zukünftig von Tilgungen auszugehen ist. Im Bereich der Fremdfinanzierung wurden jedoch Kosten für das Fremdkapital iHv konstant 3% berücksichtigt. Werden Fremdmittel nicht getilgt bleiben damit die Fremdkapitalkosten während des Detailplanungszeitraumes hoch. Praktisch ergibt sich oft das Problem, das aus konkreten Finanzierungsverträgen Tilgungsstrukturen folgen. Wird während des Detailplanungszeitraumes wie dargestellt die Erhaltung der Substanz des Anlagevermögens berücksichtigt, darf gleichzeitig keine wesentliche Tilgung oder Fremdkapitalaufnahme während dem Detailplanungszeitraum angenommen werden, weil nicht einerseits die Substanzerhaltung und gleichzeitig der Aufbau eines zukünftig größeren Fremdfinanzierungspotenzials zu berücksichtigen ist. Dann würden der Bewertung zu geringe Ausschüttungen des Unternehmens zu Grunde gelegt. Aus der Berücksichtigung der Anpassung der Planung ergibt sich folgende adaptierte Zahlungsstromplanung, die in weiterer Folge der Bewertung zugrunde zu legen ist:

Zeitpunkt	1	2	3
ursprüngl Zahlungsüberschuss	13,89	29,53	30,53
fiktive Miete	− 12,18	− 12,42	− 12,67
Erhöhung KSt-Zahlung	− 1,21	−1,07	− 0,91
Summe	0,50	16,04	16,95

Tabelle 5: Adaptierte Zahlungsstromplanung

Bei den einfachen Beispielüberlegungen kann nach Berücksichtigung nachhaltiger Verhältnisse bezüglich der zukünftigen Investitionen in das Anlagevermögen davon ausgegangen werden, dass der Zahlungsstrom gegen Ende des Detailplanungszeitraumes für die zukünftige Unternehmenstätigkeit repräsentativ ist. Dann stellen die Verhältnisse zum Ende des Detailplanungszeitraumes eine geeignete Grundlage zur Ableitung der ewigen Rente dar.

Nach Bestimmung des Zahlungsstromes, der dem Unternehmen nachhaltig entzogen werden kann, ohne die Unternehmenssubstanz zu schmälern, sind im nächsten Schritt die risikoadäquaten Erträge der Alternativanlage zum Unternehmen zu ermitteln.

2.2. Bestimmung der Eigenkapitalkosten
2.2.1. Ermittlung der Risikoprämie

Kernelement der Unternehmenstätigkeit ist die Übernahme von Unternehmerwagnis. Dies bedeutet, dass die Rückflüsse aus einem Unternehmen bei gegebener Investition (zB Zahlung des Kaufpreises für ein Unternehmen) unsicher sind. Die Investition in ein Unternehmen stellt deswegen einen Tausch einer potenziell sicheren Veranlagung gegen eine unsichere Einkunftsquelle dar.

Die Käufer eines Unternehmens übernehmen daher Risiko. Risiko wird von Entscheidungsträgern in der Regel als negativ angesehen. Für die Übernahme eines negativen Wirtschaftsgutes verlangen rationale Entscheidungsträger positive Prämien um zwischen unterschiedlich riskanten Renditen, die denselben Erwartungswert aufweisen, gleichgestellt zu sein. Bieten Alternativen keine entsprechende Risikoprämie, wird ein Entscheidungsträger deshalb aus zwei Alternativen mit demselben Erwartungswert der Rückzahlung jene wählen, die mit einem geringeren Risiko behaftet ist.

Geplant werden im Bereich der Unternehmensbewertung üblicherweise erwartete Zahlungsüberschüsse für den Detailplanungs- und damit implizit auch für den Fortführungszeitraum. Damit wird die Verteilung der zukünftigen Zahlungsüberschüsse auf eine Größe reduziert. Ein Risikomaß, das die Streuung der möglichen Ergebnisse zeigt, ist in einer solchen Planung dann nicht mehr enthalten. Dies bedeutet aber nicht, dass das Risiko nicht vorhanden ist.

Irreführend im Zusammenhang mit der Risikoeinschätzung könnte sein, dass im Fachgutachten ausgeführt wird, dass der Unternehmenswert durch Diskontierung der den Unternehmenseignern zufließenden Zahlungsüberschüsse zu ermitteln ist (KFS BW1 Rz 31). Aus dem Hinweis im selben Absatz des Fachgutachtens auf das Kapitalwertkalkül ergibt sich aber, dass eigentlich nicht auf den ausschließlichen Unternehmenszahlungsstrom abzustellen ist, sondern auf die Verteilung des aus dem Unternehmen zum Bewertungsstichtag resultierenden zukünftigen Vermögens. Würde nur auf den Zahlungsstrom abgestellt und dieses Risiko im Zeitablauf absolut konstant bleiben, müssten die Risikoprämien im Zeitablauf sinken, weil jeder Entscheidungsträger einem gleichbleibenden Risiko, das erst weiter in der Zukunft schlagend werden kann, durch die Barwertbildung abnehmende Bedeutung beimisst. Deswegen ist zur Ermittlung von Risikoprämien nicht auf den jeweiligen Zahlungsstrom aus dem Unternehmen abzustellen, sondern auf das gesamte unsichere Vermögen, das mit dem Unternehmenseigentum zukunftsorientiert verbunden ist. In die Risikobetrachtung ist deswegen nicht nur das Unternehmen, sondern auch das Veranlagungsrisiko der Alternativanlage einzubeziehen.

Eine Standardannahme des Kapitalwertkalküls ist, dass rückgeflossene Mittel aus der Investition zum Kalkulationszinssatz wieder veranlagt werden können. Schüttet ein Unternehmen beständig aus, wovon bei der Unternehmensbewertung gemäß KFS BW1 Rz 80 regelmäßig auszugehen ist, wird das Unternehmen im Vergleich zum Vermögen aus der Wiederveranlagung relativ immer unbedeutender. Langfristig wird also bei positiver Ertragserwartung auch aus dem kleinsten Unternehmen letztlich ein großer Finanzkonzern, dessen Erträge sich nicht mehr durch das ursprüngliche Kleinstunternehmen, sondern durch die Zinsen und Zinseszinsen der Wiederveranlagung definieren.

Im Rahmen des Ertragswertverfahrens ergeben sich aber auch beim Abstellen auf die gesamte Vermögensverteilung keine im Zeitablauf konstanten Risikoprämien. Dies wird bei der praktischen Unternehmensbewertung gemäß dem Ertragswertverfahren in der Regel aber nicht berücksichtigt, sondern es wird ein durchschnittlicher Risikozuschlag für sämtliche Laufzeiten angenommen. Dies kann einen wesentlichen Einfluss auf den Unternehmenswert haben und wäre im Sinne der Plausibilitätsprüfung des Bewertungsergebnisses gemäß KFS BW1 Rz 3 im Verantwortungsbereich des jeweiligen Bewerters.

Die Unternehmensbewertung auf Basis eines Diskontierungsverfahrens ist zwar zahlungsstromorientiert, es wird aber implizit davon ausgegangen, dass die Bewertungssubjekte kein Zahlungsstrommaximierungs-, sondern ein Renditeziel verfolgen. Eine Investition wird demnach dahingehend beurteilt, ob dem Investitionsbetrag später entsprechende

Rückflüsse zuzurechnen sind. Das oben eingeführte Beispiel ist grundsätzlich auf Basis folgender Annahmen konstruiert:

- In jeder Periode sollen bezüglich der Gesamtkapitalrendite nur zwei Zustände möglich sein. Im positiven Fall wird eine Rendite auf das eingesetzte Kapital iHv 15,020 %, im negativen Fall von –13,059 % eintreten.
- Die Wahrscheinlichkeit für einen positiven Zustand wurde mit 75 % angenommen. Mit der entsprechenden Komplementärwahrscheinlichkeit tritt der negative Umweltzustand ein.
- Auf Basis dieser Wahrscheinlichkeiten ergibt sich die erwartete Rendite des Unternehmens mit 8,000 %. Weil der Eintritt dieser Rendite nicht sicher ist, ist sie mit entsprechendem Risiko behaftet. Die Standardabweichung der Rendite (Wurzel aus dem Erwartungswert der quadrierten Abweichungen zwischen der jeweiligen Ausprägung und dem Erwartungswert) beträgt in diesem Fall 8,461 %.
- Das Risiko des Eigenkapitals steigt durch die Aufnahme von Fremdkapital, weil der unsicheren Gesamtkapitalrendite die unbedingte Zinszahlungsverpflichtung an die Fremdkapitalgeber gegenübersteht. Mit zunehmendem Anteil des Fremdkapitals am gesamten Investitionsvolumen steigt das Renditerisiko der Eigenkapitalgeber überproportional.

Das zu bewertende Unternehmen ist also mit Renditerisiko behaftet. Im Rahmen der Entscheidungstheorie erfolgt die Beurteilung von riskanten Investitionsprojekten mittels Nutzenfunktionen. Übliche Nutzenfunktionen weisen eine positive Steigung auf, die jedoch mit zunehmender Ausprägung der nutzenvermittelnden Größe (zB Vermögen) abnimmt. Dies bedeutet ökonomisch, dass eine Steigerung der jeweiligen Größe zwar immer mit einem Zusatznutzen verbunden ist, dieser Zusatznutzen aber mit zunehmender Höhe der relevanten Größe abnimmt.

Es gibt eine Vielzahl von Nutzenfunktionen, mit denen versucht wird, die Präferenzen von Entscheidungsträgern bei unsicheren Rückflüssen aus Investitionen abzubilden. Klar ist, dass das Ergebnis einer Unternehmensbewertung bei Abschätzung der geforderten Risikoprämie dann von der jeweiligen Nutzenfunktion abhängt. Für die nachfolgenden Überlegungen zur Ableitung einer möglichen Risikoprämie im Rahmen des Ertragswertverfahrens wird hier vereinfachend auf eine exponentielle Nutzenfunktion in der Form

$$U(x) = -e^{-a \cdot x} \tag{7}$$

abgestellt, wobei *a* die Risikoaversion des Entscheidungsträgers darstellt. Mit steigendem *a* gewichtet ein Entscheidungsträger Risiko höher, er wird also für die Übernahme von Risiko eine höhere Risikoprämie verlangen.

Ist die Nutzenfunktion eines Entscheidungsträgers bekannt, kann eine unsichere Größe in ein Sicherheitsäquivalent transformiert werden (KFS BW1 Rz 100). Vorerst soll von einer Risikoaversion des Entscheidungsträgers von a = 1,00 % ausgegangen werden. Für die erste Periode des Detailplanungszeitraumes ist auf Basis der in (7) dargestellten Nutzenfunktion dazu folgendermaßen vorzugehen:

Zustand	Wahrscheinlichkeit	Rendite	Vermögen nach FK	Nutzen
positiver Umweltzustand	75 %	15,020 %	126,04	– 29,51121 %
negativer Umweltzustand	25 %	– 13,059 %	69,88	– 51,74719 %
Erwartungswerte		8 %	112,00	– 35,07021 %
Sicherheitsäquivalent				104,78
Barwert SÄ mit sicherem Zinssatz				101,73
Erwartetes Vermögen				112,00
implizite Rendite				10,10 %

Tabelle 6: Ermittlung geforderte Rendite Ertragswertverfahren

Im ersten Schritt wird das zustandsabhängige Vermögen durch die Anwendung der jeweiligen Rendite ermittelt. Das Ausgangsvermögen des Unternehmens beträgt 200. Tritt der positive Umweltzustand ein, kann mit dem Gesamtvermögen eine Rendite iHv 15,020 % erzielt werden. Dies führt zu einem Gesamtvermögen vor Berücksichtigung der Fremdfinanzierung iHv 230,04. Zieht man davon die am Ende der ersten Periode fällige Zinszahlung sowie das aushaftende Fremdkapital iHv insgesamt 100 ab, ergibt sich ein den Eigenkapitalgebern zuzurechnendes Vermögen von 126,04. Im negativen Umweltzustand sinkt das Eigenkapital auf 69,88. Dieses situative Vermögen stellt das x in der Nutzenfunktion aus (7) dar. Für das jeweilige Vermögen ergibt sich durch Anwendung der Nutzenfunktion der situative Nutzen. Dabei wird berücksichtigt, dass der Zusammenhang zwischen Höhe der Ausprägung von x und dem Nutzenzuwachs abnehmend ist. Durch Multiplikation des situativen Nutzens mit der jeweiligen Eintrittswahrscheinlichkeit und Summieren über die möglichen Umweltzustände wird der Erwartungsnutzen berechnet. Durch Umkehrung der Nutzenfunktion folgt das Sicherheitsäquivalent für die unsichere Größe abhängig von der individuellen Risikoaversion mit

$$\text{SÄ} = \frac{-\ln[E(U)]}{a} = 104{,}78 \tag{8}$$

Das erwartete Vermögen beträgt im Vergleich dazu 112. Aufgrund der Risikoaversion berücksichtigt der betrachtete Entscheidungsträger im Vergleich zum erwarteten Vermögen einen Risikoabschlag iHv 7,22.

Kernproblem bei der Ableitung des Barwertes der künftigen Unternehmenszahlungsüberschüsse ist die Definition eines risikoadäquaten Kalkulationszinssatzes. Wurde wie in (8) ein Sicherheitsäquivalent ermittelt, ist klar, dass der sachgerechte Zinssatz zur Ermittlung eines Barwertes der sichere Zinssatz ist. Wird der sichere Zinssatz mit 3 % angenommen, beträgt der Barwert des Sicherheitsäquivalents über eine Periode 101,73.

Nun lässt sich bestimmen, welche implizite Rendite der Entscheidungsträger beim oben skizzierten Unternehmensrisiko verlangt, um für die Risikoübernahme im Vergleich zur sicheren Anlage entsprechend entschädigt zu werden und damit zwischen der Wahl der riskanten Verzinsung des Unternehmensvermögens einerseits oder einer sicheren Verzinsung des eingesetzten Vermögens andererseits gegenüber indifferent zu sein. Für die erste Periode beträgt der implizite Zinssatz 10,10 %. Weil der sichere Zinssatz mit 3 % angenommen wurde, beträgt die Risikoprämie für den betrachteten Entscheidungsträger 7,10 %. Wird im Vergleich dazu für den Entscheidungsträger a = 3 % angenommen, ergibt sich die Risikoprämie bereits mit 15,52 %. Das Bewertungsergebnis wird also maßgeblich von der individuellen Risikoaversion eines Entscheidungsträgers beeinflusst.

Die Verteilung des Unternehmensvermögens der zweiten Periode ergibt sich aus dem Unternehmensrisiko und der damit verbundenen Streuung der Renditen. Wie ein konkreter Entscheidungsträger dieses Risiko im Zeitablauf einschätzt, kann mittels der gleichen Methodik wie oben ermittelt werden. Es ist für risikoaverse Entscheidungsträger aber ausgeschlossen, dass sich die Einschätzung gleich der Entwicklung des Risikos ergibt. Deswegen ergeben sich beim Abstellen auf das Sicherheitsäquivalent keine konstanten Risikoprämien.

2.2.2. Risikoprämie und Fremdfinanzierung

Die in Tabelle 6 dargestellten Verhältnisse beziehen sich auf einen Anteil des Fremdkapitals am Gesamtkapital von 50 %. Weichen die Verhältnisse davon ab, ändert sich das Risiko für die Eigenkapitalgeber maßgeblich. Deswegen impliziert ein steigender Verschuldungsgrad eine (überproportionale) zunehmende Risikoprämie. Dieser Zusammenhang ist in Abbildung 1 für zwei verschiedene Entscheidungsträger mit unterschiedlicher Risikoaversion dargestellt.

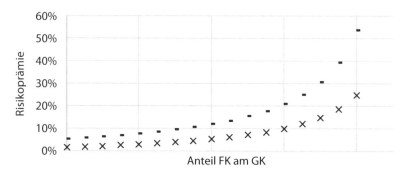

Abbildung 1: Zusammenhang Risikoprämie Verschuldungsgrad

Auch beim Zusammenhang zwischen Fremdkapital und Risikoprämie zeigt sich die Subjektivität des Risikozuschlages im Rahmen des Ertragswertverfahrens deutlich. Deswegen werden Bewertungssubjekte abhängig von ihrer individuellen Risikoaversion demselben Unternehmen bei Änderung der Finanzierungsstruktur einen gänzlich anderen Werteinfluss beimessen. Das entspricht zwar den Verhältnissen bei unterschiedlicher Risikoaversion der Entscheidungsträger, aber nicht dem Wunsch bei vielen Bewertungsanlässen, einen für alle Beteiligten einheitlichen Unternehmenswert anzugeben.

Bei der Bewertung kleinerer Unternehmen kann sich auch die Situation ergeben, dass die Anteile an Unternehmen mit unterschiedlichen Fremdkapitalständen verbunden sind. Nachdem das jeweilige Fremdkapital bei Mitunternehmerschaften dem Sonderbetriebsvermögen zuzurechnen ist, sind die unterschiedlichen Verhältnisse für einzelne Gesellschafter oft schwierig feststellbar. Aufgrund des Zusammenhanges zwischen der geforderten Risikoprämie und dem Verschuldungsgrad wären im Ertragswertverfahren abhängig von der konkreten Situation eines Bewertungssubjekts uU gänzlich unterschiedliche Unternehmenswerte abzuleiten. In einer solchen Situation lässt sich der Wert eines Anteils am Unternehmen nicht aus der einfachen Multiplikation des gesamten Unternehmenswertes mit der Beteiligungsquote ermitteln.

2.2.3. Berücksichtigung der Besteuerung

Bei der Planung der möglichen Ausschüttungen wurde auf Unternehmensebene Körperschaftsteuer berücksichtigt. Werden Ausschüttungen an natürliche Personen geleistet, so unterliegen diese in der Regel der Kapitalertragsteuer iHv derzeit 27,5 %. Das zwei Ebenen umfassende Besteuerungssystem ist trotzdem proportional, weil sowohl auf Unternehmens- als auch auf Gesellschafterebene der Grenzsteuersatz nicht von der Höhe der Bemessungsgrundlage abhängt.

In KFS BW 1 Rz 84 wird ausgeführt, dass bei der Bewertung von Kapitalgesellschaften die persönliche Ertragsteuer (KESt) normalerweise vernachlässigt werden kann, weil sie den Unternehmenszahlungsstrom ähnlich wie die Alternativanlage beeinflusst. Dies gilt allerdings dann nicht, wenn ein Unternehmen Gewinne thesauriert und damit eine Unternehmenswertsteigerung durch Wiederveranlagung der Mittel im Unternehmen anstrebt. Die Thesaurierung würde auch mit der Vollausschüttungsprämisse nicht im Widerspruch stehen, wenn entsprechende Investitionen in das Finanzanlagevermögen geplant sind, weil dann die für die Investitionen verplanten Mittel nicht zur Ausschüttung zur Verfügung stehen. Im Vergleich zur Vernachlässigung der persönlichen Ertragsteuern der Unternehmenseigner führt die Vernachlässigung der Verschiebung der KESt in die Zukunft durch Thesaurierung zu einer Unterbewertung, weil die Verschiebung der Kapitalertragsteuer trotz der Berücksichtigung der später höheren Ausschüttung insgesamt vorteilhaft ist.

Bei hohem Unternehmensrisiko ist zu beachten, dass durch die asymmetrische Besteuerung von Gewinnen und Verlusten die erwartete Steuerbelastung nicht der Steuerbelastung des erwarteten Gewinns entsprechen muss.[13] Dann ist der erwartete Steuersatz höher als der juristische Grenzsteuersatz.

Wird angenommen, dass das Kapital nicht in das als Kapitalgesellschaft organisierte zu bewertende Unternehmen, sondern in eine andere Kapitalgesellschaft investiert wird, so treten grundsätzlich bei der Alternativanlage dieselben steuerlichen Wirkungen ein wie beim zu bewertenden Unternehmen. Die zeitliche Struktur der Besteuerung kann aber unterschiedlich sein. Erfolgt die Besteuerung beim Unternehmen wegen der steuerlichen Gewinnermittlung nicht im Zahlungszeitpunkt, wirkt sich die Besteuerung auf den Unter-

---

13 *Pummerer, E.*, Steuerplanung in der Unternehmensbewertung (2007).

nehmenswert aus, weil bei der Alternativanlage implizit unterstellt wird, dass Zinsen im Zeitpunkt der Zahlung auch wirtschaftlich realisiert werden und damit der Besteuerung unterliegen. Im Vergleich zu einem zahlungsstromorientierten Steuersystem ist ein Steuersystem, bei dem die Ertragsteuer von einem Gewinn bemessen wird, im Vergleich zur Alternativanlage oft vorteilhaft, weil die unternehmensrechtliche Abschreibung im Zeitablauf früher anfällt als die ökonomische Entwertung der Investition anzeigen würde. Ein solches Steuersystem ist nicht entscheidungsneutral und beeinflusst damit auch den Unternehmenswert. Deswegen sind steuerliche Effekte bei der Unternehmensbewertung grundsätzlich zu berücksichtigen. Lediglich im Fortführungszeitraum kann normalerweise (zumindest vereinfachend) davon ausgegangen werden, dass Zahlungsüberschüsse gleichzeitig auch Ertragsüberschüsse sind und damit hinsichtlich der zeitlichen Erfassung der Bemessungsgrundlagen zwischen Unternehmen und der Alternativanlage keine Unterschiede bestehen.

Wird ein personenorientiertes Unternehmen bewertet, wird auf das Einkommen der natürlichen Personen als Mitunternehmer der progressive Einkommensteuertarif angewandt. Damit ergeben sich bspw folgende Problembereiche:

- Dem Unternehmen sind nur jene Ertragsteuern zuzurechnen, die durch das Unternehmen verursacht sind. Ist die persönliche Leistung eines Unternehmers durch einen kalkulatorischen Unternehmerlohn zu berücksichtigen, werden die unteren Progressionsstufen des Einkommensteuertarifs regelmäßig durch diesen kalkulatorischen Unternehmerlohn ausgeschöpft. Würde ein Unternehmenseigner nicht selbst im Unternehmen tätig sein und stattdessen einer anderen Erwerbstätigkeit nachgehen, würden unabhängig vom Eigentum des Unternehmens Einkünfte aus nichtselbstständiger Tätigkeit erzielt. Zusätzliche Einkünfte verursachen dann eine Erhöhung der Steuerbelastung im entsprechenden Progressionsbereich. Führen die zusätzlichen Einkünfte aus dem Unternehmen zu einer Steigerung des Einkommens über € 90.000, dann ist für das Unternehmen von einer proportionalen Steuerbelastung iHv 50 % auszugehen, wenn die Einkünfte insgesamt € 1 Million nicht übersteigen.
- Insbesondere bei kleineren Unternehmen oder bei Mitunternehmerschaften mit sehr vielen Gesellschaftern kann sich die steuerliche Situation der beteiligten Personen gänzlich unterscheiden. So können an einer KG sowohl Kapitalgesellschaften als auch natürliche Personen beteiligt sein. Damit fallen die mit dem Unternehmenseigentum verbundenen Steuern für unterschiedliche Gesellschafter gänzlich anders aus. Wegen des progressiven Einkommensteuertarifs können zusätzliche Erträge aus einem Unternehmen bei Gesellschaftern mit geringem Einkommen unversteuert bleiben, während andere Gesellschafter die Unternehmenseinkünfte mit dem Spitzensteuersatz der Einkommensteuer versteuern müssen. Dann führt eine Vorgangsweise, bei der zuerst der gesamte Unternehmenswert und dann der anteilige Beteiligungswert durch Multiplikation mit der Beteiligungsquote ermittelt wird, zu keinem sachgerechten Ergebnis.

Bei objektivierter Bewertung eines Unternehmens mit vielen Gesellschaftern kann die steuerliche Situation der einzelnen Bewertungssubjekte oft nicht konkret berücksichtigt werden. Gemäß KFS BW1 Rz 86 wird, abweichend vom Grundsatz, dass bei der Bewertung die mit dem Unternehmenseigentum verbundenen Steuern zu berücksichtigen sind, dem Bewerter die Möglichkeit eröffnet, bei einem personenorientierten Unternehmen die steuerlichen Folgen so zu bestimmen, als wäre das Unternehmen eine Kapitalgesellschaft. Diese Vereinfachung ist vom Bewerter allerdings im Einzelfall auf ihre Brauchbarkeit hin zu prüfen, weil sich einerseits für unterschiedliche Bewertungssubjekte gänzlich andere Unternehmenswerte ergeben können und andererseits auch die allgemein anerkannten steuerlichen Unterschiede (und damit Vorteile) einer bestimmten Rechtsform hinsichtlich der Steuerbelastung vernachlässigt werden.[14]

Die Berücksichtigung der Besteuerung beim Kalkulationszinssatz dient zusammengefasst der Herstellung einer Besteuerungsäquivalenz, um gleich wie zur Herstellung der Risikoäquivalenz einen sachgerechten Vergleich zwischen Unternehmensanlage und alternativer Veranlagung des Kapitals zu ermöglichen.

Nachdem bei der Zahlungsstromermittlung sowohl die Unternehmens- als auch die persönliche Einkommensteuer der Anteilseigner berücksichtigt wird, sind die gleichen steuerlichen Folgen auch für die erwarteten Erträge der Alternativanlage zu berücksichtigen. Der Kalkulationszinssatz nach Steuern für eine bestimmte Periode des Detailplanungszeitraumes ergibt sich nach der Berücksichtigung der Besteuerung dann mit

$$i_{Kalk,t,s} = (rf_t + RP_{a,t})(1-KSt)(1-KESt) = 5{,}4919\ \% \qquad (9)$$

Auf Basis des derzeitigen österreichischen Steuersystems wird der erwartete Ertrag der Alternativanlage durch die Körperschaftsteuer und die Kapitalertragsteuer als persönliche Ertragsteuer insgesamt um 45,625 % vermindert.

2.3. Unternehmenswert nach Ertragswertverfahren

Nachdem der bewertungsrelevante Zahlungsstrom für den Detailplanungszeitraum bestimmt und eine brauchbare Ausgangsbasis für die ewige Rente ermittelt wurde, kann der erwartete Zahlungsstrom des Unternehmens mit dem risikoadäquaten Kalkulationszinssatz zum Unternehmenswert verdichtet werden. In Tabelle 7 sind die Verhältnisse für den Detailplanungszeitraum unter Berücksichtigung der Kapitalertragsteuer auf die Ausschüttung dargestellt.

Zeitpunkt	1	2	3
Ausschüttung	0,500	16,040	16,950
KESt	– 0,138	– 4,411	– 4,661
Ausschüttung netto	0,362	11,629	12,289
Barwert	0,343	10,450	10,468

Tabelle 7: Wertermittlung Detailplanungszeitraum

---
14 Vgl dazu zB *Bachl, R.*, Kapitalgesellschaftsfiktion bei der Bewertung (2015).

Ertragswertverfahren

Die Summe der Barwerte über den Detailplanungszeitraum beträgt 21,261. Aus der Bewirtschaftung des Unternehmens über die nächsten drei Jahre ergibt sich also noch kein wesentlicher Unternehmenswert.

Zusätzlich ist aber noch der Fortführungswert zu ermitteln. Als Ausgangsbasis für die ewige Rente ist der Zahlungsüberschuss der letzten Periode iHv 12,289 geeignet, weil das Unternehmen am Ende des Detailplanungszeitraumes sich in einem Gleichgewichtszustand befindet.

Würde die ewige Rente auf Basis eines konstanten Zahlungsüberschusses ermittelt und mit einem nominellen Zinssatz verglichen, wird implizit angenommen, dass die Kaufkraft des Zahlungsüberschusses aus dem Unternehmen abnimmt, weil sich der Nominalzinssatz aus einer Realverzinsung und Inflationsrate zusammensetzt. Kann auch beim Unternehmen von einer Kaufkrafterhaltung der Einzahlungsüberschüsse während der Fortführungsphase ausgegangen werden, ist bei der Ermittlung des Barwertes der ewigen Rente ein Wachstum w in Höhe der Inflationsrate zu berücksichtigen.

Der Barwert der ewigen Rente unter Berücksichtigung eines Wachstums in Höhe der Inflationsrate beträgt bezogen auf das Ende des Detailplanungszeitraumes dann

$$CV = \frac{Z\ddot{U}_\infty}{i_{Kalk,\infty} - w} \cdot \frac{1}{(1+i_{Kalk,DPZ})^{DPZ}} = 299{,}79 \qquad (10)$$

Der gesamte Ertragswert zum Bewertungsstichtag beträgt demnach 321,04. Dieses Ergebnis ist folgendermaßen zu interpretieren:

- Der abgeleitete Unternehmenswert stellt einen Grenzpreis dar. Ist es einem Investor möglich, das Unternehmen selbst zu gründen, wird er das Eigenkapital in Höhe von 100 in das Unternehmen einzahlen. Dieser Zahlung steht der Barwert der zukünftigen Vorteile iHv 321,04 gegenüber. Im Vergleich zur Investition des Eigenkapitals in die Alternativanlage schafft sich der Investor einen barwertigen Vorteil iHv 221,04.
- Nur wenn der Investor nicht in der Lage ist, das Unternehmen selbst zu gründen, wird er bereit sein, das Unternehmen vom bisherigen Eigentümer oder einem Initiator zu einem Preis über der ursprünglichen Investitionssumme iHv 100 zu kaufen. Liegt der Preis des Unternehmens unter dem Unternehmenswert, ist die Investition in das Unternehmen günstiger als in die Alternativanlage. Liegt der Preis für das Unternehmen über dem Unternehmenswert, müsste dem Investor empfohlen werden, nicht das Unternehmen zu kaufen, sondern das Kapital in die Alternativanlage zu investieren.

Beim Ertragswertverfahren hängt der Grenzpreis des Unternehmens ganz wesentlich von den Risikopräferenzen des Bewertungssubjekts ab. Wichtig ist zu erkennen, dass das Unternehmen mit seinen innewohnenden Risiken von den Risikopräferenzen unabhängig ist. Mit zunehmender Risikoaversion schätzen Bewertungssubjekte das gleiche Risiko aber als zunehmend negativ ein und verlangen eine höhere Risikoprämie. Daraus resultiert, dass die zukünftigen Vorteile aus dem Unternehmen durch die Barwertbildung entsprechend stärker entwertet werden. In der nachfolgenden Abbildung ist der Zusammenhang zwischen dem Unternehmenswert gemäß Ertragswertverfahren und der individuellen Risikoaversion eines Bewertungssubjektes grafisch dargestellt:

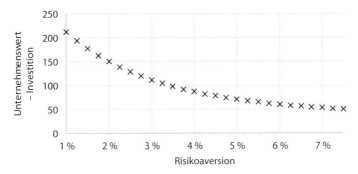

Abbildung 2: Zusammenhang Ertragswert und Risikoaversion

Aus der Abbildung wird erkennbar, dass der Wert aus der Sicht von Entscheidungsträgern mit unterschiedlicher Risikoaversion auch entscheidend anders eingeschätzt wird. Bis zu einer Risikoaversion von ca 3,5 % liegt der Grenzpreis des Unternehmens über den Investitionskosten iHv 100. Nur aus Sicht dieser Investoren ist die Investition in das Unternehmen vorteilhaft. Für Entscheidungssubjekte mit höherer Risikoaversion ist die erwartete Eigenkapitalrendite von 12 % beim einem Renditerisiko von 11,74 % nicht ausreichend, um das Unternehmen im Vergleich zu einer sicheren Anlage als vorteilhaft einzuschätzen.

Diese subjektive Begründung eines Unternehmenswertes ist einer der wesentlichen Kritikpunkte am Ertragswertverfahren, weil für viele Anwendungen gefordert wird, einen von den subjektiven Vorstellungen unabhängigen Wert für ein Unternehmen zu ermitteln.

3. Unterschiede Ertragswertverfahren und DCF-Verfahren

Einen Versuch, die von Investoren geforderte Rendite für die Risikoübernahme im Unternehmenszusammenhang unabhängig von den individuellen Präferenzen einzelner Bewertungssubjekte zu bestimmen, stellen die DCF-Verfahren dar. Auch bei diesen Verfahren ist der Bewertung ein nachhaltig erzielbarer Zahlungsüberschuss zugrunde zu legen. Während beim Ertragswertverfahren üblicherweise direkt auf die den Anteilseignern zufließenden Zahlungsüberschüsse abgestellt wird, haben sich im Bereich der DCF-Verfahren zwei unterschiedliche Ausprägungen herausgebildet.

Bei den Bruttoverfahren wird zuerst ein Zahlungsstrom ermittelt, der an sämtliche Kapitalgeber fließen kann, und dieser mit durchschnittlichen Kapitalkosten für das Eigen- und Fremdkapital diskontiert. Daraus resultiert der Wert der gesamten Aktivseite eines Unternehmens. Deshalb werden so abgeleitete Unternehmenswerte auch als Entity-Values bezeichnet. Um zum eigentlich interessierenden Wert des Eigenkapitals zu gelangen (Equity-Value), ist vom Wert des Gesamtunternehmens noch der Marktwert des Fremdkapitals abzuziehen.

Bei den Nettoverfahren wird wie beim Ertragswertverfahren der Zahlungsüberschuss an die Eigenkapitalgeber (Flow to Equity) geplant und dieser dann mit kapitalmarktorientiert ermittelten Eigenkapitalkosten abgezinst. Bei dieser Variante gelangt man direkt zum Wert des Eigenkapitals, ohne nochmals die Schulden des Unternehmens berücksichtigen zu müssen.

Wesentlicher Unterschied zwischen dem Ertragswertverfahren und den kapitalmarktorientierten Verfahren ist, dass die Renditeforderung der Eigenkapitalgeber nicht über eine subjektive Risikonutzenfunktion ermittelt wird, sondern über ein Erklärungsmodell über das Zustandekommen von Renditen auf Aktienmärkten argumentiert wird, dass die individuelle Nutzenfunktion für die geforderte Rendite eines bestimmten Unternehmens im Marktzusammenhang irrelevant ist.

In KFS BW1 Rz 50 wird zur objektivierten Bewertung eines Unternehmens empfohlen, bei Bestimmung der zu berücksichtigenden Risikoprämie eine kapitalmarktorientierte Betrachtung einzunehmen. Von den Verfassern des Fachgutachtens wird aber keine Gewähr dafür übernommen, dass diese Kapitalmarktorientierung zu besseren oder überhaupt sachgerechten Ergebnissen bei der Unternehmensbewertung führt wie bei Anwendung des Ertragswertverfahrens.

Wie bei allen Prognosemodellen ist die Kernfrage zu diskutieren, ob im konkreten Anwendungsfall die für die Ableitung der Modellergebnisse zwingenden Annahmen nicht in einer Form verletzt sind, die dann letztlich dazu führt, dass das Modell praktisch nicht sachgerecht eingesetzt werden kann. Deshalb ist es auch aus Sicht eines Modellanwenders wesentlich, die zentralen Modellannahmen einschätzen zu können, um letztlich selbst wie in KFS BW1 Rz 3 gefordert über den Einsatz eines bestimmten Bewertungsmodells entscheiden und die Verantwortung für das Bewertungsergebnis übernehmen zu können.

Bei der Anwendung eines Brutto-DCF-Verfahrens ist zuerst der geplante Zahlungsstrom an die Eigenkapitalgeber aus dem Ertragswertverfahren in einen Zahlungsstrom an alle Kapitalgeber überzuleiten. Dann sind die für diesen Mischzahlungsstrom adäquaten Kapitalkosten zu ermitteln.

3.1. Überleitung Zahlungsüberschuss

Zur Ermittlung des Zahlungsstromes, der sowohl Eigen- als auch Fremdkapitalgebern zur Verfügung steht, kann der Zahlungsüberschuss an die Eigenkapitalgeber (FTE) aus dem Ertragswertverfahren übergeleitet werden, indem Effekte der Fremdfinanzierung bereinigt werden. Beim oben angeführten Beispiel sind während des Detailplanungszeitraumes keine Tilgungen geplant. Deshalb sind nur die Zinsen und die damit verbundene Steuerersparnis zu korrigieren. In der nachstehenden Tabelle ist der Zahlungsstrom dargestellt, den demgemäß Eigen- und Fremdkapitalgeber erwarten können. Dieser Zahlungsstrom wird als Free-Cashflow (FCF) bezeichnet.

Zeitpunkt	1	2	3
Zahlungsüberschuss (FTE)	0,50	16,04	16,95
Fremdkapitalzinsen	4,00	4,00	4,00
Steuerersparnis aus Zinsen	− 1,00	− 1,00	− 1,00
Free-Cashflow (FCF)	3,50	19,04	19,95

Tabelle 8: Ermittlung Free-Cashflow

Nachdem im Rahmen der Brutto-DCF-Verfahren der Bewertung ein Mischzahlungsstrom aus Zinsen und Dividenden zugrunde liegt, ist die Vollausschüttungsprämisse nicht gleich wie beim Ertragswertverfahren anwendbar, weil die Zinsen aufgrund vertraglicher Vereinbarung unbedingt zu zahlen sind. Nachdem Eigen- und Fremdkapital mit unterschiedlichen Risiken behaftet sind, wird dieser Mischzahlungsstrom durchschnittliche Kapitalkosten aufweisen, mit denen er zu diskontieren ist. Bei der praktischen Bewertung werden meistens die Eigenkapitalkosten unter Anwendung eines Kapitalmarktmodells ermittelt, während für die Fremdkapitalkosten oft vereinfachend unterstellt wird, sie wären marktgerecht. Nur dann entspricht der Marktwert des Fremdkapitals dem Buchwert.

3.2. Kapitalkosten DCF-Verfahren
3.2.1. Eigenkapitalkosten – CAPM

Im Gegensatz zum Ertragswertverfahren wird – wenn man den Empfehlungen in KFS BW1 Rz 103 folgt – bei der Bestimmung der Eigenkapitalkosten auf ein bestimmtes Modell zur Erklärung der Renditebildung auf Finanzmärkten abgestellt. Dieses Capital Asset Pricing Model (CAPM) existiert in vielen Varianten. Hier sollen nur die wesentlichen Annahmen dargestellt werden, um eine individuelle Einschätzung der Brauchbarkeit des Erklärungsmodells zur Umsetzung eines praktischen Bewertungsproblems vornehmen zu können, die gemäß KFS BW1 Rz 110 durch den Bewerter vorzunehmen ist.

Im Rahmen des CAPM wird grundlegend von folgenden Rahmenbedingungen ausgegangen, um die Renditeerwartung von Investoren für ein bestimmtes Unternehmen zu bestimmen:

- Investoren stehen vor einem einperiodigen Entscheidungsproblem. Sie müssen am Beginn der Periode über die Zusammensetzung ihres Portfolios entscheiden, während erst am Ende der Periode bekannt wird, welche Realisation der unsicheren Rendite eintritt.
- Jede Investition kann durch die Parameter „Erwartungswert" und „Standardabweichung" der Rendite beschrieben werden. Dies setzt voraus, dass die Renditen des zu bewertenden Unternehmens durch eine Normalverteilung vollständig charakterisiert werden können. Zudem ist die Korrelation der Renditen sämtlicher Unternehmen bekannt. Jeder Marktteilnehmer weiß also, welche Rendite das Unternehmen X macht, wenn das Unternehmen Y eine bestimmte andere Rendite erzielt.
- Alle Investoren beurteilen Investitionsmöglichkeiten auf Basis einer quadratischen Risikonutzenfunktion in der Form $r_{gef} = rf + a * \sigma^2$. Der Grad der Risikoaversion in dieser Funktion entspricht nicht jenem in der exponentiellen Nutzenfunktion, die in (7) verwendet wurde.
- Jedes Unternehmen kann in einer beliebigen Quantität gekauft werden. Es steht jedem Investor frei, sein Anlageportfolio aus einer sicheren Anlage und einer beliebigen Menge verschiedener Unternehmen zusammenzustellen. Zudem wird in der Grundform des CAPM davon ausgegangen, dass auch Fremdkapital unbeschränkt zu konstanten Kapitalkosten (sicherer Zinssatz) zur Verfügung steht.
- Investoren agieren auf einem Markt mit atomistischer Konkurrenz. Handlungen einzelner Investoren sind damit relativ unbedeutend, sodass einzelne Entscheidungen das Marktgleichgewicht nicht beeinflussen.

Vor dem Hintergrund dieser ausgewählten Annahmen lässt sich das Entscheidungsproblem von Investoren auf dem Kapitalmarkt grafisch folgendermaßen skizzieren:

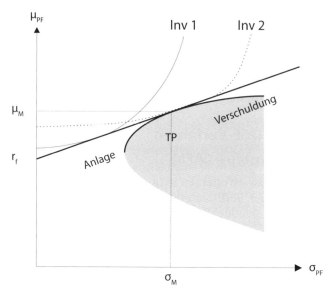

Abbildung 3: Grundmodell CAPM

Die graue Fläche repräsentiert jene Rendite/Risiko-Kombinationen, die durch Kombination verschiedener Unternehmen zu einem Portfolio erreicht werden können. Risikoaverse Investoren werden dabei nur jene Portfolios als effizient betrachten, die auf der durchgezogenen Linie der Rendite/Risiko-Kombinationen der Portfolios liegen (effiziente Linie).

Können die Investoren zusätzlich am Kapitalmarkt entweder zum sicheren Zinssatz Mittel anlegen oder aufnehmen, ergibt sich, dass sämtliche effizienten Anlagekombinationen aus einer Anlage am Kapitalmarkt unter Beimischung des sogenannten Tangentialportfolios (TP) bestehen. Dies gilt unabhängig von der Risikopräferenz der Investoren. In Abbildung 3 werden zwei verschiedene Investoren mit unterschiedlicher Risikoaversion skizziert.

Investor 1 ist risikoaverser als Investor 2. Er wird einen kleineren Teil seines zu veranlagenden Vermögens in das Tangentialportfolio investieren. Der restliche Teil wird sicher veranlagt. Deswegen ist die erwartete Rendite dieses Portfolios geringer als die des Tangentialportfolios, aber auch mit geringerem Risiko verbunden.

Investor 2 ist aufgrund seiner geringeren Risikoaversion bereit, größeres Risiko als das Marktrisiko einzugehen. Deswegen investiert er mehr als sein Ausgangsvermögen in das Tangentialportfolio, indem er den übersteigenden Teil über einen Kredit finanziert. Kernidee des CAPM ist, dass sich die Investoren unabhängig von ihrer Risikopräferenz ausschließlich für das Tangentialportfolio entscheiden. Unterschiedlich ist lediglich der Anteil des Tangentialportfolios am Gesamtportfolio eines spezifischen Investors.

Wenn sich alle Investoren gleich verhalten, ist das Tangentialportfolio die einzige Kombination riskanter Veranlagungstitel, die nachgefragt wird. Dann ist das Tangentialportfolio das Marktportfolio. Dieses ist durch die erwartete Rendite und die Standardabweichung des Marktes gekennzeichnet. Die Differenz zwischen der erwarteten Rendite des Marktes und dem sicheren Zinssatz wird als Marktrisikoprämie definiert. Ein Unternehmen, das in diesem Marktportfolio nicht enthalten ist, hat einen Preis von null, weil es nicht nachgefragt wird. Unternehmen, die nicht im Anlageportfolio jedes Investors enthalten sind, existieren also im Sinne der Kapitalmarkttheorie nicht.

Es kann gezeigt werden, dass im Marktzusammenhang die geforderte Rendite bezüglich eines einzelnen Unternehmens nicht nur von dessen Risiko abhängt, sondern von dessen Verhalten im Vergleich zum Gesamtmarkt. Das wesentliche Risikomaß eines Unternehmens bei kapitalmarktorientierter Betrachtung ist Beta:

$$\beta = \frac{\rho_{i,M} \cdot \sigma_i}{\sigma_M} \qquad (11)$$

Dieses Risikomaß umfasst nicht nur das unternehmensindividuelle Renditerisiko σ_i. Vielmehr hängt bei kapitalmarktorientierter Betrachtung das Risiko eines Unternehmens auch mit der Korrelation der Renditen des Unternehmens mit dem Gesamtmarkt zusammen und wird auf das Risiko des Gesamtmarktes normiert.

Im Kontext des CAPM verlangen Investoren vor dem Hintergrund der Risikodefinition aus (11) nur dann eine positive Risikoprämie, wenn die Unternehmensrenditen mit den Marktrenditen positiv korreliert sind. Ist ein unternehmensindividuelles Risiko sehr hoch, aber nicht mit dem Marktrisiko korreliert, liegt im Sinne des CAPM kein Risiko vor. Dies lässt sich ökonomisch im Marktkontext damit begründen, dass unternehmensindividuelles Risiko durch Diversifikation vermieden werden kann. Weil gemäß den Annahmen des CAPM sämtliche Investoren perfekt diversifiziert sind (sie kaufen nur das Marktportfolio und nicht ein einzelnes Unternehmen) fällt das unsystematische Unternehmensrisiko durch die Portfoliobildung weg. Deshalb erfolgt keine Abgeltung dieses Risikos. Dies ist der wesentliche Unterschied zur Bestimmung einer Risikoprämie im Ertragswertverfahren, bei dem auf das Risiko des zu bewertenden Unternehmens abgestellt wird. Im Sinne der Kapitalmarkttheorie ist dagegen das einzelne Unternehmen nicht nach seinem Gesamtrisiko, sondern nach seiner Eigenschaft zu beurteilen, das Marktportfolio zu versichern und somit das systematische Risiko zu reduzieren.

Die geforderte Eigenkapitalrendite im Marktzusammenhang ergibt sich grundsätzlich gemäß

$$r_{EK} = rf + \beta \cdot (\mu_M - rf) \qquad (12)$$

Die Differenz zwischen der erwarteten Marktrendite und dem sicheren Zinssatz wird als Marktrisikoprämie bezeichnet. Gemäß den Empfehlungen der Arbeitsgruppe zur Unternehmensbewertung der KWT ist von einer Marktrisikoprämie zwischen 5,5 % und 7 % auszugehen.[15] Für das Bewertungsbeispiel wird die Risikoprämie mit 6 % angenommen.

---

15 Arbeitsgruppe Unternehmensbewertung des Fachsenats für Betriebswirtschaft und Organisation, Empfehlung Marktrisikoprämie, 2012.

Die Korrelation der Renditen eines Unternehmens mit den Renditen des Gesamtmarktes kann Werte zwischen − 1 und +1 annehmen. Beta kann dann auch erheblich negativ werden. Dies ist immer dann der Fall, wenn sich ein einzelnes Unternehmen systematisch anders verhält als der Gesamtmarkt. Dann würden Investoren im Sinne des CAPM von diesem Unternehmen eine Rendite fordern, die unter dem sicheren Zinssatz liegt oder auch negativ werden kann. Diese erwartete negative Rendite macht offensichtlich nur im Zusammenhang mit dem Marktportfolio Sinn, weil sie eine Form einer Versicherungsprämie darstellt. Eine Versicherungsprämie zu bezahlen ohne dem zu versichernden Risiko ausgesetzt zu sein, wäre dagegen irrational.

Aufgrund der Beispielannahmen zum Gesamtunternehmen beträgt die Standardabweichung der Rendite des Gesamtkapitals 8,461 %. Zusätzlich müssen bei kapitalmarktorientierter Betrachtung noch Informationen zur Korrelation der Rendite zum Gesamtmarkt bekannt sein. Vorweg wird für die Beispielüberlegungen von einer Korrelation von 100 % ausgegangen sowie für das Marktrisiko eine Standardabweichung von 20 % angenommen. Beta für ein unverschuldetes Unternehmen ergibt sich dann gemäß (11) mit 0,4231.

Nachdem das unternehmensindividuelle Risiko Beta wesentlich beeinflusst und bekannt ist, dass ein Zusammenhang zwischen dem Verschuldungsgrad und dem Risiko der Eigenkapitalgeber besteht, steigt Beta üblicherweise mit dem Verschuldungsgrad.[16] Das Verhältnis zwischen dem Beta eines unverschuldeten und verschuldeten Unternehmens wird in Lehrbüchern häufig unter Vernachlässigung von Steuern in der Form

$$\beta_v = \beta_u \left[1 + \frac{FK^*}{EK^*}\right] \tag{13}$$

angegeben. Die Ableitung dieses Zusammenhanges beruht auf dem bekannten Leverage-Effekt in seiner einfachsten Form und impliziert daher, dass die Fremdkapitalkosten unabhängig vom Verschuldungsgrad sind.[17] Die mit einem Stern gekennzeichneten Größen stellen den Marktwert und keine Buchwerte der jeweiligen Position dar.

Wegen der steuerlichen Abzugsfähigkeit der Fremdkapitalzinsen sei der Marktwert des Fremdkapitals um den Steuersatz zu kürzen. Zudem wird diskutiert, ob die Steuerersparnis aus der Abzugsfähigkeit der Fremdkapitalzinsen sicher ist (und dann mit dem sicheren Zinssatz abzuzinsen wäre) oder ob sie auch dem Unternehmensrisiko ausgesetzt ist.[18] Internationale empirische Ergebnisse lassen vermuten, dass Effekte aus der Abzugsfähigkeit von Zinsen überschätzt werden.[19]

Insgesamt ist aber festzustellen, dass sich in der Literatur noch keine herrschende Meinung zur Berücksichtigung von Steuern bei der Ableitung von kapitalmarktorientierten Kapitalkosten herausgebildet hat. Die Aussage, dass Steuern divers auf Investitionen und Unternehmen wirken können, ist daher aufrechtzuerhalten.[20] Insbesondere nationale steuer-

---

16 *Enzinger, A. et al*, Debt Beta (2014).
17 *Perridon, L. et al*, Finanzwirtschaft der Unternehmung (2012), 546 ff.
18 *Enzinger, A./Pellet M./Leitner M.*, Debt Beta (2014); *Fernandez, P.*, Barwert des Tax-Shields (2004).
19 *Blouin, J. et al*, Tax Shields der Fremdfinanzierung (2010).
20 *Domar, E. D./Musgrave, R. A.*, Risiko und Ertragsbesteuerung (1944).

liche Besonderheiten spielen in der internationalen Literatur, die hauptsächlich durch Beiträge angelsächsischer Autoren geprägt wurde und wird, in der Regel keine Rolle. Auch die deutsche Literatur ist auf die österreichische Situation nur bedingt übertragbar, weil gerade im Bereich der Besteuerung von Einkünften aus Kapitalvermögen und der Abzugsfähigkeit von Fremdkapitalzinsen wesentliche Unterschiede bestehen.[21]

Grundsätzlich wäre die Korrelation der Renditen des zu bewertenden Unternehmens mit dem Gesamtmarkt für das konkrete zu bewertende Unternehmen zu ermitteln. Weil bei kleineren und mittleren Unternehmen regelmäßig keine Kapitalmarktdaten und damit marktmäßig festgestellten Renditen vorliegen, behilft man sich bei der Bewertung mit Sammlungen über Betawerte. Im Rahmen empirischer Untersuchungen wurden beobachtete Betas gemäß theoretischer Überlegungen um den Verschuldungsgrad bereinigt. Verlässt man sich auf diese Zahlenangaben, kann bei der konkreten Bewertung gemäß (13) das Beta eines verschuldeten Unternehmens ermittelt werden.

Bereits hier zeigt sich ein fundamentales Problem des praktischen Einsatzes der kapitalmarktorientierten Unternehmensbewertung, weil zur Ermittlung der Grundlagen bereits das Ergebnis der Bewertung – der Marktwert des Eigenkapitals – bekannt sein muss. Zur Umgehung dieses sogenannten Zirkularproblems geht man bei der praktischen Bewertung oft näherungsweise vor. Bei der Verwendung von Tabellenkalkulationsprogrammen kann über eine Zielwertsuche jener Wert des Eigenkapitals ermittelt werden, bei dem sich kein Unterschied zwischen der Annahme des Unternehmenswertes bei der Ableitung des Beta des verschuldeten Unternehmens und dem Endergebnis ergibt. Eine solche Näherung führt aber nicht immer zu einem gleichgewichtigen positiven Unternehmenswert.

Unter Annahme eines Marktwertes des Eigenkapitals von 558,85 ergibt sich das Beta des verschuldeten Unternehmens mit 0,4988 und unterscheidet sich damit nur geringfügig von jenem des unverschuldeten Unternehmens. Bei geringeren Marktwerten fällt die Risikoerhöhung durch das Fremdkapital stärker ins Gewicht, woraus folgend sich auch ein größerer Unterschied zwischen dem Beta vor und nach Berücksichtigung der Verschuldung ergibt. Aus (13) folgt unmittelbar, dass das Beta eines Unternehmens, dessen Marktwert des Eigenkapitals null ist, unendlich sein soll. Deswegen ergeben sich gerade bei Unternehmen mit geringem Eigenkapital durch die Umrechnung von Beta für ein verschuldetes Unternehmen extrem hohe Risikoprämien. So verhält sich aber grundsätzlich auch die Risikoprämie im Rahmen des Ertragswertverfahrens (vgl 2.2.2). Deswegen unterscheiden sich die Verfahren bezüglich des Zusammenhangs zwischen Risikoprämie und Verschuldungsgrad nicht fundamental.

3.2.2. Gesamtkapitalkosten – WACC

Sind die Eigenkapitalkosten kapitalmarktorientiert bestimmt, können durch Gewichtung der Eigen- und Fremdkapitalkosten mit ihrem jeweiligen Anteil am Gesamtwert des Unternehmens die gewichteten durchschnittlichen Kapitalkosten (Weighted Average Cost of Capital – WACC) ermittelt werden:

---

21 *Jonas, M. et al*, CAPM mit deutscher Einkommensteuer (2004); *Wiese, J.*, CAPM im Mehrperiodenkontext (2007).

$$\text{WACC} = r_{EK}\frac{EK^*}{EK^* + FK^*} + r_{FK}\frac{FK^*}{EK^* + FK^*} \qquad (14)$$

Bei der Ermittlung des WACC muss das Endergebnis wie bei der Ermittlung von Beta bereits vorweggenommen werden. Auch in diesem Fall führt eine Näherungslösung in der Regel zu einem eindeutigen Ergebnis. Insbesondere bei einem geringen Anteil des Eigenkapitals am gesamten Unternehmenswert kann diese Vorgangsweise aber scheitern. Dann lässt sich auf Basis einer kapitalmarktorientierten Betrachtung kein sinnvoller Unternehmenswert ableiten.

In der Literatur werden die Fremdkapitalkosten in (14) meist um den Steuersatz gekürzt.[22] Dies wird damit argumentiert, dass Fremdkapitalzinsen von der Bemessungsgrundlage abzugsfähig wären. Auch diese Annahme ist aus meiner Sicht nicht zwingend: Stellt ein Kapitalgeber gleichzeitig Eigen- und Fremdkapital zur Verfügung, so wird er die steuerlichen Wirkungen sowohl hinsichtlich der Gewinnausschüttung als auch der vereinnahmten Zinserträge berücksichtigen. Insbesondere bei der Bewertung von KMU kann nicht davon ausgegangen werden, dass die Zinserträge mit Endbesteuerungswirkung vereinnahmt werden können. Dann müsste einerseits die Entsteuerung der Eigenkapitalrendite mit dem kombinierten Körperschaft- und Kapitalertragsteuersatz erfolgen und müssten andererseits die Zinserträge mit dem relevanten Grenzsteuersatz des Einkommensteuertarifes entsteuert werden. Wurde eine Unternehmensanleihe aber gegenüber einem unbestimmten Personenkreis begeben, können die Zinsen endbesteuert vereinnahmt werden. Nur dann ergibt sich ein wesentlicher steuerlicher Vorteil hinsichtlich der Fremdkapitalzinsen, weil diese mit 27,5 % besteuert werden, während auf Gewinnausschüttungen 45,625 % Grenzsteuersatz anzuwenden sind. Dies ist aber nicht auf die Abzugsfähigkeit der Fremdkapitalzinsen, sondern auf die stark differenzierte Besteuerung durch die KESt zurückzuführen, die riskante Investitionen grundsätzlich diskriminiert.

Wird angenommen, dass Investoren sowohl Eigen- als auch Fremdkapitaltitel über eine Kapitalgesellschaft halten, ergibt sich sowohl für Dividenden als auch Zinszahlungen, die vom zu bewertenden Unternehmen an die Anteilseigner geleistet werden, dass die Grenzsteuerbelastung dem kombinierten Körperschafts-/Kapitalertragsteuersatz entspricht. Diese Steuerbelastung fällt sowohl beim zu bewertenden Zahlungsstrom (Free-Cashflow) als auch bei den Erträgen der Alternativanlage an. Deswegen wird hier zur Ermittlung des Unternehmenswertes die Entsteuerung der durchschnittlichen Kapitalkosten (WACC) auch der kombinierte Steuersatz herangezogen. Die gewichteten Kapitalkosten ergeben sich dann mit 5,691 % vor Steuern bzw 3,094 % nach Berücksichtigung der kombinierten Besteuerung.

Ändern sich im Zeitablauf die Ertragserwartungen oder der Verschuldungsgrad bzw andere Determinanten der Fremdfinanzierung, verschieben sich die Marktwerte. Dann sind die Kapitalkosten für jede Periode unterschiedlich (KFS BW1 Rz 41 und Rz 42).[23] Nachdem das CAPM grundsätzlich nur über eine Periode konstruiert ist, ergeben sich gerade bei sich ändernden Verhältnissen Probleme, weil intertemporale Abhängigkeiten

---

22 Vgl zB *Aschauer, E./Purtscher, V.*, Einführung in die Unternehmensbewertung (2011) 127.
23 *Sylle, F.*, Finanzierungsstrategie bei Anwendung des WACC (2015).

nicht berücksichtigt werden. Eine Unternehmensbewertung stellt gedanklich die vielfache Anwendung eines einperiodigen Modells mit anschließender Summierung der Ergebnisse dar. Dies führt aber nur dann zu sachgerechten Ergebnissen, wenn die Perioden voneinander unabhängig sind. Anderenfalls gilt die erforderliche Wertadditivität nicht. Diese intertemporalen Abhängigkeiten von Zahlungsüberschüssen können zwar das Bewertungsergebnis wesentlich beeinflussen, werden bei einer praktischen Bewertung aber trotzdem in der Regel vernachlässigt.

3.3. Bewertung nach DCF-Verfahren

Weil bei der Ableitung der gewichteten Kapitalkosten auch die persönlichen Ertragsteuern der Unternehmenseigner berücksichtigt wurden, wird zur Ableitung des Unternehmenswertes auch der Zahlungsstrom an die Kapitalgeber um die persönlichen Ertragsteuern gekürzt. Der Bewertung ist dann folgender Free-Cashflow zugrunde zu legen:

Zeitpunkt	1	2	3
Free-Cashflow	3,50	19,04	19,95
KESt	– 0,96	– 5,24	– 5,49
FCF nach Steuern	2,54	13,80	14,46
Barwerte	2,46	12,98	13,20

Tabelle 9: Wertermittlungsdetailplanungszeitraum

Bei der Ermittlung des Free-Cashflow wird ein eigenfinanziertes Unternehmen unterstellt und auf Unternehmensebene für das Gesamtergebnis die Körperschaftsteuer berücksichtigt. Wie oben begründet, wird zur Ermittlung des FCF noch die persönliche Ertragsteuer in Form der KESt berücksichtigt. Mittels Diskontierung der FCF mit den durchschnittlichen Kapitalkosten (WACC) ergibt sich für den Detailplanungszeitraum ein Unternehmenswert für das Gesamtunternehmen iHv 28,64.

Zusätzlich ist wie beim Ertragswertverfahren jener Teil des Unternehmenswertes zu ermitteln, der dem Fortführungszeitraum zuzurechnen ist. Auch bei den kapitalmarktorientierten Verfahren ist dazu eine nachhaltig erzielbare ewige Rente zugrunde zu legen. Für die Bewertung wird dabei wiederum auf die Verhältnisse der letzten Periode des Detailplanungszeitraumes abgestellt, weil sich das Unternehmen dann in einem Gleichgewichtszustand befindet.

Die Überlegungen bezüglich der Berücksichtigung des Wachstums der ewigen Rente sind bei den kapitalmarktorientierten Verfahren und beim Ertragswertverfahren grundsätzlich identisch. Wegen der geringen gewichteten Kapitalkosten wirkt sich die Berücksichtigung des Wachstums beim Bruttoverfahren aber stärker aus, womit ein entsprechend höherer Wert für den Fortführungszeitraum verbunden ist. Allerdings sind Zahlungen an die Fremdkapitalgeber inflationsgeschützt, wenn sie mit einem Nominalzinssatz ermittelt wurden und der Fremdkapitalstand im Zeitablauf gleichbleibt. Dann ist das Wachstum nur auf den Zahlungsstrom der Eigenkapitalgeber zu beziehen. Ohne das auf

Basis theoretischer Überlegungen bestimmbare äquivalente Wachstum zu bestimmen, wird bei der Bewertung vereinfachend pauschal nur die Hälfte der Inflationsrate, und damit iHv 1 %, berücksichtigt. Weil die Wachstumsrate der ewigen Rente einen wesentlichen quantitativen Einfluss auf das Bewertungsergebnis hat, ist der Bestimmung der relevanten Wachstumsrate bei der praktischen Bewertung aber mehr Aufwand zu widmen.[24]

Auch bei den Brutto-DCF-Verfahren ist der Barwert der ewigen Rente noch vom Ende des Detailplanungszeitraumes auf den Bewertungsstichtag abzuzinsen. Dann kann der Wertbeitrag aus der Bewirtschaftung über den Fortführungszeitraum mit dem Wert für den Detailplanungszeitraum addiert werden. Ergebnis der Bewertung gemäß einem Brutto-DCF-Verfahren ist dann der Gesamtwert des Unternehmens aus Sicht sämtlicher Kapitalgeber, also grundsätzlich die Summe aus Eigen- und Fremdkapital. Um zum Marktwert des Eigenkapitals (Shareholder Value) zu gelangen, muss vom gesamten Unternehmenswert noch der Marktwert des Fremdkapitals abgezogen werden. Daraus ergibt sich die nachfolgende kapitalmarktorientierte Bewertung des Eigenkapitals:

Wert DPZ	28,64
Fortführungswert	630,21
Entity Value	658,85
– Wert des Fremdkapitals	– 100,00
Equity Value	558,85

Tabelle 10: Überleitung Entity- zu Equity Value

Vergleicht man nun den Marktwert des Eigenkapitals bei kapitalmarktorientierter Betrachtung mit dem Bewertungsergebnis des Ertragswertverfahrens iHv 321,04, fällt unmittelbar auf, dass die Bewertung bei Kapitalmarktorientierung zu einem wesentlich höheren Unternehmenswert führt. Dies mag überraschend erscheinen, weil der Anwender eines Bewertungsmodells davon ausgehen könnte, dass ein und dasselbe Unternehmen unabhängig vom Bewertungsmodell denselben Wert aufweisen müsste. Diese Vermutung wird auch durch KFS BW1 Rz 117 gestützt, weil dort ausgeführt wird, dass bei der geeigneten Wahl der Parameter und Vorgangsweise der Unternehmenswert durch die Wahl des Diskontierungsverfahrens nicht beeinflusst werden sollte. Dies ist allerdings nicht der Fall. In der Literatur existieren zwar viele Beiträge, die zeigen, unter welchen Bedingungen verschiedene Diskontierungsverfahren zu identischen Ergebnissen führen, wegen der konzeptionellen Unterschiede zwischen Ertragswertverfahren und kapitalmarktorientierter Bewertung haben diese theoretischen Beiträge für die praktische Bewertung aber nur geringe Relevanz. Vielmehr wird grundsätzlich davon auszugehen sein, dass Unternehmenswerte bei kapitalmarktorientierter Betrachtung wegen der Berücksichtigung des Versicherungseffekts im Rahmen des CAPM bei sonst gleichen Verhältnissen wesentlich höher sein werden als bei ausschließlicher Berücksichti-

---

24 *Knoll, L.*, Ewige Rente und Wachstum (2014).

gung des Unternehmensrisikos des zu bewertenden Unternehmens in einer Stand-Alone-Betrachtung. Dies hängt aber wesentlich von der Risikoaversion des beim Ertragswertverfahren unterstellten Entscheidungsträgers ab. Geht man beim Ertragswertverfahren von einem weitgehend risikoneutralen Entscheidungsträger aus, stellen sich schnell ähnliche Unternehmenswerte wie bei kapitalmarktorientierter Betrachtung ein, weil in Zeiten, in denen der Nominalzinssatz nahe an der erwarteten Inflationsrate liegt, der Barwert der ewigen Rente unter Berücksichtigung des Wachstums jedenfalls sehr groß ist.

Wie die Überlegungen zu kapitalmarktorientierten Bewertungsverfahren zeigen, sind wie beim Ertragswertverfahren auch bei den DCF-Verfahren zahlreiche Annahmen zu treffen. Das Bewertungsergebnis wird dann nicht durch die subjektive Risikoneigung eines Bewertungssubjekts, sondern durch die willkürliche Wahl von Parametern des Bewertungsmodells durch den Bewerter beeinflusst. Damit wird zwar eine Scheinobjektivierung erreicht, aus dieser kann aber nicht abgeleitet werden, dass sich kapitalmarktorientierte Verfahren zur Ermittlung von objektivierten Unternehmenswerten besser eignen als das klassische Ertragswertverfahren.

4. Zusammenfassende Einschätzung

Zur Unternehmensbewertung haben sich historisch verschiedene Methoden herausgebildet, deren sich Sachverständige bei der Bewertung von Unternehmen bedienen. Im Bewertungsgutachten wird begründet, warum ein bestimmtes Unternehmen aus Sicht des unterstellten Bewertungssubjekts bei einem bestimmten Bewertungszweck einen bestimmten Grenzpreis hat. Ob der in einem Gutachten ermittelte Wert zum Preis wird, entscheidet sich letztlich nach den Marktgegebenheiten, auf denen das Unternehmen gehandelt wird.

Moderne Bewertungsverfahren ermitteln den Unternehmenswert aus dem Vergleich der Vorteile aus dem Unternehmen mit jenen Erträgen, die bei alternativer Veranlagung des Kapitals zu erwarten sind. Dieser Vergleich ist nur dann sachgerecht, wenn die Alternativen hinsichtlich zB Laufzeit, Kaufkraft, Arbeitseinsatz und vor allem hinsichtlich des Risikos äquivalent sind.

Welche Rendite Bewertungssubjekte von der Alternativanlage zum Unternehmen fordern, wird beim Ertragswertverfahren und bei den DCF-Verfahren unterschiedlich beantwortet. Beim Ertragswertverfahren wird die Rendite einer risikoadäquaten Alternativanlage aus den individuellen Risikopräferenzen unter Berücksichtigung des gesamten Renditerisikos des zu bewertenden Unternehmens ermittelt. Das Bewertungsergebnis ist durch das Abstellen auf individuelle Risikopräferenzen bereits vom Bewertungskonzept her subjektiv.

Bei den kapitalmarktorientierten Verfahren werden die Renditeerwartungen aus einem Kapitalmarktmodell abgeleitet. Ergebnis der theoretischen Modellüberlegungen ist, dass jedes Unternehmen nicht nur nach seinem Renditerisiko, sondern auch nach der Korrelation der Renditen zum Gesamtmarkt zu beurteilen ist. Ein Unternehmen, dessen

Ertragswertverfahren

Renditen nicht mit jenen des Gesamtmarktes korreliert sind, ist aus Sicht der Kapitalmarkttheorie risikolos, obwohl das Renditerisiko erheblich sein kann. Dies begründet sich damit, dass das spezifische Unternehmensrisiko durch Diversifikation am Kapitalmarkt kostenlos vernichtet werden kann. Individuelle Risikopräferenzen der Bewertungssubjekte spielen bei den kapitalmarktorientierten Modellen nur für die Zusammenstellung des individuellen Veranlagungsportfolios, nicht aber für die Bestimmung der Renditeforderung an ein bestimmtes Unternehmen eine Rolle. Vom Konzept her würden sich deswegen kapitalmarktorientierte Verfahren besser zur Ableitung objektivierter Unternehmenswerte eignen als das Ertragswertverfahren.

Aber auch bei der Unternehmensbewertung gilt meistens: Das Gegenteil von gut ist gut gemeint. Insbesondere bei der Bewertung von kleineren und mittleren Unternehmen ist davon auszugehen, dass zentrale Modellannahmen der kapitalmarktorientierten Modelle in einer Form verletzt sind, die eine auf diese Modelle gestützte Ableitung eines Unternehmenswertes unvertretbar macht. So existieren praktisch Unternehmen im Sinne der Kapitalmarkttheorie nicht, an denen alle Investoren zu einem kleinen Bruchteil beteiligt sind. Die Ableitung von Kapitalkosten für ein zu bewertendes Unternehmen aus einem Modell, das gerade nicht für zu bewertende, sondern bereits bewertete Unternehmen konstruiert wurde, muss dann scheitern.

Erachtet ein Bewerter die kapitalmarktorientierten Modelle für seine Bewertungsaufgabe als brauchbar, ergeben sich zahlreiche praktische Anwendungsprobleme, die beim Ertragswertverfahren nicht in vergleichbarer Weise auftreten. Bei nicht börsennotierten Unternehmen – die den Bewertungsalltag dominieren werden – muss Beta empirisch bestimmt werden. Oft wird dazu auf Sammlungen von Autoren des angelsächsischen Raums zu Branchenbetas zurückgegriffen. Ob die Rendite eines Hotels in einem Tiroler Skigebiet gleich wie die der weltweit tätigen Branche „Hotel" mit den Renditen des Gesamtmarktes korreliert ist und die gleiche Standardabweichung aufweist, lässt sich meist nicht verifizieren. Die Wahl eines solchen Branchenbetas stellt also eine subjektive Entscheidung des Bewerters dar. Es ist aber ein konkretes Unternehmen und nicht die Branche zu bewerten. Zusätzlich sind bei den DCF-Verfahren noch zentrale Annahmen zur „marktkonformen" Finanzierung zu berücksichtigen, deren Einhaltung im betrieblichen Geschehen zwar möglich, aber nicht wahrscheinlich ist.

Wegen dieser Anwendungsprobleme sind die kapitalmarktorientierten Bewertungsverfahren aus meiner Sicht nicht besser zur Ableitung eines objektivierten Unternehmenswertes geeignet als das Ertragswertverfahren. Vielmehr muss sowohl beim Einsatz des Ertragswertverfahrens als auch bei den DCF-Verfahren ausführlich und nachvollziehbar begründet werden, warum ein bestimmtes Bewertungsmodell für eine konkrete Bewertung geeignet ist.

Aufgrund der unterschiedlichen Konzeption der Bewertungsverfahren werden sich bei kapitalmarktorientierten Verfahren bei sonst gleichen Verhältnissen wegen der Berücksichtigung des Diversifikationseffekts niedrigere Renditeforderungen der Eigenkapitalgeber und damit höhere Unternehmenswerte ergeben. Die Erwartung vieler Auftraggeber, dass ein Unternehmen unabhängig vom Bewertungsmodell denselben Wert aufweisen müsse, wird aufgrund der konzeptionellen Unterschiede enttäuscht.

Im Fachgutachten zur Unternehmensbewertung wird empfohlen, die Plausibilität des Bewertungsergebnisses zu prüfen. Multiplikatorverfahren passen nur für Durchschnittsunternehmen, weil die Multiplikatoren aus Durchschnittsbetrachtungen ermittelt werden. Hat sich ein Bewerter viel Mühe gegeben zu begründen, warum das konkret zu bewertende Unternehmen nicht dem Durchschnitt entspricht, hilft der Vergleich mit dem Durchschnittswert aus einem Multiplikatorverfahren bei der Plausibilisierung des Bewertungsergebnisses nicht weiter.

Vielmehr bleibt Unternehmensbewertung die Aufgabe von Sachverständigen, die sich sachlich begründet für ein für die konkrete Bewertungssituation angemessenes Bewertungsmodell entscheiden und letztlich die Verantwortung für das Bewertungsergebnis übernehmen müssen.

Literaturverzeichnis

Arbeitsgruppe Unternehmensbewertung des Fachsenats für Betriebswirtschaft und Organisation, Empfehlung zur Bestimmung der Marktrisikoprämie vom 4.10.2012, Wien (2012).

Aschauer E./Purtscher V., Einführung in die Unternehmensbewertung, Wien (2011).

Aschauer E./Purtscher V., Neue Regeln für die Unternehmensbewertung, ecolex 2014, 791–795.

Bachl R., Die Kapitalgesellschaftsfiktion bei der Bewertung von Einzelunternehmen und Personengesellschaften, SWK 90. Jg (2015), 1507–1512.

Bassemir M./Gebhardt G./Leyh S., Der Basiszinssatz in der Praxis der Unternehmensbewertung: Quantifizierung eines systematischen Bewertungsfehlers, Zeitschrift für betriebswirtschaftliche Forschung 64. Jg (2012), 655–678.

Bertl R./Fattinger S., Anforderungen an die Unternehmensplanung aus Sicht der Unternehmensbewertung, *Königsmaier, H./Mandl, G.* (Hrsg), Unternehmensbewertung: theoretische Grundlagen – praktische Anwendung; Festschrift für Gerwald Mandl zum 70. Geburtstag, Wien (2010), 83–106.

Blouin J./Core J. E./Guay W., Have the Tax Benefits of Debt Been Overestimated? Journal of Financial Economics 98. Jg (2010), 195–213.

Domar E. D./Musgrave R. A., Proportional income taxation and risk-taking, Quarterly Journal of Economics 58. Jg (1944), 388–422.

Enzinger A./Pellet M./Leitner M., Debt Beta und Konsistenz der Bewertungsergebnisse, RWZ 2014, 211–217.

Fachsenat für Betriebswirtschaft und Organisation der Kammer der Wirtschaftstreuhänder, Fachgutachten zur Unternehmensbewertung KFS/BW 1 (2014).

Fernandez P., The value of tax shields is NOT equal to the present value of tax shields, Journal of Financial Economics 73. Jg (2004), 145–165.

Fischer-Winkelmann W. F./Busch K., Die praktische Anwendung der verschiedenen Unternehmensbewertungsverfahren – Empirische Untersuchung im steuerberatenden Berufsstand, FINANZ BETRIEB 2009, 715–726.

Hager P., Unternehmensbewertung im Steuerrecht – Teil 1: Verkehrswert, RWZ 2014, 198–202.

Ihlau S./Duscha H., Abbildung von Risiken und Chancen in der Planungsrechnung, Betriebs-Berater (2013), 2346–2351.

Jonas M./Löffler A./Wiese J., Das CAPM mit deutscher Einkommensteuer, Die Wirtschaftsprüfung 57. Jg (2004), 898–906.

Knoll L., Ewige Rente und Wachstum – the Final Cut? RWZ 2014, 271–277.

Mandl G./Rabel K., Unternehmensbewertung – eine praxisorientierte Einführung, Wien ua (1999).

Nadvornik W./Sylle F., Eine Bestandsaufnahme der aktuellen Unternehmensbewertungslandschaft in Österreich – Eine empirische Erhebung, RWZ 2012, 10–17.

Peemöller V. H./Boernelburg P./Denkmann A., Unternehmensbewertung in Deutschland – Eine empirische Erhebung, DIE WIRTSCHAFTSPRÜFUNG 1994, 741–748.

Perridon L./Steiner M./Rathgeber A. W., Finanzwirtschaft der Unternehmung, München (2012).

Pummerer E., Steuerplanung in der Unternehmensbewertung – eine betriebswirtschaftliche Analyse vor dem Hintergrund des neuen österreichischen Fachgutachtens KFS BW1, *Pülzl, P./Pircher, A.* (Hrsg), Steuerberatung im Synergiebereich von Praxis und Wissenschaft, Wien (2007).

Pummerer E., Unternehmensbewertung von KMU – Grundlagen, Umsetzung und Plausibilität, Wien (2015).

Purtscher V./Sylle F., Grobplanungsphase und Konvergenz – Anmerkungen für die Umsetzung in der Praxis, RWZ 2015, 177–187.

Schüler A., Unternehmensbewertung in der Rechtsprechung – eine Bestandsaufnahme und Einordnung, Der Betrieb 2015, 2277–2284.

Sylle F., Die modellkonforme Finanzierungsstrategie bei Anwendung des WACC-Verfahrens unter besonderer Berücksichtigung der erforderlichen Anpassungen in Bezug auf den Betafaktor, RWZ 2015, 188–192.

Trentini S./Farmer P./Purtscher V., Unternehmensbewertung – die Fachgutachten im Vergleich, Wien (2014).

Wiese J., Das Nachsteuer-CAPM im Mehrperiodenkontext, Replik zu der Stellungnahme von Rapp/Schwetzler auf den Beitrag aus FB 2006 S. 242 ff. (2007), 116–120.

Multiplikatorverfahren

Bernhard Schwetzler

1. **Bewerten heißt vergleichen – die Grundidee der Multiplikatormethode**
2. **Die Vorgehensweise der Bewertung**
    2.1. Quellen für Vergleichsunternehmen
    2.2. Aggregation der Peer-Group-Multiplikatoren und Ausreißer-Behandlung
    2.3. Die Ermittlung des Unternehmenswertes für das Bewertungsobjekt
    2.4. Forward- vs Trailing Multiples
    2.5. Zu- und Abschläge
3. **Die Auswahl der verwendeten Multiplikator-Definition: Konsistenzanforderungen**
4. **Enterprise-Value-Multiplikatoren**
    4.1. Vorgehensweise der Bewertung
    4.2. Die Netto-Schulden (Net Debt) als Bestandteil des Enterprise Value
        4.2.1. Zinstragende Verbindlichkeiten
        4.2.2. Minderheitenanteile
        4.2.3. (Excess) Cash und Finanzanlagen
        4.2.4. Pensionsrückstellungen
        4.2.5. Verpflichtungen aus Finanzierungs-Leasingverträgen
        4.2.6. Die Behandlung von unverzinslichem kurzfristigem Fremdkapital
        4.2.7. Die Behandlung von sonstigen Rückstellungen
5. **Die Zerlegung des Multiples – „Theorieleihe" von DCF**
    5.1. Die Ableitung eines NOPAT-Multiplikator
    5.2. Vom EV/NOPAT- zum EV/EBIT- und EV/EBITDA-Multiplikator
    5.3. Die Verwendung der Zerlegungsgleichung in der Praxis
6. **Mit Vorsicht zu genießen: das Kurs-Gewinn-Verhältnis**
7. **Grundsätze zur Multiplikator-Bewertung**
8. **Empirische Ergebnisse**
9. **Ein Fazit**

1. Bewerten heißt vergleichen[1] – die Grundidee der Multiplikatormethode

Die Unternehmensbewertung mit Hilfe von Multiplikatoren erfreut sich trotz (oder vielleicht gerade wegen) ihrer Ablehnung in der Wissenschaft[2] in der Bewertungspraxis großer Beliebtheit. Multiple-basierte Bewertungen sind neben den Discounted-Cash-Flow-(DCF)-Verfahren die am häufigsten angewendete Bewertungsmethode: In einer Studie von *Henselmann/Barth* zur Verbreitung von Bewertungsverfahren in Deutschland wurde die marktorientierte Multiplikatormethode mit 53,39 % noch vor der DCF/WACC-Methode (47,9 %) als das am häufigsten angewendete Verfahren genannt.[3] *Brösel/Hauttmann* stellen in einer Befragung fest, dass in 79,25 % aller Fälle gewinnorientierte „Market Multiples" zur Wertfindung angewendet werden.[4] Die Verbreitung der Multiplikator-gestützten Wertfindung ist allerdings stark vom Hintergrund des Bewerters abhängig; sie wird besonders häufig bei Investmentbanken eingesetzt.[5] Dagegen ist die Verbreitung des Verfahrens bei Steuerberatern und Wirtschaftsprüfern in Deutschland deutlich geringer.[6]

Die Multiplikator-gestützte Bewertung folgt der Idee, dass gleiche (oder ähnliche) Vermögensgegenstände gleiche (oder ähnliche) Werte aufweisen sollten. Der erste Schritt der Bewertung besteht deshalb in der Suche nach Unternehmen, die in möglichst vielen wichtigen Eigenschaften „vergleichbar" mit dem Bewertungsobjekt sind und die beobachtbare Preise aufweisen. Im Regelfall setzt die Beobachtbarkeit der Unternehmenswerte die Börsennotierung der entsprechenden Eigenkapitalanteile voraus.

Ein Multiplikator setzt eine bestimmte Werttreiber-Größe wie zB Umsatz, EBITDA, EBIT oder EBT des Unternehmens in Bezug zu einer Preis- bzw Wertgröße. Dabei wird eine lineare Beziehung zwischen Werttreiber- und Preisgröße unterstellt. In einem ersten Schritt wird der Multiplikator für das oder die Vergleichsunternehmen berechnet. Der zweite Bewertungsschritt ist anschließend die Anwendung des so ermittelten Multiplikators auf die Werttreiber-Größe des Bewertungsobjektes. Schließlich werden noch spezifische Zu- und/oder Abschläge an diesem vorläufigen Wert vorgenommen, um zum finalen Unternehmenswert des Bewertungsobjektes zu gelangen.

---

1 *Moxter, A.* (1983) 123.
2 Vgl die negative Beurteilung bei *Hachmeister, D./Ballwieser, W.* (2015) 223 f. Zurückhaltend auch die Beurteilung von *Drukarczyk, J./Schüler, A.* (2015) 447.
3 *Henselmann, K./Barth, Th.* (2009) 22 ff.
4 *Brösel, G./Hauttmann, R.* (2007) 236. Hier beträgt die Anwendungshäufigkeit der DCF-Methode 86,8 %.
5 In der Studie von *Henselmann/Barth* wenden befragte Investmentbanken in mehr als 95 % aller Fälle Multiplikator-Verfahren an. *Henselmann, K./Barth, Th.* (2009) 35. Auch bei Finanzanalysten ist die Multiplikator-Methode weit verbreitet. Vgl *Asquith, P. et al* (2005).
6 Von befragten Mitgliedern des steuerberatenden Berufsstandes wendeten nur 7,5 % aller Befragten das Verfahren am häufigsten an. Allerdings kommt es bei mehr als 63 % zur Plausibilisierung des Ergebnisses zum Einsatz. *Fischer-Winkelmann, W./Busch, K.* (2007) 645, 647.

2. Die Vorgehensweise der Bewertung
2.1. Quellen für Vergleichsunternehmen

Bei Anwendung von Multiplikatorverfahren sind einem ersten Schritt Vergleichsunternehmen mit beobachtbaren Marktpreisen zu finden. Diese sollten in allen wichtigen Eigenschaften (Risiko, Profitabilität, Wachstum …) möglichst ähnlich zu dem zu bewertenden Unternehmen sein. Als mögliche Quellen für Marktpreise bieten sich Börsenwerte oder Transaktionspreise von vergleichbaren Unternehmen an:

- Bei *marktbasierten Multiplikatoren* können Marktpreise von börsennotierten Unternehmen über die entsprechenden Aktienkurse abgeleitet werden. Man ermittelt die Marktkapitalisierung als Schätzer für den Wert des Eigenkapitals der Vergleichsunternehmen durch die Multiplikation des Börsenkurses mit der Anzahl der ausstehenden Aktien. Der Erwerb eines einzelnen Anteils bietet dem Käufer keine Möglichkeit, finanzielle Vorteile aus der Kontrolle über das Unternehmen, zB durch Erzielung von Synergien, zu gewinnen. Daher enthält der so gewonnene Multiplikator keine Prämie für die Erlangung der Unternehmenskontrolle. Maßgeblich ist der Börsenkurs der Vergleichsunternehmen zum Bewertungsstichtag; möchte man kurzfristige Marktschwankungen ausblenden, kann auch ein dreimonatiger Durchschnittskurs verwendet werden.

- Bei *Transaktionsmultiplikatoren* werden gezahlte Kaufpreise für Unternehmen bei zeitnah durchgeführten Unternehmenstransaktionen als Basis für die Berechnung der Multiples verwendet. Hier ist es schwieriger, eine ausreichende Anzahl von zeitnahen Unternehmenskäufen und die zusätzlich notwendigen Informationen für die Ableitung von Multiplikatoren zu erhalten. Der zeitliche Rahmen der gewählten Transaktionen erfordert zudem eine Berücksichtigung und Würdigung von ggf zwischenzeitlich eingetretenen Marktpreisentwicklungen. Im Regelfall werden nur „Control-taking"-Transaktionen einbezogen, die einen Mehrheitserwerb der Anteile und damit die Möglichkeit zur Beeinflussung der Unternehmenspolitik beinhalten. Somit enthalten die gezahlten Kaufpreise und auch die daraus abgeleiteten Multiplikatoren im Gegensatz zu marktorientierten Multiplikatoren bereits eine Prämie für die Erlangung der Kontrolle. Multiplikatoren aus den beiden genannten Kategorien sollten deshalb stets getrennt voneinander für die Bewertung herangezogen werden.

Da identische Unternehmen als Vergleichsmaßstab nicht existieren, werden zur Verringerung der Bewertungsunsicherheit regelmäßig mehrere ähnliche Unternehmen als Vergleich in einer sog Peer Group zusammengefasst. Als Ausgangspunkt für die Zusammenstellung einer solchen Peer Group wird regelmäßig die Branche, in der das zu bewertende Unternehmen tätig ist, verwendet.[7] Die folgende Tabelle 1 zeigt die aus Börsendaten abgeleiteten aggregierten Multiplikatoren für verschiedene deutsche Branchen zum Stichtag 15.7.2015:

---

[7] Teilweise sind Branchen-Multiplikatoren öffentlich verfügbar. ZB werden auf der Website www.finexpert.info vierteljährlich Branchenmultiples für deutsche Unternehmen aus Kapitalmarktdaten ermittelt und veröffentlicht.

Multiplikatorverfahren

Due Date: 15-Jul-2015		Trailing EV/EBIT							1YR Forward EV/EBIT					
							vs. Previous YR							vs. Trailing
		Arithm. mean	Median	Harm. mean	SD	n	%	CAGR	Arithm. mean	Median	Harm. mean	SD	n	%
Prime All Share Industries	Automobiles	14,11	14,29	13,74	2,38	10	5,0%	1,2%	12,23	12,23	12,01	1,76	11	-14,4%
	Basic Resources	14,30	15,69	10,22	8,25	3	7,8%	1,9%	15,46	11,37	12,73	9,39	4	-27,5%
	Chemicals	19,58	17,24	17,51	7,21	8	2,6%	0,6%	15,16	15,22	10,28	5,69	11	-11,7%
	Construction	15,12	14,50	13,96	4,59	5	-4,7%	-1,2%	11,65	11,65	11,41	1,77	5	-19,7%
	Consumer	12,69	13,55	5,67	5,59	16	-4,5%	-1,1%	12,04	12,63	5,27	4,40	15	-6,8%
	Food & Beverages	33,38	33,38	33,38		1	271,2%	38,8%					0	
	Industrial	17,79	15,93	10,07	8,77	50	23,3%	5,4%	15,42	13,90	13,76	6,49	56	-12,7%
	Media	15,88	13,38	13,54	7,27	8	-11,4%	-3,0%	14,12	12,40	10,09	7,38	9	-7,3%
	Pharma & Healthcare	15,77	17,72	0,16	8,90	15	1,4%	0,4%	14,03	13,92	0,77	5,77	16	-21,4%
	Retail	16,77	14,16	10,01	10,73	14	6,2%	1,5%	15,63	13,96	12,51	8,54	12	-1,4%
	Software	18,55	16,66	14,73	8,52	26	-5,5%	-1,4%	15,92	14,83	14,00	5,93	25	-11,0%
	Technology	18,35	14,45	14,55	10,66	13	-7,8%	-2,0%	13,96	13,45	12,32	5,37	16	-6,9%
	Telco	17,56	16,51	16,15	6,03	4	52,8%	11,2%	17,22	16,12	15,07	6,32	5	-2,3%
	Transport. & Logistics	17,66	15,70	15,51	8,70	8	10,6%	2,5%	12,58	12,51	12,08	2,77	7	-20,3%
	Utilities	9,04	9,04	7,92	4,51	2	-11,3%	-3,0%	11,05	10,10	10,30	3,69	3	11,7%
Prime All Share		16,89	15,25	1,70	8,35	183	9,4%	2,3%	14,53	13,49	5,35	5,96	195	-11,5%
DAX 30		18,66	16,36	15,88	7,64	20	23,6%	5,5%	13,69	13,90	13,09	2,90	22	-15,0%
TecDAX 30		21,71	18,50	19,19	8,35	20	3,9%	1,0%	17,23	16,62	15,83	4,98	22	-10,2%
MDAX 50		18,12	16,56	11,12	8,53	36	12,3%	2,9%	15,84	14,33	14,33	5,75	37	-13,5%

Tabelle 1: Branchen-Multiples für börsennotierte deutsche Unternehmen. Brancheneinteilung nach deutscher Börse AG.[8]

In Tabelle 1 wurden die individuellen Multiplikatoren der einzelnen Branchen bereits zu Mittelwert, Median und harmonischem Mittel aggregiert. Diese aggregierten Multiples geben lediglich eine erste Orientierung. Im weiteren Bewertungsprozess werden weniger gut geeignete Unternehmen aus der Branchenvergleichsgruppe eliminiert.

---

8   Finexpert Multiple Report III/2015, 9.

Durch die Einengung der Vergleichsgruppe kann sich die Qualität des Bewertungsergebnisses deutlich erhöhen. Die Beurteilung, welche Unternehmen geeignet oder ungeeignet sind, ist in hohem Maße von der Branchenkenntnis und der Expertise des Bewerters abhängig. Sie ist allerdings auch subjektiv geprägt und beinhaltet daher die Möglichkeit für den Bewerter, das Ergebnis zu beeinflussen. Aus diesem Grund sind besondere Transparenzanforderungen zu erfüllen; der Bewerter sollte sein Vorgehen bei der Auswahl der Vergleichsunternehmen sorgfältig begründen.[9] Unternehmen mit negativen Ergebnisgrößen (und positiven Marktwerten) führen zu negativen Multiplikatoren und werden daher in der Bewertungspraxis regelmäßig aus der Branchenvergleichsgruppe eliminiert. In anderen Fällen sind Unternehmen aus der Vergleichsgruppe als „Ausreißer" herauszunehmen, weil die ermittelten Multiplikatoren extrem hohe Werte aufweisen. Auch hier ist das Vorgehen des Bewerters zu erläutern.

Die Güte der Auswahl der Vergleichsunternehmen innerhalb einer Branche lässt sich weiter verbessern, wenn zusätzlich Faktoren wie die geographische Abdeckung, die Vergleichbarkeit des Geschäftsmodells, Profitabilität, Anlagenintensität und Wachstum berücksichtigt werden.[10]

2.2. Aggregation der Peer-Group-Multiplikatoren und Ausreißer-Behandlung

Nachdem die finale Peer Group zusammengestellt ist, werden für jedes Vergleichsunternehmen die entsprechenden Multiplikatoren berechnet. Man erhält als Ergebnis zunächst eine empirische Bandbreite bzw Verteilung von Multiples. Diese ist im Regelfall rechtsschief mit positiven „Ausreißern". Die Ursache hierfür ist zum einen die erfolgte Eliminierung von negativen Multiple-Ausprägungen. Zum anderen erzeugen sehr kleine positive Ausprägungen von Werttreiber-Größen selbst in Verbindung mit niedrigen Marktpreisen sehr hohe Multiplikatoren. Der theoretische minimale Wert eines Multiplikators beträgt somit null, der maximal mögliche Wert eines Multiplikators geht dagegen gegen plus unendlich. Die resultierende Rechts-Schiefe der Verteilung ist durch die Eliminierung der Ausreißer und/oder bei der Aggregation der Multiplikatoren zu berücksichtigen.

Aus der Verteilung der Peer-Group-Multiplikatoren wird in einem weiteren Schritt regelmäßig eine einwertige Größe als Schätzer für das zentrale Moment der Multiplikatorverteilung ermittelt. Aus der Statistik abgeleitet bieten sich folgende Größen zur Aggregation der Verteilung an:[11]

- Das *arithmetische Mittel* ist der Durchschnittswert über die Multiplikatoren der Vergleichsgruppe.
- Der *Median* ist der Multiplikator-Wert, der die oberen 50 % von den unteren 50 % der berechneten Multiplikatoren der Vergleichsgruppe trennt.

---
9 Vgl hierzu den Abschnitt 7 und die Best-Practice-Empfehlungen der DVFA.
10 Vgl *Henschke, S./Homburg, C.* (2009) 7.
11 Vgl *Schwetzler, B.* (2003) 89; *Dittmann, I./Maug, E.* (2008) 3.

- Für das *harmonische Mittel* wird zunächst der Kehrwert der einzelnen Multiplikatoren der Gruppe ermittelt und der Durchschnitt über die Kehrwerte berechnet. Der Kehrwert dieses Durchschnitts ist das harmonische Mittel.
- Das *geometrische Mittel* bildet zunächst das Produkt über alle n Multiplikatoren der Vergleichsgruppe, um abschließend durch die Ziehung der n-ten Wurzel einen aggregierten zentralen Wert der Verteilung zu bilden.

Die Wahl der Aggregationsmethode sollte sich auch an der ggf zuvor vorgenommenen Bereinigung von Ausreißern orientieren. Wurde keine Bereinigung durchgeführt, ist das arithmetische Mittel nicht zu empfehlen, da es zu stark von Ausreißern beeinflusst wird. Der Median der Verteilung ist deutlich weniger von Ausreißern verzerrt und wird daher regelmäßig in der Bewertungspraxis empfohlen. In diesem Fall ist auch keine händische Bereinigung der Vergleichsgruppe um Ausreißer notwendig. Schließlich haben *Dittmann/Maug* gezeigt, dass bei Anwendung des geometrischen Mittels der Erwartungswert des Bewertungsfehlers gleich null ist und somit keine systematische Über- oder Unterbewertung auftritt.[12]

Die folgende Abbildung zeigt die zeitliche Entwicklung der aggregierten Multiplikatoren für den DAX30 Index der Deutschen Börse AG für die Aggregation über das arithmetische Mittel, den Median und das harmonische Mittel:

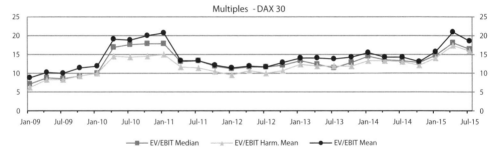

Abbildung 1: DAX30 EV/EBIT Multiplikatoren, Aggregation über arithmetisches Mittel, Median und harmonisches Mittel.[13]

Man erkennt an Abb (1), dass das arithmetische Mittel als Aggregationsmethode regelmäßig den höchsten Wert über die aggregierten Multiples aufweist.

Für das weitere Vorgehen ist, ausgehend vom ermittelten zentralen Schätzwert, unter Berücksichtigung der relativen Stärken und Schwächen des zu bewertenden Unternehmens und den damit verbundenen Zu- bzw Abschlägen, eine individuelle und begründet Bandbreite für den anzuwendenden Multiplikator abzuleiten.

---

12 Dittmann, I./Maug, E. (2008) 10 ff. Diese Aussage bezieht sich lediglich auf den Erwartungswert des (log-skalierten) Bewertungsfehlers. Natürlich ergeben sich in einzelnen Fällen erhebliche Abweichungen zwischen geschätztem und tatsächlichem Wert. Im Mittel sind diese Abweichungen jedoch gleich null.
13 Vgl Finexpert Multiple Report III 2015, 9

2.3. Die Ermittlung des Unternehmenswertes für das Bewertungsobjekt

Die aus der Peer Group der Vergleichsunternehmen ermittelte Bandbreite bzw aggregierte Multiplikatorgröße ist auf die entsprechende Ergebnisgröße des Bewertungsobjektes (EBT, EBIT, EBITDA bzw Umsatz) anzuwenden. Basis der Wertermittlung ist die Ergebnisgröße eines Jahres. Im Gegensatz zu den Diskontierungsmodellen der Unternehmensbewertung besteht bei der Multiplikator-gestützten Bewertung keine Möglichkeit, die zeitliche Entwicklung der Überschüsse (also zB Wachstum) explizit in die Bewertung eingehen zu lassen. Die für die Bewertung verwendete Überschussgröße des Bewertungsobjektes sollte deshalb als Stellvertreter für diejenigen aller anderen, nicht explizit berücksichtigten Jahre „typisch" bzw nachhaltig für das zu bewertende Unternehmen sein. Daraus folgt, dass außerordentliche, einmalige Komponenten wie Veräußerungsgewinne, Zuführungen zu Rückstellungen für einmalige Belastungen etc aus der Ergebnisgröße zu eliminieren sind.

Für das zu bewertende Unternehmen sind die hier angesprochenen Bereinigungen in der Regel gut durchführbar. Für die Unternehmen der Peer Group ist dagegen eine solche Bereinigung regelmäßig nicht möglich: Der Sondereffekt müsste nicht nur aus der entsprechenden Überschussgröße, sondern auch aus der Marktbewertung des Vergleichsunternehmens eliminiert werden. Man müsste also auch wissen, wie hoch der Börsenkurs bzw die Marktkapitalisierung des Vergleichsunternehmens ohne den Sondereffekt wäre. Da dies in der Regel nicht gelingt, ist das entsprechende Unternehmen aus der Peer Group zu entfernen.

Schließlich kann die Anwendung von unterschiedlichen Rechnungslegungsvorschriften bei Vergleichsunternehmen und dem zu bewertenden Unternehmen (zB bei internationalen Peer Groups) die Bewertungsergebnisse verzerren. So kann insbesondere bei internationalen Peer Groups die unterschiedliche bilanzielle Behandlung von F&E-Aufwendungen oder von betrieblichen Pensions- und Versorgungszusagen zu Problemen der Vergleichbarkeit führen. Wenn möglich, sind vom Bewerter entsprechende Anpassungen der Überschussgrößen vorzunehmen.

2.4. Forward- vs Trailing Multiples

Grundsätzlich besteht die Möglichkeit, historische und zukünftige Gewinne für die Bildung der Multiplikatoren heranzuziehen. „Trailing Multiples" verwenden den letzten tatsächlich erzielten und veröffentlichten Gewinn der Vergleichsunternehmen und des Bewertungsobjektes. Dem Vorteil der guten Datenverfügbarkeit steht der niedrigere Informationsgehalt der hier verwendeten Vergangenheitsdaten gegenüber. Empirische Erhebungen zeigen, dass „Forward Multiples" auf der Basis von künftigen geschätzten Überschussgrößen einen deutlich höheren Erklärungsgehalt aufweisen.[14] Verfügt der Bewerter über keine eigenen fundierten Schätzungen bezüglich der künftigen Gewinne der Vergleichsunternehmen, kann er auf spezialisierte Informationsdienstleister, wie zB

---

14 *Kim, M./Ritter, J.* (1999) 430; *Liu, J./Nissim, D./Thomas, J.* (2002) 18.

I\B\E\S zurückgreifen, die gegen Entgelt aggregierte Schätzungen von Analysten (sog „consensus beliefs") für die künftigen Gewinne zahlreicher Unternehmen anbieten. Im Regelfall sind die Gewinnschätzungen für das laufende, noch nicht abgeschlossene und für das darauffolgende Jahr erhältlich. Natürlich ist für das Bewertungsobjekt und die Unternehmen der Vergleichsgruppe bei der Berechnung der Multiples die Überschussgröße aus dem gleichen Jahr zu verwenden.

Da sich sowohl bei Trailing- als auch bei Forward-Multiples die jeweilige Überschussgröße auf den gleichen, aktuellen Marktpreis bezieht, lassen sich durch den Vergleich zwischen den beiden Multiple-Definitionen Aussagen über das Wachstum der Überschussgröße ableiten: Liegt das Forward Multiple oberhalb (unterhalb) des Trailing Multiples, sind die künftigen Überschüsse niedriger (höher) als die aktuellen Überschüsse. Abbildung 2 zeigt das Verhältnis von Trailing- zu Forward-Multiplikatoren im Zeitablauf für das EV/EBIT-Multiple, aggregiert zum Median des DAX30-Index:

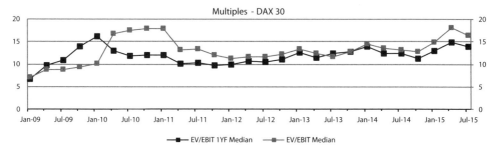

Abbildung 2: Verhältnis von Median EV/EBIT Trailing- zu Forward-Multiplikatoren des DAX30-Index[15]

Die Multiple-Bewertung erfolgt in der Bewertungspraxis häufig parallel für Trailing- und Forward-Multiples und für eine größere Zahl von Werttreibern und Überschussgrößen wie EV/Umsatz, EV/EBITDA, EV/EBIT und PE Ratio. Die so ermittelten Wertbandbreiten werden regelmäßig als sog Football Fields aggregiert grafisch dargestellt. Aus dieser graphischen Darstellung wird dann in einem letzten Schritt ein endgültiger Wert bzw eine endgültige Wertbandbreite abgeleitet.

2.5. Zu- und Abschläge

Schließlich werden an dem ermittelten vorläufigen Unternehmenswert noch weitere Zu- und Abschläge vorgenommen: Ein **Fungibilitätsabschlag** reflektiert die finanziellen Nachteile, die aus der mangelnden Fungibilität der Unternehmensanteile erwachsen, wenn das zu bewertende Unternehmen nicht börsennotiert ist. Ein solcher Abschlag ist allerdings nur dann gerechtfertigt, wenn die verwendeten Multiplikatoren auf der Basis von Anteilspreisen liquider, börsennotierter Unternehmen ermittelt wurden, da diese die höheren Transaktionskosten von nicht-börsennotierten Anteilen noch nicht beinhalten. Bezüglich der Höhe des Abschlages gibt es kaum theoretische Fundierung; in der Bewertungspraxis finden Abschläge in Höhe von 20 %–30 % Anwendung. Ein Weg, den

---

15 Vgl Finexpert Multiple Report III 2015, 9

Abschlag empirisch zu schätzen, bietet sich durch die Beobachtung von Kursreaktionen börsennotierter Unternehmen auf die Ankündigung von Delisting-Verfahren: Bei einem angekündigten Rückzug der Anteile von der Börse verlieren diese deutlich an Fungibilität; der Kursrückgang durch die Ankündigung kann dann als Wert der Fungibilität interpretiert werden.[16] Die zweite häufig vorgenommene Adjustierung ist ein **Kontrollzuschlag**; hier wird eine Prämie für die Erlangung der Kontrolle über die Unternehmensführung bei Erwerb der Anteilsmehrheit in Ansatz gebracht. Als Begründung hierfür werden die Möglichkeit zur Erzielung von Synergieeffekten und die Vorteile aus der Ausübung der Kontrolle angeführt. Auch hier gilt, dass der Zuschlag nur dann zu rechtfertigen ist, wenn die verwendeten Multiplikatoren auf der Basis von Marktpreisen einzelner Anteile ermittelt wurden, bei deren Erwerb keiner der genannten Vorteile erzielt werden kann. Bezüglich der Höhe dieser Prämie wird regelmäßig auf die gezahlten Prämien bei zeitnahen Übernahmeangeboten für börsennotierte Gesellschaften in der gleichen Branche zurückgegriffen.

3. Die Auswahl der verwendeten Multiplikator-Definition: Konsistenzanforderungen

Ein Multiplikator setzt eine Wert-/Preisgröße in Bezug zu einer Überschussgröße des Unternehmens. Zur Erhöhung der Genauigkeit wird die Bewertung regelmäßig parallel für mehrere unterschiedliche Multiplikator-Definitionen durchgeführt. Die Auswahl der verwendeten Definitionen wird zum einen von der damit verbundenen Aussagekraft hinsichtlich der Profitabilität des Unternehmens und zum anderen von der Verfügbarkeit der dafür erforderlichen Informationen bestimmt.

Für die Ermittlung von Multiplikatoren sind folgende Wert- bzw Preisgrößen von Bedeutung:

- **Equity Value** bezeichnet den Wert/Preis des Eigenkapitals des Unternehmens. Werden börsennotierte Unternehmen als Vergleich herangezogen, dann entspricht deren Equity Value ihrer Marktkapitalisierung (Preis pro Aktie mal ausstehende Aktienzahl).
- **Firm Value** ist der Wert/Preis des gesamten eingesetzten Kapitals als Summe über den Equity Value und den Wert der zinstragenden Verbindlichkeiten (Debt Value). Es gilt Firm Value = Debt Value + Equity Value.
- **Enterprise Value** bezeichnet den Wert des operativen Vermögens des betrachteten Unternehmens. Dieser Wert ergibt sich durch Abzug des Finanzvermögens inkl des (excess) Cash vom Firm Value. Es gilt: Value = Debt Value + Equity Value − Value Cash/Financial Assets.

Als Überschussgröße für die Multiplikatorberechnung kommen Umsatz, Earnings before Interest, Taxes, Depreciation and Amotization (EBITDA), Earnings Before Interest (EBIT), Net Operating Earnings After Taxes (NOPAT), Earnings Before Taxes (EBT) und Earnings After Taxes (EAT) in Frage. Nicht alle möglichen Kombi-

---

16　ZB *Aders, Ch./Muxfeld, D./Lill, F.* (2015) 389.

nationen von Wert- und Überschussgröße sind sinnvoll; die verwendeten Multiplikatoren sollten die Anforderung der Konsistenz erfüllen. Diese Anforderung betrifft zwei Dimensionen:

- Operative Überschüsse vs Gesamtüberschüsse (inkl Finanzüberschüsse): Überschussgrößen aus dem operativen Geschäft des Unternehmens (zB Umsatz, EBITDA und EBIT) sind in Beziehung zu setzen zu operativen Wert- und Kapitaleinsatzgrößen. Hier ist darauf zu achten, dass Erträge aus Finanzanlagen, Wertpapieren und Cash im Finanzergebnis separat ausgewiesen werden. Auf der anderen Seite ist die Definition des entsprechenden Enterprise Value ohne Gegenstände des Finanzvermögens und der Cash Position des Unternehmens heranzuziehen. Orientiert sich der Bewerter hingegen am Wert des gesamten Vermögens (also dem Firm Value) dann ist die in Bezug zu setzende, konsistente Überschussgröße die Summe aus Finanzerträgen und operativen (Netto-)Erträgen.
- Gesamtkapital-(Entity) vs Eigenkapital-(Equity)Ansatz: Im Entity-Ansatz werden Überschussgrößen, die vor Abzug der Zinsaufwendungen definiert sind (EBIT, EBITDA etc), in Bezug gesetzt zu einer Kapitaleinsatzgröße, die die (Netto-)Verbindlichkeiten des Unternehmens mitberücksichtigt (Enterprise bzw Firm Value). Die konsistente Anwendung des Equity-Ansatzes kombiniert Überschussgrößen, die nach Abzug des Zinsaufwandes definiert sind (EBT, EAT), mit Eigenkapital-Werten.

Die folgende Tabelle gibt eine Übersicht über die Konsistenzanforderung:[17]

Wertgröße und Überschussgröße	Enterprise Value = Eigenkapital + Fremdkapital − Finanzvermögen (inkl Cash)	Firm Value = Eigenkapital + Fremdkapital	Equity Value Eigenkapital
Operativer Überschuss (ohne Finanzerträge)	Operativer Überschuss zu Enterprise Value	Operativer Überschuss zu Firm Value	Operativer Überschuss zu Equity Value
EBIT NOPAT EBITDA	Konsistent	Inkonsistent: Wertgröße inkl Finanzvermögen, Überschussgröße dagegen ohne Finanzerträge	Inkonsistent: Wertgröße inkl Finanzvermögen und nach Fremdkapital, Überschussgröße dagegen vor Zinsaufwand und ohne Finanzerträge

---

17 Vgl *Chullen, A./Kaltenbrunner, H./Schwetzler, B.* (2015) 640.

	Umsatz zu Enterprise Value	Umsatz zu Firm Value	Umsatz zu Equity Value
Umsatz	Konsistent	Inkonsistent: Wertgröße inkl Finanzvermögen, Überschussgröße dagegen ohne Finanzerträge	Inkonsistent: Wertgröße inkl Finanzvermögen und nach Fremdkapital, Überschussgröße dagegen vor Zinsaufwand und ohne Finanzerträge
	EBIT/NOPAT + Finanzerträge / Enterprise Value	EBIT/NOPAT + Finanzerträge / Firm Value	EBIT/NOPAT + Finanzerträge / Equity Value
EBIT + Finanzerträge / NOPAT + Finanzerträge	Inkonsistent: Wertgröße ohne Finanzvermögen, dagegen Überschussgröße inkl Finanzerträge	Konsistent: Wertgröße inkl Finanzvermögen, Überschussgröße inkl Finanzerträge	Inkonsistent: Wertgröße inkl Finanzvermögen und nach Fremdkapital, Überschussgröße dagegen vor Zinsaufwand
	EBT, EAT / Enterprise Value	EBT, EAT / Firm Value	EBT, EAT / Equity Value
Gewinn vor Steuern (Earnings before Taxes EBT) Gewinn nach Steuern (Earnings after Taxes EAT)	Inkonsistent: Wertgröße inkl Fremdkapital, Überschussgröße nach Zinsaufwand	Inkonsistent: Wertgröße inkl Fremdkapital, Überschussgröße nach Zinsaufwand	Konsistent: Wertgröße inkl Finanzvermögen und nach Fremdkapital, Überschussgröße inkl Zinserträgen und nach Zinsaufwand

Tabelle 2: Konsistente und Inkonsistente Multiplikator-Definitionen

Empirische Untersuchungen zeigen, dass die Bewertungsqualität von konsistenten Multiplikator-Definitionen generell höher ist als diejenige von inkonsistenten Definitionen.[18]

---

[18] Der Übergang von inkonsistenten zu konsistenten Multiple-Definitionen führt zu einer Verbesserung der Bewertungsqualität zwischen 2 und 14 Prozentpunkten. Vgl *Chullen, A./Kaltenbrunner, H./Schwetzler, B.* (2015) 636.

4. Enterprise-Value-Multiplikatoren

4.1. Vorgehensweise der Bewertung

Der Wert eines Unternehmens wird entscheidend von seiner Fähigkeit bestimmt, im operativen Geschäft Gewinne und Überrenditen zu erzielen. Aus diesem Grund werden für produzierende und dienstleistende Unternehmen Enterprise-Value-basierte Multiplikatoren empfohlen.[19] Die folgende Abbildung verdeutlicht das Vorgehen bei der Wertermittlung:

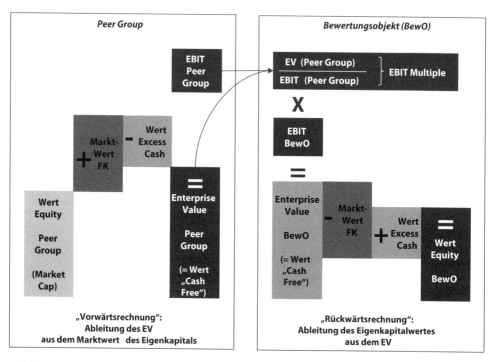

Abbildung 3: Ermittlung des Eigenkapital-Wertes über Enterprise-Value-Multiplikatoren

Für die Unternehmen der Peer-Group wird zunächst der Enterprise Value durch die Addition der Netto-Schulden (als Differenz zwischen den Verbindlichkeiten und dem Finanzvermögen inkl der (excess) Cash-Position) auf die Marktkapitalisierung ermittelt. Darauf basierend werden durch Kombination mit den entsprechenden Überschussgrößen (hier: EBIT) die Multiplikatoren der Vergleichsgruppe berechnet. Durch Anwendung der Multiples auf die Größen des zu bewertenden Unternehmens erhält man den Enterprise Value als geschätzten Wert des operativen Geschäftes. Im letzten Schritt werden die Netto-Schulden des Unternehmens abgezogen und so der Equity Value des Bewertungsobjekts berechnet.

---

19 Für Banken und Versicherungen sind hingegen Equity-basierte Multiplikatoren besser geeignet.

4.2. Die Netto-Schulden (Net Debt) als Bestandteil des Enterprise Value

Sowohl für die „Vorwärtsrechnung" bei den Vergleichsunternehmen als auch bei der „Rückwärtsrechnung" für das Bewertungsobjekt sind die Netto-Schulden (Net Debt) in Ansatz zu bringen.

4.2.1. Zinstragende Verbindlichkeiten

Die zinstragenden Verbindlichkeiten sind Bestandteil des Net Debt; sie sind somit in der „Vorwärtsrechnung" bei den Vergleichsunternehmen zur Marktkapitalisierung hinzuzuzählen und beim Bewertungsobjekt vom ermittelten Enterprise Value abzuziehen. Da im Regelfall keine börsennotierten Anleihen als Fremdkapital vorliegen, wird sowohl bei den Vergleichsunternehmen als auch beim Bewertungsobjekt der Buchwert der verzinslichen Verbindlichkeiten verwendet. Beim Bewertungsobjekt wird als Wertansatz der aktuelle Bestand im Bewertungszeitpunkt verwendet. Für die Unternehmen der Peer Group ist in Ermangelung des aktuellen Bestandes der letzte öffentlich verfügbare Wert zu verwenden.

4.2.2. Minderheitenanteile

Wird bei der Berechnung der Überschussgrößen (Umsatz, EBITDA, etc) ein konsolidierter Konzernabschluss zugrunde gelegt, dann beinhalten die für die Multiple-Berechnung verwendeten Überschussgrößen auch die den Minderheiten des Konzerns zuzurechnenden Ergebnisanteile. Dementsprechend ist in der korrespondierenden Wertgröße auch der ausgewiesene Minderheitenanteil als Bestandteil des Net Debt (und damit des Enterprise Value) zu berücksichtigen. In der Praxis wird häufig der Buchwert aus der Konzernbilanz verwendet. Da das Verhältnis von Marktwert zu Buchwert für Eigenkapitaltitel regelmäßig deutlich über eins liegt, muss man davon ausgehen, dass bei diesem Vorgehen der Wert des Minderheitenanteils unterschätzt wird. Es wäre daher angemessen, auch hier ein Marktwert-Buchwert-Multiple auf den Bilanzansatz anzuwenden und die so korrigierte Größe zum Ansatz zu bringen. Die konsistente Berücksichtigung der Minderheitenanteile erhöht die Bewertungsgenauigkeit.[20]

4.2.3. (Excess) Cash und Finanzanlagen

Auf den ersten Blick scheint die Bewertung des Cash-Bestandes als Bestandteil der Net-Debt-Definition unproblematisch: Zu Beginn gilt die Vermutung, dass ein Euro Cash einen Wert in Höhe von einem Euro verkörpert. Dennoch gibt es in Verhandlungen häufig unterschiedliche Auffassungen bezüglich des Wertbeitrages des Kassenbestandes. Käufer wollen 1:1 nur für den sog Excess Cash bezahlen, der ohne Probleme von den Gesellschaftern aus dem Unternehmen entnommen werden kann. Dahinter steht die Vorstellung, dass ein operativer Kassenbestand erforderlich ist, um das Geschäft zu „schmieren", der nicht entnommen werden kann und daher deutlich weniger werthaltig

---

20 Chullen, A./Kaltenbrunner, H./Schwetzler, B. (2015) 658.

ist. Bei genauerer Betrachtung wird allerdings deutlich, dass für einen Wertabschlag auf einen solchen Kassenbestand noch eine zweite Anforderung erfüllt sein muss: der Cash Bestand darf nur ganz geringfügige oder gar keine Zinseinkünfte generieren. Dabei sind die Kapitalkosten des Cash Bestandes zu beachten: Für Kassenbestände, die risikolose Zinseinkünfte generieren, sind die risikoangepassten Kapitalkosten identisch mit dem risikolosen Marktzinssatz. Bei Anwendung des risikolosen Zinssatzes als Kapitalkostensatz und Vernachlässigung von ggf vorhandenen Steuernachteilen wäre theoretisch auch für einen nicht entnehmbaren Kassenbestand, der den risikolosen Marktzins erwirtschaftet, der Bewertungsansatz 1 € = 1 € vertretbar. Ein Abschlag ist lediglich dann angebracht, wenn der erzielte Zinssatz noch unterhalb des risikolosen Marktzinssatzes liegt. Schließlich stellen sog transitorische Cash-Bestände ein besonderes Problem in der Multiplikator-Bewertung dar: Im Anlagenbau ist es zB üblich, dass Unternehmen vorübergehend durch erhaltene Anzahlungen sehr hohe Kassenbestände aufweisen, die im Verlauf des entsprechenden Bauvorhabens wieder auf null zurückgeführt werden. Der vorübergehende Charakter dieser Kassenbestände ist in der Multiplikator-basierten Unternehmensbewertung durch eine entsprechende Anpassung zu berücksichtigen.[21]

Auch längerfristige Ausleihungen und Finanzanlagen sind Bestandteil des Net Debt, da ihre Erträge im Finanzergebnis ausgewiesen werden und deshalb nicht in den operativen Überschussgrößen Umsatz, EBITDA und EBIT enthalten sind. Hierzu rechnen auch „at equity" bilanzierte Beteiligungen im Konzernabschluss.

4.2.4. Pensionsrückstellungen

Die Innenfinanzierung über Pensionsrückstellungen hat trotz der teilweisen Auslagerung der Verpflichtungen in spezielle Finanzvehikel immer noch eine erhebliche Bedeutung.[22] Für die DCF-Bewertung wurde die Frage nach den Kosten dieser Finanzierung deshalb bereits mehrfach thematisiert.[23] Dabei zeigte sich, dass diese Kosten entscheidend von der explizit oder implizit zugrunde gelegten Annahme über die Substitution von Barlohn durch die Pensionszusage des Unternehmens abhängig ist.[24] Unterstellt man, dass die jährlichen Zuführungen (Service Costs) in vollem Umfang den ansonsten gezahlten Bar-Lohn der berechtigten Arbeitnehmer ersetzen, kann die Pensionsrückstellung als Kredit der Arbeitnehmer an das Unternehmen interpretiert werden, den diese in vollem Umfang aus ihrem eigenen Vermögen aufbringen. In diesem Fall entsprechen die Kosten für diesen Arbeitnehmerkredit dem mit den Pensionsrückstellungen verbundenen Zinsaufwand (Interest Costs) in der GuV des Unternehmens.[25] Um

---

21 Zum Detail der Berechnung vgl *Schwetzler, B.* (2011) 26. Bei einer DCF-Bewertung ist keine gesonderte Berücksichtigung des transitorischen Charakters notwendig. Hier wird der Abbau der Position „erhaltene Anzahlungen" über die Veränderung des Net Working Capital direkt im künftigen Freien Cashflow berücksichtigt.
22 In der Bundesbank-Stichprobe betrug der absolute Bestand an Pensionsrückstellungen deutscher Unternehmen im Jahr 2014 absolut 209 Mrd €. Das entsprach 5,4 % der gesamten aggregierten Passiva bundesdeutscher Unternehmen. Vgl Ertragslage und Finanzierungs-Verhältnisse deutscher Unternehmen 2014, Monatsberichte der Deutschen Bundesbank 2015, 46.
23 *Drukarczyk, J.* (1990) 341 ff; *Mandl, G./Rabel, K.* (1997) 353, *Schwetzler, B.* (2003) 409–440.
24 *Schwetzler, B.* (2003) 424–429.
25 *Schwetzler, B.* (2003) 428.

die auftretenden Probleme aus einer von 100 % abweichenden Lohnverdrängungsquote zu vermeiden, ist diese Annahme für die Multiple-basierte Unternehmensbewertung sinnvoll. Der gesamte Betrag der in der GuV ausgewiesenen Service Costs als jährliche Zuführung kann dann als zunächst bar ausgezahlter Lohn interpretiert werden, den die Arbeitnehmer anschließend wieder als Kredit in das Unternehmen einlegen. Die Kosten dieses Kredites entsprechen dann den in der GuV ausgewiesenen Interest Costs der Pensionszusage.

Für eine konsistente Behandlung von Pensionsrückstellungen im Rahmen der Multiple-basierten Unternehmensbewertung ist somit zu prüfen, ob die entsprechenden, den Pensionsrückstellungen zuzurechnenden Zinsaufwendungen bereits von der betrachteten Werttreiber-Größe abgezogen worden sind oder nicht. Dies hängt wiederum davon ab, wo diese Interest costs nach den entsprechenden Rechnungslegungsvorschriften in der Gewinn- und Verlustrechnung stehen:

- Im HGB sind nach dem BilMoG die Aufwendungen aus der Aufzinsung von Pensionsverpflichtungen unter der Position „Zinsen und ähnliche Aufwendungen" auszuweisen. Die Interest Cost sind Bestandteil des Finanzergebnisses und wurden von den operativen Überschußgrößen Umsatz, EBITDA und EBIT noch nicht abgezogen. Daher sind Pensionsrückstellungen für jede operative Werttreiber-Größe Bestandteile der Netto-Verbindlichkeiten.
- Sind die Interest Costs als Bestandteil des Personalaufwandes ausgewiesen, dann ist eine Differenzierung nach der zugrundeliegenden Werttreiber-Größe erforderlich: Für Enterprise Value zu Umsatz Multiples sind die entsprechenden Kosten noch nicht abgezogen, so dass Pensionsrückstellungen Bestandteil der Netto-Verbindlichkeiten darstellen. Multiples, die sich auf EBITDA und EBIT als Werttreiber stützen, sind hingegen nach Personalaufwendungen (inkl den Interest Costs der Pensionsverpflichtungen) definiert, so dass Pensionsrückstellungen nicht mehr in den Netto-Verbindlichkeiten enthalten sind.

In den vergangenen Jahren haben einige große deutsche Unternehmen Teile ihrer Pensionsverpflichtungen zusammen mit entsprechenden Finanzanlagen in spezielle Fonds ausgelagert. Da durch die Auslagerung die entsprechende Finanzierungsfunktion für das Unternehmen verloren geht, sind für die Bestimmung der Netto-Verbindlichkeiten im Rahmen der Multiple-Bewertung lediglich die auf Unternehmensebene verbleibenden Pensionsverpflichtungen relevant.

4.2.5. Verpflichtungen aus Finanzierungs-Leasingverträgen

Leasingverpflichtungen des Unternehmens haben ebenfalls Auswirkungen auf bestimmte Multiple-Definitionen. In der Literatur besteht Einigkeit darüber, dass ein Finanzierungs-Leasingvertrag mit unkündbarer Grundmietzeit und vertraglich fixierten, zustandsunabhängigen Zahlungen von den Zahlungs- und Risikowirkungen für das Unternehmen äquivalent ist zu einem vollständig kreditfinanzierten Kauf des entsprechenden Leasingobjektes.[26]

---

26 ZB *Mandl, G./Rabel, K.* (1977) 351; *Drukarczyk, J./Schüler, A.* (2015) 291 ff.

Bestimmte Multiplikator-Definitionen (zB EV/EBITDA) sind sehr anfällig für Verzerrungen durch Leasingaufwendungen und erfordern daher bestimmte Bereinigungen. Ziel dieser Bereinigungen ist es, die Vergleichbarkeit herzustellen zwischen Unternehmen mit Finanzierungs-Leasingverträgen und Unternehmen, die das entsprechende Objekt kaufen und aktivieren. Dies wird erreicht durch eine (fiktive) Aktivierung des Leasingobjektes zu Beginn der Vertragslaufzeit in der Bilanz des Leasingnehmers; der (fiktive) Wertansatz entspricht dem Barwert der künftigen Leasingraten über die vereinbarte Vertragslaufzeit. Zugleich ist die Leasingverpflichtung zu passivieren. In der GuV sind für die Bereinigung die Leasingraten aufzuspalten in einen Zinsanteil, der den Kosten für den fiktiven Kredit entspricht und einen Tilgungsanteil.[27] Soll die durchgeführte Bereinigung keinen Einfluss auf den ausgewiesenen Jahresüberschuss des Unternehmens haben, dann ist der Tilgungsanteil vereinfachend mit der fiktiven Abschreibung auf das aktivierte Leasingobjekt im Fall der Kauf/Kredit-Alternative gleichzusetzen. Nach der entsprechenden Anpassung sind Unternehmen, die das Objekt leasen, vergleichbar mit Unternehmen, die das Objekt 100 % kreditfinanziert kaufen, aktivieren und abschreiben. In Abhängigkeit von der für das Enterprise Value Multiple zugrundeliegenden Überschussgröße sind folgende Anpassungen vorzunehmen:

- Enterprise Value/Umsatz Multiple:
  Dient der Umsatz des Unternehmens als Werttreiber-Größe, sind weder die Abschreibung noch die Zinskosten als Aufwand vom Überschuss abgesetzt. In diesem Fall sind die kapitalisierten Leasingaufwendungen als ausstehender Kredit Bestandteil des Net Debt.
- Enterprise Value/EBITDA Multiple:
  In der unbereinigten EBITDA-Größe des Vergleichsunternehmens wurde die Leasingrate abgezogen. Die erforderliche Bereinigung besteht somit in der Rück-Addition des Leasingaufwandes. Da das EBITDA vor Abschreibung und Zinsaufwand definiert ist, sind keine weiteren Adjustierungen notwendig. Für den entsprechenden Enterprise Value ist der Barwert der ausstehenden Leasingraten wiederum Bestandteil der Netto-Verbindlichkeiten.
- Enterprise Value/EBIT Multiple:
  Das EBIT ist nach Abschreibungen und vor Zinsaufwand definiert. Ausgehend vom bereinigten EBITDA ist somit die fiktive Abschreibung auf den Leasinggegenstand abzuziehen, um auf das adjustierte EBIT zu kommen. Alternativ ist auf das unbereinigte EBIT der Zinsanteil der Leasingrate zu addieren. In beiden Fällen führt die Bereinigung zum gleichen Ergebnis. Die kapitalisierten Leasingraten sind als ausstehender Kreditbetrag wiederum Bestandteil des Net Debt.

Für das Bewertungsobjekt sind bei Zugang zu internen Informationen die entsprechenden Bereinigungen regelmäßig durchführbar. Für die Unternehmen der Peer Group ist hingegen für externe Analysten die erforderliche Aufspaltung des Leasingaufwandes regelmäßig nicht möglich. In diesem Fall wird von Praktikern die Anwendung von Daumenregeln empfohlen:

---

27 ZB *Mandl, G./Rabel, K.* (1977) 351; *Drukarczyk, J./Schüler, A.* (2015) 293 ff.

- Die Aufspaltung der ausgewiesenen Leasingrate erfolgt im Verhältnis 2/3 Tilgung/Abschreibung vs 1/3 Zinsanteil.
- Der Barwert der noch ausstehenden Leasingraten wird mit einem Multiplikator von 5,5 bis 8 auf die aktuelle Leasingrate ermittelt.

Zum Teil wird die hier beschriebene Bereinigung bereits durch Rechnungslegungsvorschriften erzwungen: IAS 17.20 legt fest, dass das wirtschaftliche Eigentum bei Finanzierungs-Leasingverträgen beim Leasingnehmer liegt. Die Rechnungslegungsvorschriften erfordern dann eine Behandlung des Leasingvertrages analog zu einem Kauf mit vollständiger Kreditfinanzierung. In diesem Fall sind diese Anpassungen bereits bei der Erstellung des entsprechenden Jahresabschlusses durchgeführt worden und müssen daher nicht vom Bewerter selbst vollzogen werden.[28]

4.2.6. Die Behandlung von unverzinslichem kurzfristigem Fremdkapital

In der Bewertungspraxis treten bisweilen Zweifelsfragen hinsichtlich der korrekten Behandlung von bestimmten Fremdkapitalpositionen bei der Net-Debt-Berechnung auf. Generell gilt hier die Daumenregel der Differenzierung zwischen Entity- und Equity-Modellen in der DCF-Bewertung: Wenn die Kosten für die Nutzung der entsprechenden (Fremd-)Kapitalquelle bereits von der Überschussgröße abgesetzt wurde, ist das entsprechende Fremdkapital selbst nicht mehr Bestandteil des Net Debt. Wurden die entsprechenden Kosten hingegen noch nicht abgezogen, ist das Fremdkapital in die Net-Debt-Position einzubeziehen.

Diskussionspunkt ist bisweilen die Behandlung des kurzfristigen, „zinslosen" Fremdkapitals (erhaltene Anzahlungen, Verbindlichkeiten aus L+L) bei der Net-Debt-Berechnung. Um diese Frage zu beantworten, ist daher auch die Frage nach den echten „Kosten" der Inanspruchnahme dieser Finanzierungsquellen zu beantworten:

- Erhaltene Anzahlungen:
  Im Regelfall führt die Leistung von Anzahlungen zu entsprechenden Preiszugeständnissen: Kunden wollen für die entgangene Nutzungsmöglichkeit der voraus gezahlten Mittel entschädigt werden. Die (impliziten) Kapitalkosten der Anzahlungen bestehen also in entgangenen Umsatzerlösen.[29] Da die zugrundeliegenden Umsatzerlöse auf der Basis der aktuellen Politik, von Kunden Anzahlungen zu fordern, ermittelt wurden, sind die Kosten der Kapitalquelle „erhaltene Anzahlungen" bereits auf der obersten Ebene der Werttreiber-Hierarchie berücksichtigt. Daraus folgt, dass erhaltene Anzahlungen für keine der konsistenten Enterprise-Value-Multiplikatoren (Umsatz, EBITDA, EBIT etc) Bestandteil der Fremdkapital-Definition sein können.[30]

---

28 Für Geschäftsjahre ab dem 1.1.2019 sieht die Neuregelung der bilanziellen Erfassung von Leasingverträgen in IFRS 16 vor, dass die entsprechende Erfassung als kreditfinanzierter Erwerb ebenfalls für sog Operating Leases gelten soll.
29 ZB *Mandl, G./Rabel, K.*, Unternehmensbewertung (1997) 352. Für Multiples zB *Schwetzler, B.*, FB 2003, 81 ff.
30 In den DCF-Bewertungskalkülen werden zusätzliche Kreditaufnahmen und -rückzahlungen von erhaltenen Anzahlungen über die Veränderung des Net Working Capital abgebildet. In der Multiple-basierten Bewertung wird implizit von einer dauerhaften Konstanz des aktuellen Bestandes der entsprechenden Fremdkapitalgröße ausgegangen. Daher ist die Veränderung des Fremdkapitalbestandes nicht zu berücksichtigen.

- Verbindlichkeiten aus L+L:
Für die Kosten von Lieferantenkrediten gilt eine ähnliche Überlegung: Lieferanten fordern bei späterer Bezahlung höhere Preise für ihre Güter und Dienstleistungen. Die Kosten dieser Finanzierungsquelle bestehen somit in erhöhten Materialauszahlungen und -aufwendungen. Die Antwort auf die Frage nach der konsistenten Enterprise-Value-Definition ist hier von der zugrundeliegenden Definition der Werttreiber-Größe abhängig:
  - Wird der Enterprise Value zum Umsatz in Bezug gesetzt, sind die entsprechend höheren Materialaufwendungen als Kosten für die Inanspruchnahme von Lieferantenkrediten noch nicht abgesetzt. In diesem Fall sind Verbindlichkeiten aus L+L Bestandteil einer konsistenten Definition der Nettoverbindlichkeiten.
  - Für Multiples, die auf Werttreibergrößen nach Abzug der Materialaufwendungen definiert sind, wie EBITDA und EBIT, sind die entsprechenden Kosten bereits abgezogen. Hier sind Verbindlichkeiten aus L+L nicht mehr Bestandteil der Nettoverbindlichkeiten.

4.2.7. Die Behandlung von sonstigen Rückstellungen

Auch die Frage, ob Rückstellungen zum Net Debt zählen, wird in der Praxis kontrovers diskutiert. Hier ist eine differenzierte Vorgehensweise notwendig:

- Sind die Rückstellungen Bestandteil des operativen Betriebes und fallen regelmäßig in vergleichbarer Höhe an (zB Garantierückstellungen), dann sind die Zuführungen bereits über den sonstigen betrieblichen Aufwand erfolgsmindernd in der Überschussgröße berücksichtigt. Nimmt man einen „steady state" an, in dem die Zuführung und die erfolgsneutrale Auflösung der Rückstellung durch Verbrauch etwa gleich hoch sind, dann wurde die gesamte Belastung bereits über die Rückstellungsbildung erfasst. Die Rückstellung selbst ist nicht Bestandteil des Net Debt. Etwas anderes gilt für den Fall, dass die Bildung der Rückstellung und ihr Verbrauch zeitlich weit auseinanderfallen (zB Rückstellungen für die Beseitigung von nuklearen Abfällen). Hier ist die finanzielle Belastung des Unternehmens noch nicht erfolgt, so dass die finanzielle Belastung als Barwert wertmindernd als Bestandteil des Net Debt zu berücksichtigen ist.
- Für den Fall eines Einzelrisikos ist die Rückstellungs-Zuführung kein Bestandteil des nachhaltigen, für die Multiple-Bewertung zugrunde gelegten Überschusses; sie ist im Zuge der Ermittlung einer nachhaltigen Überschussgröße zu eliminieren. Deshalb ist die zugehörige mögliche finanzielle Belastung separat in die Bewertung einzubeziehen. Dies geschieht über die Ermittlung des Erwartungswertes der mit der Belastung verbundenen Vor-Steuer-Auszahlung[31] und deren Abdiskontierung mit einem risikoäquivalenten Diskontierungssatz. Im Regelfall wird der so ermittelte Barwert erheblich unter einem bei Berücksichtigung des Vorsichtsprinzips ermittelten Einzel-Wertansatz der Rückstellung in der Bilanz liegen.

ZT erfordern steuerliche Regelungen die Abzinsung des Wertansatzes für die Rückstellungen in der Bilanz.[32] Ein ggf vorhandenes Abzinsungsgebot hat jedoch keinen Einfluss

---

31 Die Steuerersparnis aufgrund der Abzugsfähigkeit des Zuführungsbetrages wurde bereits bei der vergangenen Bildung der Rückstellung berücksichtigt.
32 *Bachmann, C./Baumann, M./Richter, K.* (2015) 384.

auf die hier diskutierte Frage, ob und ggf wann Rückstellungen Bestandteil des Net Debt sind. Die Abzinsung hat Einfluss auf die Höhe des Volumens der Rückstellung und ggf auf den finanziellen Vorteil aus der Vorverlagerung der entsprechenden Steuerersparnis, aber keinen Einfluss auf die Höhe ihrer Kapitalkosten.[33]

5. Die Zerlegung des Multiples – „Theorieleihe" von DCF
5.1. Die Ableitung eines NOPAT-Multiplikators

Teilweise bestehen große Unterschiede zwischen den Multiplikatoren einzelner Unternehmen oder unterschiedlicher Branchen. So lag zB im 4. Quartal 2015 das Median 1y forward EV/EBIT Multiple für den Automotive-Sektor bei lediglich 11,27, während im Retail-Sektor ein Multiple von 19,75 ermittelt wurde.[34] Das bedeutet, dass in der letztgenannten Branche eine Einheit Nächst-Jahres EBIT um mehr als 75 % höher bewertet wurde als im Automotive-Bereich. Da gleiche EBIT-Schätzungen offensichtlich ganz unterschiedlich bewertet werden, ist es wichtig zu wissen, welche Einflussfaktoren die Höhe der entsprechenden Multiples bestimmen.

Leider kann man hier von der Multiplikatormethode selbst keinerlei Hilfestellung erwarten; ihr genügt es, dass der Kapitalmarkt das Eigenkapital des Unternehmens aktuell so bewertet. Warum dies so ist, wird nicht hinterfragt. Man kann sich aber die erforderliche Theorie bei der DCF-Bewertung, genauer: der Terminal Value Bewertung „ausleihen". Als Ausgangspunkt wird zunächst die „einfache" Wachstumsformel des DCF-WACC-Modells gewählt:

$$EV_0 = \frac{FCF_{1,\tau}}{WACC_\tau - g} \qquad (1)$$

Dabei bezeichnet

EV_0: den Enterprise Value in $t = 0$
$FCF_{1,\tau}$: den freien Cashflow nach Unternehmenssteuern in $t = 1$
$WACC_\tau$: den Weighted Average Cost of Capital nach Steuern
g: die dauerhafte Wachstumsrate des freien Cashflow bis $t = \infty$

Der Enterprise Value in $t = 0$, EV_0, ergibt sich als Barwert einer unendlichen, geometrisch mit der Rate g wachsenden Zahlungsreihe an freien Cashflows FCF, diskontiert mit den WACC (Weighted Average Cost of Capital). Ersetzt man nun in einem ersten Schritt den freien Cashflow durch die Kombination der entsprechenden Ergebnis-Größe NOPAT (Net operating profit after taxes) und der Thesaurierungsquote q, erhält man über

$$EV_0 = \frac{NOPAT_{1,\tau}(1-q)}{WACC_\tau - g} \qquad (2)$$

---
33 *Schwetzler, B.* (1998) 700.
34 *Hammer, B./Lahmann, A./Schwetzler, B.* (2015) 486. Im 3. Quartal betrugen die resp Multiplikatoren 12,23 (Automotive) und 13,96 (Retail) vgl Tabelle 2. Die Differenz zwischen den beiden Branchen betrug hier lediglich 14 %.

eine erste Variante eines Enterprise Value/NOPAT-Multiplikators mit

$$M^{NOPAT}_{EV} = \frac{(1-q)}{WACC_\tau - g} \quad (3)$$

Man erkennt an dieser Stelle, dass die „Umwandlung" einer Rechnungslegungs-Größe NOPAT in eine Cashflow-Größe freier Cashflow FCF hier über das Multiple (und die darin enthaltene Thesaurierungsquote) geschieht.[35] Es leuchtet unmittelbar ein, dass eine niedrigere Thesaurierungsquote für eine gegebene Wachstumsrate g Multiple-erhöhend wirkt: Um das gegebene Wachstum zu erzielen, müssen weniger neue Assets erworben und über die Thesaurierung finanziert werden. Somit kann mehr als freier Cashflow an die Eigen- und Fremdkapitalgeber ausgekehrt werden. Damit wird auch deutlich, dass die Rentabilität der Assets entscheidenden Einfluss auf die Verbindung zwischen Thesaurierung und Wachstum haben muss: Je höher die Rendite der Assets ist, desto weniger NOPAT muss thesauriert werden, um eine bestimmte Wachstumsrate zu erreichen. Formal lässt sich dieser Zusammenhang wie folgt darstellen:

$$g = q * ROIC \quad (4)$$

Die Thesaurierungsquote q, kombiniert mit der Rendite auf das eingesetzte operative Kapital ROIC (Return on Invested Capital) ergibt die dauerhafte Wachstumsrate g. Durch Umstellen und Einsetzen erhält man schließlich das EV/NOPAT-Multiple mit

$$M^{NOPAT}_{EV} = \frac{(1-g/ROIC)}{WACC_\tau - g} \quad (5)$$

Man kann nun die Einflussfaktoren auf die Höhe des EV/NOPAT-Multiples nun gut interpretieren:

- Der durchschnittliche Kapitalkostensatz WACC: In kapitalmarkttheoretischen Modellen wird die Höhe der Kapitalkosten vom Risiko der entsprechenden freien Cashflows beeinflusst. Der WACC als (Gesamt-)Kapitalkostensatz hängt entscheidend von der Höhe des operativen (Asset-)Risikos des Unternehmens ab.[36] Es gilt, dass höheres Risiko über einen höheren WACC zu einem niedrigeren NOPAT-Multiplikator führt. Das ist unmittelbar einleuchtend: Eine Einheit „risikoreicheren" NOPATs muss bei risikoaversen Investoren weniger wert sein als eine Einheit risikoärmeren NOPATs.
- Die Rendite auf die eingesetzten operativen Assets ROIC: ROIC weist einen positiven Einfluss auf das NOPAT-Multiple auf. Je höher die Rendite der eingesetzten operativen Assets ist, desto weniger Mittel müssen thesauriert werden, um eine bestimmte Wachstumsrate zu erreichen und desto mehr kann als freier Cashflow an Eigenkapital- und Fremdkapitalgeber ausgekehrt werden.

---

[35] Das bisweilen vorgebrachte Argument, Multiples, die auf Rechnungslegungsgrößen wie NOPAT, EBITDA oder EBIT basieren, seien ungeeignet, weil es auf die Bewertung von Cashflows ankomme, ist also nicht stichhaltig.
[36] Der Einfluss der Kapitalstruktur auf den WACC ist demgegenüber deutlich geringer.

- Die dauerhafte Wachstumsrate des NOPAT und des freien Cashflows: Die Wirkung der Wachstumsrate g auf das Multiple ist nicht eindeutig; sie hängt vom Verhältnis der operativen Rendite ROIC zu den Kapitalkosten WACC und damit von der Profitabilität der Erweiterungsinvestitionen ab. Das wird deutlich, wenn man über ROIC = WACC unterstellt, dass die Erweiterungsinvestitionen einen Nettokapitalwert von null aufweisen und somit wertneutral sind. In diesem Fall ergibt sich ein Multiplikator von

$$M^{NOPAT}_{EV} = \frac{1}{WACC_\tau - g} \qquad (6)$$

Man erkennt, dass die Wachstumsrate g hier keinen Einfluss auf das Multiple hat. Das ergibt Sinn: Wenn die Erweiterungsinvestitionen gerade die Kapitalkosten verdienen, macht es keinen Unterschied, ob man ein hohes oder niedriges Volumen an Erweiterungsinvestitionen mit einem Netto-Kapitalwert von null realisiert. Für den Fall vorteilhafter Erweiterungsinvestitionen (ROIC > WACC) ergibt sich somit ein positiver, im Fall unvorteilhafter, wertvernichtender Erweiterungsinvestitionen (ROIC< WACC) ein negativer Effekt der Wachstumsrate g auf die Höhe des NOPAT-Multiples.

Goedhart/Koller/Wessels[37] haben eine Erweiterung des oa Modells zur Terminal-Value-Berechnung entwickelt, das die Trennung der Rendite auf die bestehenden Assets ROIC von derjenigen auf die neuen Assets/Erweiterungsinvestitionen RONIC (Return on New Invested Capital) ermöglicht. Unterstellt man für die bestehenden Assets eine konstante Rendite ROIC, dann wird die Höhe des Wachstums ausschließlich durch die Rendite RONIC auf die durch Thesaurierung finanzierten Erweiterungsinvestitionen bestimmt. Die Gleichung für das NOPAT-Multiple lautet dann:

$$M^{NOPAT}_{EV} = \frac{(1 - g/RONIC)}{WACC_\tau - g} \qquad (7)$$

5.2. Vom EV/NOPAT- zum EV/EBIT- und EV/EBITDA-Multiplikator

Der EV/NOPAT-Multiplikator findet in der Bewertungspraxis kaum Anwendung. Es ist jedoch einfach möglich, bei Kenntnis des NOPAT-Multiples auch einen EV/EBIT- und einen EV/EBITDA-Multiplikator zu ermitteln.

Es gilt NOPAT = EBIT (1–t); daher lautet die entsprechende Gleichung des EV/EBIT-Multiplikators

$$M^{EBIT}_{EV} = M^{NOPAT}_{EV}(1-\tau) \quad \rightarrow \quad M^{EBIT}_{EV} = \frac{(1 - g/RONIC)\cdot(1-\tau)}{WACC_\tau - g} \qquad (8)$$

Hier bezeichnet τ den Unternehmenssteuersatz. Die Differenz zwischen EBITDA und EBIT entspricht dem Betrag der Abschreibung; daher kann bei Kenntnis der Abschrei-

---

37 *Koller, T./Goedhart, M./Wessels, T.* (2015) 261 ff.

bungen in % des EBITDA das EV/EBIT-Multiple schließlich in ein entsprechendes EV/EBITDA-Multiple umgerechnet werden:

$$M^{EBITDA}_{EV} = M^{NOPAT}_{EV}(1-\tau)(1-dep\%)$$
$$\to M^{EBITDA}_{EV} = \frac{(1-g/RONIC)(1-dep\%)(1-\tau)}{WACC_\tau - g} \quad (9)$$

Man erkennt, dass auch bei den beiden weiteren Multiplikatoren die drei oben abgeleiteten Faktoren „Risiko" (über den WACC), „Rendite auf Erweiterungsinvestitionen" (RONIC) und „Wachstumsrate" g (in Abhängigkeit von der Relation RONIC zu WACC) entscheidenden Einfluss auf die Höhe des Multiples aufweisen.

5.3. Die Verwendung der Zerlegungsgleichung in der Praxis

Praktiker können auf zwei Wegen die oa Gleichungen zur Plausibilisierung nutzen. Zum einen besteht die Möglichkeit, eigene Schätzungen der langfristigen Einflussfaktoren WACC, RONIC und g in die oa Gleichung einzusetzen und eine eigenständige Schätzung eines angemessenen EV/NOPAT-Multiples zu ermitteln und diese mit den entsprechenden Markt-Multiples zu vergleichen. Zum anderen kann „im Rückwärtsgang" aus errechneten Markt-Multiplikatoren nach entsprechenden Kombinationen der drei Einflussfaktoren gesucht werden, die jeweils das entsprechende Markt-Multiple ergeben. So wurde für Q4 2015 ein 1y-Forward-EV/EBIT-Multiple für die Automotive Industry in Deutschland in Höhe von 11,27 ermittelt.[38] Bei Anwendung eines Unternehmenssteuersatzes von 28 % ergibt sich daraus ein EV/NOPAT-Multiplikator in Höhe von 11,27/(1–0,28) = 15,65. Unterstellt man einen WACC für die Automotive-Industrie in Höhe von 8 %, lassen sich daraus folgende Kombinationen aus Wachstumsrate und ROIC ermitteln, die gemeinsam mit den Kapitalkosten von 8 % zu einem EV/NOPAT-Multiple von 15,65 und einem EV/EBIT-Multiple von 11,27 führen:

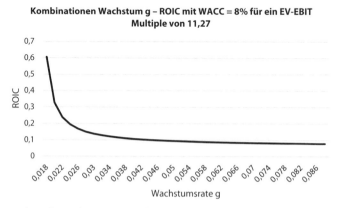

Abbildung 4: Anwendung der Zerlegungs-Formel – Kombinationen aus Wachstumsrate und Rendite RONIC

---

38 Hammer, B./Lahmann, A./Schwetzler, B. (2015) 486. Im 3. Quartal betrug der entsprechende Multiplikator für Automotive 12,23; vgl Tabelle 2.

Man erkennt, dass in Abbildung 4 ein Trade Off zwischen Wachstumsrate und ROIC bei gegebenen Kapitalkosten und gegebenem Multiplikator besteht. Der negative Zusammenhang erklärt sich wie folgt: Liegt die Rendite ROIC nur knapp oberhalb der Kapitalkosten WACC (zB ROIC = 9 % und WACC = 8 %), ist aufgrund der geringen Überrendite eine hohe Wachstumsrate g erforderlich, um auf einen EV/EBIT-Multiplikator von 11,27 zu gelangen. Umgekehrt ist bei einer hohen Überrendite (zB für ROIC = 20 %) nur ein niedriges Wachstum zur Erzielung des gleichen Multiples notwendig.

6. Mit Vorsicht zu genießen: das Kurs-Gewinn-Verhältnis

Equity-Multiplikatoren wie das Kurs-Gewinnverhältnis (KGV) bzw Price Earnings Ratio erfreuen sich in der Praxis immer noch großer Beliebtheit. Hier wird der Gewinn nach Zinsen und ggf nach Steuern zur Marktkapitalisierung des Eigenkapitals in Beziehung gesetzt. Trotz der erfüllten Konsistenz-Anforderung (so)[39] lehnen Wissenschaftler die Anwendung dieses Multiplikators ab; der Grund hierfür ist die Tatsache, dass das Kurs-Gewinn-Verhältnis (im Gegensatz zu Enterprise Value Multiples) von Unterschieden in der Kapitalstruktur verzerrt wird. Ein einfaches Zahlenbeispiel soll dies verdeutlichen:

		Unternehmen A	Unternehmen B
Kapitalstruktur	Eigenkapital	200	500
	Net debt	300	0
	Minderheiten	0	0
GuV	Umsatz	150	150
	EBIT	50	50
	Netto Zinsen	-25	0
	Gewinn vor Steuern EBT	25	50
	Gewinn nach Steuern EAT	17,5	35
Multiples			
Enterprise value /	Umsatz	3,3	3,3
	EBIT	10,0	10,0
Equity value /	EBT	8,0	10,0
	Earnings EAT	11,4	14,3

Tabelle 3: Verschuldungsgrad und Equity-Multiplikatoren

Die beiden Unternehmen in Tabelle 3 sind bis auf die unterschiedliche Kapitalstruktur identisch. Dies zeigt sich auch in der GuV: Bis auf den Zinsaufwand des verschuldeten Unternehmens A sind die einzelnen Größen gleich. Die Enterprise-Value-basierten

---

[39] Die Überschussgröße ist nach Fremdkapitalzinsen definiert und wird direkt auf den Wert des Eigenkapitals bezogen.

Multiples EV/Umsatz und EV/EBIT weisen ebenfalls keine Unterschiede auf. Dagegen zeigt der Vergleich, dass beide Unternehmen unterschiedlich hohe KGVs bzw PE Ratios aufweisen: Für das verschuldete Unternehmen A sind die beiden Equity-Multiplikatoren (Vor-Steuer KGV: 8,0 und Nach-Steuer KGV: 11,4) niedriger als für das eigenfinanzierte Unternehmen B (Vor-Steuer KGV: 10,0 und Nach-Steuer KGV: 14,3). Generell gilt, dass das KGV mit steigender Verschuldung cp abnimmt. Der Grund hierfür sind die veränderten Risikoeigenschaften der Gewinne nach Zinsen für das verschuldete Unternehmen A: Die höhere Verschuldung führt über das zusätzliche Kapitalstruktur-Risiko (financial leverage Risiko) zu höheren Eigenkapitalkosten und cp zu einem niedrigeren Multiplikator. Das zeigt auch die Zerlegung des KGV in die einzelnen Komponenten durch Theorieleihe aus der Terminal-Value-Ermittlung im DCF-Modell; der Multiplikator hat hier folgendes Aussehen:

$$KGV = \frac{(1 - g_{EK} / RONE)}{k_{EK} - g_{EK}} \qquad (10)$$

Man erkennt, dass die Einflussfaktoren analog zu denen des EV/NOPAT-Multiple im Entity-DCF-Modell sind: die Wachstumsrate des Jahresüberschusses g_{EK}, die Eigenkapitalkosten k_{EK} und die Eigenkapitalrendite auf den Eigenkapitalanteil der Erweiterungsinvestitionen RONE (Return on Net Equity). Für das verschuldete Unternehmen erhöht sich der Beta-Faktor durch die anteilige Fremdfinanzierung und in der Folge steigen die Eigenkapitalkosten.

7. Grundsätze zur Multiplikator-Bewertung

Die Unternehmensbewertung mit Hilfe von Multiplikatoren erfreut sich großer Beliebtheit. Wegen der dünnen theoretischen Fundierung des Vorgehens und der hohen Bedeutung von Bewertungsheuristiken ist die Entwicklung und Einhaltung von Grundsätzen für die Multiplikatorbewertung sehr wichtig.

Der Arbeitskreis Unternehmensbewertung FAUB des deutschen Institutes der Wirtschaftsprüfer IDW hat umfangreiche Grundsätze zur Unternehmensbewertung in seinem Standard IDW S 1 verfasst. Dabei spielt jedoch die Multiplikatormethode nur eine ganz untergeordnete Rolle. Nach Auffassung des IDW darf eine auf Multiplikatoren gestützte Bewertung allenfalls zur Plausibilitätskontrolle eingesetzt werden und kann eine Unternehmensbewertung durch das DCF- oder Ertragswertverfahren nicht ersetzen.[40] Folgerichtig beschäftigen sich ganze drei von insgesamt 179 Randziffern in S 1 mit diesem Verfahren. Die dort gegebenen Hinweise beschränken sich auf die Einschränkung der Bedeutung dieses Bewertungsverfahrens; es findet sich keine Empfehlung für das konkrete Vorgehen bei der Bewertung. Die gleiche Kritik gilt prinzipiell auch für den Praxishinweis des IDW zur Bewertung von KMU:[41] Auch hier beschränkt sich die Darstellung auf die Feststellung, dass die Anwendung der Multiplikatormethode in Widerspruch zum Standard IDW S 1 steht und die Diskontierungsverfahren der Wert-

---

40 IDW S 1, Rz 143.
41 IDW Praxishinweis 1/2014 zu Besonderheiten bei der Ermittlung eines objektivierten Unternehmenswerts kleiner und mittelgroßer Unternehmen.

ermittlung bestenfalls ergänzen kann. Konkrete Empfehlungen für das Vorgehen bei der Bewertung fehlen.

Die österreichische Kammer der Wirtschaftstreuhänder hat über ihren Fachsenat für Betriebswirtschaft und Organisation 2013 allgemeine Grundsätze zur Unternehmensbewertung KFS/BW 1 verabschiedet, die auch Ausführungen zur Anwendung der Multiplikator-Methode beinhalten.[42] Die Empfehlungen sind deutlich umfangreicher als in IDW S 1 und enthalten konkrete Anforderungen an die Konsistenz der verwendeten Multiple-Definitionen, die Auswahl der Peer Group und die Verwendung von spezifischen Zu- und/oder Abschlägen im Rahmen der Bewertung.

Die Arbeitsgruppe „Corporate Transactions and Valuation" hat im Frühjahr 2012 Best-Practice-Empfehlungen für die Ermittlung von Unternehmenswerten für den Fall der Ermittlung einer angemessenen Abfindung bei Squeeze Outs erarbeitet.[43] Wegen der weiten Verbreitung der Bewertung mit Hilfe von Multiplikatoren enthalten diese Empfehlungen auch umfangreiche Ausführungen zum konkreten Vorgehen bei der Anwendung dieser Methode. Hintergrund für die ausführlichen Empfehlungen ist die grundlegende Annahme, dass prima facie alle Bewertungsverfahren gleichberechtigt sein sollten; das Endergebnis der Bewertung ist aus den Ergebnissen der verschiedenen Verfahren zusammenzuführen. Die DVFA-Best-Practice-Empfehlungen enthalten detaillierte Grundsätze für das Vorgehen bei der Auswahl der Vergleichsunternehmen, für die Aggregation der Peer Group Multiples, Anforderungen an die Konsistenz der verwendeten Multiple-Definitionen und die Verwendung von Zu- und Abschlägen im Rahmen des Bewertungsverfahrens.

8. Empirische Ergebnisse

Zahlreiche empirische Untersuchungen haben sich mit unterschiedlichen Aspekten der Multiple-Bewertung beschäftigt. Bezüglich der Auswahl von Vergleichsunternehmen wurde gezeigt, dass sich die Bewertungsqualität verbessert, wenn zusätzlich zur Branche weitere unternehmensspezifische Merkmale für die Auswahl verwendet werden.[44] Alternativ kann die Zusammenstellung von Peer Groups auf der Basis von Korrelationsanalysen eine geringere Fehlerquote in der Bewertung aufweisen als das klassische Vorgehen der Zusammenstellung auf Branchen-Basis.[45]

Bei der Analyse der Peer Group Multiple Aggregation hat neben der Aggregationsmethode selbst auch die Art der Fehlermessung Einfluss auf das Ergebnis. Für das arithmetische Mittel wurden systematische Überbewertungen von mehr als 100 % festgestellt. Bei Anwendung des geometrischen Mittels als Aggregationsmechanismus tritt hingegen keine systematische Fehlbewertung auf.[46]

---

42 KFS/BW1 Fachgutachten.
43 DVFA Expert Group (2012) 44 ff. Download unter http://www.dvfa.de/fileadmin/downloads/Publikationen/Standards/DVFA_Best_Practice_Empfehlungen_Unternehmensbewertung.pdf
44 Henschke, S./Homburg, C. (2009).
45 Hermann, V./Richter, F. (2003).
46 Dittmann, I./Maug, E. (2008); Chullen, A./Kaltenbrunner, H./Schwetzler, B. (2015) 642.

Die Einflussfaktoren auf die Bewertungsgenauigkeit wurden ebenfalls systematisch untersucht: Die Verwendung von Forward-Multiples führt generell zu niedrigeren Bewertungsfehlern als die Verwendung von Trailing-Multiples.[47] Multiples basierend auf Rechnungslegungsgrößen sind Multiples auf Cashflow-Basis empirisch überlegen.[48] Schließlich wurde gezeigt, dass die Beachtung der oa Konsistenzanforderungen zu einer Verringerung der Bewertungsfehler führt. In der Untersuchung von *Chullen/Kaltenbrunner/Schwetzler* wurde ebenfalls bestätigt, dass EV/EBITDA und EV/EBIT die Multiplikator-Definitionen mit den niedrigsten Fehlerraten sind.[49]

9. Ein Fazit

Die Unternehmensbewertung mit Multiplikatoren ist trotz ihrer Geringschätzung durch die Wissenschaft recht weit verbreitet. Weil sie häufig parallel zu Diskontierungsverfahren und zur Plausibilisierung der dort ermittelten Unternehmenswerte verwendet wird, haftet der Multiple-Bewertung das Image eines „Quick-and-dirty"-Verfahrens an. Verstärkt wird dieser schlechte Ruf noch durch den Eindruck, die fehlende theoretische Fundierung des Vorgehens erlaube praktisch eine „freihändige" und willkürliche Auswahl oder gar Kreation von Multiplikator-Definitionen und damit eine deutliche Beeinflussung des Bewertungsergebnisses.

Dieser schlechte Eindruck ist mE nicht gerechtfertigt. Zum einen erfordert die Anwendung der Multiplikator-Methode bei der Auswahl der Vergleichsunternehmen, der verwendeten Multiplikator-Definition und der Aggregation der Peer Group Multiples genau die gleiche Sorgfalt wie die Anwendung der Diskontierungsfaktoren. Zum anderen lassen sich theoretische Grundlagen aus den DCF-Verfahren direkt in die Multiplikator-Bewertung übertragen: So lassen sich bestimmte Multiple-Definitionen in Komponenten des DCF-Modells zerlegen. Auch die hier diskutierten Konsistenzanforderungen lassen sich aus der Unterscheidung zwischen DCF-Entity- und Equity-Modellen ableiten.

Schließlich ist der scheinbare „Wildwuchs" an Multiplikator-Definitionen und die Willkürlichkeit ihres Einsatzes auch das Ergebnis der lange Zeit fehlenden Grundsätze einer Multiple-Bewertung, in der Vorgaben für bestimmte Sorgfalts- und Offenlegungspflichten und Anforderungen an ein konsistentes Vorgehen bei der Bewertung formuliert und niedergelegt werden. Insofern ist zu wünschen, dass die Best-Practice-Empfehlungen der DVFA eine möglichst breite Aufnahme und Anwendung in der Bewertungspraxis finden.

Literaturverzeichnis

Aders, Ch./Adolff, J./Schwetzler, B., Zur Anwendung der DVFA Best-Practice-Empfehlungen Unternehmensbewertung in der gerichtlichen Abfindungspraxis, in: CFbiz, 3. Jg (2012), 237–241.

Aders, Ch./Muxfeld, D./Lill, F., Die Delisting-Neuregelung und die Frage nach dem Wert der Börsennotierung, CF 2015, 389–399.

---

47 *Kim, M./Ritter, J.* (2000); *Schreiner, A./Spremann, K.* (2007).
48 *Schreiner, A./Spremann, K.* (2007).
49 *Chullen, A./Kaltenbrunner, H./Schwetzler, B.* (2015).

Alford A., The Effect of the Set of Comparable Firms on the Accuracy of the PE-Valuation Method. JoAR, vol 30 (1992), 94–108.
Asquith, P./Mikhail, M./Au, A., Information content of equity analyst reports. JoFE, vol 75 (2005), 245–282.
Bachmann, C./Baumann, M./Richter, K., Langfristige Rückstellungen – Auswirkungen der Diskrepanzen von betriebswirtschaftlichen, handels- und steuerrechtlichen Bewertungen, in: BFuP 67. Jg (2015), 377–396.
Baker, M./Ruback, R. Estimating Industry Multiples. Working Paper, Harvard School of Business (1999).
Beatty, R./Riffe, S./Thompson, R., The Method of Comparables and Tax Court Valuations of Private Firms: An Empirical Examination. AH, vol 13 (1999), 177–199.
Brösel, G./Hauttmann, R., Einsatz von Unternehmensbewertungsverfahren zur Bestimmung von Konzessionsgrenzen sowie in Verhandlungssituationen, FB 2007, 223–238.
Chullen, A./Kaltenbrunner, H./Schwetzler, B., Does Consistency improve Valuation Accuracy in Multiple-based Valuation? JoBE 85. Jg (2015), 635–662.
Damodaran, A., Investment Valuation. New Jersey 2012, Third Edition.
Demirakos, E./Strong, N./Walker, M., Does valuation model choice affect target price accuracy? Working Paper, Manchester University (2009).
Dittmann, I./Maug, E., Biases and Error Measures: How to compare Valuation Methods. Working Paper, Universität Mannheim (2008).
Drukarczyk, J., Was kosten betriebliche Altersversorgungszusagen? DBW, vol 50 (1990), 333–353.
Drukarczyk, J./Schüler, A., Unternehmensbewertung[6], München (2015).
DVFA Expert Group „Corporate Transaction and Valuation", Die Best Practice Empfehlungen der DVFA zur Unternehmensbewertung, in: CFbiz, 3. Jg 2012, 43–50.
Fischer-Winkelmann, W./Busch, K., Die praktische Anwendung der verschiedenen Unternehmensbewertungsverfahren – Empirische Untersuchung im steuerberatenden Berufsstand, FB 2009, 635–656.
Henschke, S., Towards a more accurate Equity Valuation. Wiesbaden (2009).
Henschke, S./Homburg, C., Equity Valuation using Multiples: Controlling for Differences amongst Peers. Working Paper, Universität Köln (2009).
Hachmeister, D./Ballwieser, W., Unternehmensbewertung[5], München (2015).
Hammer, B./Lahmann, A./Schwetzler, B., Multiples und Beta-Faktoren für deutsche Branchen, CF 2015, 482–486.
Henselmann, K./Barth, Th., Unternehmensbewertung in Deutschland, Norderstedt (2009).
Herrmann, V./Richter, F., Pricing with Performance-Controlled Multiples. SbR, vol 55 (2003), 194–219.
Institut der Deutschen Wirtschaftsprüfer IDW, IDW Standard: Grundsätze zur Durchführung von Unternehmensbewertungen (IDW S 1 idF 2008), Wpg 2008, 271–293, zit IDW S 1.
Kammer der Wirtschaftstreuhänder Fachgutachten des Fachsenats für Betriebswirtschaft und Organisation der Kammer der Wirtschaftstreuhänder zur Unternehmensbewertung (2014) KFS/BW 1.

Kaplan, S./Ruback, R., The Market pricing of Cash flow Forecasts: Discounted Cash Flow vs. the Method of Comparables. JoACF, vol 8 (1996), 45–60.
Kim, M./Ritter, J., Valuing IPOs. JoFE, vol 53 (1999), 409–437.
Liu, J./Nissim, D./Thomas, J., Equity Valuation Using Multiples. JoAR, vol 40 (2002), 135–172.
Liu, J./Nissim, D./Thomas, J., Is Cash Flow King in Valuations? FAJ, vol 63 (2007), 56–65.
Mandl, G./Rabel, K., Unternehmensbewertung, Frankfurt (1997).
Moxter, A., Grundsätze ordnungsmäßiger Unternehmensbewertung, Wiesbaden (1983).
Schreiner, A., Equity Valuation using Multiples: an empirical Investigation, Wiesbaden (2007).
Schreiner, A./Spremann, K., Multiples and their Valuation Accuracy in European Equity Markets. Working Paper, HSG (2007).
Schwetzler, B., Die Kapitalkosten von Rückstellungen. ZfbF 50. Jg (1998), 678–702.
Schwetzler, B,. Probleme der Multiple-Bewertung. FB, vol 5 (2003), 79–90.
Schwetzler, B., Innenfinanzierung durch Pensionsrückstellungen und Unternehmenswert. In: *Richter, F./Schüler, A./Schwetzler, B.* (Hrsg), Kapitalgeberansprüche, Marktwertorientierung und Unternehmenswert. FS Drukarczyk, München (2003), 409–439.
Schwetzler, B., Cash in der Unternehmensbewertung, in: Bewertungspraktiker, H 2 (2011), 2–7.

KFS/BW 1

Victor Purtscher

1. **Zielsetzung und Aufbau**
2. **Entstehung KFS/BW 1 idF 2014 im Überblick**
3. **Bewertungsgrundsätze und -methoden (-verfahren)**
    3.1. Einzelgrundsätze
    3.2. Objektivierter vs Subjektiver Wert
    3.3. Bewertungsverfahren
4. **Zu kapitalisierende Größen**
    4.1. Grundlagen
        4.1.1. Planungsprozess und -struktur
        4.1.2. Vergangenheitsanalyse und Analyse der Planungstreue
    4.2. Planung
        4.2.1. Planungsprämissen
            4.2.1.1. Markt- und Wettbewerbsumfeld
            4.2.1.2. Unternehmensanalyse
        4.2.2. (Detail-)Planung und Phasenkonzept
        4.2.3. Nachhaltige Größen
        4.2.4. Integrierte Planung und Ableitung der zu kapitalisierenden Größen
    4.3. Planungsplausibilisierung
    4.4. Mangelhafte oder fehlende Planungsrechnungen
5. **Ableitung der Kapitalkosten**
    5.1. Grundlagen
    5.2. Eigenkapitalkosten
        5.2.1. Überblick
        5.2.2. Basiszinssatz
        5.2.3. Risikozuschlag
            5.2.3.1. Marktrisikoprämie
            5.2.3.2. Beta-Faktor
    5.3. Fremdkapitalkosten
    5.4. Kapitalstruktur
    5.5. Wachstumsabschlag
    5.6. Steuern
    5.7. Alternative Konzepte

6. **Ableitung des (objektivierten) Unternehmenswertes**
7. **Plausibilisierung des Unternehmenswertes**
   7.1. Multiplikatoren
   7.2. Andere Verfahren
8. **Besonderheiten bei der Unternehmensbewertung**
   8.1. KMU (Kleine und mittelgroße Unternehmen)
   8.2. Ertragsschwache Unternehmen
   8.3. Sonstige
      8.3.1. Wachstumsunternehmen
      8.3.2. Unternehmen mit bedarfswirtschaftlichem Leistungsauftrag
      8.3.3. Unternehmen mit negativen finanziellen Überschüssen
      8.3.4. Bewertung von Unternehmensanteilen
      8.3.5. Sehr kleine Unternehmen
9. **Dokumentation und Berichterstattung**

1. Zielsetzung und Aufbau

Das Fachgutachten KFS/BW 1 legt vor dem Hintergrund der in Theorie, Praxis und Rechtsprechung entwickelten Standpunkte die Grundsätze dar, nach denen Wirtschaftstreuhänder (dh Steuerberater und Wirtschaftsprüfer) Unternehmen bewerten. Dabei war es ein Anliegen, die derzeit international gängigen Methoden sowie die Besonderheiten bei der Bewertung von Klein- und Mittelunternehmen zu berücksichtigen.

Bei diesem Fachgutachten handelt es sich um allgemeine Grundsätze zur Ermittlung von Unternehmenswerten. Diese Grundsätze können nur den Rahmen festlegen, in dem die fachgerechte Problemlösung im Einzelfall liegen muss. Die Auswahl und Anwendung einer bestimmten Methode sowie Abweichungen von den vorgegebenen Grundsätzen liegen in der alleinigen Entscheidung und Verantwortung des Wirtschaftstreuhänders.

Fälle vertraglicher oder auftragsgemäßer Wertfeststellungen, die sich nach abweichenden vorgegebenen Regelungen richten, bleiben insoweit von diesem Fachgutachten unberührt.

2. Entstehung KFS/BW 1 idF 2014 im Überblick

Der Fachsenat für Betriebswirtschaft und Organisation des Instituts für Betriebswirtschaft, Steuerrecht und Organisation der Kammer der Wirtschaftstreuhänder hat nach eingehenden Beratungen am 26. März 2014 das neue Fachgutachten KFS/BW 1 beschlossen, welches das Fachgutachten KFS/BW 1 vom 27. Februar 2006 ersetzt.[1] Das neue Fachgutachten ist auf Bewertungen anzuwenden, die nach dem 30. Juni 2014 erstattet werden.

Während sich der Fachsenat bei der Erstellung des „alten" Fachgutachtens 2006 noch an verschiedenen Formulierungen des deutschen IDW-Standards S 1 „Grundsätze zur Durchführung von Unternehmensbewertungen" vom 18.10.2005 orientierte, so war dies bei der Erstellung des neuen KFS/BW 1 2014 keine wesentliche Rahmenbedingung mehr. Das österreichische Fachgutachten ist damit seinem deutschen Pendant (mit Stand 2008) mit zahlreichen neuen Ansätzen inhaltlich vorausgeeilt.

3. Bewertungsgrundsätze und -methoden (-verfahren)

3.1. Einzelgrundsätze

Das Fachgutachten KFS/BW 1 kennt die folgenden Einzelgrundsätze:

- **Maßgeblichkeit des Bewertungszwecks:**[2]
  Da mit einem Bewertungsanlass unterschiedliche Bewertungszwecke verbunden sein können, ist die Aufgabenstellung für die Unternehmensbewertung allein aus dem

---
1 Das „alte" Fachgutachten wurde am 27.2.2006 beschlossen und ersetzte das Fachgutachten KFS/BW1 vom 20.12.1989 mit Wirkung ab 1.5.2006.
2 KFS/BW 1, Rz 22.

mit der Bewertung verbundenen Zweck abzuleiten. Dieser bestimmt die Vorgangsweise bei der Unternehmensbewertung, insbesondere die Auswahl des geeigneten Bewertungsverfahrens und die Annahmen hinsichtlich Planung und Diskontierung der künftigen finanziellen Überschüsse. Eine sachgerechte Unternehmenswertermittlung setzt daher voraus, dass im Rahmen der Auftragserteilung der Bewertungszweck und die Funktion, in der der Wirtschaftstreuhänder tätig wird, festgelegt werden.

- **Stichtagsprinzip**:[3]
Unternehmenswerte sind zeitpunktbezogen. Bewertungsstichtag ist jener Zeitpunkt, für den der Wert des Unternehmens festgestellt wird; er ergibt sich aus dem Auftrag oder aus vertraglichen oder rechtlichen Regelungen. Ab diesem Zeitpunkt sind die finanziellen Überschüsse in die Unternehmensbewertung einzubeziehen. Dabei sind alle für die Wertermittlung beachtlichen Informationen, die bei angemessener Sorgfalt zum Bewertungsstichtag hätten erlangt werden können, zu berücksichtigen. Änderungen der wertbestimmenden Faktoren zwischen dem Bewertungsstichtag und dem Abschluss der Bewertung sind nur dann zu berücksichtigen, wenn ihre Wurzel vor dem Bewertungsstichtag liegt (sog „**Wurzeltheorie**").

- **Betriebsnotwendiges Vermögen**:[4]
Das betriebsnotwendige Vermögen umfasst die Gesamtheit der immateriellen und materiellen Gegenstände sowie Schulden, die dem Unternehmen für seine Leistungserstellung notwendigerweise zur Verfügung stehen. Dem Substanzwert, verstanden als Rekonstruktionszeitwert (Vermögen abzüglich Schulden) des betriebsnotwendigen Vermögens, kommt bei der Ermittlung des Unternehmenswerts keine eigenständige Bedeutung zu.

- **Nicht betriebsnotwendiges Vermögen**:[5]
Nicht betriebsnotwendiges Vermögen sind jene Vermögensteile, die für die Fortführung des Bewertungsobjekts nicht notwendig sind (zB betrieblich nicht genutzte Grundstücke und Gebäude oder Überbestände an liquiden Mitteln). Die Bewertung erfolgt grundsätzlich zum Barwert der daraus resultierenden künftigen finanziellen Überschüsse. Untergrenze ist der Liquidationswert.

- **Berücksichtigung von Transaktionskosten und transaktionsbedingten Ertragsteuerwirkungen**:[6]
Bei der Ermittlung eines objektivierten Unternehmenswerts hat eine Berücksichtigung von Transaktionskosten[7] und transaktionsbedingten Ertragsteuerwirkungen[8] grundsätzlich zu unterbleiben. Eine Berücksichtigung derartiger Faktoren ist nur dann geboten, wenn sich dies aus rechtlichen Vorgaben für den Bewertungsanlass oder aus dem Auftrag ergibt, etwa bei der Ermittlung eines subjektiven Unternehmenswerts.

---

3 KFS/BW 1, Rz 23 f.
4 KFS/BW 1, Rz 25 f.
5 KFS/BW 1, Rz 27 f.
6 KFS/BW 1, Rz 29 f.
7 Transaktionskosten sind Kosten in Verbindung mit dem Kauf bzw Verkauf des Unternehmens, zB Verkehrsteuerbelastungen bei der Übernahme von Grundstücken.
8 Zu den transaktionsbedingten Ertragsteuerwirkungen zählen insbesondere Ertragsteuerersparnisse aus einem erhöhten Abschreibungspotential aus aufgedeckten stillen Reserven und Firmenwertkomponenten bzw Ertragsteuerbelastungen aus einem Veräußerungsgewinn.

3.2. Objektivierter vs Subjektiver Wert

Aus der Gesamtheit der in der Realität vorkommenden Bewertungsanlässe können für die Praxis des Wirtschaftstreuhänders folgende bedeutsame Zwecksetzungen abgeleitet werden:[9]

- Der **objektivierte Unternehmenswert** wird unter typisierenden Annahmen mit Hilfe eines Diskontierungsverfahrens ermittelt. Er repräsentiert jenen Unternehmenswert, der sich bei Fortführung des Unternehmens auf Basis des bestehenden Unternehmenskonzepts mit allen realistischen Zukunftserwartungen im Rahmen der Marktchancen und -risiken, der finanziellen Möglichkeiten des Unternehmens sowie der sonstigen Einflussfaktoren ergibt. Bestehen rechtliche Vorgaben für die Wertermittlung, richten sich der Blickwinkel der Bewertung sowie der Umfang der erforderlichen Typisierungen und Objektivierungen nach den für die Wertermittlung relevanten rechtlichen Regelungen.
- Der **subjektive Unternehmenswert** ist ein Entscheidungswert und wird mit Hilfe eines Diskontierungsverfahrens ermittelt. In ihn fließen die subjektiven Vorstellungen und persönlichen Verhältnisse sowie sonstige Gegebenheiten (zB Synergieeffekte) des Bewertungssubjekts ein. Für einen potentiellen Käufer bzw Verkäufer soll dieser Wert die relevante Preisober- bzw Preisuntergrenze aufzeigen.
- Der **Schiedswert** wird in einer Konfliktsituation unter Berücksichtigung der unterschiedlichen Wertvorstellungen der Parteien ausschließlich nach sachlichen Gesichtspunkten festgestellt oder vorgeschlagen. Indem er die Investitionsalternativen und die persönlichen Verhältnisse der Bewertungssubjekte in angemessenem Umfang einbezieht, stellt der Schiedswert einen fairen und angemessenen Interessenausgleich zwischen den betroffenen Bewertungssubjekten dar.

Der Wirtschaftstreuhänder kann in der **Funktion** eines neutralen Gutachters, eines Beraters einer Partei oder eines Schiedsgutachters/Vermittlers tätig werden.

Dies bedeutet, dass – anders als bspw im IDW S 1 – die Funktion des Wirtschaftstreuhänders vom Bewertungszweck entkoppelt ist und sich Funktion und Zweck allein aus dem Auftragsverhältnis ergibt.

3.3. Bewertungsverfahren

Grundsätzlich wird davon ausgegangen, dass der Unternehmenswert unter Zugrundelegung ausschließlich finanzieller Ziele zu bestimmen ist. Zur Ermittlung des Unternehmenswertes verweist das Fachgutachten KFS/BW 1 auf die international üblichen drei Verfahren:[10]

- Bei **Diskontierungsverfahren** international als *„income approach"* bezeichnet, ergibt sich der Unternehmenswert aus dem Barwert finanzieller Überschüsse, die aus der Fortführung des Unternehmens und aus der Veräußerung etwaigen nicht betriebsnotwendigen Vermögens erzielt werden. Die Berechnung des Barwerts erfolgt mit

---

9   KFS/BW 1, Rz 15 ff.
10 KFS/BW 1, Rz 10 ff.

jenem Diskontierungssatz, der der Renditeforderung der Kapitalgeber entspricht. Zu den Diskontierungsverfahren zählen die Discounted-Cash-Flow-Verfahren (siehe KFS/BW 1, Rz 34 ff) und das Ertragswertverfahren (siehe KFS/BW 1, Rz 48 ff).[11]

- Bei **Marktpreis-orientierten Verfahren,** „*market approach*", (Multiplikatorverfahren) wird der Unternehmenswert als potentieller Marktpreis unter Anwendung von Multiplikatoren ermittelt, die aus Börsenkursen vergleichbarer Unternehmen oder Transaktionspreisen für vergleichbare Unternehmen abgeleitet werden oder Erfahrungssätzen entsprechen (siehe KFS/BW 1, Rz 118 ff).[12]
- Die Untergrenze für den Unternehmenswert bildet der **Substanzwert,** „*cost approach*", in Ausprägung des Liquidationswerts (siehe KFS/BW 1, Rz 132 f), sofern der Liquidation nicht rechtliche oder tatsächliche Zwänge entgegenstehen.[13]

Zur Frage einer etwaigen **Hierarchie** der zuvor beschriebenen Bewertungsverfahren enthält KFS/BW 1 folgende Ausführungen:

- Der objektivierte Wert ist mittels eines Diskontierungsverfahrens (idR DCF-Verfahren) zu ermitteln.[14]
- Die Plausibilität des auf Basis eines Diskontierungsverfahrens ermittelten Ergebnisses ist zu beurteilen; dies kann ua durch Anwendung eines Multiplikatorverfahrens erfolgen.[15] Notieren Anteile am zu bewertenden Unternehmen an einer Börse oder liegen für das zu bewertende Unternehmen Informationen über realisierte Transaktionspreise in zeitlicher Nähe zum Bewertungsstichtag vor, ist die Plausibilität des Bewertungsergebnisses durch eine Analyse dieser Börsenkurse oder Transaktionspreise zu beurteilen.[16]
- Der Liquidationswert bildet die Untergrenze für den Unternehmenswert.

Nachdem durch das Multiplikatorverfahren, als Ausprägung der markt-(preis-)orientierten Verfahren, lediglich die Plausibilität beurteilen werden kann, der Liquidationswert, als Ausprägung der Substanzwertverfahren, jedoch (zwingend) zur Beurteilung der Wertuntergrenze heranzuziehen ist,[17] ergibt sich nach KFS/BW 1 folgende Bewertungshierarchie:

(1) Kapitalwertorientierte Verfahren (DCF-Verfahren)

(2) Substanzwertorientierte Verfahren (Liquidationswert)

(3) Marktorientierte Verfahren (Börsenkurs, Multiplikatoren)

---

11   KFS/BW 1, Rz 11.
12   KFS/BW 1, Rz 12.
13   KFS/BW 1, Rz 13.
14   KFS/BW 1, Rz 16. Diese Aussage ist insofern bedeutsam, als sie festlegt, dass der objektivierte Unternehmenswert – unabhängig von etwaigen rechtlichen Vorgaben und Regelungen – immer/ausschließlich mittels Diskontierungsverfahren zu ermitteln ist.
15   Nach der Formulierung steht es dem Wirtschaftstreuhänder offen, die Plausibilität auch auf anderen Wegen zu beurteilen; durch die explizite Erwähnung des Multiplikatorverfahrens erschließt sich jedoch klar der Wunsch des Fachsenats, dass dies de facto zwingend anzuwenden ist.
16   KFS/BW 1, Rz 17.
17   In Fällen, in denen es offensichtlich ist, dass der Fortführungswert über dem Liquidationswert liegt (bspw deutlich über dem buchmäßigen Eigenkapital und stille Reserven in nur untergeordnetem Ausmaß vorhanden sind), kann auf eine explizite Ermittlung des Liquidationswerts verzichtet werden.

4. Zu kapitalisierende Größen
4.1. Grundlagen
4.1.1. Planungsprozess und -struktur

Die Planung der finanziellen Überschüsse stellt ein zentrales Element jeder Unternehmensbewertung dar. Sie erfordert eine umfangreiche Informationsbeschaffung und darauf aufbauende vergangenheits-, stichtags- und zukunftsorientierte Unternehmensanalysen und ist durch Plausibilitätsüberlegungen hinsichtlich ihrer Angemessenheit und Widerspruchsfreiheit zu überprüfen.

Grundsätzlich sind alle Informationen zu erheben, die für die Planung der finanziellen Überschüsse des Unternehmens von Bedeutung sind. Dazu gehören in erster Linie zukunftsbezogene unternehmens- und marktorientierte Informationen:

- **Unternehmensbezogene Informationen** sind insbesondere interne Plandaten sowie Analysen der Stärken und Schwächen des Unternehmens und der von diesem angebotenen Leistungen.
- **Marktbezogene Informationen** sind unter anderem Daten über die Entwicklung der Branche, der Konkurrenzsituation und der bearbeiteten Absatzmärkte, aber auch langfristige gesamtwirtschaftliche sowie länder- und branchenspezifische Trendprognosen.

Abschließend hat der Wirtschaftstreuhänder die Vollständigkeit und die Verlässlichkeit der verwendeten Planungsunterlagen zu beurteilen.[18] Dies erfordert auch einen entsprechenden Hinweis im Gutachten!

4.1.2. Vergangenheitsanalyse und Analyse der Planungstreue

Vergangenheits- und stichtagsbezogene Informationen dienen als Orientierungsgrundlage für die Planung künftiger Entwicklungen und für die Vornahme von Plausibilitätskontrollen.[19]

Die **Vergangenheitsanalyse** soll auf der Grundlage der Jahresabschlüsse, der Geldflussrechnungen sowie der internen Ergebnisrechnungen konkrete Anhaltspunkte für die Planung der Unternehmenserfolge liefern. Die Vergangenheitsdaten sind dabei um einmalige, aperiodische und außerordentliche Faktoren zu bereinigen bzw zu normalisieren. Erfolgsfaktoren der Vergangenheit sind insbesondere daraufhin zu analysieren, inwieweit sie auch künftig wirksam sein werden und ob sie das nicht betriebsnotwendige Vermögen betreffen.[20]

Für die Beurteilung der Verlässlichkeit der Planung der finanziellen Überschüsse kann auch ein **Soll-Ist-Vergleich** von in der Vergangenheit vom Unternehmen erstellten Planungsrechnungen dienlich sein.[21]

---
18 KFS/BW 1, Rz 54.
19 KFS/BW 1, Rz 53.
20 KFS/BW 1, Rz 55.
21 KFS/BW 1, Rz 72.

4.2. Planung
4.2.1. Planungsprämissen
4.2.1.1. Markt- und Wettbewerbsumfeld

Zur Analyse der Unternehmensumwelt in der (jüngeren) Vergangenheit gehören die Entwicklung der Marktstellung des Unternehmens und sonstige Markt- und Umweltentwicklungen (zB Entwicklungen in politischer, rechtlicher, ökonomischer, technischer, ökologischer und sozialer Hinsicht).[22]

4.2.1.2. Unternehmensanalyse

Es ist darauf zu achten, dass die Planungsrechnung mit den darin zum Ausdruck kommenden Erfolgs- und Finanzplanungen auf dem zum Bewertungsstichtag bestehenden Unternehmenskonzept aufbaut. Dies bedeutet, dass Maßnahmen, die zu strukturellen Veränderungen des Unternehmens führen sollen, nur dann berücksichtigt werden dürfen, wenn sie zu diesem Zeitpunkt bereits eingeleitet bzw hinreichend konkretisiert sind.[23]

Im Rahmen der objektivierten Unternehmensbewertung ist grundsätzlich von einem unveränderten Management oder für den Fall des Wechsels des Managements von durchschnittlichen Managementleistungen auszugehen (typisierte Managementfaktoren).[24]

4.2.2. (Detail-)Planung und Phasenkonzept

Die finanziellen Überschüsse des zu bewertenden Unternehmens werden in der Regel in mehreren Phasen geplant (Phasenmethode). Die Phasen können in Abhängigkeit von Größe, Struktur, Branche und Lebensdauer des zu bewertenden Unternehmens unterschiedlich lang sein. In den meisten Fällen wird die Planung in zwei bis drei Phasen vorgenommen.[25]

- Die **Detailplanungsphase**, für die eine periodenspezifische Planung der finanziellen Überschüsse erfolgen kann, ist in Abhängigkeit von Größe, Struktur und Branche des Unternehmens häufig auf drei bis fünf Jahre begrenzt (**Phase I**).
  In der Detailplanungsphase ist von der Ausschüttung derjenigen finanziellen Überschüsse auszugehen, die entsprechend der Planungsrechnung weder für Investitionen noch für Fremdkapitaltilgungen benötigt werden und unter Berücksichtigung rechtlicher Restriktionen zur Ausschüttung zur Verfügung stehen.
- Die Detailplanungsphase ist um eine **Grobplanungsphase (Phase II)** zu ergänzen, wenn die Annahme, das Unternehmen gehe unmittelbar nach der Detailplanungsphase in einen Gleichgewichts- und Beharrungszustand über, nicht plausibel erscheint. Dies kann beispielsweise der Fall sein, wenn Investitionszyklen noch nicht abgeschlossen sind; auch längerfristige Produktlebenszyklen, überdurchschnittliche Wachstumsraten, Steuer- oder andere Sondereffekte können eine Grobplanungsphase erfordern.

---

22 KFS/BW 1, Rz 56.
23 KFS/BW 1, Rz 79.
24 KFS/BW 1, Rz 81.
25 KFS/BW 1, Rz 59 ff.

In der Regel kann sich die Planung der Grobplanungsphase auf die periodenspezifische Entwicklung der wesentlichen unternehmensspezifischen Werttreiber konzentrieren.
- Für die Zeit nach dem Planungshorizont können bei unterstellter unbegrenzter Lebensdauer des zu bewertenden Unternehmens lediglich globale bzw pauschale Annahmen getroffen werden. In der Regel wird hier auf Basis von Annahmen über das Ausschüttungsverhalten und das Rentabilitätsniveau eine Unternehmensentwicklung mit gleichbleibenden oder konstant wachsenden finanziellen Überschüssen unterstellt (**Rentenphase** bzw **Phase III**). Quellen des Wachstums der finanziellen Überschüsse können neben Preissteigerungen auch Kapazitätsausweitungen sein.

4.2.3. Nachhaltige Größen

Über die zu erwartende langfristige Entwicklung des Rentabilitätsniveaus des zu bewertenden Unternehmens in der Rentenphase sind unter Berücksichtigung der dafür relevanten Einflussfaktoren wie die Widerstandsfähigkeit des Unternehmens gegen den Abbau von Überrenditen (Konvergenzprozesse) geeignete Annahmen zu treffen:[26]

- Dabei kann unterstellt werden, dass die Rendite (nach Unternehmenssteuern) aus der Wiederveranlagung thesaurierter Beträge langfristig den Kapitalkosten entspricht (**Konvergenzannahme**).
- Ist davon abweichend zu erwarten, dass die Rendite langfristig über den Kapitalkosten liegen wird, sind die dafür maßgeblichen Gründe anzugeben.

Generell ist in der Rentenphase auf die Konsistenz der Annahmen zu Renditeerwartungen, Wachstumsrate und Thesaurierung zu achten!

Wegen des oft starken Gewichts der Wertbeiträge der finanziellen Überschüsse in der Rentenphase kommt der **kritischen Überprüfung** der zugrunde liegenden Annahmen besondere Bedeutung zu. In diesem Zusammenhang kann es zweckmäßig sein, die integrierte Planungsrechnung über einen längeren Zeitraum fortzuschreiben, um die Auswirkungen insbesondere von Wachstums- und Thesaurierungsannahmen darzustellen und auf Konsistenz zu überprüfen.[27]

4.2.4. Integrierte Planung und Ableitung der zu kapitalisierenden Größen

Die Unternehmensbewertung basiert grundsätzlich auf einer möglichst umfassenden von der Unternehmensleitung erstellten integrierten Planungsrechnung, die ihre Zusammenfassung in Plan-Bilanzen, Plan-Gewinn- und Verlustrechnungen und Finanzplänen findet. Die Planungsrechnung hat die prognostizierte leistungs- und finanzwirtschaftliche Entwicklung im Rahmen der erwarteten Markt- und Umweltbedingungen zu reflektieren.[28]

---

26 KFS/BW 1, Rz 64.
27 KFS/BW 1, Rz 65.
28 KFS/BW 1, Rz 58.

Unter Berücksichtigung der beschafften Informationen und der Erkenntnisse aus der vergangenheits- und stichtagsorientierten Unternehmensanalyse sind aus dieser Planungsrechnung die künftigen finanziellen Überschüsse abzuleiten.

Thesaurierungen finanzieller Überschüsse des Unternehmens und deren Verwendung sind in der Planungsrechnung zu berücksichtigen.

4.3. Planungsplausibilisierung

Die Planung der finanziellen Überschüsse ist auf ihre Plausibilität hin zu beurteilen. Dabei ist zwischen der Beurteilung der formellen und der materiellen Plausibilität zu differenzieren:[29]

- Im Zuge der Beurteilung der **formellen Plausibilität** hat der Wirtschaftstreuhänder zunächst die Dokumentation der Planung sowie den Prozess zur Erstellung der Planung zu analysieren. Dabei ist insbesondere darauf einzugehen, zu welchem Zeitpunkt, zu welchem Zweck und von wem die Planung erstellt wurde, ob diese von einem Aufsichtsorgan genehmigt wurde und welche Verbindlichkeit sie hat. Ebenso ist zu berücksichtigen, ob die Planung anlassbezogen für Zwecke der Unternehmensbewertung oder im Rahmen eines standardisierten, beispielsweise jährlichen, Planungsprozesses erstellt wurde.

  Aus formeller Sicht ist weiters zu beurteilen, ob die Planung rechnerisch nachvollziehbar und richtig ist sowie den methodischen Anforderungen einer integrierten Planungsrechnung entspricht. Dabei ist insbesondere darauf einzugehen, ob die einzelnen Teilpläne (Plan-Bilanzen, Plan-Gewinn- und Verlustrechnungen und Finanzpläne sowie gegebenenfalls weitere Teilpläne wie bspw Absatzpläne, Personalpläne, Investitionspläne) vollständig und miteinander abgestimmt sind.

- Im Rahmen der Beurteilung der **materiellen Plausibilität** sind die der Planung zugrunde liegenden Annahmen kritisch zu würdigen. Dabei empfiehlt es sich, in einem ersten Schritt die wesentlichen wertbeeinflussenden Annahmen zu identifizieren. In einem weiteren Schritt sind die Nachweise bzw Argumente, die diese Annahmen untermauern, zu analysieren. Letztendlich ist zu beurteilen, ob die Planung schlüssig und widerspruchsfrei aus den getroffenen Annahmen abgeleitet wurde und alle Konsequenzen dieser Annahmen berücksichtigt wurden.

  Wesentliche Grundlagen für die Beurteilung der materiellen Plausibilität lassen sich aus der Vergangenheitsanalyse ableiten, die sich sowohl auf unternehmensbezogene Informationen als auch auf eine Analyse der Unternehmensumwelt in der (jüngeren) Vergangenheit erstreckt. Der Wirtschaftstreuhänder hat zu analysieren, ob die Annahmen der Planung in Widerspruch zu den Ergebnissen der Vergangenheitsanalyse stehen.

Die Einholung einer Vollständigkeitserklärung entbindet den Wirtschaftstreuhänder nicht davon, sich selbst ein Urteil über die Plausibilität der Planung der finanziellen Überschüsse zu bilden.[30]

---
29 KFS/BW 1, Rz 68 ff.
30 KFS/BW 1, Rz 73.

4.4. Mangelhafte oder fehlende Planungsrechnungen

Stellt der Wirtschaftstreuhänder **Mängel bei der Beurteilung der formellen Plausibilität** fest, ist zunächst die Unternehmensleitung aufzufordern, die Planungsrechnung zu vervollständigen bzw zu überarbeiten. Eine Mitwirkung des Wirtschaftstreuhänders bei der Vervollständigung bzw Überarbeitung der Planungsrechnung ist zulässig, sofern sich diese ausschließlich auf die rechnerische Richtigkeit sowie auf die Methodik einer integrierten Planungsrechnung erstreckt.[31]

Stellt der Wirtschaftstreuhänder **Mängel im Zuge der Beurteilung der materiellen Plausibilität** fest, ist die Unternehmensleitung aufzufordern, die Planungsrechnung anzupassen. Wenn die aufgezeigten Mängel dadurch nicht beseitigt werden können, sind vom Wirtschaftstreuhänder entsprechende Anpassungen vorzunehmen. Die vom Wirtschaftstreuhänder vorgenommenen Anpassungen bzw eigenständig getroffenen Annahmen sind im Bewertungsgutachten explizit zu beschreiben. Der Wirtschaftstreuhänder hat auf die Mangelhaftigkeit der von der Unternehmensleitung erstellten Planungsrechnung und eine damit allenfalls verbundene eingeschränkte Verlässlichkeit des Bewertungsergebnisses im Bewertungsgutachten hinzuweisen.[32]

Liegt eine ausreichend dokumentierte Planungsrechnung nicht vor, ist die Unternehmensleitung zu veranlassen, unter Zugrundelegung ihrer Vorstellungen über die künftige Entwicklung des Unternehmens eine Erfolgs-, Finanz- und Bilanzplanung zu erstellen. Dabei sind neben den verfügbaren externen Informationen (zB Branchenanalysen, Marktstudien) als weitere Grundlage für die Planung der Zukunftserträge die im Rahmen einer Vergangenheitsanalyse festgestellten Entwicklungslinien zu beachten.[33]

Sofern von der Unternehmensleitung eine für Zwecke der Unternehmensbewertung geeignete Unternehmensplanung nicht zu erhalten ist, kann der Wirtschaftstreuhänder auf Basis der Vergangenheitsanalyse, der von ihm hierbei festgestellten Entwicklungslinien und der übrigen verfügbaren Informationen eine (integrierte) Planung der finanziellen Überschüsse erstellen. Es empfiehlt sich, eine Szenarioanalyse durchzuführen. Die vom Wirtschaftstreuhänder eigenständig getroffenen Annahmen sind im Bewertungsgutachten explizit zu beschreiben. Der Wirtschaftstreuhänder hat auf das Fehlen einer Planungsrechnung und eine damit allenfalls verbundene eingeschränkte Verlässlichkeit des Bewertungsergebnisses im Bewertungsgutachten hinzuweisen.[34]

Unsicherheiten, die ausschließlich auf Mängel der oder das Fehlen einer Planungsrechnung zurückzuführen sind, dürfen bei der Bewertung weder durch Abschläge von den zu diskontierenden finanziellen Überschüssen noch durch Zuschläge zum Diskontierungssatz berücksichtigt werden.[35]

---

31 KFS/BW 1, Rz 74.
32 KFS/BW 1, Rz 75.
33 KFS/BW 1, Rz 76.
34 KFS/BW 1, Rz 77.
35 KFS/BW 1, Rz 78.

5. Ableitung der Kapitalkosten

5.1. Grundlagen

Jede Investition in ein Unternehmen ist mit dem Risiko verbunden, dass künftige finanzielle Überschüsse nicht im erwarteten Umfang anfallen, dh sie können sowohl niedriger als auch höher ausfallen als erwartet.

Dieses Risiko kann entweder in Form der Sicherheitsäquivalenzmethode durch einen Abschlag vom Erwartungswert der finanziellen Überschüsse oder in Form der Risikozuschlagsmethode durch einen Risikozuschlag zum risikolosen Zinssatz (Basiszinssatz) berücksichtigt werden.

Da die Risikozuschlagsmethode national und international gebräuchlich ist, geht das Fachgutachten KFS/BW 1 von ihrer Anwendung aus.[36]

5.2. Eigenkapitalkosten

5.2.1. Überblick

Werden im Rahmen der Risikozuschlagsmethode die Risikozuschläge aus Kapitalmarktdaten abgeleitet, spricht man von marktorientierten Risikozuschlägen bzw Risikoprämien. Sie werden in der Regel auf Grundlage des Capital Asset Pricing Model (CAPM) ermittelt. Risikoprämien nach dem CAPM enthalten nur eine Abgeltung für das systematische Risiko, weil unterstellt wird, dass das unsystematische Risiko durch vollständige Diversifikation des Investors eliminiert wird.[37]

Der Diskontierungssatz nach dem CAPM setzt sich aus der risikolosen Verzinsung (Basiszinssatz) und dem marktorientierten Risikozuschlag in Form des Produkts aus Marktrisikoprämie und Beta-Faktor zusammen.

5.2.2. Basiszinssatz

Bei der Bestimmung des Basiszinssatzes ist von einer risikolosen Kapitalmarktanlage auszugehen. Der Basiszinssatz ist unter Berücksichtigung der Laufzeitäquivalenz zum zu bewertenden Unternehmen aus der zum Bewertungsstichtag gültigen Zinsstrukturkurve abzuleiten.[38]

Im Falle unbegrenzter Lebensdauer des zu bewertenden Unternehmens empfiehlt die Arbeitsgruppe „Unternehmensbewertung" des Fachsenats die Ableitung des Basiszinssatzes aus der Zinsstrukturkurve (nach *Svensson*) unter Verwendung der von der Deutschen Bundesbank veröffentlichten Daten. Dabei stellt die Heranziehung der zum Bewertungsstichtag gültigen spot rate für eine Laufzeit von 30 Jahren als (im Zeitablauf konstanten) Basiszinssatz eine zulässige Näherung dar.[39]

---

36 KFS/BW 1, Rz 100.
37 KFS/BW 1, Rz 101.
38 KFS/BW 1, Rz 104.
39 Empfehlung der AG Unternehmensbewertung zum Basiszinssatz vom 18.10.2006.

5.2.3. Risikozuschlag

5.2.3.1. Marktrisikoprämie

Zur Höhe der Marktrisikoprämie gibt der Arbeitsgruppe „Unternehmensbewertung" des Fachsenats für Betriebswirtschaft und Organisation bei Bedarf einschlägige Empfehlungen.[40]

Aktuell hält die Arbeitsgruppe „Unternehmensbewertung" eine Marktrisikoprämie vor persönlichen Steuern in einer Bandbreite von 5,5 % bis 7,0 % im derzeitigen Marktumfeld für einen angemessenen Ansatz.[41]

5.2.3.2. Beta-Faktor

Bei der Bewertung börsennotierter Unternehmen können unternehmensindividuelle Beta-Faktoren aus den Börsenkursen des zu bewertenden Unternehmens berechnet werden. Sie werden auch von Finanzdienstleistern erhoben bzw können einschlägigen Publikationen entnommen werden. Ist der unternehmensindividuelle Beta-Faktor nicht aussagekräftig, ist ein Beta-Faktor vergleichbarer Unternehmen heranzuziehen (Peer Group-Beta). Bei der Auswahl der Peer-Group-Unternehmen ist auf die Vergleichbarkeit des Geschäftsrisikos zu achten.[42]

Bei der Bewertung nicht börsennotierter Unternehmen können vereinfachend Beta-Faktoren für vergleichbare Unternehmen (Peer Group-Beta) oder für Branchen herangezogen werden.[43]

5.3. Fremdkapitalkosten

Die Renditeforderung der Fremdkapitalgeber kann eine Risikoprämie enthalten, der gegebenenfalls bei der Bestimmung der Renditeforderung der Eigenkapitalgeber durch Berücksichtigung eines Debt Betas Rechnung zu tragen ist.[44]

5.4. Kapitalstruktur

Risikoprämien nach dem CAPM erfassen neben dem Geschäftsrisiko (Business Risk) auch das Kapitalstrukturrisiko (Financial Risk). Der Beta-Faktor für ein verschuldetes Unternehmen ist höher als jener für ein unverschuldetes Unternehmen, weil er auch das Kapitalstrukturrisiko berücksichtigt. Veränderungen in der Kapitalstruktur erfordern daher eine Anpassung der Risikoprämie. Zur Anpassung des Beta-Faktors an die Kapitalstruktur wurden Anpassungsformeln entwickelt. Diese Anpassungsformeln erfassen teilweise auch das Beta des Fremdkapitals (**Debt Beta**). Die Berücksichtigung des Debt

---

40 KFS/BW 1, Rz 105.
41 Empfehlung der AG Unternehmensbewertung zur Bestimmung der Marktrisikoprämie vom 4.10.2012
42 Diese Unternehmen sollten in ihren wesentlichen Eigenschaften mit dem zu bewertenden Unternehmen übereinstimmen. Als Auswahlkriterien dienen häufig Branche bzw Vergleichbarkeit des Geschäftsmodells, geografische Abdeckung, Profitabilität und Wachstum; vgl KFS/BW 1, Rz 126.
43 KFS/BW 1, Rz 106.
44 KFS/BW 1, Rz 114.

Betas ist erforderlich, wenn die zum Basiszinssatz laufzeitäquivalenten Fremdkapitalkosten des Unternehmens wesentlich vom Basiszinssatz abweichen.[45]

Die Planung bzw Vorgabe der Fremdkapitalbestände in der Finanzplanung führt in der Regel dazu, dass sich die **Kapitalstruktur** in der Detailplanungsphase von Periode zu Periode verändert. Die daraus resultierende Veränderung des Kapitalstrukturrisikos erfordert eine periodenspezifische Anpassung der Eigenkapitalkosten. Verändert sich die Kapitalstruktur im Zeitablauf nur unwesentlich, kann auf eine periodenspezifische Anpassung der Eigenkapitalkosten verzichtet werden.[46]

Mit der Annahme einer im Zeitablauf **konstanten Kapitalstruktur** wird implizit unterstellt, dass der Bestand an verzinslichem Fremdkapital bei einer Änderung des Marktwerts des Gesamtkapitals im Zeitablauf entsprechend angepasst wird (wertorientierte Finanzierungspolitik). Um die Plausibilität dieser Finanzierungspolitik beurteilen zu können, hat der Wirtschaftstreuhänder die im Zeitablauf implizit unterstellten Anpassungen der Bestände des verzinslichen Fremdkapitals sowie die aus dieser Finanzierungspolitik resultierenden Flows to Equity für die einzelnen Perioden zu ermitteln und in seinem Bericht offenzulegen. Die Plausibilität dieser Finanzierungspolitik ist auf dieser Grundlage durch den Wirtschaftstreuhänder zu beurteilen.[47]

5.5. Wachstumsabschlag

Kann im konkreten Bewertungsfall in der Rentenphase auf der Grundlage der getroffenen Annahmen über das Ausschüttungsverhalten und das Rentabilitätsniveau ein **nachhaltiges Wachstum** der den Unternehmenseignern zufließenden finanziellen Überschüsse angenommen werden, ist dies in dieser Phase durch den Abzug der Wachstumsrate vom Diskontierungssatz zu berücksichtigen. Die weitere Abzinsung des Rentenbarwerts auf den Bewertungsstichtag hat hingegen mit dem Diskontierungssatz vor Abzug der Wachstumsrate zu erfolgen.[48]

5.6. Steuern

Die auf Basis des CAPM ermittelten Renditeforderungen bzw Risikozuschläge sind Renditeforderungen bzw Risikozuschläge nach Körperschaftsteuer, jedoch vor persönlichen Ertragsteuern. Diese Renditeforderungen sind zur Diskontierung von finanziellen Überschüssen nach Körperschaftsteuer, jedoch vor persönlichen Ertragsteuern heranzuziehen. Eine solche Vorgangsweise kommt zum Tragen, wenn bei der Bewertung von Kapitalgesellschaften **vereinfachend auf die Berücksichtigung persönlicher Ertragsteuern verzichtet wird**.[49]

---

45 KFS/BW 1, Rz 107.
46 KFS/BW 1, Rz 108.
47 KFS/BW 1, Rz 42.
48 KFS/BW 1, Rz 115.
49 Da bei der Bewertung von Kapitalgesellschaften in der Regel davon ausgegangen werden kann, dass eine Bewertung vor persönlichen Ertragsteuern annähernd zum gleichen Bewertungsergebnis führt wie eine Bewertung nach persönlichen Ertragsteuern, kann auf die Berücksichtigung der persönlichen Ertragsteuern auf den Unternehmenseignern zufließende finanzielle Überschüsse vereinfachend verzichtet werden. In diesem Fall hat die Diskontierung mit den Kapitalkosten vor persönlichen Ertragsteuern zu erfolgen; vgl KFS/BW 1, Rz 84.

Werden der Wertermittlung finanzielle Überschüsse nach persönlichen Ertragsteuern zugrunde gelegt, hat die Diskontierung mit der Renditeforderung nach persönlichen Ertragsteuern zu erfolgen. In diesem Fall kann die Renditeforderung auf Basis des Tax-CAPM ermittelt werden.

5.7. Alternative Konzepte

Trotz seiner restriktiven Prämissen stellt das CAPM das bei der Ermittlung objektivierter Unternehmenswerte vorrangig anzuwendende Kapitalkostenkonzept dar. Ist jedoch nach den Umständen des konkreten Bewertungsanlasses davon auszugehen, dass eine davon abweichende Bestimmung der Eigenkapitalkosten vorzuziehen ist, können die Eigenkapitalkosten auch nach anderen *üblichen und anerkannten* Verfahren bestimmt werden.[50]

Bei der Beurteilung, welche Verfahren sowohl eine gewisse theoretisch/akademische Anerkennung aufweisen als auch in der Praxis üblich sind, sind strenge Maßstäbe anzusetzen.[51] Unter heutigen Gesichtspunkten wird dies wohl nur für das sog „modified CAPM"[52] gelten, welches das „reine" CAPM um ausgewählte Zuschläge ergänzt.[53]

Der Wirtschaftstreuhänder hat die Auswahl seiner Vorgangsweise zur Bestimmung der Eigenkapitalkosten zu begründen, die auf dieser Grundlage ermittelten Eigenkapitalkosten nachvollziehbar abzuleiten und die dafür maßgeblichen Annahmen vollständig darzustellen.[54]

6. Ableitung des (objektivierten) Unternehmenswertes

Wie bereits ausgeführt, ist der objektivierte Unternehmenswert mittels Diskontierungsverfahren zu ermitteln.

Zu den Diskontierungsverfahren zählen das Ertragswertverfahren und die DCF-Verfahren (Discounted-Cash-Flow-Verfahren). Beide Verfahren beruhen insoweit auf der gleichen konzeptionellen Grundlage, als sie den Unternehmenswert als Barwert künftiger finanzieller Überschüsse ermitteln (Kapitalwertkalkül).[55]

Die DCF-Verfahren lassen sich in Brutto- und Nettoverfahren unterscheiden:[56]

- Bei den Bruttoverfahren (Entity-Ansatz) wird vorerst der Wert des Gesamtkapitals aus der Sicht der Eigen- und Fremdkapitalgeber bestimmt. Danach wird durch Abzug des Marktwerts des verzinslichen Fremdkapitals der Wert des Eigenkapitals ermittelt. Zu den Bruttoverfahren gehören das WACC-Verfahren (Weighted-Average-Cost-of-Capital-Verfahren) und das APV-Verfahren (Adjusted-Present-Value-Verfahren) als Varianten der DCF-Verfahren.

---

50 KFS/BW 1, Rz 111.
51 So erfüllt bspw das Konzept des Total Betas hingegen aus heutiger Sicht diese Anforderungen nicht. Vgl *Kruschwitz/Löffler*, Warum Total Beta totaler Unsinn ist, CorporateFinance 2014, 263 ff.
52 Vgl *Pratt/Grabowski*, Cost of Capital[5], 197.
53 Vgl *Kaden/Purtscher/Wirth*, Wichtige Neuerungen im KFS/BW 1, RWZ 2014, 206.
54 KFS/BW 1, Rz 112.
55 KFS/BW 1, Rz 31.
56 Vgl KFS/BW 1, Rz 32 f.

- Bei den Nettoverfahren wird der Wert des Eigenkapitals direkt durch Diskontierung der den Unternehmenseignern zufließenden künftigen finanziellen Überschüsse (Flows to Equity) ermittelt. Zu den Nettoverfahren gehören das Ertragswertverfahren und der Equity-Ansatz als Variante der DCF-Verfahren.

Beim Ertragswertverfahren wird der Unternehmenswert durch Diskontierung der den Unternehmenseignern zufließenden finanziellen Überschüsse ermittelt. Bei identen Annahmen betreffend die finanziellen Überschüsse und die Ableitung der Renditeforderung der Eigenkapitalgeber entspricht das Ertragswertverfahren dem Equity-Ansatz der DCF-Verfahren.[57]

Auf eine explizite Darstellung der oa Verfahren sei hier verzichtet und auf die einschlägige Literatur verwiesen.[58]

7. Plausibilisierung des Unternehmenswertes
7.1. Multiplikatoren

Wie bereits ausgeführt, ist die Plausibilität des auf Basis eines Diskontierungsverfahrens ermittelten Ergebnisses zu beurteilen. Dies kann ua durch Anwendung eines Multiplikatorverfahrens erfolgen.

Multiplikatorverfahren ermitteln den Unternehmenswert als potentiellen Marktpreis durch Multiplikation des Multiplikators mit einer Bezugsgröße (Überschussgröße) als Referenzgröße. Das Ergebnis der Bewertung ist entweder der potentielle Marktpreis des Eigenkapitals oder der potentielle Marktpreis des Gesamtkapitals. Durch Abzug der Nettofinanzverbindlichkeiten (Net Debt) vom potentiellen Marktpreis des Gesamtkapitals erhält man den potentiellen Marktpreis des Eigenkapitals.[59]

Als Bezugsgrößen kommen insbesondere in Frage:[60]

a) Umsatz
b) Gewinn vor Zinsen und Steuern (EBIT)
c) Gewinn vor Zinsen, Steuern und Abschreibungen (EBITDA)
d) Jahresüberschuss

Bei der Auswahl der Bezugsgrößen sind deren unterschiedliche Vor- und Nachteile sowie branchenspezifische Besonderheiten zu berücksichtigen. Die parallele Anwendung mehrerer Bezugsgrößen wird daher empfohlen. Dabei ist auch auf Konsistenz der Ermittlung der Bezugsgrößen für das Bewertungsobjekt und die Peer-Group-Unternehmen zu achten.[61]

Weiters gilt es zu beachten:[62]

- Da der Wert eines Unternehmens entscheidend durch seine Fähigkeit bestimmt wird, im operativen Geschäft Gewinne und Überrenditen über die Kapitalkosten zu erwirt-

---

57 Vgl KFS/BW 1, Rz 48 f.
58 Siehe bspw *Aschauer/Purtscher*, Einführung in die Unternehmensbewertung (2011).
59 KFS/BW 1, Rz 118.
60 KFS/BW 1, Rz 119.
61 KFS/BW 1, Rz 120.
62 KFS/BW 1, Rz 122 ff.

schaften, wird für produzierende und dienstleistende Unternehmen die vorrangige Anwendung von gesamtkapitalbasierten Multiplikatoren, insbesondere mit den Bezugsgrößen EBIT und EBITDA, empfohlen. Bei Umsatzmultiplikatoren ist zu beachten, dass ihre Anwendung eine Umsatzrendite des Bewertungsobjekts unterstellt, die mit jener der Peer-Group-Unternehmen vergleichbar ist.

- Die Bezugsgrößen können sich auf verschiedene Zeiträume beziehen. „Trailing Multiples" verwenden historische Daten, während bei „Forward Multiples" zukünftig erwartete Größen einbezogen werden.
- Die verwendeten Bezugsgrößen sollten als dauerhaft erzielbare Größen anzusehen sein, was Bereinigungen um Sondereffekte wie einmalige Erträge und Aufwendungen erfordert. Durchgeführte Bereinigungen sind offenzulegen und zu begründen.

Der Multiplikator ergibt sich grundsätzlich als Quotient aus dem Marktpreis des Eigenkapitals bzw dem Marktpreis des Gesamtkapitals eines vergleichbaren Unternehmens und der Bezugsgröße eines vergleichbaren Unternehmens. Diese Marktpreise werden aus der Marktkapitalisierung vergleichbarer börsennotierter Unternehmen (Börsenmultiplikatoren) oder aus Transaktionspreisen für vergleichbare Unternehmen (Transaktionsmultiplikatoren) gewonnen.

Diese vergleichbaren Unternehmen (**Peer Group**) sollten in ihren wesentlichen Eigenschaften mit dem zu bewertenden Unternehmen übereinstimmen. Als Auswahlkriterien dienen häufig Branche bzw Vergleichbarkeit des Geschäftsmodells, geografische Abdeckung, Profitabilität und Wachstum.[63]

Die Anzahl der Multiplikatoren aus den vergleichbaren Unternehmen (Peer Group) ergibt in der Regel eine Bandbreite, die zu einer Größe verdichtet werden kann. Dazu werden in der Regel das arithmetische Mittel oder der Median herangezogen. Zu beachten ist, dass das arithmetische Mittel stark von Ausreißern beeinflusst wird, sodass vor seiner Berechnung eine Bereinigung um diese Ausreißer vorgenommen werden sollte.[64]

Kann eine Gruppe vergleichbarer Unternehmen nicht identifiziert werden, kann auf Branchen-Multiplikatoren abgestellt werden. Dabei ist zu beachten, dass diese Multiplikatoren bei Heterogenität der einbezogenen Unternehmen von nur geringer Aussagekraft sein können.[65]

Da die Anwendung von Börsenmultiplikatoren auf Marktpreisen für einzelne Aktien basiert, ist das Bewertungsergebnis als potentieller Marktpreis für einen fungiblen Minderheitsanteil am zu bewertenden Unternehmen zu interpretieren. **Paketzuschläge** oder **Kontrollprämien** sind darin nicht enthalten. Bei der Anwendung von Transaktionsmultiplikatoren ist zu untersuchen, ob diese auf Transaktionen betreffend Minderheits- oder Mehrheitsanteile beruhen. Transaktionsmultiplikatoren, die aus Transaktionen betreffend Mehrheitsanteile abgeleitet werden, führen zu potentiellen Marktpreisen für Mehrheitsanteile, die allfällige Kontrollprämien bereits beinhalten.[66]

---

[63] KFS/BW 1, Rz 126.
[64] KFS/BW 1, Rz 127.
[65] KFS/BW 1, Rz 128.
[66] KFS/BW 1, Rz 129 f.

7.2. Andere Verfahren

Andere Verfahren zur Beurteilung der Plausibilität werden im Fachgutachten KFS/BW 1 nicht explizit angeführt.

8. Besonderheiten bei der Unternehmensbewertung
8.1. KMU (Kleine und mittelgroße Unternehmen)

Kennzeichen vieler kleiner und mittlerer Unternehmen (KMU) sind insbesondere ein begrenzter Kreis von Unternehmenseignern, Unternehmenseigner mit geschäftsführender Funktion, Mitarbeit von Familienmitgliedern des Unternehmenseigners (der Unternehmenseigner) im Unternehmen, keine eindeutige Abgrenzung zwischen Betriebs- und Privatvermögen, wenige Geschäftsbereiche, einfaches Rechnungswesen und einfache interne Kontrollen. Bei diesen Unternehmen resultieren daher Risiken insbesondere aus den unternehmerischen Fähigkeiten des Unternehmenseigners (der Unternehmenseigner), der Abhängigkeit von nur wenigen Produkten, Dienstleistungen oder Kunden, einer fehlenden bzw nicht dokumentierten Unternehmensplanung, einer ungenügenden Eigenkapitalausstattung und eingeschränkten Finanzierungsmöglichkeiten. Aufgrund dieser spezifischen Risikofaktoren hat der Wirtschaftstreuhänder besonderes Augenmerk auf die **Abgrenzung des Bewertungsobjekts**, die **Bestimmung des Unternehmerlohns** und die **Zuverlässigkeit der vorhandenen Informationsquellen** zu richten.[67]

Bei personenbezogenen, von den Eigentümern dominierten Unternehmen ist bei der Abgrenzung des Bewertungsobjekts auf eine **korrekte Trennung** zwischen betrieblicher und privater Sphäre zu achten. Dabei kann zB die Heranziehung steuerlicher Sonderbilanzen für die Identifikation von nicht bilanziertem, aber betriebsnotwendigem Vermögen hilfreich sein. Werden wesentliche Bestandteile des Anlagevermögens (insbesondere Grundstücke und Patente) im Privatvermögen gehalten, müssen sie in das betriebsnotwendige Vermögen einbezogen oder anderweitig (zB durch den Ansatz von Miet-, Pacht- oder Lizenzzahlungen) berücksichtigt werden.[68] Bei der Ermittlung eines objektivierten Unternehmenswerts sind typisierende Annahmen über die künftige Innen- und Außenfinanzierung bzw **Kapitalstruktur** zu treffen, wenn dafür kein dokumentiertes Unternehmenskonzept vorliegt. Im Fall der Beibringung von Sicherheiten aus dem Privatbereich von Unternehmenseignern sind in der Planung der finanziellen Überschüsse entweder entsprechende Aufwendungen für Avalprovisionen oder Fremdkapitalzinsen, die ohne diese Sicherheiten anfallen würden, anzusetzen.[69]

Bei KMU sind die persönlichen Kenntnisse, Fähigkeiten und Beziehungen sowie das persönliche Engagement der Unternehmenseigner oft von herausragender Bedeutung für die Höhe der finanziellen Überschüsse. Es ist daher darauf zu achten, dass diese Erfolgsfaktoren durch einen **angemessenen Unternehmerlohn** berücksichtigt werden. Die Höhe des Unternehmerlohns wird nach den Aufwendungen bestimmt, die für eine Fremdgeschäftsführung anfallen würden. Soweit Familienangehörige des Unternehmens-

---
67 KFS/BW 1, Rz 143.
68 KFS/BW 1, Rz 144.
69 KFS/BW 1, Rz 145.

eigners (der Unternehmenseigner) oder andere nahestehende Personen im Unternehmen unentgeltlich tätig sind, ist ein angemessener Lohnaufwand anzusetzen.[70]

Soweit bei personenbezogenen Unternehmen die in der Person des Unternehmenseigners (der Unternehmenseigner) begründeten Erfolgsbeiträge in Zukunft nicht realisiert werden können, sind sie bei der Planung der finanziellen Überschüsse außer Acht zu lassen. Ebenso sind Einflüsse aus einem Unternehmensverbund oder aus sonstigen Beziehungen personeller oder familiärer Art zwischen Management und dritten Unternehmen, die bei einem Eigentümerwechsel nicht mit übergehen würden, zu eliminieren.[71]

Bei der Bewertung von KMU ist im Vergleich zu großen Unternehmen die **Zuverlässigkeit der vorhandenen Informationen** stärker zu hinterfragen. Da Jahresabschlüsse dieser Unternehmen in der Regel nicht geprüft werden oder steuerlich ausgerichtet sind, muss sich der Wirtschaftstreuhänder im Rahmen der Feststellung der Ertragskraft durch eine Analyse der Vergangenheitsergebnisse von der Plausibilität der wesentlichen Basisdaten überzeugen. Dabei sind die Vergangenheitserfolge um außerordentliche Komponenten und einmalige Einflüsse, die sich künftig voraussichtlich nicht wiederholen werden, zu bereinigen. Zu beachten ist ferner, dass bei langen Investitionsintervallen die Gewinn- und Verlustrechnungen der nächstzurückliegenden Perioden die Ergebnisse möglicherweise nicht zutreffend widerspiegeln.[72] Die bereinigten Vergangenheitserfolge sind weiters um die bei Durchführung der Unternehmensbewertung bereits eingetretenen oder erkennbaren Veränderungen der für die Vergangenheit wirksam gewesenen Erfolgsfaktoren zu berichtigen.

Bei Einzelunternehmen oder Personengesellschaften kann die Bewertung im Hinblick auf die **Ertragsbesteuerung** vereinfachend so vorgenommen werden, als läge eine Kapitalgesellschaft vor. Damit kann der Bewertung vereinfachend die für Kapitalgesellschaften geltende Ertragsbesteuerung zugrunde gelegt werden. In diesem Fall ist auch der vereinfachende Verzicht auf die Berücksichtigung der persönlichen Ertragsteuern zulässig.

8.2. Ertragsschwache Unternehmen

Die Ertragsschwäche eines Unternehmens zeigt sich darin, dass seine Rentabilität nachhaltig geringer ist als die Kapitalkosten.[73]

Bei der Bewertung ertragsschwacher Unternehmen ist neben der Beurteilung von Fortführungskonzepten auch die **Beurteilung von Zerschlagungskonzepten** erforderlich. Führt das optimale Zerschlagungskonzept zu einem höheren Barwert finanzieller Überschüsse als das optimale Fortführungskonzept, entspricht der Unternehmenswert grundsätzlich dem Liquidationswert. Erweist sich die Fortführung des Unternehmens aufgrund der zur Verbesserung der Ertragskraft geplanten Maßnahmen als vorteilhaft, hat der Wirtschaftstreuhänder diese Maßnahmen hinsichtlich ihrer Plausibilität und Realisierbarkeit kritisch zu beurteilen.[74]

---

70 KFS/BW 1, Rz 146.
71 KFS/BW 1, Rz 82.
72 KFS/BW 1, Rz 147.
73 KFS/BW 1, Rz 137.
74 KFS/BW 1, Rz 138.

8.3. Sonstige

8.3.1. Wachstumsunternehmen

Wachstumsunternehmen sind Unternehmen mit erwarteten überdurchschnittlichen Wachstumsraten der Umsätze. Sie sind insbesondere durch Produktinnovationen gekennzeichnet, die mit hohen Investitionen und Vorleistungen in Entwicklung, Produktion und Absatz, begleitet von wachsendem Kapitalbedarf, verbunden sind. Vielfach befinden sich derartige Unternehmen erfolgsmäßig zum Zeitpunkt der Bewertung in einer Verlustphase, sodass eine Vergangenheitsanalyse für Plausibilitätsüberlegungen im Hinblick auf die künftige Entwicklung des Unternehmens in der Regel nicht geeignet ist.[75]

Die Planung der finanziellen Überschüsse unterliegt in diesem Fall erheblichen Unsicherheiten, weshalb vor allem die nachhaltige Wettbewerbsfähigkeit des Produkt- und Leistungsprogramms, das Marktvolumen, die Ressourcenverfügbarkeit, die wachstumsbedingten Anpassungsmaßnahmen der internen Organisation und die Finanzierbarkeit des Unternehmenswachstums analysiert werden müssen. Besonderes Augenmerk ist auf die Risikoeinschätzung zu legen.[76]

Bei der Planung der finanziellen Überschüsse erscheint es sinnvoll, die Planung in mehreren Phasen (Anlaufphase, Phase mit überdurchschnittlichem Umsatz- und Ertragswachstum und Phase mit normalem Wachstum) vorzunehmen und Ergebnisbandbreiten abzuleiten. Die Durchführung von **Szenarioanalysen unter Berücksichtigung von Insolvenzwahrscheinlichkeiten** wird empfohlen.[77]

8.3.2. Unternehmen mit bedarfswirtschaftlichem Leistungsauftrag

Unternehmen mit bedarfswirtschaftlichem Leistungsauftrag (Non-Profit-Unternehmen) erhalten diesen entweder vom Unternehmensträger (zB bestimmte kommunale Institutionen, Sozialwerke, Genossenschaften, gemeinnützige Vereine) oder von einem Subventionsgeber (zB Gemeinde, Land, Bund).[78]

In solchen Unternehmen hat das Kostendeckungsprinzip zwecks Sicherung der Leistungserstellung Vorrang vor einer (begrenzten) Gewinnerzielung. Da nicht-finanzielle Ziele dominieren, ist als Unternehmenswert nicht der Zukunftserfolgswert anzusetzen, sondern der **Rekonstruktionszeitwert,** wobei zu berücksichtigen ist, ob die Leistungserstellung allenfalls mit einer effizienteren Substanz oder Struktur erreicht werden kann. Wegen der Dominanz des Leistungserstellungszwecks kommt bei unzureichender Ertragskraft eine Liquidation als Alternative zur Fortführung des Unternehmens nicht in Frage, es sei denn, die erforderliche Kostendeckung (einschließlich aller Zuschüsse) ist künftig nicht mehr gewährleistet.[79]

---

75 KFS/BW 1, Rz 134.
76 KFS/BW 1, Rz 135.
77 KFS/BW 1, Rz 136.
78 KFS/BW 1, Rz 139.
79 KFS/BW 1, Rz 140.

8.3.3. Unternehmen mit negativen finanziellen Überschüssen

Ergibt die Unternehmensplanung negative finanzielle Überschüsse, ist zunächst zu untersuchen, inwieweit diese durch Fremdkapitalaufnahmen oder Gewinnthesaurierungen ausgeglichen werden können bzw sollen. Sieht zB die Planung bei Kraftwerken, Abbau- oder Deponieunternehmen für die Nachsorgephase negative finanzielle Überschüsse vor, muss sie in der Regel dahingehend überarbeitet werden, dass dafür in der Aktivphase durch ausreichende Rückstellungsbildung und Einbehaltung finanzieller Mittel vorgesorgt wird.[80]

Weist eine solcherart adaptierte Planungsrechnung negative finanzielle Überschüsse aus, die durch entsprechende Einzahlungen der Unternehmenseigner zu bedecken sind, ist bei der Ermittlung subjektiver Unternehmenswerte der Diskontierungssatz für diese Einzahlungen durch Vornahme eines Risikoabschlags vom Basiszinssatz zu ermitteln. Bezieht man jedoch den Kapitalmarkt in die Bewertung ein, wie es für die Ermittlung des objektivierten Unternehmenswerts vorgesehen ist, dann ist davon auszugehen, dass sowohl für positive **als auch für negative finanzielle Überschüsse in der Regel ein marktorientierter Risikozuschlag zum Basiszinssatz** anzusetzen ist.[81]

8.3.4. Bewertung von Unternehmensanteilen

Bei der Bewertung von Unternehmensanteilen ist Folgendes zu beachten:[82]

- Der **objektivierte Wert** eines Unternehmensanteils ergibt sich in der Regel aus der Multiplikation des objektivierten Gesamtwerts des Unternehmens mit dem jeweiligen Beteiligungsprozentsatz (indirekte Methode). Die **Berücksichtigung von Minderheitsab- oder -zuschlägen ist unzulässig**. Einer unterschiedlichen Ausstattung von Unternehmensanteilen mit Vermögensrechten (zB Vorzugsaktien) ist allerdings bei der Bewertung Rechnung zu tragen.
- Die Ermittlung eines **subjektiven Anteilswerts** erfolgt unter Berücksichtigung der spezifischen Möglichkeiten des (potentiellen) Anteilseigners zur Einflussnahme auf das Unternehmen durch Abstellen auf die für den konkreten Anteilseigner erwarteten Nettoeinnahmen (direkte Methode). Die Anwendung der indirekten Methode ist insoweit problematisch, als in diesem Fall in der Regel subjektive Zu- und Abschläge zum bzw vom quotalen Wert vorzunehmen sind.

8.3.5. Sehr kleine Unternehmen

Als sehr kleine Unternehmen gelten solche, die die Buchführungsgrenze des § 189 Abs 1 Z 2 UGB nicht überschreiten. Vereinfacht ausgedrückt sind dies Personengesellschaften mit Umsatzerlösen unter 700.000 € pa.

---

80 KFS/BW 1, Rz 141.
81 KFS/BW 1, Rz 142.
82 KFS/BW 1, Rz 149 ff.

Bei sehr kleinen Unternehmen kann der objektivierte Unternehmenswert vereinfachend durch die Anwendung eines Multiplikatorverfahrens auf Basis von Erfahrungssätzen ermittelt werden, wenn sich über die auf das Bewertungsobjekt anzuwendenden Erfahrungssätze eine feste allgemeine Verkehrsauffassung gebildet hat und die Anwendung dieser Erfahrungssätze nach der Einschätzung des Wirtschaftstreuhänders mit ausreichender Sicherheit eine verlässliche Grundlage der Wertermittlung darstellt.[83]

In der Berichterstattung ist anzugeben, auf welcher Grundlage diese Erfahrungssätze gewonnen wurden.[84]

9. Dokumentation und Berichterstattung

Bei Beginn der Arbeiten zu einer Unternehmensbewertung soll der Wirtschaftstreuhänder einen **schriftlichen Auftrag** mit folgendem Mindestinhalt einholen:[85]

- Auftraggeber, Auftragnehmer, Auftragsbedingungen, Bewertungsobjekt, Bewertungssubjekt, Bewertungsanlass, Bewertungszweck, Funktion des Wirtschaftstreuhänders, Bewertungsstichtag, eventuelle Weitergabebeschränkungen für das Bewertungsgutachten, Hinweis auf die Einholung einer Vollständigkeitserklärung vor Ausfertigung des Bewertungsgutachtens.

Im Rahmen der laufenden Arbeiten sind die berufsüblichen Grundsätze in Bezug auf die Anlage von Arbeitspapieren entsprechend anzuwenden. Die **Arbeitspapiere** dienen einerseits der Dokumentation des Umfangs der geleisteten Arbeiten und sollen andererseits einem sachverständigen Dritten den Nachvollzug der Bewertungsschritte und des Bewertungsergebnisses ermöglichen.[86]

Vor Abschluss der Arbeiten hat der Wirtschaftstreuhänder vom Unternehmen (Bewertungsobjekt) eine **Vollständigkeitserklärung** einzuholen. Darin ist auch zu erklären, dass die vorgelegten Plandaten den aktuellen Erwartungen der Unternehmensleitung entsprechen, plausibel abgeleitet sind und alle erkennbaren Chancen und Risiken berücksichtigen.

Das **Bewertungsgutachten** hat Aussagen zu folgenden Punkten zu enthalten:[87]

a) Auftrag,
b) Beschreibung des Bewertungsobjekts, insbesondere in wirtschaftlicher, rechtlicher und steuerlicher Hinsicht,
c) erhaltene und verwendete Unterlagen (einschließlich Gutachten Dritter) sowie sonstige verwendete Informationen,
d) Entwicklung des Bewertungsobjekts in der Vergangenheit und Vergangenheitsanalyse,
e) Planungsrechnungen,
f) Plausibilitätsbeurteilung der Planung,

---

83 KFS/BW 1, Rz 18.
84 KFS/BW 1, Rz 131.
85 KFS/BW 1, Rz 152.
86 KFS/BW 1, Rz 153.
87 KFS/BW 1, Rz 155.

g) angewandte Bewertungsmethode und Begründung ihrer Anwendung,
h) Bewertungsschritte,
i) Darstellung und Bewertung des nicht betriebsnotwendigen Vermögens,
j) Bewertungsergebnis,
k) Plausibilitätsbeurteilung des Bewertungsergebnisses.

Sofern **vertrauliche Unternehmensdaten** zu schützen sind, kann die Berichterstattung dergestalt erfolgen, dass das Bewertungsgutachten nur eine verbale Darstellung einschließlich des Bewertungsergebnisses enthält und in einem getrennten Anhang die geheimhaltungsbedürftigen Daten angeführt werden.[88]

---

[88] KFS/BW 1, Rz 156.

IDW S 1 – Vergleichende Darstellung im Hinblick auf den KFS/BW 1

Lars Franken/Georg Köller

1. **Zielsetzung und Aufbau**
2. **Entstehung IDW S 1 idF 2008 im Überblick**
3. **Grundlagen**
    3.1. Bewertungskonzepte, Funktion des Wirtschaftsprüfers und Dominanz der zukunftserfolgsbasierten Wertermittlung
    3.2. Konzeptionelle Einheitlichkeit/Verzicht auf Skalierung
4. **Bewertungsgrundsätze und -methoden (-verfahren)**
    4.1. Einzelgrundsätze
    4.2. Objektivierter vs Subjektiver Wert
    4.3. Bewertungsverfahren
5. **Zu kapitalisierende Größen**
    5.1. Grundlagen
        5.1.1. Planungsprozess und -struktur
        5.1.2. Vergangenheitsanalyse und Analyse der Planungstreue
    5.2. Planung
        5.2.1. Planungsprämissen
            5.2.1.1. Markt- und Wettbewerbsumfeld
            5.2.1.2. Unternehmensanalyse
        5.2.2. (Detail-)Planung und Phasenkonzept
        5.2.3. Nachhaltige Größen und Wachstumsrate
        5.2.4. Integrierte Planung und Ableitung der zu kapitalisierenden Größen
    5.3. Planungsplausibilisierung
6. **Ableitung der Kapitalkosten**
    6.1. Eigenkapitalkosten
        6.1.1. Überblick
        6.1.2. Basiszinssatz
        6.1.3. Risikozuschlag
            6.1.3.1. Marktrisikoprämie
            6.1.3.2. Betafaktor
    6.2. Fremdkapitalkosten
    6.3. Kapitalstruktur
    6.4. Wachstumsabschlag

7. **Ableitung des (objektivierten) Unternehmenswertes**
8. **Plausibilisierung des Unternehmenswertes**
   8.1. Multiplikatoren
   8.2. Andere Verfahren
9. **Besonderheiten bei der Unternehmensbewertung**
   9.1. KMU (Kleine und mittelgroße Unternehmen)
   9.2. Ertragsschwache Unternehmen
   9.3. Wachstumsstarke Unternehmen
10. **Dokumentation und Berichterstattung**

1. Zielsetzung und Aufbau

Der nachfolgende Beitrag gibt einen Überblick über wesentliche Inhalte des vom Fachausschuss für Unternehmensbewertung und Betriebswirtschaft (FAUB) des Institut der Wirtschaftsprüfer in Deutschland e.V. (IDW) am 2. April 2008 verabschiedeten IDW Standard „Grundsätze zur Durchführung von Unternehmensbewertungen" (IDW S 1 idF 2008); dabei werden die wesentlichen Gemeinsamkeiten und Unterschiede im Hinblick auf die entsprechende österreichische Regelung – den KFS/BW 1 (2014) – aufgezeigt. Über die Regelungen des IDW S 1 idF 2008 hinaus werden auch die ergänzenden Veröffentlichungen des FAUB berücksichtigt (siehe dazu Überblick in Abschnitt 2 dieses Beitrags).

Wir weisen einschränkend darauf hin, dass wir an dieser Stelle keine vollumfängliche Darstellung bzw Erläuterung der Regelungen des IDW S 1 idF 2008 geben können. Insofern verweisen wir – auch zur Darstellung und Analyse der den Regelungen zugrunde liegenden inhaltlichen Themen – auf die vorliegende Literatur.

Gleichwohl möchten wir Lesern, die nicht täglich mit dem IDW S 1 idF 2008 in ihrer beruflichen Praxis zu tun haben, den Einstieg in diesen deutschen Bewertungsstandard erleichtern, indem wir auf Basis unserer in der Anwendung des IDW S 1 idF 2008 gewonnenen Erfahrungen ausgewählte, zentrale Inhalte pointiert darstellen.

Der Aufbau der Ausführungen orientiert sich am „typischen" Gliederungsschema eines Bewertungsgutachtens und erfolgt insofern insb unabhängig vom Aufbau und Gliederungsschema des IDW S 1 idF 2008 bzw des KFS/BW 1 (2014) sowie unabhängig davon, wie detailliert beide Standards den jeweiligen Themenkomplex regeln.

2. Entstehung IDW S 1 idF 2008 im Überblick

Der aktuell gültige IDW Standard „Grundsätze zur Durchführung von Unternehmensbewertungen" (IDW S 1 idF 2008) wurde in einer ersten Fassung mit Stand 28. Juni 2000 veröffentlicht (IDW S 1 idF vom 28. Juni 2000). Gegenüber der bis dahin geltenden Stellungnahme 2/1983 des HFA stellte der IDW S 1 idF vom 28. Juni 2000 insb auf eine kapitalmarktorientierte Ableitung des Kapitalisierungszinssatzes ab.

Diese Grundausrichtung liegt auch der aktuellen Fassung IDW S 1 idF 2008 zugrunde. Die beiden seit dem Jahr 2000 erfolgten Überarbeitungen des IDW S 1 (2005, 2008) umfassen jeweils insb eine Anpassung an Änderungen in der deutschen Ertragbesteuerung.

Über die eigentliche Stellungnahme IDW S 1 erfolgen weitere Veröffentlichungen des FAUB, in welchen iW die Anwendung des Standards weiter erläutert bzw konkretisiert wird. Die weiteren Veröffentlichungen seit 2008 sind in der nachfolgenden Tabelle zusammengestellt:

IDW S 1 – Vergleichende Darstellung im Hinblick auf den KFS/BW 1

Jahr	Artikel	Fundstelle IDW-FN	
2008	IDW Standard: Grundsätze zur Durchführung von Unternehmensbewertungen (IDW S 1 idF 2008)	7/2008	271 ff
2008	Ergänzende Hinweise des FAUB zur Bestimmung des Basiszinssatzes im Rahmen objektivierter Unternehmensbewertungen	11/2008	490 f
2009	Auswirkungen der Finanzmarkt- und Konjunkturkrise auf Unternehmensbewertungen	12/2009	696 ff
2012	Beschaffung von Kapitalmarktdaten zur Ermittlung eines objektivierten Unternehmenswertes nach IDW S 1 idF 2008	1/2012	60 f
2012	FAUB: Auswirkungen der aktuellen Kapitalmarktsituation auf die Ermittlung des Kapitalisierungszinssatzes	2/2012	122
2012	Fragen & Antworten: Zur praktischen Anwendung des IDW Standards Grundsätze zur Durchführung von Unternehmensbewertungen (IDW S 1 idF 2008)	5/2012	323 ff
2012	FAUB: Hinweise zur Berücksichtigung der Finanzmarktkrise bei der Ermittlung des Kapitalisierungszinssatzes	10/2012	568 f
2013	Fragen & Antworten: Zur praktischen Anwendung des IDW Standards Grundsätze zur Durchführung von Unternehmensbewertungen (IDW S 1 idF 2008)	8/2013	363 ff
2013	Ergänzung der F&A zu IDW S 1 idF 2008 zum Thema Basiszinssatz	8/2013	363
2014	Besonderheiten bei der Ermittlung eines objektivierten Unternehmenswertes von KMU (IDW Praxishinweis 1/2014)	4/2014	282 ff
2014	Fragen & Antworten: Zur praktischen Anwendung des IDW Standards Grundsätze zur Durchführung von Unternehmensbewertungen (IDW S 1 idF 2008)	4/2014	293 ff
2015	Besonderheiten bei der Unternehmensbewertung von Ansprüchen im Familien- und Erbrecht	9/2015	475 ff
2016	Fragen & Antworten: Zur praktischen Anwendung der Grundsätze zur Durchführung von Unternehmensbewertungen nach IDW S 1 idF 2008 (IDW S 1 idF 2008)	7/2016	580 ff
2016	Ergänzung der F&A zu IDW S 1 idF 2008 zum Thema Basiszinssatz	8/2016	731 f

Tabelle 1: Ergänzende Veröffentlichungen des FAUB seit 2008

Darüber hinaus sind die Ergebnisberichte (Protokolle) der jeweiligen FAUB-Sitzung im Mitgliederbereich des IDW einsehbar.

Die Ausführungen in Abschnitt A des WP-Handbuches (Band II, 2014) dienen der „Ergänzung und Kommentierung zur Theorie der betriebswirtschaftlichen Unternehmensbewertungslehre und zu deren Anwendung und Umsetzung in der Praxis unter besonderer Berücksichtigung von IDW S 1 sowie der Rechtsprechung zu gesetzlich veranlassten Unternehmensbewertungen" (Abschnitt A, Tz 2). Sie gelten nicht als offizielle Verlautbarungen des IDW, sondern geben die persönliche Auffassung des jeweiligen Autors wieder. Von ihnen geht damit keine mit IDW S 1 vergleichbare Verbindlichkeit aus.

Die Arbeitsgruppe „Planung" des FAUB entwickelt aktuell Anforderungen an die Erstellung von Planungsrechnungen zur Verwendung im Rahmen von Unternehmensbewertungen sowie zu den Anforderungen an deren Plausibilisierung. Insofern sind insb für die nachfolgenden Abschnitte 5.2 und 5.3 in näherer Zukunft Konkretisierungen und Ergänzungen zu erwarten.

3. Grundlagen

3.1. Bewertungskonzepte, Funktion des Wirtschaftsprüfers und Dominanz der zukunftserfolgsbasierten Wertermittlung

Der Geltungsbereich des IDW S 1 idF 2008 umfasst die Bewertung von Unternehmen, soweit sie durch einen Wirtschaftsprüfer (Adressat der Regelung) erfolgt und der Wirtschaftsprüfer bei seiner Bewertungstätigkeit nicht auftragsgemäß oder vor dem Hintergrund vertraglicher oder rechtlicher (gesetzlicher) Bestimmungen abweichende Regelungen zu beachten hat (vgl IDW S 1 idF 2008, Tz 1).

Im Hinblick auf die Ermittlung des Unternehmenswertes stellt IDW S 1 idF 2008 grundlegend auf drei Aspekte ab:

- Relevanz und „Rangfolge" der Bewertungskonzepte Zukunftserfolgs-, Liquidations- und Substanzwert,
- Abhängigkeit der Wertermittlung von der Funktion des Wirtschaftsprüfers sowie
- Beschränkung der Funktion vergleichender Wertermittlungen auf die Plausibilisierung des zukunftserfolgsbasiert ermittelten Unternehmenswertes.

IDW S 1 idF 2008 stellt grundsätzlich auf den Unternehmenswert als Zukunftserfolgswert (Nettozuflüsse an die Unternehmenseigner) ab. Der Zukunftserfolgswert entspricht dabei der Summe aus dem Wert des betriebsnotwendigen Vermögens (bei dauerhafter Fortführung) und dem Wert des nicht betriebsnotwendigen Vermögens. Die Ermittlung des Zukunftserfolgswerts (des betriebsnotwendigen Vermögens) bildet den Schwerpunkt von IDW S 1 idF 2008.

Bei ausschließlich finanzieller Zielsetzung kommt dem Liquidationswert grundsätzlich die Funktion einer Wertuntergrenze zu.

Dem Substanzwert als Rekonstruktionswert kommt bei ausschließlich finanzieller Zielsetzung keine eigenständige Bedeutung zu. Bei Unternehmen mit unzureichender Rentabilität und nicht finanzieller Zielsetzung verweist IDW S 1 idF 2008 auf den Aspekt der Leistungserstellung und entsprechend auf den Substanzwert als Wertkonzept.

Die Unternehmenswertermittlung gemäß IDW S 1 idF 2008 hat im Weiteren unter Beachtung dieser Kategorisierung zu erfolgen. Die beiden nachfolgenden Aspekte sind dabei zusätzlich zu beachten bzw finden innerhalb der vorgenannten Kategorien ihre Anwendung.

IDW S 1 idF 2008 differenziert danach, in welcher Funktion der Wirtschaftsprüfer tätig wird:

- Als neutraler Gutachter ermittelt der Wirtschaftsprüfer einen objektivierten Unternehmenswert.
- Als Berater ermittelt der Wirtschaftsprüfer einen subjektiven Entscheidungswert.
- Als Schiedsgutachter/Vermittler ermittelt der Wirtschaftsprüfer einen Einigungswert.

Die Differenzierung in einen objektivierten und einen subjektiven Unternehmenswert greift IDW S 1 idF 2008 im Weiteren explizit bei der Bewertung des betriebsnotwendigen Vermögens auf; dabei sind beide Komponenten des Barwertkalküls betroffen, dh die relevanten Einzahlungsüberschüsse und auch der Kapitalisierungszinssatz.

Nähere Ausführungen zum Einigungswert enthält IDW S 1 idF 2008 nicht.

IDW S 1 idF 2008 verlangt die Plausibilisierung des nach den vorstehenden Grundsätzen ermittelten Unternehmenswerts. Dazu werden zwei Verfahren angeführt (Tz 142 und 143 ff):

- Analyse des Börsenkurses des zu bewertenden Unternehmens sowie
- Multiple-Bewertungen (von Vergleichsunternehmen bzw -transaktionen).

Die Multiple-Bewertungen werden dabei innerhalb von IDW S 1 idF 2008 als „vereinfachte Preisfindung" bezeichnet.

Damit enthält IDW S 1 idF 2008 eine eindeutige Wertung dahingehend, dass dem Unternehmenswert der Vorrang gegenüber einer Multiple-Bewertung zukommt; der Unternehmenswert wird dabei idR als Zukunftserfolgswert ermittelt und insoweit planungsbasiert errechnet.

Diese Wertung der Rangfolge der verschiedenen Wertermittlungsansätze weicht insb von der Regelung im IDW Standard Grundsätze für die Erstellung von Fairness Opinions (IDW S 8) ab, welche grundsätzlich von einer Gleichrangigkeit der verschiedenen Ansätze ausgeht.

Die vorgenannte Rangfolge wird innerhalb von IDW S 1 idF 2008 nur für spezielle Unternehmensbewertungsanlässe (insb Abfindungen bei aktienrechtlichen Strukturmaßnahmen) durchbrochen, als der Standard hier die bestehende Rechtsprechung aufgreift und dem Börsenkurs die Funktion einer Wertuntergrenze bei der Abfindungsbemessung zuweist. Inhaltlich stellt diese durch die Rechtsprechung geprägte Sichtweise auf die Abbildung der Deinvestitionsalternative des Aktionärs ab (Möglichkeit des Verkaufs der Aktie zum Verkehrswert).

3.2. Konzeptionelle Einheitlichkeit/Verzicht auf Skalierung

IDW S 1 idF 2008 enthält konzeptionell keine Skalierungsmöglichkeit „nach unten"; insofern hat eine S 1-Bewertung grundsätzlich stets „vollumfänglich" zu erfolgen.

Abweichungen von der gemäß IDW S 1 idF 2008 geforderten Vorgehensweise bei der Ermittlung des Unternehmenswertes stellen – aus Sicht von IDW S 1 idF 2008 – entweder vereinfachte Preisfindungen (Multiple-Bewertungen) oder vertragliche, auftragsgemäße bzw rechtlich normierte Bewertungen dar.

Hohe praktische Relevanz haben dabei – neben rechtlich normierten Bewertungen – die sog indikativen Ermittlungen von Unternehmenswerten. Dabei erfolgt – je nach Auftragsgestaltung – keine vollständige Anwendung des IDW S 1 idF 2008:

- Insb die Planungsplausibilisierung wird dabei regelmäßig nur auf Basis der vorgelegten Unterlagen vorgenommen, wobei diese wiederum häufig nicht hinsichtlich Zweckmäßigkeit und Vollständigkeit eigenständig beurteilt werden. Entsprechend erfolgt in diesen Fällen allenfalls eine sog „negative" Aussage zur Planungsplausibilisierung („auf Basis der uns übermittelten Unterlagen bzw erteilten Auskünfte und der im Gutachten dargelegten Analysehandlungen sind uns keine Kenntnisse bekannt geworden, dass die Planung rechnerisch falsch, willkürlich oder aus nicht begründeten Prämissen abgeleitet worden ist").
- Der Kapitalisierungszinssatz wird bei sog indikativen Wertermittlungen regelmäßig gemäß den in IDW S 1 idF 2008 genannten Grundsätzen ermittelt, faktisch beschränkt sich die Vereinfachung hier häufig auf den Rückgriff auf vorliegende Kapitalmarktstudien zur Ermittlung des Betafaktors (anstatt der Durchführung eigener Kapitalmarktstudien mit einer individuell zusammengestellten Peer Group).

4. Bewertungsgrundsätze und -methoden (-verfahren)

4.1. Einzelgrundsätze

IDW S 1 idF 2008 nennt – über die im nachfolgenden Abschnitt 4.2 gesondert behandelten Grundsätze zur Ermittlung der finanziellen Überschüsse bei objektivierten und subjektiven Bewertungen – die folgenden allgemeinen Bewertungsgrundsätze:

- Maßgeblichkeit des Bewertungszwecks (IDW S 1 idF 2008, Tz 17),
- Bewertung der wirtschaftlichen Einheit (IDW S 1 idF 2008, Tz 18 ff),
- Stichtagsprinzip (IDW S 1 idF 2008, Tz 22 f),
- Bewertung des betriebsnotwendigen Vermögens (IDW S 1 idF 2008, Tz 24 ff),
- Unbeachtlichkeit des bilanziellen Vorsichtsprinzips (IDW S 1 idF 2008, Tz 64 f) sowie
- Nachvollziehbarkeit der Bewertungsansätze (IDW S 1 idF 2008, Tz 66 f).

KFS/BW 1 (2014) enthält materiell weitgehend vergleichbare Regelungen.

Der Grundsatz der Bewertung der wirtschaftlichen Einheit ist in KFS/BW 1 (2014) lediglich redaktionell abweichend gefasst, als er unter dem Stichwort „Bewertungsobjekt" innerhalb des Abschnitts Grundlagen behandelt wird.

Die Grundsätze der Unbeachtlichkeit des bilanziellen Vorsichtsprinzips und der Nachvollziehbarkeit der Bewertungsansätze haben ein Stück weit klarstellenden bzw verdeutlichenden Charakter; ihr Inhalt ergibt sich insoweit implizit aus der Anwendung der übrigen Regelungen. Auch wenn sie im KFS/BW 1 (2014) kein explizites Pendant aufweisen, ergibt sich daraus nach unserer Einschätzung kein materieller Unterschied.

Umgekehrt entspricht der explizite Grundsatz der Nicht-Berücksichtigung von Transaktionskosten und transaktionsbedingten Ertragsteuerwirkungen innerhalb von KFS/BW 1 (2014), Tz 29–30, bei der Ermittlung objektivierter (keine Berücksichtigung) bzw subjektiver (Berücksichtigung) Unternehmenswerte weitgehend der deutschen Praxis.

4.2. Objektivierter vs Subjektiver Wert

Hinsichtlich der Grundsätze zur Ermittlung der finanziellen Überschüsse bei objektivierten und subjektiven Bewertungen enthält IDW S 1 idF 2008 folgende Differenzierungen:

Bei der Ermittlung des objektivierten Unternehmenswertes nennt IDW S 1 idF 2008 folgende (spezielle) Grundsätze:

- zum Stichtag bereits eingeleitete oder im Unternehmenskonzept dokumentierte Maßnahmen,
- sog unechte Synergieeffekte,
- Ausschüttungsannahme,
- Managementfaktoren,
- Ertragsteuern der Unternehmenseigner.

KFS/BW 1 (2014) enthält materiell weitgehend vergleichbare Regelungen.

Bei der Ermittlung eines subjektiven Unternehmenswertes nennt IDW S 1 idF 2008 folgende (spezielle) Grundsätze:

- geplante, aber zum Stichtag noch nicht eingeleitete oder noch nicht im Unternehmenskonzept dokumentierte Maßnahmen,
- sog echte Synergieeffekte,
- Finanzierungsmaßnahmen,
- Ausschüttungsannahme,
- Managementfaktoren,
- Ertragsteuern der Unternehmenseigner.

KFS/BW 1 (2014) enthält materiell weitgehend vergleichbare Regelungen.

4.3. Bewertungsverfahren

Als (rechentechnische) Verfahren nennt IDW S 1 idF 2008 das Ertragswertverfahren sowie die DCF-Verfahren WACC und APV (als Bruttoverfahren, Entity-Ansätze) und den Equity-Ansatz (Flow-to-Equity). Hinsichtlich der Darstellung/weiteren Verwendung im Rahmen der Ausführungen innerhalb von IDW S 1 idF 2008 stehen dabei das Ertragswertverfahren und das WACC-Verfahren im Vordergrund.

KFS/BW 1 (2014) verweist materiell auf die gleichen Verfahren wie IDW S 1 idF 2008, wobei die Verfahren lediglich ausführlicher und eher „gleichgewichtig" dargestellt werden (Tz 31–50).

5. Zu kapitalisierende Größen

5.1. Grundlagen

5.1.1. Planungsprozess und -struktur

IDW S 1 idF 2008, Tz 69, betont die hohe Bedeutung der verfügbaren (zukunftsgerichteten) Informationen für die Unternehmensanalyse und damit für das Unternehmensergebnis, enthält jedoch keine näheren Ausführungen zur Analyse der Planungsprozesses und der -struktur des zu bewertenden Unternehmens (Tz 82–84).

KFS/BW 1 (2014), Tz 69, verweist hingegen explizit auf die Notwendigkeit der Analyse des Planungsprozesses. Die darin angelegte Unterscheidung zwischen regelmäßigen (anlassunabhängigen) und anlassbezogenen Planungen sowie die Hinweise auf die Notwendigkeit der Analyse der Planungsdokumentation und der Berücksichtigung des Grades der Verbindlichkeit der Planung entsprechen im Kern der deutschen Praxis – zumindest bei vollumfänglichen Bewertungen wie zum Beispiel im Zusammenhang mit aktienrechtlichen Strukturmaßnahmen.

5.1.2. Vergangenheitsanalyse und Analyse der Planungstreue

IDW S 1 idF 2008 nennt die Vergangenheitsanalyse als Ausgangspunkt für die Prognose zukünftiger Entwicklungen (Tz 72), betont zugleich aber deren grundsätzlich eingeschränkte Bedeutung als nicht zukunftgerichtetes Verfahren (Tz 69).

Die weiteren, eher allgemeinen Ausführungen in IDW S 1 idF 2008 (Tz 73–74, 103) zeigen eine grundsätzliche, strukturelle Herausforderung der Vergangenheitsanalyse auf: Faktisch knüpft die Vergangenheitsanalyse in hohem Maße am Zahlenwerk des Jahresabschlusses (insb GuV- und Bilanz-Analyse) sowie am internen, idR zahlenbasierten Berichtswesen an, gefordert und „gesucht" ist aber eine auch deutlich leistungswirtschaftliche Analyse, die Markt- und Branchenentwicklungen einbezieht. Der Rückgriff auf das etablierte Zahlenwerk soll im Hinblick auf die Quantifizierung von (gerade auch der leistungswirtschaftlichen) Entwicklungen und Effekten etc erfolgen, sich aber nicht in einer „buchhalterischen" Betrachtung außerordentlicher oder periodenfremder Beträge erschöpfen.

Die Ausführungen innerhalb von KFS/BW 1 (2014) entsprechen im Ergebnis weitgehend denjenigen im IDW S 1 idF 2008, dabei enthält insb Tz 148 illustrative und konkrete Ansatzpunkte für eine umfassende Vergangenheitsanalyse.

IDW S 1 idF 2008 fordert zumindest explizit keine Analyse der Planungstreue.

Entsprechendes gilt für KFS/BW 1 (2014), wobei dieses Instrument im Zusammenhang mit der materiellen Planungsplausibilität zumindest erwähnt wird (Tz 72).

Ungeachtet der formalen Fassung des IDW S 1 idF 2008 wird die Analyse der Planungstreue für eine vollständige S-1-Bewertung in der Praxis weitgehend als notwendiger Bestandteil angesehen.

5.2. Planung

5.2.1. Planungsprämissen

5.2.1.1. Markt- und Wettbewerbsumfeld

Im Zuge der Ausführungen zur Planung und Prognose verweist IDW S 1 idF 2008 mehrfach auf die Bedeutung von Marktentwicklungen (Tz 75 ff), konkretisierende Hinweise zu Umfang und Durchführung entsprechender Markt- und Wettbewerbsanalysen werden jedoch nicht gegeben.

Entsprechendes gilt für KFS/BW 1 (2014).

In der deutschen Praxis sind nach unserer Erfahrung – zumindest bei Bewertungen im Zusammenhang mit aktienrechtlichen Strukturmaßnahmen – folgende Vorgehensweisen beobachtbar:

- Verwendung externer Branchenanalysen/-reports. Die Verfügbarkeit entsprechender Analysen ist dabei stark von der jeweiligen Branche abhängig. Faktisch ist – strukturell wie bei Peer-Group-Betrachtungen – die Vergleichbarkeit mit dem Bewertungsobjekt zu würdigen.
- Identifikation von Wettbewerbern und deren Analyse.

5.2.1.2. Unternehmensanalyse

IDW S 1 idF 2008 enthält keine konkretisierenden Hinweise zu Umfang und Durchführung der Unternehmensanalyse.

Entsprechendes gilt für KFS/BW 1 (2014).

Wie für die Vergangenheitsanalyse erörtert, besteht auch für die zukunftsgerichtete Unternehmensanalyse häufig eine Zweiteilung in einen zahlenbasierten und einen eher qualitativen Teil:

- Regelmäßig praktiziert wird die zahlenbasierte Analyse der Planung: Umsatzwachstumsraten, Entwicklung der Aufwandsstruktur, Entwicklung zentraler Ergebnislinien (Margenanalyse).
- Die leistungswirtschaftliche Unternehmensanalyse erfolgt primär als Beschreibung von Stärken/Schwächen bzw Besonderheiten des Unternehmens (zB Kundenstruktur/ Marktstellung, spezielles Know-how). Eine Hinterlegung mit spezifischen Analysetools/-methoden erfolgt nach unserer Einschätzung nicht einheitlich, zumindest werden entsprechende Verfahren kaum dargestellt.

5.2.2. (Detail-)Planung und Phasenkonzept

IDW S 1 idF 2008 verweist (Tz 76 ff) – mit Hinweis auf die mit der Länge des Planungs-/ Prognosezeitraums ansteigenden Prognoseunsicherheiten – auf die häufig praktizierte Zweiphasenmethode (Detailplanungsphase und nachhaltige Größen) und nennt einen Zeitraum von drei bis fünf Jahren als häufig beobachtbare Länge des Detailplanungszeitraums.

Die der Bewertung für die Detailplanungsphase zugrunde gelegte Planung ist dabei – vorbehaltlich der Einschätzung ihrer Plausibilität – in der praktischen Anwendung die „normale" regelmäßige Unternehmensplanung. Diese wird ihrerseits häufig nur für einen kürzeren Zeitraum (ein Jahr) zeilenscharf/einzelpostenmäßig individuell geplant und danach mittels Annahmen weiterentwickelt.

IDW S 1 idF 2008 führt weiter an, dass längerfristige Investitions- und Produktlebenszyklen eine Verlängerung der Detailplanungsphase notwendig machen können (vgl Tz 77).

KFS/BW 1 (2014) geht ebenfalls von einem Phasenmodell aus (Tz 59), betont aber die Notwendigkeit der expliziten Berücksichtigung des Übergangs vom Ende der Detailplanungsphase (Phase I) zur Phase der Nachhaltigkeit (Phase III) in einer sog Grobplanungsphase (Phase II), wenn zum Ende der Phase I noch kein Gleichgewichts- bzw Beharrungszustand erreicht ist.

Für die Grobplanungsphase (Phase II) soll/kann dabei die Planung wohl weniger detailliert, sondern unter Beschränkung auf die Entwicklung der unternehmensspezifischen Werttreiber erfolgen (Tz 62).

Nach unserer Einschätzung ist der Unterschied zwischen der Drei- und der Zweiphasenmethode zunächst ein technischer: Wird im Rahmen der Zweiphasenmethode die Detailplanungsphase verlängert, um spezifische Entwicklungen abzubilden, wird dies naheliegenderweise mit der Fokussierung auf die zentralen Werttreiber und einem abnehmenden Detaillierungsgrad in der ziffernmäßigen Darstellung (pauschale Annahmen für nicht spezifische Posten, Beschränkung auf zentrale Ergebnislinien anstatt differenzierter Aufwandsstruktur) einhergehen.

Materiell kommt der Dreiphasenmethode im KFS/BW 1 (2014) zentrale Bedeutung zu, als sie die Notwendigkeit der Analyse eines sog eingeschwungenen Zustands betont und damit – zumindest konzeptionell – die entsprechende „Nachweisschwelle" anhebt.

Eine verstärkte bzw explizite Analyse des zum Ende der Detailplanungsphase gegebenen Zustands im Hinblick auf seine Nachhaltigkeit erscheint uns bereits vor dem Hintergrund „spannend", als die in IDW S 1 idF 2008 explizit genannte Möglichkeit der Verlängerung der Detailplanungsphase in der deutschen Praxis nach unserer Einschätzung bedauerlicherweise eher selten zu beobachten ist:

- Längere bzw verlängerte Detailplanungszeiträume werden zuweilen branchenunabhängig zur Modellierung des Abbaus steuerlich nutzbarer Verlustvorträge verwendet, wenn nicht die alternative Berücksichtigung als Sonderwert erfolgt.
- „Operativ veranlasste" längere bzw verlängerte Detailplanungszeiträume erfolgen tendenziell wohl eher branchenspezifisch und im Zusammenhang mit Investitionszyklen.

IDW S 1 idF 2008 verweist (Tz 80) explizit auf die Möglichkeit mehrwertiger Planungen sowie die Verwendung von Szenarien und Ergebnisbandbreiten im Rahmen der Analyse und Darstellung der Unsicherheit zukünftiger finanzieller Überschüsse.

KFS/BW 1 (2014) eröffnet ebenfalls die Verwendung mehrwertiger Betrachtungen (Tz 66) und betont dabei die Notwendigkeit zur Analyse und Berücksichtigung von Insolvenzrisiken (Tz 67).

Nach unserer Erfahrung werden mehrwertige Planungen (in Verbindung mit quantifizierten Eintrittswahrscheinlichkeiten oder Simulationen) bei der Ermittlung des Unternehmenswertes in der Praxis bisher kaum verwendet, zumindest nicht in öffentlich verfügbaren Gutachten regelmäßig dargestellt.

Die Darstellung von Szenarien (hier als idR univariate oder bivariate Sensitivitätsanalysen) zur Analyse der Auswirkungen von Variationen wesentlicher „kritischer" Parameter auf das Bewertungsergebnis ist hingegen – insb bei aktienrechtlich geprägten Bewertungen – allerdings im Rahmen der Plausibilisierung des ermittelten Unternehmenswertes regelmäßig zu beobachten.

5.2.3. Nachhaltige Größen und Wachstumsrate

IDW S 1 idF 2008 umschreibt den nachhaltigen Gleichgewichts- oder Beharrungszustand, indem es beim Übergang vom Ende der Detailplanungsphase zur Phase der Nachhaltigkeit zu berücksichtigende Faktoren nennt (Tz 78). Terminologisch stellt IDW S 1 idF 2008 beim Begriff des Gleichgewichts- oder Beharrungszustands auf zukünftig (absolut) gleichbleibende Nominalbeträge ab.

In der Praxis relevanter und sprachlich weiter verbreitet, werden auch die mit einer konstanten Rate zukünftig wachsenden (bzw schrumpfenden) Nominalbeträge als nachhaltige Größen bzw der entsprechende Zustand als Gleichgewichts- oder Beharrungszustand bezeichnet.

KFS/BW 1 (2014) nimmt hinsichtlich der Phase der Nachhaltigkeit (Rentenphase) gegenüber IDW S 1 idF 2008 zwei Konkretisierungen vor:

- Hinsichtlich des mit dem Zeithorizont weiter abnehmenden Detaillierungsgrades der Planungen weist KFS/BW 1 (2014) auf das Rentabilitätsniveau[1] und das Ausschüttungsverhalten als den beiden zentralen Stellgrößen der nachhaltig zu berücksichtigenden zu kapitalisierenden Überschüsse hin.
- KFS/BW 1 (2014) thematisiert die Bedeutung von nachhaltig erzielbaren Überrenditen und geht dabei wohl von der Konvergenzannahme als Regelfall aus.

Im Übrigen liegt – soweit für uns erkennbar – beiden Standards insoweit die gleiche Konzeption zugrunde, als (interne) unternehmensspezifische Faktoren und (externe) Markt- bzw Branchenentwicklungen in die nachhaltigen Größen einfließen und entsprechend zu berücksichtigen sind.

Nach unserer Erfahrung entsprechen die verwendeten nachhaltigen Ergebnisgrößen regelmäßig dem Betrag des letzten Jahres des Detailplanungszeitraums (idR zuzüglich Wachstumsrate) bzw einem Durchschnitt der jeweiligen Größe im Detailplanungszeitraum; darüber hinaus werden auch „sonstige", von den beiden vorgenannten Größen abweichende Größen verwendet. Insb bei sonstigen nachhaltigen Größen erfolgt die Begründung der nachhaltigen Größen häufig qualitativ oder unter Bezug auf eine andere Größe (zB Durchschnittswert von Vergleichsunternehmen).

---

1 Wohl gemeint: Absolutes Ergebnisniveau (Nominalbetrag) als Produkt von Umsatzgröße und Marge.

Hinsichtlich des nachhaltigen Wachstums der nominalen finanziellen Überschüsse stellt IDW S 1 idF 2008 auf die Unterscheidung zwischen realen Effekten und Preisänderungen ab. Dabei wird insb der Zusammenhang zwischen allgemeiner Inflationsrate und unternehmensspezifischer Preisentwicklung („Überwälzbarkeit") thematisiert.

KFS/BW 1 (2014) nennt – neben Preissteigerungen – Kapazitätsausweitungen als Quelle des nachhaltigen Wachstums.

Nach unserer Einschätzung ist in der Praxis – zumindest bis zum aktuell beobachtbaren Absinken des risikolosen Basiszinssatzes – häufig eine nachhaltige Wachstumsraten in Höhe von 1,0 % oder in einem Korridor zwischen 0,0 und 2,0 % und damit um 1,0 % „herum" zu beobachten.

Diese Vorgehensweise mag nach unserer Einschätzung zumindest ein Stück weit aus der weit verbreiteten Ansicht herrühren, dass allgemeine Preissteigerungen (abgebildet etwa im 2,0-%-Zielkorridor der EZB) „erfahrungsgemäß" nur unvollständig überwälzt werden können und sich eine gewisse implizite Konvention hin zu einer „normalen"/durchschnittlichen Wachstumsrate im Mittel von 1,0 % gebildet haben mag. Bei Unternehmen in Wachstumsbranchen sind dann davon ausgehend eher höher, bei „alten" Branchen eher niedriger veranschlagt Wachstumsraten zu beobachten.

5.2.4. Integrierte Planung und Ableitung der zu kapitalisierenden Größen

IDW S 1 idF 2008 geht grundsätzlich von einer integrierten Planung aus (Tz 26–27, 109–111 am Beispiel des Ertragswertverfahrens).

Bei der Ableitung der zu kapitalisierenden Größe sind gemäß IDW S 1 idF 2008 neben Ertragsteuern auf Unternehmensebene grundsätzlich auch die persönlichen Ertragsteuern auf Ebene des Anteilseigners zu berücksichtigen (Tz 28).

Dabei geht IDW S 1 idF 2008 bei der Ermittlung objektivierter Unternehmenswerte von folgenden Typisierungen in Abhängigkeit vom Bewertungsanlass und von der Rechtsform des zu bewertenden Unternehmens aus:

- Bei Bewertungen von Kapitalgesellschaften anlässlich unternehmerischer Initative erfolgt die sog mittelbare Typisierung, dh die unmittelbare Berücksichtigung persönlicher Steuern entfällt. Insofern weicht die Wertermittlung – zumindest hinsichtlich des „Rechenwegs" – vom vorgenannten Grundsatz der Berücksichtigung persönlicher Steuern ab.
- Bei Bewertungen von Kapitalgesellschaften aufgrund gesellschaftsrechtlicher (insb zur Ermittlung von Abfindungs- oder Ausgleichszahlungen) oder vertraglicher Vorschriften erfolgt die Berücksichtigung persönlicher Steuern unmittelbar. Per Typisierung ist dabei auf einen Anteilseigner in Form einer inländischen, unbeschränkt steuerpflichtigen Person abzustellen.
- Bei der Bewertung von Einzelunternehmen oder Personengesellschaften erfordert IDW S 1 idF 2008 grundsätzlich eine unmittelbare Berücksichtigung persönlicher Steuern.

IDW S 1 – Vergleichende Darstellung im Hinblick auf den KFS/BW 1

Bei der Ermittlung subjektiver Unternehmenswerte stellt IDW S 1 idF 2008 auf die tatsächliche Steuerbelastung des Unternehmenseigners ab (insofern Perspektive nach persönlichen Steuern), lässt aber auch Typisierungen im Einzelfall zu.

In der Bewertungspraxis werden nach unserer Einschätzung – je nach Bewertungsanlass – zuweilen auch steuerbezogene Vereinfachungen bei der Bewertung von Personengesellschaften vorgenommen (Besteuerung vereinfacht wie Kapitalgesellschaft, Verzicht auf persönliche Steuern); dieser Ansatz ist in KFS/BW 1 (2014) Tz 86 explizit angelegt.

5.3. Planungsplausibilisierung

IDW S 1 idF 2008 fordert explizit die Beurteilung der Prognose (Planung) der zukünftigen finanziellen Überschüsse im Hinblick auf ihre Plausibilität. Hinweise zur konkreten Vorgehensweise erfolgen kaum (Tz 81 zweiter Teil).

KFS/BW 1 (2014) gibt insofern konkretere Hinweise, als neben der formellen Plausibilität insb auf die materielle Plausibilität abgestellt wird:

- Dabei wird empfohlen, die wesentlichen wertbeeinflussenden Annahmen zu identifizieren und anschließend die diesen Annahmen zugrunde liegenden Nachweise bzw Argumente zu analysieren. Insofern beziehen sich die Hinweise zunächst auf die Vorgehensweise bei der materiellen Plausibilitätsprüfung (Prozessgestaltung).
- Die Ausführungen zum Umgang mit materiell mängelbehafteten Planungen (Tz 75 ff) lassen allerdings erkennen, dass KFS/BW 1 (2014) wohl von einer Verwendung externer Informationen (zB Branchenanalysen, Marktstudien) im Rahmen der Planungsplausibilisierung ausgeht.
- Der (erneute) Verweis (Tz 77) auf Tz 147 f gibt keine konkreten Hinweis darauf, welche materiellen Aspekte bei der Plausibilisierung zu berücksichtigen sind.
- Ungeachtet der notwendigen Zukunftsorientierung weist KFS/BW 1 (2014) der Vergangenheitsanalyse und der Analyse der Planungstreue im Rahmen der materiellen Planungsplausibilisierung gleichwohl eine hohe Bedeutung zu (Tz 72, 76 f).

Nach unserer Erfahrung wird ein Vergleich von Wachstumsraten und Margen gemäß Planung mit den entsprechenden Vergangenheitswerten des Bewertungsobjekts regelmäßig in Bewertungsgutachten dargestellt.

Darüber hinaus werden – zumindest bei Bewertungen im aktienrechtlichen Umfeld – zuweilen (einzeln oder kombiniert) folgende Plausibilisierungsmaßstäbe verwendet:

- Vergleich von Wachstumsraten und Margen (IST) mit (börsennotierten) Peer-Group-Unternehmen,
- Vergleich von Wachstumsraten und Margen (IST) mit (nicht-börsennotierten) Vergleichsunternehmen,
- Vergleich von Wachstumsraten und Margen (IST und PLAN) mit entsprechenden Marktanalysen/Branchenstudien sowie
- Vergleich von Wachstumsraten und Margen (IST und PLAN) mit entsprechenden Analysteneinschätzungen zum Bewertungsobjekt und/oder zu den Peer-Group-Unternehmen.

Für die Zukunft gehen wir davon aus, dass die aktuell bestehende Arbeitsgruppe „Planung" des FAUB nähere Anforderungen an die Erstellung von Planungsrechnungen zur Verwendung im Rahmen von Unternehmensbewertungen sowie an deren Plausibilisierung entwickeln wird.

Hinsichtlich der Regelungen zur Erstellung und Plausibilisierung von Planungen geht es aus unserer Sicht weniger darum, spezifische „neue" Methoden zu entwickeln, als grundsätzlich bekannte Verfahren tatsächlich „in der Breite" zur Anwendung zu bringen. In diesem Zusammenhang weisen wir darauf hin, dass bereits aktuell das WP-Handbuch (Band II, 2014) zB in Abschnitt L („Sanierungsprüfung") inhaltlich ggf nutzbare Ausführungen enthält, die jedoch – wohl wegen der unterschiedlichen Zwecksetzungen (Unternehmensbewertung vs Sanierungsprüfung) – in der Praxis bisher nicht entsprechend aufgegriffen und ausgewertet worden sind.

6. Ableitung der Kapitalkosten
6.1. Eigenkapitalkosten
6.1.1. Überblick

IDW S 1 idF 2008, Tz 114 ff, führt zur Ableitung des Kapitalisierungszinssatzes – bei der Ermittlung objektivierter Unternehmenswerte – das CAPM bzw Tax-CAPM an, ohne andere Kapitalmarktpreisbildungsmodelle bzw sonstige Modelle zur Ermittlung von Renditeforderungen explizit auszuschließen.

KFS/BW 1 (2014), Tz 111, enthält für Ermittlungen objektivierter Unternehmenswerte zumindest eine explizite Öffnungsklausel dahingehend, dass eine vom CAPM abweichende Methode verwendet werden kann, sofern sie üblich und allgemein anerkannt und nach den Umständen des konkreten Anlasses vorzuziehen ist.

Nach unserer Einschätzung wird – zumindest bei Bewertungen im aktienrechtlichen Umfeld – nahezu ausschließlich das CAPM/Tax-CAPM verwendet.

6.1.2. Basiszinssatz

Zur Ermittlung des risikofreien Basiszinssatzes verweist IDW S 1 idF 2008 grundlegend auf die Zinsstrukturkurven von Anleihen der öffentlichen Hand (Tz 117).

Der FAUB hat an anderer Stelle verschiedentlich weitere konkretisierende Hinweise gegeben:[2]

- Ableitung von täglichen Zinsstrukturkurven nach der Svensson-Methode mittels der von der Deutschen Bundesbank veröffentlichten Zinsstrukturparameter (Zeitreihen „wt3201" bis „wt3206"),
- Verwendung der Zerobond-Zinssätze der längsten verfügbaren Restlaufzeiten als nachhaltiger Prognosewert,

---

[2] Vgl Arbeitskreis Unternehmensbewertung des IDW (AKU): FN-IDW 2005, S 555 f; FAUB: FN-IDW 11/2008, S 490 f; FAUB: FN-IDW 4/2014, S 294 ff sowie FAUB: FN-IDW 8/2016, S 731 f, in IDW, IDWLife 8/2016.

- Durchschnittsbildung über die täglichen Zinsstrukturkurven über die letzten drei Monate vor dem Bewertungsstichtag sowie
- Rundung des ermittelten barwertäquivalenten einheitlichen Zinssatzes auf 1/4 Prozentpunkte;
- angesichts der aktuellen Entwicklung des Basiszinssatzes empfiehlt der FAUB, bei einem ermittelten barwertäquivalenten Zinssatz von kleiner 1,0 % eine Rundung auf 1/10 Prozentpunkte vorzunehmen.

KFS/BW 1 (2014), Tz 104, hebt stattdessen insb auf die zum Bewertungsstichtag gültige Zinsstrukturkurve ab und sieht insofern weder eine Durchschnittsbildung noch eine Rundung vor.

Nach unserer Einschätzung entspricht die deutsche Praxis nahe vollständig den IDW-Hinweisen. Ein Verzicht auf die Rundung und/oder eine Durchschnittsbildung über einen kürzeren Zeitraum haben sich in Rechtsprechung und Praxis (bisher) nicht durchgesetzt.

6.1.3. Risikozuschlag

6.1.3.1. Marktrisikoprämie

IDW S 1 idF 2008 enthält explizit keine Ausführungen zur Marktrisikoprämie; ihre Verwendung ergibt sich implizit aus dem in IDW S 1 idF 2008, Tz 118, angeführten CAPM bzw Tax-CAPM.

Der FAUB gibt an anderer Stelle Empfehlungen für die Schätzung der Höhe der Marktrisikoprämie:

- Auf Basis der Untersuchungen von *Stehle*[3] empfahl der FAUB ab dem 1. Januar 2009 für die Marktrisikoprämie vor persönlichen Steuern eine Bandbreite von 4,5 % bis 5,5 % bzw nach persönlichen Steuern von 4,0 % bis 5,0 %.[4]
- Vor dem Hintergrund der Finanz- und Schuldenkrise der vergangenen Jahre hat der FAUB am 10. Januar 2012 empfohlen zu prüfen, ob der erhöhten Unsicherheit und Risikoaversion an den Kapitalmärkten mit einem Ansatz der Marktrisikoprämie am oberen Rand der zuvor genannten Bandbreiten Rechnung zu tragen ist.[5]
- Am 19. September 2012 hat der FAUB nach weiteren Analysen die empfohlene Bandbreite für die Marktrisikoprämie vor persönlichen Steuern auf 5,5 % bis 7,0 % bzw nach persönlichen Steuern auf 5,0 % bis 6,0 % angepasst und Erläuterungen dazu gegeben.[6]

Der FAUB beobachtet die Entwicklung der für die Höhe der Marktrisikoprämie maßgeblichen Aspekte fortlaufend und diskutiert diese regelmäßig. Dazu hat der FAUB zu-

---

[3] Vgl *Stehle* (2004), Die Festlegung der Risikoprämie von Aktien im Rahmen der Schätzung des Wertes von börsennotierten Kapitalgesellschaften, WPg, Jg 57, 906–927.
[4] Vgl FAUB (2009), Auswirkungen der Finanzmarkt- und Konjunkturkrise auf Unternehmensbewertungen, FN-IDW 12/2009, 697; WPH (2014), Rn A 360.
[5] Vgl FAUB (2012), Auswirkungen der aktuellen Kapitalmarktsituation auf die Ermittlung des Kapitalisierungszinssatzes, FN-IDW 2/2012, 122.
[6] Vgl FAUB (2012), Hinweise zur Berücksichtigung der Finanzmarktkrise bei der Ermittlung des Kapitalisierungszinssatzes, FN-IDW 10/2012, 568 f.

letzt am 15. Juli 2015 die Empfehlung zur Höhe der Marktrisikoprämie veröffentlicht; im Ergebnis hält der FAUB die Bandbreiten vom 19. September 2012 aufrecht.[7]

KFS/BW 1 (2014), Tz 105, verweist auf einschlägige Empfehlungen der Arbeitsgruppe Unternehmensbewertung des Fachsenats für Betriebswirtschaft und Organisation.

Diese Empfehlungen haben sich in den letzten Jahren übereinstimmend mit den Empfehlungen des FAUB entwickelt. Am 17. Januar 2012 wurde ein Ansatz der Marktrisikoprämie vor persönlichen Steuern am oberen Rand der Bandbreite von 4,5 % bis 5,5 % empfohlen. In ihrer Sitzung vom 4. Oktober 2012 hat die Arbeitsgruppe Unternehmensbewertung die genannte Bandbreite auf 5,5 % bis 7,0 % angepasst.

Nach unserer Einschätzung war – zumindest bis zur Finanz- und Schuldenkrise – der Ansatz einer Marktrisikoprämie in Höhe der Mitte der vom FAUB genannten Bandbreite weit verbreitet.

Im Zuge der aktuelleren Entwicklungen sind die Einschätzungen zur Höhe der Marktrisikoprämie tendenziell heterogener geworden; aktuell werden nach unserer Einschätzung – neben der Mitte der Bandbreite – tendenziell auch Marktrisikoprämien im Bereich der oberen Hälfte der aktuellen FAUB-Empfehlung verwendet.

6.1.3.2. Betafaktor

Die Verwendung von Betafaktoren für die Ermittlung objektivierter Unternehmenswerte ergibt sich – wie für die Marktrisikoprämie erläutert – aus dem Verweis des IDW S 1 idF 2008 auf das CAPM bzw Tax-CAPM.

IDW S 1 idF 2008, Tz 121, fordert eine einzelfallbezogene Würdigung der Prognoseeignung ermittelter Betafaktoren und weist dabei auf die Aspekte Zukunftsausrichtung, Datenqualität, Angemessenheit im Hinblick auf die Kapitalstruktur sowie Übertragung ausländischer Betafaktoren hin. Zur praktischen Vorgehensweise im Hinblick auf die genannten Aspekte existieren im IDW S 1 idF 2008 keine konkreten Hinweise.

KFS/BW 1 (2014), Tz 106 f, stellt ebenfalls auf die Heranziehung von Betafaktoren ab. Seine Ausführungen enthalten explizit allgemeine Grundsätze zur Verwendung unternehmenseigener Betafaktoren bzw von Peer-Group-Betafaktoren. Bei der Anpassung des Betafaktors an das Kapitalstrukturrisiko verlangt KFS/BW 1 (2014) die Berücksichtigung von Debt Beta, soweit die laufzeitäquivalenten Fremdkapitalkosten wesentlich vom risikolosen Basiszinssatz abweichen.

In der deutschen Praxis hat sich ein gewisser Handlungsrahmen zur Ableitung von Betafaktoren etabliert; dies betrifft insb die Aspekte

- Referenzindex (lokaler vs überregionaler/globaler Index),
- Beobachtungszeitraum (Zwei- und Fünfjahreszeiträume sowie Jahresscheiben) und
- Renditeintervall (monatlich vs wöchentlich vs täglich).

---

[7] Vgl Ergebnisbericht-Online über die 119. Sitzung des Fachausschusses für Unternehmensbewertungen und Betriebswirtschaft (FAUB) am Mittwoch, den 15. Juli 2015, in Düsseldorf, Wirtschaftsprüferhaus, 3 (einzusehen über den Mitgliederbereich).

Innerhalb dieses Rahmens hat sich nach unserer Einschätzung noch keine einheitliche Vorgehensweise herausgebildet.

Die Würdigung der Datenqualität bei der Ermittlung von Betafaktoren und deren Belastbarkeit erfolgte in der Vergangenheit primär mittels statistischer Kennzahlen (t-Wert, R^2). Inzwischen liegt der Fokus überwiegend auf Analysen der Aktienliquidität, wobei sich noch keine einheitliche Praxis hinsichtlich der heranzuziehenden Kennzahlen und deren jeweiligen Grenzwerte herausgebildet hat.

Zumindest nach unserer Ansicht ist bei der Bewertung von börsennotierten Aktiengesellschaften grundsätzlich auf den unternehmenseigenen Betafaktor abzustellen.[8]

In der Praxis hat sich keine einheitliche Vorgehensweise bei der Bestimmung von Peer-Group-Unternehmen gebildet. Die Ableitung setzt in der Regel an der Betrachtung von Unternehmen aus der Branche des Bewertungsobjekts an, wobei die weitergehenden Analyseschritte und herangezogenen Filterkriterien – auch vor dem Hintergrund der zuweilen eher kursorischen Beschreibung der jeweiligen Vorgehensweise – uneinheitlich und im Ergebnis häufig unklar bleiben.

Im Hinblick auf die Berücksichtigung von Kapitalstruktureffekten erfolgt – zumindest bei Bewertungen im aktienrechtlichen Umfeld – eine zunehmende Berücksichtigung von Debt Beta.

6.2. Fremdkapitalkosten

Gemäß IDW S 1 idF 2008, Tz 134, sind die Fremdkapitalkosten des Bewertungsobjekts als gewogener durchschnittlicher Kostensatz der einzelnen Fremdkapitalformen zu ermitteln.

KFS/BW 1 (2014), Tz 114, hebt bei der Ermittlung der Renditeforderungen der Fremdkapitalgeber hervor, dass (auch) die Fremdkapitalgeber gegebenenfalls eine Risikoprämie verlangen und stellt insofern die Verbindung zu Debt Beta bei der Ermittlung der Eigenkapitalkosten her. Nähere Erläuterungen dazu erfolgen in der Empfehlung der Arbeitsgruppe Unternehmensbewertung des Fachsenats für Betriebswirtschaft und Organisation vom 21. Mai 2015: Dabei wird grundlegend eine Differenzierung zwischen den vertraglich vereinbarten Fremdkapitalzinsen und den für die Ermittlung des Debt Beta relevanten Fremdkapitalkosten hervorgehoben und problematisiert, dass Debt Beta konzeptionell nicht auf den gesamten Credit Spread (Fremdkapitalzinsen), sondern lediglich auf den darin enthaltenen Anteil für die Übernahme systematischer Risikobestandteile (Fremdkapitalkosten) bezogen ist.

Nach unserer Einschätzung erfolgt – zumindest bei Bewertungen im aktienrechtlichen Umfeld – wohl auch vor dem Hintergrund der aktuell raschen „Bewegungen" des Zinsniveaus zunehmend die Ableitung marktgerechter Fremdkapitalzinsen mittels verschiedener Methoden (Effektivzinsmethode, Ratingmethode, Analyse von Unternehmensan-

---

[8] Dies steht mit den Ausführungen im WP-Handbuch, Abschnitt A, Tz 368, in Einklang.

leihen; anstatt der „unreflektierten" Verwendung der vereinbarten Zinsen). Ebenso erfolgt nach unserer Einschätzung – zumindest bei Bewertungen im aktienrechtlichen Umfeld – zunehmend eine Berücksichtigung von Debt Beta.

Die in der Empfehlung der Arbeitsgruppe Unternehmensbewertung des Fachsenats für Betriebswirtschaft und Organisation vom 21. Mai 2015 problematisierte Aufteilung des Credit Spread in systematische und unsystematische Bestandteile ist bei der Bestimmung des Debt Beta in der deutschen Praxis nach unserer Kenntnis bisher nicht zu beobachten. Insofern geht die Praxis wohl implizit insbesondere von diversifizierten Fremdkapitalgebern aus.

6.3. Kapitalstruktur

Die Berücksichtigung wesentlicher Kapitalstruktureffekte ist gemäß IDW S 1 idF 2008 sowohl für die Ermittlung des Betafaktors (Tz 121) als auch für die Bestimmung des WACC (Tz 133) notwendig. Dabei sind Marktwerte der Kapitalbestandteile heranzuziehen.

KFS/BW 1 (2014) sieht in Tz 39 ff ebenfalls eine Betrachtung der Kapitalstruktur zu Marktwerten vor. Gemäß KFS/BW 1 (2014), Tz 42, ist die (vereinfachende) Verwendung einer konstanten Zielkapitalstruktur bedingt zulässig. Der Wirtschaftstreuhänder hat in diesem Fall die implizit mittels der Zielkapitalstruktur unterstellten Veränderungen der Fremdkapitalbestände sowie die hieraus resultierenden Flows to Equity offenzulegen und ihre Plausibilität sicherzustellen.

Nach unserer Einschätzung werden in der deutschen Bewertungspraxis – zumindest bislang – überwiegend die (fortgeschriebenen) Buchwerte des Fremdkapitals als Schätzer für die entsprechenden Marktwerte verwendet. Zudem wird – zumindest bei „kleineren" Bewertungen – wohl auch eine feste Zielkapitalstruktur verwendet, auch wenn dies nach IDW S 1 idF 2008 als Vereinfachung nicht vorgesehen ist.

6.4. Wachstumsabschlag

Gemäß IDW S 1 idF 2008, Tz 98, ist der Terminal Value zu ermitteln, indem der finanzielle Überschuss aus dem ersten Jahr der Rentenphase mit einem um einen Wachstumsabschlag geminderten Kapitalisierungszinssatz diskontiert wird. Zur Ermittlung des Wachstumsabschlags verweisen wir auf Abschnitt 5.2.3.

Auch das KFS/BW 1 verweist in Tz 115 auf das beschriebene Vorgehen.

7. Ableitung des (objektivierten) Unternehmenswertes

Die eigentliche Wertermittlung ist primär technischer Natur und ergibt sich durch Anwendung des jeweiligen Bewertungsverfahrens; die Ausführungen dazu in IDW S 1 idF 2008 fallen entsprechend überblicksartig aus. Materiell richtet sich die Wertermittlung nach den in den vorgenannten Abschnitten 3 bis 6 erläuterten Inhalten.

8. Plausibilisierung des Unternehmenswertes

Die wesentlichen Inhalte der Ausführungen von IDW S 1 idF 2008 zu Stellung und Anwendung von Multiplikator-Verfahren und Börsenkursen sind – wegen ihrer grundsätzlichen Bedeutung – bereits in Abschnitt 3 dieses Beitrags ausgeführt.

8.1. Multiplikatoren

Entgegen der eher „zurückhaltenden" Einschätzung von Multiplikator-Verfahren innerhalb von IDW S 1 idF 2008 („können im Einzelfall Anhaltspunkte für eine Plausibilitätskontrolle […] bieten", Tz 144) bilden Multiplikator-Verfahren nach unserer Einschätzung zunehmend einen regelmäßigen Bestandteil von Bewertungsgutachten.

Sie sind dabei innerhalb des konzeptionellen Rahmens von IDW S 1 idF 2008 und des damit formulierten expliziten Vorrangs planungs-/zukunftserfolgsbasierter Wertermittlungen allerdings auf eine Plausibilisierungsfunktion begrenzt.

Bei Nicht-S 1-konformen Bewertungen (zB im Transaktionsbereich) kommt ihnen auch materiell eine höhere Bedeutung zu.

8.2. Andere Verfahren

Hinsichtlich der eigenständigen Behandlung des Börsenkurses neben einem (Börsenpreis-)Multiplikator innerhalb von IDW S 1 idF 2008 sind zwei Aspekte hervorzuheben:

- Ist das zu bewertende Unternehmen selbst börsennotiert, kommt dem eigenen Börsenkurs – zumindest formal – eine gegenüber den Multiplikator-Verfahren (hier sinnvollerweise bezogen auf Vergleichsunternehmen) vorrangige Plausibilisierungsfunktion zu („ … sind […] zu Plausibilisierungszwecken […] heranzuziehen …", Tz 142).
- Die Rechtsprechung in Deutschland hat den Grundsatz herausgebildet, dass dem eigenen Börsenkurs bei bestimmten Bewertungsanlässen (insb Abfindungen bei aktienrechtlichen Strukturmaßnahmen) die Funktion einer Abfindungsuntergrenze zukommt (siehe bereits Abschnitt 3). Diese Sichtweise ist in IDW S 1 idF 2008 reflektiert.

9. Besonderheiten bei der Unternehmensbewertung

IDW S 1 idF 2008 enthält gesonderte Ausführungen („Besonderheiten bei der Unternehmensbewertung") zur Bewertung

- wachstumsstarker Unternehmen,
- ertragsschwacher Unternehmen sowie
- kleiner und mittlerer Unternehmen.

Darüber hinaus erfolgen gesonderte Ausführungen zum Substanzwert (siehe dazu Abschnitt 3.1.).

Gemäß der Konzeption von IDW S 1 idF 2008 stellen diese Ausführungen keine zusätzlichen bzw gesonderten Regelungen für diese Unternehmenstypen/Anwendungsfälle dar; vielmehr werden Besonderheiten bei der Anwendung der vorgenannten, allgemeinen Regeln erläutert, die sich aus den Eigenschaften des jeweiligen Unternehmenstypen/Anwendungsfälle typischerweise ergeben.

9.1. KMU (Kleine und mittelgroße Unternehmen)

IDW S 1 idF 2008 enthält keine eigentliche Definition von „kleinen und mittleren Unternehmen" („KMU"). Neben dem Verweis auf quantitative Merkmale wird der für derartige Unternehmen häufig gegebene besondere Personenbezug hervorgehoben: Eigentümer- und Unternehmensleitungsfunktion liegen dabei typischerweise in einer Hand; entsprechend besteht kein eigenständiges, von den (jeweiligen) Unternehmenseignern „unabhängiges" Management.

Innerhalb der Ausführungen zu den KMU stellt IDW S 1 idF 2008 insb auf die drei Aspekte

- Abgrenzung von betrieblicher und privater Sphäre,
- Bestimmung des angemessenen Unternehmerlohns sowie
- Umgang mit eingeschränkten Informationsquellen

ab.

Nach unserer Einschätzung kommt bei der Bewertung personenbezogener Unternehmen – über die drei vorgenannten Bereiche hinaus – dem Aspekt der übertragbaren Ertragskraft besondere Bedeutung zu. Auch wenn dieses Konzept bereits in der ursprünglichen Fassung von IDW S 1 (IDW S 1 idF 2000) angelegt war, trägt der Praxishinweis 1/2014 des FAUB nach unsere Einschätzung zu einer verstärkten Beachtung und einheitlicheren Handhabung dieses Prinzips in der „Breite der Anwendung" bei; dies gilt insb für die im Praxishinweis 1/2014 des FAUB enthaltenen Beispiele/Darstellungen für den Fall einer nicht vollständig übertragbaren Ertragskraft.

Bei der Ermittlung von objektivierten Unternehmenswerten von KMU findet der – zumindest potentiell denkbare – Ansatz eines Total Beta in der Praxis nahezu keine Anwendung, da die Ausführungen innerhalb von IDW S 1 idF 2008 faktisch als Beschränkung auf den CAPM-Ansatz verstanden werden.

9.2. Ertragsschwache Unternehmen

Für die Bewertung von Unternehmen, die nachhaltig ihre Kapitalkosten nicht verdienen, gelten gemäß IDW S 1 idF 2008 folgende Grundsätze:

- Bei Unternehmen mit finanzieller Zielsetzung bildet der Liquidationswert die Wertuntergrenze, soweit eine Liquidation (Zerschlagung) des Unternehmens tatsächlich möglich ist.
- Bei Unternehmen mit nicht finanzieller Zielsetzung, bei welchen stattdessen die Leistungserstellung im Vordergrund steht (zB Unternehmen der öffentlichen Daseinsvorsorge), ist bei der Wertermittlung auf den Substanzwert (Rekonstruktionswert) abzustellen.

9.3. Wachstumsstarke Unternehmen

Im Hinblick auf wachstumsstarke Unternehmen enthält IDW S 1 idF 2008 eine Umschreibung der typischerweise bei der Anwendung der allgemeinen Bewertungsregelungen auftretenden, aus der spezifischen Unternehmens-/Geschäftsstruktur resultierenden Anforderungen.

Nach unserer Einschätzung können mehrwertige Planungen/Szenariobetrachtungen hierbei besonders wertvolle Unterstützung bei den entsprechenden Bewertungsarbeiten leisten; umgekehrt sind erwartungsneutrale einwertige „Planungen", die eine gewichtete Aggregation von inhaltlich stark voneinander differierenden Szenarien (zB planmäßiger Markteintritt, verzögerter Markteintritt mit Anpassungsreaktionen, Scheitern des Markteintritts) darstellen, entsprechend „schwierig" zu interpretieren und aus sich selbst heraus nur bedingt aussagefähig.

10. Dokumentation und Berichterstattung

Neben einem kurzen Hinweis auf die Arbeitspapiere umfasst IDW S 1 idF 2008 – insofern materiell vergleichbar mit KFS/BW 1 (2014) – quasi eine Muster-(Grob-)Gliederung eines Bewertungsgutachtens; zusätzlich enthält IDW S 1 idF 2008 dazu weitere Erläuterungen.

Das in KFS/BW 1 (2014) enthaltene Muster einer Vollständigkeitserklärung für Unternehmensbewertungen ist in vergleichbarer Form in IDW S 1 idF 2008 nicht enthalten. Der Unterschied ist allerdings eher redaktioneller Natur, da eine entsprechende Verlautbarung innerhalb des FAUB bzw IDW lediglich an anderer Stelle erfolgt.

Unternehmensbewertung in der Schweiz

Tobias Hüttche

1. **Vorbemerkung**
2. **Rahmenbedingungen der Unternehmensbewertung in der Schweiz**
   2.1. Betriebswirtschaftliche Theorieentwicklung
   2.2. Handels- und Steuerrecht
   2.3. Berufsstand der Wirtschaftsprüfer
3. **Bewertungsgrundsätze und Bewertungsmethoden**
   3.1. Anforderungen an Bewertende
   3.2. Objektivierter vs Subjektiver Wert
   3.3. Einzelgrundsätze
   3.4. Bewertungsverfahren
4. **Zu kapitalisierende Größen**
   4.1. Vergangenheitsanalyse
   4.2. Planung
   4.3. Plausibilisierung
5. **Berichterstattung**

1. Vorbemerkung

Die Schweiz unterscheidet sich trotz geographischer Nähe in vielerlei Hinsicht von den deutschsprachigen Nachbarn Deutschland und Österreich. Im hier interessierenden Kontext – der Unternehmensbewertung – sind vor allem drei Besonderheiten hervorzuheben. Diese betreffen die betriebswirtschaftliche Theorieentwicklung, das Handels- und Steuerrecht sowie den Berufsstand der Wirtschaftsprüfer. Die von Deutschland und Österreich verschiedenen Rahmenbedingungen erklären auch Unterschiede in der Theorie und Praxis der Unternehmensbewertung und werden daher den Ausführungen vorangestellt.

Eine dem IDW S 1 und KFS/BW1 materiell und inhaltlich vergleichbare Stellungnahme des Berufsstands existiert in der Schweiz nicht.[1] Die Fachmitteilung (FM) der Treuhand-Kammer (jetzt EXPERTsuisse) aus dem Jahr 2008 trägt zwar den Titel „Unternehmensbewertung – Richtlinien und Grundsätze für die Bewertenden". Es handelt sich jedoch um Empfehlungen ohne den Charakter eines verbindlichen Standards. Auch ein Gleichrang mit dem Schweizer Handbuch der Wirtschaftsprüfung (HWP) – das der Rechtsprechung zumindest als „Erkenntnisquelle"[2] dient – wird verneint. Im Vordergrund der Ausführungen der FM stehen der Ablauf einer Bewertung und die Berichterstattung, nicht die Bewertung als solche. Insoweit trägt die FM zur Qualität der Bewertung iS von Transparenz bei, jedoch nicht zur Vereinheitlichung iS einer best practice.

Das Ergebnis dieser berufsständischen Zurückhaltung ist eine differenzierte Bewertungspraxis: Während die großen oder auf Bewertungen spezialisierten Prüfungs- und Beratungsgesellschaften durchgängig DCF-Methoden mit angelsächsischer Prägung anwenden, dominieren bei KMU vereinfachte Bewertungsverfahren wie etwa Multiplikatoren oder Mischverfahren zwischen Substanz- und Ertragswert (das sog „Praktikerverfahren").[3] Gerade Letzteres erfreut sich trotz aller Kritik in der Bewertungslehre erheblicher Beliebtheit. Dazu trägt auch bei, dass dieses Verfahren der steuerrechtliche Standard für die Bewertung von nicht notierten Anteilen ist und von der Steuerverwaltung ausführlich beschrieben („Wegleitung zur Bewertung von Wertpapieren ohne Kurswert für die Vermögenssteuer, Kreisschreiben Nr 28 vom 28. August 2008", kurz KS 28) und jährlich aktuell kommentiert wird.

Im Folgenden werden daher – entlang der Gliederung der Abschnitte zur Unternehmensbewertung in Deutschland und Österreich – die Inhalte der FM wiedergegeben, aber um Erkenntnisse zur Schweizerischen Bewertungspraxis bzw Ausführungen des KS 28 ergänzt. Schon zu Beginn sei auch auf eine begriffliche Unschärfe der Schweizer Bewertungspraxis hingewiesen. Häufig ist dort – im Übrigen auch im genannten KS 28 – von Unternehmenswerten die Rede, tatsächlich werden jedoch Anteilswerte ermittelt. Im Zweifelsfall sollte anhand der Berechnungen geprüft werden, ob nun tatsächlich ein Entity- oder Equity-Wert gemeint ist.

---

[1] Für einen umfassenden Vergleich – allerdings noch zum KFS/BW 1 2006 – s auch *Damberger*, Vergleich (2013) 13 ff.

[2] Bspw im Entscheid des Bundesgerichts (BGer) vom 1.10.2009 (BGE 136 II 88 in französischer Sprache).

[3] Vgl *Wellis*, Bewertungsmethoden (2012) 62; *Gantenbein/Gehrig*, Unternehmensbewertung (2007) 602 f; *Hüttche*, Wert (2014) 29.

2. Rahmenbedingungen der Unternehmensbewertung in der Schweiz

2.1. Betriebswirtschaftliche Theorieentwicklung

Die Schweizerische Bewertungslehre ist maßgeblich durch *Karl Käfer* (1898–1999) und *Carl Helbling* (1932–2016) geprägt worden. *Käfer* schuf mit seinem Werk „Zur Bewertung der Unternehmung als Ganzes" (1946) und ergänzenden Beiträgen zu „Problemen der Unternehmensbewertung" (1967) sowie „Substanz und Ertrag bei der Unternehmensbewertung" (1969) deren Fundament. Ihm ist es auch zu verdanken, in der Schweiz das finanzielle Rechnungswesen von seiner Rolle als „Geschichtsschreibung einer Sonderwirtschaft" zu befreien. Dabei wurde *Käfer* mehr durch amerikanische Autoren geprägt (*Patton, Littleton, Canning* und *Vatter*), als durch seine Zeitgenossen in Deutschland wie *Schmalenbach, Rieger* und *Kosiol*. Letztere dienten ihm allenfalls als „Kronzeugen" aber nicht als Vorbilder. Insbesondere *Schmalenbachs* strenges Abgrenzungskonzept (Auszahlung, Ausgabe und Aufwand etc) stieß bei ihm auf Kritik. Diese Orientierung, die mehr nach Westen denn nach Norden blickt, hat in der Bewertungspraxis ihre Spuren hinterlassen. Dies äußert sich bspw in der Verwendung von size premia oder der (Nicht-)Berücksichtigung persönlicher Steuern.[4] Rechtsprechung und Kommentierung sind hingegen stark von *Carl Helbling* geprägt. Seinem vom deutschen Standard beeinflussten Werk „Unternehmensbewertung und Steuern" wird von Gerichten und der herrschenden Lehre in der Schweiz herausragende Bedeutung zugesprochen.[5]

2.2. Handels- und Steuerrecht

Unternehmensbewertungen fußen idR auf der Rechnungslegung vergangener Perioden. Auch hier ist auf Besonderheiten hinzuweisen, die sich auf die Unternehmensbewertung in der Schweiz auswirken. So orientiert sich die hiesige handelsrechtliche Rechnungslegung zumindest begrifflich mehr an internationalen Vorschriften, als am Handelsgesetzbuch Deutschlands oder Österreichs. Das jüngst reformierte Obligationenrecht (OR) übernimmt Versatzstücke der IFRS (bspw die Begriffe der Vermögenswerte und Schulden) samt nahezu wortgleich deren Definitionen.[6] Allerdings ist diese handelsrechtliche Rechnungslegung nach wie vor vorsichtig, konservativ und ermöglicht erhebliche stille Reserven. Die zumindest laut Gesetz strenge Maßgeblichkeit der handelsrechtlichen Rechnungslegung für die Besteuerung – es gibt in der Schweiz keine eigenständige Steuerbilanz – macht diese Reserven auch steuerlich relevant.

Begünstigt durch die wirtschaftliche und politische Entwicklung – die letzte kriegerische Auseinandersetzung auf Schweizer Boden datiert auf 1847 und fast ebenso lang existiert der Schweizer Franken – fallen Buch- und Verkehrswerte gerade von Grundstücken und Immobilien ganz erheblich auseinander. Die bei Realisierung entstehenden Steuerbelastungen können wesentlich sein und müssen bei einer Unternehmensbewertung detaillierter geplant werden, als dies in Deutschland oder Österreich üblich ist.

---
[4] Vgl *Cheridito/Schneller*, Discounts (2008) 416 ff.
[5] Vgl *Sethe/Weber*, Wurzeltheorie (2010) 135 mit Verweis auf die einschlägige Kommentierung und Rechtsprechung.
[6] Vgl *Hüttche*, Rechnungslegungsrecht (2013) 667.

Auch führt dies häufig dazu, dass gerade bei KMU der Substanz- und/oder Liquidationswert unter Berücksichtigung der stillen Reserven über dem Ertragswert liegt. Diese Unternehmen können auf ihre Substanz keine angemessene Rendite erwirtschaften (bspw ein Autohaus auf eigenem Grundstück in Innenstadtlage oder eine länger bestehende, mittlerweile von der Stadtgrenze aufgenommene Gärtnerei). Die wirtschaftliche Rationale für diesen Fall ist zwar klar (Liquidation), die Rechtsprechung ist es jedoch nicht: Während im Güter- und Erbrecht auch ein höherer Liquidationswert als Wertuntergrenze gilt,[7] wird im Gesellschaftsrecht (typischerweise bei Abfindungen) auf einen niedrigeren Ertragswert abgestellt, sofern die Fortführung beabsichtigt und möglich ist. Denn dort seien der Bewertung „die subjektiv gewollten und nicht die aus rein betriebswirtschaftlicher Sicht objektiv angezeigten unternehmerischen Entscheidungen zugrunde zu legen"[8].

Das Steuerrecht der Schweiz ist insgesamt nicht wesentlich einfacher als das seiner deutschsprachigen Nachbarn. Besonders die Trennung in bundesrechtliche und kantonale Steuergesetze und die Praxis, im Verständigungsweg mit der Steuerverwaltung zu Lösungen zu gelangen (rulings), sorgen für Komplexität. Zwar sind weite Teile des Steuersystems zwischen Bund und Kantonen harmonisiert, dennoch bestehen schon im Bereich der Abschreibungen kantonale Unterschiede, erst recht bei den Steuersätzen und -tarifen. Dies macht Typisierungen der steuerlichen Situation eines gedachten Investors schwierig. Allerdings ist eine Nach-Steuer-Betrachtung nur in wenigen Fällen erforderlich, da Kapitalgewinne (Veräußerungsgewinne) von Privatpersonen steuerfrei sind, soweit diese nicht als gewerblicher Wertschriftenhandel qualifizieren. Entsprechend blenden Unternehmensbewertungen in der Schweiz üblicherweise die Steuer auf Investorenebene aus. Sofern die Beteiligungen im Betriebsvermögen gehalten werden, gelten Besonderheiten. Hier existieren Privilegierungen in Abhängigkeit von der Höhe der Beteiligung und Dividenden. Hinzuweisen ist noch auf die jüngst vom National- und Ständerat verabschiedete Unternehmenssteuerreform III. Diese sieht ua die steuerliche Abzugsfähigkeit kalkulatorischer Zinsen auf das Eigenkapital vor. Dies wäre bei der Modellierung künftig zu berücksichtigen – entweder bei den finanziellen Überschüssen oder einem tax-shield bei den Eigenkapitalkosten – und wäre ein weiterer Unterschied zwischen schweizerischen und deutschen bzw österreichischen Bewertungsmodellen.

2.3. Berufsstand der Wirtschaftsprüfer

Schließlich ist auf Besonderheiten in der Organisation des Berufsstands der Wirtschaftsprüfer einzugehen. Zunächst ist zu bemerken, dass „Wirtschaftsprüfer" zwar auch in der Schweiz ein Beruf ist, jedoch – anders als in Deutschland und Österreich – kein öffentliches Amt. Der Titel „diplomierter Wirtschaftsprüfer" ist ein eidgenössisches Diplom, das aufgrund des Bestehens einer höheren Fachprüfung vergeben wird. Das OR erwähnt daher an keiner Stelle den Wirtschaftsprüfer, sondern nennt lediglich Revisionsexperten als Oberbegriff für Angehörige verschiedener Berufsgruppen, die – sofern bestimmte Voraussetzungen erfüllt sind – gem dem Revisionsaufsichtsgesetz (RAG) von der Revisionsaufsichtsbehörde (RAB) zugelassen werden.

---
7   BGer vom 10.2.2010 (BGE 136 III 209 S 210).
8   BGer vom 26.7.1994 (BGE 120 II 259 S 264).

Soweit gesetzlich vorgesehene Bewertungen Vorbehaltsaufgaben sind (etwa für qualifizierte Gründungsarten wie Sacheinlagen nach Art 628 I OR, Sachübernahme nach Art 628 II OR oder Kapitalerhöhungen nach Art 652f III OR, sowie bei Umstrukturierungen nach dem Fusionsgesetz), werden auch diese nicht Wirtschaftsprüfern, sondern eben Revisionsexperten zugewiesen.

Für die Erstellung einer Fairness Opinion bedarf es einer besonderen Befähigung gem Art 30 VI Übernahmeverordnung (UEV). Auch hier gelten zugelassene Revisionsgesellschaften ohne weiteres als besonders befähigt. Für Personen und Gesellschaften, die von der Eidgenössischen Finanzmarktaufsicht (FINMA) nicht als Prüfgesellschaft oder Effektenhändler anerkannt sind, besteht die Möglichkeit, direkt bei der Übernahmekommission (UEK) ein schriftliches Feststellungsgesuch unter Beilage aller für die Beurteilung des Gesuchs notwendigen Unterlagen einzureichen.

Weiter ist von Bedeutung, dass es in der Schweiz kein besonders ausgeprägtes System öffentlich-rechtlich organisierter Berufskammern gibt. Die EXPERTsuisse (vorher Treuhand-Kammer) ist ein privatrechtlich organisierter Berufsverband, dessen Verlautbarungen nur die Verbandsmitglieder binden. Daneben bestehen weitere Berufsverbände, die jeweils Teilbereiche dieser Arbeitsgebiete umfassen. Die Facharbeit ist daher vergleichsweise fragmentiert und entfaltet außerhalb der Formen eines Prüfungsstandards (PS) nur eine eingeschränkte Breitenwirkung.

3. Bewertungsgrundsätze und Bewertungsmethoden

3.1. Anforderungen an Bewertende

Da es in der Schweiz kein gesetzliches Berufsrecht der Wirtschaftsprüfer gibt, wird in der Fachmitteilung ausführlich zu den Anforderungen an Bewertende Stellung genommen. Erwähnt werden sachliche und persönliche Anforderungen, wobei auf die Berufsordnung der Wirtschaftsprüfer der EXPERTsuisse sowie die Prüfungsstandards Bezug genommen wird. Dies betrifft vor allem die fachliche Kompetenz, welche die Sachkenntnis, Zuverlässigkeit, Sorgfalt, Verantwortungsbewusstsein, Integrität und Verschwiegenheit umfasst.

Ein besonderes Augenmerk wird hier auf die Unabhängigkeit gelegt. Dies schon deswegen, weil die Schweiz den Prüfern bei einer sogenannten eingeschränkten Revision auch die Mitwirkung am zu prüfenden Sachverhalt in Grenzen erlaubt. Hier ist unter bestimmten Voraussetzungen auch die Übernahme von Bewertungsaufträgen, bei welchen die Gefahr der Selbstprüfung besteht, nach Art 928 II OR zulässig. In diesen Fällen sind geeignete organisatorische und personelle Maßnahmen erforderlich, welche eine verlässliche Prüfung sicherstellen. Das Erbringen solcher Leistungen ist gem Art 729b I 3 OR im Revisionsbericht offenzulegen. Kumulativ setzt dies die Erfüllung folgender Bedingungen voraus:

- die Verantwortung für die Jahresrechnung bleibt in jedem Fall beim Prüfungskunden;
- die Revisionsstelle übernimmt keine Aufgaben, die den Anschein erwecken könnten, sie übernehme die Verantwortung des Management beim Prüfungskunden;

- die damit verbundenen Risiken sind dem Prüfungskunden kommuniziert worden;
- die Revisionsstelle stellt durch geeignete personelle und organisatorische Maßnahmen eine verlässliche Prüfung sicher.

Bei den letztgenannten kann es sich – analog zu Art 32 der Richtlinien zur Unabhängigkeit 2007 (RzU 2007) – bspw handeln um:

- personelle Trennung von Mitarbeitenden die an der Prüfung und der Bewertung teilnehmen;
- die Beiziehung eines zusätzlichen, fachkompetenten und erfahrenen Bewertungsexperten, der nicht Mitglied des Prüfungsteams war, zur Nachprüfung der Bewertung;
- die Besprechung der Annahmen und Methoden der Bewertung mit dem Prüfungskunden sowie dessen Zustimmung zu deren Gebrauch sowie
- das Einholen der Bestätigung des Prüfungskunden, dass er für die im Rahmen der Arbeit der Revisionsstelle entstandenen Ergebnisse verantwortlich ist.

Die praktischen Probleme bei der Einhaltung dieser Vorgaben sind offensichtlich. Insofern wird auch bei einer eingeschränkten Revision üblicherweise davon abgesehen, möglicherweise konflikträchtige Bewertungsaufgaben zu übernehmen.

3.2. Objektivierter vs Subjektiver Wert

Vergleichbar der Vorgehensweise in IDW S 1 und KFS/BW1, geht auch die FM von Anlässen einer Unternehmensbewertung aus und leitet daraus die Funktionen des Bewertenden ab. Die Bewertungsfunktion wird in der FM auch als Bewertungsaufgabe bezeichnet.

In der Funktion als neutraler Bewerter oder Vermittler bzw Schiedsgutachter ermittelt der Bewertende einen objektvierten Wert. Dabei handelt es sich laut der FM um „einen von den individuellen Wertvorstellungen der betroffenen Parteien unabhängigen Wert des Unternehmens". Der objektivierte Wert ist „ein typisierter Zukunftserfolgswert, der sich bei Fortführung des Unternehmens in unverändertem Konzept und mit allen realistischen Zukunftserwartungen im Rahmen der Marktchancen und -risiken, finanziellen Möglichkeiten des Unternehmens sowie sonstigen Einflussfaktoren ergibt".

In dieser Definition finden sich sowohl Merkmale, die nur im IDW S 1 genannt werden (Unabhängigkeit von individuellen Wertvorstellungen), aber auch mit dem IDW S 1 und KFS/BW1 übereinstimmende Elemente (Typisierungen). Allerdings wird das Konzept des objektivierten Wertes in der FM nicht weiter ausgebaut, auch das Thema der Typisierungen wird nicht weiter vertieft.

In der Funktion des Parteigutachters (Beraters) ermittelt der Bewertende subjektive Entscheidungswerte iS von Preisober- oder Preisuntergrenzen. Im Unterschied zu den an dieser Stelle zögerlichen IDW S 1 und KFS/BW1 wird zusätzlich die Ermittlung von Argumentationswerten ausdrücklich erwähnt, mit denen „der Bewerter Argumente zur Untermauerung eines subjektiven Unternehmenswerts" liefert. Allerdings wird auch darauf hingewiesen, dass die Erstellung von „Gefälligkeitsgutachten" davon nicht gedeckt ist und sich der Bewertende innerhalb vertretbarer Bandbreiten und eines entsprechenden Ermessensspielraums bewegen muss.

3.3. Einzelgrundsätze

Die FM nennt ausdrücklich die folgenden „bewertungstechnischen Grundsätze":

- Bewertung der wirtschaftlichen Einheit;
- Maßgeblichkeit des Bewertungszwecks:
- Stichtagsprinzip;
- Unbeachtlichkeit des bilanziellen Vorsichtsprinzips und
- Nachvollziehbarkeit der Bewertungsansätze.

Diese sind im Wesentlichen deckungsgleich mit den nahezu gleichlautenden Grundsätzen des IDW S 1 und KFS/BW 1.[9]

Die Berücksichtigung von Transaktionskosten, transaktionsbedingten Steuerfolgen oder Steuerwirkungen ganz allgemein, erfolgt nach FM allenfalls auf Ebene des Bewertungsobjekts. Damit sind in erster Linie effektive Gewinnsteuern und latente Steuern auf das nicht betriebsnotwendige Vermögen gemeint. Ansonsten sind „Steuerfolgen auf Stufe des Investors ... nicht zu berücksichtigen, ausser dies wird mit dem Auftraggeber speziell vereinbart". Dies entspricht auch der Bewertungspraxis.

Demzufolge blenden Unternehmensbewertungen in der Schweiz die Steuern auf Investorenebene grundsätzlich aus, sowohl bei der Berechnung der finanziellen Überschüssen wie bei der Ableitung von Kapitalkosten. Auch die Vorteile aus der steuerlichen Abzugsfähigkeit der Abschreibungen – tax amortization benefit – spielen weder in der Bewertungslehre noch in der Bewertungspraxis derzeit eine Rolle.

3.4. Bewertungsverfahren

Als Bewertungsverfahren nennt die FM die folgenden Methoden:

- DCF-Methode (als Equity- und Entity-Ansatz);
- Adjusted Present Value (APV) und Economic Value Added (EVA);
- Marktwertmethode (aus Börsenkursen oder Transaktionspreisen abgeleitete Multiplikatoren);
- Ertragswertmethode;
- Substanzwertmethode;
- Mittelwertverfahren.

DCF-Methoden werden ausdrücklich als best practice bezeichnet. Die als „artverwandt" bezeichneten APV-Ansätze bzw der EVA-Ansatz sind gemäß der FM „analog" anzuwenden. Dazu ist zu bemerken, dass APV-Bewertungen zumindest in der erkennbaren Schweizer Bewertungspraxis keine Rolle spielen, ebenso wenig der EVA.[10] Obwohl dieses Konzept eher für interne Steuerung entwickelt wurde, wird es in der Schweizer Bewertungslehre häufig gemeinsam mit Verfahren zur Unternehmensbewertung dargestellt.[11]

---

9   Vgl auch *Helbling*, Grundsätze (2002) 735 ff.
10 Vgl *Hüttche*, Unternehmensbewertung (2012) 208.
11 Bspw bei *Lanz/Bolfing*, Unternehmensbewertung (2005) 109 ff.

Multiplikatoren werden für sogenannte Wertüberlegungen und zur Plausibilisierung der nach anderen Methoden berechneten Unternehmenswerte empfohlen. In Fällen, in denen keine Businesspläne vorliegen und vor allem „in kleineren Verhältnissen" werden auch vereinfachte Ertragswertverfahren als zulässig angesehen. Die Unterscheidung zwischen DCF- und Ertragswertmethode geht im Verständnis der Schweizer Bewertungslehre und -praxis weiter, als dies beim IDW S 1 und KFS/BW1 der Fall ist. Hier wird das Ertragswertverfahren in drei Ausprägungen beschrieben und angewendet:

- Beim Ertragswertverfahren iSd KS 28 werden die finanziellen Überschüsse als gewichteter Durchschnitt der Gewinne der letzten zwei oder drei Geschäftsjahre berechnet.
- In einer etwas dynamischeren Fassung des Ertragswertverfahrens werden die Gewinne der Vergangenheit korrigiert fortgeschrieben, jedoch ohne detaillierte Planung.
- In einer an die herrschende Bewertungslehre angelehnten Form werden die finanziellen Überschüsse aus einer Erfolgsrechnung abgeleitet, die auf derselben Planung aufbaut wie ein ggf alternativ zu rechnendes DCF-Verfahren.

Zwar erfolgt auch in der FM der Hinweis, dass Ertragswert- und DCF-Verfahren bei gleichen Annahmen zum gleichen Ergebnis führen müssen. Allein ist dies zumindest bei den zwei erstgenannten Varianten fraglich, wenn schon die finanziellen Überschüsse bei beiden Verfahren voneinander abweichen. Auch dass die Ertragswertmethode insbesondere in kleinen, übersichtlichen Verhältnissen, im quasi eingeschwungenen Zustand des Unternehmens, zu „brauchbaren Ergebnissen" führt, ist eine Tautologie, nimmt dies doch das Geschäftsmodell als ewige Rente an.

Auch wenn die theoretische Richtigkeit von DCF- und Ertragswertverfahren anerkannt ist, wendet die Schweizer Praxis gerade bei der Bewertung von KMU noch ganz überwiegend sog Praktikerverfahren an, vor allem in der Gestalt der Mittelwertverfahren.[12] Ein wesentlicher Grund für die Beliebtheit ist, dass dieses Verfahren das für steuerliche Zwecke (Vermögenssteuer) anzuwendende Standardverfahren ist, und die Eidgenössische Steuerverwaltung (ESTV) dessen Anwendung im og KS 28 beschreibt. Dieses Verfahren ist den Parteien also bekannt, in der Anwendung recht einfach und – da alle Parameter bekannt bzw vorgegeben sind – transparent und objektiv.[13]

In seiner Grundform ermittelt sich der Anteilswert (in der Wegleitung ausdrücklich als „Unternehmenswert" bezeichnet) wie folgt:

$$\text{Anteilswert} = \frac{2 \times \text{Ertragswert} + \text{Substanzwert}}{3}$$

Der Ertragswert wird aus den (gewichteten) Ergebnissen der drei (zwei) letzten Geschäftsjahre abgeleitet und entspricht im Wesentlichen einem bereinigten steuerlichen Reingewinn. Der Substanzwert wird aus der ebenfalls nach steuerlichen Grundsätzen

---

12 Vgl *Hüttche*, Bewertung (2014) 740 mwN
13 Vgl *Lanz/Bolfing*, Unternehmensbewertung (2005) 81: „Der Mittelwert stellt mehr als einen faulen Kompromiss dar, kombiniert er doch Vorteile der beiden Methoden Substanzwert und Ertragswert".

aufgestellten Bilanz abgeleitet, in der stille Reserven auf Grundstücken und Gebäuden aufgedeckt und unter Abzug von 15 % latenter Steuern einberechnet werden. Nur nebenbei sei bemerkt, dass die ESTV zunächst den Substanzwert zu Fortführungswerten als Mindestwert vorsah, dies aber nach heftigen Protesten nicht umsetzte. Das KS 28 sieht für den Fall negativer Ertragswerte einen Ansatz von 0 vor. Im Ergebnis werden verlustschreibende Unternehmen also mindestens mit einem Drittel des Substanzwertes bewertet.

4. Zu kapitalisierende Größen
4.1. Vergangenheitsanalyse

Die FM enthält nur wenig Aussagen zur Ableitung der kapitalisierenden Größen. Grundlegendes findet sich allein in den Ausführungen zum „Umfang der Bewertungsarbeiten". Die Analyse der Vergangenheit dient hier der Analyse und Beurteilung der Werttreiber sowie der Plausibilisierung der Planung. Besondere Beachtung verdient die Qualität der Jahresrechnungen. Die FM verlangt entweder geprüfte Jahresrechnungen oder zumindest Unterlagen, welche die Qualität eines geprüften Abschlusses aufweisen.

Dies ist aus den oben bereits genannten Gründen keine Selbstverständlichkeit. Das OR sieht eine abgestufte Revisionspflicht für Unternehmen vor, wobei nicht zwischen Kapital- und Personengesellschaften unterschieden wird (Mischformen – &Co Gesellschaften – sind in der Schweiz nicht zulässig). Gem Art 727a II OR können Unternehmen mit weniger als zehn Vollzeitstellen auf eine Revision ganz verzichten (opting out). Bis zu einer Bilanzsumme von 20 Mio CHF, Umsatzerlösen von 40 Mio CHF und/oder 250 Vollzeitstellen (jeweils zwei Merkmale müssen an zwei aufeinanderfolgenden Stichtagen überschritten sein) ist nur eine eingeschränkte Revision erforderlich (Art 727a OR) bzw darüber eine ordentliche Revision (Art 727 OR). Diese Erleichterungen werden auch rege genutzt: Über die Hälfte der Schweizer Kapitalgesellschaften verzichten auf jede Art von Revision,[14] so dass vielfach gerade bei KMU entweder nicht oder nur eingeschränkt geprüfte Unterlagen einer Bewertung zugrunde liegen.

Dazu kommt, dass Buchführung und Steuerberatung – zusammengefasst sog Treuhandtätigkeiten – keine Vorbehaltsaufgaben sind, sondern von jedem der sich dazu berufen fühlt, angeboten werden können. Bewertende müssen sich schon aus diesem Grund von der Qualität der Datenbasis überzeugen.

Die FM schreibt entsprechend ein Mindestmaß an Plausibilitätsprüfungen vor. Zwar kann dies im Auftrag abbedungen werden, jedoch wird sich der Bewertende bei offensichtlichen Mängeln oder erkennbar falschen Daten nicht dem Vorwurf der mangelnden Sorgfalt entziehen können. Ergeben sich Zweifel, sind eigene ergänzende Arbeiten im erforderlichen Ausmaß vorzunehmen und im Bericht darauf hinzuweisen. Stützt sich der Bewertende auf die Arbeit anderer Prüfer oder Experten, ist gemäß den Schweizer Prüfungsstandards vorzugehen.

---

14 Vgl *Fuchs/Bergmann/Fuhrimann/Rauskala*, Regulierungskosten (2014) 401.

Weiter machen die stillen Reserven eine Analyse der Vergangenheit zwingend erforderlich. Dies gilt einmal wegen der Aussonderung von nicht betriebsnotwendigem Vermögen und der Ermittlung möglicher Steuerlasten, zum anderen wegen der Ableitung oder Plausibilisierung der Planung. Auf folgende Möglichkeiten ist – vor allem im Vergleich zum deutschen und österreichischen Handelsrecht – besonders hinzuweisen:

- abnutzbare und nicht abnutzbare Vermögenswerte können auch im Zugangsjahr vollständig abgeschrieben werden;
- die Bilanzierung unfertiger Leistungen (unfertige Arbeiten, nicht abgerechnete Dienstleistungen oÄ) ist erst im neuen Rechnungslegungsrecht, das seit dem 1.1.2015 zwingend anzuwenden ist, ausdrücklich erwähnt. Gerade bei beratenden Unternehmen (Software, Ingenieure, Gutachter etc) wurden bislang kaum unfertige Arbeiten bilanziert;
- auf das Vorratsvermögen ist ein pauschaler Abzug von einem Drittel der Anschaffungs- oder Herstellungskosten (sog „Warendrittel") anerkannt;
- Rückstellungen können auch für zu aktivierende Aufwendungen, also auch künftige Anschaffungs- oder Herstellungskosten gebildet werden.

Ferner sind eine ganze Reihe von Ansatz- und Bewertungsfragen im OR nicht beantwortet. Dies betrifft die Behandlung eines erworbenen Geschäfts- oder Firmenwertes, die Bestandteile der Herstellungskosten oder aber die Bilanzierung latenter Steuern.[15]

Eine weitere Besonderheit ist der Durchführungsweg der betrieblichen Altersversorgung. Eine betriebliche Altersversorgung ist in der Schweiz ab einer bestimmten Lohnhöhe und Lebensalter obligatorisch. Arbeitnehmer und Arbeitgeber entrichten dafür Beiträge an eine rechtlich selbstständige Pensionskasse. Pensionsrückstellungen finden sich daher zumindest in nach OR und Swiss GAAP FER (Fachempfehlung zur Rechnungslegung) aufgestellten Jahresabschlüssen nicht, die jährlich zu leistenden Beiträge sind Aufwand der Periode und entsprechend auch zu planen. Überschüsse und Unterdeckungen finden zwar ihren Weg in die Bilanzen, sind jedoch spezialgesetzlich durch das Bundesgesetz über die berufliche Alters-, Hinterlassenen- und Invalidenvorsorge (BVG), das Freizügigkeitsgesetz (FZG) und das Stiftungsrecht besonders gebunden. Diesen Positionen ist bei der Unternehmensbewertung besondere Beachtung zu schenken.[16] Vergleichbares gilt für Vorauszahlungen des Arbeitgebers an die Vorsorgeeinrichtung, die bis zur Höhe des fünffachen Jahresbeitrags steuerlich abzugsfähig sind. Da die steuerliche Wirkung ja nur eintritt, wenn diese Beiträge nicht abgegrenzt bzw aktiviert werden, handelt es sich um eine stille Reserve, die nicht ohne weiteres aus der Bilanz erkennbar ist.[17]

4.2. Planung

Die FM beschreibt ein Zwei-Phasen-Modell und unterscheidet einen Detailplanungszeitraum sowie eine „fernere zweite Phase (Endwert)". Vorgaben zur Länge des Zeitraums finden sich nicht. In der Praxis finden sich ganz unterschiedliche Planungszeit-

---

15 Vgl *Hüttche*, Rechnungslegungsrecht (2013) 667.
16 Vgl *Helbling*, Pensionskasse (2007) 613.
17 Vgl *Helbling*, Arbeitgeberbeitragsreserven (2009) 125.

räume:[18] Die Länge des Detailplanungszeitraums hängt dabei vom Geschäftsmodell und damit der Planbarkeit der zukünftigen Entwicklung ab. Untersuchungen zeigen hier Bandbreiten von drei bis 20 Jahren, wobei der ganz überwiegende Teil der Bewertung auf drei bis fünf Jahre abstellt.

In den Endwert ist nach der FM dann überzuleiten, wenn sich das Unternehmen im Gleichgewichtszustand befindet. Eine Zwischenphase ist nicht ausdrücklich erwähnt, auf die Frage der Insolvenzwahrscheinlichkeit wird nicht eingegangen.

Auch in der Praxis wird soweit erkennbar entsprechend vorgegangen. Der Restwert wird ganz überwiegend aus einem einfachen ewigen Rentenmodell abgeleitet.[19] Die dabei angewendete Wachstumsrate berücksichtigt die Inflationserwartung, in wenigen Fällen auch noch ein reales Wachstum.

4.3. Plausibilisierung

Die FM sieht eine Plausibilisierung des der Bewertung zugrunde liegenden Materials als den Regelfall an. Ausnahmsweise kann bei sogenannten Wertüberlegungen davon abgesehen werden. In diesem Fall ist dies im Rahmen der Kommunikation – also bei der Auftragsbestätigung, den Arbeitspapieren und der Bekanntgabe der Bewertungsergebnisse – deutlich zu machen.

Auch Zukunftsdaten wie Budgets, Mittelfristplanungen und weitere Prognosegrößen sind zu plausibilisieren. Dass hier die Vergangenheitsdaten eine besondere Rolle spielen, wird hervorgehoben.

5. Berichterstattung

Die FM geht schließlich auf Fragen der Berichterstattung ein. Hier werden Muster zur Auftragsbestätigung, Vollständigkeitserklärung sowie eine Checkliste für die Qualitätssicherung vorgehalten.

Literaturverzeichnis

Cheridito/Schneller, Discounts und Premia in der Unternehmensbewertung, Der Schweizer Treuhänder 2008, 416–421.

Damberger, Vergleich der berufsständischen Normen und Empfehlungen zur Unternehmensbewertung in Österreich, Deutschland und der Schweiz, Masterarbeit, Universität Wien 2013.

Fuchs/Bergmann/Fuhrimann/Rauskala, Regulierungskosten des Rechnungslegungs- und Revisionsaufsichtsrechts, Der Schweizer Treuhänder 2014, 398–403.

Gantenbein/Gehrig, Moderne Unternehmensbewertung, Der Schweizer Treuhänder 2007, 602–609.

---

18 Vgl *Hüttche*, Unternehmensbewertung (2012) 210 f.
19 Vgl *Hüttche*, Unternehmensbewertung (2012) 211.

Helbling, 25 Grundsätze für die Unternehmensbewertung, Der Schweizer Treuhänder 2002, 735–742.
Helbling, Aktivierung von Arbeitgeberbeitragsreserven in der Firmenbilanz, Der Schweizer Treuhänder 2009, 125–129.
Helbling, Pensionskasse und Unternehmenswert, Der Schweizer Treuhänder 2007, 613–616.
Hüttche, Zur Praxis der Unternehmensbewertung in der Schweiz – Stand der Bewertungslehre und Umsetzung, Der Schweizer Treuhänder 2012, 208–212.
Hüttche, Umstellung auf das neue Rechnungslegungsrecht – Weichen stellen, Sackgassen vermeiden, Der Schweizer Treuhänder 2013, 666–673.
Hüttche, Der Wert eines KMU wird nur selten wissenschaftlich ermittelt, NZZ vom 9.1.2014, 29.
Hüttche, Entwicklungen bei der Bewertung von KMU – Rechtsprechung, Bewertungslehre und Methodenwahl, Der Schweizer Treuhänder 2014, 740–747.
Lanz/Bolfing, Unternehmensbewertung, Muri b.B., 2005.
Sethe/Weber, Die Wurzeltheorie als Mittel zur Korrektur von Unternehmensbewertungen nach der Ertragswertmethode, Zeitschrift für Gesellschafts- und Kapitalmarktrecht 2010, 129–138.
Wellis, Praktische Anwendung von Bewertungsmethoden bei kleinen und mittleren Unternehmen (KMU) in der Schweiz, Bewertungspraktiker 2012, 61–68.

Unternehmensbewertung in der österreichischen Rechtsprechung

Markus Fellner

1. **Einleitung**
2. **Rahmenbedingungen**
   2.1. (Norm-)Wert
   2.2. Wertkonzeption
      2.2.1. Objektive Werttheorie
      2.2.2. Subjektive Werttheorie
      2.2.3. Funktionale Werttheorie
   2.3. Bewertungsanlässe
      2.3.1. Abfindung ausscheidender Gesellschafter
      2.3.2. Gesellschaftsrechtliche Maßnahmen
      2.3.3. Übernahmen/Übernahmegesetz
      2.3.4. Unternehmenskauf
   2.4. Rechts- und Tatfrage
3. **Bewertungsmethoden**
   3.1. Substanzwertorientierte Verfahren
   3.2. Ertragswertorientierte Verfahren
      3.2.1. Ertragswertverfahren
      3.2.2. Discounted-Cash-Flow-Verfahren
   3.3. Andere Verfahren
4. **Bewertungsparameter**
   4.1. Bewertungszeitpunkt/Wertaufhellung
   4.2. Kapitalisierungszinssatz
      4.2.1. Basiszinssatz
      4.2.2. Marktrisikoprämie/Risikozuschlag
      4.2.3. Beta-Faktor
      4.2.4. Verbundvorteile/Synergieeffekte
      4.2.5. Vollausschüttung
      4.2.6. Börsenkurse
      4.2.7. Liquidationswert als Untergrenze
5. **Ausblick**

1. Einleitung

Unternehmensbewertungen sind nicht nur ein Instrument zur Vorbereitung wirtschaftlich sinnvoller Entscheidungen, sondern werden zum Rechtsproblem, wenn die Rechtsanwendung die Feststellung von Unternehmenswerten erfordert.[1] Zahlreiche (rechtliche) Bewertungsanlässe verlangen die Ermittlung eines Unternehmenswerts,[2] bspw die Abfindung eines ausscheidenden Gesellschafters, sodass dies in der Literatur auch von normgeprägter,[3] rechtgebundener[4] oder rechtsgeleiteter[5] Unternehmensbewertung behandelt wird, sodass primär die rechtsrichtige Ermittlung von Normwerten maßgeblich ist.[6] Dabei erweist sich der Unternehmenswert in der Regel als aus den Erwartungen über zukünftige Verhältnisse abgeleitet, sodass eine Prognoseunschärfe inhärenter Bestandteil jeder (zukunftsgerichteten)[7] Unternehmensbewertung ist.[8] Dadurch bedingt ist die Notwendigkeit, die Komplexität der Bewertungssituation zu vereinfachen, bspw die Annahme rationalen Verhaltens der Akteure; in diesem Zusammenhang verweisen manche Autoren auf die theoretische Unmöglichkeit, alle für die Unternehmensbewertung erforderlichen Informationen zu erlangen, würde man den individuellen Entscheidungswert heranziehen. Komplexität und Vielschichtigkeit möglicher Fallgestaltungen haben zur Folge, dass rein schematische Lösungen nicht zwingend zu rechtlich zulässigen Ergebnissen führen.

2. Rahmenbedingungen

2.1. (Norm-)Wert

Die §§ 304 bis 306 ABGB enthalten Regelungen über den Wert von schätzbaren Sachen. Diese (allgemeinen) Normen werden unmittelbar herangezogen, um Rechtsfolgen für Detailprobleme abzuleiten. Dem Begriff „Wert" werden jedoch unterschiedliche Bedeutungen beigemessen; er kann so verstanden werden, dass damit der Nutzen gemeint ist, welchen der Eigentümer aus dem Gebrauch der Sache mit Rücksicht auf ihre Beschaffen-

---

1   *Großfeld*, Recht der Unternehmensbewertung[6] (2011) 48 ff mwN.
2   *Aschauer*, Grundfragen der Unternehmensbewertung – Bewertungsverfahren und aktuelle Parameter, in *Artmann/Rüffler/Torggler*, Unternehmensbewertung und Gesellschaftsrecht (2014); *Brugger*, Unternehmenserwerb (2014) Rz 189 ff; *Haberer/Purtscher*, Wirtschaftliche und rechtliche Fragen der Unternehmensbewertung, in *Althuber/Schopper*, Handbuch Unternehmenskauf und Due Diligence[2] (2014); *Piltz*, Unternehmensbewertung in der Rechtsprechung[3] (1994).
3   *Fleischer*, Die Barabfindung außenstehender Aktionäre nach den §§ 305 und 320b AktG: Stand-alone-Prinzip oder Verbundberücksichtigungsprinzip? ZGR 1997, 368, 375.
4   *Hüttemann* in *Fleischer/Hüttemann*, Rechtshandbuch Unternehmensbewertung (2015) 7.
5   *Adolff*, Unternehmensbewertung (2007) 4.
6   *Kisslinger* in *Fenyves/Kerschner/Vonkilch*, ABGB[3] (2011) § 305 Rz 71.
7   OGH 20.03.1991, 1 Ob 519/91: „Aus dem Umstand allein, daß ein Unternehmen in der Vergangenheit Verluste erwirtschaftete, kann seine Wertlosigkeit allein noch nicht abgeleitet werden, weil es für die Unternehmensbewertung in erster Linie auf den zu erwartenden Erfolg in der Zukunft ankommt."; OGH 25.6.2002, 5 Ob 94/02p: „Der Unternehmenswert ist unter Berücksichtigung der örtlichen Lage der Betriebsräumlichkeiten und des darin gelegenen Einflusses auf den erwarteten zukünftigen Erfolg zu ermitteln."; *Großfeld*, Recht der Unternehmensbewertung[6] (2011) 104 ff; *Peemöller*, Grundsätze ordnungsgemäßer Unternehmensbewertung in *Peemöller*, Praxishandbuch der Unternehmensbewertung[3] (2005) Rz 227 ff.
8   *Brugger*, Unternehmenserwerb (2014) Rz 195; *Aschauer*, Grundfragen der Unternehmensbewertung – Bewertungsverfahren und aktuelle Parameter, in *Artmann/Rüffler/Torggler*, Unternehmensbewertung und Gesellschaftsrecht (2014) 2.

heit und Verwendungsmöglichkeit sieht (Gebrauchswert) oder so, dass damit die Gütermenge verstanden wird, welche der Eigentümer im Austausch gegen die Sache erwerben kann (Tauschwert).[9]

Der OGH hatte in einer Entscheidung die Bewertung des Geschäftsanteils eines (gem den Bestimmungen des Gesellschaftsvertrags) ausgeschlossenen Gesellschafters zu beurteilen.[10] Demnach sei die Bewertung einer Sache nach dem gemeinen Wert des § 305 ABGB (objektiver Verkehrswert) mangels anders lautender Vereinbarung oder gesetzlicher Anordnung die gesetzliche Regel. Auch der ausgeschlossene GmbH-Gesellschafter hat mangels anderer Vereinbarung (nur) Anspruch auf eine Abfindung in Höhe des Verkehrswerts des Anteils, weil das GmbHG dafür keine anders lautende Regelung enthält.[11]

Der OGH verweist darauf, dass nach der gesetzlichen Reglung und so auch beim Anspruch auf Abfindung im Zuge des Ausschlusses der „gemeine Wert" oder „objektive Wert" für die Schätzung einer Sache heranzuziehen ist. Unter Verweis auf *Piltz*[12] wird der objektive Wert synonym als „Verkehrswert", als „Verkaufswert", als „Normalverkaufswert", als „wahrer oder wirklicher Wert", als „tatsächlicher Wert", als „innerer Wert", als „gemeiner Wert" und als „Marktwert" bezeichnet. Der OGH führt weiter aus, dass der nach seiner Ansicht für den Bewertungsanlass relevante, „objektive Wert" durch „den im gewöhnlichen Geschäftsverkehr erzielbaren Verkaufserlös" bestimmt wird. Wird eine Sache nach dem Nutzen geschätzt, den sie mit Rücksicht auf Zeit und Ort gewöhnlich und allgemein leistet, so fällt der ordentliche und gemeine Preis aus; nimmt man also auf die besonderen Verhältnisse und auf die zufälligen Eigenschaften der Sache gegründete besondere Vorliebe desjenigen, dem der Wert ersetzt werden muss, Rücksicht, so entsteht ein außerordentlicher Preis (§ 305 ABGB). In allen Fällen, wo nichts anderes bedungen oder von den Gesetzen verordnet wird, muss bei der Schätzung einer Sache der gemeine Preis als Richtschnur genommen werden (§ 306 ABGB).[13]

2.2. Wertkonzeption

Die Unternehmensbewertung unterlag sowohl in der Praxis als auch in der Theorie einer stetigen Weiterentwicklung; während anfangs die objektive Unternehmensbewertungstheorie überwog, verlagerte sich die Ansicht dahingehend, dass der subjektive Charakter des Unternehmenswerts zu berücksichtigen ist. Zusammengeführt wurden diese Konzepte in der Funktionslehre der Unternehmensbewertung, bei der die Unternehmensbewertung maßgeblich vom Zweck der Vornahme der Bewertung abhängt.

---

9 *Klang* in *Klang*, ABGB² (1950) 304; *Spielbüchler* in *Rummel*, ABGB³ (2000) § 305 Rz 2 ff; *Raber*, Gebrauchsentgang und gemeiner Wert, in FS Hämmerle (1972) 269.
10 OGH 25.9.2003, 2 Ob 189/01k.
11 OGH 2 Ob 189/01k, ecolex 2004/57; die Methode zur Ermittlung des Verkehrswerts eines Unternehmens wurde vom OGH als ein Problem der Betriebswirtschaftslehre qualifiziert.
12 *Piltz*, Die Unternehmensbewertung in der Rechtsprechung³ (1994) 93.
13 OGH 2 Ob 189/01k, ecolex 2004/57, zu der *Reich-Rohrwig* anmerkt, dass diese Entscheidung insofern im Widerspruch stehe, als einerseits auf den Verkehrswert des Anteils, andererseits auf den Verkehrswert des Unternehmens abgestellt werde.

2.2.1. Objektive Werttheorie

Aus historischer Sicht war die erste Wertkonzeption die Theorie des objektiven Werts.[14] Die Vertreter des objektiven Unternehmenswerts wollten einen fiktiven, allgemein gültigen und eigneruabhängigen Wert des Unternehmens ermitteln,[15] der stark an vergangenen Verhältnissen orientiert war. So wurde der Konzeption die Auffassung zugrunde gelegt, der Unternehmenswert sei eine intersubjektiv feststellbare Eigenschaft.[16] Entsprechend dieser Konzeption folgte daraus, dass jeder informierte und rational handelnde Marktteilnehmer dem Bewertungsobjekt denselben (monetären) Wert beimaß. Regelmäßig wurde von den Vertretern dieser Theorie der sogenannte Substanzwert ermittelt, der als Wert bei (teilweiser) Rekonstruktion des Unternehmens anfallen würde.[17] Diese Wertkonzeption konnte jedoch nicht abbilden oder erklären, weshalb verschiedene Marktteilnehmer (auch bei Anwendung des gleichen Bewertungsverfahrens) zu unterschiedlichen Wertvorstellungen kamen. Diesbezüglich wurde in der Literatur argumentiert, diese Abweichungen seien auf die unterschiedlichen Methoden oder die unzulängliche Beobachtbarkeit der Unternehmenseigenschaften zurückzuführen.[18] Insbesondere aufgrund des Umstands, dass die objektive Bewertung mangels Subjektbezug keine entscheidungsnützlichen Informationen hervorbringen kann, spielt diese Bewertungskonzeption in der Unternehmensbewertung nur noch eine untergeordnete Rolle.

2.2.2. Subjektive Werttheorie

Die Vertreter der subjektiven Wertkonzeption zogen in Zweifel, ob man – wie bei der objektiven Bewertungskonzeption – die Subjektivität bei Bewertungen vernachlässigen und anstatt dessen unrealistische Annahmen treffen könne.[19] Sie schlugen im Gegensatz dazu vor, den Wert eines Unternehmens maßgeblich von den Absichten und Planungen des Bewertungssubjekts sowie dessen individuellen Ressourcen und Restriktionen zu bemessen, womit die Vorstellung einherging, dass das Bewertungsobjekt keinen Wert an sich haben müsse, sondern lediglich einen Wert für jemanden.[20] Auch wenn mit dieser Konzeption erklärt werden konnte, dass verschiedene Bewertungssubjekte auch bei gleichen Annahmen und denselben Bewertungsverfahren zu unterschiedlichen Ergebnissen für den Unternehmenswert gelangen, erfordert der Bewertungszweck zuweilen eine objektivierte Vorgangsweise.

---

14 *Matschke/Brösel*, Unternehmensbewertung[4] (2014) 14 mwN; *Gerling*, Unternehmensbewertung in der USA (1985) 6 ff; *Münstermann*, Wert und Bewertung der Unternehmung (1966) 20 ff.
15 *Münstermann*, Wert und Bewertung der Unternehmung (1966) 25.
16 *Böcking/Rauschenberg*, Betriebswirtschaftliche Bewertungstheorie, in *Fleischer/Hüttemann*, Rechtshandbuch Unternehmensbewertung (2015) § 2 Rz 7.
17 *Aschauer*, Unternehmensbewertung beim Gesellschafterausschluss (2009) 48.
18 *Peemöller*, Wert und Werttheorien, in *Peemöller*, Praxishandbuch der Unternehmensbewertung[3] (2005) Rz 8 ff.
19 *Münstermann*, Wert und Bewertung (1966) 21 ff; *Peemöller*, Wert und Werttheorie in *Peemöller*, Praxishandbuch der Unternehmensbewertung[3] (2005) Rz 13 ff.
20 *Matschke/Brösel*, Unternehmensbewertung[4] (2014) 7.

2.2.3. Funktionale Werttheorie

Die Funktionslehre basiert auf den Prinzipien der Subjektivität, der Gesamtbewertung, des Zukunftsbezuges und der Zweckabhängigkeit.[21] Je nach Zweck der Bewertung können daher unterschiedliche Unternehmenswerte ermittelt werden. Der funktionalen Unternehmensbewertung liegt zudem die Ansicht zugrunde, dass sowohl subjektive als auch objektivierte Werte zweckadäquat[22] sein können. Dies bedeutet, dass der Wert nicht nur zwischen den Personen, sondern auch für dieselbe Person je nach Bewertungsanlass unterschiedlich ausfallen kann.[23] Es ist dann der rein subjektive Unternehmenswert maßgeblich, wenn der jeweilige Bewertungsanlass den Rückgriff auf die individuellen Verhältnisse der Bewertungssubjekte erfordert. Besteht hingegen diese Möglichkeit nicht, wird eine Typisierung vorgenommen, bei der mit Hilfe anderweitig beobachtbarer Werte die individuellen Verhältnisse fingiert werden.[24]

Unternehmensbewertungen sind jedoch stets nur Mittel für bestimmte Zwecke. Diese Zwecke ergeben sich aus den Anlässen der Unternehmensbewertung, sodass es keinen „schlechthin" richtigen Unternehmenswert gibt.

Da Unternehmenswertermittlungen sehr unterschiedlichen Zwecken dienen können, ist der richtige Unternehmenswert der zweckadäquate.[25] Es besteht grundsätzliche Einigkeit darüber, dass es keinen objektiven Wert gibt, der einer Sache als Eigenschaft selbst anhaftet, vielmehr ist dieser eignerbezogen zu ermitteln und kann je nach Eigentümer (zB aufgrund besonderer Verbundvorteile oder steuerrechtlicher Rahmenbedingungen) unterschiedlich sein.[26] Entsprechend der allgemein anerkannten Funktionslehre entscheidet in Abhängigkeit vom Bewertungsanlass die jeweilige Bewertungsfunktion über die verwendeten Methoden und Verfahren sowie über die einzubeziehenden Inputfaktoren.[27]

Dabei ist nicht nur nach dem Wert des Unternehmens zu differenzieren, sondern auch die Rolle des Bewertenden und die Art der Bewertung richten sich nach dem Bewertungsanlass.[28] Grundlegende Fragen wie insbesondere die Gesamtbewertung und Zukunftsorientierung, aber auch die Behandlung der Synergieeffekte sind so untrennbar mit dem Zweck der Bewertung verbunden, dass sich rechtlich eindeutige Vorgaben gewinnen lassen.[29] Dem ist auch die österreichische höchstgerichtliche Rechtsprechung grundsätzlich gefolgt.[30] Nach herrschender Auffassung kann ein Unternehmen je nach

---

21 *Matschke/Brösel*, Unternehmensbewertung[4] (2014) 23; *Schacht/Fackler*, Praxishandbuch Unternehmensbewertung (2009) 15 ff.
22 *Moxter*, Grundsätze ordnungsgemäßer Unternehmensbewertung[2] (1983) 5 f: Zweckadäquanzprinzip.
23 *Matschke/Brösel*, Unternehmensbewertung[4] (2014) 6: „Der Wert eines Gutes ergibt sich demnach in Abhängigkeit vom Ziel- und Präferenzsystem sowie vom Entscheidungsfeld des Bewertungssubjektes aus seinem individuellen Grenznutzen und ist somit subjektiv".
24 *Peemöller*, Anlässe der Unternehmensbewertung, in *Peemöller*, Praxishandbuch der Unternehmensbewertung[3] (2005) 19.
25 *Moxter*, Grundsätze ordnungsgemäßer Unternehmensbewertung[2] (1983) 5 f.
26 *Winner*, Wert und Preis im Zivilrecht (2008) 419 mwN.
27 *Matschke/Brösel*, Unternehmensbewertung[4] (2014) 22 ff.
28 *Winner*, Wert und Preis im Zivilrecht (2008) 418; *Matschke/Brösel*, Unternehmensbewertung[4] (2014) 87 ff.
29 *Bachl*, Anmerkungen zur Verschmelzungs-, Umwandlungs- und Spaltungsprüfung (Teil I), GesRZ 2000, 6 ff; *Winner*, Wert und Preis im Zivilrecht (2008) 417.
30 OGH 2 Ob 220/06a, RdW 2007, 409.

Fragestellung einen unterschiedlichen (Norm-)[31]Wert haben; nach der Funktionslehre hat die Ermittlung zweckabhängig zu erfolgen.[32]

2.3. Bewertungsanlässe

Die möglichen Anlässe für Unternehmensbewertungen sind vielfältig;[33] für eine Analyse der Judikatur im Zusammenhang mit der Unternehmensbewertung ist es zweckmäßig, zuerst allgemein jene Fälle zu beleuchten, in denen in der Regel eine Unternehmensbewertung erfolgen wird oder zwingend vorzunehmen ist;[34] insbesondere die Unterscheidung, ob es sich um eine freiwillige, verhandlungsbasierte Maßnahme (zB Unternehmens- und Anteilskauf) oder um eine einseitig veranlasste Maßnahme gegen den Willen eines Anderen (Gesellschafterausschluss) handelt, ist für die rechtlichen Rahmenbedingungen maßgeblich. Konkrete Anlässe sind unter anderem Kauf und Verkauf von Unternehmen und Anteilen, Ein- und Austritt von Gesellschaftern, Umgründungen, Abfindung, Börseneinführung, Privatisierung, Erb- und Pflichtteilsansprüche, Enteignung, Kreditwürdigkeitsprüfung, Sanierung und Ermittlung von wertorientierten Vergütungen.[35]

2.3.1. Abfindung ausscheidender Gesellschafter

Die am verhältnismäßig genauesten (dispositive) Vorgaben enthält § 137 Abs 2 Satz 1 UGB, wonach dem ausscheidenden Gesellschafter in Geld auszuzahlen ist, was er bei der Auseinandersetzung erhielte, wenn die Gesellschaft zur Zeit seines Ausscheidens aufgelöst worden wäre.[36] Neben dem Ausschluss eines Gesellschafters gem § 140 UGB kommt die Vorschrift auch zur Anwendung, wenn die Gesellschafter statt der Auflösungsfolge die Fortsetzung gem § 141 UGB beschließen (Gesellschafterkonkurs, Tod des Gesellschafters und Kündigung durch die Privatgläubiger oder wenn im Gesellschaftsvertrag von vornherein vorgesehen ist, dass in diesen Fällen statt der Auflösung die Fortsetzung unter den Verbleibenden stattfinden soll). Regelmäßig wird auch die Kündigung der Gesellschaft vertraglich in eine solche der Gesellschafterstellung geändert, sodass auch in diesem Fall § 137 Abs 2 UGB zur Anwendung kommt.[37] Entsprechend der gesetzlichen Anordnung ist der Wert des Gesellschaftsvermögens, soweit erforderlich, durch Schätzung für den

---

31 *Großfeld*, Recht der Unternehmensbewertung[6] (2011) 48 ff mwN.
32 *Moxter*, Grundsätze ordnungsgemäßer Unternehmensbewertung[2] (1983) 5 ff; *Drukarczyk/Schüler*, Unternehmensbewertung[5] (2007) 100 ff; *Mandl/Rabel*, Unternehmensbewertung (1997) 12 ff.
33 KFS/BW 1 idF 2014, Rz 14.
34 KFS/BW 1 idF 2014, Rz 14 verweist in diesem Zusammenhang auf die Unterscheidung, ob Bewertungen aufgrund rechtlicher Vorschriften, vertraglicher Vereinbarungen oder aus sonstigen Gründen erfolgen.
35 KFS/BW 1 idF 2014, Rz 14; *Haberer/Purtscher*, Wirtschaftliche und rechtliche Fragen der Unternehmensbewertung, in *Althuber/Schopper*, Handbuch Unternehmenskauf und Due Diligence[2] (2014) Wirtschaftliche und rechtliche Fragen der Unternehmensbewertung, Rz 84.
36 Die Regelung entspricht § 738 Abs 1 Satz 2 BGB und wurde durch Art 7 Nr 15 Abs 3 4. EVHGB in das österreichische Gesellschaftsrecht integriert und mit dem HaRÄG 2005 in ihrem Kerngehalt in das UGB übernommen: *Koppensteiner/Auer* in *Straube/Ratka/Rauter*, UGB I[4] (2012) §§ 137, 138 Rz 1, 9 ff mwN; *Haberer/Purtscher*, Wirtschaftliche und rechtliche Fragen der Unternehmensbewertung, in *Althuber/Schopper*, Handbuch Unternehmenskauf und Due Diligence[2] (2014) Wirtschaftliche und rechtliche Fragen der Unternehmensbewertung, Rz 94.
37 *Rüffler*, Rechtlicher Rahmen der Unternehmensbewertung, in *Artmann/Rüffler/Torggler*, Unternehmensbewertung und Gesellschaftsrecht (2014) 46.

Zeitpunkt des für das Ausscheiden maßgeblichen Stichtags zu ermitteln.[38] Die spezifische, anzuwendende Methode lässt sich jedoch aus dem Gesetz nicht entnehmen, sodass diese Frage durch betriebswirtschaftliche Theorien zu beantworten ist. Während die substanzwertorientierte Methode (siehe Punkt 3.1) in ihrer reinen Form nur noch in Ausnahmefällen (oder zur Plausibilisierung) zur Anwendung gelangt, ist heute nach herrschender Ansicht die ertragswertorientierte Methode anzuwenden (siehe Punkt 3.2).[39]

Die Höhe des Abfindungsanspruchs ergibt sich dabei (im Rahmen der gesetzlichen Regeln) aus dem Wert des Gesellschaftsvermögens und dem Anteil des Ausscheidenden an diesem Vermögen.[40] Nach dieser Regelung soll die Stellung des Ausgeschiedenen derjenigen bei Liquidation so weit wie möglich angenähert werden; vermögensmäßige Nachteile daraus, dass die Gesellschaft fortgeführt und nicht aufgelöst wird, sollen dem Abfindungsberechtigten nicht entstehen.[41] In der Literatur zum BGB wird darauf verwiesen, dass sich dies auch aus dem Gedanken rechtfertigen lasse, dass das Ausscheiden eines Gesellschafters gegen Abfindung nur eine abgekürzte Form der „Auseinandersetzung" der Gesellschaft darstellt, die den Interessen aller Beteiligten gerecht werde: Ein Ausscheiden gegen Abfindung erspare den verbleibenden Gesellschaftern eine „reale" Liquidation der Gesellschaft mit anschließender Neugründung, gleichzeitig werde über den Abfindungsanspruch das vermögensrechtliche Interesse des Ausscheidenden gewährt.

Dabei ist der Wert zu ermitteln, der sich bei einer möglichst vorteilhaften Verwertung des Gesellschaftsvermögens im Ganzen ergeben würde.[42] In der Liquidation ist das Gesellschaftsvermögen bestmöglich, daher wirtschaftlich vorteilhaftest, zu verwerten.[43] Dabei ist in der Regel der Verkauf des Unternehmens als Ganzes vorzugswürdig,[44] weshalb das Unternehmen als Ganzes zu bewerten ist.[45] Zu beachten ist dabei, dass die Abfindung keine „Entschädigung" ist, die sich allein nach dem subjektiven Grenzpreis des Ausscheidenden richtet, und es sich auch nicht um einen „Schiedswert" handelt, der aus den Grenzpreisen der Beteiligten abzuleiten ist.[46] Weiters kommt der Paketzuschlag dem Abzufindenden (anteilig) zugute, weil zu unterstellen ist, dass ein potenzieller Erwerber das gesamte Unternehmen und damit die unbeschränkte Verfügungsmacht daüber erwirbt.[47]

---

38 *Kalss/Nowotny/Schauer*, Österreichisches Gesellschaftsrecht (2008) Rz 2/581 mwN.
39 Grundlegend OGH 5 Ob 649/80, SZ 53/172; OGH 6 Ob 31.8.2006, GeS 2006, 443.
40 *Koppensteiner/Auer* in *Straube/Ratka/Rauter*, UGB I⁴ (2012) §§ 137, 138 Rz 9.
41 Siehe auch *Schäfer* in *Säcker/Rixecker/Oetker*, Münchener Kommentar zum BGB V⁶ (2013) § 738 Rz 1.
42 BGH 30.3.1967, II ZR 141/64 (KG).
43 *Koppensteiner/Auer* in *Straube/Ratka/Rauter*, UGB I⁴ (2012) §§ 137, 138 Rz 9 mwN; BGB RH 13.11.1908 – VII 590/07, Warn 1909 Nr 138; RG 22.12.1922 – II 621/22, RGZ 106, 128, 132; BGH 21.4.1955 – II ZR 2227/53, BGHZ 17, 130, 133; BGH 30.3.1967 – II ZR 141/64, NJW 167, 1464; BayObLG 31.5.1995 – 3Z BR 67/89, GMBHR 1995, 662, AG 1995, 509.
44 *Dellinger*, Rechtsfähige Personengesellschaften in der Liquidation (2001) 297 ff.
45 *Krejci* in *Krejci*, Reform-Kommentar UGB/ABGB (2007) § 137 Rz 2; *Koppensteiner/Auer* in *Straube*, UGB I⁴ (2009) §§ 137, 138 Rz 9; *Jabornegg/Artmann* in *Jabornegg/Artmann*, UGB I² (2010) § 137 Rz 12; *Großfeld*, Recht der Unternehmensbewertung⁶ (2011) Rz 256 ff.
46 *Hüttemann*, Unternehmensbewertung als Rechtsproblem, in *Fleischer/Hüttemann*, Rechtshandbuch Unternehmensbewertung (2015) 16.
47 *Rüffler*, Rechtlicher Rahmen der Unternehmensbewertung, in *Artmann/Rüffler/Torggler*, Unternehmensbewertung und Gesellschaftsrecht (2014) 52.

2.3.2. Gesellschaftsrechtliche Maßnahmen

Jede Umgründungsmaßnahme kann auch als Bewertungsanlass zu qualifizieren sein, der eine an den jeweiligen Zweck orientierte Bewertung erforderlich machen kann.[48] Das Interesse an einer sachgerechten Bewertung des Unternehmens[49] liegt dabei sowohl bei den Gesellschaftern als auch bei den Gläubigern der betroffenen Gesellschaft. Sie entscheidet, in welchem Ausmaß die verschiedenen Gruppen von einer Maßnahme profitieren. In der Sphäre der Geselleschafter gehen Umgründungen mit einem unmittelbaren Eingriff in ihre Mitgliedschafts- und Vermögensrechte einher.[50] Für diese ist die Festlegung des Umtauschverhältnisses der Anteile von entscheidender Bedeutung, sodass beispielsweise die vom Verschmelzungsprüfer geprüfte Wertrelation der gerichtlichen Nachprüfung unterliegt.[51] Dabei kommt der strukturellen Maßnahme ein sehr weitgehender Bestandsschutz zu und beschränkt den Anspruch auf „angemessene Bedingungen" auf einen geldwerten Anspruch. Aus der Sicht der Gläubiger von an Umgründungsvorgängen beteiligten Gesellschaften sind insbesondere die Vorschriften über die Gründungsprüfung und/oder Restvermögensprüfung von Interesse.

Beim Gesellschafterausschluss wird dem Gesellschafter sowohl die Beteiligung am Unternehmen an sich als auch der Anteil als handelbares Wirtschaftsgut entzogen. Der OGH steht dem Ansatz eines subjektiven Wertes für den Bewertungsanlass des Gesellschafterausschlusses ablehnend gegenüber: „Der subjektive Wert ist der Wert, den der Gegenstand für eine ganz bestimmte einzelne Person hat. Dieser ist grundsätzlich nur im Schadenersatz von Bedeutung".[52] Dabei ist eine Abfindung zum Börsenkurs zwar nicht automatisch angemessen,[53] bildet aber in der Regel die Untergrenze für die zu leistende Abfindung,[54] auch wenn die Unternehmensbewertung zu einem niedrigeren Ergebnis führt.[55] Dieses in Deutschland auf die Entscheidung des Bundesverfassungsgerichtes[56] zurückzuführende Erfordernis ist auch in Österreich weitgehend unstrittig (siehe Punkt 4.2.7).[57]

Bei der Spaltung ist bei der Restvermögensprüfung der Wert des Nettoaktivvermögens relevant. Das Nettoaktivvermögen wird im Gesetz ausdrücklich als jenes Vermögen um-

---

48 *Trentini*, Die Praxis der Unternehmensbewertung bei Umgründungen, in *König/Schwarzinger*, FS Wiesner (2004) 457 ff; *Mandl/Rabel*, Objektivierter Unternehmenswert und Verkehrswert bei Umgründungen, in *Bertl/Mandl/Mandl/Ruppe*, Von der Gründung bis zur Liquidation (2003).
49 OLG Stuttgart 6.7.2007, 20 W 5/06 AG 2007, 705, 706; OLG Stuttgart 8.3.2006, 20 W 5/05 AG 2006, 420.
50 *Haberer/Purtscher*, Wirtschaftliche Fragen der Unternehmensbewertung, in *Althuber/Schopper*, Handbuch Unternehmenskauf und Due Diligence[2] (2014) 194 ff.
51 § 225c ff öAktG/dSpruchstellenverfahren.
52 OGH 25.9.2003, 2 Ob 189/01k.
53 *Kalss*, Verschmelzung – Spaltung – Umwandlung[2] (2010) § 2 GesAusG Rz 2; *Winner*, Wert und Preis im neuen Recht des Squeeze-out, JBl 2007, 434, 439; OGH 5.7.2001, 6 Ob 99/01d, ÖBA 2002, 135; VfGH 28.9.2002, G 286/01, VfSlg 16.636.
54 *Hüffer*, AktG[11] (2014) § 327b Rz 6 mwN; *Emmerich/Habersack*, Aktien- und GmbH-Konzernrecht[7] (2013) § 305 Rz 42 ff.
55 *Winner*, Bewertungsprobleme bei Umgründungen, in *Artmann/Rüffler/Torggler*, Unternehmensbewertung und Gesellschaftsrecht (2014) 62.
56 BVerfG 27.4.1999, 1 BvR 1613/94 (*DAT/Altana*) BVerfGE 100, 289.
57 *Kalss*, Verschmelzung – Spaltung – Umwandlung[2] (2010) § 2 GesAusG Rz 13; *Gall/Potyka/Winner*, Squeeze-out (2006) Rz 230 ff.

schrieben, das der Differenz des Werts der einer Gesellschaft zugeordneten aktiven Vermögensteile und des Werts der ihr zugeordneten Verbindlichkeiten entspricht.[58] Rechnungsabgrenzungsposten und allfällige Steuerlasten aus unversteuerten Rücklagen sind zu berücksichtigen. Für die Spaltungshaftung normiert § 15 Abs 1 SpaltG, dass nicht der Buchwert, sondern der tatsächliche Wert des aktiven Gesellschaftsvermögens (Verkehrswert)[59] abzüglich Verbindlichkeiten[60] heranzuziehen ist.[61] Die Bewertung erfolgt im Rahmen einer Going-Concern-Betrachtung.[62]

Auch bei der Zusammenführung einzelner Unternehmen ist die Frage der Angemessenheit der Gegenleistung, die den (überstimmten) Gesellschaftern gewährt wird, zu stellen. Bei der Verschmelzung werden keine Aktien und damit keine handelbaren Wirtschaftsgüter entzogen, auch das wirtschaftliche Substrat bleibt (als Teil des verschmolzenen Unternehmens) weiterhin bestehen. Die für den Gesellschafterausschluss gewonnenen Grundsätze und Anforderungen an die Unternehmensbewertung können daher nicht unmittelbar auf Verschmelzungen angewendet werden. Das Umtauschverhältnis ist nach den tatsächlichen Werten der Unternehmen der beteiligten Gesellschaften zu bestimmen, ohne dass die Methode der Bewertung vorgegeben ist.[63] Weitgehend Einigkeit besteht darin, dass der Bewertung die Ertragswertmethode zugrunde zu legen ist.[64] „Angemessenheit" bedeutet in diesem Zusammenhang, dass der Wert der von der übernehmenden Gesellschaft angebotenen Anteile den Wert der von den Anteilsinhabern der übertragenden Gesellschaft bisher gehaltenen Anteile im Wesentlichen erreichen muss.[65] Buchwerte und Substanzwerte im Sinne von Wiederbeschaffungswerten sind daher nicht heranzuziehen; ebenso Mischverfahren wie das Wiener Verfahren.[66] Sind beide Unternehmen börsennotiert, könnte erwogen werden, anhand dieser das Um-

---

58 ErläutRV 32 BlgNR 20. GP 124, EU-GesRÄG 1996; *Doralt* in FS Kastner (1992) 147 f; krit *Harrer* in *Koppensteiner*, Wirtschaftsprivatrecht 384 ff; *Harrer*, Aktuelle Anpassungsprobleme im Unternehmens- und Gesellschaftsrecht, wbl 1994, 361, 363 f.

59 OLG Linz 20.12.2006, 6 R 208/06k (mit Hinweis auf *Kalss*, Ausgewählte Fragen der Haftung der sonstigen Gesellschaften gem § 15 SpaltG, wbl 2003, 49); *Böcking/Nowak*, Überblick über das Ertragswertverfahren, in *Fleischer/Hüttemann*, Rechtshandbuch Unternehmensbewertung (2015) § 4 Rz 25; *Helmich* in *Kletečka/Schauer*, ABGB-ON[1.02] (2014) § 305 Rz 9 ff.

60 *Kalss*, Verschmelzung – Spaltung – Umwandlung[2] (2010) § 15 SpaltG Rz 32, *Nowotny* in *Wiesner/Hirschler/Mayr*, Handbuch der Umgründungen Rz 61.

61 *Kalss*, Verschmelzung – Spaltung – Umwandlung[2] (2010) § 15 SpaltG Rz 32; ErläutRV 32 BlgNR 20. GP 124, EU-GesRÄG 1996; *Kalss*, wbl 2003, 50; *Heidinger* in *Schwimann*, ABGB[3] (2006) § 1409 Rz 25; *Hirschler*, Neuerungen im Gesellschafter- und Gläubigerschutz bei Spaltungen nach dem neuen SpaltG, GesRZ 1997, 8, 10.

62 *Urnik/Urtz* in *Straube/Ratka/Rauter*, UGB II/RLG[3] (2011) § 201 Rz 29; *Großfeld*, Unternehmensbewertung[6] (2011) 77 ff.

63 *Winner*, Wert und Preis im Zivilrecht (2008) 404 mwN.

64 Wobei der Ertragswert mit dem Ertragswertverfahren oder mit der DCF-Methode vermittelt werden; siehe weiters OGH 5 Ob 649/80, SZ 53/172; *Winner*, Wert und Preis im Zivilrecht (2008) 404; *Kalss*, Verschmelzung – Spaltung – Umwandlung[2] (2010) § 220 AktG Rz 21; *Mandl/Rabel*, Unternehmensbewertung (1997) 31 ff; *Schummer* in *Wiesner/Hirschler/Mayr*, Handbuch der Umgründungen (2002) Art II Rz 35 ff.

65 *Kalss*, Verschmelzung – Spaltung – Umwandlung[2] (2010) § 220 AktG Rz 20; *Winner*, Wert und Preis im Zivilrecht (2008) 304; die aktienrechtlichen Regelungen gelten kraft Verweisung auch für die GmbH (§ 96 Abs 2 GmbHG), die Spaltung (§ 9 Abs 2 SpaltG), die Umwandlung (§ 2 Abs 3 UmwG), die rechtsformübergreifende Verschmelzung (§ 234 Abs 2, § 234a Abs 3 AktG idF GesRÄG 2007) und die grenzüberschreitende Verschmelzung (§ 11 Abs 2 EU-VerschG).

66 *Großfeld*, Unternehmensbewertung[6] (2011) 74 f; *Winner*, Wert und Preis im Zivilrecht (2008) 426 f.

tauschverhältnis zu bestimmen.[67] Es ist zudem zu berücksichtigen, ob wie bei der Konzentrationsverschmelzung unabhängige Vertragspartner mit konfligierenden Interessen[68] („merger of equals") gegenüberstehen und angenommen werden darf, dass dem Vertrag ein gewisses Indiz für die wirtschaftliche Angemessenheit zukommt, oder ob bei Verschmelzungen innerhalb eines Konzerns aufgrund einer verdünnten Willensbildung das Indiz der wirtschaftlichen Angemessenheit nur bedingt ausgebildet ist.

In diesem Zusammenhang hat das deutsche Bundesverfassungsgericht[69] ausgesprochen, dass die (bloße) Überprüfung des Verhandlungsprozesses über eine Verschmelzung zweier wirtschaftlich und rechtlich unabhängiger Unternehmen nicht hinreichend sicherstellen könne, dass mit dem vereinbarten Umtauschverhältnis die Anteilsinhaber des übertragenen Rechtsträgers wirtschaftlich voll entschädigt werden. Das zur Nachprüfung berufene Gericht könne sich nicht darauf zurückziehen, dass ein zwischen den Vorständen zweier unabhängiger, gleichberechtigter Aktiengesellschaften mit gegenläufigen Interessen („unter Gleichen") ausgehandelter „Preis" grundsätzlich als angemessen zu beurteilen sei. Maßgeblich sei vielmehr, ob durch das Verhandlungsergebnis ein voller wirtschaftlicher Wertausgleich geschaffen wird, wofür die Verhandlungen der Vertretungsorgane im Verschmelzungsprozess keine hinreichende Gewähr bieten können, weil dieses „von vielfältigen weiteren unternehmerischen Erwägungen getragen" sein könne.[70] Unter anderem wird in der Literatur aus § 220b Abs 4 AktG abgeleitet, dass nicht nur das Ergebnis (eine Bandbreite) selbst einer Angemessenheitsprüfung unterliegt, sondern der Verschmelzungsprüfer (auch) die Angemessenheit der angewendeten Bewertungsmethode zu untersuchen hat.[71] Der Prüfer hat bei Mängeln in der Methodenwahl oder -anwendung selbst eine Vergleichsrechnung zu erstellen, um festzustellen, ob das Umtauschverhältnis noch angemessen ist.[72] Aufgabe der gerichtlichen Nachprüfung ist jedoch nicht die komplette Neubewertung, sondern eine eingeschränkte Überprüfung der rechtlichen und tatsächlichen Grundlagen der Unternehmensbewertung.[73]

Auch bei der Einbringung eines Unternehmens als Sacheinlage im Rahmen der Gründung oder Kapitalerhöhung sind vergleichbare Schutzvorschriften vorgesehen, um eine Überbewertung der Sacheinlage im Interesse der Gesellschaftsgläubiger weitgehend zu verhindern.

---

67 Für voneinander unabhängiger Gesellschaften *Gärtner/Handke*, Unternehmenswertermittlung im Spruchverfahren – Schrittweiser Abschied vom Meistbegünstigungsprinzip des BGH (DAT/Altana)? NZG 2012, 247, 249; *Piltz*, Unternehmensbewertung und Börsenkurs im aktienrechtlichen Spruchstellenverfahren, zugleich Besprechung der Entscheidung BVerfGE 100, 289, ZGR 2001, 185, 210; *Krause*, Die Entdeckung des Marktes durch die Rechtsprechung bei der Ermittlung der angemessenen Abfindung im Rahmen aktienrechtlicher Strukturmaßnahmen, in FS Hopt (2010) 1005 ff.
68 *Kalss*, Verschmelzung – Spaltung – Umwandlung² (2010) § 220 AktG Rz 20.
69 BVerfG 24.5.2012, 1 BvR 3221/10, NZG 2012, 1035.
70 BVerfG 24.5.2012, 1 BvR 3221/10, NZG 2012, 1035; *Fleischer/Bong*, Unternehmensbewertung bei konzernfreien Verschmelzungen zwischen Geschäftsleiterermessen und Gerichtskontrolle, NZG 2013, 881; *Klöhn/Verse*, Ist das „Verhandlungsmodell" zur Bestimmung der Verschmelzungswertrelation verfassungswidrig?, AG 2013, 2.
71 *Bachl*, Anmerkungen zur Verschmelzungs-, Umwandlungs- und Spaltungsprüfung (Teil I), GesRZ 2000, 6.
72 *Kalss*, Verschmelzung – Spaltung – Umwandlung² (2010) § 220b AktG Rz 22 mwN.
73 *Haberer/Purtscher*, Wirtschaftliche und rechtliche Fragen der Unternehmensbewertung, in *Althuber/Schopper*, Handbuch Unternehmenskauf und Due Diligence² (2014) 194 f.

2.3.3. Übernahmen/Übernahmegesetz

Wer an einer börsennotierten Gesellschaft eine kontrollierende Beteiligung erlangt, muss den anderen Aktionären gem § 22 ÜbG grundsätzlich ein Angebot für alle ihre Aktien unterbreiten. Zweck ist es, die Kontrollprämie gleichmäßig unter allen Aktionären aufzuteilen.[74] Im Rahmen des Pflichtangebotes zur Kontrollerlangung ist die Untergrenze der Gegenleistung in mehrfacher Hinsicht durch den Gesetzgeber determiniert und berücksichtigt sowohl Vorerwerbe des Bieters als auch den Börsenkurs; die Gegenleistung muss einerseits dem gewichteten durchschnittlichen Börsenkurs der letzten sechs Monate entsprechen und andererseits darf die höchste vom Bieter oder von einem gemeinsam mit ihm vorgehenden Rechtsträger innerhalb der letzten zwölf Monate gewährte oder vereinbarte Gegenleistung für das angebotsgegenständliche Beteiligungspapier nicht unterschritten werden (siehe Punkt 4.2.6). Bei dem zu berücksichtigenden Paketerwerb werden auch die Transaktionsgewinne/Synergieeffekte (siehe Punkt 4.2.4) berücksichtigt und fließen in den Mindestpreis des Angebots mit ein.[75] In besonderen Fällen können die genannten Kriterien jedoch nicht angewendet werden oder deren Anwendung wäre sachlich nicht gerechtfertigt, sodass § 26 Abs 3 ÜbG für solche Fälle eine „angemessene" Festsetzung des Preises für das Pflichtangebot vorsieht.

2.3.4. Unternehmenskauf

Obgleich der Kaufpreis von den Vertragsparteien meist im Verhandlungswege festgelegt wird, kommt der Unternehmensbewertung auch beim Unternehmenskauf eine nicht unbedeutende Rolle zu. Ist das Unternehmen nicht mehr werbend am Markt tätig (oder ertragsschwach)[76] und ist der Erwerber an den unternehmensgebundenen Vermögenswerten interessiert, kommt eher eine Bewertung der reinen Substanzwerte oder der Liquidationserlöse in Betracht. In der Regel ergibt sich jedoch der Wert eines werbenden Unternehmens aus der Fähigkeit, bei Fortführung des Unternehmens in der Zukunft finanzielle Überschüsse für die Eigner zu erwirtschaften. Ausgehend von einer solchen Bewertung wird der individuelle Kaufpreis von den Vertragsparteien im Verhandlungsweg privatautonom festgelegt und indiziert eine gewisse „Richtigkeitsgewähr" dafür, dass dieser als Kompromiss der Mindestpreisvorstellung des Verkäufers und der Preisobergrenze auf Käuferseite entspricht (Entscheidungswerte).[77]

Dabei besteht auch die Möglichkeit, Veränderungen des Unternehmenserfolgs bis zum Übergabestichtag (Locked-box-Klauseln, Net-cash-/Net-debt-Klauseln) oder eine Anpassung des Kaufpreises anhand des künftigen Unternehmenserfolges (Earn-out-Klauseln)

---

74 ÜbK 17.12.2001, GZ 2001/2/3-395; *Winner*, Wert und Preis im Zivilrecht (2008) 500; in diesen Zusammenhang grundlegend zur Wohlfahrtstheorie *Easterbrook/Fischel*, Corporate Control Transactions (1981/1982) 91 Yale L J 698.
75 *Winner*, Wert und Preis im Zivilrecht (2008) 489 ff.
76 *Peemöller/Bömelburg*, Unternehmensbewertung ertragsschwacher Unternehmen, DStR 1993, 1036.
77 Die Unternehmensbewertung (und die ermittelte Wertbandbreite) kann auch für die Organe der Gesellschaft im Rahmen der unternehmerischen Entscheidung der Durchführung des Unternehmenskaufes relevant sein; BGH 21.4.1997, II ZR 175/95 ZIP 1997, 883; *Torggler*, Business Judgement Rule und unternehmerische Ermessensentscheidungen, ZfRV 2002, 133; *Lutter*, Die Business Judgement Rule in Deutschland und Österreich, GesRZ 2007, 79; *Schima*, Business Judgement Rule und Verankerung im österreichischen Recht, GesRZ 2007, 93.

zu berücksichtigen. Weiters stellen sich Fragen der Unternehmensbewertung nachträglich, wenn sich herausstellt, dass die Kaufpreisfindung von Anfang an nicht korrekt (zB Wurzelmangel) oder der Kaufgegenstand mangelhaft war. Auch für die Haftung des Übernehmers ist gem § 1409 Abs 1 Satz 2 ABGB auf den (Verkehrs-)Wert des übernommenen Vermögens (Unternehmens) beschränkt, dem die Judikatur jenen Wert beimisst, den das Unternehmen unter gewöhnlichen Verhältnissen für jedermann hat und nicht der vom Erwerber bezahlte Kaufpreis oder ein von den Parteien dem Veräußerungsgeschäft zugrunde gelegter Wert (siehe zur Spaltung Punkt 2.3.2).[78]

2.4. Rechts- und Tatfrage

Im österreichischen Zivilprozessrecht ist die Unterscheidung zwischen Rechts- und Tatfrage von erheblicher Bedeutung. Tatsachen sind im Beweisverfahren zu ermitteln und können Gegenstand eines Sachverständigenbeweises sein. Für sie gilt das Neuerungsverbot, insbesondere sind sie nicht reversibel. Für die Ermittlung eines Unternehmenswerts ist die Frage zentral, welche Fragen durch den Sachverständigen beantwortet werden können und welche dem Richter vorbehalten sind.[79] Soweit sich aus dem Gesetz und/ oder der höchstgerichtlichen Rechtsprechung Bewertungsmaßstäbe ergeben, sind diese bei der Unternehmensbewertung im Kontext der normgeprägten Unternehmensbewertung zwingend zu beachten.

In diesem Zusammenhang hat der OGH kürzlich festgehalten, dass für die Wertermittlung durch den Sachverständigen keine gesetzlich vorgeschriebene Methode bestünde.[80] Die Wahl der Methode sei Tatfrage. Anders wäre es nur dann, wenn eine grundsätzlich inadäquate Methode gewählt würde.[81]

Auch die rechtswissenschaftliche Lehre betont, dass die Wahl der Bewertungsmethode keine Rechtsfrage sei, sondern der Gutachter autonom bestimme, mit welcher Methode der vorgegebene Bewertungszweck am besten erreicht werden kann.[82] Dies führt dazu, dass ein von den Tatsacheninstanzen gebilligtes Ergebnis (des Sachverständigengutachtens) keiner Nachprüfung durch den OGH unterliegt.

Die (österreichische) Judikatur begründet dies damit, dass es bei der Beweisaufnahme durch Sachverständige deren Aufgabe sei, aufgrund ihrer einschlägigen Fachkenntnisse jene Methode auszuwählen, die sich zur Klärung der nach dem Gerichtsauftrag jeweils maßgebenden strittigen Tatfrage(-n) am besten eignet; andernfalls verhindere das Gericht, dem es an der notwendigen Fachkunde zur Lösung der durch Sachverständige zu beurteilenden Tatfragen mangelt, die Fruchtbarmachung spezifischen Expertenwissens.[83] Das Gericht hat daher Sachverständigen die im Zuge der Auftragserledigung an-

---

78 OGH 1 Ob 183/71, SZ 44/170.
79 *Rüffler*, Rechtlicher Rahmen der Unternehmensbewertung, in *Artmann/Rüffler/Torggler*, Unternehmensbewertung und Gesellschaftsrecht (2014) 44.
80 OGH 6 Ob 25/12p, GesRZ 2013, 224 mit Verweis auf OGH 6 Ob 153/12m, GesRZ 2013, 189.
81 OGH 6 Ob 25/12p, GesRZ 2013, 224 mit Verweis auf OGH 6 Ob 153/12m, GesRZ 2013, 189.
82 *Schummer* in *Wiesner/Hirschler/Mayr*, Handbuch der Umgründungen (2002) Art II Rz 35 ff.
83 OGH 6 Ob 25/12p, GesRZ 2013, 224 mit Verweis auf RIS-Justiz RS 0119439.

zuwendene(-n) Methode(-n) im Allgemeinen nicht vorzuschreiben, „gehört doch die Methodenwahl zum Kern der Sachverständigentätigkeit".[84] Vielmehr sei die Ermittlung des Unternehmenswerts ein Problem der Betriebswirtschaftslehre, deren Ergebnisse im Rahmen der Beweiswürdigung darauf zu prüfen seien, ob sie für die konkrete Bewertungsaufgabe geeignet seien.[85]

Das Fehlen rechtlich zwingender Bewertungsmethoden bedeutet jedoch nicht, dass auch die Wahl der Methode rechtlich nicht determiniert wäre. Die Methodenwahl ist dadurch eingeschränkt, dass die Bestimmung des für den Normzweck adäquaten Wertkonzepts als Rechtsfrage zu qualifizieren ist. Was bspw „angemessen" ist, bestimmt sich dabei aus unter Zugrundelegung übergeordneten (verfassungs- oder zivilrechtlicher) Prinzipien; die bewertungstheoretischen Prinzipien müssen sich jedoch nicht mit den Rechtsprinzipien decken.[86] Der Richter muss zunächst ergründen, welcher Zweck der konkret anzuwendenden Bestimmung innewohnt und ob sich daraus zwingend zu beachtende Grundsätze oder Bewertungsparameter ergeben, die der Sachverständige bei Bewertung zu beachten hat. So ist an ein Sachverständigengutachten ein anderer Maßstab anzulegen, wenn im Rahmen des Minderheitenschutzes beim zwangsweisen Ausscheiden eine „angemessene" Entschädigung für den Verlust der Vermögensposition ermittelt wird, als wenn bei einem Unternehmenskauf in Folge von Gewährleistungsansprüchen (nachträglich) eine (neuerliche) Bewertung vorzunehmen ist. Da die Wertermittlung nach dem Zweckadäquanzprinzip zu erfolgen hat, ist die konkrete betriebswirtschaftliche Methodenwahl zur Ermittlung des Normwertes begrenzt.[87]

3. Bewertungsmethoden

In der Betriebswirtschaft haben sich zahlreiche Methoden herausgebildet; üblicherweise werden die Einzelbewertungsverfahren, zu denen das Substanzwertverfahren zählt, und die in der Praxis vorherrschende Gesamtbewertungsverfahren, zu denen das Ertragswertverfahren sowie die DCF-Methoden (sowie die Vergleichsverfahren) zählen, unterschieden.

3.1. Substanzwertorientierte Verfahren

Substanz- und Liquidationswert sind dem Einzelbewertungsverfahren zuzurechnen und ermitteln den Unternehmenswert durch eine isolierte Bewertung der einzelnen Vermögensgegenstände. Beim Substanzwertverfahren wird die Summe der einzelnen im Unternehmen vorhandenen Vermögensgegenstände errechnet und davon die Verbindlichkeiten (und Liquidationskosten) in Abzug gebracht, wobei sich der Wert der einzelnen Wirtschaftsgüter aus dem Rekonstruktions- oder Reproduktionswert, daher der Wieder-

---

84 RIS-Justiz RS 0119439; OGH 6 Ob 153/12m, GesRZ 2013, 189.
85 OGH 2 Ob 189/01k, GeS 2003, 491; OGH 5 Ob 649/80, SZ 53/172.
86 *Karami*, Unternehmensbewertung im Spruchverfahren beim „Squeeze out" (2013) 51 ff.
87 Die Ermittlung eines Normwertes (einer Normwertbandbreite) durch einen Sachverständigen als bewertungstechnischer Vorgang ist daher zwar eine Tatsachenfrage, die jedoch auf Grundlage eines festgelegten Wertkonzepts zu erfolgen hat und daran zu messen ist.

beschaffungswerte, ergibt. Demgegenüber stellt der Liquidationswert nicht auf die Preise auf dem Beschaffungs-, sondern auf dem Absatzmarkt ab.[88] Künftige Zahlungsüberschüsse bleiben außer Betracht. Durch diese isolierte Bewertung der einzelnen Vermögenswerte bezieht das Substanzwertverfahren keine kombinatorischen Effekte, die sich aus dem Zusammenspiel der einzelnen Unternehmensbestandteile ergeben, mit ein.[89] Ein Unternehmen ist jedoch mehr als nur die Summe der einzelnen Vermögenswerte, sodass das Verfahren für die Bewertung eines lebenden Unternehmens nur als bedingt zweckadäquat heranzuziehen ist. Der reine Substanzwert ist als allgemeine Grundlage der Unternehmensbewertung nicht mehr anerkannt.[90]

Grundlegend führte der OGH aus, dass „ungeachtet der Schwierigkeiten, den Zukunftserfolg eines Unternehmens einigermaßen zuverlässig zu bestimmen, besteht [...] in der Betriebswirtschaftslehre doch Einigkeit darüber, dass der Ertragswert bei der Bewertung lebender Unternehmen eine mehr oder weniger wichtige, wenn nicht überhaupt die entscheidende Rolle spielt, weil sich Käufer und Verkäufer mit ihren Preisvorstellungen wesentlich an dem zu erwartenden Nutzen zu orientieren pflegen [...]. Allgemeine Grundlage der Unternehmensbewertung ist demnach der Ertragswert und nicht der Substanzwert."[91]

Bedeutung kommt den substanzwertorientierten Verfahren jedoch dann zu, wenn keine Fortführung des Unternehmens angenommen werden kann oder die Veräußerung einzelner Teile günstiger ist als die Fortführung (siehe Punkt 4.2.7), wenn das Unternehmen keine Geschäfte mehr tätigt oder wenn es sich um ein Unternehmen mit endlicher Lebensdauer handelt. Diesen gleichzuhalten sind personenbezogene Unternehmen, deren Fortführung ohne die bisherige Unternehmensleitung nicht möglich ist. Auch bei der Bewertung des nicht betriebsnotwendigen Vermögens kann der Liquidationswert eine Rolle spielen, da bei der Bewertung mit Hilfe des Ertragswertverfahrens zwischen betriebsnotwendigem und nicht betriebsnotwendigem Vermögen zu unterscheiden ist.[92] Weiters kommt dieses Verfahren teilweise noch bei der Bewertung von landwirtschaftlichen Gütern zur Anwendung.[93]

3.2. Ertragswertorientierte Verfahren

Im Gegensatz zu den substanzwertorientierten Verfahren werden bei den ertragswertorientierten Verfahren die zukünftigen Ertragsaussichten bewertet. Der Unternehmenswert ergibt sich als Barwert der nachhaltig erzielbaren Zukunftserfolge; dabei ist zu unterscheiden zwischen Diskontierung der (i) zukünftigen Unternehmensgewinne – periodenorien-

---

88 *Fleischer/Schneider*, Der Liquidationswert als Untergrenze der Unternehmensbewertung bei gesellschaftsrechtlichen Abfindungsansprüchen, DStR 2013, 1736, 1737.
89 *Mandl/Rabel*, Unternehmensbewertung (1997) 46 f; *Aschauer*, Unternehmensbewertung beim Gesellschafterausschluss (2009) 54.
90 *Großfeld*, Recht der Unternehmensbewertung[6] (2011) 75; *Beisel/Klumpp*, Der Unternehmenskauf (2016) § 3 Rz 88.
91 OGH 5 Ob 649/80, SZ 53/172; OGH 30.11.1988, 1 Ob 690/88; OGH 21.1.2011, 9 Ob 32/10m; OGH 6 Ob 123/06s, GeS 2006, 443; RIS Justiz RS 0010086.
92 IDW S 1 2008, WPg Supplement 3/2008 68, 76 Rz 59 f.
93 BGH 8.5.1998, BLw 18/97, ZIP 1998, 1161.

tiertes Verfahren (Ertragswertverfahren) – und (ii) zukünftigen Zahlungsüberschüsse (Cashflow) – zahlungsstromorientiertes Verfahren (Discounted-Cash-Flow-Methode, DCF-Methode). Werden im Ertragswertverfahren marktdeterminierte Risikozuschläge und Diskontierungssätze verwendet, entspricht das dem Equity-Ansatz im Rahmen des DCF-Verfahrens (siehe Punkt 3.2.2).[94] Beide Bewertungsverfahren sind daher grundsätzlich gleichwertig und führen, bei gleichen Finanzierungsannahmen und dadurch identischen Nettoeinnahmen der Unternehmenseigner, zu identischen Ergebnissen, weil sie auf derselben investitionstheoretischen Grundlage (Kapitalwertkalkül) fußen.[95]

3.2.1. Ertragswertverfahren

Ein gängiges Verfahren zur Ermittlung eines Unternehmenswertes ist das Ertragswertverfahren. Hinter diesem Verfahren steht die Überlegung, dass sich ein Erwerber im Zweifel bei seinen Preisüberlegungen vorrangig daran orientieren wird, mit welchen Erträgen er in Zukunft nachhaltig rechnen kann. Das Ertragswertverfahren ermittelt den Unternehmenswert durch Abzinsung der dem Eigentümer künftig zufließenden finanziellen Überschüsse (Zahlungsströme, die zwischen Unternehmen und Investor fließen).[96] Um den Unternehmenswert mit Hilfe der Ertragswertmethode zu ermitteln, ist zunächst das Vermögen des Unternehmens in betriebsnotwendiges und nicht betriebsnotwendiges Vermögen zu unterscheiden. Nicht betriebsnotwendig ist aufgrund der funktionalen Vermögensdefinition jenes Vermögen, das „frei veräußert werden (kann), ohne dass davon die eigentliche Unternehmensaufgabe berührt wird".[97] Somit bestimmt sich der Wert eines Unternehmens am Barwert der finanziellen (Netto-)Überschüsse bei Unternehmensfortführung und der Veräußerung des nicht betriebsnotwendigen Vermögens.[98]

Das deutsche Bundesverfassungsgericht hat im Jahr 1999 ausgesprochen, dass sich als die bei der Bestimmung der Abfindung und des angemessenen Ausgleichs durchzuführende Wertermittlung von Unternehmensbeteiligungen die Ertragswertmethode durchgesetzt hat und diese verfassungsrechtlich unbedenklich ist.[99] Während zahlreiche deutsche (höchst-)gerichtliche Entscheidungen auch zu Einzelfragen des DCF-Verfahrens[100] veröffentlicht sind, stellt gem der Judikatur des OGH die Auswahl der geeigneten Be-

---

94 *Drukarczyk/Schüler*, Unternehmensbewertung[5] (2007) 229 ff.
95 *Brugger*, Unternehmenserwerb (2014) Rz 231.
96 IDW S 1 idF 2005 Rz 25: „wertbestimmend sind nur diejenigen finanziellen Überschüsse des Unternehmens, die als Nettoeinnahmen in den Verfügungsbereich der Eigentümer gelangen (Zuflussprinzip)".
97 IDW S 1 idF 2008, Rz 59; bei ökonomischer Abgrenzung ist darauf abzustellen, ob der Vermögensbestandteil dem Unternehmen entnommen werden kann, ohne dass sich der zukünftige Cash-Flow/Ertrag des Unternehmens ändert.
98 *Serf* in *Schacht/Fackler*, Praxishandbuch Unternehmensbewertung (2009) 171.
99 BVerfG 27.4.1999, 1 BvR 1613/94, AG 1999, 566: "Für die Bestimmung der angemessenen Abfindung und des angemessenen Ausgleichs notwendige Wertermittlung von Unternehmensbeteiligungen hat sich in der Praxis die sogenannte Ertragswertmethode durchgesetzt, der die Annahme zugrunde liegt, dass der Wert eines Unternehmens in erster Linie von seiner Fähigkeit abhängt, künftig Erträge zu erwirtschaften. Das ist ein verfassungsrechtlich unbedenklicher Ansatz".
100 *Hachmeister/Ruthardt/Eitel*, Unternehmensbewertung im Spiegel der neueren gesellschaftsrechtlichen Rechtsprechung – Aktuelle Entwicklungen 2010–2012, WPg 2013, 762; *Hachmeister/Ruthardt/Lampenius*, Unternehmensbewertung im Spiegel der neueren gesellschaftsrechtlichen Rechtsprechung – Bewertungsverfahren, Ertragsprognose, Basiszinssatz und Wachstumsabschlag, WPg 2011, 519; *Wüstemann*, BB-Rechtsprechungsreport Unternehmensbewertung 2013/14, BB 2014, 1707.

wertungsmethode und -parameter in der Regel eine Tatfrage dar, die im Rahmen eines Revisionsverfahrens nicht mehr bekämpft werden kann und daher Gegenstand der (meist unveröffentlichten) Entscheidungen der Oberlandesgerichte ist.[101]

Der Unternehmenswert ergibt sich daher aus dem Ertragswert des betriebsnotwendigen Vermögens und dem Liquidationswert (dem Ertragswert) des nicht betriebsnotwendigen Vermögens.[102] Die Prognose der künftigen finanziellen Überschüsse ist Kern des Ertragswertverfahrens, sodass eine fundierte Vergangenheits- und Lageanalyse des zu bewertenden Unternehmens als Ausgangspunkt für die Ermittlung der künftigen Ertragskraft unerlässlich ist.[103] Jahresabschlüsse des zu bewertenden Unternehmens, Umsatz- und Kostenanalysen, Personal-, Investitions-, Produktions- und Finanzpläne werden – bereinigt um außerordentliche Einflüsse – als Grundlage für die Schätzung der zukünftigen Erträge und Einflussfaktoren herangezogen. Die Lageanalyse dient der Darstellung der gegenwärtigen Wettbewerbsposition sowie der Entwicklung des Marktes. In der Praxis wird dabei zwischen der Aufwands- und Ertragsplanungsrechnung des Planungszeitraums[104] sowie dem daran anschließenden Zeitraum, dem eine unendliche Lebensdauer unterstellt und der als ewige Rente dargestellt wird, unterschieden. Die Länge des Planungshorizonts hängt stark vom Unternehmen ab, sollte jedoch so bemessen sein, dass das Wachstum des Unternehmens im Wesentlichen im Planungshorizont stattfindet.[105]

3.2.2. Discounted-Cash-Flow-Verfahren

Die aus der anglo-amerikanischen Bewertungspraxis entwickelten Discounted-Cash-Flow-Verfahren sind in ihrem betriebswirtschaftlichen Grundsatz anerkannt, auch wenn die konkreten Methoden und Parameter einer ständigen Weiterentwicklung unterliegen.[106] Auch in der jüngeren Rechtsprechung werden DCF-Verfahren als zulässige Bewertungsverfahren genannt.[107] Die verschiedenen DCF-Methoden knüpfen anders als der Ertragswert nicht an die zukünftigen Erträge der betreffenden Gesellschaft an, sondern an den zu erwartenden Einnahmenüberschuss (Cash-Flow), beruhen jedoch wie das Ertragswertverfahren auf den konzeptionellen Grundlagen des Kapitalwertkalküls.

---

101 Zum Beispiel: OLG Wien 17.3.1995, 3 R 136/94.
102 OLG Frankfurt 2.5.2011, 21 W 3/11, AG 2011,828: „Gerade die Eigenschaft eines nicht betriebsnotwendigen, also eines nicht für die Erzielung des Unternehmenszweckes notwendigen Vermögens […] wird häufig durch den Umstand begründet, dass mit dem Vermögen keine oder nur sehr unzulängliche Erträge erwirtschaftet werden. Typisches Beispiel sind nicht genutzte Grundstücke einer Gesellschaft. Deren anhand der realisierten Erträge ermittelter Ertragswert wäre gleich Null."
103 *Popp*, Vergangenheits- und Lageanalyse, in *Peemöller*, Praxishandbuch der Unternehmensbewertung³ (2005) Rz 104 ff mwN.
104 KFS/BW 1 idF 2014, Rz 78, 61 ff unterscheidet zwischen Detailplanungsphase und Grobplanungsphase.
105 Bei Infrastrukturunternehmen (Kraftwerke, Stromnetze ua) wird ein längerer Planungshorizont zur Anwendung gelangen; *Böcking/Nowak* in *Fleischer/Hüttemann*, Rechtshandbuch Unternehmensbewertung (2015) § 4 Rz 36: 20 Jahre.
106 BGH 13.3.1978, II ZR 142/76, Rz 33: „Ungeachtet aller nicht zu verkennenden Schwierigkeiten, den Zukunftsertrag eines Unternehmens einigermaßen zuverlässig zu bestimmen, und bei allen Meinungsverschiedenheiten über das hierbei im einzelnen anzuwendende Verfahren besteht gerade auch heute jedenfalls darüber Einigkeit, daß der Ertragswert bei der Bewertung lebender Betriebe eine mehr oder weniger wichtige, wenn nicht die entscheidende Rolle spielt, weil sich Käufer und Verkäufer mit ihren Preisvorstellungen wesentlich an dem zu erwartenden Nutzen auszurichten pflegen".
107 OLG Karlsruhe 30.4.2013, 12 W 5/12 Rz 40.

Die einzelnen DCF-Verfahren unterscheiden sich dadurch, wie der steuerliche Wertvorteil durch Fremdkapital (tax shield) berücksichtigt wird, sodass durch analytische Umformung die Verfahren (mit erheblichem Aufwand) jeweils ineinander überführt werden können und unter sonst gleichen Bedingungen und Annahmen zu denselben Ergebnissen führen.[108] Neben der auch bei diesen Verfahren notwendigen Ermittlung des Kapitalisierungszinssatzes ist die genaue Abgrenzung des Eigenkapitals vom Fremdkapital und den dadurch verursachten Kosten problematisch.

Bei der Anwendung des Equity-Ansatzes wird der Wert des Eigenkapitals unmittelbar durch die Diskontierung der an die Eigenkapitalgeber fließenden Cash-Flows (Cash-Flow to Equity) bestimmt. Dabei werden bereits die Zahlungsbeziehungen mit den Fremdkapitalgebern berücksichtigt. Zur Berechnung des Kapitalisierungszinssatzes werden deren risikoangepasste Renditeforderungen auf der Grundlage kapitalmarkttheoretischer Modelle ermittelt (idR CAPM).

Beim Entity-Ansatz als Bruttoverfahren wird zunächst der Gesamtwert des Unternehmens, ausgedrückt im Wert des Gesamtkapitals, ermittelt, indem der Barwert der Zahlungen an Eigenkapitalgeber (zB Ausschüttungen) und Fremdkapitalgeber (zB Zinsen, Tilgung) berechnet wird. Um den Unternehmenswert als Wert des Eigenkapitals für die Anteilseigner zu erhalten, wird dann der Wert des Fremdkapitals abgezogen.[109] Der WACC-Ansatz ist der in der Praxis am weitesten verbreitete Ansatz der Bruttoverfahren. Grundkonzeption dieses Ansatzes ist es, in einem ersten Schritt den Marktwert des Gesamtkapitals zu ermitteln, indem die periodenspezifischen, zukünftigen Brutto-Cash-Flows mit den gewichteten durchschnittlichen Kapitalkosten (bei konstantem Verschuldungsgrad)[110] abgezinst werden.[111] Der Überschussdefinition werden die Free Cash-Flows zugrunde gelegt.[112] Dieser ergibt sich retrograd aus dem Jahresergebnis zuzüglich der Fremdkapitalzinsen, abzüglich des zugehörigen tax shields, zuzüglich des zahlungsunwirksamen Aufwandes, abzüglich des zahlungsunwirksamen Ertrages, zuzüglich der Verminderung des Nettoumlaufvermögens und abzüglich der Investitionen.[113] Vom resultierenden Gesamtunternehmenswert ist schließlich der Marktwert des Fremdkapitals abzuziehen, um den Wert des Eigenkapitals zu bestimmen.[114] Dagegen werden beim APV-Ansatz die Wertkomponenten des Unternehmens additiv aus einzelnen Bestandteilen zusammen-

---

108 *Siepe/Dörschel/Schulte*, Der neue IDW Standard: Grundsätze zur Durchführung von Unternehmensbewertungen, WPg 2000, 946, 953; *Aschauer*, Unternehmensbewertung beim Gesellschafterausschluss (2009) 112, der Autor verweist darauf, dass die einzelnen Methoden in der praktischen Umsetzung unterschiedlicher Annahmen bedürfen und nur mit „erheblicher Anstrengung des Bewerters" (*Drukarczyk/Schüler*, Unternehmensbewertung [2007] 14) zu einem einheitlichen Ergebnis führen.
109 *Zitzelsberger* in *Schüppen/Schaub*, MAH Aktienrecht[2] (2010) § 20 Rz 48 ff.
110 Mit dieser Vorgabe ist zugleich die Aufteilung des Marktwertes des Gesamtkapitals in den Marktwert des Eigenkapitals einerseits und den Marktwert des Fremdkapitals andererseits determiniert, daher wird das Ergebnis durch diese Annahme vorweggenommen; *Matschke/Brösel*, Unternehmensbewertung[4] (2013) 729: „Dies kann durchaus mit dem Bild eines Zauberers verglichen werden, der das Kaninchen, das er später aus dem Hut herauszaubert, zuvor dort versteckt hat. Der WACC-Anhänger versteckt sein Resultat, das er dann präsentiert, zuvor im Ansatz der gewichteten Kapitalkosten"; siehe auch *Großfeld*, Recht der Unternehmensbewertung[6] (2011) 294.
111 Für die Rendite des Eigenkapitals wird auf das (Tax-)CAPM zurückgegriffen, für das Fremdkaptal auf die Zinsforderungen der Gläubiger.
112 *Ballwieser/Hachmeister*, Unternehmensbewertung (2013) 169 ff.
113 IDW S 1 idF 2008, Rz 127.
114 *Großfeld*, Recht der Unternehmensbewertung[6] (2011) 290.

gesetzt.[115] Zunächst wird unterstellt, das Unternehmen sei rein eigenfinanziert und unabhängig von Einflüssen der Kapitalstruktur und damit der Wert der operativen Tätigkeit ermittelt. Die Kapitalstruktur wird in einem zweiten Schritt einbezogen, indem die positiven steuerlichen Effekte durch die Fremdfinanzierung dem fiktiven Wert bei vollständiger Eigenfinanzierung hinzugerechnet werden. Von dem so errechneten Unternehmensgesamtwert wird in einem dritten Schritt der Wert des Fremdkapitals abgezogen. Als Vorteil des APV-Verfahrens wird die geringere Fehleranfälligkeit sowie die Möglichkeit, nicht nur den Wert des Unternehmens als Ganzes zu ermitteln, sondern auch die den Wert begründenden Faktoren anzuführen, hervorgehoben.[116] In der Literatur wird jedoch kontrovers diskutiert, inwieweit die praktische Bestimmung der risikoäquivalenten Diskontierungssätze eines hypothetisch rein eigenfinanzierten Unternehmens adäquat ist.[117]

3.3. Andere Verfahren

Auch aus betriebswirtschaftlicher Sicht werden veraltete Mischverfahren wie das Wiener Verfahren von der herrschenden Betriebswirtschaftslehre abgelehnt,[118] können jedoch, sofern keine zwingenden Bewertungsmaßstäbe bestehen, kraft vertraglicher Vereinbarung je nach Bewertungsanlass der Unternehmensbewertung zugrunde gelegt werden. So kommt dem Substanzwert als Einzelbewertungsverfahren in der Betriebswirtschaftslehre nur noch in Ausnahmefällen Bedeutung zu.[119] Der OGH hat iZm der Abfindung von Genussrechten an einer Holding-Gesellschaft die Entscheidung des Sachverständigen, den Liquidationswert und nicht den (niedrigeren) Ertragswert zugrunde zu legen, auch wenn die Liquidation nicht durchgeführt wurde, nicht als „grundsätzlich inadäquate Methode" angesehen und daher deren Bekämpfung im Revisionsverfahren nicht zugelassen.[120] Die Vertragsparteien können trotzdem einen (an sich untauglichen) Bewertungsmaßstab wie den Substanzwert vereinbaren, solange nicht zwingende Wertuntergrenzen unterschritten werden. Der OGH hat im Zusammenhang mit dem Ausscheiden eines Gesellschafters entschieden, dass das Wiener Verfahren einer Abfindung, die sich am Erfolg des Unternehmens orientieren soll, nicht gerecht wird.[121]

4. Bewertungsparameter
4.1. Bewertungszeitpunkt/Wertaufhellung

Jeder Unternehmensbewertung hat ein Stichtag zugrunde zu liegen, zu dem die Verhältnisse zu beurteilen sind.[122] Im österreichischen Recht fehlt bislang bei der Verschmelzung und der verschmelzenden Umwandlung eine gesetzliche Festlegung des Stichtags;

---

115 *Kuhner/Maltry,* Unternehmensbewertung (2005) 200 ff.
116 *Ballwieser/Hachmeister,* Unternehmensbewertung (2013) 142 ff.
117 *Moxter,* Grundsätze ordnungsgemäßer Unternehmensbewertung (1983) 123.
118 *Fröhlich,* Unternehmensbewertung im Überblick, SWK 2004, W 155.
119 KFS/BW 1 idF 2014, Rz 26; IDW S 1 idF 2008, Rz 6.
120 OGH 6 Ob 25/11p, GesRZ 2013, 224.
121 OGH 11.10.1995, 3 Ob 567/95.
122 *Schummer* in *Wiesner/Hirschler/Mayr,* Handbuch der Umgründungen (2002) Art II Rz 35 ff.

so hat der Verschmelzungsvertrag den Bewertungsstichtag festzulegen, der für alle an der Verschmelzung beteiligten Gesellschaften gleich zu bestimmen ist.[123]

Die Bewertung zukünftiger Entwicklungen ist auf Basis der Informationen, die zum Stichtag vorlagen oder bei angemessener Sorgfalt hätten erlangt werden können, vorzunehmen. Die zu bewertenden Faktoren müssen zu diesem Zeitpunkt bereits gegeben sein, sodass in der Praxis darauf abgestellt wird, ob eine diesbezügliche Planung besteht.[124] Teilweise stellt sich jedoch nachträglich bei Streitigkeiten zwischen den Parteien die Frage, ob später bekannt gewordene Informationen bereits zum Stichtag hätten berücksichtigt werden müssen, etwa in gerichtlichen Verfahren zur Überprüfung der Angemessenheit einer Barabfindung oder eines Umtauschverhältnisses. Auch beim Unternehmenskauf können Bewertungsstichtag und Bewertungszeitpunkt auseinanderfallen, wenn bspw der Käufer im Nachhinein aufgrund nicht der prognostizierten Umsatzentwicklung entsprechender Erwartungen Gewährleistungsansprüche geltend macht.

In diesem Zusammenhang wurde von der Rechtsprechung die sogenannte „Wurzeltheorie"[125] entwickelt, wonach wertaufhellend solche Tatsachen berücksichtigt werden müssen, deren „Wurzeln" in ihren Ursprüngen bereits am Stichtag angelegt und erkennbar waren.[126] Dagegen müssen spätere Entwicklungen, deren Wurzeln in der Zeit nach dem Bewertungsstichtag liegen, außer Betracht bleiben.[127] Dazu wird in der Literatur teils kritisch angemerkt, dass alle zukünftigen Entwicklungen in irgendeiner Form in der Vergangenheit angelegt sind.[128] Nach Ansicht der Literatur ist für die Rechtsprechung vielmehr die Plausibilisierung der ursprünglich vorgenommenen Schätzung maßgeblich,[129] weshalb von manchen die Schlussfolgerung gezogen wird, dass, soweit keine wesentlichen Änderungen der Geschäftspolitik vorgenommen wurde, das später tatsächlich Eingetretene eine gewisse Indizwirkung dafür entfalten soll, was am Bewertungsstichtag auch vorauszusehen war, es sei denn, die wertbeeinflussenden Ereignisse waren solcherart, dass sie nicht erkennbar waren.[130] Entsprechend der Judikatur des BGH haben (Körperschaft-)Steueränderungen außer Betracht zu bleiben, da Änderungen des Körperschaftsteuersatzes nur den tatsächlichen Auszahlungsbetrag beeinflussen; durch sie verwirklichen sich jedoch nicht die Risiken der „stichtagsabhängigen" Prognoseentscheidung bei der Ermittlung des aus dem Unternehmenswert abgeleiteten verteilungsfähigen Bruttogewinns.[131]

---

123 *Kalss*, Verschmelzung – Spaltung – Umwandlung² (2010) § 220 AktG Rz 23; siehe jedoch § 2 Abs 1 GesAusG, wonach der Tag der Beschlussfassung durch die Gesellschafterversammlung als Stichtag für die Feststellung der Angemessenheit maßgeblich ist.
124 *Winner*, Wert und Preis im Zivilrecht (2008) 434 mwN.
125 BGH 17.1.1973, IV ZR 142/70, NJW 1973, 509.
126 BGH 17.1.1973, IV ZR 142/70, NJW 1973, 509; BGH 4.3.1998, II ZB 5–97, BGHZ 138, 136; OLG Celle 31.7.1998, 9 W 128/97, NZG 1998, 987; BGH 8.5.1998, BLw 18/97, NZG 1998, 644; OLG Stuttgart 24.7.2013, 20 W 2/12, NZG 2013, 1179; *Beisel/Klumpp*, Der Unternehmenskauf (2016) § 3 Rz 25.
127 BGH 17.1.1973, IV ZR 142/70, NJW 1973, 509.
128 *Koppensteiner* in Zöllner/Noack, Kölner Kommentar AktG³ (2004) § 305 Rz 61; *Großfeld*, Recht der Unternehmensbewertung⁶ (2011) 101 ff; *Mandl/Rabel*, Unternehmensbewertung (1997) 405 f.
129 *Winner*, Wert und Preis im Zivilrecht (2008) 435; *Großfeld*, Recht der Unternehmensbewertung⁶ (2011) 101 ff.
130 Siehe BGH 4.3.1998, II ZB 5–97, BGHZ 138, 136; *Emmerich* in Emmerich/Habersack, Aktien- und GmbH-Konzernrecht⁷ (2013) § 305 Rz 57, 59.
131 BGH 21.7.2003, II ZB 17/01, NZG 2003, 1017.

4.2. Kapitalisierungszinssatz

Die Ermittlung des sachgerechten Kapitalisierungszinssatzes wird in der Literatur kontrovers diskutiert, da Unternehmenswerte äußerst sensitiv auf Änderungen des Kapitalisierungszinssatzes reagieren.[132] Beispielsweise wurde im „Paulaner"-Urteil des Bayerischen Obersten Landesgerichts der vom Sachverständigen angenommene Kalkulationszinsfuß durch das Gericht von 8,4 % auf 5,5 % korrigiert, wodurch sich der Unternehmenswert von 88,1 Mio DM auf 135 Mio DM erhöhte.[133] In der Praxis kommen insbesondere zwei Methoden zur Berechnung des Kapitalisierungszinssatzes zur Anwendung: die Risikozuschlagmethode und das CAPM (Capital Asset Pricing Model) oder das Tax-CAPM (in dem Steuereffekte berücksichtigt werden). Beide Methoden gehen von einem Basiszinssatz aus, der entsprechend dem Gebot der Laufzeitäquivalenz einer nahezu risikofreien Anlage entspricht, da bei der Ermittlung des Unternehmenswertes die Rendite jener Alternativanlage als Kapitalisierungszins heranzuziehen ist, die den Zahlungsströmen des Bewertungsobjekts hinsichtlich Laufzeit, Risiko und Verfügbarkeit äquivalent ist.[134]

Bei Anwendung des Ertragswertverfahrens auf Basis der Risikozuschlagsmethode ist es unerlässlich, dass ein Kapitalisierungszinssatz herangezogen wird, der die beste Alternativanlage im Vergleich zum Bewertungsobjekt repräsentiert und einen Vergleich ermöglicht. Auf Basis des CAPM oder Tax-CAPM setzt sich der Kapitalisierungszinssatz dabei aus den Komponenten Basiszinssatz, Beta-Faktor und Marktrisikoprämie zusammen.[135]

4.2.1. Basiszinssatz

Bei der Unternehmensbewertung findet der Basiszinssatz, bezeichnet als eine maßgebliche Komponente des Kapitalisierungszinssatzes, Eingang in das Bewertungskalkül.[136] Er repräsentiert jene Rendite, welche ein Investor bei Alternativanlage in eine (nahezu) risikolose Anlage über eine zum Bewertungsobjekt äquivalente Laufzeit erzielen kann;[137] in der Praxis wurde dabei die langfristig erzielbare Rendite öffentlicher Anleihen herangezogen. Die Risikolosigkeit der zugrunde liegenden Kapitalmarktanlage bezieht sich insbesondere auf das Währungs-, Termin- sowie Ausfallrisiko. Für eine sachgerechte Ableitung des Basiszinssatzes zum Bewertungsstichtag ist die Laufzeit der zu erwartenden Zahlungsströme des Bewertungsobjektes maßgeblich und eine Laufzeitäquivalenz durch Wahl der zum Vergleich herangezogenen Kapitalmarktanlage herzustellen.[138] Bei einer unterstellten zeitlich unbegrenzten Laufzeit der finanziellen Überschüsse des Bewertungsobjektes stellt sich vielfach das Problem, dass oft geeig-

---

132 *Bark*, Der Kapitalisierungszinssatz in der Unternehmensbewertung (2011) 1 ff.
133 BayObLG 19.10.1995, 3 Z BR 17/90, BB 1996, 259.
134 *Aschauer/Purtscher*, Einführung in die Unternehmensbewertung (2011) 281; *Mertz*, Der Kapitalisierungszinssatz bei der Unternehmensbewertung (2007) 10;
135 *Mandl*, Das neue Fachgutachten KFS/BW 1, in *Artmann/Rüffler/Torggler*, Unternehmensbewertung und Gesellschaftsrecht (2014) 32 f.
136 *Ballwieser*, Der Kalkulationszinsfuß in der Unternehmensbewertung: Komponenten und Ermittlungsprobleme, WPg, 55. Jg (2002), 736 f; *Bassemir/Gebhardt/Leyh*, Der Basiszinssatz in der Praxis der Unternehmensbewertung: Quantifizierung eines systematischen Bewertungsfehlers, zfbf 2012, 655.
137 *Schindler* in *Beisel/Klumpp*, Der Unternehmenskauf⁷ (2016) § 3 Unternehmensbewertung Rz 61.
138 *Schacht/Fackler*, Praxishandbuch Unternehmensbewertung (2009) 188 f.

nete Anleihen am Markt nicht gehandelt werden, sodass die Zinsstrukturkurve allenfalls fortzuschreiben ist.[139]

In der deutschen Unternehmensbewertungspraxis hat sich die kapitalmarktorientierte Ableitung des Basiszinssatzes nach der *Nelson/Siegel/Svensson*-Methode durchgesetzt,[140] die zur Abbildung normaler, inverser, U- oder S-förmiger Kurvenverläufe geeignet ist. Diese wird auch von der Deutschen Bundesbank zur täglichen Schätzung der jeweiligen landesabhängigen Zinsstrukturkurve verwendet.[141] Das IDW S 1 idF 2005 sah erstmals für die Ermittlung des Basiszinssatzes eine Orientierung an der aktuellen Zinsstrukturkurve vor, durch die Überarbeitung 2008 wurde die Ableitung anhand derselben ausdrücklich empfohlen.[142] Durch die Überarbeitung des österreichischen KFS/BW 1 ist die Ableitung des Basiszinssatzes aus der Effektivrendite einer Staatsanleihe mit einer Laufzeit von zehn bis 30 Jahren nicht mehr vorgesehen, da die Differenz zur theoretisch richtigen Ermittlung nach der Zinsstrukturkurve wesentlich sein kann.[143]

Auch in der Rechtsprechung ist die Ableitung anhand der Zinsstrukturkurve anerkannt; das OLG Frankfurt wies in seiner Entscheidung vom 17.6.2010 darauf hin, dass die Ableitung des Basiszinssatzes auf Grundlage der Zinsstrukturkurve zum Bewertungsstichtag, der auf Basis der Daten der Deutschen Bundesbank ermittelt werden könne, methodisch richtig sei[144] und ergänzte in Folgeentscheidungen, dass die Bildung eines Dreimonatsdurchschnitts zur Glättung auftretender, zufälliger Zinsschwankungen in der Praxis üblich und zulässig sei.[145] Auch das OLG Stuttgart legte seinen jüngeren Entscheidungen den auf Grundlage der Zinsstrukturkurve ermittelten Basiszinssatz zugrunde[146] und sah die Glättung über drei Monate als vertretbar an.[147] Das OLG München führt in einer Entscheidung aus, dass der Basiszinssatz zu ermitteln sei als „der aus der Sicht des Stichtags von kurzfristigen Einflüssen bereinigte, künftig zu erzielende Nominalzinssatz".[148]

---

139 Siehe in diesem Zusammenhang noch: IDW S 1 idF 2000, Rz 121, wonach in solche einem Fall „zur Orientierung die Zinsentwicklung der Vergangenheit heran[zu ziehen]" waren; die Svensson-Methode ermöglicht grundsätzlich eine Extrapolation der Schätzung über einen Zeitraum von mehr als 30 Jahren. Der Fachausschuss für Betriebswirtschaft und Unternehmensbewertung des IDW (FAUB) erachtet es allerdings als sachgerecht, für den Zeitraum ab 30 Jahren vereinfachend die Spot Rate für eine Laufzeit von 30 Jahren konstant fortzuschreiben (Fachnachrichten IDW 4/2014, 294).
140 Vor allem in der älteren deutschen Rechtsprechung wurde vertreten, dass aufgrund der starken Schwankungen des Kapitalzinses nicht der Zinssatz zum Bewertungsstichtag maßgeblich sei, sondern der langjährige Durchschnitt (LG Frankfurt 8.8.2001, 3/8 O 69/97, NZG 2002, 395). In der älteren Literatur wurde teils auf Grundlage von empirischen Erhebungen zum Zinssatz von Staatsanleihen ein Durchschnittswert in Höhe von etwa 6,0–7,2 % herangezogen.
141 Anzumerken ist jedoch, dass die Anwendung von Zinsstrukturkurven bei unendlicher Lebensdauer des Bewertungsobjektes auf der vereinfachenden Annahme beruht, dass über einen Zeitraum von 30 Jahren hinaus die Zinsstrukturkurve mit zunehmender Laufzeit immer flacher wird und schließlich konvergiert.
142 Siehe auch Fachausschuss für Betriebswirtschaft und Unternehmensbewertung des IDW (FAUB), Fachnachrichten IDW 4/2014, 294.
143 KFS/BW 1 idF 2014, Rz 104; *Mandl*, Das neue Fachgutachten KFS/BW 1, in *Artmann/Rüffler/Torggler*, Unternehmensbewertung und Gesellschaftsrecht (2014) 32.
144 OLG Frankfurt 17.6.2010, 5 W 39/09, AG 2011, 720.
145 OLG Frankfurt 30.8.2012, 21 W 14/11, NZG 2012, 1383; OLG Frankfurt 5.12.2013, 21 W 36/12, NZG 2014, 464.
146 OLG Stuttgart 4.5.2011, 20 W 11/08, AG 2011, 560.
147 OLG Stuttgart 14.9.2011, 20 W 4/10, AG 2012, 221.
148 OLG München 31.3.2008, 31 Wx 88/06, BeckRS 2008, 11183.

4.2.2. Marktrisikoprämie/Risikozuschlag

Im Gegensatz zu den Erträgen einer (nahezu) sicheren Anlage sind die Erträge aus dem Unternehmen risikobehaftet und damit unsicher. Um der Unsicherheit über die künftige Entwicklung der finanziellen Überschüsse Rechnung zu tragen, ist der Basiszinssatz um einen Risikozuschlag zu erhöhen, dessen Zweck die Abgeltung jener Risiken ist, denen die Eigenkapitalgeber infolge ihrer Investition in das zu bewertende Unternehmen ausgesetzt sind.[149] Die Marktrisikoprämie ist ex ante nicht beobachtbar und wurde über eine Vielzahl von Ansätzen zu schätzen versucht. In der Vergangenheit wurde oft anhand von Erfahrungswerten (Erhebungen/Befragungen an Experten) ein pauschaler Risikozuschlag angesetzt und teilweise um einen Abschlag für die Inflation korrigiert.[150]

Das Fachgutachten IDW S 1 sieht statt der Risikozuschlagsmethode die Anwendung der Kapitalmarktpreisbildungsmodelle (CAPM oder Tax-CAPM) vor.[151] Das CAPM basiert auf der Portfolio-Selection-Theorie von *Markowitz*, die den einzelnen Anlegern rationales Verhalten bei Entscheidungen unter Unsicherheit unterstellt.[152] Zur Ermittlung liefert das CAPM ein theoretisches Konzept, das bei der praktischen Umsetzung eine Vielzahl von Ermessensentscheidungen erfordert. Grundgedanke des CAPM ist, dass zwischen dem Risiko und der erwarteten Rendite von Wertpapieren ein linearer Zusammenhang besteht.[153] Im alten österreichischen Fachgutachten KFS/BW 1 wurde zum CAPM Folgendes ausgeführt: „Die Angemessenheit der auf Basis des CAPM ermittelten Risikoprämie für das konkret zu bewertende Unternehmen ist vom Wirtschaftstreuhänder zu würdigen; allenfalls sind Anpassungen vorzunehmen";[154] in der Fassung 2014 wird darin ausgeführt, dass das CAPM trotz seiner restriktiven Prämissen zur Ermittlung des objektiven Unternehmenswerts vorrangig anzuwenden ist. Der Wirtschaftstreuhänder kann jedoch davon abgehen, wenn er andere, übliche und anerkannte Verfahren zur Bestimmung der Eigenkapitalkosten für vorzugswürdig hält.[155]

In der Vergangenheit stieß das CAPM in der Judikatur durchaus auf Kritik;[156] das OLG München hat bspw im Jahr 2006 ausgesprochen: „Unabhängig von der nicht eröffneten zeitlichen Anwendbarkeit hält der Senat die Berechnung des Risikozuschlags mittels CAPM in dem hier zu entscheidenden Fall mangels erkennbarer methodischer Überlegenheit zu der bisherigen Vorgehensweise nicht für eine überlegene Schätzungsprozedur".[157] In einer anderen Entscheidung wurde das CAPM zwar als Methode abgelehnt, „weil die Überlegenheit dieser Methode in Rechtsprechung und Schrifttum noch nicht

---

149 *Peemöller/Kunowski*, Ertragswertverfahren nach IDW, in *Peemöller*, Praxishandbuch der Unternehmensbewertung³ (2005) 201 ff.
150 Der Inflationsabschlag trägt dem Umstand Rechnung, dass ein Unternehmen die Geldentwertung (je nach Markt) durch Preiserhöhungen (zumindest teilweise) ausgleichen kann, während bei Anleihen keine Inflationsbereinigung erfolgt (*Deilmann* in *Hölters*, AktG² [2014] § 305 Rz 63 mwN).
151 IDW S 1 idF 2008, Rz 118 ff.
152 *Markowitz*, Portfolio Selection, JF (1952) Vol 7, 77; *Markowitz*, Portfolio Selection, Efficient Diversification of Investment (1959).
153 *Aschauer/Purtscher*, Einführung in die Unternehmensbewertung (2011) 139 ff.
154 KFS/BW 1 idF 2006, Rz 72.
155 *Mandl*, Das neue Fachgutachten KFS/BW 1, in *Artmann/Rüffler/Torggler*, Unternehmensbewertung und Gesellschaftsrecht (2014) 33.
156 BayObLG 28.10.2005, 3 Z BR 71/00, NZG 2006, 156.
157 OLG München 30.11.2006, 31 Wx 59/06, NJOZ 2007, 583.

festgestellt ist",[158] der ermittelte Risikozuschlag im Ergebnis jedoch als zulässig erachtet. In der jüngeren deutschen Judikatur wird die vom IDW S 1 idF 2008 vorgeschlagene Verwendung des CAPM/Tax-CAPM grundsätzlich (zumindest) akzeptiert, in Bezug auf die Höhe der Marktrisikoprämie und/oder deren Ermittlung bestehen jedoch Diskrepanzen im Detail.[159] Das OLG Stuttgart betont im Lichte der fortschreibenden wissenschaftlichen Diskussion in seiner Entscheidung vom 4.5.2011, dass das CAPM methodisch für die Bemessung des Risikozuschlags geeignet sei.[160] Ähnlich weisen auch das OLG Frankfurt und das OLG München darauf hin, dass das (Tax-)CAPM in der Rechtsprechung durchgängig anerkannt sei, um den Risikozuschlag zu bestimmen,[161] wobei zum Teil (allgemeine) methodische Kritik an der vergangenheitsorientierten Ermittlung der Marktrisikoprämie geübt wird,[162] sodass das CAPM derzeit als maßgebliche Methode zur Ermittlung des Risikozuschlags eingestuft werden kann.[163] Nicht abschließend geklärt ist jedoch die Frage, ob die Marktrisikoprämie auf Basis des arithmetischen oder des geometrischen Mittelwerts zu berechnen sei,[164] teils wird vor diesem Hintergrund auch eine Mittelwertbildung zwischen diesen Verfahren für sachgerecht erachtet.[165]

Die finanziellen Überschüsse aus der alternativ am Kapitalmarkt zu tätigenden Anlage unterliegen grundsätzlich der Ertragsbesteuerung, sodass entsprechend der betriebswirtschaftlichen Literatur diese Steuerbelastung auch im Kapitalisierungszinssatz zu berücksichtigen ist.[166] Entsprechend wurde das CAPM dahingehend kritisiert, dass die Zahlungen, die an das Bewertungssubjekt fließen, nach Steuern verfügbar sind, der marktorientierte Diskontierungssatz im CAPM sich aber aus Vorsteuerrenditen ableitet.[167] Im Unterschied zum CAPM wird im Tax-CAPM der Basiszinssatz bereits der Einkommensteuer unterworfen und die Rendite des Marktportfolios nach Steuern berücksichtigt, um die Netto-Rendite aus der Alternativanlage zu ermitteln. Die äquivalente Berücksichtigung der persönlichen Einkommensteuer im Zähler und im Nenner des Bewertungskalküls entspringt der bewertungstheoretisch gebotenen Steueräquivalenz. Die Betriebswirtschaftslehre schlägt als Erweiterung des CAPM das Tax-CAPM vor;[168] die steuerliche Behandlung von Zinseinkünften, Dividenden und Kursgewinnen wird dabei

---

158 OLG München 10.5.2007, 31 Wx 119/06, BeckRS 2007, 09107.
159 In manchen Entscheidungen wurde die methodische Überlegenheit des (Tax-)CAPM gegenüber anderen Ermittlungsmethoden in Frage gestellt (OLG München 2.4.2008, 31 Wx 85/06, BeckRS 2008, 11182; OLG München 31.3.2008, 31 Wx 88/06, BeckRS 2008, 11183; OLG Düsseldorf 23.2.2008, I-26 W 6/06 AktE, BeckRS 2008, 5768).
160 OLG Stuttgart 4.5.2011, 20 W 11/08, AG 2011, 560.
161 OLG München 18.2.2014, 31 Wx 211/13, AG 2014, 453; das OLG Stuttgart (4.5.2011, 20 W 11/08, AG 2011, 560) und das OLG Düsseldorf (4.7.2012, I-26 W 8/10 [AktE], AG 2012, 797) betonen, dass die ermittelte Marktrisikoprämie lediglich als Schätzgrundlage iSv § 287 Abs 2 ZPO zu verstehen sind.
162 OLG Düsseldorf 4.7.2012, I-26 W 8/10 (AktE), AG 2012, 797; OLG Frankfurt 20.12.2011, 21 W 8/11, AG 2012, 330.
163 OLG Frankfurt 17.6.2010, 5 W 39/09, SG 2011, 717; OLG Düsseldorf 24.4.2013, VI-3 Kart 60/08 (V): „Es dürfte auch kein anderes Modell geben, das wie das Capital Asset Pricing Model (CAPM) die Bewertung risikobehafteter Anlagen durch den Kapitalmarkt erläutert. Deshalb ist das CAPM bis heute das wichtigste Modell zur Handhabung risikogerechter Kapitalkosten".
164 OLG Stuttgart 4.5.2011, 20 W 11/08, SH 2011, 560; KG Berlin 19.5.2011, 2 W 154/08, AG 2011, 627.
165 OLG Frankfurt 5.3.2012, 21 W 11/11, AG 2012, 417; OLG Düsseldorf 4.7.2012, I-26 W 8/10 (AktE), AG 2012, 797.
166 IDW S 1 idF 2008, Rz 93; OLG Karlsruhe 25.6.2008, 7 U 133/07, NGZ 2008, 785, 791.
167 *Aschauer*, Unternehmensbewertung beim Gesellschafterausschluss (2009) 106.
168 *Wiese*, Komponenten des Zinsfußes in Unternehmensbewertungskalkülen (2006).

direkt in der Bewertungsgleichung des Tax-CAPM erfasst, indem die relevanten Steuersätze bei den Komponenten des Kapitalisierungszinssatzes berücksichtigt werden.[169]

Problematisch ist jedoch, dass die Marktrisikoprämie nach Steuern nicht ohne weiteres aus dem Kapitalmarkt abgeleitet werden kann; für die Ermittlung der Marktrendite müsste je nach Steuergesetzgebung zwischen Dividendenrendite und Kursgewinnrendite differenziert werden,[170] da diese vor dem Inkrafttreten des Budgetbegleitgesetzes 2011 nicht einheitlich besteuert waren. Durch die Angleichung werden in Österreich sowohl Kursgewinne als auch Kapitalerträge in der Regel einheitlich[171] besteuert, sodass ein Kritikpunkt entfallen ist; es ist jedoch vom jeweiligen Investor abhängig, wann die Kursgewinne realisiert werden, sodass beim Tax-CAPM gegenüber dem CAPM die zusätzliche Annahme des Realisationszeitpunkts getroffen werden muss.[172] Eine wiederholte Anwendung des Tax-CAPM für den Einperiodenfall[173] würde jedoch implizieren, dass die Realisation und die steuerliche Belastung von Kursgewinnen jährlich erfolgen; dies würde zu einer Überschätzung der tatsächlichen Steuerlast führen.[174] In der Literatur wird kontrovers diskutiert, ob unter den zu treffenden Annahmen durch das Tax-CAPM eine Verbesserung erreicht wird oder ob vereinfachend das CAPM beibehalten werden sollte.[175]

Im österreichischen Fachgutachten KFS/BW 1 idF 2006 konnte bei der Bewertung von Kapitalgesellschaften vereinfachend auf die Berücksichtigung der persönlichen Besteuerung verzichtet werden, während Teile der Literatur deren Berücksichtigung forderten.[176] In der überarbeiteten Fassung erlaubt das KFS/BW 1 idF 2014 einerseits die vereinfachende Vernachlässigung von Investorsteuern bei der Bewertung von Anteilen an Kapitalgesellschaften und andererseits darf bei der Bewertung von Einzelunternehmen und Personengesellschaften fiktiv unterstellt werden, es handelt sich um eine Kapitalgesellschaft,[177] mit der Konsequenz, dass nunmehr Investorsteuern wie bei der Bewertung tatsächlicher Kapitalgesellschaften vernachlässigt werden können. Dies wird von Teilen der Literatur als für eine annähernd realitätsgetreue Bewertung zu sehr vereinfachend kritisiert,[178] wobei darauf hingewiesen wird, dass es sich dabei im Rahmen einer objekti-

---

169 *Jonas/Wieland-Blöse*, Berücksichtigung von Steuern, in *Fleischer/Hüttemann*, Rechtshandbuch Unternehmensbewertung (2015) § 15 Rz 52; *Jonas/Löffler/Wiese*, Das CAPM mit deutscher Einkommensteuer, WPg 2004, 898.
170 Für Deutschland liegt diesbezüglich eine Untersuchung vor: *Stehle*, Die Festlegung der Risikoprämie von Aktien im Rahmen der Schätzung des Wertes von börsennotierten Kapitalgesellschaften, Die Wirtschaftsprüfung 2004, 906 ff; *Stehle*, Die Schätzung der US-amerikanischen Risikoprämie auf Basis der historischen Renditezeitreihe, Die Wirtschaftsprüfung 2004, 928 ff.
171 Zu beachten wäre jedoch die durch die Steuerreform 2015/2016 erfolgte Differenzierung.
172 *Aschauer/Purtscher*, Einführung in die Unternehmensbewertung (2011) 156.
173 *Mai*, Mehrperiodige Bewertung mit dem Tax-CAPM und Kapitalkostenkonzept, Zeitschrift für Betriebswirtschaft 2006, 1225.
174 *Sylle*, Das österreichische TAX-CAPM unter Berücksichtigung des besonderen Steuersatzes auf Kursgewinne („Wertpapier-KESt"), ÖStZ 2012, 375 f; *Reuter*, Nationale und internationale Unternehmensbewertung mit CAPM und Steuer-CAPM im Spiegel der Rechtsprechung, AG 2007, 1.
175 *Aschauer/Purtscher*, Bewertung von Personengesellschaften, in *Bertl/Eberhartinger/Egger/Kalss/Lang/Nowotny/Riegler/Schuch/Staringer*, Die Personengesellschaft im Unternehmens- und Steuerrecht (2013) 3.1.2. mwN.
176 *Knoll/Rasinger/Wala*, Bewertungsstandards, Anteilseignersteuern und die Entschädigung von Minderheitsaktionären, ecolex-Script 2006/34.
177 KFS/BW 1 idF 2014, Rz 86.
178 *Bachl*, Die Kapitalgesellschaftsfiktion bei der Bewertung von Einzelunternehmen und Personengesellschaften, SWK 2015, 1507.

vierten Bewertung um eine fakultative Bestimmung handelt,[179] bei der die Ermittlung des subjektiven Unternehmenswerts die Vereinfachung „auftragsbezogen" zulässig ist.[180]

In der überwiegenden deutschen Rechtsprechung und Literatur wird die grundsätzliche Eignung des CAPM und des Tax-CAPM zur Ermittlung des Risikozuschlags sowie dessen Überlegenheit gegenüber einer bloßen Schätzung des Risikozuschlags gesehen.[181] In einer jüngeren Entscheidung führte das OLG Frankfurt aus: „Das im Standard IDW S 1 2005 empfohlene Tax Capital Asset Pricing Model (Tax-CAPM) ergänzt das CAPM noch um die Wirkung persönlicher Ertragssteuern. […] Die Anwendung des (Tax-) CAPM ist nicht nur ein in der Betriebswirtschaftslehre und der Bewertungspraxis anerkanntes Berechnungsmodell für die Festlegung des Risikozuschlags, sondern hat sich auch in der obergerichtlichen Rechtsprechung weitestgehend durchgesetzt […] es ist nicht ersichtlich, dass ein Alternativmodell zur Ermittlung des Risikozuschlags, insbesondere eine pauschale Schätzmethode, dem (Tax-)CAPM überlegen wäre."[182]

4.2.3. Beta-Faktor

Mit dem Beta-Faktor wird der Risikozuschlag an das konkrete Risiko des zu bewertenden Unternehmens angepasst. Der Beta-Faktor bezeichnet die besondere Empfindlichkeit dieser Aktie („sensitivity") in Bezug auf die allgemeine Bewegung des Marktes[183] und erfasst jenes Risiko, das durch Diversifikation nicht zu beseitigen ist. Gegen den vergangenheitsorientierten Ansatz wird vorgebracht, eine Übertragung des historischen Beta-Faktors auf zukünftige Perioden setze eine ausreichende Stabilität desselben voraus. Das Fachgutachten IDW S 1 idF 2008 verweist darauf, dass von Finanzdienstleistern auch Prognosen für Beta-Faktoren angeboten werden. Problematisch ist jedoch, dass Marktpreise für die zur Ableitung des Beta-Faktors benötigten Optionen in der Regel nur für einen eingeschränkten Kreis von börsennotierten Unternehmen vorliegen. Ist ein eigener Beta-Faktor nicht existent oder verwendbar,[184] wird in der Praxis auf (durchschnittliche) historische Beta-Faktoren einer Peer Group zurückgegriffen.

Sowohl das OLG Stuttgart als auch das OLG Düsseldorf betonten in jüngeren Entscheidungen, dass bei fehlender Börsennotierung des Bewertungsobjekts die Ableitung des Beta-Faktors anhand einer Peer Group sachgerecht sei.[185] Ist das Bewertungsobjekt hingegen börsennotiert, wird von den Oberlandesgerichten hinsichtlich des Peer-Group-

---

179 Jedoch KFS/BW 1 idF 2014, Rz 83, 85.
180 *Bachl*, Die Kapitalgesellschaftsfiktion bei der Bewertung von Einzelunternehmen und Personengesellschaften, SWK 2015, 1507.
181 OLG Frankfurt, 2.5.2011, 21 W 3/11, AG 2011,0828; OLG Frankfurt 30.8.2012, 21 W 14/11, NZG 2012, 1382; OLG Frankfurt 20.12.2010, 5 W 51/09, juris; OLG Frankfurt 17.6.2010, 5 W 39/09, AG 2011, 717, BeckRS 2011, 1667; OLG Stuttgart 17.3.2010, 20 W 2/08, AG 2010, 510; OLG Stuttgart 3.4.2012, 20 W 7/09, juris; OLG Düsseldorf 27.5.2009, I-26 W 8/10 (AktE), AG 2012,797, NZG 2012, 1260; OLG Karlsruhe 16.7.2008, 12 W 16/02, AG 2009, 47.
182 OLG Frankfurt 20.2.2012, 21 W 17/11, NZG 2013, 69, AG 2013, 647.
183 *Großfeld*, Europäische Unternehmensbewertung, NZG 2002, 353, 356 ff.
184 Insbesondere bei kleinen und mittleren Unternehmen kann der Beta-Faktor nur aus Vergleichswerten abgeleitet oder geschätzt werden; *Behringer*, Das Ertragswertverfahren zur Bewertung von kleinen Unternehmen, DStR 2001, 719.
185 OLG Stuttgart 14.9.2011, 20 W 4/10, AG 2012, 211; OLG Stuttgart 17.10.2011, 20 W 7/11, BeckRS 2011, 24586; OLG Düsseldorf 4.7.2012, I-26 W 8/10 (AktE), NZG 2012, 1260.

Verfahrens eine differenzierte Ableitung für sachgerecht erachtet; das OLG Stuttgart machte die Anwendung des Peer-Group-Verfahrens von der statistischen Signifikanz des herangezogenen Beta-Faktors abhängig.[186] Das OLG Karlsruhe führte in einer Entscheidung aus, dass die Verwendung einer Peer Group nur dann Sinn ergebe, wenn der Beta-Faktor des betreffenden Unternehmens nicht sachgerecht ermittelt werden könne.[187] Die Verwendung eines eigenen Beta-Faktors wurde vom OLG Frankfurt mit der Begründung abgelehnt, dass die Kurse der Gesellschaft aufgrund geringen Handels nicht aussagekräftig seien und zudem seit Jahrzehnten ein Beherrschungs- und Gewinnabführungsvertrag bestanden hat.[188] Auch das OLG Stuttgart schloss sich dieser Ansicht an.[189] Hinsichtlich der konkreten technischen Ermittlungsmethode und Annahmen sprach das OLG Karlsruhe aus, dass sowohl tägliche, wöchentliche und monatliche Renditeintervalle existieren und keine der drei Möglichkeiten der jeweils anderen grundsätzlich überlegen sei.[190] Auch die Berücksichtigung der Kapitalstruktur bei der Ableitung des Beta-Faktors (Un-/Relevern) wird grundsätzlich befürwortet; so erachten etwa das OLG Düsseldorf[191] und das OLG Frankfurt[192] die Berücksichtigung als sachgerecht.

4.2.4. Verbundvorteile/Synergieeffekte

Unter dem Begriff Synergieeffekt wird vom Fachgutachten IDW S 1 die Veränderung der finanziellen Überschüsse verstanden, die durch den wirtschaftlichen Verbund zweier oder mehrerer Unternehmen entstehen und von der Summe der isoliert entstehenden Überschüsse abweichen. Aus Sicht ex ante ist die Bezeichnung „Synergiepotenziale" oder „erwartete Synergieeffekte" treffender, da diese erst durch den Abschluss oder in weiterer Folge realisiert werden.[193] Im Rahmen einer Unternehmenstransaktion wird jede Partei bestrebt sein, einen möglichst großen Anteil dieser Effekte für sich zu beanspruchen; im Rahmen gesetzlicher Bewertungsanlässe, die auf keiner privatautonom ausgehandelten Zuteilung der Synergieeffekte basieren, ist in der Unternehmensbewertung zu entscheiden, wie die Vorteile aus der Maßnahme zugeordnet werden sollen.[194] Das Fachgutachten IDW S 1 geht davon aus, dass bei gesellschaftsrechtlichen und vertraglichen Bewertungsanlässen der objektivierte Unternehmenswert ermittelt werden muss.[195] Im Rahmen dieser Ermittlung sind Überschüsse aus unechten Synergieeffekten zu berücksichtigen, soweit „die synergiestiftenden Maßnahmen bereits eingeleitet oder im Unternehmens-

---

186 OLG Stuttgart 17.10.2011, 20 W 7/11, BeckRS 2011, 24586; ähnlich OLG Frankfurt 5.3.2012, 21 W 11/11, AG 2012, 417.
187 OLG Karlsruhe 13.5.2013, 12 W 77/08 (13), BeckRS 2013, 14368.
188 OLG Frankfurt 7.6.2011, 21 W 2/11, NZG 2011, 990.
189 OLG Stuttgart 3.4.2012, 20 W 6/09, AG 2012, 839.
190 OLG Karlsruhe 15.5.2013, 12 W 77/08 (13), AG 2013, 880.
191 OLG Düsseldorf 4.7.2012, I-26 W 8/10 (AktE), NZG 2012, 1260.
192 OLG Frankfurt 30.8.2012, 21 W 14/11, NZG 2012, 1382.
193 In der Literatur wird zwischen echten Synergieeffekten, die durch das Zusammenwirken zweier bestimmter Unternehmen erzielt werden und unechten Synergieeffekten, wie zB Größenvorteile und steuerliche Verlustvorträge, unterschieden.
194 *Großfeld*, Recht der Unternehmensbewertung[6] (2011) 87 ff mwN.
195 IDW S 1 idF 2008 Rz 31.

konzept dokumentiert sind".[196] Im Umkehrschluss könnte daraus abgeleitet werden, dass echte Synergieeffekte grundsätzlich nicht berücksichtigt werden.[197]

Zu berücksichtigen ist dabei, dass aufgrund verfassungsrechtlicher Vorgaben ein Gesellschafter bei Entzug des Eigentums für die Beeinträchtigung seiner vermögensrechtlichen Stellung und Rechtsposition wirtschaftlich voll entschädigt werden muss,[198] was zu einem Ersatz des „wirklichen" oder „wahren" Werts der Anteile führt.[199] Argumentiert wird in der Rechtsprechung, dass die Abfindung so bemessen sein müsse, dass die Minderheitsaktionäre jedenfalls nicht weniger erhalten, als sie bei einer freien Desinvestitionsentscheidung zum Zeitpunkt des Unternehmensvertrags oder der Eingliederung erhalten hätten.[200]

In einer Entscheidung zum übernahmerechtlichen Squeeze-out ist es aus verfassungsrechtlicher Sicht ausreichend, wenn die Bewertung den vollen Ausgleich für den von den Minderheitsaktionären hinzunehmenden Verlust sicherstelle, andererseits sei es verfassungsrechtlich nicht erforderlich, das „bloße", in dem aktuellen Wert des konkreten Eigentums noch nicht abgebildete Gewinnerwartungen und in der Zukunft liegende Verdienstmöglichkeiten sowie Chancen und Gegebenheiten, innerhalb derer ein Unternehmen seine Tätigkeit entfalte, „ausgeglichen" würden. In der deutschen Rechtsprechung wird davon ausgegangen, dass die Bewertung beim Gesellschafterausschluss den Wert zu ermitteln hat, zu dem der Gesellschafter ohne wirtschaftlichen Nachteil aus der Gesellschaft ausscheiden kann (Kleinstpreis). Das Unternehmen der Gesellschaft ist dabei eigenständig zu bewerten, ohne Berücksichtigung etwaiger echter Verbundvorteile.[201] Die höchstgerichtliche Judikatur ließ die Frage bislang unbeantwortet und bemisst den Referenzzeitraum für die Durchrechnung des Börsenkurses derart, dass Synergieeffekte nicht mehr einbezogen werden können.[202] Dies entspricht auch der Rechtsprechung der Instanzgerichte, wonach „echte Verbundvorteile", die nur aus der spezifischen Kombination mit dem Mehrheitsgesellschafter erzielt werden können, nicht abfindungserhöhend zu berücksichtigen sind. Hingegen sind unechte Verbundvorteile abzugelten, jedenfalls dann, wenn die entsprechenden Maßnahmen bereits eingeleitet oder im Unternehmenskonzept dokumentiert sind.[203] Nur vereinzelt lassen Entscheidungen die Frage offen oder sprechen sich für die Berücksichtigung von Synergien aus.[204]

Offen bleibt, wie die Verbundvorteile zwischen Mehrheit und Minderheit aufgeteilt werden sollen, da Anhaltspunkte für eine angemessene Aufteilung fehlen. In der Litera-

---

196 IDW S 1 idF 2008 Rz 34.
197 *Winner*, Verbundvorteile/Synergieeffekt in *Fleischer/Hüttemann*, Rechtshandbuch Unternehmensbewertung (2015) § 14 Rz 14.
198 BVerfGE 7.8.1962, 1 BvR 16/60, *Feldmühle*, VerfGE 14, 263, 283.
199 BVerfGE 27.4.1999, 1 BvR 1613/94 (*DAT/Altana*) Rz 57, BVerfGE 100, 289, AG 1999, 566.
200 BVerfGE 27.4.1999, 1 BvR 1613/94 (*DAT/Altana*) Rz 57, BVerfGE 100, 289, AG 1999, 566.
201 *Winner*, Verbundvorteile/Synergieeffekte, in *Fleischer/Hüttemann*, Rechtshandbuch Unternehmensbewertung (2015) § 14 Rz 20.
202 BGH 19.7.2010, II ZB 18/09, BGHZ 186, 229, AG 2010, 629; *Riegger/Gayk* in Kölner Kommentar zum AktG³ (2013) Anhang zu § 11 SpruchG Rz 11.
203 OLG Stuttgart 5.6.2013, 20 W 6/10, AG 2013, 897.
204 OLG Frankfurt 5.12.2013, 21 W 36/12, BeckRS 2014, 01047.

tur wird neben der Aufteilung zu gleichen Teilen[205] auch die Aufteilung im Verhältnis 2:1 oder 3:1 zu Gunsten des Mehrheitsaktionärs wegen dessen größerer Verantwortung für die Verbundvorteile vertreten.[206] Andere wiederum vertreten, die Aufteilung könne auch nach Ertragswerten der beteiligten Gesellschaften oder nach den Erwartungswertzuwächsen erfolgen, doch sind diese Ansätze in gewissem Maße als willkürlich zu qualifizieren.[207] Andere Autoren präferieren ergebnisoffenere Ansätze. So stellen *Kübler/Schmidt* auf die Steigerung der Anreize zur effizienzsteigernden Verschmelzung ab,[208] *Fleischer* hingegen auf die unternehmerischen Leistungen des Mehrheitsaktionärs bei Entdeckung und Verwirklichung der Verbundvorteile.[209]

4.2.5. Vollausschüttung

Ähnlich wie eine Investitions- und Finanzierungspolitik Einfluss auf die Abfindung eines Minderheitsgesellschafters ausüben kann, ist auch die Ausschüttungspolitik im Rahmen der Unternehmensbewertung angemessen zu würdigen. Wird eine Vollausschüttung unterstellt, passiert dies auf der Annahme, dass nicht zur Substanzerhaltung notwendige Zahlungsflüsse, unabhängig von der tatsächlichen Dividendenpolitik, nicht reinvestiert werden müssen und daher an die Unternehmenseigner ausgeschüttet werden können. Nach der lange herrschenden Meinung der betriebswirtschaftlichen und rechtswissenschaftlichen Lehre war der Bewertung das Prinzip der Vollausschüttung zugrunde zu legen.[210] Bei der Orientierung an Zahlungsströmen ist daher von maximal möglichen Netto-Cash-Flows an die Unternehmenseigner auszugehen. Die zukünftige Thesaurierung von Gewinnen in freien Rücklagen ist daher nicht zu berücksichtigen. Begründet wird dieses Postulat damit, dass ansonsten die verbleibenden Gesellschafter übermäßig und entgegen dem Gleichbehandlungsgrundsatz profitieren würden.[211] Das Fachgutachten IDW S 1 idF 2008 hat sich gegen eine solche Vollausschüttungsfiktion ausgesprochen, wodurch tendenziell niedrigere Unternehmenswerte zu erwarten sind.[212] In diesem Zusammenhang wird in der Literatur ausgeführt, dass alle vom Unternehmen erwirtschafteten Mittel den Gesellschaftern zu gleichen Teilen zukommen müssen und eine Abkehr vom Prinzip der Vollausschüttung nur temporär in Betracht kommt, da auch einbehaltene Gewinne letztlich den Eignern zuzufließen haben.[213] Es könnte folgen, dass ein Abgehen von der Vollausschüttungsfiktion dazu führt, dass durch die Annahme über das Ausschüttungsverhalten der in der Lehre abgelehnte Minderheitsabschlag in abge-

---

205 Siehe *Mandl/Rabel*, Unternehmensbewertung (1997) 410 mwN; kritisch *Fleischer*, Die Barabfindung außenstehender Aktionäre nach den §§ 305 und 320b AktG: Stand-alone-Prinzip oder Verbundberücksichtigungsprinzip? ZGR 1997, 368, 381.
206 *Großfeld*, Recht der Unternehmensbewertung[6] (2011) 48 ff mwN.
207 *Fleischer*, Die Barabfindung außenstehender Aktionäre nach den §§ 305 und 320b AktG: Stand-alone-Prinzip oder Verbundberücksichtigungsprinzip? ZGR 1997, 368, 382.
208 *Kübler/Schmidt*, Gesellschaftsrecht und Konzentration (1988) 83 f.
209 *Fleischer*, Die Barabfindung außenstehender Aktionäre nach den §§ 305 und 320b AktG: Stand-alone-Prinzip oder Verbundberücksichtigungsprinzip? ZGR 1997, 368, 398 f.
210 *Großfeld*, Recht der Unternehmensbewertung[6] (2011) 127 ff mwN; *Koppensteiner* in *Zöllner/Noack*, Kölner Kommentar AktG[3] (2004) § 305 Rz 78; *Piltz*, Unternehmensbewertung (1997) 22 f.
211 *Winner*, Wert und Preis im Zivilrecht (2008) 439.
212 Presseinformation des IDW vom 30.11.2004.
213 *Winner*, Wert und Preis im Zivilrecht (2008) 44 f.

schwächter Form Anwendung findet. Andere wiederum argumentieren, einbehaltene Mittel könnten zB für Investitionen in das Unternehmen vorübergehend am Kapitalmarkt investiert oder zur Tilgung von Fremdkapital verwendet werden.[214]

4.2.6. Börsenkurse

Da es bspw beim Gesellschafterausschluss zu keiner freien Preiseinigung für die Übertragung der Eigentumsverhältnisse kommt, ist es zwingend erforderlich, dass das Gesetz eine Abfindungsleistung an den Minderheitengesellschafter vorsieht, um dessen Eigentumsverlust auszugleichen. Soweit Gesellschafter, insbesondere gem den Bestimmungen des Gesellschafter-Ausschlussgesetzes (GesAusG) oder anderen Squeeze-out-Regelungen,[215] eine „angemessene Abfindung" erhalten sollen, stellt sich die Frage, ob der Börsenkurs als zweckadäquater Normwert[216] herangezogen werden kann oder sonst eine Anwendung bei der Bemessung der Abfindung findet. Insbesondere die Frage, ob eine Abfindung zum Börsenkurs jedenfalls „angemessen" ist und ob ein allfälliger höherer Unternehmenswert zu berücksichtigen ist, wurde kontrovers diskutiert.[217] Zu einer Unterbewertung, daher einer Abweichung vom Unternehmenswert von der Marktkapitalisierung, sollte es aufgrund der Annahmen in einer informationseffizienten Modellwelt nicht kommen, weil sämtliche Umstände der Unternehmensbewertung durch perfekte Informationen zu einer sofortigen Anpassung des Preises führen; dies entspricht jedoch, trotz bspw der Ad-hoc-Publizitätspflicht für kursrelevante Ereignisse, nicht der (österreichischen) Realität.[218]

Lange Zeit hatten die Gerichte dem Börsenkurs wenig Bedeutung für die Angemessenheitsprüfung beigemessen; Grund dafür war die Ausrichtung der Rechtsprechung auf den quotalen Unternehmenswert seit einer Entscheidung des OGH aus dem Jahr 1922, wonach es bei der Bewertung eines Anteils aus Anlass der Auseinandersetzung zwischen den Gesellschaftern auf den Wert des von der Gesellschaft getragenen Unternehmens in seiner Gesamtheit ankomme.[219] Auch der BGH übernahm diese Rechtsprechung und betonte, dass für die Höhe des Abfindungsanspruchs des ausscheidenden Gesellschafters

---

214 *Aschauer*, Unternehmensbewertung beim Gesellschafterausschluss (2009) 151.
215 Zu den Fallgruppen in Deutschland: aktienrechtlicher Squeeze-out gem § 327a AktG, verschmelzungsrechtlicher Squeeze-out gem § 62 Abs 5 UmwG sowie Eingliederung gem § 319, 320 AktG; weiters in diesem Zusammenhang diskutiert werden die Fallgruppen der Begründung eines Vertragskonzernes durch Abschluss eines Beherrschungs- und Gewinnabführungsvertrages (§ 305 AktG), Formwechsel (§§ 207, 194 Abs 1 Z 6 UmwG), Mischverschmelzung (§ 29 UmwG) sowie grenzüberschreitende Hinaus Verschmelzung (§ 122i UmwG).
216 *Aschauer*, Unternehmensbewertung beim Gesellschafterausschluss (2009) 146 ff.
217 Zum Argument der Manipulationsmöglichkeiten: *Daske/Bassemir/Fischer*, Manipulation des Börsenkurses durch gezielte Informationspolitik im Rahmen von Squeeze-outs, zfbf 2010, 254 ff, in der zum deutschen Kapitalmarkt in Bezug auf Squeeze-outs (212 Fälle) die große Bedeutung der Informationspolitik im Vorfeld der Maßnahme gezeigt wird.
218 *Winner*, Wert und Preis im neuen Recht des Squeeze-out, JBl 2007, 434, 440; *Breuer/Pest/Stotz*, Behavioral Corporate Finance, ÖBA 2005, 153.
219 RG 22.12.1922, II 621/22, RGZ 106, 128 ff, 132 maßgeblich für den Anteilswert sei: „nicht [der] Wert, der sich bei einer allgemeinen Versilberung der einzelnen Vermögensgegenständen ergibt, sondern [der] Erlös, der sich bei einer der Sachlage entsprechenden, möglichst vorteilhaften Verwertung des Gesellschaftsvermögens […] durch Veräußerung im Ganzen ergeben würde".

der „Preis, der bei einer Veräußerung des Unternehmens [...] erzielt wird", maßgeblich sei.[220] Nach der abgeleiteten Unternehmensbewertung auf der Grundlage der Liquidationshypothese ist die einzelne Aktie das falsche Bewertungsobjekt, da es darum geht, was ein Käufer für das Gesamtunternehmen bezahlen würde. Börsenkurse können in diesem Zusammenhang nur insofern eine Rolle spielen, als die Börsenkapitalisierung ein Indikator für den Gesamtunternehmenswert ist.[221]

Der BGH führte im Jahr 1967 zur Ablehnung des Börsenkurses als rechtlich relevante Wertdeterminante richtungsweisend aus: „Der Börsenkurs kann sich mit dem wahren Wert der Aktie decken, er kann aber auch höher sein. Er ergibt sich aus dem im Augenblick der Kursbildung vorhandenen Verhältnis von Angebot und Nachfrage, das von der Größe und Enge des Marktes, von zufallsbedingten Umsätzen, von spekulativen Einflüssen und sonstigen, nicht wertbezogenen Faktoren wie politischen Einflüssen, Gerüchten, Informationen, psychologischen Momenten oder allgemeinen Tendenzen abhängt. Außerdem unterliegt der Börsenkurs unberechenbaren Schwankungen und Entwicklungen, wie die Aktienkurse der letzten Jahre besonders deutlich gemacht haben. Das schließt aus, der Berechnung der angemessenen Abfindung den Börsenkurs zugrunde zu legen."[222]

Diese Argumentation geht auf eine Entscheidung aus dem Jahr 1962 zurück, in der die vor „*dem Hintergrund des Art 14 GG der Entzug des Aktieneigentums der Minderheit nicht schlechthin für unzulässig erachtet wurde, jedoch einer ‚vollen Entschädigung' und eines effektiven Rechtsschutzes zur Überprüfung der Vollwertigkeit derselben bedarf*".[223] Diese in Deutschland vorherrschende Judikaturlinie wurde durch das Bundesverfassungsgericht[224] durch spezifische Bewertungsvorgaben maßgeblich präzisiert. Dabei gelangt das Gericht zu einer doppelten Bewertungsperspektive: „Charakteristikum des Aktieneigentums" sei „zum einen, dass es mitgliedschaftliche Herrschafts- und Vermögensrechte" vermittle, wobei die Vermögenskomponente vielfach im Vordergrund stehe. Zum anderen vermittle die Aktie besondere finanzielle Freiheiten, die auf ihrer hohen Verkehrsfähigkeit fußen. Weder die eine noch die andere Eigenschaft der Aktie darf nach dieser Entscheidung des BVerfG bei der Bewertung der „grundrechtlich relevanten Einbuße" außer Acht bleiben. Denn „*eine geringere Abfindung würde der Dispositionsfreiheit über den Eigentumsgegenstand nicht hinreichend Rechnung tragen*".[225] Deswegen verlange Art 14 Abs 1 GG die „*Entschädigung zum ‚wahren Wert' [...] mindestens aber zum Verkehrswert*".[226] Dieser „Verkehrswert" der Aktie entspricht dem Veräußerungserlös bei einer freien Deinvestitionsentscheidung.[227]

---

220 BGH 16.12.1991, II ZR 58/91, BGHZ 116, 359, 370.
221 Zum Wert des Börsenkurses im Kapitalgesellschaftsrecht *Koppensteiner*, Abfindung bei Aktiengesellschaften und Verfassungsrecht, JBl 2003, 707.
222 BGH 30.3.1967, II ZR 141/64, NJW 1967, 1464.
223 BVerfGE 7.8.1962, 1 BvR 16/60, *Feldmühle*, VerfGE 14, 263, 283.
224 BVerfG 27.4.1999, 1 BvR 1613/94 (*DAT/Altana*), BVerfGE 100, 289, AG 1999, 566.
225 BVerfG 27.4.1999, 1 BvR 1613/94 (*DAT/Altana*), BVerfGE 100, 289, AG 1999, 566.
226 BVerfG 27.4.1999, 1 BvR 1613/94 (*DAT/Altana*), BVerfGE 100, 289, AG 1999, 566.
227 *Nowotny*, Börsenkurs und Unternehmenswert – Eine neue Entscheidung des deutschen BVerfG, RdW 1999, 761 hebt hervor, dass gem der Entscheidung ausnahmsweise vom Börsenkurs als Mindestabschichtungswert abgewichen werden kann, „wenn der Börsenkurs ausnahmsweise nicht den Verkehrswert der Aktie widerspiegelt", daher wenn die Kurshöhe durch Marktverzerrungen (zB Kursenge) entsteht.

Diese Auffassung entsprach der Ansicht der überwiegenden österreichischen Literatur.[228] In der Judikatur hatten sich der OGH[229] und der VfGH[230] mit der Abfindung gem § 102a BWG aF bei durch Beschluss der Gesellschafterversammlung eingezogenem Partizipationskapital von Kreditinstituten zu befassen. Diese Bestimmung sah bis zur Aufhebung durch den VfGH im Jahr 2002 vor, dass bei börsennotierten Partizipationsscheinen die Abfindung zum durchschnittlichen Börsenkurs der Wertpapiere an den der Beschlussfassung über die Einziehung vorausgehenden 20 Börsentagen erfolgen konnte.[231] Der OGH resümierte, dass „[w]enn das zwangsweise Ausscheiden eines Minderheitsgesellschafters nach dem Mehrheitsprinzip wegen der auch im öffentlichen Interesse gelegenen Umstrukturierung von Unternehmen als zulässig angesehen wird, muss nach Auffassung des Senats die Abfindung des Ausscheidenden auf den wahren Wert der Beteiligung abstellen. Die Bewertungsmethode steht im Vordergrund. Das UmwG, auf das § 102a BWG Bezug nimmt, definiert die Angemessenheit der Entschädigung nicht. Nach herrschender Auffassung ist eine Bewertung des Unternehmens notwendig. Der Kurswert der Aktien reicht nicht aus."[232]

Weitgehend Einigkeit besteht darüber, dass jedenfalls eine vom Börsenkurs losgelöste Unternehmensbewertung dann in Betracht kommt, wenn dieser „ausnahmsweise nicht den Verkehrswert der Aktie widerspiegelt".[233] In diesem Zusammenhang werden in der Literatur folgende Marktinsuffizienzen behandelt: (i) bei Marktenge[234] gibt der Börsenkurs nur dann den Verkehrswert der Aktie wieder, wenn er tatsächlich erzielbar gewesen wäre.[235] Sind bspw 95 % der Aktien unverkäuflich, ist ungewiss, ob der Minderheitsaktionär seine Aktien tatsächlich zum Börsenkurs hätte verkaufen können;[236] (ii) auch wenn gar kein Handel stattfindet (oder sich kein Kurs bildet), kann der (fehlende) Börsenkurs evidentermaßen nicht als Bewertungsgrundlage herangezogen werden; das Bundesverfassungsgericht hat dieses Argument weiter entwickelt und betont, dass es im Spruchverfahren möglich sein muss, darzulegen und gegebenenfalls zu beweisen, dass der Börsenkurs nicht dem Verkehrswert entspricht, etwa, weil längere Zeit praktisch überhaupt kein Handel mit den Aktien der Gesellschaft stattgefunden hat; (iii) auch die Grenze zwischen Kursmanipulation und „Kurspflege" in Ansehung der bevorstehenden Strukturmaßnahmen wird in der Praxis häufig nicht klar zu ziehen sein. So hat das deutsche Bundesverfassungsgericht in der bloßen Bekanntgabe einer Eingliederungsmaßnahme keinen Missbrauch gesehen,[237] jedoch sei von einem solchen auszugehen, „wenn die Obergesellschaft die Informationen über die beabsichtigte Maßnahme gezielt zur Einflussnahme auf den Aktienkurs im Referenzzeitraum nutzt", sodass auch in einem

---

228 *Aschauer/Schiebel*, Zur Rolle des Börsenkurses beim Gesellschafterausschluss, RWZ 2009, 308.
229 OGH 6 Ob 99/01d, ÖBA 2002, 135.
230 VfGH G286/01, VfSlg 16.636.
231 VfGH G286/01, VfSlg 16.636.
232 OGH 6.6.2001, 6 Ob 109/01z.
233 *Adolff*, Börsenkurs und Unternehmensbewertung, in *Fleischer/Hüttemann*, Rechtshandbuch Unternehmensbewertung (2015) § 16 Rz 48 mwN.
234 Eine solche Marktenge liegt entsprechend der Rechtsprechung vor, wenn weniger als 5 % aller Aktien im Streubesitz gehalten werden OLG Stuttgart 14.2.2008, 20 W 9/06, BeckRS 2008, 04445.
235 OLG Düsseldorf, 25.5.2000, 19 W 5/93 AktE (*DAT/Altana II*), AG 2000, 421, 422.
236 OLG Düsseldorf, 25.5.2000, 19 W 5/93 AktE (*DAT/Altana II*), AG 2000, 421, 422.
237 BVerfG 29.11.2006, 1 BvR 704/03, *Siemens/SNI*, AG 2007, 119, 121.

solchen Fall eine abweichende Bewertung geboten ist; (iv) weiters wird im Zusammenhang mit dem Übernahmerecht vertreten, dass Rechtsträger, die ausschließlich vom Hauptgesellschafter abhängig sind, nicht bei der Ermittlung der Annahmeschwellen zu berücksichtigen sind.[238] Der vierte Gesellschafter sollte vom Erwerb zu den Angebotsbedingungen ausgeschlossen werden. Dabei war die Bieterin eine Zweckgesellschaft, deren Gesellschafter wiederum die drei verkaufsbereiten Aktionäre waren. Das zuständige Gericht ließ den Ausschluss zum Angebotspreis ohne nähere Überprüfung nicht zu, weil die Meinungsbildung unter den Aktionären nicht unabhängig vom Bieter erfolgt war. Daraus ergibt sich die Ratio, dass eine Transaktion, bei der der wirtschaftliche Eigentümer der Aktien letztlich nicht wechselt, keine echte, preisbestimmende Markttransaktion darstellt und der (Börsen-)Kurs der Aktie nicht dem Verkehrswert entspricht.

4.2.7. Liquidationswert als Untergrenze

Bei der Bewertung ertragsschwacher oder verlustbringender Unternehmen besteht die Möglichkeit, dass der als Zerschlagungswert verstandene Liquidationswert den ermittelten Fortführungs- oder Zukunftserfolgswert des Unternehmens übersteigt. In der Betriebswirtschaftslehre wird der höhere Liquidationswert als Untergrenze für die Unternehmensbewertung gesehen.[239] Während der BGH diese umstrittene Bewertungsfrage bislang nicht abschließend geklärt hat, wurde vom OGH in einer Entscheidung der Liquidationswert als Wertuntergrenze gebilligt. Auch das KFS/BW 1 nimmt dazu Stellung.[240]

In der Literatur wird argumentiert, dass ein rational handelnder Unternehmer entsprechend dem Gewinnmaximierungsprinzip sich in einem solchen Fall für die Liquidation des Unternehmens entscheiden würde, vorausgesetzt, es besteht kein tatsächlicher oder rechtlicher Zwang zur Fortführung des Unternehmens.[241] Ausgangspunkt bildete die Entscheidung des BGH zur erbrechtlichen Pflichtteilsberechnung gem § 2311 BGB aus dem Jahr 1973, in der dieser ausführte, dass es bei einer Unternehmensfortführung nicht gerechtfertigt sei, den Liquidationswert zugrunde zu legen, wenn der Unternehmer gegenüber den Pflichtteilsberechtigten nicht zur Liquidation verpflichtet sei. Etwas anderes könne allenfalls dann gelten, wenn ein unrentables, liquidationsreifes Unternehmen aus wirtschaftlich nicht vertretbaren Gründen fortgeführt werde.[242] In einer weiteren

---

[238] *Winner,* Wert und Preis im neuen Recht des Squeeze-out, JBl 2007, 434, 440; *Winner,* Wert und Preis im Zivilrecht (2007) 518 f; *Gall/Potyka/Winner,* Squeeze-out (2006) Rz 432.

[239] *Ballwieser,* Unternehmensbewertung³ (2011) 199; *Mugler/Zwirner* in *Petersen/Zwirner/Brösel,* Handbuch Unternehmensbewertung (2013) F.7. Rz 27; *Seppelfricke,* Handbuch Aktien- und Unternehmensbewertung⁴ (2012) 176; *Wollny,* Der objektive Unternehmenswert (2010) 221.

[240] KFS/BW 1 idF 2014, Rz 13, 132 f: Übersteigt der Barwert der finanziellen Überschüsse, die sich bei Liquidation des gesamten Unternehmens ergeben, den Fortführungswert, bildet der Liquidationswert die Untergrenze für den Unternehmenswert. Bestehen jedoch rechtliche oder tatsächliche Zwänge zur Unternehmensfortführung, ist abweichend davon auf den Fortführungswert abzustellen. Der Liquidationswert ergibt sich als Barwert der finanziellen Überschüsse aus der Veräußerung der Vermögenswerte und der Bedeckung der Schulden unter Berücksichtigung der Liquidationskosten und der mit der Liquidation verbundenen Steuerwirkungen. Die Abhängigkeit des Liquidationswerts von der Zerschlagungsintensität und der Zerschlagungsgeschwindigkeit ist zu beachten.

[241] Statt aller *Hirschler,* Spezialfragen der Unternehmensbewertung, in *Artmann/Rüffler/Torggler,* Unternehmensbewertung und Gesellschaftsrecht (2014) 18 f.

[242] BGH 17.1.1973, IV ZR 142/70, NJW 1973, 509, 510.

Entscheidung zu Pflichtteilsergänzungsansprüchen gem § 2325 BGB entschied der BGH, dass auf den Liquidationswert abgestellt werden dürfe, wenn das Unternehmen trotz Ertragslosigkeit fortgeführt und drei Jahre später ohne Erlös liquidiert worden sei.[243] Demgegenüber wurde in einer Entscheidung aus dem Jahr 1986 für ein landwirtschaftliches Anwesen der niedrigere (jedoch positive) Ertragswert als Berechnungsgrundlage herangezogen, da die Betriebsfortführung im konkreten Fall nicht wirtschaftlich unvertretbar gewesen sei und auch kein Zwang zur Liquidation bestand.[244]

Im Jahr 2006 hatte sich der BGH mit der Frage eines wenig rentablen Feriendorfes zu befassen, dessen Liquidationswert den Ertragswert um ein Mehrfaches überstieg, der zugrunde liegende Gesellschaftsvertrag jedoch eine Abfindung zum Ertragswert vorsah. Aufgrund der hohen Differenz erachtete der BGH die Abfindungsklausel gem § 723 Abs 3 BGB als unwirksam, sodass die Berechnung der Abfindung nicht allein auf den Ertragswert gestützt werden könnte. Offen blieb jedoch, ob der Liquidationswert stets (oder unter bestimmten Voraussetzungen) die Untergrenze des für die Abfindung maßgeblichen Unternehmenswerts bildet.[245] In der deutschen Literatur wurde vertreten, dass der (höhere) Liquidationswert als Untergrenze bei Bewertungsfragen im Personengesellschafts-, GmbH- und Aktienrecht heranzuziehen ist,[246] jüngere literarische Stellungnahmen sprechen sich für eine differenzierte Lösung aus.[247] Auch die österreichische Literatur vertritt ebenfalls überwiegend die Ansicht, der Liquidationswert bilde die Untergrenze.[248]

Das OLG Wien führte im Zusammenhang mit einem Bewertungsfall eines unrentablen Unternehmens aus, dass ein allfälliger negativer Firmenwert nie dazu führen darf, dass ein ausscheidender Gesellschafter durch die Fortführung eines unrentablen Unternehmens schlechter gestellt würde als bei Einzelversilberung der Unternehmensgegenstände.[249] Während der OGH in der Entscheidung aus dem Jahr 2000 auf die Untergrenze bezogen auf den Abfindungsanspruch gem (dem damals maßgeblichen) Art 7 Nr 15 EVHGB abstellte,[250] sprach er im Jahr 2013 unter Verweis auf die Literatur und das Fachgutachten zur Unternehmensbewertung (KFS/BW 1 idF 1.5.2006) aus, dass der Liquidationswert die Wertuntergrenze für den Unternehmenswert bildet, sofern nicht

---

243 BGH 17.3.1982, IVa ZR 27/81, NJW 1982, 2497, 2498.
244 BGH 7.5.1986, IVb ZR 42/85, NJW 1986, 1066, 1068: *"Wie bereits ausgeführt, geht das Berufungsgericht davon aus, daß der Ehemann den Betrieb fortführen wird. Eine solche Betriebsfortführung ist nach den bisherigen Feststellungen auch nicht wirtschaftlich unvertretbar. Daß der Ertragswert sowohl unter dem Substanzwert wie auch unter dem Liquidationswert liegt, kommt in der Landwirtschaft wegen des unverhältnismäßig hohen Anteils des Anlagevermögens am Betriebsvermögen häufig vor, ohne daß einem solchen Betrieb deswegen bereits die Erhaltungswürdigkeit abgesprochen werden kann[…]"*, *"Es kann im vorliegenden Fall auch nicht davon ausgegangen werden, daß der Ehemann der Ehefrau gegenüber zur Liquidation des Anwesens verpflichtet wäre."*
245 BGH 13.3.2006, II ZR 295/04, DStR 2006, 1005 mit Anmerkung *Goette*, NGZ 2006, 425 f Rz 13.
246 *Adolff*, Unternehmensbewertung im Recht der börsennotierten Aktiengesellschaft (2007) 373 mwN.
247 *Lutter* in *Lutter/Hommelhoff*, GmbHG[18] (2012) § 34 Rz 79; *Sosnitza* in *Michalski*, GmbHG[2] (2010), § 34 Rz 48; *Westermann* in *Scholz*, GmbHG[11] (2012) § 34 Rz 25 jeweils mwN.
248 *Elsner*, Untergrenzen der Unternehmensbewertung, ecolex 1996, 920; *Bachl*, Anmerkungen zur Verschmelzungs-, Umwandlungs- und Spaltungsprüfung II, GesRZ 2000, 81; *Bachl*, Unternehmensbewertung in der gesellschaftsrechtlichen Judikatur (2006) 20 ff; *Aschauer*, Unternehmensbewertung beim Gesellschafterausschluss (2009) 192; *Aschauer/Purtscher*, Einführung in die Unternehmensbewertung (2011) 110.
249 OLG Wien 17.3.1995, 3 R 136/94.
250 OGH 19.12.2000, 4 Ob 188/00a.

rechtliche oder tatsächliche Zwänge zur Unternehmensfortführung bestehen.[251] Der anzusetzende Unternehmenswert dürfe nicht unter dem Liquidationswert liegen, da dies der Betrag ist, der anlässlich der Verwertung mindestens erzielt werden kann.[252] In der Literatur[253] wird ausgeführt, dass ein rechtlicher Zwang zur Unternehmensfortführung bspw darin liegen könne, wenn diese gesetzlich zur Daseinsvorsorge verpflichtet wären[254] oder eine testamentarische Auflage[255] gegeben sei, vereinzelt wird auch der öffentliche Druck zur Erhaltung von Arbeitsplätzen (bei Großunternehmen) genannt.[256]

5. Ausblick

Bei dem errechneten Unternehmenswert handelt es sich nicht um einen theoretisch richtigen Wert, sondern vielmehr um eine Schätzung, die aufgrund der angewandten Methode und der getroffenen Annahmen lediglich einen Rahmen möglicher Werte absteckt. In diesem Zusammenhang hat der OGH festgehalten, dass für die Wertermittlung durch den Sachverständigen keine gesetzlich vorgeschriebene Methode bestünde. Die Wahl der Methode sei Tatfrage, unzulässig ist lediglich die Wahl einer grundsätzlich inadäquaten Methode. Es liegt daher am Gutachter, autonom zu bestimmen, mit welcher Methode dem vorgegebenen Bewertungszweck am besten gedient werden kann. Dies führt dazu, dass ein von den Tatsacheninstanzen gebilligtes Ergebnis des Sachverständigengutachtens keiner Nachprüfung durch den OGH unterliegt. Es ist daher auch in der Zukunft davon auszugehen, dass die Unternehmensbewertung als Rechtsproblem nur durch interdisziplinäre Zusammenarbeit zwischen Juristen und Ökonomen bewältigt werden kann.

---

251 OGH 6 Ob 25/12p, wbl 2013, 349.
252 OGH 6 Ob 25/12p, wbl 2013, 349.
253 *Hirschler*, Spezialfragen der Unternehmensbewertung, in *Artmann/Rüffler/Torggler*, Unternehmensbewertung und Gesellschaftsrecht (2014) 18 f.
254 OLG Düsseldorf 20.2.2009, 17 W 8/09, AG 2009, 667, 668, BeckRS 2010, 03030 (Personennahverkehr); LG Dortmund 16.7.2007, 18 AktE 23/03, Der Konzern 2008, 242, BeckRS 2007, 15902 (Personennahverkehr); in Österreich wäre etwa an den Universaldienst im Postwesen zu denken.
255 *Piltz*, Unternehmensbewertung in der Rechtsprechung³ (1994) 191.
256 *Fleischer/Schneider*, Der Liquidationswert als Untergrenze der Unternehmensbewertung bei gesellschaftsrechtlichen Abfindungsansprüchen, DStR 2013, 1736, 1743; überlegt werden könnte (zumindest bei faktischen Verpflichtungen), den Abbau derselben als Liquidationskosten zu berücksichtigen.

Unternehmensbewertung bei Umgründungen (Österreich)

Thomas Außerlechner

1. **Bewertung aus unternehmensrechtlicher Sicht**
   1.1. Bewertung im Interesse einer ordnungsgemäßen Kapitalaufbringung und -erhaltung
   1.2. Grundsätze für Bewertungen im Interesse der Gesellschafter
2. **Bewertung aus steuerlicher Sicht**
   2.1. Verschmelzungen
   2.2. Umwandlungen
   2.3. Einbringungen
   2.4. Zusammenschlüsse
   2.5. Realteilungen
   2.6. Spaltungen

1. Bewertung aus unternehmensrechtlicher Sicht

Eine Unternehmensbewertung im Zuge von Umgründungen kann idR zwei Zwecke verfolgen:

1. **Bewertung im Interesse der Gläubiger von an den Umgründungsvorgängen beteiligten Gesellschaften**
   Der Sicherung der Gläubigerinteressen dienen vor allem die Regeln über die Gründungsprüfung bzw Restvermögensprüfung. Insb bei Durchführung von Sacheinlagen kann sich zB ein Bewertungserfordernis mit Prüfungspflicht ergeben (vgl § 25 Abs 2 Z 2 AktG, § 150 Abs 3 AktG, § 6a Abs 4 GmbHG, § 52 Abs 6 GmbHG). Eine Bewertung von Sacheinlagen kann aber auch dann erforderlich sein, wenn die Umgründungsmaßnahme mit keiner Prüfungspflicht verbunden ist.[1]
   Sollte bei einer Verschmelzung zur Aufnahme eine Kapitalerhöhung bei der aufnehmenden Gesellschaft erfolgen, ist nach § 223 Abs 2 AktG eine Prüfung derselben nur erforderlich, wenn die Buchwerte aus der Schlussbilanz der übertragenden Gesellschaft nicht fortgeführt werden oder die fortgeführten Buchwerte niedriger sind als der geringste Ausgabebetrag der für die Einlage gewährten Anteile. Im Gegensatz dazu ordnet § 3 Abs 4 SpaltG zwingend eine Gründungsprüfung nach den aktienrechtlichen Vorschriften bei Spaltung zur Neugründung an, unabhängig davon, ob es sich bei der gegründeten Gesellschaft um eine AG oder GmbH handelt und unabhängig von der Bewertung des Vermögens bzw der Höhe des Nennkapitals im Verhältnis zum übernommenen Vermögen bei der übernehmenden Gesellschaft. Ebenfalls zwingend ist diese Gründungsprüfung nach den Bestimmungen der §§ 25 Abs 3–5, 26 AktG iVm § 17 Z 3 SpaltG bei der Spaltung zur Aufnahme, wenn eine Kapitalerhöhung bei der übernehmenden Gesellschaft erfolgt. Bei der Abspaltung hat nach § 3 Abs 4 SpaltG eine Restvermögensprüfung zu erfolgen. Bei dieser ist zu prüfen, ob der tatsächliche Wert des verbliebenen Nettoaktivvermögens der übertragenden Gesellschaft wenigstens der Höhe ihres Nennkapitals zuzüglich gebundener Rücklagen nach Durchführung der Spaltung entspricht. Unter dem tatsächlichen Wert des Nettoaktivvermögens wird der Verkehrswert des verbliebenen Vermögens der spaltenden Gesellschaft zu verstehen sein.[2] Dieser muss zumindest so hoch sein wie das gebundene Kapital inklusive Nennkapital. Die Durchführung derartiger Prüfungen verlangt idR im Vorfeld die Vornahme von Bewertungen des betreffenden Vermögens.

2. **Bewertung zur Ermittlung von angemessenen Austauschverhältnissen (Schutz der Gesellschafter)**
   Diese Bewertungen werden nach den Vorschriften über die Verschmelzungsprüfung bzw Spaltungsprüfung bzw über die Prüfung der Angemessenheit von Barabfindun-

---

[1] Insb bei der nicht prüfungspflichtigen Einbringung gegen Anteilsgewährung kann sich unter dem Blickwinkel einer allfälligen Einlagenrückgewähr die Frage stellen, ob die in den Einbringungsbilanzen früher vielfach enthaltenen – eine Verbindlichkeit der übernehmenden Kapitalgesellschaft gegenüber ihrem Gesellschafter begründenden (*Hügel* in *Hügel/Mühlehner/Hirschler*, Umgründungssteuergesetz § 16 Rz 130) – Entnahmen durch den Wert des übernommenen Vermögens gedeckt sind. Aufgrund der Einschränkungen im Bereich des § 16 Abs 5 UmgrStG durch das AbgÄG 2005, das BudBG 2007 und das AbgSiG 2007 hat sich diese Problematik – im Vergleich zu Umgründungen vor diesen Änderungen – in der Praxis mittlerweile entschärft.

[2] Ob im Rahmen der Ermittlung des tatsächlichen Werts des Nettoaktivvermögens auch der originäre Firmenwert einzubeziehen ist, ist umstritten – gegen eine Berücksichtigung *Hügel*, Umgründungsbilanzen, 6.57.

gen einer Überprüfung unterzogen. Unter dem Aspekt des Gesellschafterschutzes (Präventivschutz)[3] muss als Hauptzweck der Umgründungsprüfungen die Erreichung einer eindeutigen Aussage über die Angemessenheit des Umtauschverhältnisses bzw von baren Zuzahlungen oder Abfindungszahlungen gesehen werden. § 2 Abs 3 iVm § 5 Abs 5 UmwG verweist hinsichtlich des Umfanges der Prüfungspflicht auf § 220b Abs 4 AktG. Unter Bedachtnahme auf die beiden im Gesetz vorgesehenen Umwandlungsformen ergibt sich nicht die Notwendigkeit der Ermittlung eines Umtauschverhältnisses ieS. Der Gesellschafterschutz verlangt vielmehr eine angemessene Höhe der baren Abfindung. Auf Grund der Rsp des OGH ergibt sich insb auch bei einer errichtenden Umwandlung nicht die Notwendigkeit der Ermittlung eines Umtauschverhältnisses, da sich bei dieser Umwandlungsform das Beteiligungsverhältnis am Nachfolgerechtsträger nach Maßgabe des Beteiligungsverhältnisses an der umzuwandelnden Gesellschaft ergibt.[4]

§ 5 Abs 4 SpaltG entspricht inhaltlich § 220b Abs 4 AktG. Auch die Angemessenheit eines Barabfindungsangebots unterliegt einer Überprüfung.[5] Bei einer Spaltung zur Aufnahme gelten gem § 17 Z 5 SpaltG für die übernehmende Gesellschaft die verschmelzungsrechtlichen Vorschriften sinngemäß.

1.1. Bewertung im Interesse einer ordnungsgemäßen Kapitalaufbringung und -erhaltung

Sacheinlagen

Das Gesellschaftsrecht sieht für die Einbringung von Vermögen in eine Kapitalgesellschaft keine besonderen Regelungen vor. Es sind nur die allgemeinen Grundsätze zur Sacheinlage anzuwenden, die in Einzelfällen eine Gründungsprüfung (§§ 20 ff AktG und §§ 6 ff GmbHG) vorsehen. Diese Grundsätze gelten auch bei Einbringung von Vermögen gegen Kapitalerhöhung (§ 150 AktG bzw § 52 Abs 6 GmbHG).

Gesellschaftsrechtlich kann daher – von hier nicht interessierenden Ausnahmen abgesehen – jedes beliebige Vermögen im Wege einer Sacheinlage in eine Kapitalgesellschaft eingebracht werden. Es bestehen keine Bedenken, das gesamte Unternehmen oder nur einen Betriebsteil oder einen bestimmten Vermögensgegenstand einzubringen.

Entsprechend den allgemeinen gesellschaftsrechtlichen Grundsätzen darf keine verdeckte Sacheinlage (verschleierte Sachgründung) vorliegen.[6] Es dürfen daher Bareinlagen des Gesellschafters nicht mit einem Rechtsgeschäft zwischen der Kapitalgesellschaft und dem einlegenden Gesellschafter in zeitlicher und sachlicher Hinsicht derart gekoppelt werden, dass die Sachgründungsvorschriften umgangen werden.

---

3   Vgl dazu OLG Düsseldorf 14.4.2000, DB 2000, 1116.
4   Vgl OGH 26.2.1998, ecolex 1998, 557.
5   Zur alternativen Anwendungsmöglichkeit von Umwandlung und entflechtender Spaltung siehe OGH 9.3.2000, 6 Ob 31/00 b.
6   *Reich-Rohrwig/Gröss*, Einbringung eines durch unbare Entnahmen überschuldeten Unternehmens in eine GmbH, ecolex 2003, 680 ff; *Konwitschka*, Verdeckte Sacheinlagen bei sanierenden Kapitalerhöhungen und deren Heilung, ecolex 2001, 183 ff; OGH 23.10.2003, RdW 2004, 154 f; OGH 23.1.2003, RdW 2003, 323 ff.

Darüber hinaus sind die Vorschriften der verbotenen Einlagenrückgewähr (zB §§ 82 ff GmbHG) zu beachten. Unter verbotener Einlagenrückgewähr versteht man grundsätzlich jede vermögensmindernde Leistung der Kapitalgesellschaft an ihre Gesellschafter, soweit nicht ein ordnungsgemäß festgestellter Bilanzgewinn verteilt wird, ein gesetzlich zulässiger Ausnahmefall oder ein drittübliches Fremdgeschäft vorliegt.[7] Das eingebrachte Unternehmen oder der eingebrachte Betriebsteil muss daher einen positiven Verkehrswert aufweisen.

Auch für eine Sachgründung nach § 6a Abs 2 GmbHG ist ein dem (nicht in bar aufgebrachten) Stammkapital entsprechender Unternehmenswert Voraussetzung. Liegt eine Überbewertung vor, ist die Eintragung vom Firmenbuchgericht zu verweigern.[8] Bei der Einbringung eines bilanzierenden Unternehmens, das schon fünf Jahre besteht, ist zwar eine gewisse Indikation für die Vollwertigkeit der Sacheinlage gegeben. Es besteht aber keine sichere Gewähr, dass die Schlussbilanz des einzubringenden Unternehmens den wahren Wert zum Ausdruck bringt. Die Prüfpflicht des Firmenbuchgerichtes besteht immer dann, wenn Zweifel an der korrekten Bewertung von Sacheinlagen auftreten.[9] Die Festlegung des Stammkapitals ist Grundlage der Haftung der Gesellschaft gegenüber Dritten. Das Gesetz fordert im Interesse der Gesellschaftsgläubiger das Vorhandensein eines realen Befriedigungsfonds. Eine Überbewertung der Sacheinlage ginge zu Lasten der Gläubiger. Die gesetzlichen Bestimmungen über die Stammeinlage sind im Interesse des Gläubigerschutzes zwingend. Die Einhaltung der Vorschriften hat das Firmenbuchgericht im Rahmen seiner materiellen Prüfungspflicht sicherzustellen. Es hat also den Verkehrswert der eingebrachten Sachen zu prüfen. Bei unzulässigen wertlosen Sacheinlagen ist die Eintragung der Einbringung abzuweisen.[10]

Die Kapitalerhaltungsvorschriften sollen nach ihrem Sinn und Zweck jede unmittelbare oder mittelbare Leistung an einen Gesellschafter erfassen, der keine gleichwertige Gegenleistung gegenübersteht und die wirtschaftlich das Vermögen verringert. Unter das Verbot der Einlagenrückgewähr fallen nicht nur offene Barzahlungen an die Gesellschafter, sondern auch im Gewand anderer Rechtsgeschäfte erfolgte verdeckte Leistungen.[11]

Letztlich kann unabhängig davon, ob eine Sacheinlage mit oder ohne Kapitalerhöhung vorgenommen wird, eine Bewertung des eingebrachten Vermögens (insb Unternehmens) erforderlich sein. Sollte nach dem einzuholenden Unternehmensbewertungsgutachten die Gegenleistung der Gesellschaft (gewährte Stammeinlage) höher sein als die unter Berücksichtigung von allfälligen Entnahmen zu bestimmenden Verkehrswerte des einbrachten Unternehmens oder führten die baren und unbaren Entnahmen sogar zu einer wertmäßigen Überschuldung der eingebrachten Unternehmen (Fehlen eines positiven Verkehrswertes), fände eine gegen § 82 GmbHG verstoßende Einlagenrück-

---

7 Grundlegend *Reich-Rohrwig*, Grundsatzfragen der Kapitalerhaltung bei AG, GmbH sowie GmbH & Co KG (2004) 93 ff; *ders*, Verbotene Einlagenrückgewähr bei Kapitalgesellschaften, ecolex 2003, 152 ff; OGH 23.10.2003, RdW 2004, 154 f = ecolex 2003, 685 ff mit Anm *Konwitschka*.
8 *Gellis*, Kommentar zum GmbH-Gesetz[4] § 6a Rz 6.
9 6 Ob 7/00y = RdW 2000, 607; 6 Ob 8/00w = wbl 2000, 607 = RdW 2000, 667 = ecolex 2001, 47 [*Zehetner*] = NZ 2001, 337 [*Umlauft*].
10 6 Ob 264/97k = RdW 1998, 72 = ecolex 1998, 485 [*Konwitschka*].
11 6 Ob 81/02h unter Bezugnahme auf die dort zitierte Vorjudikatur.

gewähr statt. Die Einbringungsverträge wären gem § 82 Abs 2 GmbHG iVm § 879 Abs 1 ABGB nichtig.[12]

Gem § 3 Z 15 FBG ist die Übertragung eines Betriebes sowohl beim Erwerber als auch beim Veräußerer mit deklarativer Wirkung einzutragen. Einbringungen nach Art III UmgrStG unterliegen auch ohne Vornahme einer Kapitalerhöhung jedenfalls der Eintragungspflicht.[13] Sinn der Eintragungsvorschrift ist es, der Öffentlichkeit über die Vermögensverhältnisse des Rechtsträgers vollständig und richtig Auskunft zu geben. Die Offenlegung dient dem Schutz der Gläubiger. Eine Prüfpflicht des Firmenbuchgerichtes in steuerrechtlicher Hinsicht besteht nicht. Das Firmenbuchgericht hat aber zu prüfen, ob die Eintragung gegen zwingende unternehmensrechtliche Normen verstößt, insb ob der Gläubigerschutz beeinträchtigt erscheint[14]. Hat das einzubringende Unternehmen keinen positiven Verkehrswert, sind sowohl eine Sachgründung nach § 6a Abs 2 GmbHG als auch eine Einbringung nach Art III UmgrStG (ohne zusätzliche Kapitalzufuhr) unzulässig. Bei Fehlen eines entsprechenden (positiven) Verkehrswertes des einzubringenden Unternehmens kommt es zu einer unzulässigen Einlagenrückgewähr.

Verschmelzungen

Auch bei Konzernverschmelzungen (ohne Kapitalerhöhung) kann die Durchführung einer Bewertung des zu übertragenden und übernehmenden Vermögens zur Feststellung des Vorliegens einer verbotenen Einlagenrückgewähr bzw Gläubigerbeeinträchtigung insb bei einem „Down-stream"-Merger notwendig sein.

Eine Schlechterstellung der Altgläubiger der Tochtergesellschaft wird bei der Verschmelzung „downstream" dann eintreten, wenn die übertragende Muttergesellschaft hohe Verbindlichkeiten aufweist, die wegen der Universalsukzession auf die Tochtergesellschaft übergehen, und die übernommenen Vermögenswerte deshalb keinen Ausgleich schaffen, weil sie von der aufnehmenden Gesellschaft sofort an die Gesellschafter der Muttergesellschaft weiterzuleiten sind, wenn das Vermögen in eigenen Aktien oder Geschäftsanteilen besteht. Nach überwiegender Lehre steht einer solchen Vorgangsweise das Verbot der Einlagenrückgewähr (§ 52 AktG und § 82 GmbHG) entgegen[15]. Die Verschmelzung ist nach dieser Lehrmeinung unzulässig, wenn der Wert des übertragenen Vermögens negativ ist, sie wird aber für zulässig erachtet, wenn bei Nichtberücksichtigung des Werts der Beteiligung an der Tochtergesellschaft dennoch ein positiver Verkehrswert des übertragenen Vermögens vorliegt oder die Beteiligung durch Eigenkapital gedeckt ist oder aber vor der Verschmelzung bei der übernehmenden Gesellschaft eine Kapitalherabsetzung erfolgt.[16] Dem hat sich auch die Rsp angeschlossen.[17]

In weiterer Folge sind auch Zweifel hinsichtlich der Zulässigkeit anderer Verschmelzungsformen bei sonst gleichen Vermögensverhältnissen der übertragenden und der

---

12 *Koppensteiner,* GmbHG² § 82 Rz 19; *Reich-Rohrwig/Gröss* aaO.
13 6 Ob 5/01f = RdW 2001, 595 = ecolex 2002, 26 mwN.
14 RIS-Justiz RS 0115147; 6 Ob 5/01f.
15 *Saurer* in NZ 1995, 169; *Kalss,* Verschmelzung – Spaltung – Umwandlung, § 224 Rz 9 AktG; *Hügel,* Umgründungsbilanzen 50; *Koppensteiner* aaO Rz 6 zu § 96; *Kostner/Umfahrer* aaO Rz 877.
16 *Hügel* aaO.
17 OGH 11.11.1999, 6 Ob 4/99b; 17.1.2001, 6 Ob 121/00p.

übernehmenden Gesellschaft entstanden, weil in wirtschaftlicher Hinsicht dasselbe Ergebnis erzielt wird. *Damböck/Hecht*, RdW 2000, 1, betonen zwar, dass bei der Verschmelzung „up stream" auf eine (unter Außerachtlassung des Beteiligungsansatzes) überschuldete (Mutter-)Gesellschaft kein Verstoß gegen das Verbot der Einlagenrückgewähr vorliegt. Aus der Darstellung der Meinung *Koppensteiners*[18] durch den OGH sei aber zu schließen, dass der OGH eine solche Verschmelzung und eine verschmelzende Umwandlung auf den Hauptgesellschafter infolge Gläubigergefährdung als sittenwidrig ansehen würde, sofern nicht die übertragende Gesellschaft keine Gläubiger hat oder vorhandene Gläubiger zugestimmt oder trotz Aufrufs keine Sicherheitsleistung verlangt haben.

Wie der OGH in seinem Urteil vom 26.6.2003, 6 Ob 70/03 t, ausgeführt hat, war in der Entscheidung 6 Ob 4/99b zwar der Sonderfall der Zulässigkeit eines sogenannten Downstream-Mergers zu beurteilen. Die darin enthaltenen Ausführungen gelten jedoch jedenfalls insoweit für alle Verschmelzungsvorgänge, als die Gläubigerschutzbestimmungen der §§ 226 ff AktG keine abschließende Regelung darstellen und jene des § 52 AktG bzw § 82 GmbHG nicht derogieren.[19] Eine Verschmelzung kann sowohl die Gläubiger der übernehmenden als auch der übertragenden Gesellschaft gefährden. Die Gläubiger der übernehmenden Gesellschaft behalten zwar auch nach der Verschmelzung ihren Schuldner, doch treten nunmehr neue Gläubiger der übertragenden Gesellschaft hinzu, mit denen die bisherigen Gläubiger konkurrieren. Dies kann zu einer Erhöhung des Risikos dieser Gläubiger führen, weil das im Weg der Gesamtrechtsnachfolge auf die übernehmende Gesellschaft übergegangene Aktivvermögen der übertragenden Gesellschaft diese Schulden nicht abdeckt oder sogar überhaupt kein Aktivvermögen übertragen wird bzw bei der übernehmenden Gesellschaft nach der Verschmelzung dasselbe Vermögen für die Deckung einer größeren Gläubigeranzahl zur Verfügung steht. Aus der Entscheidung ergibt sich jedenfalls, dass eine Verschmelzung unzulässig ist, wenn die fusionierte Gesellschaft überschuldet ist. Die Frage, ob die übertragende Gesellschaft einen positiven Verkehrswert aufweisen muss, bleibt offen. Auch gibt es keine gesetzliche Vorschrift, die bei der Verschmelzung für die übertragende Gesellschaft einen positiven Vermögens- oder Verkehrswert fordert.[20] In der jüngeren Lehre wird überwiegend eine Up-stream-Verschmelzung (Verschmelzung der übertragenden Tochtergesellschaft mit der übernehmenden Muttergesellschaft) auch dann für zulässig erachtet, wenn die übertragende Tochtergesellschaft real (nicht nur buchmäßig) überschuldet ist, sofern die verschmolzene Gesellschaft nicht überschuldet bzw in der Lage ist, sämtliche Gläubiger beider Gesellschaften sicherzustellen (§ 226 AktG) oder zu befriedigen.[21]

---

18 Wbl 1999, 333 ff (GBU 1999/10/08).
19 Zust *Saurer*, AnwBl 2001, 78; *Fellner*, NZ 2000, 225.
20 OLG Wien 18.2.2004, 28 R 391/03f, GesRZ 2004, 204; ähnlich für eine errichtende Umwandlung in eine OHG (OEG) OLG Wien 18.2.2004, 28 R 409/03b, GesRZ 2004, 201: Im unternehmensrechtlichen Umgründungsrecht besteht weder nach dem Gesetz noch in der Lehre noch in der Rsp ein allgemeiner Rechtsgrundsatz, dass überschuldete Gesellschaften nicht übertragen oder eingebracht werden können.
21 Vgl *Kalss*, aaO, § 224 AktG Rz 9; *Koppensteiner*, GmbHG², § 96 Rz 6; *ders*, wbl 1999, 333 (338 ff); *Hügel* in *Hügel/Mühlehner/Hirschler*, Umgründungssteuergesetz (2000) § 1 Rz 28a; *ders*, Umgründungsbilanzen Rz 264; *G. Nowotny*, ecolex 2000, 116 (117); *M. Fellner*, NZ 2000, 225 (229); *Saurer*, AnwBl 2001, 78 f; *Maria Doralt*, Management Buyout (2001) 233; *Szep* in *Jabornegg/Strasser*, AktG⁴ (2002) § 224 Rz 8 bis 10.

Selbst wenn es hinsichtlich des positiven Verkehrswerts Bedenken geben sollte und man auch bei der Verschmelzung upstream einen positiven Verkehrswert für unerlässlich hielte, wäre keineswegs sofort und in jedem Fall das Verlangen des Firmenbuchgerichts nach einem Unternehmensbewertungsgutachten eines Wirtschaftstreuhänders gerechtfertigt.[22]

Diese Grundsätze wird man generell auf alle Verschmelzungsformen anwenden müssen, auch soweit es bei diesen zu keiner Kapitalerhöhung kommt.[23]

Bewertungsgrundsätze

Damit stellt sich die Frage, nach welchen Bewertungsgrundsätzen die Aufbringung des Nennkapitals (Ausgabebetrags) bzw das Nichtvorliegen einer verbotenen Einlagenrückgewähr zu beurteilen ist. Die Rsp spricht von einem „positiven Verkehrswert" (gemeint offensichtlich iSd § 12 UmgrStG) bzw von der „Notwendigkeit der Einholung eines Bewertungsgutachtens" und bietet daher wenig Anhaltspunkte für die Art der notwendigen Wertermittlung. Was die Wahl der Bewertungsmethode betrifft, stellen die Betriebswirtschaftslehre und die Praxis eine Vielzahl von Methoden zur Verfügung, die theoretisch zur Anwendung gebracht werden können.

Grundsatzaussagen lassen sich aber aus einer Entscheidung des OGH zur Ermittlung eines Unternehmenswertes im Zusammenhang mit dem Ausscheiden eines GmbH-Gesellschafters und der Übernahme seines Geschäftsanteils gegen Abfindung gewinnen.[24]

Die Kernaussagen des OGH befassen sich mit der Frage des Verkehrswertes eines Unternehmens als Ganzes:

> Sollte sich nach allfälliger Verfahrensergänzung ein dem undeutlichen Wortlaut des Gesellschaftsvertrages zugrunde gelegter übereinstimmender Parteiwille über die im vorliegenden Kündigungsfall anzuwendende Bewertungsmethode nicht feststellen lassen, demnach der Vertrag keine Regelung über die anzuwendende Bewertungsmethode enthalten, wird Folgendes zu beachten sein: Wird eine Sache nach dem Nutzen geschätzt, den sie mit Rücksicht auf Zeit und Ort gewöhnlich und allgemein leistet, so fällt der ordentliche und gemeine Preis aus; nimmt man also auf die besonderen Verhältnisse und auf die zufälligen Eigenschaften der Sache gegründete besondere Vorliebe desjenigen, dem der Wert ersetzt werden muss, Rücksicht, so entsteht ein außerordentlicher Preis (§ 305 ABGB). In allen Fällen, wo nichts anderes bedungen oder von den Gesetzen verordnet wird, muss bei der Schätzung einer Sache der gemeine Preis zur Richtschnur genommen werden (§ 306 ABGB). Der ‚subjektive' Wert ist der Wert, den der Gegenstand für eine ganz bestimmte einzelne Person hat (pretium singulare). Er wird synonym als ‚Interesse' und ‚Liebhaberwert' bezeichnet und ist grundsätzlich nur im Schadenersatz von Bedeutung. Hingegen ist der ‚objektive' Wert der Wert, den der Gegenstand allgemein, dh für jedermann hat (pretium commune). Er wird durch den im gewöhnlichen Geschäftsverkehr erzielbaren Verkaufserlös bestimmt. Synonym wird er als ‚Verkehrswert', als ‚Verkaufswert', als ‚Normalverkaufswert', als wahrer oder wirklicher Wert, als ‚objektiver', ‚tatsächlicher', als ‚innerer Wert', als ‚gemeiner Wert', als ‚Marktwert' bezeichnet (*Piltz*, Die Unternehmensbewertung in der Rechtsprechung, 93).

---

22 OLG Wien 18.2.2004, 28 R 391/03f, GesRZ 2004, 204.
23 Siehe *Ch. Nowotny*, RWZ 2000, 97.
24 OGH 25.9.2003, 2 Ob 189/01k.

Die Bewertung einer Sache nach dem gemeinen Wert des § 305 ABGB (objektiver Verkehrswert) ist mangels anders lautender Vereinbarung oder gesetzlicher Anordnung die gesetzliche Regel (*Spielbüchler* in *Rummel*, ABGB³ Rz 1 zu § 306; JBl 1991, 659 im Falle eines Aufgriffsrechtes hinsichtlich einer Liegenschaft). Auch der ausgeschlossene GmbH-Gesellschafter hat mangels anderer Vereinbarung (nur) Anspruch auf eine Abfindung in Höhe des Verkehrswertes des Anteils (vgl *Piltz*, Die Unternehmensbewertung in der Rechtsprechung, 71), weil das GmbHG dafür keine anders lautende Regelung enthält (vgl auch BGH in GmbHR 1992, 257 im Fall der gesellschaftsvertraglich vorgesehenen Zwangseinziehung eines Geschäftsanteils). So erfolgt auch die Abfindung des aus einer OHG ausgeschiedenen Gesellschafters nach dem Verkehrswert (*Jabornegg* in *Jabornegg*, HGB-Komm Rz 21 zu § 138).

Demnach wird das Erstgericht in dem Fall, dass die Parteien zur Unternehmensbewertung keine anders lautende Vereinbarung getroffen haben, zufolge des Umstandes, dass eine andere gesetzliche Anordnung für die Bewertung aus dem vorliegenden Anlass im GmbH-Recht nicht besteht, gemäß § 306 ABGB vom objektiven Verkehrswert des Unternehmens auszugehen haben.

Im Übrigen sei bemerkt, dass die Methode zur Ermittlung des Verkehrswertes eines Unternehmens ein Problem der Betriebswirtschaftslehre darstellt und das Beweisergebnis vom Gericht insoweit frei zu würdigen ist, als das gewählte System der gestellten Aufgabe adäquat zu sein hat (SZ 53/172; SZ 55/56; 1 Ob 96/88; 8 Ob 247/98a; RIS-Justiz RS 0010087).

Damit wird man davon ausgehen können, dass die allgemeinen Grundsätze der Unternehmensbewertung, zB die im Fachgutachten „KFS/BW1" des Fachsenates für Betriebswirtschaft und Organisation des Instituts für Betriebswirtschaft, Steuerrecht und Organisation der Kammer der Wirtschaftstreuhänder aufgestellten Anforderungen an eine ordnungsgemäße Unternehmensbewertung, für die Ermittlung des „Verkehrswertes" eines Unternehmens herangezogen werden können. Gem KFS/BW 1 existieren der subjektive (subjektorientierte) und der objektivierte Unternehmenswert. Während sich der subjektive Unternehmenswert an den höchst individuellen Erwartungen bzw Risikoeinschätzungen der Bewertungssubjekte orientiert, soll der objektivierte Unternehmenswert von diesen unabhängig sein: „Er repräsentiert jenen Unternehmenswert, der sich bei Fortführung des Unternehmens auf Basis des bestehenden Unternehmenskonzeptes mit allen realistischen Zukunftserwartungen im Rahmen der Marktchancen und -risiken, der finanziellen Möglichkeiten des Unternehmens sowie der sonstigen Einflussfaktoren ergibt. Bestehen rechtliche Vorgaben für die Wertermittlung, richten sich der Blickwinkel der Bewertung sowie der Umfang der erforderlichen Typisierungen und Objektivierungen nach den für die Wertermittlung relevanten rechtlichen Regelungen."[25] Letztlich ist aber der Bewertungszweck, nämlich die Sicherung der Kapitalaufbringung und -erhaltung, zu berücksichtigen. Der zu findende Wert (Gesamtwert des Unternehmens) muss daher am Markt realisierbar sein, um für die Schuldentilgung verwendet werden zu können. Nur insoweit einem Vermögensgegenstand ein Wert beigemessen werden kann, der als Schuldentilgungspotenzial zur Verfügung steht, kann bei einer Bewertung im Interesse einer Kapitalaufbringung und -erhaltung auch ein Wert angesetzt werden. Unter Berücksichtigung dieses Bewertungszwecks wird man nicht umhinkommen, eine Bewertung unabhängig von individuellen Vorstellungen einzelner Marktteilnehmer vorzunehmen. Daher wird auch ein etwaig höherer Nutzen bei der aufnehmenden Gesellschaft (unechte Synergie-Effekte) vor diesem Hintergrund außer

---

25 KFS/BW1, Tz 16.

Acht zu lassen sein. Marktpreise sind eine Funktion der bestehenden subjektorientierten Entscheidungswerte der Marktteilnehmer insgesamt.

Nach dieser Formel bildet der Marktpreis/Verkehrswert die verschiedenen subjektorientierten Entscheidungswerte des entsprechenden Marktes ab. Der Markt führt zu einem Gleichgewichtspreis als gedachter Durchschnitt aller involvierten subjektorientierten Entscheidungswerte. Ob diese Abbildung nun vom realwirtschaftlichen Markt selbst (etwa Börse), von vergleichbaren Märkten (Multiplikator-Methoden) oder von kapitalmarkttheoretischen Modellen erfolgt, wird nur hinsichtlich der zu beachtenden Prämissen eine Rolle spielen.[26]

Auch kann zB bei der Bewertung einer Beteiligung der für die Beteiligung tatsächlich erzielte Preis, der zwischen zwei potenten Vertragspartnern ausgehandelt wurde, ein zuverlässiger Wertmaßstab sein. Zum Stichtag, zu dem die Bewertung durchzuführen ist, muss der Vertrag noch nicht abgeschlossen, aber bereits ausgehandelt sein.[27] Auch sonstige Marktpreise können unter Berücksichtigung der konkreten Marktverhältnisse und der Eigenart des Bewertungsgegenstandes idR einen zuverlässigen Bewertungsmaßstab bilden.

Keine besondere Bedeutung hat in diesem Zusammenhang die Frage, ob in einer Einbringungsbilanz ein originärer Firmenwert angesetzt werden kann.[28] Der OGH steht der Aufnahme eines Firmenwertes in eine Einbringungsbilanz kritisch gegenüber.[29] Ob § 197 HGB, der auf den Jahresabschluss abstellt, während eine Einbringungsbilanz nur die vermögensmäßige Darstellung des zu übertragenden Vermögens zum Ziel hat, für diese Ansicht eine ausreichende Rechtsgrundlage bildet, kann im konkreten Fall dahingestellt bleiben. Entscheidend ist nur, ob das übertragene Vermögen einen ausreichenden feststellbaren wirtschaftlichen Wert aufweist und dadurch zur Kapitalaufbringung geeignet ist. Den Begriff eines „wirtschaftlichen Werts" kann man iSe wirtschaftlichen Nutzens unter Liquidationsfiktion für Zwecke der Befriedigung der Gläubigeransprüche oder unter Annahme einer Unternehmensfortführung als Eignung zur künftigen Ertragserzielung verstehen. Im Regelfall wird man das Kriterium des wirtschaftlichen Nutzens an der Möglichkeit zur künftigen Ertragserzielung messen, da ein Unternehmenserwerb idR nicht zum Zweck der Liquidierung des Vermögens erfolgt. Unter diesen Voraussetzungen spricht nichts dagegen, auch einen nach Ertragsbewertungsgrundsätzen ermittelten Firmenwert für Zwecke der Kapitalaufbringung zu berücksichtigen.[30]

---

26 Vgl zur Diskussion über einen objektivierten Unternehmenswert *Bert/Schiebel*, RWZ 2003, 96, RWZ 2004, 42, RWZ 2004, 63; *Seicht*, RWZ 2004, 41, RWZ 2004, 62; *Beiser*; SWK 2004, W 55, *Pummerer*, SWK 2004, W 71.
27 OLG Düsseldorf 11.4.1988, DB 1988, 1109.
28 In seiner Entscheidung 6 Ob 11/88 (= NZ 1989, 78) hat der OGH die Rechtsansicht, dass die Ablehnung der Registrierung einer Kapitalerhöhung mittels Einbringung eines Unternehmens, dessen negatives Kapitalkonto durch Aktivierung eines Firmenwertes beseitigt werde, für nicht offenbar gesetzwidrig gehalten. Diese vom OLG Innsbruck in zweiter Instanz (WBl 1988, 396) vertretene Ansicht wurde im Schrifttum kritisiert (*Reich-Rohrwig*, WBl 1988, 397; *Nowotny*, NZ 1988, 250).
29 OGH 23.1.2003, 6 Ob 81/02h: Die Aufnahme eines Firmenwertes in der Bilanz des Einbringenden ist als Aktivierung eines originären Firmenwertes gemäß § 197 UGB verboten (*Koppensteiner*, Kommentar zum GmbH-Gesetz², § 6a Rz 15).
30 Vgl aber VwGH 26.6.2014, 2011/15/0028, wonach ein auf höchstpersönlichen Kontakten und Beziehungen beruhender Firmenwert nicht übertragbar und damit im Rahmen einer Einbringung nicht (den Wert des eingebrachten Vermögens erhöhend) ansetzbar wäre.

Diese Grundsätze gelten nicht nur für die angeführten Umgründungsvorgänge (Sacheinlagen, Verschmelzungen), sondern auch für sämtliche Bewertungsanlässe, bei denen der Gesichtspunkt der Kapitalaufbringung und -erhaltung von Bedeutung ist (zB Bewertung des Restvermögens bei Abspaltungen, Verschmelzungen mit Kapitalerhöhung).

1.2. Grundsätze für Bewertungen im Interesse der Gesellschafter

Bei der Verschmelzung erhalten die Aktionäre der übertragenden Gesellschaft Aktien der übernehmenden Gesellschaft. Dazu muss ein Umtauschverhältnis ermittelt werden. Zur Frage, wie dies zu geschehen hat, äußert sich das Gesetz nicht mit völliger Eindeutigkeit. Zwar ist davon die Rede, dass das Umtauschverhältnis der Aktien sowie allenfalls bare Zuzahlungen angemessen zu sein haben (§§ 220b Abs 4, 225b, 225c Abs 1 AktG). Aber ein Maßstab für das, was „angemessen" ist, wird zumindest nicht eindeutig zum Ausdruck gebracht. Klar ist nur, dass es dabei auf die Bewertung der beteiligten Unternehmen ankommen muss (§§ 220a, 220b Abs 4 Z 3 AktG). Wie zu bewerten ist, bleibt aber wiederum offen. Jedenfalls wird die Möglichkeit der Anwendung verschiedener Methoden ins Auge gefasst (§ 220b Abs 4 Z 1 bzw Z 3 AktG). Insgesamt lässt sich aber festhalten, dass das Umtauschverhältnis dann angemessen ist, wenn es auf einer „korrekten" Bewertung der beteiligten Unternehmen beruht.

Auch im Rahmen des SpaltG ist ein Umtauschverhältnis zu ermitteln, das, wie § 5 Abs 4 SpaltG zu erkennen gibt, wiederum angemessen zu sein hat. Bei der verhältniswahrenden Spaltung ergeben sich insoweit keine Probleme. Bei der nicht verhältniswahrenden Spaltung geht das Gesetz wiederum von der Notwendigkeit einer Bewertung aus (§ 5 Abs 4 Z 3 SpaltG). Das gilt offenbar auch für die Festsetzung der angemessenen Barabfindung nach den §§ 9 und 11 SpaltG. Letzteres folgt daraus, dass die Barabfindung an die Stelle der eigentlich vorgesehenen Abfindung in Anteilen tritt und daher anhand desselben Maßstabs konkretisiert werden muss. Insgesamt richtet sich die Ermittlung der angemessenen Abfindung daher sachgerecht nach denselben Maßstäben wie bei der Verschmelzung. Das UmwG verlangt wiederum eine angemessene Abfindung, die freilich stets in bar zu leisten ist (§ 2 Abs 2 Z 3). Die einschlägigen aktienrechtlichen Regelungen gelten entsprechend (§ 2 Abs 3), was eine Bewertung des umzuwandelnden Unternehmens bedingt.

Wahl der Bewertungsmethode

Mangels Festlegung der maßgeblichen Unternehmensbewertungsmethoden durch den Gesetzgeber hat der Bewerter die Entscheidung über die zu verwendenden Methoden zu treffen und ihre Angemessenheit zu beurteilen. Die Wahl einer geeigneten Methode ist rechtlich nicht vorgegeben, sondern Aufgabe und Pflicht des Bewerters.[31] Als „Methoden" iSd § 220b Abs 4 AktG sind betriebswirtschaftlich vertretbare Wertermittlungsverfahren zu verstehen, nach denen das Umtauschverhältnis ermittelt wird (zB Substanzwertverfahren, Diskontierungs-Verfahren, Marktpreis-orientierte Verfahren). Wertfaktoren

---

31 Vgl OGH 27.2.2013, 6 Ob 25/12p.

als solche, wie zB der Kalkulationszinsfuß oder die Berücksichtigung von Synergieeffekten, stellen keine „Methode" dar. Dies entbindet den Bewerter jedoch nicht von einer Beschreibung der Grundzüge der gewählten Methode, zB Darlegung der Ermittlung des Zukunftserfolges, Berücksichtigung von Verbundeffekten, Ermittlung des Kapitalisierungszinsfußes, Risikoberücksichtigung (Phasenmethode).[32]

Der Bewerter hat das vorliegende, der Bewertung zugrunde zu legende Zahlenmaterial zu überprüfen. Dabei ist auch festzustellen, ob die getroffenen Prognose- und Wertungsentscheidungen vertretbar sind und den Regeln einer ordnungsgemäßen Unternehmensbewertung entsprechen.[33] Nach dem aktuellen Fachgutachten KFS/BW1 ist der Bewerter aufgefordert, die Planung des Bewertungsobjektes in formeller und materieller Hinsicht auf Plausibilität zu überprüfen.[34] Im Falle fehlerhafter, mangelhafter oder überhaupt fehlender Planung muss der Bewerter auf Basis der vorhandenen Informationen letztlich selbst eine geeignete Planung erstellen.[35] Zur Verifizierung der Ergebnisse sind idR Kontrollrechnungen sinnvoll.[36] Für Bewertungen nach KFS/BW1 ist die Plausibilität des auf Basis eines Diskontierungsverfahrens ermittelten Ergebnisses idR zu beurteilen. Dazu dienen ua regelmäßig Multiplikator-Verfahren.[37] Jedenfalls wird es erforderlich sein, im Rahmen der Bewertung die wesentlichen Parameter der Unternehmensbewertungen auf ihre Plausibilität und Sinnhaftigkeit hin zu überprüfen und anhand von Sensitivitätsanalysen die Auswirkungen möglicher Änderungen dieser Parameter auf den Unternehmenswert zu untersuchen.[38]

Ob die gewählten Annahmen methodisch vertretbar sind, ergibt sich aus Theorie, Rsp und Praxis der Unternehmensbewertung.[39] Dies gilt insb auch für die Festlegung von Basiszinssätzen, Inflationsabschlägen und Risikozuschlägen.[40]

Daraus ergibt sich zB auch, dass jedenfalls für Zwecke der Ermittlung von Abfindungsguthaben von ausscheidenden Minderheitsgesellschaftern Synergieeffekte nicht berücksichtigt werden müssen.[41] Es dürfte auch generell nicht zu beanstanden sein, wenn Verbundeffekte unberücksichtigt bleiben.[42] Andererseits wird oft zwischen besonderen Synergieeffekten, die nur zwischen den zu verschmelzenden Unternehmen realisiert werden können, und allgemeinen Verbundvorteilen, die sich mit einer Vielzahl von Personen verhältnismäßig problemlos verwirklichen lassen, unterschieden. Derartige allgemeine Verbundeffekte (unechte Synergien) sollen werterhöhend zu berücksichtigen

---

32 Vgl *Bachl*, GesRZ 2000, 6 (10).
33 *Lutter*, aaO, § 9 Rn 11.
34 Vgl KFS/BW1, Tz 68 ff.
35 Vgl KFS/BW1, Tz 74 ff.
36 Nach *Dirrigl*, WPg 1989, 619, soll ein Verschmelzungsprüfer auch eine eigene Bewertung vornehmen müssen, wenn sich im Laufe der Prüfung ergibt, dass das vorgeschlagene Umtauschverhältnis auf unvollständigen oder unrichtigen Daten beruht.
37 Vgl KFS/BW1, Rz 17.
38 Vgl *Hannappel* in *Goutier/Knopf/Tulloch*, Kommentar zum Umwandlungsrecht, § 12 Rn 15 mwN.
39 Allerdings wird eine „punktgenaue" Bestimmung des Unternehmenswerts nicht verlangt; vgl LG Mannheim 25.3.2002, DB 2002, 889.
40 Siehe dazu insb OLG Stuttgart 1.10.2003, DB 2003, 2429, insb auch zur Berücksichtigung des Unternehmensrisikos in Form von Risikozuschlägen oder beim Ansatz der zukünftig erwarteten Erträge.
41 Vgl OLG Düsseldorf 17.2.1984, DB 1984, 817.
42 Vgl OLG Celle 31.7.1998, DB 1998, 2006.

sein.[43] Die herrschende Meinung ist sehr lange von keiner Berücksichtigung der Synergieeffekte ausgegangen. Mittlerweile sind Tendenzen erkennbar, wonach die Miteinbeziehung und „Aufteilung" der Transaktions- und Synergiegewinne zwischen Mehr- und Minderheitsgesellschaftern zu einer „fairen" Lösung beiträgt.[44] Eine andere Frage ist freilich jene nach der praktischen Bedeutung dieser Diskussion. Schließlich wird ein beherrschender Gesellschafter idR kein Interesse an der Offenlegung etwaiger Synergieeffekte haben und diese regelmäßig auch verhindern oder jedenfalls erschweren können.[45]

Das Problem der Berücksichtigung von Verbundeffekten tritt in der Praxis jedoch insoweit in den Hintergrund, als die Anteilseigner der übertragenden Gesellschaft im Rahmen des Umtauschverhältnisses automatisch an den zukünftigen Synergieeffekten teilnehmen.[46] Eine abweichende Aufteilung bedarf einer besonderen Begründung, da sie zu einer überproportionalen Beteiligung einer Partei an den Verbundvorteilen führt.[47] Verbundeffekte bei einer Unternehmensbewertung, die der Bestimmung einer angemessenen Barabfindung dient, dürfen nicht in die Bewertung einfließen, weil die Bewertung gedanklich darauf beruht, dass das Unternehmen ohne Verbund fortgeführt worden wäre.[48]

Werden der Unternehmensbewertung der beteiligten Gesellschaften unterschiedliche Vorgehensweisen bzw Wertparameter zugrunde gelegt (zB Phasenmethode[49] oder Pauschalmethode, unterschiedliche Kapitalisierungszinssätze), dann muss diese Unterscheidung sachlich begründet sein.[50]

Zur Ableitung des Kapitalisierungszinssatzes wird in der Praxis auf den risikolosen Basiszinssatz, abgeleitet aus Daten der Deutschen Bundesbank, und kapitalmarktorientierte Risikozuschläge zurückgegriffen. Aufgrund zunehmender Kritik am dahinterliegenden Theoriegebäude des CAPM (Capital Asset Pricing Model) bzw dessen restriktiven und daher realitätsfernen Annahmen und Prämissen sucht die aktuelle Forschung und Praxis nach alternativen Kapitalkostenkonzepten für die Anwendung in Diskontierungsverfahren. Eine belastbare Alternative zum CAPM-Modell ist dabei bis dato aber nicht feststellbar.

---

43 Vgl bez eines steuerlichen Verlustvortrags: OLG Düsseldorf 11.4.1988, DB 1988, 1109.
44 Vgl *Hassler/Kroiss/Promper*, Sonderprüfungen, in Wirtschaftsprüfer-Jahrbuch 2008, 43 (50 f); ebenso vgl *Aschauer*, Gesellschafterausschluss, 197.
45 Ähnlich dazu vgl *Hassler/Kroiss/Promper*, aaO, 50.
46 Vgl zur Synergieverteilung bei Verschmelzungen: *Heurung*, DB 1997, 837; *Ossadnik*, DB 1997, 885.
47 Vgl *Bermel/Hannappel* in *Goutier/Knopf/Tulloch*, § 5 Rn 34.
48 OLG Celle 31.7.1998, DB 1998, 2006; anders und va differenzierter für den Squeeze-out-Fall vgl *Aschauer*, aaO, 192 ff.
49 BayObLG 11.9.2001, DB 2002, 36; BGH 21.7.2003, II ZB 17/01: Im Einzelfall kann es gerechtfertigt sein, die erste Phase auf einen Planungszeitraum von einem Jahr zu beschränken (zB bei der kurzfristig orientierten Baubranche).
50 OLG Düsseldorf 20.11.2001, DB 2002, 781: Unterschiedliche Kapitalisierungszinssätze bzw Risikozuschläge können sich aus einer unterschiedlichen Risikostruktur ergeben. So können zB stille Reserven in betriebsnotwendigem Immobilienvermögen, die im Ertragswert nur unzureichend Berücksichtigung finden, bei der Festlegung des Risikozuschlags berücksichtigt werden. *Bermel/Hannappel* in *Goutier/Knopf/Tulloch*, § 5 Rn 23: Werden unterschiedliche Kapitalisierungszinssätze verwendet, kann dies durch unterschiedliche allgemeine Unternehmensrisiken, zB bei Unternehmen, die in unterschiedlichen Branchen tätig sind, bzw unterschiedlichen Preiselastizitäten der Nachfrage, gerechtfertigt sein.

Lange Zeit war es in Theorie, Praxis und Rsp nahezu unstreitig, dass für die Bewertung eines Unternehmens regelmäßig allein das Ertragswertverfahren oder das Discounted-Cashflow-Verfahren für Zwecke der Ermittlung des Umtauschverhältnisses bzw der Höhe einer baren Abfindung in Betracht kommt. Beispielsweise sei auf ein Urteil des OLG Düsseldorf aus dem Jahre 1984[51] verwiesen, wonach als Methode zur Ermittlung der Verschmelzungswertrelation auf den Ertragswert des betriebsnotwendigen Vermögens und den Wert des betriebsneutralen Vermögens zurückzugreifen ist. Andere Wertbestimmungsfaktoren wie Börsenkurse oder frühere Umtauschangebote wären nicht heranzuziehen.[52] Die Ermittlung des „wahren inneren Wertes" hätte nach betriebswirtschaftlichen Gesichtspunkten zu erfolgen.

Jedenfalls kommt bei Ermittlung einer Verschmelzungswertrelation der absoluten Höhe des Unternehmenswertes geringe Bedeutung zu, da nur das Verhältnis des Wertes der Unternehmen zueinander gefunden werden muss.

Bei einem ertragslosen Unternehmen stellt der Liquidationswert die Untergrenze des Unternehmenswertes dar.[53] Der Liquidationswert eines Unternehmens stellt aber nicht in jedem Fall die Untergrenze des Unternehmenswertes dar. Nur wenn ein Unternehmen auf Dauer keine positiven Ertragsaussichten hat, hat es dennoch mindestens den Wert, den die Vermögensgegenstände des Unternehmens aufweisen. Wenn das Unternehmen aber fortgeführt wird und positive Erträge erwirtschaftet, ist es nicht gerechtfertigt, auf den Liquidationswert als Wertuntergrenze abzustellen. Das würde der unternehmerischen Freiheit zuwiderlaufen, weil es fiktiv eine Unternehmenszerschlagung unterstellen und einem einzelnen Aktionär das Recht auf bestmögliche Verwertung des Unternehmens gewähren würde. Ein derartiges Recht steht aber einem Aktionär nicht zu.[54]

Rsp und Literatur waren lange Zeit durch eine Ächtung des Börsenkurses insb als Maßstab für die Ermittlung eines aktienrechtlichen Abfindungsanspruchs geprägt. Der Börsenkurs als Abfindungsmaßstab wurde insb mit folgender Begründung verworfen: Der Börsenkurs kann sich mit dem wahren Wert der Aktien decken, er kann aber auch höher oder niedriger sein. Er ergibt sich aus dem im Augenblick der Kursbildung vorhandenen Verhältnis von Angebot und Nachfrage, das von der Größe oder Enge des Marktes, von zufallsbedingten Umsätzen, von spekulativen Einflüssen und sonstigen nicht wertbezogenen

---

51 OLG Düsseldorf 17.2.1984, DB 1984, 817; für Österreich vgl OGH 16.12.1980, GesRZ 1981, 44; OLG Wien 17.3.1995, ecolex 1996, 924: Bei der Bewertung lebender Unternehmen spielt der Ertragswert die entscheidende Rolle. Gedankliche Basis ist der Zahlungsstrom, den der Unternehmens- oder Anteilseigner auf Grund seines Engagements zu erwarten hat.
52 Ebenso OLG Celle 31.7.1998, DB 1998, 2006.
53 OLG Düsseldorf 2.4.1998, 1454; OLG Düsseldorf 22.1.1999, DB 1999, 681; ähnlich OLG Wien 17.3.1995, ecolex 1996, 924: Bei der Ermittlung eines Auseinandersetzungsguthabens ist bei der Unternehmensbewertung der Wert des lebenden Unternehmens nach Ertragswertgrundsätzen zu ermitteln. Bei einem negativen Firmenwert darf aber der ausscheidende Gesellschafter durch die Fortführung des unrentablen Unternehmens nicht schlechter gestellt werden als durch Einzelversilberung. Die Entscheidung der verbleibenden Gesellschafter, ein unrentables Unternehmen weiterzuführen, entbindet sie nicht von der Pflicht, den Ausscheidenden zumindest mit der Quote aus der Summe der Einzelveräußerungswerte abzufinden. Damit wird ein ungerechtfertigter Vorteil der Restgesellschafter unterbunden, der allein aus ihrer unrationalen und unökonomischen Fortsetzungsbereitschaft resultiert.
54 OLG Düsseldorf 20.11.2001, DB 2002, 781.

Faktoren, politischen Ereignissen, Gerüchten, Informationen, psychologischen Momenten oder einer allgemeinen Tendenz abhängt.[55]

Eine Änderung dieser Haltung zeichnete sich mit dem Beschluss des Bayerischen Obersten Landgerichts vom 29.9.1998[56] ab, welches erstmals nach langer Zeit den Börsenkurs der Aktien zur Ermittlung eines aktienrechtlichen Abfindungsanspruchs heranzog. Die Gründe für diese Trendumkehr sind vielfältig. Insb auch die aufwendige Ermittlung des Ertragswertes und die damit verbundene teilweise inakzeptable Verfahrensdauer sowie die damit verbundenen Kosten, die mit der Ertragswertermittlung verbundenen Unsicherheiten (Risikoeinschätzungen, Zukunftsprognosen etc) und weit auseinander liegende Ergebnisse verschiedener Gutachter dürften die Entwicklung beschleunigt haben.[57]

Letztlich hat es das deutsche BVerfG als mit der verfassungsrechtlichen Eigentumsgarantie unvereinbar angesehen, bei der Ermittlung der Bemessungsgrundlage für den Ausgleich oder die Abfindung von Minderheitsaktionären iZm dem Abschluss von Unternehmensverträgen (§§ 304, 305 dAktG) bzw einer Eingliederung (§ 320b dAktG) den Börsenkurs der Aktien außer Betracht zu lassen.[58] Das BVerfG hielt zwar die übliche Ertragswertmethode für einen „verfassungsrechtlich unbedenklichen Ansatz", allerdings sei auch der Börsenkurs der Aktien zu beachten, indem es mit dem Grundrecht des Eigentums grundsätzlich nicht im Einklang steht, wenn eine Abfindung festgesetzt wird, die niedriger ist als der Börsenkurs. Was die Wahl des Stichtages betrifft, soll der Referenzkurs so gewählt werden, dass Missbräuchen begegnet werden kann. So kann etwa auch auf einen Durchschnittskurs vor Bekanntgabe der gesellschaftsrechtlichen Maßnahme zurückgegriffen werden. Auch bei der Bestimmung der Verschmelzungswertrelation sei bei der Bewertung der übertragenden Gesellschaft, wenn diese börsennotiert ist, der Börsenkurs als Untergrenze der Bewertung heranzuziehen. Der Börsenwert der übernehmenden Obergesellschaft stellt allerdings nicht die Obergrenze für die Bewertung dieser Gesellschaft dar.[59]

Diese Ausführungen werfen hinsichtlich der Festlegung des Umtauschverhältnisses bei Verschmelzungen verschiedene Zweifelsfragen auf, wobei auch davon ausgegangen wird, dass sich aus dem Beschluss des BVerfG jedenfalls nicht ergibt, dass das Verhältnis der Börsenkurse zueinander für die Festlegung des Umtauschverhältnisses maßgeblich ist.[60]

In der Literatur wird daher die Anwendbarkeit der Entscheidung des BVerfG auf Verschmelzungsfälle überhaupt verneint.[61] Wird zB eine börsennotierte Aktiengesellschaft,

---

55 BGH, DB 1967, 854; BayOLG, AG 1996, 127; OLG Düsseldorf, DB 1984, 817.
56 DB 1998, 2315.
57 Vgl zur Kritik an den Sachverständigen *Großfeld*, BB 2000, 261 (264); *Rodloff*, DB 1999, 1149 (1151).
58 BVerfG 27.4.1999, JZ 1999, 942, mit Anmerkung von *Luttermann*; BVerfG, Beschl 3.9.1999, 1 BvR 301/89.
59 Die Entscheidung des BVerfG wird auch im österreichischen Gesellschaftsrecht in Fällen „rechtlicher" Bewertung Bedeutung haben. Dies wird vor allem für die Zahlung einer Entschädigung an die ausscheidenden Minderheitsgesellschafter bei der Umwandlung auf den Hauptgesellschafter oder einer errichtenden Umwandlung für Barabfindungen bei nicht verhältniswahrenden oder rechtsformübergreifenden Spaltungen zutreffen (vgl auch *Nowotny*, RdW 1999, 761).
60 Vgl LG München 27.3.2000, DB 2000, 1016. Es ist bei dieser Entscheidung zu berücksichtigen, dass der der Ermittlung des Umtauschverhältnisses zugrunde gelegte Unternehmenswert höher war als der Börsenkurs der Aktien der untergehenden Gesellschaft und damit schon aus diesem Grund eine Berücksichtigung des Börsenkurses als Wertuntergrenze für die Aktionäre der untergehenden Gesellschaft nicht in Betracht kam.
61 Vgl *Riegger*, DB 1999, 1889.

deren Unternehmenswert unter ihrem Börsenwert liegt, auf eine ebenfalls börsennotierte Aktiengesellschaft verschmolzen, deren Unternehmenswert ihrem Börsenwert entspricht oder sogar darüber liegt, führt die Anwendung der Entscheidung des BVerfG zu einer Festlegung eines Umtauschverhältnisses zu Lasten der Aktionäre der übernehmenden Gesellschaft und damit zu einer Beeinträchtigung von deren Aktieneigentum. Es ist aber nicht erkennbar, aus welchen Gründen das Aktieneigentum der Gesellschafter der übertragenden Gesellschaft einen vorrangigen Verfassungsschutz genießen soll. Daraus wird man ableiten können, dass in derartigen Fällen auf die Beachtung der Börsenkurse der Aktien der untergehenden Gesellschaft als Wertuntergrenze verzichtet werden kann.[62] Für die Ermittlung von Verschmelzungswertrelationen erübrigt sich daher auch in Zukunft nicht die Vornahme von Unternehmensbewertungen – ergänzt durch eine Analyse des Börsenkurses.[63]

Jedenfalls ist davon auszugehen, dass bei Bestimmung der Verschmelzungswertrelation der Börsenwert des herrschenden Unternehmens nicht die Obergrenze bildet. Aus einer Ertragsbewertung kann sich daher ein bei der Festlegung des Austauschverhältnisses zu berücksichtigender höherer Wert ergeben. Dies könnte insb dann der Fall sein, wenn der Börsenwert des herrschenden Unternehmens von seinem Verkehrswert abweicht. Umstände, die eine derartige Annahme rechtfertigen könnten, sind insb die schlechte Verfassung der Kapitalmärkte, wobei sich ein derartiger Umstand nicht nur im Börsenkurs des herrschenden Unternehmens, sondern auch in den Kursen der Indizes niederschlagen muss.[64]

Bei einem „merger of equals" geht die Judikatur davon aus, dass der Börsenkurs bei Bestimmung der Verschmelzungswertrelation keine Berücksichtigung zu finden braucht.[65] Bei einer Verschmelzung von Gesellschaften, bei denen keine auf die andere einen beherrschenden Einfluss auszuüben vermag, ist auf Grund der Interessenlage der Anteilsinhaber der übertragenden und übernehmenden Gesellschaft eine Berücksichtigung der Börsenkurse nicht erforderlich. Es besteht nämlich in einem derartigen Fall im Grundsatz kein Interessengegensatz zwischen Großaktionären und Minderheitsaktionären der jeweiligen Vertragspartei. Bei einer derartigen Verschmelzung besteht ein gleichberechtigtes Interesse der Anteilsinhaber der beteiligten Gesellschaften auf Schutz ihres Eigentums. Dies wird besonders deutlich bei einem Vergleich mit einer Verschmelzung zur Neugründung. Hier sind die Anteilsinhaber beider übertragender Gesellschaften nach der Entscheidung des BVerfG in ihren Eigentumsinteressen schützenswert. Dieselbe Situation ergibt sich bei einer Verschmelzung von zwei Unternehmen ohne Beherrschungssituation. Jede Verschiebung zugunsten der Anteilsinhaber einer übertragenden Gesellschaft geht zu Lasten der Anteilsinhaber der anderen übertragenden Gesellschaft. Die Berücksichtigung des Börsenkurses iSe Mindestwertgarantie für die Anteilsinhaber einer Gesellschaft würde zwangsläufig zu einer Benachteiligung der Anteilsinhaber der anderen Gesellschaft führen. Denn liegt zB der Ertragswert der übertra-

---

62 Ebenso *Riegger*, aaO.
63 Vgl *Großfeld*, BB 2000, 261 (266); für eine Vorrangstellung der Ertragswertmethode auch *Bachl*, WBl 2000, 294 (298).
64 BGH 12.3.2001, II ZB 15/00.
65 BayObLG 18.12.2002, 3Z BR 116/00, DB 2003, 436.

genden Gesellschaft niedriger als ihr Börsenwert, würde dies bedeuten, dass die Gesellschafter der übernehmenden Gesellschaft durch ein Abstellen auf den Ertragswert dieser Gesellschaft benachteiligt würden. Eine derartige Folge ließe sich zwar vermeiden, wenn man das Verhältnis der Börsenwerte als alleiniges Kriterium für die Bestimmung der Wertrelation heranzieht. Eine derartige Einengung des Bewertungsspielraums wird allerdings nicht als sachgerecht angesehen.

In Österreich hat sich der VfGH mit einer vergleichbaren Frage befasst.[66] Auf Vorlage des OGH hatte der VfGH über die Vereinbarkeit von § 102a Abs 4 BWG mit der Verfassung, namentlich der Eigentumsgarantie iSd Art 5 StGG und dem Gleichheitssatz, zu entscheiden.

Der Gerichtshof hat die Verfassungswidrigkeit der in Frage stehenden Regelung aus zwei Hauptgesichtspunkten bejaht: Der eine bezieht sich darauf, dass § 102a Abs 4 BWG zwei unterschiedliche Abfindungsregelungen enthält. Die in der gesetzlichen Regelung enthaltenen Differenzierungen der Verfahren zur Ermittlung der Abfindung (Börsenkurs und Ertragswertverfahren) waren nicht geeignet, zu einem inhaltlich gleichen Ergebnis zu führen. Im einen Fall wird der Wert der Beteiligung (eines Partizipationsscheins) anhand der Beteiligungsquote bezogen auf den Ertragswert des Unternehmens ermittelt. Im anderen Fall entscheidet „der Markt". Daraus folgt, dass eine verfassungsrechtlich einwandfreie Regelung entweder nur den einen oder den anderen Maßstab verwenden kann. Gegen den Börsenkurs spricht dabei, dass er auch nach den Ausführungen des OGH mit dem Unternehmenswert nichts zu tun haben muss. Dafür lässt sich geltend machen, dass dieser Maßstab immerhin den Preis bezeichnet, zu dem der Aktionär seine Beteiligung liquidieren kann. Der VfGH lässt die aus diesem Befund folgende Frage unbeantwortet und begnügt sich stattdessen mit der Feststellung, es gebe keine eindeutige und generelle Antwort darauf, ob „der Markt" oder der Sachverständige zuverlässiger bewerte. Daraus wird gefolgert, dass je nach Bewertungsziel und Bewertungssituation die Heranziehung der einen oder anderen Methode gerechtfertigt, geboten oder auch ausgeschlossen sein könne. Im Hinblick auf die Regelung des § 102a Abs 4 BWG heißt es sodann, gegen die Verwendung des Börsenkurses sei schon aus auf der Hand liegenden Vereinfachungsgründen nichts Prinzipielles einzuwenden. Bedenklich sei aber die Kombination zweier Faktoren, nämlich die Kompetenz des Kreditinstituts, über den Zeitpunkt der Einziehung des Partizipationskapitals zu entscheiden, und die Berücksichtigung des Börsenkurses nur während der letzten 20 Tage vor Beschlussfassung. Das könne dazu führen, dass eine Abfindung gewährt wird, die deutlich unter jenem Wert liegt, der auf der Basis einer Unternehmensbewertung als angemessen anzusehen wäre. Die Inhaber nicht börsennotierter Scheine seien insofern besser gestellt. Den Inhabern börsennotierter Scheine müsse, „auch" um eine unsachliche Schlechterstellung zu vermeiden, aus diesem Grund ebenfalls das Recht eingeräumt werden, die Angemessenheit ihrer Abfindung überprüfen zu lassen. Der Maßstab dieser Überprüfung kann dabei offensichtlich nur der unabhängig von Börsendaten ermittelte Unternehmenswert sein.

---

66   VfGH 28.9.2002, G 286/01.

Der VfGH sagt nicht explizit, welcher Maßstab verfassungsrechtlich zulässig ist, wenn das Gesetz, wie in den meisten Abfindungssituationen, nicht differenziert. Die Verfassungswidrigkeit von § 102a Abs 4 BWG beruht aber insb „auch" auf einer unsachlichen Schlechterstellung der Inhaber börsennotierter gegenüber nicht börsennotierten Partizipationsscheine. Die Kombination dieser Formulierung, mit der vom VfGH betonten Notwendigkeit, dass die Abfindung dem Unternehmenswert entsprechen muss, zeigt, dass die in Frage stehende Wahlmöglichkeit immer dann zugestanden werden muss, wenn die Höhe der Abfindung gesetzlich auf den Unternehmenswert zu beziehen ist. Sie führt letztlich dazu, dass der Börsenkurs dann nicht maßgeblich ist, wenn der nach dem Ertragswertverfahren ermittelte Wert höher ist.

Koppensteiner (JBl 2003, 707) leitet aus dieser Entscheidung folgende Grundsätze ab: Bei der Feststellung dessen, was ausscheidende Aktionäre zu erhalten haben, führt selbst bei börsennotierten Aktiengesellschaften zumindest im Regelfall kein Weg an einer Ermittlung des Unternehmenswerts vorbei. Ansonsten bleibt nämlich im Grundsatz unentscheidbar, ob sich die Abfindung nach dem Börsenkurs zu richten hat oder nicht. Zu bedenken ist auch, dass der Börsenkurs als Maßstab der Abfindung notwendigerweise dazu führt, dass Aktionäre börsennotierter Gesellschaften grundsätzlich besser behandelt werden als solche, für die dies nicht zutrifft. Denn der Börsenkurs bezeichnet die Untergrenze der Abfindung. Liegt andererseits der aus dem Unternehmenswert abgeleitete Anteilswert höher, so gibt dieser den Ausschlag. Zweifelhaft ist, ob der Gesetzgeber ein solches Ergebnis oder nicht vielmehr einen einheitlichen, unternehmenswertorientierten Maßstab wollte. Dafür spricht der Umstand, dass das Gesetz die Notwendigkeit einer „Bewertung" voraussetzt. Wo Abfindung in Aktien geschuldet wird, stellt sich die Frage, wie vorzugehen ist, wenn nicht alle der beteiligten Gesellschaften an der Börse notiert sind. In diesem Fall dürfe der Börsenkurs keine Rolle spielen. Je nach Börsenlage würde ansonsten nämlich Unvergleichbares miteinander in Beziehung gesetzt.

Damit verbleibt die Wertfindung über den Börsenkurs als Bewertungsmethode vor allem in jenen Fällen, in denen es um die Ermittlung der Höhe der Barabfindung idR an Kleinaktionäre geht. Denn gerade bei Kleinaktionären, die auf die Unternehmenspolitik regelmäßig keinen relevanten Einfluss nehmen und die Aktie vorwiegend als Kapitalanlage betrachten, bietet sich an, die Abfindung nach Verkehrswertgrundsätzen und nicht nach Art eines „Ausscheidensguthabens" vorzunehmen. Ein unmittelbarer Zugriff auf den Unternehmenswert besteht für den Kleinaktionär regelmäßig ohnedies nicht, sondern er ist idR nur in der Lage, seine vermögensrechtliche Stellung als Aktionär über den Kapitalmarkt zu verwerten. Die Mitwirkungsrechte haben beim Kleinaktionär regelmäßig geringere Bedeutung als die im Vordergrund stehenden Vermögensrechte (mit anderen Worten: Der [Klein-] Aktionär ist zwar Miteigentümer, aber nicht Mitunternehmer).[67]

Im Gegensatz zur Bestimmung der Verschmelzungswertrelation wird man daher bei der Ermittlung von angemessenen Barabfindungen der Wertfindung über den Börsenkurs als Bewertungsmethode vorrangige Bedeutung beimessen müssen (jedenfalls dann, wenn er höher als der nach der Ertragswertmethode ermittelte Unternehmenswert ist).

---

67 Vgl insb *Götz*, DB 1996, 259.

Sowohl für die Festsetzung des relevanten Kurses als auch des passenden Referenzzeitraumes kann auf das Normensystem des § 26 ÜbG auch für Abfindungsfälle zurückgegriffen werden.[68]

Bewertungsstichtag

Der Gesetzgeber gibt keinen Hinweis, zu welchem Stichtag die Bewertung für die Ermittlung des Umtauschverhältnisses (der Zuzahlung) bzw der Höhe des Abfindungsbetrages zu ermitteln ist. Für die Ermittlung des Umtauschverhältnisses ist jedenfalls von einem jeweils zu demselben Stichtag ermittelten Wert der beteiligten Rechtsträger auszugehen. Hinsichtlich der Frage, wann dieser Stichtag sein soll, hat sich insb in der Literatur noch keine einheitliche Meinung gebildet. Teilweise wird sogar davon ausgegangen, dass die an der Verschmelzung beteiligten Rechtsträger diesen Stichtag frei wählen können.[69]

Unter Berücksichtigung der mit der Eintragung der Verschmelzung bei der übernehmenden Gesellschaft verbundenen Rechtswirkungen, nämlich dem Übergang des Vermögens der übertragenden Gesellschaft auf die übernehmende Gesellschaft und dem Erwerb der Gesellschafterstellung an der übernehmenden Gesellschaft durch die Gesellschafter der übertragenden (untergehenden) Gesellschaft (§ 225a Abs 3 Z 1 und 3 AktG)[70], könnte der Zeitpunkt der Eintragung des Umgründungsvorganges in das Firmenbuch in Betracht kommen. Dieser Zeitpunkt scheidet aber schon deswegen aus, weil das Umtauschverhältnis bzw die Höhe des Barabfindungsangebots schon bei Abschluss des Verschmelzungsvertrages (bzw Umwandlungsplans, Spaltungsplans, Spaltungs- und Übernahmsvertrags) feststehen muss. Als weitere Alternative wird der Umgründungsstichtag, dh jener Zeitpunkt, von dem an die Handlungen der übertragenden Gesellschaft als für Rechnung der übernehmenden Gesellschaft vorgenommen gelten, vorgeschlagen.[71] Dagegen ist jedoch einzuwenden, dass der jeweilige Unternehmenswert zwischen dem Umgründungsstichtag und dem Zeitpunkt der Beschlussfassung über die Umgründungsmaßnahme noch wesentlichen Veränderungen unterliegen kann. Diesem Problem lässt sich dadurch begegnen, dass der Bewerter wesentliche Veränderungen der der Bewertung zugrunde liegenden Prämissen nach dem Umgründungsstichtag berücksichtigen muss.[72]

Wird das Umtauschverhältnis bzw die Höhe der Barabfindung zB auf Grund einer kapitalmarktorientierten Bewertung vorgenommen, bestehen hinsichtlich des heranzuziehenden Stichtags ebenfalls unterschiedliche Meinungen. Nach dem OLG Stuttgart ist bei der Festlegung der Abfindung der für die Ermittlung des Durchschnittsbörsenkurses maßgebliche Bezugszeitpunkt nicht der Stichtag der Hauptversammlung der Gesellschaft, sondern der Zeitraum bis zum letzten Börsehandelstag vor öffentlicher Bekanntmachung der Maßnahme.[73] Demgegenüber vertritt das OLG Düsseldorf die Ansicht, dass idR der

---

68 Vgl *Aschauer*, Gesellschafterausschluss 187.
69 *Kraft* in Kölner Komm § 340b, Rn 11; *Lutter* in *Lutter*, Verschmelzung – Spaltung – Formwechsel nach neuem Umwandlungsrecht und Umwandlungssteuerrecht, § 5 Rn 21.
70 Vgl auch § 2 Abs 2 Z 1 und 3 UmwG, § 14 Abs 2 Z 1 und 3 SpaltG.
71 Vgl *Berme/Hannappel* in *Goutier/Knopf/Tulloch*, Kommentar zum Umwandlungsrecht, § 5 Rn 25.
72 WP-Handbuch 1992, Band II, 194 f.
73 OLG Stuttgart 4.2.2000, BB 2000, 1313; im konkreten Fall wurde ein Betrachtungszeitraum von neun Monaten für ausreichend gehalten.

am Tag der Beschlussfassung der Hauptversammlung geltende Stichtagskurs für die Ermittlung der Barabfindung heranzuziehen ist.[74] Anderes soll nur dann gelten, wenn der Stichtagskurs nicht eine Folge regulären Marktgeschehens, sondern eines Missbrauchs der am Kapitalmarkt bestehenden Möglichkeiten darstellt. In diesem Fall soll auf einen Durchschnittskurs zurückgegriffen werden.

Nach Ansicht des BGH[75] ist bei der Festsetzung der angemessenen Barabfindung bzw der Ermittlung der Verschmelzungswertrelation ein Referenzkurs anzuwenden, der – unter Ausschluss außergewöhnlicher Tagesausschläge oder kurzfristiger sich nicht verfestigender sprunghafter Entwicklungen – aus dem Mittel der Börsenkurse der letzten drei Monate vor dem Tag der Beschlussfassung über die Umgründungsmaßnahme gebildet wird. Dabei kann nicht ausgeschlossen werden, dass der Börsenkurs insb dann die Erwartung von (positiven) Synergieeffekten einschließt, wenn er sich in zeitlicher Nähe zum maßgeblichen Umgründungsereignis gebildet hat. Sind derartige Effekte bei der Preisbildung am Markt berücksichtigt worden, müssen sie nach Ansicht des Gerichtshofs sowohl bei einer Barabfindung als auch bei der Herstellung der Verschmelzungswertrelation im Börsenkurs belassen werden.

2. Bewertung aus steuerlicher Sicht

Umgründungen im Sinne dieses Beitrages sind solche Umgründungen, die ihrer Art nach unter das UmgrStG fallen. Derartige Umgründungen sind Änderungen bestehender Unternehmensformen im Wege einer Vermögensübertragung auf gesellschaftsrechtlicher oder gesellschaftsrechtsähnlicher Grundlage. Derartige Vermögensübertragungen können eine Vielzahl von Bewertungsfragen aufwerfen, wobei in diesem Abschnitt nur jene behandelt werden, die über die für unternehmensrechtliche Zwecke erforderlichen Bewertungsmaßnahmen hinaus von ertragsteuerlicher Bedeutung sind. Das UmgrStG ist in Teilbereichen von der Maßgeblichkeit des Unternehmensrechts geprägt.[76]

2.1. Verschmelzungen

Entsprechen die Beteiligungsverhältnisse nach der Verschmelzung nicht den Wertverhältnissen, gilt nach § 6 Abs 2 UmgrStG der Unterschiedsbetrag, wenn der Wertausgleich nicht auf andere Weise erfolgt, mit dem Erwerb der Anteile als unentgeltlich zugewendet. Die Wertverhältnisse sind im Zweifel durch das Gutachten eines Sachverständigen nachzuweisen. Die Beurteilung der Wertäquivalenz hat auf Basis der Verkehrswerte der zu verschmelzenden Gesellschaften zu erfolgen. Die Wertäquivalenz ist dabei nach den Wertverhältnissen im Zeitpunkt der Beschlussfassung der Verschmelzung zu beurteilen.

---

74 OLG Düsseldorf 25.5.2000, DB 2000, 1854 (Vorlage an den BGH).
75 Urteil vom 12.3.2001, II ZB 15/00.
76 Die Maßgeblichkeit gilt für Verschmelzungen nach Art I UmgrStG, Umwandlungen nach Art II UmgrStG, BWG- und VAG-Einbringungen als Fälle des Art III UmgrStG und für Handelsspaltungen nach Art VI UmgrStG dahingehend, dass der mit der Eintragung in das Firmenbuch bestätigte Vollzug steuerlich die Anwendung des UmgrStG dem Grunde nach ermöglicht.

Nach den Erläuterungen zur Regierungsvorlage des UmgrStG wird mit dieser Bestimmung bewirkt, dass die fehlende, im Umtauschverhältnis zum Ausdruck kommende Äquivalenz zwischen dem Wert der Anteile der übertragenden Gesellschaft und der erhaltenen Gegenleistung die Anwendung des Art I UmgrStG nicht ausschließt und dass sich die Wirkungen einer Äquivalenzverletzung auf das Vorliegen einer unentgeltlichen Zuwendung auf Gesellschafterebene beschränken.[77]

Als Folge einer Äquivalenzverletzung kommt es in Höhe der Wertverschiebung zu einer Korrektur der Anschaffungskosten der Gesellschaftsanteile. Dabei werden bei den durch die Äquivalenzverletzung begünstigten Anteilsinhabern zusätzliche Anschaffungskosten in Höhe der ihnen unentgeltlich zugewendeten Anteile angesetzt; in gleicher Höhe vermindern sich die Anschaffungskosten (Buchwerte) der Anteile jener Gesellschafter, die diese Vorteile unentgeltlich zuwenden.[78]

Als weitere Folge ist bei Vorliegen einer Äquivalenzverletzung zu überprüfen, ob ein dem ErbStG unterliegender Vorgang verwirklicht wurde, der die Meldepflicht gem § 121a BAO[79] auslöst. Für den Fall der Bereicherung einer privatrechtlichen Stiftung (oder einer vergleichbaren Vermögensmasse) in Folge einer Äquivalenzverletzung kann es zur Steuerpflicht der unentgeltlichen Zuwendung iSd § 1 Abs 2 StiftEG kommen. Für das Vorliegen eines schenkungssteuerpflichtigen Vorganges reicht es nicht aus, dass Unentgeltlichkeit gegeben ist. Weiters muss auch einer der in § 3 ErbStG genannten Tatbestände verwirklicht werden. Bei Vorliegen einer Äquivalenzverletzung wird insb der Tatbestand der freigebigen Zuwendung iSd § 3 Abs 1 Z 2 ErbStG in Betracht kommen.[80]

Für die Beurteilung der Frage, ob eine objektive Bereicherung bzw ein Missverhältnis zwischen Leistung und Gegenleistung vorliegt oder nicht, sind die gemeinen Werte von Leistung und Gegenleistung gegenüberzustellen. Der Meldepflicht unterliegt eine Äquivalenzverletzung dann, wenn zwischen dem Wert des hingegebenen Vermögens und dem Wert der dafür gewährten Gesellschaftsrechte ein offensichtliches oder deutliches Missverhältnis besteht. Ein offenbares oder erhebliches Missverhältnis zwischen Leis-

---

77 Vgl Rz 306 UmgrStR: Es ist dabei vom Grundsatz auszugehen, dass sich Kaufleute, die einander fremd gegenüberstehen, nichts zu schenken pflegen und dass daher das ermittelte Umtauschverhältnis am Markt verprobt und richtig ist. Ein denkbares objektiv unrichtiges Umtauschverhältnis wird idR auf eine unrichtige Einschätzung der Situation zurückzuführen sein. Ein Anwendungsfall der Äquivalenzverletzung ist demgemäß in erster Linie bei Vorliegen von Nahebeziehungen auf Gesellschafterebene denkbar.
78 Rz 309 UmgrStR.
79 Für Erwerbe ab dem 1.8.2008, davor ggf Schenkungssteuerpflicht.
80 Eine freigebige Zuwendung setzt voraus, dass im Vermögen des Bedachten eine Bereicherung auf Kosten und mit Willen des Zuwendenden eintritt. Eine freigebige Zuwendung liegt dabei nur vor, wenn es auf eine (Gegen-)Leistung des bereicherten Teils nicht ankommt. Der Bereicherungswille braucht kein unbedingter zu sein, es genügt, dass der Zuwendende eine Bereicherung des Empfängers bejaht bzw in Kauf nimmt, falls sich eine solche Bereicherung im Zuge der Abwicklung des Geschäftes ergibt. Der Beweggrund für die Bereicherung des Zuwendungsempfängers ist für das Vorliegen des Bereicherungswillens nicht weiter von Bedeutung (siehe ua VwGH 27.4.2000, 99/16/0249). Der (zumindest bedingte) Bereicherungswille muss bei Abschluss des Verschmelzungsvertrages vorliegen. Entscheidend sind die Wertvorstellungen der Vertragspartner in diesem Zeitpunkt. Eine sich ohne Willen der Beteiligten (quasi zufällig) später bei Durchführung der Verschmelzung ergebende Wertverschiebung kann keinen schenkungssteuerpflichtigen Tatbestand erfüllen. Ein Bereicherungswille kann insb bei nahen Angehörigen vermutet werden bzw wenn die Wertverschiebung auffallend hoch ist.

tung und Gegenleistung ist anzunehmen, wenn die tatsächliche Gegenleistung die sonst übliche angemessene Gegenleistung um ca 20 bis 25 % unterschreitet.[81]

Bei Anteilen an Kapitalgesellschaften ist nach § 13 BewG primär der inländische Kurswert anzusetzen. Ist ein solcher nicht vorhanden, ist der gemeine Wert maßgebend. Lässt sich dieser aus Verkäufen[82] nicht ableiten, ist er unter Berücksichtigung des Gesamtvermögens und der Ertragsaussichten der Gesellschaft zu schätzen.[83]

2.2. Umwandlungen

Nach § 2 Abs 2 Z 3 UmwG betreffend verschmelzende Umwandlungen und der nach § 5 Abs 5 UmwG ebenfalls maßgebenden Norm des § 2 Abs 2 Z 3 UmwG betreffend errichtende Umwandlungen hat der Hauptgesellschafter bzw die errichtete Personengesellschaft den abfindungsberechtigten Gesellschaftern eine angemessene Abfindung zu gewähren. Nach § 11 Abs 2 UmgrStG gelten Anteile abfindungsberechtigter Anteilsinhaber (Minderheitsgesellschafter, das sind Gesellschafter im Ausmaß von höchstens 10 % des Grund- oder Stammkapitals) am Tag der Eintragung des Umwandlungsbeschlusses in das Firmenbuch als veräußert. Dieser Zeitpunkt ist für eine allenfalls vorzunehmende Besteuerung maßgeblich.[84] Eine Äquivalenzverletzung kann sich auch hier nur bezüglich einer zu niedrigen oder zu hohen Barabfindung ergeben. Wird eine derartige Äquivalenzverletzung nicht als solche iSd umgründungssteuerrechtlichen Bestimmungen verstanden, scheidet eine Äquivalenzverletzung in diesem Sinne überhaupt aus, sodass ein Verweis auf § 6 Abs 2 UmgrStG zu Recht fehlt.

2.3. Einbringungen

Das eingebrachte begünstigte Vermögen (Betrieb, Teilbetrieb, Mitunternehmeranteil, Kapitalanteil) muss jedenfalls am Tag des Abschlusses des Einbringungsvertrages einen positiven Verkehrswert aufweisen.[85] Als positiv gilt jedenfalls ein Wert, der größer als

---

81 Siehe ua VwGH 12.7.1990, 89/16/0088; 1.12.1987, 86/16/0008.
82 Der Verwaltungsgerichtshof vertritt in stRsp die Auffassung, dass ein einzelner Verkauf für die Ableitung des gemeinen Wertes von Anteilen (arg: „aus Verkäufen") nicht genügt. Es kommt nicht auf die Anzahl der bei den einzelnen Verkäufen zum Verkauf gelangenden Anteile an. Zwar wird idR nur die Mehrzahl von Verkäufen den Schluss auf das Vorliegen eines kurswert ähnlichen Marktpreises mit einiger Sicherheit ermöglichen, jedoch ist weder die Frage, ob zivilrechtlich ein oder mehrere Rechtsgeschäfte vorliegen, noch die Zusammenfassung mehrerer Rechtsgeschäfte in einer Urkunde von ausschlaggebender Bedeutung. Maßgeblich ist vielmehr, ob – insb im Hinblick auf die Beteiligung mehrerer Anbieter bzw Interessenten – der Schluss gerechtfertigt erscheint, dass die unter Berücksichtigung von Angebot und Nachfrage und des Ausgleiches widerstreitender Interessen mehrerer an den Verkaufsgeschäften Beteiligter gebildeten Kaufpreise einem Marktpreis nahe kommen (vgl insb die hg Erkenntnisse vom 25.6.1997, 95/15/0117 und vom 20.1.1992, 90/15/0085, SlgNF 6643/F). Im Erkenntnis vom 19.6.1989, 88/15/0077 hat der Verwaltungsgerichtshof (unter Berufung auf sein Erkenntnis vom 6. März 1978, 1172/77, SlgNF 5237/F) ausgesprochen, dass von einer Mehrzahl von Verkäufen nur dann gesprochen werden kann, wenn bei mehreren miteinander nicht in Zusammenhang stehenden Verkaufsvorgängen Anteile veräußert werden. Der VwGH hat diese Aussagen in einer zuletzt am 25.3.2004, 2001/16/0038, getroffenen Entscheidung bestätigt.
83 Rz 315 UmgrStR.
84 ZB § 12 Abs 3 Z 1 EStG 1988, § 27 Abs 3 EStG 1988, § 98 Abs 1 Z 5 lit e EStG 1988, § 5 Abs 2 UmgrStG, § 37 Abs 3 iVm § 5 Abs 2 UmgrStG.
85 Rz 672 ff UmgrStR; zum positiven Verkehrswert siehe auch *Trentini* in *König/Schwarzinger*, Körperschaften im Steuerrecht, FS Wiesner, 457 ff sowie *Hager*, Unternehmensbewertung, 198 ff.

null ist. Das Vorhandensein des positiven Verkehrswertes gehört zu den Anwendungsvoraussetzungen. Das Fehlen eines positiven Verkehrswertes führt zur Nichtanwendbarkeit des Art III UmgrStG.

Zu beachten ist in diesem Zusammenhang ein neueres Judikat des Verwaltungsgerichtshofes[86], wonach der Ansatz eines Firmenwertes, der ausschließlich auf höchstpersönlichen Eigenschaften (persönlicher Ruf und Bekanntheitsgrad) des Einbringenden beruht, mangels gesicherter Rechtsposition nicht als auf die übernehmende Gesellschaft übertragbar gilt.[87] So kritisch allfällige Abgrenzungsfragen aus diesem Erkenntnis sein mögen,[88] vermag das Ergebnis aus dem Blickwinkel der Unternehmensbewertung nicht zu überraschen: es kommt letztlich auf die Übertragbarkeit der in einem beliebigen (zumeist immateriellen) Vermögenswert steckenden Ertragskraft an.

Häufige Fehlerquellen bei der Bewertung von Einzel- oder Personenunternehmen im Zuge der Einbringung in Kapitalgesellschaften sind die Außerachtlassung eines angemessenen kalkulatorischen Unternehmerlohns[89] sowie die fehlende oder unzutreffende Berücksichtigung der Steuerbelastung.[90] Nach überwiegender Ansicht kann der zukünftige KSt-Satz anstelle des progressiven ESt-Tarifs angewandt werden.

Das Vorhandensein des positiven Verkehrswertes bei Vertragsabschluss ist nachzuweisen. Im Zweifel hat der Einbringende den positiven Verkehrswert durch ein Gutachten eines Sachverständigen nachzuweisen. Diese Nachweispflicht trifft den Einbringenden. Der Nachweis gilt jedenfalls dann als erbracht, wenn das Gutachten unter Außerachtlassung möglicher Synergieeffekte und Effekte durch die Confusio von Aktiv- und Passivpositionen (Stand-alone-Betrachtung) den positiven Verkehrswert bestätigt und den dargestellten Grundsätzen entspricht. Gutachten, die diesen Grundsätzen nicht entsprechen, sind zulässig und im Einzelfall auf ihre Nachweis*kraft* zu untersuchen. Gutachten, die Mängel aufweisen, die trotz Aufforderung nicht behoben werden, sind als Nachweis ungeeignet.[91] Eine Anwendung des Art III UmgrStG wäre in einem derartigen Fall ausgeschlossen.

Unter bestimmten Voraussetzungen ist ein Nachweis durch ein Gutachten nicht erforderlich.[92] Werden Kapitalanteile ohne Verbindlichkeiten eingebracht, spricht dies idR für das Vorhandensein eines positiven Verkehrswertes.

Liegen nach dem Gesamtbild der Verhältnisse Umstände vor, die Anlass dazu geben, an der Existenz eines positiven Verkehrswertes zu zweifeln, ist die Vorlage eines Gutachtens jedenfalls erforderlich.[93]

---

86 VwGH 26.6.2014, 2011/15/0028.
87 Vgl auch Rz 672 UmgrStR.
88 Vgl zB *Fraberger/Jann/Wytrzens*, Bilanzsteuerrecht, 297 (308).
89 Zur Vorgehensweise dabei vgl auch KFS/BW1, Rz 146.
90 Vgl dazu auch UFS 8.1.2009, RV/2898-W/06 sowie *Wolf*, Fehler, 50.
91 Zur Prüfung der Tauglichkeit von Bewertungsgutachten aus Sicht der Finanzverwaltung vgl *Hager*, Prüfung, 357 ff.
92 Rz 674 UmgrStR.
93 Rz 676 UmgrStR.

Maßgeblich ist der Verkehrswert.[94] Dieser repräsentiert jenen Wert, der im gewöhnlichen Geschäftsverkehr nach der Beschaffenheit der Sache bei einer Veräußerung unter Fremden erzielbar ist. Er beinhaltet auch stille Lasten, stille Reserven sowie den übertragbaren Firmenwert. Es handelt sich um den nach anerkannten betriebswirtschaftlichen Methoden der Unternehmensbewertung ermittelten Wert des Vermögens. Der Verkehrswert deckt sich allerdings nicht mit dem in § 13 BewG vorgegebenen Bewertungsmaßstab. Das sogenannte Wiener Verfahren (AÖF 1996/189) ist deshalb zum Nachweis eines positiven Verkehrswertes nicht geeignet.[95]

Die Unternehmensbewertung ist an keine feste Form gebunden. Gutachten zum Nachweis des positiven Verkehrswertes haben Mindesterfordernissen zu genügen. Die dabei einzuhaltenden Grundsätze dienen dazu, eine objektivierte, jederzeit nachvollziehbare, ausreichend dokumentierte und in sich methodisch schlüssige Wertfindung zu garantieren. Als solche gelten die im Fachgutachten KFS/BW1 des Fachsenates für Betriebswirtschaft und Organisation des Instituts für Betriebswirtschaft, Steuerrecht und Organisation der Kammer der Wirtschaftstreuhänder aufgestellten Anforderungen.

Da der positive Verkehrswert jedenfalls am Tag des Einbringungsvertragsabschlusses gegeben sein muss, hat sich die Prüfung dieser Voraussetzung auf diesen Stichtag zu beziehen.

Es ist ein objektivierter Unternehmenswert iSv Abschn 2.5.2. des Fachgutachtens KFS/BW1 auf Basis des bestehenden Unternehmenskonzeptes zu ermitteln. Dabei dürfen mögliche Synergieeffekte und Effekte durch die Confusio von Aktiv- und Passivpositionen nicht berücksichtigt werden (Stand-alone-Betrachtung), unechte Synergie-Effekte hingegen schon.[96]

§ 22 Abs 1 UmgrStG verweist hinsichtlich möglicher Äquivalenzverletzungen auf die grundsätzliche Regelung in § 6 Abs 2 UmgrStG. Eine Äquivalenzverletzung liegt daher vor, wenn nach Verkehrswertverhältnissen der Wert der dem Einbringenden zu gewährenden Anteile höher oder geringer ist als der Wert des Einbringungsvermögens. Maßgeblicher Bewertungsstichtag ist der Tag des Abschlusses des Einbringungsvertrages ungeachtet dessen, dass eine evtl Auf- oder Abstockung von Anteilen davon abweichend mit dem dem Einbringungsstichtag folgenden Tag steuerlich als bewirkt gilt. Die Geltung des Art III UmgrStG wird durch eine Äquivalenzverletzung nicht berührt.

Im Falle des Vorliegens einer Wertdifferenz ist auch zu untersuchen, ob ein der Meldepflicht nach § 121a BAO unterliegender Vorgang anzunehmen ist. Nach der Rsp des BFH ist die Freigebigkeit einer Zuwendung bereits dann ausgeschlossen, wenn die Zuwendung in rechtlichem Zusammenhang mit einem Gesellschaftszweck steht.[97] Mit Urteil vom 25.10.1995[98] hat der BFH diese Rsp bestätigt und für Schenkungssteuer-

---

94 Der Begriff des Verkehrswertes deckt sich nicht mit dem in § 13 BewG vorgegebenen Bewertungsmaßstab. Das Wiener Verfahren 1996 (AÖF 1996/189) ist deshalb zum Nachweis eines zweifelhaften positiven Verkehrswertes nicht geeignet.
95 Vgl Rz 681 UmgrStR; ebenso vgl *Petrag*, Einbringung, 137.
96 Rz 686 UmgrStR.
97 BFH 1.7.1992, II R 70/88, BStBl II, 921; sowie Folgeurteile BFH 14.9.1994, II R 95/92, BStBl II 1995, 81; BFH 15.7.1998, II R 82/96, DStZ 1998, 845.
98 BStBl II 1996, 160.

zwecke den Durchgriff durch eine GmbH auf den dahinterstehenden Gesellschafter abgelehnt. Es liege keine mittelbare Bereicherung des Mitgesellschafters dadurch vor, dass dessen Geschäftsanteil durch die Leistung an die GmbH eine Werterhöhung erfahren habe. Daraus dürfe nämlich nicht gefolgert werden, dass die Zuwendung an eine GmbH insoweit bei den Gesellschaftern zu erfassen sei, als sie sich in der Erhöhung des anteiligen Gesellschaftsvermögens auswirke. Die mögliche Werterhöhung der Geschäftsanteile spiegle zwar die auf der unentgeltlichen Zuwendung beruhende Werterhöhung des Gesellschaftsvermögens wider. Hierdurch werde der Gesellschafter jedoch nicht auf Kosten des Zuwendenden bereichert. Die Werterhöhung der Geschäftsanteile sei vielmehr Folge der Gesellschafterstellung. Rechtsgrund der Bereicherung des Gesellschafters sei damit allein die durch dessen Mitgliedschaft vermittelte Teilhabe am Gesellschaftsvermögen. Für die Annahme einer schenkungssteuerlich relevanten Zuwendung reiche es nicht aus, dass die Werterhöhung der Gesellschaftsrechte lediglich als unvermeidbare Folge der Einlage oder des Gesellschafterbeitrages erscheint. Erforderlich sei vielmehr, dass der Gesellschafter mit seiner Leistung nicht nur die Förderung des Gesellschaftszweckes, sondern zumindest auch eine freigebige Zuwendung an Mitgesellschafter beabsichtige.

Stehen sich die verschiedenen Gesellschafter als fremde Dritte gegenüber, kann davon ausgegangen werden, dass die Leistung an die Gesellschaft allein der Förderung des Gesellschaftszwecks dienen soll, sofern keine besonderen Umstände eine andere Würdigung nahelegen.[99] Eine eventuell eintretende Werterhöhung der Anteile anderer Gesellschafter ergibt sich als bloßer Reflex der dem Gesellschaftszweck dienenden Maßnahme der Einbringung und erfüllt damit nicht den Tatbestand der freigebigen Zuwendung im Verhältnis zu den anderen Gesellschaftern. Ein besonderer Umstand, der eine andere Würdigung notwendig machen könnte, wäre uU dann anzunehmen, wenn die infolge der Leistung an die Gesellschaft eintretende Werterhöhung bei den anderen Gesellschaftern auffallend hoch wäre, sodass sie mit den üblichen Gepflogenheiten einer den „eigenen wirtschaftlichen Interessen dienenden Vermögensverwaltung" des Leistenden unvereinbar wäre. In einem derartigen Fall wäre zusätzlich zu prüfen, ob der subjektive Tatbestand des § 3 Abs 1 Z 1 bzw 2 ErbStG gegeben ist. In subjektiver Hinsicht ist für das Vorliegen einer Schenkung bzw einer freigebigen Zuwendung erforderlich, dass der Zuwendende den Willen hat, den Bedachten auf seine Kosten zu bereichern, dh diesem unentgeltlich etwas zuzuwenden. Ein Bereicherungswille ist im geschäftlichen Verkehr nicht zu vermuten, weil im Wirtschaftsleben davon ausgegangen werden kann, dass im Verhältnis von zwei unabhängigen Vertragspartnern keine Leistungsverpflichtung ohne eine entsprechende Gegenleistung eingegangen wird.[100]

2.4. Zusammenschlüsse

Das übertragene begünstigte Vermögen muss einen positiven Verkehrswert am Zusammenschlussstichtag, jedenfalls aber am Tag des Abschlusses des Zusammenschlussvertrages aufweisen (§ 23 Abs 1 UmgrStG). Der positive Verkehrswert unterliegt der

---

99 Gleich lautende Erlässe der obersten Finanzbehörden der Länder vom 15.3.1997, BStBl I 1997.
100 VwGH 8.2.1990, 89/16/0180, ÖStZB 1991, 154; 14.5.1992, 91/16/0012, ÖStZB 1993, 140.

Überprüfung durch die Abgabenbehörde (keine Bindung an die Rechtsauffassung des Firmenbuchgerichtes) und ist im Zweifel vom Übertragenden durch das Gutachten eines Sachverständigen nachzuweisen (dazu und zu den Grundsätzen der Unternehmensbewertung siehe die Ausführungen zur Einbringung).

Eine Äquivalenzverletzung liegt vor, wenn die Beteiligungsverhältnisse abweichend von den Verkehrswerten der sich zusammenschließenden Vermögen ohne wirtschaftliche Begründung festgelegt werden. Die Ausführungen zu § 6 Abs 2 UmgrStG gelten sinngemäß mit der Maßgabe, dass infolge der Rückwirkungsfiktion auch die Äquivalenzverletzung rückwirkend erfolgt.

Liegen auch die Voraussetzungen für die Anwendung des ErbStG vor (insb unter nahen Angehörigen kann neben gesellschaftsfördernder Zielsetzung das Motiv der Vermögensübertragung vorkommen), muss eine Bewertung des Mitunternehmeranteiles für Zwecke der Schenkungsmeldung vorgenommen werden. Gem § 19 Abs 1 ErbStG richtet sich die Bewertung grundsätzlich nach den Vorschriften des ersten Teiles des Bewertungsgesetzes. Für inländisches land- und forstwirtschaftliches Vermögen, für inländisches Grundvermögen und für inländische Betriebsgrundstücke ist allerdings der Einheitswert entsprechend des zweiten Teiles des Bewertungsgesetzes maßgeblich.[101] Die Aufteilung des Wertes auf die Mitunternehmer ist allerdings nicht ganz unumstritten. Die von der Finanzverwaltung verwendete Methode[102] geht von den in der Bilanz zum jeweiligen Stichtag ausgewiesenen Kapitalkonten aus und verteilt den Unterschiedsbetrag zwischen dem Buchwert und dem nach den Bestimmungen des Bewertungsgesetzes ermittelten Wert nach den gesellschaftsvertraglichen Regelungen zwischen den Gesellschaftern. Die dadurch neu ermittelten Kapitalkonten stellen die Bemessungsgrundlage für die Erbschafts- und Schenkungssteuer dar. Demgegenüber wendet der BFH[103] eine andere Methode an. Nach Ermittlung des Wertes des Gesellschaftsvermögens unter Beachtung von Substanz- und Ertragswert (Unternehmenswert) wird der Differenzbetrag zwischen dem ermittelten Unternehmenswert und dem Buchwert nach dem entsprechenden Gewinnverteilungsschlüssel auf die Kapitalkonten der einzelnen Gesellschafter aufgeteilt. Der Wert der Kapitalkonten drückt so den Anteil des einzelnen Gesellschafters am Gesamtwert des Unternehmens aus. Nach diesem Anteilsverhältnis wird nun der auf Grundlage des Bewertungsgesetzes ermittelte Wert auf die Gesellschafter aufgeteilt.

2.5. Realteilungen

Das Vermögen, das Gegenstand der Realteilung ist, muss einen positiven Verkehrswert haben (siehe die diesbezüglichen Ausführungen zu Einbringungen). Eine Realteilung zu Buchwerten ist nach § 27 Abs 1 UmgrStG nur möglich, wenn Vermögen iSd § 27 Abs 2 und Abs 3 UmgrStG ohne oder ohne wesentliche Ausgleichszahlungen tatsächlich auf

---
101 § 19 Abs 2 ErbStG.
102 Abschnitt 10 der VStR.
103 BFH 24.6.1991, III R 49/78, BStBl 1982 II, 2; BFH 11.3.1992, II R 157/87, BStBl 1992 II, 543. Für eine Ermittlung der Höhe der Beteiligung nach den im Gesellschaftsvertrag festgelegten Beteiligungsverhältnissen spricht sich *Farmer* in RdW 1996, 338 ff aus.

Nachfolgeunternehmer übertragen wird. Ausgleichszahlungen zwischen den am Teilungsvorgang beteiligten Steuerpflichtigen dürfen nach § 29 Abs 2 UmgrStG ein Drittel des Verkehrswertes des empfangenen Vermögens nicht übersteigen, andernfalls ist insgesamt ein entgeltlicher Vorgang anzunehmen, der die Anwendung des Art V UmgrStG zur Gänze ausschließt. Bei Prüfung der Drittelgrenze sind die Ausgleichszahlungen in Relation zum Wert jenes Vermögens zu setzen, das der Empfänger der Ausgleichszahlungen erhält.

Entsprechen die Beteiligungsverhältnisse vor der Realteilung nicht den Wertverhältnissen des von den Nachfolgeunternehmern übernommenen Vermögens, gilt der Unterschiedsbetrag, wenn der Wertausgleich nicht auf andere Weise erfolgt, nach § 31 Abs 1 Z 1 UmgrStG als unentgeltlich zugewendet.

Der für Art V UmgrStG in Betracht kommende Wertausgleich ist idR die Ausgleichszahlung. Eine Äquivalenzverletzung gefährdet nicht die Buchwertfortführung, wenn Vorsorge getroffen wird, dass es hinsichtlich der nicht unentgeltlich übertragenen Quoten zu keiner endgültigen Verschiebung der stillen Reserven kommt.[104]

2.6. Spaltungen

§ 11 SpaltG sieht vor, dass den Gesellschaftern der spaltenden Körperschaft ein Barabfindungsangebot zu machen ist, wenn eine nicht verhältniswahrende Spaltung (§ 9 SpaltG) oder eine rechtsformübergreifende Spaltung (§ 11 SpaltG) vorgenommen werden soll. Gem § 38 Abs 2 UmgrStG gilt die Annahme des Barabfindungsangebots als Anteilsveräußerung. Die Bezugnahme auf § 9 SpaltG in § 38 Abs 2 UmgrStG inkludiert jedoch auch eine Barabfindung, die unter Anwendung von § 11 SpaltG angeboten und angenommen wurde. Die steuerliche Behandlung der Abfindung richtet sich nach den ertragsteuerlichen Regelungen der Anteilsveräußerung (§§ 4, 5, 27 EStG 1988).

Sollte es bei einer nichtverhältniswahrenden Spaltung zu einem Tausch von nicht wertgleichen Anteilen kommen, kann die drohende Vermögensverschiebung durch Zuzahlungen an die sonst benachteiligten Gesellschafter vermieden werden. Im Gegensatz zu den gemäß § 2 Abs 1 Z 3 SpaltG 1996 mit 10 % des auf die gewährten Anteile entfallenden anteiligen Betrages des Nennkapitals beschränkten baren Zuzahlungen der beteiligten Körperschaften sind Zuzahlungen Dritter, dh insb von den Anteilsinhabern der an der Spaltung beteiligten Körperschaften, nach der genannten Vorschrift des SpaltG unbeschränkt zulässig.

Für die Zuzahlungen Dritter sieht der § 37 Abs 2 und 4 UmgrStG vor, dass diese die Steuerneutralität des Anteilstausches nicht hindern, sofern sie nicht wesentlich sind. Eine Zuzahlung ist nicht wesentlich, solange sie ein Drittel des gemeinen Wertes, somit des Verkehrswertes, der vom Zuzahlungsempfänger erhaltenen Anteile nicht übersteigt. Die Zuzahlung selbst zählt nicht zur Bemessungsgrundlage für die „Drittelgrenze". Somit gilt für Zuzahlungen Dritter: Bleibt die Zuzahlung unter der „Drittelgrenze", bleibt der Anteilstausch steuerneutral, nicht jedoch die Zuzahlung selbst. Diese ist beim Zu-

---

104 Rz 1629 UmgrStR.

zahlungsempfänger als Veräußerungsentgelt nach den Bestimmungen der §§ 27 und 27a EStG 1988 bei Anteilen im Privatvermögen und §§ 4 und 5 EStG 1988 bzw § 7 KStG 1988 im Rahmen der betrieblichen Einkünfte steuerpflichtig. Auf Seiten desjenigen, der die Zuzahlung leistet, stellt die Zuzahlung zusätzliche Anschaffungskosten der erhaltenen Anteile dar. Übersteigt die Zuzahlung die „Drittelgrenze", fällt der Anteilstausch für den zahlenden und empfangenden Gesellschafter nicht unter Art VI UmgrStG, sondern es liegt ein unter den Tauschgrundsatz des § 6 Z 14 lit a UmgrStG fallender Veräußerungs- und Anschaffungsvorgang vor.[105]

Nach dem Äquivalenzprinzip müssen die Anteilsverhältnisse nach der Spaltung den tatsächlichen Wertverhältnissen zwischen der spaltenden Gesellschaft und der Nachfolgegesellschaft entsprechen. Auf Grund einer Spaltung soll es zu keiner Werteverschiebung kommen, allerdings schließt eine Äquivalenzverletzung die Anwendung des Art VI UmgrStG nicht aus.

Eine Verletzung des Äquivalenzprinzips führt zu ertragsteuerlichen und allenfalls auch zu schenkungssteuerlichen (Meldepflicht) Rechtsfolgen.

Literaturverzeichnis

Aschauer, Unternehmensbewertung beim Gesellschafterausschluss, Wien 2009.
Fraberger/Jann/Wytrzens, Aktuelle Themen zum Bilanzsteuerrecht, in Wirtschaftsprüfer-Jahrbuch 2016, 297, Wien 2016.
Hager, Was ist bei Prüfung eines Unternehmensbewertungsgutachtens zu beachten? RWZ 2013/91, 357.
Hager, Unternehmensbewertung im Steuerrecht – Teil 1: Verkehrswert, RWZ 2014/47, 198.
Hassler/Kroiss/Promper, Sonderprüfungen, in Wirtschaftsprüfer-Jahrbuch 2008, 43, Wien 2008.
Kalss, Verschmelzung – Spaltung – Umwandlung², Wien 2010.
Petrag in *Fraberger/Hirschler/Kanduth-Kristen/Ludwig/Mayr*, Handbuch Sonderbilanzen, Band II: Umgründungen, 129, Wien 2010.
UFS 8.1.2009, RV/2898-W/06
VwGH 26.6.2014, 2011/15/0028
OGH 27.2.2013, 6 Ob 25/12p

---

[105] Rz 1737 UmgrStR.

Abschnitt B –
Ausgewählte Branchenbeispiele

Bewertung von Banken

Andreas Geltinger

1. **Bewertung von Banken – besondere Ausgestaltung oder eigene Theorie der Unternehmensbewertung?**
2. **Die Betriebsergebnisrechnung von Banken als Basis für die Ableitung von Free Cashflows**
   - 2.1. Die Dominanz des klassischen Ertragswertverfahrens bei der Bewertung von Banken
   - 2.2. Grundlagen der Betriebsergebnisrechnung von Banken
     - 2.2.1. Exemplarische Überleitung der GuV-Staffelform auf die Betriebsergebnisrechnung
     - 2.2.2. Zinsüberschuss
     - 2.2.3. Provisionsüberschuss
     - 2.2.4. Handelsergebnis
     - 2.2.5. Verwaltungsaufwand
     - 2.2.6. Risikovorsorge
     - 2.2.7. Steuern
3. **Bewertung von Banken im Regelungskleid „Basel III"**
   - 3.1. Regulierte Transformation geplanter Betriebsergebnisse in Free Cashflows an die Anteilseigner
   - 3.2. Qualitative und quantitative Anforderungen an die anrechenbaren Eigenmittel
     - 3.2.1. Qualitative Anforderungen
     - 3.2.2. Quantitative Anforderungen
   - 3.3. Anforderungen an die Verschuldungsquote von Banken
   - 3.4. Modellierung von Free Cashflows einer Bank (Beispiel)
   - 3.5. Ableitung des Ertragswertes einer Bank
4. **Fazit und Ausblick**

1. Bewertung von Banken – besondere Ausgestaltung oder eigene Theorie der Unternehmensbewertung?

„Stets muss die Praxis auf guter Theorie beruhen."

Leonardo da Vinci

In der Literatur wird vorherrschend die Meinung vertreten, dass die Besonderheiten des Bankgeschäftes die Notwendigkeit erkennen lassen würden, dass die Bewertung von Banken zwar keine eigene Theorie, wohl aber eine besondere Ausgestaltung der Unternehmensbewertung erfordert.[1] Dieser Meinung muss man sich nicht unbedingt anschließen. Es sprechen auch viele Gründe dafür, dass die Besonderheiten der Bankbewertung so vielschichtig und bankspezifisch sind, dass eine eigene Theorie dafür durchaus auch ihre Berechtigung, unter Umständen sogar ihre Notwendigkeit hätte, zumal das öffentliche Interesse an dieser Thematik spätestens seit Beginn der Finanzkrise, der gemeinhin mit der Insolvenz der amerikanischen Investmentbank Lehmann Brothers im September 2008 datiert wird, in praxi deutlich zugenommen hat.

Seit Lehmann ist nämlich klar: Die Insolvenz eines einzelnen Kreditinstitutes stellt im Gegensatz zu der eines Industrieunternehmens meist auch eine Gefahr für das gesamte Bankensystem und somit für ganze Volkswirtschaften dar.[2] Diese Erkenntnis hat an allem, was Banken betrifft, neues Interesse geweckt, so auch an ihrer Bewertung. Flankiert und beflügelt wurde dieser Schub der öffentlichen Aufmerksamkeit auch durch eine tatsächlich festzustellende erhöhte praktische Relevanz von Bankbewertungen. So zum Beispiel wurden im Zuge der Finanzkrise bei einer Vielzahl von Banken (oftmals auch im Rahmen von staatlichen Rettungsmaßnahmen) Kapitalerhöhungen notwendig, wobei der Bewertung der betreffenden Bank vor allem im Rahmen der Neufestsetzung von Anteilsquoten große Bedeutung zukommt. Ebenso fanden während und nach der Finanzkrise gehäuft M&A- und Konzentrationsprozesse im Bankensektor statt, die regelmäßig mit Wertermittlungen zB für die Bemessung von Abfindungshöhen bei Squeeze-out-Vorgängen verbunden sind.[3] Nicht zuletzt sind Banken und deren Bewertungen auch im Beteiligungsportfolio von Unternehmen, meist anderen Banken, in den Mittelpunkt der Jahresabschlüsse gelangt, weil der seit der Finanzkrise feststellbare tendenzielle Wertverlust von Banken auch in den Büchern ihrer Eigentümer deutliche, negative Spuren in Form von Abschreibungen hinterlassen hat.[4]

Auch ist Indiz und Folge des steigenden Interesses an der Bewertung von Banken eine vermehrt zu beobachtende Beschäftigung mit diesem Thema in der einschlägigen Fach-

---

[1] Vgl *Sonntag*, A., Bewertung von Banken, ein Discounted Cash Flow-Ansatz für Commercial Banks unter Einbeziehung der Marktzinsmethode (2001) 2.
[2] Vgl *Brunner*, F., Wertstiftende Strategien im Bankgeschäft (2009) 8.
[3] Vgl hierfür zB die Bewertung der Postbank im Jahr 2015 durch die Wirtschaftsprüfungsgesellschaft Deloitte.
[4] So zum Beispiel schrieb das Handelsblatt am 10.2.2016: „Die Deutsche Bank kommt nicht zur Ruhe. Am Mittwochabend kamen Spekulationen auf, dass der Bank weitere Milliardenabschreibungen auf ihre Beteiligung an der Postbank drohen. Die Nachrichtenagentur Reuters berichtete unter Berufung auf zwei Insider, die Tochter würde derzeit noch mit 4,5 Milliarden Euro in den Büchern stehen. Dieser Wert solle weiter auf 2,8 Milliarden Euro abgeschrieben werden. Prompt rutschte die Aktie kurz vor Handelsschluss des Dax noch einmal um ein Prozent nach unten.", vgl Spekulation um weitere Postbank-Abschreibung, in: Handelsblatt, 10.2.2016.

literatur. Kommen typische Standardwerke zur Unternehmensbewertung meist ohne besondere Erwähnung der Teildisziplin „Bankenbewertung"" aus,[5] so werden diesem Thema in fokussierteren Büchern zunehmend kurze Kapitel gewidmet, denen aber häufig der zu einer befriedigenden Abhandlung notwendige Tiefgang fehlt.[6] Gerade in jüngster Zeit haben einige Autoren aber auch den Nachweis erbracht, dass diese Teildisziplin der allgemeinem Unternehmensbewertung in ihrer Komplexität und Interdependenzstruktur derart vielfältig ist, dass auch ganze Bücher dazu gefüllt werden können, ohne allzu breit auf die allgemeine Theorie zurückgreifen zu müssen.[7]

Kann aber die beobachtbare steigende Praxisrelevanz und vermehrte Beschäftigung in der Literatur eine eigene Theorie für die Bankenbewertung begründen? Tatsache ist: Die Entdeckung der Bank als verletzlicher (und vielfach auch verletzter) Marktteilnehmer ging an den Ansprüchen an eine „gute" Bankbewertung nicht spurlos vorbei. Eine gute Bewertung muss nun in erster Linie zu erkennen geben, dass das Bewertungsobjekt „Bank" in seinen Besonderheiten bezogen auf Geschäftsmodell, kritische Erfolgsfaktoren und, vor allem, regulatorisches Umfeld verstanden und dieses Verstehen adäquat in das Bewertungskalkül integriert wurde.

Und ohne Zweifel ist dieses „Verstehen" einer Bank mit allen in- und externen Faktoren eine besondere Herausforderung, die eine eigenständige Beschäftigung mit Bankspezifika und weniger mit der allgemeinen Theorie der Betriebswirtschaftslehre und Unternehmensbewertung verlangt. Was beispielsweise die Möglichkeiten zur Produktdifferenzierung betrifft, sind Banken infolge des fehlenden Patentschutzes oftmals schnell und einfach zu durchschauen.[8] Das Verstehen des individuellen Produktangebotes ist somit bei einer Bank weniger die Herausforderung als dies bei Industrieunternehmen oftmals der Fall ist. Entscheidend für die Qualität einer Bankbewertung ist vielmehr, wie umfassend es dem Bewerter gelingt, im Spezifischen die Geschäftsmodellspezifika einer bestimmten Bank und der Bankenbranche im Allgemeinen modellbezogen in den Griff zu bekommen und adäquat zu konzipieren. Und diese individuellen Spezifika und allgemeinen Besonderheiten können vielschichtig sein, wie die im Folgenden dargestellten exemplarischen Aspekte veranschaulichen sollen:

- *Risikoprofil als zentraler wertbestimmender Faktor einer Bank:* Mit der individuell ausgestalteten strategischen Grundorientierung einer Bank (Geschäftsmodellspezifika)

---

[5] Vgl zB *Mandl, G./ Rabel, K.*, Unternehmensbewertung, eine praxisorientierte Einführung (1997); *Drukarczyk, J.*, Unternehmensbewertung[4] (2003); *Peemöller, V. H.* (Hrsg), Praxishandbuch der Unternehmensbewertung[6] (2015). *Peemöller* geht erstaunlicherweise nicht auf die Bewertung von Banken ein, obwohl Kapitel 4 des Buches (S 831–1445) eine Reihe von Teildisziplinen (zB Bewertung von öffentlichen Unternehmen, Freiberuflerpraxen in der Gesundheitsbranche, Steuerberaterkanzleien und Wirtschaftsprüfungsgesellschaften) behandelt.

[6] Vgl zB *Koch, T.*, Besonderheiten der Unternehmensbewertung von Banken, in: Unternehmensbewertung, moderne Instrumente und Lösungsansätze, hrsg von *Richter, F./ Timmreck, C.* (2004) 119 ff; *Copeland, T./ Koller, T./Murrin, J.*, Unternehmenswert: Methoden und Strategien für eine wertorientierte Unternehmensführung (2002) 501 ff.

[7] Vgl zB *Geltinger, A./l Völkel, M.*, Bewertung von Banken, Besonderheiten der Bankbewertung und Ansätze für eine kapitalwertbasierte Gesamtbanksteuerung (2011); *Lütke-Uhlenbrock, C.*, Bewertung öffentlich-rechtlicher Sparkassen (2007).

[8] Vgl *Brunner, F.*, Wertstiftende Strategien im Bankgeschäft (2009) 8.

ist gleichzeitig die Ausbildung eines bankspezifischen Risikoprofils mit entsprechenden Rückkoppelungen auf die gesamte Breite der Gewinn- und Verlustrechnung und somit auf den Ertragswert einer Bank verbunden. Um das höchst wertrelevante Risikoprofil einer Bank adäquat im Unternehmenswert berücksichtigen zu können, bedarf es tiefgreifender, detaillierter Informationen und Analysen über das konkrete Bewertungsobjekt.[9] Oftmals muss sich der Bankenbewerter deswegen bei der Beurteilung des Risikoprofils des Bewertungsobjektes von der im Rahmen von Industrieunternehmen regelmäßig zentralen Produktanalyse lösen, zum Experten für regionale Märkte, Branchen und Volkswirtschaften werden und dieses erlangte Wissen mit dem Risikoappetit des Bewertungsobjektes matchen, um das Risikoprofil adäquat im Wert abbilden zu können. Dies ist bei Banken mit einer sehr komplexen Herausforderung verbunden, weil die dabei zu berücksichtigenden Ertrags- und Risikoarten nicht nur vielfältig, sondern oftmals auch interdependent miteinander verbunden sind.[10]

- *Vielfalt der Ertrags- und Risikoarten als größte Herausforderung für den Bewerter:* Banken verfügen in der Regel über mehrere Ertragsarten, wobei Zinsertrag und Provisionsertrag meist im Zentrum der Betrachtung stehen. Bewertungsergebnisse, zum Beispiel in Beteiligungs- oder Wertpapierbeständen, entziehen sich dagegen oftmals der „Planbarkeit", sind aber regelmäßig extrem volatile, aber eben auch wertentscheidende Faktoren. Damit einhergehend bestehen neben den Ausfallrisiken auf ausgereichte Kredite auch Preisrisiken auf Wertpapiere des Anlage- und Handelsbestandes,[11] über deren zukünftige Entwicklung sich der Bewerter ebenfalls ein hinreichend sicheres Bild zu machen hat. Nicht zuletzt gehen Banken neben Adressausfall- oder Länderrisiken auch bewusst Zinsänderungsrisiken ein, indem sie in einem eigenen Geschäftsfeld „Treasury" Fristentransformation betreiben und über den damit generierten Strukturbeitrag das Zinsergebnis aus dem Kundengeschäft (Zinskonditionenbeitrag) „hebeln".[12] Alles in allem ergibt sich durch die im Vergleich zu Industrieunternehmen deutlich komplexere Struktur der Ertragsquellen, deren Ergiebigkeit vom Grad der Bereitschaft abhängig ist, Ausfall- und Preisrisiken einzugehen, eine große Herausforderung für den Bewerter im Rahmen der notwendigen Vergangenheits-, Unternehmens- und letztendlich daraus resultierenden Plananalyse.
- *Komplexe exogene Einflussfaktoren auf den unternehmerischen Erfolg einer Bank erschweren die Planung und die Planplausibilisierung:* Eine Bank, vor allem eine Bank mit einem universalbanknahen Geschäftsmodell, ist nicht nur von internen Erfolgsfaktoren wie zB der Qualität des Managements oder des Risikocontrollings abhängig. Vielmehr weisen Banken bezogen auf die Realisierbarkeit von Planungen komplexere exogene Einflussfaktoren als Industrieunternehmen auf, so zum Beispiel die Entwicklung des Bruttoinlandsproduktes in den relevanten Regionen, Prognosen für kurz- und langfristige Referenzzinssätze auf dem Geld- und Kapitalmarkt (so zum Beispiel beeinflussen Zinsniveau und Zinsänderungen das Volumen und die Marge

---

9   Vgl *Brunner, F.*, Wertstiftende Strategien im Bankgeschäft (2009) 8.
10 In keinem anderen Geschäftsmodell sind Ertragschancen, Ergebnisrisiken und Risikoneigung so eng miteinander verknüpft wie in dem einer Bank.
11 Vgl *Geltinger, A./Gerstmeier, W.*, Unternehmensbewertung, Allgemeine Grundsätze und Besonderheiten bei der Bewertung und wertorientierten Steuerung von Banken (2003) 142 ff.
12 Vgl *Sonntag, A.*, Bewertung von Banken, ein Discounted Cash Flow-Ansatz für Commercial Banks unter Einbeziehung der Marktzinsmethode (2001) 1.

bestimmter Bankprodukte[13] und wirken sich direkt auf den Strukturbeitrag aus) sowie für Wechselkurse. Nicht zuletzt ist auch das im Vergleich zu Industrieunternehmen ungleich stärker performancebestimmende regulatorische Umfeld im Rahmen der Bewertung einer Bank als exogener Einfluss explizit in das Bewertungsmodell zu integrieren, was vertiefter Beschäftigung mit dieser Thematik bedarf.

- *Fremdkapital als Teil des operativen Gewinns:* Banken nutzen Fremdkapital nicht nur als Finanzierungsquelle, sondern im Passivgeschäft auch als Erfolgsquelle.[14] Diese Besonderheit macht die Trennung des Bankbetriebes in einen Leistungs- und einen Finanzierungsbereich unmöglich, erschwert dadurch die Unternehmens- und Wertanalyse und ist bei der Methodenwahl im Rahmen einer Bankbewertung von großer Bedeutung.

Die (exemplarisch genannten) Besonderheiten und bankspezifischen Interdependenzen angemessen in eine zu diskontierende Cashflow-Reihe zu bringen und daraus im Zusammenspiel mit einem höchst komplexen risikoadäquaten Kapitalisierungszinssatz einen plausiblen Unternehmenswert zu ermitteln ist im Rahmen der Bewertung von Banken auf Grund des Zusammenspiels zwischen mikro- und makroökonomischer Bestimmungsfaktoren, flankiert mit der Tatsache, dass auf Banken regulatorische Vorschriften in einem besonders hohen Maße wertbestimmend einwirken, eine ungleich größere Herausforderung als bei der Bewertung von Industrieunternehmen. Dies bedingt eine gute Theorie, um die Praxis mit effizienten Methoden und Techniken auszustatten.

Die nachfolgende Ausarbeitung zum Thema Bewertung von Banken gibt unter Gliederungspunkt 2 einen kurzen Überblick über grundlegende Aspekte der Betriebsergebnisrechnung von Banken, um in einem Gliederungspunkt 3 darauf aufbauend die große Bedeutung regulatorischer Vorschriften für den Wert einer Bank am Beispiel vorgegebener Eigenmittel- und Verschuldungsquoten darzustellen und anhand einer exemplarischen Wertableitung praxisorientiert zu plakatieren. Das Fazit unter Gliederungspunkt 4 soll dann beurteilen, ob es bisher der allgemeinen Unternehmensbewertung gelungen ist, der Teildisziplin „Bewertung von Banken" für die Praxis eine ausreichend gute Theorie zur Verfügung zu stellen, um hinreichend belastbare Ertragswerte ermitteln zu können.

2. Die Betriebsergebnisrechnung von Banken als Basis für die Ableitung von Free Cashflows

2.1. Die Dominanz des klassischen Ertragswertverfahrens bei der Bewertung von Banken

Bei der Frage, welche Bewertungsmethodik bei Bankbewertungen anzuwenden ist, herrscht in der Literatur weitestgehend Einigkeit: Die Cashflows an die Anteilseigner[15]

---

13 Vgl *Sonntag, A.*, Bewertung von Banken, ein Discounted Cash Flow-Ansatz für Commercial Banks unter Einbeziehung der Marktzinsmethode (2001) 2.
14 Vgl *Sonntag, A.*, Bewertung von Banken, ein Discounted Cash Flow-Ansatz für Commercial Banks unter Einbeziehung der Marktzinsmethode (2001) 2.
15 Im Folgenden: Free Cashflows an die Anteilseigner.

sind mit dem Eigenkapitalkostensatz auf den Bewertungsstichtag abzuzinsen, um den Marktwert des Eigenkapitals, also den Ertragswert einer Bank, zu erhalten.[16]

Bei der Frage, auf welcher Basis diese wertrelevanten Cashflows an die Anteilseigner abzuleiten sind, dominiert in der Praxis bei der Wertermittlung von Banken die klassische Ertragswertmethode. Im Gegensatz zu den bei der Bewertung von Industrieunternehmen mittlerweile bedeutenden „reinen" Discounted-Cashflow-Methoden (DCF-Methoden) wird im klassischen Ertragswertverfahren als Ausgangsbasis zur Ableitung der zu diskontierenden Cashflows die Erfolgsrechnung eines Unternehmens (Ertragsüberschussrechnung) verwendet und nicht die Kapitalflussrechnung (Einzahlungsüberschussrechnung).[17] Auch die einschlägige Fachliteratur spricht sich, teilweise begründet mit einem eher praxisorientierten Vereinfachungspragmatismus, überwiegend für die Verwendung der Ertragsüberschussrechnung zur Ableitung der Cashflows an die Anteilseigner aus.[18]

Die somit bei Banken dominierende klassische Ertragswertmethode, die im Rahmen von Veröffentlichungen vereinzelt auch als Dividend Discount Model (kurz: DDM) bezeichnet wird, geht davon aus, dass der Wert eines Unternehmens dem Barwert aller Dividenden entspricht, die in Zukunft an die Anteilseigner fließen bzw unter Beachtung von Ausschüttungsrestriktionen als ausschüttungsfähig definiert werden können.[19] Daraus folgt, dass die Basis für nahezu alle ertragswertorientierten Bewertungen von Banken eine Plan-Gewinn- und Verlustrechnung darstellt, deren Besonderheiten im Folgenden anhand der aggregierten Darstellung in Form einer Betriebsergebnisrechnung skizziert werden.

Auf Grund der Ausschüttungsbemessungsfunktion der Rechnungslegung nach dem Handelsgesetzbuch (HGB) werden die Ausführungen zur Betriebsergebnisrechnung von Banken im Folgenden angelehnt an den HGB-Terminus erfolgen.[20] Hinweise auf mögliche Besonderheiten der IFRS-Rechnungslegungsgrundsätze[21] oder auf bankspezifische

---

16 Vgl zB *Sonntag, A.*, Bewertung von Banken, ein Discounted Cash Flow-Ansatz für Commercial Banks unter Einbeziehung der Marktzinsmethode (2001) 5.
17 Vgl *Breitenkamp, S./ Schöning, S.*, Unternehmensbewertung von Banken, Eine Analyse der Auswirkungen der neuen aufsichtsrechtlichen Regeln für Banken („Basel III"), in: Schriften der wissenschaftlichen Hochschule Lahr, Nr 38, 12.
18 Vgl zB *Adolf, R./Cramer, J./Ollmann, M.*, Die Bewertung von Kreditinstituten: ein Modell zur Ermittlung des Ertragswertes, in: Die Bank, 1989, Heft 10, 488 ff; l *Zessin, A.*, Unternehmensbewertung von Kreditinstituten (1982) 59. Zur eingeschränkten Freiheit bei der Methodenwahl zur Bankbewertung vgl auch: *Geltinger, A.*, Ertragswertorientierte Bewertung von Banken, Status quo der akademischen Aufarbeitung und wesentliche Besonderheiten bei Methodenwahl und Methodenanwendung, in: BankPraktiker 05/2009; 249 ff. Vereinzelt werden aber auch Einzahlungsüberschüsse als die wertrelevanten Cashflows an die Anteilseigner von Banken definiert, wobei aber oftmals negiert wird, dass die meisten Banken über entsprechende Rechnungen überhaupt nicht verfügen, vgl *Behm, U.*, Shareholder-Value und Eigenkapitalkosten von Banken (1994) 58 ff.
19 Vgl zB *Spremann, K.*, Valuation, Grundlagen moderner Unternehmensbewertung (2004) 297.
20 Da das deutsche Handelsgesetzbuch HGB in den für Banken wesentlichen Vorschriften eine hohe Übereinstimmung mit dem österreichischen Unternehmensgesetzbuch (UGB) aufweist, beschränken sich die Erläuterungen ausschließlich auf die HGB-Sachverhalte.
21 Eine übersichtliche Darstellung wesentlicher Unterschiede der HGB-Rechnungslegung und der IFRS-Rechnungslegung bei Banken findet sich zB in: *Pietrzak, M/Bächstädt, K.-H.*, Bankbilanzierung nach IFRS im Vergleich zum HGB, ein Überblick mit einem Fokus auf die Bilanzierung und Bewertung von Finanzinstrumenten, in: Kredit & Rating Praxis 1/ 2015, 15–18.

Auswirkungen des im Jahr 2009 in Kraft getretenen Bilanzrechtsmodernisierungsgesetzes (BilMoG)[22], welches in bestimmten Posten eine Annäherung des handelsrechtlichen Jahresabschlusses an die IFRS-Rechnungslegung erbrachte, können im Rahmen dieser Zielsetzung – allerdings verweisend auf die einschlägige Literatur dazu – unterbleiben.[23]

2.2. Grundlagen der Betriebsergebnisrechnung von Banken

2.2.1. Exemplarische Überleitung der GuV-Staffelform auf die Betriebsergebnisrechnung

Wie ausgeführt, werden Banken üblicherweise auf Basis einer Erfolgsrechnung bewertet, dh genauer, auf Basis einer Plan-Erfolgsrechnung. Aus Vereinfachungsgründen empfiehlt es sich, die bei Banken eher unübersichtliche Form der Erfolgsrechnung, die sogenannte Gewinn- und Verlustrechnung (kurz: GuV) für Bewertungszwecke in die wesentlich übersichtlichere Betriebsergebnisrechnung überzuleiten. Erfahrungsgemäß planen Banken bereits in der Betriebsergebniswelt, sodass der Bankbewerter diese Überleitung meist nicht selbst vornehmen muss. Zudem wird das betriebswirtschaftliche Controlling bei Banken üblicherweise ebenfalls in Form der Betriebsergebnisrechnung durchgeführt, so dass für den Bewerter auch die Vergangenheitsanalyse in dieser „Welt" ohne eigenen Zeit- und Arbeitsaufwand möglich sein sollte.

Die Betriebsergebnisrechnung fasst im Grundsatz bestimmte Posten der GuV-Staffelform zusammen. Angelehnt an den HGB-Terminus könnte dabei ein Überleitungsschema wie folgt aussehen:[24]

GuV-Staffelform	**Betriebsergebnisrechnung**
(1) Zinserträge aus Kredit- und Geldmarktgeschäften sowie festverzinslichen Wertpapieren und Schuldbuchforderungen (2) Zinsaufwendungen (3) Laufende Erträge aus Aktien und anderen nicht festverzinslichen Wertpapieren, Beteiligungen und Geschäftsguthaben bei Genossenschaften, Anteile an verbundenen Unternehmen	Zinsergebnis (= Zinsüberschuss)

---

22 Vgl hierzu die sehr gute Darstellung in: Gesetz zur Modernisierung des Bilanzrechts (Bilanzrechtsmodernisierungsgesetz, BilMoG), Fortentwicklung des Bilanzrechts und Annäherung an die internationalen Rechnungslegungsvorschriften, Broschüre des Bundesverbandes öffentlicher Banken Deutschland, Stand: Mai 2009, Berlin 2009.
23 Einen guten, praxisrelevanten Überblick über die Bilanzierung von Banken gibt zB: *Fischer, O.,* Allgemeine Bankbetriebswirtschaft: Sicher durch die Zwischen- und Abschlussprüfung zum geprüften Bankfachwirt (2014), hier insbesondere 69 ff.
24 Vgl *Geltinger, A./ Völkel, M.,* Bewertung von Banken, Besonderheiten der Bankbewertung und Ansätze für eine kapitalwertbasierte Gesamtbanksteuerung (2011) 101 ff. Dabei ist aber festzuhalten, dass das dort gezeigte Überleitungsschema lediglich exemplarischen Charakter hat und sich von Bank zu Bank unterscheiden kann.

GuV-Staffelform	Betriebsergebnisrechnung
(4) Provisionserträge (5) Provisionsaufwendungen	Provisionsergebnis (= Provisionsüberschuss)
(6) Nettoertrag/-aufwand aus Finanzgeschäften	Handelsergebnis
(7) Allgemeine Verwaltungsaufwendungen a) Personalaufwand, Soziale Abgaben und Aufwendungen für Altersversorgung und für Unterstützung b) Andere Verwaltungsaufwendungen c) Abschreibungen und Wertberichtigungen auf immaterielle Anlagewerte und Sachanlagen	Verwaltungsaufwand
(8) Abschreibungen und Wertberichtigungen auf Forderungen und bestimmte Wertpapiere sowie Zuführungen zu Rückstellungen im Kreditgeschäft (9) Erträge aus Zuschreibungen zu Forderungen und bestimmten Wertpapieren sowie aus der Auflösung von Rückstellungen im Kreditgeschäft	Risikovorsorge
(10) Abschreibungen und Wertberichtigungen auf Beteiligungen, Anteile an verbundenen Unternehmen und wie Anlagevermögen behandelte Wertpapiere (11) Erträge aus Zuschreibungen zu Beteiligungen, Anteilen an verbundenen Unternehmen und wie Anlagevermögen behandelte Wertpapiere (12) Erträge aus Gewinngemeinschaften, Gewinnabführungs- oder Teilgewinnabführungsverträgen (13) Sonstige Betriebliche Erträge (14) Erträge aus der Auflösung von Sonderposten mit Rücklageanteil (15) Sonstige Betriebliche Aufwendungen (16) Aufwendungen aus Verlustübernahme (17) Einstellungen in Sonderposten mit Rücklageanteil (18) Außerordentliche Erträge (19) Außerordentliche Aufwendungen	Neutrales Ergebnis
(20) Steuern vom Einkommen und Ertrag (21) Sonstige Steuern	Steuerergebnis
= Jahresüberschuss laut GuV	= Jahresüberschuss laut Betriebsergebnisrechnung

Abbildung 1: Überleitungsschema für die Posten der Gewinn- und Verlustrechnung auf eine Betriebsergebnisrechnung

Im Folgenden erscheint es sinnvoll, einzelne, für die Wertermittlung von Banken wesentliche Komponenten der Betriebsergebnisrechnung im Hinblick auf Planbarkeit und Plausibilisierbarkeit näher zu erläutern.

2.2.2. Zinsüberschuss

Das Zinsergebnis (oft auch als Zinsüberschuss bezeichnet) stellt meist die wichtigste Ertragsquelle einer Bank dar. Die Problematik hinsichtlich der Analyse des (vor allem geplanten) Zinsüberschusses besteht darin, dass er durch eine Vielzahl von Einflussgrößen determiniert wird, insbesondere sind hierbei zu benennen:

- Differenz zwischen Aktiv- und Passivzins (Zinsspanne),
- Wachstum der zinstragenden Forderungsvolumina,
- Verteilung der Fest- und Variabelzinsgeschäfte innerhalb der zinstragenden Forderungsvolumina und erwartete Zinsentwicklung bei Variabelzinsgeschäften sowie
- Art und Umfang der Beteiligungserträge (sowie deren Refinanzierung).

Während der Beitrag des Kredit-Bestandsgeschäftes zum Zinsüberschuss regelmäßig eine gute Planbarkeit aufweist, ist die Planung des Kredit-Neugeschäft-Beitrages (meist inklusive erwarteter Prolongationen oder Zinsanpassungen) mit hohen Unsicherheiten verbunden. Insbesondere ist der Beitrag des Neugeschäftes zum Zinsüberschuss stark von Zinsprognosen für den jeweiligen Planungshorizont (Wertgerüst) sowie von volkswirtschaftlichen Prognosen bezüglich der Kreditnachfrage (Mengengerüst), oftmals gekoppelt an Prognosen für die Entwicklung des Bruttoinlandsproduktes, abhängig. Diese Prognosen werden meist extern bezogen, zum Beispiel von Wirtschaftsforschungsinstituten, Informationsdatenbanken oder volkswirtschaftlichen Abteilungen von Banken/Versicherungen und weisen nicht selten divergierende Meinungen auf.

Der Beitrag des Beteiligungsergebnisses zum Zinsüberschuss bildet sich regelmäßig aus Ausschüttungen von Beteiligungen an das zu bewertende Einzelinstitut. Für diese Ausschüttungen sollten Planungen der einzelnen Beteiligungsunternehmen vorliegen, so dass auch diese im Rahmen der Bewertung zu plausibilisieren sind. Oftmals verfügen Banken über einen im Vergleich zu Industrieunternehmen relativ großen Beteiligungsbestand, der zudem verschiedenste Branchen umfasst, so dass sich die Plausibilisierung des Beteiligungsergebnisses (trotz einer vielleicht untergeordneten Bedeutung für den Unternehmenswert der Bank) für den Bewerter sehr zeit- und arbeitsintensiv gestaltet.[25]

---

25 Oftmals ist es auch notwendig, größere Beteiligungen mit ihren Ausschüttungen aus der Planung zu eliminieren, um sie dann in einem separaten Strang einzeln ertragswertorientiert zu bewerten und dem Wert des eigentlichen Bewertungsobjektes hinzuzuaddieren, um zum Gesamtwert der jeweiligen Gruppe zu gelangen. Dies empfiehlt sich immer dann, wenn der Bewerter den Eindruck gewonnen hat, dass der Barwert der Ausschüttungen aus der Beteiligung dem inneren Wert der Beteiligung nicht entspricht. Vgl hierzu: *Geltinger, A./ Völkel, M.*, Bewertung von Banken, Besonderheiten der Bankbewertung und Ansätze für eine kapitalwertbasierte Gesamtbanksteuerung (2011) 77 f.

2.2.3. Provisionsüberschuss

Allgemein errechnet sich das Provisionsergebnis (oft auch als Provisionsüberschuss bezeichnet) einer Bank aus der Differenz zwischen Provisionserträgen und Provisionsaufwendungen.

Während Provisionsaufwendungen bei Banken regelmäßig keine wesentliche Rolle im Rahmen der Ergebnissituation spielen, sind Provisionserträge von großer Bedeutung, insbesondere auch deswegen, weil diese häufig mit Geschäften erwirtschaftet werden, die keine Eigenkapitalunterlegung bedingen.

Provisionserträge entstehen im Bankenbereich durch Berechnung von Leistungen, die beispielsweise in den Bereichen

- Auslandsgeschäfte,
- Wertpapiergeschäfte,
- Zahlungsverkehr und
- sonstige Leistungen

anfallen.

Im Auslandsgeschäft dominiert vor allem das Kreditleihgeschäft in Form des Aval- oder Akzeptkredits. Denn im Gegensatz zum Geldleih- bzw Kreditgeschäft wird im Kreditleihgeschäft dem Kunden keine Liquidität gewährt. Die Bank stellt lediglich ihre Bonität bzw das Vertrauen, das sie in der Öffentlichkeit genießt, zur Verfügung, wofür sie dem Kunden Aval- bzw Akzeptprovisionen in Rechnung stellt, die als Provisionserträge zu behandeln sind.

Auch im Wertpapiergeschäft, das Banken im Auftrag ihrer Kunden ausführen, werden für die geleisteten Dienste Provisionen berechnet. Diese Provisionserträge entstehen einmal als Depotgebühren, abhängig vom Depotvolumen, die für die Verwahrung von Wertpapieren anfallen. Zum anderen fallen für Handelsaufträge Umsatzprovisionen an, die sich nach deren Umsatzhäufigkeit bzw -höhe richten.

Neben dem Auslands- bzw Wertpapiergeschäft erzielen Banken auch im Bereich des Zahlungsverkehrs Provisionserträge, die ebenfalls einen Beitrag zum Provisionsergebnis leisten.

Sonstige, Provisionszahlungen auslösende Leistungen sind und können beispielsweise im Handel mit Sorten- und Edelmetallen, bei Sicherungsgeschäften für Kunden oder im Rahmen einer Depotbankfunktion für Kapitalanlagegesellschaften anfallen.

Provisionsaufwendungen kommen hauptsächlich im Geschäftsverkehr mit anderen Banken zustande, beispielsweise durch die Inanspruchnahme anderer Kreditinstitute, die im Auftrag Wertpapierkäufe bzw -verkäufe tätigen, oder durch die Benutzung gemeinsamer Abwicklungsnetze (Gironetze) im Bereich des Zahlungsverkehrs. Auch Provisionszahlungen an Vertriebspartner, die Bankgeschäfte vermitteln, sind unter der Position Provisionsaufwendungen zu erfassen.

Die Planbarkeit des Provisionsüberschusses ist grundsätzlich besser als die des Zinsüberschusses, vor allem deswegen, weil die Einflussfaktoren weniger und oftmals durch einfache Fortschreibung aus der Vergangenheit wertvolle Erkenntnisse für die zukünftige Entwicklung zu gewinnen sind. Dennoch spielt dieser Posten bei der bewertungsrelevanten Beurteilung von Bankplanungen eine große Rolle, da Banken infolge der verschärften Eigenkapitalrichtlinien unter Basel III regelmäßig hohe Steigerungsraten beim eigenkapitalschonenden Provisionsgeschäft einplanen und dies mit einer Intensivierung des sogenannten Cross-Selling-Geschäftes[26] begründen. Aktuelle Studien zeigen aber, dass es Banken in den letzten Jahren in den wenigsten Fällen gelungen ist, den Provisionsertrag signifikant auszubauen, sodass ein geplanter deutlicher Anstieg des Anteils des Provisionsüberschusses am Rohertrag[27] vom Planungsträger sehr gut begründet sein muss, um in das Bewertungskalkül unverändert integriert zu werden.

2.2.4. Handelsergebnis

Das Handelsergebnis (auch: Finanzergebnis/Ergebnis aus Finanzgeschäften) beruht auf Geschäften, die eine Bank im eigenen Namen und für eigene Rechnung tätigt. Vor allem die Eigengeschäfte mit Wertpapieren, Devisen, Edelmetallen und Finanzkontrakten (Derivate) bilden die Grundlage dieser Ergebnisgröße. Der Saldo aus den in diesem Umfeld erzielten Aufwendungen und Erträgen bildet das Handelsergebnis, das in einem gesonderten Posten der Betriebsergebnisrechnung erfasst werden kann.[28]

Handelsergebnisse sind stark abhängig von den volkswirtschaftlichen Rahmenbedingungen, aber auch von der Risikoneigung der einzelnen Bank, die letztlich Art und Umfang der Handelsgeschäfte im eigenen Namen bestimmt. Die Planung des Handelsergebnisses birgt auf Grund der hohen Komplexität interner und externer Einflussfaktoren erhebliche Prognoseunsicherheiten und sollte darum so vorsichtig wie möglich durchgeführt werden. Erfahrungsgemäß spielen sich gerade in dieser Position erhebliche Planverfehlungen ab, da Kapitalmärkte und internes Managerverhalten in ihren Wechselwirkungen nur sehr schwer vorhersehbar sind. Vor allem bei der Konstruktion des nachhaltigen Ergebnisses für die Ermittlung des Terminal Value ist die Frage zu klären, welcher Teil des im Detailplanungshorizont geplanten Handelsergebnisses tatsächlich nachhaltig ist.

2.2.5. Verwaltungsaufwand

Der Verwaltungsaufwand setzt sich zusammen aus

- den Personalaufwendungen (einschließlich Sozialabgaben und Pensionsaufwendungen),
- den Sachaufwendungen sowie den
- Abschreibungen und Wertberichtigungen auf immaterielle Anlagewerte und Sachanlagen.

---

26 Unter Cross Selling versteht man die Bemühungen von Unternehmen, Kunden, die nur einen Teil des Angebotsprogramms in Anspruch nehmen, auch für die Nutzung weiterer Leistungen zu gewinnen. Vgl dazu: http://wirtschaftslexikon24.com. Bei Banken konzentrieren sich diese Bemühungen zumeist auf Produkte, die das eigenkapitalschonende Provisionsgeschäft fördern.
27 Als Rohertrag wird üblicherweise die Summe aus Zins- und Provisionsüberschuss definiert. Der Anteil des Provisionsüberschusses am Rohertrag ist eine häufig verwendete Kennzahl, um mittels Zeitreihenanalyse die Plausibilität der Planung des Provisionsüberschusses zu verproben.
28 Vgl *Krumnow, J./Sprißler, W./Bellavite-Hövermann, Y./Kemmer, M./Steinbrücker, H.*, Rechnungslegung der Kreditinstitute. Kommentar zum Bankbilanzrichtlinie-Gesetz und zur RechKredV (1994) 119 ff.

Die Personal- und Sachaufwendungen laufen in der GuV unter dem Oberbegriff „Allgemeine Verwaltungsaufwendungen", während für den Abschreibungs- bzw Wertberichtigungsaufwand ein eigener Posten vorgesehen ist.

Die Planung der Personalaufwendungen als wichtige Komponente innerhalb des Verwaltungsaufwandes bedarf regelmäßig der Koppelung an zukünftige Geschäftsstrategien und sollte durch eine simultane Mitarbeiterplanung (Pro-Kopf-Planung) hinsichtlich Anzahl und Struktur ergänzt werden, um eine belastbare Planplausibilisierung durchführen zu können. Im Rahmen dieses Postens stellt die Planung der Pensionsrückstellungen häufig eine besondere Herausforderung dar, wobei diese allerdings durch entsprechende externe Gutachten abgesichert sein sollte.

Auch die Planung des Sachaufwandes sollte sich an Bezugsgrößen orientieren, um eine effiziente Plausibilisierung durchführen zu können. Hier bieten sich ebenfalls Größen an, die sich am Geschäftsvolumen orientieren, also beispielsweise das geplante Kreditvolumen oder die geplante Bilanzsumme.

Die Abschreibungen auf immaterielle Vermögensgegenstände und Sachanlagen nehmen bei Banken vor allem aufgrund der steigenden Bedeutung von EDV-Systemen eine zunehmend wichtige Rolle ein, wobei allerdings regelmäßig kein wesentlicher Einfluss aus dieser Position auf das Betriebsergebnis zu erwarten ist.

Generell gilt, dass die Planbarkeit des Verwaltungsaufwandes in der Regel gut ist und die Planplausibilisierung über geeignete Kennzahlen ausreichend belastbar gelingen sollte.

2.2.6. Risikovorsorge

Die Risikovorsorge in der Ergebnisrechnung von Banken ist komplex und in einem (bezogen auf den Umfang beschränkten) Beitrag zu einem Fachbuch nicht abschließend zu erörtern. Nichtsdestotrotz ist dieser Posten aber in höchstem Maße wertrelevant, so dass im Folgenden zumindest ein einleitender Überblick gegeben und auf weiterführende Literatur dazu verwiesen werden soll.

Eine herausragende Stellung im Risikoprofil des klassischen Bankgeschäftes nimmt das sogenannte Adressausfallrisiko ein. Als Adressausfallrisiko wird im Finanzsektor der potentielle Verlust oder entgangene Gewinn bezeichnet, der auf Grund von Ausfällen von Geschäftspartnern entstehen kann. Die Definition des Adressausfallrisikos umfasst zB folgende Risikoarten:[29]

- Das *Kreditrisiko* definiert das Einzelrisiko entstehender Verluste, wenn Fremdkapital Dritten zur Verfügung gestellt wird. Es kennzeichnet einerseits die Wahrscheinlichkeit dafür, dass Kreditkunden der Bank aufgrund von Veränderungen in ihrer finanziellen Leistungsfähigkeit ihre Zahlungsverpflichtungen in Form von Zins- und Tilgungsleistungen nicht mehr vertragsgemäß erfüllen können und etwaige Sicher-

---

29 Vgl hierzu *Stahl, M.*, Externes Risikoreporting deutscher Banken: Kritischer Vergleich der Anforderungen an eine Basel II Säule 3 konforme Risikoberichterstattung im Vergleich zu den Anforderungen des deutschen Rechnungslegungsstandards (DRS) 5–10 (2008) 48. *Stahl* führt zu den beiden genannten Risiken noch das Kontrahenten- und Abwicklungsrisiko auf.

heiten des Kreditnehmers nicht ausreichen, um die gesamte Höhe der Zahlungsverpflichtungen zu decken.
- Andererseits kennzeichnet eine weitere Dimension des Ausfallrisikos das *Länderrisiko*. Darunter wird eine Veränderung der Verlustgefahr wegen hoheitlicher Maßnahmen eines ausländischen Staates über das Einzelrisiko eines Krediteshinaus verstanden.
- Das *Emittentenrisiko* entsteht durch den Kauf von Wertpapieren für den Eigenbestand sowie bei der Emission von Wertpapieren und realisiert sich, wenn eine Bonitätsverschlechterung oder sogar der Ausfall des Kontrahenten droht.
- Zusätzlich bzw teilweise überlappend zählen zu den banküblichen Risiken *Preisrisiken im Wertpapierbestand*, die wiederum spezifiziert sind durch *Zinsänderungsrisiken*, *Kursrisiken* und/oder *Währungsrisiken*.

Grundsätzlich zählen lediglich die Abschreibungen/Wertberichtigungen bzw Zuschreibungen auf Forderungen (unterschieden in Einzel- und Pauschalwertberichtigungen) und bestimmte Wertpapiere zur klassischen handelsrechtlichen Risikovorsorge in der Betriebsergebnisrechnung. Alle anderen bankspezifischen Risiken (und deren bilanzielle Vorsorge) sind entweder im Handelsergebnis (Finanzergebnis) oder im neutralen Ergebnis enthalten. Daneben können Banken im Rahmen der handelsrechtlichen Rechnungslegung zusätzlich bestimmte Vorsorgereserven bilden, die über den Posten „Risikovorsorge" in den Vorsorgebestand nach § 340f HGB oder § 340g HGB eingestellt (oder auch aufgelöst) werden.[30]

Die Planung der Risikovorsorge ist höchst komplex und basiert üblicherweise auf statistischen Risikomodellen, die zum Beispiel auf Erfahrungen der Vergangenheit zurückgreifen und diese in die Zukunft extrapolieren. Im Rahmen der Bewertung von Banken hat sich der Bewerter auch (und gerade) ein Bild über die Plausibilität dieser Modellergebnisse zu machen, wozu er die dokumentierte Risikostrategie des Institutes flankierend heranzuziehen hat. Ist hinsichtlich der Risikostrategie keine wesentliche Veränderung zur Vergangenheit vorgesehen, so können konstante Annahmen für das erwartete Risiko (bzw deren Anteil an bestimmten Größen des Geschäftsvolumens) durchaus als plausibel erachtet werden, sofern dem keine makroökonomischen Prognosen (zB für Insolvenzquoten, Immobilienwerte, Wirtschaftswachstum) entgegenstehen. Trotz aller Bemühungen, die der Bankbewerter in die Durchdringung und Plausibilisierung der Planung der Risikovorsorge investieren muss, bleibt dieser Posten stets mit hohen Planunsicherheiten belastet und kann deshalb als kritischer Wertfaktor nicht vollständig ausgeschlossen werden.[31]

2.2.7. Steuern

Die definitive Belastung mit Steuern auf Unternehmensebene verringert den bewertungsrelevanten Free Cashflow, ist also in die bewertungsrelevante Planung des Betriebsergebnisses mit einzubeziehen.

---

[30] Vgl hierzu ausführlich *Geltinger, A./Völkel, M.*, Bewertung von Banken, Besonderheiten der Bankbewertung und Ansätze für eine kapitalwertbasierte Gesamtbanksteuerung (2011) 119 ff.
[31] Die Feststellung des deutschen Komikers *Karl Valentin*, „Prognosen sind schwierig, besonders wenn sie die Zukunft betreffen", trifft bei der Planung der Risikovorsorge auf Grund der komplexen Einflussgrößenstruktur in einem ganz besonders hohem Maße zu.

Regelmäßig liegen beim Bewertungsobjekt keine detaillierten Steuerplanungen vor, so dass es häufig notwendig ist, dass sich der Bewerter selbst über eine plausible Plan-Steuerquote ein Bild macht. Da insbesondere bei international agierenden Banken auch regionenspezifische Besteuerungen zB von Ergebnissen ausländischer Beteiligungen oder ausländischer Niederlassungen, sofern es sich dabei um eigenständige Steuersubjekte handelt, im anzusetzenden Plan-Steuersatz zu berücksichtigen sind, erscheint es sinnvoll, hierzu Steuerexperten hinzuzuziehen.

Die Frage der adäquaten Bewertung möglicherweise bestehender gewerbesteuerlicher und köperschaftsteuerlicher Verlustvorträge im Rahmen von Unternehmensbewertungen ist von erheblicher praktischer Bedeutung und theoretisch sehr anspruchsvoll,[32] dürfte aber bei der Bewertung von Banken angesichts der oftmals verlustreichen Krisen- und Nachkrisenjahre regelmäßig eine größere Rolle als üblich spielen. Da steuerliche Verlustvorträge häufig über den Planungshorizont hinaus genutzt werden können, bietet es sich an, diese mit dem Barwert ihres steuerlichen Vorteils isoliert zu bewerten und dem Ertragswert des Bewertungsobjektes (ermittelt unter dem dann pauschalierten Normalsteuersatz) entsprechend aufzuschlagen.

Der Steueraufwand weist zwar theoretisch hohe Anforderungen an den Planenden und den Plausibilisierenden auf, ist aber, sofern theoretisch sauber durchgeführt, mit relativ wenig Planungsunsicherheiten belastet und somit grundsätzlich keine kritische Größe der Wertermittlung. Da der Steueraufwand das ausschüttungsfähige Ergebnis aber regelmäßig signifikant reduziert,[33] sollte dieser Posten in Qualität der Ansatzgenauigkeit und Plausibilisierung gegenüber den operativen Bestandteilen des Betriebsergebnisses nicht verlieren.

3. Bewertung von Banken im Regelungskleid „Basel III"

3.1. Regulierte Transformation geplanter Betriebsergebnisse in Free Cashflows an die Anteilseigner

Hat sich der Bewerter einer Bank von der Plausibilität der vorgelegten Plan-Betriebsergebnisrechnung überzeugt bzw hat er etwaige Unplausibilitäten durch geeignete Modifikationen beseitigt, so dient diese Planungsrechnung als Basis für die Überleitung auf die bewertungsrelevanten Free Cashflows an die Anteilseigner.

Die Überleitung (Transformation) hat das Ziel, die Plan-Ergebnisrechnung, also die geplanten Jahresüberschüsse, in ausschüttungsfähige Zahlungsströme zu transferieren, um diese dann anschließend auf den Bewertungsstichtag abzuzinsen, woraus sich der Ertragswert der zu bewertenden Bank berechnet (vgl Abbildung 2).

---

32 Vgl zur Bewertung von Verlustvorträgen ausführlich *Drukarcyk, J.*, Unternehmensbewertung⁴ (2003), 478 ff.
33 So zB ermittelt aktuell Damodaran eine pauschalierte Durchschnittssteuerbelastung für Unternehmen in Deutschland in Höhe von 29.65 % und für Unternehmen in Österreich in Höhe von 25.00 %; vgl hierzu: Corporate Marginal Tax Rates – By country, Stand: Januar 2016, Analysen der NYU Stern.

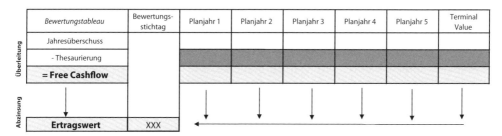

Abbildung 2: Grundkonzeption der Überleitung geplanter Jahresüberschüsse auf diskontierungsfähige Free Cashflows

Die wichtigste Rolle bei der Transformation der geplanten Jahresüberschüsse in Free Cashflows an die Anteilseigner spielen regulatorische Vorschriften, die Banken zu beachten haben und die häufig ihr Ausschüttungspotential und das Thesaurierungsverhalten determinieren. Dabei ist zu beachten, dass eine Bank aus dem erzielten Jahresüberschuss nur den Teil ausschütten kann (darf), der zur Erfüllung der regulatorischen Anforderungen nicht benötigt wird. Die determinierenden regulatorischen Vorschriften finden sich dabei im Wesentlichen in den Inhalten der sogenannten Basel-III-Reformen.

Mit Veröffentlichung der beiden Dokumente „Basel III: Ein globaler Regulierungsrahmen für widerstandsfähigere Banken und Banksysteme"[34] sowie „Basel III: Internationale Rahmenvereinbarungen über Messung, Standards und Überwachung in Bezug auf das Liquiditätsrisiko"[35] hat der Basler Ausschuss die Inhalte der Basel III-Reformen ausformuliert vorgelegt. Mit den Reformen wurde das Ziel verfolgt, die während der Finanz- und Wirtschaftskrise offensichtlich gewordenen Schwächen der 2004 unter dem Stichwort „Basel II" veröffentlichten Anpassungen des ersten Basler Akkords (veröffentlicht 1988) durch neue, strengere Regulierungen zu beheben.[36] Auf europäischer Ebene wurde Basel III durch die EU-Kommission in Form eines Gesetzespakets, bestehend aus einer Richtlinie (Capital Requirement Directive, CRD IV)[37] und einer Verordnung (Capital Require-

---

[34] Vgl Baseler Ausschuss für Bankenaufsicht: Basel III: Ein globaler Regulierungsrahmen für widerstandsfähigere Banken und Bankensysteme, Basel 2010, abrufbar unter: http://www.bis.org/publ/bcbs189_de.pdf. Dieses Dokument wurde im Juni 2011 einer Überarbeitung unterzogen und als „revised edition June 2011" veröffentlicht. Die Überarbeitung beinhaltet ausschließlich die Anpassung eines Gewichtungsfaktors für die Berechnung des Kontrahentenrisikos bei CCC-gerateten Kontrahenten von 18 % auf 10 %, vgl Stephan Breitenkamp, S./Schöning, S., Unternehmensbewertung von Banken, Eine Analyse der Auswirkungen der neuen aufsichtsrechtlichen Regeln für Banken („Basel III"), in: Schriften der wissenschaftlichen Hochschule Lahr, Nr 38, 26.

[35] Vgl Baseler Ausschuss für Bankenaufsicht: Basel III: Internationale Rahmenvereinbarungen über Messung, Standards und Überwachung in Bezug auf das Liquiditätsrisiko, Basel 2010, abrufbar unter: http://www.bis.org/publ/bcbs188_de.pdf.

[36] Vgl Breitenkamp, S./Schöning, S. Unternehmensbewertung von Banken, Eine Analyse der Auswirkungen der neuen aufsichtsrechtlichen Regeln für Banken („Basel III"), in: Schriften der wissenschaftlichen Hochschule Lahr, Nr 38, 26.

[37] „Capital Requirements Directive" (CRD): Die Richtlinie enthält neben den bestehenden Regelungen wie den Voraussetzungen zur Ausübung des Bankgeschäfts, der Niederlassungs- und Dienstleistungsfreiheit und den Grundsätzen der Bankenaufsicht auch neue Regelungen zur Corporate Governance, zu Sanktionen und zum Aufbau von Kapitalpuffern, vgl CRD IV/CRR, Meilensteine der Finanzmarktregulierung, Informationsschrift von Ernst & Young, 2013, 3.

ments Directive, CRR)[38] umgesetzt. Die Richtlinie (2013/36/EU) und die Verordnung (EU Nr 575/2013) werden zusammengefasst häufig als „CRD-IV-Paket" bezeichnet.

Die Verordnung (CRR) ist unmittelbar in Deutschland geltendes Recht und wurde nicht – wie sonst üblich – durch ein Transformationsgesetz in deutsches Recht umgesetzt. Ihre Geltung wird in § 1a Kreditwesengesetz (KWG) für Deutschland vorgeschrieben. Daher mussten sowohl im KWG als auch in weiteren Gesetzen und Rechtsverordnungen die der CRR widersprechenden oder entgegenstehenden nationalen Vorschriften entfernt werden.[39] Die CRR ist seit dem 1. Januar 2014 in Kraft.

Mit der CRR als Verordnung entfällt der Spielraum für nationale Auslegungen und ein großer Teil der bestehenden nationalen Wahlrechte verliert an Gültigkeit. Durch dieses „Single Rule Book" soll das Hinzufügen von nationalen Anforderungen unterbunden werden, damit ein möglicher Regulierungswettlauf („Gold Plating") vermieden wird. Die CRD IV als Richtlinie gestattet dagegen weiterhin nationale Ermessensspielräume, da sie wie bislang auch in das jeweilige nationale Recht der Mitgliedstaaten integriert werden muss.[40]

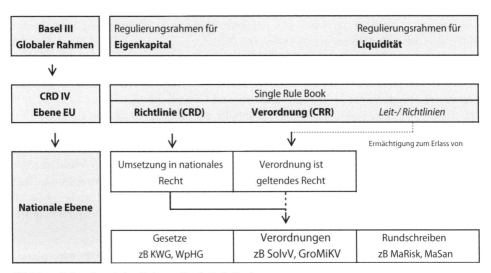

Abbildung 3: Regulatorischer Rahmen Single Rule Book

---

38 „Capital Requirements Regulation" (CRR): Die CRR ist eine Verordnung, die ab dem Zeitpunkt des Inkrafttretens für alle Kreditinstitute und Wertpapierunternehmen des Europäischen Wirtschaftsraums unmittelbar rechtsbindend ist. Inhaltlich umfasst die CRR vor allem die zuvor in der CRD III geregelten Eigenkapital- und Großkreditanforderungen, ferner eine überarbeitete Definition des Eigenmittelbegriffs und höhere Kapitalquoten, neue Liquiditätskennziffern, eine Verschuldungsquote sowie verschärfte Vorgaben zum Kontrahentenrisiko, vgl CRD IV/CRR, Meilensteine der Finanzmarktregulierung, Informationsschrift von Ernst & Young, 2013, 3.

39 Dies erfolgte durch das „Gesetz zur Umsetzung der Richtlinie 2013/36/EU über den Zugang zur Tätigkeit von Kreditinstituten und die Beaufsichtigung von Kreditinstituten und Wertpapierfirmen und zur Anpassung des Aufsichtsrechts an die Verordnung (EU) Nr 575/2013 über Aufsichtsanforderungen an Kreditinstitute und Wertpapierfirmen (CRD IV-Umsetzungsgesetz)". So erfolgte eine Neufassung der Solvabilitätsverordnung (SolvV) sowie der Großkredit- und Millionenkreditverordnung (GroMiKV). In § 64r KWG sind wichtige Übergangsvorschriften zur CRD IV-Umsetzung enthalten.

40 Vgl CRD IV/CRR, Meilensteine der Finanzmarktregulierung, Informationsschrift von Ernst & Young, 2013, 5.

Die für die Bewertungen von Banken wesentlichsten Inhalte der Basel-III-Reformen sollen im Folgenden skizziert werden.

3.2. Qualitative und quantitative Anforderungen an die anrechenbaren Eigenmittel

3.2.1. Qualitative Anforderungen

Gemäß Basel III wird im Rahmen der regulatorischen Eigenmittel einer Bank[41] grundsätzlich zwischen dem Kernkapital (Going-Concern-Kapital) und dem Ergänzungskapital (Gone-Concern-Kapital) unterschieden.[42]

Der Begriff „Going-Concern-Kapital" deutet bereits darauf hin, dass das Kernkapital die Aufgabe hat, Verluste auszugleichen und den Fortbestand der Geschäftstätigkeit sicherzustellen.[43] Laut dem Basler Ausschuss für Bankenaufsicht wies das Bankensystem bei Ausbruch der Krise weltweit ein nur ungenügendes Niveau von Eigenkapital hoher Qualität sowie Divergenzen bei der Definition von Eigenkapital in den verschiedenen Ländern auf. Ein zentrales Element der neuen Definition von Eigenkapital unter Basel III ist deswegen, dass mehr Gewicht auf das harte Kernkapital gelegt wird, die qualitativ höchststehende Komponente des Eigenkapitals einer Bank.[44]

Das Kernkapital teilt sich in das harte Kernkapital (Core Tier 1, CET1) und das zusätzliche Kernkapital (Additional Tier 1), wobei das harte Kernkapital den regulatorischen Eigenmitteln der höchsten Qualitätskategorie entspricht und sich in Bezug auf Verlustabsorption durch unbefristete Verfügbarkeit auszeichnet.[45]

Zum harten Kernkapital einer Aktiengesellschaft zählen von der Bank ausgegebene Stammaktien, welche die Klassifizierungskriterien für Stammaktien für aufsichtliche Zwecke erfüllen (bzw die entsprechenden Kriterien für Nichtaktiengesellschaften), Aktienagio (Aktienaufgeld) aus der Ausgabe von Instrumenten, die Teil des harten Kernkapitals sind, einbehaltene Gewinne, kumulierte sonstige dem Gesamtergebnis zugerechnete Erträge und sonstige offengelegte Rücklagen, Stammaktien, die von konsolidierten Tochtergesellschaften der Bank ausgegeben wurden und von Dritten gehalten werden (Minderheitsbeteiligung) und die die Kriterien für die Anrechnung an das harte Kernkapital erfüllen sowie bei der Ermittlung des harten Kernkapitals angewandte regulatorische

---

41 Der Baseler Ausschuss für Bankenaufsicht subsumiert in diesem Zusammenhang unter den Begriff „Bank" Banken, Bankkonzerne oder andere Gruppierungen (zB aufsichtsrechtlich konsolidierungspflichtige Holdinggesellschaften), deren Kapital gemessen wird; vgl Baseler Ausschuss für Bankenaufsicht: Basel III: Ein globaler Regulierungsrahmen für widerstandsfähigere Banken und Bankensysteme, Basel 2010, Tz 51.
42 Vgl Baseler Ausschuss für Bankenaufsicht: Basel III: Ein globaler Regulierungsrahmen für widerstandsfähigere Banken und Bankensysteme, Basel 2010, Tz 49.
43 Vgl *Noack, T./Cremers, H./Mala, J.*, Neue regulatorische Konzepte der Bankenaufsicht und ihre Auswirkungen auf die Gesamtbanksteuerung, in: Frankfurt School – Working Paper Series No 212, Frankfurt aM 2014, 27.
44 Baseler Ausschuss für Bankenaufsicht: Basel III: Ein globaler Regulierungsrahmen für widerstandsfähigere Banken und Bankensysteme, Basel 2010, Tz 48.
45 Vgl *Noack, T./Cremers, H./Mala, J.*, Neue regulatorische Konzepte der Bankenaufsicht und ihre Auswirkungen auf die Gesamtbanksteuerung, in: Frankfurt School – Working Paper Series No 212, Frankfurt aM 2014, 27.

Anpassungen.[46] Diese Instrumente müssen zudem einen Kriterienkatalog aus 14 Punkten erfüllen, wobei eines der wichtigsten Kriterien darin besteht, dass es sich um eine zeitlich unbegrenzte Kapitalbereitstellung handelt.[47]

Neben dem harten Kernkapital kann das zusätzliche Kernkapital (Additional Tier 1) als Teil des Kernkapitals aufsichtlich anerkannt werden. Instrumente des zusätzlichen Kernkapitals müssen zum Beispiel nachrangig sein, eine befristete Dauer haben, die Annullierung von Dividenden und Kuponzahlungen soll im Ermessen des jeweiligen Instituts liegen, wobei diese stets aus ausschüttungsfähigen Positionen zu bezahlen sind.[48] Für Kapitalinstrumente, die als zusätzliches Kernkapital anerkannt werden, wurden ebenfalls 14 Qualifikationskriterien erstellt.[49] Gemeinsam mit dem harten Kernkapital bildet das zusätzliche Kernkapital das „Going-Concern-Kapital", welches Verluste absorbieren und Insolvenzen vermeiden soll.

Das Ergänzungskapital (Tier 2) oder auch „Gone-Concern-Kapital" erfüllt den Zweck, bei Nichtfortführung des Betriebes Verluste aufzufangen.[50] Das Ergänzungskapital muss unter anderem als nachrangig gelten, eine Mindestlaufzeit von fünf Jahren ohne jegliche Kündigungsanreize der Bank haben und darf durch diese nicht selbst refinanziert oder besichert sein.[51] Die noch unter Basel II zur Abdeckung der Marktpreisrisiken und den Eigenmitteln zurechenbaren Drittrangmittel dürfen nicht mehr zur Risikoabdeckung herangezogen werden.[52] Unter Basel III findet sich ein Katalog aus neun Kriterien, der die Mindestanforderungen an Kapitalinstrumente des Ergänzungskapitals definiert.[53]

Neben den oben skizzierten Anforderungen an die Anrechenbarkeit von Kapitalinstrumenten zu den regulatorischen Eigenmitteln von Banken, die im Regelungskleid unter komplexen Übergangsvorschriften je nach Posten bis 2021 vollständig umzusetzen sind,[54] wurden durch Basel III auch die Anforderungen an die Abzugs- und Korrekturposten (prudential filters) verschärft. Wichtige Abzugsposten sind zum Beispiel imma-

---

46 Vgl Baseler Ausschuss für Bankenaufsicht: Basel III: Ein globaler Regulierungsrahmen für widerstandsfähigere Banken und Bankensysteme, Basel 2010, Tz 52 und 53.
47 Vgl zum gesamten Kriterienkatalog: Baseler Ausschuss für Bankenaufsicht: Basel III: Ein globaler Regulierungsrahmen für widerstandsfähigere Banken und Bankensysteme, Basel 2010, Tz 55.
48 Vgl *Noack, T./Cremers, H./Mala, J.*, Neue regulatorische Konzepte der Bankenaufsicht und ihre Auswirkungen auf die Gesamtbanksteuerung, in: Frankfurt School – Working Paper Series No 212, Frankfurt aM 2014, 28.
49 Vgl Baseler Ausschuss für Bankenaufsicht: Basel III: Ein globaler Regulierungsrahmen für widerstandsfähigere Banken und Bankensysteme, Basel 2010, Tz 54.
50 Vgl Baseler Ausschuss für Bankenaufsicht: Basel III: Ein globaler Regulierungsrahmen für widerstandsfähigere Banken und Bankensysteme, Basel 2010, Tz 58.
51 Vgl *Noack, T./Cremers, H./Mala, J.*, Neue regulatorische Konzepte der Bankenaufsicht und ihre Auswirkungen auf die Gesamtbanksteuerung, in: Frankfurt School – Working Paper Series No 212, Frankfurt aM 2014, 28.
52 Vgl Baseler Ausschuss für Bankenaufsicht: Basel III: Ein globaler Regulierungsrahmen für widerstandsfähigere Banken und Bankensysteme, Basel 2010, Tz 9.
53 Vgl Baseler Ausschuss für Bankenaufsicht: Basel III: Ein globaler Regulierungsrahmen für widerstandsfähigere Banken und Bankensysteme, Basel 2010, Tz 58.
54 Vgl hierzu die Poster-Präsentation: BearingPoint: CRR/ CRD IV (Basel III) – Stärkung der Widerstandsfähigkeit des Bankensektors, zu bestellen auf der Homepage von BearingPoint unter http://www.bearingpoint.com/de-de/adaptive-thinking/insights/poster-basel-iii. Dort finden sich auch Erläuterungen zu den in diesem Beitrag nicht näher erläuterten Regelungen für das Kontrahentenrisiko sowie zu den unter Basel III neuen Liquiditätskennzahlen Liquidity Coverage Ratio (LCR) und Net Stable Funding Ratio (NSFR).

terielle Vermögenswerte (inklusive Goodwill) und latente Steuern. Dabei erfolgt der Abzug meist nur noch vom harten Kernkapital. Die Übergangsregelungen sehen eine schrittweise Erhöhung der Abzüge bis 2018 vor.[55]

Die oben erläuterten Anforderungen an die Eigenmittel von Banken bilden den qualitativen Regelungsrahmen zur Ableitung der Free Cashflows an die Anteilseigner aus dem erzielten Jahresüberschuss. Operationalisiert werden die quantitativen Anforderungen im Rahmen von vorgegebenen Kapital- und Verschuldungsquoten, die im Folgenden erläutert werden.

3.2.2. Quantitative Anforderungen

Mit den Basel III-Reformen ging auch eine Verschärfung der Anforderungen an die Eigenkapitalquote von Banken (EK-Quote) einher, wobei die Neuregelungen schrittweise bis 2019 eingeführt werden.

Die grundsätzliche Definition der relevanten Eigenkapitalquoten (Eigenmittelquoten, abgekürzt: EK-Quote) stellt sich dabei wie folgt dar:[56]

$$\text{EK-Quote} = \frac{(\text{Eigenkapital})}{(\text{Kreditrisiko} + \text{Marktrisiko} + \text{operationalles Risiko})} \geq \text{Mindestquote}$$

Im Zähler der Kapitalquote steht stets das entsprechende Eigenkapital, je nach Bezug entweder eine Form des Kernkapitals oder die gesamten Eigenmittel als Summe aus Kern- und Ergänzungskapital.

Im Nenner der Solvabilitätskennzahl steht die Summe der jeweiligen Anrechnungsbeträge für das Kredit-, Markt- und operationelle Risiko, die sogenannten Risikopositionen. Der Nenner wird in der Literatur, aber auch in Geschäftsberichten oder internen Reports der Banken häufig auch nur als Risk Weighted Assets (RWA) abgekürzt und meint dann die Gesamtheit der Risikopositionen. Risikopositionen, die von den Eigenmitteln bereits abgezogen wurden, brauchen nach Art. 113 CRR bei den Risikopositionen nicht mehr berücksichtigt zu werden.

Grob soll an dieser Stelle zu den Bestandteilen der RWA erläutert werden, dass das *Kreditrisiko* eine Messzahl für das risikogewichtete bilanzielle, außerbilanzielle, derivative und vorleistungsbezogene Adressausfallrisiko einer Bank darstellt, wobei dieses entweder über einen auf externe Ratings gestützten Standardansatz (Kreditrisikostandardansatz, KSA) oder mit Hilfe eines Ansatzes, der auf internen Ratings basiert (Internal Rating Based Approach, IRBA) und sich aufgliedert in einen Basisansatz (Basis-IRBA) und einen fortgeschrittenen Ansatz (fortgeschrittener IRBA), ermittelt werden kann.[57]

---

55 Vgl hierzu sehr übersichtlich: *Fleer, S.*, Basel III: Die neuen Eigenmittel Abzugsposten, 2015, abrufbar unter: http://www.vividbanking.com/basel-iii-die-neuen-eigenmittel-abzugsposten.
56 Vgl Poster-Präsentation BearingPoint: CRR/ CRD IV (Basel III) – Stärkung der Widerstandsfähigkeit des Bankensektors.
57 Vgl *Noack, T./Cremers, H./Mala, J.*, Neue regulatorische Konzepte der Bankenaufsicht und ihre Auswirkungen auf die Gesamtbanksteuerung, in: Frankfurt School – Working Paper Series No 212, Frankfurt aM 2014, 19 f.

Das *Marktrisiko* (oder auch die *Marktpreisrisiken*) sind als Fremdwährungs-, Aktienkurs- und Zinsänderungsrisiken definiert. Zur aufsichtsrechtlichen Quantifizierung können die Banken grundsätzlich zwischen der Berechnung mit einem von der Bankaufsicht vorgegebenen Standardmodell und der Verwendung von bankinternen Modellen, die meist auf Value-at-Risk-Ansätzen basieren, wählen.[58]

Operationelle Risiken stellen die Gefahr von Verlusten dar, die infolge der Unangemessenheit von internen Verfahren, Menschen, Systemen oder auf Grund exogener Ereignisse eintreten, wobei gemäß der Legaldefinition Reputationsrisiken oder strategische Risiken ausgeschlossen sind.[59]

Im Rahmen dieses Artikels soll nicht auf Einzelheiten der Risikopositionen und deren Ermittlung eingegangen werden.[60] Für den Bewerter einer Bank ist bei der Konzeptionierung eines adäquaten Bewertungsmodells aber wichtig, dass er Kenntnis über die unter Basel III definierten Mindestkapitalquoten und deren Übergangsregelungen besitzt, um die Transformation der Betriebsergebnisrechnung in wertrelevante Free Cashflows an die Anteilseigner sachgerecht modellieren zu können. Die Neuregelungen stellen sich in diesem Zusammenhang äußerst komplex dar, wie Abbildung 4 zum Ausdruck bringt.

---

[58] Vgl *Noack, T./Cremers, H./Mala, J.*, Neue regulatorische Konzepte der Bankenaufsicht und ihre Auswirkungen auf die Gesamtbanksteuerung, in: Frankfurt School – Working Paper Series No 212, Frankfurt aM 2014, 19.

[59] Vgl *Noack, T./Cremers, H./Mala, J.*, Neue regulatorische Konzepte der Bankenaufsicht und ihre Auswirkungen auf die Gesamtbanksteuerung, in: Frankfurt School – Working Paper Series No 212, Frankfurt aM 2014, 19.

[60] Für einen praxisorientierten Einblick hierzu wird empfohlen: *Fischer, F.*, Allgemeine Bankbetriebswirtschaft: Sicher durch die Zwischen- und Abschlussprüfung zum geprüften Bankfachwirt[7] (2014), hier insbesondere 13 ff sowie die dazugehörigen Aufgaben S 51 ff.

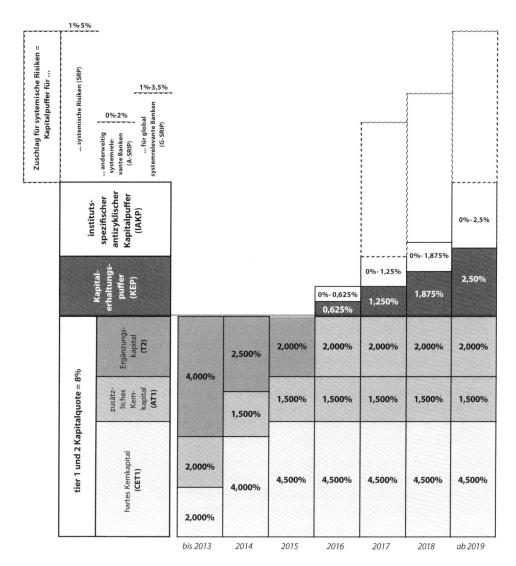

Abbildung 4: Mindest-Eigenkapitalquoten im Kontext Basel III[61, 62]

---

61 In Anlehnung an: Poster-Präsentation BearingPoint: CRR/ CRD IV (Basel III) – Stärkung der Widerstandsfähigkeit des Bankensektors. Auf Basis der Ausführungen unter § 10e KWG wird – anders als in der Poster-Präsentation von BearingPoint – der Kapitalpuffer für systemische Risiken nicht von 0 %–5 % angesetzt, sondern von 1 %–5 %. In § 10e KWG heißt es: „Seine (Anm: Kapitalpuffer für systemische Risiken) Quote beträgt mindestens 1,0 Prozent bezogen auf die risikogewichteten Positionswerte dieser Risikopositionen, die in den nach Artikel 92 Absatz 3 Verordnung (EU) Nr. 575/2013 zu berechnenden Gesamtforderungsbetrag einfließen und die Quote wird von der Bundesanstalt in Schritten von 0,5 Prozentpunkten festgesetzt."
62 Die Transformation der Basel-III-Eigenkapitalreformen in nationales Recht findet sich im deutschen Kreditwesengesetz (KWG) unter §§ 10c–i.

Wie Abbildung 4 zu entnehmen ist, beträgt die Gesamteigenmittelquote (Gesamtkennziffer), also die Summe aus hartem Kernkapital (CET1), zusätzlichem Kernkapital (AT1) und Ergänzungskapital (T2) ohne zusätzliche Kapitalpuffer 8 %, allerdings verändert sich die Kapitalkomposition ab dem Jahr 2014 zu Gunsten des höherwertigen CET1-Kapitals. Beträgt der geforderte Mindestanteil des harten Kernkapitals an der Gesamtkennziffer bis 2013 noch 2 %, so steigt dieser bis 2019 auf 4,5 % und bleibt auf diesem Niveau konstant. Die Anteile des zusätzlichen Kernkapitals bzw des Ergänzungskapitals reduzieren sich im gleichen Zeitraum von 2 % auf 1,5 % bzw von 4 % auf 2 %. Ab 2015 müssen (unter Berücksichtigung der Übergangsregelungen) mindestens 6 % der RWA mit Kernkapital unterlegt werden.[63]

„Außerhalb von Stressphasen sollen die Banken Kapitalpolster halten, die über dem regulatorischen Minimum liegen".[64] Neben der bestehenden Mindest-Gesamtkennziffer von 8 % wird auf dieser Forderung basierend ab 2016 sukzessive ein Kapitalerhaltungspuffer (KEP) bis zu 2,5 % der RWA in 2019 eingeführt. Der Kapitalerhaltungspuffer muss vollständig durch hartes Kernkapital (durch verringerte Gewinnausschüttungen oder durchgeführte Kapitalerhöhungen[65]) aufgefüllt werden und dient dem Zweck, in Zeiten wirtschaftlicher Boomphasen für schlechtere Zeiten vorzusorgen, wobei in diesen Phasen den Banken dann erlaubt wird, diesen Puffer adäquat abzubauen.[66]

Auf Grund der (negativen) Erfahrungen aus der Finanzkrise wird neben dem Kapitalerhaltungspuffer ab 2016 noch ein weiterer, institutsspezifischer antizyklischer Kapitalpuffer (Countercyclical Capital Buffer; IAKP) zwischen 0 % und bis zu 2,5 % ab 2019 eingeführt. Diesen Puffer legt die jeweilige nationale Bankenaufsicht ab 2016 für vergebene Kredite des Bankensektors fest. Dabei benennt jedes Mitglied des Basler Ausschusses eine (nationale) Instanz, die zu Entscheidungen in Bezug auf die Höhe des antizyklischen Kapitalpolsters befugt ist.[67] Ziel des antizyklischen Kapitalpuffers ist es, die Kreditvergabe in Zeiten wirtschaftlichen Wachstums zu bremsen und in wirtschaftlich schlechteren Zeiten nicht schrumpfen zu lassen.[68]

Zusätzlich zu den Kapitalpuffern ist ein weiterer Kapitalzuschlag für systemische Risiken in Höhe von bis zu 5 % für Banken, die für den Finanzsektor als systemrelevant definiert werden und über eine im Vergleich zu nicht systemrelevanten Instituten höhere Verlustabsorptionsfähigkeit verfügen sollen, bestimmt.[69] Der Puffer soll bis 2019 stetig

---

63 Vgl Baseler Ausschuss für Bankenaufsicht: Basel III: Ein globaler Regulierungsrahmen für widerstandsfähigere Banken und Bankensysteme, Basel 2010, Tz 50.
64 Vgl Baseler Ausschuss für Bankenaufsicht: Basel III: Ein globaler Regulierungsrahmen für widerstandsfähigere Banken und Bankensysteme, Basel 2010, Tz 123.
65 Vgl *Noack, T./Cremers, H./Mala, J.*, Neue regulatorische Konzepte der Bankenaufsicht und ihre Auswirkungen auf die Gesamtbanksteuerung, in: Frankfurt School – Working Paper Series No 212, Frankfurt aM (2014) 30.
66 Vgl Baseler Ausschuss für Bankenaufsicht: Basel III: Ein globaler Regulierungsrahmen für widerstandsfähigere Banken und Bankensysteme, Basel 2010, Tz 122 ff.
67 Vgl Baseler Ausschuss für Bankenaufsicht: Basel III: Ein globaler Regulierungsrahmen für widerstandsfähigere Banken und Bankensysteme, Basel 2010, Tz 139.
68 Vgl *Noack, T./Cremers, H./Mala, J.*, Neue regulatorische Konzepte der Bankenaufsicht und ihre Auswirkungen auf die Gesamtbanksteuerung, in: Frankfurt School – Working Paper Series No 212, Frankfurt aM 2014, 31 f.
69 Vgl Baseler Ausschuss für Bankenaufsicht: Global systemrelevante Banken: Bewertungsmethodik und Anforderungen an die zusätzliche Verlustabsorptionsfähigkeit, Rahmenregelung, Basel 2011, Tz 73 ff, abrufbar unter: http://www.bis.org/publ/bcbs207_de.pdf.

aufgebaut werden und aus hartem Kernkapital bestehen.[70] Der Zuschlag für systemische Risiken besteht aus drei optionalen Puffern:

- Kapitalpuffer für global systemrelevante Institute (G-SRIP) zwischen 1 % und 3,5 %
- Kapitalpuffer für anderweitig systemrelevante Institute (A-SRIP) zwischen 0 % und 2 %
- Kapitalpuffer für systemische Risiken (SRP) zwischen 1 % und 5 %

Zwischen den Kapitalpuffern für systemische Risiken bestehen Wechselwirkungen. Unterliegt eine Institutsgruppe (eine Bank) auf konsolidierter Basis mehr als einem Puffer, so gilt die jeweils höchste Anforderung. Die Anforderungen der Kapitalpuffer für systemische Risiken sind ebenfalls mit hartem Kernkapital zu befriedigen,[71] was zu zusätzlichen Beschränkungen des Ausschüttungspotentials einer Bank führen kann.

3.3. Anforderungen an die Verschuldungsquote von Banken

Ein fundamentaler Faktor der Finanzkrise war, dass sich im Bankensystem eine hohe bilanzwirksame und außerbilanzielle Verschuldung aufgebaut hatte, wobei in vielen Fällen Banken trotz exzessiver Verschuldungsgrade noch hohe, risikobasierte Eigenkapitalquoten auswiesen. Im Rahmen der Basel-III-Reformen wurde deshalb die Einführung einer sogenannten Leverage Ratio als Höchstverschuldungsgrad umgesetzt. Diese soll vor allem die risikobasierten Eigenmittelanforderungen (vgl Punkt 3.2.) um eine nicht RWA-abhängige und somit nicht risikobasierte Kennzahl ergänzen und die Summe aus bilanzieller und außerbilanzieller Verschuldung der Banken begrenzen.[72]

Die grundsätzliche Definition der Leverage Ratio (LR) stellt sich dabei wie folgt dar:[73]

$$LR = \frac{\text{Kernkapital (tier 1)}}{\text{(Geschäftsvolumen)}} \geq 3\,\%^{74}$$

Das Geschäftsvolumen, welches den Nenner der LR bildet, ist noch nicht endgültig definiert und unter Verwendung der bilanziellen Wertansätze der betreffenden Bank für Engagements zu ermitteln. Zur Sicherstellung der Konsistenz mit der Rechnungslegung sind dabei folgende Grundsätze einzuhalten:[75]

---

70 Vgl *Noack, T./Cremers, H./Mala, J.*, Neue regulatorische Konzepte der Bankenaufsicht und ihre Auswirkungen auf die Gesamtbanksteuerung, in: Frankfurt School – Working Paper Series No 212, Frankfurt aM 2014, 32.
71 Vgl *Noack, T./Cremers, H./Mala, J.*, Neue regulatorische Konzepte der Bankenaufsicht und ihre Auswirkungen auf die Gesamtbanksteuerung, in: Frankfurt School – Working Paper Series No 212, Frankfurt aM 2014, 34.
72 Vgl zur Leverage Ratio im Einzelnen: Vgl Baseler Ausschuss für Bankenaufsicht: Basel III: Ein globaler Regulierungsrahmen für widerstandsfähigere Banken und Bankensysteme, Basel 2010, Tz 151 ff.
73 Vgl Poster-Präsentation BearingPoint: CRR/ CRD IV (Basel III) – Stärkung der Widerstandsfähigkeit des Bankensektors.
74 Die Mindestquote der LR wird noch festgelegt. Die gezeigte Mindestquote von 3 % entspricht einer Empfehlung des Basler Ausschusses für Bankenaufsicht (vgl Baseler Ausschuss für Bankenaufsicht, Bank für Internationalen Zahlungsausgleich: Gruppe der Zentralbankpräsidenten und Leiter der Bankenaufsichtsinstanzen gibt höhere globale Mindestkapitalanforderungen bekannt, Pressemitteilung vom 12. September 2010, 2). Auf Grund der Ergebnisse in einer Beobachtungsphase werden im ersten Halbjahr 2017 eventuelle endgültige Anpassungen an der Definition des relevanten Geschäftsvolumens und Mindestquote vorgenommen, damit die LR per 1. Januar 2018 in Säule 1 integriert werden kann (vgl Baseler Ausschuss für Bankenaufsicht: Basel III: Ein globaler Regulierungsrahmen für widerstandsfähigere Banken und Bankensysteme, Basel 2010, Tz 167.
75 Vgl Baseler Ausschuss für Bankenaufsicht: Basel III: Ein globaler Regulierungsrahmen für widerstandsfähigere Banken und Bankensysteme, Basel 2010, Tz 157.

- Bilanzielle, nicht-derivative Engagements werden abzüglich von Einzelwertberichtigungen und Bewertungsanpassungen angesetzt.
- Die Reduzierung bilanzwirksamer Engagements durch physische oder finanzielle Sicherheiten, Garantien oder erworbene Kreditrisikominderung ist nicht zulässig.
- Die Aufrechnung von Krediten und Einlagen ist nicht zulässig.

Der Zeitplan für die endgültige Einführung der LR stellt sich derzeit wie folgt dar:[76]

- 1.1.2014–30.6.2016: Beobachtungsphase mit vierteljährlicher Meldung (ab 1.1.2015 Offenlegung)
- 1.7.2016–31.10.2016: Vorschlag der Europäischen Bankenaufsichtsbehörde (EBA, European Banking Authority) zur Ausgestaltung der Detailregeln und zur Mindestquote (ggf getrennt nach Bankentyp)
- 1.11.2016–31.12.2016: EU-Rat und EU-Kommission entscheiden, ob es eine Verschuldungsquote geben wird und wie sie ausgestaltet wird.
- ggf ab 1.1.2018: Verschuldungsquote tritt in Kraft bei vorherigem positivem Votum von EU-Rat und EU-Kommission.

Die Leverage Ratio wird, sofern verbindlich eingeführt, neben den Kapitalanforderungen ebenfalls das Ausschüttungspotential beschränken und somit im Rahmen der Bewertung von Banken Relevanz entfalten. In den folgenden Ausführungen, insbesondere im Rahmen der Simulationsrechnungen, wird zur Veranschaulichung der Zusammenhänge die Einführung der LR vorausgesetzt.

3.4. Modellierung von Free Cashflows einer Bank (Beispiel)

In den folgenden Ausführungen wird die iterative Annäherung an ausschüttungsfähige Cashflows an Anteilseigner dargestellt, wobei die Prämisse gesetzt ist, dass ausschließlich qualitative und quantitative Eigenmittelvorschriften sowie die Leverage Ratio aus dem Regelwerk um Basel III den determinierenden Rahmen hierfür darstellen. Nicht unerwähnt soll dabei bleiben, dass beispielsweise die neuen liquiditätsorientierten Vorschriften, operationalisiert in den Kennzahlen Liquidity Coverage Ratio (LCR)[77] und Net Stable Funding Ratio (NSFR) sowie die zukünftig ebenso steuerungsrelevanten Vorschriften bezüglich Minimum Requirement for Eligible Liabilities (MREL) und Total Loss Absorbing Capacity (TLAC)[78] ihre Auswirkungen auf ausschüttungsfähige Gewinne

---

76 Vgl Poster-Präsentation BearingPoint: CRR/ CRD IV (Basel III) – Stärkung der Widerstandsfähigkeit des Bankensektors.
77 LCR gilt als Maß für den Puffer an hochwertigen liquiden Aktiva. Im Falle einer stressbedingten Refinanzierungslücke soll ausreichend Liquidität zur Verfügung stehen. LCR dient der Stärkung des kurzfristigen Liquiditätsprofils eines Instituts. NSFR soll Inkongruenzen zwischen Fristenstrukturen von Aktiv- und Passivgeschäft begrenzen (Goldene Bankregel) und dient der Vermeidung von Refinanzierungslücken jenseits des einmonatigen (kurzfristigen) Zeithorizonts der LCR. Vgl hierzu ausführlich *Breitenkamp, S./Schöning, S.*, Unternehmensbewertung von Banken, Eine Analyse der Auswirkungen der neuen aufsichtsrechtlichen Regeln für Banken („Basel III"), in: Schriften der wissenschaftlichen Hochschule Lahr, Nr 38, 43 ff.
78 Mithilfe der RWA-abhängigen TLAC soll sichergestellt werden, dass global bedeutende Banken im Abwicklungs-/Krisenfall über ausreichend hohes Verlustabsorptionskapital verfügen, um eine geordnete Abwicklung zu gewährleisten – ohne Rückgriff auf eine Unterstützung durch die Steuerzahler und ohne die Stabilität des Finanzsystems als solches zu gefährden. Parallel wird mit den Anforderungen Minimum Requirement for Eligible Liabilities (MREL) in Art 45 der Richtlinie 2014/59/EU vom 15. Mai 2014 zur Festlegung eines Rahmens

entfalten werden und damit die Komplexität des Transformationssystems geplanter Betriebsergebnisse in Free Cashflows an Anteilseigner erhöhen. Auf eine Integration dieser Kennziffern wird im Rahmen dieses Beitrages aus Gründen der Übersichtlichkeit allerdings verzichtet.

Zur Veranschaulichung der Transformationslogik werden folgende Festlegungen getroffen:

- Der Planungshorizont umfasst fünf Jahre (Plan 1 bis Plan 5).
- Vom ersten Planjahr an maßgeblich für das Thesaurierungsverhalten der Bank sind die qualitativen und quantitativen Eigenmittelanforderungen aus dem Regelwerk um Basel III im Zielbild 2019.[79] Konkret wird dabei mit einer CET1-Quote von 4,5 %, einer Kernkapitalquote von 6,0 % sowie einer Gesamtkennziffer von zusätzlich 2,0 % gerechnet. Die CET1-Anforderung wird mit einem Kapitalerhaltungspuffer in Höhe von 2,5 % verstärkt. Andere Kapitalpuffer werden im Rahmen der Beispielsrechnung nicht berücksichtigt.
- Ein- und Ausphasungen von Kapitalinstrumenten bzw Abzugsposten finden ausschließlich im Rahmen des Planungshorizontes statt, sodass das Zielbild „Kapitalstruktur" unter Basel III im Planjahr 5 erreicht wird.
- Die Leverage Ratio (LR) wird als zusätzlich zu beachtende Zielquote herangezogen. Ihre Mindesthöhe soll 3 % betragen, wobei das relevante Geschäftsvolumen mit der Bilanzsumme des Institutes gleichgesetzt wird.

Das relevante Transformationstableau stellt sich vor bewertungstechnischen Eingriffen wie folgt dar:

---

für die Sanierung und Abwicklung von Kreditinstituten und Wertpapierfirmen (Banking Recovery and Resolution Directive – BRRD) auf europäischer Ebene eine nicht ganz vergleichbare, RWA-unabhängige Kennziffer eingeführt, die ebenso dazu führen soll, dass eine hinreichend große Masse an Eigenkapital und sogenannten bail-in-fähigen Verbindlichkeiten zur Verfügung steht, um eine Abwicklung geordnet durchzuführen bzw überhaupt erst zu ermöglichen. Die MREL müssen alle Institute im Anwendungsbereich der BRRD erfüllen – TLAC bezieht sich (noch) auf global systemrelevante Institute. Derzeit liegen noch keine Vorgaben für diese Kennziffern vor. Vgl im Detail hierzu: *Amstler, L./Nagode, F./Enzersdorfer, L*, MREL stellt die Kapitalsituation von Banken auf eine erneute Probe – Neue Herausforderungen für Institute durch die Anforderung MREL, in: banking hub by zeb, März 2016 sowie *Thelen-Pischke, H.*, TLAC und MREL – Zusätzliche Kapitalanforderungen, in: pwc – Regulatory Blog, Dezember 2014.

79 Diese Annahme entspricht im Übrigen der gängigen Praxis. Die überwiegende Mehrheit der Banken greift bei der Formulierung aktueller Zielquoten bereits heute auf das Zielbild 2019 (und oftmals darüber hinaus) zurück und nimmt die Übergangsregelungen nur sehr selektiv in Anspruch. Dieses Verhalten ist vor allem den Anforderungen von Ratingagenturen und generell relevanten Kapitalmarktteilnehmern geschuldet.

Nr.	Mio. EUR	Plan 1	Plan 2	Plan 3	Plan 4	Plan 5
1	**Core Kernkapital**	**4.180**	**4.080**	**4.030**	**3.980**	**3.930**
2	Grundkapital	1.500	1.500	1.500	1.500	1.500
3	Kapitalrücklagen	1.000	1.000	1.000	1.000	1.000
4	Gewinnrücklagen	2.000	2.000	2.000	2.000	2.000
5	**Bewertungstechnische Eingriffe bzgl. Thesaurierung**	**0**	**0**	**0**	**0**	**0**
6	*Kumulierte bewertungstechnische Eingriffe*	*0*	*0*	*0*	*0*	*0*
7	Abzugspositionen	-300	-400	-450	-500	-550
8	Latente Steuern	-20	-20	-20	-20	-20
9	**Sonstiges Kernkapital**	**460**	**1.490**	**1.500**	**1.500**	**1.500**
10	unbefristete stille Einlagen	500	1.500	1.500	1.500	1.500
11	befristete stille Einlagen	20	20	0	0	0
12	Abzugspositionen	-60	-30	0	0	0
13	**Gesamtes Kernkapital**	**4.640**	**5.570**	**5.530**	**5.480**	**5.430**
14	**Ergänzungskapital**	**1.135**	**1.168**	**1.200**	**1.200**	**1.200**
15	Nachrangige Verbindlichkeiten	1.200	1.200	1.200	1.200	1.200
16	Zusätzliches Ergänzungskapital	0	0	0	0	0
17	Sonstige Abzugsposten	-65	-32	0	0	0
18	**Eigenmittel insgesamt**	**5.775**	**6.738**	**6.730**	**6.680**	**6.630**
19	**RWA**	**50.000**	**55.000**	**60.000**	**65.000**	**70.000**
20	**Bilanzsumme**	**170.000**	**200.000**	**240.000**	**260.000**	**270.000**
21	**CET1-Quote**	**8,4%**	**7,4%**	**6,7%**	**6,1%**	**5,6%**
22	*Vorgabe Basel III*	*7,0%*	*7,0%*	*7,0%*	*7,0%*	*7,0%*
23	**Kernkapitalquote**	**9,3%**	**10,1%**	**9,2%**	**8,4%**	**7,8%**
24	*Vorgabe Basel III*	*8,5%*	*8,5%*	*8,5%*	*8,5%*	*8,5%*
25	**Gesamtkennziffer**	**11,6%**	**12,3%**	**11,2%**	**10,3%**	**9,5%**
26	*Vorgabe Basel III*	*10,5%*	*10,5%*	*10,5%*	*10,5%*	*10,5%*
27	**Leverage Ratio**	**3,4%**	**3,4%**	**2,8%**	**2,6%**	**2,5%**
28	*Vorgabe Basel III*	*3,0%*	*3,0%*	*3,0%*	*3,0%*	*3,0%*
29	**Betriebsergebnis nach Steuern**	**300**	**400**	**500**	**550**	**600**
30	notwendige Thesaurierung	0	0	0	0	0
31	**Free Cashflows an Anteilseigner**	**300**	**400**	**500**	**550**	**600**

Abbildung 5: Thesaurierungsplan ohne bewertungstechnische Eingriffe

Wie Abbildung 5 zu entnehmen ist plant die zu bewertende Bank ein relativ aggressives Wachstum der RWA und der Bilanzsumme (vgl Zeile Nr 19 und Zeile N 20). In den Planjahren 1 und 2 werden aber auf Grund einer soliden Kapitalausstattung die Kapitalquotenvorgaben unter Basel III alle erreicht (vgl Zeilennummern 21–26). Erst ab dem Planjahr 3 werden die Kapitalquotenvorgaben verletzt, wobei im Planjahr 3 zuerst die CET1-Quote unter dem Schwellenwert liegt (vgl Zeile Nr 21) und in den Planjahren 4 und 5 alle Kapitalquoten die jeweilgen Schwellenwerte unterschreiten (vgl Zeilennummern 21, 23 und 25).

Ähnlich verhält es sich mit der Leverage Ratio. Aus Zeile Nr 27 ergibt sich, dass nur in den Planjahren 1 und 2 die Basel -II-Vorgabe erreicht werden kann, in den Planjahren 3, 4 und 5 wird der Schwellenwert 3 % teilweise deutlich unterschritten.

Die für das Bewertungsobjekt vorgelegte Planung weist je nach Planjahr Betriebsergebnisse nach Steuern zwischen 300 Mio € und 600 Mio € (vgl Zeile Nr 27) auf. Da aber in einzelnen Planjahren die Basel-III-Vorgaben nicht erreicht werden können, müssen diese über notwendige Thesaurierungen (bewertungstechnische Eingriffe, vgl Zeile Nr 5 und damit korrespondierende Thesaurierungen in Zeile Nr 28) erst noch auf ausschüttungsfähige Beträge, also Free Cashflows an Anteilseigner (vgl Zeile Nr 29), übergeleitet werden.

Nr.	Mio. EUR	Plan 1	Plan 2	Plan 3	Plan 4	Plan 5
1	**Core Kernkapital**	**4.180**	**4.080**	**4.180**	**4.530**	**4.880**
2	Grundkapital	1.500	1.500	1.500	1.500	1.500
3	Kapitalrücklagen	1.000	1.000	1.000	1.000	1.000
4	Gewinnrücklagen	2.000	2.000	2.000	2.000	2.000
5	**Bewertungstechnische Eingriffe bzgl. Thesaurierung**	**0**	**0**	**150**	**400**	**400**
6	*Kumulierte bewertungstechnische Eingriffe*	*0*	*0*	*150*	*550*	*950*
7	Abzugspositionen	-300	-400	-450	-500	-550
8	Latente Steuern	-20	-20	-20	-20	-20
9	**Sonstiges Kernkapital**	**460**	**1.490**	**1.500**	**1.500**	**1.500**
10	unbefristete stille Einlagen	500	1.500	1.500	1.500	1.500
11	befristete stille Einlagen	20	20	0	0	0
12	Abzugspositionen	-60	-30	0	0	0
13	**Gesamtes Kernkapital**	**4.640**	**5.570**	**5.680**	**6.030**	**6.380**
14	**Ergänzungskapital**	**1.135**	**1.168**	**1.200**	**1.200**	**1.200**
15	Nachrangige Verbindlichkeiten	1.200	1.200	1.200	1.200	1.200
16	Zusätzliches Ergänzungskapital	0	0	0	0	0
17	Sonstige Abzugsposten	-65	-32	0	0	0
18	**Eigenmittel insgesamt**	**5.775**	**6.738**	**6.880**	**7.230**	**7.580**
19	**RWA**	**50.000**	**55.000**	**60.000**	**65.000**	**70.000**
20	**Bilanzsumme**	**170.000**	**200.000**	**240.000**	**260.000**	**270.000**
21	**CET1-Quote**	**8,4%**	**7,4%**	**7,0%**	**7,0%**	**7,0%**
22	*Vorgabe Basel III*	*7,0%*	*7,0%*	*7,0%*	*7,0%*	*7,0%*
23	**Kernkapitalquote**	**9,3%**	**10,1%**	**9,5%**	**9,3%**	**9,1%**
24	*Vorgabe Basel III*	*8,5%*	*8,5%*	*8,5%*	*8,5%*	*8,5%*
25	**Gesamtkennziffer**	**11,6%**	**12,3%**	**11,5%**	**11,1%**	**10,8%**
26	*Vorgabe Basel III*	*10,5%*	*10,5%*	*10,5%*	*10,5%*	*10,5%*
27	**Leverage Ratio**	**3,4%**	**3,4%**	**2,9%**	**2,8%**	**2,8%**
28	*Vorgabe Basel III*	*3,0%*	*3,0%*	*3,0%*	*3,0%*	*3,0%*
29	**Betriebsergebnis nach Steuern**	**300**	**400**	**500**	**550**	**600**
30	*notwendige Thesaurierung*	*0*	*0*	*-150*	*-400*	*-400*
31	**Free Cashflows an Anteilseigner**	**300**	**400**	**350**	**150**	**200**

Abbildung 6: Thesaurierungsplan mit bewertungstechnischen Eingriffen zur Erreichung der geforderten Eigenmittelquoten

Abbildung 6 zeigt den Thesaurierungsplan mit den notwendigen bewertungstechnischen Eingriffen, um die von Basel III geforderten Kapitalquoten über den gesamten Planungszeitraum sicherstellen zu können.

Um diese Kapitalquoten zu erreichen sind demnach Thesaurierungen aus dem laufenden Gewinn in den Planjahren 3, 4 und 5 zwischen 150 Mio € und 450 Mio € notwendig (vgl Zeile Nr 5), woraus sich über den gesamten Planungshorizont eine kumulierte Thesaurierung in Höhe von 950 Mio € ergibt (vgl Zeile Nr 6).

Bewertung von Banken

Die bewertungstechnischen Eingriffe ergeben nun in allen Planjahren eine Erfüllung der relevanten Kapitalquoten nach Basel III (vgl Zeilennummern 21 bis 26), verringern aber die ausschüttungsfähigen Beträge und somit die Free Cashflows an die Anteilseigner in den betreffenden Planperioden entsprechend (vgl Zeile Nr 28 und Zeile Nr 29).

Die bewertungstechnischen Eingriffe zur Erreichung der Mindest-Kapitalquoten können aber noch nicht verhindern, dass die Leverage Ratio in den Planjahren 3, 4 und 5 den Schwellenwert von 3 % verfehlt (vgl Zeile Nr 27), so dass mit Blick auf den von Basel III geforderten Höchst-Verschuldungsgrad weitere Thesaurierungen notwendig sind.

Nr.	Mio. EUR	Plan 1	Plan 2	Plan 3	Plan 4	Plan 5
1	**Core Kernkapital**	**4.180**	**4.080**	**4.430**	**4.980**	**5.330**
2	Grundkapital	1.500	1.500	1.500	1.500	1.500
3	Kapitalrücklagen	1.000	1.000	1.000	1.000	1.000
4	Gewinnrücklagen	2.000	2.000	2.000	2.000	2.000
5	**Bewertungstechnische Eingriffe bzgl. Thesaurierung**	**0**	**0**	**400**	**600**	**400**
6	**Kumulierte bewertungstechnische Eingriffe**	**0**	**0**	**400**	**1.000**	**1.400**
7	Abzugspositionen	-300	-400	-450	-500	-550
8	Latente Steuern	-20	-20	-20	-20	-20
9	**Sonstiges Kernkapital**	**460**	**1.490**	**1.500**	**1.500**	**1.500**
10	unbefristete stille Einlagen	500	1.500	1.500	1.500	1.500
11	befristete stille Einlagen	20	20	0	0	0
12	Abzugspositionen	-60	-30	0	0	0
13	**Gesamtes Kernkapital**	**4.640**	**5.570**	**5.930**	**6.480**	**6.830**
14	**Ergänzungskapital**	**1.135**	**1.168**	**1.200**	**1.200**	**1.200**
15	Nachrangige Verbindlichkeiten	1.200	1.200	1.200	1.200	1.200
16	Zusätzliches Ergänzungskapital	0	0	0	0	0
17	Sonstige Abzugsposten	-65	-32	0	0	0
18	**Eigenmittel insgesamt**	**5.775**	**6.738**	**7.130**	**7.680**	**8.030**
19	**RWA**	**50.000**	**55.000**	**60.000**	**65.000**	**70.000**
20	**Bilanzsumme**	**170.000**	**200.000**	**240.000**	**260.000**	**270.000**
21	**CET1-Quote**	**8,1%**	**7,4%**	**7,4%**	**7,7%**	**7,6%**
22	Vorgabe Basel III	7,0%	7,0%	7,0%	7,0%	7,0%
23	**Kernkapitalquote**	**9,3%**	**10,1%**	**9,9%**	**10,0%**	**9,8%**
24	Vorgabe Basel III	8,5%	8,5%	8,5%	8,5%	8,5%
25	**Gesamtkennziffer**	**11,6%**	**12,3%**	**11,9%**	**11,8%**	**11,5%**
26	Vorgabe Basel III	10,5%	10,5%	10,5%	10,5%	10,5%
27	**Leverage Ratio**	**3,4%**	**3,4%**	**3,0%**	**3,0%**	**3,0%**
28	Vorgabe Basel III	3,0%	3,0%	3,0%	3,0%	3,0%
29	**Betriebsergebnis nach Steuern**	**300**	**400**	**500**	**550**	**600**
30	notwendige Thesaurierung	0	0	-400	-600	-400
31	**Free Cashflows an Anteilseigner**	**300**	**400**	**100**	**-50**	**200**

Abbildung 7: Thesaurierungsplan mit bewertungstechnischen Eingriffen zur Erreichung des geforderten Verschuldungsgrades

Abbildung 7 zeigt nun eine Thesaurierungsplanung, die sowohl die nach Basel III notwendigen Mindestquoten für die Eigenmittel wie auch den Schwellenwert für den nach Basel III vorgegebenen Verschuldungsgrad herstellt. Im Prüffeld des Planungstableaus sind nun alle Daumen nach oben gerichtet (vgl Zeilennummern 21 bis 27), sodass die simultane Ergebnis- und Kapitalplanung nun als Basel-III-konform in den nächsten Schritt der Ertragswertermittlung, der Kapitalwertberechnung, übergehen kann.

Um die umfassende Basel-III-Konformität darzustellen, waren letztendlich bewertungstheoretische Thesaurierungen in Höhe von insgesamt 1.400 Mio € notwendig (vgl Zeile Nr 6), so dass die Herstellung der notwendigen Leverage Ratio noch einmal Thesaurierungen in Höhe von 450 Mio EUR „gekostet" hat. Dieser erhöhte Thesaurierungsbedarf schlägt sich konsequenterweise auch mindernd auf die Free Cashflows an die Anteilseigner (vgl Zeile Nr 29) nieder, wobei im Planjahr 4 sogar eine Kapitalerhöhung in Höhe von 50 Mio € notwendig geworden ist, weil das laufende Betriebsergebnis nach Steuern nicht ausreicht, um den Bedarf an zusätzlichem Eigenkapital zu decken.

3.5. Ableitung des Ertragswertes einer Bank

Hat der Bewerter erst einmal Basel-III-konforme Free Cashflows an die Anteilseigner hergestellt, so sind diese auf den Bewertungsstichtag abzuzinsen, um den Ertragswert der Bank zu ermitteln. Dabei folgt diese Diskontierung der üblichen Kapitalwertformel:

$$EW = \left(\sum_{p=1}^{n} \frac{FCF(p)}{(1+i)^p} \right) + TV$$

wobei

$$TV = \frac{FCF(n+1) \times (1+g)}{(i-g) \times (1+i)^n}$$

Dabei bezeichnen:
EW = Ertragswert
p = Planperiode
FCF (p) = Free Cashflow an die Anteilseigner der Planperiode p
FCF (n +) = als nachhaltig erzielbar erachteter Free Cashflow an Anteilseigner[80]
i = risikoadäquater Kapitalisierungszinssatz
P = Planperioden 1 bis n
TV = Terminal Value
g = Wachstumsfaktor (Gordon Growth)

Der Kapitalisierungszinssatz ermittelt sich im für alle Unternehmensbewertungen üblichen Capital Asset Pricing Model (CAPM) wie folgt:[81]

$$i = r + (MRP) \times Beta$$

---

[80] Vgl zu den diversen Methoden der Herleitung des als nachhaltig erzielbar erachteten Free Cashflows: *Geltinger, A./Völkel, M.*, Bewertung von Banken, Besonderheiten der Bankbewertung und Ansätze für eine kapitalwertbasierte Gesamtbanksteuerung, Stuttgart 2011, 56 ff.

[81] Vgl zur Herleitung der einzelnen CAPM-Komponenten ausführlich: *Geltinger, A./Völkel, M.*, Bewertung von Banken, Besonderheiten der Bankbewertung und Ansätze für eine kapitalwertbasierte Gesamtbanksteuerung, Stuttgart 2011, 58 ff; *Widmann, B./Schieszl, S./Jeromin, A.*, Der Kapitalisierungszinssatz in der praktischen Unternehmensbewertung, in: Finanz Betrieb 1/2003, 1 ff.

Bewertung von Banken

Dabei bezeichnen:
i = Kapitalisierungszinssatz
r = Basiszinssatz
MRP = Marktrisikoprämie = Risikoprämie = (Erwartungswert der Rendite des Marktportfolios – risikofreie Rendite)
Beta = systematisches Risiko des Eigenkapitals[82]

Den obigen Hinweisen auf die Üblichkeit der Vorgehensweise ist zu entnehmen, dass die Bewertung von Banken beim letzten Schritt der Ertragswertermittlung, nämlich der Diskontierung der zukünftigen Free Cashflows, grundsätzlich keine Besonderheiten gegenüber der allgemeinen Unternehmensbewertung aufweist. Aus diesem Grund wird auf eine ausführlich Erläuterung der Methodik hierzu verzichtet und auf andere Ausführungen im Rahmen dieses Buches verwiesen. Dennoch sei auf eine technische Notwendigkeit hingewiesen, die bei der Bewertung von Banken in Bezug auf die Ermittlung des Terminal Value besteht. Wird nämlich angenommen, dass die nachhaltige Dividende mit einem konstanten Wachstumsfaktor zunimmt, wird das einfache Bewertungsmodell zum sog. „Gordon Growth Model" erweitert und im Kapitalisierungszinssatz zur Ermittlung des Terminal Value ein Wachstumsabschlag g angesetzt. Es wird dann ein konstantes, unendliches Wachstum der Gewinne unterstellt.[83]

Üblicherweise passiert dieses „unendliche Wachstum" bei Banken mit einem entsprechenden Anstieg der RWA. Ist dies der Fall, so muss der Bewerter zur Aufrechterhaltung der Basel-III-konformen Eigenmittelquoten in der letzten Periode der Detailplanung (im Beispiel unter Punkt 3.4 wäre dies das Planjahr 5) im nachhaltigen Ergebnis eine entsprechende Zwangsthesaurierung unterstellen, um diese Quoten auch bei einem unendlichen Gewinnwachstum konstant zu halten. Diese Zwangsthesaurierung wird üblicherweise ermittelt, indem man die Eigenmittel der letzten Planperiode mit dem Wachstumsfaktor g multipliziert.[84] Unterlässt der Bewerter diese technische Anpassung, so tendieren die Eigenmittelquoten bei einem unterstellten RWA-basierten unendlichen Wachstum gegen null, was unweigerlich zu einem fehlerhaft ermittelten Ertragswert führt.

In Weiterführung des Beispiels unter Punkt 3.4 ergibt sich für die zu bewertende Bank ein Ertragswert von rd 4.272 Mio € (vgl Abbildung 8, Zeile Nr 6). Exemplarisch werden zur Wertableitung ein Kapitalisierungszins von 10 % und ein Gordon Growth (g) von

---

82 Zur Herleitung des Betafaktors vgl zB *Heinze, W./Radinger, R.*, Der Beta-Faktor in der Unternehmensbewertung, in: Controller Magazin, November/Dezember 2011, 48 ff.

83 Vgl hierzu: *Widmann, B./Schieszl, S./Jeromin, A.*, Der Kapitalisierungszinssatz in der praktischen Unternehmensbewertung, in: Finanz Betrieb 1/2003, 8 f.

84 Durch die Multiplikation des Faktors g mit den gesamten Eigenmitteln der letzten Planperiode wird unterstellt, dass zur Stabilisierung der Gesamtkennziffer im nachhaltigen Ergebnis auch das dazu notwendige Ergänzungskapital mit CET1-Kapital hergestellt wird. Damit steigen gegenüber dem letzten Jahr der Detailplanung die CET1-Quote und die Kernkapitalquote im nachhaltigen Ergebnis an. Ebenso wäre es möglich, die Zwangsauffüllung im Kern- und im Ergänzungskapital separat zu modellieren. Dieses Vorgehen würde aber regelmäßig bedingen, dass im nachhaltigen Ergebnis ein zusätzlicher Zinseffekt zB aus Nachrangmittel (negativer Zinsspread aus Anlagesatz und Kupon) zu modellieren wäre, was mit einem erhöhten Kalkulationsaufwand verbunden ist.

2 % unterstellt. Das als nachhaltig erzielbar erachtetes Betriebsergebnis ist konzipiert als Betriebsergebnis der letzten Planperiode 5 multipliziert mit (1+g).

		1	2	3	4	5	5
Nr.	Mio. EUR	Plan 1	Plan 2	Plan 3	Plan 4	Plan 5	nachhaltig
1	Betriebsergebnis nach Steuern	300	400	500	550	600	612
2	notwendige Thesaurierung	0	0	-400	-600	-400	-161
3	Free Cashflows an Anteilseigner	300	400	100	-50	200	451
4	Barwert	273	331	75	-34	124	280
5	Terminal Value						3.503
6	Ertragswert	4.272					

Abbildung 8: Ertragswertermittlung auf Basis Basel III-konformer Free Cashflows

Wird auf die zur Herstellung der Basel III- Mindestanforderungen hinsichtlich Eigenmittelausstattung und Verschuldungsgrad notwendigen Kapitalanpassungen verzichtet, so ergibt sich unter identischen Annahmen bezüglich des Kapitalisierungszinssatzes ein Ertragswert in Höhe von 5.548 Mio € (vgl Abbildung 9, Zeile Nr 6). Dieser Ertragswert liegt um rd 28 % über dem Wert unter Berücksichtigung der Basel-III-Schwellen, was die hohe Wertrelevanz des zum Bewertungsstichtag aktuellen regulatorischen Umfeldes sehr anschaulich zum Ausdruck bringt.

Nr.	Mio. EUR	Plan 1	Plan 2	Plan 3	Plan 4	Plan 5	nachhaltig
1	Betriebsergebnis nach Steuern	300	400	500	550	600	612
2	notwendige Thesaurierung	0	0	0	0	0	-133
3	Free Cashflows an Anteilseigner	300	400	500	550	600	479
4	Barwert	273	331	376	376	373	298
5	Terminal Value						3.721
6	Ertragswert	5.448					

Abbildung 9: Ertragswertermittlung ohne Berücksichtigung Basel III-konformer Free Cashflows

4. Fazit und Ausblick

Der Beitrag zur Bewertung von Banken wurde mit einem Zitat von Leonardo da Vinci begonnen und im Rahmen der Einleitung weitergeführt mit der Frage, ob die Bankenbewertung in qualitativer und quantitativer Hinsicht Besonderheiten aufweist, die eine eigene Theorie der Unternehmensbewertung begründen können. Unzweifelhaft hatte Leonardo da Vinci Recht, wenn er forderte: „Praxis muss auf eine gute Theorie aufbauen". Ist dies bei der Unternehmensbewertung von Banken aber bereits der Fall?

Der vorliegende Beitrag stellte im Wesentlichen regulatorische Besonderheiten der Bankenbewertung dar, die in einer Modellwelt abbildbar und lösbar sind. Betrachtet man aber darüber hinausgehend die bis dato wissenschaftlich belegte Theorie zur Bankenbewertung, so stellt man fest, dass noch einige grundlegende Problemstellungen weder thematisiert noch gelöst sind.

So zum Beispiel existiert derzeit keine sachlogisch begründbare Überleitungsformel für Betafaktoren von Banken mit einer Eigenmittelquote von x % auf Banken mit einer Eigenmittelquote von y %. Was im Rahmen der Bewertung von nicht börsennotierten Industrieunternehmen völlig selbstverständlich ist, nämlich das an die Kapitalstruktur des nicht börsennotierten Bewertungsobjektes anpassende Unlevering und Relevering von Betafaktoren börsennotierter Unternehmen, die sich in der Peer Group zur Ableitung des Betafaktors befinden, ist bei der Bewertung von nicht börsennotierten Banken derzeit schlichtweg nicht möglich.[85] Die Praxis der Bankenbewertung behilft sich an dieser Stelle häufig mit dem Versuch, die Peer Group mit Banken zu bestücken, die zum Bewertungsobjekt vergleichbare Eigenmittelquoten aufweisen. Dieser Versuch muss aber regelmäßig scheitern. Oftmals hat der Bankenbewerter auf Grund der Vielzahl von unterschiedlichen Geschäftsmodellen bei Banken bereits große Schwierigkeiten, Peer-Group-Teilnehmer mit hinreichend vergleichbaren strategischen Schwerpunkten zu finden. Wenn als Nebenbedingung dann auch noch eine hinreichend vergleichbare Eigenmittelquote hinzutritt, verliert die Peer Group auf Grund der geringen Zahl an geeigneten Banken entweder signifikant an Repräsentativität oder wird mit Blick auf die Aufnahmekriterien „Geschäftsmodell" und „Eigenmittelquoten" so großzügig ausgelegt, dass der daraus abgeleitete Betafaktor mit nicht mehr zu akzeptierenden Unschärfen belastet ist. An dieser Stelle trifft die Praxis auf eine völlig blanke Theorie, was die Aussagekraft des ermittelten Ertragswertes einer Bank in Mitleidenschaft ziehen muss.

Ein anderes Beispiel für theoretische Mängel in der Bankbewertung ist die ungeklärte Frage, welche Ziel-Kapitalquoten als Schwellenwerte für die Transformation von geplanten Betriebsergebnissen in Free Cashflows anzusetzen sind. Im Rechenbeispiel unter Punkt 3.4 wurden die Schwellenwerte so definiert, dass diese mit den Mindestquoten unter Basel III übereinstimmen. In der Tat ist aber in praxi beobachtbar, dass Banken häufig aktuelle Eigenkapitalquoten aufweisen oder anstreben, die deutlich über den (finalen) Basel-III-Anforderungen liegen. Dies ist in erster Linie damit begründet, dass seitens Ratingagenturen und relevanter Kapitalmarktteilnehmer höhere Anforderungen an die Kapitalausstattung von Banken gestellt werden als dies das Basel-III-Regelwerk vorsieht und eine Unterschreitung dieser Anforderungen beispielsweise über die Bonitätsbenotung bei Banken zu höheren Refinanzierungskosten und somit zu geringeren Margen und Erträgen führen kann.

---

85 *Kruschwitz/Löffler/Lorenz* zeigen zwar, dass die in der Praxis üblicherweise dazu angewandte Modigliani-Miller-Anpassungsformel logische Inkonsistenzen enthält, und befürworten bei marktwertorientierter Finanzierung die Verwendung der Miles-Ezzell-Anpassung, stellen aber die theoretische Notwendigkeit einer solchen Anpassung nicht in Frage. Vgl *Kruschwitz, L./Löffler, A./Lorenz, D.*, Unlevering und Relevering – Modigliani/Miller versus Miles/Ezzell, in: Beiträge WPg, Die Wirtschaftsprüfung 2011, 672 ff.

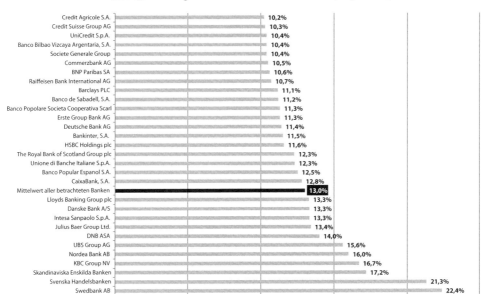

Abb 10: CET1-Quoten ausgewählter Banken zum 30.6.2015; Quelle: Bloomberg

Abbildung 10 zeigt deutlich, dass per 30.6.2015, einem zufällig gewählten Stichtag, die CET1-Quoten auf Fully-loaded-Basis[86] ausgewählter europäischer Banken zwischen 10,2 % und 22,4 % lagen. Das ungewichtete arithmetische Mittel, also der Mittelwert der CET1-Quote aller betrachteten Banken, lag zum 30.6.2015 bei 13,0 %. Im Rechenbeispiel unter Punkt 3.4 wurde der Basel-III-Schwellenwert für die CET1-Quote in Höhe von 7 % angesetzt, also eine Mindestquote, die um 6 Prozentpunkte unterhalb des Durchschnitts einer sehr breit gewählten Peer Group europäischer Banken liegt. Wenn man bedenkt, dass alleine schon das Nachjustieren der CET1-Quote von 5,6 % auf 7,6 % zur Herstellung Basel-III-konformer Free Cashflows, also eine Erhöhung um 2 Prozentpunkte im letzten Planjahr 5, wie die Abbildungen 5 und 7 darstellen, rd 28 % Wertverlust realisiert, ist daraus zu folgern, dass ein neuerliches Nachjustieren der Ziel-Eigenmittelquoten auf den europäischen Durchschnitt den Ertragswert des Bewertungsobjektes noch einmal signifikant verringern würde. Auf eine Modellierung dieser Versuchsanordnung wird verzichtet. Festzustellen ist aber, dass die Theorie der Bankenbewertung bis dato keine verbindlichen Regeln vorgeben kann, welche Ziel-Kapitalquoten für die Modellierung von Free Cashflows anzusetzen sind, wobei für die Leverage Ratio Gleiches gilt. Nach wie vor liegt die Festlegung der modellierten Schwellenwerte im Ermessen des Bewerters, was zu erheblichen Unschärfen und letzten Endes auch zu einer beträchtlichen Einschränkung der Aussagekraft des ermittelten Ertragswertes

---

86 Der Ausdruck „fully loaded" steht dabei für eine harte CET1-Quote, die bereits heute nur noch Kapitalinstrumente (mit den vorweggenommenen Ein- und Ausphasungen bis 2019) berücksichtigt, die im Zielbild Basel III 2019 auch als CET1-Kapital anerkannt werden.

einer Bank führt. Ketzerisch könnte man hier die These aufstellen: Der Ertragswert einer Bank liegt weitestgehend im Ermessen des Bewerters.

Anhand der oben genannten Beispiele wird sichtbar, wie löchrig das theoretische Grundgerüst für die Disziplin „Bewertung von Banken" und wie groß der Bedarf zur Weiterentwicklung – vor allem im Vergleich zur Bewertung von Industrieunternehmen – derzeit noch ist. Dabei ist der Autor der Auffassung, dass diese Weiterentwicklung nicht vorwiegend von Bewertungsexperten, sondern von Bankexperten mit fundiertem Bewertungswissen vorangetrieben werden müsste. Die internen und externen Einflussfaktoren auf den Wert einer Bank sind einerseits zu komplex und andererseits zu bankspezifisch, um die dringend erforderliche Vervollständigung des dazugehörigen theoretischen Rüstzeuges alleine den Nicht-Bankexperten zu überlassen. Gelingt es aber nicht, die bestehenden theoretischen Lücken zu schließen, so läuft die Teildisziplin „Bankenbewertung" in die Gefahr, dass die Praxis niemals auf einer wirklich brauchbaren, also guten Theorie beruht, wie dies bereits Leonardo da Vinci im Allgemeinen gefordert hat. Letztendlich ist der Autor deshalb der Auffassung, dass diese Forderung am besten dadurch erfüllt werden kann, dass der Bankbewertung nicht nur eine eigene Ausgestaltung des Allgemeinen zuerkannt, sondern auch eine eigene Theorie darauf begründet wird. Themen gäbe es hierfür wahrlich genug.

Bewertung von Versicherungsunternehmen

Georg Weinberger/Vincent-Alexander Hruška

1. **Grundlagen und Besonderheiten**
    1.1. Einleitung
    1.2. Regulatorisches Umfeld
    1.3. Unterteilung der Versicherungsunternehmen
2. **Bewertungsmethoden**
    2.1. Diskontierungsverfahren (Income Approach)
        2.1.1. Ertragswertverfahren/Dividend Discount Model
        2.1.2. Ausschüttungssperre und aufsichtsrechtliche Vorschriften
        2.1.3. Mehr-Phasen-Methode, ewige Rente, wachstumsbedingte Thesaurierung
        2.1.4. Ableitung der Kapitalkosten
    2.2. Multiplikatorverfahren (Market Approach)
        2.2.1. Preis/Buch-Multiplikator (P/B-Multiplikator)
        2.2.2. Kurs/Gewinn-Multiplikator (Price/Earnings- bzw P/E-Multiplikator)
        2.2.3. Regressionsanalysen und Anpassungen
    2.3. Branchenspezifische Bewertungsansätze
        2.3.1. Appraisal Value
3. **Analyse vom Bewertungsobjekt und der Planung**
    3.1. Schaden und Unfallversicherung
        3.1.1. Prämienprognose
        3.1.2. Kosten- bzw Provisionsprognose
        3.1.3. Schadenprognose
        3.1.4. Prognose der Rückversicherungsergebnisse
        3.1.5. Prognose der Kapitalerträge
    3.2. Krankenversicherung
    3.3. Lebensversicherung
        3.3.1. Klassisch
        3.3.2. Fondsgebunden
    3.4. Nicht betriebsnotwendiges Vermögen und stille Reserven (Lasten)
        3.4.1. Nicht betriebsnotwendiges Vermögen
        3.4.2. Stille Reserven (Lasten)

1. Grundlagen und Besonderheiten

1.1. Einleitung

Das Versicherungsgeschäft ist insbesondere im Vergleich zu Handels- und Industrieunternehmen durch einige Besonderheiten geprägt, welche im Zuge der Bewertung entsprechend zu berücksichtigen sind. Der nachstehende Beitrag versucht die wesentlichsten Themen kurz darzustellen.

Unterschiede in der Bewertungspraxis von Versicherungsunternehmen, vor allem im Vergleich zu Handels- und Industrieunternehmen, haben sich insbesondere aufgrund folgender Besonderheiten ergeben:

- Versicherungsspezifische Nebenbedingungen durch das rechtliche Umfeld (Solvabilitätsvorschriften)
- Langfristige Natur zahlreicher Versicherungsprodukte und relativ sichere Datenbasis
- Alternative Ertragswertbegriffe aufgrund aktuarieller Ansätze

Die Bewertung von Versicherungsunternehmen erfordert eine umfangreiche Kenntnis des Versicherungsgeschäftes. Die Kenntnis der im Folgenden verwendeten versicherungstechnischen Begriffe wird daher grundsätzlich vorausgesetzt und eine Erklärung einzelner Begriffe erfolgt lediglich in jenen Fällen, in denen der Begriff in der Praxis unterschiedlich verwendet wird.

1.2. Regulatorisches Umfeld

Seit dem 1.1.2016 gelten neue, komplexe Kapitalanforderungen für europäische Versicherungsunternehmen („Solvency II"). Im Unterschied zur bisherigen Regelung, die einfache faktorbasierte Ansätze zur Berechnung des Eigenmittelerfordernisses verwendet und im Wesentlichen das bilanzierte Eigenkapital herangezogen hatte, verfolgt der neue Ansatz eigenständige Bewertungsmethoden. Dabei wird in einem ersten Schritt das vorhandene Eigenkapital aus einer Zeitwertbilanz abgeleitet und in der Folge das Eigenmittelerfordernis durch Stresstests auf die einzelnen Posten der Zeitwertbilanz ermittelt.

Für die Unternehmensbewertung von Versicherungsunternehmen sind diese aufsichtsrechtlichen Bestimmungen von besonderer Bedeutung, da die Eigenmittelanforderungen als wesentliche Voraussetzung für die Fortführung des Unternehmens einzuhalten sind.

Versicherungsunternehmen sind verpflichtet, im Rahmen des Risikomanagement-Systems eine unternehmenseigene Risiko- und Solvabilitätsbeurteilung („Own Risk and Solvency Assessment" – ORSA) vorzunehmen. Im Rahmen des ORSA ist es erforderlich, die Planung der Unternehmensergebnisse um eine Planung von Solvenzerfordernis bzw der aufsichtsrechtlichen Eigenmittel zu ergänzen. Für diese Planung werden wiederum vereinfachte faktororientierte Ansätze verwendet, da eine vollständige Durchrechnung künftiger Planbilanzen bzw darauf aufbauend der künftigen Eigenmittelerfordernisse kaum umsetzbar wäre.

Für die Bewertung von Versicherungsunternehmen wird es somit einerseits möglich sein, auf die Plandaten des ORSA zurückzugreifen, andererseits kann es erforderlich sein, eigene Berechnungen anzusetzen. Diese können auf den faktororientierten Ansätzen, die im ORSA verwendet werden, aufbauen, müssen jedoch Auswirkungen auf Eigenmittelerfordernis und aufsichtsrechtliche Eigenmittel, die sich durch Eingriffe, die sich aus dem Bewertungsmodell ergeben, berücksichtigen.

1.3. Unterteilung der Versicherungsunternehmen

Versicherungsunternehmen bieten Produkte an, die teilweise sehr unterschiedlich sind und daher auch eigene Konzessionen erfordern. Für die Bewertung von Versicherungsunternehmen hat es sich als sinnvoll herausgestellt, zwischen folgenden Versicherungsunternehmen zu unterscheiden, da sie sich hinsichtlich der typischen Posten der Gewinn- und Verlustrechnung, teilweise auch hinsichtlich von eigenständig entwickelten Methoden der Unternehmensbewertung, voneinander unterscheiden:

- Schaden- und Unfallversicherung
- Krankenversicherung
- Lebensversicherung

2. Bewertungsmethoden

Die grundsätzlichen Besonderheiten der einzelnen Bewertungsverfahren gelten natürlich auch für Versicherungsunternehmen. Die Bewertungsverfahren Cost Approach und Substanzwertverfahren sind für die Bewertung von Versicherungen eher von untergeordneter Bedeutung, weshalb hierauf nicht näher eingegangen wird.

Die Bewertung von Versicherungen erfolgt idR in Anwendung der Bewertungsverfahren Income Approach und Market Approach, weshalb nachstehend auf versicherungsspezifische Aspekte zu diesen beiden Bewertungsverfahren eingegangen wird.

2.1. Diskontierungsverfahren (Income Approach)

2.1.1. Ertragswertverfahren/Dividend Discount Model

In der Praxis erfolgt die Bewertung von Versicherungsunternehmen in Anwendung des Ertragswertverfahrens bzw Dividend Discount Model (DDM). Hierbei findet eine direkte Ermittlung des Marktwertes des Eigenkapitals statt (Netto-Ansatz bzw Equity Approach), wobei die erwarteten Zahlungsströme an die Eigenkapitalgeber mit deren Kapitalkosten diskontiert werden.

Beim klassischen Flow-to-Equity-Ansatz werden die relevanten Zahlungsströme unter Berücksichtigung von Working-Capital-Veränderungen, Investitionen ins Anlagevermögen und der Zahlungsströme an die Fremdkapitalgeber ermittelt. Im Unterschied hierzu werden beim DDM die erwarteten Dividenden an die Eigenkapitalgeber auf Basis von ausschüttungsfähigen Periodenergebnissen ermittelt. Diese Vorgehensweise ermöglicht die methodenkonforme Berücksichtigung von branchenspezifischen Solvabilitätsvorschriften und damit die Berücksichtigung von Thesaurierungserfordernissen zur Einhaltung regulatorischer Vorgaben.

2.1.2. Ausschüttungssperre und aufsichtsrechtliche Vorschriften

Das Ertragswertverfahren steht unter der Prämisse, dass der Unternehmenswert den diskontierten künftigen Erträgen des Unternehmens entspricht, die an den Eigenkapitalgeber ausgeschüttet werden können. Für die Ermittlung der ausschüttungsfähigen Periodenergebnisse sind für Versicherungen auch Solvabilitätsvorschriften zu berücksichtigen.

Es ist daher unbedingt notwendig, die Bewertungsmethode insoweit zu ergänzen, als die Einhaltung dieser Bestimmungen gewährleistet ist. Insbesondere die Berücksichtigung der Solvabilitätsanforderungen kann dazu führen, dass der Eigenkapitalgeber eine Thesaurierung der erwirtschafteten Gewinne oder in einzelnen Jahren auch eine zusätzliche Zufuhr von Eigenmitteln (Kapitalerhöhung) hinnehmen muss, um regulatorische Kapitalanforderungen zu erfüllen. Eine solche Kapitalzufuhr wäre nur unter der Prämisse einer Veranlagung im Unternehmen zu Renditen in Höhe des verwendeten Kapitalisierungszinssatzes wertneutral.

Dies ist in der Praxis allerdings durchaus kritisch zu hinterfragen und vielmehr ist zu analysieren, welche Veränderungen mit der unterstellten Anpassung der Bilanzstruktur einhergehen. Im Zuge der Bewertung wird üblicherweise die in der Basisplanung unterstellte Ausschüttungs-/Thesaurierungspolitik adaptiert und grundsätzlich eine Vollausschüttung unter Einhaltung regulatorischer Kapitalanforderungen angenommen. Hierbei erfolgt eine Anpassung des bilanziellen Eigenkapitals, welche entweder durch eine Anpassung der Bilanzsumme (zB aktivseitige Anpassungen der Kapitalanlagen) oder durch einen Passivtausch (zB Anpassung zinstragender Verbindlichkeiten) abgebildet werden kann. Einhergehend mit dem Geschäftsmodell von Versicherungen erweist sich die aktivseitige Korrektur der Kapitalanlagen zumeist als der realistischere Zugang und die entsprechende Ergebnisanpassung orientiert sich zumeist an einer durchschnittlichen Rendite aus Kapitalanlagen.

2.1.3. Mehr-Phasen-Methode, ewige Rente, wachstumsbedingte Thesaurierung

Die Ableitung der erwarteten Zahlungsströme für Versicherungen erfolgt in der Praxis in Anwendung der sogenannten Mehr-Phasen-Methode:[1]

- Für die **Detailplanungsphase** liegt in der Regel eine detaillierte periodenspezifische Planung vor, welche vom Management des Bewertungsobjekts erstellt wurde und aus dieser die erwarteten Ausschüttungen für die Detailplanungsphase abgeleitet werden können. Hierbei kommt insbesondere der Analyse von Bilanz und Gewinn- und Verlustrechnung eine hohe Bedeutung zu. Die Kapitalflussrechnung spielt in der Praxis für die Bewertung von Versicherungen eine untergeordnete Rolle, wohingegen die erforderlichen und anrechenbaren Eigenmittel zu analysieren sind und,

---
[1] KFS/BW 1 (2014), Rz 59 ff.

wie bereits ausgeführt, die Ermittlung der ausschüttungsfähigen Ergebnisse unter Berücksichtigung dieser zu erfolgen hat.
- Die Detailplanungsphase wird um eine sogenannte **Grobplanungsphase** erweitert, sofern im Zuge der Planungsanalyse Effekte identifiziert werden, welche nicht nachhaltig zu verstetigen sind und innerhalb der Detailplanungsphase noch nicht vollständig abgebildet werden können.
- Für die Zeit nach dem Planungshorizont können bei unterstellter unbegrenzter Lebensdauer des zu bewertenden Versicherungsunternehmens zumeist lediglich globale bzw pauschale Annahmen getroffen werden. In der Regel werden konstant wachsende finanzielle Überschüsse unterstellt (**Fortführungsphase bzw Terminal Value**). Bewertungstechnisch wird diese Phase durch eine ewige Rente abgebildet, wobei die nachhaltige Einhaltung von Solvabilitätsvorschriften sicherzustellen ist. Die erforderlichen Eigenmittel von Versicherungen orientieren sich am jeweiligen Geschäftsvolumen, wobei in der Fortführungsphase ein konstantes (Prämien-)Wachstum angenommen wird. Dem damit einhergehenden, sich kontinuierlich erhöhenden Eigenmittelerfordernis wird in der Praxis durch eine entsprechende Ergebnisthesaurierung Rechnung getragen.

2.1.4. Ableitung der Kapitalkosten

Die Bestimmung der Kapitalkosten bei der Bewertung von Versicherungsunternehmen erfolgt grundsätzlich nach den gleichen Methoden wie auch für Handels- und Industrieunternehmen, dh nach dem Capital Asset Pricing Model (CAPM). Hierfür ist die Ableitung eines geeigneten Betafaktors erforderlich, welcher nur für börsennotierte Unternehmen ermittelt werden kann.

Besondere Probleme ergeben sich in der Regel bei der Bewertung von österreichischen Versicherungen durch die geringe Anzahl vergleichbarer, börsennotierter Versicherungsunternehmen mit ausreichendem Handelsvolumen. Ausländische Vergleichsunternehmen können durch abweichende regulatorische Vorschriften oder Ertrags- und Risikosituationen den abgeleiteten Betafaktor verzerren.

Eine Unterscheidung in Geschäftsmodelle (zB Erst- und Rückversicherungsgesellschaften) bzw in die einzelnen Geschäftsbereiche (zB Lebensversicherung, Krankenversicherung, Schaden- und Unfallversicherung) stellt in der Praxis eine große Herausforderung dar.

Zumeist kommen in der Praxis Branchenbetas zur Anwendung, welche aus geografisch eingeengten Vergleichsunternehmen abgeleitet werden, deren Geschäftsmodell/Geschäftsbereich soweit wie möglich mit dem zu bewertenden Versicherungsunternehmen vergleichbar sind.

Eine weitere Besonderheit bei der Ableitung des Betafaktors für Versicherungen ist im Vergleich zu Handels- und Industrieunternehmen, dass in der Praxis auf ein sogenanntes Unlevern (Bereinigung des Verschuldungsrisikos der Vergleichsunternehmen) und Relevern (Berücksichtigung des Verschuldungsrisikos des Bewertungsobjekts) verzichtet wird. Vielmehr werden Betafaktoren mit einem durchschnittlichen Verschuldungsgrad (Leverage) herangezogen. Dieser Vorgehensweise liegt zum einen die Überlegung zu Grunde, dass auf Grund von regulatorischen Vorschriften eine im Wesentlichen vergleichbare Verschuldung der Vergleichsunternehmen und des Bewertungsobjekts angenommen werden kann und andererseits, dass die entsprechende Bereinigung des Verschuldungsrisikos und erneute Berücksichtigung auch nur sehr eingeschränkt möglich wäre. Dessen ungeachtet sollte aber im Zuge der Bewertungsarbeiten die bewertungsobjektspezifische Risikoposition analysiert werden und auch in die Wertüberlegungen miteinfließen.

2.2. Multiplikatorverfahren (Market Approach)

Die Plausibilität des auf Basis eines Diskontierungsverfahrens ermittelten Ergebnisses ist grundsätzlich zu beurteilen und kann ua durch Anwendung eines Multiplikatorverfahrens erfolgen.[2]

Gleich wie bei den Diskontierungsverfahren (Income Approach) haben sich auch bei den Multiplikatorverfahren zwei Equity-basierte Multiplikatoren etabliert, nämlich der Preis/Buch-Multiplikator und der P/E-Multiplikator.

2.2.1. Preis/Buch-Multiplikator (P/B-Multiplikator)

Der Preis/Buch-Multiplikator stellt das Verhältnis vom Marktwert des Eigenkapitals (Marktkapitalisierung) zum buchmäßigen Eigenkapital dar. Aufgrund der regulatorischen Vorgaben für Versicherungen zur Einhaltung bestimmter Eigenmittelvorschriften kommt dem buchmäßigen Eigenkapital in der Versicherungsbranche eine im Vergleich zu Handels- und Industrieunternehmen höhere Bedeutung und Aussagekraft zu, auch wenn buchmäßiges und aufsichtsrechtliches Eigenkapital unterschiedlich ermittelt werden.

2.2.2. Kurs/Gewinn-Multiplikator (Price/Earnings- bzw P/E-Multiplikator)

Der P/E-Multiplikator stellt das Verhältnis vom Marktwert des Eigenkapitals (Marktkapitalisierung) zum Jahresüberschuss dar. Aufgrund einer durchaus unterschiedlichen Profitabilität und Rentabilität von Versicherungsunternehmen ist die Herleitung geeigneter Vergleichsunternehmen von hoher Bedeutung und kann mit einem erheblichen Rechercheaufwand verbunden sein. Gleich wie auch für andere Branchen sind die Bezugsgrößen auf deren Repräsentativität und auf etwaige Sondereffekte zu untersuchen und gegebenenfalls sind entsprechende Anpassungen vorzunehmen.

2.2.3. Regressionsanalysen und Anpassungen

Der Ansatz simpler P/B-Multiplikatoren führt in der Praxis oft noch nicht zu aussagekräftigen Wertindikationen für Versicherungen und es können sich große Wertbandbreiten bzw zum Income Approach abweichende Wertindikationen ergeben. Der reine P/B-Multiplikator berücksichtigt zwar das sehr wichtige bilanzielle Eigenkapital, vernachlässigt aber noch die bewertungsobjektspezifische Fähigkeit, mit dem gebundenen

---

2   KFS/BW 1 (2014), Rz 17.

Eigenkapital Erträge erwirtschaften zu können. Diese Problematik wird in der Praxis oft durch eine Regressionsanalyse der Vergleichsunternehmen gelöst, bei der unter Berücksichtigung von P/B-Multiplikatoren und Rentabilitätskennzahlen ein bewertungsobjektspezifischer P/B-Multiple abgeleitet wird. Als Rentabilitätsmaß kann der Return on Equity (RoE) herangezogen werden.

Des Weiteren ist bei der Heranziehung von P/B- oder P/E-Multiplikatoren darauf zu achten, dass bewertungsobjektspezifische Sondereffekte, gleich wie beim Diskontierungsverfahren, berücksichtigt werden (zB die Verwertung steuerlicher Verlustvorträge). Solchen Umständen wird in der Praxis oft durch den Ansatz von Sonderwerten Rechnung getragen. Neben dieser eher allgemeingültigen Aussage sei auf unten stehende Ausführungen bezüglich stiller Reserven verwiesen. Bei der Bewertung von Versicherungen kann die Auseinandersetzung mit stillen Reserven eine wesentliche Rolle spielen und diese sind, gleich wie beim Diskontierungsverfahren, auch beim Multiplikatorverfahren zu berücksichtigen. Dies kann entweder durch eine Anpassung der Bezugsgröße (zB von Eigenkapital oder Jahresüberschuss) oder durch den Ansatz von Sonderwerten erfolgen.

2.3. Branchenspezifische Bewertungsansätze

2.3.1. Appraisal Value

Im Folgenden werden die für die Bewertung von Lebensversicherungsunternehmen gebräuchlichen alternativen Wertbegriffe Embedded Value, Appraisal Value, In-Force Business und Net Asset Value, erläutert. Im Unterschied zu den zuvor dargestellten Methoden der klassischen Unternehmensbewertung wurden diese Konzepte nicht aus der allgemeinen Unternehmensbewertungstheorie abgeleitet, sondern entspringen der Praxis der aktuariellen Bewertung von Versicherungsbeständen, wie sie vom CFO Forum als Market Consistent Embedded Value (MCEV) veröffentlicht werden.[3]

Diese Bewertungszugänge werden in der Praxis vor allem zu Controlling-Zwecken verwendet und von Unternehmen in regelmäßigen Abständen (zB jährlich) ermittelt. Hierdurch können die erzielte Wertschaffung innerhalb einer Periode und die Veränderung wesentlicher, zugrundeliegender Parameter ermittelt und analysiert werden. Weiters geben diese Bewertungszugänge auch Anhaltspunkte für die Analyse des Geschäftsmodells.

Der **Appraisal Value** kann insofern als Oberbegriff verstanden werden, als er einem Unternehmenswert im weiteren Sinn entspricht, da er nicht nur den aktuellen Versicherungsbestand, sondern auch den Wert von Neugeschäften enthält. Jedoch können Unterschiede bestehen, wenn der Wert des Neugeschäfts zeitlich befristet wird, dh unterstellt wird, dass ab einem gewissen Zeitpunkt kein Neugeschäft anfällt.

Der Appraisal Value setzt sich aus folgende Teilen zusammen, die im Unterschied zur „normalen" Unternehmensbewertung auch rechnerisch getrennt ermittelt werden:

---

[3] Vgl CFO Forum „Market Consistent Embedded Value Principles", April 2016.

Bewertung von Versicherungsunternehmen

	Net Asset Value (NAV)
+	Value of Business In-Force (VBIF)
=	**Embedded Value (EV)**
+	Value of New Business (VoNB)
=	**Appraisal Value (AV)**

Der **Net Asset Value** kann dem Substanzwertbegriff gleichgesetzt werden. Er entspricht dem zu Zeitwerten bilanzierten Eigenkapital bzw dem Buchwert des Eigenkapitals zuzüglich stiller Reserven. In seiner klassischen Form wird für seine Ermittlung auf den Jahresabschluss zurückgegriffen bzw werden Buchwerte durch verfügbare Marktwerte ersetzt. Im Unterschied zur Solvenzbilanz, die auch die technischen Rückstellungen durch gesondert ermittelte „Best Estimates" ersetzt, wird der NAV also nicht aus einer vollständigen Zeitwertbilanz abgeleitet.

Der **Value of Business In-Force** entspricht dem Bestandswert. Er errechnet sich als Barwert (net present value) der künftigen Erträge und Aufwendungen aus den zum Bewertungsstichtag vorhandenen Verträgen. Für diesen Wert gibt es eine Vielzahl synonymer Bezeichnungen und Abkürzungen:

- Value of Business In-Force (VBI oder VBIF)
- Value of In-force Business (VIF)
- In-Force Value
- Value of Business Acquired (VOBA)
- Present Value of Future Profits (PVFP)

Der **Embedded Value** ist die Summe aus Net Asset Value und Value of Business In-Force. Da kein Neugeschäft berücksichtigt wird, entspricht er wirtschaftlich dem Wert eines in Abwicklung befindlichen Versicherungsunternehmens. Besonderer Bedeutung kommt daher der Frage zu, in welcher Weise das nicht mehr notwendige Eigenkapital an die Gesellschafter „ausgeschüttet" werden kann bzw in welcher Form sich die Betriebskosten entwickeln (in der Regel wird ein proportionaler Abbau angenommen, wobei Vertragsstückzahlen, Prämienvolumen, Versicherungssummen oder Prämien verwendet werden).

Der **Value of New Business** entspricht dem Wert des Neugeschäfts. Üblicherweise errechnet er sich, indem der Barwert der zu erwartenden Erträge und Aufwendungen aus den im abgelaufenen Geschäftsjahr abgeschlossenen Verträgen, ermittelt wird. Man erhält damit den Wert eines Neugeschäftsringes und unterstellt, dass das Versicherungsunternehmen im Folgejahr wieder das gleiche Neugeschäft produzieren wird. Wie schon oben angeführt, gibt es darüber hinaus eine Vielzahl von Varianten, die im Wesentlichen darauf hinauslaufen, wie viele Neugeschäftsringe angesetzt werden, dh für wie viele Zukunftsperioden die Vertriebskraft bewertet wird bzw ob man an der Zusammensetzung und dem Volumen der künftigen Neugeschäftsringe Änderungen vornimmt.

Insgesamt kann man sagen, dass dieses Konzept im Wesentlichen für Lebensversicherungen verwendet wird, da nur hier ein mathematisch gut abgesicherter Bestandswert ermittelt werden kann. Im Schaden- und Unfallversicherungsbereich sind die Unsicherheiten, die mit dem Ablaufen bzw der Prolongation der kurzfristigen Verträge verbunden sind, doch deutlich größer.

Der Aktionär ist grundsätzlich nur an Zahlungsströmen interessiert, die ihm zugutekommen. Es ist daher wie folgt zu unterscheiden:

- **Freies Eigenkapital („free surplus")** ist der Marktwert der Vermögenswerte, die dem Versicherungsbestand zugeordnet sind, jedoch nicht erforderlich sind, diesen zu unterstützen[4]
- **Gebundenes Eigenkapital („required capital")** ist der Marktwert der Vermögenswerte, die dem Versicherungsbestand zugeordnet sind und deren Ausschüttbarkeit begrenzt ist[5]

Während das freie Eigenkapital sofort ausgeschüttet werden kann, erhält der Aktionär auf das gebundene Eigenkapital erst dann Zugriff, wenn es nicht mehr aus den oben genannten Gründen im Unternehmen gebunden ist. Bis zu diesem Zeitpunkt kann unterstellt werden, dass aus der Veranlagung des Eigenkapitals Kapitalerträge erwirtschaftet werden können, die dem Aktionär als Erhöhung des Jahresüberschusses (teilweise) zustehen.

Die dem Eigenkapital gegenüberstehenden Aktivposten erzielen eine niedrigere Rendite als sie der Investor fordert. Der (Nominal)Wert des Eigenkapitals muss daher um den Zinsenverlust zwischen Diskontrate und Kapitalveranlagungsrendite („costs of capital") reduziert werden. Es wird somit unterstellt, dass das gebundene Eigenkapital mit Auslaufen der Bestände an den Aktionär ausgeschüttet werden kann. Da dem Eigenkapital verzinsliche Kapitalanlagen gegenüberstehen, erhöht sich der Ausschüttungsbetrag um die darauf entfallenden Zinsen, wobei diese nur in Höhe des Aktionärsanteils, dh nach Abzug von Gewinnbeteiligung und Steuern, zur Verfügung stehen. Da die Geldmarktrendite kleiner als der Diskontsatz ist, führt diese Vorgangsweise zu einer Abzinsung des Eigenkapitals (Zinsenverlust).

3. Analyse vom Bewertungsobjekt und der Planung

Eine zentrale Aufgabe des Bewerters im Zuge seiner Arbeiten ist die Analyse des Bewertungsobjekts und der Planung, welche idR vom Management des zu bewertenden Versicherungsunternehmens erstellt und von den entsprechenden Gremien genehmigt wird.

Die Planung der finanziellen Überschüsse ist vom Bewerter auf ihre formelle und materielle Plausibilität hin zu beurteilen. Wesentliche Grundlagen für die Beurteilung der materiellen Plausibilität lassen sich aus der Vergangenheitsanalyse ableiten, die sich sowohl auf unternehmensbezogene Informationen als auch auf eine Analyse der Unternehmensumwelt in der (jüngeren) Vergangenheit erstreckt.[6]

Nachstehend wird auf die wesentlichen, versicherungsspezifischen Aspekte eingegangen, welche im Rahmen der Analyse von Versicherungen als relevant erscheinen.

---

4 Vgl CFO Forum, Forum „Market Consistent Embedded Value Principles", April 2016, Principle 4.
5 Vgl CFO Forum, Forum „Market Consistent Embedded Value Principles", April 2016, Principle 5.
6 KFS/BW 1 (2014), Rz 68 ff.

3.1. Schaden und Unfallversicherung

Der Analyse vergangener Ergebnisse kommt bei der Bewertung von Schaden- und Unfallversicherungsunternehmen große Bedeutung zu. Dies deshalb, weil für Versicherungsunternehmen sehr detaillierte Datensammlungen vorhanden sind, zB in Form der jährlich an die nationale Aufsicht (FMA) bzw die europäische Aufsicht (EIOPA) zu übermittelnden Detailinformationen, bzw weil die Kennzahlenanalyse für die Plausibilisierung der Planwerte unbedingt erforderlich ist.

Eine Normalisierung der Vergangenheitsergebnisse um außerordentliche Effekte (einmalige Kostenbestandteile, Großschäden, Bestandszu- und abgänge etc) wird in der Regel nicht sinnvoll sein. Vielmehr sollten diese Effekte erhoben und analysiert werden, um die künftige Entwicklung des Unternehmens besser beurteilen zu können. So ist es natürlich erforderlich zu wissen, in welchem Jahr es zu Großschäden gekommen ist und welche Auswirkungen diese auf das Rückversicherungsergebnis hatten. Würde man den Effekt jedoch eliminieren, könnte leicht darauf vergessen werden, dass sich der Verlust des Rückversicherers zukünftig in höheren Kosten niederschlagen wird.

Die Gliederungstiefe der Vergangenheitsanalyse sollte sich nach Möglichkeit an jener der Plandaten orientieren. Grundsätzlich bietet sich eine Aufgliederung nach Maßgabe der für die Nachweisungsformulare verwendeten Versicherungszweige an.

Folgende Daten sollten getrennt analysiert werden:

- Prämien
- wirksame Schäden (Schadenzahlungen und Veränderung der Schadenrückstellung, jeweils ohne Schadenregulierungsaufwendungen)
- Provisionen
- Kosten (Aufwendungen für den Versicherungsabschluss und -betrieb, einschließlich Schadenregulierungsaufwendungen
- Aufwendungen für Prämienrückgewähr
- sonstige technische Erträge
- sonstige technische Aufwendungen
- Veränderung sonstiger technischer Rückstellungen
- Veränderung der Schwankungsrückstellung
- Rückversicherungsergebnis
- Kapitalanlageergebnisse (nach Asset-Klassen)
- sonstige nicht technische Erträge
- sonstige nicht technische Aufwendungen
- Steuern

Als Mittel der Analyse bieten sich unter anderen die folgenden Kennzahlen an:

- Prämienwachstumsraten
- Schadenquoten
- Provisionssätze
- Kostensätze
- Kostensteigerungsraten
- (Rückversicherungs-)Abgabequoten
- Renditen

Wegen der starken Zusammenhänge der einzelnen Ergebniskomponenten eines Versicherungsunternehmens werden in der Praxis die Planungs- und Bewertungsmodelle miteinander verdrahtet. IdR werden Sensitivitätsanalysen wesentlicher Planungs- und Bewertungsprämissen durchgeführt, um Wertveränderungen und Interdependenzen zu analysieren. Im Konkreten wird die Veränderung des Bewertungsergebnisses analysiert, die mit der Veränderung einzelner Parameter einhergeht. Hier dürfen einzelne Parameter nicht isoliert betrachtet werden, sondern die Effekte auf andere Parameter müssen ebenfalls beachtet werden.

3.1.1. Prämienprognose

Die Prämienplanung hat auf Basis der Werte in der Gesamtrechnung, getrennt für die wesentlichen Versicherungszweige, zu erfolgen. Die Genauigkeit der Planung kann im konkreten Fall sehr unterschiedlich sein.

Im Falle von Wertfindungen ohne Zugriff auf das Planungssystem des Unternehmens, zB im Rahmen einer Due Diligence, wird man eher pauschale Ansätze in Form von Prämienwachstumsraten verwenden müssen.

Sollte die Planung zusätzliche Überlegungen berücksichtigen, wie zB Bestandssanierungen oder deutlich über dem Markt liegende Wachstumsraten zB durch Forcierung bestimmter Produkte, sind insbesondere die Zusammenhänge mit dem Provisionsaufwand bzw die Entwicklung der Schadensätze zu beachten.

3.1.2. Kosten- bzw Provisionsprognose

Die Planung der Provisionen muss natürlich ebenfalls auf Ebene der einzelnen Versicherungszweige erfolgen. Bei Analyse der Provisionen ist auf Änderungen der Vertriebsstruktur, der Provisionstabellen und auf das geplante Prämienwachstum einzugehen.

Die Analyse der Kostenentwicklung sollte sinnvollerweise auf Kostenartenebene erfolgen, weshalb der Betriebsaufwand vor Kostenverteilung als Basis herangezogen werden sollte. Es ist daher notwendig, zunächst abzustimmen, ob die Plankosten sämtliche Funktionsbereiche (Schadenregulierung, Aufwendungen für den Abschluss, sonstige Aufwendungen für den Versicherungsbetrieb, Vermögensverwaltung) umfassen.

Innerhalb der Kostenarten ist zumindest zwischen Personalaufwand und Sachaufwand zu unterscheiden.

3.1.3. Schadenprognose

Die Prognose künftiger **Schadenbelastungen** erfolgt in der Regel nicht in absoluten Beträgen, sondern in Form von Annahmen über die Entwicklung von Schadenquoten in den wesentlichen Versicherungszweigen. Die Schadenquoten der Vergangenheit setzen sich aus dem Schadenaufwand für das Geschäftsjahr, der wegen des Vorsichtsprinzips regelmäßig den Aufbau stiller Reserven enthält, und einem positiven Beitrag aus der Abwicklung der Vorjahresreserven zusammen. Die Schadensätze der Vergangenheit können somit durch die Veränderung in der absoluten Höhe der stillen Reserven verfälscht sein.

Üblicherweise kann die Schadenbelastung der einzelnen Schadenjahre mit Hilfe mathematisch-statistischer Methoden, insb Chain-Ladder, ermittelt werden. Diese Verfahren finden mit der Einführung von Solvency-II auch Eingang in die Solvenzbilanz. Dem Unternehmensbewerter stehen somit zusätzliche Informationen für die Beurteilung der Höhe der bilanzierten und geplanten Schadenreserven zur Verfügung. Weiters können aus diesen Berechnungen normalisierte Schadenquoten abgeleitet werden. Abweichungen von diesen normalisierten Schadensätzen in der Planung sind nur dann erforderlich, wenn aufgrund bereits getroffener oder bereits hinreichend konkret geplanter Maßnahmen mit nachhaltigen Änderungen der Schadensätze zu rechnen ist.

Theoretisch bilden die Prognosen der zu erwartenden tatsächlichen Schadenbelastungen der künftigen Schadenjahre den geplanten Schadenaufwand ab. Konzeptionell würde das bedeuten, dass die absolute Höhe der zum Bewertungsstichtag in den Schadenrückstellungen vorhandenen stillen Reserven künftig unverändert bleibt. Da die vorhandenen Rückstellungen jedoch abgewickelt werden müssen, entspricht dies einer Auflösung stiller Reserven für Vorjahresschäden (Abwicklungsgewinn) bei gleichzeitigem Aufbau stiller Reserven in absolut gleichbleibender Höhe für Schäden des Geschäftsjahres, sodass die buchhalterische Schadenbelastung ident der tatsächlich für das Geschäftsjahr zu erwartenden Schadenbelastung wäre. In der Praxis werden für Planungszwecke Schadenquoten aus den Erfahrungen der Vergangenheit abgeleitet, implizit somit ein unverändertes Niveau an Vorsicht in der Schadenreservierung angenommen.

Die Höhe der Schadenrückstellung im Prognosezeitraum ergibt sich demnach ebenfalls alternativ aus der Multiplikation von Prämien, Schadenquoten und Restzahlungsquoten für die einzelnen Schadenjahre oder, vereinfacht, aus der Abhängigkeit zur Prämienentwicklung.

Die Entwicklung der **Schwankungsrückstellung** hängt im Wesentlichen vom Prämienwachstum bzw der Entwicklung der Schadenquoten ab, die von Jahr zu Jahr bzw in den einzelnen Versicherungszweigen sehr unterschiedlich verlaufen kann. Die Planung der Schadenquoten unterstellt grundsätzlich einen normalisierten Verlauf, dh dass Großschäden nicht dargestellt werden, da angenommen werden kann, dass diese durch Rückversicherung gedeckt werden. Ebensowenig können die zufälligen Schwankungen im Schadenverlauf durch Planungsrechnungen abgedeckt werden. Es ist daher sinnvoll zu unterstellen, dass die zum Bilanzstichtag festgestellte Standardabweichung durch künftige Großschäden auf gleichem Niveau gehalten werden wird. Da Planrechnungen tendenziell eher optimistische Annahmen zugrunde gelegt werden, dh steigende Prämien bzw sinkende Schadensätze, sollte die Schwankungsrückstellung daher im Ausmaß der Prämiensteigerung wachsend angenommen werden.[7] Es wird jedoch auch als zulässig angesehen, von einer künftigen Veränderung der Schwankungsrückstellung aufgrund ihrer Zinsträgereigenschaft abzusehen.

---

7 Vgl *Albrecht*, Discounted-Cash-flow-Bewertung bei Sachversicherungsunternehmen, in Finanz Betrieb 5/2001, 307, der bei einer langfristig normalisierten Entwicklung eine Entwicklung proportional zur Geschäftsentwicklung fordert und eine hohe Schwankungsrückstellung bei der Bestimmung des Kapitalisierungszinssatzes berücksichtigt.

3.1.4. Prognose der Rückversicherungsergebnisse

Die Prognose der Rückversicherungsergebnisse muss in abgestimmter Weise mit der Entwicklung der Prämien bzw der Schäden in der Gesamtrechnung in Beziehung stehen. Schlussendlich sind die Rückversicherungsergebnisse jedoch als Kostenfaktor zu sehen, da die Erfahrung zeigt, dass Rückversicherer langfristig in der Lage sind aus ihren Vertragsbeziehungen Gewinne zu realisieren. Für die Bestimmung des langfristigen Kostenfaktors können Erfahrungswerte des zu bewertenden Versicherungsunternehmens herangezogen werden. Dabei ist allerdings auch auf den zyklischen Verlauf von Rückversicherungsbeziehungen Rücksicht zu nehmen, demzufolge Perioden von Gewinnen aus der Rückversicherungsabgabe umso höhere Rückversicherungskosten gegenüberstehen, die einen nachhaltigen Gewinn des Rückversicherers bringen. Es ist daher sinnvoll, auf Branchenwerte zurückzugreifen, um die mittelfristige Entwicklung der Rückversicherungskosten (Phase I) bzw die nachhaltig zu erwartenden Kosten (Phase II, ewige Rente) abschätzen zu können.

Die Notwendigkeit, die Entwicklung der Rückversicherungsergebnisse der letzten Jahre zu analysieren, wird durch Rückversicherungsverträge, die ein starkes Finanzierungselement[8] enthalten, verstärkt, da es hier sehr wahrscheinlich zu Rückflüssen an den Rückversicherer kommt.

Aus technischer Sicht können Rückversicherungsergebnisse bei proportionalen Abgaben an die Prognose der Prämien und Schäden in der Gesamtrechnung geknüpft werden. Die Anpassung an die erwarteten Rückversicherungskosten kann dann über den Rückversicherungsprovisionssatz gesteuert werden. Vereinfacht ist jedoch auch eine Planung von Rückversicherungskostensätzen möglich.

Die Rückversicherungskosten der österreichischen Versicherungswirtschaft der letzten zehn Jahre lagen in der Schaden- und Unfallversicherung bei etwa 2,5 % (Quelle: KPMG-Statistik 2015).

3.1.5. Prognose der Kapitalerträge

Die Prognose der Kapitalanlageergebnisse setzt eine Planung des Mengengerüsts sowie der zu erwartenden Renditen voraus. Bei Planung des Mengengerüsts muss von der aktuellen Kapitalveranlagungsstruktur ausgegangen werden. Eine Änderung der Struktur hin zu Kapitalanlagekategorien, die eine höhere Rendite versprechen, ist nur insoweit zulässig, als das Unternehmen bereits konkrete Pläne in dieser Richtung hat. In diesem Fall ist es erforderlich, dass auch die Effekte auf das Eigenmittelerfordernis ausreichend berücksichtigt werden.

---

8 Es handelt sich dabei nicht um Financial Reinsurance, die richtigerweise als Darlehen auszuweisen wäre, sondern um Versicherungsverträge, die neben der Übertragung von versicherungstechnischem Risiko in nicht unwesentlichem Umfang auch Vorfinanzierungselemente beinhalten.

Das Mengengerüst, dh die Entwicklung der Kapitalanlagen, hängt im Wesentlichen von der Entwicklung versicherungstechnischer Parameter ab. Je höher das Prämienwachstum angesetzt wird, desto stärker werden grundsätzlich auch die versicherungstechnischen Rückstellungen und damit auch die Kapitalanlagen ausfallen. Umgekehrt führen rückläufige Schadenquoten zu geringeren versicherungstechnischen Rückstellungen bzw Kapitalanlagen. Es ist daher unbedingt notwendig, den Stand der Kapitalanlagen über eine mit der Planerfolgsrechnung verknüpfte Planbilanz zu prognostizieren.

Grundlage für die Berechnung der Kapitalanlagenbestände bildet regelmäßig die Erstellung einer Planbilanz. Zu diesem Zweck werden die Posten der letzten verfügbaren Bilanz analysiert und ihre zukünftige Entwicklung auf Basis von Annahmen über die weitere strategische Ausrichtung fortentwickelt.

Die Eigenmittel sind grundsätzlich konstant anzunehmen („Vollausschüttungsprämisse"), stehen jedoch unter der Nebenbedingung der Einhaltung versicherungsaufsichtsrechtlicher Bestimmungen, die eine Thesaurierung oder Eigenkapitalzufuhr notwendig machen können.

Die versicherungstechnischen Rückstellungen können grundsätzlich mit dem Prämienwachstum steigend angenommen werden. Im Bereich der Schadenrückstellungen ist jedoch nicht nur die Prämienentwicklung, sondern auch die Entwicklung der Schadensätze bzw die Zahlungsabwicklungsgeschwindigkeit sowie das Ausmaß an stillen Reserven zu berücksichtigen, sodass sich eine vom Prämienwachstum abweichende (geringere) Steigerung der Schadenrückstellung ergeben kann.

Die Steigerungsraten der sonstigen Bilanzposten, mit Ausnahme der Kapitalanlagen, werden sich häufig am geplanten Prämienwachstum orientieren können.

Das Volumen der Kapitalanlagen ergibt sich somit als Restgröße. Die Zusammensetzung der Kapitalanlagen wird meist ebenfalls konstant gehalten, weshalb unterstellt wird, dass sie im Einklang mit der geplanten Unternehmensentwicklung wachsen. Die Bereiche Beteiligungen und Grundbesitz werden, insbesondere wenn sie als „nicht betriebsnotwendiges Vermögen" gesondert bewertet werde, ohne künftige Steigerungsraten angenommen.

Darüber hinaus ist zu beachten, dass der für die Diskontierung herangezogene Basiszinssatz in vernünftiger Korrelation zu den aus den Kapitalanlagen zu erwartenden Renditen stehen muss.

Die Kapitalerträge ergeben sich durch Multiplikation der durchschnittlichen Bestände der einzelnen Assetklassen mit den jeweiligen Renditesätzen. Stille Reserven in Höhe der Differenzen zwischen den Zeitwerten und den Buchwerten werden häufig berücksichtigt, indem auch auf diese stillen Reserven Erträge errechnet wurden. Dabei ist naturgemäß zu beachten, ob die angesetzte Rendite bereits über dem aktuellen Marktzins liegt, da auf die Kupons des konkreten Portfolios abgestellt wird, um Doppelerfassungen zu vermeiden.

3.2. Krankenversicherung

Nach den EU-Regelungen ist die Krankenversicherung Teil der Schaden- und Unfallversicherung und demgemäß in den Richtlinien Schaden-Unfallversicherung geregelt. Allerdings kann der einzelne Mitgliedsstaat vorschreiben, dass die Krankenversicherung in technischer Hinsicht nach Art der Lebensversicherung zu betreiben ist, wenn ua die Beiträge unter Zugrundelegung von Wahrscheinlichkeitstafeln und anderen einschlägigen statistischen Daten entsprechend der versicherungsmathematischen Methode berechnet werden.

Mit den Bestimmungen des VersVG und damit in Verbindung § 101 VAG ist in Österreich, mit Ausnahme kurzfristiger Krankenversicherungen, wie zB Reisekrankenversicherung etc nur die Krankenversicherung nach Art der Lebensversicherung zulässig.

Die Bewertung der Krankenversicherung, soweit sie nicht nach Art der Lebensversicherung betrieben wird, erfolgt jedenfalls nach Maßgabe der Ausführungen zum Kapitel „Schaden- und Unfallversicherung".

In diesem Kapitel werden dementsprechend die Grundsätze für die Bewertung der Krankenversicherung, soweit sie nach Art der Lebensversicherung betrieben wird, dargestellt.

Als Besonderheit ist dabei auf die besondere Langlebigkeit der Versicherungsverträge Rücksicht zu nehmen. Im Extremfall ist ein Versicherungsnehmer von der Geburt an bis zum Tode versichert; das Versicherungsunternehmen hat keine Kündigungsmöglichkeit. Die Prämie wird bei Abschluss des Versicherungsvertrages kalkuliert und kann nur aus den in § 178 f VersVG genannten Gründen erhöht werden. Somit kann und wird die Prämie zwar nicht aus Gründen erhöht, die im steigenden Alter des Versicherten begründet sind („höhere Kopfschäden"), jedoch, wenn die Kosten des Versicherungskollektivs steigen. Da die Prämien des einzelnen Versicherungsnehmers also nicht mit dem wachsenden, altersabhängigen Bedarf steigen, hat ein Versicherungsunternehmen in den Jahren, in denen die Krankheitshäufigkeit und -dauer noch unter dem Durchschnitt der Vertragslaufzeit liegt, eine Rückstellung für die mit dem Alter wachsenden Krankheitskosten zu bilden.

Die wesentlichen Parameter zur Berechnung dieser Deckungsrückstellung sind das aus den Erfahrungen der Vergangenheit abgeleitete zukünftige Profil der Krankheitshäufigkeit und -dauer, die Sterbewahrscheinlichkeit, die Stornowahrscheinlichkeit, die Kosten und der anzuwendende Zinssatz. Im Gegensatz zur Lebensversicherung mit Gewinnbeteiligung ist kein Höchstzinssatz vorgeschrieben.

Die Berechnung der Deckungsrückstellung erfolgt in der Regel für bestimmte Gruppen von Versicherungsnehmern (Gruppen nach Alter, Geschlecht, Versicherungstarif).

Auch der Wert eines Krankenversicherungsunternehmens bzw -bestandes ist der Barwert der zukünftigen, an den Aktionär ausschüttbaren Erträge. Dieser Zukunftsertrag ist für jedes Jahr nach folgendem Schema zu berechnen:

+ Prämien
− Versicherungsleistungen
− Kosten
+/− Rückversicherung
+/− Veränderung der Deckungsrückstellung
+ Kapitalerträge
+ Kapitalerträge aus der Veranlagung des Eigenkapitals
= EgT
− Ertragsteuern
= Jahresüberschuss
+/− Frei werdende/zusätzlich erforderliche Eigenmittel
= ausschüttbarer Jahresüberschuss

Bei der Berechnung werden eigene Ermittlungen hinsichtlich des am Bewertungsstichtag bereits vorhandenen Bestandes an Versicherungsverträgen sowie der nach dem Bewertungsstichtag neu abzuschließenden Versicherungsverträge nötig sein.

Unter Prämien sind die abgegrenzten Prämien zu verstehen. Da in der Regel in der Krankenversicherung Monatsprämien vereinbart sind, wird kein wesentlicher Unterschied bestehen. Die zukünftigen Prämien aus den am Bewertungsstichtag bereits vorhandenen Versicherungsverträgen werden aus dem Bestand unter Berücksichtigung zukünftiger Todesfälle und Storni berechnet. Die Prämien für in der Zukunft neu abzuschließende Versicherungsverträge können aus Modellverträgen für den bzw die zukünftigen durchschnittlichen Versicherungsnehmer abgeleitet werden.

Die Versicherungsleistungen enthalten neben den Zahlungen für Versicherungsfälle auch die Veränderung der Rückstellung für noch nicht abgewickelte Versicherungsfälle. Bei der Bemessung dieser Aufwendungen ist auf das wachsende Alter sowohl der am Bewertungsstichtag bereits versicherten Versicherungsnehmer als auch, gegebenenfalls in angemessener Gruppierung der Modellverträge, der zukünftigen neuen Versicherungsnehmer Rücksicht zu nehmen.

Bei den Kosten sind die Aufwendungen für den Versicherungsabschluss (für Neuverträge sowie für den bereits vorhandenen Bestand), die sonstigen Aufwendungen für den Versicherungsbetrieb, die Schadenregulierungsaufwendungen und, wenn nicht bei den Kapitalerträgen berücksichtigt, die Aufwendungen für die Vermögensverwaltung sowie sonstige Aufwendungen zu berücksichtigen.

Krankenversicherungsverträge werden in der Regel nicht rückversichert. Im Einzelfall sind Rückversicherungskosten in zu erwartender Höhe anzusetzen.

Die Veränderung der Deckungsrückstellung ergibt sich aus einer Hochrechnung unter Zugrundelegung der für die Tarifkalkulation vorgesehenen Parameter aus den am Bewertungsstichtag vorhandenen Verträgen sowie in angemessenen Gruppierungen aus den Modellverträgen unter Berücksichtigung von Todesfällen und Storni. Aus dem Umstand, dass die Alterungsrückstellung laufend dotiert wird, stellt die Analyse der in der ewigen Rente nachhaltig zu erwartenden Dotierungen eine besondere Herausforderung dar.

Die Kapitalerträge sind unter Berücksichtigung der Veranlagungsstrategie und der Annahmen der Renditesätze für die einzelnen Veranlagungskategorien von den technischen Rückstellungen bzw den Eigenmitteln, soweit sie nicht für kurzfristige sonstige Posten benötigt werden, zu errechnen.

Nach Abzug von Steuern sind nach Maßgabe der Eigenmittelerfordernisse Gewinne zu thesaurieren. Bei sinkendem Erfordernis können Eigenmittel, wieder nach Maßgabe der rechtlichen Verfügbarkeit, zur Ausschüttung freigegeben werden.

Eine Prognose über ein neu abzuschließendes Geschäft wird nur für einen beschränkten Zeitraum (drei bis fünf Jahre) möglich sein. Dieser Zeitraum wird, sowohl für den Bestand als auch für die Neuproduktion die Phase I der Bewertung darstellen. Aus den Berechnungen dieser Jahre an Hand der Modellverträge kann der Wert der Neuproduktion ermittelt werden. Für die weiteren zukünftigen Jahre kann zur Abschätzung des Wertes der Neuproduktion von diesen Werten unter Berücksichtigung angemessener Adaptierungen ausgegangen werden.

3.3. Lebensversicherung

3.3.1. Klassisch

Die Bewertung der klassischen Lebensversicherung erfolgt in der Regel getrennt für den zum Bewertungsstichtag vorhandenen Versicherungsbestand und das künftig erzielbare Neugeschäft.

Die Besonderheit der Bewertung liegt darin, dass die Vertragsbeziehungen mit den Versicherungsnehmern langfristiger Natur sind und über die künftige Entwicklung der wertbestimmenden Größen detaillierte Informationen zur Verfügung stehen.

Für die Bewertung des Versicherungsbestandes sind Unterlagen auf Ebene der wesentlichen Teilbestände, zumindest jedoch für folgende Produktarten, erforderlich:

- Prämienpflichtige Er- und Ablebensversicherungen
- Prämienpflichtige Erlebens- und Rentenversicherungen
- Prämienfreie Bestände
- Risikoversicherungen

Folgende **Basisdaten** sind notwendig:

- Entwicklung der Deckungsrückstellung, getrennt nach vertraglichen Leistungen, zugesagten und zugeteilten Gewinnanteilen
- Schlussgewinnanteile
- Erklärte Gewinnanteile (Jahreserfordernis)
- Prämie
- Prämienübertrag
- Anzahl der Verträge
- Versicherungssumme

Die Daten aus der Ablaufstatistik sollten möglichst lange in die Zukunft projiziert werden, damit der Zeitpunkt, in dem in eine ewige Rente gegangen wird, repräsentativ sein soll.

Auf Basis der aus der Vergangenheit analysierten Sterblichkeiten und Stornoraten werden die Ablaufdaten der Teilbestände entsprechend gekürzt.

Für das Neugeschäft gibt es zwei mögliche Vorgehensweisen: Die erste Möglichkeit besteht darin, den aus dem letzten Jahr vor dem Bewertungsstichtag stammenden Neugeschäftsjahresring in einer Ablaufstatistik analog zum Gesamtbestand darzustellen und unter realistischen Annahmen für Neuproduktionsprämien in den Folgejahren schichtweise übereinanderzulegen. Eine vereinfachte Möglichkeit kann darin bestehen, für die wesentlichen Tarife, die in Zukunft verkauft werden sollen, einen Modellvertrag abzubilden und mit den entsprechenden Neuproduktionsprämien schichtweise für die Zukunft abzubilden. Diese Methode ist vor allem bei der Einführung neuer Tarifgenerationen, bei denen noch kein ganzer Jahresring vorhanden ist, zu empfehlen.

Eine wesentliche Frage im Zusammenhang mit dem Neugeschäft ist, für wie viele Jahre eine Neuproduktion angenommen werden kann. Insbesondere wegen des Vergleichs der Bewertungsergebnisse aus der Lebensversicherung mit anderen Versicherungsunternehmen bzw bei Bewertung von Kompositversicherungen sollte der Planungszeitraum, dh jener Zeitraum, in dem mit einem konkreten Neugeschäftsvolumen gerechnet werden kann, den sonst üblichen Planungszeitraum (drei bis maximal fünf Jahre) nicht übersteigen.

Auf Grund des Unterschiedes zwischen der auf Basis der für die Prämienkalkulation verwendeten Sterbetafeln und der durch einen Prozentsatz der ursprünglichen Sterbewahrscheinlichkeiten gekürzten Bestände ergibt sich ein Sterblichkeitsgewinn.

Analoges gilt für den Stornogewinn, der sich durch die Differenz zwischen dem aufgrund des Stornoabschlages ergebenden Rückkaufswert und der durch Storno wegfallenden Deckungsrückstellung ergibt.

Für den Zinsgewinn maßgeblich ist die Marge zwischen dem Rechnungszinssatz zuzüglich des aufgrund der Gewinnbeteiligung festgelegten Zinsgewinnes und der Gesamtverzinsung der Kapitalanlagen. Er stellt neben dem Kostengewinn die wesentlichste Gewinnquelle bei der Bewertung dar.

Der Stornogewinn ergibt sich als Differenz aus dem in die Prämie kalkulierten Kostenanteil und den von Stückzahl oder Prämie abhängigen Kosten für den Betrieb und Vertrieb.

Zur Gewinnentwicklung für die Zukunft wird durch die aus der Ablaufstatistik des Bestandes und aus dem Neugeschäft abgebildeten Tarife mit den eingesetzten Parametern für Storno und Sterblichkeit eine Erfolgsrechnung mit den folgenden wesentlichen Positionen aufgestellt.

- Erträge aus der abgegrenzten Prämie
- Zinsen auf die Deckungsrückstellung für die vertragliche Versicherungsleistung und die Prämien, auf die erklärten, zugesagten und die Schlussgewinnanteile

- Zinsgewinn auf die zugeteilten Gewinnanteile
- Aufwendungen für Versicherungsfälle aus Abläufen, Todesfällen und sonstigen Storni.
- Aufwendungen für die erfolgsabhängige Prämienrückerstattung bzw Gewinnbeteiligung der Versicherungsnehmer.
- Aufwendungen für den Versicherungsabschluss
- Aufwendungen für den Versicherungsbetrieb

Der Umstand, dass für die Unternehmensbewertung die künftigen Gewinne aufgedeckt werden, führt dazu, dass bei Verträgen mit Gewinnbeteiligung das Gewinnbeteiligungssystem abgebildet wird. Dabei ist es einerseits erforderlich, die Mindestdotierungen gemäß Gewinnbeteiligungs-VO zu berücksichtigen, andererseits aber auch realistische Annahmen hinsichtlich der Gewinnzuteilungen aus den angesammelten Gewinnbeteiligungsrückstellungen zu treffen.

3.3.2. Fondsgebunden

Das fondsgebundene Lebensversicherungsgeschäft unterscheidet sich hinsichtlich seiner Gewinnquellen deutlich von jenem der klassischen Lebensversicherung, weshalb auch der Bewertungsansatz diesem Umstand Rechnung tragen muss.

Am Beginn der Bewertung steht daher die Auseinandersetzung mit den wesentlichen Tarifen, um die wesentlichen Gewinnquellen und deren Parameter identifizieren zu können.

Wie auch in der klassischen Lebensversicherung sind **Prämienprognosen** und Informationen zu sämtlichen variablen **Erfolgsbestandteilen**, jeweils getrennt nach laufenden und Einmalprämien, erforderlich. Dazu zählen insbesondere folgende Daten:

- Alpha-, Beta- und Gammakosten bzw Sparprämie
- Tatsächliche Abschlusskosten
- Tatsächliche Verwaltungskosten
- Depotgebühren (Aufwand für die Versicherungsgesellschaft)
- Rückerstattung durch die KAG (Ertrag für die Versicherungsgesellschaft)
- Managementgebühren (Ertrag für die Versicherungsgesellschaft)
- Sonstige variable Erfolgskomponenten

Die oben angeführten variablen Erfolgskomponenten können einmalig, dh nur im Abschlussjahr, oder während der gesamten Laufzeit der Verträge anfallen; sie können erfahrungsgemäß von folgenden Parametern abhängig sein:

- Bruttoprämie
- Sparprämie
- Stückanzahl
- Versicherungssumme bzw Summe der Prämien
- Durchschnittliches Fondsvermögen
- Sonstige Parameter

Für die Berechnung der Überschüsse aus der fondsgebundenen bzw indexgebundenen Lebensversicherung ist es notwendig, die Entwicklung der folgenden Berechnungsparameter jeweils getrennt für Altbestand und Neugeschäft bzw prämienpflichtige und prämienfreie Bestände zu ermitteln, da die in die Ergebnisermittlung eingehenden variablen Erfolgskomponenten in Abhängigkeit von der Entwicklung dieser Parameter errechnet werden:

- Vertragsanzahl
- Beitragssumme
- Bruttoprämie
- Depotstände (Deckungsrückstellung) am Anfang bzw am Ende des Kalenderjahres

Die Vertragsanzahl, Beitragssumme bzw Bruttoprämie werden nach Maßgabe von Informationen über Fälligkeit und durchschnittliche Vertragsdauer sowie unter Verwendung von Stornoannahmen ermittelt, die im Rahmen der Darstellung der Kalkulationsgrundlagen beschrieben werden.

Die Entwicklung der Depotstände wird nach folgendem Schema berechnet, wobei eine Annahme über die in den einzelnen Investmentfonds anfallende jährliche Rendite getroffen werden muss:

Stand am 1.1.
ab: Abläufe und Storno
zu: Sparprämie
ab: depotabhängige Erfolgskomponenten (Managementgebühren)
zu: Fondsrendite (Thesaurierung)
Stand am 31.12.

Die künftig angenommenen Stornoraten werden jeweils auf die Berechnungsparameter Vertragsanzahl, Prämie und Beitragssumme angewendet. Für Zwecke der Ermittlung der Versicherungsleistungen und damit der Depotstände wird die Höhe der Depotwerte untersucht, die sich bei einem Verlauf nach Maßgabe der Kalkulationsgrundlagen ergeben würden.

Eine negative Auswirkung auf die Unternehmensergebnisse durch die vorzeitige Vertragsbeendigung wird durch Abschläge vom auszuzahlenden Fondsvolumen kompensiert und im Rahmen der Bewertung als **Stornogewinn** berücksichtigt.

Die Ermittlung der Ergebnisse aus der fondsgebundenen bzw indexgebundenen Lebensversicherung sollte getrennt für den Altbestand bzw das Neugeschäft bzw nach Verträgen gegen laufende Prämien bzw Einmalerläge erfolgen.

Die Ergebnisse aus dem Neugeschäft kann durch Multiplikation der hochgerechneten Rechenparameter (Vertragsanzahl, Beitragssumme, Bruttoprämien bzw Depots) mit den oben beschriebenen Kalkulationsgrundlagen ermittelt werden.

Zu diesem Zweck wird zunächst jeweils ein typisierter Vertrag gegen laufende Prämie bzw gegen Einmalerlag bis zu seinem vertragskonformen Ablauf abgebildet. Die Ermittlung der Ergebnisse erfolgt getrennt für jedes Produktionsjahr durch Multiplikation des Ergebnisses des Einzelvertrages mit dem jeweils zugrunde gelegten Neuproduktionsvolumen.

3.4. Nicht betriebsnotwendiges Vermögen und stille Reserven (Lasten)

3.4.1. Nicht betriebsnotwendiges Vermögen

Nicht betriebsnotwendiges Vermögen sind jene Vermögensteile, die für die Fortführung des Bewertungsobjekts nicht notwendig sind (zB betrieblich nicht genutzte Grundstücke und Gebäude oder Überbestände an liquiden Mitteln). Die Bewertung des nicht betriebsnotwendigen Vermögens erfolgt grundsätzlich zum Barwert der daraus resultierenden künftigen finanziellen Überschüsse.[9]

Versicherungsunternehmen verfügen idR über signifikante Kapitalanlagen, welche grundsätzlich vom operativen Versicherungsgeschäft getrennt werden könnten. Hierbei ist allerdings zu berücksichtigen, dass die Veranlagung vorab vereinnahmter Prämienzahlungen einen Teil des Geschäftsmodells von Versicherungen darstellt. In der Praxis wird demnach zumeist davon ausgegangen, dass die Kapitalanlagen betriebsnotwendiges Vermögen darstellen.

3.4.2. Stille Reserven (Lasten)

Aus einer bilanziellen Sicht können Versicherungsunternehmen insbesondere in folgenden Bereichen stille Reserven aufweisen:

- Kapitalanlagen – Aktueller Buchwert kleiner als der Marktwert (Hauptanwendungsfall sind hier Grundbesitz und Beteiligungen)
- Versicherungstechnische Rückstellungen – Aktuelle Rückstellung größer als die erwartete Inanspruchnahme durch Versicherungsnehmer

Für die Ermittlung eines objektivierten Unternehmenswertes sind alle realistischen Zukunftserwartungen im Rahmen der Marktchancen und -risiken, der finanziellen Möglichkeiten des Unternehmens sowie der sonstigen Einflussfaktoren zu berücksichtigen.[10] Hieraus resultierende Abweichungen zu Vorsichtsprinzipien aus der Rechnungslegung (UGB) sind zu analysieren. Aufgrund des Anschaffungswert- bzw Vorsichtsprinzips liegen die Buchwerte der Kapitalanlagen häufig unter den Verkehrswerten.

Im Zuge der Bewertung ist zu analysieren, inwieweit stille Reserven oder auch Lasten vorliegen, und diese sind entsprechend zu berücksichtigen. Bei den Diskontierungsverfahren wird in der Praxis meist wie folgt vorgegangen:

- Für Kapitalanlagen ist zu untersuchen, inwieweit in der Planung bzw im verstetigten Ergebnis (Terminal Value) nachhaltig repräsentative Marktrenditen unterstellt werden und es erfolgt gegebenenfalls eine Anpassung auf ein repräsentatives Niveau.
- Etwaige stille Reserven oder stille Lasten in den versicherungstechnischen Rückstellungen werden in der Praxis zumeist durch pauschale Korrekturen berücksichtigt. Hierfür können zB am Ende des Detailplanungshorizonts pauschale Dotierungen oder Auflösungen auf ein nachhaltig repräsentatives Niveau unterstellt werden.

---

9   KFS/BW 1 (2014), Rz 27 f.
10 KFS/BW 1 (2014), Rz 16.

Bewertung von Handelsunternehmen

Andreas Hämmerle

1. **Stationärer Einzelhandel: Typische Ausprägungen des Geschäftsmodells**
2. **Branchenspezifische Werttreiber**
    2.1. Maß der Marktdurchdringung
    2.2. Performance des bestehenden Marktauftrittes („like for like")
    2.3. Die inneren Werte des Umsatzes
    2.4. Jeder Standort eines Einzelhändlers als separate bewertungsrelevante CGU
    2.5. Modernität des Marktauftrittes
    2.6. Skaleneffekte
3. **Bewertung von Vermögen**
    3.1. Anlagevermögen
    3.2. Umlaufvermögen: Handelsware
        3.2.1. Warenbewertung anhand von Altersstrukturen
        3.2.2. Warenbewertung anhand von Reichweitenmodellen
        3.2.3. Die richtige Wahl der betrachteten Periode
        3.2.4. Die Wahl der richtigen Abschlagssätze
4. **Online-Handel: Typische Ausprägungen des Geschäftsmodells**
    4.1. Branchenspezifische Werttreiber
    4.2. Die inneren Werte des Umsatzes: Retourenquote im Online-Shop
    4.3. Stückkosten im Online-Handel
    4.4. Bewertung von Vermögen: Handelsware
5. **Großhandel**
    5.1. Bewertung von Vermögen: Handelsware

Im vorliegenden Kapitel werden die Besonderheiten bei Unternehmensbewertungen von Handelsunternehmen betrachtet. Die branchenspezifischen Bewertungsmechanismen werden exemplarisch für den Einzelhandel, konkret für den Stationären Einzelhandel[1], erörtert.

Einzelhandel und Großhandel unterscheiden sich in etlichen Punkten, nur wenige Spezifika der Handelsbranche haben diese beiden Handelszweige tatsächlich auch gemein. Auch der Handel über den Verkaufskanal Online gehorcht – zumindest zum Teil – anderen Mechanismen als der Stationäre Einzelhandel. Die Unterschiede im Geschäftsmodell, und damit potentielle Unterschiede im Bewertungsmechanismus, sind in einigen Punkten beträchtlich. Daher werden in gesonderten Abschnitten, die sich der Abhandlung über den stationären Handel anschließen, die Unterschiede und Besonderheiten des Geschäftsmodells Online-Handel sowie des Großhandels und deren Auswirkungen auf die Unternehmensbewertung gesondert besprochen.

1. Stationärer Einzelhandel: Typische Ausprägungen des Geschäftsmodells

Der Einzelhandel hat ein einfaches Geschäftsmodell. Diese Einfachheit ist eine erste Besonderheit und führt in der Unternehmensbewertung zu spezifischen Ausprägungen, da übliche Bewertungsmuster in anderen Branchen hier nicht oder nicht vorrangig anzuwenden sind.

Die **Kundenstruktur** des typischen Einzelhändlers ist ein Polypol. Das ist im Vergleich zu den alternativen Strukturen – Monopol und Oligopol[2] – die erfolgversprechende und relativ einfach zu managende Kundenstruktur.

Typisch für das Polypol ist Trägheit in der Marktreaktion. Diese Trägheit ist zweischneidig. Sie führt dazu, dass Impulse, die der Handel setzt, relativ lange brauchen, um am Markt durchzudringen. Ein Handelskonzept muss eine Vielzahl von Kunden viele Male überzeugen, das Konzept kann aber nicht auf das Bedürfnis einer singulären Kundenbeziehung abstellen. Diese Trägheit in der Marktreaktion führt – positiv für den Händler – aber auch dazu, dass erratische Veränderungen wenig wahrscheinlich sind. Der Händler hat seine Kunden relativ sicher. Fehlentscheidungen führen üblicherweise nicht zu schnellen Konsequenzen, sondern haben mittel- und langfristige Auswirkungen.

Die **Konkurrenzbeobachtung** ist sehr viel einfacher als in vielen anderen Branchen. Ein aufmerksamer Besuch im Store oder Online-Shop eines Mitbewerbers verschafft einen schnellen und nahezu vollständigen Überblick über Sortiment und Preisstellung des Konkurrenten. Auch die Akzeptanz des konkurrierenden Marktmodells – sichtbar über die leicht beobachtbare Kundenfrequenz im Geschäft – kann mit wenig Aufwand eingeschätzt werden.

---

1 Einzelhandel mit klassischer Infrastruktur – einem Verkaufslokal – wird Stationärer Handel genannt.
2 Eine interessante Abhandlung der Markttypologien findet man zB in *Varian*, Grundzüge der Mikroökonomik^7 499 ff.

Die **Investitionshürden** im Handel sind im Grundsatz gering. Ein Raum, ein Verkaufstisch genügt. Pop-Up-Stores, die oft nicht viel mehr bieten als das, sind in ihrer Klarheit und Fokussiertheit auf das dargebotene Sortiment derzeit sehr *en vogue* und ein Beispiel für den geringen Mindestkapitaleinsatz. Auch Online-Handelsplätze können mit relativ wenig Geld aufgezogen werden.

Lieferantenvielfalt: In der Regel verfügt ein Handelsunternehmen über eine Vielzahl an möglichen Bezugsquellen. Auch von dieser Seite gibt es relativ wenig Abhängigkeiten und im Vergleich zu anderen Branchen wenig Risikoneigung.

Änderungen im **Sortiment** sind relativ einfach machbar. Produktentwicklungszyklen sind ausschließlich auf Seite des Lieferanten zu leisten. Nicht gut gehende Produkte können rasch aus dem Sortiment genommen („ausgelistet") und durch andere ersetzt werden. Änderungen in der Produktrange haben nicht primär eine langfristige strategische Komponente, sondern werden als Optimierung des kurzfristigen Geschäftserfolges und rasche Reaktion auf die sich wandelnden Bedürfnisse des Konsumenten gedeutet.

Wenn das Geschäftsmodell Handel tatsächlich so einfach ist – wofür bezahlt der Investor Geld? Was sind die wesentlichen Werttreiber in der Bewertung eines Handelsunternehmens?

2. Branchenspezifische Werttreiber

Der erwirtschaftete oder geplante Cashflow bildet das Rückgrat jeder modernen Unternehmensbewertung, der Handel unterscheidet sich in diesem Sachverhalt nicht von anderen Branchen. Im Folgenden wird erörtert, welche Besonderheiten des Einzelhandels die Einschätzung der anzusetzenden Cashflows beeinflussen bzw. die Bewertung über die Quantifizierung von Cashflows hinausgehend verändern.

2.1. Maß der Marktdurchdringung

Das Maß der Marktdurchdringung bildet sich nicht in den Geschäftsabschlüssen eines Handelsunternehmens ab und ist somit auch nicht Teil einer Unternehmensbewertung, die ausschließlich auf vergangene oder künftige Kennzahlen der Gewinn- und Verlustrechnung oder der Bilanz abstellt.

Die Messung der Marktdurchdringung erfolgt im Stationären Handel über das bestehende Filialnetz. Der Grad der Marktdurchdringung ist in Zusammenhang mit betriebswirtschaftlichen Kennzahlen des bewerteten Handelsunternehmens wichtig und vervollständigt das Bild. Die Größe und Intensität des Filialnetzes in einem gegebenen geographischen Gebiet gibt zB Auskunft über die potentielle Wirksamkeit von Werbemaßnahmen: Ein zu löchriges Filialnetz ließe die Marketingaufwendungen aufgrund hoher Streuverluste verpuffen.

Die richtige Einschätzung der Marktdurchdringung erlaubt auch einen präzisen Blick auf die Expansionsmöglichkeiten einer Handelsunternehmung im optimalen Umfeld, nämlich jenem, in dem die Marke bereits Bekanntheit erlangt hat.

2.2. Performance des bestehenden Marktauftrittes („like for like")

Der Einzelhandel kann durch die Eröffnung von neuen Stores relativ leicht Wachstum produzieren. Das erschwert die Bewertung des Unternehmenserfolges, die Bewertung des Geschäftsmodells. Nicht nur Umsatz- und Ertragskennzahlen sind dadurch stark verzerrt, auch die Entwicklung der Vermögensgegenstände und Schulden ist durch die Intensität der Expansion stark beeinflusst.

Um die Nachhaltigkeit der Ergebnisse eines Handelsunternehmens bewerten zu können, wird die Performance normalisiert – gewöhnlich auf Basis der Verkaufsfläche. In die normalisierte Gewinn- und Verlustrechung und Bilanz werden nur jene Filialen einbezogen, die in gleicher Größe bereits ein Jahr zuvor Teil des Filialnetzes waren. Die Begriffe für diese Normalisierung variieren – „like for like", „same store", „L4L", „vergleichbare Fläche" sind nur ein Auszug der Liste an Bezeichnungen –, auch die Berechnungsmethodik wird sehr unterschiedlich gehandhabt: Manche legen sehr strenge Maßstäbe für den Status „like for like" an, zB den Anspruch, dass die Filialen bereits mehrere Jahre unverändert von der Unternehmung betrieben wurden, oder dass ein gewisses Maß an Erneuerungsinvestitionen in der Filiale nicht überschritten werden durfte und ähnliche Sachverhalte. Anderen genügt für die Betrachtung der „vergleichbaren Fläche", dass eine Filiale vor einem Jahr schon am gleichen Platz gestanden hat.

Wie streng auch immer die Berechnungsmethodik gewählt wird: Dieses L4L-Wachstum ist ein verlässlicher Gradmesser für den aktuellen (und historischen) Markterfolg des Handelsunternehmens. Ist das Wachstum auf vergleichbarer Fläche positiv, können Skaleneffekte positiv wirken. Die Kostenstruktur des Händlers am Verkaufsstandort ist weitgehend nicht variabel. Ein Wachstum auf vergleichbarer Fläche führt zu Kostendegression und cp zu steigenden Ergebnissen. Ein positives L4L-Wachstum ist also unabhängig vom Markterfolg in Relation zu anderen Marktteilnehmern ein Gewinntreiber und entsprechend hoch einzuschätzen. Negative L4L-Entwicklungen sind ein Alarmsignal.

Auch der Markterfolg ist über L4L-Wachstum sowohl auf volkswirtschaftlicher Ebene als auch auf betriebswirtschaftlicher Ebene messbar. Ist der Prozentsatz der bereinigten Wachstumstangente höher als das Wachstum des BIP, ist der Händler entweder in einem dynamischen Marktumfeld aktiv oder aber in einem weniger dynamischen Markt erfolgreicher als der Durchschnitt seiner Konkurrenten.

Erwirtschaftete und künftige Cashflows sollten jedenfalls im Rahmen einer Unternehmensbewertung in L4L und Non-L4L unterteilt werden. Der Cashflow aus den L4L-Aktivitäten gibt ein Bild über die **Substanz** des Unternehmens, und wie sich diese Substanz im aktuellen Marktumfeld durchsetzt. Die Non-L4L-Cashflows benennen die wirtschaftliche Kraft oder den Substanzverlust aus der **Veränderung** der geschäftlichen Aktivitäten.

2.3. Die inneren Werte des Umsatzes

Sind die Umsätze auf einer vergleichbaren Basis ermittelt, lohnt sich ein Blick auf die darunter liegenden Schichten. Jeder Umsatz eines Händlers besteht aus den zwei Multiplikatoren „Kundenfrequenz" und „Warenkorb".

Der Warenkorb wird größer, wenn die einkaufenden Kunden pro Besuch im Geschäft mehr Menge oder wertigere Dinge kaufen. Die Frequenz steigt, wenn mehr Kunden ins Geschäft kommen oder dieselben Kunden frequenter Einkäufe tätigen.

Im Optimalfall steigen beide Faktoren: Das Geschäft (oder der Online-Shop) wird frequentierter besucht und der Warenkorb je Einkauf steigt. Das Geschäft läuft hervorragend, das Like-for-like-Wachstum wird aus beiden Multiplikatoren befeuert und ist stabil.

Die Faktoren können aber auch gegenläufig sein. Ein steigender Warenkorb verbunden mit einer sinkenden Kundenfrequenz könnte zB eine Folge einer verfehlten Preispolitik sein. Wenn die Preise stärker erhöht werden als die Nachfragekurve steil ist, steigt zwar der durchschnittliche Warenkorb, die Kauffrequenz jedoch sinkt.

Steigende Kauffrequenz bei gleichzeitig sinkendem Warenkorb könnte zB die Folge einer veränderten Standortpolitik sein: Ein Lebensmittelhändler, dessen Handelskonzept Großflächen in Außenlagen von Städten vorsieht, wird unweigerlich den Effekt „Steigende Kauffrequenz – Sinkender Warenkorb" sehen, wenn er sein Filialnetz mit zentraleren Lagen verdichtet. Die Standorte in zentralen Lagen sind in der Regel kleiner, die Kunden frequent, aber oft zu Fuß und ohne Transportmittel unterwegs, vermeiden daher Großeinkäufe.

Sind beide Multiplikatoren negativ, sinken also sowohl die Kundenfrequenz als auch der Warenkorb, ist erstens ein Umsatzrückgang auf vergleichbarer Fläche unausweichlich und zweitens sichtbar, dass der Händler ein subtanzielles Problem hat. Die Kunden laufen dem Händler davon, und die, die noch da sind, kaufen weniger.

Exkurs I: Die Betonung des bestehenden Marktauftrittes („like for like") im Rahmen des Regelwerkes zur Rechnungslegung nach IFRS

Das logische Konzept der Unternehmensbewertung nach IFRS sieht eine Bewertung der (künftigen) Cashflows von **bestehenden** CGUs vor. Das impliziert zwingend eine L4L-Gewinn- und Verlustrechung und eine L4L-Bilanz, da ansonsten **künftige** CGUs in die Bewertung miteinbezogen werden würden.

In der Fachliteratur heißt es dazu: „Die Annahmen über die künftigen Zahlungsmittelströme sollen auf den neuesten vom Management genehmigten Budgets ... beruhen (IAS 36.33b), dabei aber vom *gegenwärtigen Zustand* bzw. der Ertragskraft des Bewertungsobjektes ausgehen. Auszahlungen für Restrukturierungen oder Erweiterungsinvestitionen finden keinen Eingang in die Bestimmung der Zählergröße des Barwertkalküls."[3]

Die IFRS setzen logisch stringent, aber sogar über like for like hinausgehend, den Standard, dass selbst Erneuerungsinvestitionen, also Renovierungen von Filialstandorten und die damit in Zusammenhang stehenden Cash-In- und Outflows, für die Unternehmensbewertung unbeachtlich sind. In IAS 36.44 heißt es:

---

3 *Lüdenbach/Hoffmann*, IFRS-Kommentar[11], 504.

„Künftige Cashflows sind für einen Vermögenswert in seinem **gegenwärtigen Zustand** zu schätzen. Schätzungen der künftigen Cashflows dürfen nicht die geschätzten künftigen Mittelzu- und -abflüsse umfassen deren Entstehung erwartet wird, aufgrund (a) einer künftigen Restrukturierung, zu der ein Unternehmen noch nicht verpflichtet ist; oder (b) einer Verbesserung oder Erhöhung der Ertragskraft des Vermögenswerts."

2.4. Jeder Standort eines Einzelhändlers als separate bewertungsrelevante CGU

Mit der Gedankenwelt like for like rückt der einzelne Verkaufsstandort in den Mittelpunkt des Interesses der Unternehmensbewertung. Ist ein Handelsunternehmen als Ganzes eine Cash Generating Unit (CGU)?

Das könnte durchaus so gesehen werden, schließlich wird die Sortimentsstrategie, die Marketingstrategie, die Preissetzung und vieles anderes mehr nicht vom einzelnen Verkaufsstandort, der Filiale, sondern von der Unternehmenszentrale bestimmt und einheitlich für alle Verkaufsstandorte des Filialnetzes angewandt. Andererseits: Geld generiert das Handelsunternehmen in der Filiale, am Point of Sale (POS). Funktioniert dieser nicht, ist jede strategische Ausrichtung der Zentrale für den Kunden irrelevant.

Das International Accounting Standards Board (IASB) hat sich für die Rechnungslegung nach IFRS, in der Unternehmensbewertungen im Rahmen der Bewertung von Immateriellen Anlagevermögen eine große Rolle spielen, die Frage, was im Fall eines Handelsunternehmens die CGU sei, gestellt und beantwortet:

Exkurs II: Die Betonung der einzelnen Filiale als Keimzelle der Wertschöpfung im Rahmen des Regelwerkes zur Rechnungslegung nach IFRS

Die Fokussierung auf den einzelnen Verkaufsstandort als *cash generating unit* (CGU) ist die Leitidee der Richtlinie zur Unternehmensbewertung von Handelsunternehmen im IFRS-Standard. In der Praxis wird diese Bewertungsvorschrift so gut wie nicht angewandt. Die zugrunde liegende Logik ist aber stringent und daher für die Fragestellung, was die Bewertung eines Handelsunternehmens treibt, höchst interessant.

Allgemein wird die Unternehmensbewertung im Rahmen des IAS 36 *„Impairment of Assets"* behandelt. *„Illustrative Examples"* ergänzen den Verordnungsteil der Standards, das Beispiel 1 *„Identification of cash-generating units"* befasst sich im Unterpunkt A spezifisch mit einer Handelskette.[4]

Das Beispiel wird in Haufe IFRS-Kommentar[5] wie folgt übersetzt und – etwas verkürzt – dargestellt:

„Eine Lebensmittelhandelskette besitzt mehrere Filialen, die zum Teil in denselben Städten angesiedelt sind. Preispolitik, Marketing, Werbung und Personal werden zentral entschieden. Trotz des gemeinsamen Managements stellt jede Filiale einen eigene CGU dar, da die Filialen typischerweise eine unterschiedliche Kundenbasis haben und somit jede Filiale unabhängig Zahlungsmittelzuflüsse (cash inflows) generiert."

---
4 IFRS, 2009, IAS 36 IE, Example 1.
5 *Lüdenbach/Hoffmann*, IFRS-Kommentar[11] 524.

Weiters wird im Kommentar auf die Fachdiskussion zu dieser Festlegung eingegangen:

> „Daran bestanden indes Zweifel. Der RIC präsentierte in seiner Anfrage an den IFRIC ... unterschiedliche Praktiken. Danach würden die Läden einer Einzelhandelsfilialkette insgesamt als CGU betrachtet, weil sie unter anderem durch Preisfestsetzung, Kundenbindungsprogramme und Ähnlichem als einheitliches Gebilde dem Kunden gegenüber auftreten. Im Rahmen einer Nicht-Interpretation hat sich der IFRIC bezüglich der cash outflows geäußert: Gemeinsame Ausgaben der Filialen für logistische Infrastruktur Marketing und Ähnlichem sind zur Bestimmung der CGU unbeachtlich; nach IAS 36.68 kommt es nur auf die cash inflows an. Bezüglich der cash inflows besteht eine notwendige ‚Unabhängigkeit' von anderen Einheiten, wenn die Mehrheit der Zuflüsse auf der eigenen Kundenbasis beruht."

Der Richtliniengeber gibt somit die logische Richtung der Bewertung vor: Die einzelnen Standorte generieren Cash Inflows, die Summe aller Standorte ist die Summe aller Cash Inflows, davon abgezogen werden gemeinsame Kosten, was in Summe die positiven oder negativen Cashflows einer Handelsunternehmung ergibt.

2.5. Modernität des Marktauftrittes

Die Betrachtung der CGUs alleine, und welche Cashflows diese erwirtschaftet haben oder erwirtschaften werden, würde zu kurz greifen. Die Modernität des Auftritts am Point of Sale (POS) ist ein weiterer wichtiger Einflussfaktor für den Wert des Unternehmens. Die Zyklen, in denen ein Verkaufsstandort modernisiert und den Kundenanforderungen angepasst werden sollte, ist in der Regel deutlich kürzer als die Haltbarkeit der Anlagegüter, die in der Filiale verbaut wurden.

Die Dauer der Zyklen, nach denen der POS ungeachtet der Lebensdauer von Einrichtungsgegenständen erneuert werden sollte, ist auch vom Sortiment abhängig. So wird ein Händler mit modischen Artikeln seinen Verkaufsraum frequenter umgestalten müssen als ein Bäcker. Alle 5 – 7 Jahre dem Konsumenten einen neuen, frischen und spannenden Eindruck des Verkaufsraumes zu geben, das könnte ein Richtwert sein, um in der Bewertung eines Handelsunternehmens die Investitionsintensität auf vergleichbarer Fläche beurteilen zu können. Diese zu erwartenden Investitionen müssten als negative Cashflows in einer Mittelfristbetrachtung miteinbezogen werden.

2.6. Skaleneffekte

Die Skalierbarkeit des Geschäftsmodells eines Händlers ist ein weiterer wesentlicher Faktor zur Einschätzung eines Unternehmenswertes. Diese Skalierbarkeit zeigt sich auf diversen Ebenen.

Bereits besprochen wurden die positiven Skaleneffekte, die eintreten, wenn Umsätze auf bestehenden Flächen steigen.

Starke Skaleneffekte werden durch die Verdichtung eines bestehenden Filialnetzes produziert. Die logistische Versorgung wird pro Standort günstiger, da über die Verdichtung des Filialnetzes ein Mehr an Abnehmern die für den Altbestand an Filialen ohnehin zu erbringende logistische Dienstleistung nützen kann. Marketingaufwendungen können typischerweise nicht auf *einen* Verkaufsstandort abgestellt werden, sondern müssen über lokale, regionale oder nationale Medien gestreut werden. Die Streuverluste reduzieren sich über ein verdichtetes Filialnetz beträchtlich.

Die Verdichtung eines Filialnetzes hat Grenzen. Zu dicht nebeneinander liegende Filialen kannibalisieren einander, dh die Umsätze einer bestehenden Filiale werden negativ durch das Eröffnen einer neuen Filiale beeinflusst. Je größer der Kannibalisierungseffekt ist, desto wahrscheinlicher ist eine unbefriedigende Rentabilität in beiden betroffenen Filialen, da mit der zu hohen Verdichtung keiner der Verkaufsstandorte eine zufriedenstellende Kundenstruktur aufweist.

Ist eine Expansion und Erhöhung der Skaleneffekte nicht durch Verdichtung, sondern lediglich durch räumliches Ausweiten möglich? Auch dann sind Skaleneffekte erzielbar. Diese zeigen sich aber in erster Linie über Vorteile für die Unternehmung als Ganzes, zB über die Ausweitung der Erhöhung der Einkaufsmacht.

3. Bewertung von Vermögen
3.1. Anlagevermögen

Das Anlagevermögen eines Einzelhändlers spielt üblicherweise in der Bilanzstruktur eine untergeordnete Rolle, die Warenvorräte sind dominant. Die Beurteilung der Modernität des Filialauftrittes (siehe dazu Punkt 2.5) gibt einen ersten guten Überblick zum Zeitwert des kundenrelevanten Anlagevermögens. Eventuell hält der Einzelhändler noch eigene Logistik- oder Zentralinfrastruktur vor, viel intensiver sollte das Anlagevermögen eines Einzelhändlers aber nicht bestückt sein.

3.2. Umlaufvermögen: Handelsware

Für die Bewertung der Handelsware ist ein datenbasiertes Bewertungsmodell unabdingbar. Es gibt auf dieser Basis verschiedene Bewertungsmodelle mit spezifischen Vor- und Nachteilen. Auf die zwei wichtigsten Methoden wird im Folgenden eingegangen.

3.2.1. Warenbewertung anhand von Altersstrukturen

Viele Einzelhändler verwenden für die Bewertung Altersstrukturen. Dabei wird für die zum Stichtag vorhandene Ware ermittelt, wann diese (letztmalig) eingekauft wurde. Entlang der Altersstruktur werden Abschläge auf den Einstandspreis vorgenommen. Typischerweise werden auf Artikel, die vor mehr als einem Jahr eingekauft wurden, 20–50 % abgeschlagen, auf Artikel, die vor mehr als zwei Jahren eingekauft wurden, 50–80 % usw.

Die Höhe der Abschläge ist dabei vom Sortiment abhängig – Kleidung wird höheren Abschlägen unterworfen sein als zB Do-It-Yourself-Werkzeug. Weiters kann für Handelsware mit hohen Gewinnspannen mit geringeren Abwertungssätzen operiert werden, da relativ viel Spielraum für Preisreduktionen im Rahmen des Abverkaufs vorhanden ist, ohne dass dabei der eigene Einstandspreis unterschritten werden würde.

Diese Methode hat Ihren Vorteil in der Einfachheit der Anwendung. Die Methode gibt jedoch keine systematische Auskunft über die Gängigkeit von Ware, sie stellt also keine Relation zwischen dem Warenstand und der zu erwartenden Verwertbarkeit her. Auch jüngst eingekaufte Ware kann ein Absatzproblem haben, ein zu grober Zeitraster öffnet Raum für Willkür, auch bei der Wahl des Abwertungsprozentsatzes ist ein großer kaufmännischer Spielraum gegeben. Die Suche nach der wahren Substanz des Vorratsvermögens gestaltet sich schwierig.

3.2.2. Warenbewertung anhand von Reichweitenmodellen

Die Bewertung des Warenbestandes nach Reichweitenmodellen ist in den Aussagen genauer, verlässlicher und belastbarer als eine Bewertung nach Altersstrukturen, aber in der Handhabung aufwendiger.

Ein Reichweitenmodell verbindet die Informationen über den Warenbestand zu einem bestimmten Stichtag mit den korrespondierenden Verkaufsdaten. Dadurch wird nicht die Frage beantwortet, wie lange eine Handelsware bereits im Warenbestand ist (was durch Altersstrukturen völlig zweifelsfrei beantwortet werden könnte), sondern es wird geschätzt, wie lange eine Handelsware voraussichtlich noch im Bestand bleibt. Die so ermittelte Zeitspanne vom Stichtag bis zum vollständigen Abverkauf – die „Reichweite" eines auf Lager liegenden Artikels – ist der erste und wichtigste Anhaltspunkt zur Bewertung des Vorratsvermögens.

Die Berechnung der Reichweite erfolgt über die einfache Formel

$$\text{Reichweite in Monaten} = \frac{\text{Warenbestand zum Bewertungsstichtag}}{\text{Korrespondierender Absatz in einer (durchschnittlichen) Monatsperiode}}$$

3.2.3. Die richtige Wahl der betrachteten Periode

Welche Perioden für die Ermittlung des Nenners in der Division herangezogen werden, beeinflusst naturgemäß das Ergebnis der Berechnung. Logisch richtig wäre die Gegenüberstellung des Warenbestandes mit dem erwarteten künftigen Absatz des Produktes. Daraus ergäbe sich für jeden Artikel eine Reichweite gemäß der Absatzerwartung. Oft wird dieser prospektive Ansatz durch einen retrospektiven Ansatz ersetzt, um die Beeinflussbarkeit des Bewertungsansatzes über Annahmen in die Zukunft zu eliminieren.

Im retrospektiven Ansatz werden Absätze von vergangenen Monaten zur Beurteilung der Reichweite eines Lagerbestandes herangezogen. Dabei ist aber zu beachten, dass sowohl der Wahl des Betrachtungszeitraumes als auch der Zeitpunkt des Bewertungsstichtages große Bedeutung zukommt. Die diesem Argument zugrunde liegende Logik erschließt sich am einfachsten, wenn man sich die Berechnung einer Reichweite anhand eines einzelnen Artikels vor Augen führt:

Nachfolgend wird beispielhaft für das Produkt Backpapier (jenes Pergamentpapier, das bevorzugt für die häusliche Produktion von Keksen verwendet wird) eine Monatsreichweite ermittelt. Backpapier ist ein Ganzjahresprodukt mit ausgeprägtem saisonalen Absatzschwerpunkt in den Herbst-/Wintermonaten Oktober bis Januar.

Der Warenbestand am Bilanzstichtag 31.12.20x1 sei 5.000 Stück. Der Absatz des Produktes war während des Jahres 20x1 in den Monaten

Jan	Feb	Mrz	Apr	Mai	Jun	Jul	Aug	Sep	Okt	Nov	Dez
350	200	80	20	20	20	20	20	40	800	1.800	3.600

Zieht man für die Berechnung der Reichweite den Durchschnitt der Verkäufe während des gesamten Jahres heran, erhält man eine Reichweite von neun Monaten (Warenbestand 5000 / Ø Absatz Jan – Dez 581).

Man kann mit freiem Auge erkennen, dass eine Veränderung des Berechnungszeitraumes zu völlig anderen Reichweiten führen würde. Würde der Berechnungszeitraum nicht ein ganzes Jahr umfassen, würde die Reichweite dieses konkreten Artikels falsch dargestellt werden. Trotzdem könnte ein kürzerer Durchrechnungszeitraum eine angemessenere Aussage zur Warenbewertung liefern: wenn zB die Absatzzahlen eines Produktes nicht einer Saisonalität unterliegen, sondern vom Lebenszyklus des Produktes abhängen, wie das bei modischer Ware jedenfalls der Fall wäre.

Auch die Wahl des Bewertungsstichtages hat Einfluss auf die Ermittlung der Reichweite, insbesondere – aber nicht nur – wenn als Betrachtungszeitraum eine Periode gewählt wird, die kürzer oder länger als ein Jahr ist.

3.2.4. Die Wahl der richtigen Abschlagssätze

Nach der Feststellung der Reichweite steht die Entscheidung, welche Abschlagssätze für welche Reichweite verwendet werden.

Für die Berechnung der Abschlagssätze müssen zwei Komponenten berücksichtigt werden. Die eine Komponente bildet die Kostenerwartung aus der Lagerung der zu verkaufenden Ware ab. Wenn eine Reichweite von neun Monaten ermittelt wird, so müssen für diese Zeitspanne ein gewisses Maß an Lagerkosten, weiters Kosten, die aus dem Handling der Ware (Pflege, Umlagern, ggf Inventarisieren etc) entstehen sowie Kosten aus Schwund und Bruch einkalkuliert werden.

Das Ausmaß dieses kostenbasierten Abschlagssatzes ist wiederum von der Beschaffenheit der Ware und den Ansprüchen, die an die Lagerung gestellt werden, abhängig. Für Ware, die bis zu deren Verkauf regelmäßige und wiederkehrende Pflege benötigt (zB Pflanzenbestände einer Gartenkette) werden hier deutlich höhere Abschlagssätze angesetzt werden müssen als für Dekorationsmaterialien aus nicht lebender Materie.

Die in der Regel dominante Komponente für die Ermittlung des Abschlagsatzes ist die der erwarteten Artikelrentabilität. Je höher die Handelsspanne eines Artikels ist, desto niedriger kann der Abschlagssatz gewählt werden, wenn dieser Artikel eine hohe Reichweite hat.

Die zugrunde liegende Logik erschließt sich schnell anhand eines Beispiels:

Ein Händler für Innenraumgestaltung führt in seinem Sortiment Tapeten und Wandfarben. In der Produktgruppe „Tapeten" kann der Händler eine Handelsspanne von 50 %

verwirklichen, in der Produktgruppe Wandfarben nur eine von 10 %. Somit hat der Händler bei schlecht verkäuflichen Tapeten eine viel größeren Spielraum für Preissenkungen, um den Umsatz anzukurbeln.

Wenn sich der Händler nun entschließen würde, mit einem Preisnachlass von 25 % den Absatz beider Produktgruppen gleichermaßen zu befördern, so wäre der Händler in der Produktgruppe Tapeten noch weit von seinem Einstandspreis entfernt, in der Produktgruppe Wandfarben jedoch schon deutlich unter seinem eigenen Einstandspreis.

Diesem Argument folgend müssen Artikel mit niedrigem Ertrag mit höheren Abwertungssätzen versehen werden als Artikel mit hoher Handelsspanne.

Die Höhe des Abschlagssatzes steigt naturgemäß auch mit der Dauer der Reichweite. Zum einen, weil sich die Aufwendungen über die Zeit kumulieren. Die Aufwendungen in Zusammenhang mit der Lagerung steigen proportional mit der Zeitdauer der Lagerung. Zum anderen, weil mit zunehmender Reichweite auch die Risikoneigung der Absatzmöglichkeit zunimmt. Diese Risikoneigung steigt sogar überproportional: Hat man eine Reichweite von drei Monaten, erhält man innerhalb kurzer Zeit vom Markt eine Rückmeldung über die Verwertbarkeit eines Artikels. Ist die Reichweite hingegen drei Jahre, so ist die Unsicherheit über die tatsächliche Verwertbarkeit höher als das Zwölffache. Nachfrageintensitäten sind nur in seltenen Fällen über mehrere Jahre stabil.

Diesem Faktum Rechnung tragend, sind Abschlagssätze in der Regel im Zeitverlauf nicht linear, sondern progressiv steigend anzusetzen.

In der Praxis sind Abschlagssätze für Reichweiten von weniger als sechs Monaten gering, es sei denn die Produkte sind verderblich oder modisch. Reichweiten von rund einem Jahr werden bereits mit spürbaren Abschlagssätzen belegt, ab Reichweiten von zwei Jahren sind die Abschlagssätze substantiell.

4. Online-Handel: Typische Ausprägungen des Geschäftsmodells

In Punkt 1. dieses Kapitels wurden die typischen Ausprägungen des Geschäftsmodells des Stationären Einzelhandels besprochen. Betrachtete man die dort angeführten Ausprägungen, und vergleicht man anhand dieser Punkte den Stationären Handel mit dem Online-Handel, findet man substantielle Ähnlichkeiten.

Die Kundenstruktur des Online-Händlers ist so wie im Stationären Einzelhandel ein Polypol. Die Kunden mögen technik-affiner, jünger, flexibler sein als der klassische Kunde des Stationären Handels, es bleibt trotzdem ein Polypol. Die Konkurrenzbeobachtung ist online noch etwas einfacher als offline, da man aus einem Online-Shop schwerlich durch Öffnungszeiten oder aufmerksame Mitarbeiter in der Recherche-Tätigkeit eingeschränkt werden kann. Die Investitionshürden für einen funktionsfähigen Online-Shop sind vergleichbar mit denen für einen Verkaufsraum. Auch für die Punkte Lieferantenvielfalt und Sortiment sind keine wesentlichen Unterschiede festzustellen.

4.1. Branchenspezifische Werttreiber

Für die Betrachtung der branchenspezifischen Werttreiber für den Online-Handel rückt das Verhalten des einzelnen Kunden stärker in den Fokus.

Eine Analogie zum Stationären Handel, in der die Dichte des Filialnetzes als Maß der Marktdurchdringung herangezogen werden kann, ist der *traffic* einer Internet-Seite, also die Zahl an Besuchern des Online-Shops während einer bestimmten Periode. *Traffic* gibt Auskunft über die Bekanntheit und Akzeptanz eines Online-Shops, über die *awareness* in den Köpfen der potentiellen Kunden.

Die Entwicklung des Like-for-like-Umsatzes im Stationären Handel wurde ausführlich als wesentlicher Werttreiber im Rahmen der Analyse der Cashflows gewürdigt. Im Online-Handel gibt es diese Kennzahl nicht. Die *conversion rate* hingegen gibt dem Online-Händler Auskunft darüber, wie viele der Besucher der Seite tatsächlich auch einen Kaufakt abgeschlossen haben – eine Kennzahl, die Stationäre Händler gerne präzis wüssten. In der analogen Welt wäre dieser Wert aber nur über aufwendige (und rechtlich und ethisch umstrittene) Videodokumentation des Geschehens in und vor dem Geschäft und auch dann nur näherungsweise ermittelbar.

Je höher der *traffic* einer Seite, desto verwurzelter ist der Online-Händler im relevanten Markt, je höher die *conversion rate*, desto wirksamer ist die Kundenansprache des Online-Shops. Ein präziser Blick auf diese Kennzahlen erlaubt – in Verbindung mit Zahlen der Gewinn- und Verlustrechnung bzw. in Verbindung mit Marktdaten – eine richtige Einschätzung der Marktrelevanz des Online-Shops.

4.2. Die inneren Werte des Umsatzes: Retourenquote im Online-Shop

Während im stationären Handel die Retourenquote von untergeordneter Bedeutung ist, beeinflusst diese Kennzahl im Online-Handel oft in wesentlicher Weise die Rentabilität. Eine übliche Retourenquote für den Online-Handel mit Bekleidung liegt bei 30 %.

Jeder Umsatz eines Händlers besteht aus den zwei Multiplikatoren „Kundenfrequenz" und „Warenkorb". Der Warenkorb des Online-Händlers mit einer hohen Retourenquote ist um eben diese aufgebläht und würde in der Analyse zu falschen Schlussfolgerungen führen, wenn man die Retourenquote nicht adäquat im Rechenwerk berücksichtigte.

Diese Quote hat in der Gewinn- und Verlustrechnung zwei wesentliche Wirkungen: Erstens ist der Umsatz einer betrachteten Periode um die Retouren, die systemimmanent oft erst in einer Folgeperiode auftreten, zu bereinigen. Und Zweitens ist die Relation „Rohertrag pro Auftrag" zu „Stückkosten pro Auftrag" die für die Skaleneffekte und die Rentabilität des Online-Shops entscheidende. Diese Relation wird durch die Retourenquote signifikant verändert. Ein Verkauf ohne Retoure löst lediglich einmal die Stückkosten für Kommissionierung, Fracht etc aus. Einmal retournierte Ware kostet mehr als dreimal so viel: Die initialen Stückkosten für die Auslieferung, die Kosten für Rückfracht, Handling und Waren-Wiederaufbereitung (die in der Regel weit über den Auslieferkosten liegen) und die neuerliche Auslieferung an einen alternativen Kunden.

4.3. Stückkosten im Online-Handel

Der Begriff „Stückkosten" mag vor allem aus der Kostenrechnung in Erinnerung sein und im Kontext mit Unternehmensbewertung befremden. Im Online-Geschäft sind aber genau diese Stückkosten ein wesentlicher Erfolgsfaktor und ausschlaggebend für die Frage, ob das Geschäftsmodell gewinnbringend skalierbar ist oder nicht.

Der Kostenschub durch eine zusätzlich verkaufte Einheit in Relation zum erzielten Ertrag ist im Online-Handel beträchtlich. Viele Online-Shops haben in dieser Kennzahl sogar ein negatives Vorzeichen, dh dass die durchschnittlichen Stückkosten pro Auftrag höher sind als die durch den Auftrag erzielten Erlöse.

4.4. Bewertung von Vermögen: Handelsware

Für die Bewertung des Vorratsvermögens ist für den Online-Handel und den Stationären Handel die methodische Herangehensweise ident.

Man könnte aber argumentieren, dass bei gleichen sonstigen Bedingungen – ceteris paribus – die Abschlagssätze des Online-Händlers höher sein müssten als die des Stationären Händlers. Die Welt des Online-Händlers ist eine schnellere, flexiblere, flüchtigere als die des stationären Händlers. Von daher könnten lange Reichweiten entsprechend schwerer wiegen als im analogen Umfeld.

5. Großhandel

Vieles, was im allgemeinen Sprachgebrauch „Großhandel" genannt wird, ist eigentlich Einzelhandel, mit dem Unterschied, dass die Kunden nicht Privatpersonen, sondern Unternehmen sind. Diese „Großhändler" unterliegen ähnlichen Mechanismen wie die Einzelhändler, sei es über den Kanal des Stationären Geschäfts oder über den Online-Kanal und sind methodisch analog zu diesen zu bewerten.

Der Großhandel, der im Wesentlichen sein Geschäftsmodell in der Sortimentierungsfunktion für einen Einzelhändler findet, dieser Großhändler hat grundlegend andere Mechanismen des Geschäftsmodells als die des Stationären Einzelhandels oder des Online-Handels. Der Großhandel ähnelt mehr einem Industrie- oder Gewerbebetrieb, der sich nicht essentiell vom Mitbewerber differenzieren kann, als einem Einzelhändler.

Die in 1. aufgezählten typischen Ausprägungen des Einzelhändlers können auch für den Großhändler durchdacht werden: Der Großhändler steht in der Regel einem Kundenoligopol gegenüber. Die Konkurrenzneigung ist durch das normalerweise geringe Maß an Differenzierungsmöglichkeit substantiell. Es ist darüber hinaus ein *people's business*. Menschen, die direkt miteinander agieren, schließen das Geschäft ab. Dabei ist dieses geprägt von niedrigen Margen, aber hohen Mengen pro Geschäftstransaktion.

Von daher sind viele Besonderheiten der Branche Einzelhandel nicht auf die Branche Großhandel übertragbar. Die Kundenbeziehung zB ist – im Unterschied zum Einzelhandel – durchaus einzelnen betracht- und damit auch bewertbar. Sie ähnelt in der Ausprägung der Kundenbeziehung, wie sie ein Beratungsunternehmen mit dessen Kunden hat.

5.1. Bewertung von Vermögen: Handelsware

Trotz aller Unterschiede im Geschäftsmodell wird die Bewertung der Handelsware auch für ein Großhandelsunternehmen von ausschlaggebender Bedeutung sein. Die grundsätzliche Methodik zur Bewertung des Vorratsvermögens ist für den Online-Handel, den Stationären Handel und den Großhandel sehr ähnlich.

Man könnte aber argumentieren, dass bei gleichen sonstigen Bedingungen die Abschlagssätze des Großhändlers höher sein müssten als die des Stationären Händlers. Aufgrund der niedrigen Margen erreicht der Großhändler schneller im Fall von Preisnachlässen die Schwelle zur Unterschreitung des eigenen Einstandspreises. Die Kundenstruktur des Großhändlers ist nicht beliebig und auch nicht rasch erweiterbar.

Artikel mit hohen Reichweiten stellen daher für einen Großhändler ein höheres Risiko dar als für einen Einzelhändler. Diesem erhöhten Risiko müsste mit höheren Abschlagsätzen Rechnung getragen werden.

Bewertung von Industrieunternehmen

Michaela Schinagl

1. **Einleitung**
2. **Plausibilitätsbeurteilung der Planung von Industrieunternehmen**
    2.1. Rohstoffbeschaffung und Materialaufwand
    2.2. Besonderheiten beim Personalaufwand sowie beim sonstigen Aufwand
    2.3. Hohe Anlagenintensität in Verbindung mit hohen Abschreibungen
    2.4. Umweltrisiken
    2.5. Plausibilisierung der Planungsrechnung im Rahmen der Due Diligence
3. **Grobplanungsphase und Konvergenzprozesse bei Industrieunternehmen**
    3.1. Grobplanungsphase
    3.2. Konvergenz
4. **Kapitalkosten von Industrieunternehmen**
5. **Zusammenfassung**

1. Einleitung

Bevor im nachfolgenden Beitrag auf die Spezifika im Rahmen der Bewertung von Industrieunternehmen eingegangen wird, soll ein kurzer Überblick über die verschiedenen Subbranchen, die der Sparte Industrie zuzuordnen sind, gegeben werden. Eine mögliche Unterteilung der Sparte Industrie kann wie folgt vorgenommen werden:

Industrie (ÖNACE 2008: Abschnitte B–E)		
Industriegruppe	**Subbranchen**	
Bergbau	▪ Gewinnung von Erdöl und Erdgas ▪ Erzbergbau	▪ Gewinnung von Steinen; sonstiger Bergbau ▪ Dienstleistungen für den Bergbau
Herstellung von Waren	▪ Herstellung von Nahrungs- und Futtermitteln ▪ Getränkeherstellung ▪ Herstellung von Textilien ▪ Herstellung von Leder/-waren und Schuhen ▪ Herstellung von Holzwaren; Korbwaren ▪ Herstellung von Papier/Pappe und Waren daraus ▪ Herstellung von Druckerzeugnissen ▪ Kokerei und Mineralölverarbeitung ▪ Herstellung von chemischen Erzeugnissen ▪ Herstellung von pharmazeutischen Erzeugnissen ▪ Herstellung von Gummi- und Kunststoffwaren	▪ Herstellung von Glas/-waren, Keramik u.Ä. ▪ Metallerzeugung und -bearbeitung ▪ Herstellung von Metallerzeugnissen ▪ Herstellung von Datenverarbeitungsgeräten ▪ Herstellung von elektrischen Ausrüstungen ▪ Maschinenbau ▪ Herstellung von Kraftwagen und -teilen ▪ Sonstiger Fahrzeugbau ▪ Herstellung von Möbeln ▪ Herstellung von sonstigen Waren ▪ Reparatur/Installation von Maschinen
Energieversorgung	▪ Energieversorgung	
Wasserversorgung und Abfallentsorgung	▪ Wasserversorgung ▪ Abwasserentsorgung	▪ Abfallbehandlung ▪ Beseitigung von Umweltverschmutzungen

Abbildung 1: Einteilung der Industrie nach ÖNACE 2008[1]

Grundsätzlich lässt sich die „Industrie" in die vier Untergruppen Bergbau, Herstellung von Waren, Energieversorgung sowie Wasserversorgung und Abfallentsorgung einteilen. Die Industriegruppe Herstellung von Waren umfasst zahlreiche Subbranchen, die wiederum sehr spezifische Eigenschaften auch im Hinblick auf die Unternehmensbewertung aufweisen. Beispielhaft seien an dieser Stelle die Pharmaindustrie oder die Stahlindustrie im Vergleich zur Automobil- bzw Automobilzulieferindustrie erwähnt. Trotz der Breite und Verschiedenartigkeit der einzelnen Industriegruppen weisen Industrieunternehmen auch allgemeine Spezifika auf, die es im Rahmen der Unternehmensbewertung zu berücksichtigen gilt. So ergeben sich bei der Bewertung von Industrieunternehmen im Unterschied zur Bewertung von beispielsweise Handels- oder Dienstleistungs- bzw Bau- oder Medienunternehmen Besonderheiten.

Einer Unternehmensbewertung muss eine fundierte Unternehmens- und Branchenanalyse vorausgehen, die die Spezifika und Besonderheiten des Bewertungsobjektes und seiner Branche aufzeigt. Diese Analyse erfordert eine umfassende Daten- und Informationsbeschaffung sowohl aus Quellen des Unternehmens als auch von unternehmensfremden Quellen. Eine fundierte Unternehmensbewertung basiert auf einer Due-Diligence-

---

1 Vgl Statistik Austria, Leistungs- und Strukturstatistik 2013, erstellt am 9.10.2015.

Untersuchung, in der Unternehmensinformationen von sämtlichen Geschäftsbereichen des Unternehmens eingeholt und in der Folge analysiert werden.[2] An dieser Stelle sei auf die Informationsasymmetrien zwischen Verkäufer und potentiellen Käufern hingewiesen. Je nachdem, für welche Partei im M&A-Prozess die Unternehmensbewertung durchzuführen ist, stehen für die Unternehmensbewertung unterschiedliche Unternehmensinformationen zur Verfügung. Unternehmensbewertungen aus Verkäufersicht bzw auf Basis der Ergebnisse einer Vendor Due Diligence basieren in der Regel auf ungefilterten Informationen. Für potenzielle Käufer beschränken sich die Daten hingegen auf das Informationsmemorandum, den Datenraum sowie Managementpräsentationen und möglicherweise kurze Standortbesichtigungen. Die Ergebnisse der Due-Diligence-Untersuchung dienen im Rahmen der Unternehmensbewertung der Plausibilitätsbeurteilung der Planungsrechnung, der Einschätzung der nachhaltigen Ergebnisse in der Rentenphase sowie der Ermittlung der Kapitalkosten des Unternehmens.

2. Plausibilitätsbeurteilung der Planung von Industrieunternehmen

Die Planung der finanziellen Überschüsse stellt ein zentrales Element jeder Unternehmensbewertung dar. Sie erfordert nach Fachgutachten KFS/BW1 Rz 51 eine umfangreiche Informationsbeschaffung und darauf aufbauende vergangenheits-, stichtags- und zukunftsorientierte Unternehmensanalysen und ist durch Plausibilitätsüberlegungen hinsichtlich ihrer Angemessenheit und Widerspruchsfreiheit zu überprüfen. Der Wirtschaftstreuhänder hat gemäß KFS/BW1 Rz 72 zu analysieren, ob die Annahmen der Planung zu den Ergebnissen der Vergangenheitsanalyse in Widerspruch stehen.

Nach KFS/BW1 Rz 58 basiert die Unternehmensbewertung grundsätzlich auf einer möglichst umfassenden, von der Unternehmensleitung erstellten integrierten Planungsrechnung, die ihre Zusammenfassung in Plan-Bilanzen, Plan-Gewinn- und -Verlustrechnungen und Finanzplänen findet. Die Planungsrechnung hat die prognostizierte leistungs- und finanzwirtschaftliche Entwicklung im Rahmen der erwarteten Markt- und Umweltbedingungen zu reflektieren.

Nachfolgende Tabelle zeigt die beispielhafte Ertragsplanung eines Industrieunternehmens basierend auf einem Preis-/Mengengerüst.

---

[2] Eine Due-Diligence-Untersuchung besteht grundsätzlich aus mehreren Teilen: Financial-, Tax-, Legal-, Commercial-, Environmental-, Human-Resources- und Technical-Due-Diligence-Untersuchung.

Bewertung von Industrieunternehmen

Ertragsplanung

Industrieunternehmen 000 €	Ist 2015	Plan 2016	Plan 2017	Plan 2018
Menge (in to)	20.000	20.000	22.000	24.000
Veränderung in %	n/a	0,0%	10,0%	9,1%
Preis (in € / kg)	3,00	3,06	3,12	3,18
Veränderung in %	n/a	2,0%	2,0%	2,0%
Umsatzerlöse (in T €)	**60.000**	**61.200**	**68.666**	**76.407**
Veränderung in %	n/a	2,0%	12,2%	11,3%
Materialaufwand	-21.000	-22.032	-24.720	-26.742
Veränderung in %	n/a	4,9%	12,2%	8,2%
in % der Umsatzerlöse	-35,0%	-36,0%	-36,0%	-35,0%
Rohertrag	**39.000**	**39.168**	**43.946**	**49.665**
Veränderung in %	n/a	0,4%	12,2%	13,0%
in % der Umsatzerlöse	65,0%	64,0%	64,0%	65,0%
Personalaufwand	-5.400	-5.018	-5.631	-6.113
Veränderung in %	n/a	-7,1%	12,2%	8,6%
in % der Umsatzerlöse	-9,0%	-8,2%	-8,2%	-8,0%
Sonstige Aufwendungen	-19.800	-19.584	-21.973	-24.450
Veränderung in %	n/a	-1,1%	12,2%	11,3%
in % der Umsatzerlöse	-33,0%	-32,0%	-32,0%	-32,0%
EBITDA	**13.800**	**14.566**	**16.343**	**19.102**
Veränderung in %	n/a	5,5%	12,2%	16,9%
in % der Umsatzerlöse	23,0%	23,8%	23,8%	25,0%
Abschreibungen	-7.200	-7.344	-8.240	-9.169
Veränderung in %	n/a	2,0%	12,2%	11,3%
in % der Umsatzerlöse	-12,0%	-12,0%	-12,0%	-12,0%
Betriebsergebnis (EBIT)	**6.600**	**7.222**	**8.103**	**9.933**
Veränderung in %	n/a	9,4%	12,2%	22,6%
in % der Umsatzerlöse	11,0%	11,8%	11,8%	13,0%

Quelle: Eigene Darstellung mit fiktiven Zahlen

Plausibilitätsbeurteilung der Planung

Ertrag/Aufwand	Besonderheiten bei Industrieunternehmen
Umsatzerlöse	▪ Preis-/Mengengerüst ▪ Kundenverträge (Exklusivverträge, Preisgleitklauseln, Vertragslaufzeiten) ▪ Produktinnovationen ▪ Produktionskapazitäten bei der Mengenplanung beachten ▪ Branchenstrukturanalyse (Markteintrittsbarrieren, Kundenstruktur, Wettbewerbssituation, Ersatzprodukte u.a.)
Materialaufwand	▪ Rohstoffpreisentwicklung ▪ Mengenplanung ▪ Verhandlungsmacht der Lieferanten ▪ Supply Chain ▪ Lieferverträge (Rahmenverträge, Preisgestaltung)
Personalaufwand	▪ Personalplanung im Zusammenhang mit möglicher Kapazitätsausweitung ▪ Berücksichtigung von Pensionierungen ▪ Berücksichtigung von Vorrückungen und Sonderzahlungen ▪ Leasing -, Leihpersonal
Sonstige Aufwendungen	▪ Plausibilisierung der einzelnen Aufwände wie z.B. Instandhaltungen, Miet- und Leasingaufwendungen, Werbungs-, Transport- sowie Forschungs- und Entwicklungsaufwendungen, Aufwendungen für den Umweltschutz
Abschreibungen	▪ Abgleich mit Investitionsplanung und möglicher Kapazitätsausweitung ▪ Basis bildet die Afa-Vorschau ▪ Zustand der Produktionsanlagen (Alter, Instandhaltungen, Unternehmens- und Produktionsstättenbesichtigung) ▪ Verwaltungs- vs. Produktionsgebäude ▪ Eigentum vs. Miete

Free Cash Flow

Industrieunternehmen 000 €	Plan 2016	Plan 2017	Plan 2018	Ewige Rente
EBIT	7.222	8.103	9.933	10.000
Steuern	-1.805	-2.026	-2.483	-2.500
NOPLAT	**5.416**	**6.077**	**7.450**	**7.500**
- Investitionen	-12.000	-10.000	-10.000	
+ Abschreibungen	7.344	8.240	9.169	
+/- Veränderung Working Capital	-1.000	-1.500	-500	
- Wachstumsbedingte Thesaurierung				-2.250
Free Cash Flow	**-240**	**2.817**	**6.119**	**5.250**

Quelle: Eigene Darstellung mit fiktiven Zahlen

Abbildung 2: Beispielhafte Ertragsplanung eines Industrieunternehmens

Im Rahmen der Plausibilitätsbeurteilung der Ertragsplanung eines Industrieunternehmens, die der Wertermittlung vorausgeht, ist auf nachstehende Ertrags- und Aufwandsposten sowie Bilanzposten besonderes Augenmerk zu legen.

2.1. Rohstoffbeschaffung und Materialaufwand

Die Rohstoffbeschaffung spielt bei Industrieunternehmen eine wichtige Rolle. Die Informationsbeschaffung des Bewerters konzentriert sich hier auf die durchschnittliche Lagerdauer der Vorräte, die Art der Produktion (Just-in-time-, langfristige Auftragsfertigung usw), die Bewertung der Vorräte sowie die Rohstoffpreise. Die in der Planung unterstellten Rohstoffpreise sind mit der Lieferantenstruktur und den zugrunde liegenden Verträgen abzustimmen. Die Vorräte und die dazugehörigen Verbindlichkeiten aus Lieferungen und Leistungen finden ihren Niederschlag in den freien Cashflows durch den Ansatz der Veränderung des Working Capital in den einzelnen Planjahren. Die detaillierte Planung des Working Capital bildet für die Unternehmensbewertung eine wesentliche Grundlage.

2.2. Besonderheiten beim Personalaufwand sowie beim sonstigen Aufwand

Industrieunternehmen weisen im Vergleich zu anderen Betrieben einen hohen Anteil an Arbeitern auf. Auch ist bei einer Vielzahl dieser Unternehmen der Anteil an ausgebildeten Technikern, welche ua für die Produktionssteuerung sowie die Forschung und Entwicklung eingesetzt werden, bedeutend. Bei der Plausibilitätsbeurteilung des geplanten Personalaufwands ist auf die gute gewerkschaftliche Organisation und die starken Arbeitnehmervertretungen der Arbeitnehmer dieser Branche Bedacht zu nehmen. Für den Vergleich mit anderen Industrieunternehmen eignen sich die Kennzahlen Umsatz pro Mitarbeiter und Personalaufwand pro Mitarbeiter.

Innerhalb der sonstigen betrieblichen Aufwendungen von Industrieunternehmen stellen vielfach die Forschungs- und Entwicklungsaufwendungen eine wesentliche Größe dar. Diese Aufwendungen sind in der Planungsrechnung in Abstimmung mit dem Personalaufwand hinsichtlich ihrer Höhe und Zusammensetzung genau zu hinterfragen.

2.3. Hohe Anlagenintensität in Verbindung mit hohen Abschreibungen

Industrieunternehmen haben einen relativ hohen Anteil an Sachanlagevermögen, insbesondere Maschinen und technischen Anlagen, in ihren Bilanzen. Dementsprechend ergibt sich im Vergleich zu anderen Branchen eine hohe Anlagenintensität. Der hohe Anlagenbestand bei Industrieunternehmen ist mit einem erhöhten Unternehmensrisiko verbunden, das sich wie folgt beschreiben lässt:

- Hoher finanzieller Einsatz aufgrund von Neu-, Ersatz- und Erweiterungsinvestitionen
- Risiko von Fehlinvestitionen
- Risiko der technischen Überholung
- Sicherstellung der Auslastung der Maschinen
- Risiko von Engpässen
- Risiko des Maschinenbruchs in Verbindung mit Reparatur-, Wartungs- und Instandhaltungsaufwendungen
- Sicherstellung von Produktivität und Rentabilität

Bei der Anschaffung von Maschinen und Anlagen sowie Grundstücken und Gebäuden bietet sich dem Unternehmen auch die Alternative, diese zu mieten bzw zu leasen. Derartige Grundsatzentscheidungen werden in Abhängigkeit von der Kapitalstruktur und den Möglichkeiten zur Kapitalaufnahme in Verbindung mit Rentabilitäts- und Liquiditätszielen getroffen.

Im Rahmen der Plausibilitätsbeurteilung der Planungsrechnung von Industrieunternehmen sind folgende Komponenten zu analysieren:

- Investitionen
  Um die geplanten Investitionen für die Zukunft beurteilen zu können, sind in einem ersten Schritt die Investitionen der letzten Jahre zu analysieren. Für die Rückschau ist ein mindestens fünfjähriger Zeitraum auszuwählen. Weiters ist eine Aufgliede-

rung der Investitionen in Neu-, Ersatz- und Erweiterungsinvestitionen notwendig. In diesem Zusammenhang empfiehlt es sich, die Altersstruktur der Anlagen zu durchleuchten. Der Anlagenabnutzungsgrad gibt Aufschluss über das Alter der Anlagen und mögliche Reinvestitionserfordernisse in der Zukunft. Im Rahmen der Investitionsanalyse stellt auch die Investitionsdeckung im Zeitvergleich eine aussagekräftige Kennzahl dar. Eine geringe Investitionsdeckung über mehrere Jahre kann mit sinkenden Kapazitäten einhergehen und künftige Reinvestitionserfordernisse bedeuten, um die Produktivität auch in Zukunft zu gewährleisten. Eine geringe historische Investitionsdeckung kann auch ein Hinweis auf andauernde Liquiditätsengpässe sein. Außerdem ist zur Darstellung der Nettoinvestitionen in der Vergangenheit eine Durchsicht der Anlagenabgänge bzw -verkäufe der letzten Jahre geboten. Schließlich gibt auch eine Analyse der Auslastungsgrade der zentralen Anlagen wichtige Aufschlüsse über vorhandene Engpässe oder Überkapazitäten.

Auf Basis der Erkenntnisse der Investitionsanalyse der Vergangenheit sind in einem zweiten Schritt die für die Zukunft geplanten Investitionen auf ihre Plausibilität hin zu beurteilen. Dieser Prüfung kommt große Bedeutung zu, da die Investitionen bei Industrieunternehmen die Höhe der zukünftigen freien Cashflows wesentlich bestimmen. Die Beurteilung der geplanten Investitionen erfolgt in Abstimmung mit der geplanten Umsatzentwicklung. ZB erfordern Umsatzausweitungen aufgrund von Kapazitätssteigerungen in der Regel Investitionen in Produktionsmaschinen bzw andere Anlagen.

Werden im Rahmen der Investitionsplanung Zuschüsse unterstellt, sind diese genau zu hinterfragen bzw ist deren schriftliche Zusicherung vor dem Bewertungsstichtag nachzuweisen. Öffentliche Zuschüsse sind in der Regel mit bestimmten Auflagen wie zB der Schaffung von Arbeitsplätzen verbunden. Diese müssen dann im Rahmen der Planungsrechnung abgebildet sein (zB als Erhöhung des Personalaufwands).

- Abschreibungen
  Werden die Anlagen nicht geleast, nehmen die Abschreibungen im Rahmen der Erfolgsrechnung eines Industrieunternehmens eine zentrale Aufwandsgröße ein. Für eine Plausibilisierung der geplanten Abschreibungen ist die Erhebung der zugrunde gelegten Nutzungsdauern erforderlich. Aufgrund sehr kurz gewählter Abschreibungszeiten können stille Reserven aufgebaut werden, umgekehrt führen lange Abschreibungsdauern zu stillen Lasten. Eine detaillierte Analyse erfordert eine Aufteilung der geplanten Abschreibungen in Abschreibungen auf bereits bestehende Anlagen und in Abschreibungen auf geplante Investitionen.
- Instandhaltungsaufwendungen
  Der Instandhaltungs- und Wartungsaufwand für Anlagen stellt bei Industrieunternehmen eine wesentliche Größe im Rahmen der sonstigen betrieblichen Aufwendungen dar. Zur Beurteilung der Höhe der geplanten Instandhaltungsaufwendungen sind eine Analyse der Altersstruktur der Anlagen und eine Betrachtung dieses Aufwandspostens im historischen Zeitvergleich zweckmäßig.
- Miet- und Leasingaufwendungen
  Werden wesentliche Anlagen gemietet bzw geleast, kommt den Miet- bzw Leasingaufwendungen eine zentrale Rolle im Rahmen der Erfolgsrechnung zu. Für die Beurteilung dieser Aufwandsgröße ist die Kenntnis der Miet- bzw Leasingverträge

notwendig. Im Rahmen der Plausibilitätsbeurteilung der geplanten Miet- bzw Leasingaufwendungen sind Laufzeit und Verlängerungsoptionen dieser Verträge von Bedeutung.

2.4. Umweltrisiken

Viele Industrieunternehmen verursachen aufgrund ihrer Produktionstätigkeit Schadstoffe oder Verunreinigungen von Wasser, Luft oder Erde. Aufwendungen zur Schadstoffvermeidung oder Abfallverwertung finden sich somit in den Erfolgsrechnungen dieser Unternehmen. Im Rahmen der Planungsrechnung müssen derartige Aufwendungen in Abstimmung mit den gesetzlichen Auflagen Berücksichtigung finden. Besonderes Augenmerk ist auch auf eventuell vorhandene Altlasten im Unternehmen zu legen. Für Altlasten, aber auch zukünftige Umweltrisiken, sind in den freien Cashflows entsprechende Maßnahmen zu ihrer Beseitigung bzw Aufwendungen für Rekultivierungen zu berücksichtigen.

2.5. Plausibilisierung der Planungsrechnung im Rahmen der Due Diligence

Erfolgt die Bewertung eines Industrieunternehmens im Rahmen eines M&A-Prozesses, kann die Plausibilisierung der Planzahlen in der Due Diligence erfolgen.

Abbildung 3: Bewertungsrelevante Bausteine der Due Diligence[3]

---

[3] *Schlüter*, Besonderheiten bei der Unternehmenswertermittlung in der Chemieindustrie, M&A-Review 1/2006.

3. Grobplanungsphase und Konvergenzprozesse bei Industrieunternehmen

Industrieunternehmen befinden sich häufig nach der Detailplanungsphase in keinem Gleichgewichts- und Beharrungszustand, weshalb im Rahmen der Bewertung eine Grobplanungsphase vor der Rentenphase zu berücksichtigen ist. Weiters sind die Analyse des Rentabilitätsniveaus und die Diskussion von Konvergenzprozessen wesentliche Aspekte bei der Bewertung von Industrieunternehmen.

3.1. Grobplanungsphase

Die Detailplanungsphase ist nach KFS/BW1 Rz 61 um eine Grobplanungsphase (Phase II) zu ergänzen, wenn die Annahme, das Unternehmen gehe unmittelbar nach der Detailplanungsphase in einen Gleichgewichts- und Beharrungszustand (eingeschwungener Zustand, Steady State) über, nicht plausibel erscheint. Mögliche Gründe für die Verwendung eines Drei-Phasen-Modells bei Industrieunternehmen sind zum Ende der Detailplanungsphase noch nicht abgeschlossene Investitionszyklen, längerfristige Produktlebenszyklen oder überdurchschnittliche Wachstumsraten.

Während die Detailplanungsphase (Phase I) nach KFS BW 1 Rz 60 in Abhängigkeit von Größe, Struktur und Branche des Unternehmens häufig auf drei bis fünf Jahre begrenzt ist, ist die Länge der Grobplanungsphase im Einzelfall festzulegen. Ein Gleichgewichts- und Beharrungszustand wird insbesondere ab jenem Zeitpunkt erreicht sein, ab dem für das zu bewertende Unternehmen im Zeitablauf annähernd konstante Renditen anzunehmen sind. Die Planung der Grobplanungsphase kann sich auf die periodenspezifische Entwicklung der wesentlichen unternehmensspezifischen Werttreiber wie zB Umsatzwachstum, Margen, Renditen und Investitionen konzentrieren. Im Rahmen der Grobplanungsphase ist – nach eingehender Analyse des Rentabilitätsniveaus des zu bewertenden Unternehmens – gegebenenfalls bereits ein Abbau von Überrenditen bzw die Berücksichtigung von Konvergenzprozessen darzustellen.[4]

3.2. Konvergenz

Das Fachgutachten zur Unternehmensbewertung KFS/BW1 fordert in Rz 64 explizite Annahmen über die zu erwartende langfristige Entwicklung des Rentabilitätsniveaus des zu bewertenden Unternehmens in der Rentenphase, wobei Einflussfaktoren wie die Widerstandsfähigkeit des Unternehmens gegen den Abbau von Überrenditen (Konvergenzprozesse) zu berücksichtigen sind. Dabei kann unterstellt werden, dass die Rendite (nach Unternehmenssteuern) aus der Wiederveranlagung thesaurierter Beträge langfristig den Kapitalkosten entspricht. Ist davon abweichend zu erwarten, dass die Rendite langfristig über den Kapitalkosten liegen wird, sind die dafür maßgeblichen Gründe anzugeben.

Zur Messung des Rentabilitätsniveau wird in der Bewertungspraxis auf rechnungslegungsbasierte Kapitalrenditen nach Unternehmenssteuern (zB Return on Invested Ca-

---

[4] Vgl Empfehlung der Arbeitsgruppe Unternehmensbewertung des Fachsenats für Betriebswirtschaft der Kammer der Wirtschaftstreuhänder zur Grobplanungsphase und zur Rentenphase (Terminal Value) vom 4.11.2015.

pital im Entity Approach oder Return on Equity im Equity Approach) zurückgegriffen. Für die Schätzung des zu erwartenden langfristigen Rentabilitätsniveaus in der Rentenphase ist eine Analyse der erwarteten Entwicklung des Rentabilitätsniveaus bis zum Beginn der Rentenphase und der dafür maßgeblichen Einflussgrößen erforderlich. Diese Analyse basiert idealerweise auf den Ergebnissen der Vergangenheitsanalyse, dem Verständnis des Geschäftsmodells, der Markt- und Wettbewerbsanalyse und der daraus abgeleiteten strategischen Wettbewerbsposition des Industrieunternehmens.

Fähigkeit zur Erwirtschaftung nachhaltiger Überrenditen
Abhängigkeit des Geschäftsmodells vom Kapitaleinsatz
Intensität des Wettbewerbs
Existenz von nachhaltigen Wettbewerbsvorteilen (zB Marktstellung, Marktzutrittsbarrieren, immaterielle Faktoren wie Marken/Lizenzen/Patente, Einkaufsvorteile, Prozessvorteile, Größenvorteile, Standortvorteile, vorteilhafte Verträge, Produktionseffizienz, F&E und Verfahrens-Know-how, Vertriebsnetz)
Geschwindigkeit von Veränderungen in der Branche
Dauer und Verlauf der Anpassungsprozesse und Widerstandfähigkeit gegenüber dem Anpassungsdruck in der Vergangenheit
Von Wettbewerbern und vergleichbaren Unternehmen erzielte Renditen
Branchenspezifische Einflussfaktoren auf das langfristige Rentabilitätsniveau
Strukturelle Einschränkungen der Wettbewerbskräfte (zB Markteintrittsbarrieren)
Ein hoher Konzentrationsgrad, hohe Marketingintensität und hohes Wachstum einer Branche wirken tendenziell positiv auf das langfristige Rentabilitätsniveau
Ein hoher Spezialisierungsgrad, eine hohe Bedeutung von Skaleneffekten und ein hoher Anteil von Endverbrauchern in einer Branche sprechen für eine höhere Widerstandsfähigkeit gegen Konvergenzprozesse
Unternehmensspezifische Einflussfaktoren auf das langfristige Rentabilitätsniveau
Immaterielle Ressourcen (Marken, Technologie-Kompetenz etc)
Wachstum
Unternehmensgröße
Grad der vertikalen Integration
Fokussierung (etwa hohe Konzentration des Gesamtumsatzes in wenigen Marktsegmenten)
Marktanteil

Tabelle 1: Beurteilung der Fähigkeit des Unternehmens zur Erwirtschaftung nachhaltiger Überrenditen[5]

---

5 Vgl Empfehlung der Arbeitsgruppe Unternehmensbewertung des Fachsenats für Betriebswirtschaft der Kammer der Wirtschaftstreuhänder zur Grobplanungsphase und zur Rentenphase (Terminal Value) vom 4.11.2015, Rz 24.

Im Rahmen von Konvergenzprozessen wird unterstellt, dass Wettbewerbskräfte dazu führen, dass die aus Wettbewerbsvorteilen resultierenden Überrenditen im Laufe der Zeit kleiner werden bzw langfristig verschwinden. Wesentlich für die Bewertung sind die Annahmen über die Dauer, die Geschwindigkeit und Tiefe (vollständiger oder nur teilweiser Abbau der Überrendite) des Abbauprozesses. Für den Fall, dass das Bewertungsobjekt keinen Konvergenzprozessen ausgesetzt ist, sind die Gründe und Überlegungen dazu im Bewertungsgutachten anzuführen.

4. Kapitalkosten von Industrieunternehmen

Im Rahmen der Kapitalkosten auf Grundlage des Capital Asset Pricing Models (CAPM) gibt der Beta-Faktor Aufschluss über das branchenspezifische Risiko. Um bei veröffentlichten Beta-Faktoren das Branchenrisiko zu identifizieren, sind diese um die Fremdkapitalkomponente zu bereinigen, dh die unverschuldeten Betas sind aus den verschuldeten Betas abzuleiten. Das unverschuldete Beta stellt den Beta-Faktor unter der Fiktion reiner Eigenkapitalfinanzierung des betrachteten Unternehmens dar und drückt speziell das Branchenrisiko aus. Im Rahmen von Branchenvergleichen ist jedoch auch der Vergleich von verschuldeten Betas interessant, da hier die Verschuldungskomponente der Branche in die Betrachtung mit einfließt.

Nachfolgende Tabelle zeigt die unverschuldeten und verschuldeten Betas sowie die durchschnittlichen Eigenkapitalkosten und die durchschnittlichen gewichteten Kapitalkosten (Weighted Average Cost of Capital, WACC) nach Branchen entsprechend der KPMG-Kapitalkostenstudie 2015:

WACC nach Branchen				
Branche	Beta unverschuldet	Beta verschuldet	Eigenkapital-kosten	WACC Durchschnitt
Automotive	1,08	1,27	9,8%	7,9%
Chemicals & Phrmaceuticals	0,82	1,00	7,7%	6,8%
Consumer Markets	0,76	0,84	7,8%	6,7%
Energy & Natural Resources	0,94	1,06	7,8%	6,1%
Financial Services	0,88	1,05	79%	6,6%
Health Care	0,74	0,81	6,9%	5,7%
Industrial Manufacturing	0,93	1,21	9,3%	7,4%
Media & Telecommunications	0,81	0,92	8,7%	8,0%
Technology	0,90	n/a	8,7%	6,8%
Transport & Leisure	0,68	0,95	7,9%	6,7%
Gesamt	0,85	1,93	8,4%	7,1%

Abbildung 5: Kapitalkosten-Parameter und WACC nach Branchen[6]

---

6   Vgl KPMG, Kapitalkostenstudie 2015, Wertsteigerung im Spannungsfeld zwischen Rendite und Risiko.

Die unverschuldeten Betas schwanken innerhalb der Industrie zwischen 0,76 (Consumer Markets) und 1,08 (Automotive). Die höchsten verschuldeten Betas betreffen die Industriezweige Industrial Manufacturing (1,21) und Automotive (1,27). Daraus ergeben sich auch die höchsten Eigenkapitalkosten für Industrial Manufacturing (9,3 %) und Automotive (9,8 %) im Vergleich zu den anderen Branchen. Industrieunternehmen weisen einen durchschnittlichen WACC nach Unternehmenssteuern in der Bandbreite von 6,1 % (Energy & Natural Resources) bis 7,9 % (Automotive) auf.

Bei der Bewertung eines Industrieunternehmens ist gemäß KFS/BW1 Rz 106 wie folgt vorzugehen: Bei der Bewertung börsennotierter Unternehmen können unternehmensindividuelle Beta-Faktoren aus den Börsenkursen des zu bewertenden Unternehmens berechnet werden. Sie werden auch von Finanzdienstleistern erhoben bzw können einschlägigen Publikationen entnommen werden. Ist der unternehmensindividuelle Beta-Faktor nicht aussagekräftig (bzw statistisch nicht signifikant), ist ein Beta-Faktor vergleichbarer Unternehmen heranzuziehen (sogenanntes Peer-Group-Beta). Bei der Auswahl der Peer-Group-Unternehmen ist auf die Vergleichbarkeit des Geschäftsrisikos zu achten. Bei der Bewertung nicht börsennotierter Unternehmen können vereinfachend Beta-Faktoren für vergleichbare Unternehmen (Peer-Group-Beta) oder für Branchen herangezogen werden. Beim Abstellen auf Branchen-Betas ist jedenfalls auf Industrieuntergruppen abzustellen. Wie obige Tabelle zeigt, ist die Bandbreite der Betas von Industrieunternehmen groß und das jeweilige Geschäftsrisiko der einzelnen Industriegruppen sehr unterschiedlich. Im Vergleich stellen sich Betas von Nahrungsmittelproduzenten niedriger als von Pharmaunternehmen oder von Automobilzulieferern dar. Da veröffentlichte Branchen-Betas meist auf eine große Anzahl von börsennotierten Unternehmen abstellen, ist die Heranziehung einer fundiert ausgewählten Peer Group börsennotierter Unternehmen ratsam. Die Peer Group enthält ausgewählte Unternehmen, die in ihren wesentlichen Eigenschaften mit dem zu bewertenden Industrieunternehmen übereinstimmen (Vergleichbarkeit des Geschäftsmodells bzw gleiche Subbranche, geografische Abdeckung, Profitabilität und Wachstum).

Für den Impairment Test nach IFRS sind weiters auch die Kapitalstruktur und die Fremdkapitalkosten der Peer Group zur Ableitung der Kapitalkosten erforderlich. Auch für diesen Bewertungszweck erscheint ein fundierte Peer-Group-Analyse unerlässlich. Darüber hinaus dienen die Ergebnisse der Peer-Group-Analyse auch der Plausibilitätsbeurteilung der Planungsrechnung. Margenvergleiche mit der Peer Group können für die Ist- und Plan-Ergebnisse angestellt werden. Die Planzahlen für die Peer Group können aus Analystenreports entnommen oder von Finanzdienstleistern bezogen werden.

5. Zusammenfassung

Bei der Plausibilitätsbeurteilung der Planungsrechnung bzw der freien Cashflows ist bei Industrieunternehmen besonderes Augenmerk auf die Aufwandsposten Abschreibungen, Material- und Personalaufwand sowie auf die Investitionen zu legen. Weiters ist die Planungsrechnung dahingehend zu überprüfen, ob Maßnahmen für Umweltrisiken bzw bestehende Altlasten in ausreichendem Maße berücksichtigt wurden. Die der Bewertung zugrunde gelegte Detailplanungsrechnung ist um eine Grobplanungsphase zu ergänzen, wenn sich das Industrieunternehmen zum Ende der Detailplanungsperiode in keinem Gleichgewichts- und Beharrungszustand befindet.

Die Heterogenität der Unternehmen innerhalb der Sparte Industrie zeigt sich auch bei den Kapitalkosten. Für die Bewertung eines Industrieunternehmens ist deshalb eine detaillierte Analyse der relevanten Industriegruppe bzw der börsennotierten Vergleichsunternehmen notwendig, um darauf aufbauend den für die Ableitung der Kapitalkosten erforderlichen Beta-Faktor bestimmen zu können.

Unternehmensbewertung aus Sicht von Private-Equity-Investoren

Andreas R. Boué / Peter Lasinger

1. **Einleitung**
   1.1. Einordnung des Private-Equity-Markts
   1.2. Besonderheiten bei VC/PE-Finanzierungen
2. **Bewertungsmethoden aus VC/PE-Sicht**
   2.1. Substanz- und Liquidationswertverfahren
   2.2. Barwertverfahren
   2.3. Vergleichswertverfahren
   2.4. Sonstige Bewertungsverfahren
3. **Conclusio**

1. Einleitung

Die Eigenschaften der zu bewertenden Unternehmen sind innerhalb der Private-Equity-Branche sehr unterschiedlich. Während Venture Capital (VC) Unternehmen in frühen und sehr frühen Entwicklungsphasen finanziert, sind die Unternehmen, die durch Private Equity (PE) ieS[1] finanziert werden, reifere und größere Gesellschaften. Der Unterschied im Lebenszyklus eines Unternehmens hat Implikationen hinsichtlich dessen Bewertung. So ist beispielsweise die Prognosequalität der Businessplanung bei einem seit Jahrzehnten am Markt tätigen Unternehmens naturgemäß eine höhere als die eines Unternehmens in seiner Gründungsphase. Diese Form der höheren Unsicherheit bei jungen Unternehmen hat auch Auswirkungen auf deren Bewertung.

1.1. Einordnung des Private-Equity-Markts

Im angelsächsischen Raum haben VC- und PE-Finanzierungen seit den 1960er Jahren Tradition und ermöglichten Unternehmen wie Apple, Intel oder Google das erste Wachstum. Seit der Jahrtausendwende haben Eigenkapitalfinanzierungen auch in Europa und insbesondere der DACH-Region an Bedeutung gewonnen[2], unter anderem, weil sich für Unternehmen – vor allem solchen in frühen Unternehmensphasen – der Zugang zu Fremdkapital erschwert hat.

Dennoch finanzieren sich insgesamt weniger als 1 % der Unternehmen durch Eigenkapital von institutionellen Investoren[3], und zwar mitunter deshalb, weil diese sehr hohe Erwartungen an die Skalierbarkeit, das Wachstumspotenzial und die Größe des Absatzmarktes stellen oder der Wunsch nach Eigenkapitalpartnern nicht gegeben ist. Je nach Branche, Region und Reifegrad der betrachteten Unternehmen suchen Investoren Beteiligungen, die eine jährliche Rendite in der Höhe von 20 % bis 70 % erwirtschaften können[4], um so die zu erwartenden Ausfälle sowie die administrativen Kosten zu kompensieren[5].

1.2. Besonderheiten bei VC/PE-Finanzierungen

Die geplante Aufnahme von Investoren in den Eigentümerkreis der Unternehmen stellt immer auch die Frage nach dem Unternehmenswert (Enterprise Value) bzw nach dem

---

[1] Die Abgrenzung von Venture Capital und Private Equity ist nicht klar vorzunehmen. Genau genommen ist Venture Capital per Definition ein Teilbereich von Private Equity. In der Praxis hat sich jedoch durchgesetzt, bei Private-Equity-Investments in frühen Unternehmensphasen von Venture Capital (VC) zu sprechen und bei späteren von Private Equity (PE). Um Verwirrung zu vermeiden, orientieren sich die Autoren dieses Beitrags am Lebenszyklusmodell (siehe Abbildung 1) und verstehen Private Equity iwS als Überbegriff für Venture Capital (hiervon wird bei Investments in Unternehmen gesprochen, die sich bis einschließlich der sog „First Stage" ihrer Entwicklung befinden) sowie Private Equity ieS (ab „Second Stage").
[2] *EY*, Venture Capital Insights® 2014 (2015).
[3] *Diane Mulcahy*, Six Myths About Venture Capitalists, Harvard Business Review (Mai 2013).
[4] *Zellmann et al*, Die Bewertung von Venture Capital Portfoliounternehmen – Best Practice Studie bei VC-Fonds in Deutschland, BewertungsPraktiker 3/2014, 74
[5] Der dahinterliegende Portfolio-Ansatz wird zB umfassend beschrieben von *Bob Zider*, How Venture Capital Works, Harvard Business Review (November-Dezember 1998).

Wert der Unternehmensanteile (Equity Value[6]), welche die Investoren für ihre Kapitaleinlage erhalten. Wie bereits in den vorherigen Kapiteln erläutert, findet eine Unternehmensbewertung immer in einem Kontext statt, der sich in die folgenden Dimensionen fassen lässt:

- Bewertungsanlass und Rolle der bewertenden Stelle
- Investmentphase
- Mittelherkunft

Der **Bewertungsanlass** ist im Falle der in diesem Kapitel betrachteten Eigenkapitalfinanzierungen die Beteiligung an einem nicht börsennotierten Unternehmen zum Zwecke der Finanzierung einer Sondersituation. Bei dieser kann es sich um die Gründung des Unternehmens, einen signifikanten Wachstumsschritt (zB im Zuge einer Internationalisierung) oder den Verkauf des Unternehmens im Zuge eines Leverage-Buy-out (LBO) handeln. Diese Sondersituationen stellen für gewöhnlich vorübergehende Phasen dar. Für die laufende operative Finanzierung eines Unternehmens sind VC und PE nicht geeignet, da zu teuer. Insbesondere in Frühphasen, in denen die Aufnahme von Bankmitteln noch nicht möglich ist, bzw als Haftungskapital für ausgeweitete Kontokorrentlinien in späteren Phasen kommen VC und PE in der Praxis häufig vor.

Doch selbst beim gleichen Bewertungsanlass gibt es oft Auffassungsunterschiede der handelnden Parteien. Einen maßgeblichen Einfluss auf die Bewertung hat immer auch die **Rolle** der Person oder Institution, die eine Bewertung durchführt. Ein Unternehmer, der einen PE-Investor in sein jahrzehntealtes Familienunternehmen mit an Bord holt, hat tendenziell höhere Bewertungsvorstellungen als der PE-Investor, der naturgemäß an niedrigen Einstiegspreisen interessiert ist. Kurze Zeit später kann der selbe PE-Investor bei einem möglichen Verkauf der Beteiligung plötzlich ganz andere (preismaximierende) Bewertungsparameter angemessen finden.

Die wichtigste Implikation, die die **Investmentphase** auf die Bewertung eines Unternehmens hat, hängt mit dem ihr inhärenten Unternehmensrisiko zusammen. VCs investieren üblicherweise in einer sehr frühen Phase (early stage) in Unternehmen, deren Markteintritt kürzlich erfolgt ist oder noch bevorsteht. Oft sind diese Unternehmen noch nicht profitabel und weisen keine oder nur geringe Umsätze aus. PEs investieren in späteren Unternehmensphasen (later stage), wenn bereits signifikante Umsätze vorliegen und die Unternehmen profitabel sind[7]. Investitionen in frühphasige Unternehmen sind generell mit höherem Risiko behaftet als in jene in spätere Unternehmensphasen (PE)[8]. Dieses

---

[6] Der Equity Value errechnet sich aus dem Enterprise Value abzüglich der Nettoschulden (net debt). Da die im Folgenden dargestellten Verfahren immer auf den Enterprise Value abzielen, müssen Investoren davon immer die Nettoschulden abziehen. Ein Spezialfall sind Unternehmen, die möglicherweise über Einlagen, aber keine Kredite verfügen und daher keine oder negative Nettoschulden aufweisen. In diesem Fall liegt der Equity Value über dem Enterprise Value.
[7] Es existieren natürlich auch Sonderformen von PE-Finanzierungen, zB in Unternehmen in Schwierigkeiten, die möglicherweise nicht (mehr) profitabel sind.
[8] *Zellmann et al*, Die Bewertung von Venture Capital Portfoliounternehmen – Best Practice Studie bei VC-Fonds in Deutschland, BewertungsPraktiker 3/2014, 80 sowie *Damodaran*, Valuing Young, Start-up and Growth Companies: Estimation Issues and Valuation Challenges, Stern School of Business, New York University (2009) 6.

höhere Risiko wirkt sich auch auf die Bewertung aus und führt – ceteris paribus – zu einem niedrigeren Wert. Wie wir später zeigen werden, kann dies durch Discounted-Cashflow-(DCF)-Verfahren gut abgebildet werden. Dem höheren Risiko steht aber für gewöhnlich auch ein höheres Renditepotenzial gegenüber. Dies wird ua durch einen hohen Verkaufspreis am Ende der Laufzeit erzielt und hat – bei entsprechender Antizipation – einen kaufpreiserhöhenden Effekt beim Einstieg. In Summe führt dies dazu, dass bei Frühphasenprojekten trotz Anwendung relativ hoher Diskontierungsfaktoren (was ceteris paribus zu einer Reduzierung des Unternehmenswert führt) ein hoher Multiple auf bestehende Umsatz- oder Ergebnisgrößen bezahlt wird.

Je nachdem, in welcher Phase sich ein Unternehmen befindet, sind auch unterschiedliche Möglichkeiten bezüglich der **Mittelherkunft** gegeben (siehe Abbildung 1). Die Mittelherkunft ist im gegenständlichen Fall der institutionelle Investor (PE oder VC). In den frühen und späteren Investmentphasen kann es aber auch noch weitere Kapitalgeber geben, zB strategische Investoren oder Banken. Natürlich sind auch Kombinationen möglich (zB mit Fremdkapital gehebelte Finanzierungen). Typische weitere Investoren in frühen Unternehmensphasen sind Fördermittelgeber, Familienmitglieder und Freunde. Der Einfluss auf die Bewertungshöhe und – in eingeschränktem Umfang – auch auf die Bewertungsverfahren hängt von den konkreten Interessen und Erwartungen der finanzierenden Quellen ab. Einem finanzierenden Familienmitglied eines Start-up-Unternehmers kann ein anderes Interesse an seiner Beteiligung und damit auch die Akzeptanz eines anderen Wertansatzes unterstellt werden als einer auf Profit ausgerichteten VC-Gesellschaft, die in das selbe Unternehmen investieren möchte. Aber auch abseits persönlicher Präferenzen ist die Mittelherkunft entscheidend für den ermittelten Wert eines Unternehmens. Wenn beispielsweise ein strategischer Käufer ein Unternehmen bewertet, nimmt er in seinem „buy case" (also dem Finanzplan, dem er seine Investmententscheidung zugrunde legt) einen anderen Geschäftsverlauf an als ein klassischer Finanzinvestor. Dies liegt ua daran, dass ein strategischer Investor üblicherweise über Ressourcen verfügt, die dafür sorgen können, dass sich das zu bewertenden Unternehmen (= Target) besser entwickelt, als wenn sich das Unternehmen stand alone am Markt bewähren muss. Diese Ressourcen können zB aus einem globalen Vertriebsnetz bestehen oder einem speziellen technischen Know-how, das die Qualität der erzeugten Produkte des Target hebt und damit die Nachfrage nach diesen Produkten steigert. Ein reiner Finanzinvestor, der über diese Ressourcen nicht verfügt und daher nicht diese Form von Mehrwert (= Value Added bzw Synergien) bereitstellen kann, wird von einer langsameren Unternehmensentwicklung ausgehen und dadurch zu einem ceteris paribus niedrigeren Unternehmenswert gelangen.

Zu beachten ist, dass die Bewertung des Unternehmens zumindest zweimal erfolgt: einmal beim Einstieg und einmal beim Ausstieg des VC/PE-Investors. Darüber hinaus verlangen die Investoren der Fonds regelmäßige Berichte, zu denen ebenfalls Bewertungen (impairment tests) durchgeführt werden.

Die Bewertung eines Unternehmens hat einen signifikanten Einfluss auf die Rendite der VC/PE-Investoren. Im Rahmen des Investment-Prozesses kommt diesem Thema daher ganz besondere Bedeutung zu.

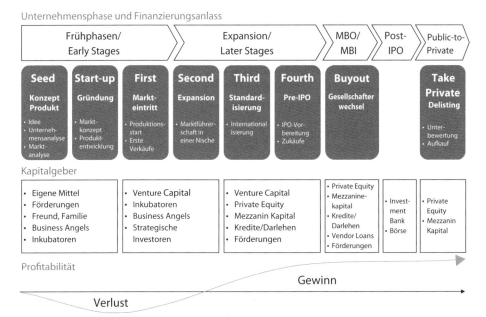

Quelle: nach Hackl und Jandl, Beteiligungsfinanzierung durch Venture Capital und Private Equity.
In Stadler (Hrsg): Die neue Unternehmensfinanzierung, 2004

Abbildung 1: Unternehmensphasen und Finanzierungen (nach *Hackl/Jandl* in *Stadler* 2004)

Betrachtet man die Besonderheiten und Unterschiede zwischen frühphasigen, späterphasigen und etablierten privaten und gelisteten Unternehmen[9], so lassen sich diese wie in Tabelle 1 dargestellt beschreiben:

Unternehmensphase	Früh	Später	Etabliert (börsennotiert)
Eigenschaften			
Anlagevermögen	keines	ja	ja
Historische Daten	keine	einige Jahre	detaillierte Historie
Profitabilität	Negativ	meist positiv	positiv
Wachstum	hoch	mittel	niedrig
Zugang zu Finanzierung	schwer	mittel	leicht
Handelbarkeit von Anteilen	schwer	mittel	leicht
Abhängigkeit vom Management	hoch	mittel	niedrig
Technologisches Risiko	hoch	niedrig	niedrig
Insolvenzrisiko	hoch (30–70 %)[10]	mittel (10 %)	niedrig (< 3 %)
Verwässernde Finanzierungen	wahrscheinlich	unwahrscheinlich	unwahrscheinlich

Tabelle 1: Eigenschaften je Unternehmensphase

---

9 *Damodaran*, Valuing Young, Start-up and Growth Companies: Estimation Issues and Valuation Challenges, Stern School of Business, New York University (2009) 5.
10 *Zellmann et al*, Die Bewertung von Venture Capital Portfoliounternehmen – Best Practice Studie bei VC-Fonds in Deutschland, BewertungsPraktiker 3/2014, 80 sowie *Damodaran*, Valuing Young, Start-up and Growth Companies: Estimation Issues and Valuation Challenges, Stern School of Business, New York University (2009) 6.

Zusammenfassend lässt sich sagen, dass sich die meisten Unternehmen, insbesondere aber frühphasige, durch unvollständige (historische) Daten, mitunter hohe Risiken, einen eingeschränkten Zugang zu Finanzierungen und damit verbundene zukünftige verwässernde Finanzierungsrunden auszeichnen. Auch ist die Handelbarkeit des Unternehmens bzw insbesondere von Unternehmensanteilen (= Fungibilität) in früheren Unternehmensphasen noch stärker eingeschränkt als bei nicht börsennotierten Unternehmen in späteren Unternehmensphasen. Bei der Bewertung von Unternehmen in späteren Unternehmensphasen ist die Planbarkeit höher als bei jungen Unternehmen und aufgrund des Vorhandenseins historischer Werte lässt sich die Wahrscheinlichkeit der zukünftigen Entwicklung auch besser abschätzen. Und insbesondere bei Verwendung von Vergleichsverfahren, die auf historischen Werten aufsetzen (= Multiple-Verfahren), kann häufig recht schnell Einvernehmen bei Bewertungen hergestellt werden. Aber auch hier spielen Bewertungsanlass und Mittelherkunft eine wichtige Rolle und müssen in der Bewertung mit berücksichtigt werden.

2. Bewertungsmethoden aus VC/PE-Sicht

Wie in den vorherigen Kapiteln erläutert, steht Investoren eine Fülle unterschiedlicher Bewertungsverfahren und -ansätze zur Verfügung. Die im VC/PE-Umfeld am häufigsten eingesetzten Bewertungsverfahren sind einerseits Barwertverfahren, dabei insbesondere die Discounted-Cashflow-Methode (DCF)[11], sowie Vergleichswertverfahren[12]. Diese beiden situationsunspezifischen Verfahren werden auch im KFS/BW 1 empfohlen[13]. In der Regel setzen Investoren mehr als nur ein Bewertungsverfahren ein, um sich so dem Wert eines Unternehmens aus unterschiedlichen Betrachtungsweisen zu nähern[14]. Andere in der Theorie oft beschriebene Verfahren (wie zB die Real-Option-Methode) finden in der Praxis bisher kaum Anwendung[15].

Bedingt durch den vorhin beschriebenen besonderen Kontext aus Investmentphase und Bewertungsanlass ergeben sich eine Reihe von Herausforderungen für die klassischen DCF-Verfahren und die Multiple-Verfahren, die im Folgenden erläutert werden.

2.1. Substanz- und Liquidationswertverfahren

Mangels der Existenz von substanziellen Werten, insbesondere aufgrund von fehlendem Anlage- und Umlaufvermögen, finden Substanz- und Liquidationswertverfahren in der Regel bei VC-Finanzierungen keine Anwendung. Allerdings ist es in der Praxis durchaus üblich, das bisher insgesamt in das Unternehmen investierte Kapital als einen Richtwert für den Unternehmenswert heranzuziehen. Dies natürlich nur unter der Voraussetzung,

---

11 *Festl et al*, Valuation of Early Stage High-tech Start-up Companies, International Journal of Business 18(3) (2013) 221.
12 *Kipeläinen K.*, Venture Capital and Valuation Models, LUT School of Business (2014) 4.
13 Vgl *Kammer der Wirtschaftstreuhänder*, Fachgutachten KFS/BW 1, Fassung vom 26.3.2014, 5.
14 *Dittmann et al*, How Fundamental are Fundamental Values? Valuation Methods and Their Impact on the Performance of German Venture Capitalists (2002) 13.
15 *Kipeläinen K.*, Venture Capital and Valuation Models, LUT School of Business (2014) 16.

dass mit diesem Kapital zumindest Werte im entsprechenden Umfang geschaffen werden konnten. Bilanziell lassen sich solche Werte, die oft immaterieller Natur sind[16], nur unter bestimmten Bedingungen abbilden. Insbesondere nach österreichischen und deutschen Local GAAP sind die diesbezüglichen Möglichkeiten stark eingeschränkt.

Allerdings kann gerade bei datengetriebenen und frühphasigen Unternehmen die noch nicht erlöswirksame Traktion eine zukünftige Monetarisierung ermöglichen. So stellen bei auf Endkunden ausgerichteten Geschäftsmodellen (B2C) die gewonnenen Kunden, deren Interaktionen und dazugehörigen Daten einen Wert dar. Dieser kann sich daran orientieren, was ein möglicher Dritter zur Gewinnung dieser Kunden und Daten bereit ist auszugeben bzw zu welchen Preisen entsprechende Datensätze auf Datenmärkten gehandelt werden.

Eine Besonderheit bildet die Bewertung von Patenten oder Lizenzen, die gerade bei Unternehmen in der Life-Science-Branche einen hohen Stellenwert haben. Hier kann die Werthaltigkeit der Patente bzw der Wert ihrer (potenziellen) Verwertung abgeschätzt werden. Da sich dieser Wert oft nur schwer ermitteln lässt, finden in der Praxis auch Daumenregeln Anwendung, wonach zB jeder erteilten Patentfamilie ein Wert in der Höhe von 200.000 € bis 1 Mio € zugemessen wird.

Im Falle einer spätphasigen PE-Finanzierung sind die Dinge etwas differenzierter zu betrachten. Substanz- und Liquidationswertverfahren sind Verfahren, die häufig neben anderen Bewertungsverfahren angewandt werden und helfen, eine Indikation für den Unternehmenswert zu liefern. Dabei hängt die Bedeutung, die diesen Verfahren beigemessen werden, sehr stark von der Investmentstrategie des PE-Fonds ab. So gibt es zB PE-Fonds, die sich auf den Erwerb von schlecht performenden bzw insolventen oder insolvenzgefährdeten Unternehmen spezialisiert haben. Hierbei hängt es weitgehend davon davon ab, ob das Managements des Fonds vorhat, das Unternehmen zu sanieren und somit wieder fit zu machen (Going-Concern-Überlegung), oder ob die einzelnen Assets des Unternehmens separat veräußert werden sollen. Insbesondere in letzterem Fall kommen Substanz- und Liquidationswertverfahren zum Einsatz.

2.2. Barwertverfahren

Wie eingangs erwähnt, zählen die Barwertverfahren und dabei insbesondere die Discounted-Cashflow-Methode zu den am häufigsten von VC/PE-Investoren eingesetzten Verfahren. Die Popularität begründet sich mitunter aus der universellen Einsetzbarkeit und Einfachheit des Verfahrens. Gleichwohl gibt es aufgrund der besonderen Eigenschaften der betrachteten Unternehmen (siehe Tabelle 1) eine Reihe von Einschränkungen und Herausforderungen bei der Anwendung. Da die DCF-Methode ursprünglich für börsennotierte Unternehmen entwickelt wurde, ist vor allem die Verfügbarkeit historischer Daten wichtig[17]. Diese werden einerseits für eine Plausibilisierung der Planung

---

16   Wie zB der Entwicklung von Software, der Entwicklung von Intellectual Property oder dem Aufbau einer Marke.
17   *Achleitner/Nathusius*, Bewertung von Unternehmen bei Venture-Capital-Finanzierungen, TUM EF Working Paper Series (2003) 17.

und für die Ableitung zukünftiger finanzieller Überflüsse und Cashflows[18], andererseits auch für die Ableitung des Abzinsungsfaktors (zB Ermittlung des Beta-Faktors für die Berechnung des WACC) benötigt[19].

Gerade bei frühphasigen Unternehmen stehen diese Daten – wenn überhaupt – dann nur in eingeschränkten Umfang zur Verfügung. Eine weitere Besonderheit liegt darin, dass das oft starke aktuelle Wachstum auch für die Zukunft angenommen wird – und das bei Unternehmen, die oft noch nicht profitabel wirtschaften. Dies führt dazu, dass der Wert eines frühphasigen Unternehmens oft zu 90 bis 100 % durch den Endwert (Terminal Value) bestimmt wird[20]. Das bedeutet, dass die Planung des Wachstums und die Höhe des Abzinsungsfaktors sehr hohen Einfluss auf die Bewertung haben und bereits kleinere Veränderungen der Annahmen zu stark schwankenden Unternehmenswerten führen.

Plausibilisieren der Planung

Das Abschätzen von zukünftigen Cashflows hat neben dem Abzinsungsfaktor den größten Einfluss auf die Unternehmensbewertung. Der Plausibilisierung der vom Management übermittelten Planung kommt daher ein sehr hoher Stellenwert zu[21]. In der Praxis hat es sich bewährt, dazu Abschätzungen aus unterschiedlichen Blickwinkeln vorzunehmen. So macht es Sinn, die Planung sowohl top-down als auch bottom-up zu plausibilisieren[22].

Bei einer **Top-down-Abschätzung** geht man vom adressierbaren Gesamtmarkt (Marktgröße und Marktwachstum) aus und schätzt so über den zu erwartenden Marktanteil die Umsätze ab. Im nächsten Schritt leitet man die dafür notwendigen Ressourcen und erwarteten Kosten ab. Hier müssen sowohl Kosten berücksichtigt werden, die zum Halten des Status Quo notwendig sind, als auch jene, die als Investment für das zu erzielende Wachstum getätigt werden müssen. Branchendaten zB zum Operation Margin können zum Vergleich herangezogen werden. Auch der Einfluss von Ertragssteuern (und positive Steuereffekte durch den Vortrag von Bilanzverlusten) muss (müssen) berücksichtigt werden. Dieser Ansatz setzt voraus, dass das Produkt leicht und zu geringen Kosten repliziert werden kann – was für Dienstleistungsunternehmen nur eingeschränkt möglich ist.

Bei der **Bottom-up-Abschätzung** geht man davon aus, dass mit der durch das Investment geschaffenen Kapazität eine gewisse Menge von Produkten zu einem gewissen Preis über den Planungszeitraum abgesetzt werden kann. Diese Abschätzung erfordert jedenfalls auch den Vergleich mit den Preis-Mengen-Gerüsten von Mitbewerbern. Als Nächstes versucht man die unter diesen Bedingungen notwendigen Kosten abzuschätzen,

---

18 *Damodaran*, Valuing Young, Start-up and Growth Companies: Estimation Issues and Valuation Challenges, Stern School of Business, New York University (2009) 5.
19 *Ge et al*, New Venture Valuation by Venture Capitalists: An Integrative Approach, University of Illinois at Urbana-Champaign (2005) 8.
20 *Damodaran*, Valuing Young, Start-up and Growth Companies: Estimation Issues and Valuation Challenges, Stern School of Business, New York University (2009) 10.
21 In Anlehnung an die Empfehlung des Fachgutachtens KFS/BW 1, Fassung vom 26.3.2014, 14.
22 *Damodaran*, Valuing Young, Start-up and Growth Companies: Estimation Issues and Valuation Challenges, Stern School of Business, New York University (2009) 20.

wobei auch Steuern und notwendige Reinvestitionen berücksichtigt werden müssen. Im Unterschied zum Top-down-Ansatz ist der Bottom-up-Ansatz auch gut für (eingeschränkt skalierbare) Dienstleistungsunternehmen geeignet.

Bei Unternehmen in späteren Unternehmensphasen verfügt man über mehrjährige historische Werte und damit eine grundsätzlich verlässlichere Planungsbasis als bei Frühphasenunternehmen. Diese Daten und insbesondere deren Entwicklung über den Zeitverlauf können zur Plausibilisierung der zukünftigen Entwicklung herangezogen werden. Diese historischen Werte dienen der kritischen Analyse der Planung, wenn zB ein verglichen mit der Vergangenheit sehr starkes Wachstum der Umsätze bzw eine Reduktion der Kostentangenten angenommen wird. Vorsicht ist jedoch geboten, wenn aus historischen Werten ein (nicht hinterfragter) Rückschluss auf die Zukunft gezogen wird.

Bestimmung des Abzinsungsfaktors

Nach der klassischen Lehre sind die beiden zu schätzenden Kernfaktoren für die Ermittlung des Abzinsungsfaktors (Weighted Average Cost of Capital oder WACC) die Eigenkapitalkosten sowie die Fremdkapitalkosten.

Die Schwierigkeit bei der Ermittlung der Eigenkapitalkosten liegt dabei darin, dass die Unternehmen nicht an der Börse notieren und dass deren Eigentümer und Investoren nicht vollständig diversifiziert sind und damit neben Marktrisiken auch Firmenrisiken in ihre Renditeerwartung mit einbeziehen. Tabelle 2 fasst die üblichen Renditeerwartungen von VC und PE je nach Unternehmensphase zusammen.

Unternehmensphase	Typische Renditeerwartung[23]
Seed	50 %–70 %
Early stage	40 %–60 %
Later stage	35 %–50 %
Bridge/IPO	25 %–35 %

Tabelle 2: Renditeerwartungen nach Unternehmensphase

Da die betrachteten Unternehmen oft keinen Zugang zu Fremdkapital haben, entspricht der WACC insbesondere bei frühphasigen Unternehmen den Eigenkapitalkosten[24]. Gibt es ein Rating bzw ist eine Ermittlung von Fremdkapitalkosten möglich – was bei Unternehmen in späteren Unternehmensphasen idR der Fall ist – und plant das Unternehmen die Aufnahme von Fremdkapital, so sollte dies bei der Berechnung des WACC berücksichtigt werden.

Es gibt allerdings auch kritische Stimmen zur Verwendung von hohen Abzinsungsfaktoren. So führen pauschal eingesetzte hohe Abzinsungsfaktoren zu einer starken Verallgemei-

---

23 Vgl *Zellmann et al*, Die Bewertung von Venture Capital Portfoliounternehmen – Best Practice Studie bei VC-Fonds in Deutschland, BewertungsPraktiker 3/2014, 81.
24 *Festl et al*, Valuation of Early Stage High-tech Start-up Companies, International Journal of Business 18(3) (2013) 221.

nerung und können damit das Risiko eines spezifischen Unternehmens nur ungenügend repräsentieren. Des Weiteren kann gerade die Kombination aus hohen Abzinsungsfaktoren und negativen Cashflows (bei frühphasigen Unternehmen wahrscheinlicher) paradoxerweise zu höheren Unternehmensbewertungen führen[25]. Experten empfehlen daher, Risiken wie das einer Insolvenz oder dem Verlust von Schlüsselpersonal nicht im Abzinsungsfaktor, sondern durch die Erstellung mehrerer Szenarien zu berücksichtigen[26]. Ein ähnliches Vorgehen wird auch für Unternehmen in späteren Phasen empfohlen, da die bereits mehrfach erwähnten Sondersituationen, in denen VC und PE zur Anwendung kommen, von ihrer Natur her eine Zäsur in der Unternehmensentwicklung darstellen, die über Szenarienplanung besser abgebildet werden kann als durch das einfache Erhöhen des Diskontierungsfaktors.

Berücksichtigung des Insolvenzrisikos:

Anstatt das Insolvenzrisiko im Abzinsungsfaktor zu berücksichtigen, sollte es durch Betrachtung von Unternehmensfaktoren und dem Bezug auf Vergleichswerte ermittelt werden. Anschließend können zwei Szenarien entwickelt werden: ein Insolvenzszenario (Liquidationswert) mit der Eintrittswahrscheinlichkeit p und ein positives Szenario auf Basis des DCF mit Eintrittswahrscheinlichkeit 1-p. Der abgeleitete Erwartungswert entspricht dann dem Unternehmenswert. Im Falle vieler frühphasiger Unternehmen ist der Liquidationswert gleich 0, dh der Unternehmenswert entspricht dem Ergebnis des DCF multipliziert mit 1 minus der Wahrscheinlichkeit einer Insolvenz.

Die Bandbreite des Insolvenzrisikos ist natürlich stark von der Unternehmensphase, der Unternehmensbranche, aber auch dem jeweiligen Land (Stichwort: politisches Risiko) und der allgemeinen wirtschaftlichen Lage abhängig. Das heißt die hier getroffenen Annahmen müssen laufend evaluiert und gegebenenfalls angepasst werden. Diverse Studien aus dem Jahr 2005 geben in den USA Insolvenzquoten von 55 bis 75 % (innerhalb von 7 Jahren) an[27], während diese in Deutschland bei 30 bis 50 % lagen[28].

Ermittlung des Endwerts

Bei der zukunftsgerichteten Bewertung von Unternehmen hat der Endwert (terminal value) einen hohen Einfluss auf die Gesamtbewertung. Dies gilt insbesondere für Unternehmen in frühen Phasen. Die Ermittlung des Endwertes ist notwendig, da die DCF-Methode nur einen begrenzten Zeitraum (zB zwischen drei und zehn Jahren) betrachtet, das Unternehmen aber auch darüber hinaus fortbesteht und Cashflows für die Investoren generieren kann. Grundsätzlich kann der Endwert auf drei Arten ermittelt werden:

- Barwert der ewigen Rente
- Vergleichswert bei Verkauf (siehe 2.3 Vergleichswertverfahren)
- Substanz- bzw Liquidationswert (siehe 2.1 Substanz- und Liquidationswertverfahren)

---

25 ZB führt ein FCF im Jahr 1 von 100, im Jahr 2 von –200 und im Jahr 3 von 100 dazu, dass der Unternehmenswert mit steigendem Abzinsungsfaktor (und damit unterstellt höherem Risiko) steigt. Mit einem Abzinsungsfaktor von 10 % wäre der DCF = 0,75 mit einem Abzinsungsfaktor von 70 % bereits bei 9,97.

26 *Damodaran*, Valuing Young, Start-up and Growth Companies: Estimation Issues and Valuation Challenges, Stern School of Business, New York University (2009) 15.

27 *Damodaran*, Valuing Young, Start-up and Growth Companies: Estimation Issues and Valuation Challenges, Stern School of Business, New York University (2009) 6.

28 *Zellmann et al*, Die Bewertung von Venture Capital Portfoliounternehmen – Best Practice Studie bei VC-Fonds in Deutschland, BewertungsPraktiker 3/2014, 80.

Die Verwendung des **Barwerts der ewigen Rente** (BWR) zur Errechnung des Endwerts basiert auf der Annahme, dass das Unternehmen auch nach dem Betrachtungszeitraum Free Cashflows (FCF) für die Investoren generiert und mit einer stabilen Wachstumsrate (g) weiter wächst. Der Barwert wird unter dem Abzinsungsfaktor (i) – der dem Wert des für den DCF gewählten entsprechen kann – bestimmt. Dabei kommt die folgende Berechnung zur Anwendung[29]:

$$BWR = \frac{FCF \text{ (der letzten Betrachtungsperiode)}}{i - g}$$

Eine andere Möglichkeit besteht darin, am Ende des Betrachtungszeitraums von einem Verkauf des Unternehmens auszugehen und dafür einen **Vergleichswert bei Verkauf** zu ermitteln. Dies ist für VC/PE-Investoren besonders relevant, da diese nur für einen begrenzten Zeitraum am Unternehmen beteiligt sind. Dh, es wird ein möglicher Verkaufspreis nach dem Betrachtungszeitraum mit Hilfe der Anwendung von Vergleichsgrößen auf die geplante Performance berechnet. Die Ermittlung des Wertes wird in Kapitel 2.3 dieses Beitrages bei den Vergleichswertverfahren erläutert. Der ermittelte Verkaufspreis wird anschließend entsprechend der Anzahl an Jahren und dem Abzinsungsfaktor diskontiert[30].

Geht man von einer begrenzten Lebensdauer des Unternehmens aus bzw davon, dass die Gesellschaft nach dem Betrachtungszeitraum liquidiert bzw verwertet wird, so kann als Endwert auch der **Substanz- bzw Liquidationswert** des Unternehmens herangezogen werden. Diese Methode findet bei VC-Finanzierungen prinzipiell keine Anwendung. Bei Investoren, die auf die Zerschlagung bzw Verwertung von Unternehmen abzielen, kann diese Berechnungsbasis sinnvoll sein.

Beispiel: der Berechnung von Endwerten

Ein fiktives Unternehmen besitzt aktuell einen Umsatz in Höhe von 100 und einen FCF in Höhe von –10. Der Investor rechnet damit, das Unternehmen nach dem 4. Jahr wieder zu veräußern. Der Umsatz wird dann voraussichtlich auf 146 gewachsen sein und ein FCF in Höhe von 40 erwartet. In den Folgejahren soll das Unternehmen jährlich um 10 % (g) wachsen. Der risikoadaptierte Abzinsungsfaktor (i) ist mit 30 % bestimmt.

Jahr	0	1	2	3	4
Umsatz	100	110	121	133	146
FCF	–10	0	10	20	40
i		30 %	30 %	30 %	30 %
Discounted CF	–10	0	6	9	14
Kumulierter DCF	–10	–10	–4	5	19

---

29 *Damodaran*, Valuing Young, Start-up and Growth Companies: Estimation Issues and Valuation Challenges, Stern School of Business, New York University (2009) 39.

30 Anmerkung: Diesem Grundprinzip folgen auch die Venture-Capital-Methode und First-Chicago-Methode, die ausschließlich auf die Abschätzung eines möglichen Verkaufserlöses abzielen und diesen entsprechend diskontieren bzw mit Abschlägen für Risiko bzw Verwässerung der Anteile bei weiteren Kapitalrunden versehen.

- Der Endwert auf Basis des Barwerts der ewigen Rente errechnet sich mit BWR = 40 / (30 %–10 %) = 40/0,2 = 200. Um 30 % diskontiert auf 4 Jahre ergibt dies 70. In Summe ergibt sich ein Unternehmenswert von 19 + 70 = 89.
- Auf Basis von Vergleichswerten werden Unternehmen der Branche und Größe in der Regel zum Jahresumsatz gehandelt. Dh, das Unternehmen sollte um 146 verkauft werden können. Um 30 % diskontiert auf 4 Jahre ergibt dies 51. In Summe ergibt sich ein Unternehmenswert von 19 + 51 = 70.
- Im Falle einer Liquidation könnten Grundstücke und Anlagen inflationsbereinigt um 50 veräußert werden. Um 30 % diskontiert auf 4 Jahre ergibt dies 18. In Summe ergibt sich ein Unternehmenswert von 19 + 18 = 37.

Je nach Berechnungsansatz schwankt der Endwert um mehr als das Dreifache zwischen 50 und 200. Beachtenswert ist auch, dass der Endwert bis zu 79 % des Unternehmenswertes (im Falle des Barwerts der ewigen Rente) ausmacht.

2.3. Vergleichswertverfahren

Am besten lässt sich der Wert eines Unternehmens natürlich durch Vergleich mit ähnlichen Unternehmen rechtfertigen. Allerdings ist jedes Unternehmen einzigartig in seinen Ressourcen, seinen Prozessen, Mitarbeitern und finanziellen Strukturen. Bei einem Vergleich ist es daher unabdinglich sicherzustellen, dass nicht Äpfel mit Birnen verglichen werden. Die Verfügbarkeit und einfache Anwendung gängiger Multiples täuscht oft über die Komplexität des Themas und tatsächliche Vergleichbarkeit hinweg. Auch unterliegen diese Multiplikatoren im Zeitverlauf betrachtet oder innerhalb einer Vergleichsgruppe (Peer Group) enormen Schwankungsbreiten.

Die Erstellung der **Peer Group** ist die erste Herausforderung bei Anwendung von Vergleichswertverfahren. Die Unternehmen sollen sich – abgesehen von ihrer Größe und ihres unternehmerischen Entwicklungsgrads – möglichst ähneln. Dh man zieht Unternehmen der gleichen Branche, der gleichen bearbeiteten Märkte etc heran. Dann vergleicht man bestimmte Unternehmenskennziffern wie zB EBIT(DA)-Marge, Eigenkapitalquote oder Verschuldungsgrad. Bei einer entsprechend großen Datenbasis ermittelt man so eine Gruppe von Unternehmen, die dem zu bewertenden Unternehmen am meisten ähneln.

Bei frühphasigen Unternehmen, die im Fokus von VC-Investoren stehen, kommt erschwerend hinzu, dass sie oft über keine Erträge, oft sogar über keine Umsätze verfügen[31]. Dies schließt die Verwendung der gängigen P/E- (price-to-earnings, dh Enterprise Value im Verhältnis zu den Erträgen) und P/S- (price-to-sales, dh Enterprise Value im Verhältnis zu den Umsätzen) Multiples aus. Doch selbst wenn Unternehmen bereits Umsätze und Erträge erwirtschaften, ist es bei frühphasigen Unternehmen schwer, entsprechende Bezugsgrößen (Unternehmen der gleichen Größe und Struktur) zu ermitteln, da diese oft nicht öffentlich verfügbar sind[32]. Verfügbare Informationen beschränken sich auf (i) vergleichbare Transaktionen (Finanzierungen oder die Akquisitionen vergleichbarer Unternehmen) und (ii) jene von börsennotierten Unternehmen. Bei

---
[31] *Ge et al*, New Venture Valuation by Venture Capitalists: An Integrative Approach, University of Illinois at Urbana-Champaign (2005) 8.
[32] *Ge et al*, New Venture Valuation by Venture Capitalists: An Integrative Approach, University of Illinois at Urbana-Champaign (2005) 8.

Ersteren lässt sich oft nicht der Grad der Ähnlichkeit feststellen, da wesentliche Informationen, die eine Aussage über die Ähnlichkeit erlauben würden, für einzelne Unternehmen nicht ohne weiteres öffentlich verfügbar sind. Zumindest teilweise können hier Datendienstleister Abhilfe schaffen. Darüber hinaus kommen der Zeitlichkeit und der Komplexität der Transaktion selbst große Bedeutung zu.

> **Datenanbieter**
>
> Datenanbieter aggregieren unternehmensrelevante Informationen, häufig von börsengelisteten Unternehmen. Es gibt aber auch Datenanbieter, die über Unternehmensbewertungen von nicht börsennotierten Unternehmen verfügen. Diese kommen zB durch anonym durchgeführte Umfragen bei VC/PE-Investoren zu Unternehmensbewertungen, die derzeit am Markt beobachten werden können, zustande. Der Charme dieser Vergleichswerte ist, dass sie sich auf Unternehmen von einer ähnlichen Größenordnung beziehen.
>
> Allerdings liegt es auch in der Natur der verwendeten Daten, dass diese eben nicht die Qualität aufweisen, wie sie bei börsengelisteten Unternehmen der Fall ist, die sich bezüglich ihres Publizitätsverhaltens sehr strengen Vorschriften unterwerfen müssen.

Ein weiteres Problem besteht darin, dass meist nicht öffentlich ist, mit welchen **Sonderrechten** erworbene Anteile verknüpft sind. Dh, die Anteile von Investoren können mit Sonderrechten, wie asymmetrischer Erlösverteilung oder speziellen Stimmrechten, verknüpft sein. Würde von der Höhe des Investments und des erworbenen Unternehmensanteils auf den Wert der Anteile geschlossen werden, so könnte deren Wert unterschätzt, der Wert des Unternehmens im Gegenzug aber überschätzt werden.

Beim Bezug auf börsennotierte Unternehmen stellt die grundsätzlich andere Struktur dieser Unternehmen im Vergleich zu den betrachteten Unternehmen eine Herausforderung dar. Börsenunternehmen sind groß und verfügen über weniger Wachstum, während frühphasige Unternehmen noch klein sind und über ein hohes relatives Wachstum verfügen können. Aber auch bei späterphasigen Unternehmen mit moderateren Wachstumsraten, jedoch einer überschaubaren Unternehmensgröße ist Vorsicht angebracht. So haben KMU gegenüber börsennotierten Großunternehmen entscheidende Vor-, aber auch Nachteile. Der Hauptvorteil liegt in einer kleineren und flinkeren Organisation. Diese führt zu kürzeren Entscheidungswegen und einer hohen Reaktionsgeschwindigkeit am Markt. Auch können mit der schlankeren Kostenstruktur lukrative Nischen besser bearbeitet werden. Allerdings verfügen Großunternehmen über Skaleneffekte und können Massenprodukte kostengünstiger produzieren. Darüber hinaus haben sie durch ihre höhere Haftungsmasse und ihren Zugang zum Kapitalmarkt die Möglichkeit, sich günstiger zu finanzieren. Und nicht zuletzt sind die Anteile an börsennotierten Unternehmen wesentlich liquider. In Summe dürften die Vorteile börsengelisteter Unternehmen die Nachteile überwiegen, was sich nicht zuletzt aus der Insolvenzstatistik herauslesen lässt[33], die ein deutlich höheres Insolvenzrisiko für jüngere Unternehmen aufweist. Börsennotierte Unternehmen haben folglich in der Regel einen viel geringen WACC (natürlich auch aufgrund der stärker diversifizierten Investoren).

---

33 *Bretz M.*, Insolvenzen in Deutschland, Verband der Vereine Creditreform e.V. (2013) 5 ff.

Würden die Multiples von börsennotierten Unternehmen auf sehr junge oder kleinere Unternehmen angewendet, wären diese Unternehmen deutlich überbewertet. Bei Unternehmen in späteren Phasen versucht man die strukturelle Benachteiligung nicht börsennotierter und kleinerer Unternehmen durch Abschläge auf den ermittelten Unternehmenswert zu kompensieren.

Abschläge auf Multiples von börsengelisteten Unternehmen
Die Höhe der Abschläge ist sehr subjektiv und damit natürlich auch manipulierbar. Käufer weisen hierbei häufig auf die erwähnten Fungibilitätsprobleme etc hin, während Verkäufer mit der höheren Wachstumsdynamik gegenüber der börsengelisteten Peer Group kontern.
Eine Möglichkeit zu Ermittlung einer geeigneten Abschlagshöhe ist das einzelne Auflisten von Vor- und Nachteilen vor dem konkreten Hintergrund des zu bewertenden Unternehmens:

Abschlag für mangelnde Fungibilität	*–15 %*
Abschlag für schlechtere Finanzierungsbedingungen	*–15 %*
Zuschlag für höheres Wachstum	*+5 %*
Zuschlag für höhere Margen	*+5 %*
etc	
Abschlag auf den Unternehmenswert gesamt:	**–20 %**

Es liegt auf der Hand, dass diese Zu- und Abschläge sehr stark im Ermessen des Bewertenden liegen. Diese Faktoren jedoch gar nicht in die Bewertung mit einzubeziehen, würde zu einer Überbewertung führen.

Aus empirischen Studien kann üblicherweise ein Abschlag von 25 bis 35 % zwischen Pre-IPO und börsennotierten Unternehmen festgestellt werden[34].

Aus den genannten Gründen ist eine Bezugnahme auf börsennotierte Unternehmen für VC-Finanzierungen in der Regel nicht sinnvoll und auch ein Bezug auf vergleichbare Transaktionen nur unter Berücksichtigung der angeführten Einschränkungen möglich. Wenn daher entsprechende Multiples trotzdem zur Anwendung kommen, werden diese mit entsprechend hohen Abschlägen versehen, um die (bekannten bzw nicht bekannten) Unterschiede zu berücksichtigen.

In Einzelfällen kann die Verwendung von Forward Multiples – bei einer entsprechend geeigneten Peer Group – eine Lösung des Problems sein. Diese Multiples basieren auf den Prognosen von EBIT(DA) oder anderen Bezugsgrößen über die nächsten 12 Monate oder darüber hinaus. Da diese Prognosen mit Unsicherheit versehen sind, sind Forward Multiples in aller Regel niedriger als die auf Ist-Werten basierenden Multiplikatoren. Diese Multiples werden häufig verwendet, um noch junge Unternehmen zu bewerten, bei denen man davon ausgeht, dass sich ihre relevanten Vergleichsgrößen (Umsatz, EBIT[DA]) in der nächsten Zeit signifikant verbessern.

Pre- und Post Money
Ein interessanter Effekt bei Expansionsfinanzierungen – unabhängig von der Investmentphase – resultiert aus dem Umstand, dass das zukünftige Unternehmenswachstum maßgeblich von

---
34 *Damodaran*, Valuing Young, Start-up and Growth Companies: Estimation Issues and Valuation Challenges, Stern School of Business, New York University (2009) 52.

der gegenständlichen Investition angetrieben wird. Werden nun diese prognostizierten Cashflows, die aus einer erfolgreichen Investition resultieren, auf einen Barwert abgezinst, entsteht ein Wert, der höher ist, als wenn dieses Investment nicht stattgefunden hätte. Oder anders ausgedrückt: Der Investor, der zu einem mittels DCF ermittelten Unternehmenswert in das Unternehmen investiert, bezahlt in gewisser Weise die Wirkung seines eigenen Geldes.

Andersherum ist es bei Vergleichswertverfahren, die auf historischen Werten aufsetzen. Hier wird die zukünftige Unternehmensentwicklung teilweise zu wenig berücksichtigt. Dem kann man entgegnen, dass die Multiples (zumindest von börsengelisteten Unternehmen) eine gewisse Zukunftserwartung ja bereits enthalten. Diese Unternehmen werden ihrerseits mittels DCF auf Basis einer prognostizierten Geschäftsentwicklung bewertet. Aber es handelt sich eben nur um die vergleichsweise niedrigen Wachstumsraten sehr großer Unternehmen. Der Entwicklung wachstumsstarker junger Unternehmen wird hier unzureichend Rechnung getragen.

Eine (ausreichende?) Annäherung an dieses Problem ist die Unterscheidung zwischen pre und post money. Steigt ein Investor auf Basis von Vergleichswerten ein, geschieht dies zur Pre-money-Bewertung, da das erzielte und mit einer Zahl X multiplizierte EBIT ohne das frische Investorengeld erzielt wurde. Bei einem Investment von 2 Millionen in ein Unternehmen zu einer Pre-money-Bewertung von 8 Millionen ergibt sich ein Post-money-Wert von 10 Millionen. Der VC-Investor erhält 20 % der Anteile. Bei einer Bewertung mittels DCF erfolgt der Einstieg zu Post-money-Bewertung, da die Zukunft ja bereits mit diesem Geld finanziert wird. Sollte sich hier also eine Bewertung von 8 Millionen ergeben, investiert der Investor zu 6 Millionen pre money und erhält 25 % des Unternehmens.

2.4. Sonstige Bewertungsverfahren

Neben den bereits erläuterten existiert noch eine Reihe von anderen Bewertungsverfahren, die entweder dem akademischen Umfeld oder Ansätzen aus der Praxis entspringen. Die wichtigsten sollen in der Folge kurz der Vollständigkeit halber erwähnt werden, auch wenn sie in der Praxis bislang nur eingeschränkt zur Anwendung kommen.

Real-Option-Verfahren

Der Einsatz von Realoptionen basiert auf der Annahme, dass gängige Bewertungsansätze den Wert von Handlungsoptionen (die durch ein Investment geschaffen werden) nur begrenzt berücksichtigen und damit unterbewerten. Im Grunde wird ein Investment als eine Serie von Entscheidungsmöglichkeiten modelliert, die mit unterschiedlichen Wahrscheinlichkeiten eintreten können und zu unterschiedlichen Rückflüssen führen[35]. Methodisch wird auf Modelle für die Bewertung von Optionen aus dem Aktienmarkt (etwa die Black-Scholes-Theorie) zurückgegriffen. Aufgrund der beschränkten Informationslage sind solche Modelle sehr schwer aufzubauen bzw findet die Methode wegen ihrer Komplexität bisher vor allem in der akademischen Literatur Beachtung.

Input-basierende bzw qualitative Bewertungsansätze

Input-basierende bzw qualitative Bewertungsansätze finden meist nur in sehr frühen Unternehmensphasen Anwendung[36]. Diese können unterschiedliche Komplexität annehmen und reichen von einfachen Daumenregeln bis hin zu ausgefeilten Scorecard-Model-

---

35   Vgl etwa *van Putten/MacMillan*, Making Real Options Really Work, Harvard Business Review, Dezember 2004.
36   Dh beispielsweise bei der Finanzierung und Bewertung von Unternehmen durch Business Angels.

len[37]. Ähnlich einem Rating werden verschiedene qualitative und quantitative Faktoren (wie Patente, Qualifikation des Managements, Marktgröße ...) mit Werten versehen, die kumuliert den möglichen Wert des Unternehmens ergeben[38]. Da diese Ansätze oft sehr subjektiv sind (auf der Erfahrung einzelner Investoren basieren) und ein kausaler Zusammenhang zwischen den einzelnen Faktoren und einer positiven Unternehmensentwicklung (bzw dem zukünftigen Unternehmenswert) bislang nicht ausreichend festgestellt werden konnte, werden diese Verfahren von institutionellen Investoren oft nur für die Plausibilisierung eingesetzt. Es gibt aber bereits institutionelle Investoren (zB Correlation Ventures), die mittels Big-Data-Analysen Investmententscheidungen treffen. Auch im Hinblick auf eine Vielzahl großer quantitativer Studien ist nicht auszuschließen, dass zukünftig Erfolgsfaktoren identifiziert werden können, die mit einer höheren (zukünftigen) Unternehmensbewertung in einem kausalen Zusammenhang stehen.

Venture-Capital-Methode

Die Venture-Capital-Methode bzw die daraus abgeleitete First-Chicago-Methode sind situationsspezifische Bewertungsverfahren, die nur bei exit-orientierten VC-Investments angewendet werden können. Sie sind rückwärtsgerichtete Verfahren, die versuchen, zuerst einen zukünftigen Exit-Wert des Unternehmens zu ermitteln und diesen dann unter Berücksichtigung von Risiken (zB Insolvenzrisiken, Verwässerung in zukünftigen Kapitalrunden) und der Renditeerwartung zu diskontieren[39].

Im ersten Schritt wird auf Basis der plausibilisierten Planung im geplanten Exit-Jahr ein zukünftiger Unternehmenswert errechnet. Dabei werden etwa der Umsatz bzw Ertrag im Zieljahr und entsprechende Multiples herangezogen (vergleiche 2.3). Im zweiten Schritt wird dieser Unternehmenswert entsprechend der Renditeerwartung des Investors diskontiert. Üblicherweise werden sämtliche Risiken im Abzinsungsfaktor eingerechnet. Daraus ergibt sich die maximale Unternehmensbewertung nach Investment (post money). Im dritten und letzten Schritt wird das benötigte und vom Investor bereitgestellte Kapital durch die diskontierte Post-money-Bewertung dividiert und ergibt so den vom Investor benötigten Anteil am Unternehmen. Geht der Investor von einem weiteren Kapitalbedarf aus, der mit Eigenkapital gedeckt werden muss, so wird er den benötigten Unternehmensanteil zusätzlich um die zu erwartende Verwässerung erhöhen.

3. Conclusio

Zusammenfassend lässt sich feststellen, dass VC- und PE-Investoren ebenfalls auf die gängigen und etablierten Bewertungsverfahren aufsetzen, diese aber entsprechend der jeweiligen Unternehmensphase und dem Bewertungsanlass modifizieren. In der Regel findet mehr als ein Verfahren Anwendung, um sich dem „wahren" Wert eines Unternehmens aus verschiedenen Perspektiven zu nähern.

---

37 Vgl etwa *Payne B.*, Definite Guide to Raising Money from Angels, Gust (2006) 73.
38 *Miloud/Aspelund/Cabrol*, Startup valuation by venture capitalists: an empirical study, Venture Capital, Taylor & Francis (2012) 151–174.
39 *Achleitner/Nathusius*, Bewertung von Unternehmen bei Venture-Capital-Finanzierungen, TUM EF Working Paper Series (2003) 14.

Um mit den bestehenden Unsicherheiten und der oft nicht optimalen Datenlage umzugehen, finden auch Szenariotechniken (bis hin zur Simulation mit der Monte-Carlo-Methode) Anwendung. Aufgrund der hohen Risiken, denen sich insbesondere VC-Investoren ausgesetzt sehen, ist die Erwartungshaltung hinsichtlich der möglichen Rendite bei Einzelinvestments sehr hoch, was diese Form der Finanzierung nur für wenige Unternehmen praktikabel macht. Ähnlich verhält es sich bei der Bewertung späterphasigen Unternehmen, wobei hier die Risiken geringer sind und damit auch die Renditeerwartung auf das Einzelinvestment geringer ausfällt. Grundsätzlich ist die Bewertung immer auch im Kontext des jeweiligen Investors (bzgl der Renditeerwartung) und unter Berücksichtigung seines Portfolios (bzgl des Grades der Diversifizierung) zu sehen.

Es wurde gezeigt, welcher große Einfluss der zugrunde liegenden Planung, der Wahl des Abzinsungsfaktors sowie der Wahl der weiteren Bewertungsparameter zukommt. Dies erklärt, warum verschiedene Investoren oft zu sehr unterschiedlichen Unternehmenswerten gelangen bzw warum vielfach auch Daumenregeln bzw qualitative Ansätze Anwendung finden. Die Empfehlung kann hier nur sein, die Annahmen sehr sorgsam, konservativ und nachvollziehbar zu treffen, Sensitivitätsanalysen zu nutzen bzw die Ergebnisse mit unterschiedlichen Bewertungsansätzen zu plausibilisieren.

Da VC/PE-Investoren die Unternehmen nur für einen begrenzten Zeitraum begleiten, spielt auch der Exit eine wichtige Rolle bei der Ermittlung des Unternehmenswertes beim Einstieg. Hier sind insbesondere die geringere Fungibilität von Anteilen von privaten Unternehmen sowie die verwässernden Effekte durch weitere Eigenkapitalfinanzierungen zu berücksichtigen. Natürlich hat auch die Entwicklung des jeweiligen Marktumfeldes einen großen Einfluss darauf, ob Unternehmen schließlich verkauft oder an die Börse gebracht werden können. Die Aufschläge, die strategische Investoren aufgrund von Synergieeffekten zahlen können, bleiben in den dargestellten Bewertungsmethoden unberücksichtigt, da diese nur einzelfallbezogen betrachtet werden können.

Bewertung von Biotechnologieunternehmen

David A. Maier

1. **Einleitung**
   1.1. Definition und Klassifizierung
   1.2. Besonderheiten der roten Biotechnologie
      1.2.1. F&E-Phasen
         1.2.1.1. Wirkstoffforschung
         1.2.1.2. Präklinik
         1.2.1.3. Klinische Phase I
         1.2.1.4. Klinische Phase II
         1.2.1.5. Klinische Phase III
         1.2.1.6. Zulassungsphase (Klinische Phase IV)
      1.2.2. Risiko der Entwicklung
      1.2.3. Kosten der Entwicklung
      1.2.4. Dauer der Entwicklung
2. **Die Bewertung von Biotechs**
   2.1. Grundlagen
   2.2. Der risk-adjusted NPV – rNPV
3. **Zusammenfassung**

1. Einleitung

Biotechnologieunternehmen, die in der Arzneimittelentwicklung tätig sind, gehören zweifelsohne zu einem Unternehmenstyp, der besondere Merkmale aufweist, wodurch sich bei dessen Bewertung einige Problemstellungen ergeben, die bei derjenigen von mittelständischen Industrie-, Handels- oder Dienstleistungsunternehmen bzw. börsennotierten Gesellschaften in dieser Form nicht auftreten. Daher ergeben sich im Rahmen der Unternehmensbewertung besondere Herausforderungen, die es im Prozess und der Rechenmethodik der Wertermittlung zu berücksichtigen gilt. Darüber hinaus hat die Bedeutung dieser Industrie, aufgrund der Vielzahl der Neugründungen in den letzten zwei Dekaden, stetig zugenommen und diese Unternehmen sind zu einem eigenständigen Wirtschaftsfaktor geworden. Die vielen M&A-Transaktionen in der Branche und die Ein- und Auslizenzierung von Produkten bedürfen immer einer Bewertung des Betriebes oder des Produktes, sodass die Beurteilung dieser Unternehmen ebenfalls eine zunehmende Bedeutung erlangt hat.

Der vorliegende Beitrag beschäftigt sich mit den Spezifika Medikamente entwickelnder Biotechnologieunternehmen und zeigt mögliche Lösungswege auf, diese Besonderheiten im Rahmen der Unternehmensbewertung zu berücksichtigen.

Zu den wesentlichsten Eigenschaften der Unternehmen, die in den nachfolgenden Kapiteln Beachtung finden, zählen:

- Es handelt sich vor allem um junge Unternehmen, welche hinsichtlich Struktur, Mitarbeitern und Organisation mit Start-ups vergleichbar sind.
- Die Unternehmen weisen in den Jahren der F&E Tätigkeit hohe negative Cashflows auf.
- Die F&E-Tätigkeiten sind durch hohe Unsicherheiten hinsichtlich der erfolgreichen Entwicklung eines Produktes gekennzeichnet.
- Cashflow-Prognosen müssen über einen sehr langen Zeitraum, meist bis zum Ende der Patentlaufzeit, erstellt werden.
- Es besteht eine hohe Abhängigkeit von regulatorischen Rahmenbedingungen.
- Patente stellen einen wesentlichen Werttreiber des Unternehmens dar.

Die obigen Spezifika sind bei der Bewertung des Unternehmens unbedingt zu berücksichtigen. Vorweg kann gesagt werden, dass die zu erwartenden Cash-Zuflüsse aus dem Verkauf des Medikamentes, die Kosten der F&E-Tätigkeit, die Geschwindigkeit der Entwicklung und die Erfolgswahrscheinlichkeit der Marktzulassung den Wert eines Biotechnologieunternehmens am stärksten beeinflussen.

1.1. Definition und Klassifizierung

Die Biotechnologie im heutigen Sinne ist, auch wenn sie sich in viele neue forschungsorientierte Felder hinein entwickelt hat, nicht als eigene Wissenschaftsdisziplin zu verstehen. Vielmehr ist sie interdisziplinär und bedient sich der Gentechnik, Biochemie, Medizin, Mikro- und Molekularbiologie, sowie der Verfahrenstechnik.[1] Die Biotechnologie

---
1 Vgl *Langenbucher, D.* (2001) 7.

wird auch als Sammelbegriff für Technologien verwendet, die zB in der Erforschung von Arzneimitteln, bei der Herstellung von Lebensmitteln, in der Züchtung von Pflanzen und bei der Reinigung von Abwässern Anwendung finden.[2] Zusätzlich werden auch jene Firmen, die einen wichtigen Beitrag innerhalb der Wertschöpfungskette in der Branche leisten, wie zB Bioinformatik, Biosensorik, Hochdurchsatz-Screening, als Biotechnologieunternehmen bezeichnet.[3]

Aufgrund der vielfältigen Anwendungsgebiete dieser Querschnittstechnologie hat sich die Biotechnologie zu einer eigenständigen, anwendungsorientierten Branche entwickelt, die grob in drei Segmente eingeteilt werden kann.[4]

- Die rote Biotechnologie (Medizin/Pharma), die alle medizinischen Anwendungen und die entsprechenden Produkte (Therapeutika, Impfstoffe, Diagnostika etc) sowie die Produktion von Wirkstoffen umfasst.
- Die grüne Biotechnologie (Agrarwirtschaft, Lebensmittel), die Anwendungen in der Landwirtschaft, wie transgene Pflanzen mit verbesserter Herbizidtoleranz und Insekten- und Virusresistenz, höherer Ertrags- und Verzehreigenschaften und verbesserter Klimatoleranz, umfasst. Weltweit ist die Anbaufläche von gentechnisch veränderten Pflanzen von 1,7 Millionen Hektar im Jahr 1996 auf das 25-Fache im Jahr 2000 gestiegen.[5]
- Die graue Biotechnologie (Umwelt) fasst alle Einsatzgebiete im Bereich des Umweltschutzes zusammen, wobei biotechnologische Verfahren bei der Sanierung kontaminierter Böden, der Abwasserbehandlung, der Luft- und Abgasreinigung sowie der Abfall- und Reststoffverwertung eingesetzt werden.[6]

Darüber hinaus haben sich auch die Begriffe blaue und gelbe Biotechnologie herausgebildet, wobei sich Erstere mit den biotechnologischen Anwendungen bezogen auf die Lebewesen aus dem Meer beschäftigt und Zweitere sich mit dem Einsatz biotechnologischer Methoden befasst, die darauf abzielen, aus Insekten bzw deren Stoffen und Molekülen Wirkstoffe für den Einsatz in der Medizin zu finden (Insektenbiotechnologie).[7]

Einen Überblick über die einzelnen möglichen Geschäftsmodelle von Biotechnologieunternehmen gibt nachstehende Grafik:

---

2 Vgl BCG (2001) 9.
3 Vgl *Heidenreich, B.* (2002) 4; *Kollmer, M.* (2000) 8.
4 Vgl *Heidenreich, B.* (2002) 5 f; *Arojärvi, O.* (2001) 11 und die dort zitierte Literatur zeigt eine Einteilung in bis zu sieben Segmente.
5 Vgl *Gent, R. M. et al* (2002) 90.
6 Vgl *Streck, W. R./Pieper, B.* (1997) 72.
7 Vgl *Schüler, J.* (2016) 147.

Bewertung von Biotechnologieunternehmen

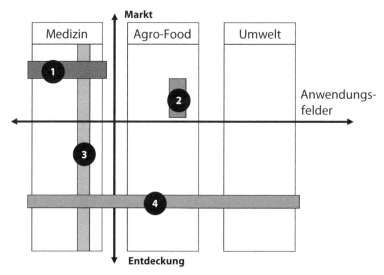

Abbildung 1: Geschäftsmodelle von Biotechnologieunternehmen; Quelle: *Menrad et al* (1999) 18

Die horizontale Dimension zeigt die unterschiedlichen Anwendungsfelder (Segmente) der modernen Biotechnologie, die vertikale Achse die Integration der Wertschöpfungskette in den einzelnen Unternehmen. Ein vollintegriertes Biotechnologieunternehmen würde von der Entdeckung eines Wirkstoffs bis zu seiner Vermarktung alle Wertschöpfungsstufen innerhalb eines Anwendungsfeldes selbst durchführen. Aus Sicht eines Unternehmens ist eine volle Integration der gesamten Wertkette nur dann sinnvoll, wenn sowohl Kostenvorteil als auch hohes Innovationspotential vorhanden sind. Darüber hinaus ist es wichtig, dass die interne Ressourcenausstattung ausreicht, ein niedriges Synergiepotential bei der Zusammenarbeit mit anderen Unternehmen besteht und die Interdependenzen mit anderen betrieblichen Aktivitäten hoch sind.[8] All diese Bedingungen sind nur bei wenigen Biotechnologieunternehmen erfüllt,[9] sodass eine Auflösung der Wertschöpfungskette in sich verselbstständigende Einheiten innerhalb eines Unternehmens zu beobachten ist.[10]

Nr 1 in Abbildung 1 zeigt die Geschäftsstrategie eines Unternehmens, das sich auf die Erbringung von Dienstleistungen, wie zB Auftragsproduktion und -analysen oder klinische Prüfungen spezialisiert hat. Diese Firmen versorgen als Zulieferer andere Biotechnologieunternehmen mit Laborgeräten, Analytikinstrumenten, Verbrauchsmaterialien und weiterem Laborzubehör.[11]

Wenn die Dienstleistung über alle Segmente einsetzbar ist, kann auch von einer Plattformtechnologie gesprochen werden, wobei die kombinatorische Chemie, High Throughput

---

8 Vgl *Hoffmann, W. et al* (1996) 301.
9 Nur etwa ein Drittel der kleinen und mittelständischen Biotechnologieunternehmen im Anwendungsfeld Medizin beschäftigt sich mit der Entwicklung von Medikamenten. Der Großteil der anderen Unternehmen liefert die Werkzeuge und Technologien; vgl dazu *Heidenreich, B.* (2002) 13.
10 Vgl *Heuskel, D.* (1998) 437 ff.
11 Vgl Ernst & Young (2000) 77.

Screening und Genomics als Beispiele herangezogen werden können.[12] Dies entspricht Nr 4 in obiger Abbildung.

Nr 2 in Abbildung 1 zeigt eine Unternehmensstrategie, die ein kleines vertikales Segment innerhalb eines Anwendungsfeldes abdeckt. Dies könnte zB die Entwicklung eines Medikaments von der klinischen Phase I bis zur klinischen Phase II sein. Im Segment Agro-Food entspräche dies der Entwicklung eines Herbizides innerhalb eines Bereiches.

Nr 3 in Abbildung 1 stellt ein vollintegriertes Biotechnologieunternehmen dar. Das Unternehmen übernimmt alle Wertschöpfungsstufen von der Identifizierung einer wirksamen Substanz bis hin zu deren Vermarktung. Dieser Unternehmenstyp ist relativ selten, da er sehr hohe Investitionen erfordert, die neugegründete Firmen kaum aufbringen können, da die Entwicklung eines Medikaments ca 8 bis 12 Jahre dauert, wobei erst nach Ablauf dieser Periode mit Umsatzeinzahlungen zu rechnen ist. Als erfolgreiche Beispiele für diesen Unternehmenstyp können Amgen und Genentech in den USA genannt werden.

Im Fokus dieser Arbeit stehen ausschließlich Biotechnologiefirmen aus dem Anwendungsfeld der Medizin, die in der Medikamentenentwicklung tätig sind, da nur dieser Unternehmenstypus die für die Bewertung spezifischen Problemstellungen aufweist.

1.2. Besonderheiten der roten Biotechnologie

Biotechnologieunternehmen die Arzneimittel entwickeln weisen, hinsichtlich der einer Unternehmensbewertung immer zugrunde liegenden Cashflow-Reihe, eine spezielle Entwicklung auf. In der R&D-Phase haben die Unternehmen meist in den ersten sechs bis zehn Jahren einen negativen Cashflow, welcher nach Produkteinführung relativ rasch dem Maximum zustrebt, um nach Patentablauf meist schnell zu sinken. Die nachfolgende Abbildung zeigt die idealtypische Entwicklung der Cashflows.

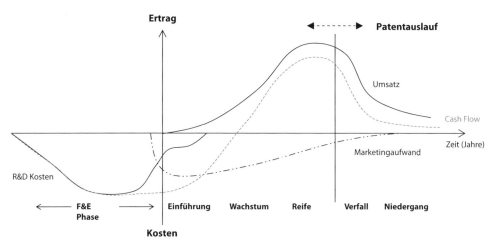

Abbildung 2: Idealtypischer Cashflow-Verlauf; Quelle: eigene Darstellung

---
12 Vgl *Menrad, K. et al* (1999) 18.

1.2.1. F&E-Phasen

Ein Medikament auf den Markt zu bringen ist ein sehr langwieriger und teurer Prozess, welcher zusätzlich mit einer hohen Unsicherheit hinsichtlich des Erfolges verbunden ist. Grundsätzlich können fünf Entwicklungsphasen unterschieden werden, die zwar hinsichtlich der Arbeitspakete nicht linear erledigt werden, einander jedoch so bedingen, dass nach diesen Phasen eine sinnvolle Strukturierung eines Produktportfolios möglich ist.

1.2.1.1. Wirkstoffforschung

Der Medikamentenentwicklungsprozess startet mit der Identifizierung einer Zielstruktur (target identification), an der ein Therapeutikum („lead") ansetzen kann. Im zweiten Schritt erfolgt die Validierung des „targets" (target validation), dh seine Rolle bei der Entstehung der Krankheit muss bestimmt werden.[13] Mittels In-vitro- und In-vivo-Versuchen erhält man Informationen darüber, ob sich die Suche nach Substanzen lohnt, die in positive Wechselwirkung mit dem „target" treten. Nach der Validierung der Zielstruktur beginnt die erste Screeningphase, wobei ein „High-Throughput-Screening"-fähiges Testsystem aufgebaut werden muss, bei dem eine gesamte Bibliothek an Stoffen mit dem „target" zusammengebracht wird, um erste Aktivitäten zu messen und zu erkennen, welche Substanz mit dem „target" in Interaktion tritt.[14] Der nächste Forschungsschritt wird mit der Herstellung ähnlicher Moleküle (chemische Modifikationen), der „leads" gesetzt, was den Zweck hat, die Molekularstruktur zu optimieren (lead optimization). Es werden sogenannte Analoga synthetisiert und deren Struktur-Wirkungs-Beziehungen ermittelt.

1.2.1.2. Präklinik

Unter der präklinischen Phase wird die Zeit von den ersten pharmakologischen Untersuchungen bis zum erstmaligen Test am Menschen verstanden. Nach der Entscheidung, eine Substanz in die Entwicklung zu überführen, beginnt eine Vielzahl von Aktivitäten, die neben der Prüfung an Zellkulturen auch Tierversuche erforderlich machen und vom Gesetzgeber zwingend vorgeschrieben sind.[15] Ziel der Präklinik ist einerseits, Aussagen über Darreichungsformen und Therapieverfahren zu gewinnen und andererseits chemische Produktionsprozesse zur Vervielfältigung der Wirksubstanz zu prüfen und zu vergleichen.[16] Zunächst werden die chemischen und physikalischen Eigenschaften der Substanz ermittelt, es müssen Synthesewege gefunden werden, um genügend Substanzmengen für die klinische Entwicklung herstellen zu können.[17] Weiters müssen Dosierung, Stabilität, Löslichkeit, Toxikologie, Absorption, Distribution, Metabolisierung, und Exkretion (ADMET)[18] getestet werden.[19] Im Rahmen der toxikologischen Überprüfung werden etwaige Wirkungen auf andere Organe, Art und Ort des Abbaus der Substanz

---

13 Vgl *DiLorenzo, F.* (2002) 19.
14 Vgl *DiLorenzo, F.* (2002) 19.
15 Vgl BPI (2004) 19.
16 Vgl *Dreger, C.* (2000) 48.
17 Vgl *Herzog, R.* (1995) 120.
18 ADME/PK steht für absorption, distribution, metabolism, excretion and pharmacokinetics.
19 Vgl *Garbe, C. et al* (2002) 67.

im Körper und Dauer des Verbleibs der Abbauprodukte in diesem untersucht.[20] Sie dient somit der Feststellung schädlicher Wirkungen im Hinblick auf die Verträglichkeit beim Menschen und wird meist anhand von Tierversuchen getestet.[21] Bezüglich Toxizitätsprüfung muss zwischen chronischer Toxizität, Mutagenitätsstudien, Fertilitätsstudien und Kanzerogenitätsprüfungen, die besonders langwierig und teuer sind, unterschieden werden.[22] Ein weiteres Ziel der Präklinik besteht in der Ermittlung der optimalen Darreichungsform (Galenik).[23]

Ungenügende Ergebnisse werden in dieser Phase am häufigsten festgestellt und führen damit zum Abbruch des Projekts. Hauptursachen, die zu vorzeitiger Beendigung eines Projektes aufgrund mangelnder Ergebnisse der ADME/PK-Studien führen, sind zu hohe Toxizität und zu geringe Wirksamkeit, wobei zu beachten ist, dass sämtliche Faktoren (ADME/PK) untereinander in Beziehung stehen und nicht eindeutig voneinander getrennt werden können.

1.2.1.3. Klinische Phase I

In der ersten klinischen Phase werden die Wirkung der neuen Substanz, die menschliche Reaktion auf diese sowie deren Dosierung an gesunden Probanden geprüft.[24] Ziel der Studien ist nicht die Bewertung der Wirksamkeit, sondern die Ermittlung des Verhaltens der Wirksubstanz im menschlichen Organismus und ihrer bestmöglichen Anwendung (Darreichungsform und Dosis). Es werden unter Sicherheitsaspekten pharmakodynamische und -kinetische Daten erarbeitet.[25] Generell werden einfache und mehrfache Dosen verabreicht, das Metabolisierungsprofil erarbeitet, Bioverfügbarkeitsuntersuchungen durchgeführt und pharmakokinetische Daten in Zusammenhang mit anderen Medikamenten analysiert.[26] Die Dosis wird dabei, ausgehend von einem Minimum, bei dem keine Wirkung möglich ist, bis zur potentiell toxischen Menge verabreicht. An diesen Versuchen nehmen üblicherweise 20 bis 120 Probanden teil.[27]

1.2.1.4. Klinische Phase II

Nach Abschluss der Phase I steht fest, wie die Substanz vom menschlichen Körper aufgenommen, abgebaut und ausgeschieden und bis zu welcher Dosis ihre Anwendung als unbedenklich eingestuft wird. Wenn sämtliche Tests der Phase I erfolgversprechende Ergebnisse bringen, wird die Testsubstanz erstmalig an Patienten mit der Zielkrankheit getestet.[28] Dabei werden von in Arzneimittelprüfung erfahrenen Ärzten sowohl Pilotstudien mit ca 30 bis 100 Patienten als auch kontrollierte Studien mit mehreren hundert

---

20 Vgl VFA (2001) 8.
21 Vgl *Hasskarl, M.* (1995) 953.
22 Vgl *Herzog, R.* (1995) 120 f.
23 Galenik: Namensgeber für diese Disziplin der Pharmazie ist der griechische Arzt Galenus von Pergamon, 129–199, der Leibarzt mehrerer römischer Kaiser war und eine umfangreiche Schriftensammlung über das damalige medizinische Wissen anlegte.
24 Vgl *Langenbucher, D.* (2001) 24.
25 Vgl *Reichert, J. M.* (2001) 337.
26 Vgl *Balant, L. P./Gex-Fabry, M.* (2000) 17.
27 Vgl *Dreger, C.* (2000) 49.
28 Vgl VFA (2001) 13.

Patienten und längerer Behandlungsdauer durchgeführt. Die Studien dauern abhängig vom Untersuchungsdesign zwischen 18 und 36 Monaten.[29] Hauptziel der klinischen Phase II ist der Nachweis der therapeutischen Wirksamkeit des neuen Medikaments bei verschiedener Dosierung.[30] Dabei interessieren nicht nur die Nebenwirkungen, sondern auch die Interaktion mit anderen, gleichzeitig eingenommenen Arzneimitteln.[31] Zusätzlich werden weitere pharmakodynamische und -kinetische Daten ermittelt.

1.2.1.5. Klinische Phase III

Wenn die Ergebnisse der Phase II zu keinem Abbruch des Projektes geführt haben, erfolgt, unter kontrollierten Bedingungen, die Anwendung der Testsubstanz an einer großen Anzahl von Patienten (ca 200 bis 4000).[32] In vielen Fällen werden multizentrische Studien auf internationaler Ebene durchgeführt, da die Einführung des Arzneimittels auch weltweit geplant ist und Patienten mit unterschiedlichen Merkmalen teilnehmen sollen, um einen größeren Realitätsbezug herzustellen. Das Ziel ist die Bestimmung der Verträglichkeit und Wirksamkeit bei einem größeren Patientenkollektiv verschiedenen Alters und Geschlechts, mit unterschiedlichen Lebens- und Ernährungsgewohnheiten und ethnischer Herkunft. Es sollen die Nebenwirkungen (Art, Dauer, Häufigkeit), Wechselwirkungen mit anderen Arzneimitteln, Dosis-Wirkungs-Beziehungen und die Überlegenheit oder Gleichwertigkeit gegenüber bereits am Markt bestehenden Arzneimitteln bestimmt werden.[33] Am Ende der Phase-III-Studien werden die Ergebnisse in einem Antrag auf Zulassung des neuen Medikaments zusammengefasst.

1.2.1.6. Zulassungsphase (Klinische Phase IV)

Nach der Zulassung ist die Entwicklung des Medikaments jedoch noch nicht abgeschlossen, es werden weitere Modifikationen am Wirkstoff und Langzeitstudien durchgeführt, um etwaige neu auftretende Reaktionen bei Patienten zu beobachten.[34] Diese Post-Marketing-Phase wird in vielen Fällen auch als Phase IV bezeichnet und umfasst innerhalb der Grenzen der Zulassung die nochmalige systematische Beobachtung der therapeutischen Wirkung und unerwünschten Nebenwirkungen auf Grundlage der im Zulassungsbescheid festgelegten Bedingungen.[35]

Nachfolgende Grafik zeigt die Entwicklungsphasen eines Medikamentes nochmals übersichtlich.

---

29 Vgl *Herzog, R.* (1995) 122.
30 Vgl *Balant, L. P./Gex-Fabry, M.* (2000) 18.
31 Vgl VFA (2001) 13.
32 Vgl VFA (2001) 13; *Herzog* (1995) 122.
33 Vgl *Herzog, R.* (1995) 122.
34 Vgl *Balant, L. P./Gex-Fabry, M.* (2000) 24.
35 Vgl DG Bank (1999) 71.

Grundlagen-forschung	Wirkstoff-findung	Präklinik	Phase I	Phase II	Phase III	Zulassung
Bildung Hypothese Wirkungs-mechanismus	Screening neuer Wirkstoffe Entwicklung lead compound	Proof of concept Pharmako-kinetik Toxikologie Synthese optimierung Analytik IND filing	Klinische Studien I an gesunden Freiwilligen Bestimmung Verträglichkeit und pharmako-kinetische Eigenschaften Synthese optimierung	Klinische Studien an Patienten (100 bis 500) Wirksamkeit und Dosierung Toxikologische Eigenschaften Pharmako-kinetik Entwicklung finale Formulierung für Phase III	Klinische Studien an Patienten (1.000 bis 3.000) Vergleichende Wirksamkeit Sicherheit (Langzeitbe-trachtung) Optimierung Dosis Produktions-vorbereitungen	Einreichung des Zulassungs-antrages bei den nationalen Behörden

Anzahl Substanzen

5.000-10.000	~ 50	~ 40 - 20	~ 20 - 10	~ 3	~ 1 - 2	1

Zeit in Jahren

1 - 2	1 - 3	1 - 2	1 - 2	~ 2	2 - 4	Bis 1,5

Kosten in Mio. EUR bzw. in %

15 - 30 5 - 10 %	25 - 80 10 - 20 %	25 - 60 10 - 15 %	25 - 80 10 - 20 %	35 - 120 15 - 30 %	75 - 200 30 - 50 %	S: 250 - 400

Ausfallsraten (Durchschnitt)

	90 %	70 %	30 – 50 %	50 – 70 %	30-40 %	10 %

Abbildung 3: Forschungs- und Entwicklungsphasen von Medikamenten; Quelle: in Anlehnung an *Pritsch* (2000) 104.

1.2.2. Risiko der Entwicklung

In der obigen Grafik sind bereits die durchschnittlichen Ausfallsraten eines Produktkandidaten in den einzelnen klinischen Phasen dargestellt und es zeigt sich, dass ab Phase I die Gesamtwahrscheinlichkeit für ein neu entwickeltes Medikament, die Marktzulassung zu erreichen bei 10 % bis 20 % liegt. Selbst ab Phase-III-Studien beträgt die Ausfallwahrscheinlichkeit noch immer bis zu 50 % und das Medikament erreicht nicht die Zulassung. Wichtig für den Bewerter, der mit diesen Prozentsätzen arbeiten muss, ist es zu wissen, welche Wahrscheinlichkeiten er abhängig von der klinischen Phase heranziehen muss. Hierzu existieren zahlreiche Studien, die zumindest Durchschnittswerte ermittelt haben und in den nachfolgenden Abbildungen dargestellt sind.

Abbildung 4 zeigt die Erfolgs- und Ausfallsraten einzelner klinischer Phasen bis zur Zulassung in Abhängigkeit von der Wirkstoffart.

Bewertung von Biotechnologieunternehmen

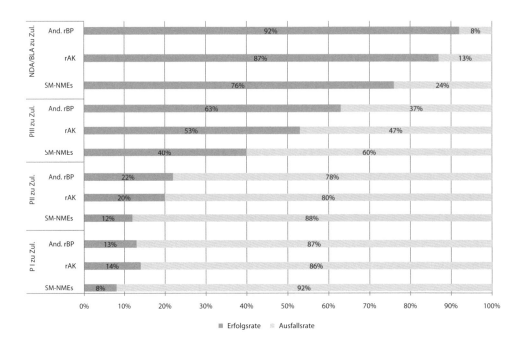

SM-NMEs = small molecule – new molecular entities
rAK/rBP = rekombinante Antikörper bzw Biopharmazeutika
NDA/BLA = FDA Antrag auf Zulassung (Zul) (NDA: New Drug Application; BLA: Biologic License Application)

Abbildung 4: Erfolgsraten klinischer Phasen bis zur Zulassung; Quelle: *Schüler, J.* (2016) 172 mit weiteren zahlreichen Nachweisen

Bei der Gesamtwahrscheinlichkeit weisen Biologika im Vergleich zu kleinen chemischen Molekülen eine höhere Erfolgsrate auf. Dies wurde anhand von umfangreichen Analysen von Phasenübergängen in 7.372 klinischen Studien für 4.451 Wirkstoffe in 417 Indikationen und von 835 Firmen ermittelt.[36]

Abbildung 5 zeigt die Erfolgs- und Ausfallsraten von einer klinischen Phase bis zur darauffolgenden Phase in Abhängigkeit von der Wirkstoffart.

---

36 *Hay, M. et al*, success rates, 2014, 40 ff.

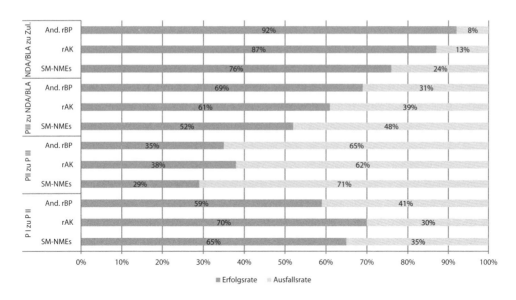

SM-NMEs = small molecule – new molecular entities
rAK/rBP = rekombinante Antikörper bzw Biopharmazeutika
NDA/BLA = FDA Antrag auf Zulassung (Zul)

Abbildung 5: Erfolgsraten einzelner klinischer Phasen; Quelle: *Schüler, J.* (2016) 173 mit weiteren zahlreichen Nachweisen

Abbildung 6 zeigt die Erfolgs- und Ausfallsraten einzelner klinischer Phasen in Abhängigkeit von der Indikation.

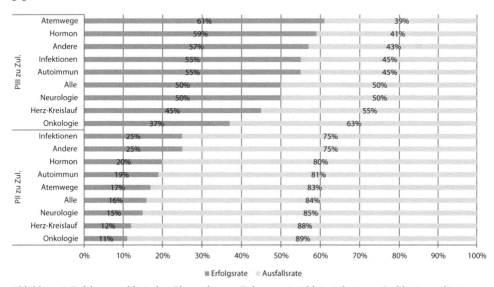

Abbildung 6: Erfolgsraten klinischer Phasen bis zur Zulassung in Abhängigkeit vom Indikationsgebiet; Quelle: *Schüler, J.* (2016) 173 mit weiteren zahlreichen Nachweisen

Aus der obigen Tabelle (Abb 6) geht hervor, dass die Medikamentenentwicklung im Bereich der Onkologie, Neurologie und bei Herz-Kreislauferkrankungen risikoreicher ist. In der Onkologie schaffen es von der Phase III bis zur Zulassung nur 37 % der Wirkstoffkandidaten, dh das Unternehmen müsste statistisch mind 3 Kandidaten in der Phase III haben, um ein Medikament auf den Markt zu bringen. Es ist leicht nachvollziehbar, dass diese Ausfallswahrscheinlichkeiten einen hohen Einfluss auf die Kosten in der Medikamentenentwicklung haben.

1.2.3. Kosten der Entwicklung

Es existiert eine Vielzahl von Studien hinsichtlich der Kosten der Entwicklung von Medikamenten, die aufgrund des unterschiedlichen Studiendesigns und der Berechnungsgrundlagen zu differierenden bzw stark schwankenden Ergebnissen kommen. Einig sind sich die Studienautoren, dass sich neben der längeren Dauer auch die Kosten der Entwicklung in den letzten Dekaden kontinuierlich erhöht haben. Die aktuellsten Berechnungen ergeben USD 2.558 Millionen für die Entwicklung eines Medikamentes.[37] Ermittelt wurde diese Summe auf Basis 106 neu herausgebildeter Arzneimittel von zehn Unternehmen. Zu diesem hohen Betrag kommen die Autoren der Studie, da sie die Kosten der Fehlentwicklungen und die Kapitalkosten miteinbeziehen. Andere Studien kommen auf ähnlich hohe Kosten, wobei auch hier das Studiendesign und die Berücksichtigung unterschiedlich hoher Ausfallsraten und Kapitalkosten zu stark abweichenden Ergebnissen führen.[38] Tatsächlich liegen die direkten Kosten für ein Medikament, wenn die Ausfallswahrscheinlichkeiten nicht berücksichtigt werden, bei ca 10 bis 30 % der oben genannten Summe, also bei 200 bis 500 Mio €. Der Rest entfällt auf die Finanzierung nicht vollendeter Entwicklungen, sowie die Kapitalkosten.[39]

Viel interessanter im Rahmen der Bewertung und der damit verbundenen Cashflow-Analyse, ist die Betrachtung der direkten Kosten der klinischen Phasen. Hier zeigt eine aktuelle Studie die direkten Aufwendungen nach Indikationsgebiet, wobei die Zahlungen auch vom Studienort (Land) in dem diese durchgeführt werden abhängig sind. So betragen die Kosten für die Durchführung von klinischen Studien in Osteuropa 54 %, in China 36 % und in Indien 32 % im Vergleich zu einer in den USA durchgeführten Studie.[40]

---

37 Vgl *DiMasi, J. A./Grabowski, H. G./Hansen, R. W.* (2014) 5.
38 Vgl *Schüler, J.*, (2016) 176 ff.
39 Vgl *Schüler, J.*, (2016) 174.
40 *Schüler, J.* (2016) 188 mwN.

	Phase I	Phase II	Phase III	Summe PI–PIII
Atemwege	5,2	12,2	23	40,4
	13%	30%	57%	100%
Schmerz, Anästhesie	1,4	17	52,9	71,3
	19%	24%	57%	100%
Onkologie	4,5	11,2	22,1	37,8
	12%	30%	58%	100%
Ophthalmologie	5,3	13,8	30,7	49,8
	11%	28%	61%	100%
Blut-bezogen	1,7	19,6	15	36,3
	5%	54%	41%	100%
Herz-Kreislauf	2,2	7	25,2	34,4
	6%	20%	74%	100%
Endokrines System	1,4	12,1	17	30,5
	5%	40%	55%	100%
Magen-Darm	2,4	15,8	14,5	32,7
	7%	48%	45%	100%
Immunmodulation	6,6	16	11,9	34,5
	19%	46%	34%	99%
Infektionen	4,2	14,2	22,8	41,2
	10%	34%	56%	100%
Neurologie, Psychiatrie	3,9	13,9	19,2	37
	11%	38%	51%	100%
Dermatologie	1,8	8,9	11,5	22,2
	8%	40%	52%	100%
Genital- und Harntrakt	3,1	14,6	17,5	35,2
	9%	41%	50%	100%
Mittelwert	**3,4**	**13,6**	**21,8**	**38,7**
	10%	**36%**	**53%**	**100%**

Abbildung 7: Direkte Kosten der einzelnen klinischen Phasen nach Indikationsgebiet; Quelle: *Schüler, J.* (2016) 189 mit weiteren zahlreichen Nachweisen

Aus obiger Tabelle ist ersichtlich, dass die direkten Kosten für die klinische Testung eines Wirkstoffes im Mittelwert bei rund 40 Mio USD liegen, wobei es starke Abweichungen zwischen den einzelnen Indikationsgebieten gibt. Würde man die angeführten Zahlen um die Ausfallsraten und die Kapitalkosten (Entwicklung über rund zehn Jahre) adjustieren, errechneten sich die oft zitierten 1,5 bis 2,5 Mrd USD.

Für den Bewerter interessant sind auch die Anzahl der Probanden in den einzelnen klinischen Phasen und die damit verbundenen Kosten. Nachstehende Tabelle gibt einen Überblick über alle Indikationen:

	Phase I	Phase II	Phase III	Summe PI–PIII
USDk/Patient	23,4	38,6	50,8	**112,8**
Anzahl Patienten	20–80	100–200	270–1550	
Mittelwert Patienten	50	150	760	
Kosten pro Studie	0,5–1,9	3,9–7,7	13,7–78,8	
Mittelwert Kosten/Studie	1,2	5,8	38,6	**45,6**

Abbildung 8: Direkte Kosten pro Proband in den einzelnen klinischen Phasen; Quelle: *Schüler, J.* (2016) 190 mit weiteren zahlreichen Nachweisen

Aus den obigen Tabellen können zur Plausibilisierung der weiteren F&E-Kosten zumindest durchschnittliche Werte abgelesen werden.

Darüber hinaus gibt es auch Analysen hinsichtlich der durchschnittlichen Kosten pro Entwicklungsphase, die als Anhaltspunkt für die Cashflow-Prognosen herangezogen werden können.

Jahr	Präklinik	Phase I	Phase II	Phase III	Zulassung	Summe
2001	45%	8%	15%	21%	11%	100%
2003	37%	8%	13%	28%	14%	100%
2005	34%	8%	15%	34%	9%	100%
2007	34%	9%	16%	35%	6%	100%
2009	29%	9%	17%	40%	5%	100%
2010	28%	9%	14%	42%	7%	100%
2011	25%	10%	14%	41%	10%	100%
2012	29%	9%	14%	39%	9%	100%
Mittelwert	**33%**	**9%**	**15%**	**35%**	**9%**	**100%**

Abbildung 9: Verteilung der Kosten in Abhängigkeit von den Entwicklungsphasen; Quelle: *Schüler, J.* (2016) 187 mit weiteren zahlreichen Nachweisen

1.2.4. Dauer der Entwicklung

Grundsätzlich beträgt die Dauer der Entwicklung von der Konzeption bis zur Zulassung des Medikamentes zehn bis 15 Jahre. Das erste Drittel entfällt dabei auf die Wirkstofffindung und die präklinische Phase. Die benötigte Zeit variiert in Abhängigkeit vom Indikationsgebiet.

Indikation	AIDS	Anästhesie	Infektion	Magen/Darm	Immunkrankheit	Hormonsystem	Herz-Kreislauf	Krebs	ZNS
Klinik	4,6	5,3	5,4	5,8	6,4	6,5	6,5	6,9	8,1
Zulassung	0,5	0,8	1,2	2,4	1	1,2	1,3	0,7	1,9
Summe	5,1	6,1	6,6	8,2	7,4	7,7	7,8	7,6	10

Abbildung 10: Dauer von klinischer und Zulassungsphase nach Indikation; Quelle: *Schüler, J.* (2016) 170 mit weiteren Nachweisen; ZNS = Zentralnervensystem

In den letzten Dekaden hat die Dauer der klinischen Prüfung stark zugenommen, was letztendlich an den zunehmenden regulatorischen Rahmenbedingungen hinsichtlich der Sicherheit des Medikamentes liegt. Zusätzliche Auswirkungen auf die Dauer haben auch der Anstieg der Zahl der Studienendpunkte, die vermehrten Patienteneinschlusskriterien und Prozeduren (Bluttests, Untersuchungen, Röntgen, etc) pro Studienprotokoll und die höhere Anzahl der Datenpunkte pro Patient.[41]

Die Zulassungsdauer ist dagegen von über zwei Jahren in den 1970er Jahren auf aktuell 1,5 Jahre gesunken.

Zusammenfassend gibt es kaum ein anderes Produkt, das derart komplex und risikoreich in der Entwicklung ist.

2. Die Bewertung von Biotechs

2.1. Grundlagen

Die Bewertung von Biotechnologieunternehmen ist aufgrund der Spezifika derselben eine komplexe Aufgabe. Die Cashflows selbst sind hohen Unsicherheiten unterworfen und der Diskontierungszinssatz muss um das entsprechende Risiko angepasst werden. Die Entwicklungsjahre sind von negativen Cashflows geprägt. Der Umsatz bei Biotechnologieunternehmen ergibt sich meist nicht unmittelbar aus den verkauften Arzneimitteln, sondern aus den Erlösen im Rahmen einer Auslizenzierung des Wirkstoffkandidaten, oftmals erfolgt die gemeinsame Entwicklung mit einem Pharmaunternehmen, sodass sich unterschiedliche Modelle der Kosten- und Umsatzaufteilung ergeben. Eine weitere Herausforderung in der Bewertung ist, dass es sich meist um kleine und junge Start-Up-Unternehmen handelt, die hinsichtlich Organisation und Struktur keine Stabilität aufweisen und permanenten Veränderungen unterworfen sind. Zusätzlich muss das Risiko der Entwicklung (der Wirkstoff erreicht nicht die nächste klinische Phase) über die Modifikationen des Standard-DCF-Modells abgebildet werden. Trotz all dieser Schwierigkeiten muss eine quantitative Analyse erfolgen, welche auch alle strategischen Optionen mitberücksichtigt und die Risiken und Chancen des Entwicklungsprojektes offenlegt. Neben der Bestimmung der Aufteilung der Lizenzierungsbedingungen gibt es zahlreiche weitere Anlässe, bei denen der Wert des Biotechunternehmens bestimmt werden muss:

- Finanzierung durch Venture-Capital-Geber; um den Anteil am Unternehmen zu bestimmen, den der VC-Geber für die Bereitstellung der Finanzmittel erhält.

---

41 Vgl *Getz, K. A./Kaitin, K. I.* (2015) 14.

- Bei mehreren Projekten in der Pipeline ist es wichtig zu wissen, welchen Wertbeitrag jedes potentielle Produkt zum Gesamtunternehmenswert beiträgt, damit die F&E-Mittel richtig zugeordnet werden können.
- Bei Biotechunternehmen, die eine Börsennotierung anstreben, ist es ebenfalls wichtig, dass das Management eine richtige Vorstellung vom Unternehmenswert hat, da Investmentbanken oftmals nicht das spezifische Know-how für die Bewertung von Biotechs haben.

2.2. Der risk-adjusted NPV – rNPV

Wie bei allen anderen Unternehmen kann das DCF-Verfahren auch bei Biotechnologieunternehmen angewandt werden. Bei der Ermittlung des NPV (net present value oder Barwert) werden „quasi-sichere" Cashflows mit einem risikoäquivalenten Diskontierungszinssatz abgezinst. Damit wird dem Zeitwert des Geldes und den Risiken, die mit den Cashflows verbunden sind, Rechnung getragen. Während beim Zeitwert des Geldes kein Unterschied zu herkömmlichen Unternehmen besteht, haben Biotechs ein gänzlich anderes Risikoprofil. Bei Biotechnologieunternehmen müssen für eine korrekte Bewertung die Kosten, das Entwicklungsrisiko in Form der Erfolgswahrscheinlichkeit und der Zeitfaktor der Produktentwicklung in jeder Phase neu beurteilt werden. Um nach jeder Etappe ein Urteil bezüglich der Fortführung des Projektes treffen zu können, haben sich Entscheidungsbäume als sinnvolles Instrument zur Darstellung der Entwicklungsrisiken bewährt. Sie bilden die stufenweisen Investitionen in F&E-Projekte ab. An jedem Punkt der klinischen Phase kann entschieden werden, ob eine weitere Investition in die nächste Entwicklungsstufe erfolgen soll.[42] Die nachfolgende Abbildung illustriert einen Entscheidungsbaum mit unterschiedlichen Projektszenarien.

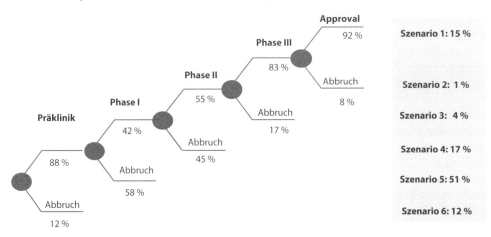

Abbildung 11: Entscheidungsbaum der klinischen Entwicklung; Quelle: Eigene Darstellung, in Anlehnung an: *Greuel, J. M./Bode-Greuel, K. M.*, Bewertung (2010)

---

42 Vgl *Greuel, J. M./Bode-Greuel, K. M.* (2010) 296.

Sämtliche in obiger Abbildung dargestellten Szenarien errechnen sich durch Multiplikation der jeweiligen Erfolgswahrscheinlichkeiten über jede einzelne klinische Phase gemäß nachstehender Tabelle:

Szenario 1	Szenario 2	Szenario 3	Szenario 4	Szenario 5	Szenario 6
88%	88%	88%	88%	88%	12%
42%	42%	42%	42%	58%	
55%	55%	55%	45%		
83%	83%	17%			
92%	8%				
15,5%	1,3%	3,5%	16,6%	51,0%	12,0%

Anmerkung: Abbruchwahrscheinlichkeit ist jeweils grau hinterlegt; die Gesamterfolgswahrscheinlichkeit berechnet sich durch Multiplikation der einzelnen Erfolgswahrscheinlichkeiten in jeder Phase.

Abbildung 12: Berechnung der Erfolgswahrscheinlichkeiten

Um die Erfolgswahrscheinlichkeit in das DCF-Verfahren zu integrieren, wird in der Praxis der sog risk-adjusted net present value (rNPV) errechnet. Grundsätzlich wird dabei das herkömmliche DCF-Verfahren um die unterschiedlichen Erfolgswahrscheinlichkeiten in Abhängigkeit von der klinischen Phase erweitert und die prognostizierten Cashflows werden entsprechend adjustiert. Dies ist wichtig, da bei Abbruch des Projektes die nachfolgenden Cashflows nicht mehr berechnet werden müssen. Damit erfolgt eine Anpassung des Wertes (NPV) an das Entwicklungsstadium des Medikamentes. Das unten angeführte Beispiel stellt die Berechnungsmethode im Detail dar, wobei die jeweils dafür notwendigen Parameter (success rates, R&D-Kosten, Umsatzerlöse, etc) aus intensiven Analysen und Recherchen abgeleitet werden müssen.

Von der grundsätzlichen Vorgehensweise sind in einem ersten Schritt die Cashflows zu berechnen, wobei die Ableitung auf Basis der wesentlichsten zu prognostizierenden Bestandteile der Gewinn- und Verlustrechnung durchzuführen ist. Für eine Prognose der Cashflows für ein Produkt, welches noch vier bis acht Jahre in Entwicklung ist, wird in der Praxis mit Vereinfachungen gearbeitet, sodass lediglich die wesentlichsten Positionen der Gewinn- und Verlustrechnung (entsprechend dem Umsatzkostenverfahren) berücksichtigt werden. Diese sind:

- Umsatzerlöse
- Cost of goods sold (COGS) bzw Herstellkosten
- R&D (Research & Development)
- M&S (Marketing & Sales)
- G&A (General and administration costs)

Die Ableitung der Umsatzerlöse nimmt daher in der Planung einen zentralen Stellenwert ein und muss mit größter Sorgfalt erfolgen, da diese neben den Entwicklungskosten den wesentlichsten Werttreiber darstellen. Die Umsatzerlöse werden von einer

Vielzahl von Faktoren wie der Diagnoserate, Inzidenzrate, Produktattraktivität, Anzahl der Ärzte, Tagesdosis, Applikationsart, Marketingaktivitäten, etc beeinflusst, die im Sales Model abhängig von der Indikation berücksichtigt werden müssen.[43] Die entscheidende Größe dabei ist die Definition der „Peak Sales". Das sind jene, in Geldeinheiten gemessenen Umsatzerlöse, welche am Maximum des Produktlebenszyklus erreicht werden. Die Prognose der Peak Sales gehört sicherlich zu den herausforderndsten Problemen im Rahmen der Bewertung von Biotechnologieunternehmen und kann nur durch eine intensive Analyse des Marktes, des Wettbewerbes (aktuell und zukünftig) und des Vertriebsmodells bewältigt werden. An dieser Stelle kommen sämtliche Prognosemethoden von einfachen Regressionsanalysen bis hin zu Conjoint-Analysen, „*professional judgement*", Scoringverfahren und systemdynamische Methoden zur Anwendung.[44] Wichtig ist hierbei, die gewonnenen Daten mit den Analysen aus externen Datenbanken, historischen Entwicklungen und im Vergleich mit anderen Modellen zu verifizieren bzw zu fundieren. Hier sind Gespräche mit Branchenexperten zur Validierung der Annahmen essentiell.

Die Planung der R&D-Kosten erfolgt in der Detailplanungsphase, in Abhängigkeit von der Indikation bzw des Therapiegebietes, auf Basis der durchzuführenden klinischen Phasen und der damit verbundenen Anzahl von Testpersonen. Hier gibt es gute Erfahrungswerte und es kann mit durchschnittlichen Kosten pro Testperson gerechnet werden. Für die anderen Positionen kann ebenfalls mittels der Analogiemethode eine Schätzung der Kosten, die letztendlich vereinfachend als Prozentsätze der Umsatzerlöse berechnet werden, vorgenommen werden. Neben den finanziellen Aufwendungen sind die Länge der jeweiligen klinischen Phase und die Wahrscheinlichkeit des Erreichens der nächsten klinischen Phase zu schätzen.

G&A- und M&S-Kosten werden ebenfalls aus Erfahrungswerten und Analogien abgeleitet.

Neben dem prognostizierten Cashflow, welcher im Zähler abgebildet wird, ist es auch notwendig, den Diskontierungszinssatz im Nenner abzuleiten, um die zukünftigen Cashflows in einen Barwert (net present value) zu überführen. Zu beachten ist hierbei, dass der Diskontierungszinssatz einen wesentlichen Einfluss auf den Barwert hat und die Herleitung desselben mit größter Sorgfalt auf Basis anerkannter Methoden (CAPM) erfolgen muss. Obwohl das Risiko, dass die Cashflows aufgrund des Nichterreichens der nächsten klinischen Phase abbrechen, bereits berücksichtigt ist, handelt es sich gemäß CAPM um ein diversifizierbares und damit unsystematisches Risiko. Kapitalmarktanalysen zeigen allerdings, dass die Kapitalisierungszinssätze von Unternehmen in der Entwicklungsphase wesentlich höher sind als von jenen, welche bereits ein Produkt am Markt haben, womit eine Abhängigkeit des Diskontierungszinses vom Entwicklungsstadium des Unternehmens unterstellt werden kann. Um diesen Effekt zu berücksichtigen, wurden in der Praxis unterschiedliche Anpassungsmodelle entwickelt, die im einfachsten Fall verschiedene Diskontierungszinssätze für die jeweilige Planungsphase verwenden, obgleich diese Vorgehensweise mit der Theorie nicht modellkonform ist.[45]

---

43 Vgl *Maier, D. A.* (2011) 114.
44 Vgl *Cook, A. G.* (2015) 41 ff.
45 Vgl *Kulescha, A.* (2012) 42.

Untenstehende Tabelle zeigt ein Beispiel zur Berechnung des NPV, wobei die Annahmen hinsichtlich Erfolgsrate und Länge der Entwicklungsphasen in die Darstellung integriert sind.[46] Als Diskontierungszinssatz wurde ein einheitlicher Zinssatz in Höhe von 14 % über die gesamte Periode verwendet. Die Integration der Erfolgswahrscheinlichkeit führt zu den sogenannten risk-adjusted Cashflows, die zur Barwertermittlung herangezogen werden. Im untenstehenden Beispiel wurde lediglich ein Planungszeitraum von insgesamt 20 Jahren berücksichtigt, um primär die Systematik der Berechnung in der klinischen Phase darzustellen.

Jahr	1	2	3	4	5	6	7	8	9	10
Umsatzerlöse									23	58
COGS (32 %)									7	19
G&A (8%)									8	10
M&S (15 %)									45	27
R&D	4	8	9	15	17	20	4	4	3	3
Cash Flow	**-4**	**-8**	**-9**	**-15**	**-17**	**-20**	**-4**	**-4**	**-40**	**-1**
Klinische Phase	1	2	2	3	3	3	4	4		
Erfolgsrate Phase i	88%	42%	42%	55%	55%	55%	83%	83%	92%	100%
Wahrscheinlichkeit Phase i	100%	88%	88%	37%	37%	37%	20%	20%	17%	16%
risk-adj. Cash Flow	-4,0	-7,0	-7,9	-5,5	-6,3	-7,4	-0,8	-0,8	-6,8	-0,1
Net present Value	-3,51	-5,42	-5,35	-3,28	-3,26	-3,37	-0,32	-0,29	-2,09	-0,02
risk-adj. NPV Period 1-10	**-26,91**									

Jahr	11	12	13	14	15	16	17	18	19	20
Umsatzerlöse	142	230	390	490	490	450	380	280	220	200
COGS (32 %)	45	74	125	157	157	144	122	90	70	64
G&A (8%)	11	18	31	39	39	36	30	22	18	16
M&S (15 %)	21	35	59	74	74	68	57	42	33	30
R&D	5	5	3	3	3	3	3	3	3	3
Cash Flow	**59**	**99**	**173**	**218**	**218**	**200**	**168**	**123**	**96**	**87**
Erfolgsrate Phase i	92%	100%	100%	100%	100%	100%	100%	100%	100%	100%
Wahrscheinlichkeit Phase i	16%	16%	16%	16%	16%	16%	16%	16%	16%	16%
risk-adj. Cash Flow	9,1	15,3	26,8	33,8	33,8	31,0	26,1	19,1	14,9	13,5
Net present Value	2,47	3,62	5,56	6,15	5,39	4,34	3,20	2,06	1,41	1,12
risk-adj. NPV Period 11-20	**35,31**									

Risk-adj. NPV total	**8,40**

Abbildung 13: Berechnung der Erfolgswahrscheinlichkeiten

3. Zusammenfassung

Die Bewertung von „roten" Biotechnologieunternehmen wirft Probleme auf, die sowohl den Zähler als auch den Nenner betreffen. Die Cashflows im Zähler müssen über einen langen Zeitraum, idealerweise bis zum Patentablauf, prognostiziert werden. Die Ermittlung der Höhe der Cashflows bedarf einer intensiven Recherche hinsichtlich Markt- und Wettbewerbsbedingungen und einer genauen Einschätzung des Produktes betreffend Wirksamkeit, Nebenwirkungen, Applikationsform etc. Die Kosten der Entwicklung und das damit zusammenhängende Risiko müssen, auf Basis der Abbruchwahrscheinlichkeiten analoger Produkte und in Diskussion mit dem Management, vor dem Hintergrund der finalen klinischen Endpunkte und bestehender Testergebnisse ermittelt werden. Dies zeigt deutlich, dass die durchaus simple Discounted-Cash-Flow-Methode zu einem komplexen Verfahren mutiert und die Anwendung derselben vom Gutachter,

---

46 Die Erfolgsraten sind ident mit den im Entscheidungsbaum dargestellten Wahrscheinlichkeiten.

neben dem Bewertungs-Know-how, vor allem ein Verständnis für die Branche und deren Spezifika erfordert.[47]

Literaturverzeichnis

Arojärvi, O. (2001): How to value biotechnology firms: A study of current approaches and key value drivers, Helsinki, Master Thesis 2001

Balant, L. P./Gex-Fabry, M. (2000): Modelling during drug development, in: European Journal of Pharmaceutics and Biopharmaceuticals, 50, 2000, 13–26

BCG (2001): The Boston Consulting Group: Positionierung deutscher Biotechnologie-Cluster im internationalen Vergleich, Januar 2001

BPI (2004): Bundesverband der Pharmazeutischen Industrie e.V. (Hrsg): Pharma Innovativ: Vom Wirkstoff zum Arzneimittel, 3. überarb Aufl, Berlin

Cook, Arthur G.: Forecasting for the Pharmaceutical industry, 2015

DG Bank (1999): Deutsche Genossenschaftsbank AG (Hrsg): Die europäische Pharmaindustrie: Staatliche Rahmenbedingungen und internationale Wettbewerbsfähigkeit, Frankfurt am Main

DiLorenzo, F. (2002) Standard&Poor's, Industry Surveys, Biotechnology, November 21

DiMasi, J.A./Grabowski, H. G./Hansen, R. W.: Innovation in the Pharmaceutical Industry: New Estimates of R&D Costs. R&D Cost Study Briefing, Tufts Center for the Study of Drug Development, Boston, MA, November 18, 2014, downloadbar unter: http://csdd.tufts.edu/files/uploads/Tufts_CSDD_briefing_on_RD_cost_study_-_Nov_18,_2014.pdf

Dreger, C. (2000): Strategisches Pharma-Management, Wiesbaden

Ernst & Young (2000): Gründerzeit, Zweiter Deutscher Biotechnologie Report

Garbe, C./Menhart, H./Schreiber, S. (2002): Chance Biotechnologie, 1. Aufl, Frankfurt am Main

Gent R. M./Fischer, R./Rickert, J. (2002): Pflanzenbiotechnologie – Stand, Entwicklung, Perspektiven, in: *Herstatt, C./Müller, C.* (Hrsg): Management-Handbuch Biotechnologie, 89–99, Stuttgart

Getz, K. A./Kaitin, K. I.: Why is the pharmaceutical and biotechnology industry struggling? In: *Schüler, P./Buckley, B. M.* (Hrsg): Re-engineering clinical trials. Best practices for streamlining the development process, London, 2015, 3–15

Greuel, J. M./Bode-Greuel, K. M.: Bewertung von Biotechnologie-Unternehmen, in: In *Drukarczyk, J./Ernst, D.* (Hrsg): Branchenorientierte Unternehmensbewertung. 3. Auflage 2010

Hasskarl, H. (1995): Rechtliche Rahmenbedingungen und Verbandsdirektiven als neuer Handlungsrahmen – Marketing und Recht: Management einer Wechselbeziehung, in: *Lonsert, M./Preuß, K. J./Kucher, E.* (Hrsg): Handbuch Pharmamanagement, Band 2, Wiesbaden, 945–964

---

47 Andere Autoren empfehlen daher die Anwendung der Real Option Method, wobei auch diese Methode auf restriktiven Prämissen beruht, die nur eingeschränkt ableitbar sind. Vgl *Villiger, R./Bogdan, B.*, Pharma (2005) 116.

Hay, M./Thomas, D. W./Craighead, J. L./Economides, C./Rosenthal, J.: Clinical development success rates for investigational drugs, Nat Biotechnol 31; 40–51; doi:10.1038/nbt.2786

Heidenreich, B./Brand, S./Enderle, T./Jonischkeit, B./Kazakidou, G./Kramer, I./Vilchez, I./Reinhardt, M. (2002): Status Quo der Biotech-Szene in Deutschland, in: *Herstatt, C./Müller, C.* (Hrsg): Management-Handbuch Biotechnologie, 89–99, Stuttgart, 4–32

Herzog, R. (1995) (Hrsg): F&E Management in der Pharma-Industrie, 284, Aulendorf

Heuskel, D. (1998): Spielregeln brechen – Innovative Unternehmensstrategien jenseits von Produkt- und Branchengrenzen, in: *Franke, N./von Braun, C.-F.* (Hrsg): Innovationsforschung und Technologiemanagement, Berlin

Hoffmann, W./Klien, W./Unger, M. (1996): Strategieplanung, in: *Eschenbach, R.* (Hrsg): Controlling, 2. Aufl, Stuttgart, 211–315

Kulescha, A.: Spezifika bei der Bewertung von Biotech-Unternehmen, 2012

Kollmer, H. (2003): Lizenzierungsstrategien junger Technologieunternehmen, Regensburg, Univ, Diss

Langenbucher, D. (2001): Einführung in die Biotechnologie für Investoren, Fondex Research Biotech-Report, Februar 2001, München

Maier, D. A.: Cash Flow Prognosen bei Biotechnologieunternehmen, 2011

Menrad, K./Kulicke, M./Lohner, M./Reiß, T. (1999): Probleme junger, kleiner und mittelständischer Biotechnologieunternehmen, Stuttgart

Pritsch, G. (2000): Realoptionen als Controllinginstrument – das Beispiel pharmazeutische Forschung und Entwicklung, 1. Aufl, Wiesbaden, zugl Koblenz, Wiss Hochschule für Unternehmensführung, Diss 2000

Reichert, J. M./Healy, E. M. (2001): Biopharmaceuticals approved in the EU 1995 – 1999: a European Union – United states comparison, in: European Journal of Pharmaceuticals and Biopharmaceutics, 51, 1–7

Schüler, J.: Die Biotechnologie-Industrie, Ein Einführungs-, Übersichts- und Nachschlagewerk, 2016

Streck, W. R./Pieper, B. (1997): Die biotechnische Industrie in Deutschland, ifo Institut für Wirtschaftsforschung, München, Ifo-Inst. für Wirtschaftsforschung

VFA (2001): Verband forschender Arzneimittelhersteller, (Hrsg): So sicher sind Arzneimittel, Fakten und Beispiele zur Arzneimittelsicherheit, Oktober 2001, Berlin

Villiger, R./Bogdan, B.: Valuing Pharma R&D: The Catch-22 of DCF, in: Journal of Applied Corporate Finance, Volume 17, Number 2, 2005, 113–117

Bewertung von Wirtschaftsprüfungs- und Steuerberatungsunternehmen

Robert Bachl

1. **Einleitung**
    1.1. Strukturwandel in der Wirtschaftsprüfung
    1.2. Strukturwandel in der Steuerberatung
    1.3. Gemeinsame Herausforderungen
2. **Bewertungsanlässe**
3. **Bewertungsmethoden**
    3.1. Kanzleibewertung mittels Umsatzverfahren
        3.1.1. Der nachhaltige Kanzleiumsatz
        3.1.2. Der anwendbare Umsatzmultiplikator
        3.1.3. Anwendungsbereich des Umsatzverfahrens
    3.2. Kanzleibewertung mittels DCF-Verfahren
        3.2.1. Planung der zukünftigen Cashflows
        3.2.2. Kapitalisierungszinssatz
4. **Zusammenfassung**

1. Einleitung

Am Beginn des Beitrages soll zunächst die Rechtfertigung der Themenstellung näher hinterfragt werden. Es ist auffallend, dass sich die Literatur der Unternehmensbewertung stets auch der Bewertung von Wirtschaftsprüfungs- und Steuerberatungsunternehmen speziell widmete.[1] Sucht man etwa nach Literatur zur Unternehmensbewertung bei anderen freien Berufen, so wird man auch dazu fündig, jedoch in einem geringeren Umfang als zu den Wirtschaftsprüfungs- und Steuerberatungskanzleien. Ein naheliegender Grund könnte darin liegen, dass WP und StB[2] dank ihrer Ausbildung und Fachkenntnisse auch vielfach Experten der Unternehmensbewertung sind und dieses Expertenwissen auf die eigenen Branchenunternehmen anwenden. Wirtschaftsprüfungs- und Steuerberatungsunternehmen sind in dieser Hinsicht sogar idealtypische Analyseobjekte. Zum einen verfügen die Berufsangehörigen vielfach über Expertenwissen in der Unternehmensbewertung und zum anderen besitzen diese Bewertungsexperten ein besonders tiefgehendes Branchen-Know-how.

Es wäre aber viel zu kurz gegriffen, die Rechtfertigung des Themas damit zu begründen, dass WP und StB sich eben gerne mit der Bewertung der eigenen Branchenunternehmen beschäftigen. Ein näherer Blick auf die Entwicklung der Branche in den letzten Jahren und Jahrzehnten zeigt, dass es wohl nur wenige Branchen gibt, die einen ähnlichen Strukturwandel vollzogen haben. Dies zwingt auch zur ständigen Überprüfung der gängigen Bewertungskonzepte, weshalb sich eine aktuelle Beschäftigung mit dem Thema anbietet. Nachfolgend soll die wirtschaftliche Entwicklung der Branche(n) dargestellt werden, wobei es hierzu erforderlich ist, Wirtschaftsprüfung und Steuerberatung (wenngleich diese beiden Leistungsfelder nach wie vor häufig von Unternehmen gemeinsam angeboten werden) zu unterscheiden.

1.1. Strukturwandel in der Wirtschaftsprüfung

Es gibt nur wenige Branchen (am ehesten noch im Bereich der Finanzdienstleister zu finden), die in den letzten Jahren mit einem vergleichbaren Ausmaß an neuen regulatorischen Rahmenbedingungen konfrontiert waren wie die Wirtschaftsprüfung. Bereits seit Jahrzehnten ist im Bereich der Wirtschaftsprüfung ein weltweiter starker Trend zur Bildung von großen Unternehmenseinheiten zu verzeichnen. Waren es in den 1990er Jahren noch die „Big Six", wurden daraus in der Folge die „Big Five" (nach Fusion von „Price Waterhouse" mit „Coopers & Lybrand") und später die „Big Four" (nach dem Untergang von „Arthur Andersen" als Folge des Enron-Skandals). Die „Big Four"[3] dominieren den Markt. Sie prüfen beinahe sämtliche großen (insb börsennotierten) Konzerne[4], setzen Marktpreisstandards und wirken über entsandte Experten in

---

[1] Vgl zB *Englert*, Bewertung (1996); *Popp*, Bewertung (2010); *Winter*, Unternehmenswert (2009); *Schoor/Fischer/Ueberfeldt*, Kauf (2013); *Grün/Grote*, Steuerberaterkanzleien (2012) 835 jeweils mwN.
[2] Die Begriffe „Wirtschaftsprüfer" und „Steuerberater" werden nachfolgend mit „WP" und „StB" abgekürzt.
[3] KPMG, Deloitte, PriceWaterhouseCoopers, Ernst & Young.
[4] Gemäß einer in einem Zeitungsbericht des Handelsblattes vom 13.10.2011 zitierten Studie lag der Marktanteil der Big Four bei einer Gesamtheit von 450 untersuchten europäischen Aktiengesellschaften bei 97 % (!).

praktisch allen für den Berufsstand wichtigen (legislativen) Schaltstellen, Interessenvertretungen und Standardsettern maßgebend mit.[5]

Die Verschärfung der regulatorischen Rahmenbedingungen der letzten Jahre leistete dem schon wesentlich früher eingeleiteten Konzentrationsprozess innerhalb der Branche zusätzlichen Vorschub. Diese Verschärfung der regulatorischen Rahmenbedingungen war wohl nicht zuletzt eine logische Folge einer Reihe von – um die Jahrtausendwende aufgedeckten – „Bilanzskandalen" (Enron, WorldCom, Flowtex usw)[6], bei denen auch die beauftragten Wirtschaftsprüfungsunternehmen in der Wahrnehmung der Öffentlichkeit in keinem besonderen Licht glänzten. Für den Berufsstand in Europa wesentliche Änderungen brachte die sogenannte Abschlussprüfer-Richtlinie.[7] Vorschriften zur Qualitätssicherung in österreichischen Wirtschaftsprüfungsunternehmen befinden sich im Abschlussprüfungs-Qualitätssicherungsgesetz (A-QSG).[8] War die erste Welle an neu geschaffenen Qualitätssicherungsmaßnahmen den Folgen der sogenannten „Dotcom-Blase" der Jahrtausendwende und der in diesem Umfeld zu Tage getretenen Bilanzskandalen geschuldet, so münden die nächsten, derzeit gerade in Umsetzung befindlichen regulatorischen Maßnahmen zur Anhebung der Prüfungsqualität[9] in den Erfahrungen der Kapitalmarktkrise beginnend ab Herbst 2008.[10]

Es leuchtet ein, dass die kleine freiberufliche Wirtschaftsprüfungskanzlei, in der ein oder wenige WP mit relativ wenigen Mitarbeitern ihrer Tätigkeit nachgehen, heute zu den absoluten Exoten im Markt zählt. Gemäß Angaben der Kammer der Wirtschaftstreuhänder existierten per 31.3.2015 in Österreich 1.921 natürliche Personen mit WP-Befugnis[11] und 957 Gesellschaften (Kapital- und Personengesellschaften) mit entsprechender Befugnis. Die Anzahl der reinen Mitglieder der Kammer der Wirtschaftstreuhänder mit Wirtschaftsprüferbefugnis gibt aber keine Auskunft darüber, wer tatsächlich berechtigt ist, Abschlussprüfungen durchzuführen. Entscheidend ist, wer über eine aufrechte Bescheinigung gem A-QSG verfügt. Ende des Jahres 2014 waren dies in Österreich 107 natürliche und 411 juristische Personen.[12] Geht man davon aus, dass ein Gutteil der natürlichen Personen mit aufrechter A-QSG Bescheinigung im Angestelltenverhältnis, als Partner großer Wirtschaftsprüfungsgesellschaften oder überwiegend als Qualitätsprüfer im Rahmen des A-QSG tätig ist, so lässt sich daraus schließen, dass wohl die Anzahl der effektiv am Markt als Abschlussprüfer tätigen natürlichen Personen geringer ist. Gleiches lässt sich auch für die registrierten Gesellschaften vermuten, wenn man berücksichtigt, dass große Wirtschaftsprüfungsunternehmen mehrfach mit einer Reihe an verbundenen Gesellschaften erfasst sind.

---

5 Vgl zB „Die Marktmacht der ‚Big Four'", www1.wdr.de/themen/politik/investigativ/monitor-big-four-100.html.
6 Ausführlich dazu zB *Peemöller/Hofmann*, Bilanzskandale (2005).
7 Richtlinie 2006/43/EG über Abschlussprüfungen von Jahresabschlüssen und konsolidierten Abschlüssen.
8 BGBl I 2005/84; vgl dazu etwa *Reiter/Nagy/Geiger*, Qualitätssicherung (2012) 197 ff. Die Fertigstellung des Manuskripts zu diesem Beitrag erfolgte vor Veröffentlichung des Abschlussprüfungsrechts-Änderungsgesetzes 2016 (BGBl I 2016/43).
9 Vgl Richtlinie 2014/56/EG zur Änderung der Abschlussprüfer-Richtlinie sowie EU-Verordnung 537/2014 zur Prüfung von Unternehmen von öffentlichem Interesse („Public Interest Entities" abgekürzt „PIEs").
10 Vgl zB *Milla/Schwartz/Dirnberger*, EU-Neuregelung (2015) 84.
11 Davon 181 mit ruhender Befugnis und 590 im Angestelltenverhältnis.
12 Jahresbericht 2014 der Qualitätskontrollbehörde für Abschlussprüfer und Prüfungsgesellschaften.

Das typische Wirtschaftsprüfungsunternehmen ist heutzutage keine freiberufliche Kanzlei unter der Leitung eines oder weniger Berufsträger, sondern ein mittelständisches bis großes Unternehmen oder zumindest ein Mitglied in einem Verbund (Netzwerk) mehrerer selbständiger Unternehmen mit einem einheitlichen, organisatorisch zusammenhängenden Prüfungsbetrieb. Ein beachtlicher Teil der Personalressourcen muss für eigene Compliance-Tätigkeiten bereitgehalten werden. Banken oder Versicherungen nicht unähnlich wird für den Kunden nur mehr einen Bruchteil der Abläufe und Arbeiten sichtbar, den die Erbringung der eigentlich am Markt angebotenen Leistungen auslöst. Wesentliche Kostentreiber sind Personal und IT. Als Dienstleistungsunternehmen fallen auch bei Wirtschaftsprüfern letztendlich die Fixkosten ins Gewicht, variable Kosten spielen eine stark untergeordnete Rolle.

Das regulatorische Umfeld führte zu einer perfekten Marktabschottung. Abgesehen von Zusammenschlüssen kleinerer Wirtschaftsprüfungsunternehmen zu größeren Einheiten gibt es de facto keine echten Neugründungen von Wirtschaftsprüfungsunternehmen in Österreich. Die Marktkonzentration ist hoch und es herrscht im angestammten Wirtschaftsprüfungsbereich ein typischer Verdrängungswettbewerb. Es verwundert nicht, dass Wirtschaftsprüfungsunternehmen versuchen, im Bereich sogenannter prüfungsnaher Dienstleistungen (zB im Bereich der Wirtschaftskriminalität; Stichwort „forensic accounting"; Sanierungs- und Restrukturierungsmanagement) zusätzliches Wachstum zu generieren.[13] Die reine Wirtschaftsprüfungsleistung wird dabei oftmals auch als „Türöffnerin" für die Erbringung von weiteren margenträchtigeren Dienstleistungen an die geprüften Unternehmen wahrgenommen. Bei kleineren Wirtschaftsprüfungsunternehmen ist wohl davon auszugehen, dass diese ohne zusätzliche prüfungsnahe Dienstleistungen oder auch Steuerberatungsleistungen nicht nachhaltig lebensfähig wären. Die Ausnutzung von Größeneffekten ist heutzutage im Bereich der Wirtschaftsprüfung ein wesentlicher Erfolgsfaktor.

1.2. Strukturwandel in der Steuerberatung

Die Steuerberatungstätigkeit entspricht in vielerlei Hinsicht eher noch dem klassischen Bild des Freiberuflers. So spielt hier wohl noch das persönliche Vertrauensverhältnis zwischen Berater und Mandant eine größere Rolle als im Bereich der Wirtschaftsprüfung. Das regulatorische Umfeld und die Qualitätssicherungsstandards sind im Bereich der Steuerberatung nicht annähernd so „prohibitiv" wie in der Wirtschaftsprüfung. In der Steuerberatung herrscht daher durchaus eine gewisse Gründungs- und auch Transaktionsdynamik. Im Bereich der Steuerberatung ist aber ebenfalls ein merklicher Trend zu größeren Unternehmenseinheiten sichtbar. Als ein wichtiger Grund dafür wird die zunehmende Komplexität des Steuerrechts und der damit verwandten Rechtsgebiete angeführt, die es notwendig erscheinen lassen, dass sich mehrere Berufsträger mit unterschiedlichen fachlichen Spezialisierungen zu einer Gesellschaft zusammenschließen, um so für ihre Mandanten eine breite Leistungspalette anbieten zu können. Die zuneh-

---

13 Verständlich ist es daher, dass große wie kleine Wirtschaftsprüfungsunternehmen Bestrebungen der EU im Hinblick auf Verbote zur Durchführung von Nichtprüfungsleistungen (zur Erhöhung der Unabhängigkeit der Abschlussprüfer von den geprüften Unternehmen) stets mit massiver Ablehnung begegnen.

mende Spezialisierung führt aber auf der anderen Seite immer wieder auch zu Spin-offs und Neugründungen kleinerer Beratungsunternehmen, die sich nur mehr auf ein bestimmtes Marktsegment oder eine fachliche Nische konzentrieren.

Für die Entwicklung des Berufsstandes nicht unwesentlich war die Einführung der sogenannten „Buchhaltungsberufe", die vor mehr als 15 Jahren begann. Mittlerweile unter dem Dach der Wirtschaftskammer zusammengefasst und im Bilanzbuchhaltungsgesetz 2014 geregelt sind dies die Berufe „Bilanzbuchhalter", „Buchhalter" und „Personalverrechner". Gerade im Bereich der Kleingewerbetreibenden und Freiberufler konnten sich die Buchhaltungsberufe einen beachtlichen Anteil am – vormals von den Steuerberatern weitgehend allein bearbeiteten – Markt für rechnungslegungsbezogene Dienstleistungen und Steuerberatungsleistungen erobern.[14] Gerade jene klassischen Steuerberatungskanzleien, die sich als Allround-Dienstleister verstehen (Stichwort „Hausarzt der Unternehmer"), bekamen hier eine beachtliche Konkurrenz am Markt.[15]

Auch im Bereich der Steuerberatung gilt es daher schon seit einigen Jahren neue Beratungsfelder abseits von Rechnungslegung und Steuerrecht zu erschließen. Diese reichen vom Ausbau der betriebswirtschaftlichen Beratungskompetenz bis hin zur Streitschlichtung mittels Mediation. Vorrangig gilt es das bestehende Klientel mit Zusatzdienstleistungen zu versorgen. Die Schwerpunkte neu akquirierter Geschäfte verlagern sich dennoch tendenziell von der kontinuierlichen, über Jahre hinweg erbrachten Tätigkeit für dieselben Mandanten hin zu projektmäßigen Tätigkeiten für wechselnde Mandanten. Die ebenfalls vom Berufsstand betriebene Ausweitung der Beratungs- und Vertretungsbefugnisse in anderen dem Steuerrecht nahestehenden Rechtsgebieten (zB Gesellschaftsrecht, Arbeitsrecht) scheiterte bislang am nachvollziehbaren massiven Widerstand anderer rechtsberatender Berufe (insb Rechtsanwälte). Die Ausweitung des Geschäftsbereiches und die „Höherqualifizierung" in den Bereich der Wirtschaftsprüfung ist für selbständige StB aufgrund der oben beschriebenen Entwicklungen ebenfalls keine realistische Option.

Während kleine und mittelständische Wirtschaftsprüfungskanzleien zunehmend durch größere Unternehmen vom Markt verdrängt wurden, ist es im Bereich der StB kurioserweise so, dass hoher Konkurrenzdruck auch von den meist kleineren (idR mit niedrigeren Personalkosten arbeitenden) Buchhaltungsunternehmen ausgeübt wird. In den vormals und nach wie vor für die StB wichtigen Bereichen der Buchhaltung und Lohnverrechnung herrscht ein Preiswettbewerb und Kanzleien, die in diesem Bereich nachhaltig erfolgreich sein möchten, müssen verstärkt in die eigene Effizienzsteigerung durch zunehmende Digitalisierung und Automatisierung von Arbeitsabläufen investieren. So verwundert es nicht, dass auch in der Steuerberatung nach dem Personal die IT-Infrastruktur zumeist einen großen Kostenblock darstellt. Durch diese Entwicklung wird sich im Bereich der klassischen Steuerberatung ebenfalls der Trend zu größeren Unternehmenseinheiten mit der Möglichkeit der Ausnützung von Größeneffekten fortsetzen.

---

14 Ende 2015 vertrat der Fachverband UBIT der WKO mehr als 5.700 Mitglieder aus dem Bereich der selbständig tätigen Buchhaltungsberufe.
15 Vgl dazu etwa *Priester*, Wirtschaftstreuhänder (2012) 215 f.

1.3. Gemeinsame Herausforderungen

Sowohl WP als auch StB müssen sich aktuell vor allem folgenden Herausforderungen stellen:

- Wie bereits ausgeführt, herrscht in den klassischen Dienstleistungsbereichen (insb Abschlussprüfung, Buchhaltung, Lohnverrechnung) ein Preiswettbewerb. Dort, wo es möglich ist, wird (teure) menschliche Arbeitskraft durch automatisierte Abläufe ersetzt. Effizienzsteigerung ist hier das Gebot der Stunde.
- Zusätzlich versuchen sich Unternehmen durch Ausweitung oder Spezialisierung ihres Dienstleistungsangebotes vom Wettbewerb zu differenzieren. Die klassischen Dienstleistungsangebote dienen hierbei oftmals als „Türöffner" für den Verkauf weiterer Leistungen. Das projektmäßig strukturierte Geschäft für wechselnde Mandanten nimmt tendenziell zu.
- Sowohl WP als auch StB leiden unter zunehmenden Nachwuchsproblemen. So wurden etwa im Jahr 2014 in ganz Österreich nur mehr 37 Personen als WP beeidigt.[16] Das Fehlen qualifizierter Mitarbeiter kann sich zukünftig für Branchenunternehmen als echte „Wachstumsbremse" herausstellen. Beim Kampf um die besten Talente sind größere Arbeitgeberunternehmen mit professionellem (Personal-)Marketing bevorzugt.
- Wir leben in einer Zeit der Regulierungen. Beinahe jeder größere Bilanz- oder Finanzskandal zieht weitere Reaktionen diverser Behörden und Legislativkörper nach sich. Davon betroffen sind nicht nur WP und StB in ihrer Berufsausübung, sondern auch deren Kunden (die Unternehmen). Für die am Markt etablierten WP und StB ist dies sowohl ein Nachteil als auch ein Vorteil. Die Anpassung an sich stetig verändernde und tendenziell verschärfende Rahmenbedingungen der Berufsausübung erfordern massive kontinuierliche Anstrengungen und Investitionen der Wirtschaftsprüfungs- und Steuerberatungsunternehmen (was rein aus Sicht eines renditeorientierten Investors als Nachteil angesehen werden kann). Andererseits erhöhen diese Entwicklungen die Markteintrittsbarrieren für derzeit branchenfremde oder nicht existente Unternehmen. Zu guter Letzt führte und führt diese Entwicklung auch zu einem gesteigerten Nachfrageverhalten der Kunden von WP und StB. Die von zunehmenden Regulierungen betroffenen Unternehmen benötigen verstärkt den Expertenrat und Dienstleistungen von WP und StB.
- In der Branche herrscht seit vielen Jahren ein Trend zu größeren Unternehmenseinheiten. Ohne Anspruch auf Vollständigkeit werden dafür häufig folgende Beweggründe ins Treffen geführt:
  - Zunehmende Komplexität der rechtlichen Rahmenbedingungen mit dem Zwang zur Spezialisierung für den einzelnen Berufsträger,
  - zunehmende Internationalisierung der Wirtschaft mit der Notwendigkeit der Bildung internationaler Berater- bzw Prüfernetzwerke,
  - Fixkostendegression,
  - bessere Möglichkeit der Ansprache und Ausbildung junger Nachwuchskräfte,
  - Angebot eines möglichst umfassenden Leistungsangebotes für Unternehmen im Sinne eines „One-Stop-Shop".

---
16 Vgl *Brogyányi*, Sorge (2015) 46.

Es ist davon auszugehen, dass der allgemeine Trend zur Größe zukünftig eine Fortsetzung findet. Die Konzentration der Branche wird weiter vorangetrieben. Kleinere Unternehmen werden verstärkt reine Nischenplayer.

Aus den beschriebenen aktuellen Rahmenbedingungen der Branche und den kurz skizzierten zukünftigen Entwicklungslinien ergeben sich bewertungsrelevante Fragestellungen, die nachfolgend noch eingehend erörtert werden. Es wird bei jeder Bewertung eines Wirtschaftsprüfungs- und/oder Steuerberatungsunternehmens notwendig sein, sich das Wettbewerbsumfeld des konkreten Bewertungsobjektes vor Augen zu führen.

2. Bewertungsanlässe

Die Anlässe zur Bewertung von Wirtschaftsprüfungs- und Steuerberatungsunternehmen unterscheiden sich nicht wesentlich von den Bewertungsanlässen anderer Unternehmen. Aufgrund der Heterogenität der Branche mit Marktteilnehmern in der Form von Ein-Personen-Unternehmen bis hin zu multinationalen „Konzernen" sind einzelne Bewertungsanlässe doch häufig auf ein bestimmtes Marktsegment beschränkt.

Der klassische Verkauf einer gesamten Kanzlei wird sich vornehmlich im traditionellen freiberuflichen, kleinunternehmerisch strukturierten Bereich abspielen. Auf Käuferseite können durchaus größere und große Branchenunternehmen auftreten, das Transaktionsobjekt wird diesfalls aber in den allermeisten Fällen eine eher kleinere Kanzleieinheit (bis rd 20 Mitarbeiter) bilden.

Bewertungsanlässe bei kleinen, aber auch mittelgroßen Kanzleien ergeben sich weiters durch einen Zusammenschluss mehrerer Kanzleien zu einer größeren Einheit. Dazu kommen noch zB Umgründungen, Bilanzierungszwecke oder etwa auch die Aufnahme neuer Partner.

Fälle, in denen eine Großkanzlei (ab rd 100 Mitarbeiter aufwärts) als Gesamtheit oder auch nur anteilsmäßig das Bewertungsobjekt bildet, sind wohl ebenfalls auf die zuletzt genannten Bereiche der Umgründungen und vor allem Partneraufnahme beschränkt.

3. Bewertungsmethoden

Die Situation in der Bewertungslandschaft der WP und StB hat *Popp* im Jahr 2010 mit folgendem Satz treffend charakterisiert: *„Der Schuster hat die schlechtesten Schuhe."*[17] Gemeint war damit die weite Verbreitung von einfachen, auf kaum verifizierbaren Erfahrungswerten beruhenden und im Zeitverlauf erstaunlich robusten Umsatzmultiplikator-Modellen („Umsatzverfahren") in einem Berufsstand, der im Tagesgeschäft, wenn es um die Belange der Mandanten geht, viel besser nachvollziehbare und auch überzeugendere Methoden anwendet. Die Situation dürfte sich zwischenzeitig im deutschsprachigen Raum wenig geändert haben. Das aktuelle Fachgutachten KFS BW 1 erlaubt in Tz 131 bei sehr kleinen Unternehmen ebenfalls die Anwendung von Multiplikatoren, die auf Erfahrungssätzen beruhen (ausführlich weiter unten).

Daneben sind natürlich auf Wirtschaftsprüfungs- und Steuerberatungsunternehmen die ganz allgemeinen Grundsätze einer sachgerechten Unternehmensbewertung, wie sie im

---

17 *Popp*, Bewertung (2010) 236.

Fachgutachten KFS BW 1 oder auch im deutschen IDW S 1 festgelegt sind, anwendbar. Im Folgenden soll daher zunächst auf die einfachen Multiplikatormodelle und im Anschluss daran auf die Bewertung mittels DCF-Verfahren eingegangen werden. Der Themenstellung des Beitrages entsprechend sollen hier aber nur einzelne branchenspezifische Fragestellungen herausgegriffen werden.

3.1. Kanzleibewertung mittels Umsatzverfahren

Ein traditionelles, schon seit Jahrzehnten angewendetes Bewertungsmodell zur Bewertung von Freiberuflerpraxen sieht wie folgt aus:

Substanzwert + Goodwill = Gesamtwert der Praxis

Im Rahmen des Substanzwertes wird der traditionellen Auffassung entsprechend der Reproduktionswert (Wiederbeschaffungswert) der betriebsnotwendigen Substanz (abzüglich übernommene Schulden) zum Ansatz gebracht. Nicht betriebsnotwendige Substanz fließt mit dem potentiellen Veräußerungserlös (abzüglich Veräußerungskosten) ins Kalkül ein. Der Goodwill repräsentiert den Wert des Klientenstocks und wird mithilfe von Umsatzmultiplikatoren ermittelt.[18] Dieses Modell findet in den Grundzügen sowohl bei Rechtsanwälten und Ärzten als auch bei Steuerberatern Anwendung.

Dieses Bewertungsmodell beruht auf folgenden Eigenschaften einer idealtypischen Freiberuflerpraxis:[19]

- Der berufliche Erfolg ist in hohem Maße von der höchstpersönlichen Leistung des Berufsträgers und seinen Beziehungen zu den Mandanten geprägt.
- Die wesentliche Geschäftsgrundlage bildet der Mandantenstamm; dies ist zugleich der ganz wesentliche immaterielle Vermögensbestandteil der Kanzlei.
- Dem Substanzwert (Betriebs- und Geschäftsausstattung, EDV, Bibliothek etc) kommt nur eine ganz untergeordnete Bedeutung zu.
- Die für die Vergangenheit festgestellten nachhaltigen Umsätze können auch in Zukunft realisiert werden (dh große Kontinuität in der Kapazitätsauslastung und dem Geschäftsumfang, was generell bei einem hohen Anteil von Dauermandanten anzunehmen ist).
- Die Namen der Mandanten dürfen auch im Verkaufsprozess aufgrund der Verschwiegenheitsverpflichtung nicht offengelegt werden.[20]

---

18   ZT werden aber auch branchenübliche Gewinn- oder Cashflow-Multiplikatoren zur Bewertung kleiner Unternehmen und Freiberuflerpraxen eingesetzt (vgl zB *Purtscher*, Vergleichsverfahren [2010] 504).
19   Vgl Hinweise der (deutschen) Bundessteuerberaterkammer für die Ermittlung des Wertes einer Steuerberaterpraxis vom 30.6.2010; *Jost*, Kanzleien, Steuerberater Magazin 12/2006, 10.
20   Die Frage, ob die Nennung der Namen von Mandanten an einen potentiellen Kanzleikäufer im Lichte der Verschwiegenheitspflicht verboten ist, wird – soweit ersichtlich – in der Literatur nicht einheitlich beantwortet (für ein Verbot zB die deutsche Bundessteuerberaterkammer in ihren Hinweisen vom 30.6.2010; gegen ein Verbot auf Basis der österreichischen Rechtslage *Bernbacher/Haase/Herneth/Klement*, WTBG [2000] § 91 Rz 6, mit dem Hinweis, dass es ansonsten dem Wirtschaftstreuhänder nicht möglich wäre, seinen Klientenstock zu veräußern). Denkbar ist aber, dass gerade Informationsbeschränkungen iZm freiberuflichen Verschwiegenheitsverpflichtungen die Anwendung von pauschalen, vereinfachten Preisfindungsmethoden in der Praxis bislang eher gefördert haben.

3.1.1. Der nachhaltige Kanzleiumsatz

Bei der Berechnung des Kanzleiwertes nach dem Umsatzverfahren ist zunächst auf die Feststellung des nachhaltigen Umsatzes Augenmerk zu legen. Nur die nachhaltig erzielbaren Umsätze sind bewertungsrelevant. Ausschlaggebend für ein hohes Ausmaß an Nachhaltigkeit sind ein ausgewogener Mix einzelner Geschäftsbereiche und generell natürlich ein breit gefächerter Klientenstock. Eine in diesem Sinne nachhaltige Struktur der Umsatzerlöse einer Steuerberatungskanzlei könnte etwa folgende Verteilung auf einzelne Geschäftsfelder aufweisen:[21]

- Jahresabschlüsse und dazugehörende Steuererklärungen von Unternehmen und Unternehmern mit 40 % Umsatzanteil,
- persönliche Steuererklärungen nicht gewerblich tätiger natürlicher Personen (Vermietung und Verpachtung, Arbeitnehmerveranlagungen etc) mit max. 10 % Umsatzanteil,
- laufende Buchhaltung mit einem Umsatzanteil von 35 %,
- laufende Lohnverrechnung mit einem Umsatzanteil von 5–10 % und
- allgemeine Steuerberatung mit einem Umsatzanteil von 10 %.

Das ist natürlich nur eine beispielhafte Umsatzverteilung nach Tätigkeiten, die im Einzelfall auch anders aussehen könnte, ohne dass dies der Nachhaltigkeit der Umsätze abträglich wäre (zB Verschiebung der Umsatzanteile zwischen Buchhaltung und Lohnverrechnung). Signifikant ist aber der eher geringe Anteil an Umsätzen, der auf Steuerberatungstätigkeit entfällt. Diese Tätigkeit ist wohl wichtig für die Vertrauensbildung gegenüber dem Mandanten und in Kleinkanzleien daher nicht selten allein Chefsache. Auch sind mit einer solchen Beratungstätigkeit gewöhnlich höhere Renditen verbunden. Die nachhaltigen Umsatzerlöse und die kontinuierliche Auslastung der Kanzlei werden aber vorrangig durch andere Bereiche abgesichert. Es handelt sich um wiederkehrende Tätigkeiten für einen bestehenden Mandantenstock (Buchhaltung, Lohnverrechnung, Jahresabschlusserstellung, Steuererklärungen). Je umfangreicher sich die Palette der Tätigkeiten für einen Mandanten darstellt, desto weniger Wechselbereitschaft ergibt sich erfahrungsgemäß bei diesem Mandanten. Die Kosten und möglichen Unannehmlichkeiten iZm einem Steuerberaterwechsel nehmen tendenziell zu, je mehr Dienstleistungen regelmäßig in Anspruch genommen werden. Hohe Nachhaltigkeit der Umsatzerlöse kann daher angenommen werden, wenn für einen bestehenden (möglichst breiten) Mandantenstock viele Dienstleistungen auf regelmäßiger Basis erbracht werden.[22]

Der nachhaltige Umsatz einer Wirtschaftsprüfungs- und/oder Steuerberatungskanzlei kann dabei etwa nach folgenden Gesichtspunkten ermittelt werden:[23]

- Umsätze mit bestehenden Dauermandaten, die regelmäßig (monatlich, quartalsweise, jährlich) erbracht werden, haben eine hohe Nachhaltigkeit. Diese Umsätze können aus der jüngeren Vergangenheit (zB dem letzten Geschäftsjahr) oder zumin-

---

21 Vgl *Jost*, Kanzleien, Steuerberater Magazin 12/2006, 13.
22 Zu beachten ist, dass die Nachhaltigkeit von Umsatzerlösen noch keine Rückschlüsse auf die Umsatzrendite zulässt.
23 Vgl dazu zB *Winter*, Unternehmenswert (2009) 74 f; *Schoor/Fischer/Ueberfeldt*, Kauf (2013) 149 f.

dest unter stärkerer Gewichtung der jüngeren Vergangenheit in die Zukunft projiziert werden. Zu untersuchen gilt es aber, ob allenfalls durch absehbare Auftragsbeendigungen Umsätze in Zukunft nicht erzielt werden können.
- Umsätze mit bestehenden Dauermandaten, die nicht regelmäßig erbracht werden (zB Umgründungen, umfangreichere Beratungen im Zuge von Betriebsprüfungsverfahren oder Rechtsmittelverfahren, Sonderprüfungen, M&A-Projekte), haben bereits einen etwas geringeren Grad der Nachhaltigkeit. Hier empfiehlt sich eine Durchschnittsbildung anhand der Umsätze der letzten drei bis fünf Jahre.
- Sonderbeauftragungen durch wechselnde Mandanten weisen im Allgemeinen eine geringe Nachhaltigkeit auf. Sofern die betreffende Kanzlei am Markt für bestimmte Fachgebiete (zB Finanzstrafrecht, Umgründungen, Sanierungen) als Spezialistin bekannt ist und hierfür auch entsprechend ausgebildete Mitarbeiter beschäftigt werden, kann im Einzelfall von einer gewissen Nachhaltigkeit ausgegangen werden. Auch hier empfiehlt sich eine Durchschnittsbildung anhand der Umsätze mehrerer vergangener Jahre.
- Keine Nachhaltigkeit wird bei jenen Umsätzen angenommen, die aus höchstpersönlichen Tätigkeiten des bisherigen und zukünftig ausscheidenden Kanzleiinhabers resultieren. Dazu gehören Umsätze aus Fachvorträgen, als Fachschriftsteller, aus übernommenen Funktionen im Rahmen von Berufsvertretungen, Organstellungen in Aufsichtsräten udgl.
- Weiters wird auch bei jenen Umsätzen, die allein aufgrund von Spezialkenntnissen des bisherigen Kanzleiinhabers lukriert werden konnten, eine sehr geringe Nachhaltigkeit vorliegen. Es ist daher insb bei den oben genannten einmaligen Sonderbeauftragungen und nicht regelmäßigen Umsätzen mit Dauermandaten zu untersuchen, ob das Ausscheiden des bisherigen Kanzleiinhabers die zukünftigen Umsatzerwartungen in diesem Bereich negativ beeinflusst (Hat der bisherige Kanzleiinhaber sein Wissen im Unternehmen weitergegeben? Hatte er am Markt einen herausragenden Ruf, der nicht übertragbar ist?).

3.1.2. Der anwendbare Umsatzmultiplikator

Ist die Ermittlung des nachhaltigen Jahresumsatzes noch einigermaßen transparent, verliert sich aber die Nachvollziehbarkeit der Berechnung, wenn der Umsatz nun mit einem bestimmten Multiplikator vervielfacht wird. Viele Jahre, wenn nicht Jahrzehnte hinweg galt in Österreich die Grundregel, dass überschlägig der Wert des Klientenstockes mit 100 % des nachhaltigen Jahresumsatzes angegeben wurde.[24] In Deutschland wird der Wert – basierend auf einer Empfehlung der Steuerberaterkammer vom 30. Juni 2010 – mit 80 % bis 140 % des nachhaltigen Umsatzes angegeben.[25] Die Höhe der Multiplikatoren erweist sich aber über den Zeitverlauf und alle Strukturveränderungen der Branche hinweg als erstaunlich robust (was in der Natur von bloßen Handelsbräuchen oder Branchenusancen liegt).

---

24 *Bernbacher/Haase/Herneth/Klement*, WTBG (2000) § 114 Rz 2 zitieren ein Judikat des VwGH aus 1980, worin dieser den Klientenstock mit 70 % bis 100 % des durchschnittlichen Jahresumsatzes der letzten drei Jahre bewertet.
25 *Schoor/Fischer/Ueberfeldt*, Kauf (2013) 151 zB verweisen auf eine etwas engere Bandbreite zwischen 80 % und 120 %.

Für die konkrete Festlegung des Multiplikators werden von der deutschen Bundessteuerberaterkammer allgemeine Gesichtspunkte erwähnt wie zB Streuung der bestehenden Mandate, langfristige Vertragsbindungen, Ausbildungsstand der Mitarbeiter oder auch Zustand der Praxiseinrichtung.[26] Bei näherer Betrachtung handelt es sich um Faktoren die zT schon in die Beurteilung der Nachhaltigkeit der Umsatzerlöse oder auch in die Festlegung des Substanzwertes eingeflossen sind. Es besteht hier meines Erachtens die Gefahr einer nicht mehr nachvollziehbaren Mehrfachberücksichtigung wertbestimmender Faktoren. Etwas verfeinerte Ansätze wenden für unterschiedliche Tätigkeiten der Kanzlei – mit Blick auf eine unterschiedliche Ertragskraft – auch unterschiedliche Umsatzmultiplikatoren an.[27]

Wenn man schon aufgrund der Einfachheit in der Praxis das Umsatzverfahren anwenden möchte, so sollte dies meines Erachtens nicht ohne Berücksichtigung der konkret erwartbaren Umsatzrendite erfolgen. Über die vom Erwerber zugrunde gelegte Abnutzungsdauer (Amortisationsdauer) des Goodwills lässt sich hier ein Umsatzmultiplikator vereinfacht ableiten.

> **Beispiel**
> Der nachhaltige Jahresumsatz einer Kanzlei beträgt 500.000 € pa. Der Erwerber legt eine Abnutzungsdauer des Goodwill von fünf Jahren zugrunde.[28] Die Umsatzrendite beträgt 20 %, wobei hier schon ein angemessener Unternehmerlohn zum Abzug gebracht wurde. Dem Erwerber fließen über den Unternehmerlohn hinaus Gewinne in Höhe von 100.000 € pa zu, die in steuerlicher Hinsicht durch die Abschreibung des Praxiswertes wieder neutralisiert werden. Die Bezahlung des einfachen Jahresumsatzes (Multiplikator 100 %) führt zur angestrebten (statischen) Amortisationsdauer von fünf Jahren.

Das Umsatzverfahren eignet sich mE nur zur Bewertung sehr kleiner (Durchschnitts-) Kanzleien. Bei größeren Kanzleien oder aber auch kleineren Nischenanbietern mit Dienstleistungsangeboten abseits des „Mainstreams" scheitert mE die Anwendbarkeit ua an folgenden Umständen:

- Entgegen den allgemeinen Prämissen ist der Substanzwert nicht zu vernachlässigen (insb erhebliche Investitionen in IT-Infrastruktur).
- Einen erheblichen Anteil am Geschäftserfolg bilden immaterielle Vermögensgegenstände wie zB eine Marke, der Erfahrungs- und Ausbildungsstand der Mitarbeiter, das spezielle Netzwerk innerhalb der Kollegenschaft bzw der Branche, die beim Umsatzverfahren höchstens ganz pauschal in Form des Multiplikators Berücksichtigung finden können.
- Ebenso unzureichend erfolgt die Berücksichtigung zukünftiger Umsatzsteigerungspotentiale durch spezielle Dienstleistungsangebote des übernehmenden Unternehmens.

---

26 Ein ausführlicher Katalog von wertsenkenden und werterhöhenden Faktoren findet sich zB bei *Schoor/Fischer/Ueberfeldt*, Kauf (2013) 153.
27 Vgl zB *Winter*, Unternehmenswert (2009) 75 mwN.
28 Gemäß Einkommensteuerrichtlinien Rz 3189 beträgt idR die Abnutzungsdauer des Praxiswertes eines Freiberuflers fünf Jahre (im Einzelfall kann diese aber zwischen drei und 15 Jahren liegen).

- Die personenabhängige Vertrauensbeziehung zwischen Mandant und Berater verliert mit zunehmender Unternehmensgröße, aber wohl auch generell in der Abschlussprüfung an Bedeutung.
- Das Leistungsangebot von Kanzleien ist mitunter stark vom Bestreben nach Differenzierung (gegenüber dem Branchendurchschnitt) geprägt, wodurch sich auch unterschiedliche Kostenstrukturen ergeben können.
- Die Kostenstruktur ist auch größenabhängig, sodass es einen Unterschied macht, ob eine Kleinkanzlei nach der Übernahme als solche selbständig weitergeführt wird oder in einer größeren Unternehmenseinheit aufgeht.
- Der Produktlebenszyklus einzelner Dienstleistungsangebote wird beim Umsatzverfahren weitgehend vernachlässigt.

3.1.3. Anwendungsbereich des Umsatzverfahrens

Wie bereits oben ausgeführt, sieht das Fachgutachten KFS BW 1 (Rz 131) die Anwendung einer derartigen vereinfachten Multiplikatormethode für sehr kleine Unternehmen vor.[29] Die Methode ist insofern stark vereinfachend, als sie nicht auf anlassbezogen erhobenen Börsen- oder Transaktionsmultiplikatoren beruht, sondern auf Erfahrungssätzen der Branche. Nach dem Wortlaut des Fachgutachtens KFS BW 1 (Rz 18) ist die Feststellung des objektivierten Unternehmenswertes auf diese Art zulässig, *„wenn sich über die auf das Bewertungsobjekt anzuwendenden Erfahrungssätze eine feste allgemeine Verkehrsauffassung gebildet hat und die Anwendung dieser Erfahrungssätze nach der Einschätzung des Wirtschaftstreuhänders mit ausreichender Sicherheit eine verlässliche Grundlage der Wertermittlung darstellt"*.

In der Literatur wird dazu die Auffassung vertreten, dass dieses Verfahren wohl nur auf jene Branchen anwendbar ist, in denen von berufsständischen Organisationen oder Ähnlichem einschlägige Empfehlungen abgegeben wurden. Allein die vorhandene Branchenkenntnis des Gutachters reicht nicht aus.[30] Es ist ernsthaft zu bezweifeln, ob diese Voraussetzungen in Bezug auf Wirtschaftsprüfungs- und Steuerberatungskanzleien in Österreich derzeit vorliegen. Offizielle Empfehlungen (zB seitens der Kammer der Wirtschaftstreuhänder) zur Anwendung des Umsatzverfahrens sind dem Autor nicht bekannt. Auch die in der Literatur veröffentlichten Branchen-Multiplikatoren[31] erfüllen wohl nicht die Voraussetzung einer allgemeinen Verkehrsauffassung. Eine hilfsweise Heranziehung deutscher Empfehlungen[32] sollte in Anbetracht der ausschließli-

---

29 Als sehr kleine Unternehmen gelten solche, die die Umsatzschwelle gemäß § 189 Abs 1 Z 3 UGB (700.000 € pa) nicht überschreiten (Fachgutachten KFS BW 1 Rz 18).
30 Vgl *Kaden/Khinast-Sittenthaler/Purtscher/Wirth*, Neuerungen (2014) 262.
31 *Aschauer/Purtscher/Bozic*, Multiplikatoren (2014) 280 etwa weisen für die Branche „sonst freiberufl./techn Tätigkeiten" im Median ein Umsatzmultiple von 0,73 aus. Allerdings liegt diesem Wert eine beträchtliche Bandbreite zugrunde. Denkbar wäre auch das Abstellen auf die Branche „Unternehmensführung, -beratung" mit einem Median von 0,86 und einer etwas weniger großen Bandbreite. Umsatzmultiples enthält etwa auch die Publikation von *Grbenic*, Transaktionsmultiplikatoren (2015) 520 f.
32 Vgl Hinweise der Bundessteuerberaterkammer für die Ermittlung des Wertes einer Steuerberaterpraxis vom 30.6.2010, auf die etwa auch in jüngerer Zeit in den Hinweisen der Bundessteuerberaterkammer zu den Besonderheiten bei der Ermittlung eines objektivierten Unternehmenswertes kleiner und mittelgroßer Unternehmen vom 13.3.2014 Bezug genommen wird (diese Hinweise sind auf www.bstbk.de als Teil des berufsrechtlichen Handbuches, Teil II, Fach 4 öffentlich zugänglich).

chen Anwendung auf sehr kleine Unternehmen zulässig sein. Eine explizite, für Österreich geltende Empfehlung der Kammer der Wirtschaftstreuhänder wäre natürlich aus Sicht der Praxis vorzuziehen.

Zusammenfassend ist zum Umsatzverfahren festzuhalten, dass dieses ein stark vereinfachtes Preisfindungsverfahren darstellt. Die vom Fachgutachten KFS BW 1 iZm der objektivierten Bewertung vorgesehene Beschränkung auf sehr kleine Unternehmen ist in der Praxis bedeutsam. So verweisen etwa auch die UmgrStR in Rz 686 iZm dem Begriff des Verkehrswertes auf einen objektivierten Unternehmenswert. Die Einfachheit des Verfahrens verleitet in der Praxis dennoch häufig zu einer breiteren Anwendung. Am ehesten erscheint hier noch die Anwendung iZm Partnerein- bzw -austritten aus einer bestehenden und weitgehend unverändert fortgeführten Kanzlei zielführend. Solche Bewertungen verlangen meist nach relativ einfachen, einheitlich anwendbaren Bewertungsstandards. Wechsel in der Partnerschaft, die zu unterschiedlichen Zeitpunkten stattfinden sollen nicht jedes Mal eine umfassende Unternehmensbewertung nach sich ziehen und auch nicht auf Basis unterschiedlicher Bewertungsparameter (zB Kapitalisierungszinssätze) durchgeführt werden. Hier ist aber die Angemessenheit stets vom Einzelfall abhängig. Es wird auch zu berücksichtigen sein, wie stark die Entlohnung und Gewinnbeteiligung vom zukünftigen individuellen Akquisitionserfolg der jeweiligen Partner abhängt. Stark oder rein erfolgsorientierte Vergütungsmodelle, die sich im Ergebnis nicht wesentlich von variablen Vergütungsmodellen leitender Angestellter unterscheiden, rechtfertigen meines Erachtens wohl kaum eine volle Abgeltung des bisher von den Altgesellschaftern geschaffenen Goodwill iSd Grundsätze des Umsatzverfahrens.

Das Umsatzverfahren scheidet auch dort als taugliche Methode aus, wo es um Ermittlung eines Unternehmenswertes im Sinne einer betriebswirtschaftlich fundierten Entscheidungsrechnung geht.[33] Hierfür kommen allein zukunftserfolgsorientierte Methoden (heutzutage insb DCF-Methoden) in Betracht. Die folgenden Ausführungen beschäftigen sich mit den Besonderheiten der Anwendung dieser Methoden auf Wirtschaftsprüfungs- und Steuerberatungsunternehmen.

3.2. Kanzleibewertung mittels DCF-Verfahren

Für WP und StB, die sich in ihrem täglichen Arbeitsalltag auch intensiv mit Fragen der Unternehmensbewertung beschäftigen, ist es eine Selbstverständlichkeit, dass moderne DCF-Methoden in diesem Bereich heutzutage den Maßstab für eine ordnungsgemäße und fachgerechte Vorgangsweise darstellen. Dies beruht natürlich besonders auch auf der Tatsache, dass berufsständische Empfehlungen den zukunftserfolgsorientierten Diskontierungsverfahren einen besonderen Stellenwert einräumen.[34] Es ist daher doch einigermaßen verwunderlich, dass gerade für die Bewertung von Steuerberatungskanzleien die Anwendung von DCF-Methoden in der einschlägigen (und noch gar nicht so alten) Literatur ganz massiv in Frage gestellt wird. Dies zeigt sich etwa an folgenden Zitaten:

---
33 Vgl zB *Grün/Grote*, Steuerberaterkanzleien (2012) 842 f.
34 Vgl zB Fachgutachten KFS BW 1, Tz 10 f.

„Da es eher auf komplizierten Faktoren beruht, erscheint das DCF-Verfahren für die Bewertung einer Steuerberatungskanzlei zu facettenreich und wenig transparent."[35]

„Aufgrund der auf kapitalmarktorientierte Unternehmen abgestellten Konzeption des Discounted Cash-Flow-Verfahrens ist ein verbreiteter Einsatz für Zwecke der Bewertung von Steuerberaterpraxen jedoch weder zu erwarten noch zu empfehlen."[36]

Aus betriebswirtschaftlicher Sicht ist festzuhalten, dass rein gar nichts, aber umgekehrt sehr viel für die Anwendung der DCF-Methode für die Bewertung von Wirtschaftsprüfungs- und Steuerberatungsunternehmen spricht.[37] Die gegen die Anwendung des DCF-Verfahrens vor allem bei StB vorgebrachten Argumente sind in Wahrheit nicht auf diese Branche beschränkt, sondern betreffen generell die Bewertung nicht kapitalmarktorientierter KMU. Die Kritik entspricht daher der bekannten allgemeinen Kritik am DCF-Verfahren. Natürlich ist das DCF-Verfahren mit zahlreichen Mängeln behaftet und die Realität lässt sich mit solchen Modellen nur unzureichend abbilden. Es ist aber derzeit das Verfahren mit dem höchsten Maß an Nachvollziehbarkeit und Willkürfreiheit, weshalb es auch zur Bewertung von KMU erste Wahl sein sollte.

Sofern es sich nicht um eine sehr kleine StB-Kanzlei handelt, ist diese mit vielen anderen nicht freiberuflich tätigen Dienstleistungsunternehmen absolut vergleichbar. Die einleitenden Ausführungen zu den Veränderungen der Branche zeigen, dass WP und StB heutzutage nicht in einem „geschützten" Bereich tätig sind, in dem die Berufsträger einfach Kundenstöcke verkaufen und dann diesen Kundenstock in gewohnter Manier weiter bearbeiten können. Erfolg oder Misserfolg mittlerer und großer Wirtschaftsprüfungs- und Steuerberatungsunternehmen können etwa durch die Möglichkeit der Ansprache ausreichend qualifizierter Nachwuchstalente, die Ausbildung und Erfahrung der vorhandenen Mitarbeiter, die häufig EDV-gestützte Ausnützung von Effizienzsteigerungspotenzialen sowie straffe, vordefinierte und fehlervermeidende organisatorische Abläufe sowohl bei mandantenbezogenen wie auch administrativen Tätigkeiten entstehen. Die Ausnutzung von Größeneffekten im Fixkostenbereich, die Möglichkeit der Differenzierung vom Mitbewerb durch spezielle Dienstleistungsangebote, die ausreichende Vernetzung innerhalb der Branche oder auch in einem eigenen Netzwerk, um rasch auf externes Spezial-Know-how oder bedarfsorientiert auf weitere Kapazitäten und Personalressourcen zugreifen zu können, sind weitere wichtige Erfolgskriterien. Die Herausforderungen von WP und StB unterscheiden sich nicht wesentlich von denjenigen anderer Dienstleistungsunternehmen, jedenfalls ist nicht ersichtlich, warum exklusiv für WP und StB besondere Verfahren zur Unternehmensbewertung sachgerechter sein sollten als für Unternehmen anderer Branchen. De facto ist das alleinige Abstellen auf den Umsatz einer Kanzlei nicht ausreichend, um auf deren Ertragskraft zu schließen. Worin liegen aber nun die besonderen Herausforderungen bei Anwendung der DCF-Methode?

---

35 *Winter*, Unternehmenswert (2009) 66.
36 *Schoor/Fischer/Ueberfeldt*, Kauf (2013) 177.
37 Kritisch gegenüber den traditionellen Wertkonzeptionen wie etwa dem Umsatzverfahren zB auch *Popp*, Bewertung (2010) 236 f.

3.2.1. Planung der zukünftigen Cashflows

IZm der Planung zukünftiger Cashflows ist zunächst der Planungshorizont zu klären. Üblicherweise geht man in der Unternehmensbewertung von einem unbegrenzten Planungshorizont aus. Bei mittelständischen und großen Kanzleien, die über eine nachhaltige Organisation, ein von einzelnen Berufsträgern losgelöstes Markenimage, ein ausreichendes Stammklientel und letztendlich eine gut ausgebildete Belegschaft verfügen, spricht meines Erachtens auch bei Wirtschaftsprüfungs- und Steuerberatungsunternehmen nichts gegen die Unterstellung einer unbegrenzten Unternehmensdauer.[38] Derartige Kanzleistrukturen lassen eine ebenso hohe Nachhaltigkeit der Ertragskraft erwarten wie zB gewerblich tätige Unternehmen vergleichbarer Größenordnung.

Bei kleineren Kanzleien ist die Unterstellung einer unbegrenzten Unternehmensdauer aber keine Selbstverständlichkeit. Ein WP oder StB, der eine kleine Kanzlei erwerben und fortan als alleiniger Inhaber mit wenigen Mitarbeitern fortführen möchte, wird in seinen Kaufpreisüberlegungen wohl kaum über den Horizont des eigenen Berufslebens hinaus kalkulieren. Mehr noch wird ein solcher Kanzleikäufer generell nur bereit sein, die vom Verkäufer aufgebaute Ertragskraft nur für eine begrenzte Zeit zu vergüten.[39] Der Grund dafür liegt letztendlich in der Reproduzierbarkeit kleiner Unternehmen allgemein und im Besonderen von kleinen freiberuflichen Praxen.[40] Es geht also bei kleinen Unternehmen um eine klassische „Make-or-buy"-Entscheidung. Bei einer solchen wird der Unternehmenskäufer nur jenen Mehrwert an zukünftigen Cashflows vergüten, den der Erwerb der Kanzlei gegenüber einer gedachten Neugründung erbringt. Nach einer bestimmten Anzahl von Jahren ist davon auszugehen, dass sich die Ertragskraft des erworbenen und die des fiktiv neu gegründeten Unternehmens angleichen. Dies führt letztendlich zu einem begrenzten Bewertungszeitraum und damit zu erheblich niedrigeren und wohl auch realistischeren Unternehmenswerten als bei unbegrenztem Bewertungszeitraum.[41]

Eine weitere Ursache, weshalb gängige Unternehmensbewertungen bei Kleinunternehmen mitunter zu völlig überhöhten Werten führen, liegt meines Erachtens in einer zu niedrigen Bemessung des Unternehmerlohnes. Dies ist keine Besonderheit der WP- und StB-Branche, soll jedoch an dieser Stelle erwähnt werden. Gerade die Inhaber kleiner Kanzleien haben nicht selten ein sehr hohes Arbeitspensum und oftmals die alleinige fachliche Letztverantwortung. Die Orientierung am Kollektivvertragsgehalt in der höchsten Stufe, am bestbezahlten Mitarbeiter im Unternehmen oder an leitenden Führungskräften anderer Branchenunternehmen führt zumeist auch dann nicht zu einem adäquaten Unternehmerlohn, wenn man zu den genannten Orientierungsgrößen noch einen Pauschalzuschlag hinzuzählt. Dies gilt besonders in den Zeiten unmittelbar nach einer Kanzleiübernahme, in denen die oben genannten Herausforderungen besonders intensiv zu Tage treten.[42]

---
38 Vgl zB *Popp*, Bewertung (2010) 246.
39 Vgl zB *Popp*, Bewertung (2010) 247.
40 Vgl zB *Behringer*, Unternehmensbewertung (1999) 136 f.
41 Vgl dazu zB auch *Bachl*, Freiräume (2010) 41.
42 Hinzuweisen ist darauf, dass Kanzleiinhaber auch ein beachtliches Haftungsrisiko übernehmen. Dieses ist aber nicht im Rahmen des Unternehmerlohnes abzugelten, wenn das Haftungsrisiko – so wie in der Literatur mitunter vorgeschlagen – in den prognostizierten Unternehmenserfolgen berücksichtigt wird (vgl *Pummerer*, Unternehmensbewertung [2015] 40).

IZm der Prognose der zukünftigen Cashflows sind grundsätzlich auch jene Faktoren zu berücksichtigen, die bereits oben iZm der Beurteilung der Nachhaltigkeit der Kanzleiumsätze angesprochen wurden. Ohne Anspruch auf Vollständigkeit liegen die zentralen Fragestellungen der Cashflow-Prognose (aus Käufersicht) in folgenden Bereichen:

- Wie nachhaltig sind die Umsätze aus den bestehenden Mandantenbeziehungen (vgl oben)?
- Ergibt sich die Möglichkeit, spezielle, bisher vom Verkäufer nicht angebotene Dienstleistungen den übernommenen Mandanten anzubieten?
- Gibt es auf Erwerberseite bei einem übernommenen Mandat einen Interessenkonflikt, sodass hier Umsätze wegfallen?
- Wie hoch wird ein allfälliger transaktionsbezogener Verlust an Mandanten eingeschätzt (weil sich zB manche Klienten in der vergrößerten Kanzleistruktur nicht mehr gut betreut fühlen)?
- Besteht ein gut ausgebildeter Mitarbeiterstamm?
- Gibt es am lokalen Arbeitsmarkt ausreichende Ressourcen für die Ansprache zukünftiger Mitarbeiter?
- Wie hoch ist die Fluktuation im Unternehmen?
- Wie verhält sich das Gehaltsniveau der übernommenen Einheit zu dem allgemeinen Gehaltsniveau des Erwerberunternehmens (hieraus können bei einer Anpassung an ein höheres Niveau Zusatzkosten entstehen)?
- Wer sind die Mitarbeiter mit wichtigem Spezial-Know-how oder wichtigen Mandantenbeziehungen?
- Sind die bestehenden EDV- und IT-Strukturen mit denen des Erwerbers kompatibel?
- Besteht die Notwendigkeit einer Systemumstellung oder Systemerneuerung mit entsprechendem Schulungsaufwand und möglichen Produktivitätsverlusten in der Umstellungsphase?
- Entspricht das Qualitätssicherungsmanagement der erworbenen Kanzlei dem Branchen- und dem Erwerberstandard?
- Ergibt sich bei einer beabsichtigen Ausweitung des Dienstleistungsangebotes das Erfordernis der Anpassung der Berufshaftpflichtversicherung?
- Welche Einsparungspotentiale ergeben sich im Rahmen der vergrößerten Kanzleistruktur (Wegfall von Doppelgleisigkeiten, Vereinheitlichung administrativer Vorgänge, zentrale Mitarbeiterschulungen, einheitliches Wissensmanagement, Datenbanken etc)?

Diese sicherlich nicht erschöpfende Aufzählung zeigt, dass nur eine detaillierte Cashflow-Prognose in der Lage ist, die vorhandenen und vor allem zukünftig erwartbaren Ertragspotentiale im Rahmen der Kanzleibewertung zu berücksichtigen. Die Anwendung des oben beschriebenen Umsatzverfahrens gleicht hier wohl in vielen Fällen dem sprichwörtlichen „Kauf der Katze im Sack". Während zudem bei vielen Kleinunternehmen selbst kein ausreichendes Know-how für die Erstellung einer bewertungstauglichen Planungsrechnung vorhanden sein dürfte, gilt dieser Einwand wohl nicht bei einschlägig ausgebildeten WP und StB. Der Schwerpunkt der längerfristigen Cashflow-Prognose liegt sicherlich im Bereich der Umsätze und den Personalkosten. In der Zeit unmittelbar nach dem Kanzleierwerb sind aber transaktionsbezogene Kosten nicht zu unterschätzen (erhöhter Umstellungs- und Schulungsaufwand mit der Gefahr von anfänglichen Produktivitätsverlusten bis hin zu einzelnen Mandatsverlusten).

3.2.2. Kapitalisierungszinssatz

Im Rahmen der Ableitung des Kapitalisierungszinssatzes besteht bei KMU generell das Problem, dass oftmals keine mit dem Bewertungsobjekt vergleichbare Peer Group für die Ableitung des Beta-Faktors gebildet werden kann.[43] Dies gilt genauso für freiberufliche Unternehmen. Schon aufgrund der meist gesetzlich vorgegebenen Eigentümerstruktur ist klar, dass sich kaum börsennotierte Branchenunternehmen finden lassen. Auch mit WP und StB relativ gut vergleichbare Branchen wie zB Unternehmensberatungsunternehmen sind in der Branchengliederung veröffentlichter Betas (etwa *Damodaran*) kaum vorhanden oder sind nur ein kleiner Teil viel größerer Gruppen wie etwa „financial services" (ausgenommen Banken und Versicherungen) oder „business services" mit zahlreichen Unternehmen anderer Branche (wo sich dann auch Anlage- und Finanzierungsberater, Leasinggesellschaften etc finden).

Dennoch gibt es auch für das Problem der Festlegung des Betas in der Praxis Wege, die zu akzeptablen Ergebnissen führen. Mitunter werden in der Literatur sehr wohl einschlägige Branchen-Betafaktoren publiziert.[44] Auch erscheint es nicht aussichtslos, eine Peer Group von Unternehmen der Unternehmensberatungsbranche zu bilden. Sehr oft wird man natürlich auf Unternehmen stoßen, bei denen nur ein Teil der ausgeübten Geschäftstätigkeit mit WP und StB einigermaßen vergleichbar ist.[45] Dies ist aber ein durchaus weit verbreitetes Phänomen bei der Bewertung von KMU.

Es ist sicherlich schwierig, aus einer börsennotierten Peer Group hier taugliche Betas zu erheben. Dies sollte meines Erachtens aber nicht zum Anlass genommen werden, die Anwendung des DCF-Verfahrens gänzlich zu verwerfen. Auch wenn gewisse Bewertungsparameter nicht exakt, sondern nur grob vereinfacht festgelegt werden können, bietet das DCF-Verfahren in Entscheidungssituationen die höhere Aussagekraft und Nachvollziehbarkeit als das oben beschriebene Umsatzverfahren. Andere Komponenten des Kapitalisierungszinssatzes, wie insb der Basiszinssatz und die Marktrisikoprämie, können hingegen exakt und in Übereinstimmung mit den einschlägigen Empfehlungen der Kammer der Wirtschaftstreuhänder festgelegt werden. Es ergeben sich hier für die Unternehmen der WP und StB keine Einschränkungen.

4. Zusammenfassung

Die Bewertung von Wirtschaftsprüfungs- und Steuerberatungsunternehmen ist in der Praxis häufig durch einfache Umsatzmultiplikatorverfahren gekennzeichnet. Die dabei angewendeten Multiplikatoren erweisen sich trotz aller Strukturveränderungen in der

---

43 Vgl zB *Purtscher*, Vergleichsverfahren (2010) 498.
44 *Aschauer/Purtscher/Pasku*, Beta-Faktoren (2014) 245 publizierten vor nicht allzu langer Zeit für die Branche „Rechtsberatung und Wirtschaftsprüfung" ein unlevered Beta von 0,85.
45 Dies trifft zB auf börsennotierte Unternehmen wie *Accenture, Booz Allen Hamilton* und *Cap Gemini* zu.

Branche und der Veränderungen des wirtschaftlichen Umfeldes der Branche im Zeitverlauf als erstaunlich starr. Man sollte diesen Multiplikatoren daher auch mit einiger Skepsis begegnen. Ihre Anwendung ist aufgrund des Fachgutachtens KFS BW 1 auf sehr kleine Unternehmen beschränkt. Darauf gestützt werden aber wohl Verkäufer kleiner Kanzleien unter Hinweis auf den „Marktpreis" nicht gewillt sein, einen allenfalls niedrigeren Preis zu akzeptieren. Potentielle Käufer von (kleinen wie größeren) Wirtschaftsprüfungs- und/oder Steuerberatungskanzleien sollten zur Entscheidungsorientierung und Kaufpreisfestlegung hingegen jedenfalls das DCF-Verfahren vorziehen. Dessen Anwendung birgt zwar ebenfalls gewisse Unschärfen (Stichwort „Beta-Faktor"), erweist sich aber als wesentlich aussagekräftiger als das Umsatzverfahren. Wer den im Vergleich zum Umsatzverfahren höheren Aufwand des DCF-Verfahrens scheut, dem sei folgender Ratschlag mit auf dem Weg gegeben: Es hat am Ende noch keinem Unternehmenskäufer geschadet, die Zukunft zu planen, WP und StB bilden hier keine Ausnahme.

Literaturverzeichnis

Aschauer/Purtscher/Bozic, Eine Ableitung von Multiplikatoren aus vergangenen Transaktionen für die Plausibilitätsprüfung von Unternehmenswerten, RWZ 2014, 278.
Aschauer/Purtscher/Pasku, Beta-Faktoren für die Bewertung von kleinen und mittleren Unternehmen, RWZ 2014, 243.
Bachl, Freiräume und Grenzen des gutachterlichen Ermessens in der Unternehmensbewertung, in *Königsmaier/Rabel*, Unternehmensbewertung, Wien 2010, 27.
Behringer, Unternehmensbewertung der Mittel- und Kleinbetriebe, Berlin 1999.
Bernbacher/Haase/Herneth/Klement, WTBG, Wien 2000.
Brogyányi, Sorge um den Wirtschaftsprüfer! Der Wirtschaftstreuhänder 01/2015, 46.
Englert, Die Bewertung von Wirtschaftsprüfer – und Steuerberaterpraxen, Düsseldorf 1996.
Grbenic, Standard-Transaktionsmultiplikatoren: Branchenorientierte Referenzwerte für die Bewertungspraxis (I), SWK 2015, 517.
Grün/Grote, Bewertung von Steuerberatungskanzleien und Wirtschaftsprüfungsgesellschaften, in *Peemöller*, Praxishandbuch der Unternehmensbewertung, Herne 2012, 835.
Jost, Kanzleien waren noch nie so wertvoll wie heute, Steuerberater Magazin 12/2006, 10.
Kaden/Khinast-Sittenthaler/Purtscher/Wirth, Wichtige Neuerungen im KFS BW 1 (Teil II), RWZ 2014, 261.
Milla/Schwartz/Dirnberger, EU-Neuregelung der Abschlussprüfung: Abschlussprüfung, Bestellung und Berichterstattung des Abschlussprüfers, in *IWP*, Wirtschaftsprüfer-Jahrbuch 2015, Wien 2015, 83.
Peemöller/Hofmann, Bilanzskandale, Berlin 2005.
Popp, Bewertung von Steuerberatungs- und Wirtschaftsprüfungskanzleien, in *Drukarczyk/Ernst*, Branchenorientierte Unternehmensbewertung, München 2010, 229.
Priester, Der Wirtschaftstreuhänder im Lebenszyklus des Unternehmens und im Wandel der Zeit, in *Nadvornik/Kofler/Renner/Schwarz*, Steuergestaltung und Betriebswirtschaft, Wien 2012, 199.
Pummerer, Unternehmensbewertung von KMU, Wien 2015.

Purtscher, Vergleichsverfahren und ihre Einsatzmöglichkeit zur Bewertung von KMUs, in *Königsmaier/Rabel*, Unternehmensbewertung, Wien 2010, 493.

Reiter/Nagy/Geiger, Qualitätssicherung in Prüfungsbetrieben, in *IWP*, Wirtschaftsprüfer-Jahrbuch 2012, Wien 2012, 167.

Schoor/Fischer/Ueberfeldt, Kauf und Bewertung einer Steuerberaterpraxis, Herne 2013.

Winter, Der Unternehmenswert von Steuerberatungskanzleien, Wiesbaden 2009.

Abschnitt C – Sonderthemen der Bewertung

Die Behandlung von Synergieeffekten im Rahmen von Unternehmensbewertungen

Wolfgang Rainer

1. **Einleitung**
2. **Synergien, Dyssynergien und Implementierungskosten**
    2.1. Synergien – Klassifizierung und ökonomische Grundlagen
    2.2. Synergien entlang der Wertschöpfungskette
    2.3. Höhe der Synergiepotenziale
    2.4. Aufteilung der Synergiepotenziale zwischen Käufer und Verkäufer
    2.5. Dyssynergien
    2.6. Implementierungskosten
    2.7. Bruttosynergien vs Nettosynergien
3. **Behandlung von Synergieeffekten im Rahmen von Unternehmensbewertungen**
    3.1. Synergieeffekte im Rahmen des Fachgutachtens KFS/BW 1
    3.2. Synergieberechnung und Bewertung
4. **Beispiele operativer Synergiequellen nach Funktionsbereichen**
    4.1. Einkaufssynergien
    4.2. Synergien in der Produktion
    4.3. Synergien in Forschung und Entwicklung
    4.4. Synergien im Marketing und Vertrieb
    4.5. Synergien in der Verwaltung
    4.6. Synergien in der Distributionslogistik
5. **Zusammenfassung**

1. Einleitung

Synergien sind eines der am meisten diskutierten Themen im Rahmen von M&A-Transaktionen und in der Praxis oftmals ein wichtiger Entscheidungsgrund für oder gegen einen Unternehmenskauf. Auch in der Fachliteratur wird das Heben von Synergien mit Abstand als das häufigste fundamentale Motiv für M&A-Transaktionen genannt, noch vor dem Zugriff auf Ressourcen und der Diversifikation.[1] Dabei sind Synergien zumeist das Spielfeld von strategischen Käufern. Im Gegensatz zu rein finanziellen Käufern haben strategische Käufer die Möglichkeit, das gekaufte Unternehmen in die bestehende Organisation zu integrieren und somit Synergiepotenziale – etwa durch die Beseitigung von strukturellen Doppelgleisigkeiten – zu heben. In zunehmendem Maße versuchen jedoch auch Finanzinvestoren über sogenannte „Buy and Build"-Strategien Synergien zwischen den einzelnen Targets zu realisieren und damit ihre Rendite zu erhöhen.[2]

Die möglichst realistische Schätzung der Synergiepotenziale sowie auch der damit verbundenen Umsetzungsrisiken, Restrukturierungs- und Integrationskosten und eventuellen Dyssynergien entscheidet aus Käufersicht oft über den Erfolg und die langfristige Wertschaffung einer Unternehmensakquisition. Dabei ist es wichtig, eine realistische Einschätzung vorzunehmen, da die hohe Misserfolgsquote von M&A-Transaktionen neben strategischen Fehleinschätzungen und Integrationsmängeln oft auf eine überhöhte Bewertung aufgrund überschätzter Synergiepotenziale zurückgeführt wird.[3]

Ziel dieses Beitrages ist es, einen praxisrelevanten Überblick über Synergieeffekte bei Unternehmensübernahmen zu geben und auf die Behandlung von Synergien im Rahmen von Unternehmensbewertungen einzugehen. Im folgenden Abschnitt wird nach einer generellen Begriffsdefinition auf die unterschiedlichen Arten von Synergien sowie auf Dyssynergien und Implementierungskosten eingegangen. Aufbauend darauf beschäftigt sich Abschnitt 3 mit der Frage, ob und in welchem Maß Synergiepotenziale bei Unternehmensbewertungen auf Basis des Fachgutachtens KFS/BW 1 einbezogen werden dürfen. Abschnitt 4 gibt abschließend eine Übersicht ausgewählter praxisrelevanter operativer Synergiequellen.

2. Synergien, Dyssynergien und Implementierungskosten

2.1. Synergien – Klassifizierung und ökonomische Grundlagen

Das Fachgutachten KFS/BW 1 definiert Synergien als *„die Veränderung der finanziellen Überschüsse, die durch den wirtschaftlichen Verbund zweier oder mehrerer Unternehmen entsteht und dazu führt, dass der Gesamtbetrag der finanziellen Überschüsse von der Summe der isoliert entstehenden Überschüsse abweicht"*[4]. Positive Synergieeffekte können dann entstehen, wenn der Unternehmensverbund effizienter funktioniert als die

---

1 Vgl *Hinsen*, Motive und Ziele von M&A-Transaktionen (2012) 29.
2 Vgl *BCG*, The Power of Buy and Build (2016) 5.
3 Vgl *Hinne*, Mergers & Acquisitions Management (2008) 3.
4 Vgl *KFS/BW 1* (2014) 17.

Summe der Einzelunternehmen[5]. Aus Käufersicht führen positive Synergieeffekte zu höheren finanziellen Überschüssen und somit zu einem Anstieg des subjektiven Unternehmenswertes des Kaufobjektes.

In der Literatur werden unterschiedliche Klassifikationen bzw Unterteilungen von Synergien vorgenommen. In einem ersten Schritt können echte und unechte Synergieeffekte unterschieden werden.[6] **Echte Synergieeffekte** treten dabei nur mit einem konkreten Transaktionspartner auf. Beispiele für echte Synergieeffekte sind Know-how-Transfer, Zusammenarbeit bei Forschung und Entwicklung, Ergänzung der jeweilgen Produktportfolios oder Profitabilitätssteigerung durch Integration in bestehende Einkaufsverträge. **Unechte Synergieeffekte** lassen sich hingegen mit einer nahezu beliebigen Vielzahl an Transaktionspartnern erreichen. Beispiele für unechte Synergieeffekte sind die Ausnutzung von Größeneffekten, Marktmacht, Kostenreduktion durch Zusammenlegung einzelner Bereiche oder steuerliche Verlustvorträge.

Im Sinne des KFS/BW 1, das Synergien als die Veränderung der kombinierten finanziellen Überschüsse definiert, können Synergien im Wesentlichen durch höhere Einnahmen (Umsatzsynergien) oder reduzierte Kosten (Kostensynergien) erzielt werden. Darüber hinaus können eine Reihe indirekter Effekte aufgezeigt werden, die über die Werttreiber Zeit, Know-how, Markt, Kosten, Ressourcen, Risiko oder Wettbewerb auf den Unternehmenswert wirken.[7] Im Endeffekt wirken jedoch alle Synergieeffekte über einen der beiden Treiber Umsatz oder Kosten auf die finanziellen Überschüsse und somit den Unternehmenswert.

Eine häufige Klassifizierung von Synergien erfolgt in **operative Synergien** (Effizienzgewinne), **finanzielle Synergien** (Reduktion der Kapitalkosten) und **Marktmachtsynergien** (gestärkte Marktposition).[8] Ökonomisch betrachtet können Synergien dabei auf Skaleneffekte (economies of scale), Verbundeffekte (economies of scope) und Fixkostendegression durch die gemeinsame Nutzung von Ressourcen zurückgeführt werden.[9] Zusammenfassend können die Synergiepotenziale im Rahmen von M&A-Transaktionen in sechs Effekte mit entsprechenden Auswirkungen auf den Unternehmensverbund klassifiziert werden[10]:

- **Kapazitätsauslastungseffekt**
  Sinkende Stückkosten bei wachsender Ausbringungsmenge
- **Betriebsgrößeneffekt**
  Sinkende Gesamtkosten durch wirtschaftlichere Produktionsverfahren
- **Lernkurveneffekt**
  Sinkende Stückkosten durch erhöhte kumulierte Ausbringungsmengen

---

5   Vgl *Höhne*, Praxishandbuch Operational Due Diligence (2013) 155.
6   Vgl zu diesem Absatz *Zwirner*, Berücksichtigung von Synergieeffekten bei Unternehmensbewertungen (2013) 2875; *Wala*, Synergiecontrolling (2008) 14.
7   Vgl *Horzella*, Wertsteigerung im M&A-Prozess (2010) 158 ff.
8   Vgl *Rödiger*, Werte schaffen durch M&A-Transaktionen (2010) 47.
9   Vgl *Rödiger*, Werte schaffen durch M&A-Transaktionen (2010) 47; *Höhne*, Praxishandbuch Operational Due Diligence (2013) 155.
10 Vgl *Peemöller*, Instrumente des Synergie-Controlling (2012) 79.

- **Verbundeffekt**
  Sinkende Kosten durch gemeinsame Nutzung gleicher, bisher unausgelasteter Ressourcen
- **Zeitvorteilseffekt**
  Früherer Markteintritt durch Verkürzung der Entwicklungsphase
- **Machteffekt**
  Steigende Marktmacht durch größeren Umfang knapper Ressourcen

2.2. Synergien entlang der Wertschöpfungskette

Aufbauend auf den theoretischen Überlegungen zu den ökonomischen Grundlagen von Synergieeffekten stellt sich die Frage, in welchen konkreten Unternehmensbereichen Synergiepotenziale im Rahmen einer M&A-Transaktion gehoben werden können. Dabei ist generell zu beobachten, dass Synergien entlang der gesamten Wertschöpfungskette eines Unternehmens auftreten können, beispielsweise im Einkauf, der Produktion oder dem Vertrieb. Je nachdem, auf welcher Wertschöpfungsstufe sie ansetzen, kann man Input-Synergien, Prozess-Synergien und Output-Synergien unterscheiden:[11]

- **Input-Synergien** beziehen sich auf jene Bereiche, die der Produktion vorgelagert sind, dh dem Einkauf, der Forschung und Entwicklung oder der Finanzierung. Beispiele für Input-Synergien sind etwa die Bündelung von Einkaufsvolumina mit dem Ziel bessere Preise und Einkaufskonditionen zu erreichen oder Kostensenkungen durch die Zusammenlegung der Forschungs- und Entwicklungsabteilungen.
- **Prozess-Synergien** entstehen im Zuge der Produktion und dazugehörigen Unterstützungsfunktionen wie der Logistik und indirekter Bereiche wie dem Rechnungswesen, Controlling, Personalwesen oder IT. Unter Prozess-Synergien fallen beispielsweise Kostensenkungen aufgrund von Kapazitätskonsolidierungen (Schließung von Produktionsstandorten und Verlagerung der Produktion auf andere Standorte mit entsprechenden positiven Auslastungseffekten) oder Kostensynergien durch die Zentralisierung von unterstützenden Funktionen wie dem Rechnungswesen oder der IT in ein sogenanntes „Shared Service Center".
- **Output-Synergien** beziehen sich auf die der Produktion nachgelagerten Bereiche wie Vertrieb, Marketing und Distributionslogistik. Beispiele für Output-Synergien sind Kostensenkungen durch die Zusammenlegung der Vertriebsteams, Einsparungen bei überschneidenden Marketingbudgets, die gemeinsame Nutzung von Vertriebskanälen oder Cross-Selling-Aktivitäten.

Abbildung 1 zeigt in diesem Zusammenhang eine Übersicht unterschiedlicher Handlungsansätze zur Synergierealisierung entlang der Wertschöpfungskette. Auf operative Synergiepotenziale in einzelnen Funktionsbereichen (wie Vertrieb, Produktion etc) wird ausführlicher in Abschnitt 4 eingegangen.

---

[11] Vgl zu diesem Abschnitt *Wildemann*, Programm zur Realisierung von Synergien nach Mergers & Acquisitions Teil 1 (2004) 599.

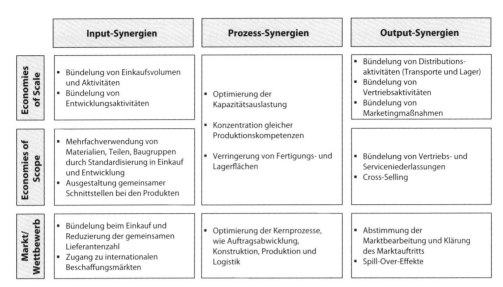

Abbildung 1: Übersicht der Handlungsansätze zur Synergierealisierung [*Wildemann*, Programm zur Realisierung von Synergien nach Mergers & Acquisitions Teil 1 (2004) 601]

2.3. Höhe der Synergiepotenziale

Eine der wesentlichsten Fragestellungen für Praktiker ist die realistische Abschätzung der Höhe der Synergiepotenziale im Rahmen einer M&A-Transaktion. Dabei muss allerdings festgestellt werden, dass es keine pauschale Antwort auf diese Frage gibt. Die Höhe der Synergiepotenziale bei einer konkreten Transaktion hängt stark von der jeweiligen Situation und dem konkreten Käufer ab.

Es ist intuitiv nachvollziehbar, dass die Höhe der Synergiepotenziale vom Umfang der Überschneidungen zwischen den beiden Unternehmen abhängt.[12] Dementsprechend spielt es eine Rolle, ob eine Transaktion zwischen Unternehmen der gleichen Wertschöpfungsstufe (**horizontale Akquisition**) oder unterschiedlicher Wertschöpfungsstufen (**vertikale Akquisition**) stattfindet. Synergiepotenziale können dabei allerdings sowohl bei horizontalen als auch bei vertikalen Akquisitionen auftreten, allerdings tendenziell in unterschiedlichen Unternehmensbereichen (Produktion, Vertrieb, Forschung und Entwicklung etc). Zudem kann beobachtet werden, dass die potenziellen Synergieeffekte stark vom jeweiligen Geschäftsmodell und von der Branche abhängig sind. Eine konkrete Abschätzung der Synergiepotenziale bedingt daher ein tiefes Verständnis der Branche und der vorhandenen Wertschöpfungshebel.[13]

Diverse Studien von M&A-Transaktionen börsengelisteter Unternehmen liefern erste Anhaltspunkte über die Höhe der generell zu beobachteten Synergiepotenziale in unterschiedlichen Branchen. Beispielsweise wurden in einer Studie der Boston Consulting

---

12 Vgl *Wala*, Synergiecontrolling (2008) 12.
13 Vgl *Rothenbücher/Niewiem/Bovermann*, Maßgefertigt – M&A-Synergien mit Augenmaß (2012) 6.

Group aus dem Jahr 2013 365 M&A-Transaktionen mit einem Transaktionswert von jeweils über 300 Mio USD im Zeitraum 2000 bis 2011 ausgewertet.[14] Dabei wurde gefunden, dass die veröffentlichten Synergieannahmen im Median bei ca 4,8 % des Umsatzes des Zielunternehmens lagen. Je nach Branche variierten die veröffentlichten Synergieannahmen jedoch signifikant, von ca 1,8 % (Glücksspielbranche) bis zu ca 9,9 % (Gesundheitswesen). Dabei muss jedoch betont werden, dass diese Branchendurchschnittswerte höchstens als grobe Indikation dienen und nicht als Berechnungsbasis für eine konkrete Transaktion herangezogen werden können.

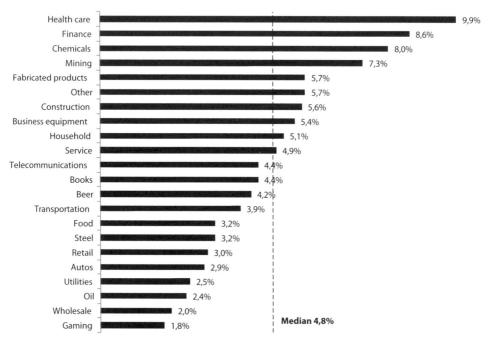

Abbildung 2: Median announced synergies per industry (target sales) [*Kengelbach et al*, How Successful M&A Deals Split the Synergies (2013) 4]

2.4. Aufteilung der Synergiepotenziale zwischen Käufer und Verkäufer

Die Frage, ob der zusätzliche Unternehmenswert, der sich aus potenziellen Synergien ergibt, dem Käufer oder dem Verkäufer zusteht, ist in der Literatur nicht abschließend geklärt[15]. In der Praxis entscheidet oft die relative Verhandlungsstärke darüber, bis zu welchem Grad der Käufer bereit ist, dem Verkäufer potenzielle Synergieeffekte – die ja erst durch den Kauf des Unternehmens zustande kommen – über den Kaufpreis abzugelten. Der tatsächlich gezahlte Kaufpreis wird in der Regel zwischen dem Stand-alone-Wert des Kaufobjektes und dem Stand-alone-Wert zuzüglich dem Wert der potenziellen

---

14 Vgl *Kengelbach et al*, How Successful M&A Deals Split the Synergies (2013).
15 Vgl *Voigt et al*, Unternehmensbewertung (2005) 46.

Synergien liegen.[16] Dabei wird der Wert, um den der tatsächliche Kaufpreis den Stand-alone-Wert bzw Marktwert des Kaufobjektes übersteigt, generell auch als **Übernahmeprämie** (Acquisition Premium) bezeichnet.

Börsengelistete Unternehmen publizieren oftmals die im Zuge einer Unternehmensakquisition erwarteten Synergieeffekte als positives Signal an den Kapitalmarkt. Mit einer solchen aktiven und transparenten Kommunikationsstrategie, die dem Kapitalmarkt die erwarteten positiven Synergieeffekte darlegt, wird versucht, einer möglichen negativen Aktienkursentwicklung nach der Veröffentlichung einer Akquisition entgegenzuwirken[17]. Aufgrund der besseren öffentlichen Informationslage und dem Vorhandensein von Marktpreisen lassen sich anhand von Transaktionen zwischen börsengelisteten Unternehmen die gezahlten Übernahmeprämien und damit die Aufteilung der Synergiepotenziale zwischen Käufer und Verkäufer abschätzen. In der zuvor erwähnten Studie der Boston Consulting Group wurde herausgefunden, dass im Schnitt 31 % der potenziellen Synergien den Verkäufern zufließen. Dieser Wert ist jedoch stark branchenabhängig. In Branchen mit größerem Synergiepotenzial (zB Health Care) konnten Verkäufer auch einen höheren Anteil an den potenziellen Synergien verhandeln, im Vergleich zu Branchen mit niedrigeren Synergiepotenzialen (zB Telekommunikation).

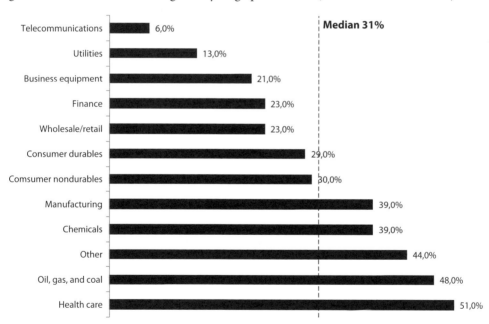

Abbildung 3: Median amount of synergies captured by target shareholders per industry [*Kengelbach et al*, How Successful M&A Deals Split the Synergies, 2013, 9]

Auch wenn die Aufteilung der Synergiepotenziale in der Praxis auf die relative Verhandlungsstärke und das Verhandlungsgeschick zurückzuführen ist, so muss in diesem Zu-

---

16 Vgl *Kengelbach et al*, How Successful M&A Deals Split the Synergies (2013) 5.
17 Vgl *Kengelbach et al*, How Successful M&A Deals Split the Synergies (2013) 5.

sammenhang auch auf die leider oft beobachtete Überzahlung von Akquisitionen hingewiesen werden[18]. Eine Überschätzung der tatsächlich erzielbaren Synergiepotenziale kann in diesem Zusammenhang eine wesentliche Rolle spielen. In der verhaltenswissenschaftlichen Forschung ist dieses Phänomen als **„Winner's Curse"** bekannt: Dabei ist bei Auktionen zu beobachten, dass die Bieter dazu neigen, viel zu überzogene Preise zu bieten. Sie gehen dann zwar als Sieger aus der Auktion heraus, haben faktisch aber verloren, da sie zu viel gezahlt haben.[19] Bei M&A-Prozessen kommt das Phänomen des „Winner's Curse" im Speziellen bei kompetitiven Bieterverfahren zu tragen, wo Käufer den Wert des Zielobjektes oftmals deutlich überschätzen.[20] Um dem entgegenzuwirken und sich nicht zu einem überhöhten Gebot verleiten zu lassen ist es ratsam, alle zu Verfügung stehenden Informationen in das Gebot einfließen zu lassen, sich den äußeren Einflüssen und der Existenz eines „Winner's Curse" bewusst zu sein und im gesamten Prozess möglichst objektiv zu bleiben.[21] Dabei ist es auch empfehlenswert, sich selbst eine Preisobergrenze zu setzen, bei deren Überschreitung man sich aus dem Bieterverfahren zurückzieht.[22]

2.5. Dyssynergien

Auch wenn die positiven Synergieeffekte meistens in den Vordergrund gestellt werden, darf nicht vergessen werden, dass im Zuge von Unternehmenszusammenschlüssen auch negative Synergieeffekte (**Dyssynergien**) auftreten können. Dyssynergien wirken sich dabei über Erlösminderungen oder Kostensteigerungen negativ auf den Unternehmenswert aus und können letztendlich auch eine Schwächung der Wettbewerbsposition mit sich bringen.[23] Dyssynergien können sowohl auf Ertrags- als auch auf Kostenseite auftreten.

Auf **Ertragsseite** ergeben sich Dyssynergien beispielsweise aus Kannibalisierungseffekten oder aus Kundenabwanderung aufgrund von Verunsicherung. Eine weitere Quelle von ertragsseitigen Dyssynergien stellen kundenseitige Abschmelzverluste aufgrund von wegfallender Produktdifferenzierung dar.[24] Beispielsweise kann ein Unternehmen, das seine Produkte über den einschlägigen Fachhandel vertreibt, nach einem Merger mit einem konkurrierenden Produzenten vor der Situation stehen, dass die Fachhändler als Reaktion auf die wegfallende Produktdifferenzierung ein weiteres Konkurrenzprodukt in ihr Sortiment aufnehmen. Diese auf Händlerseite gewünschte Sortimentsvielfalt kann somit zu Umsatzeinbußen (**Volume Slippage**) bei dem verbundenen Unternehmen führen. Die Wahl der Marken- und Marketingstrategie für das verbundene Unternehmen spielt in so einer Situation eine besonders wichtige Rolle (Thema Zweimarkenstrategie).

---

18 Vgl zu diesem Abschnitt auch *Wala*, Synergiecontrolling (2008) 64.
19 Vgl *Klein*, Akquisitionen und der Winner's Curse (2009) 88.
20 Vgl *Eisenbarth*, Zeitliche Optimierung von M&A-Entscheidungen (2013) 110.
21 Vgl *Klein*, Akquisitionen und der Winner's Curse (2009) 89.
22 Vgl *Klein*, Akquisitionen und der Winner's Curse (2009) 89.
23 Vgl *Hofmann*, Realisierung von Synergien und Vermeidung von Dyssynergien (2005) 484.
24 Vgl *Hölters (Hrsg)*, Handbuch des Unternehmens- und Beteiligungskaufs (2005) 167.

Auf **Kostenseite** können Dyssynergien durch steigende Koordinationsaufwendungen und Inflexibilität, notwendige Personalschulungen oder Unternehmenskulturanpassungen entstehen.[25] Eine in diesem Zusammenhang häufig beobachtete Quelle von Dyssynergien sind Reibungsverluste durch das Aufeinanderprallen unterschiedlicher Unternehmenskulturen, die zu einem Abgang von qualifiziertem Personal führen können.[26] Weitere negative Synergien können entstehen, wenn die Vergütungs- und Sozialstandards für das gesamte Unternehmen an das Niveau des Partners mit den höheren entsprechenden Standards angepasst werden.[27] Die entsprechend steigenden Personalkosten stellen eine kostenseitige Dyssynergie dar.

Im Vergleich zu Kostensynergien sind Dyssynergien in der Regel schwieriger zu quantifizieren, da sie mit erheblichen Unsicherheitsfaktoren einhergehen, was jedoch keinesfalls dazu führen darf, sie aus dem Bewertungskalkül zu entfernen oder herunterzuspielen.[28] Im Rahmen einer Due Diligence müssen gerade auch die Risiken, die sich aus dem Zusammenschluss zweier Unternehmen ergeben können, genau analysiert und eventuell vorhandene Dyssynergien klar dargestellt werden.[29] In der Umsetzungsphase ist ein aktives Synergiemanagement auch für Dyssynergien wichtig. Denn während es für positive Synergien als selbstverständlich gilt, dass diese geplant und aktiv umgesetzt werden müssen, entstehen Dyssynergien meist ohne weiteres Zutun von alleine und können nur durch ein aktives Synergiemanagement gemindert oder verhindert werden.[30]

2.6. Implementierungskosten

Den positiven Effekten von Synergien stehen Implementierungskosten gegenüber, die jedenfalls in einer Detailanalyse berücksichtigt werden müssen. Während unter Implementierungskosten im engeren Sinne jene Kosten verstanden werden können, die in der direkten Umsetzung bzw Hebung der Synergiepotenziale anfallen, trifft man in der Praxis auch oft auf den weiter gefassten Begriff der **Post Merger Costs**. Darunter werden einerseits die Kosten für die Durchführung der Transaktion verstanden, die **Merger Transaction Costs**, sowie andererseits die Kosten der Integration, auch bezeichnet als **Post Merger Integration Costs**.[31]

Genau wie Dyssynergien mindern Implementierungskosten den Unternehmenswert und sind entsprechend als Cash-Outflow in der Bewertung zu berücksichtigen. Auch wenn die genaue Höhe der anfallenden Kosten von der jeweiligen Transaktion abhängt, hat sich in der Praxis gezeigt, dass diese bis zu dem einfachen Wert der jährlichen Synergien ausmachen können.[32] Dabei treten Integrationskosten in unterschiedlichen Bereichen auf und können betriebswirtschaftlich gesehen sowohl in Form von Kosten als auch in Form von Investitionen anfallen.

---

25 Vgl *Hofmann*, Realisierung von Synergien und Vermeidung von Dyssynergien (2005) 486.
26 Vgl *Koch*, Praktiker-Handbuch Due Diligence (2011) 140.
27 Vgl *Hölters (Hrsg)*, Handbuch des Unternehmens- und Beteiligungskaufs (2005) 167.
28 Vgl *Wala*, Synergiecontrolling (2008) 28.
29 Vgl *Koch*, Praktiker-Handbuch Due Diligence (2011) 141.
30 Vgl *Biberacher*, Synergiemanagement und Synergiecontrolling (2003) 54.
31 Vgl *Herter*, Post Merger Integration Controlling (2003) 451.
32 Vgl *Koller/Goedhart/Wessels*, Valuation – Measuring and Managing the Value of Companies (2010) 463.

Die nachfolgende Liste gibt ohne Anspruch auf Vollständigkeit einen Überblick über in der Praxis häufig vorkommenden Integrationskosten:[33]

- Investitionen in die Zusammenlegung von Standorten bzw Schließungskosten für nicht mehr benötigte Standorte
- Umzugskosten bei Standortverlagerungen (Produktion, Vertriebsniederlassungen, Back-Office etc)
- Eventuell notwendige Investitionen in das technologische Upgrade der übernommenen Werke bzw Anlagen
- Kosten im Zusammenhang mit Personalabbau, wie Abfindungszahlungen, Frühpensionierungen, Altersteilzeit, Sozialpläne etc
- Kosten für das Outplacement von Mitarbeitern
- Akquisitionskosten für neues Personal
- Halteprämien für Schlüsselmitarbeiter
- Beratungs- und Rechtskosten
- Kosten und Investitionen in die Zusammenführung der IT-Infrastruktur
- Kosten für Re-Branding und neues bzw zusammengeführtes Corporate Design
- Kosten für Schulung und Training von Mitarbeitern

Angesichts der Vielschichtigkeit der Integrationskosten ist eine genaue Planung und in der Umsetzungsphase ein laufendes Controlling empfehlenswert. Für eine tieferführende Behandlung der Thematik **Post Merger Integration Costs** und **Synergiecontrolling** wird auf die einschlägige Literatur verwiesen.[34]

2.7. Bruttosynergien vs Nettosynergien

Während positive Synergien den Unternehmenswert steigern, wird dieser von negativen Synergien (Dyssynergien) und Implementierungskosten gesenkt. Es sind somit letztlich die Nettosynergien, die den Eigentümern des Akquisitionsobjektes zugutekommen und somit entscheidungsrelevant sind.[35, 36] Dabei können die **Nettosynergien** als Bruttosynergien abzüglich Dyssynergien und Implementierungskosten dargestellt werden.

$$\begin{aligned}&\text{Bruttosynergien}\\&-\text{Dyssynergien}\\&-\text{Implementierungskosten}\\&=\textbf{Nettosynergien}\end{aligned}$$

---

[33] Vgl *Beck*, Synergie-Controlling als Weg aus der „Synergiefalle" (2003) 680; *Herter*, Post Merger Integration Controlling (2003) 452; *Grüner*, Mergers & Acquisitions in Unternehmungskrisen (2006) 41; *Koller/Goedhart/Wessels*, Valuation – Measuring and Managing the Value of Companies (2010) 462 f.

[34] Beispielsweise *Beck* (2003), *Biberacher* (2003), *Herter* (2003), *Meynerts-Stiller/Rohloff* (2015), *Peemöller* (2012), *Rödiger* (2010), *Studt* (2008), *Wala* (2008).

[35] Vgl *Klopfer*, Akquisitionsbedingte Wertänderung von Akquisitionssubjekten (2008) 16.

[36] In der Literatur wird mitunter eine weitergefasste Definition von Dyssynergien verwendet, die zusätzlich Integrations- und Realisierungskosten sowie nicht realisierte positive Synergien umfasst (vgl *Biberacher*, Synergiemanagement und Synergiecontrolling [2003] 56). Zur besseren Veranschaulichung werden in dieser Arbeit Integrations- und Realisierungskosten separat dargestellt.

Da die Realisierungs- und Integrationskosten zumeist in den ersten Jahren nach Übernahme anfallen und das volle Potenzial der Synergien allerdings erst nach einiger Zeit ausgeschöpft werden kann, kann der Nettoeffekt auf die finanziellen Überschüsse in den ersten Jahren deutlich geringer ausfallen und in einigen Fällen sogar negativ sein (zB Implementierungskosten im ersten Jahr höher als der Bruttosynergieeffekt). Das Heben von Synergien braucht in der Regel Zeit. Dabei ist jedoch zu beachten, dass die Geschwindigkeit, mit der Synergien realisiert werden können, einen signifikanten Einfluss auf die Wertschaffung hat.[37] Eine entschiedene und rasche Umsetzung der geplanten Integration kann somit als vorteilhaft angesehen werden. In der Praxis zeigt sich ein Zeitfenster von maximal 18 bis 24 Monaten, innerhalb dessen die Synergiepotenziale realisiert werden sollten, da diese danach zunehmend durch geänderte Rahmenbedingungen, wie Veränderungen im Wettbewerbsumfeld oder von Kundenpräferenzen, beeinflusst werden.[38]

3. Behandlung von Synergieeffekten im Rahmen von Unternehmensbewertungen

3.1. Synergieeffekte im Rahmen des Fachgutachtens KFS/BW 1

Ob Synergieeffekte bzw deren Auswirkungen auf die finanziellen Überschüsse im Rahmen von Unternehmensbewertungen berücksichtigt werden dürfen, hängt vom Bewertungsanlass ab. Bei der Ermittlung eines **objektiven Unternehmenswerts** gibt das Fachgutachten KFS/BW 1 klar vor, dass Synergieeffekte, die erst durch eine Unternehmenskombination entstehen würden, nicht in die Bewertung einfließen dürfen. *„Soweit sich nicht aus rechtlichen Vorgaben für den konkreten Bewertungsanlass etwas anderes ergibt, sind bei der Ermittlung eines objektivierten Unternehmenswerts nur solche Synergieeffekte zu berücksichtigen, deren Realisierung zum Bewertungsstichtag bereits eingeleitet oder im Unternehmenskonzept dokumentiert ist (realisierte Synergieeffekte). Nicht zu berücksichtigen sind hingegen solche Synergieeffekte, die sich nur bei Umsetzung der konkreten, den Bewertungsanlass bildenden Unternehmenskombination realisieren lassen (nicht realisierte Synergieeffekte)."*[39]

Gerade bei Unternehmensakquisitionen wird der Käufer in der Regel jedoch auch an einer subjektiven Bewertung des Kaufobjekts interessiert sein, um den durch den Zusammenschluss entstehenden Mehrwert (über die Realisierung von Synergieeffekte) zu quantifizieren. Das Fachgutachten KFS/BW 1 definiert dabei den *subjektiven Unternehmenswert* als einen Entscheidungswert, der mit Hilfe eines Diskontierungsverfahrens ermittelt wird. *„In ihn fließen die subjektiven Vorstellungen und persönlichen Verhältnisse sowie sonstige Gegebenheiten (zB Synergieeffekte) des Bewertungssubjekts ein. Für einen potentiellen Käufer bzw Verkäufer soll dieser Wert die relevante Preisober- bzw Preisuntergrenze aufzeigen."*[40] Des Weiteren wird spezifiziert, dass *„[b]ei der Ermittlung eines*

---

37 Vgl *Studt*, Nachhaltigkeit in der Post Merger Integration (2008) 18.
38 Vgl *Wietzke/Gildemeister*, Herausforderungen in der Synergiebewertung (2012) 225.
39 Vgl *KFS/BW 1* (2014) 17.
40 Vgl *KFS/BW 1* (2014) 6.

Die Behandlung von Synergieeffekten im Rahmen von Unternehmensbewertungen

subjektiven Unternehmenswerts (Entscheidungswerts) (…) auch geplante, aber zum Bewertungsstichtag noch nicht eingeleitete oder noch nicht im Unternehmenskonzept dokumentierte Maßnahmen strukturverändernder Art wie Erweiterungsinvestitionen, Desinvestitionen, Bereinigungen des Produktprogramms oder Veränderungen der strategischen Geschäftsfelder berücksichtigt werden" können[41]. Insbesondere können *„[n]och nicht realisierte Synergieeffekte (…) je nach der konkreten Situation des Bewertungssubjekts (Käufer bzw Verkäufer) einbezogen werden."*[42]

Der Zusammenhang zwischen objektivem (Stand-alone-) Wert und subjektivem Wert ist in Abbildung 4 dargestellt. Ausgehend vom Stand-alone-Wert des Targets wird in einem ersten Schritt der **Restrukturierungswert** ermittelt, dh die Wertsteigerung, die zB über Produktivitätssteigerungen erreicht werden kann.[43] Dabei werden prinzipiell zwei Gruppen von Restrukturierungsmaßnahmen unterschieden: einerseits Maßnahmen, die auf die Effizienzsteigerungen der existierenden Vermögensgegenstände wirken, und andererseits der Verkauf von nicht betriebsnotwendigem Vermögen und das Heben stiller Reserven.[44]

In einem zweiten Schritt wird der Synergiewert ermittelt und addiert. In einem weiteren Schritt müssen noch eventuell vorhandene Dyssynergien sowie Implementierungskosten abgezogen werden, um den subjektiven Unternehmenswert aus Käufersicht zu erhalten. Dieser subjektive Unternehmenswert stellt quasi eine Preisobergrenze für den Käufer dar. Die Spanne zwischen Stand-alone-Wert und subjektivem Unternehmenswert kann als Verhandlungsspielraum bei der Preisfindung interpretiert werden. Siehe in diesem Zusammenhang auch die vorangegangene Diskussion in Abschnitt 2.4.

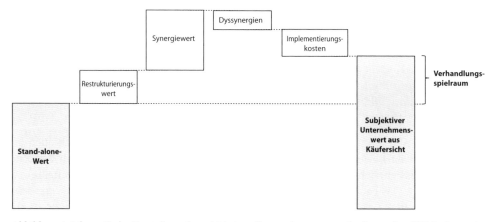

Abbildung 4: Schematische Darstellung des subjektiven Unternehmenswerts [aufbauend auf *Wala*, Synergiecontrolling (2008) 57]

---

41 Vgl *KFS/BW 1* (2014) 17.
42 Vgl *KFS/BW 1* (2014) 18.
43 Vgl *Wala*, Synergiecontrolling (2008) 57.
44 Vgl *Hölters*, Handbuch des Unternehmens- und Beteiligungskaufs (2005) 166.

3.2. Synergieberechnung und Bewertung

Im Zuge der Kaufpreisfindung ist es in der Praxis hilfreich, sowohl einen objektiven Unternehmenswert (ohne Berücksichtigung von Synergiepotenzialen) als auch einen subjektiven Unternehmenswert (inklusive Synergiepotenzialen) zu berechnen, um den möglichen Verhandlungsspielraum zu quantifizieren.

Um die Auswirkungen der Synergiepotenziale auf den Unternehmenswert zu berechnen, können prinzipiell zwei Vorgehensweisen gewählt werden. Beim **synoptischen (direkten) Ansatz** wird der Wert des verschmolzenen Unternehmens mit der Summe der beiden Stand-alone-Werte verglichen. Die Differenz ist der Wert der Synergien. Alternativ dazu werden beim **inkrementellen (indirekten) Ansatz** die einzelnen Synergieeffekte isoliert ermittelt, quantifiziert, diskontiert und als Summe in die Bewertung einbezogen.[45]

Im Folgenden soll eine von *Peemöller* (2012) vorgeschlagene indirekte Berechnungsmethode für Synergieeffekte näher beschrieben werden. Ausgangspunkt ist die Plan-GuV und Plan-Bilanz des kombinierten Unternehmens inklusive Synergieeffekten, Realisierungs- und Integrationskosten. Wie in Abbildung 5 schematisch dargestellt, werden von diesem kombinierten Unternehmensplan die Werte der Stand-alone-Pläne abgezogen (jeweils für jeden einzelnen Posten in der Plan-GuV und Plan-Bilanz). Das Resultat ist eine Plan-GuV und Plan-Bilanz der isolierten Synergieeffekte. Diese inkrementelle Berechnungsmethode hat den Vorteil, dass die Synergieeffekte in den einzelnen Aufwands- und Ertragsgrößen ersichtlich sind, was ein Controlling der Erreichung der Plan-Effekte vereinfacht.[46]

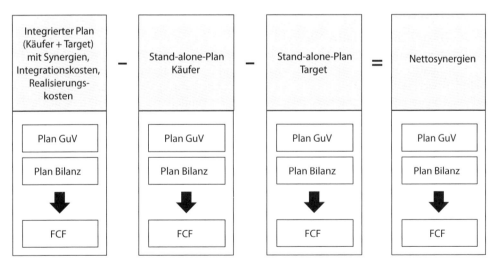

Abbildung 5: Schematische Darstellung der Berechnung von Nettosynergien bzw Synergiecashflow [aufbauend auf *Peemöller*, Instrumente des Synergie-Controlling (2012) 82].

---
45 Vgl *Wala*, Synergiecontrolling (2008) 27.
46 Vgl *Peemöller*, Instrumente des Synergie-Controlling (2012) 82.

Auf Basis der aus den Plan-GuVs und Plan-Bilanzen abgeleiteten Cashflows kann die Ermittlung des Unternehmenswertes dann beispielsweise über die Discounted Cashflow Methode („DCF") erfolgen. Dabei wird in einem ersten Schritt ein Stand-alone-Wert des Kaufobjektes ermittelt (auf Basis der Stand-alone-Plan-GuVs und -Plan-Bilanzen). In einem zweiten Schritt werden die zuvor ermittelten Plan-Synergien ebenfalls über ein DCF-Verfahren bewertet. Der subjektive Unternehmenswert aus Sicht des Käufers ergibt sich schließlich als Stand-alone-Wert des Kaufobjektes zuzüglich des Wertes der Synergien.[47]

Für die Bewertung der Synergien wird in der Regel derselbe Abzinsungsfaktor angenommen, der auch zur Berechnung des Stand-alone-Wertes gewählt wurde. Je nach eingeschätztem Risiko der Synergie-Cashflows kann hier allerdings durchaus auch ein höherer Abzinsungsfaktor angenommen werden.[48] Darüber hinaus wird mitunter vorgeschlagen, zwischen den relativ gut planbaren Kostensynergien und den relativ unsicheren Umsatzsynergien zu unterscheiden. Die hohe Unsicherheit und Planungsungenauigkeit von Umsatzsynergien sieht man auch daran, dass die regelmäßige Überschätzung von Synergiepotenzialen neben falsch eingeschätzten Lebensdauern von Synergien vor allem auf eine zu ungenaue Betrachtung der Umsatzsynergien zurückgeführt wird.[49] In diesem Zusammenhang wird mitunter vorgeschlagen, Umsatzsynergien mit einem höheren Zinssatz abzuzinsen, um dem inhärenten Risiko gerecht zu werden.[50]

Für eine tieferführende Behandlung der Thematik siehe ua *Peemöller* (2012a und 2012b), *Wala* (2008), *Hofmann* (2005) oder *Bachmann* (2001).

4. Beispiele operativer Synergiequellen nach Funktionsbereichen

In der Praxis stehen operative Synergiequellen oftmals im Vordergrund, vor etwa finanziellen oder steuerlichen Synergien. Dies mag daran liegen, dass operative Synergien leichter fassbar und quantifizierbar scheinen und ihr Beitrag zur Steigerung des Unternehmenswertes unmittelbar greifbar ist. Ohne die Bedeutung von finanziellen und steuerlichen Synergien herunterzuspielen, soll im Folgenden näher auf unterschiedliche operative Synergiequellen eingegangen werden.

Betrachtet man die einzelnen Wertschöpfungsstufen eines Unternehmens, so sieht man große Unterschiede in der Höhe der Kostensynergien je nach Wertschöpfungsstufe (siehe Abbildung 6). Auch ist die operative Umsetzbarkeit je nach Wertschöpfungsstufe höchst unterschiedlich, so dass beispielsweise das Heben von Kostensynergien im Einkauf mitunter einfacher sein kann als in der Produktion. *Rothenbücher/Niewiem/Bovermann* (2012) zeigen in einer industrieübergreifenden Studie, dass die höchsten Kostensynergien in den Bereichen Einkauf (36 % der gesamten Kostensynergien), Produktion

---

47 Es ist anzumerken dass es sich es sich bei diesem Wert der Synergien um einen Netto-Wert handelt, da in den integrierten Plan bereits sowohl Synergien als auch Dyssynergien, Realisierungs- und Integrationskosten eingeplant wurden.
48 Vgl *Peemöller*, Instrumente des Synergie-Controlling (2012) 82.
49 Vgl *Wietzke/Gildemeister*, Herausforderungen in der Synergiebewertung (2012) 228.
50 Vgl *Stichter*, Synergiecontrolling (2012) 625.

(24 %) und Verwaltung (18 %) gesehen werden. Die Umsetzbarkeit dieser Synergien wird in den Bereichen Einkauf (1,5; 1 = einfach, 5 = schwierig) und Verwaltung (2,5) am einfachsten eingeschätzt, gefolgt von Supply-Chain (2,6). Am schwierigsten wird die Umsetzung von Kostensynergien in den Bereichen Forschung & Entwicklung (3,1) und Marketing & Sales (3,2) gesehen.

	Wertschöpfungsstufe					
	F&E	Einkauf	Produktion	Supply chain	Marketing & Sales	Admin.
Häufigkeit (1=gering, 5 = hoch)	2,9	5	4,2	3,6	3,5	4,5
Kostensynergien in % der Gesamtkosten pro Wertschöpfungsstufe	6%	8%	10%	8%	8%	15%
Gesamtkosten Synergieanteil (Summe = 100%)	3%	36%	24%	6%	13%	18%
Umsetzbarkeit (1 = einfach, 5 = schwierig)	3,1	1,5	3,3	2,6	3,2	2,5

Abbildung 6: Kostensynergiematrix [*Rothenbücher/Niewiem/Bovermann*, Maßgefertigt – M&A-Synergien mit Augenmaß (2012) 9]

4.1. Einkaufssynergien

Der Einkauf ist eine klassische Quelle für Synergiepotenziale im Zuge von M&A- Transaktionen. Die Einsparungspotenziale bei der Zusammenlegung von zwei Beschaffungsbereichen liegen neben einer Personalreduktion vor allem bei reduzierten Inputfaktoren über Mengenrabatte, Preisnachlässe oder sinkenden Transportkosten.[51] Durch die Zusammenlegung der Einkaufsvolumina wird eine größere Macht mit entsprechend positiven Auswirkungen auf die Einkaufspreise erwartet. Dabei ist zu beobachten, dass Einkaufspreise eine relativ große Hebelwirkung auf die Profitabilität zeigen, sodass bereits kleine Reduktionen der Einkaufspreise zu signifikanten Steigerungen der Profitabilität führen können.[52]

Neben besseren Einkaufskonditionen stellt ein Unternehmenszusammenschluss die Möglichkeit dar, das gesamte Lieferantenportfolio neu zu strukturieren.[53]

4.2. Synergien in der Produktion

Synergiepotenziale in der Produktion spielen vor allem für horizontale M&A-Transaktionen zwischen Industrieunternehmen eine wesentliche Rolle, also für die klassischen Übernahme eines direkten Wettbewerbers. Im Vordergrund steht dabei die Optimierung des gemeinsamen Produktionsnetzwerkes, um durch den Abbau von Überkapazitäten die Auslastung der verbleibenden Standorte zu erhöhen.[54] Entscheidende Kriterien

---
51 Vgl *Biberacher*, Synergiemanagement und Synergiecontrolling (2003) 74.
52 Vgl *Studt*, Nachhaltigkeit in der Post Merger Integration (2008) 70.
53 Vgl *Rödiger*, Werte schaffen durch M&A-Transaktionen (2010) 58.
54 Vgl *Rödger*, Werte schaffen durch M&A-Transaktionen (2010) 54.

für die Zusammenführung von Produktionsstandorten sind beispielsweise die geografische Lage der Standorte und das jeweilige Technologie-Level.[55]

In der Praxis gilt es bei Optimierung des Produktionsnetzwerkes die Reichweite der jeweiligen Standorte im Zusammenhang mit den bedienten geografischen Absatzmärkten zu optimieren. Dies spielt vor allem in jenen Industrien eine große Rolle, die von hohen Transportkosten und in der Folge einem geringen Transportradius der Produkte geprägt sind, wie beispielsweise die Baustoffindustrie oder die Holz- und Papierindustrie.

Das Kriterium des Technologie-Levels ist ebenfalls von Bedeutung, da vor einer Standortzusammenlegung sichergestellt sein muss, dass der verbleibende Standort technisch auch in der Lage ist, die Produktpalette des geschlossenen Standortes zu übernehmen und zu produzieren. Um das zu erreichen, können mitunter signifikante Investitionen am verbleibenden Standort notwendig sein, die entsprechend in die Nettosynergieberechnung einfließen müssen.

4.3. Synergien in Forschung und Entwicklung

Die Akquisition von Forschungs- und Entwicklungs-Know-how ist oft ein wichtiges Motiv für Übernahmen, beispielsweise in der Biotechnologie- oder Pharmabranche.[56] Dabei steht der Zugang zu Patenten, spezifischem Technologie-Know-how, aber auch zu komplementären oder im Wettbewerb stehenden Technologieplattformen im Vordergrund.

Aber auch Kostensynergien können im F&E-Bereich gehoben werden. Die Zusammenlegung von F&E-Abteilungen kann zu einer effizienteren und effektiveren Forschungsarbeit beitragen, Doppelgleisigkeiten vermeiden und eine höhere Innovationskraft schaffen. Des Weiteren können Synergien durch eine Reduktion der Transaktionskosten über die gemeinsame Nutzung von Lizenzen und Patenten entstehen.[57] Kosteneinsparungen können sich auch aus der Nutzung gemeinsamer Forschungseinrichtungen und Labors ergeben sowie aus der Konsolidierung von Forschungskooperationen mit öffentlichen Institutionen[58].

4.4. Synergien im Marketing und Vertrieb

Marketing und Vertrieb sind ein weiterer Bereich, in dem üblicherweise versucht wird, Synergiepotenziale zu heben. Im Bereich des Vertriebs wird versucht, Synergien über gemeinsame Kunden, gemeinsame Vertriebskanäle oder gemeinsame regionale Märkte zu heben.[59] Eine überschneidende Kundenbasis ermöglicht das Heben von Synergien durch das Zusammenlegen der Marketingaktivitäten. Kostensynergien ergeben sich auch bei der Erschließung gemeinsamer Vertriebskanäle. Schließlich können bei vorhandenen regionalen Überschneidungen Kostensynergien durch das Zusammenlegen

---

55 Vgl *Studt*, Nachhaltigkeit in der Post Merger Integration (2008) 72.
56 Vgl *Horzella*, Wertsteigerung im M&A-Prozess (2010) 159.
57 Vgl *Wildemann*, Programm zur Realisierung von Synergien nach Mergers & Acquisitions Teil 1 (2003) 600.
58 Vgl *Wildemann*, Programm zur Realisierung von Synergien nach Mergers & Acquisitions Teil 2 (2003) 662.
59 Vgl *Meynerts-Stiller/Rohloff*, Post Merger Management (2015) 232.

der Vertriebsteams gehoben werden. Dies erlaubt oftmals eine effizientere Marktbearbeitung, als dies alleine der Fall wäre. Wenn beispielsweise beide Unternehmen zur Abdeckung der Region A je zehn Vertriebsmitarbeiter benötigen – die ein überschneidendes Kundenportfolio betreuen –, benötigt das verbundene Unternehmen in der Regel weniger als zwanzig Mitarbeiter, um dieselbe Region und Kundengruppe zu betreuen. Neben der reinen Kostenoptimierung birgt die Zusammenführung der Vertriebsteams zudem die Chance, ein „Team of Best People" aufzubauen.

Ein weiterer Bereich im Vertrieb, in dem Synergiepotenziale auftreten, ist die Zusammenlegung von Vertriebs- oder Serviceniederlassungen.[60] Ähnlich wie bei der Optimierung des Produktionsnetzwerkes kann auch das gemeinsame Netzwerk an Vertriebs- und Serviceniederlassungen optimiert werden, indem überschneidende Niederlassungen zusammengelegt werden.

Der Vertrieb ist ein Bereich, in dem nicht nur Kostensynergien, sondern auch Umsatzsynergien realisiert werden können. Eine oft angewendete Strategie zur Realisierung von Umsatzsynergien ist das sogenannte **Cross Selling**. Dabei wird versucht, durch wechselseitigen Vertrieb des erweiterten Produktportfolios an den jeweiligen Kundenkreis eine Steigerung des Umsatzes pro Kunden zu erreichen.[61] Ein weiteres Beispiel für eine Umsatzsynergie ist die Akquisition eines Start-up-Unternehmens mit einem innovativen Produkt durch einen Konzern. Alleine würde das Start-up-Unternehmen Jahre brauchen, um ein eigenes Vertriebsnetzwerk aufzubauen. Durch die Akquisition ergibt sich die unmittelbare Möglichkeit, die innovativen Produkte des Start-up-Unternehmens über die etablierten Vertriebswege des Konzerns zu vertreiben und somit den Umsatz rasch zu steigern. Dieser Multiplikator-Effekt stellt für den Käufer eine attraktive Umsatzsynergie dar. Die Eigentümer von Start-up-Unternehmen wissen jedoch natürlich auch von diesem Potenzial und versuchen, dies in die Kaufpreisverhandlungen entsprechend einfließen zu lassen.

Da der Vertrieb den direkten Kontakt zu den Kunden hält, ist es wichtig, von Anfang an eine klare Strategie zu definieren, um nach einer Akquisition keine Unsicherheiten beim Kunden aufkommen zu lassen. Die Vertriebsstrategie umfasst dabei nicht nur die Gestaltung der direkten Kundenbeziehungen, sondern auch Bereiche wie den Vertriebsinnendienst, die Vereinheitlichung von Kundendatenbanksystemen und die generelle Gestaltung der Vertriebsorganisation.[62]

Die Bereiche Vertrieb und Marketing sind eng miteinander verbunden. Auf der Marketingseite geht es einerseits um die Optimierung der gemeinsamen Kosten, etwa durch gemeinsame Messeauftritte oder die Senkung bzw bessere Ausnutzung des gemeinsamen Werbebudgets. Die strategisch wichtigere Fragestellung betrifft jedoch die Integration der Markenstrategien und somit die Frage, ob und wenn ja bis zu welchem Grad die beiden Marken und Marketingauftritte zusammengeführt werden sollen. Das Feld der Optionen reicht hier von einer gemeinsamen Vermarktung beider Produktportfolios

---

60 Vgl *Wildeman*, Programm zur Realisierung von Synergien nach Mergers & Acquisitions Teil 1 (2003) 601.
61 Vgl *Wildeman*, Programm zur Realisierung von Synergien nach Mergers & Acquisitions Teil 2 (2003) 660.
62 Vgl *Studt*, Nachhaltigkeit in der Post Merger Integration (2008) 69 f.

beispielsweise unter eine Dachmarke über die gegenseitige Nutzung der Vertriebskanäle beider Unternehmen bis hin zu einer vollständigen Zusammenlegung beider Produktportfolios und Marketingstrategien.[63] Die Wahl der Integrationstiefe beider Marketingstrategien kann sich dabei erheblich auf das Synergiepotenzial auswirken. Eine Entscheidung sollte hier aber keinesfalls rein kostengetrieben erfolgen, sondern auf Basis einer fundierten und gesamtheitlichen Analyse getroffen werden. Eine Fehleinschätzung birgt das Risiko von Kundenverlusten, die eventuell vorhandene positive Synergiepotenziale wieder zunichtemachen können. In diesem Zusammenhang ist die Kundenorientierung für das Gelingen einer Akquisition besonders während der Integrationsphase wichtig. Es kann daher Sinn machen, die Kunden in die Integration mit einzubeziehen, um einer eventuellen Verunsicherung entgegenzuwirken und somit eine Kundenabwanderung zu verhindern.[64]

4.5. Synergien in der Verwaltung

Die Zusammenlegung der Verwaltungsorganisationen kann über eine höhere Auslastung, den Einsatz effizienterer Systeme und die Eliminierung von Doppelfunktionen zur Hebung von Synergiepotenzialen beitragen.[65] Kostensenkungen können dabei in erster Linie durch eine Konsolidierung von Auftragsabwicklung, Rechnungswesen, Controlling, Personalwesen und IT erreicht werden.[66] Dabei bietet sich die Zusammenfassung dieser Funktionen in einem sogenannten „Shared Service Center" an. Die Höhe der erzielbaren Kostensynergien hängt dabei von einer Reihe von Rahmenbedingungen ab:[67]

- Im Bereich der Auftragsabwicklung hängt die Höhe des Synergiepotenzials davon ab, ob das zugrundeliegende Geschäftsmodell auf eher standardisierten oder eher individualisierten Aufträgen basiert. Im Fall von standardisierten Aufträgen ergibt sich ein deutlich höheres Synergiepotenzial durch die Zusammenführung der Auftragsabwicklung.
- Beim Rechnungswesen müssen länderspezifische gesetzliche Rahmenbedingungen beachtet werden, die eine Zentralisierung unter Umständen verhindern oder verkomplizieren.
- In Bezug auf Controlling und Personalwesen muss beachtet werden, dass abhängig von der Standortgröße Ansprechpartner vor Ort benötigt werden könnten, was eine Zentralisierung dieser Tätigkeiten nur bedingt ermöglicht.
- Die Zusammenführung der IT-Systeme ist in einem ersten Schritt von Mehrkosten geprägt, beispielsweise für Investitionen in die Harmonisierung der Infrastruktur oder für Schulungskosten. Synergien lassen sich nur dann realisieren, wenn die Administration der vereinheitlichten IT-Plattform mit weniger Mitarbeitern möglich ist, als dies bei den zwei eigenständigen Plattformen der Fall war.

---

63 Vgl *Howell*, 1970 zitiert in *Rödiger*, Werte schaffen durch M&A-Transaktionen (2010) 57.
64 Vgl *Rödiger*, Werte schaffen durch M&A-Transaktionen (2010) 56.
65 Vgl *Wöginger*, Das Synergy-Value-Konzept (2004) 221.
66 Vgl *Wildemann*, Programm zur Realisierung von Synergien nach Mergers & Acquisitions Teil 2 (2003) 661.
67 Vgl *Wildemann*, Programm zur Realisierung von Synergien nach Mergers & Acquisitions Teil 2 (2003) 661.

4.6. Synergien in der Distributionslogistik

Unabhängig davon, ob die zusammengelegten Unternehmen die Distributionslogistik selbst durchführen oder ausgelagert haben, können in diesem Bereich Synergiepotenziale über die Eliminierung von Redundanzen bei Lagerhaltung und Transporten gehoben werden.[68] In beiden Fällen geht es um eine Verbesserung der Auslastung der vorhandenen Kapazitäten. Bei der Lagerhaltung ergeben sich Synergiepotenziale einerseits aus der Konsolidierung der Lagerstandorte, aber andererseits auch aus der Senkung der Bestände im zusammengeführten Produktsortiment (Thema Working-Capital-Optimierung). Weitere Synergiepotenziale können sich aus der Optimierung der Versandabwicklungs-, Verpackungs- und Kommissionierungsprozesse ergeben.

Im Bereich der Transporte ergeben sich Synergiepotenziale aus dem gesteigerten Transportvolumen. Dabei geht es einerseits um die bessere Auslastung der Flotte und die Vermeidung von Umwegen, Doppelfahrten oder Leerfahrten. Andererseits können die gesteigerten Transportvolumina bei einer ausgelagerten Logistik zur Erreichung besserer Konditionen bei Speditionen eingesetzt werden.

5. Zusammenfassung

Die Realisierung von Synergiepotenzialen ist eines der am häufigsten genannten Motive für Unternehmensakquisitionen. Ökonomisch betrachtet resultieren Synergien aus Skaleneffekten (economies of scale), Verbundeffekte (economies of scope) oder Fixkostendegression. Dabei können Synergieeffekte auf allen Wertschöpfungsstufen eines Unternehmens auftreten, beispielsweise der Forschung und Entwicklung, der Produktion oder dem Vertrieb. Eine möglichst realistische Schätzung der positiven Synergieeffekte sowie eventuell vorhandener Dyssynergien und der notwendigen Implementierungskosten ist entscheidend für den Erfolg oder Misserfolg einer Akquisition. Während diverse Studien Anhaltspunkte zur Höhe von Synergiepotenzialen in verschiedenen Branchen zeigen, sind für die Beurteilung im Rahmen einer konkreten Transaktion die detaillierte Beschäftigung mit der Materie und eine umfangreiche Kenntnis der relevanten Werttreiber in der Branche notwendig.

Während Synergien im Rahmen des Fachgutachten KFS/BW 1 bei objektivierten Unternehmensbewertungen nicht in die Berechnung einfließen dürfen, können sie bei subjektiven Unternehmensbewertungen sehr wohl in das Kalkül einbezogen werden. Die entscheidungsrelevante Größe stellen dabei die Nettosynergien dar, die sich aus Bruttosynergien abzüglich Dyssynergien und Implementierungskosten ergeben. Der theoretische Verhandlungsspielraum bei der Kaufpreisfindung liegt sodann zwischen dem objektivierten Unternehmenswert des Kaufobjektes und dem objektiven Wert zuzüglich dem Wert der Nettosynergien. In der Praxis entscheiden die relative Verhandlungsstärke und das Verhandlungsgeschick über den tatsächlichen Kaufpreis und somit über die Aufteilung des Synergiewertes zwischen Käufer und Verkäufer. In jedem Fall sollte man sich

---

[68] Vgl zu diesem Abschnitt *Wildemann*, Programm zur Realisierung von Synergien nach Mergers & Acquisitions Teil 2 (2003) 663.

im Rahmen der Kaufpreisfindung dem „Winner's Curse" bewusst sein, speziell im Rahmen von Bieterverfahren. Synergiepotenziale sollten deshalb möglichst realistisch eingeschätzt werden. Dies reduziert die Gefahr eines überhöhten Kaufpreises, ermöglicht eine objektive Entscheidungsgrundlage und ist dabei die Basis, um die Unternehmensentwicklung mit Hilfe wertschaffender M&A-Transaktionen erfolgreich voranzutreiben.

Literatur

Bachmann, Christian, Synergie- und Nutzungspotentiale von Unternehmenszusammenschlüssen, Wiesbaden (2001)

BCG Boston Consulting Group, The Power of Buy and Build. How Private Equity Firms Fuel Next-Level Value Creation. BCG Perspectives, Februar 2016 (2016) Zugriff 15.3.2016. https://www.bcgperspectives.com/Images/BCG-Power-of-Buy-and-Build-Feb-2016_tcm80-205383.pdf

Beck, Ralf D., Synergie-Controlling als Weg aus der ‚Synergiefalle'? Controlling 12 (2003): 675–682

Biberacher, Johannes, Synergiemanagement und Synergiecontrolling, München (2003)

Christofferson, Scott/ McNish, Robert/Sias, Diane, Where mergers go wrong, McKinsey Quarterly, May 2004. Zugriff 16.1.2016. http://www.mckinsey.com/insights/corporate_finance/where_mergers_go_wrong.

Klein, Christian, Akquisitionen und der Winner's Curse: Warum der Sieger oft der Verlierer ist, Zeitschrift für Controlling & Management Sonderheft 1 (2009) 88–92

Eisenbarth, Irmgard, Zeitliche Optimierung von M&A-Entscheidungen, Köln (2013)

Grüner, Timo, Mergers & Acquisitions in Unternehmungskrisen, Wiesbaden (2006)

Herter, Ronald N., Post Merger Integration Controlling, Controlling 9 (2003) 451–457

Hinne, Carsten, Mergers & Acquisitions Management. Bedeutung und Erfolgsbeitrag unternehmensinterner M&A-Dienstleister, Wiesbaden (2008)

Hinsen, Helena, Motive und Ziele von M&A-Transaktionen – Einzelwirtschaftliche Kalküle, in *Theurl, Theresia/Tschöpel, Michael* (Hrsg), Mergers & Akquisitionen – Konzeptionelle Grundlagen und Empirische Fakten, Aachen (2013) 2–45

Hofmann, Erik, Realisierung von Synergien und Vermeidung von Dyssynergien, Controlling – Zeitschrift für erfolgsorientierte Unternehmenssteuerung 17 (8) (2005) 483–489

Höhne, Frank, Praxishandbuch Operational Due Diligence – Bewertung der operativen Leistungsfähigkeit produzierender Unternehmen, Wiesbaden (2013)

Hölters, Wolfgang (Hrsg), Handbuch des Unternehmens- und Beteiligungskaufs. Köln (2005)

Horzella, Andreas, Wertsteigerung im M&A-Prozess: Erfolgsfaktoren – Instrumente – Kennzahlen, Wiesbaden (2010)

Kengelbach, Jens/ Utzerath, Dennis/Kaserer, Christoph/Schatt, Sebastian, How Successful M&A Deals Split the Synergies." bcg.perspectives, March 27 (2013). Zugriff 31.1.2016. https://www.bcgperspectives.com/content/articles/mergers_acquisitions_postmerger_integration_divide_conquer_deals_split_synergies/

Klopfer, Karsten, Akquisitionsbedingte Wertänderung von Akquisitionssubjekten, Wiesbaden (2008)

Koch, Wolfgang, Praktiker-Handbuch Due Diligence, Stuttgart (2011)

Koller, Tim/ Goedhart, Marc/ Wessels, David, Valuation – Measuring and Managing the Value of Companis, New Jersey (2010)

Kübel, Moritz/Dier, Mirko, M&A-Kompetenz von strategischen Investoren – empirische Untersuchung der Stärken und Schwächen, in *Lucks, Kai* (Hrsg), M&A-Projekte erfolgreich führen, Stuttgart (2013) 51–62

KFS/BW 1 Fachgutachten des Fachsenats für Betriebswirtschaft und Organisation der Kammer der Wirtschaftstreuhänder zur Unternehmensbewertung. Fassung vom 26. März 2014. Zugriff 11.1.2016. http://www.kwt.or.at/de/PortalData/2/Resources/downloads/downloadcenter/KFSBW1_15052014_RF.pdf

Meynerts-Stiller, Kirsten/Rohloff, Christoph, Post Merger Management – M&A Integrationen erfolgreich planen und gestalten, Berlin (2015)

Peemöller, Volker, Instrumente des Synergie-Controlling – Messung und Steuerung von Synergiepotentialen und -effekten. Bilanzen im Mittelstand 04 (2012) 79–83.

Rödiger, Tobias, Werte schaffen durch M&A-Transaktionen – Erfolgsfaktoren im Post-Akquisitionsmanagement, Wiesbaden (2010)

Rothenbucher, Jürgen/Niewiem, Sandra/Bovermann, Jan, Maßgefertigt – M&A-Synergien mit Augenmaß, M&A Review 1 (2012) 6–12.

Seider, Uwe, Vertriebsintegration. Erfolgreiche Zusammenschlüsse von Unternehmen im Industriegütergeschäft, Berlin 2006

Stichter, Maximilian, Synergiecontrolling, Controlling-Compact 11 (2012) 623–625

Studt, Jürgen F., Nachhaltigkeit in der Post Merger Integration, Wiesbaden (2012)

Voigt, Christoph/Voigt, Jörn F./Voigt, Rolf/Voigt, Jan, Unternehmensbewertung. Erfolgsfaktoren von Unternehmen professionell analysieren und bewerten, Wiesbaden (2005)

Wala, Thomas, Synergiecontrolling Bewertung und Controlling von Synergien im Rahmen von M&A-Transaktionen, Berlin (2008)

Wietzke, Swen/Gildemeister, Andre, Herausforderungen in der Synergiebewertung im Spannungsfeld des Pre und Post Closing von M&A-Transaktionen, M&A Review 5 (2012), 221–228

Wildemann, Horst, Programm zur Realisierung von Synergien nach Mergers & Acquisitions, Teil 1, Wirtschaftswissenschaftliches Studium 10 (2003) 596–602

Wildemann, Horst, Programm zur Realisierung von Synergien nach Mergers & Acquisitions, Teil 2, Wirtschaftswissenschaftliches Studium 11 (2003) 660–664

Wöginger, Helmut, Das Synergy-Value-Konzept, Wiesbaden (2004)

Zwirner, Christian, Berücksichtigung von Synergieeffekten bei Unternehmensbewertungen – Theoretische Überlegungen und praktische Anwendungsbeispiele, Der Betrieb 51/52 (2013) 2874–2879

Unternehmenswert und Nachhaltigkeit

Reinhard Friesenbichler

1. **Einleitung**
   1.1. Ausgangslage und Motive
   1.2. Definition und Begrifflichkeiten
   1.3. Entstehung und gegenwärtige Entwicklungen
   1.4. Marktsituation
   1.5. Akteursgruppen
2. **Konzepte der Nachhaltigkeitsanalyse bzw Nachhaltiger Investments**
   2.1. Nachhaltigkeitskriterien
   2.2. Analyse- und Bewertungsprozess
   2.3. Partikuläre Konzepte
3. **Nutzen der Nachhaltigkeitsanalyse für die Anlageentscheidung**
   3.1. Nachhaltigkeit und Unternehmenserfolg
   3.2. Nachhaltigkeit und Anlageerfolg
   3.3. Empirische Befunde
4. **Nachhaltigkeit und Venture Capital/Private Equity**
   4.1. Nachhaltigkeit im Investmentprozess
   4.2. Relevante Nachhaltigkeitsthemen und -kriterien
5. **Grenzen und Herausforderungen**

1. Einleitung
1.1. Ausgangslage und Motive

Spätestens seit der Finanz- und Wirtschaftskrise 2008 ff wird die Finanzindustrie in weiten Kreisen der Gesellschaft als unmoralisch – im besten Falle noch als amoralisch – wahrgenommen. Und die Branche trägt dazu bei, um dieses Image durch regelmäßige Skandale und Kontroversen zu bestätigen. Doch die bloße Kritik wird zunehmend ergänzt durch aktive Lösungsansätze, die den Kapitalmarkt als Mechanismus begreifen, über den ein gesellschaftlich gewünschter Wandel befördert werden kann. Eine der Grundlagen hierfür ist die Beurteilung von Investitionen hinsichtlich ihres Beitrags zum Wohl der Gesellschaft.

Dies korrespondiert mit der ethisch-wertorientierten Motivation für nachhaltigkeitsorientiertes Investieren. Zusätzlich oder alternativ kann die Motivation auch opportunistischen Charakter haben, der dem Umstand entspringt, dass langfristiger betriebswirtschaftlicher Erfolg sich nicht ohne gesellschaftliche Akzeptanz eines Unternehmens einstellt. Nachhaltigkeit wird als expliziter ökonomischer Erfolgsfaktor identifiziert, und auch hierfür ist eine fundierte Nachhaltigkeitsbeurteilung von Anlageobjekten – insbesondere von (börsennotierten und nicht börsennotierten) Unternehmen – die Grundlage.

1.2. Definition und Begrifflichkeiten

Nachhaltiges Investment bedeutet, neben wirtschaftlichen Kriterien auch gesellschaftliche und ökologische bzw ethische Eigenschaften eines (potenziellen) Anlageobjektes in die Investmententscheidung einzubeziehen. Hierfür haben sich eine Reihe von Begriffen etabliert, wie zB „Socially Responsible Investment (SRI)", „Ethisches Investment", „ESG-Integration"[1] oder eben „Nachhaltiges Investment". Diese Begriffe werden in der Praxis meist synonym verwendet, zT aber auch gezielt eingesetzt um bestimmte Aspekte hervorzuheben.[2] Im Rahmen dieses Beitrags wird folgend „Nachhaltiges Investment" iwS als Überbegriff verwendet.

In enger Anlehnung an obige Definition lässt sich Nachhaltigkeitsanalyse bzw nachhaltigkeitsorientierte Unternehmensbewertung definieren als „Einbeziehung gesellschaftlicher und ökologischer bzw ethischer Eigenschaften eines Anlageobjektes in die Unternehmensanalyse und -bewertung".

1.3. Entstehung und gegenwärtige Entwicklungen
Anfänge

Die Idee, wirtschaftliche Anlageziele um eine gesellschaftlich-ethische Dimension zu ergänzen, wurde erstmals in den USA der späten 1920er Jahre in Form eines Fonds umgesetzt. Der 1928 gegründete (und heute noch existierende) Pioneer Fund vermied sogenannte „Sin Stocks" aus den Bereichen Waffen, Alkohol, Tabak und Glücksspiel.[3] 1971

---
1 ESG steht für Environmental, Social and Governance.
2 Siehe hierzu Kapitel 2.
3 Vgl *Kinder, P./Lydenberg S. D./Domini A. L.* (1993) 12 ff.

wurde – vor dem Hintergrund des Vietnamkriegs und der Friedensbewegung – in den USA der Pax World Fund als erster „moderner" Nachhaltigkeitsfonds gegründet, der sowohl negative als auch positive Kriterien nutzte.

Jüngere Entwicklungen

Danach ging die Initiative zunehmend von Nordamerika auf Europa über, und die primär moralischen Motive wurden durch ökologische ergänzt. In den 1980ern wurde eine Reihe von Umweltfonds gegründet, die auf die Zukunftsbranche Umwelttechnik setzten. Ab den 1990ern entstanden Ansätze der „zweiten Generation", die folgende Eigenschaften aufweisen:

(1) Außer über vordergründig nachhaltige Produkte (wie zB Umwelttechnik) können sich Unternehmen auch aufgrund ihrer Strategien, Prozesse und Stakeholderbeziehungen als nachhaltig qualifizieren.

(2) Es wird ein grundsätzlich positiver Zusammenhang zwischen wirtschaftlicher und ökologisch-gesellschaftlicher Performance unterstellt, und die Nachhaltigkeitsanalyse wird als nützliche Ergänzung der klassischen Finanzanalyse betrachtet.

(3) Systematische Verfahren zur Analyse und Bewertung von Nachhaltigkeit werden entwickelt. Resultate sind meist Scores oder Ratings und diese (bzw damit erstellte Rangfolgen innerhalb von Branchen) entscheiden über die Investierbarkeit.

(4) Die ursprüngliche Fixierung auf börsennotierte Aktien wird überwunden und im ersten Schritt um die wichtige Asset-Klasse Anleihen erweitert. Während Corporate Bonds noch mit den bestehenden unternehmensbezogenen Analyseverfahren abgedeckt werden können, sind für Staatsanleihen und Supranationals neue Werkzeuge erforderlich.[4]

Aktuelle Trends

Im neuen Jahrtausend beginnt sich Nachhaltiges Investment stärker auszudifferenzieren. Die Konzepte der „dritten Generation" spannen ein Kontinuum auf, zwischen den Polen einer rein opportunistischen Integration von ESG-Risiken und dem gezielten Bewirken eines sozialen Impacts. Zusätzlich zum rein analytischen Zugang, der letztlich in eine Kauf- oder Verkaufsentscheidung mündet, werden auch neue und aktive Instrumente geschaffen. Hierzu zählen das sogenannte „Engagement" sowie die Ausübung von Aktionärsrechten im Sinne der Nachhaltigkeit. Diese Konzepte der dritten Generation stellen den aktuellen Stand dar und werden im nächsten Kapitel näher dargestellt werden.

Auch die Erschließung neuer Asset-Klassen setzt sich fort: Microfinance, Immobilien, Rohstoffe, Venture Capital und Private Equity, ja sogar Hegdefonds werden hinsichtlich ihrer Nachhaltigkeit analysiert. Die Qualität in Hinblick auf ethische Ansprüche und Analysemethoden ist jedoch sehr unterschiedlich und oft noch stark entwicklungsbedürftig.[5]

---

4 Vgl *Friesenbichler, R.* (2016) 206 f.
5 Ebenda.

Nachhaltigkeit ist auch für die Bonitätsbeurteilung ein relevanter Faktor und geht zunehmend ins klassische Bankgeschäft ein, dh in die Vergabe von Finanzierungen und die Refinanzierung über Spareinlagen und Anleihen. Nicht mehr nur Alternativbanken, sondern auch konventionelle Institute bieten „grüne" und „soziale" Kreditlinien und ebensolche Sparprodukte an. Grundlage hierfür sind wiederum eigene Tools, die an der Nützlichkeit für die Bonitätsbeurteilung und an einer nachhaltigen Mittelverwendung ausgerichtet sind. Dieser Bereich ist jedoch nicht Gegenstand des vorliegenden Beitrags.

1.4. Marktsituation

Verbreitung

Die Marktanteile Nachhaltiger Geldanlagen in Europa haben sich insbesondere seit 2008/2009 stark überdurchschnittlich entwickelt. Sie erreichen – je nach Strenggrad der Definition und der Bezugsgröße – hohe einstellige bis niedrige zweistellige prozentuelle Anteile am Gesamtmarkt. Aus einer vormaligen Nische ist damit ein etabliertes Marktsegment geworden. Als Quelle für den europäischen Markt sei beispielhaft die erstmals 2003 und seit 2006 alle zwei Jahre erscheinende „European SRI Study" von Eurosif genannt. Trotz bestehender Schwächen ist sie die umfassendste Untersuchung für Europa, die auch bereits in die Tiefe der Konzepte und Fragmentierungen geht sowie in der Lage ist, Trends zu identifizieren. Die zum Redaktionsschluss des vorliegenden Beitrags aktuellste Fassung ist die European SRI Study 2014[6]. Sie bezieht sich auf Daten per Ende 2013.

1.5. Akteursgruppen

Die wichtigsten Nachhaltigen Investoren sind Pension-Funds, aber auch kirchliche und soziale Einrichtungen, Stiftungen, Versicherungen und (private) Universitäten sind in den Statistiken stark vertreten. Privatanleger hingegen sind unterrepräsentiert[7]. Auf der anderen Seite des Marktes haben sich Asset Manager positioniert, die über Fonds und Mandate den Anlagebedarf obiger Asset Owner bedienen.

Die Leistung des Nachhaltigkeitsresearch wird nur selten von den Asset Ownern oder Asset Managern selbst erbracht. Vielmehr hat sich für diese sehr anspruchsvolle Aufgabe ein eigener Markt von Anbietern entwickelt – die sogenannten Nachhaltigkeitsresearch- oder Nachhaltigkeitsratingagenturen. Daneben existieren auch einige Spezialisten, die die Aufgaben des Engagements bzw der Ausübung von Aktionärsrechten stellvertretend für die Asset Owner übernehmen oder reines Primärresearch in Form der Sammlung von nachhaltigkeitsrelevanten Rohdaten betreiben. Eine Studie von Novethic aus 2013 identifiziert weltweit sieben internationale und rund zwei Dutzend lokale Researchagenturen, sieben zB auf Aktionärsvertretung spezialisierte Dienstleister sowie drei Datenprovider.[8]

---

6   Vgl Eurosif (2014).
7   Ebenda.
8   Vgl Novethic (2013).

2. Konzepte der Nachhaltigkeitsanalyse bzw Nachhaltiger Investments

Um die in der Praxis existierenden unterschiedlichen Ansätze zu systematisieren, haben sich mehrere Autoren und Institutionen um eine Kategorisierung bemüht. Die im Folgenden gewählte Struktur orientiert sich an jener des PRI Reporting Framework[9], das einerseits zwischen drei Formen der „ESG-Incorporation" unterscheidet – dh auf welche Weise Nachhaltigkeit in den Investmentprozess eingeht – und andererseits „Active Ownership and Engagement" als eigenständiges Instrument darstellt.[10]

Im Folgenden werden unter 2.1. die Kriterien und unter 2.2. die Analyseprozesse im Rahmen des Nachhaltigen Investments ieS im Detail dargestellt. Dieses ist durch ein breites Verständnis von Nachhaltigkeit mit ihrer gesellschaftlichen, ökologischen und wirtschaftlichen Dimension gekennzeichnet und – hinsichtlich der Motivation – meist durch einen Mix aus ethisch-wertorientiert und opportunistisch. In 2.3. wird dann kurz auf partikuläre Konzepte Nachhaltigen Investments eingegangen.

2.1. Nachhaltigkeitskriterien

Der klassische Ansatz im Nachhaltigen Investment umfasst die Anwendung zweier hintereinander geschalteter Analysefilter: die (negativen) Ausschluss- und die (positiven) Qualitätskriterien.

Ausschlusskriterien

Ausschlusskriterien basieren auf der These, dass bestimmte Aktivitäten eines Unternehmens mit den Grundsätzen von Nachhaltigkeit, Ethik und gesellschaftlicher Verantwortung unvereinbar sind. Sind diese Kriterien in signifikantem Maß erfüllt, ist keine Kompensation durch entsprechend positive Ausprägungen in anderen Bereichen möglich.[11]

Ausschlusskriterien können sich

(1) auf den Geschäftsgegenstand eines Unternehmens beziehen,

(2) auf die angewendeten Technologien oder

(3) auf Praktiken und Handlungsweisen.

---

9 Vgl PRI Association (2013).
10 Ein Vergleich alternativer Kategorisierungen findet sich bei Eurosif (2012) 11.
11 ZB ist nach gängiger Praxis die Rolle eines Unternehmens als führender Lieferant von militärischen Waffen nicht ausgleichbar durch eine gute Behandlung der Mitarbeiter oder umfangreiche Sozialspenden.

Ausschlusskriterien bezogen auf …		
(1) Geschäftsgegenstände	**(2) Technologien**	**(3) Praktiken**
• Alkohol und Tabak • Rüstungsgüter • Glücksspiel • Pornographie, Prostitution • fossile Energie (Brennstoffe, Komponenten) • Nuklearenergie (Brennstoffe, Komponenten) • gentechnisch veränderte landwirtschaftliche Produkte etc	• fossile Energie (Nutzung zur Energieerzeugung) • Nuklearenergie (Nutzung zur Energieerzeugung) • Gentechnologie in der Landwirtschaft (Anwendung) • Gentechnologie in der Medizin (Anwendung) • Tierversuche etc	• massive Verletzung von Menschenrechten • massive Verletzung von Arbeitnehmerrechten • massive Umweltschädigung • Diskriminierung von Frauen und Minderheiten • Korruption • aggressive Werbe- und Vertriebsmethoden etc

Tabelle 1: Strukturierung und Beispiele gängiger Ausschlusskriterien für Unternehmen[12]

Bei der Definition und Anwendung von Ausschlusskriterien ist man insbesondere mit folgenden methodischen Herausforderungen konfrontiert:

(1) Es ist die Verantwortungssphäre eines Unternehmens festzulegen, was angesichts komplexer mehrstufiger Konzernstrukturen nicht trivial ist.

(2) Es sind die inhaltlichen Reichweiten und Abgrenzungen der Kriterien festzulegen bzw zu interpretieren.[13]

(3) Um mit Unschärfen und Unsicherheiten bzw marginalen Betroffenheiten pragmatisch umgehen zu können, werden in der Praxis meist Toleranzschwellen definiert.[14]

Qualitätskriterien

Anhand von Qualitätskriterien soll die Nachhaltigkeit eines Unternehmens über möglichst alle relevanten Dimensionen und Aspekten erfasst und beurteilt werden. Grundmodelle für die Qualitätskriterien sind häufig das Drei-Säulen-Konzept der Nachhaltigkeit oder, wie in nachfolgendem Beispiel, das Stakeholdermodell.

---

12 Vgl *Friesenbichler, R.* (2004) 275.
13 ZB sind Hersteller militärischer Waffen von jenen für Sportzwecke abzugrenzen; oder Hersteller von Büromaschinen, die damit auch militärische Nutzer beliefern, von Herstellern von Kriegsmaterial.
14 Bei geschäftsfeldbezogenen Ausschlüssen werden Toleranzen meist als Prozentsatz des Umsatzes definiert (häufig 5 %). Bei Kriterien wie zB Menschenrechtsverletzungen sind Toleranzen deutlich schwieriger festzulegen.

Umwelt	Personal	Gesellschaft
• Umweltmanagementsysteme • Energieintensität und -mix • CO_2-Emissionen und sonstige klimaschädliche Substanzen • Abfälle und Recycling • Produktökologie • Büro- und Gebäudeökologie etc	• Arbeitszeit und Work Life Balance • Gesundheit und Sicherheit • Aus- und Weiterbildung • Frauen- und Minderheitenförderung • Entlohnung • betriebliche Mitbestimmung etc	• Spenden- und Sponsoring • Engagement in der Standortgemeinde • Menschenrechte • steuer- und abgabeninduzierte Aspekte • Nachhaltigkeitsberichterstattung etc
Investoren	**Kunden**	**Lieferanten und Partner**
• Wertorientierung • Corporate Governance • Financial Reporting • Bonität • Aktionärsrechte • Investor Relations etc	• Produktnutzen • Produktqualität • Preis-Leistungs-Verhältnis • Serviceorientierung • Produktsicherheit und -information • Marketingstil etc	• Überbindung von Umwelt- und Sozialstandards • Kontinuität und Stabilität der Zusammenarbeit • Wettbewerbsstrategie • Einkaufspolitik • Zahlungsverhalten etc

Tabelle 2: Beispiele für Qualitätskriterien in der Struktur des Stakeholdermodells

Die einzelnen Kriterien sind jeweils über messbare quantitative und qualitative Indikatoren operationalisiert. Die Analyseverfahren der anerkannten Researchagenturen nutzen meist mehrere Hundert Kriterien bzw Indikatoren. Das nachfolgende Beispiel aus dem rfu-Nachhaltigkeits-Modell stellt für das Kriterium „Gesundheit und Sicherheit der Arbeitnehmer" die Operationalisierung über qualitative und quantitative Indikatoren dar:

Kriterium	Indikatoren
Gesundheit und Sicherheit der Arbeitnehmer	**qualitativ** • Für welche Bereiche, Standorte oder Gesellschaften des Unternehmens existiert ein Gesundheits- und Sicherheitsmanagement? Welches? (OHSAS, spezielle produkt-/branchenbezogene Zertifizierungen, nicht zertifiziert) • Was sind die Aufgabenbereiche des Gesundheits- und Sicherheitsmanagements und wie ist dieses Managementsystem gestaltet? • Welche Programme bzw Aktivitäten existieren betreffend gesundheitliche Risikovorsorge und Gesundheitsförderung? (zB Ergonomie, Gesundheitsschulungen) • Existieren spezielle Programme bzw Aktivitäten für Standorte in Entwicklungs- und Schwellenländer bzw für Arbeitsbereiche mit ausgeprägten Gesundheitsrisiken? • Was sind die gesetzlichen bzw allgemeinen Standards sowie Usancen betreffend Gesundheit und Sicherheit am Arbeitsplatz in den jeweiligen Ländern/Regionen/Branchen der Geschäftstätigkeit?
	quantitativ • Anzahl Unfälle mit Todesfolge, Anzahl Unfälle (exkl Unfälle mit Todesfolge) sowie durchschnittliche Ausfalltage pro Mitarbeiter nach Standorten/Ländern/Regionen.

Tabelle 3: Beispiel: Indikatoren zu „Gesundheit und Sicherheit der Arbeitnehmer" im rfu-Modell[15]

2.2. Analyse- und Bewertungsprozess

Informationsgewinnung

Ausgangspunkt der Arbeit eines Nachhaltigkeitsanalysten ist die Sammlung von Informationen zu den oben dargestellten negativen und positiven Kriterien. Hierfür wird in der Praxis meist ein breiter Mix aus Quellen genutzt:

(1) Vor allem bei börsenotierten oder in sonstiger Weise exponierten Unternehmen kommt den Analysten die bereits übliche (und ab 2017 EU-weite verpflichtende) Nachhaltigkeits- und CSR-Berichterstattung zugute. Diese Reports orientierten sich idR an der Global Reporting Initiative (GRI), was für die Strukturiertheit, Qualität und Vergleichbarkeit der Daten förderlich ist. Dies entbindet jedoch nicht davon, aus den oft sehr umfangreichen Berichten die für die Nachhaltigkeitsanalyse relevanten Daten herauszufiltern und von den Inhalten, die eher auf andere Zielgruppen zugeschnitten sind, zu trennen. Neben der expliziten Nachhaltigkeitsberichterstattung zählen auch Geschäftsberichte, Unternehmenswebsites, Presseaussendungen etc zu den genutzten öffentlich zugänglichen Primärquellen.

---

15   Auszug aus dem Analyse- und Bewertungsmodell der rfu.

(2) Viele Researchagenturen nutzen auch Instrumente der direkten Kommunikation um zusätzliche Einblicke zu gewinnen und noch bestehende Informationslücken zu füllen. Zu diesen individuellen Primärquellen zählen insbesondere Fragebögen und Interviews.

(3) Dritte Quellenkategorie sind Informationen, die Dritte bereitstellen. Dazu zählen sowohl öffentlich verfügbare Publikationen via Medien und Internet als auch individuelle Informationen, die die Analysten zB von Fachexperten oder NGOs beschaffen. Vor allem für negative Ausprägungen (zB Kontroversen mit Stakeholdern) sind diese Sekundärquellen von hoher Bedeutung, wenngleich die Prüfung und Interpretation der oft sehr subjektiv gefärbten Informationen mit großer Vorsicht erfolgen muss.

In den letzten Jahren haben sich einige Anbieter am Markt etabliert, die zu einem breiten Universum vor allem börsenotierter Unternehmen Umwelt- und Sozialdaten sammeln und diese über elektronische Informationssysteme Investoren und Analysten zur Verfügung stellen. Diese Datensätze werden laufend aktualisiert, sind mit gängiger Software kompatibel und können bis zu einem gewissen Grad eine eigene Datenerhebung ersetzen. Schwachpunkte sind die starke Fokussierung auf quantitative Informationen und ein gewisser Verlust der „Nähe" zum Analyseobjekt, denn auch die Datengenerierung ist kein stupides Sammeln, sondern beinhaltet auch eine erste Sortierung und Interpretation.

Interpretation, Gewichtung und Bewertung

Die gesammelten Informationen zu den einzelnen Nachhaltigkeitskriterien werden sodann – anhand von Regeln oder individuell – interpretiert und bewertet. Dies erfolgt, um eine mathematische Weiterverarbeitung zu erleichtern, meist auf einer quantitativen Skala.

Die Relevanzen der einzelnen Nachhaltigkeitskriterien sind jedoch von Unternehmen zu Unternehmen oft stark unterschiedlich und hängen zB von der Branche, der geografischen Struktur oder speziellen Risikoexpositionen ab.[16] Wesentlicher Teil von Modellen zur Nachhaltigkeitsanalyse sind deshalb die Auswahl bzw die Gewichtung der einzelnen Kriterien. Hierdurch werden irrelevante Aspekte ausgeschieden und Kriterien mit hoher Erklärungskraft eingeführt bzw höher gewichtet. In ähnlicher Weise stellt sich die Aufgabe auch auf höheren Modellebenen (zB für die einzelnen Stakeholder oder Nachhaltigkeitssäulen).

Weitere Anforderungen, mit denen eine Analyse- und Bewertungsmethodik umzugehen hat, sind zB der Einfluss von Informationslücken auf das Ergebnis, der Umgang mit stark subjektiven oder unsicheren Informationen, die Festlegung des zeitlichen Gültigkeitsbereichs einer Analyse und die Festlegung des inhaltlichen Gültigkeitsbereichs.

Abschließend werden die Bewertungen der einzelnen Kriterien aggregiert. Dies erfolgt meist über Zwischenebenen, um auch Aussagen zu einzelnen Bereichen (zB Nachhaltig-

---

16 ZB ist die Relevanz der Umwelt für ein Bergbauunternehmen höher als für einen Dienstleister; und Menschenrechte haben für Betriebe mit Standorten in Schwellenländern mehr Bedeutung als für Mittel- und Westeuropa.

keit der Produkte) oder Stakeholderbeziehungen treffen zu können. Diese Bewertungen erfolgen idR in Form von Scores oder Ratings, um die Interpretierbarkeit zu erleichtern.

Nachfolgend ist beispielhaft die Scoring- und Ratingskala des rfu-Nachhaltigkeits-Modells dargestellt:

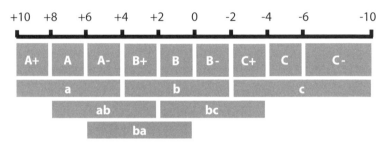

Abbildung 1: Beispiel: Scoring- und Ratingskala im rfu-Modell[17]

Beitrag der Resultate zur Anlageentscheidung

Aus dem absoluten Rating oder der relativen Positionierung eines Unternehmens – meist im Vergleich zur Branche („Best in Class") – ergibt sich für den Nutzer der Analyse – das ist idR der Portfolio Manager – der Investierbarkeitsstatus eines Unternehmens aus Nachhaltigkeitssicht. Die konventionelle Finanzanalyse erfolgt vor- oder nachgeschaltet, aber meist sowohl inhaltlich als auch organisatorisch getrennt. Eine positive Anlageentscheidung setzt deshalb sowohl eine ausreichende Nachhaltigkeitsqualität als auch eine entsprechend anlagetechnische Tauglichkeit voraus.

2.3. Partikuläre Konzepte

Die im Folgenden dargestellten partikulären Konzepte sind gegenüber Nachhaltigen Investments ieS fokussiert in methodischer Hinsicht oder hinsichtlich Zielsetzungen und Konsequenz aus der Analyse.

ESG Integration

ESG Integration meint die Einbeziehung von ökologischen (Environmental), gesellschaftlichen (Social) und Governance-Aspekten in den Investmentprozess bzw die traditionelle Finanzanalyse. Der Unterschied zur oben dargestellten Konzeption mit Ausschluss- und Qualitätskriterien ist kein prinzipieller, sondern liegt in der Betonung der Verknüpfung konventioneller Kriterien der Unternehmens- bzw Wertpapieranalyse mit ESG-Aspekten. In der Praxis kann sich dies (muss sich aber nicht) äußern in

(a) der Durchführung durch Finanzanalysten und nicht durch spezialisierte Nachhaltigkeitsanalysten bzw Researchagenturen,

(b) im Fehlen von Ausschlusskriterien,

---

17 Vgl rfu (2014) 6.

(c) in einer risikoorientierten Betrachtung und

(d) in einer ethisch wertfreien Deutung der Ausprägungen bzw einer Interpretation primär entlang der ökonomischen Relevanz.[18]

Eine entsprechende ESG-Unternehmensanalyse nutzt zwar nicht grundsätzlich andere Kriterien als eine Nachhaltigkeitsanalyse ieS, fokussiert jedoch meist auf wenige ausgewählte Aspekte mit besonders hoher und unmittelbarer ökonomischer Relevanz.

Themeninvestments

Während ein Analyseprozess über Ausschluss- und Qualitätskriterien den Anspruch erhebt, auf alle Branchen anwendbar zu sein, fokussieren Themeninvestments auf einzelne Branchen, Produkte oder Anlagethemen mit ausgeprägt positiver gesellschaftlicher, ethischer oder ökologischer Wirkung. Dies sind zB Investments in erneuerbare Energie (Windparks, Solarmodulhersteller, Biomasseproduktion etc), Energieeffizienz (Maßnahmen und Technologien zur Reduktion des Energiebedarfs), Umwelttechnik (zB aus den Bereichen Abfallwirtschaft oder Emissionsreduktion), Wasser (zB Versorgungsinfrastruktur, Wasserreinigung, Verbrauchsenkung), Green Buildings (zB Objekte mit entsprechenden Zertifizierungen) oder soziale Infrastruktur (zB Krankenhäuser und Pflegeeinrichtungen, Bildungseinrichtungen).

Die Anwendung von Ausschlusskriterien und umfangreichen Qualitätskriterien ist idR nicht nötig, da eine präzise Definition des Anlagethemas bereits ausreicht, um die gewünschten Eigenschaften bei einem Anlageobjekt abprüfen zu können.

Während sich diese Themeninvestments bisher primär im Equity-Bereich bewegt hatten, wird das Segment seit einigen Jahren durch sogenannte „Green Bonds" und „Social Bonds" bereichert. Dies sind Anleiheemissionen von Unternehmen, Entwicklungsbanken oder auch von Kommunen mit einer speziellen Zweckwidmung zB für Klimaschutz oder Projekte zur Sozialentwicklung.

Engagement

Engagement ist das aktive Einwirken von Investoren oder von einer diese vertretenden Organisation[19] auf ein Unternehmen mit dem Ziel, dieses für Nachhaltigkeit zu sensibilisieren und zu einer Verbesserung der Nachhaltigkeitsleistung zu motivieren.

Engagement erfolgt idR „von innen heraus", dh auf Basis einer bereits bestehenden Rolle als Aktionär und der damit verbundenen formellen oder faktischen Einflussmöglichkeiten. Formelle Gestaltungsinstrumente sind das Ausüben von Aktionärsrechten wie Auskunftsrecht, Rederecht oder Stimmrecht in der Hauptversammlung sowie das Recht, ab einem bestimmten Kapitalanteil Tagesordnungspunkte oder Beschlussanträge

---

18 Als Beispiel seien die ESG-Kriterien der deutschen und europäischen Vereinigungen für Finanzanalyse DVFA und EFFAS genannt: vgl DVFA; EFFAS (2010).
19 Engagement-Aktivitäten sind mit einem hohen Maß an Aufwand und Sachkenntnis verbunden und deren Wirksamkeit korreliert mit dem Stimmen- bzw Kapitalanteil. Aus diesem Grund haben sich Institutionen entwickelt, die die Rechte mehrerer Investoren bündeln.

für die Hauptversammlung einzubringen.[20] Informelle Einflussnahme beruht hingegen auf der mit höheren Kapitalanteilen verbundenen faktischen Gestaltungsmacht von Aktionären und funktioniert über den Dialog mit den Entscheidungsträgern im Unternehmen.

Der Bezug zu den oben dargestellten Verfahren der Nachhaltigkeitsanalyse ist jener, dass die dort gewonnenen Erkenntnisse die Grundlage für die Engagementaktivitäten darstellen. Dies gilt insbesondere für Informationen und Interpretationen zu stark negativen Ausprägungen oder hohe Risiken hinsichtlich Nachhaltigkeit (wie zB problematischen Geschäftsfelder, Korruptionsskandale, das Fehlen von Strategien und Policies in Bezug auf Menschenrechte und Umweltschutz bei gleichzeitig starker Exposition).

Im Gegensatz zu den bisher dargestellten Konzepten, bei denen die Nachhaltigkeitsbeurteilung eines Anlageobjekts ex ante erfolgt und über den Einstieg entschieden, kann es beim Engagement-Ansatz legitim und sogar notwendig sein, in einem Unternehmen trotz oder gerade wegen bestehender Nachhaltigkeitsdefizite investiert zu sein. Wesentlich für die Wirksamkeit und Glaubwürdigkeit ist jedoch der konsequente Vollzug eines Ausstiegs aus einem Investment im Falle des Scheiterns der Engagement-Bemühungen. Der gezielte Exit, oft begleitet durch entsprechende Medienberichterstattung, ist das ultimative Instrument einer Engagement-Politik.

Impact Investment

Bei Impact Investments steht die soziale Rendite im Vordergrund. Häufig sind die Anlagen projektorientiert und bewegen sich außerhalb der klassischen börsenotierten Instrumente. Beispiele sind Microfinance, Community Investment oder Social Entrepreneurship.[21]

3. Nutzen der Nachhaltigkeitsanalyse für die Anlageentscheidung

3.1. Nachhaltigkeit und Unternehmenserfolg

Führt man sich klassische Nachhaltigkeitskriterien vor Augen – zB jene aus Tabelle 2 –, so lässt sich schwerlich leugnen, dass für den dauerhaften Erfolg eines Unternehmens ein zumindest impliziter Konsens mit den wichtigsten Stakeholdern über die Ziele, Leistungen und Verhaltensweisen des Unternehmens bestehen muss. *Alfred Rappaport*, der Erfinder des Shareholder Value, schreibt bereits in der Einleitung seines gleichnamigen Werkes: *„Gelingt es dem Unternehmen nicht, die finanziellen Ansprüche seiner Stakeholder zu befriedigen, so wird es aufhören, eine lebensfähige Organisation zu sein. Mitarbeiter, Kunden und Lieferanten werden ihm einfach ihre Unterstützung entziehen."*[22]

---

20 Vgl Europäische Union; Rat der Europäischen Union (2007).
21 Vgl Eurosif (2012) 21 ff.
22 *Rappaport, A.* (1995) 13.

Werttreiber

Der meist positive Zusammenhang zwischen den langfristigen Zielen der Aktionäre und jenen der sonstigen Stakeholder bzw der Nachhaltigkeit sei an folgenden Beispielen illustriert:[23]

(a) Ein guter Umgang mit Mitarbeitern fördert Zufriedenheit und Motivation. Diese Faktoren sind relevant für die ökonomischen Größen Materialaufwand (wegen Ausschuss), Produkthaftung (wegen Qualität), Nicht-Leistungslöhne (wegen Fehlzeiten), Produktionsmenge (ua wegen möglicher Streiks) sowie indirekt für das Innovationspotenzial.

(b) Gute Kundenbeziehungen, realisiert durch hohen Produktnutzen, Qualität, günstiges Preis-Leistungs-Verhältnis, Serviceleistungen etc, kommen letztlich auch dem Unternehmen zugute, denn sie führen zu höherer Kundentreue (Nachhaltigkeit der Absatzmenge), einer Qualitätsprämie (höhere erzielbare Marge), positiven Imageeffekten (Wachstum der Absatzmenge) etc.

(c) Proaktives Umweltmanagement erkennt den wirtschaftlichen Nutzen von Ressourcenschonung (geringere Kosten für Inputfaktoren), Emissionsreduktion (Vorwegnahme einer laufenden Verschärfung umweltpolitischer Rahmenbedingungen – zB Umweltauflagen, Ökosteuern, Emissionszertifikate) und ökologischem Risikomanagement (Umwelthaftung, Imageschäden durch Umweltunfälle).

Durch UN Global Compact und PRI wurde ein Value Driver Model entwickelt[24]. Dieses soll illustrieren, über welche Transmissionsmechanismen die Nachhaltigkeitsleistungen eines Unternehmens zum langfristigen wirtschaftlichen Erfolg in Form von Return on Equity bzw Return on Capital beitragen:

Growth	New Markets & Geographies	Gain access to new markets and geographies through exposure from ESG programs
	New Customers & Market Share	Use ESG programs to engage customers and build knowledge of expectations and behaviour
	Product & Services Innovation	Develop cutting-edge technology and innovative products and services for unmet social or environmental needs
	Long-term strategy	Develop long-term strategy encompassing all ESG issues and shape material ESG communication based on value driver model

---

23 Vgl *Friesenbichler, R.* (2004) 273.
24 Vgl UN Global Compact; PRI (2013a).

Productivity	Operational Efficiency	Enable bottom line cost savings through environmental operations and practices (eg energy, water, waste efficience, less raw materials used)
	Human Capital Management	Attract & retain better and highly motivated employees by positioning company and management as ESG leaders
	Reputation Pricing Power	Develop brand loyalty and reputation through ESG efforts that garners customers' willingness to pay price increase or premium
Risk Management	Operational & Regulatory Risk	Mitigate risks by complying with regulatory requirements and industry standards and ensure uninterrupted operations by addressing ESG issues in policies, systems and standards and engaging with employees
	Reputational Risk	Facilitate uninterrupted operations and entry in new markets using local ESG efforts and community dialogue to engage citizens and reduce local resistance; avoid negative media publicity and NGO boycotts by addressing ESG issues
	Supply Chain Risk	Secure consistent and long-term access to high-quality raw materials and products by engaging in supply chain community welfare and development
	Leadership & Adaptability	Develop leadership skills and culture to adapt to fast changing political, social and environmental situations

Tabelle 4: ESG Value Driver Model[25]

Ein Instrumentarium zur expliziten Messung des Wertbeitrages, der aus den Beziehungen zu den einzelnen Anspruchsgruppen entsteht, ist die Stakeholder Value Matrix von *Figge*[26], aufbauend auf den gemeinsamen Arbeiten mit *Schaltegger* zum Stakeholder Value.[27] *Figge* kritisiert, dass im Shareholder Value Model alle Anspruchsgruppen jenseits der Kapitalgeber nur als Residualgröße auftauchen. Er definiert den Stakeholder Value als den Wert, der durch die Stakeholderbeziehungen für das Unternehmen entsteht. Die Messung der Wertbeiträge erfolgt in Rahmen einer Matrix, die sämtliche relevanten Anspruchsgruppen im Wechselspiel miteinander betrachtet.[28]

---

25 UN Global Compact; PRI (2013b) 3.
26 Vgl *Figge, F.* (2002).
27 Vgl *Figge, F./Schaltegger, S.* (2000).
28 Vgl *Figge, F.* (2004) 255 ff.

3.2. Nachhaltigkeit und Anlageerfolg

Für den nachhaltigkeitsorientierten Investor gilt es eben jene Unternehmen zu identifizieren, die aufgrund ihrer strategischen Ausrichtung an Nachhaltigkeit und Stakeholderinteressen langfristig auch den Shareholder Value erhöhen.[29] Dies zu beurteilen ist die Aufgabe der Nachhaltigkeitsanalyse.

Informationseffekt

Während die klassische Fundamentalanalyse stark auf quantifizierbare Größen ausgerichtet ist – denn sie muss schließlich einen Unternehmenswert liefern –, versucht die Nachhaltigkeitsanalyse dort anzusetzen, wo es vermehrt um „weiche" und extrafinanzielle Erfolgsfaktoren geht. Die Nachhaltigkeitsanalyse stellt somit keine Alternative zu den konventionellen Methoden des Wertpapierresearch dar, sondern ergänzt diese. Ein derart erweiterter Datenkranz ermöglicht – so wie in Abbildung 2 schematisch dargestellt – fundiertere Anlageentscheidungen und sollte damit – langfristig und im Durchschnitt – auch zu einer besseren Performance beitragen.[30]

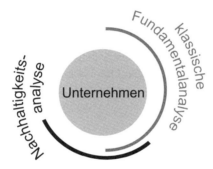

Abbildung 2: Datenkranz der Wertpapieranalyse[31]

Antizipationseffekt

Daneben kann auch der Antizipationseffekt ins Treffen geführt werden. Gemäß diesem nehmen nachhaltigkeitsorientierte Unternehmen künftige Entwicklungen bereits früher vorweg und sind damit besser auf sich verändernde Bedingungen vorbereitet, wie zB sich verschärfende Umweltgesetze, gestiegene Transparenzanforderungen, neue Technologien oder wechselnde Kundenpräferenzen.[32]

Diversifikationseffekt

Ein Effekt, der negativ auf den Anlageerfolg wirkt, konkret auf die Dimension des Risikos, ist die Tatsache, dass nachhaltige Anlagestrategien stets mit einer Einengung des Anlageuniversums verbunden sind. Gemäß Portfoliotheorie erhöhen Einschränkungen

---

29 Oder jene zu identifizieren, die diesbezüglich unterdurchschnittlich abschneiden, um diese im Portfolio meiden zu können.
30 Vgl *Friesenbichler, R.* (2004) 279 ff.
31 *Friesenbichler, R.* (2013) 13.
32 Vgl *Pinner, W.* (2012) 140f.

der Anlagemöglichkeiten das unsystematische Risiko[33] und schwächen damit den gewünschten Diversifikationseffekt ab. Dies trifft zweifellos auf nachhaltige Investments zu, deren Ausschluss- und Positivkriterien das Investmentuniversum teilweise massiv reduzieren. Diese Einschränkung betrifft in der Praxis jedoch jedes aktiv gemanagte Portfolio, denn die Selektion der „Besten" – sei es in Form der Wachstumsträchtigsten, der Billigsten, der Bonitätsstärksten oder eben der „Nachhaltigsten" – klammert alle übrigen Anlagemöglichkeiten aus.[34]

Conclusio

Aus der Perspektive der Theorie – und auch aus Sicht der Praxis gut nachvollziehbar – sprechen der Informations- und der Antizipationseffekt für eine Outperformance von Nachhaltigen Anlagen, die Kapitalmarkttheorie mit dem Diversifikationseffekt und der Hypothese effizienter Märkte aber dagegen. Die beiden erstgenannten Argumente pro Nachhaltigkeit scheinen jedoch für die Anlagepraxis die deutlich höhere Relevanz zu besitzen.

3.3. Empirische Befunde

Es existiert bereits eine Vielzahl von Studien, die sich der Frage der Performance Nachhaltiger Anlagestrategien empirisch gewidmet haben. Anstatt auf einzelne Arbeiten einzugehen, wird an dieser Stelle auf eine sehr breit aufgesetzte Metastudie von *Friede, Busch* und *Bassen*[35] referenziert, welche ihrerseits über 2.000 seit den frühen 1970er Jahren erstellte Studien auswertet:

(a) Weniger als 10 % der Studien attestieren Nachhaltigen Anlagen einen Performancenachteil. Auf der anderen Seite weisen rund 47,9 % der sogenannten „Vote-count Studies"[36] und 62,6 % der „Meta Studies"[37] eine Outperformance nach. Der Rest sind neutrale und gemischte Resultate. Bei einer nach Asset-Klassen differenzierten Auswertung im Teiluniversum der Vote-count Studies zeigt sich für Aktien eine Relation positiver zu negativer Befunde von 52,2 % : 4,4 %. Bei Anleihen sind hingegen 63,9 % positive Resultate und überhaupt keine negativen Ergebnisse zu identifizieren.

(b) Soweit die Studien dies ermöglichten, wurden auch die Performancebeiträge der Kategorien Environment, Social und Governance ausgewertet. Hier zeigt sich ein sehr ausgewogenes Resultat. Alle drei Säulen bewegen sich in ähnlichen Größenordnungen von 55 % bis rund 62 % im positiven Bereich und 4 % bis 9 % im negativen Bereich.

---

33 Das Gesamtrisiko einer Veranlagung besteht aus einer systematischen (Marktrisiko) und einer unsystematischen (titelspezifischen) Komponente. Letztere kann durch breite Diversifikation (im äußersten Fall durch Investition ins Marktportfolio) eliminiert werden.
34 Vgl *Friesenbichler, R.* (2004) 278 f.
35 *Friede, G./Busch, T./Bassen, A.* (2015) 210 ff.
36 Dies sind Studien, deren Resultate nur in Kategorie-Zuordnungen bestehen: positiv, negativ, nicht signifikant. Dieser Gruppe entspricht die Mehrzahl der einbezogenen Arbeiten.
37 Diese ökonometrischen Studien quantifizieren die Ausmaße der Ertragsvor- bzw. nachteile.

(c) Auch eine regionale Auswertung wurde erstellt. Für entwickelte Märkte sind 38 % der Befunde positiv und ca 8 % negativ, wogegen in Emerging Markets die Vorteile Nachhaltiger Anlagestrategien deutlich ausgeprägter sind: 65,4 % positive Resultate gegenüber nur 5,8 % negativen.

(d) Abschließend zeigt eine Verlaufsanalyse der ökonometrischen Studien eine seit den 1990er Jahren konstante und positive Nachhaltigkeits-Performance-Korrelation von ca +0,2.

Conclusio

Insgesamt kann somit ein stabiler und moderat positiver Ertragseffekt Nachhaltiger Investments attestiert werden. Dies spiegelt den Nutzen der Portfolio Composition auf Basis von Nachhaltigkeitsanalysen wider.

4. Nachhaltigkeit und Venture Capital/Private Equity

4.1. Nachhaltigkeit im Investmentprozess

Im Gegensatz zu Investments in börsennotierte Instrumente, wo individuelle Einflussmöglichkeiten von diversifizierten Investoren auf die Anlageobjekte meist gering sind, spannt sich im Rahmen von Venture Capital und Private Equity Investments ein weiter Bogen an Instrumenten zur Nachhaltigkeits-Integration entlang des gesamten Anlage- und Managementprozesses. Neben den analytischen Elementen in den der Investmententscheidung vorgelagerten Prozessphasen (Screening und Due Diligence) bieten vor allem die Vertragsgestaltung und die laufenden Ownership- und Monitoringfunktionen Möglichkeiten, Nachhaltigkeitsziele wirkungsvoll zu verankern und verfolgen.

Die nachfolgende Abbildung gibt einen Überblick über die Ziele, Aktivitäten und Ergebnisse der ESG-Integration entlang eines typischen Venture-Capital/Private-Equity-Anlageprozesses:

Unternehmenswert und Nachhaltigkeit

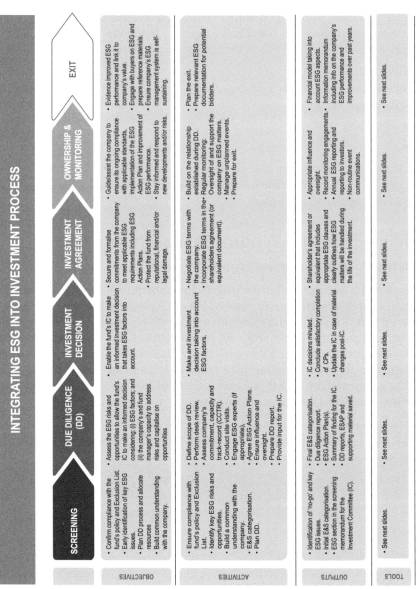

Abbildung 3: Integrating ESG into Investment Process[38]

38   CDC Group (2015).

4.2. Relevante Nachhaltigkeitsthemen und -kriterien

Die relevanten ökologischen, gesellschaftlichen und Governance-bezogenen Themen sind jeweils stark branchen- und unternehmensspezifisch und damit im Einzelfall zu definieren. Die nachfolgende Tabelle aus einem von PRI erstellten ESG-Guide für Private Equity Investments soll einen Überblick über allgemeine bzw weit verbreitete Key Issues geben.

Environmental issues	Social issues	Governance issues
Air and water pollution	Customer satisfaction	Accounting standards
Biodiversity	Data protection and privacy	Anti-competitive behaviour
Climate change (including policies to mitigate climate change and the impacts of climate change)	Diversity and equal opportunities	Audit committee structure
	Employee attraction and retention	Board composition
		Bribery and corruption
Deforestation	Employee engagement	Business ethics
Ecosystems services	Government and community relations	Compliance (including fines and other sanctions)
Energy efficiency		Executive remuneration
Hazardous materials	Human capital management (including training and education)	Lobbying
Land degradation		Political contributions
Resource depletion	Human rights	Risk management
Waste management	Indigenous rights	Separation of chairman and CEO
Water scarcity	Labour standards (including freedom of association and collective bargaining, child labour, forced labour, occupational health and safety, living wage)	Stakeholder dialogue
		Succession planning
		Whistleblower schemes
	Labour-management relations	
	Marketing communications	
	Product mis-selling	
	Product safety and liability	
	Supply chain management	

Tabelle 5: Examples of ESG Issues[39]

---

39 PRI (2011) 24.

5. Grenzen und Herausforderungen

Vom Umgang mit Soft Facts

Eine häufig vorgebrachte Kritik an der Nachhaltigkeitsanalyse ist die Unschärfe und Subjektivität. Dieses Argument ist nicht von der Hand zu weisen, ist jedoch für jegliche externe Unternehmensanalyse – so auch für die klassische Finanzanalyse – gültig, wenngleich es auf die Nachhaltigkeitsanalyse, die sich weit in den Bereich der Soft Facts vorwagt, in besonderem Maße zutrifft.

Die Herausforderung besteht darin, Kriterien und Methoden weiter zu schärfen und hohe Ansprüche an die Qualitätssicherung walten zu lassen. Diese umfasst Bereiche wie die Analystenausbildung, Dokumentation der Arbeitsschritte, Qualitätsprüfung uvm.

Standardisierung versus Vielfalt

Ähnlich verhält es sich mit der häufig geäußerten Kritik an der Vielzahl unterschiedlicher Kriterienkataloge, Researchanbieter und Standards. Der Ruf nach Vereinheitlichung wird immer dann laut, wenn Unternehmen oder die Nutzer von Nachhaltigkeitsratings mit für sie ungünstigen oder (scheinbar) widersprüchliche Resultaten konfrontiert sind.

Gleichzeitig ist es, gerade angesichts der Unmöglichkeit einer objektiven Herangehensweise an die breiten und komplexen Aspekte des Themenfeldes Nachhaltigkeit, vernünftig, eine methodische Vielfalt bestehen zu lassen. In einem Wettbewerb der Konzepte sind zumindest ex post jene zu identifizieren, die weniger gut funktionieren.

Nachhaltigkeitsanalyse lohnt sich

Zuletzt sei noch darauf hingewiesen, dass auch Nachhaltige Investments dem Wechselspiel aus Euphorie und Panik an den Börsen ausgeliefert sind. Dies gilt besonders für enge Anlagethemen wie zB Erneuerbare Energie, die in bestimmten Marktphasen dazu neigen Blasen auszubilden. Jedoch deutet vieles darauf hin, dass – zumindest langfristig und im statistischen Mittel – sich die Integration von Nachhaltigkeitskriterien in die Unternehmensanalyse bzw die Anlageentscheidung lohnt.

Literatur

CDC Group, ESG Toolkit for Fund Managers (20159. Verfügbar unter http://toolkit.cdc group.com/esg-in-the-investment-cycle/

DVFA; EFFAS, KPIs for ESG – A Guideline for the Integration of ESG into Financial Analysis and Corporate Valuation (2010). Verfügbar unter www.effas-esg.com/wp-con tent/uploads/2011/07/ KPIs_for_ESG_3_0_Final.pdf

Europäische Union; Rat der Europäischen Union, Richtlinie 2007/36/EG vom 11.7.2007 über die Ausübung bestimmter Rechte von Aktionären in börsennotierten Gesellschaften (2007). Verfügbar unter http://eur-lex.europa.eu/LexUriServ/LexUriServ.do?uri=OJ:L:2007:184:0017:0024:DE:PDF

Eurosif, European SRI Study 2012 (2012). Verfügbar unter www.eurosif.org/research/ eurosif-sri-study/ sri-study-2012

Eurosif, European SRI Study 2014 (2014). Verfügbar unter www.eurosif.org/our-work/research/sri/ european-sri-study-2014/

Figge, F., Stakeholder Value Matrix – die Verbindung zwischen Shareholder Value und Stakeholder Value. Lüneburg: CSM (2002)

Figge, F., Stakeholder und Shareholder Value, in *Ruh, H./Leisinger, K. M.* (Hrsg): Ethik im Management. Zürich (2004) 255–267

Figge, F./Schaltegger, S., Was ist „Stakeholder Value"? Vom Schlagwort zur Messung. Lüneburg: Universität Lüneburg (2000)

Friede, G./Busch, T./Bassen, A., ESG and financial performance: aggregated evidence from more than 2000 empirical studies. Journal of Sustainable Finance & Investment Volume 5, Issue 4 (2015) 210–233

Friesenbichler, R., Ethikanalyse, in *Ruh, H./Leisinger, K. M.* (Hrsg): Ethik im Management. Zürich (2004) 269–282

Friesenbichler, R., Nachhaltiges Investment. Skriptum für den Lehrgang CSR Management an der Fachhochschule des bfi Wien (2013)

Friesenbichler, R., Nachhaltigkeitsresearch: Anforderungen an CSR und Stakeholdermanagement in Unternehmen, in *Altenburger, R./Mesicek, R. H.* (Hrsg): CSR und Stakeholdermanagement. Berlin, Heidelberg (2016) 205–219

Kinder, P./Lydenberg S. D./Domini, A. L., Investing for Good: Making Money While Beeing Socially Responsible. New York (1993)

Novethic, Overview of ESG Rating Agencies (2013). Verfügbar unter www.novethic.fr/novethic/upload/etudes/2013_overview_ESG_rating_agencies.pdf

Pinner, W., Nachhaltig investieren & gewinnen. Wien (2012)

PRI Association, Responsible investment in private equity: A guide for limited partners (2nd edition) (2011). Verfügbar unter www.unpri.org/download_report/6223

PRI Association, PRI Reporting Framework 2013Main definitions (2013). Verfügbar unter www.unpri.org/viewer/?file=wp-content/uploads/2013-14_PRI_RF_maindefinitions.pdf

Rappaport, A., Shareholder Value. Wertsteigerung als Maßstab für die Unternehmensführung. Stuttgart (1995)

rfu, Das rfu-Nachhaltigkeits-Modell (2014). Verfügbar unter www.rfu.at/modell/

UN Global Compact; PRI, The Value Driver Model: a Tool for Communicating the Business Value of Sustainability (2013a). Verfügbar unter www.unglobalcompact.org/library/811

UN Global Compact; PRI, ESG Investor Briefing Project. A model for communicating ESG value drivers at the company-investor interface (2013b). Verfügbar unter www.unglobalcompact.org/take-action/action/value-driver-model

Relevanz von Länderrisiken in der Bewertung

Stephan Kleebinder

1. **Was ist Länderrisiko?**
   1.1. Warum Länderrisiko? Der praktische Ansatz
2. **Informationsquellen**
   2.1. Qualitative Umfragen
   2.2. Länderratings
   2.3. Länderrisikoeinschätzung
   2.4. Marktbasierte Werte: Credit default swap spreads
3. **Methodische Ansätze**
   3.1. Der „Holzhammer-Ansatz"
   3.2. Der „Beta-Ansatz"
   3.3. Der „Lambda-Ansatz"
4. **Berechnung des Country Risk Premiums**
   4.1. Anwendung von CDS und Ratings in der Bewertung
5. **Fazit**

1. Was ist Länderrisiko?

„Das Länderrisiko bezieht sich auf ein Spektrum von Risiken, welches aus dem ökonomischen, sozialen und politischen Umfeld (dies beinhaltet auch politische Reaktionen der Regierung auf Veränderungen dieses Umfelds) eines bestimmten Landes hervorgeht. Es resultieren daraus potentiell günstige und widrige Konsequenzen für die Auslandsverschuldung und/oder Portfolio-Investitionen in diesem Land."[1] An dieser Definition lässt sich erkennen, dass Länderrisiko ein mehrdimensionaler Begriff ist, der einerseits schwierig darzustellen und andererseits in seiner Umfänglichkeit kaum zu quantifizieren ist. Simplifiziert kann Länderrisiko auch als die zusätzliche Renditeerwartung an ausländische Investments gegenüber heimischen Investitionen gesehen werden. Diese Renditeerwartung beruht unter anderem auf makroökonomischen Faktoren wie schwankenden Wechselkursen, politischer Instabilität und wirtschaftlicher Unsicherheit.

In einer globalisierten Welt mit unzähligen multinationalen Firmen gewinnt die Berücksichtigung von Länderrisiken in der Bewertung mehr und mehr an Bedeutung. Bereits seit einigen Jahren werden Diskussionen über die Berechnung von Länderrisiken in internationalen Unternehmensbewertungen sowohl in der Unternehmensbewertungspraxis als auch von wissenschaftlicher Seite intensiv geführt.

Von praktischer Seite stellt sich die Frage, ob ein Investment in Argentinien, Griechenland oder Mosambik riskanter ist als in Deutschland, den USA oder Österreich. Von rein logischer Betrachtung müsste man diese Frage mit „selbstverständlich" beantworten. Von theoretischer Seite werden aber zumindest drei Argumente gegen eine solche Vorgehensweise angeführt:

Erstens: Länderrisiko ist diversifizierbar. Insbesondere für das CAPM ist nur das nichtdiversifizierbare Risiko von Relevanz und würde somit die zusätzliche Berücksichtigung von Länderrisiko verneinen. Dagegen sprechen ua folgende Faktoren:

- Die Korrelation zwischen Märkten hat sich verstärkt
- Zusätzliche Erhöhung der Korrelation in Zeiten extremer Volatilität
- Globalisierung erhöht die Auswirkung von globalen politischen und wirtschaftlichen Unsicherheiten

Zweitens: die Theorie eines globalen CAPM. In der Theorie wird davon ausgegangen, dass jedes Unternehmen mit demselben globalen Equity Risk Premium bewertet werden sollte. Unterschiede im Risiko werden ausschließlich über den Beta-Faktor ausgedrückt. Dagegen sprechen ua folgende Faktoren:

- Wenn Betas aus lokalen Indizes abgeleitet werden, wird das Länderrisiko in der Berechnung nicht berücksichtigt.
- Wenn Betas mithilfe eines globalen Index berechnet werden, ergeben sich aus den üblichen Gewichtungen der Indizes wenig sinnvolle Aussagen. Damodaran hat die zehn größten Unternehmen der USA, Indien, Brasilien und Japan gegen den MSCI-Aktienindex verglichen und dabei festgestellt, dass Emerging Market Companies

---

1 *Evertz*, Die Länderrisikoanalyse der Banken, 18.

niedrigere Betas aufweisen, was dem grundsätzlichen Risikoverständnis widersprechen würde.

Drittens: die Annahme, dass Länderrisiko in den Cashflows abgebildet werden sollte;[2] wenn die Wahrscheinlichkeit von Länderrisiken politisch oder wirtschaftlich in den Cashflows der zu bewertenden Unternehmen abgebildet werden kann, ergibt sich kein zusätzlicher Bedarf eines Länderrisikoaufschlags (CRP: Country Risk Premium). Obwohl attraktiv, lässt sich dieser Ansatz anhand eines einfachen Beispiels entkräften.

Ein Investor hat die Möglichkeit, zwei Investments zu tätigen. In Land A wird eine sichere Rendite von 70 erwartet. In Land B wird eine Rendite von 100 in 70 % der Fälle und ein Totalausfall in 30 % der Fälle erwartet. Obwohl die erwartete Rendite bei beiden Investments 70 beträgt, wird ein Investor aufgrund von allgemein verbreiteter Risikoaversion einen zusätzlichen Aufschlag auf die Rendite für ein Investment in Land B fordern. Dieses entspricht dann dem CRP.

Kruschwitz/Löffler/Mandel haben wie andere zuvor festgestellt, dass das CAPM, in seiner Grundauslegung, aufgrund der restriktiven Annahmen und modelltechnischen Unzulänglichkeiten keinen sinnvollen Rahmen zur Behandlung von Länderrisiken bietet.

Während für Wissenschaftler das Problem damit gelöst ist, fängt es für die Bewertungspraxis erst richtig an.[3]

1.1. Warum Länderrisiko? Der praktische Ansatz

Das IDW bestätigt in einer Stellungnahme zur praktischen Anwendung des IDW S 1 die Bedeutung von Länderrisiken in der Unternehmensbewertung.[4]

Im praktischen Ansatz spielt die theoretische Basis der anzuwendenden Modelle so lange keine Rolle, so lange die Ergebnisse präziser sind. Hinzu kommt, dass sich der Praktiker zu weniger komplexen Modellen hingezogen fühlen mag. Nicht umsonst wird in der bestehenden Bewertungspraxis der Multiplikatorenmethode trotz vermeintlicher Schwächen und deutlich sophistizierteren Modellen ein hoher Stellenwert zugeschrieben.

In diesem Beitrag soll auf die Ermittlung von Eigenkapitalkosten auf Basis CAPM-basierter Modelle und dabei insbesondere auf drei von *Damodaran* geprägte Varianten eingegangen werden. Informationen und einen Vergleich zu weiteren CAPM-basierenden Modellen und nicht-CAPM-basierenden Modellen geben ua *Ernst* und *Gleißner*.

Neben *Damodaran* wird der Ansatz der Berücksichtigung von Länderrisiken sowohl durch *Donadelli* und *Prosperi* als auch durch jährlich durchgeführte Umfragen von *Fernandez* unterstützt. Nach Betrachtung von 13 Industrie- und 19 Entwicklungslän-

---

2 *Damodaran,* Equity Risk Premiums (ERP): Determinants, Estimation and Implications – The 2015 Edition (42 ff).
3 Vgl *Ernst/Gleißner,* „Damodarans Länderrisikoprämie – Eine Ergänzung zur Kritik von Kruschwitz/Löffler/Mandl aus realwissenschaftlicher Perspektive", 1252–1264.
4 Vgl IDW, Fragen und Antworten zur praktischen Anwendung des IDW Standards: Grundsätze zur Durchführung von Unternehmensbewertungen (IDW S 1 idF 2008) (Meldung vom 25.6.2012, 7).

dern kamen *Donadelli* und *Prosperi* zu dem Schluss, dass Unternehmen in Entwicklungsländern zwischen 1988 und 2010 sowohl höhere Durchschnittsrenditen als auch höhere Volatilität und somit Risiko aufweisen.[5] Obwohl historische Risikoprämien mit Vorsicht zu genießen sind, unterstützen sie dennoch den grundsätzlichen Gedanken einer Berücksichtigung von Länderrisiken.

2. Informationsquellen

Im Folgenden werden Datenquellen zur Annäherung an einen CRP-Faktor aufgeführt und deren Vor- und Nachteile aufgezeigt. Dabei wird der Fokus auf öffentlich verfügbare Daten bzw leicht zugängliche Informationsquellen gelegt.

2.1. Qualitative Umfragen

Fernandez[6] veröffentlicht kontinuierlich die Ergebnisse seiner Umfragen zu Marktrisikoprämien und risikolosem Zinssatz. Im April 2015 konnten rund 5.000 Rückmeldungen von Analysten, Managern, Finanz- und Wirtschaftswissenschaftsprofessoren ausgewertet werden. Hiervon wurden rund 4.500 Antworten zu 41 Ländern weiterbearbeitet.

Aus der regionalen Zuordnung der Umfrageergebnisse lässt sich erkennen, dass grundsätzlich von „entwickelten" Ländern eine geringere Marktrisikoprämie und damit ein geringerer Return on Equity erwartet wird. Somit lassen diese Ergebnisse darauf schließen, dass der Faktor Länderrisiko – direkt oder indirekt – praktische Berücksichtigung findet und somit auch von der Theorie nicht zu vernachlässigen ist bzw nicht ignoriert werden sollte.

Region	Anzahl Rückmeldungen	Durchschnitt Required return on Equity	Durchschnitt MRP
Nordamerika	2064	8,10 %	5,70 %
Europa	1720	8,44 %	6,16 %
Asien – developed	94	7,55 %	6,00 %
Asien – emerging	242	15,85 %	8,62 %
Zentral- und Südamerika	305	16,45 %	10,89 %
Sonstige – developed	105	8,27 %	5,93 %

Tabelle 1: Aggregierte Umfrageergebnisse

---

5   *Donadelli* and *Prosperi*, The Equity Risk Premium: Empirical Evidence from Emerging Markets.
6   *Fernandez*, Discount Rate (Risk-Free Rate and Market Risk Premium) used for 41 countries in 2015: a survey.

2.2. Länderratings

Länderratings werden durch Rating-Agenturen erstellt und sind zumeist leicht erhältlich. Diese stellen das Risiko der Zahlungsunfähigkeit eines Landes und nicht das Eigenkapitalrisiko eines potenziellen Investments dar. Jedoch verwenden S&P, Moody's und Fitch grundsätzliche Variablen, die auch das Eigenkapitalrisiko beeinflussen – zum Beispiel: Währungsstabilität, politische Unsicherheit etc.[7]

Land	S&P		Moody's		Fitch	
	Local Currency	Foreign Currency	Local Currency	Foreign Currency	Local Currency	Foreign Currency
Australien	AAA	AAA	Aaa	Aaa	AAA	AAA
Brasilien	BB	BB	Ba2	Ba2	BB+	BB+
China	AA-	AA-	Aa3	Aa3	A+	A+
Deutschland	AAA	AAA	Aaa	Aaa	AAA	AAA
Griechenland	B-	B-	Caa3	Caa3	CCC	CCC
Großbritannien	AAA	AAA	Aa1	Aa1	AA+	AA+
Indonesien	BB+	BB+	Baa3	Baa3	BBB-	BBB-
Kanada	AAA	AAA	Aaa	Aaa	AAA	AAA
Mexiko	A	BBB+	A3	A3	A-	BBB+
Österreich	AA+	AA+	Aaa	Aaa	AA+	AA+
Polen	A-	BBB+	A2	A2	A	A-
Russland	BBB-	BB+	Ba1	Ba1	BBB-	BBB-
Ukraine	B-	B-	Caa3	Caa3	CCC	CCC
USA	AA+	AA+	Aaa	Aaa	AAA	AAA
Venezuela	CCC	CCC	Caa3	Caa3	CCC	CCC

Tabelle 2: Ausgewählte Länder und deren Ratings[8]

Die Tabelle stellt das langfristige Rating ausgewählter Länder jeweils mit Bezug auf nationale und internationale Währung dar. Unterschiede zwischen lokaler und Fremdwährung, zB S&P-Rating für Mexiko, ergeben sich aus Unterschieden in der Leistungsfähigkeit zur Rückzahlung von Schulden in Fremd- und Eigenwährung. Das kann vor allem dann relevant sein, wenn der Zugang zu Fremdwährung erschwert ist und die Liquiditätsreserven schrumpfen.

Das Rating alleine hilft jedoch kaum bei der Berechnung von Ausfallsrisiken. Ratingagenturen veröffentlichen jedoch wiederkehrend kumulierte Ausfallswahrscheinlich-

---

[7] http://www.ratings.standardpoor.com/criteria/index.htm.
[8] S&P, Moody's, Fitch – Stand 22.4.2016.

keiten der jeweiligen Ratingstufen. Mangels Größe der Peer-Group betreffend Länderratings bzw Ausfällen auf Länderebene wird in diesem Beitrag auf Unternehmensratings und Analysen zurückgegriffen.[9] So liegt beispielhaft die kumulierte Ausfallswahrscheinlichkeit eines BBB gerateten Unternehmens über zehn Jahre bei rund 4 %.

Rating	S&P	Moody's	Fitch
AAA/Aaa	0,74 %	0,14 %	0,97 %
AA/Aa2	0,98 %	0,94 %	0,49 %
A/A2	1,61 %	2,75 %	2,04 %
BBB/Baa2	3,67 %	3,79 %	4,07 %
BB/Ba2	12,71 %	12,11 %	12,26 %
B/B2	25,97 %	34,96 %	14,81 %
CCC – C/Ca-C	50,73 %	53,40 %	39,88 %

Tabelle 3: Ausfallswahrscheinlichkeit einzelner Ratingklassen über einen Zeithorizont von zehn Jahren[10]

Probleme bei der Nutzung von Länderratings ergeben sich ua dadurch, dass diese vermeintlich langen Update-, Reaktions- und Revisionszyklen unterliegen. Die geringen Anpassungen lassen sich anhand von Tabelle 4 verdeutlichen. Man sieht, dass innerhalb der wesentlichen Ratingstufen AAA bis B die jährlichen Veränderungsraten lediglich zwischen 13 % bzw 26 % liegen.

Zusätzlich kann der reine Fokus auf Zahlungsunfähigkeit die Wahrnehmung von Effekten trüben, die das Eigenkapitalrisiko beeinflussen.

	AAA	AA	A	BBB	BB	B	CCC-C	Sonstige
AAA	87,03 %	9,03 %	0,54 %	0,05 %	0,08 %	0,03 %	0,05 %	3,19 %
AA	0,54 %	86,53 %	8,14 %	0,54 %	0,06 %	0,07 %	0,02 %	4,10 %
A	0,03 %	1,83 %	87,55 %	5,38 %	0,35 %	0,14 %	0,02 %	4,70 %
BBB	0,01 %	0,11 %	3,58 %	85,44 %	3,75 %	0,56 %	0,13 %	6,42 %
BB	0,01 %	0,03 %	0,01 %	5,16 %	76,62 %	6,96 %	0,66 %	10,55 %
B	0,00 %	0,03 %	0,10 %	0,21 %	5,40 %	74,12 %	4,37 %	15,77 %
CCC – C	0,00 %	0,00 %	0,14 %	0,22 %	0,65 %	13,26 %	43,85 %	41,88 %

Tabelle 4: Jährliche Veränderung von Unternehmensratings in einem Zeitraum von 1981 bis 2014[11]

---

9 Weiterführende Informationen: Fitch Ratings Global Sovereign 2014 Transition and Default Study (6).
10 Standard & Poor's Ratings Services: 2014 Annual Global Corporate Default Study And Rating Transitions, 58; Moody's Investors Service: Corporate Default and Recovery Rates, 1920–2015, 43; Fitch Ratings: Global Corporate Finance 2014 Transition and Default Study, 7.
11 Standard & Poor's Ratings Services: 2014 Annual Global Corporate Default Study And Rating Transitions, 52.

2.3. Länderrisikoeinschätzung

Ähnlich zu Länderratings werden Länderrisikoeinschätzungen von spezialisierten Agenturen entwickelt. Zum Beispiel überwachte Euler Hermes 2016 rd 240 Länder und zielt mit der Bewertung darauf ab, das Risiko des Zahlungsausfalls von Unternehmen in einem Land zu beurteilen. Diese Ergebnisse werden in Ausschnitten zur Verfügung gestellt. Weitere Anbieter von Informationen und Analysen zu Länderrisiken sind The Economist Intelligence Unit und die PRS Group.

Tabelle 5: Ausblick Länderrisiko 2016 (Euler Hermes, 22. Juni 2016)

Problematisch bei der Nutzung dieser Services ist, dass erstens detaillierte Informationen und Berichte oftmals nur für zahlende Kunden erhältlich sind und zweitens die Einschätzungen der einzelnen Anbieter kaum bis nicht untereinander vergleichbar sind. Auch erlaubt die oftmals nicht lineare Zuordnung bzw Einschätzung keinen direkten Vergleich mehrerer Länder. Zusätzlich ist die Nachvollziehbarkeit bzw Überprüfbarkeit der Informationen und Berechnungen schwierig bis unmöglich, da die Bewertungsgrundlage als firmenspezifisches Know-how als zugrundeliegende „Black-Box" nicht eingesehen werden kann.

2.4. Marktbasierte Werte: Credit default swap spreads

Eine weitverbreitete Methode ist die Anwendung von Credit Default Swaps (CDS) als Indikator für die Länderrisikoprämie. CDS sind Derivate, die es erlauben, Ausfallsrisiken von Ländern, Unternehmen, Anleihen oder Krediten zu handeln. Der Preis eines

CDS wird „Spread" genannt und wird in Basispunkten, also in hundertstel Prozent, angegeben. Diese Preise reflektieren somit die aktuelle Markteinschätzung über die Höhe des Ausfallsrisikos.

Die Funktionsweise eines CDS entspricht ähnlich einer Kreditversicherung. Der Käufer des CDS zahlt dem Verkäufer periodisch den „Spread". Im Gegenzug verpflichtet sich der Verkäufer, den Käufer für Kreditausfälle zu kompensieren.

Beispiel:
Sie besitzen eine argentinische Staatsanleihe mit Nominale 10 Mio € und Laufzeit von drei Jahren. Sie sind verunsichert bezüglich möglicher Rückzahlungsschwierigkeiten. Angenommen, der „Spread" für einen 3-Jahres-CDS auf Argentinien würde 350 Basispunkte betragen. Kaufen Sie den CDS, dann verpflichten Sie sich zur jährlichen Zahlung von 350.000 €. Sollte sich während der Laufzeit ein Zahlungsausfall ergeben oder die Anleihe restrukturiert werden, dann kompensiert Sie der Verkäufer für den erlittenen Schaden.

Anders als bei Kreditversicherungen kann ein CDS auch ohne bestehende Kreditbeziehung gehandelt werden. Entsprechend erhält der Käufer bei einem Ausfall eine Ausgleichszahlung, selbst wenn tatsächlich kein Schaden entstanden ist. Diese würde einer Wette auf den Zahlungsausfall entsprechen.

Blendet man das immanente Geschäftspartnerrisiko und Marktliquiditätsrisiken aus, sollten Preise für CDS die aktuelle Einschätzung von Investoren zu Ausfallsrisiken widerspiegeln. *Ismailescu*[12] fand heraus, dass CDS-Märkte oftmals negative Ratinganpassungen antizipieren und somit als Frühwarnsystem herangezogen werden können. Entsprechend wären CDS-Spreads aufgrund der zeitlich höheren Relevanz reinen Länderratings zu bevorzugen.

Aufgrund des wachsenden Marktes und Datenverfügbarkeit von Länder-CDS – Ende 2015 wurden bereits mehr als 61 Länder-CDS gehandelt – sowie der raschen Anpassungen an Markterwartungen stellen diese eine sinnvolle Basis zur Betrachtung von Länderrisiken im Rahmen der Unternehmensbewertung dar.

Land	Rating	Spread in BPS	Probability of Default
Australien	AAA	31	0,5 %
Brasilien	BB	343	5,0 %
China	AA-	121	1,9 %
Deutschland	AAA	19	0,3 %
Griechenland	B-	1055	-
Großbritannien	AAA	40	0,7 %
Indonesien	BB+	189	2,9 %
Mexiko	A	159	2,5 %

---

12 *Ismailescu* and *Kazemi*, The Reaction of Emerging Markets Credit Default Swap Spreads to Sovereign Credit Rating Changes and Country Fundamentals.

Österreich	AA+	31	0,5 %
Polen	A-	85	1,4 %
Russland	BBB-	242	3,6 %
Ukraine	B-	1179	12,5 %
USA	AA+	20	0,3 %
Venezuela	CCC	5824	19,8 %

Tabelle 6: Ausgewählte Beispiele für CDS-Spreads; Stand April 2016[13]

3. Methodische Ansätze

Damodaran argumentiert, dass das Länderrisiko nicht ausreichend im CAPM abgebildet ist, da selbst nach Diversifikation, Abschätzung eines globalen Betas und Einbezug von länderspezifischen Risiken in die Cashflows ein bis dahin nicht abgebildetes Restrisiko bestehen bleibt. Dieses kann laut *Damodaran* sinnvollerweise nur über die Eigenkapitalkosten abgebildet werden.[14] Hierfür bietet er drei Ansätze bzw Methoden, die im Folgenden als CAPM-basierte Modelle vorgestellt werden.

3.1. Der „Holzhammer-Ansatz"

Unter der Annahme, dass alle Unternehmen eines Landes dem Länderrisiko in gleichem Ausmaß ausgesetzt sind, wird das Länderrisiko zum CAPM hinzuaddiert.

$E_r = r_f + MRP \times \beta + CRP$

Er = Eigenkapitalrendite
rf = Risikoloser Zinssatz
MRP = Marktrisikoprämie
β = Risikofaktor (Beta)
CRP = Country Risk Premium

Leitet man aus der Fernandez-Umfrage ab, dass die USA als meist entwickelter allgemeiner Aktienmarkt die Marktrisikoprämie vorgibt, ergibt sich für Brasilien ein CRP in Höhe von 2,0 %. Daraus würde sich für die brasilianischen Unternehmen Ambev und Embrear folgendes Bild ergeben.

Eigenkapitalkosten Ambev = 0,50 % + 1,14 × (5,50 %) + 2,0 % = 8,77 %

Eigenkapitalkosten Embrear = 0,50 % + 2,50 × (5,50 %) + 2,0 % = 16,25 %

Auf Basis des unleveraged, globalen Industriebetas für Produzenten und Vertreiber alkoholischer Getränke in Höhe von 0,75 und einer Debt-to-Equity Ratio von 79,15 %[15]

---

13 Bloomberg Finance L.P., Markit Group Ltd.; Deutsche Bank Research: Stand 21.4.2016.
14 *Damodaran*, Country Risk: Determinants, Measures and Implications – The 2015 Edition (50 ff).
15 AMBEV S.A., Annual report pursuant to section 13 or 15(d) of the securities exchange act of 1934 For the fiscal year ended: December 31 (2015) 171 ff.

kann durch Nutzung der Bottom-up-Beta[16]-Berechnung für Ambev ein Beta von 1,14 ermittelt werden.

Somit ergeben sich unter der Annahme eines risikolosen Zinssatzes von 0,5 % und der allgemeinen Marktrisikoprämie von 5,5 % die Eigenkapitalkosten von 8,77 %.

Für Embrear, ein Unternehmen der Luftfahrtbranche, ergeben sich bei gleicher Vorgehensweise Eigenkapitalkosten von 16,25 %.[17]

3.2. Der „Beta-Ansatz"

Unter der Annahme, dass das Länderrisiko des zu bewertenden Unternehmens direkt proportional zum Marktrisiko ist, wird das Länderrisiko mit der Marktrisikoprämie addiert und danach mit dem Beta-Faktor multipliziert

$E_r = r_f + (MRP + CRP) \times \beta$

Ceteris paribus würden sich folgende Eigenkapitalkosten aus diesem Ansatz ergeben:

Eigenkapitalkosten Ambev = 0,50 % + 1,14 × (5,50 % + 2,0 %) = 9,05 %

Eigenkapitalkosten Embrear = 0,50 % + 2,50 × (5,50 % + 2,0 %) = 19,25 %

Man erkennt, dass das risikoreichere Investment, ausgedrückt durch das höhere Beta, durch diesen Ansatz höhere Risikoaufschläge verkraften muss und somit eine höhere Rendite erwartet wird.

Problematisch an diesen Ansätzen ist in jedem Fall, dass sämtliche Unternehmen eines Landes demselben Länderrisikofaktor unterworfen werden ohne auf die unternehmensspezifischen Faktoren wie Umsatzverteilung nach Ländern (developed vs emerging markets) oder Länderspezifika einzugehen. Eine Möglichkeit dieser Schwäche entgegenzuwirken stellt die operative Gewichtung nach Umsatz dar. Entsprechend werden nur die in einem Land erwirtschafteten Erträge mit den jeweiligen CRP gewichtet und es entsteht ein unternehmensspezifischer Risikofaktor.

	Mio €	in %	Durchschnitt RE	Gewichtet Return on Equity
Westeuropa	4.539	26,84 %	7,05 %	1,89 %
Nordamerika	2.753	16,28 %	8,10 %	1,32 %
China	2.469	14,60 %	12,60 %	1,84 %
Russland	739	4,37 %	17,10 %	0,75 %
Lateinamerika	1.783	10,54 %	16,45 %	1,73 %

---

16 Weiterführende Information http://people.stern.nyu.edu/adamodar/New_Home_Page/TenQs/TenQsBottom-upBetas.htm.
17 EMBRAER S.A., Annual report pursuant to section 13 or 15(d) of the securities exchange act of 1934 For the fiscal year ended: December 31 (2015) 147 ff.

Japan	776	4,59 %	6,60 %	0,30 %
MEAA	2.388	14,12 %	12,73 %	1,80 %
Sonstige	1.467	8,67 %	12,34 %	1,07 %
Gesamt	**16.914**	**100,00 %**		**10,70 %**

Tabelle 7: Adidas Group: Umsatzverteilung 2015 nach Regionen und Berechnung ROE[18]

Auf Basis der Umsatzverteilung nach Region von Adidas und den Umfrageergebnissen von Fernandez ergibt sich für Adidas ein regional gewichteter Return on Equity von rd 10,70 %.

Grundsätzlich ist eine Umsatzgewichtung für viele Unternehmen eine Näherung, sollte jedoch nicht pauschal für alle Unternehmen angewendet werden. Beispielsweise kann es für rohstofffördernde Unternehmen ein sinnvoller Ansatz sein, die Produktionsmengen in den jeweiligen Förderländern und deren CRP zu beachten, anstatt die weniger aussagekräftigere Alternative der Absatzmärkte.

3.3. Der „Lambda-Ansatz"

Unter der Annahme, dass das Länderrisiko eine unterschiedliche Wirkung auf das Unternehmen hat, wird CRP um den unternehmensspezifischen Faktor Lambda erweitert.[19] Ähnlich zu Beta nimmt Lambda einen Wert um 1 an. Wobei 1 den Faktor für ein durchschnittliches Exposure zum Länderrisiko des jeweiligen Landes darstellt.

$E_r = r_f + MRP \times beta + CRP \times \lambda$

λ = *unternehmensspezifischer Faktor (Lambda)*

Faktoren zur Berechnung von Lambda sind nicht abschließend unter anderem die Folgenden:
- Umsätze nach Regionen
- Standorte bzw Produktionsstätten
- Interne Risikomanagementsysteme: beispielsweise derivative Finanzprodukte und Versicherungen[20]

Der Lambda-Ansatz eignet sich besonders zur Bewertung von ausländischen Tochtergesellschaften, da hier die Informationslage, insbesondere betreffend interner Risikomanagementsysteme sowie detaillierter Umsatz- bzw Ertragszahlen, größte Validität bieten.

Der einfachste Weg, Lambda zu berechnen ist rein über die Umsatzkomponente. Es gilt jedoch zu beachten, dass im Gegensatz zur Gewichtung im Holzhammer- oder Beta-Ansatz das Lambda eines Unternehmens nicht nur vom eigenen Umsatzexposure abhängt, sondern auch vom durchschnittlichen Exposure der anderen Unternehmen eines Lan-

---

18 Adidas Group: Geschäftsbericht (2015) 138 ff.
19 *Damodaran,* Measuring Company Exposure to Country Risk: Theory and Practice 18 ff.
20 *Damodaran,* Country Risk Determinants, Measures and Implications 76.

des. Während Ersteres aus Jahresabschlüssen vermeintlich herauszulesen ist, kann sich Zweiteres als zeitintensive Aufgabe herausstellen. Eine Möglichkeit, diese zu umgehen ist auf öffentlich verfügbare Informationen zurückzugreifen. Man könnte davon ausgehen, dass die durchschnittliche Exportquote eines Landes einen Hinweis darauf gibt, wie hoch die inländischen Umsätze von Unternehmen sind. Zum Beispiel ermittelt die Weltbank für Indonesien eine Exportquote von 23,7 % des Bruttoinlandprodukts.[21] Daraus könnte abgeleitet werden, dass ein durchschnittliches Unternehmen 76,3 % seiner Umsätze im Inland erwirtschaftet. Zu beachten ist jedoch, dass es hier zu starken Schwankungen von Industrie zu Industrie kommen kann.

Lambda würde sich somit wie folgt darstellen:

$$\lambda = \frac{\text{\% des Umsatzes im Land des betrachteten Unternehmens}}{\text{\% des Umsatzes im Land eines durchschnittlichen Unternehmens}}$$

4. Berechnung des Country Risk Premiums

Wenn also die empirischen Untersuchungen darauf hindeuten, dass CRP berücksichtigt werden sollen und unterschiedlichste Datenquellen sowie methodische Modelle zur Verfügung stehen, dann stellt sich lediglich die Frage, wie aus der diversen Informationslandschaft konkrete und valide Werte zur Berücksichtigung in der Bewertung ermittelt werden können.

4.1. Anwendung von CDS und Ratings in der Bewertung

Am Beispiel von Brasilien können mehrere Varianten genutzt werden, um die zur Verfügung stehenden Informationen bewertungsrelevant umzusetzen. Einerseits kann von Länderratings ein Risikoaufschlag abgeleitet werden. *Damodaran*[22] liefert hierfür eine Umschlüsselung der Ratings auf Ausfallwahrscheinlichkeiten. Andererseits können die Spreads von Credit Default Swaps herangezogen werden. Schlussendlich können diese Werte durch qualitative Umfragen validiert werden. Am Beispiel Brasilien würde sich nach dem in 2.2.1 beschriebenen „Holzhammer-Ansatz" folgendes Bild ergeben: Brasilien wird aktuell mit der Ratingnote BB bewertet. Dies entspricht laut *Damodaran* einem Länderrisikoaufschlag von 3,00 %. Laut CDS-Spread ergibt sich ein Aufschlag in Höhe von 3,43 %.

Nimmt man nun die historische Marktrisikoprämie von 5,5 % als Basis, so erhält man für Brasilien eine Risikoprämie von 8,50 %–8,93 %. Eine Validierung über Fernandez ergibt eine Marktrisikoprämie von 7,50 %.

Auf Unternehmensbasis kann wiederum zwischen dem rein additiven Ansatz und dem Beta-Ansatz unterschieden werden. So erhöhen sich die Kapitalkosten für ein Unternehmen mit hohem Beta und reduzieren sich für Unternehmen mit geringem Beta.

---

21 Weltbank – http://databank.worldbank.org/data/reports.aspx?source=2&country=IDN&series=&period=.
22 *Damodaran*, Country Risk Determinants, Measures and Implications 59.

Am Beispiel von Ambev würden sich so je nach gewähltem Ansatz Eigenkapitalkosten in einer Bandbreite von 9,52 % bis 10,43 % ergeben.

Rating	Spreads Staatsanleihen/CDS
AAA	0,00 %
AA	0,50 %
A	0,85 %
BBB	1,90 %
BB	3,00 %
B	5,50 %
CCC	9,00 %

Tabelle 8: Spreads nach Ratingklassen – Stand Januar 2015

Grundsätzlich bleibt es jedem selbst überlassen, für welche Variante man sich entscheidet, so lange konsistent auf diese zurückgegriffen wird. Eine Möglichkeit wäre es, einen Durchschnittswert der vorhandenen Alternativen zu wählen.

5. Fazit

Ob Länderrisikoprämien oder ob das klassische CAPM verwendet werden, eine grundsätzliche Auseinandersetzung mit Länderrisiken und den dahinterliegenden makroökonomischen Einflüssen schärft in jedem Fall das Risikoverständnis und verbessert somit die finale Entscheidungsfindung.

Es ist davon abzuraten, pauschaliert die Nutzung von CRP zu befürworten oder abzulehnen. Im Detailfall ist die Prüfung der verwendeten Bewertungsansätze und Parameter anzuraten, da diese wesentliche Auswirkung auf die Berechnung bzw Anwendung von Länderrisikoprämien haben können. Konkret ist unbedingt darauf zu achten, dass CRP, über den risikolosen Zinssatz, das Beta und den Länderrisikofaktor (ob additiv, multiplikativ oder parametrisiert) nicht mehrfach Berücksichtigung in den Eigenkapitalkosten finden.

Da aktuell kein allgemein anerkanntes und akzeptiertes Modell zur Verfügung steht, das sowohl theoretisch tragbar als auch praktisch sinnvoll umsetzbar scheint, und selbst Fachexperten diametraler Meinung hinsichtlich Anwendung und Berechnung von Länderrisiken sind, bleibt schlussendlich die Frage des wirtschaftlichen Kosten-Nutzen-Verhältnisses.[23] Da die Unternehmensbewertung durch diverse subjektive und objektive Einflüsse nie als exakte Wissenschaft angesehen werden sollte und weder exakte noch dauerhaft wiederholbare Resultate liefert, ist fraglich, ob die Herbeiführung einer weiteren, vermeintlichen Scheingenauigkeit über zusätzliche Risikofaktoren und Betrachtungen den nötigen Mehrwert liefert. Bei komplexen Themenstellungen wie diesen kann und sollte in jedem Fall auf den Rat von externen Experten zurückgegriffen werden.

---

23 Vgl *Knoll*, „Länderrisiken: Vom unvermeidlichen Regen in die vermeidbare Traufe" und *Zwirner/Kähler*, „Länderrisiken im Rahmen der Unternehmensbewertung".

Literatur

Evertz, „Die Länderrisikoanalyse der Banken, in: Schriften zu internationalen Wirtschaftsfragen", Band 13 (1992) 18

Damodaran, "Measuring Company Exposure to Country Risk: Theory and Practice" (2003)

Damodaran, "Equity Risk Premiums (ERP): Determinants, Estimation and Implications – The 2015 Edition (2015)" 42 ff

Damodaran, "Country Risk: Determinants, Measures and Implications – The 2015 Edition" (2015) 50 ff

Fernandez, Ortiz und Acin, "Discount Rate (Risk-Free Rate and Market Risk Premium) used for 41 countries in 2015: a survey" (2015) 2 ff

Donadelli, M. and L. Prosperi, "The Equity Risk Premium: Empirical Evidence from Emerging Markets" (2011)

Standard & Poor's Ratings Services, "2014 Annual Global Corporate Default Study And Rating Transitions" (2015) 52 ff

Moody's Investors Service, "Corporate Default and Recovery Rates, 1920–2015" (2016) 43

Fitch Ratings, "Global Corporate Finance 2014 Transition and Default Stud" (2015) 7

Adidas Group: Geschäftsbericht (2015) 138 ff

AMBEV S.A., Annual report pursuant to section 13 or 15(d) of the securities exchange act of 1934 For the fiscal year ended: December 31 (2015) 171 ff

EMBRAER S.A., Annual report pursuant to section 13 or 15(d) of the securities exchange act of 1934 For the fiscal year ended: December 31 (2015) 147 ff

Ernst/Gleißner, „Damodarans Länderrisikoprämie – Eine Ergänzung zur Kritik von Kruschwitz/Löffler/Mandl aus realwissenschaftlicher Perspektive", Die Wirtschaftsprüfung 23 (2012) 1252–1264

The World Bank Group: World Development Indicators – http://databank.worldbank.org/data/home.aspx

Ismailescu and Kazemi, "The Reaction of Emerging Markets Credit Default Swap Spreads to Sovereign Credit Rating Changes and Country Fundamentals", Journal of Banking and Finance 34 (2010) 2861–2873

Knoll, „Vom unvermeidlichen Regen in die vermeidbare Traufe", Der Betrieb (2015) 937–939

Zwirner/Kähler, „Länderrisiken im Rahmen der Unternehmensbewertung", Der Betrieb (2015) 1674–1678

Rating und Insolvenzwahrscheinlichkeit: Wirkung auf Fremdkapitalkosten und Unternehmenswert

Werner Gleißner

1. Insolvenzwahrscheinlichkeit und die zeitliche Entwicklung der Erträge
2. Der Einfluss der Insolvenzwahrscheinlichkeit auf den Erwartungswert der Cashflows und Erträge sowie den Unternehmenswert
3. Rating, Insolvenzwahrscheinlichkeit und Fremdkapitalkosten
4. Die Abschätzung der Insolvenzwahrscheinlichkeit
5. Fazit

1. Insolvenzwahrscheinlichkeit und die zeitliche Entwicklung der Erträge

In der Realität beeinflussen Insolvenzrisiken grundsätzlich den Unternehmenswert, weshalb zB auch der neue österreichische Bewertungsstandard klarstellt:

> „Bei der Ermittlung der Erwartungswerte ist zu untersuchen, inwieweit das Unternehmen Insolvenzrisiken ausgesetzt ist. Die Berücksichtigung von bewertungsrelevanten Insolvenzrisiken kann durch den Ansatz von Insolvenzwahrscheinlichkeiten erfolgen, die u.a. aus Ratings abgeleitet werden können."[1]

Es ist ein wesentlicher Fortschritt, dass im neuen österreichischen Bewertungsstandard KFS BW 1[2] von 2014 auf die Notwendigkeit der Berücksichtigung von Rating/Insolvenzwahrscheinlichkeit in der Bewertung ausdrücklich verwiesen wird. Im IDW S 1[3] ergibt sich diese Forderung implizit auch, da für die Bestimmung von Erwartungswerten finanzieller Überschüsse auch das Szenario einer möglichen Insolvenz zu berücksichtigen ist.

Oft wird in der Bewertungspraxis nur die Wirkung der Risiken auf den Diskontierungszinssatz (Kapitalkosten) betrachtet. Ergänzend ist aber zu berücksichtigen, dass die Insolvenzwahrscheinlichkeit (und damit indirekt wieder die Ertragsrisiken des Unternehmens) auch den Erwartungswert von Erträgen oder Cashflows beeinflusst.[4] Dies ist selbst dann zu beachten, wenn man Kapitalkosten mittels CAPM berechnet. Notwendig ist eine separate Betrachtung nur dann nicht, wenn durch eine Monte-Carlo-Simulation praktisch in der gesamten Zukunft[5] des Unternehmens die Möglichkeit einer Insolvenz mit den erwarteten Insolvenzkosten bereits im Erwartungswert und Risikomaß eines jeden Jahres berücksichtigt ist (und **keine** Formel für die Fortführungsphase verwendet wird). Es ergeben sich Bewertungsfehler, wenn beispielsweise, wie in der Praxis noch üblich, unreflektiert (speziell bei der sogenannten „Terminal-Value"-Berechnung) von einer ewigen Lebensdauer des Unternehmens ausgegangen wird, obwohl ein Unternehmen beispielsweise bei einem „BB+"-Rating eine Insolvenzwahrscheinlichkeit von ca 1 % pro Jahr aufweist.

Es ist eine zentrale Aufgabe des Bewerters, die Unternehmensplanung des Unternehmens zu plausibilisieren und aus dieser Erwartungswerte der Cashflows und Erträge abzuleiten. Dies erfordert die Beachtung von Chancen und Gefahren (Risiken), inklusive der Möglichkeit einer Insolvenz. Diese wird bei einer vom Unternehmen erstellten „Going-Concern-Managementplanung" zum Zweck der Unternehmenssteuerung berechtigterweise nicht berücksichtigt.[6] Wenn man nun schlicht annimmt, dass das Insolvenz-

---

1 Siehe KFS BW 1 Rz 67; vgl auch *Rabel* (2014b), 86–87.
2 Vgl *Rabel* (2014a und b).
3 Standard: Grundsätze zur Durchführung von Unternehmensbewertungen IDW S 1, WPg Supplement 3/2008, 68 ff = FN-IDW 2008, 271 ff (Stand: 2.4.2008).
4 Übernommen aus *Gleißner* (2010).
5 ZB von 100 oder mehr Jahren.
6 Aussagen zB von *Meitner* und *Streitferdt* (2016a und b) mag man so interpretieren, dass eine solche Betrachtung der Insolvenzrisiken nicht nötig ist. *Meitner* und *Streitferdt* (2016b, 14) führen zB aus:
„Die Analysen legen nahe, dass in den meisten Fällen eine explizite Berücksichtigung von derartigen Insolvenzrisiken nicht notwendig ist."
Dies ist jedoch ein Missverständnis, weil der Bewerter von Unternehmen keine Planung erhält, die die Möglichkeit einer Insolvenz erfasst, sondern eine Going-Concern-Planung.

risiko schon adäquat im Rahmen einer erwartungstreuen Planung berücksichtigt ist, gibt es natürlich keinen Bedarf für eine zusätzliche Anpassung. Aber das Problem ist damit natürlich offensichtlich: In der Praxis muss sich irgendjemand – im Allgemeinen eben der Bewerter – darum kümmern, dass die Möglichkeit einer Insolvenz adäquat und nachvollziehbar im Erwartungswert erfasst wird. Die in diesem Text vorgeschlagenen Verfahrensweisen zur Erfassung des Insolvenzrisikos gehen realitätsnah davon aus, dass die zugrundeliegende Going-Concern-Planung nicht erwartungstreu ist, was man im Allgemeinen auch leicht belegen kann (siehe weiter unten). Dies stellen zB *Ihlau, Duscha* und *Gödecke* (2013, 216)[7] als Erläuterung klar:

> „Grundlage des Modells ist die Annahme, dass die Planungsrechnung nicht auf dem Erwartungswert der mit den jeweiligen Eintrittswahrscheinlichkeiten gewichteten Szenarien des Unternehmens basiert, sondern eine quasi einwertige Ertrags-, Bilanz- und letztlich Zahlungsüberschussprognose vorliegt, in der Insolvenzrisiken nicht ausreichend berücksichtigt sind. Die Möglichkeit einer Insolvenz mit abnehmenden finanziellen Überschüssen an die Anteilseigner ist somit in den zu kapitalisierenden Überschüssen nicht berücksichtigt."

Das nachfolgend vorgestellte Instrumentarium zur Berücksichtigung der Möglichkeit einer Insolvenz dient also genau dazu, ausgehend von einer üblichen Going-Concern-Planung, die Insolvenzrisiken nicht erfasst, diese im Bewertungskalkül zu berücksichtigen. Es hilft hier für die Bewertungspraxis nicht weiter, schlicht anzunehmen, dass die Planung bereits erwartungstreu sei und darauf zu verzichten, wie denn der Planersteller oder der Bewerter nun zB Chancen und Gefahren (Risiken) – und speziell die Möglichkeit einer Insolvenz – im Rahmen der Planung berücksichtigt haben. Eine derartige Intransparenz ist für die Erstellung objektivierter Unternehmenswerte nicht akzeptabel. Und nur in einem vollkommenen Kapitalmarkt kann man davon ausgehen, dass aufgrund der fehlenden Transaktionskosten und der allgemeinen Verfügbarkeit sämtlicher Informationen jedes Wirtschaftssubjekt einfach die „erwartungstreuen Planwerte" kennt.[8]

Eine transparente Berücksichtigung der Insolvenzwahrscheinlichkeit bei der Unternehmensbewertung führt übrigens nicht durchgängig zu „niedrigeren" Unternehmenswerten. Dies liegt daran, dass bisher in der Bewertungspraxis oft (völlig intransparent) mit einer einheitlichen (typisierten) Insolvenzwahrscheinlichkeit der Unternehmen gerechnet wird. Sie wird nämlich implizit mit der Wachstumsrate der Unternehmen „verrechnet" – die in der Bewertungspraxis erkennbaren nachhaltigen Wachstumsraten für Cashflows und Erträge in der Fortführungsphase (von 0 bis 1 %) sind nämlich viel niedriger, als dies in Anbetracht des Wirtschaftswachstums zu begründen wäre.[9] In der Wachstumsrate wird also implizit bereits eine typische Insolvenzwahrscheinlichkeit „verrechnet" und damit findet die in der Bewertung angemessene Unterscheidung der Insolvenzwahrscheinlichkeiten einzelner Unternehmen nicht statt. Die Konsequenz für die Unternehmensbewertung ist klar: Wenn man sachgerecht eine im Allgemeinen hö-

---

7 Mit Bezug auf Arbeitskreis des EACVA e V, 2011 und *Gleißner* (2011a).
8 Aber – wie bei *Gleißner* (2015a) ausgeführt – wenn man dies annimmt, gibt es sowieso keine Bewertungsaufgabe, da dann diesen Bewertungssubjekten nachfolgend auch der zu diesen Ertragsprognosen passende Unternehmenswert ebenfalls bekannt ist und dem Marktpreis (Börsenkurs) entspricht.
9 Siehe dazu auch *Schüler/Lampenius* (2007) mit einer empirischen Studie.

here langfristige Wachstumsrate ansetzt und zugleich eine unternehmensspezifisch geschätzte Insolvenzwahrscheinlichkeit berücksichtigt, folgt, dass

- Unternehmen mit niedriger Insolvenzwahrscheinlichkeit (gutem Rating) tendenziell einen höheren Wert erhalten und
- Unternehmen mit überdurchschnittlicher Insolvenzwahrscheinlichkeit (schwächerem Rating) niedriger bewertet werden.

Die bisherige Praxis des Ignorierens der Insolvenzwahrscheinlichkeit bzw der impliziten Verwendung einer einheitlichen (typisierten) Insolvenzwahrscheinlichkeit ist damit speziell zum Nachteil von Unternehmen, die eine hohe finanzielle Stabilität aufweisen. Ihr Wert wird systematisch unterschätzt, was auch empirische Studien zum Aktienmarkt zeigen.[10]

2. Der Einfluss der Insolvenzwahrscheinlichkeit auf den Erwartungswert der Cashflows und Erträge sowie den Unternehmenswert

Die Bedeutung von Rating und Insolvenzwahrscheinlichkeit wird mit folgendem Beispiel verdeutlicht.[11]

Ausgangspunkt der Betrachtung ist ein Unternehmen mit einer Insolvenzwahrscheinlichkeit von nahezu null, das entsprechend ein „AAA"-Rating verdient. Nimmt man an, dass für das Unternehmen ein risikogerechter Diskontierungszinssatz (Gesamtkapitalkosten) von k = 10 % angemessen ist und der (zeitinvariante) Erwartungswert $E(\tilde{Z})$ der freien Cashflows (Zahlungen) 10 Mio € pro Jahr beträgt, ergibt sich bei einem verzinslichen Fremdkapital[12] (FK) von 50 Mio € (und die Vernachlässigung der expliziten Darstellung steuerlicher Einflüsse auf $E(\tilde{Z})$ und k) gemäß „Rentenformel"[13] ein Wert W (Discounted Cashflow) von

$$W(\tilde{Z}) = \frac{E(\tilde{Z})}{k} - FK = \frac{10}{10\%} - 50 = 50 \qquad (1)$$

Nimmt man nun an, dass unter sonst gleichen Bedingungen die Insolvenzwahrscheinlichkeit (bzw das angemessene Rating) des Unternehmens falsch eingeschätzt wurde und die tatsächliche Insolvenzwahrscheinlichkeit bei 2 % liegt[14], hätte dies unmittelbare Auswirkungen auf den Erwartungswert der zukünftigen Erträge (vgl Abbildung 1).[15]

---

10 Siehe *Campbell/Hilscher/Szilagyi* (2008).
11 In Anlehnung an *Gleißner* (2010) weiterführend siehe *Gleißner* (2011b und 2015b).
12 Hier: Marktwert des Fremdkapitals.
13 Gordon-Shapiro-Modell.
14 Zur Bestimmung der Insolvenzwahrscheinlichkeit mit traditionellen (empirisch statistischen) Verfahren siehe *Altman* (2000); *Weber/Krahnen/Voßmann* (1998); *Oppitz* (2010) und *Heller* (2015). Zur Anwendung simulationsbasierter Prognoseverfahren *Gleißner/Bemmann* (2008); *Gleißner/Leibbrand* (2004) und *Gleißner/Füser* (2014).
15 Den bisherigen Erwartungswert kann man als „bedingten" Erwartungswert interpretieren, also den Erwartungswert unter der Annahme, dass keine Insolvenz eintritt.

Die Insolvenzwahrscheinlichkeit (p) – und damit das Rating als Werttreiber – wirkt im „Terminal Value" wie eine negative Wachstumsrate

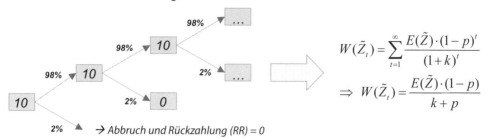

→ Abbruch und Rückzahlung (RR) = 0

Abbildung 1: Überbewertung durch Vernachlässigung der Insolvenzwahrscheinlichkeit

Bei einer sicheren Insolvenzwahrscheinlichkeit von p = 2 % ist offensichtlich die Wahrscheinlichkeit, dass ein Unternehmen das erste Planjahr überlebt, lediglich 98 %. Für das zweite Jahr gilt[16] $(1-2\%)^2 \approx 96\%$ und allgemein gilt für die Überlebenswahrscheinlichkeit nach t Jahren:

Überlebenswahrscheinlichkeit

= 1 – kumulierte Insolvenzwahrscheinlichkeit

= $(1 - p)^t$

Damit ergibt sich für die Erwartungswerte der zukünftigen Zahlungen in der Periode t (aus Sicht von t = 0)

$$E_0(\tilde{Z}_t) = E_0(\tilde{Z}_0) \cdot (1-p)^t \qquad (2)$$

und der Wert berechnet sich entsprechend als

$$W(\tilde{Z}_t) = \sum_{t=1}^{\infty} \frac{E(\tilde{Z}) \cdot (1-p)^t}{(1+k)^t} \qquad (3)$$

Dies kann kompakt dargestellt werden als

$$W(\tilde{Z}) = \frac{E(\tilde{Z}) \cdot (1-p)}{k+p} \qquad (4)$$

Man erkennt, dass die Insolvenzwahrscheinlichkeit sich auswirkt wie eine „negative Wachstumsrate" des Erwartungswerts der Zahlung.[17]

16　Bei Konstanz der sicheren Insolvenzwahrscheinlichkeit (was eher zur wertorientierten, nicht zu einer autonomen Finanzierung kompatibel ist). Vgl weiterführend *Friedrich* (2015) 129–214.
17　Bei wachsenden Unternehmen gilt dies näherungsweise auch, vgl Gleichung (6).

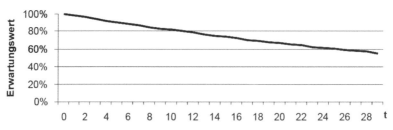

Abbildung 2: Erwartungswert der Cashflows bei Insolvenzwahrscheinlichkeit (p = 2 %)

Es ist zu beachten, dass die Insolvenzwahrscheinlichkeit in der Formel auftaucht, obwohl im Zähler ein Erwartungswert steht. Dieser ist der Erwartungswert der Zahlungen vor der ersten Periode der Fortführungsphase und erfasst nur die möglichen Insolvenzfälle davor (in einer möglichen Detailplanung, siehe (8) weiter unten). Die Insolvenzwahrscheinlichkeit ist notwendig, weil sich dieser Erwartungswert ceteris paribus in jeder Periode der Zukunft reduziert, weil in jeder zukünftigen Periode eine Insolvenz auftreten kann.

Wie groß ist nun im Fallbeispiel der Bewertungsfehler? Bei Einsetzen der Insolvenzwahrscheinlichkeit p in die oben angegebene Bewertungsformel ergibt sich:

$$W(\tilde{Z}) = \frac{10 \cdot (1-2\%)}{10\% + 2\%} - 50 = 32 \tag{5}$$

Man sieht, dass durch die Vernachlässigung der Insolvenzwahrscheinlichkeit der Unternehmenswert um fast 60 % überschätzt wurde.[18]

Im Folgenden wird ergänzend der Fall betrachtet, dass der (bedingte) Erwartungswert der Zahlungen bzw Erträge wächst.

Bei der Bestimmung einer unendlichen Reihe (Gordon-Shapiro-Modell) gemäß Gleichung (6) taucht die Insolvenzwahrscheinlichkeit genau wie die Wachstumsrate w in jeder einzelnen Periode im Zähler auf. Das Auflösen der Reihe in Gleichung (6) führt wieder dazu, dass die Insolvenzwahrscheinlichkeit (wie auch die Wachstumsrate) mathematisch in den Nenner „wandert". Dies bedeutet jedoch (so wie bei der Wachstumsrate) nicht, dass sich eine Doppelerfassung ergeben oder die Insolvenzwahrscheinlichkeit zu einer Komponente des Diskontierungszinssatzes würde.[19]

$$W(\tilde{Z}) = \sum_{t=1}^{\infty} \frac{E(\tilde{Z})(1-p)^t(1+w)^t}{(1+k)^t} = \frac{E(\tilde{Z}) \cdot (1-p)}{k - w + p \cdot (1+w)} \tag{6}$$

---

[18] Es wird hier angenommen, dass das Fremdkapital, z B wegen der bei mittelständischen Unternehmen typischen Haftung der Gesellschafter, auf jeden Fall zurückzuzahlen ist und richtig bewertet wurde (vgl Abschnitt 3).

[19] Bei einer mehrwertigen simulationsbasierten Planung wird die Insolvenzwahrscheinlichkeit in der Detailplanungsphase automatisch erfasst. Sicherzustellen ist nur, dass bei einer Insolvenz (durch Überschuldung oder Illiquidität) die Simulation der künftigen Perioden aus der Perspektive des Eigentümers tatsächlich „abgebrochen" wird. Diese Erfassung allein ist jedoch unzureichend, weil zumindest bei der Betrachtung des Terminal Value (ausgehend von einer „repräsentativen Startperiode") eben keine mehrwertige Planung mehr vorliegt.

Mit w = 0 gilt speziell wieder Gleichung (4):

$$W(\tilde{Z}) = \sum_{t=1}^{\infty} \frac{E(\tilde{Z}) \cdot (1-p)^t}{(1+k)^t} = \frac{E(\tilde{Z}) \cdot (1-p)}{k+p} \approx \frac{E(\tilde{Z})}{k+p} \tag{7}$$

Mit dieser um die Insolvenzwahrscheinlichkeit ergänzten Formel für den „Terminal Value", den Wert der Fortführungsphase, folgt insgesamt für den Ertragswert des Unternehmens:

$$W(\tilde{Z}) = \sum_{t=1}^{T} \frac{E(\tilde{Z}_t)}{(1+k)^t} + \frac{E(\tilde{Z}_{T+1})}{(1+k)^T \cdot (k-w+p \cdot (1+w))} \tag{8}$$

Es ist zu beachten, dass in $E(\tilde{Z}_t)$ der Detailplanung jeweils die Wirkungen einer möglichen Insolvenz (inklusive Insolvenzkosten) bis einschließlich Periode t zu erfassen sind.

Genauso wenig, wie es sich bei der Wachstumsrate um einen Abschlag auf den (risikogerechten) Diskontierungszinssatz handelt, ist die Insolvenzwahrscheinlichkeit ein Zuschlag. Wer die Erfassung einer Wachstumsrate im Terminal Value akzeptiert, muss die aus dem gleichen Annahmensystem[20] abgeleitete Berücksichtigung der Insolvenzwahrscheinlichkeit ebenso akzeptieren.

Selbstverständlich ist es möglich, neben deterministischen Wachstumsraten und Insolvenzwahrscheinlichkeiten in der Fortführungsphase über alternative Möglichkeiten der Erfassung nachzudenken. Die oben erläuterte „pragmatische" Erfassung der Möglichkeit einer Insolvenz im Rahmen der üblichen (deterministischen) „Rentenformel" ist nicht ohne Alternativen. Eine präzisere Erfassung der Risiken und stochastischen Abhängigkeiten, auch zwischen den einzelnen Perioden, kann man z B durch Binominalmodelle (*Friedrich* [2015]) und insbesondere durch die flexiblen stochastischen Planungsmodelle und die Monte-Carlo-Simulation erreichen (vgl *Gleißner* [2016a]). Bei der Berechnung der Erwartungswerte in der Simulation werden die Insolvenzszenarien erfasst und eine geschlossene „Rentenformel" ist praktisch unnötig, wenn man sehr viele Jahre der Zukunft simuliert. Dennoch haben pragmatische Lösungen, wie oben erläutert, sicher auch Vorteile für die Praxis.

Die Möglichkeit einer Insolvenz und der mit dieser Möglichkeit verbundenen Insolvenzkosten sind auch in den Erwartungswerten der Detailplanungsphase zu berücksichtigen, was Gleichung (8) zeigt. Im Allgemeinen wird die vorliegende „Going-Concern-Managementplanung" ohne Berücksichtigung der Möglichkeit der Insolvenz des eigenen Unternehmens erstellt. Die nachfolgende Tabelle zeigt, wie im einfachsten Fall bei einer hier angenommenen in der Detailplanungsphase konstanten Insolvenzwahrscheinlichkeit von p = 2 % die Bewertung durchzuführen ist. Es wird zusätzlich ange-

---

20 Deterministisches Modell einer unendlichen Rente. Vgl weiterführend *Friedrich* (2015) mit einem Binominalmodell zur Erfassung der Insolvenz. Vollkommen frei von den Restriktionen des deterministischen Rahmens des Gordon-Shapiro-Modells ist man, wenn man auch die einzelnen Perioden der Fortführungsphase explizit im Simulationsmodell betrachtet.

nommen, dass die Insolvenzwahrscheinlichkeit in der Fortführungsphase ebenfalls 2 % beträgt; eine Kenngröße, die – wie alle anderen – im Gordon-Shapiro-Modellrahmen sicher und konstant ist.

Zeit (t)	1	2	3	4 ff
Erwartungswert ohne Insolvenz (bedingt)	10	15	20	20
Insolvenzwahrscheinlichkeit p_t	0,02	0,02	0,02	0,02
Überlebenswahrscheinlichkeit (kumulierte Insolvenzwahrscheinlichkeit)	0,98	0,96	0,94	$(1-p)^t$
Erwartungswert ($Z_t^e = E(\tilde{Z})$)	9,8	14,4	18,8	18,4

Tabelle 1: Berücksichtigung der Insolvenzwahrscheinlichkeit auch in der Detailplanungsphase[21]

Der in der letzten Spalte (t = 4) genannte Erwartungswert der Erträge (Flow-to-Equity) zu Beginn der Fortführungsphase ist die Grundlage für die Bestimmung des Terminal Values Z^e (= $E(\tilde{Z})$) gemäß Gleichung (8). Für einen angenommenen risikogerechten Diskontierungszinssatz von k = 10 % ergibt sich damit folgender Unternehmenswert:[22]

$$W(\tilde{Z}) = \sum_{t=1}^{\infty} \frac{Z_t^e}{(1+k)^t} = \sum_{t=1}^{T-1} \frac{Z_t^e}{(1+k)^t} + \frac{Z_T^e}{(1+k)^{T-1}(k+p)} = \frac{9,8}{1,1} + \frac{14,4}{1,1^2} + \frac{18,8}{1,1^3} + \frac{18,4}{1,1^3 \cdot (0,1+0,02)} = 150 \quad (9)$$

Selbstverständlich ist es nicht notwendig, mit einer periodenkonstanten Insolvenzwahrscheinlichkeit zu rechnen.[23] Ausgehend von einer bekannten Ratingnote des Unternehmens – bestimmt durch eine Ratingagentur, die Bank oder abgeschätzt durch ein synthetisches Finanzkennzahlenrating[24] – lassen sich auch periodenspezifische (und planungskonsistente) Insolvenzwahrscheinlichkeiten leicht berücksichtigen.

Zwischenfazit

Der Unternehmenswert wird also auch durch die Insolvenzwahrscheinlichkeit beeinflusst, die selbst von der Ertragskraft, dem Risikodeckungspotenzial und dem Risikoumfang abhängt.[25] Da der Risikoumfang – neben Erwartungswert der Erträge und Kapitalkosten – auch die Insolvenzwahrscheinlichkeit beeinflusst, gibt es hier einen weiteren wichtigen Einfluss des Risikos auf den Unternehmenswert, der die Bedeutung des Risikomanagements verdeutlicht. Die vorgeschlagene Erfassung der Insolvenzwahrscheinlichkeit gemäß Gleichung (6) bzw (7) erscheint insoweit praxistauglich, als eine aufwändigere stochastische Planung und Simulation der gesamten Zukunft und komplexe Zustandsdiagramme vermieden werden können. Keinesfalls akzeptabel ist es, den Sachverhalt der

---

21 Quelle: *Friedrich* (2015).
22 Die Darstellung in (9) stimmt mit der in Gleichung (8) überein (beide findet man in der Literatur). Der „optische" Unterschied ergibt sich, weil in (9) T als erste Periode der Fortführungsphase aufgefasst wird und in Gleichung (8) als letztes Ende der Detailplanungszeitraums.
23 Vgl auch *Saha/Malkiel* (2012) mit einer zeitabhängigen Modellierung (p_t).
24 Siehe *Altman* (2000); *Weber/Krahnen/Voßmann* (1998) und *Gleißner/Füser* (2014) 210 ff sowie Abschnitt 3.
25 Vgl zu Rating-Determinanten, *Gleißner* (2002) und *Merton* (1974).

möglichen Insolvenz nicht zu betrachten. Denn die Nichtbeachtung von Rating und Insolvenzwahrscheinlichkeit impliziert, dass die Insolvenzwahrscheinlichkeit mit null angesetzt wird. Dies wäre indes im Allgemeinen keine sachgerechte Annahme. Entgegen dem ersten Eindruck ist zu beachten, dass die Wahrscheinlichkeit für eine Insolvenz im gesamten Bewertungszeitraum hoch ist.

3. Rating, Insolvenzwahrscheinlichkeit und Fremdkapitalkosten

Auch auf die Fremdkapitalkosten hat die Insolvenzwahrscheinlichkeit einen Einfluss, der oft nicht adäquat berücksichtigt wird. Die Ermittlung der Fremdkapitalkosten erscheint besonders einfach, weil die vertraglich vereinbarten Fremdkapitalzinssätze (oder die Renditen von Anleihen) natürlich bekannt sind. Für die Berechnung der Kapitalkosten sind jedoch nicht die vertraglichen Fremdkapitalzinsen maßgeblich, sondern die Fremdkapitalkosten, also die erwartete Rendite der Fremdkapitalgeber.[26] Die vertraglichen Fremdkapitalzinssätze werden über den Fremdkapitalkosten liegen, weil die Möglichkeit berücksichtigt werden muss, dass ein Unternehmen bei einer Insolvenz nicht (vollständig) zahlt. Fremdkapital ist damit immer etwas günstiger, als die vertraglichen Fremdkapitalzinsen dies ausdrücken. Der Unterschied ist abhängig von der Insolvenzwahrscheinlichkeit eines Unternehmens.

Da im Falle einer Insolvenz die Fremdkapitalgeber nicht mehr den (vollständigen) Einsatz zurückerhalten, sondern nur die „Recovery Rate" (RR), ergibt sich als erwartete Fremdkapitalrendite (Fremdkapitalkosten) bei einem vertraglich vereinbarten Fremdkapitalzinssatz (k_{FK}^0) und einer Insolvenzwahrscheinlichkeit p der folgende Fremdkapitalkostensatz (k_{FK}):

$$k_{FK} = \left(k_{FK}^0 + 1\right) \cdot (1-p) + p \cdot RR - 1 \qquad (10)$$

Speziell für RR = 0 vereinfacht sich die Gleichung wie folgt:

$$k_{FK} = \left(k_{FK}^0 + 1\right) \cdot (1-p) - 1 \approx k_{FK}^0 - p \qquad (11)$$

(Diese Kapitalkosten sind im CAPM auch die Größe, die durch das „Debt-Beta" des Fremdkapitals erklärt wird: $\beta^D = \frac{k_{FK} - r_f}{r_m^e - r_f}$.)

Mit steigender Insolvenzwahrscheinlichkeit p steigen aber die Fremdkapital-Zinssätze meist schneller als zur (risikoneutralen) Kompensation von p nötig, dh, auch die Fremdkapitalkosten steigen mit schlechter werdendem Rating.

Almeida und *Philippon* (2007) belegen eine Risikokomponente in der Insolvenzwahrscheinlichkeit, die zu einer steigenden zu erwartenden Rendite der Fremdkapitalgeber

---

26 Siehe *Vettinger/Volkart* (2002) und *Cooper/Davydenko* (2001) sowie *Krotter/Schüler* (2013) mit einer empirischen Studie.

(Fremdkapitalkosten) führt. Dies führt in Gleichung (6) dazu, dass k mit der Insolvenzwahrscheinlichkeit p steigt (k(p)).

In einem vollkommenen Kapitalmarkt und bei Gültigkeit der restriktiven Annahmen des Capital Asset Pricing Models (CAPM) gäbe es keine Wirkung der Insolvenzwahrscheinlichkeit auf die Eigenkapitalkosten, die nicht schon durch den Betafaktor erfasst ist.[27] Dass speziell die Insolvenzwahrscheinlichkeit (das Rating) dagegen ein oft übersehener wesentlicher Erklärungsfaktor der Aktienrendite darstellt, zeigen zB *Campbell/Hilscher/Szilagyi* (2008) in ihrer empirischen Studie.

Es ist jedoch anzumerken, dass in einem unvollkommenen Markt mit nicht perfekt diversifizierten Investoren auch unternehmensspezifische Ertragsrisiken, ausgedrückt zB durch den Variationskoeffizienten der Erträge, die Eigenkapitalkosten beeinflussen.[28]

4. Die Abschätzung der Insolvenzwahrscheinlichkeit

Um die Insolvenzwahrscheinlichkeit eines Unternehmens abzuschätzen, kann man sich am Rating einer Ratingagentur oder der Bank orientieren und die Ratingnote in eine Insolvenzwahrscheinlichkeit umrechnen (siehe Tab 2).

Rating	Jahre														
	1	2	3	4	5	6	7	8	9	10	11	12	13	14	15
AAA	0,0%	0,0%	0,1%	0,3%	0,4%	0,5%	0,6%	0,7%	0,7%	0,8%	0,9%	0,9%	0,9%	1,0%	1,1%
AA	0,0%	0,1%	0,1%	0,2%	0,3%	0,4%	0,5%	0,6%	0,7%	0,7%	0,8%	0,9%	0,9%	1,0%	1,0%
A	0,1%	0,2%	0,4%	0,5%	0,7%	1,0%	1,2%	1,5%	1,7%	2,0%	2,2%	2,4%	2,6%	2,8%	3,0%
BBB	0,3%	0,7%	1,2%	1,9%	2,5%	3,2%	3,8%	4,4%	5,0%	5,6%	6,2%	6,7%	7,2%	7,8%	8,4%
BB	1,0%	2,9%	5,3%	7,5%	9,5%	11,5%	13,2%	14,8%	16,2%	17,5%	18,5%	19,4%	20,2%	20,8%	21,6%
B	4,9%	10,8%	15,7%	19,5%	22,3%	24,6%	26,5%	28,1%	29,4%	30,8%	32,0%	33,0%	34,0%	34,9%	35,7%
CCC/C	28,0%	37,0%	42,4%	45,6%	48,1%	49,2%	50,3%	51,1%	52,4%	53,4%	54,3%	55,3%	56,4%	57,3%	57,3%

Tabelle 2: Kumulierte historische Ausfallwahrscheinlichkeiten nach Ratingklassen (Durchschnitt 1981–2009) nach Standard & Poor's

Da sich die bewertungsrelevante Insolvenzwahrscheinlichkeit aber ändert, wenn sie gemäß Unternehmensplanung zB zukünftig die Eigenkapitalquote (EKQ) ändern soll, ist eine „planungskonsistente" Schätzung sinnvoll. Dabei werden aus der Unternehmensplanung Finanzratingkennzahlen wie Eigenkapitalquote, Gesamtkapitalrendite (ROCE) oder Zinsdeckungsquote abgeleitet, die in eine geschätzte Insolvenzwahrscheinlichkeit umgerechnet werden können.[29] Eine ganz einfache Abschätzung der Insolvenzwahrscheinlichkeit p lautet:[30]

---

[27] Bekanntlich zeigen aber praktisch sämtliche empirische Studien, dass aufgrund der realitätsfernen Annahmen des CAPM dieses Modell nicht in der Lage ist, die Renditen am Aktienmarkt zu erklären (siehe zB die Übersicht bei *Gleißner* [2014] sowie *Dempsey* [2013]).
[28] Siehe *Gleißner* (2011b) und die empirische Studie zu den Kapitalkostensätzen der Unternehmen in DAX und M-DAX bei *Gleißner* (2016b).
[29] Vgl zB *Altmann* (2000); *Krotter/Schüler* (2013) und *Gleißner* (2016a) sowie *Gleißner/Bemmann* (2008a und 2008b).
[30] e=2,71 (Euler-Zahl).

$$p = \frac{0{,}265}{1 + e^{-0{,}4137{,}42 \, * \, EKQ \, + \, 11{,}2 \, * \, ROCE}} \tag{12}$$

Finanzkennzahlenratings berücksichtigen aber nicht die Ertragsrisiken (Cashflow-Volatilität). Durch eine Monte-Carlo-Simulation (Risikoaggregation) ist eine Verbesserung der Schätzung der Insolvenzwahrscheinlichkeit möglich.[31] Bei jedem risikobedingt möglichen Zukunftsszenario, das sich aus der Simulation ergibt, wird dabei geprüft, ob Illiquidität eintritt (zB durch unzureichende Kreditnahme oder verletzte Covenants).

5. Fazit

Der Unternehmenswert wird also deutlich durch die Insolvenzwahrscheinlichkeit und ihre Determinanten, wie Ertragskraft, Risikodeckungspotenzial und Risikoumfang, beeinflusst. Zu empfehlen ist eine konsistente, simultane, simulationsbasierte[32] Ableitung von Insolvenzwahrscheinlichkeit (Rating) und Wert eines Unternehmens – unter Berücksichtigung der Implikationen, der Insolvenzwahrscheinlichkeit, eben für diesen Wert. Dies ermöglicht Transparenz und eine konsistente Bewertung der unsicheren Erträge oder Cashflows eines Unternehmens. Die Praxis einer weitgehenden Unabhängigkeit der Quantifizierung von Risiken, Ratinganalyse (zB durch eine Ratingagentur) und Bewertung[33] ist suboptimal. Wechselwirkungen werden so nicht konsistent berücksichtigt.[34]

Risikoaggregationsverfahren (stochastische Planungsverfahren) stellen eine gemeinsame Grundlage für Rating und Unternehmensbewertung dar und ermöglichen es, die für beide Betrachtungen wesentlichen Risikoinformationen konsistent zu berücksichtigen.[35]

Auch wenn man den Weg einer quantitativen Analyse der Unternehmensrisiken und ihrer Aggregation mittels Monte-Carlo-Simulation (noch) nicht einschlagen möchte, darf man allerdings Insolvenzrisiken bei der Bestimmung eines Unternehmenswerts nicht einfach ignorieren. Bewertungsgutachter, die den Unternehmenswert basierend auf einer üblichen (einwertigen) Unternehmensplanung ableiten wollen, müssen die Möglichkeit einer Insolvenz des Unternehmens in jedem Jahr berücksichtigen und damit die Insolvenzwahrscheinlichkeit nachvollziehbar abschätzen und im Bewertungskalkül erfassen. Eine einfache und planungskonsistente Abschätzung der Insolvenzwahrscheinlichkeit gelingt über das synthetische Finanzkennzahlenrating (also durch recht einfache Formeln, die Schätzer der Insolvenzwahrscheinlichkeit zB in Abhängigkeit von Eigenkapitalquote und Gesamtkapitalrendite bestimmen helfen). Die Anpassung der vom Unternehmen bereitgestellten Unternehmensplanung im Hinblick auf mögliche Insolvenzszenarien ist notwendig, weil diese „Going-Concern-Planungen" aus gutem Grund die Möglichkeit der eigenen Insolvenz nicht berücksichtigen (können).

---

31 *Gleißner* (2002) und *Gleißner/Bemmann* (2008b).
32 Vgl zu Rating-Determinanten, *Gleißner* (2002).
33 ZB durch einen Wirtschaftsprüfer gemäß Unternehmensbewertungsstandard IDW S 1. Vgl *Gleißner/Garrn/Nestler* (2014) mit dem Vorschlag zur Integration von Bewertungs- und Ratinggutachten.
34 *Gleißner* (2002 und 2005) sowie *Gleißner/Wolfrum* (2008); *Dirrigl* (2009); *Knackstedt* (2009) und *Dreher* (2010).
35 Vgl *Gleißner* (2011b und 2016a).

Dies kann man auch leicht sehen, wenn man zB betrachtet, dass „geplante" und nicht etwa zu erwartende Fremdkapitalzinsaufwendungen angegeben werden und natürlich in der Detailplanungsphase der Bedarf an Personal (und damit Personalkosten) besteht, der notwendig ist, falls das Unternehmen noch existiert. Neben der Berücksichtigung der Möglichkeit einer Insolvenz (und indirekter Insolvenzkosten) in der Detailplanung muss der Bewerter insbesondere im Bewertungskalkül berücksichtigen, dass auch in der Fortführungsphase in jeder einzelnen der zukünftigen Periode die Möglichkeit einer Insolvenz besteht – und das Unternehmen eben nicht zwingend ewig existiert. Nutzt man den üblichen Modellrahmen (Gordon-Shapiro-Modell) zur Bestimmung des Terminal Values, taucht nun die Insolvenzwahrscheinlichkeit im Nenner auf und wird damit quasi wie eine „negative Wachstumsrate" wirksam. Eine bei Unternehmen übliche Insolvenzwahrscheinlichkeit von 1 oder 2 % pro Jahr hat damit eine erhebliche Wirkung auf den Unternehmenswert (weil bei Betrachtung eines längeren Zeitraums die Wahrscheinlichkeit einer Insolvenz eben auch relativ hoch ist).

W	Wert
Z	Zahlungen (zB Ertrag, Cashflow)[36]
p	Insolvenzwahrscheinlichkeit
k	Diskontierungszinssatz (Kapitalkosten)
k_{FK}	Fremdkapitalkosten
k_{FK}^0	vertraglicher Fremdkapitalzinssatz
RR	Recovery Rate

Literatur

Almeida, H./Philippon, Th., The Risk-Adjusted Cost of Financial Distress, in: The Journal of Finance, Volume 62, Issue 6 (2007): 2557–2586

Altman, E. I., Predicting financial distress of companies: revisiting the Z-score and ZETA models, working paper of New York University (2000), Download unter: http://pages.stern.nyu.edu/~ealtman/PredFnclDistr.pdf, abgerufen am 4.8.2016

Arbeitskreis des EACVA e. V., Bewertung nicht börsennotierter Unternehmen – die Berücksichtigung von Insolvenzwahrscheinlichkeiten, in: BewertungsPraktiker 1/2011, 12–22

Campbell, J. Y./Hilscher, J./Szilagyi, J., In Search of Distress Risk, in: Journal of Finance, American Finance Association, vol. 63(6) (2008) 2899–2939

Cooper, I. A./Davydenko, S. A., The Cost of Debt (2001), Download unter: http://ssrn.com/abstract=254974 (abgerufen am: 5.8.16)

Dirrigl, H., Unternehmensbewertung für Zwecke der Steuerbemessung im Spannungsfeld von Individualisierung und Kapitalmarkttheorie – Ein aktuelles Problem vor dem Hintergrund der Erbschaftsteuerreform (zugleich ein Beitrag zur Festschrift

---

36 Deren Erwartungswert: $E(Z) = Z^e$

für Franz W. Wagner zum 65. Geburtstag), arqus Working Paper Nr 68 (2009), Download unter: http://www.arqus.info/mobile/paper/arqus_68.pdf (abgerufen am: 5.8.2016)

Dreher, M., Unternehmenswertorientiertes Beteiligungscontrolling: Aufgabenspezifische Fundierung auf Basis entscheidungs- und kapitalmarktorientierter Konzepte der Unternehmensbewertung, Lohmar (2010)

Friedrich, T., Unternehmensbewertung bei Insolvenzrisiko (Betriebswirtschaftliche Studien), Frankfurt (2015)

Gleißner, W., Wertorientierte Analyse der Unternehmensplanung auf Basis des Risikomanagements, in: Finanz Betrieb, 7/8 2002, 417–427

Gleißner, W., Kapitalkosten – der Schwachpunkt bei der Unternehmensbewertung, in: Finanz Betrieb, 4/2005, 217–229

Gleißner, W., Unternehmenswert, Rating und Risiko, in: WPg, 14/2010, 63. Jg, 735–743

Gleißner, W., Der Einfluss der Insolvenzwahrscheinlichkeit (Rating) auf den Unternehmenswert und die Eigenkapitalkosten, in: Corporate Finance biz 4/2011, 243–251

Gleißner, W., Risikoanalyse und Replikation für Unternehmensbewertung und wertorientierte Unternehmenssteuerung, in: WiSt 7/11, 345–352

Gleißner, W., Kapitalmarktorientierte Unternehmensbewertung: Erkenntnisse der empirischen Kapitalmarktforschung und alternative Bewertungsmethoden, in: Corporate Finance, 4/2014, 151–167

Gleißner, W., Börsenkurs und „wahrer Wert" in Abfindungsfällen – Aktien- versus Unternehmensbewertung, Anwendbarkeit des CAPM und Ertragsrisiko, in: WPg – die Wirtschaftsprüfung, 2/2015, 72–80

Gleißner, W., Ermittlung eines objektivierten Unternehmenswerts von KMU – Anregungen unter besonderer Berücksichtigung von Rating und Insolvenzwahrscheinlichkeit, in: WPg, 17/2015, 908–919

Gleißner, W., Grundlagen des Risikomanagements[3], München (2017)

Gleißner, W., Insolvenzrisiken beeinflussen immer den Unternehmenswert: Eine Klarstellung in 10 Punkten, in: BewertungsPraktiker (erscheint in Kürze)

Gleißner, W./Bemmann, M., Die Rating-Qualität verbessern, in: die bank, Nr. 9/2008, 51–55

Gleißner, W./Bemmann, M., Rating-Evidenz und Risikosimulation in strukturellen Modellen, in: Risikomanager, Ausgabe 17/2008 vom 20.8.2008, 6–12

Gleißner, W./Füser, K., Praxishandbuch Rating und Finanzierung[3] München

Gleißner, W./Garrn, R./Nestler, A., Die Verbindung von Unternehmensbewertung, Rating und Wertänderungsrisiko, in: Corporate Finance, 10/2014, 422–428

Gleißner, W./Leibbrand, F., Indikatives Rating und Unternehmensplanung als Grundlage für eine Ratingstrategie, in: *Achleitner/Everling* (Hrsg), Handbuch Ratingpraxis, Wiesbaden (2004)

Gleißner, W./Wolfrum, M., Eigenkapitalkosten und die Bewertung nicht börsennotierter Unternehmen: Relevanz von Diversifikationsgrad und Risikomaß, in: Finanz Betrieb, 9/2008, 602–614

Graham, J. R., How Big Are the Tax Benefits of Debt?, in: The Journal of Finance, Volume 55, Issue 5 (October 2000) 1901–1941

Heller, S., Financial Constraints and Corporate Credit Ratings, Universität Hamburg, Dissertation (2015)

Ihlau, S./Duscha, H./Gödecke, S., Besonderheiten bei der Bewertung von KMU Wiesbaden (2013)

Knabe, M., Die Berücksichtigung von Insolvenzrisiken in der Unternehmensbewertung, Lohmar (2012)

Knackstedt, H. W., Klein- und Mittelunternehmen (KMU) richtig bewerten, München (2009)

Koziol, Ch./Treuter, T., Praktische Umsetzung des WACC-Ansatzes bei Ausfallrisiko, in: BewertungsPraktiker, Heft 1, März 2014, 5–11

Krotter, S./Schüler, A., Empirische Ermittlung von Eigen-, Fremd- und Gesamtkapitalkosten: eine Untersuchung deutscher börsennotierter Aktiengesellschaften, in: zfbf, 65 Jg (September 2013) 390–433

Meitner, M./Streitferdt, F., Zahlungsstrombezogene Insolvenzrisiken und ihre Abbildung in der Unternehmensbewertung, in: Corporate Finance, Nr 03 v 7.3.2016, 68–79

Meitner, M./Streitferdt, F., Überlegungen und Fallstudien zur Berücksichtigung von Insolvenzrisiken in der Unternehmensbewertung, in: Bewertungspraktiker Nr 1/2016, 2–14

Merton, R. C., On the Pricing of Corporate Debt: The Risk Structure of Interest Rates, in: Journal of Finance 29, no 2 (May 1974), 449–470

Molina, C. A., Are Firms Underleveraged? An Examination of the Effect of Leverage on Default Probabilities, in: Journal of Finance, Volume 60, Issue 3 (June 2005) 1427–1459

Oppitz, V., Ausfallwahrscheinlichkeit von Krediten, in: KRP, 1/2010, 17–22

Rabel, K., Der Terminal Value nach der Neufassung des Standards KFS BW1, in: RWZ, 7-8/2014, 218–224

Rabel, K., Die Neufassung des österreichischen Fachgutachtens KFS/BW1, in: BewertungsPraktiker Nr 3/2014, 84–89

Saha, A./Malkiel, B. G., DCF Valuation with Cash Flow Cessation Risk, in: Journal of Applied Finance, Vol 22, Issue 1, 175–185

Schüler, A./Lampenius, N., Wachstumsraten in der Bewertungspraxis: eine empirische Untersuchung ihrer Implikationen, in: Betriebswirtschaftliche Forschung und Praxis, 59(3) (2007), 232–248

Vettinger, T./Volkart, R., Kapitalkosten und Unternehmenswert: Zentrale Bedeutung der Kapitalkosten, in: Der Schweizer Treuhänder, 09/02, 751–758

Weber, M./Krahnen, J. P./Voßmann, F., Risikomessung im Kreditgeschäft: Eine empirische Analyse bankinterner Ratingverfahren, in: ZfbF, Sonderheft 1998, 117–142

Fairness Opinions

David A. Maier

1. **Allgemeines**
    1.1. Definition
    1.2. Rechtliche Grundlagen
    1.3. Funktion
    1.4. Anforderungen
2. **Erstellung und Dokumentation**
    2.1. Grundsätze
        2.1.1. Stichtagsprinzip
        2.1.2. Adressatenbezug
        2.1.3. Transaktionspreisbezug
        2.1.4. Methodenpluralität
    2.2. Dokumentation
        2.2.1. Opinion Letter
        2.2.2. Valuation Memorandum
        2.2.3. Factual Memorandum
        2.2.4. Arbeitspapiere und Vollständigkeitserklärung
3. **Fazit**
    3.1. Wirkung
    3.2. Funktionserfüllung

1. Allgemeines

1.1. Definition

Bei der Fairness Opinion handelt es sich nicht um einen klar definierten Rechtsbegriff, sondern um einen Terminus aus der Transaktionspraxis. Damit verbunden existieren aktuell in der deutschsprachigen Literatur verschiedene Interpretationen der Bezeichnung „Fairness Opinions". Mangels juristischer Definition wurde der Begriff daher von berufsständischen Verbänden (DVFA, IDW) eingegrenzt. Aufgrund der zunehmenden Bedeutung und Anwendung von Fairness Opinions wurde in den letzten Jahren allmählich eine allgemeine Definition gefunden, die in Theorie und Praxis anerkannt wird.

Ungeachtet der teilweise abweichenden Interpretationen ist allen Definitionen gemein, dass eine Fairness Opinion eine von einem unabhängigen Sachverständigen verfasste Stellungnahme zur finanziellen Angemessenheit einer unternehmerischen Entscheidung darstellt.[1] Die unternehmerischen Entscheidungen weisen dabei regelmäßig einen Bezug zu einer Unternehmenstransaktion auf. Ein Hauptanwendungsfall einer Fairness Opinion ist daher die Stellungnahme des Managements der Zielgesellschaft hinsichtlich der Angemessenheit eines Übernahmeangebotes (§ 13, § 14 ÜbG). Mittlerweile hat sich die Fairness Opinion als ein Standard-Kommunikationsinstrument bei Übernahmen etabliert.[2] Darüber hinaus sind neben den typischen M&A-Transaktionen und den damit zusammenhängenden Wertermittlungen weitere Anwendungsfälle, wie die Bewertung von Beteiligungen bei der Jahresabschlusserstellung oder sonstige gesellschaftsrechtliche Strukturmaßnahmen (Spaltungen nach dem Spaltungsgesetz, Umwandlungen nach dem Umwandlungsgesetz, Verschmelzungen oder Sachkapitalerhöhungen nach dem Aktien- und/oder GmbH Gesetz), aber auch jedwede Form von Related-Party-Transaktionen oder bedeutenden Investitionsentscheidungen denkbar.[3]

Klar von der Fairness Opinion abzugrenzen ist in solchen Fällen die Unternehmensbewertung. Während bei der Erstellung der Unternehmensbewertung die Preisfindung im Vordergrund steht, liegt bei Verfassen einer Fairness Opinion bereits ein zu beurteilender Preis vor, dessen Angemessenheit zu würdigen ist.[4] Damit muss auch überprüft werden, inwieweit die nicht monetären Parameter, die einen Einfluss auf den Transaktionspreis haben, adäquat sind.

Ersteller von Fairness Opinions sind in der Regel Mitarbeiter von Investmentbanken, Corporate-Finance-Berater und Wirtschaftsprüfer, wobei in Deutschland bei großen Transaktionen nach wie vor die Banken dominieren. So ergab eine Auswertung der im Zeitraum 2005 bis 2011 erstellten Fairness Opinions (iZm § 27 WpÜG), dass 66 % von Banken, 19 % von Prüfungsgesellschaften und 15 % von Unternehmensberatungen erstellt wurden.[5] Hinsichtlich der Anforderungen an die unabhängige Sachverständigen-

---

1 Vgl *Franken, L./Schulte, J.*, Fairness Opinions (2014) 6; DVFA: Leitfaden (2008) 2; *Essler, W./Lobe, S./Röder, K.* (Hrsg): Fairness Opinion (2008) 12 f.
2 In Deutschland waren 2012 75 % aller Stellungnahmen nach § 27 WpÜG „opinioned"; vgl *Aders, C./Arnold, S./Schwetzler, B.*, Monitor (2013) 7.
3 Vgl *Trettnak, T.*, Fairness Opinion (2011) 78.
4 Vgl *Franken, L./Schulte, J.*, Fairness Opinions (2014) 7.
5 2012 entfielen 57 % der Marktanteile auf Wirtschaftsprüfer und 34 % auf Banken; siehe hierzu *Aders, C./Arnold, S./Schwetzler, B.*, Monitor (2012) 11.

leistung existieren in der Literatur unterschiedliche Meinungen. Vor dem Hintergrund der Transparenz- und Unabhängigkeitsanforderungen sowie der Offenlegungspflichten wird in der Literatur insbesondere die Unabhängigkeit des Sachverständigen diskutiert. Diese hängt wiederum stark von den sonstigen Beratungsleistungen (Abschlussprüfer, Transaktionsberater) und etwaigen erfolgsabhängigen Vergütungselementen im Zusammenhang mit der Erstellung der Fairness Opinion ab (vgl hierzu Kapitel 1.4). Sowohl DVFA und IDW haben daher Grundsätze entwickelt, die die gebotene Unparteilichkeit und Unabhängigkeit garantieren sollen.[6] Hierbei handelt es sich um Standardisierungsversuche, welche „*Best-practice*"-Empfehlungen abgeben und Berichtsformate und Inhalte definieren. Während der IDW S 8 sich bezüglich Unabhängigkeit stark an die Berufssatzung für Wirtschaftsprüfer hält, fordert die DVFA die Offenlegung sämtlicher vertraglicher Beziehungen.[7] Die geforderte Offenlegungspflicht hinsichtlich der Rolle des Auftraggebers, etwaiger bestehender Interessenskonflikte, Vergütungsstrukturen etc soll die Adressaten der Fairness Opinion in die Lage versetzen, sich selbständig ein Urteil über die Aussagekraft derselben zu bilden. In den USA gehen die Offenlegungspflichten noch weiter und es wird versucht ein möglichst hohes Maß an Transparenz für den Empfänger der Fairness Opinion zu schaffen, damit dieser in der Lage ist, sich selbst ein Urteil über das Zustandekommen des Sachverständigengutachtens zu bilden.[8]

1.2. Rechtliche Grundlagen

Ihren Ursprung hat die Fairness Opinion als Instrument zur Absicherung von unternehmerischen Entscheidungen im US-amerikanischen Raum. In den USA werden seit Ende der 1970er bzw Anfang der 1980er Jahre Transaktionsentscheidungen durch extern erstellte Gutachten abgesichert, wobei diese Praxis kaum Beachtung in der rechts- und wirtschaftswissenschaftlichen Literatur fand. Ausschlaggebend für die Kenntnisnahme und Verbreitung war ein Urteil des Delaware Supreme Court im Jahre 1985 im Fall *Smith vs Van Gorkom*. In diesem stellte das Gericht fest, dass der Verwaltungsrat eine Sorgfaltsverletzung im Rahmen des Verkaufs von TransUnion begangen habe, da ein Bewertungsgutachten bzw eine Fairness Opinion fehlte. Hintergrund der Entscheidung ist die sog „business judgement rule", die den Unternehmensorganen grundsätzlich bei unternehmerischen Entscheidungen einen weiten Ermessensspielraum gewährt. Das bedeutet, dass die Entscheidungsträger, sofern diese einen Entschluss unter Einbezug aller relevanten und verfügbaren Informationen treffen, selbst im Falle einer für das Unternehmen unvorteilhaften Maßnahme vor Schadenersatzansprüchen der Gesellschafter geschützt sind. Damit handelt es sich um eine aus dem US-amerikanischen Richterrecht stammende Beweislastregel, die unternehmerische Entscheidungen einer richterlichen Überprüfung entzieht, wenn diese auf Basis angemessener Information (informed judgement) und frei von Interessenskonflikten (disinterested judgement) in der Annahme (rational belief), im Interesse des Unternehmens zu handeln, beruhen.[9]

---

6 Vgl HFA des IDW, IDW S 8, 2011, Tz 13.
7 Vgl DVFA, Grundsätze (2008) 10 f.
8 Vgl *Davidoff, S.*, Fairness Opinons (2008) 227; maßgeblich hierfür ist die Rule 5150 der FINRA (Financial Industry Regulatory Authority) und Rule 10b-5 des Securities Exchange Act of 1934.
9 Vgl *Schima, G.*, Business Judgement Rule (2015) 291.

Im Fall von TransUnion bemängelte der Supreme Court das Fehlen der angemessenen Information.

Während in Deutschland diese Regel 2002 im § 93 AktG verankert wurde, gilt in Österreich seit 1.1.2016 im § 84 Abs 1a AktG und § 25 Abs 1a GmbHG, dass ein Geschäftsführer jedenfalls im Einklang mit der Sorgfalt eines ordentlichen Kaufmannes handelt, wenn er sich bei einer unternehmerischen Entscheidung (i) nicht von sachfremden Interessen leiten lässt, (ii) auf Grundlage angemessener Information und (iii) zum Wohle der Gesellschaft handelt. Diese gesellschaftsrechtlichen Änderungen sind Teil des Strafrechtsänderungsgesetzes 2015 (BGBl I 2015/112). Dort wurde im Zusammenhang mit dem viel diskutierten Libro-Urteil[10] festgelegt, dass nur derjenige seine Befugnis missbraucht, der in unvertretbarer Weise gegen jene Regeln verstößt, die dem Vermögensschutz des wirtschaftlich Berechtigten dienen. Damit haben die drei oben genannten Kriterien der „business judgement rule" auch Eingang in das österreichische Rechtssystem gefunden. Obgleich inhaltlich die Einfügungen in das AktG und GmbHG eher Grundsätze festschreiben, die auch bisher in Lehre und Rechtsprechung anerkannt waren, wird die Rechtssicherheit auf jeden Fall erhöht.

Obwohl der Begriff der Fairness Opinion auch in internationalen Rechtssystemen nicht kodifiziert ist und keine gesetzliche Verpflichtung zur Einholung einer solchen besteht, existieren vereinzelt bereits regulatorische Rahmenbedingungen hinsichtlich der Ausgestaltung einer gutachterlichen Stellungnahme bei Unternehmenstransaktionen.[11]

USA

In den USA gelten bei öffentlich gelisteten Unternehmen die entsprechenden Rules der SEC. Wird eine Fairness Opinion im Rahmen einer Unternehmenstransaktion eingeholt, bestehen erweiterte Offenlegungspflichten. Dazu zählen die Nennung des Erstellers, dessen Qualifikationen und Auswahlverfahren sowie seine Beziehungen zum Unternehmen während der letzten zwei Jahre. Darüber hinaus müssen Informationen zu seiner Vergütung gegeben werden und es muss auch ersichtlich sein, von wem die Vergütungsregelung vorgeschlagen wurde.[12] Eine erfolgsabhängige Vergütung ist nicht verboten, woraus abgeleitet werden kann, dass die Anteilseigner sich aufgrund der umfangreichen Offenlegungsvorschriften selbst ein Bild über die Aussagekraft der Fairness Opinion bilden sollen. Als Ersteller von Fairness Opinions sind Wirtschaftsprüfer, die gleichzeitig Jahresabschlussprüfer des Unternehmens sind, seit der Einführung des Sarbanes-Oxley Act ausdrücklich ausgeschlossen. Hauptsächlich erfolgt die Erstellung von Fairness Opinions durch Investmentbanken, spezialisierte Boutiquen oder Valuation Advisors. Es bestehen keine formalen Kriterien, der Sachverständige muss lediglich „qualified and independent" sein.

---

10 OGH 30.1.2014, 12 Os 117/12s.
11 In der schweizerischen Verordnung der Übernahmekommission über öffentliche Kaufangebote (UEV) wird der Begriff im deutschsprachigen Sprachraum kodifiziert.
12 Vgl 17 C.F.R. § 229.1015 (b) (1-5); NASD Rule 2290 (http://www.sec.gov/rules/sro/nasd/2007/34-56645.pdf).

Großbritannien

In Großbritannien fordern die Regelungen der Listing Rules 11.1.10 und 13.6.1 der Financial Services Authority[13] für bestimmte Transaktionen die schriftliche Stellungnahme eines unabhängigen Dritten bezüglich der Angemessenheit der Konditionen der geplanten Transaktion. Kommt bei Unternehmensübernahmen der City Code on Takeovers and Mergers (CC) zur Anwendung, müssen die Regelungen der Rule 3.1, 3.3, 24.16, 25.1 und 25.2 beachtet werden. Nach diesen Regeln muss bei einem Übernahmeangebot der Verwaltungsrat der Zielgesellschaft hinsichtlich der Stellungnahme zum Kaufanbot einen unabhängigen Dritten hinzuziehen, der auch eine förmliche Stellungnahme zur Angemessenheit des Übernahmeangebotes erbringen kann, wobei die wesentlichen Inhalte der Beratungsleistung offenzulegen sind.[14] Der Sachverständige muss hinreichend unabhängig sein, wobei kein explizites Verbot von variablen Vergütungskomponenten besteht, wohl aber die Art und Weise sowie die Höhe der Entlohnung offengelegt werden muss.[15]

Schweiz

In der Schweiz finden sich die entsprechenden rechtlichen Rahmenbedingungen zur Anwendung und Ausgestaltung einer sog Fairness Opinion im Fusionsgesetz und in den Regelungen des Bundesgesetzes über die Börsen und den Effektenhandel (BEHG), gemeinsam mit der Verordnung der Übernahmekommission über öffentliche Kaufangebote (Art 22 des BEHG). Per 1.1.2016 wurde das schweizerische Übernahmerecht in das neue Finanzmarktinfrastrukturgesetz (FinfraG) und die dazugehörigen Verordnungen, sowie in eine revidierte Version der Verordnung der Übernahmekommission über öffentliche Kaufangebote (UEV) überführt.

Bei Fusionen im Rahmen des Fusionsgesetzes muss gemäß Art 14 ein Fusionsbericht mit definierten Inhalten angefertigt werden, welcher nach Art 15 von einem Revisionsexperten zu prüfen ist. Dieser hat nach Art 15 ein Urteil darüber abzugeben, ob das Umtauschverhältnis für die Anteile bzw die Abfindung vertretbar ist, nach welcher Methode das Umtauschverhältnis ermittelt wurde und welche relative Bedeutung gegebenenfalls unterschiedlich angewendeten Methoden für die Bestimmung des Umtauschverhältnisses beigemessen wurde.

Bei öffentlichen Übernahmen in der Schweiz muss der Anbieter das Angebot mit wahren und vollständigen Informationen veröffentlichen (Art 127 FinfraG) und dieses vorab einer Prüfgesellschaft, die es hinsichtlich Einhaltung der Gesetze und Ausführungsbestimmungen begutachtet, zur Prüfung vorlegen (Art 128 FinfraG). Die Übernahmekommission kann nach Art 131 zusätzliche Bestimmungen hinsichtlich des Inhalts des Angebotes und dessen Bedingungen erlassen. Der Verwaltungsrat der Zielgesellschaft hat nach Art 132 FinfraG den Inhabern von Beteiligungspapieren einen Bericht vorzulegen, in dem er zum Angebot Stellung nimmt. Entsprechend Art 30 UEV (iVm Art 132 Abs 1 und 3 FinfraG) kann sich die Empfehlung des Verwaltungsrates

---

13 Die FSA ist die Vorgängerorganisation, deren Verantwortungsbereiche sich mittlerweile auf die Financial Conduct Authority (FCA) und die Prudential Regulation Authority (PRA) aufteilen.
14 *Lobbe, S./Essler, W./Röder, K.*, Anforderungen (2007) 468; CC, S J, Rule 25.2 (b).
15 Vgl CC, S D, Rule 3.3; Rule 24.16 (a), Rule 24.16 (b).

hinsichtlich der Annahme des Angebotes auf eine Beurteilung Dritter (Fairness Opinion)[16] stützen, womit insbesondere bei Interessenskonflikten das Einholen einer Fairness Opinion quasi verpflichtend wird. Hierbei sind die Bewertungsgrundlagen, die Bewertungsmethode und die angewandten Parameter offenzulegen. Auf die Unabhängigkeit des mit der Erstellung der Fairness Opinion beauftragten Dritten wird besonders hingewiesen.

Deutschland

In Deutschland findet sich keine gesetzliche Normierung zur Beauftragung und Erstellung einer Fairness Opinion, wohl aber kann sich aus den Sorgfaltspflichten des AktG (§ 93 und § 147 Abs 1 Satz 1) und den Informationspflichten des Wertpapierübernahmegesetzes (§ 27 WpÜG) die Konsequenz ergeben, eine Fairness Opinion zu erstellen. Eine Pflicht zur Einholung einer Fairness Opinion ist aus den zitierten Gesetzestexten nicht ableitbar.[17] Um das existierende rechtliche „Vakuum" zumindest ansatzweise auszufüllen, hat die DVFA (Deutsche Vereinigung für Finanzanalyse und Asset Management) 2008 einen ersten Standard zur Erstellung von Fairness Opinions im Zusammenhang mit dem Erwerb von Wertpapieren nach dem WpÜG aus Sicht der Zielgesellschaft vorgelegt. Die dortigen Empfehlungen wurden derart erweitert, dass diese im Rahmen eines Übernahmeangebotes auch Vorstand und Aufsichtsrat der Bietergesellschaft umfassen.[18] Im Jahr 2011 hat schließlich das Institut für Wirtschaftsprüfer in Deutschland eV (IDW) den IDW-Standard zur Erstellung von Fairness Opinions als berufsständische Norm (IDW S 8) verabschiedet.[19] Als Zweck wird im IDW S 8, neben dem Abbau von Informationsasymmetrien zwischen Management, Aufsichtsrat und Anteilseigner, vor allem die Absicherung vor Haftungsrisiken der Unternehmensorgane erwähnt.[20] Beiden Standards ist gemein, dass sie sich mit inhaltlichen und prozeduralen Anforderungen auseinandersetzen. Die Rechtsprechung des Bundesgerichtshofes unterstützt diese Zielsetzung und die Tatsache, dass sich das Management und die Aufsichtsorgane, die selbst nicht über ausreichend einschlägiges Fachwissen verfügen, sachkundig beraten lassen müssen.[21] IDW S 8 enthält darüber hinaus auch die Besonderheiten, die bei der Erstellung einer Fairness Opinion im Zusammenhang mit der Stellungnahme nach § 27 WpÜG zu beachten sind.[22] Der Standard beinhaltet einen hohen Maßstab zur Beurteilung der Angemessenheit des Transaktionspreises und Angaben darüber, welche Informationen bei der Erstellung der Fairness Opinion einfließen sollen.

IDW S 8 ist hinsichtlich Zielsetzung, Methodik und Datengrundlage klar vom IDW-Standard – Grundsätze zur Durchführung von Unternehmensbewertungen (IDW S 1 idF 2008) – abzugrenzen. Erstens handelt es sich bei der Fairness Opinion um eine fachliche Stellungnahme zu dem Ergebnis eines Entscheidungsprozesses, die die finanzielle

---

16 In Art 30 (5) FinfraG kommt erstmalig der Begriff Fairness Opinion in kodifizierter Form vor.
17 Vgl *Franken, L./Schulte, J.*, IDW S 8 (2014) 14.
18 Vgl DVFA, Grundsätze (2008) 3.
19 Vgl IDW S 8: Grundsätze (2011).
20 Vgl IDW S 8: Grundsätze (2011) Tz 9.
21 OLG Stuttgart, Urteil vom 29.2.2012 – 20 U 3/11 = ZIP 2012, 625, 627; BGH: Urteil vom 20.09.2011 – II ZR 234/09 = WM 2011, 2092.
22 Vgl IDW S 8: Grundsätze (2011) Tz 56.

Angemessenheit eines Transaktionspreises beurteilt. Sie hat nicht das Ziel, einen Unternehmenswert zu ermitteln. Zweitens bieten IDW S 8 bzw die Grundsätze der DVA zu Fairness Opinions eine höhere Methodenvielfalt, da zur Beurteilung der Angemessenheit auch andere kapitalwertorientierte Methoden zur Anwendung kommen können. Drittens gehört es nach IDW S 8 (Tz 14) nicht zu den Aufgaben des Wirtschaftsprüfers, die überlassenen Dokumente und Informationen auf Vollständigkeit und Richtigkeit zu überprüfen, während nach IDW S 1 umfangreiche Informationsbeschaffung und eine darauf aufbauende vergangenheits- und zukunftsorientierte Unternehmensanalyse durch den Bewerter verlangt wird.

Österreich

Die Sorgfaltspflicht von Geschäftsführern und Vorständen sowie die seit 1.1.2016 eingeführten § 84 Abs 1a AktG[23] und § 25 Abs 1a GmbHG[24] schreiben die Einholung von Fairness Opinions nicht vor, jedoch kann die Einholung derselben wesentlich zur Verminderung eines möglichen Haftungsrisikos der Unternehmensorgane beitragen.[25] Darüber hinaus führt die generelle Sorgfaltspflicht dazu, dass bei verschiedenen Transaktionen Gutachten von externen Sachverständigen eingeholt werden. Derartige gesetzliche Anlässe, bei denen eine Fairness Opinion sinnvollerweise als ergänzende Maßnahme erstellt werden sollte, wären in Österreich:

(i) § 13 ÜbG: Angebot zum Erwerb von Beteiligungspapieren an einer börsennotierten Aktiengesellschaft
(ii) § 25 AktG bzw. § 6a Abs 4 GmbHG: Gründung einer AG oder GmbH mit einer Sacheinlage
(iii) § 150 Abs 3 AktG, § 52 Abs 6 GmbHG: Kapitalerhöhung durch Einbringung einer Sacheinlage
(iv) § 5 Abs 1 und § 17 Z 5 SpaltG: Umgründungsmaßnahmen durch Spaltung
(v) § 220 AktG, § 100 GmbHG: Verschmelzung durch Aufnahme
(vi) § 2 Abs 3 UmwG: verschmelzende Umwandlung
(vii) § 3 Abs 2 GesAusG: Gesellschafterausschluss

Festzuhalten bleibt, dass die Fairness Opinion die gesetzlich definierten Prüfungen nicht ersetzt.

Hauptanwendungsfall einer Fairness Opinion sind in Österreich Transaktionen im Rahmen des Übernahmegesetzes. Die Verwaltungsorgane der Bieter- als auch der Zielgesellschaft sind nach § 9 bzw § 13 ÜbG verpflichtet, während des gesamten Verfahrens einen geeigneten und unabhängigen Sachverständigen zu bestellen. Die Aufgabe dieses Experten ist auf Bieterseite die Vollständigkeit und Gesetzmäßigkeit der Angebotsunterlage,

---

23 (1a) Ein Vorstandsmitglied handelt jedenfalls im Einklang mit der Sorgfalt eines ordentlichen und gewissenhaften Geschäftsleiters, wenn es sich bei einer unternehmerischen Entscheidung nicht von sachfremden Interessen leiten lässt und auf der Grundlage angemessener Information annehmen darf, zum Wohle der Gesellschaft zu handeln.
24 (1a) Ein Geschäftsführer handelt jedenfalls im Einklang mit der Sorgfalt eines ordentlichen Geschäftsmannes, wenn er sich bei einer unternehmerischen Entscheidung nicht von sachfremden Interessen leiten lässt und auf der Grundlage angemessener Information annehmen darf, zum Wohle der Gesellschaft zu handeln.
25 Vgl Kapitel 1.3. Absicherungsfunktion.

insbesondere hinsichtlich der Gegenleistung zu prüfen. Darüber ist ein schriftlicher Bericht zu verfassen und das Ergebnis der Prüfung in einer abschließenden Bestätigung zusammenzufassen. Auf Seiten der Zielgesellschaft hat der Sachverständige das Angebot, die Äußerung des Vorstandes und des Aufsichtsrates zu beurteilen und dies in Form eines schriftlichen Berichtes zu dokumentieren. Da sich in der Praxis der Bericht des Gutachters nach § 14 ÜbG auf formale Kriterien konzentriert, wird häufig auch eine Fairness Opinion erstellt.

Bei den oben genannten gesetzlichen Transaktionsvorgängen (Spaltung, Umwandlung, Verschmelzung, Gesellschafterausschluss etc) ist die Fairness Opinion jedenfalls ein probates Mittel, das Umtauschverhältnis oder die Gegenleistung auf Angemessenheit zu beurteilen. Aber auch alle anderen Entscheidungen mit wesentlicher finanzieller Bedeutung, wie zB Änderungen in der Unternehmensstrategie infolge Veränderungen in den Absatz- und Beschaffungsmärkten, Veränderungen im Portfolio von Geschäftsfeldern, Schließung oder Fortführung von Produktionsstätten, Make-or-Buy-Entscheidungen, Verlagerungen von Unternehmensteilen ins Ausland oder die Beendigung oder Fortführung von komplexen Gerichtsverfahren im Hinblick auf die zu erwartenden Kosten, können Anwendungsfälle von Fairness Opinions sein. Insgesamt kann bei allen für das Unternehmen wichtigen und weitreichenden Managemententscheidungen eine Fairness Opinion eingeholt werden, um diese abzusichern. Hintergrund ist hierbei immer die notwendige Sorgfaltspflicht der Unternehmensorgane und die damit verbundene Haftungsminderung, da die Entscheidung auf einer ausreichenden Basis beruht.

1.3. Funktion

Mit der Einholung einer Fairness Opinion werden in der Transaktionspraxis verschiedene Zwecke verfolgt. Vor dem Hintergrund der Definition von Fairness Opinions und der rechtlichen Grundlagen soll die Fairness Opinion mehrere Funktionen erfüllen.[26]

Absicherungsfunktion

Dies ist vermutlich der häufigste Grund zur Einholung einer Fairness Opinion. Dadurch, dass die Leitungsorgane ihre unternehmerischen Sorgfaltspflichten besser nachweisen können, wenn die getroffene Entscheidung durch qualifizierte und unabhängige Dritte gestützt wird, sind diese gegen etwaige Schadenersatzansprüche besser geschützt. Mit der Beauftragung eines unabhängigen Sachverständigen wollen sich Management und Kontrollorgane gegen etwaige Schadenersatzansprüche infolge der Verletzung von Sorgfaltspflichten absichern und damit eine Haftungsfreistellung erreichen. Die Hinzuziehung eines externen Sachverständigen darf allerdings nicht dazu führen, dass dessen Urteil unreflektiert übernommen wird. Die Unternehmensorgane müssen sich einerseits selbst von der Sachkunde und Unabhängigkeit des beauftragten Experten überzeugen und andererseits dessen vorgelegte Stellungnahme kritisch hinterfragen respektive eigene Analysen durchführen, um zu einer eigenständigen Urteilsbildung zu kommen.

---

[26] Vgl *Franken, L./Schulte, J.*, IDW S 8 (2014) 37; *Rüthers, T.*, Standardisierung (2013) 29; *Priesing, T.*, Prüfinstrument (2012) 85 f.

Das Gutachten hat damit bestenfalls eine entscheidungsunterstützende Funktion und sollte nicht alleinige Basis eines Firmenbeschlusses sein, obgleich es auch Bestrebungen gibt, dass die Einholung einer Fairness Opinion eine absolute „Enthaftungsfunktion" erfüllt.[27]

Informations- und Beratungsfunktion

Diese Funktion, auch als Entscheidungsunterstützungsfunktion bekannt, basiert auf der grundsätzlichen Theorie der Informationsasymmetrie zwischen Management und Gesellschafter, die auch als Principal-Agent-Problematik in der Literatur breit diskutiert wurde. Hintergrund ist, dass das Management in der Regel über eine bessere Informationsbasis als die Gesellschafter bzw Aktionäre verfügt, wodurch diese oftmals nicht in der Lage sind, die finanzielle Vorteilhaftigkeit einer Entscheidung zu beurteilen. Eine Fairness Opinion unterstützt in diesen Fällen den Abbau von Informationsasymmetrien zwischen Management und Gesellschafter, da die von der Firmenführung erstellte Planung und Bewertung aus Sicht eines unabhängigen Sachverständigen beurteilt wird. Darüber hinaus wird in dem Fall, dass seitens des Gutachters die Beurteilung der Managemententscheidung als angemessen und fair angesehen wird, die Glaubwürdigkeit des Managements gestärkt.

Schutzfunktion

Zusätzlich zu der im Zusammenhang mit der Informationsasymmetrie stehenden Informations- und Beratungsfunktion der Fairness Opinion ist die Schutzfunktion zugunsten der Gesellschafter zu erwähnen. Das Management hat aus der operativen Geschäftstätigkeit heraus detaillierte Kenntnisse des Unternehmens, des Wettbewerbs, des Absatzmarktes etc und ist somit immer besser informiert als die Kontrollorgane und die Gesellschafter. Im Falle eines Übernahmeangebotes können mehr oder weniger verdeckte Interessenskonflikte des Managements vorliegen, die in bestimmte, für dasselbe vorteilhafte Handlungsweisen münden können, welche aber nachteilig für die Gesellschafter sein können. Da die Gesellschafter nicht alleine auf die Angaben des Managements vertrauen müssen, sondern auch die unabhängige Stellungnahme eines Sachverständigen erhalten, erfüllt die Fairness Opinion auch eine gewisse Schutzfunktion. Kritisch zu sehen ist diese Funktion vor dem Hintergrund, dass die Gesellschafter oftmals nur indirekt Adressaten der Fairness Opinion sind.

Signalfunktion

Neben der Informations- und Schutzfunktion bedeutet die Stellungnahme eines unabhängigen Sachverständigen, dass ein vorliegendes Angebot zumindest aus einer finanziellen Perspektive heraus fair und angemessen ist. Dies ist ein wichtiges Signal an die Gesellschafter. Die Fairness Opinion erfüllt durch die kompetente Analyse eine Gütesiegelfunktion, die zur Unsicherheitsreduktion bei Kontrollorganen und Gesellschaftern beiträgt.

---

27 Vgl *Zimmermann, M.*, Fairness (2016) 48.

Argumentations- und Verhandlungsfunktion

Seitens der Kontrollorgane kann die Fairness Opinion als Argumentationshilfe eingesetzt werden, um die Gesellschafter von einer Transaktion zu überzeugen. Die Meinung eines unabhängigen Sachverständigen kann als Argument für oder gegen eine Transaktion angesehen werden und erfüllt somit eine Vermittlungsfunktion. Insbesondere bei der Abgabe einer Inadequacy opinion im Rahmen des Übernahmerechtes kommt es oftmals zur Nachbesserung des Angebotes. Damit kann die Fairness Opinion als Rechtfertigung für die Nachbesserung des Angebotspreises herangezogen werden.

1.4. Anforderungen

Um die oben genannten Funktionen zu erfüllen, bedarf es einiger Anforderungen, sowohl an die Fairness Opinion selbst als auch an den Ersteller. Im Mittelpunkt der Diskussion steht die Frage, wie die unabhängige Sachverständigenleistung gewährleistet werden kann, um letztendlich ein „faires" Urteil abgeben zu können und somit der Informations- und Beratungsfunktion zu entsprechen. Gesetzliche Qualifikationshürden für den Ersteller existieren weder im US-amerikanischen noch im deutschsprachigen Raum. Notwendig ist lediglich eine entsprechende, allerdings nicht näher definierte Sachkenntnis (Qualifikation) und Unabhängigkeit. Fairness Opinions kann damit jeder anbieten, der in Zweifelsfällen auch vor Gericht die notwendige Sachkenntnis und Unabhängigkeit im festgestellten Urteil seines Gutachtens nachweisen kann. Anders als bei der Wirtschaftsprüfung ist die berufliche Erstellung von Fairness Opinions nicht an die Erfüllung formaler beruflicher Zulassungsvoraussetzungen gebunden, sodass Anbieter aus unterschiedlichen Berufsgruppen auf dem Markt aufeinandertreffen.

Der erforderliche Sachverstand ist schwer zu definieren und kann, solange keine berufsüblichen Zugangsbeschränkungen existieren, nur an den Best-practice-Grundsätzen der Standardsetzer (IDW) gemessen werden. Grundsätzlich sind die direkten Regelungsadressaten derartiger berufsständischer Empfehlungen (IDW) nur Mitglieder des IDW, weshalb diese keine rechtliche Wirkung für andere Marktteilnehmer haben. Da der IDW S 8 allerdings eine gängige Marktpraxis definiert und ein umfassendes Regelwerk zur Erstellung von Fairness Opinions darstellt, kann davon ausgegangen werden, dass dieser Standard hinsichtlich Anforderung an den Ersteller und der Durchführung auch auf andere Marktteilnehmer ausstrahlt.[28] In der Literatur werden die Anforderungen an die Erstellung und an den Aufbau einer Fairness Opinion teilweise kontrovers diskutiert. Eine große Übereinstimmung herrscht jedoch bei nachfolgenden Anforderungen, wobei nach wie vor ein breiter Interpretations- und Ermessensspielraum verbleibt:[29]

- Unabhängigkeit und Objektivität des Erstellers
- Transparenz und Nachvollziehbarkeit der Ergebnisse
- Übereinstimmung mit berufsständischen Normen bzw Standards

---

28 Vgl *Zimmermann, M.*, Fairness (2016) 53.
29 Vgl *Bartl, M./Steller, M./Wirth, F*, IDW S 8 (2012) 129.

Nachvollziehbar ist, dass ein Experten- bzw Sachverständigengutachten unter juristischen Gesichtspunkten nur dann seinen Zweck erfüllt, wenn dieses durch einen unabhängigen sachverständigen Dritten in einer Form bereitgestellt wird, die eine eigene sorgfältige Plausibilitätskontrolle durch die Organmitglieder ermöglicht.[30] Die Unabhängigkeit ist nur dann gewährleistet, wenn für den Sachverständigen keinerlei Anreiz zur Abgabe eines interessengeleiteten Urteils besteht.[31] Die Unabhängigkeit wird als beeinträchtigt gesehen, wenn der Gutachter zusätzliche Beratungsleistungen erbringt respektive in einer sonstigen Form eine wirtschaftlich relevante Geschäftsbeziehung zum Auftraggeber unterhält oder die Vergütung der Fairness Opinion erfolgsabhängig (success fee) gestaltet ist.[32] Ebenfalls der Unabhängigkeit und Objektivität abträglich wäre eine persönliche Nahebeziehung zwischen Sachverständigem und Gesellschaftsorganen. Nach IDW S 8 Tz 13 hat sich der Wirtschaftsprüfer, der mit der Erstellung der Fairness Opinion beauftragt werden soll, zu vergewissern, dass die Erstellung im Einklang mit den allgemeinen Berufspflichten (Unabhängigkeit, Befangenheit, Selbstprüfung) erfolgen kann. Im IDW S 8 (Tz 13 iVm Tz 50) ist explizit eine Erklärung des Gutachters bzw Wirtschaftsprüfers zur Unparteilichkeit und Unabhängigkeit im Zusammenhang mit der Berichterstattung der Ergebnisse der Fairness Opinion im Opinion Letter vorgesehen. Die DVFA-Grundsätze zur Erstellung von Fairness Opinions sehen eine erfolgsabhängige Vergütung nicht als eine Beeinträchtigung der Objektivität an, fordern aber im Gegenzug eine Offenlegung der Details zur Vergütung im Opinion Letter, womit sich der Adressat selbst ein Urteil über die Objektivität der Stellungnahme bilden kann. Darüber hinaus ist gemäß DVFA auch ein etwaiger Haftungsausschluss des Sachverständigen offenzulegen.[33] Eine Analyse der 2011 in Deutschland erstellten Fairness Opinions zeigt, dass in 58 % der Fälle die Ersteller gleichzeitig auch als Transaktionsberater tätig waren. Auch wurde die Vergütungsstruktur in 9 % der Fälle nicht offengelegt und in 33% der Fälle wurde auf eine erfolgsabhängige Vergütung hingewiesen.[34] Obgleich die Daten von Jahr zu Jahr stark schwanken, wird damit deutlich, dass in diesem Bereich noch Verbesserungsbedarf besteht. Letztendlich verbleibt die Beurteilung der Unabhängigkeit einzelfallbezogen und muss anhand bestimmter situativer Kriterien abgeschätzt werden. Auch die Bewertung des Sachverstandes ist schwer zu ermitteln und muss sich in einem an marktüblichen Usancen ausgerichteten Vorgehen bei der Erstellung einer Fairness Opinion zeigen.[35]

Im Zusammenhang mit dem Kriterium der Unabhängigkeit ist auch die Haftung des Sachverständigen zu thematisieren. Da es sich bei der Fairness Opinion nicht um eine gesetzlich vorgeschriebene Leistung handelt, finden die Vorschriften bzgl der Haftung des Abschlussprüfers gem § 275 UGB keine unmittelbare Anwendung. Eine Haftung des Gutachters gegenüber dem Auftraggeber ist primär wegen mangelnder Auftragser-

---

30 Vgl *Schüppen, M.*, Fairness Opinions (2012) 118.
31 Vgl *Franken, L./Schulte, J.*, IDW S 8 (2014) 26.
32 Vgl *Lappe, T./Stafflage, A.*, Fairness Opinions (2010) 314; *Creutzmann, A.*, Anforderungen (2006) 6; in den USA ist es dem Abschlussprüfer der Gesellschaft seit der Einführung des Sarbanes Oxley Acts untersagt, eine Fairness Opinion auszustellen. Für die USA sind die Offenlegungspflichten in FINRA Rule 2290 geregelt.
33 Vgl DVFA, Grundsätze (2008), B.6, 10.
34 Vgl *Aders, C./Arnold, S./Schwetzler, B.*, Monitor (2012) 156.
35 Vgl *Hermann, C.*, Haftung (2016) 47.

füllung aus dem zugrundeliegenden Geschäftsbesorgungsvertrag denkbar. Rechtlich schwieriger einzuordnen ist die Haftung gegenüber Dritten, also denjenigen Personen, die nicht unmittelbar als Empfänger der Fairness Opinion zu qualifizieren sind, wie zB Aktionäre. Hier ist die Haftung strukturell ähnlich gelagert wie bei der Übermittlung von Legal Opinions oder Due-Diligence-Berichten. Ersteller von Fairness Opinions werden daher in der Regel bei der Gestaltung des Auftragsschreibens auch eine Vereinbarung berufsüblicher allgemeiner Auftragsbedingungen bzw besonderer Haftungsbedingungen vorsehen, die auch die Dritthaftung im Falle der Offenlegung regelt. Insbesondere die Haftungsbeschränkung gegenüber Dritten wird nur wirksam, wenn diese offengelegt wird. Durch die Gestaltung der Expertise kann somit das Haftungsrisiko gesteuert werden, wenn der (eingeschränkte) Zweck des Gutachtens im veröffentlichten Dokument dargelegt oder eine vereinbarte Haftungsbeschränkung offengelegt wird. Gemäß DVFA-Grundsätzen könnte sogar ein Haftungsausschluss vereinbart werden, der offenzulegen wäre, jedoch würde ein gänzlicher Ausschluss der Haftung die Glaubwürdigkeit der Fairness Opinion stark mindern und damit ihre Aussagekraft entwerten.

Eine weitere wesentliche Anforderung an eine Fairness Opinion ist die Transparenz und Nachvollziehbarkeit der Ergebnisse. Im schweizerischen Übernahmerecht wird ausdrücklich erwähnt, dass der Bericht alle nötigen Informationen und Annahmen enthält, damit die Empfänger ihre Entscheidung in Kenntnis der Sachlage treffen können.[36] Hierzu zeigte eine empirische Analyse von Schweizer Fairness Opinions, dass trotz der gesetzlich bindenden Vorgaben der Übernahmekommission der Detaillierungsgrad und die Transparenz der Analyse und der Beschreibung der Annahmen nicht ausreichend sind, um die Konsistenz und Replizierbarkeit der Bewertungen zu ermöglichen.[37] Es ist fraglich, ob solche Fairness Opinions geeignet sind, ein für die Aktionäre ausreichend nachvollziehbares Bild abzugeben – eine vertiefte Standardisierung wäre wünschenswert.

Der Thematik der Standardisierung wurde mit der Veröffentlichung des IDW S 8 (Grundsätze für die Erstellung von Fairness Opinions) Rechnung getragen, wobei die DVFA bereits im Jahr 2008 eine Verlautbarung hinsichtlich der Grundsätze für Fairness Opinions veröffentlicht hat. Neben praxisnahen Hilfestellungen zur Anwendung der kapitalwertorientierten Bewertungsverfahren, Börsenkursanalysen und Multiplikatorverfahren widmet sich der Standard auch ausführlich der Berichterstattung und der Dokumentation.

2. Erstellung und Dokumentation

2.1. Grundsätze

Da es keine gesetzliche Definition der "finanziellen Angemessenheit" einer Transaktion gibt, haben sich, nicht zuletzt durch die Standardsetzer (DFVA, IDW), Grundsätze, nach denen die finanzielle Angemessenheit eines Transaktionspreises zu beurteilen ist, herauskristallisiert. Diese Grundsätze formulieren Anforderungen an Bewertungskon-

---

[36] In Art 30 Abs 1 und Abs 2 UEV-UEK (Verordnung der Übernahmekommission über öffentliche Kaufangebote; Stand 1.1.2016).
[37] *Froese, H./Leverkus, L./Ornik, R.*, Comply (2014) 752.

zeptionen, Beurteilungsmaßstäbe und deren konsistente Anwendung, um die mögliche interessengeleitete Ausnutzung von Ermessensspielräumen einzuschränken.

2.1.1. Stichtagsprinzip

Das Stichtagsprinzip besagt, dass die Beurteilung der Angemessenheit des Transaktionspreises bezogen auf einen bestimmten Beurteilungsstichtag abzugeben ist, welcher möglichst nahe an das Entscheidungsdatum bezüglich der Durchführung der Transaktion heranreichen soll. Neben der Angabe des Beurteilungsstichtags aus dem Wortlaut der Fairness Opinion stellt sich im Zusammenhang mit Angeboten nach dem österreichischen Übernahmegesetz die Frage, ob der Zeitpunkt der Veröffentlichung des Angebots oder der Zeitpunkt der Stellungnahme des Vorstandes/Aufsichtsrates (§ 14 ÜbG) als Stichtag heranzuziehen ist. IDW S 8 stellt hier auf den Tag der Abgabe der Stellungnahme von Vorstand und Aufsichtsrat der Zielgesellschaft ab. Vor dem Hintergrund, dass gem § 19 Abs 3 ÜbG die Stellungnahme des Vorstandes/Aufsichtsrates innerhalb von zehn Börsentagen ab Veröffentlichung des Angebotes, spätestens aber fünf Börsentage vor Ablauf der Annahmefrist zu veröffentlichen ist und die Angebotsfrist gem § 19 ÜbG bis zu zehn Wochen nach Veröffentlichung des Angebotes betragen darf, kann der Empfehlung des IDW S 8 gefolgt werden, den Beurteilungsstichtag so nah wie möglich an den Abgabetermin der Stellungnahme der Organe der Zielgesellschaft zu bringen, um sämtliche mögliche wertaufhellende Tatsachen berücksichtigen zu können. Dies betrifft insbesondere mögliche Synergieeffekte oder Informationen über die Bietergesellschaft, die einen Einfluss auf die Angemessenheit des Angebotes nehmen können.

2.1.2. Adressatenbezug

Adressat der Fairness Opinion ist in der Regel der Vorstand (Aufsichtsrat). Damit die Unternehmensorgane auf Basis angemessener Information eine Entscheidung hinsichtlich der (Nicht-) Durchführung der Transaktion fällen können, muss die Fairness Opinion derart gestaltet sein, dass sämtliche relevante Informationen enthalten sind und in das endgültige Beurteilungskalkül einfließen können. Neben der Dokumentation der durchgeführten Analysen und der zugrundeliegenden Informationen müssen die abgegebenen Erläuterungen auch deutlich machen, welchen Einfluss die verarbeiteten Informationen auf das Gesamturteil haben. Der Prozess der Urteilsbildung muss durch die Organe der Zielgesellschaft als Adressaten erkennbar sein.[38] Dieser Grundsatz, welcher bei öffentlichen Übernahmeangeboten auch die Aktionäre als mittelbare Adressaten enthält, entspricht den Transparenzanforderungen an eine Fairness Opinion. Bei Übernahmeangeboten entsprechend dem österr Übernahmegesetz ist der Aktionär der Zielgesellschaft nämlich mittelbarer Adressat der Fairness Opinion, weshalb die Herleitung des Angemessenheitsurteils auch für die Aktionäre nachvollziehbar sein muss. Diese Nachvollziehbarkeit ist wesentlich für eine Enthaftungswirkung der Organe im Rahmen der „business judgement rule" und wird über die größtmögliche Transparenz und Offenlegung der der Stellungnahme zugrundeliegenden Analysen und Annahmen erzielt.

---

38 Vgl *Schwetzler, S.*, Erstellung (2008) 64.

2.1.3. Transaktionspreisbezug

Die Fairness Opinion nimmt nur zur Angemessenheit eines bereits ermittelten Transaktionspreises Stellung. IDW S 8 empfiehlt daher, den gegebenen Transaktionspreis mit kapitalwertorientiert ermittelten Werten zu vergleichen und ein Urteil darüber abzugeben, ob der Transaktionspreis innerhalb der Bandbreite der ermittelten Unternehmenswerte liegt. Es wird nicht untersucht, ob ein vorteilhafter Preis mit anderen Parteien erzielbar wäre. Erfolgt jedoch im Rahmen eines öffentlichen Angebotes nach § 17 ÜbG die Abgabe eines höheren Angebotes durch zB einen anderen Bieter, ist auf das konkurrierende Angebot einzugehen.

Besondere Bedeutung erlangt dieser Grundsatz bei börsennotierten Unternehmen. Gemäß § 26 ÜbG muss der Angebotspreis mindestens dem durchschnittlichen, nach den jeweiligen Handelsvolumina gewichteten Börsenkurs während der letzten sechs Monate entsprechen. Daher ist der Börsenkursverlauf der letzten sechs Monate im Hinblick auf den Preisbildungsprozess und die Aktienliquidität gesondert zu analysieren und das daraus resultierende Ergebnis in der Stellungnahme zu würdigen.[39]

2.1.4. Methodenpluralität

Die von einem Sachverständigen durchgeführte Analyse soll grundsätzlich etablierten Standards (DVFA, IDW S 8) entsprechen. Im Zusammenhang mit der Herleitung des Angemessenheitsurteils gilt Methodenpluralität, dh die Auswahl des Bewertungsverfahrens steht dem Ersteller der Fairness Opinion frei.[40] In der Praxis wird dem intendierten Transaktionspreis eine Bandbreite von Vergleichsgrößen, welche aus kapitalwertorientierten und marktwertorientierten Verfahren abgeleitet wurden, gegenübergestellt. Eine Priorisierung der Methoden erfolgt nach DVFA nicht, sodass den marktwertorientierten Verfahren die gleiche Aussagekraft wie den kapitalwertorientierten Verfahren zugestanden wird. IDW S 8 (Tz 6) präferiert, zumindest bei wörtlicher Auslegung, die kapitalwertorientierten Verfahren und empfiehlt, sofern eine Unternehmensbewertung nach IDW S 1 vorliegt, diese als Vergleichsmaßstab heranzuziehen.[41]

2.2. Dokumentation

Erhält ein Sachverständiger den Auftrag zur Erstellung einer Fairness Opinion, so hat sich in der Praxis folgender Prozess der Erbringung etabliert.

---

39 Für eine detaillierte Darstellung der Freiheitsgrade bei der Analyse des Börsenkurses vgl *Franken, L./Schulte, J.*, IDW S 8 (2014) 141 ff.
40 Vgl DVFA, Grundsätze (2008) 6; IDW S 8: Grundsätze (2011) Tz 26.
41 In IDW S 1 wird den kapitalwertorientierten Verfahren der Vorzug gegeben und die marktpreisorientierten Verfahren dienen primär zur Plausibilisierung.

- Auftragsannahme und Informationsbeschaffung
- Auftragsdurchführung
- Berichterstattung
- Qualitätssicherung

Im Rahmen der Auftragsannahme erfolgen die Abklärung des spezifischen Sachverhalts, insbesondere der Transaktionsanlass, der Transaktionsgegenstand und der Transaktionspreis zum festgelegten Stichtag. Wesentlich im Zusammenhang mit dem Transaktionspreis ist die subjektive Bewertungsperspektive, dh ob der Auftraggeber als Käufer oder Verkäufer auftritt, denn daraus ergibt sich die Beurteilung der Preisober- bzw Preisuntergrenze. Nach Klärung des Auftragsverhältnisses werden sämtliche relevante Informationen wie zB historische Geschäftsberichte, Marktanalysen, Hintergründe zum Unternehmen, Strategiepapiere zu Produkten und Märkten etc gesammelt und aufbereitet. Wichtig ist die detaillierte Auseinandersetzung mit den Geschäftsplänen vor dem Hintergrund der aktuellen und zukunftsbezogenen Informationen, um die erwartete Performance des Unternehmens einschätzen zu können. Die Gespräche mit dem Management stellen dabei ebenfalls eine wesentliche Informationsgrundlage dar, die auch entsprechend dokumentiert werden müssen. In den USA wird der Geschäftsplan oftmals nicht mehr plausibilisiert, sondern als „best estimate" herangezogen, wobei aber unter verschiedenen Parameter Szenarien und Sensitivitäten gerechnet werden.[42] Bei der Errechnung des Unternehmenswertes zwecks Beurteilung der Angemessenheit des Transaktionspreises kommen unterschiedliche Bewertungsverfahren (Methodenpluralität) in Betracht, wobei die Methodenpluralität im Gegensatz zu KFS BW 1 (IDW S 1) keine Empfehlung zwischen kapitalwertorientierten und marktpreisorientierten Verfahren vorgibt. Der bereits ermittelte (zB im Rahmen einer Unternehmensbewertung) und zu beurteilende Transaktionspreis ist einem Vergleichswert gegenüberzustellen, um ein Angemessenheitsurteil abgeben zu können. Der Transaktionspreis ist angemessen, wenn er im Veräußerungsfall innerhalb oder oberhalb der Bandbreite bzw im Erwerbsfall innerhalb oder unterhalb der Bandbreite liegt.[43]

Oftmals werden die Ergebnisse aus der Analyse der Informationen und die Ermittlung der Wertbandbreiten im Rahmen einer Präsentation vor einem internen Fairness Committee präsentiert und kritisch überprüft. Vor dem Hintergrund der Inputs und der erstellten Parameter erfolgt eine Zusammenfassung des abschließenden Urteils in Form des Opinion Letters. Meist wird der Opinion Letter durch das Valuation Memorandum, welches weitergehende Erläuterungen, insbesondere hinsichtlich der Herleitung der Bewertung und deren Annahmen betrifft, ergänzt.

---

42 Vgl *Schönefelder, L.*, Unternehmensbewertungen (2007) 98.
43 Vgl IDW S 8, Grundsätze (2011) Tz 30.

Im Zusammenhang mit der Erstellung einer Fairness Opinion werden folgende Dokumente ausgearbeitet:

- Opinion Letter
- Valuation Memorandum
- Factual Memorandum

Die Aufspaltung der eigentlichen Fairness Opinion in den Opinion Letter und das Valuation Memorandum erfolgt vor dem Hintergrund, dass die beiden Dokumente zwar denselben Adressaten haben, der Opinion Letter jedoch meist einer Teilöffentlichkeit (Aktionäre auf der Hauptversammlung) zugänglich gemacht wird. Das Factual Memorandum dient der Dokumentation der erhaltenen und verarbeiteten Informationen und Unterlagen.[44]

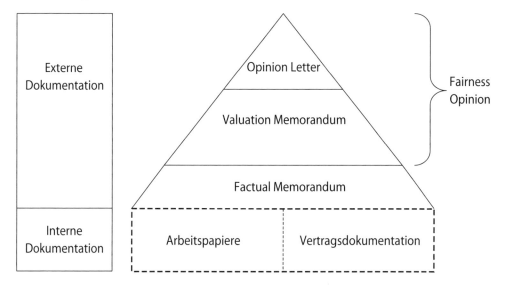

Quelle: in Anlehnung an *Franken, L./Schulte, J.*, IDW S 8 (2014) 321

2.2.1. Opinion Letter

Der Kern der Fairness Opinion und damit die eigentliche Stellungnahme zur Angemessenheit des Transaktionspreises ist der Opinion Letter. In diesem Dokument, welches in Form eines Anschreibens an die Geschäftsführung gerichtet ist, trifft der Ersteller eine Aussage darüber, ob der zu beurteilende Transaktionspreis als angemessen oder als unangemessen zu betrachten ist. Er stellt damit das stark verdichtete Ergebnis in Form von standardisierten Formeltexten dar. Die standardisierten Texte sollen einerseits der Geheimhaltung Rechnung tragen und andererseits mögliche Ansatzpunkte für eine Haftung des Erstellers begrenzen.[45] Darüber hinaus enthält der Opinion Letter auch allgemeine Mindestangaben im Zusammenhang mit der Erstellung und der

---

[44] Vgl IDW S 8, Grundsätze (2011) Tz 49–55.
[45] Vgl *Franken, L./Schulte, J.*, IDW S 8 (2014) 324.

Durchführung des Auftrages, wobei diese häufig auf nicht mehr als drei bis sechs Seiten dargelegt werden:[46]

- Auftrag und Auftragsdurchführung (Auftraggeber, Anlass und Auftragsgegenstand, Auftragsbedingungen und Weitergaberegelungen, Verwendungszweck, Beurteilungsstichtag, Zeitraum der Arbeiten, Erklärung der Unabhängigkeit und Unparteilichkeit)
- Beschreibung des Transaktionsobjektes (wirtschaftliche und rechtliche Grundlagen)
- Informationsbasis der zur Verfügung gestellten Unterlagen
- Erläuterung der durchgeführten Analysen sowie der verwendeten Bewertungsmethoden
- Erklärung über Angemessenheit oder Nichtangemessenheit des Transaktionspreises

Im Opinion Letter werden die ermittelten Wertbandbreiten nicht genannt. Er schließt häufig mit dem Satz, dass die Transaktion aus Sicht der Aktionäre angemessen (adequate) oder nicht angemessen (inadequate) ist. Weitere umfassende Details hinsichtlich der Ableitung des Angemessenheitsurteils finden sich im Valuation Memorandum.

2.2.2. Valuation Memorandum

Ergänzt wird der Opinion Letter durch das Valuation Memorandum, das die Bewertungsmethoden, Vorgehensweisen und Prämissen des Gutachtens im Einzelnen darstellt. Der Ersteller zeigt im Detail auf, welche Informationen und Annahmen dem Angemessenheitsurteil zugrunde liegen. Es erfolgt eine Darstellung der Kapitalkosten, der verwendeten Vergleichsunternehmen und/oder Transaktionsmultiplikatoren inkl Angabe der Quellen. Umfang und Qualität der zugrunde gelegten Daten werden ebenso wie der Umfang der Schätzungen und Annahmen und etwaige daraus resultierende Szenarien diskutiert. Die Informationen werden für die Adressaten in einem hohen Detaillierungsgrad aufbereitet, häufig auch grafisch unterlegt und zusammengefasst. Ebenso werden die rechtlichen Grundlagen der Transaktion beleuchtet und es erfolgt auch eine kritische Würdigung der erhaltenen und verwendeten Unterlagen, sodass das Valuation Memorandum durchaus den Umfang von hundert Seiten und mehr einnehmen kann. Typischerweise wird dieses der Geschäftsführung oder dem Kontrollorgan in Form einer Präsentation vorgestellt und daher auch „Board Book" genannt. Da es vertrauliche Informationen enthält, erfolgt keine Veröffentlichung, es wird aber oft einem eingeschränkten Adressatenkreis (Gesellschafter) zur Kenntnis gebracht. IDW S 8 Tz 51 und 52 beschreiben die Inhalte des Valuation Memorandums, lassen aber offen, wie tiefgehend Detaillierungsgrad und die Darstellung gehen sollen. Ziel sollte es jedenfalls sein, dass der Adressat auf Basis des Valuation Memorandums in der Lage ist, sich ein eigenes Urteil auf Grundlage der Annahmen, der Datenbasis und der Berechnung hinsichtlich der Angemessenheit des Transaktionspreises zu bilden.

---

46 Vgl IDW S 8, Grundsätze (2011) Tz 50.

2.2.3. Factual Memorandum

Das Factual Memorandum ist optional und dient primär der internen Dokumentation. Sofern überhaupt erstellt, wird es nur dem Auftraggeber auf dessen Wunsch zur Verfügung gestellt und nicht veröffentlicht. Es enthält alle wesentlichen, vom Auftraggeber bereitgestellten und für die Angemessenheitsprüfung herangezogenen Informationen (Multiplikatoren, Datenbanken, Zinssätze, Marktberichte etc) und Unterlagen. In der Praxis unterbleibt oftmals eine Erstellung, da im Valuation Memorandum bereits alle wesentlichen Inhalte erwähnt sind.

2.2.4. Arbeitspapiere und Vollständigkeitserklärung

Die interne Dokumentation beim Ersteller erfolgt durch seine Arbeitspapiere, die es einem sachkundigen Dritten jederzeit ermöglichen sollen, das Angemessenheitsurteil intersubjektiv nachzuprüfen. Die Arbeitspapiere gelten als Eigentum des Erstellers. Es ist unüblich, diese ganz oder auch nur auszugsweise dem Auftraggeber zur Verfügung zu stellen.

Wesentliche Bedeutung kommt der Vollständigkeitserklärung in Bezug auf die Verantwortlichkeit des Auftraggebers zu. Die DVFA-Grundsätze gehen nicht auf die Abgrenzung der Verantwortlichkeiten zwischen Auftraggeber und Ersteller der Fairness Opinion ein, auch fehlen im IDW S 8 Hinweise zur Ausgestaltung der Vollständigkeitserklärung. Damit wird in der Praxis auf die einschlägigen Bestimmungen in den Vollständigkeitserklärungen, wie diese bei der Durchführung von Jahresabschlussprüfungen und von Unternehmensbewertungen gem IDW S 1/KFS BW 1 üblich sind, Bezug genommen. Die Unterzeichnung einer Vollständigkeitserklärung durch den Auftraggeber unterliegt der Privatautonomie der Vertragsparteien. Der Ersteller einer Fairness Opinion wird die Gründe, die zur Ablehnung der Unterzeichnung einer Vollständigkeitserklärung führen, entsprechend zu beurteilen haben bzw nach IDW S 8 den Auftrag nicht annehmen.

3. Fazit

3.1. Wirkung

Der DVFA Standard und die Grundsätze für Fairness Opinions gemäß IDW S 8 zählen hinsichtlich Regelungsdichte international zu den umfangreichsten Standards, ohne dabei den im Einzelfall notwendigen Ermessens- und Beurteilungsspielraum einzuschränken. Zu beurteilen bleibt, ob die oben genannten „theoretischen" Funktionen den Ansprüchen der Praxis genügen oder anders ausgedrückt, ob die Fairness Opinion eine praktische Relevanz und Wirkung zeigt. *Zimmermann* hat verdeutlicht, dass seitens der Auftraggeber wesentlich mehr von einer Fairness Opinion erwartet wird, als diese tatsächlich theoretisch und praktisch zu leisten imstande ist.[47]

---

47 Vgl *Zimmermann, M.*, Fairness (2016) 70.

Mittlerweile haben sich in Deutschland Fairness Opinions vor allem bei öffentlichen Übernahmen durchgesetzt, wobei neben der primärrelevanten Funktion der Absicherung (durch Haftungsminimierung) auch die anderen Funktionen (Verringerung der Informationsasymmetrie, Erhöhung der Informationstransparenz bei der Transaktion) Gründe zur Einholung einer Fairness Opinion sind. Zur Wirkung von Fairness Opinions gibt es vor allem im angloamerikanischen Raum einige empirische Studien mit durchaus überraschenden Ergebnissen:

- *Bowers/Lathman* fanden in einer Studie mit 5.872 US-Transaktionen heraus, dass die zunehmende Nutzung von Fairness Opinions als Antwort auf das höhere Haftungsrisiko zu sehen ist. Zweck ist es, höhere Transaktionsunsicherheiten (Kaufpreiszahlung durch Aktien des Käuferunternehmens, hohe Volatilität des Aktienkurses beim Zielunternehmen) zu reduzieren.[48] Die Studie bestätigt damit indirekt die „Enthaftungsfunktion" einer Fairness Opinion.
- *Cain/Denis* untersuchten die Fairness Opinions von 177 Käufer- und 607 Zielunternehmen bei insgesamt 582 M&A-Transaktionen. Sie fanden heraus, dass die Qualität der Bewertung unabhängig von der Vergütung des Gutachters ist und schreiben den Fairness Opinions, auf Basis der statistischen Betrachtung von Bewertungspreisen, Angebotspreisen und abnormalen Renditen, eine Informationsfunktion zu.[49]
- Auf Basis einer Stichprobe von 772 Firmenübernahmen fanden *Chen/Sami* heraus, dass der Markt negativ (bezogen auf die Aktienperformance des Käuferunternehmens) auf die Nutzung einer Fairness Opinion durch das Käuferunternehmen reagiert. Interpretiert wird das Ergebnis dahingehend, dass das Management sich lediglich mit einer Fairness Opinion absichern will, falls sich herausstellen sollte, dass die Transaktion sich als nicht so positiv wie erwartet herausstellt.[50]
- Fairness Opinions sind im Rahmen von öffentlichen Übernahmen für die Aktionäre des Käuferunternehmens vorteilhafter, da diese eine niedrigere Übernahmeprämie für das Zielunternehmen bezahlen. Darüber hinaus ist der Effekt größer, wenn die Fairness Opinion von hoher Qualität (Unabhängigkeit des Erstellers) ist oder mehrere Fairness Opinions eingeholt wurden.[51]
- Sofern im Zusammenhang mit Transaktionen eine Fairness Opinion erstellt wird, erhöht dies die Wahrscheinlichkeit der Transaktion.[52]
- Eine australische Studie kommt zu dem Ergebnis, dass die Übernahmeprämie von der Erstellung einer Fairness Opinion nicht beeinflusst wird.[53]
- In einer US-Studie von 576 M&A-Transaktionen konnte gezeigt werden, dass eine Fairness Opinion wertschaffend (im Sinne eines höheren Aktienkurses zum Zeitpunkt der Bekanntgabe der Übernahme) für die Aktionäre des Zielunternehmens ist und die Reputation einen positiven Einfluss auf die Übernahmeprämie der Zielgesellschaft hat. Die Studie brachte hervor, dass im Falle der Erstellung von Fairness

---

48 *Bowers, H./Latham, W.*, Information (2006) 37.
49 *Cain, M. D./Denis, M. J.*, Fairness (2010) 29 f.
50 Vgl *Chen, L./Sami, H.*, Litigation (2006) 24.
51 Vgl *Kisgen, D. J. et al*, Fair (2009) 204.
52 Vgl *Kisgen, D. J. et al*, Fair (2009) 204.
53 Vgl *Eddey, Ph. H.*, Independent (2001) 17.

Opinions durch den Wirtschaftsprüfer, der gleichzeitig Jahresabschlussprüfer der Gesellschaft ist, die Aktienkursreaktion des Zielunternehmens geringer ausfällt.[54]
- *Dessaint* analysierte insgesamt 9.083 Transaktionen (weltweit), die zwischen 1990 und 2010 abgeschlossen wurden, um zu testen, ob der in der Praxis zu beobachtende Effekt, dass der Übernahmepreis meist sehr nahe beim vorangegangenen Ein-Jahreshoch des Zielunternehmens liegt, durch eine Fairness Opinion beeinflusst wird. Dieser nachgewiesene Effekt wird dadurch erklärt, dass mit einem Übernahmeangebot nahe dem Ein-Jahreshoch die Transaktionswahrscheinlichkeit erhöht wird, da Verkäufer dies als Preisuntergrenze sehen. Im Ergebnis zeigte die Einholung einer Fairness Opinion durch das Zielunternehmen keinen Einfluss auf diesen in der Praxis anzutreffenden Effekt, womit gezeigt wurde, dass die Fairness Opinion die objektivierte Informationsfunktion nicht erfüllt. Nicht eindeutig interpretierbar war der Einfluss, wenn Käufer und Zielunternehmen jeweils eine Fairness Opinion eingeholt hatten und keiner der Ersteller gleichzeitig als Berater auftrat.[55]
- *Rüthers* untersuchte 473 abgeschlossene Unternehmensübernahmen und stellte fest, dass eine nachträgliche Verbesserung des ursprünglichen Angebotspreises unwahrscheinlicher ist, wenn die Zielgesellschaft eine Fairness Opinion einholt. Anders formuliert heißt das, dass die Vermögensposition der Anteilseigner der Zielgesellschaft nicht verbessert wird, da, wie es in dieser Stichprobe der Fall war, die Angebote von den Sachverständigen fast ausschließlich als fair bezeichnet wurden. Die oftmals postulierte Informationsfunktion scheint damit nur eingeschränkt erfüllt zu sein.[56]

Zusammenfassend kann festgehalten werden, dass die oben zitierten Studien interessante Resultate hinsichtlich der Wirkung von Fairness Opinions bzw der Erfüllung der ihr zugeschriebenen Funktionen haben. Allerdings müssen die Ergebnisse, da diese nicht ganz eindeutig respektive teilweise sogar widersprüchlich sind, auch vorsichtig interpretiert werden.

3.2. Funktionserfüllung

Grundsätzlich lassen sich aus den akademischen Forschungsarbeiten, die überprüfen, ob Fairness Opinions die unterstellten Funktionen erfüllen, zwei gegensätzliche Meinungen herauslesen. Ein Teil bescheinigt Fairness Opinions im Hinblick auf die Informationsfunktion keine Wirkung und sieht diese nur als Instrument, um das Management vor etwaigen Haftungsfällen zu schützen. Der andere Teil sieht sehr wohl einen Mehrwert, der es den Beteiligten ermöglicht, zu einer fundierteren Entscheidung zu kommen und damit die Informationsasymmetrie zu beseitigen.

Hinsichtlich der haftungsbefreienden Wirkung der Fairness Opinion (Absicherungsfunktion) scheint weitgehend Einigkeit zu herrschen, sofern der sachverständige Dritte zur Beurteilung des Sachverhalts als geeignet angesehen wird und keine Interessenkonflikte bestehen. IDW S 8 verfolgt mit der Fairness Opinion primär auch zwei Ziele (Rn 9):

---

54 Vgl *Dorata, N. T./Nishikawa, T.*, Independence (2012) 1056.
55 Vgl *Dessaint, O.*, Biases (2012) 45.
56 Vgl *Rüthers, T.*, Standardisierung (2013) 215.

1. die Absicherung der Verwaltungsorgane
2. die Dokumentation der Entscheidungsgrundlage.

Dabei ist anzumerken, dass der IDW S 8 in Rn 19 und 62 selbst restriktive Bedingungen formuliert, um die Haftung des Wirtschaftsprüfers zu minimieren bzw gänzlich auszuschließen. Durch die Fairness Opinion kommen die Organe der Gesellschaft nachweislich der Verpflichtung gemäß „business judgement rule", den Sachverhalt sorgfältig und vertieft zu erforschen, nach und führen damit auf angemessener Informationsgrundlage die Entscheidung herbei. Ein Indikator für die Erfüllung dieser Funktion könnte die Tatsache sein, dass in Deutschland noch kein einziger Rechtsstreit im Hinblick auf den § 93 dAktG anhängig ist.

Die Erfüllung der Informationsfunktion und der Entscheidungsunterstützung ist nicht so einfach zu beantworten und gibt immer wieder Anlass zur Kritik an Fairness Opinions. Vorgebracht wird vor allem, dass der Ersteller der Fairness Opinion (vor allem im Erwerbsfall) entsprechend den Vorgaben des IDW S 8 nur von den öffentlich verfügbaren und von den Verwaltungsorganen zur Verfügung gestellten Informationen ausgeht, wodurch nicht erkennbar ist, woher eine Verbesserung der Informationsbasis kommen soll. Darüber hinaus liegt es nach IDW S 8 nicht im Aufgabenbereich des Erstellers der Fairness Opinion, die bereitgestellten Informationen auf Vollständigkeit und Richtigkeit zu prüfen.[57] Allenfalls die Transaktionserfahrung und das Bewertungs-Know-how des Erstellers oder ein bestimmtes Branchenwissen könnten einen gewissen Beitrag zur Verbesserung der Informationsbasis liefern. Darüber hinaus zeigt die Praxis, dass die Informationsgrundlagen aufgrund der engen zeitlichen Vorgaben vom Verfasser der Fairness Opinion nicht selbständig geprüft werden, wobei dies in der Regel auch offengelegt wird.[58] Auch das kurze, oft auf wenige Seiten zusammengefasste Urteil hinsichtlich der finanziellen Angemessenheit lässt keinen Rückschluss auf den Umfang der durchgeführten Arbeiten und die damit verbundenen Bewertungsprobleme zu und trägt deshalb nur unwesentlich zur Verbesserung der Informationsbasis bei. Aufgrund dieser prozeduralen Vorgaben des Standardsetzers und inhaltlicher Schwächen ist das Argument der Verbesserung der Informationsfunktion kaum haltbar, die Nichterfüllung dieser Funktion wird auch durch erste richterliche Zweifel bestätigt.[59]

Besonders von einer Entscheidungsunterstützung profitieren sollen die Aktionäre, wobei auch hier zwei wesentliche Argumente gegen die Entscheidungsunterstützungsfunktion gebracht werden. Erstens hat jeder Aktienbesitzer vor dem Hintergrund seiner Informationsbasis und individuellen Bedingungen eigene Grenzpreisvorstellungen, sodass ein Angemessenheitsurteil eher zufällig den Grenzpreis des jeweiligen Aktionärs trifft. Zweitens hat dieser aufgrund der restriktiven Offenlegungspraxis und der im Opinion Letter enthaltenen Mindestinformationen kaum eine Möglichkeit, sich selbst (den entsprechenden Sachverstand und Methodenkompetenz voraussetzend) ein Urteil zu bil-

---

[57] Vgl IDW S 8 Tz 14; die DVFA Grundsätze können hier dahingehend interpretiert werden, dass der Ersteller einer Fairness Opinion sehr wohl eigene Analysen durchzuführen hat und die Gesellschaftsorgane diese als Unterstützung heranziehen können, obgleich auch die Gesellschaftsorgane verpflichtet sind, eigene Analysen durchzuführen, vgl DVFA, Grundsätze (2008) 12.
[58] Vgl *Lappe, T./Stafflage, A.*, Fairness Opinions (2010) 315; *Aders, C./Schwetzler, B.*, Monitor (2009) 120.
[59] Vgl LG München I, Urteil vom 31. März 2009 (33 O 25598/05, Rn 254).

den, da nicht von einem einheitlichen Informationsbedarf ausgegangen werden kann. Diesen Argumenten steht entgegen, dass eine Entscheidungsunterstützung für die Aktionäre dann stattfindet, wenn der Gutachter eine hohe Reputation genießt, nachvollziehbar ausgewählt wurde, weisungsunabhängig vom Auftraggeber und als Vertreter der Aktionäre auftritt und im Falle eines Fehlurteils die Konsequenzen (Haftung) trägt.[60]

Zwar wurden mit den im deutschsprachigen Raum verabschiedeten Standards (DVFA, IDW S 8) wesentliche Fortschritte hinsichtlich Eingrenzung des Inhalts von Fairness Opinions und den Anforderungen an den Ersteller geschaffen, jedoch scheinen diese durchaus weitreichenden Standards nicht zu genügen, die Informations- und Entscheidungsunterstützungsfunktion zu erfüllen.[61] Die wirksame Erfüllung der Enthaftungsfunktion hat dazu geführt, dass in der Praxis bei vielen wichtigen Entscheidungen die Einholung von externen Gutachten Routine geworden ist und ein sog. „liability outsourcing" betrieben wird.[62]

Für eine weitere Entwicklung von Standards zur Erstellung von Fairness Opinions scheinen vor allem die Erhöhung der Transparenz und Offenlegung des Gutachtens, sowie der durchgeführten Analysen und Tätigkeiten von wesentlicher Bedeutung zu sein. Auch die Kompetenz und Übernahme der Verantwortung des Erstellers der Fairness Opinion wären Signale für die Qualität der Expertise. Um dem Anspruch eines Expertengutachtens gerecht zu werden, wird es auch notwendig sein, dass der sachverständige Dritte bzw Experte spezifisches Know-how einbringt, welches er den Unternehmensorganen zur Verfügung stellt. Hierzu gehören zB im Hinblick auf die Analyse einer vorgelegten Planungsrechnung vertiefte Einsichten in die Branche, den Markt, die Konkurrenz und die Strategie des Unternehmens.

Literaturverzeichnis

Aders, C./Arnold, S./Schwetzler, B., Duff & Phelps/HHL Fairness Opinion Monitor 2013: Summary 2005 – 2012; November 11, 2013

Aders, C./Arnold, S./Schwetzler, B., HHL/D&P Fairness Opinion Monitor™: Jahresreport Deutschland 2011, in: Corporate Finance biz 3/2012, 155–162

Aders, C./Schwetzler, B., HHL/D&P Fairness Opinion Monitor: Jahresreport Deutschland 2009, in: Corporate Finance Biz, 1. Jg (2010), 118–122.

Bartl, M./Steller, M./Wirth, F., Die Erstellung von Fairness Opinions – Darstellung des IDW S 8 unter Berücksichtigung der österreichischen Rechtslage, in: Wirtschaftsprüfer Jahrbuch 2012, 125–147

Berndt, T./Froese, H./Leverkus, L./Ornik, R., Comply or Explain als Lösung für Schweizer Opinions, in: Der Schweizer Treuhänder, 2014/9, 748–753

Bowers, H./Latham III, W., "Information asymmetry, litigation risk, uncertainty and the demand for fairness opinions: Evidence from U.S. mergers and acquisitions, 1980-

---

60 Vgl *Zimmermann, M.*, Fairness (2016) 194.
61 Deutlich zeigt dies die juristische Aufarbeitung des Erwerbs von 45,01 % der Anteile an EnBW durch ein Vehikel des Landes Baden-Württemberg; vgl *Wollny, C.*, (EnBW) (2013) 482.
62 In Anlehnung an den § 93 Abs 1 S 2 dAktG werden diese externen Gutachten auch als „Schubladen-" oder „93er-Gutachten" bezeichnet, vgl *Zimmermann, M.*, (Fairness) (2016) 4.

2002", Working Paper (13. April 2006) 1–39; verfügbar im Internet unter: http://ssrn.com/abstract=626321

Cain, M. D./Denis, D. J., Do Fairness Opinion Valuation contain useful information? in: Paper No 1244, Krannert School of Management, 2010, 1–54

Chen, L./Sami. H., "Does the use of fairness opinions impair the acquirers' abnormal returns? The litigation risk effect", Working Paper, Arizona State University (2006) 1–38

Creutzmann, A., Anforderungen an Fairness Opinions, in: BewertungsPraktiker, Nr 1/2006, 5–8

Davidoff, S., Fairness Opinons, in: *Essler, W./Lobe, S./Röder, K.* (Hrsg), Fairness Opinion – Grundlagen und Anwendung², Stuttgart (2008) 221–233

Dessaint, O., "Do fairness opinions reduce behavioral biases in M&A?" Working Paper, Dauphine Université Paris (2012) 1–49

Dorata, N. T./Nishikawa, T., Fairness Opinions, Expert Independence and Reputation in Mergers and Acquisitions, in: International Research Journal of Applied Finance, Vol III, Issue 7, July 2012, 1039–105

DVFA: Grundsätze für Fairness Opinions (2008)

Eddey, Ph. H., "Independent expert's reports in takeover bids." Accounting and Finance, (May 2001) 1–18.

Essler, W./Lobe, S./Röder, K. (Hrsg), Fairness Opinions: Grundlagen und Anwendung, 2008

Franken, L./Schulte, J., Fairness Opinions nach IDW S 8 (2014)

Hermann, C., Fairness Opinion und Haftung (2016)

HFA des IDW, IDW S 8: Grundsätze für die Erstellung von Fairness Opinions, Stand 17.01.2011

https://www.boersen-zeitung.de/index.php?li=1&artid=2012105532&titel=Fairness-Opinions-gehoeren-zur-Finanzkommunikation

IDW Standard: Grundsätze für die Erstellung von Fairness Opinions (IDW S 8) (2011)

Kisgen, D. J./Qian, J./Dong, W., "Are fairness opinions fair? The case of mergers and acquisitions." Journal of Financial Economics Vol 91 (2) (2009) 179–207

Lappe, T./Stafflage, A., Fairness Opinions im Transaktionsgeschäft, in: Corporate Finance law, 5/2010, 312–318

Lobbe, S./Essler, W./Röder, K., Welche Anforderungen stellen deutsche Vorstände und Aufsichtsratsvorsitzende an Fairness Opinions, in: Die Wirtschaftsprüfung, 60 Jg (2007) 468–477

Priesing, T., Fairness Opinions als Prüfinstrument beim Unternehmenskauf, in: Bilanzen im Mittelstand, 04/2012, 84–87

Rüthers, T., Standardisierung von Fairness Opinions (2013)

Schima, G., Reform des Untreue-Tatbestandes und gesetzliche Verankerung der Business Judgement Rule im Gesellschaftsrecht, in: RdW 2015/261 (2015) 288–261

Schönefelder, L., Unternehmensbewertungen im Rahmen von Fairness Opinions – eine adressatenbezogene Untersuchung (2007)

Schüppen, M., Was helfen Fairness Opinions? in: *Ballwieser, W./Hippe, A.* (Hrsg), Mergers & Acquisitions, 66. Deutscher Betriebswirtschafter-Tag, Düsseldorf (2012) 113–132

Schwetzler, B., Grundsätze für die Erstellung von Fairness Opinions – die Standards der DVFA, in: *Essler, W./Lobe, S./Röder, K.* (Hrsg), Fairness Opinions – Grundlagen und Anwendung (2008) 51–72

Trettnak, T., Die Fairness Opinion im außerbörslichen Transaktionsgeschäft, in: RdW 2011/73, 77–80

Wollny, C., Fairness Opinions und Angemessenheit des Kaufpreises: Lehren aus dem Fall EnBW, in: DStR 10/2013, 482–486

Zimmermann, M., Fairness Opinion (2016)

Bewertung immaterieller Vermögenswerte

Ulrich Moser

1. **Anwendungsfälle der Bewertung immaterieller Vermögenswerte**
2. **Immaterielle Vermögenswerte als Bewertungsobjekte**
   - 2.1. Geschäftstätigkeit und Geschäftsmodell als Bestimmungsfaktor des Portfolios immaterieller Vermögenswerte
   - 2.2. Wettbewerbsvorteile durch Nutzung immaterieller Vermögenswerte
   - 2.3. Einteilungen immaterieller Vermögenswerte
3. **Grundlegende Bewertungsansätze**
   - 3.1. Überblick
   - 3.2. Income Approach
   - 3.3. Market Approach
   - 3.4. Cost Approach
   - 3.5. Anwendung der grundlegenden Bewertungskonzepte bei der Bewertung immaterieller Vermögenswerte
     - 3.5.1. Überblick
     - 3.5.2. Anwendungsbereich der grundlegenden Bewertungskonzepte bei der Bewertung immaterieller Vermögenswerte
     - 3.5.3. Abgrenzung der Werte immaterieller Vermögenswerte als Wertallokation
4. **Anwendung des Income Approach bei der Bewertung immaterieller Vermögenswerte**
   - 4.1. Überblick
   - 4.2. Analyse des Einflusses immaterieller Vermögenswerte auf das Einkommen eines Unternehmens am Beispiel einer patentgeschützten Technologie
   - 4.3. Ansätze zur Bewertung immaterieller Vermögenswerte auf der Grundlage des Income Approach
     - 4.3.1. Incremental Income Analysis
       - 4.3.1.1. Konzeption der Incremental Income Analysis
       - 4.3.1.2. Abgrenzung der dem Bewertungsobjekt zuzurechnenden Einkommensbeiträge
       - 4.3.1.3. Anwendungsbereich
     - 4.3.2. Relief-from-Royalty-Methode
       - 4.3.2.1. Konzeption der Relief-from-Royalty-Methode

    4.3.2.2. Abgrenzung der dem Bewertungsobjekt zuzurechnenden Einkommensbeiträge
    4.3.2.3. Anwendungsbereich
  4.3.3. Excess Earnings Approach (Multi-Period Excess Earnings Method) und Residual-Value-Methode
    4.3.3.1. Konzeption des Excess-Earnings- und des Residual-Value-Ansatzes
    4.3.3.2. Abgrenzung der dem Bewertungsobjekt zuzurechnenden Einkommensbeiträge
    4.3.3.3. Anwendungsbereich des Excess-Earnings- und des Residual-Value-Ansatzes
  4.3.4. Methode der unmittelbaren Cashflow-Prognose als Grundform des Income Approach
4.4. Bestimmung des vermögenswertspezifischen Zinssatzes
  4.4.1. Ausgangsüberlegungen
  4.4.2. Berücksichtigung des vermögenswertspezifischen Risikos
4.5. Berücksichtigung der Besteuerung bei der Bewertung immaterieller Vermögenswerte
  4.5.1. Steuerrelevante Fragestellungen
  4.5.2. Einbeziehung der Besteuerung in das Bewertungskalkül
  4.5.3. Abschreibungsbedingter Steuervorteil (Tax Amortization Benefit)
    4.5.3.1. Abschreibungsbedingter Steuervorteil beim Erwerb von Vermögenswerten
    4.5.3.2. Einbeziehung des abschreibungsbedingten Steuervorteils in die Ermittlung von Grenzpreisen

5. Analyse der Bewertungsergebnisse bei Einbindung der Bewertungsobjekte in ein Unternehmen
5.1. Grundlagen der Untersuchung
  5.1.1. Vorgehen
  5.1.2. Ableitung des Entity Value
  5.1.3. Abgrenzung der einzubeziehenden Vermögenswerte
  5.1.4. Ableitung der Werte der Vermögenswerte des betrachteten Unternehmens
5.2. Abstimmung der Bewertungsergebnisse
  5.2.1. Abstimmung der Werte der Vermögenswerte mit dem Entity Value
  5.2.2. Abstimmung der Einkommensbeiträge der Vermögenswerte
  5.2.3. Abstimmung der vermögenswertspezifischen Zinssätze
  5.2.4. Erweiterung der Betrachtungen
5.3. Erklärung des Goodwill

1. Anwendungsfälle der Bewertung immaterieller Vermögenswerte

Immaterielle Vermögenswerte werden regelmäßig aus unterschiedlichen Gründen bewertet, wobei insbesondere zwischen transaktionsbezogenen und nicht transaktionsbezogenen Anwendungsfällen unterschieden werden kann.[1] Der ersten Gruppe, den transaktionsbezogenen Bewertungsanlässen, ist die Ermittlung von Preisober- bzw Preisuntergrenze von Käufer bzw Verkäufer (Grenzpreise) zur Vorbereitung von Kaufpreisverhandlungen zuzuordnen. Grenzpreise sind jedoch nicht nur bei Kauf bzw Verkauf des Bewertungsobjekts, sondern beispielsweise auch beim Eingehen von strategischen Partnerschaften oder der Ein- bzw Auslizenzierung von Intellectual Property zu bestimmen.

In diese Gruppe von Bewertungsanlässen fallen auch Bewertungen immaterieller Vermögenswerte für Rechnungslegungszwecke, wobei der Abbildung von Unternehmenszusammenschlüssen nach IFRS 3, ASC 805 und § 301 HGB sowie DRS 12 – neben der Erfassung von Wertminderungen, zB nach IAS 36 – die größte Bedeutung zukommt. Die Bedeutung der Bewertung immaterieller Vermögenswerte für Rechnungslegungszwecke spiegelt sich auch in den Prüfungsschwerpunkten der Deutschen Prüfstelle für Rechnungslegung DPR e.V., Berlin, wider, die seit 2007 jedes Jahr die Abbildung von Unternehmenszusammenschlüssen und/oder Überprüfung der Werthaltigkeit von Vermögenswerten beinhalten.[2]

Den transaktionsbezogenen Anwendungsfällen sind außerdem Bewertungen immaterieller Vermögenswerte im Rahmen gesellschaftsrechtlicher Gestaltungen sowie steuerrechtlicher Umstrukturierungen zuzurechnen. Bei diesen Anlässen kann ua eine Bewertung zur Beurteilung der Werthaltigkeit einer Sacheinlage durch gesellschaftsrechtliche Vorschriften (zB §§ 33, 183 AktG) vorgeschrieben oder der Nachweis von At-arm's-length-Bedingungen geboten sein. Ein weiterer transaktionsbezogener Bewertungsanlass betrifft schließlich Finanzierungstransaktionen, bei denen etwa ein Beleihungswert zu bestimmen ist.

Bei den nicht transaktionsbezogenen Anwendungsfällen kommt Bewertungen immaterieller Vermögenswerte – etwa von Technologien oder Marken – vor allem im Rahmen des Portfolio-Managements eines Unternehmens eine besondere Bedeutung zu. Die strategische Planung[3] eines Unternehmens bestimmt die Zusammensetzung von dessen Geschäftsfeld-Portfolio, die Entwicklung der einzelnen strategischen Geschäftsfelder sowie die Entwicklung und Nutzung der Potenziale zur Umsetzung der Strategien. Auf diese Weise leitet sich beispielsweise die Technologie-Strategie eines Unternehmens aus der Unternehmensstrategie ab. Strategische Planung in diesem Sinne stellt sich somit als komplexes Portfolio-Management dar, das das Geschäftsfeld-Portfolio, aber auch die Portfolios der Vermögenswerte des Unternehmens, also zB das Patent- oder Marken-Portfolio, umfasst. Folgt das Unternehmen dem Leitbild der Unternehmenswertsteigerung, sollte auch das Portfolio-Management auf Wertüberlegungen und damit auf der Bewertung immaterieller Vermögenswerte aufbauen.

---
1 Zum Folgenden siehe *Moser*, Immaterielle Vermögenswerte (2011) 1 ff.
2 Vgl http://www.frep.info/pruefverfahren/pruefungsschwerpunkte.php.
3 Siehe zum Folgenden *Bea/Haas*, Strategisches Management (2005) 166 ff.

2. Immaterielle Vermögenswerte als Bewertungsobjekte

2.1. Geschäftstätigkeit und Geschäftsmodell als Bestimmungsfaktor des Portfolios immaterieller Vermögenswerte

Ein Unternehmen verfügt typischerweise über ein individuelles „Portfolio"[4] von materiellen und immateriellen Vermögenswerten. Dieses ist vor allem durch die Geschäftstätigkeit, insbesondere die Branche, in der das Unternehmen tätig ist, und durch dessen Geschäftsmodell geprägt. Beispielsweise kommt bei Unternehmen, die im Bereich Food & Beverage tätig sind, Marken oftmals eine große Bedeutung zu. Dies gilt jedoch dann nicht, wenn das Unternehmen ausschließlich für Handelsmarken (Private Label) produziert; in diesem Fall sind regelmäßig die Kundenbeziehungen bedeutsam. Das Portfolio immaterieller Vermögenswerte von Unternehmen, die etwa in einer Technologiebranche tätig sind, sieht demgegenüber völlig anders aus.

Im Vorfeld einer Bewertung immaterieller Vermögenswerte sind diese regelmäßig zu identifizieren.[5] Ausgehend von der dargelegten Betrachtung eines Unternehmens als individuelles Portfolio der diesem zugeordneten Vermögenswerte erfordert die Identifikation ein umfassendes Verständnis der Geschäftstätigkeit und des Geschäftsmodells des betrachteten Unternehmens. Dabei kommt der Analyse der Wettbewerbsvorteile des betrachteten Unternehmens eine zentrale Bedeutung zu: Immaterielle Vermögenswerte sind dadurch gekennzeichnet, dass deren Nutzung einem Unternehmen grundsätzlich Wettbewerbsvorteile verschaffen soll.

2.2. Wettbewerbsvorteile durch Nutzung immaterieller Vermögenswerte

Wettbewerbsvorteile lassen sich nach *Porter*[6] in zwei Grundtypen einteilen: niedrige Kosten und Differenzierung. Beide Vorteile sind relativ, also im Vergleich zu den Wettbewerbern eines betrachteten Unternehmens, zu sehen.

Niedrige Kosten können beispielsweise aus der Anwendung eines speziellen, nicht patentgeschützten Produktionsverfahrens oder einer effizienten Steuerung der Produktion resultieren, aber auch in einer niedrigen Ausschussquote zum Ausdruck kommen. Klassische Differenzierungsvorteile weisen etwa Konsumgüterprodukte auf, die unter einer bekannten Marke verkauft werden, oder Produkte, deren besondere Eigenschaften durch Patente geschützt sind. Differenzierungsvorteile können jedoch auch durch den charakteristischen Geschmack von Lebensmitteln, eine hochwertige Produktqualität oder kurze Lieferzeiten aufgrund niedriger Auftragsdurchlaufzeiten erzielt werden.

Die Beispiele zeigen, dass Wettbewerbsvorteilen zwar nicht zwingend, jedoch oftmals immaterielle Vermögenswerte zugrunde liegen. Bei Marken, Patenten, nicht patentgeschützten Technologien (Betriebsgeheimnissen), wie zB Produktionsverfahren, sowie

---

4 Auf diesen Ausdruck wird unter **3.5** eingegangen.
5 Ausführlich hierzu *Moser*, Immaterielle Vermögenswerte (2011) 6 ff, 130 ff.
6 Vgl *Porter*, Wettbewerbsvorteile (1992), insbesondere 31 f.

Rezepturen, die den Geschmack von Lebensmitteln bestimmen, ist dies offensichtlich. In den anderen genannten Fällen – niedrige Ausschussquoten, hochwertige Produktqualität und kurze Lieferzeiten – können die Wettbewerbsvorteile auf Prozessen basieren, die möglicherweise Know-how verkörpern. Im Falle der effizienten Steuerung der Produktion kann der zugrunde liegende Prozess zudem mittels einer Software umgesetzt sein.

2.3. Einteilungen immaterieller Vermögenswerte

Im Schrifttum[7] werden verschiedene Einteilungen immaterieller Vermögenswerte vorgestellt. Die folgenden Ausführungen gehen von der Einteilung immaterieller Vermögenswerte aus, die sich aus den Illustrative Examples zu IFRS 3[8] ergibt (Abb 1). Eine ähnliche, jedoch weiterführende Kategorisierung, die ua goodwill-bezogene immaterielle Vermögenswerte einbezieht, führen *Reilly/Schweihs*[9] an.

		Basis
A.	Marketingbezogene Immaterielle Vermögenswerte (IFRS 3 IE18)	
	Handelsmarken, Dienstleistungsmarken, Zertifizierungen	vertraglich
	Trade dress	vertraglich
	Zeitungstitel	vertraglich
	Internet Domains	vertraglich
	Wettbewerbsverbote	vertraglich
B.	Kundenbezogene Immaterielle Vermögenswerte (IFRS 3 IE 23)	
	Kundenlisten	nicht vertraglich
	Auftragsbestand	vertraglich
	Kundenverträge und damit verbundene Kundenbeziehungen	vertraglich
	Nicht vertragliche Kundenbeziehungen	nicht vertraglich
C.	Kunstbezogene Immaterielle Vermögenswerte (IFRS 3 IE 32)	
	Bühnenstücke, Opern und Ballettaufführungen	vertraglich
	Bücher, Zeitschriften, Zeitungen und andere literarische Werke	vertraglich
	Musikalische Werke wie Kompositionen, Liedtexte und Werbemelodien	vertraglich
	Bilder und Fotografien	vertraglich
	Videos und audiovisuelles Material, einschließlich Filme, Musikvideos und Fernsehprogramme	vertraglich

---

7 Vgl zB Arbeitskreis „Immaterielle Werte im Rechnungswesen" der Schmalenbach-Gesellschaft für Betriebswirtschaft e.V., Kategorisierung (2001) 990 f.; *Anson/Suchy*, Intellectual Property (2005) 11 ff.
8 IE 18–IE 44.
9 Siehe *Reilly/Schweihs*, Intangible Assets (1999) 19 f.

	Basis
D. Vertragliche Immaterielle Vermögenswerte (IFRS 3 IE 34)	
Lizenzverträge, Stillhalteabkommen	vertraglich
Werbe-, Bau-, Management-, Service- oder Lieferverträge	vertraglich
Miet-, Pachtverträge	vertraglich
Baugenehmigungen	vertraglich
Franchise-Verträge	vertraglich
Betreiber- und Senderechte	vertraglich
Service-Verträge	vertraglich
Arbeitsverträge	vertraglich
Nutzungsrechte wie Bohrrechte, Wasser-, Luft- und Straßennutzungsrechte	vertraglich
E. Technologiebezogene Immaterielle Vermögensverluste (IFRS 3 IE 39)	
Patentierte Technologien	vertraglich
Computer-Software	vertraglich
Nicht patentierte Technologien	nicht vertraglich
Datenbanken	nicht vertraglich
Betriebs- und Geschäftsgeheimnisse wie geheime Formeln, Prozesse oder Rezepte	vertraglich

Abbildung 1: Einteilung immaterieller Vermögenswerte nach IFRS 3

3. Grundlegende Bewertungsansätze

3.1. Überblick

Im Folgenden werden zunächst die drei grundlegenden Bewertungsansätze[10]

- Income Approach (auch *„kapitalwertorientierte oder erfolgsorientierte Verfahren"* genannt)
- Market Approach (auch als *„marktpreisorientierte oder marktorientierte Verfahren"* bezeichnet)
- Cost Approach (auch *„kostenorientierte Verfahren"* genannt)

kurz betrachtet (3.2 bis 3.4). Sodann wird auf deren Anwendung bei der Bewertung immaterieller Vermögenswerte eingegangen (3.5).

---

10 Siehe hierzu *Moser*, Immaterielle Vermögenswerte (2011) 16 ff, mwN.

3.2. Income Approach

Der Wert des Bewertungsobjektes i mit i = 1 bis n im Zeitpunkt t mit t = 0 bis ∞ $V_{i,t}$ ergibt sich bei Anwendung des Roll-back-Verfahren[11] aus der Beziehung

$$V_{i,t} = \frac{V_{i,t+1} + CF_{i,t+1}}{1 + r_{i,t+1}}$$

$CF_{i,t+1}$ bezeichnet das dem Vermögenswert i in der in t+1 endenden Periode zugeordnete Einkommen, $r_{i,t+1}$ den entsprechenden Diskontierungszinssatz.

Diese Beziehung kann – bei einer Nutzungsdauer des Bewertungsobjekts i von T Perioden (mit 0 < T ≤ ∞) und einer im Zeitablauf konstanten Verzinsung der Alternativanlage ($r_{i,t+1} = r_i$ für alle t = 0 bis ∞) – durch rekursives Vorgehen und Einsetzen der Beziehung für $V_{i,t+1}$ in die Beziehung für $V_{i,t}$ für alle t = 0 bis T-1 in die Barwertformel bezogen auf den Bewertungsstichtag t = 0 überführt werden. Es gilt

$$V_{i,0} = \sum_{t=1}^{T} CF_{i,t} \cdot (1 + r_i)^{-t}$$

Dem Income Approach liegt ein Verständnis der in das Barwertkalkül eingehenden Einkommenszahlungen zugrunde, dem für die weiteren Untersuchungen eine grundlegende Bedeutung zukommt. Die Auflösung der Beziehung

$$V_{i,t} = \frac{V_{i,t+1} + CF_{i,t+1}}{1 + r_{i,t+1}}$$

nach $CF_{i,t+1}$ führt zu

$$CF_{i,t+1} = V_{i,t} - V_{i,t+1} + V_{i,t} * r_{i,t+1}$$

Danach setzt sich das Einkommen des Bewertungsobjekts i (mit i = 1 bis n) einer beliebigen in t+1 endenden Periode mit t = 0 bis ∞ aus den Komponenten

- Rückfluss des in das Bewertungsobjekt investierten Kapitals ($V_{i,t} - V_{i,t+1}$) und
- Verzinsung des in das Bewertungsobjekt am Ende der Periode t investierten Kapitals ($V_{i,t} * r_{i,t+1}$)

zusammen. Die erste Komponente wird auch als „*return of invested capital*", die zweite als „*return on invested capital*" bezeichnet. Zur Vereinfachung der Betrachtungen wird davon ausgegangen, dass diese Zahlungen im Zeitpunkt t+1 zufließen.

---

11 Hierzu insbesondere *Enzinger/Kofler*, Roll Back-Verfahren (2011) 2 ff.

3.3. Market Approach

Der Wert des Bewertungsobjektes bestimmt sich nach dem Market Approach[12] bei einem Bewertungsobjekt, das

- auf einem aktiven Markt gehandelt wird, als Marktpreis des Bewertungsobjektes und bei einem Bewertungsobjekt, das
- nicht auf einem aktiven Markt gehandelt wird, durch Übertragung der Marktpreise vergleichbarer Objekte auf das Bewertungsobjekt (Analogiemethode).[13]

Ein aktiver Markt ist nach IFRS 13 definiert als *„a market in which transactions for the asset or liability take place with sufficient frequency and volume to provide pricing information on an ongoing basis."*

Bei Anwendung der Analogiemethode ist zunächst ein Multiplikator als Relation zwischen dem Marktpreis des Vergleichsobjektes und einer Bezugsgröße abzuleiten. Zur Abschätzung des Wertes des Bewertungsobjektes ist dieser Multiplikator sodann auf die betreffende Bezugsgröße beim Bewertungsobjekt anzuwenden. Beispielsweise kann im Falle der Bewertung eines Patentes der bekannte Marktpreis eines vergleichbaren Patentes auf den aktuellen Jahresumsatz (Bezugsgröße) des durch das Vergleichspatent geschützten Produktes bezogen werden. Die Anwendung des so ermittelten Multiplikators auf den aktuellen Jahresumsatz des durch das zu bewertende Patent geschützten Produktes führt zum gesuchten Patentwert.

Die Anwendung des Market Approach in dem Falle, dass das Bewertungsobjekt nicht auf einem aktiven Markt gehandelt wird, setzt voraus, dass ein mit dem Bewertungsobjekt vergleichbares Objekt, dessen Marktpreis bekannt ist, verfügbar ist. Wird ein Vergleichsobjekt nicht auf einem aktiven Markt gehandelt, sind zur Ableitung von Marktpreisen Vergleichstransaktionen heranzuziehen. Letztere sind einer eingehenden Analyse, insbesondere von deren detaillierten Konditionen sowie den Bedingungen von deren Zustandekommen (zB zwischenzeitliche Veränderungen der Marktgegebenheiten, Einflüsse käuferspezifischer Motive), zu unterziehen.[14]

Die Einkommenszahlungen, die mit einem nach dem Market Approach bewerteten Bewertungsobjekt verbunden sind, setzen sich wiederum aus den Komponenten Return on Invested Capital und Return of Invested Capital zusammen (vgl 3.2).

3.4. Cost Approach

Der Wert des Bewertungsobjekts bestimmt sich beim Cost Approach[15] durch den Betrag, der erforderlich ist, um ein Objekt zu erlangen, das dem Eigentümer die Verwen-

---

12 Statt vieler *Moser/Auge-Dickhut*, Vergleichsverfahren (2003) 10 ff; dieselben, Vergleichs- und DCF-Verfahren (2003) 213 ff. Weiterführend geht auf den Market Approach der Beitrag von *Schwetzler* in diesem Buch ein.
13 Vgl auch IDW HFA RS 16, Tz 22.
14 Siehe im Einzelnen *Smith/Parr*, Intellectual Property (2005) 148–150; *Reilly/Schweihs*, Intangible Assets (1999) 101 f.
15 Ausführlich zum Cost Approach siehe *Smith/Parr*, Intellectual Property (2005), insbes 156 ff; *Reilly/Schweihs*, Intangible Assets (1999), insbes 118 ff; *Chen/Barreca*, Cost Approach (2010) 19 ff.

dungs- oder Nutzungsmöglichkeiten eröffnet, die ihm das zu bewertende Objekt vermittelt. Es handelt sich somit um den Betrag, den der Eigentümer aufwenden muss, um das zu bewertende Objekt durch ein entsprechendes Objekt zu substituieren. Das dem Ansatz zugrunde liegende Prinzip ist dasjenige der Substitution.[16]

Aus dem Prinzip der Substitution folgt, dass der Cost Approach eine Wertobergrenze determiniert: Ein rational handelnder Investor bezahlt für ein Objekt – auch wenn dessen zB mittels Income Approach ermittelter Wert höher ist – maximal den Betrag, den er zur Erlangung eines anderen Objektes, das ihm die entsprechenden Verwendungs- oder Nutzungsmöglichkeiten vermittelt, aufwenden muss.

Eine Anwendung des Cost Approach setzt voraus, dass

- das Bewertungsobjekt substituierbar ist,
- die Herstell- bzw Entwicklungskosten des Substitutes abgrenzbar sind und zudem
- mögliche Anpassungserfordernisse der abgeleiteten Herstell- bzw Entwicklungskosten erfasst werden können.

Die Einkommenszahlungen, die mit einem nach dem Cost Approach bewerteten Bewertungsobjekt verbunden sind, setzen sich wiederum aus den Komponenten Return on Invested Capital und Return of Invested Capital zusammen (vgl 3.2).

Zu weiteren Einzelheiten und Analysen des Cost Approach, insbesondere dessen wesentliche Ausgestaltungen sowie die Ableitung des Wertes nach diesem Ansatz, ist auf das Schrifttum[17] zu verweisen.

3.5. Anwendung der grundlegenden Bewertungskonzepte bei der Bewertung immaterieller Vermögenswerte

3.5.1. Überblick

Im Folgenden wird zunächst der Anwendungsbereich der dargestellten Bewertungskonzepte bei der Bewertung immaterieller Vermögenswerte betrachtet (3.5.2). Sodann wird dargelegt, dass die Bewertung immaterieller Vermögenswerte als Wertallokation zu verstehen ist (3.5.3).

3.5.2. Anwendungsbereich der grundlegenden Bewertungskonzepte bei der Bewertung immaterieller Vermögenswerte

Vermögenswerte sind – unabhängig davon, ob es sich um materielle oder immaterielle Vermögenswerte handelt – oftmals einer übergeordneten Einheit, insbesondere einem Unternehmen, zugeordnet. Die dieser Einheit zugeordneten Vermögenswerte erzielen durch deren Zusammenwirken den der Einheit zuzurechnenden Einkommensstrom, bestimmen das in der Volatilität des Einkommensstroms zum Ausdruck kommende

---

16 Vgl hierzu und zum Folgenden *Moser/Tesche/Hell*, Cost Approach (2015) 98 ff.
17 Siehe insbesondere *Moser/Tesche/Hell*, Cost Approach (2015) 98 ff mwN; *Moser/Tesche/Hell*, Vergleich (2015) 146 ff mwN.

Risiko[18] und generieren den – beispielsweise auf der Grundlage des Income Approach zu messenden – Wert der Einheit. In diesem Sinne verstehen *Smith/Parr*[19] ein Unternehmen als ein Portfolio der diesem zugehörigen Vermögenswerte.

Vielfach sind Vermögenswerte dadurch gekennzeichnet, dass sie ohne ein Zusammenwirken mit anderen Vermögenswerten nicht in der Lage sind, Einkommen zu erzielen. Dies wird beispielsweise anhand einer patentgeschützten Technologie deutlich, die wesentlichen Komponenten eines Produktes zugrunde liegt. Die Einkommenserzielung erfordert neben der Anwendung der Technologie in den Produkten des Unternehmens insbesondere Herstellung und Vertrieb der Produkte, also Produktionseinrichtungen, Produktions-Know-how, mehr oder weniger erfahrene Produktionsmitarbeiter, Working Capital, eine entsprechende Vertriebsmannschaft, Kundenbeziehungen usw.

Eine unmittelbare Zurechnung von Anteilen am Einkommen des Unternehmens und von Beiträgen zum Unternehmensrisiko zu einzelnen Vermögenswerten des Unternehmens ist grundsätzlich nicht gegeben.[20] Das Einkommen eines Unternehmens – Gleiches gilt für das mit dem Einkommen verbundene Risiko – ist zwar durch die Vermögenswerte und deren Zusammenwirken bestimmt, kann jedoch nur für das Unternehmen als Einheit abgeleitet werden; ein Zusammenhang zu Einkommensbeiträgen und Risikobeiträgen der Vermögenswerte ist nicht ersichtlich.[21] Beispielsweise bestimmen die bekannte Marke, der mit den Rezepturen verbundene charakteristische Geschmack sowie die hohe, auf Produktionstechnologien beruhende Qualität der Produkte eines Unternehmens deren Verkaufspreise und Absatzmengen; Rezepturen und Technologie bestimmen ua auch die Kostenstrukturen sowie Investitionen in Working Capital und Sachanlagen. Allerdings ist nicht erkennbar, in welchem Umfang die Absatzpreise, Absatzmengen, Produktionskosten etc durch diese Vermögenswerte, deren Zusammenwirken und die dadurch erzielten Wettbewerbsvorteile beeinflusst sind.

Die Betrachtungen machen deutlich, dass für die Anwendung der Grundform des Income Approach unerlässliche Daten – zumindest bei Unternehmen zugeordneten Vermögenswerten – regelmäßig nicht verfügbar sind. Da bei immateriellen Vermögenswerten zudem einer Anwendung von Market und Cost Approach enge Grenzen gesetzt sind, sind zumindest für diese Vermögenswerte die Voraussetzungen einer unmittelbaren Wertbemessung mittels der grundlegenden Bewertungskonzepte zumeist nicht gegeben.

Die Grenzen der Anwendung von Market und Cost Approach werden bei Betrachtung der unter 3.3 bzw 3.4 dargelegten Anwendungsvoraussetzungen dieser Bewertungsansätze ersichtlich. Beispielsweise steht das Bestehen von Schutzrechten, zB von Patenten, regelmäßig der Substituierbarkeit des Bewertungsobjektes als Voraussetzung für die Anwendung des Cost Approach entgegen.

---

18 Siehe hierzu bereits *Moser/Schieszl*, Simulationsrechnungen (2001) 530–541 mwN.
19 Grundlegend zu diesem Verständnis *Smith/Parr*, Intellectual Property (2005) 194–204, 359–364; demgegenüber findet bei IVSC ED GN 16, 4.13 sowie IVSC ED 2007, 4.37 ff der Ausdruck „Portfolio" unter Beschränkung auf die Betrachtung ähnlicher bzw identischer Vermögenswerte Verwendung.
20 So beispielsweise auch *Schildbach*, Fair Value (2011) 74.
21 Weiterführend hierzu *Moser*, Immaterielle Vermögenswerte (2017).

3.5.3. Abgrenzung der Werte immaterieller Vermögenswerte als Wertallokation

Die Anwendung des Income Approach zur Bewertung immaterieller Vermögenswerte kann – bei Einbindung des Bewertungsobjektes in ein Unternehmen – dadurch erreicht werden, dass zusätzliche Annahmen in die Betrachtung eingeführt werden, die eine Abgrenzung des Beitrags des Bewertungsobjektes zum Einkommen des Unternehmens und dessen Beitrags zum Risiko des Unternehmens erlauben. Beispielsweise können die zukünftigen Einkommensbeiträge einer Verfahrenstechnologie dadurch abgegrenzt werden, dass Annahmen über die Höhe der Produktionskosten bei Verzicht auf die Anwendung der Technologie getroffen werden und die so bestimmten Produktionskosten den geplanten Produktionskosten bei Nutzung der Technologie gegenübergestellt werden.

Durch dieses Vorgehen wird erreicht, dass jedem in die Analyse einbezogenen Bewertungsobjekt ein Anteil am Wert des betrachteten Unternehmens zugewiesen werden kann und so dessen Beitrag zum Unternehmenswert abgegrenzt wird. Die Bewertung immaterieller Vermögenswerte stellt sich bei diesem Vorgehen als Wertallokation dar, die – in Abhängigkeit von den in die Analyse einbezogenen Vermögenswerten – zu einer teilweisen oder vollständigen Disaggregierung des Unternehmenswertes führt.

Mit der Einführung von Annahmen zur Abgrenzung der Einkommens- und Risikobeiträge der einbezogenen Vermögenswerte ist verbunden, dass die Wertanalysen der Vermögenswerte unabhängig voneinander durchgeführt werden können; die Analysen können als Partialbetrachtungen verstanden werden. Hieraus resultiert, dass nicht gewährleistet ist, dass die den Bewertungen der Vermögenswerte zugrunde gelegten Annahmen miteinander abgestimmt sind. Dies bedeutet weiter, dass die Aggregierung (Aufsummierung) der mittels Annahmen abgegrenzten Wertbeiträge der Vermögenswerte nicht zwingend zur Ausgangsgröße der Disaggregierung – dem Unternehmenswert – führt.

Die Betrachtungen machen deutlich, dass die als Wertallokation bzw Disaggregierung verstandene Bewertung von Vermögenswerten um eine Abstimmung der Ergebnisse dieser Bewertungen mit dem Wert des Unternehmens sowie um eine Abstimmung der den Bewertungen zugrunde liegenden Parameter zu ergänzen ist. Die Partialbetrachtungen sind um eine Totalbetrachtung zu erweitern.

Die Abstimmung der Bewertungsergebnisse kommt in folgenden Beziehungen zum Ausdruck:

Der Zusammenhang zwischen dem als Entity Value verstandenen Wert eines Unternehmens V_t im Zeitpunkt t mit t = 0 bis ∞ und den Werten der dem Unternehmen zugeordneten Vermögenswerte $V_{i,t}$ mit i = 1 bis n in diesem Zeitpunkt kann durch die Beziehung

$$V_t = \sum_{i=1}^{n} V_{i,t} + \varepsilon_t^V$$

beschrieben werden, wobei ε_t^V mögliche Wertkomponenten, die den Vermögenswerten nicht zugeordnet werden können, erfasst. Entsprechend ergibt sich der Zusammenhang zwischen dem Einkommen des Unternehmens CF_{t+1}, das zur Vereinfachung der Betrachtungen im Zeitpunkt t+1 mit t = 0 bis ∞ zufließt, und den in t+1 zufließenden Einkommensbeiträgen der Vermögenswerte $CF_{i,t+1}$ mit i = 1 bis n aus dem Ausdruck

$$CF_{t+1} = \sum_{i=1}^{n} CF_{i,t+1} + \varepsilon_{t+1}^{CF}$$

wobei ε_{t+1}^{CF} mögliche Einkommenskomponenten erfasst, die den Vermögenswerten nicht zugeordnet werden können.

Aus diesen Beziehungen kann der Ausdruck

$$r_{t+1} = \frac{\sum_{i=1}^{n} V_{i,t} \cdot r_{i,t+1} - (\varepsilon_t^V - \varepsilon_{t+1}^V) + \varepsilon_{t+1}^{CF}}{V_t} = \frac{\sum_{i=1}^{n} V_{i,t} \cdot r_{i,t+1}}{V_t} - \frac{\varepsilon_t^V - \varepsilon_{t+1}^V}{V_t} + \frac{\varepsilon_{t+1}^V}{V_t}$$

abgeleitet werden, der die gewichteten Kapitalkosten des Unternehmens r_{t+1}, mit denen sich das in dieses Unternehmen investierte Kapital V_t in der in t+1 endenden Periode mit t = 0 bis ∞ verzinst, durch die mit dem anteiligen investierten Kapital $\frac{V_{i,t}}{V_t}$ gewichteten Zinssätze der Vermögenswerte $r_{i,t+1}$ mit i = 1 bis n, mit denen sich das in diese Vermögenswerte investierte Kapital $V_{i,t}$ in der Betrachtungsperiode verzinst, zuzüglich der Komponente

$$\varepsilon_{t+1}^r = -\frac{\varepsilon_t^V - \varepsilon_{t+1}^V}{V_t} + \frac{\varepsilon_{t+1}^{CF}}{V_t}$$

erklärt.[22]

4. Anwendung des Income Approach bei der Bewertung immaterieller Vermögenswerte

4.1. Überblick

Unter 3.5 wurde dargelegt, dass die Abgrenzung des Beitrags des Bewertungsobjektes zum Einkommen und zum Risiko des Unternehmens durch die Einführung von Annahmen in die Analyse erfolgt. Diese Annahmen werden durch die in der Praxis der Bewertung immaterieller Vermögenswerte verwendeten Ausgestaltungen des Income Approach sowie die Ansätze zur Abgrenzung der – im vermögenswertspezifischen Zinssatz zum Ausdruck kommenden – Alternativanlage spezifiziert.

Im Folgenden wird zunächst der Einfluss eines zu bewertenden Vermögenswertes auf das zukünftige Einkommen eines betrachteten Unternehmens am Beispiel einer patentgeschützten Technologie untersucht (4.2). Auf dieser Grundlage wird sodann ein Überblick über die verschiedenen Ausgestaltungen des Income Approach zur Bewertung im-

---
22 Zur Ableitung dieser Beziehung *Moser*, Immaterielle Vermögenswerte (2016).

materieller Vermögenswerte[23] gegeben (4.3). Im Einzelnen wird auf die Incremental Income Analysis (4.3.1), die Relief-from-Royalty-Methode (4.3.2) sowie die Excess-Earnings-Methode (Multi-Period-Excess-Earnings-Methode) und den Residual-Value-Ansatz (4.3.3) eingegangen; weiter wird dargelegt, dass der Methode der unmittelbaren Cashflow-Prognose keine eigenständige Bedeutung zukommt (4.3.4). Anschließend werden die Grundlagen der Bestimmung des vermögenswertspezifischen Zinssatzes, der der Ermittlung des Barwertes der abgegrenzten zukünftigen Einkommensbeiträge des Bewertungsobjektes zugrunde zu legen ist, aufgezeigt (4.4). Die Einbeziehung der Besteuerung in die Ableitung des Wertes des Bewertungsobjektes wird abschließend erläutert (4.5).

4.2. Analyse des Einflusses immaterieller Vermögenswerte auf das Einkommen eines Unternehmens am Beispiel einer patentgeschützten Technologie

Zur Analyse des Einflusses eines immateriellen Vermögenswertes auf das Einkommen des Unternehmens, dem der Vermögenswert zuzurechnen ist, wird zunächst nach dem möglichen Nutzen gefragt, der sich aus der Verwendung des betreffenden Vermögenswertes ziehen lässt, und sodann der mögliche Niederschlag dieses Nutzens im Einkommen des Unternehmens untersucht. Die Überlegungen stellen keine abschließende Analyse dar; sie betrachten lediglich exemplarisch ausgewählte Zusammenhänge.

Patentgeschützte Technologien[24] zeichnen sich insbesondere dadurch aus, dass sie deren Nutzer in die Lage versetzen können, Wettbewerbsvorteile in Form von Differenzierungsvorteilen oder Kostenvorteilen zu erzielen. Dementsprechend ist zur Bestimmung des Niederschlages einer patentgeschützten Technologie im Einkommen des Unternehmens zu betrachten, welchen Einfluss die mit dieser Technologie verbundenen Differenzierungs- bzw Kostenvorteile auf die Komponenten des Free Cashflow ausüben können.

Eine patentgeschützte Technologie kann eine Erhöhung der Umsatzerlöse des betrachteten Unternehmens bewirken, wenn sie cp die Durchsetzung höherer Absatzpreise erlaubt und/oder höhere Absatzmengen nach sich zieht:

- Höhere Absatzpreise können die Folge von Differenzierungsvorteilen sein. Beispielsweise lassen sich im Pharmabereich Preisprämien bei einem Vergleich der Preise von patentgeschützten Medikamenten mit jenen von Generika identifizieren. Gleiches gilt oftmals auch bei Produkten, die – von den Verwendern geschätzte – Funktionen aufweisen, die die Produkte der Wettbewerber nicht haben; dies ist zB bei Kameras zu beobachten.

---

23 Zu den Ausgestaltungen des Income Approach bei der Bewertung immaterieller Vermögenswerte siehe zB auch *Tettenborn/Straub/Rogler*, Cashflows (2013) 245 ff.

24 Zur Analyse patentgeschützter Technologien als Bewertungsobjekte siehe *Moser/Goddar*, Patentgeschützte Technologien (2007) 599 ff mwN; eine Definition des Ausdrucks „Technologie" gibt zB *Boer*, Technology (1999) 4 ff: „Technology is the application of knowledge to useful objectives. It is usually built on previous technology by adding new technology input or new scientific knowledge".

- Eine Steigerung der Absatzmenge kann etwa dadurch zu realisieren sein, dass ein Produkt, das Differenzierungsvorteile aufweist, zum Preis der Wettbewerberprodukte angeboten wird. Auch technologieinduzierte Vorteile bei den Cost of Sales können Mengensteigerungen zur Folge haben, beispielsweise wenn diese durch Preissenkungen an die Abnehmer weitergegeben werden. Bei unveränderter Stückmarge führt dies cp zu einer proportionalen Erhöhung des Gross Profit. Derartige Kostenvorteile sind oftmals mit Verfahrenstechnologien, die zu Material- und/oder Personaleinsparungen führen, verbunden.

Erhöhungen des Free Cashflow aufgrund patentgeschützter Technologien können außerdem aus Verminderungen der Selling General & Administrative Expenses (SG&A), des erforderlichen Working Capital sowie der zu tätigenden Investitionen (CapEx) resultieren. Reduktionen der Selling General & Administrative Expenses sowie des Working Capital werden häufig durch verbesserte Geschäftsprozesse realisiert, die über Business-Process-Patente geschützt sein können. Wertsteigernde Effekte bei den Investitionen beschränken sich nicht auf eine Reduktion von deren Umfang, sie können auch aus deren Verlagerung in spätere Geschäftsjahre resultieren.

Diese Einflüsse patentgeschützter Technologien auf den Free Cashflow des betrachteten Unternehmens können weitere Wirkungen auf die Komponenten des Free Cashflow nach sich ziehen:

Beispielsweise führen zusätzliche Funktionen eines Produktes regelmäßig zu einer Erhöhung der Cost of Sales, die sich zudem über die Erhöhung der Herstellungskosten auch im Working Capital[25] niederschlagen können. Die Herstellung des Produktes mit dieser zusätzlichen Funktion kann möglicherweise weitere Investitionen erfordern. Weiterhin können differenzierungsbedingte Preisprämien etwa auch die Marketing-Ausgaben und damit die Selling Gerneral & Administrative Expenses berühren, wobei sowohl deren Erhöhung als auch deren Verminderung vorstellbar ist.

Erhöhungen der Absatzmenge – um ein weiteres Beispiel zu nennen – sind selbstverständlich mit den durch die Herstellung der zusätzlichen Menge verursachten Cost of Sales verbunden. Regelmäßig werden Mehrmengen auch zu zusätzlichen Lager- und Debitorenbeständen mit der Folge einer Erhöhung des Working Capital cp führen. In Bezug auf die vorhandenen Kapazitäten ist sowohl an die Realisierung von Economies of Scale als auch an die Notwendigkeit der Tätigung weiterer Investitionen zu denken.

Für andere immaterielle Vermögenswerte, zB Marken, können entsprechende Betrachtungen angestellt werden.

---

25 Eine Erhöhung des Working Capital kann außerdem Folge höherer Debitorenbestände sein, die cp mit differenzierungsbedingt höheren Preisen verbunden sein können.

4.3. Ansätze zur Bewertung immaterieller Vermögenswerte auf der Grundlage des Income Approach
4.3.1. Incremental Income Analysis
4.3.1.1. Konzeption der Incremental Income Analysis

Unter 4.2 wurde am Beispiel patentgeschützter Technologien dargelegt, welche Einflüsse von immateriellen Vermögenswerten auf das als Free Cashflow verstandene Einkommen eines Unternehmens ausgehen können. Insbesondere wurde aufgezeigt, dass immaterielle Vermögenswerte zur Erzielung von Preisprämien, Kostenvorteilen und Mehrmengen sowie weiteren, diesen Vorteilen möglicherweise entgegenlaufenden Kosten- und Mengenwirkungen führen können. Die Incremental Income Analysis[26] geht von dieser Betrachtung aus und grenzt den Einkommensbeitrag des Bewertungsobjektes als diesem zuzurechnende Veränderungen des zukünftigen Einkommens des Unternehmens ab. Der Wert des Bewertungsobjekts ergibt sich nach diesem Ansatz – unter Berücksichtigung steuerlicher Wirkungen – als Barwert des so bestimmten Incremental Income.

4.3.1.2. Abgrenzung der dem Bewertungsobjekt zuzurechnenden Einkommensbeiträge

Grundlage der Abgrenzung der dem Bewertungsobjekt zuzurechnenden Einkommensbeiträge ist der – auf dessen verbleibende Nutzungsdauer bezogene – Vergleich des Einkommens, das das Unternehmen bei Nutzung des zu bewertenden Vermögenswertes erzielt, mit dem Einkommen, das sich cp bei Verzicht auf die Verwendung des Bewertungsobjektes bzw eines mit diesem vergleichbaren Vermögenswertes ergibt. Diesem Vergleich können die externe und interne Betrachtung[27] zugrunde gelegt werden. Bei der

- externen Betrachtung ist das Vergleichseinkommen bestimmt durch das Einkommen eines Unternehmens, das das Bewertungsobjekt bzw einen vergleichbaren Vermögenswert nicht verwendet; bei der
- internen Betrachtung ist das Vergleichseinkommen cp unter Zugrundelegung der Annahme abzuleiten, dass das betrachtete Unternehmen das Bewertungsobjekt nicht nutzt.

Unabhängig von der gewählten Betrachtung sind die dem Bewertungsobjekt zuzurechnenden Einkommensbeiträge durch Annahmen bestimmt. Die Anwendung der

- externen Betrachtung erfordert insbesondere Annahmen über die Zuordnung der Differenzen, die zwischen dem Einkommen des das Bewertungsobjekt nutzenden Unternehmens und dem Einkommen des Vergleichsunternehmens bestehen, zu Vermögenswerten, insbesondere dem Bewertungsobjekt; die Anwendung der

---

26 So zB *Reilly/Schweihs*, Intangible Assets (1999) 159 ff. Die Terminologie ist im Schrifttum nicht einheitlich. ZT wird auch von Incremental Cashflow Method (Mehrgewinnmethode) oder Incremental Revenue Analysis gesprochen, vgl zB IDW RS HFA 16, Tz 59–62; IDW S 5, Tz 33–36. IVS 2017, 210.60.22 spricht insbesondere von With-and-Without Method.
27 So insbesondere *Smith/Parr*, Intellectual Property (2005) 185 ff, insbes 197.

- internen Betrachtung setzt Annahmen – etwa über Preise, Mengen und Kosten – voraus, die eine Festlegung des Einkommens erlauben, das sich bei Verzicht auf die Nutzung des Bewertungsobjektes ergibt.

Beispielsweise erfordert die Zuordnung von Kostenvorteilen (Cost Savings Approach[28]) zu einer Verfahrenstechnologie bei Anwendung der externen Betrachtung die Annahme, dass identifizierte Einkommensdifferenzen, insbesondere Differenzen bei den Herstellungskosten der zugrunde liegenden Produkte, ausschließlich durch die zu bewertende Technologie bedingt sind. Bei Anwendung der internen Betrachtung setzt diese Zuordnung zB Annahmen über die Höhe der Material- und Personalkosten bei Verzicht auf die Nutzung der Technologie voraus; diese Annahmen können etwa dadurch getroffen werden, dass auf die Material- und Personalkosten vor Einführung der Verfahrenstechnologie abgestellt wird. Weiter baut diese Zuordnung bei beiden Betrachtungen ua auf Annahmen über die Weitergabe möglicher Kostenvorteile über die Absatzpreise an Kunden sowie damit ggf verbundenen Veränderungen der Absatzmenge auf.

4.3.1.3. Anwendungsbereich

Der Anwendungsbereich der Incremental Income Analysis ist angesichts der Anwendungsvoraussetzungen dieses Bewertungsansatzes eingeschränkt. Die externe Betrachtung setzt die Verfügbarkeit eines geeigneten Vergleichsunternehmens sowie die Zugänglichkeit aller für die Durchführung des Vergleichs erforderlichen Daten dieses Unternehmens voraus; diese Voraussetzungen sind allenfalls ausnahmsweise erfüllt. Die interne Betrachtung kann nur dann zur Anwendung kommen, wenn die zur Abgrenzung des Vergleichseinkommens einzuführenden Annahmen einer nachvollziehbaren Begründung zugänglich sind;[29] auch diese Voraussetzung ist regelmäßig nicht gegeben.

Darüber hinaus können sich für die Incremental Income Analysis Anwendungsgrenzen auch in Fällen ergeben, die dadurch gekennzeichnet sind, dass Einkommensdifferenzen zwar identifizierbar sind, deren Zuordnung zu einzelnen Vermögenswerten jedoch nicht begründbar ist. Dies kann beispielsweise bei Produkten auftreten, die unter einer sehr bekannten Marke vertrieben werden, einen mit Rezepturen verbundenen einzigartigen Geschmack sowie eine ausgesprochen hohe, auf der angewendeten Produktionstechnologie beruhende Qualität aufweisen. Ähnlich kann bei Produkten, die über eine besondere, durch Patente geschützte Funktion – Wettbewerberprodukte weisen diese Funktion nicht auf – verfügen, ein im Vergleich zu den Produkten der Wettbewerber relativ höherer Preis möglicherweise auch durch andere Vermögenswerte des Unternehmens, etwa eine Marke, beeinflusst sein. In derartigen Fällen wird zur Abgrenzung der Einkommensbeiträge der einzelnen Vermögenswerte zT auf die Anwendung der – allerdings sehr aufwendigen – Conjoint-Analyse verwiesen.[30]

Als typische Anwendungsfälle der Incremental Income Analysis sind beispielsweise Bewertungen von Verfahrenstechnologien zu nennen, die identifizierbare Kosteneinspa-

---

28 Vgl zB *Smith/Parr*, Intellectual Property (2005) 187.
29 IDW S 5, Tz 36 stellt hierauf wohl ebenfalls ab, wenn ausgeführt wird, „*dass die zukünftigen Cashflows ... verlässlich ermittelt werden können.*"
30 Zur Anwendung der Conjoint-Analyse siehe zB *Ensthaler/Strübbe*, Patentbewertung (2006) 185 ff; *Neuburger*, Conjoint-Analyse (2005), insbes 101 ff.

rungen nach sich ziehen, insbesondere zur Reduktion der Material- und/oder Personalkosten führen. Andere bedeutsame Anwendungsfälle dieses Ansatzes bilden Bewertungen von vorteilhaften Verträgen.

Fallbeispiel

Die Beispiel GmbH verfügt über eine Verfahrenstechnologie, die zu Kosteneinsparungen bei der Herstellung ihrer Produkte führt. Die Gesellschaft geht davon aus, dass sie diese Kostenvorteile voraussichtlich über die nächsten acht Jahre realisieren wird. Die Bewertung dieser Technologie auf den Bewertungsstichtag 1.1.2016 ergibt sich aus Tab 1.

Tab. 1: Bewertung der Verfahrenstechnologie mittels der Incremental Income Analysis

Mio. EUR	Ref.		2015	2016	2017	2018	2019	2020	2021	2022	2023
Sales*)											
Generated by Entity	Tab. 7			360,0	388,8	404,4	412,4	420,7	429,1	437,7	437,7
Related to Process Technology				360,0	388,8	404,4	412,4	420,7	429,1	437,7	364,7
Cost Savings as Percentage of Sales											
Related to Entity Value 1)				0,98%	0,99%	1,02%	1,02%	1,02%	1,02%	1,02%	0,85%
Related to Customer Relationship 2)				0,98%	0,99%	1,02%	1,02%	1,02%	1,02%	1,02%	1,02%
Cost Savings 3)				3,5	3,8	4,1	4,2	4,3	4,4	4,5	3,7
Tax 4)		30,00%		−1,1	−1,2	−1,2	−1,3	−1,3	−1,3	−1,3	−1,1
Cost Savings after Tax				2,5	2,7	2,9	2,9	3,0	3,1	3,1	2,6
Invested Capital 5)	Tab. 6	8,34%	16,0	14,9	13,5	11,7	9,7	7,5	5,1	2,4	
including TAB		1,27	20,4								
Return on Invested Capital 6)		8,34%		1,3	1,2	1,1	1,0	0,8	0,6	0,4	0,2
Return of Invested Capital 7)				1,1	1,5	1,8	2,0	2,2	2,4	2,7	2,4
Return on and of Invested Capital				2,5	2,7	2,9	2,9	3,0	3,1	3,1	2,6
Amortization 8)		8,0		2,5	2,5	2,5	2,5	2,5	2,5	2,5	2,5
Tax Benefit of Amortization 9)		30,00%		0,8	0,8	0,8	0,8	0,8	0,8	0,8	0,8
Cashflow incl. Tax Benefit				3,2	3,5	3,7	3,7	3,8	3,8	3,9	3,4
Invested Capital incl. TAB 10)			20,4	18,8	17,0	14,7	12,2	9,5	6,5	3,1	
Tax Amortization Benefit (TAB)											
Percentage of Amortization per Year 11)		8		12,5%	12,5%	12,5%	12,5%	12,5%	12,5%	12,5%	12,5%
Present Value 12)		8,34%	70,9%	64,3%	57,2%	49,5%	41,1%	32,0%	22,2%	11,5%	
Tax Benefit 13)		30,00%	21,3%								
Step up Factor 14)			1,27								

*) Projection based on management best estimate
1) Cost Savings / Sales related to entity
2) Cost Savings / Sales related to Process Technology
3) Based on management analysis
4) Cost Savings * Tax Rate
5) (Invested Capital t+1 + Cost Savings t+1) / (1 + Asset Specific Rate of Return)
6) Invested Capital t−1 * Asset Specific Rate of Return
7) Invested Capital t−1 ./. Invested Capital t
8) Invested Capital 2017 incl TAB / Useful Life
9) Amortization * Tax Rate
10) (Invested Capital incl TAB t+1 + Cashflow incl. Tax Benefit t+1) / (1 + Asset SpecificRate of Return)
11) 1 / Useful Life
12) see 5) and 10)
13) Present Value of Amortization * Tax Rate
14) 1 / (1 − Tax Benefit)

In der Tabelle sind die von der Gesellschaft für jedes Jahr der verbleibenden Nutzungsdauer der Verfahrenstechnologie ermittelten Kosteneinsparungen, die Umsatzerlöse der Gesellschaft, die Umsatzerlöse, bei deren Erzielung diese Kostenvorteile realisiert werden, sowie die Kosteneinsparungen in Prozent dieser Umsatzerlöse zusammengestellt. Auf dieser Grundlage bestimmt sich der Wert der Verfahrenstechnologie zu Beginn eines betrachteten Jahres – bei Anwendung des Roll-Back-Verfahrens – als Barwert der Summe aus dem Wert der Verfahrenstechnologie am Ende dieses Jahres und den dieser Periode zuzurechnenden Kosteneinsparung nach Steuern; zur Vereinfachung der Analyse wird davon ausgegangen, dass diese Kosteneinsparungen am Ende der betrachteten Periode erzielt werden.

Der Barwertermittlung liegt ein vorläufig festgelegter vermögenswertspezifischer Zinssatz in Höhe von 8,34 % zugrunde, der erforderlichenfalls bei der Beurteilung der Plausibilität der Bewertungsergebnisse unter 5.2 anzupassen ist. Der Abzug der Ertragsteuern von den Kosteneinsparungen und die Ableitung des bei der Wertermittlung berücksichtigten abschreibungsbedingten Steuervorteils (Tax Amortization Benefit oder kurz TAB) werden unter 4.5 erläutert.

Im mittleren Teil der Tabelle werden Verzinsung (Return on Invested Capital) und Rückfluss (Return of Invested Capital) des in die Verfahrenstechnologie investierten Kapitals abgeleitet. Die Verzinsung ergibt sich durch Anwendung des vermögenswertspezifischen Zinssatzes auf das am Ende der jeweiligen Vorperiode investierte Kapital, der Rückfluss als Veränderung des investierten Kapitals des jeweiligen Jahrs gegenüber der Vorperiode. Die Summe aus beiden Komponenten ist in jedem Jahr des Betrachtungszeitraums gleich den Kosteneinsparungen nach Steuern.

4.3.2. Relief-from-Royalty-Methode

4.3.2.1. Konzeption der Relief-from-Royalty-Methode

Die Nutzung eines immateriellen Vermögenswertes, zB einer patentgeschützten Technologie oder einer Marke, ist – vorbehaltlich entgegenstehender Schutzrechte – einem betrachteten Unternehmen dann möglich, wenn dem Unternehmen

- der Vermögenswert zuzurechnen ist oder wenn dem Unternehmen
- das Recht zur Nutzung des Vermögenswertes durch einen mit einem Dritten geschlossenen Lizenzvertrag – üblicherweise gegen Zahlung eines Entgeltes – eingeräumt wird.

Das Unternehmen hat unter der Voraussetzung, dass diesem der Vermögenswert zusteht, für die Nutzung des Vermögenswertes – im Vergleich zu dessen Nutzung im Rahmen einer Lizenzvereinbarung – keine Lizenzzahlungen zu leisten; das Unternehmen ist von diesen Zahlungen „befreit". Die Relief-from-Royalty-Methode[31] folgt dieser Betrachtung und grenzt den Einkommensbeitrag des Bewertungsobjektes als in diesem Sinne verstandene „ersparte" Lizenzzahlungen (royalty savings) ab. Der Wert des Bewertungsobjektes ergibt sich nach diesem Ansatz – unter Berücksichtigung steuerlicher Wirkungen – als Barwert der zukünftig „ersparten" Lizenzzahlungen.[32]

Der Relief-from-Royalty-Ansatz ist konzeptionell dem Income Approach zuzurechnen.[33] Da die Ableitung der bewertungsrelevanten Lizenzzahlungen zumeist von verfügbaren Lizenzverträgen ausgeht, sind die Einkommensbeiträge des Bewertungsobjektes insoweit durch einen auf Marktpreise zurückzuführenden Parameter begründet. Aufgrund dieses

---

31 Vgl zB *Smith/Parr*, Intellectual Property (2005) 185; IVS 2017, 210.60.18.
32 Siehe zB *Anson/Suchy*, Intellectual Property (2005) 35 f.
33 WP Handbuch 2014, Kapitel B, Tz 42 lässt die eindeutige Zuordnung zum Income Approach offen.

Bezugs zu Marktpreisen wird die Relief-from-Royalty-Methode im Schrifttum auch als hybrider Ansatz bezeichnet,[34] z T sogar dem Market Approach zugerechnet.[35]

4.3.2.2. Abgrenzung der dem Bewertungsobjekt zuzurechnenden Einkommensbeiträge

Die Relief-from-Royalty-Methode weist dem Bewertungsobjekt die Lizenzzahlungen zu, die vom betrachteten Unternehmen für die Nutzung des zu bewertenden Vermögenswertes während dessen verbleibenden Nutzungsdauer – aufgrund der Zurechnung des Vermögenswertes zum Unternehmen – nicht zu leisten sind. Diese Abgrenzung der Einkommensbeiträge des Bewertungsobjektes kann – entsprechend dem Vorgehen bei der Incremental Income Analysis – durch Vergleich des Einkommens des Unternehmens mit einem Vergleichseinkommen beschrieben werden. Im Unterschied zur Incremental Income Analysis ist das der Relief-from-Royalty-Methode zugrunde liegende Vergleichseinkommen durch die Nutzung des Bewertungsobjektes bestimmt, wobei davon auszugehen ist, dass das Recht zur Nutzung des zu bewertenden Vermögenswertes in einer Lizenzvereinbarung begründet ist.

Lizenzvereinbarungen sehen – zumeist neben weiteren Vertragskonditionen – typischerweise vor, dass die vom Lizenznehmer an den Lizenzgeber zu leistenden Lizenzzahlungen durch Anwendung eines Lizenzsatzes auf eine Bemessungsgrundlage zu ermitteln sind, wobei diese Parameter mengen- oder wertbezogen festgelegt sein können. Vielfach wird auf die Umsatzerlöse als Bemessungsgrundlage und einen darauf bezogenen prozentualen Lizenzsatz abgestellt.

Die Ermittlung der in die Bewertung nach der Relief-from-Royalty-Methode einzubeziehenden Lizenzzahlungen erfordert dementsprechend die

- Zuordnung eines Lizenzsatzes sowie einer zugehörigen Bemessungsgrundlage zum Bewertungsobjekt und – für die Jahre der verbleibenden Nutzungsdauer des zu bewertenden Vermögenswertes – die
- Planung der als Bemessungsgrundlage herangezogenen Größe, zB der Umsatzerlöse.

Die Zuordnung eines Lizenzsatzes sowie einer Bemessungsgrundlage zu einem Bewertungsobjekt wird überwiegend dadurch begründet, dass die Lizenzsätze[36] und deren Bemessungsgrundlagen sowie gegebenenfalls weitere Vertragskonditionen aus Lizenzverträgen, die über die Nutzung von mit dem Bewertungsobjekt möglichst vergleichbaren Vermögenswerten geschlossen wurden, abgeleitet werden. Zur Identifikation von Vergleichstransaktionen kommen – neben Rechtsprechung und Literatur[37] – Datenbanken verschiedener Anbieter, etwa von RoyaltySource®[38] oder Markables,[39] in Betracht. Die

---

34 So zB *Anson/Suchy*, Intellectual Property (2005) 35. WP Handbuch 2014, Kapitel B, Tz 42, führt aus, dass *„faktisch kapitalwertorientierte, kostenorientierte und marktpreisorientierte Verfahren zusammengeführt"* werden.
35 Vgl zB *Reilly/Schweihs*, Intangible Assets (1999) 441 f.
36 Zur Bestimmung von Lizenzsätzen siehe insbesondere auch *Nestler*, Lizenzentgelte (2008) 2002 ff; *Kasperzak/Nestler*, Immaterielle Werte (2010) 139 ff.
37 Siehe statt aller zB *Hellebrand/Himmelmann*, Lizenzsätze (2011).
38 www.royaltysource.com.
39 www.markables.net.

Ableitung der als Bemessungsgrundlage gewählten Größe, zB der Umsatzerlöse, für die Jahre des Betrachtungszeitraumes geht regelmäßig von der der Wertanalyse zugrunde liegenden Planungsrechnung aus, wobei die Konditionen der Vergleichstransaktionen im Einzelnen abzubilden sind.

4.3.2.3. Anwendungsbereich

Der Anwendungsbereich der Relief-from-Royalty-Methode ist dadurch bestimmt, dass wesentliche Parameter, die in die dem Bewertungsobjekt zuzuordnenden Lizenzzahlungen eingehen, überwiegend aus Vergleichstransaktionen abgeleitet werden. Die Anwendung dieses Bewertungsansatzes setzt dementsprechend voraus, dass Markttransaktionen, die als Grundlage der Ableitung dieser Parameter in Betracht kommen, zu beobachten sind und zudem die wesentlichen Bedingungen, zu denen diese Transaktionen durchgeführt wurden, verfügbar sind. Die Kenntnis der Bedingungen der Vergleichstransaktionen ist vor allem auch für die Beurteilung der Frage bedeutsam, welche Transaktionen in die Analyse einzubeziehen sind, insbesondere inwieweit die diesen zugrunde liegenden Vermögenswerte mit dem Bewertungsobjekt vergleichbar sind.

Fallbeispiel

Grundlage der Produkte der Beispiel GmbH ist eine patentgeschützte Technologie, die nach Einschätzung der Gesellschaft voraussichtlich noch rund acht Jahre genutzt werden kann. Mit dieser – als Basistechnologie bezeichneten – Technologie vergleichbare Technologien sind regelmäßig Gegenstand von – zumeist auf bestimmte geografische Regionen begrenzten – exklusiven Lizenzverträgen. Eine Analyse entsprechender Verträge hat gezeigt, dass für die Basistechnologie ein Lizenzsatz von 8 % der Umsatzerlöse angemessen ist. Die Bewertung dieser Technologie auf den Bewertungsstichtag 1.1.2016 ist in Tab 2 zusammengefasst.

Tab. 2: Bewertung der Basistechnologie mittels der Relief-from-Royalty-Methode

Mio.EUR	Ref.		2015	2016	2017	2018	2019	2020	2021	2022	2023
Sales related to Core Technology*)				360,0	388,8	404,4	412,4	420,7	429,1	437,7	364,7
Royalty Savings 1)		8,00%		28,8	31,1	32,3	33,0	33,7	34,3	35,0	29,2
Tax 2)		30,00%		−8,6	−9,3	−9,7	−9,9	−10,1	−10,3	−10,5	−8,8
Royalty Savings after Tax				20,2	21,8	22,6	23,1	23,6	24,0	24,5	20,4
Invested Capital 3)	Tab. 6	8,34%	127,1	117,6	105,6	91,8	76,3	59,1	40,0	18,9	
incl. TAB			1,27	161,5								
Return on Invested Capital 4)				10,6	9,8	8,8	7,7	6,4	4,9	3,3	1,6
Return of Invested Capital 5)				9,6	12,0	13,8	15,4	17,2	19,1	21,2	18,9
Return on and of Invested Capital				20,2	21,8	22,6	23,1	23,6	24,0	24,5	20,4
Amortization 6)				20,2	20,2	20,2	20,2	20,2	20,2	20,2	20,2
Tax Benefit of Amortization 7)				6,1	6,1	6,1	6,1	6,1	6,1	6,1	6,1
Cashflow incl. Tax Benefit				26,2	27,8	28,7	29,2	29,6	30,1	30,6	26,5
Invested Capital incl. TAB 8)			161,5	148,7	133,3	115,7	96,2	74,6	50,8	24,4	
Tax Amortization Benefit (TAB)											
Percentage of Amortization per Year 9)		8,0		12,5%	12,5%	12,5%	12,5%	12,5%	12,5%	12,5%	12,5%
Present Value 10)		8,34%		70,9%	64,3%	57,2%	49,5%	41,1%	32,0%	22,2%	11,5%
Tax Benefit 11)		30,00%		21,3%							
Step up Factor 12				1,27							

*) Projection based on management best estimate

1) Sales * Royalty Rate
2) Royalty Savings * Tax Rate
3) (Invested Capital t+1 + Cost Savings t+1) / (1 + Asset Specific Rate of Return)
4) Invested Capital t−1 * Asset Specific Rate of Return
5) Invested Capital t−1 ./. Invested Capital t
6) Invested Capital 2017 incl TAB / Useful Life
7) Amortization * Tax Rate
8) (Invested Capital incl. TAB t+1 + Cashflow incl Tax Benefit t+1) / (1 + Asset Specific Rate of Return)
9) 1 / Useful Life
10) see 3) and 8)
11) Present Value of Amortization * Tax Rate
12) 1 / (1 − Tax Benefit)

Die Ermittlung des Wertes der Basistechnologie mittels der Relief-from-Royalty-Methode geht von den bis zum Ende der Nutzungsdauer der Technologie geplanten Umsatzerlösen aus, die die Gesellschaft mit den Produkten erzielen möchte, deren Grundlage die Basistechnologie ist. Auf diese wird – zur Bestimmung der ersparten Lizenzzahlungen – der Lizenzsatz von 8 % angewendet. Der Wert der zu bewertenden Technologie zu Beginn eines betrachteten Jahres ergibt sich – bei Anwendung des Roll-Back-Verfahrens – als Barwert der Summe aus dem Wert der Technologie am Ende dieser Periode und den dieser Periode zuzurechnenden ersparten Lizenzzahlungen nach Steuern; zur Vereinfachung der Analyse wird davon ausgegangen, dass die ersparten Lizenzzahlungen am Ende der betrachteten Periode erzielt werden.

Der Barwertermittlung liegt ein vorläufig festgelegter vermögenswertspezifischer Zinssatz in Höhe von 8,34 % zugrunde, der erforderlichenfalls bei der Beurteilung der Plausibilität der Bewertungsergebnisse (siehe unter 5.2) anzupassen ist. Der Abzug der Ertragsteuern von den ersparten Lizenzzahlungen und die Ableitung des bei der Wertermittlung berücksichtigten abschreibungsbedingten Steuervorteils werden unter 4.5 erläutert.

Im mittleren Teil der Tabelle werden Verzinsung (Return on Invested Capital) und Rückfluss (Return of Invested Capital) des in die Verfahrenstechnologie investierten Kapitals abgeleitet. Da die Vorgehensweise bei der Bestimmung dieser Komponenten mit dem bei der Verfahrenstechnologie dargestellten Vorgehen identisch ist, wird insoweit auf die Ausführungen unter 4.3.1 verwiesen.

4.3.3. Excess Earnings Approach (Multi-Period Excess Earnings Method) und Residual-Value-Methode

4.3.3.1. Konzeption des Excess-Earnings- und des Residual-Value-Ansatzes

Unter 3.5.3 wurde eine Beziehung in die Betrachtung eingeführt, die das Einkommen eines Unternehmens durch die Einkommensbeiträge der diesem zugeordneten Vermögenswerte erklärt. Diese Beziehung kann so umgeformt werden, dass diese den Einkommensbeitrag eines dem Unternehmen zugehörigen Vermögenswertes bestimmt. Für den Vermögenswert i = n ergibt sich – unter Außerachtlassung möglicher Einkommenskomponenten ε_{t+1}^{CF} – ein Einkommensbeitrag in der in t+1 endenden Periode in Höhe von

$$CF_{n,t+1}^{EE} = CF_{t+1} - \sum_{i=1}^{n-1} CF_{i,t+1}$$

mit t = 1 bis T_n, wobei T_n die verbleibende Nutzungsdauer des Bewertungsobjekts i = n zum Ausdruck bringt. Die Beziehung legt dar, dass der Einkommensbeitrag des Vermögenswertes i = n durch das Einkommen des Unternehmens und die Einkommensbeiträge der Vermögenswerte i mit i = 1 bis n-1 bestimmt ist.

Der Excess-Earnings-Ansatz,[40] der auch als Multi-Period Excess Earnings Method[41] (insbesondere abgekürzt als MPEEM[42]) bezeichnet wird, knüpft an dieser Betrachtung an und grenzt den dem Bewertungsobjekt zuzurechnenden Einkommensbeitrag als Residualeinkommen ab, das dadurch bestimmt ist, dass vom Einkommensstrom des betrachteten Unternehmens die Einkommensbeiträge aller Vermögenswerte mit Ausnahme des Bewertungsobjektes – diese Einkommensbeiträge werden zumeist als Contributory Asset Charges (kurz CAC) bezeichnet – abgezogen werden. Der Wert des zu bewertenden Vermögenswertes ergibt sich – unter Berücksichtigung von Steuern – als Barwert der so bestimmten „Excess Earnings".

Unter 3.5.3 wurde eine weitere Beziehung in die Betrachtung eingeführt, die den Wert eines Unternehmens durch die Wertbeiträge der diesem zugeordneten Vermögenswerte erklärt. Diese Beziehung kann so umgeformt werden, dass diese der Wertbeitrag eines ausgewählten Vermögenswertes des Unternehmens bestimmt. Danach ergibt sich für den Vermögenswert i = n im Zeitpunkt t mit t = 1 bis T_n – bei Nichtberücksichtigung möglicher Wertkomponenten ε_{t+1}^V – ein Wertbeitrag in Höhe von

$$V_{n,t} = V_t - \sum_{i=1}^{n-1} V_{i,t}$$

Die Beziehung bringt zum Ausdruck, dass der Wertbeitrag des Vermögenswertes i = n durch den Wert des Unternehmens und die Wertbeiträge der Vermögenswerte i mit i = 1 bis n-1 bestimmt ist.

Der Residual Value Approach geht von dieser Betrachtung aus und grenzt den Wertbeitrag des zu bewertenden Vermögenswertes zum Unternehmenswert dadurch ab, dass vom Wert des betrachteten Unternehmens die Wertbeiträge aller Vermögenswerte mit Ausnahme des Bewertungsobjektes – diese Vermögenswerte werden zumeist als unterstützende Vermögenswerte (supporting assets) oder Contributory Assets bezeichnet – abgezogen werden.

In Abbildung 2 wird der Zusammenhang zwischen der Excess-Earnings-Methode und dem Residual-Value-Ansatz anhand eines sehr vereinfachten Zahlenbeispiels aufgezeigt: Ein Unternehmen verfügt über folgende Vermögenswerte, deren Nutzungsdauern unbestimmt sind: Technologie, Sachanlagen, Working Capital sowie Kundenbezie-

---

40 Siehe auch IVS 2017, 210.60.5 ff.
41 So zB AICPA, Research and Development (2011) 1.17.
42 Diese Abkürzung verwendet insbesondere TAF, Contributory Assets (2010) 1.2; teilweise wird auch von MEEM (so beispielsweise *Beyer/Mackenstedt*, Immaterielle Vermögenswerte [2008] 345) gesprochen.

hungen. Der jährliche Free Cashflow des Unternehmens beträgt 100 €, der jährliche Einkommensbeitrag der Technologie 30 €. Die Werte der Sachanlagen und des Working Capital wurden mittels des Cost Approach in Höhe von 200 € bzw 400 € bestimmt. Weiterhin soll gelten, dass die Investitionen gleich den Abschreibungen sind und die Umsatzerlöse in allen Jahren auf gleichem Niveau sind. Der Diskontierungszinssatz beträgt einheitlich für Unternehmen und zu bewertende Vermögenswerte 10 %; Steuern fallen nicht an.

	Residual Value NPV	Excess Earnings Income	Rate of Return
Enterprise	1.000	100	10%
Technology	-300	30	10%
Tangible Fixed Assets	-200	20	10%
Working Capital	-400	40	10%
Excess Earnings		10	10%
NPV Excess Earnings		100	
Residual Value	100		

Abbildung 2: Residual Value und Excess Earnings Approach – Beispiel

Auf dieser Grundlage ergibt sich für das Unternehmen – nach dem Income Approach als Barwert einer ewigen Rente – ein Entity Value in Höhe von 1.000 €; der Wert der Technologie beträgt – wiederum nach dem Income Approach als Barwert einer ewigen Rente –300 €. Unter Berücksichtigung der Werte von Sachanlagen und Working Capital kann der Wert der Kundenbeziehungen mittels des Residual-Value-Ansatzes in Höhe von 100 € abgeleitet werden.

Zur Bestimmung der den Kundenbeziehungen zuzurechnenden Excess Earnings sind vom Free Cashflow des Unternehmens (100 €) die Einkommensbeiträge der Technologie (30 €) sowie der Sachanlagen und des Working Capital abzuziehen. Die Einkommensbeiträge der beiden zuletzt genannten Vermögenswerte können angesichts der unbestimmten Nutzungsdauern und der weiteren zugrunde gelegten Annahmen als Verzinsung des in diese investierten Kapitals ermittelt werden. Damit ergeben sich jährlich gleichbleibende Excess Earnings in Höhe von 10 €. Der Wert der Kundenbeziehungen, der dem Barwert der Excess Earnings entspricht, beträgt wiederum 100 €. Damit ist für dieses Beispiel dargelegt, dass beide Bewertungsansätze unter Zugrundelegung identischer Annahmen zum gleichen Ergebnis führen.

4.3.3.2. Abgrenzung der dem Bewertungsobjekt zuzurechnenden Einkommensbeiträge

Die Excess-Earnings-Methode grenzt die dem Bewertungsobjekt zuzurechnenden Einkommensbeiträge – wie dargelegt – als Residualeinkommen ab, das nach Abzug der Einkommensbeiträge aller anderen Vermögenswerte des Unternehmens vom als Free Cashflow verstandenen Einkommen des Unternehmens verbleibt. Der Vergleich des Free Cashflow mit den Einkommensbeiträgen der Vermögenswerte zeigt, dass Komponenten der Einkommensbeiträge verschiedener Vermögenswerte in die Free-Cashflow-Ermittlung eingehen. Aus diesem Grund können bei der Ableitung der Excess Earnings dadurch Vereinfachungen erzielt werden, dass diese nicht vom Free Cashflow, sondern vom EBITA oder EBITDA – vor oder nach Steuern – ausgeht.[43] Beispielsweise umfassen bei Wahl des EBITA nach Steuern als Ausgangsgröße der Excess-Earnings-Ermittlung die zu berücksichtigenden Einkommensbeiträge der Sachanlagen und des Working Capital lediglich die Verzinsungskomponente und nicht Verzinsung und Rückfluss des in diese Vermögenswerte investierten Kapitals.

4.3.3.3. Anwendungsbereich des Excess-Earnings- und des Residual-Value-Ansatzes

Der Anwendungsbereich der Excess-Earnings- bzw der Residual-Value-Methode ist dadurch bestimmt, dass die Zurechnung der Excess Earnings bzw des Residual Value zum Bewertungsobjekt einer Begründung bedarf. In der Praxis der Kaufpreisallokation in Deutschland[44] wird regelmäßig darauf verwiesen, dass die MPEEM „*der Bewertung des für das Geschäftsmodell bedeutsamsten immateriellen Vermögenswertes*"[45] des Unternehmens zugrunde zu legen ist. Dieser Vermögenswert wird weiter dadurch beschrieben, dass dieser „*einen erheblichen Einfluss auf die Cashflows*"[46] ausübt und den zentralen Werttreiber[47] des Unternehmens darstellt. Der so gekennzeichnete Vermögenswert wird oftmals als „leading asset" bezeichnet.

Die Bedeutung des Bewertungsobjektes für die Erzielung des Einkommens des Unternehmens bzw für die Generierung des Unternehmenswertes als Voraussetzung der Anwendung der beiden Bewertungsansätze wird bei Betrachtung des der Wertbestimmung zugrunde liegenden Vorgehens ersichtlich. Die Ansätze ordnen dem zu bewertenden Vermögenswert zunächst das Einkommen bzw den Wert des Unternehmens zu und berücksichtigen sodann die Einkommens- bzw Wertbeiträge aller anderen Vermögenswerte, die zur Einkommenserzielung bzw Wertgenerierung notwendig sind bzw dazu beitragen. Diesem Vorgehen entspricht, dass ein die Anwendung der Bewertungsansätze begründender Einfluss eines Vermögenswertes auf das Einkommen bzw den Wert eines betrachteten Unternehmens zumindest dann anzunehmen ist, wenn das Unternehmen ohne diesen Vermögenswert cp nicht in der Lage ist, ein Einkommen zu erzie-

---

43 Zu Einzelheiten der Ableitung der Excess Earnings siehe *Moser*, Immaterielle Vermögenswerte (2017).
44 Auf die internationale Praxis wird bei *Moser*, Immaterielle Vermögenswerte (2011) 148 ff, eingegangen.
45 *Mackenstedt/Fladung/Himmel*, Beizulegender Zeitwert (2006) 1042.
46 IDW S 5, Tz 40. IDW HFA RS 16, Tz 58, verwendet die Formulierung „*mit dem größten Einfluss auf die Cashflows*".
47 So *Mackenstedt/Fladung/Himmel*, Beizulegender Zeitwert (2006) 1042.

len bzw einen Wert zu generieren, und zudem die Substitution des Vermögenswertes nicht möglich ist, insbesondere die Einräumung eines Nutzungsrechtes am Vermögenswert durch einen Lizenzvertrag nicht in Betracht kommt.

Diese Voraussetzung ist vielfach bei Kundenbeziehungen, Kundenverträgen sowie Auftragsbeständen erfüllt. Weitere typische Anwendungsfälle der MPEEM bzw der Residual-Value-Methode sind dominierende Marken und grundlegende Technologien.

Bei Anwendung der MPEEM und der Residual-Value-Methode ist zu beachten, dass mit diesen Bewertungsansätzen die Gefahr einer Überbewertung des Bewertungsobjekts verbunden sein kann. Dies ist darin begründet, dass die hier betrachteten Ansätze dem zu bewertenden Vermögenswert mögliche Wertkomponenten $\left(\varepsilon_t^V\right)$ bzw Einkommenskomponenten $\left(\varepsilon_{t+1}^{CF}\right)$, die den Vermögenswerten des Unternehmens nicht zugeordnet werden können, zuweisen.[48] Die Gefahr einer Überbewertung resultiert weiter auch daraus, dass sich bei Anwendung dieser Bewertungsansätze die Werte aller Vermögenswerte, die nicht identifiziert und bewertet werden, – ganz oder teilweise – im Wert des Bewertungsobjektes niederschlagen.[49] Dieser Zusammenhang verdeutlicht insbesondere die zentrale Bedeutung, die der Identifikation der Vermögenswerte eines Unternehmens zukommt.

Fallbeispiel

Die Kunden der Beispiel GmbH weisen – unter der Voraussetzung, dass sie mit Qualität und Preis der Produkte zufrieden sind – eine sehr hohe Loyalität zum Unternehmen auf. Die Erfahrungen der letzten Jahre haben gezeigt, dass die Kundenbindung in engem Zusammenhang mit dem Produktlebenszyklus, der wiederum dem der Basistechnologie zugrunde liegenden Lebenszyklus folgt, steht. Aufgrund der gegebenen Marktstruktur geht die Gesellschaft insbesondere auch davon aus, dass während der verbleibenden Nutzungsdauer der Basistechnologie weder mit einem wesentlichen Verlust bestehender Kunden zu rechnen noch eine bedeutsame Gewinnung neuer Kunden zu erwarten ist. Die Bewertung der Kundenbeziehungen der Beispiel GmbH ist in Tab 3 zusammengefasst.

Tab. 3: Bewertung der Kundenbeziehungen mittels der MPEEM

Mio.EUR	Ref.	2015	2016	2017	2018	2019	2020	2021	2022	2023
Sales related to Customer Relationship*)		300	360,0	388,8	404,4	412,4	420,7	429,1	437,7	364,7
EBITA 1)	Tab. 7		57,6	63,2	65,6	66,9	68,2	69,6	71,0	59,1
Adjustment Customer Acquisition Expenses 2)	5,00%		2,9	3,2	3,3	3,3	3,4	3,5	3,5	3,0
Adjustment R & D Expenses 3)	4,20%		15,1	16,3	17,0	17,3	17,7	18,0	18,4	15,3
EBITA adjusted			75,6	82,7	85,8	87,5	89,3	91,1	92,9	77,4
Tax	30,00%		−22,7	−24,8	−25,7	−26,3	−26,8	−27,3	−27,9	−23,2
Tax-effecting EBITA adjusted			52,9	57,9	60,1	61,3	62,5	63,7	65,0	54,2
Return on Invested Capital after Tax										
Tangible Fixed Assets 4)	Tab. 4		−6,0	−5,3	−5,2	−7,3	−6,3	−4,2	−5,9	−5,7
Working Capital 5)	Tab. 5		−2,3	−2,7	−2,9	−2,9	−3,0	−3,0	−3,1	−3,2
Income Contribution after Tax										
Core Technology 6)	Tab. 2	8,00%	−20,2	−21,8	−22,6	−23,1	−23,6	−24,0	−24,5	−20,4
Process Technology 7)	Tab. 1		−2,5	−2,7	−2,9	−2,9	−3,0	−3,1	−3,1	−2,6

---

[48] Zum Nachweis dieser Zuordnung siehe *Moser*, Immaterielle Vermögenswerte (2017) sowie unter 5.2.
[49] Zur Ableitung dieses Zusammenhangs siehe *Moser*, Immaterielle Vermögenswerte (2017); so inzwischen auch *Beyer/Mackenstedt*, Immaterielle Vermögenswerte (2008) 345.

Bewertung immaterieller Vermögenswerte

Mio.EUR	Ref.	2015	2016	2017	2018	2019	2020	2021	2022	2023
Excess Earnings after Tax			22,1	25,4	26,5	25,0	26,6	29,4	28,4	22,3
Invested Capital	Tab. 6	9,34%	139,6	130,6	117,4	101,8	86,3	67,7	44,6	20,4
incl. TAB		1,26	175,6							
Return on Invested Capital		9,34%		13,0	12,2	11,0	9,5	8,1	6,3	4,2	1,9
Return of Invested Capital				9,0	13,2	15,6	15,5	18,6	23,1	24,2	20,4
Return on and of Invested Capital				22,1	25,4	26,5	25,0	26,6	29,4	28,4	22,3
Amortization				22,0	22,0	22,0	22,0	22,0	22,0	22,0	22,0
Tax Savings				6,6	6,6	6,6	6,6	6,6	6,6	6,6	6,6
Cash Flow incl. Tax savings				28,6	32,0	33,1	31,6	33,2	36,0	35,0	28,9
Investel Capital incl. TAB			175,6	163,4	146,6	127,2	107,5	84,3	56,1	26,4	
Tax Amortization Benefit (TAB)											
Percentage of Amortization per Year		8,0	12,5%	12,5%	12,5%	12,5%	12,5%	12,5%	12,5%	12,5%	
Present Value		9,34%	68,3%	62,2%	55,5%	48,2%	40,2%	31,5%	21,9%	11,4%	
Tax Benefit		30,00%	20,5%								
Step up Factor			1,26								

*) Projection based on management best estimate
1) EBITA-Margin * Sales
2) Customer Acquisition Expenses as % of Sales * Sales
3) R & D Expenses as % of Sales * Sales
4) Invested Capital as % of Sales t−1 * Sales t−1 * Asset Specific Rate of Return (Tangible Fixed Assets)
5) Invested Capital as % of Sales t−1 * Sales t−1 * Asset Specific Rate of Return (Working Capital)
6) Royalty Rate * Sales * (1 − Tax Rate)
7) Cost Savings as % of Sales * Sales * (1− Tax Rate)

Die einem Vermögenswert zuzuordnenden Excess Earnings ergeben sich, wie dargelegt, durch Abzug der Einkommensbeiträge der unterstützenden Vermögenswerte vom als Free Cashflow verstandenen Einkommen des Unternehmens. Da Komponenten der Einkommensbeiträge verschiedener unterstützender Vermögenswerte in die Free-Cashflow-Ermittlung eingehen, können durch die Wahl der Ausgangsgröße der Excess-Earnings-Ermittlung Vereinfachungen erzielt werden. Aus diesem Grund geht die Bestimmung der den Kundenbeziehungen der Beispiel GmbH zuzuordnenden Excess Earnings vom EBITA nach Steuern aus.

Zur Ableitung der Excess Earnings sind die von der Gesellschaft geplanten, in Tab 3 zusammengestellten EBITA zunächst um die in Höhe von 5 % des Umsatzes angesetzten Kundenakquisitionskosten zu bereinigen. Diese Anpassung ist darin begründet, dass die zu bewertenden Kundenbeziehungen am Bewertungsstichtag bereits vorhanden sind und dementsprechend keiner Akquisition bedürfen. Außerdem sind die in Höhe von 4,2 % des Umsatzes vorgesehenen Forschungs- und Entwicklungsaufwendungen, die der Entwicklung der nächsten Generation der Basistechnologie dienen – die Entwicklung einer zukünftigen Generation der Verfahrenstechnologie ist nicht beabsichtigt –, zu eliminieren; diese Bereinigung resultiert daraus, dass die mit den zu bewertenden Kundenbeziehungen geplanten Umsatzerlöse mit Produkten erzielt werden, denen die gegenwärtig genutzte Basistechnologie zugrunde liegt. Von dem so bereinigten EBITA sind – nach Berücksichtigung der Ertragsteuern – die Einkommensbeiträge der unterstützenden Vermögenswerte Sachanlagen, Working Capital, Basis- und Verfahrenstechnologie abzuziehen. Zur Vereinfachung der Darstellungen wird davon ausgegangen, dass zur Ausübung der Geschäftstätigkeit der Beispiel GmbH keine weiteren Vermögenswerte – beispielsweise ein Mitarbeiterstamm – erforderlich sind.

Die Einkommensbeiträge der

- Sachanlagen und des Working Capital sind als Verzinsung des in diese Vermögenswerte investierten Kapitals zu bestimmen; aufgrund der Wahl des EBITA nach Abzug von Steuern als Ausgangsgröße der Bestimmung der Excess Earnings erübrigt sich die Berücksichtigung der Rückflusskomponente.

Das in diese Vermögenswerte investierte Kapital wurde von der Beispiel GmbH für jeden Zeitpunkt des Betrachtungszeitraums – unter Einbeziehung des Rückflusses des in die Sachanlagen investierten Kapitals sowie von Investitionen in dieses bzw unter Berücksichtigung der Veränderung des Working Capital – weiterentwickelt und in Tab 4 bzw Tab 5 zusammengestellt; aus diesen Tabellen ergeben sich auch die vorläufig festgelegten vermögenswertspezifischen Zinssätze dieser Vermögenswerte. Die Einkommensbeiträge der

- Basistechnologie und der Verfahrenstechnologie sind in Höhe der ersparten Lizenzzahlungen bzw Kosteneinsparungen nach Steuern anzusetzen, da sich diese Einkommensbeiträge – dies ergibt sich aus Tab 1 bzw Tab 2 – aus Verzinsung und Rückfluss des in diese Vermögenswerte investierten Kapitals zusammensetzen.

Tab. 4: Planung der Sachanlagen

Mio.EUR	Ref.	2015	2016	2017	2018	2019	2020	2021	2022	2023	perpetual
Return on Invested Capital 1)	Tab. 6	5,99%	6,0	5,3	5,2	7,3	6,3	4,2	5,9	5,7	7,1
Return of Invested Capital 2)			37,0	42,0	36,0	36,0	36,0	36,0	36,0	36,0	36,0
Capital Expenditure 3)			-25,0	-40,0	-72,0	-20,0	0,0	-65,0	-32,0	-60,0	-36,0
Return of Invested Capital less CapEx			12,0	2,0	-36,0	16,0	36,0	-29,0	4,0	-24,0	0,0
Net Cashflow			18,0	7,3	-30,8	23,3	42,3	-24,8	9,9	-18,3	7,1
Invested Capital		100,0	88,0	86,0	122,0	106,0	70,0	99,0	95,0	119,0	
as Percentage of Sales		33,33%	24,44%	22,12%	30,17%	25,70%	16,64%	23,07%	21,71%	27,19%	

1) Invested Capital t–1 * Asset Specific Rate of Return
2) Return of Invested Capital = Depreciation
3) Based on Projection of Tangible Fixed Assets

Tab. 5: Planung des Working Capital

Mio.EUR	Ref.	2015	2016	2017	2018	2019	2020	2021	2022	perpetual
Return on Invested Capital 1)	Tab. 6	3,00%	2,3	2,7	2,9	2,9	3,0	3,0	3,1	3,2
Incremental Working Capital 2)			-15,0	-5,3	-1,8	-1,9	-2,0	-2,0	-2,1	0,0
Net Cashflow			-12,7	-2,6	1,1	1,0	1,0	1,0	1,0	3,2
Invested Capital		75,0	90,0	95,3	97,0	99,0	101,0	103,0	105,0	105,0
as Percentage of Sales		25,0%	25,0%	24,5%	24,0%	24,0%	24,0%	24,0%	24,0%	24,0%

1) Invested Capital t-1 * Asset Specific Rate of Return
2) Invested Capital t-1 ./. Invested Capital t

Auf dieser Grundlage bestimmt sich der Wert der Kundenbeziehungen zu Beginn einer betrachteten Periode – bei Anwendung des Roll-Back-Verfahrens – als Barwert der Summe aus dem Wert der Kundenbeziehungen am Ende dieser Periode und den dieser Periode zugerechneten Excess Earnings; zur Vereinfachung der Analyse wird davon ausgegangen, dass die Excess Earnings am Ende der betrachteten Periode zufließen.

Der Barwertermittlung liegt ein vorläufig festgelegter vermögenswertspezifischer Zinssatz in Höhe von 9,34 % zugrunde, der erforderlichenfalls bei der Beurteilung der Plausibilität der Bewertungsergebnisse unter 5.2 anzupassen ist. Der Abzug der Ertragsteuern bei der Ermittlung der Excess Earnings sowie die Ableitung des bei der Wertermittlung berücksichtigten abschreibungsbedingten Steuervorteils werden unter 4.5 erläutert.

4.3.4. Methode der unmittelbaren Cashflow-Prognose als Grundform des Income Approach

In der Praxis der Bewertung immaterieller Vermögenswerte in Deutschland[50] sowie im deutschsprachigen Schrifttum[51] wird als ein weiterer, dem Income Approach zuzuordnender Bewertungsansatz die „*Methode der unmittelbaren Cashflow-Prognose*" genannt. Nach IDW S 5[52] zeichnet sich diese Methode dadurch aus, dass „*dem Vermögenswert direkt zurechenbare Cashflows mit dem vermögenswertspezifischen risikoadjustierten Kapitalisierungszinssatz diskontiert (werden).*" Weiter führt IDW S 5 aus, dass die Anwendung dieses Ansatzes insbesondere voraussetzt, „*dass die den immateriellen Vermögenswerten direkt zurechenbaren Cashflows ermittelbar sind.*"

Unter 3.5 wurde dargelegt, dass die – unter 3.2 betrachtete – Grundform des Income Approach bei der Bewertung immaterieller Vermögenswerte ganz überwiegend nicht zur Anwendung kommen kann, da eine unmittelbare Zurechnung eines Einkommens zu einzelnen Vermögenswerten allenfalls ausnahmsweise möglich ist. Die Anwendung der Methode der unmittelbaren Cashflow-Prognose setzt jedoch – wie IDW S 5 darlegt – genau diese Zurechnung voraus. Dies bedeutet, dass immer dann, wenn die genannte Anwendungsvoraussetzung der Methode der unmittelbaren Cashflow-Prognose vorliegt, die Grundvoraussetzung für die Anwendung der Grundform des Income Approach erfüllt ist. Die Einführung von Annahmen, die das dem Bewertungsobjekt zuzuordnende Einkommen abgrenzen, ist nicht erforderlich. Damit ist ersichtlich, dass die „*Methode der unmittelbaren Cashflow-Prognose*" nicht als eigenständige Ausprägung des Income Approach verstanden werden kann.[53]

4.4. Bestimmung des vermögenswertspezifischen Zinssatzes

4.4.1. Ausgangsüberlegungen

Der Wert eines Bewertungsobjekts ergibt sich bei Anwendung des Income Approach durch Vergleich des diesem zugeordneten zukünftigen Einkommensstroms mit einer alternativen Anlagemöglichkeit, die im Diskontierungszinssatz zum Ausdruck kommt. An die Alternativanlage ist die Anforderung zu stellen, dass diese äquivalent zum zu diskontierenden Einkommensstrom des Bewertungsobjekts ist.[54] Aus dieser Anforderung resultiert insbesondere, dass sich Laufzeit und Risiko des Einkommensstromes des Bewertungsobjekts und der Alternativanlage entsprechen, dh die Alternativanlage laufzeit- und risikoäquivalent zum zu diskontierenden Einkommen ist. Der Diskontierungszinssatz, der diese Voraussetzung erfüllt, wird im Folgenden als vermögenswertspezifischer

---

50 Vgl IDW S 5, Tz 30.
51 Siehe statt vieler *Beyer/Zwirner*, Fair Value-Bewertung (2014) 207; *Kasperzak/Nestler*, Immaterielle Werte (2010) 113 f; *Beyer/Mackenstedt*, Immaterielle Vermögenswerte (2008) 344.
52 IDW S 5, Tz 30.
53 Ebenso WP Handbuch 2014, Kapitel B, Tz 39; sowie Schmalenbachgesellschaft, Purchase Price Allocation (2009) 35.
54 Grundlegend zu den Äquivalenzprinzipien siehe *Moxter*, Unternehmensbewertung (1991) 155 ff; *Ballwieser/Hachmeister*, Unternehmensbewertung (2013) 86 ff.

Zinssatz bezeichnet. Im deutschsprachigen Schrifttum[55] wird demgegenüber überwiegend von vermögenswertspezifischen Kapitalkosten gesprochen.

Als Ausgangspunkt der Ableitung des vermögenswertspezifischen Zinssatzes[56] werden üblicherweise die gewichteten Kapitalkosten des betrachteten Unternehmens gewählt.[57] Diese werden zunächst – zur Abbildung der Laufzeitäquivalenz – unter Zugrundelegung der Nutzungsdauer des Bewertungsobjektes festgelegt. Die so bestimmten laufzeitäquivalenten Kapitalkosten werden sodann – zur Berücksichtigung der Risikoäquivalenz – an das spezifische Risiko des Bewertungsobjektes angepasst.

Im Folgenden wird lediglich auf die Erfassung des vermögenswertspezifischen Risikos eingegangen (4.4.2). Zur Ermittlung der gewichteten Kapitalkosten wird auf den Beitrag von *Maier* in diesem Buch verwiesen.

Fallbeispiel
Die gewichteten Kapitalkosten von BU1 betragen 7,87 %. Diese setzen sich aus Eigenkapitalkosten in Höhe von 9,45 % und Fremdkapitalkosten von 6,00 % bei einer Eigenkapitalquote (Fremdkapitalquote) von 70 % (30 %) und einem Steuersatz von 30 % zusammen.

4.4.2. Berücksichtigung des vermögenswertspezifischen Risikos

Im Schrifttum[58] und in der Bewertungspraxis[59] wird zumeist[60] davon ausgegangen, dass mit immateriellen Vermögenswerten typischerweise ein höheres Risiko verbunden ist als mit materiellen Vermögenswerten,[61] wobei regelmäßig dem Goodwill das höchste und dem Working Capital das niedrigste Risiko zugeschrieben wird; das Risiko der nicht dem Goodwill zugeordneten immateriellen Vermögenswerte wird niedriger als das des Goodwill, jedoch höher als das mit den Sachanlagen verbundene Risiko betrachtet.[62] In Einzelfällen, etwa bei Spezialanlagen, bei Standardsoftware aus Sicht des Anwenders oder bei einzelnen Komponenten des Goodwill[63], kann etwas anderes gelten.

Die Zuweisung eines im Vergleich zu materiellen Vermögenswerten höheren Risikos zu immateriellen Vermögenswerten kann grundsätzlich darauf gestützt werden, dass mit immateriellen Vermögenswerten tendenziell Wettbewerbsvorteile verbunden[64] sind,

---

55 Statt aller Schmalenbach-Gesellschaft, Purchase Price Allocation (2009) 42 f; IDW RS HFA 16, Tz 35; *Tettenborn/Straub/Rogler*, Kapitalkostensatz (2012) 483 ff; TAF, Contributory Assets (2010) 4.2, spricht von rate of return.
56 Zur Ableitung vermögenswertspezifischer Zinssätze siehe auch *Rammert*, Kalkulationszinssatz (2014) 639 ff.
57 Statt vieler TAF, Contributory Assets (2010) 4.2.03; IDW S 5, Tz 41; Schmalenbachgesellschaft, Purchase Price Allocation (2009) 42 f; *Tettenborn/Straub/Rogler*, Kapitalkostensatz (2012) 483 ff.
58 Ausführlich *Smith/Parr*, Intellectual Property) 69 ff; siehe auch *Kasperzak/Nestler*, Immaterielle Werte (2010) 30 f, 109 ff; Schmalenbachgesellschaft, Purchase Price Allocation (2009) 42 f; *Tettenborn/Straub/Rogler*, Kapitalkostensatz (2012) 485 f.
59 Beispielsweise TAF, Contributory Assets (2010) 4.2.02, 4.2.05 ff.
60 Wohl im Zusammenhang mit der Abbildung von Unternehmenszusammenschlüssen nach IFRS 3 aA *Vettinger/Hirzel* 392.
61 Zu diesem Ergebnis kommt auch die Untersuchung von *Stegink/Schauten/de Graaff*, Discount Rate (2007).
62 So zB auch TAF, Contributory Assets, (2010) 4.2.07; Schmalenbachgesellschaft, Purchase Price Allocation (2009) 42 f.
63 Vgl TAF, Contributory Assets (2010) 4.2.09 f.
64 Ausführlich hierzu bereits unter 2.2.

wohingegen materielle Vermögenswerte zumeist nicht zur Erzielung von Wettbewerbsvorteilen beitragen. Wettbewerbsvorteile[65] führen zu der Erwartung, dass diese positive Wirkungen für das Unternehmen, dem die betrachteten Vermögenswerte zugeordnet sind, entfalten; mit Wettbewerbsvorteilen ist allerdings auch die Gefahr verbunden, dass sich diese verflüchtigen. Deswegen geht von den Wettbewerbsvorteilen eines Unternehmens regelmäßig ein bestimmender Einfluss auf dessen Einkommen und dessen – als Volatilität dieses Einkommens verstandenes – Risiko[66] aus. Damit bietet es sich an, die Beiträge der Vermögenswerte eines Unternehmens zum Unternehmensrisiko über die Bedeutung dieser Vermögenswerte für die Wettbewerbsvorteile des Unternehmens abzugrenzen.

Zur Berücksichtigung des so charakterisierten vermögenswertspezifischen Risikos der zu bewertenden Vermögenswerte werden in Schrifttum[67] und Praxis[68] zwei grundsätzliche Vorgehensweisen vorgeschlagen: die

- kapitalmarktbasierte Ableitung der vermögenswertspezifischen Zinssätze unter Zugrundelegung vermögenswertspezifischer Betas und die
- Anwendung von vermögenswertspezifischen Risikozuschlägen und Risikoabschlägen.[69]

Der kapitalmarktbasierte Ansatz erweist sich als kaum praktikabel, da vermögenswertspezifische Betas allenfalls in Ausnahmefällen verfügbar sind.[70] In der Bewertungspraxis hat sich dementsprechend die Anpassung an das vermögenswertspezifische Risiko durch Anwendung von vermögenswertspezifischen Risikozuschlägen und Risikoabschlägen weitgehend durchgesetzt.

Im Schrifttum wird diesem Vorgehen entgegengehalten, dass die Bemessung der Risikoanpassungen die Vornahme subjektiver Schätzungen erfordert und deswegen deren intersubjektive Nachprüfbarkeit nicht gegeben ist.[71] Ausgehend von dieser Überlegung wird vereinzelt der Verzicht auf die Einbeziehung vermögenswertspezifischer Risikoanpassungen vorgeschlagen bzw gefordert und die Anwendung laufzeitäquivalent ermittelter Kapitalkosten[72] als vermögenswertspezifische Zinssätze empfohlen bzw die Anwendung der gewichteten Kapitalkosten des Unternehmens[73] vertreten.[74]

---

65 Siehe hierzu *Porter*, Wettbewerbsvorteile (1992), insbesondere 31 f.
66 Siehe hierzu bereits unter 3.5.2.
67 Vgl zB *Kasperzak/Nestler*, Immaterielle Vermögenswerte (2010) 109 ff; *Tettenborn/Straub/Rogler*, Kapitalkostensatz (2012) 485.
68 Vgl zB IVSC GN 4, 5.40 ff; IVSC ED 2007, 6.73 ff.
69 Vgl etwa auch *Beyer/Mackenstedt*, Immaterielle Vermögenswerte (2008) 346; *Mackenstedt/Fladung/Himmel*, Beizulegender Zeitwert (2006) 1045 f; für den Fall der Kaufpreisaufteilung nach IFRS 3 sprechen sich *Mackenstedt/Fladung/Himmel*, Beizulegender Zeitwert (2006) 1046, dafür aus, dass „vereinfachend auch der Laufzeitäquivalenz mit einem pauschalen Zu- bzw. Abschlag auf den WACC ... Rechnung getragen werden (kann)".
70 So zB IVSC GN 4, 5.42; IVSC ED 2007, 6.80.
71 Vgl etwa Schmalenbach-Gesellschaft (2009) 42 f, *Vettinger/Hirzel*, Kapitalkosten (2010) 392
72 So Schmalenbachgesellschaft, Purchase Price Allocation (2009) 42 f.
73 So *Vettinger/Hirzel*, Kapitalkosten (2010) 392.
74 Zu den Einflüssen eines Verzichtes auf vermögenswertspezifische Risikoanpassungen auf die Bewertungsergebnisse siehe *Moser*, Immaterielle Vermögenswerte (2017).

Fallbeispiel

Tab 6 fasst die Ableitungen der vermögenswertspezifischen Zinssätze, die den Bewertungen der Vermögenswerte der Beispiel GmbH in Tab 1 bis Tab 5 vorläufig zugrunde gelegt wurden, zusammen. Die Risikozu- bzw Risikoabschläge wurden dabei unter Berücksichtigung der Einschätzung der Risiken dieser Vermögenswerte pauschal bemessen.

Tab. 6: Vermögenswertspezifische Zinssätze der Vermögenswerte der Beispiel GmbH

Asset	Ref.	WACC adjusted	Risk adjust.	Rate of return
Core Technology new	Tab. 8	6,84%	2,20%	9,04%
Customer Relationship	Tab. 3	6,84%	2,50%	9,34%
Core Technology	Tab. 2	6,84%	1,50%	8,34%
Process Technology	Tab. 1	6,84%	1,50%	8,34%
Tangible Fixed Assets	Tab. 4	6,49%	−0,50%	5,99%
Working Capital	Tab. 5	5,82%	−2,82%	3,00%

4.5. Berücksichtigung der Besteuerung bei der Bewertung immaterieller Vermögenswerte

4.5.1. Steuerrelevante Fragestellungen

Im Folgenden wird zunächst auf die Einbeziehung der Besteuerung in das Bewertungskalkül (4.5.2) und sodann auf die Berücksichtigung des abschreibungsbedingten Steuervorteils (4.5.3) eingegangen.

4.5.2. Einbeziehung der Besteuerung in das Bewertungskalkül

Bei Anwendung des Income Approach zur Bewertung von Vermögenswerten sind – wie bei der Unternehmensbewertung[75] – Ertragsteuern zu berücksichtigen. Dementsprechend sind die dem Bewertungsobjekt zugeordneten Einkommensströme um Ertragsteuern zu kürzen. Das Erfordernis der Berücksichtigung von Ertragsteuern beim Diskontierungszinssatz hängt davon ab, ob es sich bei diesem um einen Vor- oder Nachsteuerzinssatz handelt.

In die Ermittlung der Ertragsteuern werden lediglich die Unternehmenssteuern einbezogen.[76] Eine Berücksichtigung der persönlichen Ertragsteuern der Anteilseigner[77] des Unternehmens, dem das Bewertungsobjekt zuzuordnen ist, erübrigt sich, da – dies wurde unter 3.5.3 dargelegt – die Analysen der Werte von immateriellen Vermögenswerten als Partialkalküle zu verstehen sind.

---

[75] Vgl zB *Moser*, Besteuerung (1999) 117 ff.
[76] So auch IDW RS HFA 16, Tz 29, Tz 36; IDW S 5, Tz 45 f.
[77] Siehe hierzu zB bei *Moser*, Besteuerung (1999) 117 ff.

4.5.3. Abschreibungsbedingter Steuervorteil (Tax Amortization Benefit)

4.5.3.1. Abschreibungsbedingter Steuervorteil beim Erwerb von Vermögenswerten

Beim gesonderten Erwerb eines immateriellen Vermögenswertes, etwa eines Patentes oder einer Marke, ist der Erwerber nach den Steuergesetzen der meisten Länder berechtigt, die Anschaffungskosten im Wege der Abschreibung mit steuerlicher Wirkung auf dessen Nutzungsdauer zu verteilen (zB §§ 5 Abs 2, 6 Abs 1 Nr 1 EStG).[78] Hieraus resultiert eine Verminderung der jährlichen Steuerbelastung, die sich durch Anwendung des Steuersatzes des Erwerbers auf den jährlichen Abschreibungsbetrag des betrachteten Vermögenswertes berechnet.[79]

Der Wert eines Vermögenswertes i mit i = 1 bis n ergibt sich bei Einbeziehung dieses Steuervorteils aus der Beziehung

$$V_{i,t^B}^{Am} = \sum_{t=t^B}^{T_i+t^B-1} \left[\left(CF_{i,t+1}^{pre\,Tax} - A_{i,t+1} \right) \cdot (1-s) + A_{i,t+1} \right] \cdot (1+r_i)^{-(t-t^B+1)}$$

bzw

$$V_{i,t^B}^{Am} = \sum_{t=t^B}^{T_i+t^B-1} \left[CF_{i,t+1}^{pre\,Tax} \cdot (1-s) + s \cdot A_{i,t+1} \right] \cdot (1+r_i)^{-(t-t^B+1)}$$

wobei zur Erhöhung der Übersichtlichkeit der Darstellungen von einem periodenunabhängigen vermögenswertspezifischen Zinssatz r_i mit $r_{i,t} = r_i$ für alle t = 0 bis ∞ ausgegangen wird. V_{i,t^A}^{Am} bringt zum Ausdruck, dass der Wert des Vermögenswertes unter Einbeziehung der steuerlichen Abschreibung von dessen Anschaffungskosten ermittelt wird. $CF_{i,t+1}^{pre\,Tax}$ bezeichnet den Einkommensbeitrag des Vermögenswertes i, der in der in t+1 endenden Periode zufließt, vor Abzug der Ertragsteuern, $A_{i,t+1}$ den Abschreibungsbetrag dieser Periode, s den Steuersatz, T_i die verbleibende Lebensdauer des Vermögenswertes und t^B den Bewertungsstichtag. Die Einkommensbeiträge $CF_{i,t+1}^{pre\,Tax}$ des betrachteten Vermögenswertes können als Incremental Income, als ersparte Lizenzzahlungen oder als Excess Earnings abgegrenzt werden.

Mit $AK_{i,t^{AK}}$ als steuerliche Anschaffungskosten des Vermögenswertes i im Anschaffungszeitpunkt t^{AK} und einer verbleibenden steuerlichen Nutzungsdauer T_i^{Tax}, für die zur Vereinfachung der Darstellungen $T_i^{Tax} \leq T_i$ gilt, ergibt sich der jährliche Abschreibungsbetrag bei angenommener linearer steuerlicher Abschreibung periodenunabhängig aus dem Ausdruck

---

78 Einzelheiten zu den steuerlichen Regelungen zur Abschreibung immaterieller Vermögenswerte in ausgewählten Ländern sind zusammengestellt unter www.taxamortisation.com/tax-amortisation-benefit.html (Abruf 28.2.2015).
79 Dabei wird vereinfachend angenommen, dass der Erwerber in jedem Jahr vor Berücksichtigung dieser Abschreibung mindestens einen steuerlichen Gewinn in Höhe dieses Betrags erzielt und über keine steuerlich relevanten Verlustvorträge verfügt. Bei Betrachtung der Bewertung immaterieller Vermögenswerte als Partialkalküle (3.5.3) erübrigt sich diese Annahme.

$$A_i = \frac{AK_{i,t^{AK}}}{T_i^{Tax}}$$

und der Wert des betrachteten Vermögenswertes aus der Beziehung

$$V_{i,t^B}^{Am} = \sum_{t=t^B}^{T_i+t^B-1} CF_{i,t+1}^{pre\,Tax} \cdot (1-s) \cdot (1+r_i)^{-(t-t^B+1)} + s \cdot \frac{AK_{i,t^{AK}}}{T_i^{Tax}} \cdot \sum_{t=t^B}^{T_i^{Tax}+t^B-1} (1+r_i)^{-(t-t^B+1)}$$

Der mit der steuerwirksamen Abschreibung des Vermögenswertes i verbundene abschreibungsbedingte Steuervorteil TAB_{i,t^B} am Bewertungsstichtag t^B ist somit unter den dargelegten Annahmen bestimmt durch den Ausdruck

$$TAB_{i,t^B} = s \cdot \frac{AK_{i,t^{AK}}}{T_i^{Tax}} \cdot \sum_{t=t^B}^{T_i^{Tax}+t^B-1} (1+r_i)^{-(t-t^B+1)}$$

4.5.3.2. Einbeziehung des abschreibungsbedingten Steuervorteils in die Ermittlung von Grenzpreisen

Der Income Approach führt zur Ableitung des Grenzpreises, der aus Sicht des Erwerbers den Betrag darstellt, den dieser beim Erwerb eines Vermögenswertes höchstens bezahlen darf, ohne eine Verschlechterung seiner Vermögensposition im Vergleich zur Unterlassung des Erwerbes zu erfahren (Preisobergrenze). Der abschreibungsbedingte Steuervorteil erhöht den Grenzpreis des Erwerbers und ist dementsprechend in dessen Ermittlung einzubeziehen. Somit ist in den Fällen, in denen die Voraussetzungen für die Realisierung des abschreibungsbedingten Steuervorteils erfüllt sind, der abschreibungsbedingte Steuervorteil bei Anwendung des Income Approach bzw bei Ermittlung von Grenzpreisen[80] zu berücksichtigen.[81]

Bei der Ableitung des Grenzpreises des Erwerbers ist zu beachten, dass der Grenzpreis als Preisobergrenze – abgesehen von möglichen steuerlichen Besonderheiten – zugleich die Obergrenze der Anschaffungskosten des Bewertungsobjektes darstellt und deswegen an die Stelle der Anschaffungskosten tritt. Der als Grenzpreis verstandene Wert $V_{i,t^{AK}}^G$ des Vermögenswertes i im Anschaffungszeitpunkt t^{AK} ergibt sich dementsprechend mit $AK_{i,t^{AK}} = V_{i,t^{AK}}^G$ aus der Beziehung

$$V_{i,t^{AK}}^G = \sum_{t=t^{AK}}^{T_i+t^{AK}-1} \left[CF_{i,t+1}^{pre\,Tax} \cdot (1-s) \right] \cdot (1+r_i)^{-(t-t^{AK}+1)} + s \cdot \frac{V_{i,t^{AK}}^G}{T_i^{Tax}} \cdot \sum_{t=t^{AK}}^{T_i^{Tax}+t^{AK}-1} (1+r_i)^{-(t-t^{AK}+1)}$$

sowie nach Auflösung nach $V_{i,t^{AK}}^G$ aus der Beziehung

---

80 Unzutreffend *Beyer/Mackenstedt*, Immaterielle Vermögenswerte (2008) 347 f; http://www.taxamortisation.com/theoretical-background.html (Abruf am 21.2.2015) lässt die Behandlung des Tax Amortization Benefit bei Anwendung des Cost Approach offen.
81 Zur Berücksichtigung des abschreibungsbedingten Steuervorteils siehe auch IVS 2017, 210.110.

Bewertung immaterieller Vermögenswerte

$$V_{i,t^{AK}}^{G} = \left[\sum_{t=t^{AK}}^{T_i+t^{AK}-1}\left[CF_{i,t+1}^{pre\,Tax}\cdot(1-s)\right]\cdot(1+r_i)^{-(t-t^{AK}+1)}\right]\cdot\left(1-\frac{s}{T_i^{Tax}}\cdot\sum_{t=t^{AK}}^{T_i^{Tax}+t^{AK}-1}(1+r_i)^{-(t-t^{AK}+1)}\right)^{-1}$$

Mit

$$V_{i,t^{AK}}^{GpreTAB} = \sum_{t=t^{AK}}^{T_i+t^{AK}-1}\left[CF_{i,t+1}^{pre\,Tax}\cdot(1-s)\right]\cdot(1+r_i)^{-(t-t^{AK}+1)}$$

und

$$tab_{i,t^{AK}} = \left(1-\frac{s}{T_i^{Tax}}\cdot\sum_{t=t^{AK}}^{T_i^{Tax}+t^{AK}-1}(1+r_i)^{-(t-t^{AK}+1)}\right)^{-1}$$

ist der Grenzpreis des Vermögenswertes i nach Einbeziehung des abschreibungsbedingten Steuervorteils bestimmt durch die Beziehung

$$V_{i,t^{AK}}^{G} = V_{i,t^{AK}}^{GpreTAB}\cdot tab_{i,t^{AK}}$$

$tab_{i,t^{AK}}$ bezeichnet den Zuschlagssatz für den abschreibungsbedingten Steuervorteil bezogen auf den Wert des Bewertungsobjektes vor Berücksichtigung des abschreibungsbedingten Steuervorteils $V_{i,t^{AK}}^{GpreTAB}$.[82]

$$V_{i,t^{AK}}^{G} = \sum_{t=t^{AK}}^{T_i-1}\left[CR_{i,t+1}^{pre\,Tax}\cdot(1-s)\right]\cdot(1+r_i)^{-(t-t^{AK}+1)} + s\cdot\frac{V_{i,t^{AK}}^{G}}{T_i^{Tax}}\cdot\sum_{t=t^{AK}}^{T_i^{Tax}-1}(1+r_i)^{-(t-t^{AK}+1)}$$

Fallbeispiel

Die Ableitungen der abschreibungsbedingten Steuervorteile für die Verfahrens- und die Basistechnologie sowie für die Kundenbeziehungen ergeben sich aus Tab 1 bis Tab 3.

5. Analyse der Bewertungsergebnisse bei Einbindung der Bewertungsobjekte in ein Unternehmen

5.1. Grundlagen der Untersuchung

5.1.1. Vorgehen

Die den Betrachtungen unter 3.5.3 folgenden Abstimmungen der Bewertungsergebnisse[83] erfordern die Ermittlung des Entity Value des zugrunde liegenden Unternehmens

---

[82] Nicht nachvollziehbar Schmalenbachgesellschaft, Purchase Price Allocation (2009) 44.
[83] Zur Abstimmung der Bewertungsergebnisse siehe beispielsweise bereits *Moser*, Wertorientiertes Innovations- und Wissensmanagement (2014) 220 ff.

(5.1.2), die Abgrenzung der dem Unternehmen zuzurechnenden Vermögenswerte (5.1.3) sowie die Bewertung dieser Vermögenswerte (5.1.4).

5.1.2. Ableitung des Entity Value

Der als Entity Value verstandene Wert eines Unternehmens im Zeitpunkt t (für t = 0 bis ∞) ergibt sich – auf der Grundlage des Income Approach – aus der Beziehung

$$V_t = \frac{V_{t+1} + CF_{t+1}}{1 + r_{t+1}}$$

wobei r_{t+1} die gewichteten Kapitalkosten des Unternehmens in der in t+1 endenden Periode zum Ausdruck bringt; CF_{t+1} bezeichnet das als Free Cashflow verstandene Einkommen des betrachteten Unternehmens in der in t+1 endenden Periode.

Fallbeispiel

Die Ableitung des Entity Value der Beispiel GmbH ergibt sich – für jedes Jahr des Betrachtungszeitraums – aus Tab 7. Grundlage der Bestimmung dieser Werte sind die Free Cashflows der Gesellschaft, die mit deren gewichteten Kapitalkosten – diese wurden in Höhe von 7,87 % abgeleitet – zu diskontieren sind. Die Diskontierung folgt dem – bereits bei der Bewertung der Basis- und Verfahrenstechnologie sowie der Kundenbeziehungen angewendeten – Roll Back-Verfahren. Zur Vereinfachung der Betrachtungen wird von Wachstum des Unternehmens nach dem Planungshorizont abgesehen.

Tab. 7: Ermittlung des Entity Value

Mio.EUR	Ref.	2015	2016	2017	2018	2019	2020	2021	2022	2023	perpetual
Sales generated by Entity*)			360,0	388,8	404,4	412,4	420,7	429,1	437,7	437,7	437,7
EBITA			57,6	63,2	65,6	66,9	68,2	69,6	71,0	71,0	71,0
Adjustment Cost Savings 1)	Tab. 1		0,0	0,0	0,0	0,0	0,0	0,0	0,0	– 0,7	– 4,5
Amortization											
Customer Relationship	Tab. 3	8,0	175,6	– 22,0	– 22,0	– 22,0	– 22,0	– 22,0	– 22,0	– 22,0	– 22,0,2
Core Technology	Tab. 2	8,0	161,5	– 20,2	– 20,2	– 20,2	– 20,2	– 20,2	– 20,2	– 20,2	
Process Technology	Tab. 1	8,0	20,4	– 2,5	– 2,5	– 2,5	– 2,5	– 2,5	– 2,5	– 2,5	
EBIT adjusted		30,00%	12,9	18,5	20,9	22,2	23,5	24,9	26,3	25,5	66,5
Tax			– 3,9	– 5,6	– 6,3	– 6,7	– 7,1	– 7,5	– 7,9	– 7,7	– 19,9
Tax-effecting EBIT adjusted			9,0	13,0	14,6	15,5	16,5	17,4	18,4	17,9	46,5
Amortization			44,7	44,7	44,7	44,7	44,7	44,7	44,7		
Incremental Working Capital	Tab. 5		– 15,0	– 5,3	– 1,8	– 1,9	– 2,0	– 2,0	– 2,1	0,0	0,0
CapEx less Depriciation	Tab. 4		12,0	2,0	– 36,0	16,0	36,0	– 29,0	4,0	– 24,0	0,0
Free Cash Flow			50,7	54,4	21,5	74,3	95,2	31,1	65,0	38,6	46,5
Invested Capital		7,87%	632,5	631,5	626,8	654,7	631,9	586,5	601,6	583,9	591,3

*) Projection based on management best estimate
1) Cost Savings Included in EBITA ./. Realized Cost Savings

Ausgangspunkt der Ableitung der Free Cashflows sind die von der Gesellschaft bis ins Jahr 2023 geplanten EBITA. Nach dem Planungszeitraum wird ein nachhaltig zu erzielendes EBITA angesetzt, da das Management davon ausgeht, dass das Unternehmen die Geschäftstätigkeit auch nach 2023 fortführen wird. Als nachhaltiges EBITA wird das für 2023 geplante EBITA angesetzt; dieses EBITA ist – nach begründeter Darlegung des Managements – für die Jahre nach dem Planungszeitraum als repräsentativ zu betrachten.

Die vom Management vorgelegte EBITA-Planung berücksichtigt nicht, dass die mit der Verfahrenstechnologie verbundenen Kosteneinsparungen nur bis ins Jahr 2023 erzielt werden können. Insoweit diese Kostenvorteile ab 2023 nicht mehr realisiert werden können, sind das EBITA des Jahres 2023 sowie das als nachhaltig anzusetzende EBITA zu bereinigen. Von dieser Größe sind die Abschreibungen der immateriellen Vermögenswerte Kundenbeziehungen, Basis- und Verfahrenstechnologie abzusetzen, da diese Vermögenswerte mit steuerlicher Wirkung abgeschrieben werden können. Nach Berücksichtigung der Ertragsteuern auf das so bestimmte, bereinigte EBIT sind zur Bestimmung der Free Cashflows die Abschreibungen der genannten immateriellen Vermögenswerte hinzuzurechnen sowie die Veränderungen des Working Capital und die Investitionen abzüglich Abschreibungen, die sich aus Tab 4 bzw Tab 5 ergeben, abzusetzen.

5.1.3. Abgrenzung der einzubeziehenden Vermögenswerte

Bei der Ermittlung des Entity Value wird zumeist – wie bei der Beispiel GmbH – von der Fortführung des Unternehmens ausgegangen. Dementsprechend wird bei der Planung der zukünftigen Free Cashflows und bei der Ableitung des nach dem Planungszeitraum nachhaltig zu erzielenden Einkommens – explizit oder implizit – angenommen, dass Vermögenswerte, die im Zeitpunkt t verfügbar sind – beispielsweise Technologien oder Kundenbeziehungen –, am Ende von deren Nutzungsdauer regelmäßig durch Nachfolger zu ersetzen sind. Darüber hinaus kann auch angenommen werden, dass Vermögenswerte in Zukunft zu entwickeln oder aufzubauen sind, die keine im Zeitpunkt t verfügbare Vermögenswerte ersetzen werden.

Diese Betrachtungen legen dar, dass sich im Entity Value – neben den im genannten Zeitpunkt verfügbaren Vermögenswerten – auch zukünftig zu entwickelnde Vermögenswerte niederschlagen können. Sie zeigen weiter, dass die Abgrenzung dieser Vermögenswerte vor allem durch die der Free Cashflow-Planung des Unternehmens sowie der Ableitung des nachhaltigen Free Cashflow[84] zugrunde gelegten Annahmen bestimmt ist.

Unter Berücksichtigung der zukünftig zu entwickelnden Vermögenswerte kann die unter 3.5.3 eingeführte Bedingung, dass der Entity Value eines Unternehmens im Zeitpunkt t (für t = 0 bis ∞) gleich der Summe der Werte der diesem zugeordneten Vermögenswerte ist, umgeformt werden zu

$$V_t = \sum_{i=1}^{k} V_{i,t} + \sum_{i=k+1}^{k+l} V_{i,t} + \sum_{i=k+l+1}^{k+l+m} V_{i,t} + \varepsilon_{t+1}^{V}$$

Diese Beziehung geht davon aus, dass das betrachtete Unternehmen im Zeitpunkt t (mit t = 0 bis ∞) verfügt über

- k materielle und immaterielle Vermögenswerte, die bilanzierungsfähig sind,[85] über
- l Vermögenswerte, die nicht bilanzierungsfähig sind; über
- m Vermögenswerte, die die verfügbaren Vermögenswerte in der betrachteten oder einer späteren Periode ersetzen werden.

---

[84] Zur Ableitung des nachhaltigen Free Cashflow siehe hierzu *Moser*, Terminal Value (2002) 17 ff.
[85] Zum Ansatz immaterieller Vermögenswerte nach IFRS siehe *Moser*, Immaterielle Vermögenswerte (2011) 12 ff, 130 ff.

Dem Unternehmen sind somit n = k + l + m gegenwärtig genutzte und zukünftig geplante Vermögenswerte im Zeitpunkt t zuzurechnen.

5.1.4. Ableitung der Werte der Vermögenswerte des betrachteten Unternehmens

Die Bewertungen der am Bewertungsstichtag verfügbaren Vermögenswerte wurden bereits unter 4 dargestellt. Deswegen werden im Folgenden lediglich die Bewertungen der zukünftig geplanten Vermögenswerte[86] betrachtet.

Die Bewertungen der Vermögenswerte, die die am Bewertungsstichtag verfügbaren Vermögenswerte in Zukunft ersetzen werden, folgen grundsätzlich dem Vorgehen, das der Ableitung der Werte der zu ersetzenden Vermögenswerte zugrunde gelegt wurde. Dabei sind die zum Aufbau bzw zur Entwicklung dieser Vermögenswerte erforderlichen Investitionen – insbesondere Forschungs- und Entwicklungsaufwendungen zur Entwicklung von neuen Technologien, Marketing-Aufwendungen zum Aufbau neuer Marken sowie Kundenakquisitionsaufwendungen zum Aufbau neuer Kundenbeziehungen – zu berücksichtigen. Wird beispielsweise ein am Bewertungsstichtag vorhandener Vermögenswert mittels der Relief-from-Royalty-Methode bewertet, werden – von im Einzelfall möglichen Ausnahmen abgesehen – die Werte der diesen Vermögenswert und dessen Nachfolger in Zukunft ersetzenden Vermögenswerte ebenfalls mittels der Relief-from-Royalty-Methode – unter Einbeziehung der zum Aufbau bzw für die Entwicklung dieser Vermögenswerte anfallenden Aufwendungen – abgeleitet.

Zur Vereinfachung der Betrachtungen kann bei der Bewertung von zukünftig geplanten Vermögenswerten, die am Ende von deren Nutzungsdauer durch Nachfolgeobjekte zu ersetzen sind, davon ausgegangen werden, dass diese eine unbestimmte Nutzungsdauer aufweisen. Es kann aufgezeigt werden, dass mit dieser Annahme – bei konsistenter Abbildung – keine Wertauswirkungen verbunden sind.[87]

Fallbeispiel

Die Bewertung der Nachfolgegenerationen der Basistechnologie ergibt sich – für jedes Jahr des Betrachtungszeitraums – aus Tab 8. Diese Bewertung geht von einer unbestimmten Nutzungsdauer aus und bezieht die zur Entwicklung der zukünftigen Basistechnologien erforderlichen Entwicklungsaufwendungen ein. Diese Aufwendungen sind – dies wurde unter 4.3.3 dargelegt – in der Planungsrechnung der Gesellschaft in Höhe von 4,2 % der Umsatzerlöse berücksichtigt. Aufgrund des im Vergleich zur verfügbaren Basistechnologie höher einzuschätzenden Risikos der Nachfolgegenerationen dieser Technologie wurde der vorläufig festgelegte vermögenswertspezifische Zinssatz adjustiert und in Höhe von 9,04 % angesetzt.

---

86 Zur Analyse des Wertbeitrags zukünftig geplanter Vermögenswerte zum Entity Value siehe *Moser*, Goodwillanalyse (2013) 293 ff, 355 ff.
87 Zur Bestimmung der Nutzungsdauer immaterieller Vermögenswerte *Moser*, Immaterielle Vermögenswerte (2011), insbes 153 ff; *Kasperzak/Kalantary*, Nutzungsdauer (2011) 1114 ff, 1171 ff; *Tettenborn/Straub/Rogler*, Nutzungsdauer (2013) 185 ff.

Tab. 8: Bewertung der Nachfolgegenerationen der Basistechnologie mittels der Relief-from-Royalty-Methode

Mio.EUR	Ref.		2015	2016	2017	2018	2019	2020	2021	2022	2023	perpetual
Sales 1)				0,0	0,0	0,0	0,0	0,0	0,0	0,0	72,9	473,7
Royalty Savings 2)	Tab. 2	8,00%		0,0	0,0	0,0	0,0	0,0	0,0	0,0	5,8	35,0
R & D Expenses 3)		4,20%		−15,1	−16,3	−17,0	−17,3	−17,7	−18,0	−18,4	−18,4	−18,4
Income Contribution before Tax 4)				−15,1	−16,3	−17,0	−17,3	−17,7	−18,0	−18,4	−12,5	16,6
		30,00%		−4,5	−4,9	−5,1	−5,2	−5,3	−5,4	−5,5	−3,8	5,0
Income Contribution after Tax				−10,6	−11,4	−11,9	−12,1	−12,4	−12,6	−12,9	−8,8	11,6
Invested Capital 5)	Tab. 6	9,04%	0,5	11,1	23,5	37,5	53,0	70,2	89,2	110,1	128,8	

1) Sales generated by Entity less sales related to Core Technology
2) Sales * Royalty Rate
3) R & D Expenses as % of Sales * Sales generated by Entity
4) Income Contribution * Tax Rate
5) (Invested Capital t+1 + Cost Savings t+1) / (1 + Asset Specific Rate of Return)

Auf die Bewertung zukünftiger Generationen der Verfahrenstechnologie kann verzichtet werden, da nach derzeitigem technischen Stand davon auszugehen ist, dass eine Entwicklung dieser Nachfolgetechnologien nicht möglich sein wird.

Der Wert der zukünftig geplanten Kundenbeziehungen der Beispiel GmbH wird – zur Vereinfachung der Betrachtungen – mittels der Residual-Value-Methode bestimmt. Er ergibt sich für jedes Jahr des Betrachtungszeitraums durch Abzug des Werts der Nachfolgegenerationen der Basistechnologie, des Werts der bestehenden Kundenbeziehungen, der Werte der verfügbaren Basistechnologie und Verfahrenstechnologie sowie der Werte der Sachanlagen und des Working Capital vom Entity Value. Tab 9 stellt die Ableitungen der auf dieser Grundlage ermittelten Werte der zukünftigen Kundenbeziehungen für den Betrachtungszeitraum zusammen.

Tab. 9: Ableitung des Werts der zukünftigen Kundenbeziehungen mittels der Residual Value-Methode

Mio.EUR	Ref.	2015	2016	2017	2018	2019	2020	2021	2022	2023
Entity Value	Tab. 7	632,5	631,5	626,8	654,7	631,9	586,5	601,6	583,9	591,3
Assets										
Core Technology new	Tab. 8	0,5	11,1	23,5	37,5	53,0	70,2	89,2	110,1	128,8
Customer Relationship	Tab. 3	175,6	163,4	146,6	127,2	107,5	84,3	56,1	26,4	0,0
Core Technology	Tab. 2	161,5	148,7	133,3	115,7	96,2	74,6	50,8	24,4	0,0
Process Technology	Tab. 1	20,4	18,8	17,0	14,7	12,2	9,5	6,5	3,1	0,0
Tangible Fixed Assets	Tab. 4	100,0	88,0	86,0	122,0	106,0	70,0	99,0	95,0	119,0
Working Capital	Tab. 5	75,0	90,0	95,3	97,0	99,0	101,0	103,0	105,0	105,0
Total		533,0	520,1	501,7	514,2	474,0	409,6	404,5	364,1	352,9
Customer Relationship new		99,5	111,5	125,2	140,5	158,0	176,9	197,1	219,8	238,5

5.2. Abstimmung der Bewertungsergebnisse

5.2.1. Abstimmung der Werte der Vermögenswerte mit dem Entity Value

Die Anwendung der Residual-Value-Methode zur Bewertung des Vermögenswerts i = n führt zu einem Wert des Bewertungsobjekts $\left(V_{n,t}^{RV}\right)$ im Zeitpunkt t (für alle t = 0 bis ∞) von

$$V_{n,t}^{RV} = V_t - \sum_{i=1}^{n-1} V_{i,t}$$

Durch Auflösung der Beziehung für $V_{n,t}^{RV}$ nach V_t wird ersichtlich, dass der Entity Value bei Anwendung der Residual-Value-Methode vollständig durch die bilanzierungsfähigen Vermögenswerte $\left(\sum_{i=1}^{k} V_{i,t}\right)$, die nicht bilanzierungsfähigen Vermögenswerte $\left(\sum_{i=k+1}^{k+l} V_{i,t}\right)$ sowie durch die zukünftig geplanten Vermögenswerte $\left(\sum_{i=k+l+1}^{n} V_{i,t}\right)$ erklärt werden kann. Es gilt

$$V_t = \sum_{i=1}^{n} V_{i,t}$$

mit $V_{n,t} = V_{n,t}^{RV}$.

Der Vergleich dieser Beziehung mit dem unter 3.5.3 eingeführten Ausdruck für den Entity Value zeigt, dass die Residual-Value-Methode die Komponente ε_t^V, die mögliche Wertbeiträge erfasst, die den Vermögenswerten nicht zugeordnet werden können, dem Wert des mittels dieser Methode bewerteten Vermögenswerts zuweist.[88]

5.2.2. Abstimmung der Einkommensbeiträge der Vermögenswerte

An anderer Stelle[89] wurde dargelegt, dass die Residual-Value-Methode – unter den der Analyse zugrunde gelegten Annahmen – dem danach bewerteten Vermögenswert die Excess Earnings als Einkommen zuweist. Dies bedeutet, dass bei Anwendung dieses Bewertungsansatzes das Einkommen des Unternehmens durch die Einkommensbeiträge der Vermögenswerte des Unternehmens vollständig erklärt wird. Die unter 3.5.3 eingeführte Komponente ε_{t+1}^{CF}, die mögliche Einkommensbeiträge erfasst, die den Vermögenswerten nicht zugeordnet werden können, wird dem Einkommen des mittels der Residual-Value-Methode bewerteten Vermögenswerts[90] zugewiesen.[91]

---

88 Vgl *Moser*, Immaterielle Vermögenswerte (2017).
89 Vgl *Moser*, Immaterielle Vermögenswerte (2016).
90 Vgl *Moser*, Immaterielle Vermögenswerte (2017).
91 Weiterführend zur Abstimmung des EBITA mit den Verzinsungen und Rückflüssen des in die Vermögenswerte eines Unternehmens investierten Kapitals *Moser/Tesche/Hell*, EBITA-Analyse (2017).

Bewertung immaterieller Vermögenswerte

Fallbeispiel

Tab 10 zeigt, dass – unter den der Untersuchung zugrunde liegenden Annahmen – das als Free Cashflow verstandene Einkommen der Beispiel GmbH exakt auf die Einkommensbeiträge der gegenwärtig verfügbaren und der zukünftig geplanten Vermögenswerte aufgeteilt werden kann.

Tab. 10: Abstimmung der Einkommensbeiträge der Vermögenswerte der Beispiel GmbH

Mio.EUR	Ref.	2016	2017	2018	2019	2020	2021	2022	2023	2024
Customer Relationship new										
Return on Invested Capital	Tab. 11	9,9	11,5	13,0	15,2	16,6	17,7	20,3	22,4	24,6
Return of Invested Capital 1)	Tab. 9	−12,0	−13,7	−15,3	−17,5	−18,9	−20,2	−22,7	−18,7	0,0
Income Contribution Total		−2,0	−2,2	−2,3	−2,3	−2,4	−2,4	−2,5	3,7	24,6
Core Technology new	Tab. 8	−10,6	−11,4	−11,9	−12,1	−12,4	−12,6	−12,9	−8,8	11,6
Customer Relationship	Tab. 3	22,1	25,4	26,5	25,0	26,6	29,4	28,4	22,3	0,0
Tax Benefit of Amortization	Tab. 3	6,6	6,6	6,6	6,6	6,6	6,6	6,6	6,6	0,0
Core Technology	Tab. 2	26,2	27,8	28,7	29,2	29,6	30,1	30,6	26,5	0,0
Process Technology	Tab. 1	3,2	3,5	3,7	3,7	3,8	3,8	3,9	3,4	0,0
Tangible Fixed Assets	Tab. 4	18,0	7,3	−30,8	23,3	42,3	−24,8	9,9	−18,3	7,1
Working Capital	Tab. 5	−12,7	−2,6	1,1	1,0	1,0	1,0	1,0	3,2	3,2
Total		50,7	54,4	21,5	74,3	95,2	31,1	65,0	38,6	46,5

1) Invested Capital (t−1) − Invested Capital t

5.2.3. Abstimmung der vermögenswertspezifischen Zinssätze

Die Ableitung des Wertes eines Vermögenswerts mittels der Residual-Value-Methode erfolgt durch Abzug der Werte aller anderen Vermögenswerte vom Entity Value. Deswegen setzt dieser Ansatz nicht voraus, dass dem Bewertungsobjekt ein vermögenswertspezifischer Zinssatz zugewiesen wird. Unter Zugrundelegung der Annahme, dass die Verzinsung des in das Bewertungsobjekt investierten Kapitals residual zu bestimmen ist, kann der Zinssatz, mit dem sich das in diesen Vermögenswert investierte Kapital verzinst, modellendogen abgeleitet werden.

Die residuale Ermittlung der Verzinsung des in das Bewertungsobjekt investierten Kapitals ergibt sich aus der Beziehung

$$V_{n,t}^{RV} \cdot r_{n,t+1}^{RV} = V_t \cdot r_{t+1} - \sum_{i=1}^{n-1} V_{i,t} \cdot r_{i,t+1}$$

Durch Umformung kann diese in die Bestimmungsgleichung für den modellendogenen Zinssatz des Bewertungsobjekts bei Anwendung der Residual-Value-Methode überführt werden:

$$r_{n,t+1}^{RV} = \frac{V_t \cdot r_{t+1} - \sum_{i=1}^{n-1} V_{i,t} \cdot r_{i,t+1}}{V_{n,t}^{RV}} = \frac{V_t \cdot r_{t+1} - \sum_{i=1}^{n-1} V_{i,t} \cdot r_{i,t+1}}{V_t - \sum_{i=1}^{n-1} V_{i,t}}$$

Die weitere Umformung der Beziehung mit $V_{n,t} = V_{n,t}^{r,v}$ zu

$$V_t \cdot r_{t+1} = \sum_{i=1}^{n} V_{i,t} \cdot r_{i,t+1}$$

bzw zu

$$r_{t+1} = \frac{1}{V_t} \cdot \sum_{i=1}^{n} V_{i,t} \cdot r_{i,t+1}$$

zeigt, dass bei Anwendung der Residual-Value-Methode unter Zugrundelegung der genannten Annahme die Abstimmung der vermögenswertspezifischen Zinssätze mit den gewichteten Kapitalkosten des Unternehmens modellimmanent gegeben ist. Dies bedeutet, dass – unter den der Analyse zugrunde liegenden Voraussetzungen – die vermögenswertspezifischen Zinssätze lediglich untereinander abzustimmen sind; dabei ist zu beurteilen, ob die den Vermögenswerten zugeordneten vermögenswertspezifischen Zinssätze in Relation zueinander die vermögenswertspezifischen Risiken der Vermögenswerte des Unternehmens widerspiegeln.

Die Summe der mit den anteiligen Werten gewichteten vermögenswertspezifischen Zinssätze über alle Vermögenswerte $\left(\frac{1}{V_t} \cdot \sum_{i=1}^{n} V_{i,t} \cdot r_{i,t+1}\right)$ wird auch mit WARA (Weighted Average Rate of Return on Assets) abgekürzt.[92] Da die Bedingung für die Abstimmung der vermögenswertspezifischen Zinssätze mit den gewichteten Kapitalkosten (WACC) des Unternehmens für t = 0 bis ∞ „WACC$_{t+1}$ = WARA$_{t+1}$" lautet, wird die Abstimmung der vermögenswertspezifischen Zinssätze in der Praxis der Kaufpreisallokation[93] als WACC-2-WARA- oder einfach WARA-Analyse[94] sowie als WACC-Reconciliation[95] bezeichnet.

Fallbeispiel
Der modellendogen abgeleitete vermögenswertspezifische Zinssatz der zukünftig zu akquirierenden Kundenbeziehungen der Beispiel GmbH wird in Tab 11 für jedes Jahr des Untersuchungszeitraums 2016 bis 2024 abgeleitet. Die Abstimmung dieser Zinssätze mit den vermögenswertspezifischen Zinssätzen aller anderen Vermögenswerte des Unternehmens indiziert – unter Einbeziehung der Risikoeinschätzung der zukünftig zu akquirierenden Kundenbeziehungen – für jedes Jahr dieses Zeitraums, dass die abgeleiteten Bewertungsergebnisse als plausibel zu betrachten sind und dementsprechend eine Anpassung der vorläufig festgelegten vermögenswertspezifischen Zinssätze nicht erforderlich ist. Die Betrachtung kann sich auf den Zeitraum 2016 bis 2024 beschränken, da ab 2023 das in die Vermögenswerte investierte Kapital unveränderlich ist und somit in allen folgenden Jahren der modellendogen abgeleitete vermögenswertspezifische Zinssatz der zukünftig zu akquirierenden Kundenbeziehungen 10,33 % beträgt.

---

92 Siehe statt vieler IVSC GN 4, 5.38.
93 Zur Beurteilung der Plausibilität von Kaufpreisallokationen vgl auch *Zülch/Stork/Detzen*, Kaufpreisallokation (2015) 300 ff. Zu Kaufpreisallokationen statt vieler *Tettenborn*, Immaterielle Vermögenswerte (2015).
94 So zB TAF, Contributory Assets (2010) 4.3.06.
95 Vgl *Beyer/Mackenstedt*, Immaterielle Vermögenswerte (2008) 348 f; Schmalenbachgesellschaft, Purchase Price Allocation (2009) 43.

Tab. 11: Abstimmung der vermögenswertspezifischen Zinssätze bei Anwendung der MPEEM

Mio.EUR	Ref.		2016	2017	2018	2019	2020	2021	2022	2023	2024
Return on Entity Value 1)	Tab. 7	7,87%	49,8	49,7	49,3	51,5	49,7	46,2	47,4	46,0	46,5
Return on Assets 2)											
Core Technology new	Tab. 8/6	9,04%	0,0	1,0	2,1	3,4	4,8	6,3	8,1	9,9	11,6
Customer Relationship	Tab. 3/6	9,34%	16,4	15,3	13,7	11,9	10,0	7,9	5,2	2,5	0,0
Core Technology	Tab. 2/6	8,34%	13,5	12,4	11,1	9,6	8,0	6,2	4,2	2,0	0,0
Process Technology	Tab. 1/6	8,34%	1,7	1,6	1,4	1,2	1,0	0,8	0,5	0,3	0,0
Tangible Fixed Assets	Tab. 4/6	5,99%	6,0	5,3	5,2	7,3	6,3	4,2	5,9	5,7	7,1
Working Capital	Tab. 5/6	3,00%	2,3	2,7	2,9	2,9	3,0	3,0	3,1	3,2	3,2
Total			39,8	38,2	36,4	36,4	33,2	28,5	27,1	23,6	21,9
Return on Customer Relationship new			9,9	11,5	13,0	15,2	16,6	17,7	20,3	22,4	24,6
Rate of Return 3)			9,99%	10,33%	10,38%	10,80%	10,48%	10,01%	10,28%	10,19%	10,33%

1) Entity Value (t – 1) * WACC
2) Invested Capital (t – 1) * Asset Specific Rate of Return
3) Return on Customer Relationship new / Customer Relationship new (t – 1)

5.2.4. Erweiterung der Betrachtungen

Die Betrachtungen können dadurch erweitert werden, dass der Bewertung des Vermögenswerts i = n die MPEEM zugrunde gelegt wird. Einzelheiten zur Abstimmung der Bewertungsergebnisse bei diesem Vorgehen werden im Schrifttum[96] dargelegt.

5.3. Erklärung des Goodwill

Der originäre Goodwill (Internally Generated Goodwill) eines betrachteten Unternehmens zum Zeitpunkt t (GW_t) ist – bezogen auf diesen Zeitpunkt – als Entity Value abzüglich der Werte der bilanzierungsfähigen Vermögenswerte definiert.[97] Bei Ansatz der in die Goodwill-Analyse einzubeziehenden Vermögenswerte i (mit i = 1 bis k) mit den neubewerteten Werten $V_{i,t}$ ergibt sich der Goodwill aus der Beziehung

$$GW_t = V_t - \sum_{i=1}^{k} V_{i,t}$$

Durch Auflösung der Beziehung für den Wert des mittels der Residual-Value-Methode bewerteten Vermögenswerts i = n nach V_t und Einsetzen in die Bestimmungsgleichung für den Goodwill kann diese Gleichung überführt werden in die Beziehung

$$GW_t = \sum_{i=1}^{n} V_{i,t} - \sum_{i=1}^{k} V_{i,t} = \sum_{i=k+1}^{n} V_{i,t} = \sum_{i=k+1}^{k+1} V_{i,t} + \sum_{i=k+1+1}^{n} V_{i,t}$$

---

96 Siehe hierzu *Moser*, Goodwillanalyse (2013) 291 ff, 355 ff.
97 Vgl *Moser*, Immaterielle Vermögenswerte (2011) 245 ff mwN. Siehe dort auch zum derivative Goodwill.

Diese Beziehung legt dar, dass der Goodwill im Zeitpunkt t vollständig durch die nicht bilanzierungsfähigen Vermögenswerte $\left(\sum_{i=k+1}^{k+l} V_{i,t}\right)$ sowie durch die zukünftig geplanten Vermögenswerte $\left(\sum_{i=k+l+1}^{n} V_{i,t}\right)$ erklärt werden kann. Er unterscheidet sich – dessen Definitionsgleichung folgend – vom Entity Value lediglich durch die Summe der Werte der bilanzierungsfähigen Vermögenswerte $\left(\sum_{i=1}^{k} V_{i,t}\right)$.

Damit ist aufgezeigt, dass der originäre Goodwill bei Anwendung der Residual-Value-Methode durch die Werte der verfügbaren nicht bilanzierungsfähigen Vermögenswerte und die Werte der zukünftig geplanten Vermögenswerte vollständig erklärt werden kann.

Fallbeispiel

Der originäre Goodwill der Beispiel GmbH wird in Tab 12 für jedes Jahr des Untersuchungszeitraums abgeleitet. Er ergibt sich für ein betrachtetes Jahr durch Abzug der Werte der anzusetzenden materiellen und immateriellen Vermögenswerte Sachanlagen (Tab 4), Working Capital (Tab 5), Basis- und Verfahrenstechnologie (Tab 1 und Tab 2) sowie bestehende Kundenbeziehungen (Tab 3) vom Entity Value, der Tab 7 zu entnehmen ist. Tab 13 legt dar, dass der originäre Goodwill der Beispiel GmbH in jedem Jahr des Betrachtungszeitraums vollständig durch den Wert der zukünftig zu akquirierenden Kundenbeziehungen und den Wert der Nachfolgegenerationen der Basistechnologie zu erklären ist.

Tab. 12: Ableitung des originären Goodwill

Mio.EUR	Ref.	2015	2016	2017	2018	2019	2020	2021	2022	2023	2024
Entity Value	Tab. 7	632,5	631,5	626,8	654,7	631,9	586,5	601,6	583,9	591,3	591,3
Assets											
Customer Relationship	Tab. 3	175,6	163,4	146,6	127,2	107,5	84,3	56,1	26,4	0,0	0,0
Core Technology	Tab. 2	161,5	148,7	133,3	115,7	96,2	74,6	50,8	24,4	0,0	0,0
Process Technology	Tab. 1	20,4	18,8	17,0	14,7	12,2	9,5	6,5	3,1	0,0	0,0
Tangible Fixed Assets	Tab. 4	100,0	88,0	86,0	122,0	106,0	70,0	99,0	95,0	119,0	119,0
Working Capital	Tab. 5	75,0	90,0	95,3	97,0	99,0	101,0	103,0	105,0	105,0	105,0
Total		532,5	509,0	478,2	476,7	420,9	339,4	315,4	254,0	224,0	224,0
Internal Generated Goodwill		100,0	122,5	148,7	178,0	211,0	247,1	286,2	329,9	367,3	367,3

Tab. 13: Erklärung des originären Goodwill

Mio.EUR	Ref.	2015	2016	2017	2018	2019	2020	2021	2022	2023	2024
Assets											
Customer Relationship new (Residual Value)	Tab. 9	99,5	111,5	125,2	140,5	158,0	176,9	197,1	219,8	238,5	238,5
Core Technology new	Tab. 8	0,5	11,1	23,5	37,5	53,0	70,2	89,2	110,1	128,8	128,8
Internal Generated Goodwill		100,0	122,5	148,7	178,0	211,0	247,1	286,2	329,9	367,3	367,3
Customer Relationship	Tab. 3	175,6	163,4	146,6	127,2	107,5	84,3	56,1	26,4	0,0	0,0
Core Technology	Tab. 2	161,5	148,7	133,3	115,7	96,2	74,6	50,8	24,4	0,0	0,0
Process Technology	Tab. 1	20,4	18,8	17,0	14,7	12,2	9,5	6,5	3,1	0,0	0,0
Tangible Fixed Assets	Tab. 4	100,0	88,0	86,0	122,0	106,0	70,0	99,0	95,0	119,0	119,0
Working Capital	Tab. 5	75,0	90,0	95,3	97,0	99,0	101,0	103,0	105,0	105,0	105,0
Total	Tab. 7	632,5	631,5	626,8	654,7	631,9	586,5	601,6	583,9	591,3	591,3

Literatur

AICPA, Working Draft of AICPA Accounting and Valuation Guide, Assets Acquired to Be Used in Research and Development Activities, Prepared by the IPR&D Task Force, New York (2011)

Anson, Weston/Suchy, Donna, Intellectual Property Valuation. A Primer For Identifying and Determing Value, Chicago, American Bar Association (2005)

Ballwieser, Wolfgang/Hachmeister, Dirk, Unternehmensbewertung: Prozess, Methoden und Probleme, Stuttgart (2013)

Bea, Franz Xaver/Haas, Jürgen, Strategisches Management, Stuttgart (2005)

Beyer, Sven/Zwirner, Christian, Fair Value-Bewertung von Vermögenswerten und Schulden, in: *Ballwieser, Wolfgang/Beyer, Sven/Zelger, Hansjörg* (Hrsg), Unternehmenskauf nach IFRS und HGB. Purchase Price Allocation, Goodwill und Impairment-Test, Stuttgart (2014) 187–249

Beyer, Sven/Mackenstedt, Andreas, Grundsätze zur Bewertung immaterieller Vermögenswerte (IDW S 5), in: WPg (2008) 338–349

Boer, F. Peter, The Valuation of Technology, Business and Financial Issues in R & D, New York, (1999)

Chen, Yea-Mow/Barreca, Stephen L., The Cost Approach, in: *Catty, James P.* (Hrsg), Guide to Fair Value under IFRS, Hoboken (2010) 19–35

Enzinger, Alexander/Kofler, Peter, Das Roll Back-Verfahren zur Unternehmensbewertung. Zirkularitätsfreie Unternehmensbewertung bei autonomer Finanzierungspolitik anhand der Equity-Methode, in: BWP 4/2011, 2–10

Ensthaler, Jürgen/Strübbe, Kai, Patentbewertung. Ein Praxisleitfaden zum Patentmanagement, Berlin ua (2006)

Hellebrand, Ortwin/Himmelmann, Ulrich, Lizenzsätze für technische Erfindungen[4], Köln, Berlin, München (2011)

IDW S 5, IDW Standard: Grundsätze zur Bewertung immaterieller Werte, Stand 16.4.2015, in: FN 2011, 467 ff, FN 2015, 447 f

IDW RS HFA 16, IDW Stellungnahme zur Rechnungslegung: Bewertung bei der Abbildung von Unternehmenserwerben und bei Werthaltigkeitsprüfungen nach IFRS, FN 2005, 721–738

International Valuation Standards Counsil, Guidance Note No 4: Valuation of Intangible Assets (IVSC GN 4), London (2010)

International Valuation Standards Counsil, Proposed new International Valuation Guidance Note No 16: Valuation of Intangible Assets for IFRS Reporting Purposes (IVSC ED GN 16), London (2009)

International Valuation Standard Committee (IVSC ED 2007), Determination of Fair Value of Intangible Assets for IFRS Reporting Purposes, Discussion Paper, London (2007)

Kasperzak, Rainer/Kalantary, Ashkan, Objektivierung des Prognosezeitraums bei der Fair-Value-Bewertung immaterieller Vermögenswerte, in: WPg 2011, 1114–1119, 1171–1178

Kasperzak, Rainer/Nestler, Anke, Bewertung von immateriellem Vermögen. Anlässe, Methoden und Gestaltungsmöglichkeiten, Weinheim (2010)

Mackenstedt, Andreas/Fladung, Hans-Dieter/Himmel, Holger, Ausgewählte Aspekte bei der Bestimmung beizulegender Zeitwerte nach IFRS 3 – Anmerkungen zu IDW RS HFA 16, in: WPg (2006) 1037–1048

Moser, Ulrich, Bewertung immaterieller Vermögenswerte. Grundlagen, Anwendung, Bilanzierung und Goodwill, Stuttgart, erscheint 2017

Moser, Ulrich/Tesche, Thomas/Hell, Christoph, Bewertung immaterieller Vermögenswerte: Beurteilung der Konsistenz der Bewertungsergebnisse mittels EBITA-Analyse, erscheint in: BWP 2/2017

Moser, Ulrich/Tesche, Thomas/Hell, Christoph, Analyse des Cost Approach. Teil 1: Grundlagen des Cost Approach, in: BWP 2015, 98–102

Moser, Ulrich/Tesche, Thomas/Hell, Christoph, Analyse des Cost Approach. Teil 2: Vergleich des Cost Approach mit dem Income Approach, in: BWP 2015, 146–156

Moser, Ulrich, Wertorientiertes Innovations- und Wissensmanagement, in: *Mohnkopf, H./Moser, U.* (Hrsg), Wissensmanagement für Schutzrechte und ihre Bewertung, Berlin, Heidelberg, (2014) 143–266

Moser, Ulrich, Bewertung immaterieller Vermögenswerte: Teil 1 – Grundlagen der Goodwillanalyse, in: CFB 2013, 285–296

Moser, Ulrich, Bewertung immaterieller Vermögenswerte: Teil 2 – Anwendung der Goodwillanalyse, in: CFB 2013, 355–373

Moser, Ulrich, Bewertung immaterieller Vermögenswerte. Grundlagen, Anwendung, Bilanzierung und Goodwill, Stuttgart (2011)

Moser, Ulrich/Goddar, Heinz, Grundlagen der Bewertung immaterieller Vermögenswerte am Beispiel der Bewertung patentgeschützter Technologien, in: FB 2007, 594–609, 655–666

Moser, Ulrich,/Auge-Dickhut, Stefanie, Unternehmensbewertung: Der Informationsgehalt von Marktpreisabschätzungen auf Basis von Vergleichsverfahren, in: FB 2003, 10–22

Moser, Ulrich,/Auge-Dickhut, Stefanie, Unternehmensbewertung: Zusammenhang zwischen Vergleichs- und DCF-Verfahren, in: FB 2003, 213–223

Moser, Ulrich, Behandlung der Reinvestitionen bei der Ermittlung des Terminal Value, in: Betriebswirtschaft special, Betriebs-Berater für Unternehmensbewertung, BB-Beilage zu Heft 38/2002, 17–23

Moser, Ulrich/Schiezsl, Sven, Unternehmenswertanalysen auf Basis von Simulationsrechnungen am Beispiel eines Biotech-Unternehmens, in: FB 2001, 530–541

Moser, Ulrich, Discounted Cash-flow-Methode auf der Basis von Free Cash-flows: Berücksichtigung der Besteuerung, in: FB 1999, 117–123

Moxter, Adolf, Grundsätze ordnungsmäßiger Unternehmensbewertung, Wiesbaden (1991)

Nestler, Anke, Ermittlung von Lizenzentgelten, in: BB 2008, 2002–2006

Neuburger, Benedikt, Die Bewertung von Patenten. Theorie, Praxis und der neue Conjoint-Analyse-Ansatz, Göttingen (2005)

Porter, Michael E., Wettbewerbsvorteile. Spitzenleistungen erreichen und behaupten, Frankfurt/Main (1992)

Rammert, Stefan, Der Kalkulationszinssatz bei der Bewertung von immateriellen Vermögenswerten zum fair value nach IFRS 13, in: *Dobler, M./Hachmeister, D./Kuhner, C./*

Rammert, S. (Hrsg), Rechnungslegung, Prüfung und Unternehmensbewertung, Festschrift zum 65. Geburtstag von Professor Dr. Dr. h.c. Wolfgang Ballwieser, Stuttgart (2014) 639–663
Reilly, Robert F./Schweihs, Robert P., Valuing Intangible Assets, New York ua (1999)
Schildbach, Thomas, Information des Kapitalmarkts mithilfe der fair value-Statik: „fair is foul and foul is fair", in: IRZ 2011, 71 ff
Schmalenbach-Gesellschaft, Arbeitskreis „Immaterielle Vermögenswerte im Rechnungswesen" der Schmalenbach-Gesellschaft für Betriebswirtschaft e.V., Immaterielle Werte im Rahmen der Purchase Price Allocation bei Unternehmenszusammenschlüssen nach IFRS – Ein Beitrag zur Best Practice, zfbf Sonderheft 60/09, 2009, herausgegeben von *Axel Haller* und *Rüdiger Reinke*
Schmalenbach-Gesellschaft, Arbeitskreis „Immaterielle Vermögenswerte im Rechnungswesen" der Schmalenbach-Gesellschaft für Betriebswirtschaft e.V., Kategorisierung und bilanzielle Erfassung immaterieller Werte, in: DB 2001, 989–995
Smith, Gordon V./Parr, Russell L., Intellectual Property: Valuation, Exploitation, and Infringement Damages, Hoboken (2005)
Stegink, Rudolf/Schauten, Marc/Graaff, Gijs de, The discount rate for discounted cash flow valuations of intangible assets, Working Paper unter: http://papers.ssrn.com/sol3/papers.cfm?abstract_id=976350, abgerufen am 21.10.2010
Tettenborn, Martin, Abbildung immaterieller Vermögenswerte im Zusammenhang mit Unternehmenszusammenschlüssen, Hamburg, (2015)
Tettenborn, Martin/Straub, Sandro/Rogler, Silvia, Bestimmung der Cashflows für im Rahmen von Unternehmenszusammenschlüssen erworbene immaterielle Vermögenswerte, in: IRZ 2013, 245–251
Tettenborn, Martin/Straub, Sandro/Rogler, Silvia, Bestimmung der Nutzungsdauer für im Rahmen von Unternehmenszusammenschlüssen erworbene immaterielle Vermögenswerte, in: IRZ 2013, 185–190
Tettenborn, Martin/Straub, Sandro/Rogler, Silvia, Bestimmung des Kapitalkostensatzes nach IFRS 13 mithilfe einer Peer-Group-Analyse, in: IRZ 2012, 483–487
The Appraisal Foundation (TAF), Best Practices for Valuations in Financial Reporting: Intangible Asset Working Group – Contributory Assets, The Identification of Contributory Assets and Calculation of Economic Rents, Washington 2010
Vettinger, Thomas/Hirzel, Christian, Herausforderungen bei der Bestimmung der Kapitalkosten in Einklang mit IFRS 3, IAS 38 und IAS 36, in: IRZ 2010, 387 ff
WP Handbuch 2014: Wirtschaftsprüfung, Rechnungslegung, Beratung, Band II, Düsseldorf (2013)
Zülch, Henning/Stork genannt Wersborg, Tobias/Detzen, Dominic, Plausibilisierungsmöglichkeiten einer Kaufpreisallokation nach IFRS 3 – Theoretische Grundlagen und Fallbeispiel, in: BFuP 2015, 300–327

Kontrollprämien in der Multiplikatorbewertung mittels Transaktionsmultiplikatoren

Stefan Grbenic

1. Einleitung
2. Zentrale Valuation Adjustments in Theorie und Praxis
3. Wertebenenmodelle
4. Definition der Kontrollprämie bzw des Minderheitsabschlags
5. Referenzwerte für transaktionsorientierte Kontrollprämien in der Bewertungspraxis
6. Einflussfaktoren auf die Höhe des Kontrollzuschlags
7. Alternative Erklärungsansätze für die Existenz einer Kontrollprämie

1. Einleitung

Das Herzstück in der Ermittlung von Multiplikatoren für die Multiplikatorbewertung ist die Zusammenstellung der **Peer Group** und damit die Selektion von geeigneten Referenztransaktionen. Um möglichst zuverlässige und aussagekräftige Multiplikatorwerte zu erzielen, müssen die Eigenschaften der Referenztransaktionen mit jenen des Bewertungsobjekts sowohl hinsichtlich den bewertungsrelevanten Eigenschaften des Bewertungsobjekts selbst als auch der individuellen Konstellation der Transaktion in den wesentlichen Vergleichsparametern übereinstimmen.

Für die Beurteilung der Vergleichbarkeit der **bewertungsrelevanten Eigenschaften von Bewertungsobjekt und Referenzunternehmen** werden sowohl im KFS BW1 als auch in der Literatur Hinweise zu Auswahlkriterien gegeben. Die Hinweise im KFS BW1 folgen dabei der Erkenntnis aus dem Gordon-Growth-Modell über den Zusammenhang zwischen dem Multiplikator und dem Diskontierungszinssatz, gemäß dem der Diskontierungszinssatz und damit auch der Multiplikator – neben dem Cashflow in Verbindung mit der Ausschüttungsquote – von den Werttreibern Risiko und Wachstum determiniert werden. KFS BW1 nennt in der Tz 126 als zentrale Beurteilungskriterien die Branche bzw Vergleichbarkeit des Geschäftsmodells, die geografische Abdeckung, die Profitabilität und das Wachstum.[1] In der Literatur werden die Auswahlkriterien beispielsweise in die beiden Dimensionen Quantifizierbarkeit (quantitative und qualitative Selektionskriterien) sowie Selektionskraft (primäre und sekundäre Selektionskriterien) differenziert.[2] Eine Analyse von 69 öffentlich zugänglichen Bewertungsgutachten der Jahre 2012 bis 2015 zeigt diesbezüglich (allerdings im Rahmen der Kapitalkostenermittlung), dass primär auf qualitative Kriterien abgestellt wird, während rein quantitative Kriterien nur eine untergeordnete Rolle spielen.[3]

---

[1] Die Best-Practice-Empfehlungen Unternehmensbewertung DVFA 2012 nennen in den Abschnitten D.2. und D.2.2. als wichtige Auswahlkriterien das Risiko, die Profitabilität und das Ergebniswachstum sowie die geografische Abdeckung, die Vergleichbarkeit des Geschäftsmodells, die Profitabilität, die Anlagenintensität und das Wachstum. Das Wirtschaftsprüfer-Handbuch 2014 nennt als zentrale Auswahlkriterien die Branche, den Absatz, die Wettbewerbssituation, die Wachstumsaussichten sowie die Kapitalstruktur. Vgl *Castedello*, Unternehmensbewertung (2014) 64 Rn 210. Der IDW S 1 hingegen enthält dazu keine Hinweise.

[2] Für eine ausführliche Darstellung der in der Literatur genannten Selektionskriterien siehe *Grbenic*, Kontrollprämien (2015) 240 ff mwN. Als Leitlinie für die Suche, Beurteilung und Auswahl der Referenzunternehmen wird dabei die zentrale Fragestellung „Do the underlying economics driving this comparable company match those that drive your company?" genannt; die Faktoren, welche den Wert der Vergleichsunternehmen beeinflussen, sollten jenen gleichen, welche das Bewertungsobjekt beeinflussen. Vgl *Pratt/Niculita*, Valuing (2008) 269 f; *Pratt/Reilly/Schweihs*, Small Businesses (1998) 277 mit Verweis auf *Bielinski*, Comparable Company Approach (1990) 64 ff.

[3] Als qualitative Selektionskriterien werden vorrangig das Tätigkeits- und Geschäftsfeld, die Branchenzugehörigkeit (damit werden implizit die Aspekte ähnlicher Produkte und Produktlebenszyklen, ein vergleichbares Wettbewerbsumfeld sowie eine vergleichbare Wettbewerbsintensität abgedeckt), die Produkt- bzw Marktstruktur sowie die Region im Sinne der geografischen Umsatzverteilung herangezogen. Im Zentrum der rein quantitativen Kriterien steht die Unternehmensgröße (diese ist weitestgehend mit der Reifephase, dem Diversifikationsgrad und der globalen Aufstellung eines Unternehmens verknüpft). Vgl *Muschallik/Rowoldt*, Peer Group (2016) 365 ff mwN. Eine europaweite Analyse weist empirisch nach, dass sowohl die Branchenklassifikation als auch die Differenzierung nach Größenklassen zu einer signifikanten Verbesserung der Zuverlässigkeit der berechneten Transaction Multiples (im Sinne einer Verringerung des Variationskoeffizienten) führt; vgl *Grbenic/Zunk*, Formation (2014) 76 ff.

Die Beurteilung und gegebenenfalls Herstellung der Homogenität der individuellen **Verhältnisse in der Transaktionssituation** zwischen der des Bewertungsobjekts und jener der Referenzunternehmen können entweder direkt in der Bezugsgröße des Multiplikators oder abschließend beim unadjustiert ermittelten Multiplikator (Raw-Multiple) vorgenommen werden.[4] Letztere Adjustierung des Raw-Multiple erfolgt über entsprechende (Shareholder Level) Valuation Adjustments. Dabei sind – in Abhängigkeit von der Homogenität der Referenztransaktionen untereinander und/oder der Homogenität der Referenztransaktionen zu jener des Bewertungsobjekts – verschiedene Vorgehensweisen möglich:

- Primär-Adjustierung: Sind die Referenztransaktionen untereinander inhomogen, dann werden die einzelnen Referenztransaktionen an die Transaktionssituation des Bewertungsobjekts angepasst und anschließend zu einem – bereits mit der Transaktionssituation des Bewertungsobjekts kompatiblen – Adjusted Multiple verdichtet. Alternativ können die einzelnen Referenztransaktionen auch an die Transaktionssituation der Mehrzahl der Referenztransaktionen adjustiert, diese daran anschließend zu einem Raw-Multiple verdichtet und dieser Raw-Multiple abschließend dann in einem dritten Schritt zum Adjusted Multiple adjustiert werden.
- Sekundär-Adjustierung: Sind die Referenztransaktionen untereinander homogen, jedoch verschieden von der Transaktionssituation des Bewertungsobjekts, dann werden die Referenztransaktionen direkt zu einem Raw-Multiple verdichtet und dieser daran anschließend auf die Transaktionssituation des Bewertungsobjekts zum Adjusted Multiple adjustiert. Alternativ können auch die einzelnen Referenztransaktionen an die Transaktionssituation des Bewertungsobjekts angepasst und diese daran anschließend direkt zum Adjusted Multiple verdichtet werden.

2. Zentrale Valuation Adjustments in Theorie und Praxis

Zur Erfassung der strukturellen Unterschiede zwischen dem Bewertungsobjekt und den Referenztransaktionen kennen sowohl die Theorie als auch die Bewertungspraxis eine Anzahl verschiedener **Valuation Adjustments**. Diese können in zwei Gruppen unterschieden werden: **Entity Level (Company Level)-Valuation Adjustments** beeinflussen unmittelbar den Wert des Unternehmens als Ganzes und damit den Wert der Anteile aller Anteilsinhaber,[5] **Shareholder Level-Valuation Adjustments** hingegen beeinflus-

---

4 Bezogen auf entsprechende Adjustierungen für Minderheitsanteile vgl zB *Taub*, Minority Interest (1998) 7 ff.
5 Zur Gruppe der Entity Level-Valuation Adjustments zählen neben dem Discount for Lack of Marketability insbesondere der/das Small Size Discount/Premium (auch bezeichnet als Small Company Discount/Premium, Small Cap Discount/Premium, Private Company Discount/Premium oder Reilly-Faktor), der Key Person Discount (auch bezeichnet als Key Man Risk Discount) und der Conglomerate Discount (auch bezeichnet als Portfolio Discount oder Nonhomogeneous Assets Discount); ausführlich zu diesen siehe *Grbenic*, Study Teil 1 (2013) 117 f mwN zB auf *Trugman*, Understanding (2012) 606–610; *Pratt/Niculita*, Valuing (2008) 300 f, 415–457 u 460 ff; *Pratt*, Discounts and Premiums (2009) 260–275, 291–299 u 323–336; *Pratt*, Market Approach (2005) 153–165 sowie *Pratt/Reilly/Schweihs*, Small Businesses (1998) 445–475. Darüber hinaus werden auf dem Entity Level beispielsweise auch Adjustierungen für die relative Wachstumsdynamik, eine erhöhte Volatilität der Unternehmenserträge, überdurchschnittliche Abhängigkeiten des Unternehmens (zB von einzelnen Kunden und/oder Lieferanten oder von Technologien), hinsichtlich der Qualität der Corporate Governance sowie in der angloamerikanischen Literatur auch für Contingent Liabilities oder für Embedded Capital Gains Taxes diskutiert.

sen singulär nur den Wert des einzelnen Anteilsinhabers bzw einer bestimmten Gruppe von Anteilsinhabern.[6] Diese aus der angloamerikanischen Bewertungslehre stammende Gruppierung der Valuation Adjustments steht dabei in direkter Beziehung zur Aufgliederung in die bewertungsrelevanten Eigenschaften des Bewertungsobjekts sowie in die individuellen Verhältnisse der Transaktion. Die Entity Level-Adjustments beziehen sich auf die bewertungsrelevanten Eigenschaften des Bewertungsobjekts, die Shareholder Level-Adjustments auf die individuellen Verhältnisse der Transaktion.

Im Zentrum der Valuation Adjustments stehen auf der Entity-Ebene der Discount for Lack of Marketability (im deutschsprachigen Raum auch als Fungibilitätsabschlag[7] bezeichnet) sowie auf Shareholder-Ebene das Control Premium (im deutschsprachigen Raum auch als Kontrollprämie bzw Kontrollaufschlag bezeichnet):

- Der **Discount for Lack of Marketability** (DLOM; auch bezeichnet als Marketability Discount) repräsentiert den Wertabschlag für die fehlende Marktgängigkeit bzw Vermarktungsfähigkeit der Anteile am Unternehmen.[8] Mit diesem in enger Verbindung steht der Discount for Lack of Liquidity (DLOL; auch bezeichnet als Illiquidity Discount oder Discount for Illiquidity); Letzterer repräsentiert den Wertabschlag für die fehlende Liquidität und die daraus resultierende geringere Transaktionsgeschwindigkeit im Handel der Titel des Unternehmens. Während die Marketability also auf die Veräußerbarkeit, die Herstellung der Verkaufbarkeit und die Vorbereitung des Transaktionsprozesses abzielt, betont die Liquidity den Transformationsprozess und die Transaktionsdurchführung.[9]
- Das **Control Premium** repräsentiert die durch abweichende Anteilsmerkmale zwischen den transferierten Anteilen des Bewertungsobjekts und jenen der Referenzunternehmen hervorgerufenen Wertdifferenzen. Diese Wertdifferenzen können durch den Zuschlag einer Kontrollprämie (Control Premium) auf Minderheitsanteile bzw einen Abschlag eines Minderheitsabschlags (Minority Discount) auf Mehrheitsanteile ausgeglichen werden.

Im KFS BW1 Tz 130 werden Kontrollprämien bezogen auf mehrheitsanteilsbasierte Transaktionsmultiplikatoren sowie in der Tz 129 bezogen auf minderheitsanteilsbasierte Börsenmultiplikatoren thematisiert. Demgemäß sind Transaktionsmultiplikatoren dahingehend zu untersuchen, ob diese auf Transaktionen von Minderheits-

---

6 Zur Gruppe der Shareholder Level-Valuation Adjustments zählen neben dem Control Premium insbesondere das Acquisition Premium und mit diesem in unmittelbarer Verbindung das Strategic Premium, das/der Acquirer Characteristics Premium/Discount, der Discount from Net Asset Value, das Swing Vote Premium sowie der Blockage Discount; ausführlich zu diesen siehe *Grbenic*, Study Teil 1 (2013) 117 f mwN zB auf *Trugman*, Understanding (2012) 519, 528–530 u 611–616; *Pratt*, Discounts and Premiums (2009) 245–259 sowie *Pratt/Niculita*, Valuing (2008) 398 f u 465–467. Zum Einfluss der Charakteristika des Käufers auf den Private Company Discount und damit indirekt eines Acquirer Characteristic Premium/Discount siehe *Dodel*, Private Firm (2014) 88 ff.
7 Zur irreführenden Bezeichnung siehe *Langemann*, Fungibilitätsabschläge (2014) 126.
8 Ausführlich zum Discount for Lack of Marketability siehe zB *Trugman*, Understanding (2012) 531–608; *Pratt/Niculita*, Valuing (2008) 415–457; *Pratt*, Discounts and Premiums (2009) 86–112; *Hitchner*, Financial (2011) 380–424.
9 Siehe dazu zB *Langemann*, Fungibilitätsabschläge (2014) 126. Zum Teil werden der Discount for Lack of Marketability und der Discount for Lack of Liquidity jedoch unscharf auch als Synonyme verstanden oder der Discount for Lack of Liquidity als ein Teil des Discount for Lack of Marketability betrachtet.

oder Mehrheitsanteilen beruhen. Transaktionsmultiplikatoren, welche aus Transaktionen von Minderheitsanteilen abgeleitet werden, führen zu potenziellen Marktpreisen für Mehrheitsanteile, die allfällige Kontrollprämien bereits beinhalten. Börsenmultiplikatoren hingegen basieren auf Marktpreisen einzelner Aktien und führen demgemäß zu potenziellen Marktpreisen für einen fungiblen Minderheitsanteil, in dem keine Kontrollprämie enthalten ist.[10] Ebenso wird auch der Fungibilitätsabschlag über den Begriff des „fungiblen" Minderheitsanteils thematisiert. Obwohl die Vornahme entsprechender Adjustierungen im Rahmen der Peer-Group-gestützten Ermittlung von Transaktionsmultiplikatoren nicht explizit angesprochen wird, kann nach Ansicht des Autors aus der Texterung aber geschlossen werden, dass diese zulässig und im Einzelfall auch entsprechend vorzunehmen sind (wobei nach Ansicht des Autors jedoch – entsprechend den allgemeinen Grundsätzen des KFS BW1 – unabdingbare Voraussetzung dafür ist, dass diese sowohl dem Grunde als insbesondere auch ihrer Höhe nach begründet und nachvollziehbar dargestellt werden können). Über diese Schlussfolgerung folgt der KFS BW1 diesbezüglich ebenso den internationalen Bewertungsstandards, nach denen derartige Adjustierungen zulässig und in der internationalen Bewertungspraxis entsprechend auch üblich sind.[11]

3. Wertebenenmodelle

Die modellhafte Einbindung des Discount for Lack of Marketability und des Control Premium in das Wertegefüge erfolgt in der Bewertungspraxis regelmäßig über ein **(erweitertes) Wertebenenmodell**.[12] Bei diesem allseits bekannten Wertebenenmodell handelt es sich um ein **eindimensionales Modell**, dh sowohl die Wertdifferenzen hervorgerufen durch die unterschiedliche Ausstattung der Anteile mit Kontrollrechten als auch die unterschiedliche Marktgängigkeit bzw Vermarktungsfähigkeit der Anteile von börsennotierten und nicht börsennotierten Unternehmen werden eindimensional über die entsprechenden Valuation Adjustments miteinander verknüpft. Dabei wird unterstellt, dass einerseits die Wertunterschiede betreffend die unterschiedliche Ausstattung der Anteile mit Kontrollrechten börsennotierter und nicht börsennotierter Unternehmen einander entsprechen und andererseits die Verwässerung der Kontrollprämie durch die

---

10 Der KFS BW1 folgt damit der „klassischen" und im Ergebnis als überholt anzusehenden Sichtweise, dass Börsenkurswerte alleine aufgrund ihrer Ermittlung aus den Marktpreisen einzelner Aktien per se den (geringeren) Wert von Minderheitsanteilen repräsentieren. Zu dieser Diskussion siehe zB *Mercer*, Controlling Interest (1990) 123 ff; *Nath*, Control Premiums (1990) 39 ff; *Nath*, Markets (1994) 107 ff; *Nath*, Control Value (1997) 167 ff; *Bolotsky*, Adjustments (1991) 94 ff; *Jankowske*, Relation (1991) 139 ff; *Jankowske*, Frameworks (1995) 3 ff.

11 In den USA siehe dazu den SSVS 1 Tz 40 (Statement on Standards for Valuation Services No 1; herausgegeben vom American Institute of Certified Public Accountants – AICPA), den USPAP Regel 9.4.d (Uniform Standards of Professional Appraisal Practice; herausgegeben von der American Society of Appraisers – ASA) und den BVS VII (Business Valuation Standards VII; herausgegeben vom Institute of Business Appraisers – IBA); die BAS (Business Appraisal Standards; herausgegeben vom Institute of Business Appraisers – IBA) und die NPS (NACVA Professional Standards; herausgegeben von der National Association of Certified Valuation Analysts – NACVA) hingegen sehen keine Regelungen vor. International siehe dazu die IPS Abschnitt 3.12 (IACVA Professional Standards; herausgegeben von der International Association of Certified Valuators and Analysts – IACVA); der IVS 200 (International Valuation Standard 200; herausgegeben vom International Valuation Standards Committee – IVSC) hingegen sieht wiederum keine Regelung vor.

12 Vgl stellvertretend für viele *Mercer/Harms*, Theory (2008) 63 ff.

Marktgängigkeit bzw Vermarktungsfähigkeit der Anteile sowohl auf der Wertebene des Kontrollanteils als auch der des Minderheitsanteils im gleichen Ausmaß (Richtung und Höhe) wirkt.[13]

Hinsichtlich der Marktgängigkeit bzw Vermarktungsfähigkeit ist die Bewertungslehre nunmehr – gestützt durch empirische Untersuchungsergebnisse – der überwiegenden Meinung, dass diese auf den unterschiedlichen Wertebenen differieren und daher die regelmäßig auf der Basis von Minderheitsanteilen ermittelten Fungibilitätsabschläge nicht auf Mehrheitsanteile übertragen werden können. Dies wird durch die Beobachtung gestützt, dass bei nicht börsennotierten Unternehmen die Kontrolle zugleich eine (wenn auch nur begrenzte) Marktgängigkeit der Anteile auslöst und dadurch das relative Werteverhältnis zwischen Minderheitsanteilen und Kontrollanteil verzerrt wird. Die Verwässerung der **Kontrollprämie** durch die differierende Marktgängigkeit von Mehrheits- und Minderheitsanteilen verhält sich am Markt für Unternehmensübernahmen nicht börsennotierter Unternehmen invers zu jener am Kapitalmarkt; während am Kapitalmarkt Minderheitsanteile fungibler als Mehrheitsanteile sind, erscheinen am Markt für Unternehmensübernahmen Mehrheitsanteile fungibler als Minderheitsanteile.[14]

Darüber hinaus wird – abgesehen von der Verwässerung der Kontrollprämie durch die differierende Marktgängigkeit – eine direkte **Übertragung der am Kapitalmarkt gemessenen Kontrollprämie**[15] auf den Markt für Unternehmensübernahmen und damit auf nicht börsennotierte Unternehmen auch grundlegend aus mehreren Gründen abgelehnt:

- Die Untersuchungsergebnisse streuen breit und sind daher nur begrenzt zuverlässig und aussagekräftig; im Ergebnis zeigen die zum Teil stark divergierenden Berechnungen eine Bandbreite zwischen 10 % und etwa 50 %.[16]
- Die Börsenkurse beinhalten nur die Preise für von den Käufern als attraktiv, dh unterbewertet, nicht jedoch auch die Preise für von den Käufern als richtig bewertet bzw überbewertet betrachtete Anteile. Dementsprechend besteht die Gefahr einer systematischen Überhöhung der aus diesen berechneten Kontrollprämien.[17]
- Der Markt für Unternehmensübernahmen nicht börsennotierter Unternehmen ist wesentlich ineffizienter als der Kapitalmarkt. Er ist nicht organisiert, sehr eng, es herrscht regelmäßig kein Marktgleichgewicht, er ist heterogen (dh die Marktteilneh-

---

13 Ausführlich zu den Verwässerungseffekten siehe *Grbenic*, Study Teil 1 (2013) 120 ff.
14 Vgl *Dodel*, Private Firm (2014) 106 f; *Bolotsky*, Adjustments (1991) 98.
15 Die Kontrollprämie am Kapitalmarkt wird über zwei verschiedene Ansätze untersucht: Beim Acquisitions Approach ergibt sich die Kontrollprämie aus dem Unterschied zwischen dem Preis bei der Übernahme der Mehrheit am Unternehmen (bzw dem Börsenkurs nach der Bekanntgabe der avisierten Übernahme) und dem Börsenkurs vor der Bekanntgabe der Übernahme; beim Voting Rights Approach wird die Kontrollprämie aus dem Unterschied zwischen (parallel notierten) mit einem Stimmrecht ausgestatteten Aktien und stimmrechtslosen Aktien desselben Unternehmens ermittelt (die Kontrollprämie wird in diesem Fall dann als Voting Rights Premium bezeichnet).
16 Für Österreich und Deutschland siehe dazu beispielsweise die Untersuchungen von *Hanouna/Sarin/Shapiro* (2013 und 2001), *Födermayr* (2009), *Schmitt/Moll* (2007), *Dombret/Mager/Renschmidt* (2006), Österreichische Übernahmekommission (2005) sowie *Maher/Andersson* (1999).
17 Vgl *Nath*, Control Value (1997) 169; *Nath*, Control Premiums (1990) 42 ff.

mer haben persönliche Präferenzen, die Unternehmen weisen sachliche Unterschiede auf und die Transaktionen erstrecken sich regelmäßig über einen längeren Zeitraum), er ist unvollkommen (dh die Marktteilnehmer haben keine Fähigkeit und/oder Möglichkeit zur unendlich raschen und unendlich häufigen Anpassung an Marktänderungen) und er ist nur partiell offen (dh die Marktteilnehmer können sich nicht jederzeit vom Markt wieder zurückziehen).[18]

Aufbauend auf diesen Kritikpunkten zeigt sich, dass das Wertegefüge nicht eindimensional dargestellt werden kann, sondern (zumindest) in die zwei Dimensionen Marktgängigkeit bzw Vermarktungsfähigkeit sowie Ausstattung der Anteile mit Kontrollrechten aufzugliedern ist. Daraus resultiert das folgende **zweidimensionale Wertebenenmodell**, aus dem die inversen Verwässerungseffekte der Kontrollprämie durch die unterschiedliche Marktgängigkeit von Mehrheits- und Minderheitsanteilen von börsennotierten bzw nicht börsennotierten Unternehmen und daraus resultierend die mangelnde Übertragbarkeit der am Kapitalmarkt beobachteten Kontrollprämien auf nicht börsennotierte Unternehmen ersichtlich ist:[19]

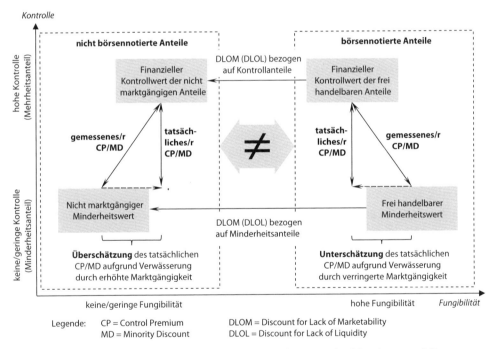

Abbildung 1: Kontrollprämien/Minderheitsabschläge im zweidimensionalen Wertebenenmodell

---

18 Ausführlich siehe *Grbenic/Jansa*, Transaktionsmultiplikatoren (2009) 369.
19 Ähnlich auch *Dodel*, Private Firm (2014) 107; *Pratt*, Premiums and Discounts (2009) 33; erweitert um das Strategic Premium vgl *Abrams*, Quantitative (2010) 294 f sowie *Hitchner*, Financial (2011) 367 ff.

4. Definition der Kontrollprämie bzw des Minderheitsabschlags

Die Bewertungslehre hat verschiedene Stoßrichtungen für die Begründung der Existenz der Kontrollprämie entwickelt, auf deren Basis schlussendlich auch verschiedene Definitionen beruhen. Nach der marktwertorientierten **„Standard"-Definition** des International Glossary of Business Valuation Terms[20] dienen das Control Premium bzw der Minority Discount zur Berücksichtigung von Unterschieden in der Transaktionssituation betreffend die mit verschiedenen Anteilshöhen verbundenen unterschiedlichen Kontrollrechte. Konkret definiert das International Glossary of Business Valuation Terms das **Control Premium** als *„[a]n amount or a percentage by which the pro rata value of a controlling interest exceeds the pro rata value of non-controlling interest in a business enterprise, to reflect the power of control"*. Unter dem Begriff „Control" wird dabei *„[t]he power to direct the management and policies of a business enterprise"* verstanden. Dieser Definition folgend bringt der Besitz der Kontrollrechte am Unternehmen dem Mehrheitsanteilsinhaber (finanzielle) Vorteile dadurch, dass er die Leitungsmacht innehat und damit einen stärkeren Einfluss auf die Entscheidungen im Unternehmen ausüben kann. Diese Vorteile spiegeln sich in einem Mehrwert der Kontrollanteile wider, für die der Erwerber regelmäßig bereit ist, eine entsprechende Prämie zu bezahlen. Analytisch betrachtet setzt sich der Mehrwert aus den Faktoren Rechtsposition (mit dem Kontrollanteil verbundene Rechte) und dem aus ihr zu erzielenden Renditezuwachs zusammen. Er variiert dabei hinsichtlich seiner Höhe in Abhängigkeit davon, welche und wie viele der Merkmale der Kontrolle erfüllt sind. In der Literatur werden für die mit einem Mehrheitsanteil verbundenen Kontrollrechte insbesondere die Möglichkeit zur Bestellung und zum Austausch des Vorstands bzw der Geschäftsführung und/oder des Managements; zur Bestimmung der Vorstands- bzw Geschäftsführerbezüge inklusive Nebenvergütungen wie beispielsweise Sonderzulagen oder Bonuszahlungen; zur Bestellung des Aufsichtsrats; zur Beschlussfassung über Änderungen des Gesellschaftsvertrages bzw der Satzung; zur Festlegung und Änderung der Unternehmensstrategie und der Unternehmenspolitik; zur Bestimmung der Ausschüttungspolitik und der Beschlussfassung über Ausschüttungen; zum Treffen von Entscheidungen über das Produktportfolio, Vertriebskanäle und Standorte oder zur Beschlussfassung über die Gründung bzw die Auflösung von Betriebsstätten und/oder Zweigniederlassungen, über wesentliche Maßnahmen zur Veränderung der Kapitalstruktur, über Unternehmensakquisitionen und -fusionen sowie über den Verkauf bzw die Liquidation des Unternehmens genannt.[21]

Der **Minority Discount** (auch bezeichnet als Discount for Lack of Control – DLOC) wird im International Glossary of Business Valuation Terms als *„[a]n amount or percentage deducted from the pro rata share of value of 100 percent of an equity interest in a business to reflect the absence of some or all of the powers of control"* definiert. Er wird

---

[20] Das International Glossary of Business Valuation Terms ist von der AICPA, der ASA, der NACVA, dem IBA sowie vom Canadian Institute of Chartered Business Valuators vereinbart.
[21] Vgl dazu zB *Trugman*, Understanding (2012) 505 ff; *Hitchner*, Financial (2011) 372; *Pratt*, Premiums and Discounts (2009) 16 ff; *Pratt/Niculita*, Valuing (2008) 385; *Pratt*, Market Approach (2005) 145; *Wagner*, Multiplikatorverfahren (2005) 7; *Küting/Eidel*, Marktwertansatz (1999) 229; *Sansing*, Foundations (1999) 5; *Pratt/Reilly/Schweihs*, Small Businesses (1998) 427.

vielfach als das unmittelbare Gegenstück zum Control Premium gesehen. Entsprechend wird auch ein rechnerischer Zusammenhang über die Formel *Minority Discount = 1 – 1 / (1 + Control Premium)* hergestellt.[22] Dabei wird implizit unterstellt, dass der Mehrheitsanteilsinhaber entsprechende Teile des Unternehmenswerts zu seinen Gunsten von den Minderheitsanteilsinhabern „absaugen" kann.[23] In Teilen der Literatur wird dieser Zusammenhang jedoch insofern abgelehnt, als das Bestehen eines direkten sachlogischen (betriebswirtschaftlichen) Zusammenhangs zwischen dem Control Premium und dem Minority Discount bezweifelt und der aus diesem folgende unmittelbare wechselseitige Automatismus im Wertetransfer als unzutreffend erachtet wird.[24]

5. Referenzwerte für transaktionsorientierte Kontrollprämien in der Bewertungspraxis

Da gemäß dem zweidimensionalen Wertebenenmodell die am Kapitalmarkt beobachteten Kontrollprämien nicht auf den Übernahmemarkt für nicht börsennotierte Unternehmen übertragen werden können, werden im Folgenden entsprechende Kontrollprämien für Anteilstransfers an nicht börsennotierten Unternehmen dargestellt. Diese **transaktionsorientierten Kontrollprämien** wurden (dem Direct Comparison Approach folgend) aus dem Vergleich der Transaktionspreise von Mehrheits- und Minderheitsanteilen verschiedener Transaktionen direkt aus dem Markt für Unternehmensübernahmen ermittelt. Damit die Transaktionsdaten in die Berechnungen einbezogen wurden, musste insbesondere der Sitz des Zielunternehmens (Target) in einem Land der Eurozone liegen, es sich bei der Transaktion um einen Merger oder um eine Akquisition handeln, der Transaktionspreis (insgesamt) positiv sein und die Transaktion innerhalb des betrachteten Zeitraumes 1.1.2006 bis 31.12.2015 abgeschlossen worden sein.[25] Als Multiplikator-Bezugsgrößen (Werttreiber) wurden gemäß der Empfehlung des KFS BW1 Tz 119 sowie den Best-Practice-Empfehlungen Unternehmensbewertung DVFA 2012 Abschnitt D.1 die gängigen konsistenten Entity-Multiplikatoren DEV/Umsatz (operativ), DEV/EBITDA sowie DEV/EBIT herangezogen (DEV = Deal Enterprise Value).

Die **Referenzwerte der transaktionsorientierten Kontrollprämien** werden für alle Länder der Eurozone dargestellt.[26] Dies ermöglicht die länderspezifische Anwendung

---

22 Vgl *Grbenic*, Study Teil 1 (2013) 118 mwN.
23 Vgl *Kreitzman*, Value of Control (2008) 1 ff. Dabei ergeben sich für die Höhe des Control Premium jedenfalls natürliche Begrenzungen in Abhängigkeit vom Mehrheitsanteil: Ein 100-%-Anteil kann keine Kontrollprämie beinhalten, da keine Minderheitsanteilsinhaber existieren und von diesen daher auch kein Wertbeitrag abgezogen („abgesaugt") werden kann. Beispielsweise sind auch ein 90-%-Mehrheitsanteil bei einer gleichzeitigen Kontrollprämie von 11 % oder ein 80-%-Mehrheitsanteil bei einer gleichzeitigen Kontrollprämie von 25 % systematisch unmöglich, da der Mehrheitsanteil inklusive der Kontrollprämie nicht höher sein kann als der Gesamtwert des Unternehmens.
24 So zB *Booth*, Appraisal Proceedings (2001) 3 ff.
25 Für eine ausführlichere Darstellung des Methodik des Untersuchungsdesigns, des Beobachtungszeitraumes, der Datenskalierung und des Aufbaus des Berechnungsmodells siehe *Grbenic*, Kontrollprämien (2015) 252 ff; *Grbenic*, Study Teil 2 (2014) 19 ff.
26 Die Transaktionsdaten stammen aus verschiedenen Quellen, wobei Konsistenz in der Berechnung sowohl der Bezugsgrößen als auch der Transaktionspreise zwischen den einzelnen Datenquellen hergestellt wurde. Bitte beachten Sie in diesem Zusammenhang, dass alle Daten sorgfältig ausgewertet wurden, für die Richtigkeit aber dennoch keine Haftung übernommen werden kann.

Kontrollprämien in der Multiplikatorbewertung mittels Transaktionsmultiplikatoren

von Kontrollprämien bzw Minderheitsabschlägen induziert durch die gängige Praxis, aufgrund der oftmals sehr schwierigen (im Sinne von begrenzten) Datenlage über Referenztransaktionen auch ausländische Transaktionen in die Peer Group einzubeziehen.[27] Darüber hinaus werden die Kontrollprämien bzw Minderheitsabschläge sowohl für die Anwendung der anschließenden Ermittlung des Multiplikators über die Verdichtungsfunktion des Medians als auch des Harmonischen Mittels dargestellt, um eine konsistente Anwendung auf beiden Ebenen zu ermöglichen.[28] Um konsistente, zuverlässige und damit aussagekräftige Berechnungsergebnisse (insbesondere bei einer geringen Anzahl an Einzelmultiplikatoren) zu gewährleisten, wurde die Qualität der aufgezeichneten Transaktionspreise und der aus ihnen resultierenden Einzelmultiplikatoren hinsichtlich verschiedener Kriterien analysiert und mittels einer univariaten linearen Regressionsfunktion getrimmt. In den Berechnungen ist diesbezüglich der entsprechende Anteil der getrimmten Einzelmultiplikatoren angegeben.[29]

Land	Transaktionen Ausreißerbereinigung Transaktionsorientierte Minderheitsabschläge	DEV/Umsatz Multiplikator	DEV/EBITDA Multiplikator	DEV/EBIT Multiplikator
Belgien	Transaktionen			
	Mehrheitsanteile	232	164	139
	Minderheitsanteile	1.062	730	551
	Gesamt	1.294	894	690
	Ausreißerbereinigung			
	Anteil transformierter Transaktionen	24,57 %	20,37 %	14,94 %
	Transaktionsorientierte Kontrollprämie			
	Median	2,31 %	2,73 %	7,30 %
	Harmonisches Mittel	12,07 %	10,67 %	12,45 %
	Transaktionsorientierter Minderheitsabschlag			
	Median	2,26 %	2,66 %	6,80 %
	Harmonisches Mittel	10,77 %	9,64 %	11,07 %
Deutschland	Transaktionen			
	Mehrheitsanteile	621	346	306
	Minderheitsanteile	2.478	911	704
	Gesamt	3.099	1.257	1.010
	Ausreißerbereinigung			
	Anteil transformierter Transaktionen	27,11 %	17,13 %	4,08 %
	Transaktionsorientierte Kontrollprämie			
	Median	21,02 %	10,59 %	7,89 %
	Harmonisches Mittel	15,71 %	5,24 %	9,07 %
	Transaktionsorientierter Minderheitsabschlag			
	Median	17,37 %	9,58 %	7,32 %
	Harmonisches Mittel	13,58 %	4,98 %	8,31 %

---

27 So ergab zB die Untersuchung von *Muschallik/Rowoldt* (siehe Fußnote 3), dass im Mittel 9,03 von 10,83 Unternehmen in der Peer Group ausländische Unternehmen darstellen.
28 Der KFS BW1 Tz 127 schlägt als Verdichtungsfunktion das arithmetische Mittel sowie den Median vor. Die Best-Practice-Empfehlungen Unternehmensbewertung DVFA 2012 schlagen im Abschnitt D.4 das arithmetische Mittel, den Median, das harmonische Mittel sowie das geometrische Mittel vor. In der Literatur werden insbesondere der Median und das harmonische Mittel präferiert.
29 Für eine ausführlichere Darstellung der Vorgehensweise bei der Ausreißerbereinigung siehe insbesondere *Grbenic*, Study Teil 2 (2014) 19 f.

Land	Transaktionen Ausreißerbereinigung Transaktionsorientierte Minderheitsabschläge	DEV/Umsatz Multiplikator	DEV/EBITDA Multiplikator	DEV/EBIT Multiplikator
Estland	Transaktionen			
	Mehrheitsanteile	64	29	32
	Minderheitsanteile	74	12	46
	Gesamt	138	41	78
	Ausreißerbereinigung			
	Anteil transformierter Transaktionen	31,40 %	11,86 %	5,21 %
	Transaktionsorientierte Kontrollprämie			
	Median	10,47 %	9,10 %	1,47 %
	Harmonisches Mittel	9,88 %	0,99 %	3,30 %
	Transaktionsorientierter Minderheitsabschlag			
	Median	9,48 %	8,34 %	1,45 %
	Harmonisches Mittel	8,99 %	0,98 %	3,20 %
Finnland	Transaktionen			
	Mehrheitsanteile	243	163	153
	Minderheitsanteile	943	352	390
	Gesamt	1.185	515	543
	Ausreißerbereinigung			
	Anteil transformierter Transaktionen	30,65 %	0,00 %	5,19 %
	Transaktionsorientierte Kontrollprämie			
	Median	9,30 %	11,15 %	10,34 %
	Harmonisches Mittel	11,84 %	15,70 %	13,39 %
	Transaktionsorientierter Minderheitsabschlag			
	Median	8,51 %	10,03 %	9,37 %
	Harmonisches Mittel	10,58 %	13,57 %	11,81 %
Frankreich	Transaktionen			
	Mehrheitsanteile	905	578	523
	Minderheitsanteile	3.110	1.530	1.384
	Gesamt	4.015	2.108	1.907
	Ausreißerbereinigung			
	Anteil transformierter Transaktionen	26,73 %	20,79 %	25,01 %
	Transaktionsorientierte Kontrollprämie			
	Median	15,82 %	7,77 %	10,20 %
	Harmonisches Mittel	11,10 %	12,34 %	7,54 %
	Transaktionsorientierter Minderheitsabschlag			
	Median	13,66 %	7,21 %	9,26 %
	Harmonisches Mittel	9,99 %	10,98 %	7,01 %
Griechenland	Transaktionen			
	Mehrheitsanteile	99	53	51
	Minderheitsanteile	288	206	166
	Gesamt	387	259	217
	Ausreißerbereinigung			
	Anteil transformierter Transaktionen	5,43 %	10,20 %	2,43 %
	Transaktionsorientierte Kontrollprämie			
	Median	12,21 %	10,17 %	16,83 %
	Harmonisches Mittel	16,83 %	7,09 %	3,47 %
	Transaktionsorientierter Minderheitsabschlag			
	Median	10,88 %	9,23 %	14,40 %
	Harmonisches Mittel	14,40 %	6,62 %	3,35 %

Kontrollprämien in der Multiplikatorbewertung mittels Transaktionsmultiplikatoren

Land	Transaktionen Ausreißerbereinigung Transaktionsorientierte Minderheitsabschläge	DEV/Umsatz Multiplikator	DEV/EBITDA Multiplikator	DEV/EBIT Multiplikator
Irland	Transaktionen			
	Mehrheitsanteile	65	46	53
	Minderheitsanteile	478	316	402
	Gesamt	543	362	455
	Ausreißerbereinigung			
	Anteil transformierter Transaktionen	10,04 %	10,14 %	10,00 %
	Transaktionsorientierte Kontrollprämie			
	Median	3,16 %	5,70 %	1,11 %
	Harmonisches Mittel	4,48 %	3,05 %	1,00 %
	Transaktionsorientierter Minderheitsabschlag			
	Median	3,06 %	5,39 %	1,10 %
	Harmonisches Mittel	4,29 %	2,96 %	0,99 %
Italien	Transaktionen			
	Mehrheitsanteile	841	571	504
	Minderheitsanteile	3.717	2.135	1.599
	Gesamt	4.558	2.706	2.103
	Ausreißerbereinigung			
	Anteil transformierter Transaktionen	19,96 %	2,06 %	4,05 %
	Transaktionsorientierte Kontrollprämie			
	Median	16,45 %	6,86 %	10,39 %
	Harmonisches Mittel	7,05 %	6,59 %	4,08 %
	Transaktionsorientierter Minderheitsabschlag			
	Median	14,13 %	6,42 %	9,42 %
	Harmonisches Mittel	6,58 %	6,18 %	3,92 %
Lettland	Transaktionen			
	Mehrheitsanteile	56	2	31
	Minderheitsanteile	95	5	59
	Gesamt	151	7	90
	Ausreißerbereinigung			
	Anteil transformierter Transaktionen	20,35 %	0,00 %	7,65 %
	Transaktionsorientierte Kontrollprämie			
	Median	0,99 %	1,00 %	0,75 %
	Harmonisches Mittel	1,88 %	1,00 %	0,83 %
	Transaktionsorientierter Minderheitsabschlag			
	Median	0,98 %	0,99 %	0,75 %
	Harmonisches Mittel	1,85 %	0,99 %	0,82 %
Litauen	Transaktionen			
	Mehrheitsanteile	81	4	34
	Minderheitsanteile	65	14	79
	Gesamt	146	18	113
	Ausreißerbereinigung			
	Anteil transformierter Transaktionen	14,71 %	5,94 %	5,05 %
	Transaktionsorientierte Kontrollprämie			
	Median	9,73 %	10,00 %	9,85 %
	Harmonisches Mittel	14,44 %	2,88 %	11,24 %
	Transaktionsorientierter Minderheitsabschlag			
	Median	8,87 %	9,09 %	8,97 %
	Harmonisches Mittel	12,61 %	2,80 %	10,11 %

Land	Transaktionen Ausreißerbereinigung Transaktionsorientierte Minderheitsabschläge	DEV/Umsatz Multiplikator	DEV/EBITDA Multiplikator	DEV/EBIT Multiplikator
Luxemburg	Transaktionen			
	Mehrheitsanteile	38	6	15
	Minderheitsanteile	163	12	35
	Gesamt	201	18	50
	Ausreißerbereinigung			
	Anteil transformierter Transaktionen	15,02 %	5,26 %	5,36 %
	Transaktionsorientierte Kontrollprämie			
	Median	19,07 %	5,74 %	17,04 %
	Harmonisches Mittel	22,28 %	16,86 %	17,92 %
	Transaktionsorientierter Minderheitsabschlag			
	Median	16,02 %	5,43 %	14,56 %
	Harmonisches Mittel	18,22 %	14,43 %	15,19 %
Malta	Transaktionen			
	Mehrheitsanteile	11	4	9
	Minderheitsanteile	19	1	11
	Gesamt	30	5	20
	Ausreißerbereinigung			
	Anteil transformierter Transaktionen	5,00 %	0,00 %	12,00 %
	Transaktionsorientierte Kontrollprämie			
	Median	7,99 %	0,00 %	0,84 %
	Harmonisches Mittel	3,13 %	1,90 %	0,54 %
	Transaktionsorientierter Minderheitsabschlag			
	Median	7,40 %	0,00 %	0,83 %
	Harmonisches Mittel	3,03 %	1,87 %	0,54 %
Niederlande	Transaktionen			
	Mehrheitsanteile	204	127	156
	Minderheitsanteile	2.373	1.990	1.806
	Gesamt	2.577	2.117	1.962
	Ausreißerbereinigung			
	Anteil transformierter Transaktionen	10,06 %	21,39 %	5,01 %
	Transaktionsorientierte Kontrollprämie			
	Median	0,11 %	1,59 %	3,86 %
	Harmonisches Mittel	0,11 %	2,57 %	0,47 %
	Transaktionsorientierter Minderheitsabschlag			
	Median	0,11 %	1,57 %	3,71 %
	Harmonisches Mittel	0,11 %	2,51 %	0,47 %
Österreich	Transaktionen			
	Mehrheitsanteile	55	33	24
	Minderheitsanteile	150	71	60
	Gesamt	205	104	84
	Ausreißerbereinigung			
	Anteil transformierter Transaktionen	24,77 %	10,09 %	13,79 %
	Transaktionsorientierte Kontrollprämie			
	Median	17,02 %	7,87 %	14,48 %
	Harmonisches Mittel	13,30 %	11,40 %	9,42 %
	Transaktionsorientierter Minderheitsabschlag			
	Median	14,54 %	7,30 %	12,65 %
	Harmonisches Mittel	11,74 %	10,23 %	8,61 %

Kontrollprämien in der Multiplikatorbewertung mittels Transaktionsmultiplikatoren

Land	Transaktionen Ausreißerbereinigung Transaktionsorientierte Minderheitsabschläge	DEV/Umsatz Multiplikator	DEV/EBITDA Multiplikator	DEV/EBIT Multiplikator
Portugal	Transaktionen			
	Mehrheitsanteile	125	92	76
	Minderheitsanteile	702	464	423
	Gesamt	827	556	499
	Ausreißerbereinigung			
	Anteil transformierter Transaktionen	15,78 %	15,08 %	14,99 %
	Transaktionsorientierte Kontrollprämie			
	Median	**10,02 %**	**10,42 %**	**10,15 %**
	Harmonisches Mittel	**16,24 %**	**13,99 %**	**14,13 %**
	Transaktionsorientierter Minderheitsabschlag			
	Median	**9,11 %**	**9,44 %**	**9,22 %**
	Harmonisches Mittel	**13,97 %**	**12,27 %**	**12,38 %**
Slowakei	Transaktionen			
	Mehrheitsanteile	30	26	22
	Minderheitsanteile	6	4	4
	Gesamt	36	30	26
	Ausreißerbereinigung			
	Anteil transformierter Transaktionen	23,91 %	0,00 %	43,75 %
	Transaktionsorientierte Kontrollprämie			
	Median	**8,58 %**	**3,13 %**	**10,09 %**
	Harmonisches Mittel	**5,41 %**	**0,84 %**	**1,86 %**
	Transaktionsorientierter Minderheitsabschlag			
	Median	**7,90 %**	**3,03 %**	**9,17 %**
	Harmonisches Mittel	**5,13 %**	**0,83 %**	**1,83 %**
Slowenien	Transaktionen			
	Mehrheitsanteile	35	33	28
	Minderheitsanteile	75	68	65
	Gesamt	110	101	93
	Ausreißerbereinigung			
	Anteil transformierter Transaktionen	22,05 %	11,02 %	2,73 %
	Transaktionsorientierte Kontrollprämie			
	Median	**5,70 %**	**4,37 %**	**4,85 %**
	Harmonisches Mittel	**23,29 %**	**5,84 %**	**5,40 %**
	Transaktionsorientierter Minderheitsabschlag			
	Median	**5,39 %**	**4,19 %**	**4,62 %**
	Harmonisches Mittel	**18,89 %**	**5,52 %**	**5,12 %**
Spanien	Transaktionen			
	Mehrheitsanteile	788	558	495
	Minderheitsanteile	2.301	1.595	1.468
	Gesamt	3.089	2.153	1.963
	Ausreißerbereinigung			
	Anteil transformierter Transaktionen	20,12 %	22,26 %	19,57 %
	Transaktionsorientierte Kontrollprämie			
	Median	**11,58 %**	**8,83 %**	**4,64 %**
	Harmonisches Mittel	**14,37 %**	**3,58 %**	**7,28 %**
	Transaktionsorientierter Minderheitsabschlag			
	Median	**10,38 %**	**8,12 %**	**4,44 %**
	Harmonisches Mittel	**12,56 %**	**3,46 %**	**6,79 %**

Land	Transaktionen Ausreißerbereinigung Transaktionsorientierte Minderheitsabschläge	DEV/Umsatz Multiplikator	DEV/EBITDA Multiplikator	DEV/EBIT Multiplikator
Zypern	Transaktionen			
	Mehrheitsanteile	27	2	22
	Minderheitsanteile	94	22	63
	Gesamt	121	24	85
	Ausreißerbereinigung			
	Anteil transformierter Transaktionen	3,57 %	3,85 %	9,90 %
	Transaktionsorientierte Kontrollprämie			
	Median	6,85 %	6,68 %	4,12 %
	Harmonisches Mittel	3,59 %	0,51 %	6,12 %
	Transaktionsorientierter Minderheitsabschlag			
	Median	6,41 %	6,26 %	3,96 %
	Harmonisches Mittel	3,46 %	0,51 %	5,76 %

Tabelle 1: Transaktionsorientierte Kontrollprämien und Minderheitsabschläge in der Eurozone

Vergleichbare Untersuchungen für den Zeitraum 2004 bis 2013 siehe für die Eurozone (zuzüglich Großbritannien) *Grbenic S. O.*, Transaktionsorientierte Kontrollprämien in der Eurozone: Referenzwerte für die Bewertungspraxis, in Jahrbuch für Controlling und Rechnungswesen 2015, 237–277; detaillierter für Österreich siehe *Grbenic S. O./Zunk B. M.*, Transaktionsbezogene Kontrollprämien in Österreich, in RWZ 7-8/2014, 225–234; detaillierter für Deutschland siehe schließlich *Grbenic S. O.*, Transactions Control Premium/Minority Discount Study Deutschland, Teil 2: Untersuchungsergebnisse, in BewertungsPraktiker 1/2014, 18–31.

6. Einflussfaktoren auf die Höhe des Kontrollzuschlags

Die im vorigen Abschnitt dargestellten Referenzwerte für transaktionsorientierte Kontrollprämien differenzieren ausschließlich zwischen Mehrheitsanteilen (direkte Übertragung eines Anteils von mehr als 50 % der Eigentumsanteile oder durch die Übertragung eines Minderheitsanteils wurde zusammen mit dem bereits bestehenden Minderheitsanteil die 50-%-Grenze beim Erwerber überschritten) und Minderheitsanteilen (Übertragung eines Anteils von weniger als 50 % der Eigentumsanteile, wobei der Erwerber bis dahin keine Eigentümeranteile hielt oder durch die Übertragung zusammen mit dem bereits bestehenden Minderheitsanteil die 50 %-Grenze beim Erwerber nicht überschritten wurde). Bei einer genaueren Betrachtung sind jedoch verschiedene Ausprägungen sowohl von Kontroll- als auch von Minderheitsanteilen mit daraus resultierenden entsprechend unterschiedlich hohen Kontrollprämien zu differenzieren. Konkret können **16 Ebenen der Kontrolle** unterschieden werden:[30]

---

30 In Anlehnung an *Simpson*, Perspective (1991) 7 ff; *Hitchner*, Financial (2011) 374 ff.

Kontrollprämien in der Multiplikatorbewertung mittels Transaktionsmultiplikatoren

	Anteilshöhe	Konkrete Ausgestaltung des Kontroll-/Minderheitenrechts	Kontrollebene	
Kontrollanteil	100 %	100-%-Anteil	1	max Kontrollprämie
	< 100 % > 50 %	Möglichkeit zur Beschlussfassung über konstitutive Unternehmensentscheidungen.	2	
		Keine Möglichkeit zur Beschlussfassung über konstitutive Unternehmensentscheidungen, jedoch Möglichkeit zur vollständigen Kontrolle von Geschäftsführung/Vorstand/Aufsichtsrat.	3	
		Keine Möglichkeit zur vollständigen Kontrolle von Geschäftsführung/Vorstand/Aufsichtsrat bei gleichzeitig starkerFragmentierung des Restanteils.	4	
		Keine Möglichkeit zur vollständigen Kontrolle von Geschäftsführung/Vorstand/Aufsichtsrat bei gleichzeitig geringer Fragmentierung des Restanteils.	5	min Kontrollprämie
	50 %	Hälfteanteil bei 50 % zu 50 % Anteilsverhältnis.	6	
		Hälfteanteil bei gleichzeitiger Fragmentierung des Restanteils.	7	
Minderheitsanteil	< 50 %	Klein(st)anteil in einer Anteilskonstellation mit zwei weiteren großen Minderheitsanteilen, wenn diese großen Minderheitsanteile jeweils zusammen mit dem Swing-Vote-Anteil die Ausübung von Kontrollrechten ermöglicht.	8	min Minderheitsabschlag
		Sperrminorität bei konstitutiven Unternehmensentscheidungen und Möglichkeit zur Einflussnahme auf Geschäftsführung/Vorstand/Aufsichtsrat bei gleichzeitig starker Fragmentierung des Restanteils.	9	
		Sperrminorität bei konstitutiven Unternehmensentscheidungen und Möglichkeit zur Einflussnahme auf Geschäftsführung/Vorstand/Aufsichtsrat bei gleichzeitig geringer Fragmentierung des Restanteils.	10	
		Sperrminorität bei konstitutiven Unternehmensentscheidungen ohne Möglichkeit zur Einflussnahme auf Geschäftsführung/Vorstand/Aufsichtsrat bei gleichzeitig starker Fragmentierung des Restanteils.	11	
		Sperrminorität bei konstitutiven Unternehmensentscheidungen ohne Möglichkeit zur Einflussnahme auf Geschäftsführung/Vorstand/Aufsichtsrat bei gleichzeitig geringer Fragmentierung des Restanteils.	12	
		Keine Sperrminorität bei konstitutiven Unternehmensentscheidungen, jedoch Möglichkeit zur Einflussnahme auf Geschäftsführung/Vorstand/Aufsichtsrat bei gleichzeitig starker Fragmentierung des Restanteils.	13	max Minderheitsabschlag
		Keine Sperrminorität bei konstitutiven Unternehmensentscheidungen, jedoch Möglichkeit zur Einflussnahme auf Geschäftsführung/Vorstand/Aufsichtsrat bei gleichzeitig geringer Fragmentierung des Restanteils.	14	
		Weder Sperrminorität noch Möglichkeiten zur Einflussnahme auf Geschäftsführung/Vorstand/Aufsichtsrat bei gleichzeitig starker Fragmentierung des Restanteils.	15	
		Weder Sperrminorität noch Möglichkeiten zur Einflussnahme auf Geschäftsführung/Vorstand/Aufsichtsrat bei gleichzeitig geringer Fragmentierung des Restanteils.	16	

Abbildung 2: Auswirkung der Kontrollebenen auf Kontrollprämie und Minderheitsabschlag

Die dargestellten Referenzwerte sind daher als Ausgangswerte zu verstehen, die einzelfallbezogen sowohl hinsichtlich der konkreten Ausprägung der Kontrollebene als auch hinsichtlich der Art und der Anzahl der konkret wirkenden Merkmale der Kontrolle anzupassen sind.

7. Alternative Erklärungsansätze für die Existenz einer Kontrollprämie

In der angloamerikanischen (insbesondere wissenschaftlichen) Literatur wird zunehmend bezweifelt, dass eine Kontrollprämie per se aus den mit einem Kontrollanteil verbundenen Rechten und Möglichkeiten resultiert. Der Erwerber ist hingegen dieser Ansicht folgend nur dann zur Zahlung einer Kontrollprämie bereit, wenn er von seinen Gestaltungsmöglichkeiten tatsächlich Gebrauch machen wird, um dadurch eine Wertsteigerung im Unternehmen realisieren zu können. Demgemäß wird gefordert, dass die rein für die Möglichkeit der Kontrollausübung angesetzte Kontrollprämie regelmäßig sehr gering, keinesfalls aber höher als 10 % sein sollte.[31]

Alternative Erklärungsansätze für die Existenz der Kontrollprämie ergänzen daher entweder die Wertkomponenten der Kontrollprämie neben der reinen Kontrollmöglichkeit um weitere Faktoren oder sie fokussieren auf andere Wertkomponenten. Zum einen werden die Wertkomponenten der Kontrollprämie neben den reinen „Ownership Rights" um die Liquidität im Sinne von Handelbarkeit der Anteile („Liquidity") sowie um den Zugang des potenziellen Käufers zu den entsprechenden bewertungsrelevanten Informationen („Information Access") und um die Qualität dieser Informationen („Information Reliability") ergänzt.[32] Ein anderer Erklärungsansatz sieht den Wert von Kontrolle in der Leitungsmacht des Mehrheitsanteilsinhabers begründet, die dem potenziellen Käufer aber nur dann einen Vorteil bringt, wenn das Unternehmen aktuell suboptimal geführt wird und er beispielsweise durch die Auswechslung des Managements zukünftig höhere Cashflows aus dem Unternehmen lukrieren kann.[33] Schließlich wird auch der Ansatz vertreten, dass das Stimmrecht in der Hauptversammlung an sich wertlos ist; der potenzielle Käufer ist nur dann zur Zahlung eines Aufschlags für Mehrheitsanteile bereit, wenn er dadurch einen asymmetrisch höheren Anspruch auf die zukünftigen Cashflows aus dem Unternehmen hat als ein Minderheitsanteilsinhaber.[34]

Quellenverzeichnis

Abrams, J. B., Quantitative Business Valuation (**Quantitative**), 2. Auflage, 2010
Bielinski, D. W., The Comprable Company Approach: Measuring the True Value of Privately Held Firms (**Comparable Company Approach**), in Corporate Cashflow Magazine, October 1990, 64–66

---

31 Vgl zB *Abrams*, Quantitative (2010) 273.
32 Vgl *Bolotsky*, Adjustments (1991) 97 ff.
33 Vgl *Damodaran*, Implications (2005) 3 ff.
34 Vgl *Lease/McConnell/Mikkelson*, Market Value (1983) 441 ff.

Bolotsky, M. J., Adjustments for Differences in Ownership Rights, Liquidity, Information Access, and Information Reliability: An Assessment of "Prevailing Wisdom" versus The "Nath Hypothesis" (**Adjustments**), in Business Valuation Review, September 1991, 94–110

Booth, R. A., Minority Discounts and Control Premiums in Appraisal Proceedings (**Appraisal Proceedings**), in: SSRN, http://papers.ssrn.com/sol3/papers.cfm?abstract_id=285649, 2001, 1–31

Castedello, M., Die Unternehmensbewertung (**Unternehmensbewertung**), in *IDW* (Hrsg), WP-Handbuch 2014 Band II, 14. Auflage, 2014, 1–214

Damodaran, A., The Value of Control: Implications for Control Premia, Minority Discounts and Voting Share Differentials (**Implications**), in SSRN, http://papers.ssrn.com/sol3/papers.cfm?abstact_id=837405, 2005, 1–60

Dodel, K., Private Firm Valuation and M&A (**Private Firm**), 2014

Grbenic, S. O., Transactions Control Premium/Minority Discount Study Deutschland, Teil 1: Modelltheoretische Grundlagen (**Study Teil 1**), in: BewertungsPraktiker 4/2013, 114–124; zweitveröffentlicht in *Schwetzler, B./Aders, C.*, Jahrbuch der Unternehmensbewertung 2014, 2014, 339–352

Grbenic, S. O., Transactions Control Premium/Minority Discount Study Deutschland, Teil 2: Untersuchungsergebnisse (**Study Teil 2**), in: BewertungsPraktiker 1/2014, 16–31

Grbenic, S. O., Transaktionsorientierte Kontrollprämien in der Eurozone: Referenzwerte für die Bewertungspraxis (**Kontrollprämien**), in Feldbauer-*Durstmüller/Janschek* (Hrsg), Jahrbuch für Controlling und Rechnungswesen 2015, 2015, 237–277

Grbenic, S. O./Jansa, E., ZEPHYR-Multiples – Branchenbezogene Transaktionsmultiplikatoren zur Preisfindung für Mehrheitsanteile von nicht börsennotierten Unternehmen, Teil 2: Konstrukte, kritische Würdigung und Anwendungsfelder (**Transaktionsmultiplikatoren**), in RWZ 12/2009, 365–371

Grbenic, S. O./Zunk, B. M., The Formation of Peer Groups in the Pricing Process of Privately Held Businesses: Can Firm Size Serve as a Selection Criterion? Empirical Evidence from Europe (**Formation**), in International Journal of Business, Humanities and Technology, January 2014, 73–90

Grbenic, S. O./Zunk, B. M., Transaktionsbezogene Kontrollprämien in Österreich (**Österreich**), in RWZ 7-8/2014, 225–234

Hitchner, J. R., Financial Valuation (**Financial**), 3. Auflage, 2011

Jankowske, W., Frameworks for Analysis of Control Premiums (**Frameworks**), in Business Valuation Review March 1995, 3–10

Jankowske, W., Valuing Minority Interests in Relation to Guideline Firms (**Relation**), in Business Valuation Review December 1991, 139–143

Kreitzman, K., The Value of Control: Control Premiums, Minority Interest Discounts, and the Fair Market Value Standard (**Value of Control**), in SSRN, http://papers.ssrn.com/sol3/papers.cfm?abstract_id=1167882, 2008, 1–10

Küting, K./Eidel, U., Marktwertansatz contra Ertragswert- und Discounted Cash Flow-Verfahren (**Marktwertansatz**), in Finanz Betrieb 9/1999, 225–231

Langemann, A., Fungibilitätsabschlage: Sinnhaftigkeit und Quantifizierung (**Fungibilitätsabschläge**), in BewertungsPraktiker 4/2014, 125–137

Lease, R. C./McConnell, J. J./Mikkelson, W. H., The Market Value of Control in publicly-traded Corporations (**Market Value**), in Journal of Financial Economics 11/1983, 439–471

Mercer, Z. C., Do Public Company (Minority) Transactions Yield Controlling Interest or Minority Interest Pricing Data? (**Controlling Interest**), in Business Valuation Review, December 1990, 123–126

Mercer, Z. C./Harms, T. W., Business Valuation, An Integrated Theory (**Theory**), 2. Auflage, 2008

Muschallik, M./Rowoldt, M., Peer Group-Verwendung in der Bewertungspraxis (**Peer Group**), in Corporate Finance 10/2016, 363–368

Nath, E. W., A Tale of Two Markets (**Markets**), in Business Valuation Review, September 1994, 107–112

Nath, E. W., Control Premiums and Minority Interest Discounts in Private Companies (**Control Premiums**), in Business Valuation Review, June 1990, 140–143

Nath, E. W., How Public Guideline Companies Represent "Control" Value for a Private Company (**Control Value**), in Business Valuation Review, December 1997, 167–171

Pratt, S. P., Business Valuation Discounts and Premiums (**Discounts and Premiums**), 2. Auflage 2009

Pratt, S. P., The Market Approach to Valuing Businesses (**Market Approach**), 2. Auflage, 2005

Pratt, S. P./Niculita, A. V., Valuing a Business (**Valuing**), 5. Auflage, 2008

Pratt, S. P./Reilly, R./Schweihs, R., Valuing Small Businesses and Professional Practices (**Small Businesses**), 1998

Sansing, R. C., Economic Foundations of Valution Discounts (**Foundations**), in SSRN, http://papers.ssrn.com/sol3/papers.cfm?abstract_id=150628, 1999, 1–21

Simpson, D. W., Minority Interest and Marketability Discounts: A Perspective, Part I (**Perspective**), in Business Valuation Review March 1991, 7–13

Taub, M. J., Valuing A Minority Interest: Whether to Adjust Elements of a Financial Statement Over Which the Minority Shareholder Has No Control (**Minority Interest**), in Business Valuation Review March 1998, 7–9

Trugman, G. R., Understanding Business Valuation (**Understanding**), 4. Auflage, 2012

Wagner, T., Konzeption der Multiplikatorverfahren (**Multiplikatorverfahren**), in *Krolle, S./Schmitt, G./Schwetzler, B.*, Multiplikatorverfahren in der Unternehmensbewertung, 2005, 5–20

Bandbreitenplanung von Praktikern für Praktiker

Martin Buchegger / Daniel Knuchel

1. **Bandbreitenplanung**
   - 1.1. Vorbemerkungen
     - 1.1.1. Entscheidung mittels Bewertung – Ein Einstieg
     - 1.1.2. Wozu Bandbreitenplanung?
     - 1.1.3. Für wen ist Bandbreitenplanung interessant?
   - 1.2. Bandbreitenplanung in der Unternehmensbewertung
     - 1.2.1. Anknüpfungspunkte im KFS/BW 1 für die Bandbreitenplanung
       - 1.2.1.1. Wir planen oft, worauf wir abzielen
       - 1.2.1.2. Die Planrechnung ist zu plausibilisieren
       - 1.2.1.3. Relevant sind die Erwartungswerte künftiger Cashflows
       - 1.2.1.4. Risikomaß und Bewertung
       - 1.2.1.5. Die Bandbreitenplanung – eine Bereicherung für die Bewertungspraxis
     - 1.2.2. Vorgehensweise bei der Bandbreitenplanung
       - 1.2.2.1. Risiken werden durch die Bandbreitenplanung sichtbar
       - 1.2.2.2. Risiken können Insolvenz auslösen
       - 1.2.2.3. Eigenes Mind-set bzw Rollenverständnis
       - 1.2.2.4. Vorgehen zur Informationssammlung und Analyse
       - 1.2.2.5. Methodik der Risikoquantifizierung und -simulation
     - 1.2.3. Ergebnisse der Bandbreitenplanung
       - 1.2.3.1. Planungsbandbreiten unter der Going-Concern-Prämisse
       - 1.2.3.2. Planungsbandbreiten mit Insolvenzwahrscheinlichkeit
       - 1.2.3.3. Alternativüberlegungen
   - 1.3. Die Bewertung auf Basis der Bandbreitenplanung
     - 1.3.1. Bandbreitenplanung und Bewertung – Ein Ausblick

1. Bandbreitenplanung

1.1. Vorbemerkungen

Dieser Praktikerbeitrag versucht dem Leser das Thema der Bandbreitenplanung unkompliziert näherzubringen und die Relevanz des mit der Bandbreitenplanung verbundenen Nutzen nachvollziehbar zu machen. Da es sich in der Ausbildung von Studenten der Betriebswirtschaft bewährt hat, einen spielerischen Einstieg in das komplexe Thema „Ökonomische Bewertung unsicherer künftiger Zahlungsströme" voranzustellen, wird dieses Konzept auch in diesem Beitrag angewandt.

1.1.1. Entscheidung mittels Bewertung – Ein Einstieg

Fragt man Probanden (hier: Controllingstudenten), ob sie bereit wären, ein Spiel zu spielen, bei dem ihr Einsatz 2 € beträgt und man eine Münze wirft, wobei der Spieler 10 € gewinnen könnte, sofern die Münze auf Zahl fällt, seinen Einsatz verliert, wenn die Münze auf Kopf fällt, so zeigt sich in aller Regel, dass die Studenten bereit sind, das Risiko einzugehen.

Sie bewerten den unsicheren zukünftigen Zahlungsstrom (10 € * 50 % + 0 € * 50 % = 5 €) und berechnen den Erwartungswert des Spiels, indem sie ihren Einsatz abziehen (5 € – 2 € = 3 €). Bei diesem Spiel wird den Studenten bewusst, dass sie den Erwartungswert berechnen, um diesen Vorgang zu beurteilen und wirtschaftlich sinnvolle Entscheidungen treffen zu können.

In weiterer Folge werden unterschiedliche Spielvariationen vorgenommen und die Studenten erarbeiten sich folgende Erkenntnisse über die Frage, wie Menschen im Allgemeinen unsichere ökonomische Situationen bewerten und darüber entscheiden:

Münzwurfbeispiel – Spielvariationen							
Spiel	Einsatz	Gewinn	Gewinnwahrscheinlichkeit	Verlustwahrscheinlichkeit	Berechnung des Erwartungswerts	Häufigstes Entscheidungskriterium	Am häufigsten genannte Entscheidung, das Spiel zu gewinnnen?
Spiel Nr. 1	– 2 €	+ 10 €	50 %	50 %	+ 3 €	pos. Erwartungswert	ja
Spiel Nr. 2	– 4,9 €	+ 10 €	50 %	50 %	+ 0,1 €	Sicherheitsäquivalent	gerade noch ja
Spiel Nr. 3	– 490 €	+ 1.000 €	50 %	50 %	+ 10 €	Sicherheitsäquivalent	eher nein
Spiel Nr. 4	– 450 €	+ 1.000 €	50 %	50 %	+ 50 €	Sicherheitsäquivalent	doch wieder ja
Spiel Nr. 5	– 4.500 €	+ 10.000 €	50 %	50 %	+ 500 €	Verlustwahrscheinlichkeit	nein
Spiel Nr. 6	– 4.500 €	+ 10.000 €	80 %	20 %	+ 3.500 €	Verlustwahrscheinlichkeit	ja
Spiel Nr. 7	– 45.000 €	+ 100.000 €	80 %	20 %	+ 35.500 €	Höhe des Einsatzes	nein

Tabelle 1: Spielvariationen des Münzwurfbeispiels

In Spiel 1 erkennen die Studenten, dass sie den positiven Erwartungswert berechnen und somit zur Entscheidung kommen, dass es sinnvoll für sie wäre, zu spielen.

In weiterer Folge hinterfragen wir, welchen Einsatz die Studenten gerade noch bereit wären, zu setzen. Man einigt sich auf 4,90 € für Spiel 2. Den Betrag, bei dem es den Studenten beinahe gleichgültig ist, ob sie spielen oder nicht, bezeichnen wir als Sicherheitsäquivalent.

Bei Spiel 3 werden die Beträge aus Spiel 2 mit dem Faktor 100 multipliziert. Die Studenten erkennen, dass sie bei einer höheren Bandbreite des unsicheren künftigen Cashflows einen höheren Sicherheitsabschlag fordern. Sie erkennen auch, dass sie Transparenz über die Unsicherheitsbandbreite der Cashflows benötigen, um eine sinnvolle Entscheidung treffen zu können. Sie lehnen es ab, dieses Spiel zu spielen, obwohl es einen positiven Erwartungswert hat. Die Diskussion mit den Studenten ergibt, dass der positive Erwartungswert nicht hoch genug ist, um für das übernommene Risiko zu entschädigen.

In Spiel 4 wird daher der Einsatz etwas abgesenkt und wiederum das Sicherheitsäquivalent gefunden, damit dieses Spiel gerade noch gespielt wird.

In Spiel 5 werden die Beträge mit dem Faktor 10 multipliziert. Die Vorstellung, den Einsatz von 4.500 € mit 50%er Wahrscheinlichkeit verlieren zu können, „schmerzt" einige Studenten. Die Studenten erkennen, dass sie dieses Spiel nur deshalb gut beurteilen können, weil sie Transparenz über die Verlustwahrscheinlichkeit haben. In Kenntnis dieser lehnen sie es ab, das Spiel zu spielen.

In Spiel 6 wird daher die Verlustwahrscheinlichkeit abgesenkt. Die Studenten trauen sich nun dieses Spiel zu spielen.

In Spiel 7 werden die Beträge aus Spiel 6 wiederum mit dem Faktor 10 multipliziert. Der geforderte Einsatz in Höhe von 45.000 € erscheint den meisten Studenten vor dem Hintergrund ihrer Vermögensverhältnisse bzw ihres Einkommens so hoch, dass sie nicht bereit sind, dieses Spiel zu spielen („safety first").

Wenn wir nach diesem spieltheoretischen Einstieg dann gemeinsam mit unseren Studenten zusammenfassen, welche Informationen vorliegen müssten, um eine ökonomisch sinnvolle Entscheidung (zum Beispiel im Zusammenhang mit der Bewertung eines Unternehmens im Rahmen einer Kaufpreisfindung) treffen zu können, kommen wir zu folgenden Erkenntnissen:

Wir benötigen:

- Informationen zur Berechnung der Erwartungswerte;
- zusätzlich Transparenz über die Planungsbandbreiten, weil höhere Unsicherheitsbandbreiten zu höheren Risikoabschlägen des zukünftigen unsicheren Zahlungsstroms (höhere Renditeforderungen) führen;
- geeignete Wahrscheinlichkeitsinformationen, weil in manchen Entscheidungssituationen diese Zusatzinformation ausschlaggebend sein kann (vgl Spiel 5 und Spiel 6);
- Berücksichtigung subjektiver Verhältnisse, weil in manchen Entscheidungssituationen nicht die ökonomischen Rahmenbedingungen des Bewertungsobjekts, sondern subjektive Rahmenbedingungen maßgeblich sind.

1.1.2. Wozu Bandbreitenplanung?

Bei der Bandbreitenplanung handelt es sich um eine Methodik und Vorgehensweise zur Erarbeitung oder Plausibilisierung von Planrechnungen. Bei entsprechender Anwendung des Instrumentariums birgt die Bandbreitenplanung folgende Vorteile:

1. Eine realistische Planrechnung wird erarbeitet, die im Mittel zutrifft.
2. Zusätzlich zur Planrechnung werden die Planungsbandbreiten (Planungsunsicherheiten) aufgezeigt.
3. Die Planungsbandbreiten können (in Zusammenschau mit den bestehenden Finanzierungslimiten) zur Abschätzung der künftigen Insolvenzwahrscheinlichkeit genutzt werden.

1.1.3. Für wen ist Bandbreitenplanung interessant?

Zielgruppe dieses Beitrags sind Personen, die Unternehmensplanrechnungen erarbeiten, plausibilisieren oder Entscheidungen unter Berücksichtigung zukunftsbezogener Entscheidungsgrundlagen treffen. Die Bandbreitenplanung wird neben der Unternehmensbewertung auch in anderen Entscheidungssituationen genutzt, etwa bei der Frage nach der Erfolgswahrscheinlichkeit einer Sanierungsstrategie im Zusammenhang mit der Erstellung von Fortbestehensprognosen, bei Berechnungen zur Bestimmung eines angemessenen Angebotspreises im Rahmen einer Auftragskalkulation oder auch bei der Frage der Ausgestaltung einer risikoadäquaten Finanzierungsstruktur (unter Berücksichtigung von Covenants).

In diesem Beitrag liegt der Fokus auf der Anwendung der Bandbreitenplanung für Zwecke der Unternehmensbewertung. Es sollen folgende Fragen behandelt werden:

1. Gibt es im Fachgutachten KFS/BW 1 Anknüpfungspunkte für die Bandbreitenplanung?
2. Wie wird bei der Bandbreitenplanung vorgegangen?
3. Wie werden die Ergebnisse der Bandbreitenplanung in der Unternehmensbewertung berücksichtigt?

1.2. Bandbreitenplanung in der Unternehmensbewertung

1.2.1. Anknüpfungspunkte im KFS/BW 1 für die Bandbreitenplanung[1]

Die Unternehmensbewertung basiert grundsätzlich auf einer möglichst umfassenden integrierten Planungsrechnung, die ihre Zusammenfassung in Plan-Bilanzen, Plan-Gewinn- und -Verlustrechnungen und Finanzplänen findet und von der Unternehmensleitung erstellt wird. Liegt eine ausreichend dokumentierte Planungsrechnung nicht vor, so ist die Unternehmensleitung dazu zu veranlassen, eine Erfolgs-, Finanz- und Bilanzplanung unter Zugrundelegung ihrer Vorstellungen über die künftige Entwicklung des Unternehmens zu erstellen.

---

1 Vgl zu den Ausführungen in diesem Kapitel das Fachgutachten des Fachsenats für Betriebswirtschaft und Organisation der Kammer der Wirtschaftstreuhänder zur Unternehmensbewertung (beschlossen in der Sitzung des Fachsenats für Betriebswirtschaft und Organisation am 26. März 2014 als Neufassung des Fachgutachtens KFS/BW 1), Rz 51–78 und 147 f.

Sofern von der Unternehmensleitung eine für Zwecke der Unternehmensbewertung geeignete Unternehmensplanung nicht zur Verfügung gestellt werden kann, kann der Wirtschaftstreuhänder eine Planung der finanziellen Überschüsse (integrierte Planungsrechnung) auf Basis der Vergangenheitsanalyse, der hierbei festgestellten Entwicklungslinien und der übrigen verfügbaren Informationen erstellen.

1.2.1.1. Wir planen oft, worauf wir abzielen

Wir fragen unsere Studenten beiläufig, was sie für ihre Zukunft planen. Dabei hören wir: *„Fertig studieren"*, *„Diese oder jene Ausbildung absolvieren"*, manchmal auch Privates wie *„Heiraten, Haus bauen, Kinder bekommen"*. Wir stellen dann gemeinsam mit den Studenten fest, dass Menschen möglicherweise dazu tendieren, Positives zu planen. Mitunter planen wir, worauf wir abzielen.

Wir sensibilisieren unsere Studenten dafür, sich dessen bewusst zu sein. Vor allem, wenn sie künftig Entscheidungen auf Grundlage von Planrechnungen treffen möchten. Denn unsere Studenten haben gelernt, dass sie sich für die ökonomische Beurteilung unsicherer künftiger Zahlungsströme um Erwartungswerte bemühen müssen.

In der Unternehmensbewertung ist es Stand der Technik, integrierte Planrechnungen zugrunde zu legen. Allerdings darf niemals ohne weiteres davon ausgegangen werden, dass es sich bei einer Planrechnung um eine gute Entscheidungsgrundlage handelt. Es ist wichtig, diese zu plausibilisieren.

In der konkreten Bewertungssituation empfiehlt es sich, dezidiert zu hinterfragen, wie der Planungsprozess organisiert ist und ob die Planrechnung ambitionierte Zielsetzungen enthält (Motivationsfunktion), realistisch oder ev pessimistisch angelegt wurde.

1.2.1.2. Die Planrechnung ist zu plausibilisieren

Im Fachgutachten KFS/BW 1 wird die Beurteilung der Planung der finanziellen Überschüsse auf ihre Plausibilität hin gefordert. Dabei ist zwischen der Beurteilung der formellen und derjenigen der materiellen Plausibilität zu differenzieren.

Im Zuge der Beurteilung der formellen Plausibilität hat der Wirtschaftstreuhänder zunächst die Dokumentation der Planung sowie den Prozess zur Erstellung der Planung zu analysieren. Dabei ist insbesondere darauf einzugehen, zu welchem Zeitpunkt, zu welchem Zweck und von wem die Planung erstellt wurde, ob diese von einem Aufsichtsorgan genehmigt wurde und welche Verbindlichkeit sie hat. Ebenso ist zu berücksichtigen, ob die Planung anlassbezogen für Zwecke der Unternehmensbewertung oder im Rahmen eines standardisierten, beispielsweise jährlichen, Planungsprozesses erstellt wurde.

Aus formeller Sicht ist weiters zu beurteilen, ob die Planung rechnerisch nachvollziehbar und richtig ist sowie den methodischen Anforderungen einer integrierten Planungsrechnung entspricht. Dabei ist insbesondere darauf einzugehen, ob die einzelnen Teilpläne (Plan-Bilanzen, Plan-Gewinn- und -Verlustrechnungen und Finanzpläne sowie gegebenenfalls weitere Teilpläne wie bspw Absatzpläne, Personalpläne, Investitionspläne) vollständig und aufeinander abgestimmt sind.

Im Rahmen der Beurteilung der materiellen Plausibilität sind die zugrunde liegenden Annahmen kritisch zu würdigen. Dabei empfiehlt es sich, die wesentlichen wertbeeinflussenden Annahmen in einem ersten Schritt zu identifizieren. In einem weiteren Schritt sind die Nachweise bzw Argumente, die diese Annahmen untermauern, zu analysieren. Letztendlich ist zu beurteilen, ob die Planung schlüssig und widerspruchsfrei aus den getroffenen Annahmen abgeleitet wurde und alle Konsequenzen dieser Annahmen berücksichtigt wurden. Wesentliche Grundlagen für die Beurteilung der materiellen Plausibilität lassen sich aus der Vergangenheitsanalyse ableiten, die sich sowohl auf unternehmensbezogene Informationen als auch auf eine Analyse der Unternehmensumwelt in der (jüngeren) Vergangenheit erstreckt. Hierzu gehören die Entwicklung der Marktstellung des Unternehmens und sonstige Markt- und Umweltentwicklungen (zB Entwicklungen in politischer, rechtlicher, ökonomischer, technischer, ökologischer und sozialer Hinsicht).

Der Wirtschaftstreuhänder hat zu analysieren, ob die Annahmen der Planung in Widerspruch zu den Ergebnissen der Vergangenheitsanalyse stehen. Für die Beurteilung der Verlässlichkeit der finanziellen Überschüsse kann auch ein Soll-Ist-Vergleich unter Einbezug erstellter vergangener Planungsrechnungen des Unternehmens dienlich sein.

1.2.1.3. Relevant sind die Erwartungswerte künftiger Cashflows

Die zu diskontierenden künftigen finanziellen Überschüsse sollen Erwartungswerte repräsentieren. Die Erwartungswerte können auch aus Szenarien abgeleitet werden, denen Eintrittswahrscheinlichkeiten zugeordnet sind. Der wahrscheinlichste Wert (Modalwert) der künftigen finanziellen Überschüsse kann vom Erwartungswert abweichen.

Bei der Ermittlung der Erwartungswerte ist zu untersuchen, inwieweit das Unternehmen Insolvenzrisiken ausgesetzt ist. Die Berücksichtigung von bewertungsrelevanten Insolvenzrisiken kann durch den Ansatz von Insolvenzwahrscheinlichkeiten erfolgen, die unter anderem aus Ratings abgeleitet werden können.

Die angeführten Münzwurfbeispiele in der Vorbemerkung veranschaulichen, wie sich der Erwartungswert der künftigen unsicheren Cashflows aus den mit Eintrittswahrscheinlichkeiten gewichteten Szenarien ermitteln lässt. Sie illustrieren darüber hinaus, dass es verschiedene Risikomaße geben kann, die aus dem Blickwinkel eines Bewertungssubjekts maßgeblich für dessen Entscheidung sein können.

1.2.1.4. Risikomaß und Bewertung

Jede Investition in ein Unternehmen ist mit dem Risiko verbunden, dass künftige finanzielle Überschüsse nicht im erwarteten Umfang anfallen, dh sie können sowohl niedriger als auch höher ausfallen als erwartet. Dieses bewertungsrelevante Risiko (Unsicherheitsbandbreite) wird üblicherweise dem Entscheider jedoch nicht transparent gemacht.

Der Grund dafür liegt darin, dass das Risiko nicht nur in Form der Sicherheitsäquivalenzmethode durch einen Abschlag vom Erwartungswert der finanziellen Überschüsse (vgl Münzwurfbeispiele) festgelegt, sondern auch in Form der Risikozuschlagsmethode durch einen Risikozuschlag zum risikolosen Zinssatz (Basiszinssatz) berücksichtigt werden kann. Da die Risikozuschlagsmethode national und international gebräuchlicher ist, wird im KFS BW1 von ihrer Anwendung ausgegangen.

Bei marktorientierten Risikozuschlägen beschäftigt sich der Bewerter über die Plausibilisierung der Planrechnung hinaus nicht konkret mit den Risiken des Bewertungsobjekts. Stattdessen werden Kursschwankungen berücksichtigt, welche in der Regel auf Grundlage des Capital Asset Pricing Model (CAPM) ermittelt werden.

Was bei den Studenten nach der Diskussion des Münzwurfbeispiels bleibt, ist ein starkes Bedürfnis, bei der subjektiven Entscheidungsfindung alle Kriterien, die zuvor als bewertungsrelevant erkannt wurden, künftig erarbeiten zu wollen.

1.2.1.5. Die Bandbreitenplanung – eine Bereicherung für die Bewertungspraxis

Die Bandbreitenplanung bietet dem Anwender des KFS/BW 1

- eine Bereicherung im Sinne eines Instrumentariums zur Plausibilisierung von Planrechnungen, welches letztlich zu erwartungstreuen Planwerten führt;
- einen Informationsgewinn über die bestehenden Planungsunsicherheiten unter Berücksichtigung der unternehmensspezifischen Risiken[2];
- Alternativen zur Quantifizierung des Risikos für die Berechnung subjektiver Entscheidungswerte, welche nicht auf die oft unrealistische Typisierung eines vollständig diversifizierten Investors abstellen;
- zusätzliche, direkt aus der Simulation ableitbare Risikomaße, welche im Einzelfall entscheidungsrelevant sein können, wie beispielsweise die künftige, planungskonsistent ermittelte Insolvenzwahrscheinlichkeit.

1.2.2. Vorgehensweise bei der Bandbreitenplanung

1.2.2.1. Risiken werden durch die Bandbreitenplanung sichtbar

Wir ersuchen unsere Studenten gerne, sich vorzustellen, sie wären Banker. In dieser Rolle hätten sie zwei Planrechnungen von den Firmenkunden A und B vor sich liegen. Es geht um eine Kreditentscheidung. Wir unterstellen, dass alle Zahlen der beiden Planrechnungen exakt gleich sind. Dennoch wissen die Studenten über folgende Unterschiede Bescheid:

- Bei A ist die Auslastung der nächsten 12 Monate zu 50 %, bei B zu 90 % sicher.
- A erzielt 60 % seines Umsatzes mit drei Großkunden, B verfügt über eine breite Kundenbasis.
- Bei A wird der Wareneinkauf zu 80 % in Fremdwährung (CHF) abgewickelt, B kauft alles in EUR zu.
- Bei A ist ein hoher Teil der Kosten fix, B kann den Großteil seiner Kosten im Falle von Umsatzrückgängen variabel anpassen.
- uvm ...

---

[2] Die Transparenz über die Gründe, die Relevanz und die Bewertung von Risiken, die künftig zu Planabweichungen führen können, geben regelmäßig Anstoß für wertsteigernde Verbesserungsmaßnahmen (Risikomanagement).

Den Studenten ist sofort klar, dass es derartige Unterschiede gibt und dass diese relevant sind. Sie empfinden die Zukunftsaussichten von B sicherer als jene von A. Das Unternehmen A geht vergleichsweise höhere Risiken ein, die zu Planabweichungen führen könnten. Die Studenten fragen dann, warum die Planungssicherheit nirgendwo in den Entscheidungsgrundlagen des Bankers (Planrechnungen) aufgezeigt wird.

Die Antwort ist, dass eine integrierte Planrechnung dies nicht leisten kann. Sie bildet ein mögliches Zukunftsszenario exakt ab. Selbst einzelne weitere Szenarien würden den Studenten bei ihrer Entscheidung in ihrer Rolle als Banker kaum weiterhelfen. Was hätten sie davon, wenn sie wüssten, dass der Kredit, den sie gewähren sollen, im *best case* zurückbezahlt werden kann, im *worst case* aber nicht? Wiederum ist zu erkennen, dass Wahrscheinlichkeitsinformationen notwendig sind.

Wenn wir dieses Beispiel noch weiter mit den Studenten diskutieren und erläutern, dass Banken bei der Risikoeinschätzung ihrer Kunden auf Ratingsysteme und im Wesentlichen auf die Auswertung historischer Jahresabschlüsse[3] vertrauen, macht sich fast schon so etwas wie leichte Verzweiflung bemerkbar. Wirklich? Bei der Kreditentscheidung geht es darum, eine Entscheidung darüber zu treffen, ob und wenn ja zu welchen (risikoadäquaten Konditionen) der Banker den Kredit vergeben soll, aber das offenbar vorhandene individuelle Risiko der beiden Unternehmen und die damit einhergehende unterschiedliche Fähigkeit, den Kredit zu bedienen, wird bei der Kreditvergabe nicht berücksichtigt.

Die Bandbreitenplanung kann dem Entscheider Transparenz über die Bandbreite der Chancen und Risiken des Unternehmens und die nötigen Entscheidungsgrundlagen für ihre Kreditentscheidung bieten. Es geht dabei um die Frage, mit welcher Wahrscheinlichkeit die unsicheren künftigen Rückflüsse (Zinsen und Tilgungen) fließen werden bzw mit welcher Wahrscheinlichkeit Insolvenz eintreten könnte und allenfalls ein Rückfluss aus der Sicherheitenverwertung erzielt werden würde.

1.2.2.2. Risiken können Insolvenz auslösen

Wir setzen die Diskussion mit unseren Studenten fort und ersuchen sie, sich weiterhin in die Rolle eines Bankers hineinzuversetzen. Ihr Firmenkunde legt ihnen eine Planrechnung vor. Demnach wird die Ausnützung des Betriebsmittelkontos im Planjahr von 2 Mio € auf 1,8 Mio € sinken. Nun sollen sich die Studenten zwei Varianten der unterjährigen Planung vorstellen: Im einen Fall handelt es sich um einen Saisonbetrieb, bei dem es große unterjährige Cashflow Schwankungen gibt. Die unterjährige geplante Ausnützung steigt auf rund 3 Mio € an, bevor sie sich dann eben auf den Planwert zum Jahresende in Höhe von 1,8 Mio € absenkt. Im anderen Fall gibt es kaum unterjährige Schwankungen. Die höchste Ausnützung ist für das zweite Quartal des Jahres in Höhe von rund 2,2 Mio € geplant.

---

3   Wir sind hinsichtlich der Istdaten ebenfalls davon ausgegangen, dass die Daten der Jahresabschlüsse der beiden Unternehmen exakt gleich sind.

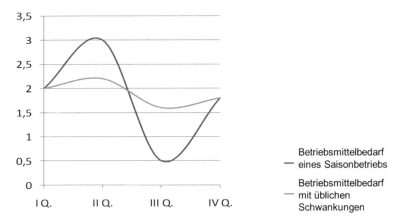

Abbildung 1: Beispielhafte Schwankung des Betriebsmittelkredites im Vergleich

Den Studenten wird klar, dass sie die unterjährige Cashflow Schwankung bei der Frage der Ausgestaltung der Rahmenhöhe berücksichtigen müssen. Wenn sie möchten, dass der Kunde „überlebt", wird die Rahmenhöhe im Falle des Saisonbetriebs ca 3 Mio € betragen müssen, während das andere Unternehmen mit rund 2,2 Mio € das Auslangen finden wird.

Grundsätzlich benötigen Unternehmen mit hohen Cashflow-Schwankungen größere Finanzierungsspielräume (liquide Mittel bzw freie Rahmen), um zu überleben, als Unternehmen mit geringen Cashflow-Schwankungen. Auch Risiken[4] führen zu Cashflow-Schwankungen. Im Vergleich zum Saisonbetrieb ist nur nicht ganz gewiss, wann diese schlagend werden.

Für unsere Studenten ist es intuitiv einleuchtend, dass

- Unternehmen mit höheren Unsicherheitsbandbreiten bei limitierten Finanzierungsmöglichkeiten[5] eine höhere Insolvenzwahrscheinlichkeit aufweisen als Unternehmen mit niedrigeren Planungsbandbreiten und dass
- die künftige Insolvenzwahrscheinlichkeit (jedenfalls wenn man davon ausgeht, dass sich diese auf den künftigen bewertungsrelevanten Cashflows auswirkt) entscheidungs- und somit bewertungsrelevant sein muss, egal ob es um eine Unternehmensbewertung[6] oder etwa um eine Kreditentscheidung geht.

Wenn es nun darum geht, unseren Studenten die Vorgehensweise bei der Bandbreitenplanung näherzubringen, dann betonen wir folgende drei Themen:

---

[4] Vgl Punkt 1.2.2.1: Hier wurden beispielhaft Umsatzmengenschwankungsrisiken samt Unterschieden in der Kostenanpassungsfähigkeit sowie Risiken aus der Abhängigkeit gegenüber Großkunden und Wechselkursschwankungsrisiken angeführt.

[5] Dies trifft in der Praxis vor allem auf Unternehmen in Krisensituationen zu bzw ist bei schlechtem Rating und nicht verfügbaren Sicherheiten anzunehmen.

[6] Die Bewertungsrelevanz der künftigen Insolvenzwahrscheinlichkeit wurde bereits unter Punkt 1.2.1.3 betont. Vgl vertiefend: *Gleißner W.*, Der Einfluss der Insolvenzwahrscheinlichkeit (Rating) auf den Unternehmenswert und die Eigenkapitalkosten, in Corporate Finance biz 4/2011, 243–251.

1. Das Ziel der Erarbeitung einer Bandbreitenplanung führt automatisch dazu, dass man mit seinem eigenen (anderen) Mind-set bzw Rollenverständnis an die Aufgabe herangeht.
2. Es empfiehlt sich ein bestimmtes Vorgehen zur Informationssammlung und Analyse.
3. Es bedarf der Anwendung einer Methodik zur Risikoquantifizierung und -simulation.

1.2.2.3. Eigenes Mind-set bzw Rollenverständnis

Wenn dem Ersteller der Bandbreitenplanung die folgenden Zusammenhänge

a) der Entscheider benötigt eine erwartungstreue Planrechnung,
b) der Entscheider benötigt Informationen über die Planungsbandbreiten,
c) der Entscheider benötigt Wahrscheinlichkeitsinformationen und
d) die künftige Insolvenzwahrscheinlichkeit ist bewertungsrelevant,

bewusst sind, führt dies zu einem eigenen Mind-set bzw Rollenverständnis bei der Erledigung der Arbeit.

Die integrierte Unternehmensplanrechnung ist nicht von vornherein Grundlage für die Bewertung, sondern der Ausgangspunkt für deren Plausibilisierung mittels Bandbreitenplanung.

Bei jeder einzelnen Planposition wird überlegt, ob die Chancen/Risiken, die Planung zu über-/unterschreiten, höher sind und ob der Planwert tatsächlich in der Mitte dieser Bandbreite liegt. Außerdem wird über Gründe nachgedacht, die zu einer Über- oder Unterschreitung der Planung führen könnten.

Da Menschen dazu neigen, zu planen, worauf sie abzielen[7], ist es wichtig, die Risiken zu analysieren, die zu Planabweichungen führen können.

Da die künftige Insolvenzwahrscheinlichkeit bewertungsrelevant ist und diese dann entsteht, wenn der künftige Cashflow und die vorhandenen bzw kurzfristig beschaffbaren Finanzierungsspielräume nicht in Einklang gebracht sind, werden vom Ersteller der Bandbreitenplanung bzw Bewerter sowohl der Risikoumfang als auch die Finanzierungsrahmenbedingungen analysiert.

1.2.2.4. Vorgehen zur Informationssammlung und Analyse

Es empfiehlt sich, Analysen anzustellen, die letztlich auf den bewertungsrelevanten Cashflow abzielen. Dieser bestimmt das Ausschüttungspotenzial und speist die im Falle einer Unternehmenskrise überlebenswichtigen Liquiditätsspielräume ein und bestimmt in Zusammenschau mit den vorhandenen Finanzierungslimiten die künftige Insolvenzwahrscheinlichkeit.

---

7 Vgl Punkt 1.2.1.1.

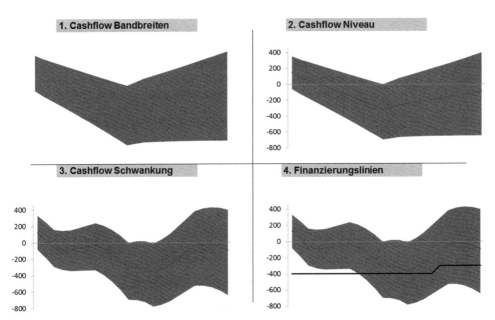

Abbildung 2: Beispielhafte Darstellung der Cashflow-Schwankungsbreiten samt Finanzierungslinien

Es empfiehlt sich, in folgenden vier Dimensionen zu denken:

1. Wie hoch sind die risikobedingten Unsicherheitsbandbreiten des Cashflows?
2. Auf welcher Höhe liegt das künftige Cashflow-Niveau und gibt es einen Trend?
3. Sind zusätzlich unterjährige bzw saisonal bedingte Schwankungsbreiten zu berücksichtigen?
4. Sind die Planungsunsicherheiten, denen das Unternehmen ausgesetzt ist, finanzierbar oder ist die Finanzierung derart limitiert, dass die Bandbreitenplanung eine bewertungsrelevante künftige Insolvenzwahrscheinlichkeit erkennen lässt?[8]

Die gemäß KFS/BW 1 empfohlenen Analysen[9] können auch zur Erarbeitung der Bandbreitenanalyse genützt werden. Es soll(en):

- externe Informationen (zB: Branchenanalysen, Marktstudien) beachtet werden;
- Vergangenheitsanalysen angestellt und daraus Entwicklungslinien festgestellt werden;

---

[8] Die in Abbildung 2 unter Finanzierungslinien eingezeichnete Linie ist so zu interpretieren, dass dem Unternehmen zur Überwindung der aktuellen Krise zusätzliche Liquidität (Finanzierungsrahmen) in Höhe von 400.000 € gewährt wurde. Gegen Ende des Planungszeitraums ist eine erste Tilgung in Höhe von 100.000 € vorgesehen. Wenn das Planungsszenario (Linie innerhalb der Bandbreite) eingehalten wird, ist anzunehmen, dass das Unternehmen mit den bestehenden Finanzierungslimiten auskommen wird und überlebt. Sollten Risiken eintreten und die Planrechnung wesentlich unterschritten werden (der Teil der Fläche unterhalb der schwarzen Linie), ist mit der Insolvenz des Unternehmens zu rechnen.

[9] Vgl zu den Ausführungen in diesem Kapitel das Fachgutachten des Fachsenats für Betriebswirtschaft und Organisation der Kammer der Wirtschaftstreuhänder zur Unternehmensbewertung (beschlossen in der Sitzung des Fachsenats für Betriebswirtschaft und Organisation am 26. März 2014 als Neufassung des Fachgutachtens KFS/BW 1), Rz 51–78.

- Szenarioanalysen durchgeführt werden;
- die integrierte Planrechnung formell und materiell plausibilisiert werden;
- die wesentlichen wertbeeinflussenden Annahmen identifiziert werden;
- Annahmen dokumentiert und Nachweise bzw Argumente, die diese untermauern, analysiert werden;
- die Unternehmensumwelt in der (jüngeren) Vergangenheit analysiert werden;
- die Marktstellung des Unternehmens und sonstige Markt- und Umweltentwicklungen erhoben werden;
- Soll-Ist-Vergleiche von erstellten Planungsrechnungen des Unternehmen analysiert werden;
- die Vergangenheitsdaten bereinigt bzw normalisiert werden;
- die Zuverlässigkeit der vorhandenen Informationen hinterfragt werden;
- analysiert werden, ob sich die in der Vergangenheit wirksamen Erfolgsfaktoren wesentlich verändert haben;
- interne oder externe Gutachten und Studien (zB zur Unternehmensstrategie) berücksichtigt werden.

Bei der Bandbreitenplanung werden die Ergebnisse der oben angeführten Analysen nicht genützt, um eine vorliegende Unternehmensplanrechnung zu untermauern bzw die vorliegende Planrechnung zu bestätigen, sondern um die wesentlichsten unsicheren Inputgrößen der Planrechnung und die wesentlichsten Risiken, die in der Zukunft zu Planabweichungen führen können,

1. zu identifizieren,
2. unter Berücksichtigung der Planrechnung quantitativ zu beschreiben (Input) und
3. diese Eingaben mittels Simulationstechnik auszuwerten (Output).

Für Zwecke der Unternehmensbewertung empfiehlt es sich, Analysen, die ohnehin erstellt werden, oder Gespräche, die ohnehin geführt werden, zu nützen, um Anhaltspunkte für die Quantifizierung der Inputgrößen der Bandbreitenplanung zu gewinnen. Natürlich kann diese „einmalige externe Risikoanalyse" nicht das Qualitätsniveau erreichen, welches mit einem organisatorisch in der Unternehmenssteuerung verankerten, internen Risikomanagement erreicht werden könnte.

Dennoch kann die empfohlene Vorgehensweise des Risikomanagements zur Risikoanalyse[10] Orientierung geben:

---

10 Vgl *Gleißner, W.*, Grundlagen des Risikomanagements, 3. Auflage (2017), München.

Strategische Risiken
Erfolgspotentiale und deren Bedrohungen

Unsichere Planannahmen
Controlling, Planung, Budgetierung

Sonstige Risikofelder
Identifikation mittels Workshops

1. Filter: Schwerpunktsetzung
Risikoschwerpunkte in den Risikofeldern ermitteln
(Basis: Experteneinschätzung, Finanzdaten, historische Analyse)

2. Filter: Grobeinschätzung Relevanz
Fokussierte Risikoidentifikation (mit Relevanzbewertung)
(Basis: Experteneinschätzung, Finanzdaten, historische Analyse)

3. Filter: Risikoinventar
Detailanalyse der wichtigsten Risiken (Quantifizierung)
- Ermittlung von Szenarien und Verteilungsfunktionen
- detaillierte Begründungen und Ursache-Wirkungs-Beziehungen

Abbildung 3: Vorgehensweise des Risikomanagements zur Risikoanalyse

Die erarbeiteten Analyseergebnisse liefern in der Regel Anhaltspunkte für eine vertiefende Diskussion mit den relevanten Auskunftspersonen des Bewertungsobjekts. Es empfiehlt sich, konkrete Fragen zu formulieren und diese abhängig von der Organisation und Struktur des zu bewertenden Unternehmens in Gesprächen oder Workshops zu klären.

Hinsichtlich der strategischen Risiken ist es wichtig zu verstehen,

1. ob die Unternehmensplanrechnung grundsätzlich auf einer durchdachten Strategie beruht,
2. von welchen Faktoren der langfristige Erfolg des Unternehmens abhängig ist,
3. welchen Bedrohungen diese Erfolgsfaktoren ausgesetzt sind,
4. welche Marktrisiken bestehen (Nachfrageschwankungen, neue Wettbewerber etc),
5. welche Trendrisiken bestehen (abnehmende Kundenbindung etc).

Hinsichtlich der unsicheren Planannahmen ist zu analysieren bzw entsprechend zu hinterfragen,

1. wie konservativ vs ambitioniert die integrierte Planrechnung grundsätzlich ist,
2. wie realitätsnah die wesentlichsten wertbeeinflussenden Annahmen festgelegt wurden,
3. welche Ursachen für eingetretene Planabweichungen aus der Vergangenheit bekannt sind,
4. ob unterjährige Cashflow-Schwankungen untersucht und angemessen modelliert wurden,

5. welche Unsicherheitsbandbreiten je Planungsposition bestehen,
6. in welcher Höhe die Variabilität der Kostenpositionen einzuschätzen ist,
7. ob sich etwaige unrealistische Planannahmen aufklären lassen,
8. ob das Unternehmen über alle notwendigen Ressourcen zur Umsetzung der Planrechnung verfügt.

Ob sonstige Risiken bestehen, die zu künftigen Planabweichungen führen können, kann checklistengestützt erhoben und anlässlich eines Workshops bzw einer Besprechung weiter vertieft werden. Typische sonstige Risiken sind:

1. Finanzstrukturrisiken aufgrund einer nicht angemessenen Eigenkapitalquote.
2. Risiken durch Abhängigkeit von einzelnen Kunden.
3. Zinsänderungsrisiken bei hoher Fremdfinanzierung (Zinsbindung, Rating etc).
4. Währungsrisiken bei Wechselkursänderungen.
5. Risiken durch Forderungsausfälle.
6. Risiken durch Ausfall von Schlüsselpersonen.
7. Risiken durch Sachanlagenschäden oder Betriebsunterbrechung.

Es ist zu empfehlen, die Risiken zu priorisieren. In der Regel sind nur bedeutende Risiken, welche das geplante Betriebsergebnis zumindest stark positiv oder negativ beeinflussen, relevant für die Quantifizierung im Rahmen der externen Risikosimulation.

1.2.2.5. Methodik der Risikoquantifizierung und -simulation

Sind die relevantesten Risiken und Planungsunsicherheiten identifiziert, gilt es diese zu quantifizieren. Dies geschieht in der Praxis mittels so genannter Verteilungsfunktionen. Häufig werden dazu folgende Verteilungstypen verwendet:

- Dreiecksverteilung
- Normalverteilung
- Binomialverteilung

Die Anwendung der Dreiecksverteilung empfiehlt sich zur Korrektur von zu konservativ oder ambitioniert geplanten Planpositionen. Es müssen lediglich drei Werte angegeben werden: der Minimalwert, der Maximalwert und der wahrscheinlichste Wert. Der Anwender muss bei der Verwendung der Dreiecksverteilung keine Wahrscheinlichkeit abschätzen, sodass sich diese Verteilung auch ohne tiefgehende statistische Vorkenntnisse leicht nutzen lässt. Die Dreiecksverteilung empfiehlt sich für Anwendungsfälle, in welchen der Erwartungsbereich konkret eingeschränkt werden kann.

Die Normalverteilung kommt in der Praxis häufig vor. Es bedarf nur geringer statistischer Vorkenntnisse, um mit der Verteilung angemessen umgehen zu können. Gemäß dem zentralen Grenzwertsatz der Statistik kann das Gesamtrisiko mit einer Normalverteilung abgeschätzt werden, wenn sich ein Risiko aus vielen kleinen, voneinander unabhängigen Einzelrisiken zusammensetzt. Bei der Normalverteilung sind positive Abweichungen vom Planwert ebenso wahrscheinlich wie negative, daher ist die Anwendung der Normalverteilung günstig für Fälle, in denen der zugrunde liegende Planwert der integrierten Planrechnung realistisch ist. Die Parameter Erwartungswert (μ) und Standardabweichung (σ) charakterisieren die Verteilung. Es ist vom konkreten Bewertungsfall abhängig, ob sich aus Vergangenheitsergebnissen bzw der Analyse historischer Planabweichungen geeignete Schätzgrößen für die Zukunft ableiten lassen.

Die Binomialverteilung wird durch die Eintrittswahrscheinlichkeit und das Schadensausmaß beschrieben und ist für die Beschreibung von Risiken geeignet, die entweder mit einer gewissen Wahrscheinlichkeit (p) eintreten oder eben ausbleiben (1-p). In diesem Zusammenhang ist es leichter, in Jahren zu denken. ZB: „*Alle 20 Jahre ist damit zu rechnen, dass ein Großkunde abspringt. Dies würde dazu führen, dass das Jahresergebnis in diesem Jahr um zB: 300.000 € schlechter ausfällt.*" Dieses Risiko würde dann mit einer Wahrscheinlichkeit von 5 % und dem erwarteten Schadensausmaß quantifiziert werden. Im selben Atemzug würde sich der Betroffene fragen: „*Was kann ich tun, um den Eintritt dieses Risikos zu verhindern?*"

Bei der Risikoquantifizierung ist es sinnvoll, auf Daten aus der Vergangenheitsanalyse, Branchenbenchmarkwerte oder alternativ auf Expertenschätzungen zurückzugreifen. Die dargestellten Wahrscheinlichkeitsverteilungen charakterisieren die Risikowirkung zu einem Zeitpunkt oder in einer Periode. Gerade für Zwecke der Unternehmensbewertung ist zu berücksichtigen, dass Risiken durchaus mittel- und langfristige, zeitlich nicht fest einzuordnende Konsequenzen aufweisen können. Die Abhängigkeiten der Risikoauswirkung von Periode zu Periode sowie die zeitliche Entwicklung unsicherer Plangrößen und exogener Risikofaktoren müssen dabei berücksichtigt werden. Dazu werden stochastische Prozesse modelliert und mit der Planrechnung verknüpft.

Nachdem die Risiken der Planpositionen aufbauend auf der integrierten Planrechnung quantitativ beschrieben und Annahmen zur Variabilität der Kostenstruktur getroffen wurden, werden mittels Simulationstechnik mehrere tausend Planszenarien berechnet.[11]

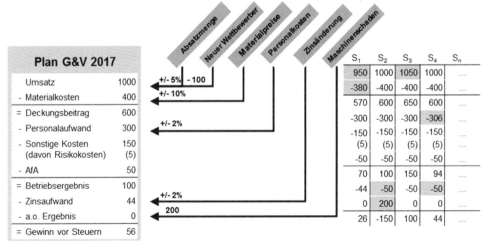

Abbildung 4: Veranschaulichung der Verknüpfung von Planung und Risikoeingaben und Auswertung mit Simulationstechnik

---

11 Quelle: *Gleißner, W.*, Grundlagen des Risikomanagements im Unternehmen, 2. Auflage 2011, 167.

Die je Unternehmen individuell erarbeitete Planrechnung samt Risikoquantifizierung[12] wird mittels Simulationstechnik ausgewertet und liefert eine Stichprobe an möglichen künftigen Zukunftsentwicklungen. Diese lässt sich nun für Zwecke der Unternehmensbewertung auswerten.

1.2.3. Ergebnisse der Bandbreitenplanung

Bei den folgenden Zahlenbeispielen geht es nicht darum, die Ermittlung der dargestellten Simulationsergebnisse nachvollziehbar zu machen sondern darum, knapp zu veranschaulichen, wie ermittelte Simulationsergebnisse einfach interpretiert werden könnten.

1.2.3.1. Planungsbandbreiten unter der Going-Concern-Prämisse

Bei der Interpretation des Outputs der Bandbreitenplanung ist es wichtig zu beachten, dass sich die Ergebnisse lediglich je Position interpretieren lassen. Der große Vorteil, den die integrierte Planrechnung bietet, wonach konkrete Planungsszenarien beginnend mit der Ertrags- und Aufwandsplanung in der Erfolgsrechnung betriebswirtschaftlich sinnvoll mit der Planbilanz verknüpft werden und bis hin zu den für die Liquidität im Finanzplan sich ergebenden Konsequenzen zusammenhängend nachverfolgt werden können, geht bei der Interpretation des Outputs der Planungsbandbreiten verloren.

Die betriebswirtschaftliche Verknüpfung der integrierten Planrechnung ist zwar nach wie vor hinterlegt, aber es macht keinen Sinn, tausende mögliche Planrechnungen durchzudenken. Bei der Interpretation der Ergebnisse der Bandbreitenplanung ist es sinnvoll, zuerst eine Simulation unter der Going-Concern-Prämisse durchzuführen und einzelne interessante Positionen zu betrachten.

Es interessieren insbesondere:

- der ursprüngliche Planwert gemäß der integrierten Planrechnung,
- der nun mittels Simulationstechnik ermittelte Mittelwert und
- die Bandbreite der Ergebnisse, die mittels Quantilswerten angegeben werden kann.

---

12 Zum Vorgehen bei der Risikoanalyse auf Grundlage extern zugänglicher Informationen vgl *Gleißner W.*, Ertragsrisiko und die Implikation für Rating, Kapitalkosten und Unternehmenswert: Fallbeispiel Rheinmetall AG, BewertungsPraktiker 2/2012, 42–55.

	Gesamtleistung			Materialaufwand			Deckungsbeitragsmarge		
	31.12.2016	31.12.2017	31.12.2018	31.12.2016	31.12.2017	31.12.2018	31.12.2016	31.12.2017	31.12.2018
Planwert	19.000 T€	20.140 T€	21.350 T€	4.500 T€	4.650 T€	4.929 T€	76,3 %	76,9 %	76,9 %
Mittelwert	18.433 T€	19.533 T€	20.712 T€	4.409 T€	4.555 T€	4.831 T€	76,1 %	76,7 %	76,7 %
90 % Quantil	17.287 T€	18.272 T€	19.354 T€	4.728 T€	4.896 T€	5.199 T€	75,1 %	75,7 %	75,7 %
80 % Quantil	17.676 T€	18.705 T€	19.816 T€	4.619 T€	4.776 T€	5.069 T€	75,4 %	76,1 %	76 %
70 % Quantil	17.962 T€	19.015 T€	20.145 T€	4.536 T€	4.691 T€	4.977 T€	75,7 %	76,3 %	76,3 %
60 % Quantil	18.213 T€	19.280 T€	20.436 T€	4.469 T€	4.619 T€	4.900 T€	75,9 %	76,5 %	76,5 %
50 % Quantil	18.438 T€	19.526 T€	20.712 T€	4.407 T€	4.552 T€	4.828 T€	76,1 %	76,7 %	76,7 %
40 % Quantil	18.664 T€	19.785 T€	20.987 T€	4.344 T€	4.485 T€	4.757 T€	76,3 %	76,9 %	76,9 %
30 % Quantil	18.906 T€	20.050 T€	21.267 T€	4.276 T€	4.414 T€	4.679 T€	76,5 %	77,1 %	77,1 %
20 % Quantil	19.188 T€	20.362 T€	21.604 T€	4.198 T€	4.331 T€	4.589 T€	76,7 %	77,3 %	77,3 %
10 % Quantil	19.575 T€	20.800 T€	22.071 T€	4.092 T€	4.221 T€	4.466 T€	77,1 %	77,6 %	77,6 %
	EBITDA			Betriebsergebnis (EBIT)			Gewinn vor Steuern		
	31.12.2016	31.12.2017	31.12.2018	31.12.2016	31.12.2017	31.12.2018	31.12.2016	31.12.2017	31.12.2018
Planwert	1.500 T€	2.090 T€	2.753 T€	500 T€	1.090 T€	1.753 T€	200 T€	800 T€	1.473 T€
Mittelwert	1.078 T€	1.636 T€	2.272 T€	78 T€	636 T€	1.272 T€	-302 T€	310 T€	961 T€
90 % Quantil	1.779 T€	2.378 T€	3.062 T€	-615 T€	-102 T€	500 T€	-1.037 T€	-453 T€	165 T€
80 % Quantil	1.528 T€	2.122 T€	2.783 T€	-381 T€	151 T€	753 T€	-787 T€	-191 T€	431 T€
70 % Quantil	1.354 T€	1.939 T€	2.585 T€	-205 T€	329 T€	943 T€	-599 T€	-7 T€	623 T€
60 % Quantil	1.209 T€	1.776 T€	2.422 T€	-61 T€	484 T€	1.109 T€	-440 T€	152 T€	794 T€
50 % Quantil	1.076 T€	1.629 T€	2.265 T€	76 T€	629 T€	1.265 T€	-299 T€	304 T€	957 T€
40 % Quantil	939 T€	1.484 T€	2.109 T€	209 T€	776 T€	1.422 T€	-158 T€	455 T€	1.113 T€
30 % Quantil	795 T€	1.329 T€	1.943 T€	354 T€	939 T€	1.585 T€	-7 T€	622 T€	1.282 T€
20 % Quantil	619 T€	1.151 T€	1.753 T€	528 T€	1.122 T€	1.783 T€	176 T€	812 T€	1.485 T€
10 % Quantil	385 T€	898 T€	1.500 T€	779 T€	1.378 T€	2.062 T€	433 T€	1.081 T€	1.771 T€
	Eigenkapitalquote			Bankverbindlichkeiten			PD Finanzrating (Folgejahr)		
	31.12.2016	31.12.2017	31.12.2018	31.12.2016	31.12.2017	31.12.2018	31.12.2016	31.12.2017	31.12.2018
Planwert	-0,10 %	3,80 %	11,40 %	10.521 T€	9.465 T€	8.473 T€	11,0 %	6,3 %	2,3 %
Mittelwert	-3,5 %	-3,1 %	2,3 %	11.011 T€	10.446 T€	9.772 T€	12,7 %	9,1 %	5,2 %
90 % Quantil	-8,5 %	-10,7 %	-6 %	11.718 T€	11.516 T€	10.967 T€	15,9 %	13,7 %	11 %
80 % Quantil	-6,8 %	-8 %	-2,7 %	11.477 T€	11.139 T€	10.497 T€	14,8 %	12,8 %	8,8 %
70 % Quantil	-5,5 %	-6,1 %	-0,8 %	11.293 T€	10.876 T€	10.223 T€	14,2 %	11,6 %	6 %
60 % Quantil	-4,4 %	-4,5 %	0,8 %	11.140 T€	10.656 T€	9.994 T€	14 %	10,7 %	4,1 %
50 % Quantil	-3,5 %	-3,1 %	2,3 %	11.003 T€	10.447 T€	9.780 T€	13,8 %	9,6 %	3,7 %
40 % Quantil	-2,5 %	-1,6 %	3,9 %	10.867 T€	10.236 T€	9.553 T€	12,9 %	8,2 %	3,4 %
30 % Quantil	-1,5 %	0 %	5,6 %	10.721 T€	10.004 T€	9.301 T€	11,9 %	7,2 %	3,1 %
20 % Quantil	-0,3 %	1,9 %	7,7 %	10.545 T€	9.745 T€	9.004 T€	10,8 %	3,8 %	2,7 %
10 % Quantil	1,3 %	4,4 %	10,6 %	10.311 T€	9.383 T€	8.575 T€	8,5 %	3,2 %	2,2 %

Abbildung 5: Planungsbandbreiten (Going Concern)

Bei Betrachten der Planungsbandbreiten (Going Concern) fällt auf, dass

- in der integrierte Planrechnung über den Detailplanungszeitraum der nächsten drei Jahre steigende Gewinne geplant wurden, gemäß Simulation im ersten Planjahr je-

doch nur eine knapp 30%ige Wahrscheinlichkeit besteht, einen positiven Jahresüberschuss vor Steuern zu erzielen;
- die Planrechnung unter Chancen- und Risikogesichtspunkten positiv verzerrt dargestellt wurde und im Mittel unter den Planwerten liegt;
- nicht anzunehmen ist, dass die Eigenkapitalquote wie geplant nach Ende des dritten Planjahres 11,4 % betragen wird und die Bonität mit einer Ausfallswahrscheinlichkeit (Propability of Default, PD) von 2,3 %-Punkten wieder im akzeptablen Bereich liegen wird, sondern im Mittel (bei Überleben) eine Eigenkapitalquote von 5,2 % und eine PD von 5,2 % zu erwarten ist.

Interessant ist nun in weiterer Folge, wie sich die Planungsbandbreiten unter Berücksichtigung der Insolvenzwahrscheinlichkeit darstellen.

1.2.3.2. Planungsbandbreiten mit Insolvenzwahrscheinlichkeit

Bei der Interpretation der Ergebnisse ist zu beachten, dass Planungsszenarien, die in einer Insolvenz münden, im Folgejahr zum Simulationsabbruch führen (Nullwerte ab dem Jahr 2017):

	Gesamtleistung			Materialaufwand			Deckungsbeitragsmarge		
	31.12.2016	31.12.2017	31.12.2018	31.12.2016	31.12.2017	31.12.2018	31.12.2016	31.12.2017	31.12.2018
Planwert	19.000 T€	20.140 T€	21.350 T€	4.500 T€	4.650 T€	4.929 T€	76,3 %	76,9 %	76,9 %
Mittelwert	18.434 T€	15.023 T€	13.404 T€	4.410 T€	3.504 T€	3.126 T€	76,1 %	58,7 %	49,2 %
90 % Quantil	17.285 T€	0 T€	0 T€	4.729 T€	4.877 T€	5.157 T€	75,1 %	0	0
80 % Quantil	17.687 T€	0 T€	0 T€	4.621 T€	4.746 T€	5.006 T€	75,4 %	0	0
70 % Quantil	17.964 T€	18.289 T€	0 T€	4.541 T€	4.649 T€	4.890 T€	75,7 %	75,6 %	0
60 % Quantil	18.209 T€	18.856 T€	19.293 T€	4.471 T€	4.561 T€	4.776 T€	75,9 %	76,1 %	75,5 %
50 % Quantil	18.436 T€	19.245 T€	20.062 T€	4.409 T€	4.470 T€	4.651 T€	76,1 %	76,4 %	76,1 %
40 % Quantil	18.659 T€	19.572 T€	20.541 T€	4.345 T€	4.370 T€	4.444 T€	76,3 %	76,6 %	76,4 %
30 % Quantil	18.904 T€	19.906 T€	20.960 T€	4.279 T€	4.217 T€	0 T€	76,5 %	76,9 %	76,7 %
20 % Quantil	19.193 T€	20.258 T€	21.389 T€	4.199 T€	0 T€	0 T€	76,7 %	77,1 %	77,1 %
10 % Quantil	19.575 T€	20.724 T€	21.946 T€	4.093 T€	0 T€	0 T€	77,0 %	77,5 %	77,4 %

	EBITDA			Betriebsergebnis (EBIT)			Gewinn vor Steuern		
	31.12.2016	31.12.2017	31.12.2018	31.12.2016	31.12.2017	31.12.2018	31.12.2016	31.12.2017	31.12.2018
Planwert	1.500 T€	2.090 T€	2.753 T€	500 T€	1.090 T€	1.753 T€	200 T€	800 T€	1.473 T€
Mittelwert	1.079 T€	1.261 T€	1.469 T€	79 T€	495 T€	827 T€	-300 T€	251 T€	634 T€
90 % Quantil	1.775 T€	2.296 T€	2.915 T€	-611 T€	-3 T€	0 T€	-1.034 T€	-346 T€	0 T€
80 % Quantil	1.530 T€	2.015 T€	2.590 T€	-379 T€	0 T€	0 T€	-785 T€	-63 T€	0 T€
70 % Quantil	1.358 T€	1.803 T€	2.334 T€	-206 T€	0 T€	0 T€	-602 T€	0 T€	0 T€
60 % Quantil	1.216 T€	1.615 T€	2.089 T€	-60 T€	190 T€	364 T€	-442 T€	0 T€	37 T€
50 % Quantil	1.075 T€	1.416 T€	1.809 T€	75 T€	416 T€	809 T€	-300 T€	88 T€	500 T€
40 % Quantil	940 T€	1.190 T€	1.364 T€	216 T€	615 T€	1.089 T€	-153 T€	295 T€	787 T€
30 % Quantil	794 T€	859 T€	0 T€	358 T€	803 T€	1.334 T€	3 T€	491 T€	1.033 T€
20 % Quantil	621 T€	0 T€	0 T€	530 T€	1.015 T€	1.590 T€	180 T€	711 T€	1.296 T€
10 % Quantil	389 T€	0 T€	0 T€	775 T€	1.296 T€	1.915 T€	434 T€	1.003 T€	1.632 T€

	Eigenkapitalquote			Bankverbindlichkeiten			PD Finanzrating (Folgejahr)		
	31.12.2016	31.12.2017	31.12.2018	31.12.2016	31.12.2017	31.12.2018	31.12.2016	31.12.2017	31.12.2018
Planwert	-0,10 %	3,80 %	11,40 %	10.521 T€	9.465 T€	8.473 T€	11,0 %	6,3 %	2,3 %
Mittelwert	-3,5 %	-1,1 %	3,4 %	11.008 T€	7.806 T€	5.997 T€	12,7 %	6,8 %	3,3 %
90 % Quantil	-8,4 %	-7,1 %	0	11.716 T€	11.006 T€	10.083 T€	15,9 %	13,6 %	9,3 %
80 % Quantil	-6,7 %	-4,7 %	0	11.474 T€	10.670 T€	9.748 T€	14,8 %	12,0 %	5,2 %
70 % Quantil	-5,5 %	-2,9 %	0	11.297 T€	10.415 T€	9.460 T€	14,2 %	10,6 %	3,7 %
60 % Quantil	-4,4 %	-1,2 %	0	11.141 T€	10.172 T€	9.154 T€	14,0 %	8,8 %	3,2 %
50 % Quantil	-3,5 %	0	1,2 %	11.002 T€	9.923 T€	8.773 T€	13,8 %	7,5 %	2,7 %
40 % Quantil	-2,5 %	0	3,3 %	10.862 T€	9.636 T€	8.137 T€	12,8 %	5,6 %	1,5 %
30 % Quantil	-1,4 %	0	5,3 %	10.712 T€	9.200 T€	0 T€	11,9 %	3,1 %	0
20 % Quantil	-0,3 %	1,9 %	7,6 %	10.540 T€	0 T€	0 T€	10,8 %	0	0
10 % Quantil	1,3 %	4,4 %	10,7 %	10.309 T€	0 T€	0 T€	8,5 %	0	0

Abbildung 6: Planungsbandbreiten (inkl Insolvenzwahrscheinlichkeit)

Vorauszuschicken ist, dass bei diesem Zahlenbeispiel angenommen wird, dass die Finanzierungsrahmenbedingungen des Unternehmens über den Planungszeitraum hinweg relativ klar bekannt sind. Dabei ist zu beachten, dass jedes simulierte Szenario, in dem mehr Liquidität benötigt wird als zur Verfügung steht (limitierte Finanzierungsmöglichkeiten), dazu führt, dass die Insolvenzwahrscheinlichkeit ansteigt.

Im ausgewerteten Beispiel ist aufgrund der angeschlagenen Bonität des Unternehmens nicht anzunehmen, dass sich zusätzliche Fremdkapitalgeber für das Unternehmen gewinnen lassen, bevor das Finanzrating wiederum eine (annahmegemäß akzeptierte) Ausfallswahrscheinlichkeit von rund 2 % aufweist. Die bestehenden Banken sind bereit, die aktuellen Linien offenzuhalten. Vor dem Hintergrund der positiven Planrechnung sollen trotz der Krisensituation Tilgungen geleistet werden.

Die Summe der Bankverbindlichkeiten und freien Finanzierungsrahmen (Finanzierungslimite) und die damit einhergehende mit der Simulation ermittelte Wahrscheinlichkeit für die künftige Zahlungsunfähigkeit (Insolvenzwahrscheinlichkeit kum) beträgt:

	Finanzierungslimite			Insolvenzwahrscheinlichkeit kum		
	31.12.2016	31.12.2017	31.12.2018	31.12.2016	31.12.2017	31.12.2018
Basisplanung Bandbreitenplanung	11.400 T€	10.900 T€	10.200 T€	23,5 %	35,8 %	43,0 %

Abbildung 7: Überblick Finanzierungslimite und Insolvenzwahrscheinlichkeiten kum

1.2.3.3. Alternativüberlegungen

Auf Basis der vorliegenden Entscheidungsgrundlagen ist es denkbar, Alternativen abzuwägen, um zu besseren Ergebnissen zu gelangen. Der oder die Entscheidungsträger hätten beispielsweise zu überlegen, ob es vorteilhaft wäre, die Tilgung im Planjahr 2017 zu stunden, um dem Unternehmen bessere Voraussetzungen zur Überwindung der Krise zu gewähren. Immerhin lässt die plausibilisierte Planrechnung im dritten Planjahr in sämtlichen angeführten Szenarien Gewinne erwarten (vgl Planungsbandbreiten unter der Going-Concern-Prämisse). Unter Annahme der Verlängerung der Tilgungsaussetzung bis zum Jahr 2017 würden folgende Ergebnisse ermittelt:

	Finanzierungslimite			Insolvenzwahrscheinlichkeit kum		
	31.12.2016	31.12.2017	31.12.2018	31.12.2016	31.12.2017	31.12.2018
Variante Tilgungsaussetzung 2017	11.400 T€	11.400 T€	10.700 T€	23,5 %	26,4 %	30,7 %

Abbildung 8: Überblick Finanzierungslimite und Insolvenzwahrscheinlichkeiten kum inkl eingearbeitetes Finanzierungskonzept

Grundsätzlich können derartige Entscheidungssituationen sowohl aus der Perspektive des Eigen- als auch aus der Perspektive des Fremdkapitalgebers betrachtet werden.[13] Der Abwägung verschiedener Handlungsoptionen kommt dabei besondere Bedeutung zu.

---

13 Vgl *Buchegger M./Gleißner W./Kamaras E.*, IT-gestützte Abschätzung der Erfolgswahrscheinlichkeit von Restrukturierungs- und Sanierungsprojekten: eine Fallstudie; Konsequenzen für die Bewertung von Krediten und Private-Equity-Engagements, in Krisen-, Sanierungs- und Insolvenzberatung (KSI), Wirtschaft, Recht, Steuern, Berlin 2009.

1.3. Die Bewertung auf Basis der Bandbreitenplanung

Wie lassen sich nun Ergebnisse der Bandbreitenplanung für Zwecke der Unternehmensbewertung verwenden?

Aufgrund des Einsatzes der Bandbreitenplanung werden Informationen über die Bandbreiten einzelner Planpositionen gewonnen. Neben den zuvor angezeigten Positionen lässt sich die Auswertung natürlich auch auf die künftigen unsicheren Zahlungen beziehen. Unter Berücksichtigung der künftigen Insolvenzwahrscheinlichkeit werden Erwartungswerte der bewertungsrelevanten Cashflows ermittelt.

Unter Einsatz der national und international gebräuchlichen Risikozuschlagsmethode können die plausibilisierten Cashflows unmittelbar in die Unternehmensbewertung einfließen. Dies entspricht der „üblichen Risikozuschlagsmethode" (zB der WACC-Bewertung) und erfordert die Bestimmung von risikoangepassten Diskontierungszinssätzen (zB der kapitalmarktorientierten Kapitalkosten aus historischen Aktienrenditen mittels CAPM [Capital Asset Pricing Model]).

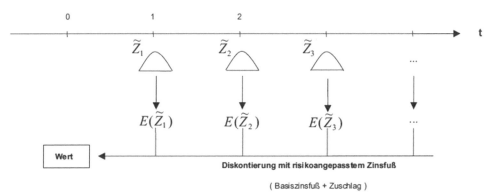

Abbildung 9: Grafische Darstellung der Risikozuschlagsmethode

1.3.1. Bandbreitenplanung und Bewertung – Ein Ausblick

Sollte die Bewertungspraxis die Bandbreitenplanung für die Plausibilisierung von integrierten Planrechnungen zukünftig verstärkt einsetzen, wird es interessant sein zu verfolgen, ob Unternehmensbewertung weiterhin unter Anwendung der Risikozuschlagsmethode und unter Nutzung von Kapitalmarktdaten erfolgen wird oder ob die Bandbreitenplanung mit zunehmender Anwendungssicherheit als vorteilhafte Alternative gesehen wird.

Faszinierend ist der Grundgedanke, die Risikoanpassung nicht mehr von Branchen-Beta-Werten, welche häufig von Informationsdienstleistern auf Basis vergangener Aktienkursentwicklungen berechnet werden, abhängig zu machen, sondern die Information über die tatsächlich bewertungsrelevanten (unsicheren) zukünftigen (freien) Cashflows des Unternehmens (Bewertungsobjekt) bzw die unsicheren zukünftigen Ausschüttungen an den Anteilseigner (Bewertungssubjekt) für die Bewertung zu nützen.

Wenn die Praxis dazu übergeht, Risiken nicht mehr nur extern am Kapitalmarkt zu erheben und in der Bewertung einzupreisen, sondern konkret am Bewertungsobjekt zu messen, kann diese Kompetenz in einem weiteren logischen Entwicklungsschritt auch für die Unternehmenssteuerung genützt werden. Durch Verbindung von Risikomanagement und Controlling wird der Unternehmenswert zum Performancemaß einer wertorientierten Unternehmensführung. Unternehmerische Chancen können unter Berücksichtigung der damit einhergehenden Risiken gegeneinander abgewogen und Managemententscheidungen fundiert werden.

Bewertung durch den Sachverständigen – Methodik und Probleme

Martin Geyer/Filippo Milanetto/Edith Schuster

1. **Bewertungsanlässe durch den Gerichtssachverständigen – Freiheit der Methodenwahl**
    1.1. Häufige Anlässe für eine Unternehmensbewertung durch einen Sachverständigen
        1.1.1. Schätzung von Gesellschaftsanteilen im Exekutionsverfahren
        1.1.2. Wertermittlung und Wertüberprüfung bei Sacheinlagen und Sachübernahmen
        1.1.3. Verlassenschaftsverfahren
        1.1.4. Prüfung von Wertansätzen im Strafverfahren
    1.2. Bewertungsmethoden nach Fachgutachten der Kammer der Wirtschaftstreuhänder KFS/BW 1 im Zeitablauf
        1.2.1. Vom Fachgutachten KFS/BW 1 vom 20.12.1989 Nr 74 bis zum Fachgutachten KFS/BW 1 vom 26.3.2014
    1.3. Beispiel Sacheinlagenprüfung in Verbindung mit dem strafrechtlichen Vorwurf nach § 153 StGB (Untreue) – Probleme für den Sacheinlageprüfer sowie Probleme für den Sachverständigen im Strafverfahren
        1.3.1. Sachverhalt
        1.3.2. New Economy – Bewertungsproblematik oder die schwierige Wahl der Bewertungsmethode
        1.3.3. Ermittlung des Unternehmenswertes beispielhaft der WebLine GmbH durch die Sacheinlageprüfer und die Gerichtssachverständigen
        1.3.4. Zusammenfassung der Problemstellungen für den Sacheinlageprüfer und die Gerichtssachverständigen
    1.4. Fazit und Resümee

1. Bewertungsanlässe durch den Gerichtssachverständigen – Freiheit der Methodenwahl

Zur Lösung diverser Rechtsfragen kommt es in der Praxis immer wieder dazu, dass Unternehmen in ihrer Gesamtheit oder Unternehmensteile einer Bewertung durch einen gerichtlich zertifizierten Sachverständigen zu unterziehen sind. Beispiele für derartige Bewertungsanlässe sind ua

- Schätzung von Geschäftsanteilen im Exekutionsverfahren,
- Prüfung von Wertansätzen im Strafverfahren,
- Prüfungen des beizulegenden Wertes bei Sacheinlagen und
- Verlassenschaftsverfahren.

Bei jedem Bewertungsanlass stellt sich die Frage nach der Wahl der richtigen Bewertungsmethode, wobei aus Sachverständigensicht in diesem Zusammenhang zunächst die Rechtsprechung des OGH zu berücksichtigen ist. Die Auswahl der Bewertungsmethode ist demnach, wenn es keine gesetzlichen Vorschriften gibt, ausschließlich ein Problem der Betriebswirtschaftslehre. Einzig die gewählte Bewertungsmethode muss geeignet sein, die vom Gericht gestellte Aufgabe zu lösen.[1]

Im OGH-Judikat 6 Ob 25/12p wird ausgeführt:

> „Der erkennende Senat hat erst jüngst klargestellt (6 Ob 153/12m mit zahlreichen Nachweisen aus der ständigen Rechtsprechung), dass das von den Tatsacheninstanzen gebilligte Ergebnis eines Sachverständigengutachtens – als Tatfrage – keiner Nachprüfung durch den Obersten Gerichtshof unterliegt, wenn – wie auch im vorliegenden Fall (RIS-Justiz RS 0010087 [Unternehmensbewertung]) – für die Wertermittlung durch einen Sachverständigen keine gesetzlich vorgeschriebene Methode besteht; eine Ausnahme bestünde nur dann, wenn eine grundsätzlich inadäquate Methode angewendet wurde.
>
> Die vom Berufungsgericht aufgezeigte erhebliche Rechtsfrage intendiert damit tatsächlich – wie schon in dem der Entscheidung 6 Ob 153/12m zugrundeliegenden Verfahren – die Vorgabe einer konkret anzuwendenden Ermittlungsmethode durch den Obersten Gerichtshof, was aber nicht dessen Aufgabe ist. Bei der Beweisaufnahme durch Sachverständige ist es nämlich deren Aufgabe, aufgrund ihrer einschlägigen Fachkenntnisse jene Methode auszuwählen, die sich zur Klärung der nach dem Gerichtsauftrag jeweils maßgebenden strittigen Tatfrage(n) am besten eignet; andernfalls verhinderte das Gericht, dem es an der notwendigen Fachkunde zur Lösung der durch Sachverständige zu beurteilenden Tatfragen mangelt, die Fruchtbarmachung spezifischen Expertenwissens. Das Gericht hat daher Sachverständigen die im Zuge der Auftragserledigung anzuwendende(n) Methode(n) im Allgemeinen nicht vorzuschreiben, gehört doch die Methodenwahl zum Kern der Sachverständigentätigkeit (RIS-Justiz RS 0119439)."[2]

Demnach bleibt es dem Sachverständigen vorbehalten, die dem Bewertungsanlass entsprechende Methode zu wählen und anzuwenden. Zur Bestimmung der heranzuziehenden adäquaten Methode wird der Sachverständige in der Praxis regelmäßig auf die Empfehlungen des Fachgutachtens KFS/BW 1 der Kammer der Wirtschaftstreuhänder (in der jeweils gültigen Fassung), insbesondere auf die darin befindlichen Richtli-

---

[1] Vgl 5 Ob 649/80; 5Ob577/81; 1 Ob 690/88; 8 Ob 247/98a; 2 Ob 189/01k; 2 Ob 220/06a; 6 Ob 25/12p; 6 Ob 64/13z; 16 Ok 9/15g.
[2] Vgl OGH 6 Ob 25/12p.

nien hinsichtlich Methodenwahl, zurückgreifen. Gleichzeitig besteht für den Sachverständigen jedoch weder Verpflichtung noch rechtliche Bindung, die im Fachgutachten KFS/BW 1 relevierten Bewertungsmethoden zur Anwendung zu bringen. Eine (korrekte) Anwendung der Empfehlungen des Fachgutachten KFS/BW 1 reduziert aber das Haftungspotential für den Sachverständigen dramatisch, zumal die Gefahr, eine grundsätzlich inadäquate respektive falsche Methode zu wählen, reduziert wird. Auch wenn die herangezogene Methode im Fachgutachten KFS/BW 1 empfohlen wird, obliegt es somit letztendlich dem Sachverständigen, zu beurteilen, ob diese geeignet ist, dem Bewertungsanlass und dem Bewertungsobjekt gerecht zu werden und somit zur Lösung der vom Gericht gestellten Aufgabe beitragen zu können.

Nach einer Kurzdarstellung der eingangs erwähnten Anlässe für Unternehmensbewertungen durch Sachverständige sowie deren situationsbedingter Eigenheiten werden diese Spezifika in Kapitel 1.3 anhand eines Beispiels aus der Sachverständigenpraxis aufgezeigt. Trotz umfangreicher Erweiterungen hinsichtlich mangelhafter bzw fehlender Planungsrechnungen[3] soll veranschaulicht werden, dass speziell bei nur lückenhaft und rudimentär vorhandenen Unterlagen und Informationen betreffend das Bewertungsobjekt für den Sachverständigen jedoch so mancher „blinde Fleck" verbleibt.

1.1. Häufige Anlässe für eine Unternehmensbewertung durch einen Sachverständigen

1.1.1. Schätzung von Gesellschaftsanteilen im Exekutionsverfahren

In Exekutionsverfahren werden Sachverständige immer wieder beauftragt, die Gesellschaftsanteile des Verpflichteten zu schätzen, vor allem, wenn es sich um das einzig verwertbare Vermögen handelt. Für die betreibende Partei ist es demnach wichtig, den Wert der Gesellschaftsanteile des Verpflichteten zu kennen. Bei diesem Bewertungsanlass ist einerseits eine zahlungsstromorientierte Bewertung, andererseits aber auch die Bewertung der Substanz des Unternehmens und letztendlich die Bewertung des nicht betriebsnotwendigen Vermögens wesentlich. Zu diesen Vermögensbestandteilen, welche für die Betriebsfortführung nicht notwendig sind, zählen ua nicht genutzte Grundstücke und/oder Gebäude, Wertpapierdepots etc. Diese Bestandteile wären im Rahmen von Einbringungsmaßnahmen seitens der betreibenden Partei verwertbar, ohne den Bestand des Bewertungsobjektes zu gefährden. Als Wertuntergrenze des nicht betriebsnotwendigen Vermögens stellt sich dabei der Liquidationswert dar.

1.1.2. Wertermittlung und Wertüberprüfung bei Sacheinlagen und Sachübernahmen

Gemäß § 20 Abs 2 AktG können Sacheinlagen nur Vermögensgegenstände sein, deren wirtschaftlicher Wert auch festgestellt werden kann.[4] Demnach können auch Unterneh-

---

3   Vgl Rz 74 ff Fachgutachten KFS/BW 1 der Kammer der Wirtschaftstreuhänder vom 26.3.2014 und auch die Ausführungen hinsichtlich Informationsbeschaffung, Plausibilitätsüberlegungen sowie -überprüfungen in Kapitel 4.4.1.
4   Vgl § 20 AktG.

men bzw Unternehmensteile als Sacheinlage Verwendung finden, wobei eine Wertfeststellung auch in diesem Fall nur im Zuge einer Unternehmensbewertung erfolgen kann. Um den Anforderungen des § 26 Abs 1 Z 2 AktG zu genügen, muss die Wertfeststellung derart sein, dass eine valide Aussage darüber getroffen werden kann, ob der Wert der Sacheinlagen oder Sachübernahmen den Ausgabebetrag der zu gewährenden Aktien oder den Wert der dafür zu gewährenden Leistungen erreicht. Gemäß § 26 Abs 2 AktG ist über jede Prüfung unter Darlegung dieser Umstände schriftlich zu berichten. In dem Bericht sind sowohl der Gegenstand der Sacheinlage oder Sachübernahme als auch die Bewertungsmethode für die Wertermittlung zu nennen.[5] Erreicht jedoch der Wert einer Sacheinlage im Zeitpunkt der Anmeldung der Gesellschaft zur Eintragung im Firmenbuch nicht den Betrag der dafür übernommenen Stammeinlage, so hat der Gesellschafter in Höhe des Fehlbetrags eine Einlage in Geld zu leisten.

1.1.3. Verlassenschaftsverfahren

Einen weiteren, wenn auch unangenehmen Bewertungsanlass stellt das Verlassenschaftsverfahren dar, in dem die Erben im Falle, dass ein Unternehmen zum Nachlass gehört, für die Schulden des Unternehmens haften. So haftet der Erbe gemäß § 40 Abs 1 UGB[6] bei der Fortführung eines zum Nachlass gehörenden Unternehmens für die unternehmensbezogenen Verbindlichkeiten unbeschadet seiner Haftung als Erbe unbeschränkt. Gemäß § 40 Abs 2 UGB tritt jedoch diese unbeschränkte Haftung nicht ein, wenn die Unternehmensfortführung spätestens drei Monate nach Einantwortung eingestellt wird oder die Haftung unter sinngemäßer Anwendung des § 38 Abs 4 UGB[7] ausgeschlossen wird. Eine entsprechende Haftungsbeschränkung wäre demnach im Firmenbuch einzutragen respektive auf verkehrsübliche Weise bekannt zu machen. Das Haftungsrisiko seitens des Erben kann jedoch auch unter Abgabe einer bedingten Erbserklärung auf den Wert des Nachlasses beschränkt werden.

Ungeachtet dessen ist mit der Dreimonatsfrist, binnen derer seitens der Erben eine Entscheidung über die Fortführung oder Schließung des Unternehmens zu fällen ist, ein sehr enges Zeitkorsett gegeben. Allenfalls ist das Unternehmen im Gesamten zu bewerten, um eine ökonomisch korrekte Entscheidung zu treffen. Speziell im Falle eines möglichen Verkaufes anstelle einer Weiterführung des Unternehmens wird eine Unternehmensbewertung unter Anwendung von Ertragswert- bzw DCF-Methoden unumgänglich sein. Schließlich wird man, um das Verhältnis der bestehenden Aktiva zu den vorhandenen Verbindlichkeiten darzustellen, allenfalls auf eine Substanzbewertung bzw eine Bewertung zu Liquidationswerten abstellen. Insgesamt ergibt sich daher, dass die unterschiedlichen Handlungsperspektiven der Erben letztendlich die Auswahl der Bewertungsmethoden bedingen.

---

5   Vgl § 26 AktG.
6   Vgl § 40 UGB.
7   Vgl § 38 UGB.

1.1.4. Prüfung von Wertansätzen im Strafverfahren

Im Rahmen von Strafverfahren – häufig bei der Prüfung von Vorwürfen im Zusammenhang mit § 153 StGB (Untreue) bzw § 156 StGB (Betrügerische Krida), aber auch §§ 146 ff StGB (Betrug) – müssen regelmäßig Wertansätze bei der Bewertung von Unternehmen bzw Unternehmensanteilen geprüft werden. Ein wesentliches Merkmal der Tätigkeit des Sachverständigen bei dieser Prüfung und der damit zumeist einhergehenden Ermittlung des objektivierten Unternehmenswertes ist die Betrachtung ex ante. Da der Sachverständige im Unterschied zum Wirtschaftsprüfer bzw Unternehmensberater überwiegend erst nach Abschluss der (möglicherweise unter die oben erwähnten Paragraphen zu subsumierenden) Handlungen tätig wird, ist die Unternehmenswertermittlung regelmäßig ex post durchzuführen oder zu beurteilen. Zu diesem Zeitpunkt liegt jedoch zumeist ein anderer Kenntnisstand (wie etwa die Insolvenz des betreffenden Unternehmens, Projekterfolge, gesamtwirtschaftliche oder branchenbezogene Wirtschaftskrisen etc) hinsichtlich der zu beurteilenden Handlungen oder der heranzuziehenden Parameter vor. Trotz dieses höheren Kenntnisstandes hat der Sachverständige die ex post durchgeführte Unternehmensbewertung jedoch mit einer zum Bewertungsstichtag zu unterstellenden Ex-ante-Orientierung durchzuführen und somit die zwischenzeitlich erlangten, die Unternehmenswertermittlung (möglicherweise) beeinflussenden Erkenntnisse „auszublenden". Informationen, welche zu einem späteren Zeitpunkt zugänglich sind, aber zum Zeitpunkt der Bewertung für den Bewertenden unbekannt waren, müssen unbeachtlich bleiben. Der Sachverständige hat somit auch auszuschließen, dass zwischenzeitlich erlangte Kenntnisse, mit denen sich bereits verifizieren lässt, ob die ex ante getroffenen Prämissen der Bewertung korrekt waren, den Unternehmenswert bzw die bei dessen Ermittlung getroffenen Annahmen beeinträchtigen.

Trotz diesbezüglicher divergierender Meinungen stellen nach Ansicht der Autoren Neuerungen im wissenschaftlichen Bereich – sofern diese dem Grundsatz „in dubio pro reo" im Strafverfahren, also einer Betrachtungsweise zugunsten des Beschuldigten, entsprechen – eine Ausnahme von der bei der Unternehmensbewertung einzunehmenden Ex-ante-Betrachtung dar. Diesem Günstigkeitsprinzip im Strafrecht folgend wären somit zwischenzeitlich erlangte wissenschaftliche Erkenntnisse sehr wohl im Rahmen der ex ante erstellten Unternehmensbewertung zu berücksichtigen.

Während die wesentlichen Parameter der Unternehmensbewertung, wie etwa der Diskontierungszinssatz, im Rahmen einer ex post erstellten Unternehmensbewertung mit Ex-ante-Orientierung in einer überschaubaren Bandbreite objektivierbar sind, stellt sich die Ermittlung der finanziellen Überschüsse als problematisch dar. Die Planung der finanziellen Überschüsse ist letztlich ein zentrales Element jeder Unternehmensbewertung und erfordert umfangreiche Informationsbeschaffung. Gemäß Fachgutachten KFS/BW 1 müssen die Informationen sowohl vergangenheits- als auch gegenwarts- und zukunftsorientiert analysiert und entsprechend plausibilisiert werden.[8] Im Rahmen der vom Sachverständigen zumeist ex post durchzuführenden Unternehmensbewertung stellt sich diese Informationsbeschaffung jedoch ungleich schwieriger dar als für eine

---

[8] Vgl Rz 51 ff Fachgutachten KFS/BW 1 der Kammer der Wirtschaftstreuhänder vom 26.3.2014.

zeitnah zur Problemstellung durchgeführte Unternehmensbewertung. Abseits verloren gegangener, nicht bzw nicht vollständig archivierter Unterlagen oder zum seinerzeitigen Zeitpunkt nicht verfügbarer Daten (wie etwa Betafaktoren einzelner Branchen) stellt sich auch die dokumentierte und dem Sachverständigen vorliegende Informationsbasis für Unternehmensbewertungen, die aufgrund vorangegangener berufsrechtlicher Regelungen bzw im Rahmen der damals gängigen Bewertungspraxis als angemessen und ausreichend befunden wurde, bei aktuell durchzuführenden Unternehmensbewertungen oft als ungenügend dar.

1.2. Bewertungsmethoden nach Fachgutachten der Kammer der Wirtschaftstreuhänder KFS/BW 1 im Zeitablauf

Mit dem Fachgutachten KFS/BW 1 legt die Kammer der Wirtschaftstreuhänder vor dem Hintergrund der in Theorie, Praxis und Rechtsprechung entwickelten Standpunkte Grundsätze für die Bewertung von Unternehmen durch Wirtschaftstreuhänder fest. Dabei handelt es sich gemäß Ausführungen im Fachgutachten um allgemeine Grundsätze zur Ermittlung von Unternehmenswerten, welche den Rahmen festlegen, innerhalb dessen eine fachgerechte Problemlösung im Einzelfall erfolgen soll.[9] Insgesamt ermöglicht das Fachgutachten dem bewertenden Sachverständigen daher, bei der Durchführung von Unternehmensbewertungen lege artis zu agieren und somit auf in Theorie und Praxis anerkannte Methoden zurückzugreifen und damit die Gefahr, eine der jeweiligen Beauftragung nicht entsprechende inadäquate Bewertungsmethode anzuwenden, zu reduzieren.

Anhand der inhaltlichen Entwicklung des Fachgutachtens im Zeitablauf verdeutlicht sich auch die Entwicklung der Unternehmensbewertung innerhalb der letzten Jahrzehnte, welche – wie schon erwähnt – nicht zuletzt die Tätigkeit als Sachverständiger beeinflusst. So ließ das Fachgutachten KFS/BW 1 vom 20.12.1989 im Vergleich zum derzeit gültigen Fachgutachten KFS/BW 1 vom 26.3.2014 noch viele Interpretationsspielräume und konnte mit den darin empfohlenen Methoden den Bewertungsobjekten nur teilweise bzw immer weniger entsprechen – Stichwort in diesem Zusammenhang ist „New Economy", also der ab etwa Mitte der 1990er Jahre im Zuge der Verbreitung des Internets einsetzende, von neuen Technologien getriebene Anstieg der Gründungen von Unternehmen im Bereich Informationstechnik, Multimedia, Telekommunikation etc.

Bei der Bewertung von Unternehmen der „New Economy" (Dotcom-Unternehmen) gelangten die damals empfohlenen Bewertungsmethoden, vorrangig noch die Ertragswertmethode, aufgrund der Unternehmensstrukturen und der teilweise progressiven, nicht überprüf- und plausibilisierbaren Planrechnungen fast zwangsläufig zu keinen darstellbaren Unternehmenswerten, wie im folgenden Beispiel in Kapitel 1.3 gezeigt werden wird. Die Möglichkeiten, welche das Fachgutachten KFS/BW 1 vom 26.3.2014 bietet, hätten viele der damals im Rahmen der Bewertung von Unternehmen der „New Economy" aufgetretenen Fragen gelöst.

---

9   Vgl Rz 2 f Vorbemerkungen, Fachgutachten KFS/BW 1 der Kammer der Wirtschaftstreuhänder vom 26.3.2014.

1.2.1. Vom Fachgutachten KFS/BW 1 vom 20.12.1989 Nr 74 bis zum Fachgutachten KFS/BW 1 vom 26.3.2014

Bei den Darstellungen des Fachgutachtens KFS/BW 1 vom 20.12.1989 handelte es sich um keine detaillierten Anweisungen zur Unternehmensbewertung, sondern um die Wiedergabe der damals sowohl von der Praxis als auch von Forschung und Lehre anerkannten Grundsätze zur Unternehmensbewertung. Im Fachgutachten wird auf den Umstand hingewiesen, dass die Bewertung von Anteilen an Unternehmen zusätzliche Überlegungen erfordern kann, welche jedoch nicht explizit erläutert bzw dargestellt werden. Auch waren vereinfachte Preisfindungen ohne Unternehmensbewertung (zB Anwendung marktüblicher Multiplikatoren oder branchentypischer Kennzahlen) noch nicht vom damaligen Fachgutachten umfasst.[10] Der Wert eines Unternehmens war eindeutig als Barwert der nachhaltig erzielbaren Zukunftserfolge zuzüglich des Wertes des nicht betriebsnotwendigen Vermögens definiert. Die anzuwendende Methode war somit die Ertragswertmethode, welche als zahlungsstromorientiertes oder ein periodenerfolgsorientiertes Verfahren ausgestaltet werden konnte.[11]

Mit dem Fachgutachten KFS/BW 1 vom 27.2.2006 wurden wesentliche Neuerungen und Erweiterungen eingeführt. Der Zukunftserfolgswert definierte sich als Barwert der Nettozuflüsse an die Unternehmenseigentümer aus der Fortführung des Unternehmens zuzüglich der Nettozuflüsse aus der Veräußerung etwaigen nicht betriebsnotwendigen Vermögens. Neben dem weiterhin zulässigen Ertragswertverfahren konnte der Unternehmenswert auch mittels des in der zwischenzeitlichen Bewertungspraxis erheblich an Bedeutung gewonnen Discounted-Cashflow-Verfahrens (DCF-Verfahren) ermittelt werden. Neben der Maßgeblichkeit des Bewertungszwecks, wonach sich die Vorgangsweise bei der Unternehmensbewertung allein aus dem Bewertungszweck ableitet,[12] und umfangreichen Erweiterungen hinsichtlich der Ermittlung bzw Prognose der zukünftigen Überschüsse sowie deren Kapitalisierung werden erstmals auch Plausibilitätsbeurteilungen eingeführt. Bei börsennotierten Unternehmen sind Börsenkurse zur Plausibilisierung der Berechnungsergebnisse heranzuziehen, während Multiplikatoren nur als Anhaltspunkte zur Plausibilisierung erwähnt werden, diese jedoch nicht an die Stelle einer Unternehmensbewertung mittels Ertragswert- oder DCF-Verfahren treten können. Schließlich wurden ebenfalls erstmalig Besonderheiten bei der Bewertung bestimmter Unternehmen, darunter Wachstumsunternehmen oder kleine und mittlere Unternehmen, behandelt.

Auch die zuletzt beschlossene Version des Fachgutachtens KFS/BW 1 vom 26.3.2014 enthält umfangreiche Änderungen und Erweiterungen der bis dahin gültigen Empfehlungen. Während das Fachgutachten aus dem Jahr 2006 noch ein Zwei-Phasen-Modell vorsah, ist nunmehr ein Drei-Phasen-Modell vorgesehen, mit einer Detailplanungsphase für die ersten drei bis fünf Jahre (Phase I), einer Grobplanungsphase (Phase II) und mit einer Rentenphase (Phase III), wenn das Unternehmen einen Gleichgewichts- und Beharrungszustand erreicht hat. Die Ermittlung des Terminal Value (Phase III)

---
10 Vgl Punkt 1. Fachgutachten KFS/BW 1 der Kammer der Wirtschaftstreuhänder vom 20.12.1989.
11 Vgl Punkt 5., 10.2. Fachgutachten KFS/BW 1 der Kammer der Wirtschaftstreuhänder vom 20.12.1989.
12 Vgl Rz 18 Fachgutachten KFS/BW 1 der Kammer der Wirtschaftstreuhänder vom 27.2.2006.

wird im Detail erläutert, wobei dieser unter Berücksichtigung der jeweils relevanten Einflussfaktoren (Konvergenzprozesse, Rentabilitätsniveau des Unternehmens usw) zu ermitteln ist. Die Plausibilität des auf Basis von Ertragswertverfahren oder DCF-Verfahren ermittelten Unternehmenswerts ist nunmehr zwingend zu beurteilen. Diese Beurteilung kann im Rahmen eines im Fachgutachten detailliert beschriebenen Multiplikatorverfahrens unter Heranziehung von Börsenkursen oder unter Berücksichtigung von in zeitlicher Nähe zum Bewertungsstichtag realisierten Transaktionspreisen erfolgen. Schließlich wurden im Fachgutachten KFS/BW 1 vom 26.3.2014 auch die Ausführungen hinsichtlich Wachstumsunternehmen um die empfohlene Durchführung von Szenarioanalysen unter Berücksichtigung von Insolvenzwahrscheinlichkeiten sowie die Empfehlungen zur Vorgangsweise bei einer fehlenden oder mangelhaft vorliegenden Planungsrechnung aus dem Fachgutachten 2006 wesentlich erweitert.

1.3. Beispiel Sacheinlagenprüfung in Verbindung mit dem strafrechtlichen Vorwurf nach § 153 StGB (Untreue) – Probleme für den Sacheinlageprüfer sowie Probleme für den Sachverständigen im Strafverfahren

Wir haben ein Praxisbeispiel aus der jüngeren Vergangenheit gewählt, welches aufzeigt, vor welchen Herausforderungen Sachverständige bzw Bewertende in der Praxis stehen. Ausgehend vom Anspruch, dass der Sachverständige eine Bewertungsmethode zu wählen hat, die dem Bewertungsobjekt, dem Bewertungsanlass sowie der zu lösenden Aufgabe entspricht, stellt sich die Frage, ob die Bewertungsrichtlinien im Fachgutachten der Kammer der Wirtschaftstreuhänder ausreichend sind. In diesem Beispiel werden Grenzbereiche der Unternehmensbewertung aufgezeigt, welche unter Zuhilfenahme des Fachgutachtens aus Sachverständigensicht keiner Lösung zugeführt werden können, was wiederum letztendlich aber für den sachverständigen Bewerter respektive sachverständigen Prüfer weitreichende zivil-, aber auch strafrechtliche Konsequenzen haben kann.

Auch wenn das Beispiel auf Bewertungszeitpunkte abstellt, welche deutlich in der Vergangenheit liegen, soll doch aufgezeigt werden, dass für Sachverständige und natürlich auch alle anderen, welche sich mit Unternehmensbewertung beschäftigen, Problemstellungen offenkundig werden, welche möglicherweise auf Basis der jeweils gültigen bzw gängigen Theorien und Praktiken nicht zufriedenstellend gelöst werden können.

1.3.1. Sachverhalt

Bei der YLine AG kam es im Laufe des Bestehens zu mehreren Kapitalerhöhungen mittels Sacheinlagen, wobei im Rahmen dieser Sacheinlagen Anteile an anderen Unternehmen gegen Aktien der YLine AG getauscht wurden. Nachfolgend beschäftigen wir uns einerseits mit der Kapitalerhöhung bei der YLine AG durch Ausgabe von 15.058 auf Inhaber lautende Stückaktien der YLine AG gegen Einlage eines Kapitalanteils von 74 % an der WebLine Internet-Services GmbH mittels Sacheinlagevertrags vom 24.2.2000 und andererseits mit der Kapitalerhöhung vom 8.9.2000 mittels Sacheinlage von 74 % der Anteile an der Kontornet A/S durch Ausgabe von 52.235 auf Inhaber lautende

Stückaktien der YLine AG. Beide Sacheinlagen waren letztlich Gegenstand eines gerichtlichen Ermittlungs- und Strafverfahrens. Dem Vorstand, dem Aufsichtsrat und dem Wirtschaftsprüfer wurde vorgeworfen, den Sacheinlagen überhöhte Unternehmenswerte zugrunde gelegt und den daraus resultierenden Fehlbetrag nicht eingefordert zu haben. Dieser Tatbestand wurde nach § 153 StGB als Untreue inkriminiert, und es wurde – ungeachtet der zivilrechtlichen Auseinandersetzungen – diesbezüglich auch ein Strafverfahren gegen oben genannte Personen geführt.

1.3.2. New Economy – Bewertungsproblematik oder die schwierige Wahl der Bewertungsmethode

Bei der YLine AG handelte es sich um ein Unternehmen der – ab Mitte der 90er Jahre – so genannten New Economy. Bei Unternehmen der New Economy hatte der Produktionsfaktor „Wissen" eine überragende Bedeutung. In dieser „knowledge-based economy" hat das in Wissen, Erfahrung, Know-how bestehende immaterielle Kapital einer Unternehmung eine viel größere Bedeutung als die eigentliche physische Kapitalausstattung des Unternehmens[13]. Die Umsetzung der New Economy erfolgte aufgrund von Ideen, die nur sehr schwer monetarisierbar sind, und bietet daher kaum eine Möglichkeit zur Risikominimierung für Kapitalgeber. Eine Besonderheit der New Economy war daher, dass ein Marktmechanismus entwickelt wurde, durch den wirtschaftliche und technologische Innovationen aufgespürt und durch Risikokapital finanziert werden können[14]. Bei Unternehmen der New Economy ist die Unternehmenslebensdauer dadurch bestimmt, wie lange Ideen vorhanden sind, um diese in Produkte umsetzen zu können, die am Markt gehandelt werden können. Der Markt der New Economy ist sehr kurzlebig und bedarf ständiger Innovationen[15].

Ein weiterer wesentlicher Aspekt der New Economy war zudem, dass der Aktienkurs zum überwiegenden Teil durch Einschätzung und Bewertung der Zukunft zustande kam. Ein Unternehmen musste dem Markt ständig beweisen, am neuesten Stand (innovativ, kreativ, vorausschauend) zu sein[16]. Im Zeitraum von 1999 bis Anfang 2000 befanden sich die Kapitalmärkte der New-Economy-Aktien in einer Hochkonjunkturphase. Die Kurse der börsennotierten Unternehmen kannten nur eine Richtung, nämlich aufwärts, Kurssteigerungen von über 1.000 % innerhalb kurzer Zeit waren keine Seltenheit, obwohl ein Großteil der Unternehmen bis dahin nur minimale Umsätze, jedoch (auch) beträchtliche Verluste generierte[17]. Bei Unternehmen der New Economy war daher nicht selten ein extremer Wertunterschied (Value-Gap) zwischen der Börsenkapitalisierung bzw dem Marktpreis und dem theoretischen – das heißt anhand von traditionellen Bewertungsmethoden ermittelten – Unternehmenswert feststellbar[18]. Bei der New Economy waren die Aktienkurse und Marktpreise Faktoren unterworfen, die sich sehr oft

---

13 *Kalmbach P.*, „New economy" – war da was?, Wirtschaftsdienst Bd 83 (2003) 38–44.
14 *Kühl S.*, Jenseits der Face-to-Face-Organisation – Wachstumsprozesse in kapitalmarkt-orientierten Unternehmen, Zeitschrift für Soziologie 3/Juni 2001, 186–210.
15 Studienprojekt „Neweconomy@Wien" des Instituts für Stadt- und Regionalforschung/TU Wien, März 2001.
16 Studienprojekt „Neweconomy@Wien" des Instituts für Stadt- und Regionalforschung/TU Wien, März 2001.
17 *Kranebitter G./ Lang F./ Frankemölle L.*, Unternehmensbewertung in der New Economy, RWZ 2001/46.
18 *Krings U./Diehm S.*, Unternehmensbewertung in der New Economy, Der Schweizer Treuhänder 11/01.

im spekulativen Rahmen bewegten und die Unternehmensbewertung (in der bislang herkömmlichen Weise) dadurch sehr schwierig machten[19].

Das Unternehmenskonzept der YLine AG sah vor, sich an jungen, aufstrebenden Unternehmen der Internetbranche zu beteiligen, dadurch entstehende Synergien und Kooperationen zu nutzen und die Beteiligungen nach erfolgter Wertsteigerung zu veräußern. Die zahlreichen von der YLine AG im Jahr 2000 durchgeführten Unternehmenszukäufe, zu denen auch der Kauf der WebLine GmbH und der Kontornet A/S zählen, waren ebenso der damaligen Marktsituation und Wirtschaftsphilosophie der New Economy zuzurechnen.

So war die YLine AG als New Economy-Unternehmen mangels Alternativen zur Gänze über den Kapitalmarkt bzw. Eigenkapital finanziert und somit auch den dort gültigen Regeln unterworfen. Die Unternehmen der New Economy konnten die erheblichen Anlaufkosten üblicherweise nicht aus laufenden Umsatzerlösen decken. Die Aufnahme eines Bankkredites zur Finanzierung dieser Kosten stellte sich mangels Sicherheiten als nicht möglich dar, sodass die Finanzierung über Eigenkapital die einzig mögliche und praktikable Finanzierungsform war. Um die Eigenkapitalfinanzierung sicherzustellen, war eine der obersten Maximen, auf dem Kapitalmarkt ständiges Marktwachstum zu signalisieren, wozu Unternehmenskäufe als probates Mittel herangezogen wurden[20]. Diese notwendigen Unternehmenskäufe stellten sich aufgrund exorbitanter Marktpreise und der allgemeinen finanziellen Situation der New-Economy-Unternehmen aber als problematisch dar, vor allem die Zahlungsmodalitäten betreffend New-Economy-Unternehmen verfügten zwar über erhebliche Marktwerte und Marktpreise, aber nur über begrenzte liquide Mittel. Daher kamen viele Unternehmenserwerbe nicht, wie sonst üblich, durch Barzahlungen zustande, sondern wurden mittels Aktientauschs und ähnlicher Transaktionen vergütet, in der Hoffnung, dass die Aktienkurse aufgrund der extremen Volatilität und begrenzten Fungibilität nicht fallen würden[21].

Diesen Marktgegebenheiten unterlag auch die YLine AG. Die Angaben vom Vorstand, dass die YLine AG im Zuge von Unternehmenserwerben keine „Bartransaktionen" durchführen wollte, sind in diesem Zusammenhang nachvollziehbar: „da dies nicht im Sinne der Risikosymmetrie gewesen wäre. Yline wollte ausschließlich mit Aktien einen Anteilstausch durchführen. Da die Aktien der Yline unter finanztechnischen Risikogesichtspunkten deutlich risikoreicher waren als Bargeld, lässt sich der Unterschied zwischen der „Bargeldbewertung" [...] und der „Aktienbewertung" [...] auch mit finanztechnischen Methoden erklären und nachvollziehen".[22]

Diese „Notwendigkeit" von Unternehmenskäufen bedeutete für New-Economy-Unternehmen, also auch für die YLine AG, dass sie dabei dem auf dem Kapitalmarkt herrschenden hohen Preisniveau (Value-Gap) unterworfen waren. Angesichts der – in der

---

19 Studienprojekt „Neweconomy@Wien" des Instituts für Stadt- und Regionalforschung/TU Wien, März 2001.
20 *Schneider G. C.*, Verhandlung und Vertragsgestaltung von VC-Investments, in *Kollmann T.* (Hrsg), E-Venture-Management, Neue Perspektiven der Unternehmensgründung in der Net Economy, (2003) 456.
21 *Drill M. R./Klein S.*, M&A-Strategien für Unternehmen in der Net Economy, in *Kollmann T.* (Hrsg), E-Venture-Management, Neue Perspektiven der Unternehmensgründung in der Net Economy, (2003) 531 ff.
22 Entnommen aus dem Strafakt, Angaben des Vorstandes der Yline AG.

damaligen Zeit üblicherweise – weit unter den Marktpreisen liegenden Zukunftserfolgswerte (theoretische Unternehmenswerte) ergibt sich wiederum, dass ein als Zukunftserfolgswert ermittelter Unternehmenswert niemals als Kaufpreis realisierbar gewesen wäre. Hätte ein Unternehmen dieser Branche aber auf Wachstum durch Unternehmenskäufe verzichtet, hätte es innerhalb kurzer Zeit erhebliche Finanzierungsprobleme gehabt. Eine betriebswirtschaftliche Beurteilung der damaligen Unternehmenszukäufe der YLine AG, wie eben der der WebLine GmbH und der Kontornet A/S, darf aus Sachverständigensicht daher nicht ohne Berücksichtigung der damaligen Marktsituation und Unternehmensbewertungsproblematik der New-Economy-Gesellschaften erfolgen – der ex post erfolgenden Bewertung ist eine Ex-ante-Sichtweise zugrunde zu legen.[23]

Die vom Gericht bestellten Sachverständigen kamen in ihren Gutachten zum Schluss, dass der „tatsächliche" Unternehmenswert der WebLine GmbH zwischen 80.000 € und 118.000 € statt 1,5 Mio € und der Unternehmenswert von Kontornet A/S bei null statt 5,2 Mio € gelegen sei. Dadurch sei ein krasses Missverhältnis zwischen der Leistung der Sacheinleger und der Gegenleistung der übernehmenden YLine AG entstanden. In der Anklage wurde angeführt, dass die Angeklagten ihre eingeräumten Befugnisse wissentlich missbraucht hätten und dadurch der YLine AG vorsätzlich ein Vermögensnachteil iSd § 153 StGB zugefügt worden sei.

Der Schaden aufgrund des Missverhältnisses von Leistung und Gegenleistung (Differenzhaftungsanspruch) wurde ausgehend von den Feststellungen des Gerichtssachverständigen in folgender Höhe beziffert:

Leistung	Tatsächlicher Wert der Leistung lt Gerichtssachverständigen	Leistung des übernehmenden Rechtsträgers		Schaden
		Leistung	Wert der Leistung	Schaden iS des § 153 StGB Missverhältnis Leistung und Gegenleistung
74 % der Anteile an WebLine GmbH	118.553 €	15.058 junge Aktien der Yline AG zum Wert von 100 € je Aktie	1.505.800 €	1.387.247 €
74 % der Anteile an Kontornet A/S	0 €	55.235 junge Aktien der Yline AG zum Wert von 100 € je Aktie	5.223.500 €	5.223.500 €
Summe	118.553 €		6.729.300 €	6.610.747 €

Abbildung 1: Missverhältnis zwischen Leistungen der Sacheinleger und der übernehmenden Yline AG laut Anklage

Aus rein betriebswirtschaftlicher Sicht ergaben sich sowohl hinsichtlich Bewertungsmethodik, welche bei den Bewertungen der WebLine GmbH und der Kontornet A/S zur

---

23 Vgl die Ausführungen in Kapitel 1.1.4.

Anwendung gelangte, aber auch hinsichtlich der Ermittlung des strafrechtlich relevanten Untreueschadens (§ 153 StGB) einige Kritikpunkte.

Den Verantwortlichen drohte damit im schlimmsten Fall eine Verurteilung nach § 153 StGB und aufgrund der von den Gerichtssachverständigen errechneten Differenzhaftungsansprüche, welche gleichgesetzt wurden mit dem strafrechtlich relevanten Untreueschaden, Haftstrafen bis zu zehn Jahren.

1.3.3. Ermittlung des Unternehmenswertes beispielhaft der WebLine GmbH durch die Sacheinlageprüfer und die Gerichtssachverständigen

Hinsichtlich der Berechnung eines Unternehmenswertes werden seit ungefähr den 1980er Jahren in betriebswirtschaftlicher Literatur und Praxis so genannte Zukunftserfolgswertmethoden herangezogen. Zu diesen Methoden zählen ua die Ertragswert- wie auch die Discounted-Cashflow-Methode.

Bei diesen Methoden wird der Unternehmenswert errechnet, indem die für die Zukunft geplanten Gewinne/Verluste bzw Cashflows auf den Zeitpunkt der Erstellung der Unternehmensbewertung abgezinst (diskontiert) werden. Die abgezinsten (diskontierten) Gewinne/Verluste bzw Cashflows der einzelnen zukünftigen Perioden werden anschließend summiert, um zum Unternehmenswert zu gelangen. Als grundsätzliche Prämisse der Zukunftserfolgswertmethoden wird von einer unendlichen Lebensdauer des Unternehmens ausgegangen. Diese unendliche Unternehmenslebensdauer wurde im Rahmen der Planung der zukünftigen Gewinne/Verluste bzw Cashflows bis vor Inkrafttreten des Fachgutachtens vom 26.3.2014 üblicherweise in zumindest zwei, danach in drei Phasen unterteilt. Im Rahmen der Detailplanungsphase, welche an die Zeitperiode der Erstellung der Unternehmensbewertung anschließt, werden die zukünftigen Gewinne/Verluste bzw Cashflows detailliert geplant. Die Detailplanungsphase kann gemäß den Erfordernissen der Bewertung unterschiedlich lange gewählt werden und wurde mit dem Fachgutachten vom 26.3.2014 um eine Grobplanungsphase ergänzt. An diese Phase(n) schließt der – zumindest annahmegemäß unendlich lange – Zeitraum der ewigen Rente an. Wie schon erwähnt, werden die Gewinne/Verluste bzw Cashflows sowie der Wert der ewigen Rente abgezinst und summiert, woraus der Zukunftserfolgswert (Unternehmenswert) des betrachteten Unternehmens resultiert. Bei diesen Verfahren gelten der (Diskontierungs-)Zinssatz, die Wachstumsrate sowie die für den Zeitraum der ewigen Rente geplanten Gewinne/Verluste bzw Cashflows als Schlüsselfaktoren, da diese aufgrund ihrer Hebelwirkung maßgeblichen Einfluss auf die Höhe des Unternehmenswertes haben.

Ausgangsbasis für die Planung der zukünftigen Umsätze der WebLine GmbH war die von den Geschäftsführern der WebLine GmbH erstellte Überschussplanung für den Zeitraum von 02/2000 bis 01/2001, wobei der Überschuss des Jahres 2001 auf Basis der für das gesamte Jahr fortgeschriebenen Monatsüberschüsse 01/2001 ermittelt wurde. Für die weiteren Jahre plante der die Sacheinlage begleitende Wirtschaftsprüfer der YLine AG die Planüberschüsse unter Ansatz von Wachstumsraten iHv 71 % (für 2001), 80 % (für 2002), 70 % (für 2003) sowie 60 % (2004), wobei für die Periode ab 2004 der Barwert einer ewigen Rente zum Ansatz kam. Diese Wachstumsraten beeinflussten die

Höhe der vom Sacheinlageprüfer berechneten ewigen Rente maßgeblich und wurden später vom Gerichtssachverständigen als unangemessen hoch beurteilt und auf 10–12 % reduziert.[24]

Abweichend zu den Ausführungen des Gerichtssachverständigen zeigte jedoch ein Vergleich der innerhalb der New Economy (im Laufe der Dotcom-Blase) angesetzten und teilweise auch realisierten Wachstumsraten von teilweise über 200 % pro Jahr, dass das für die WebLine GmbH angesetzte Wachstum noch vergleichsweise niedrig war.

Abgesehen von einer **für ein Jahr vorliegenden Detailplanung** für die WebLine GmbH waren keine weiteren Daten zur Unternehmensentwicklung verfügbar. Vor dem Hintergrund der auch schon im Fachgutachten KFS/BW 1 vom 20.12.1989 erfassten Regelungen und Empfehlungen ging die Unterteilung der Gesamtplanungsperiode in einen nur einjährigen Detailplanungszeitraum und eine daran anschließende ewige Rente somit nicht mit der damaligen Unternehmensbewertungspraxis sowie -literatur konform. Da die mittels der vorliegenden Planrechnungen ermittelten Unternehmenswerte nicht oder nur eingeschränkt darstellbar waren, versuchten die Wirtschaftsprüfer, welche die Sacheinlagenprüfung prüften, mittels Multiplikatoren einen Unternehmenswert zu errechnen und diesen mittels Ertragswertmethode zu plausibilisieren. Multiplikatorverfahren waren zum damaligen Zeitpunkt gemäß betriebswirtschaftlicher Literatur und Praxis nicht geeignet, Unternehmenswerte abzubilden und entsprachen ebenso wenig den damaligen Standards des Instituts der Wirtschaftsprüfer in Deutschland e.V. Eine Plausibilisierung der ermittelten Unternehmenswerte anhand von Multiplikatoren wäre damals – außerhalb berufsrechtlicher Vorschriften – jedoch auch bereits möglich gewesen. Aufgrund der sehr eingeschränkten Detailplanung, welche der Bewertung zugrunde gelegt wurde, wäre es maßgeblich gewesen, einen Datenbestand, der eine Bewertung auch zulässt, zu ermitteln.

Trotz Kritik an der fehlenden Detailplanung übernahm der vom Gericht bestellte Sachverständige die Daten und legte sie seiner Bewertung zugrunde.

Die Vorgangsweise des Gerichtssachverständigen entspricht zwar der schon im Fachgutachten KFS/BW 1 vom 20.12.1989 erwähnten Mehrphasenmethode, gleichzeitig wird in diesem Fachgutachten jedoch auch eine genaue Erfolgsplanung für einen beschränkten Zeitraum von etwa drei bis fünf Jahren postuliert, welche im Rahmen der vorliegenden Berechnungen des Sachverständigen jedoch nicht durchgeführt wurde. Angesichts dessen, dass das Fachgutachten KFS/BW 1 vom 20.12.1989 zum Zeitpunkt der Bewertung der WebLine GmbH schon elf Jahre alt war und die zum Veröffentlichungszeitpunkt sowohl von der Praxis, Forschung und Lehre anerkannten Grundsätze behandelte, hätte das Fachgutachten KFS/BW 1 vom 20.12.1989 nicht als alleinige Referenz für die Bewertung der WebLine GmbH herangezogen werden dürfen. Vielmehr hätte sich der Sachverständige im vorliegenden Fall an der im Fachgutachten KFS/BW 1 vom 27.2.2006 ausdrücklich für Wachstumsunternehmen empfohlenen Unterteilung

---

24 Insbesondere mangels Berücksichtigung des erhöhten Wachstums eines Wachstumsunternehmens im Rahmen einer Detailplanungsphase wären derartige Wachstumsraten insofern ebenso realitätsfremd, als diese Annahme bedeuten würden, dass die WebLine GmbH für die restliche Unternehmenslebensdauer mehr wächst als die Gesamtwirtschaft. Selbst als Wachstumsunternehmen wäre die WebLine GmbH nur innerhalb eines begrenzten Zeitraumes in der Lage gewesen, derartige Wachstumsraten zu erzielen, womit sich wiederum die Notwendigkeit einer längeren bzw zusätzlichen Detailplanungsphase (vgl nachfolgende Ausführungen) ergibt.

der Planungsphase in Anlaufphase, Phase mit überdurchschnittlichem Umsatz- und Ertragswachstum und Phase mit normalem Wachstum orientieren müssen.[25] Auch abseits dieser Ausführungen ergibt sich angesichts der Unternehmensentwicklung, dass es sich bei der WebLine GmbH um ein Wachstumsunternehmen handelte, welches nicht in der Lage war, binnen Jahresfrist jenen stabilen Gleichgewichtszustand zu erreichen, der in der Unternehmensbewertungspraxis notwendige Voraussetzung für den Beginn der Phase der ewigen Rente ist. Angesichts dieser Problematiken war die vom Gerichtssachverständigen im Rahmen der Ertragswertmethode gewählte Methodik als zu pauschal und zu wenig auf das zu bewertende Unternehmen ausgerichtet anzusehen.

Hier wird die Problematik deutlich, dass der Sachverständige ein Methode wählte, welche zwar mit den Empfehlungen des Fachgutachtens der Kammer der Wirtschaftstreuhänder KFS/BW 1 vom 20.12.1989 konform ging, aber letztlich nicht vollständig dem Bewertungsobjekt entsprach, und letztendlich die im Fachgutachten KFS/BW 1 vom 20.12.1989 relevierten Methoden nicht ausreichten, um dem Bewertungsobjekt gerecht zu werden, und alternative Vorgangsweisen im damals gültigen Fachgutachten auch nicht vorgesehen waren.

Insgesamt ergibt sich somit, dass die durch den Sacheinlagenprüfer gewählte Methode bei der Bewertung und Berechnung des Unternehmenswertes der WebLine GmbH nicht den damaligen Grundsätzen der Unternehmensbewertung gemäß Literatur sowie Praxis entsprach. Der mit der Sacheinlageprüfung beauftrage Wirtschaftsprüfer gelangte aufgrund der bisher auszugsweise dargestellten Probleme bzw Restriktionen im Zuge der Anwendung der Ertragswertmethode zu keinen validen Unternehmenswerten, griff sodann auf eine Bewertung der Sacheinlagen mittels Multiplikatormethode[26] zurück bzw versuchte, die mittels Multiplikatormethode ermittelten Werte wiederum mittels vereinfachten Ertragswertverfahrens zu plausibilisieren.[27]

Exkurs zur durch den Sacheinlageprüfer bei der WebLine GmbH angewandten Multiplikatormethode und der Überprüfung durch die Gerichtssachverständigen

Die Vergleichsverfahren übertragen unmittelbar den Wert eines oder mehrerer Vergleichsunternehmen direkt auf das Bewertungsobjekt[28] und lösen damit ein zentrales Problem der Ertragswert- bzw DCF-Verfahren, indem sie die kritischen Probleme der Prognose des Zukunftserfolgs (also die Prognose der zukünftigen Überschüsse und die Bestimmung des Kapitalisierungszinssatzes[29] sowie der Bestimmung der dabei notwendigen Parameter) umgehen und stattdessen auf die Erwartungen der Marktteilnehmer zurückgreifen.[30] Grundgedanke der Ver-

---

25 Der damalige Stand des Fachgutachtens ließ doch eine Reihe von Spielräumen, welche das Bewertungsumfeld noch deutlich diffiziler machten.
26 Vgl nachfolgenden Exkurs; das Multiplikatorverfahren wurde und wird in der Betriebswirtschaft nicht als taugliche Bewertungsmethode bei der Unternehmensbewertung angesehen und diente auch damals nur eingeschränkt Plausibilisierungszwecken.
27 Ungeachtet dessen war bei der heute noch bestehenden Nachfolgefirma ein Unternehmenswert in der Größenordnung der damals durch den Sacheinlagepüfer ermittelten Werte feststellbar.
28 *Radinger G.*, Unternehmenswertermittlung über Multiplikatoren, Controller Magazin 07/08/2010, 65.
29 Inklusive der Überlegungen zu Basiszins, Risikozuschlag und Kapitalstrukturproblematik.
30 Vgl *Bacher U./Stober K.*, Bewertung von Unternehmen anhand von Multiplikatoren, in Interdisziplinäre Managementforschung IV, 4. Interdisziplinäres Symposium (2007) 256 ff; *Timmreck C.*, Unternehmensbewertung bei Mergers & Acquisitions (2003) 37 ff; *Coenenberg A./Schultze W.*, Das Multiplikator-Verfahren in der Unternehmensbewertung: Konzeption und Kritik, Finanz Betrieb 12/2002, 700.

gleichsverfahren ist, das subjektive Ermessen des Bewerters (größtenteils) durch die „Objektivität des Marktes" zu ersetzen,[31] also anzunehmen, dass der Markt richtig liegt[32].

Im Fachgutachten KFS/BW 1 vom 20.12.1989 wurde auf die Möglichkeit der Bewertung mittels Multiplikatoren nicht eingegangen, während das Fachgutachten KFS/BW 1 vom 26.3.2014 dem Multiplikatorverfahren wesentlich mehr Stellenwert einräumt und etwa unter Rz 18 das Multiplikatorverfahren als alleiniges Verfahren zur Ermittlung eines objektivierten Unternehmenswerts bei der Bewertung von sehr kleinen Unternehmen[33] vorsieht. Des Weiteren sind Multiplikatorverfahren nunmehr zur Plausibilisierung der im Rahmen von Diskontierungsverfahren ermittelten Unternehmenswerte heranzuziehen.[34]

Die Multiplikatoren werden anhand von vergleichbaren Unternehmen (Peer Group) ermittelt. Diese Unternehmen sollten im Wesentlichen mit den Eigenschaften des zu bewertenden Unternehmens korrelieren. Mögliche Auswahlkriterien sind bspw Branche, Geschäftsmodell und geografische Abdeckung. Die Anzahl der Multiplikatoren aus den vergleichbaren Unternehmen wird zu einem Mittelwert verdichtet, wobei die statistischen Ausreißer eliminiert werden müssen, um möglichst keine Verzerrungen zu produzieren. In der Praxis wird sehr häufig aufgrund der fehlenden Vergleichsunternehmen auf Branchenmultiplikatoren abgestellt werden.[35]

In beschriebenen Fall wurde durch den Sacheinlageprüfer eine vereinfachte Multiplikatormethode angewandt. Vereinfacht heißt, dass zur Ermittlung des Unternehmenswertes die Anzahl der registrierten Benutzer („Members") als Umsatzwerttreiber angesehen wurde. Zur Plausibilisierung des Unternehmenswertes wurde dabei der Umsatz/Nutzer laut einer Studie der International Data Corporation (IDC) mit dem Werttreiber multipliziert.[36]

Die Multiplikatormethode setzt, wie bereits erwähnt, voraus, dass es eine entsprechende Auswahl an Vergleichsunternehmen der Peer Group gibt. Nur dann wären valide Wertermittlungen möglich. Im gegenständlichen Fall wies die Multiplikatormethode gerade in diesem Bereich Schwächen auf, da damals Vergleichsunternehmen der Peer Group in der New Economy nur schwer gefunden werden konnten, was wiederum eine Anpassung der Multiplikatoren notwendig gemacht hätte.

Seitens der Gerichtssachverständigen wurden der Einsatz einer Multiplikatormethode zur Unternehmensbewertung per se und die als Werttreiber für den Umsatz ausgewählten Members im Speziellen als ungeeignet erachtet, demzufolge diese Methode gänzlich unzulässig gewesen wäre. In diesem Zusammenhang und auch im Lichte der schon beschriebenen weiteren Entwicklung des Fachgutachtens der Kammer der Wirtschaftstreuhänder erscheint jedoch problematisch, dass dem Sacheinlageprüfer zum damaligen Bewertungsstichtag nur äußerst einschränkt Werkzeuge zu einer dem Bewertungsobjekt gerecht werdenden Bewertung von Wachstumsunternehmen zur Verfügung standen. Gleichzeitig stellte aber die Multiplikatormethode schon damals unter rein finanziellen Gesichtspunkten letztendlich keine geeignete Methode dar, um zu entscheiden, ob die WebLine GmbH erworben werden sollte oder nicht.

In Bezug auf die Anwendung von Multiplikatormethoden gehen die Autoren mit *Ballwieser*[37] konform, dass Multiplikatoren bei schon getroffener Kaufentscheidung als Prognoseverfahren für Preisforderungen oder zur argumentativen Erzielung von Verhandlungsvorteilen durchaus

---

31 *Radinger G.*, Unternehmenswertermittlung über Multiplikatoren, Controller Magazin 07-08/2010, 65.
32 Implizit wird somit von einem funktionsfähigen, dh informationseffizienten Kapitalmarkt ausgegangen: Um einen marktgerechten Preis ableiten zu können, muss ein Börsenkurs alle unternehmensrelevanten Informationen berücksichtigen.
33 Laut Fachgutachten KFS/BW 1 vom 26.3.2014 solche Unternehmen, welche die Buchführungsgrenzen gemäß § 189 Abs 1 Z 2 UGB nicht überschreiten.
34 Vgl Fachgutachten der Kammer der Wirtschaftstreuhänder KFS/BW 1 vom 26.3.2014 Rz 118 ff.
35 Vgl Fachgutachten der Kammer der Wirtschaftstreuhänder KFS/BW 1 vom 26.3.2014 Rz 125 ff.
36 Gültigkeit zum Bewertungsstichtag hatte das Fachgutachten KFS/BW 1 vom 20.12.1989, welches auf den Einsatz von Multiplikatoren nicht eingeht.
37 *Ballwieser W.*, Eine neue Lehre der Unternehmensbewertung? Der Betrieb Nr/1997, 185 ff; *Mandl G./Rabel K.*, Unternehmensbewertung. Eine praxisorientierte Einführung (1997) 274.

geeignet sind. Wie auch in Unternehmensbewertungsliteratur und -praxis mehrheitlich vertreten, war diese Entscheidung auf Basis von Ertragswert- oder DCF-Berechnungen zu treffen. Diese Diskontierungsverfahren erbrachten aber – wie schon angeführt – in Zeiten der New Economy üblicherweise Unternehmenswerte bzw Zukunftserfolgswerte, welche weit unter den Marktpreisen bzw Börsenkursen lagen. Ein so als Zukunftserfolgswert ermittelter Unternehmenswert wäre gleichzeitig jedoch niemals als Kaufpreis für Anteile an Unternehmen der New Economy realisierbar gewesen. Hätte die mangels Alternativen vollständig über den Kapitalmarkt finanzierte YLine AG somit zu diesen Zukunftserfolgswerten Angebote gelegt, wäre es dem Unternehmen nicht möglich gewesen, weiterhin ständiges (Markt-)Wachstum zu signalisieren, was jedoch wiederum für die weitere Finanzierung auf dem Kapitalmarkt unabdingbar war.

Auch die seitens der Gerichtssachverständigen angestellten Berechnungen des Unternehmenswertes der WebLine GmbH waren jedoch nicht geeignet, den Wert des Unternehmens adäquat zu erfassen. So berücksichtigten die vorliegenden Unternehmenswertberechnungen der Sachverständigen die besonderen Anforderungen, die die Bewertung junger Wachstumsunternehmen an die traditionellen Unternehmensbewertungsverfahren stellt, nicht in ausreichendem Maße.

Angesichts der schon mehrmaligen Verweise auf die Rahmenbedingungen eines Unternehmens in der New Economy ist an dieser Stelle auf die besonderen Umstände für Unternehmensbewertungen im Jahr 2000 hinzuweisen. Die Erstellung von Unternehmensbewertungen und die Klärung damit zusammenhängender Sachfragen erfolgt in überwiegendem Ausmaß – insbesondere in Zeiten starken Unternehmenswachstums – regelmäßig unter großen zeitlichen Restriktionen. Aufgrund der besonders dynamischen Marktsituation und der hohen Anzahl der in den Jahren der New Economy durchgeführten Unternehmensakquisitionen ist davon auszugehen, dass die Bewertung der WebLine GmbH ebenfalls innerhalb eines relativ kurzen Zeitraumes erfolgte. Gleichzeitig standen die Ersteller von Unternehmensbewertungen vor dem schon mehrmals aufgezeigten Problem, dass zwischen beobachtbaren Markt- bzw Börsepreisen und errechneten Unternehmenswerten ein großer Unterschied bestand und (erstmals) sichtbar wurde, dass die Bewertung von Unternehmen der New Economy mittels traditioneller Bewertungsmethoden an ihre Grenzen stieß.

Gleichzeitig waren Lösungsansätze für diese Bewertungsfragen bzw -probleme in Literatur und Praxis im Jahr 2000 und in den nachfolgenden Jahren nur sporadisch vorhanden, da die Auseinandersetzung mit derartigen Bewertungsproblemen überwiegend nach dem Platzen der Dotcom-Blase stattfand. Abgesehen von den genannten zeitlichen Restriktionen waren die ohnehin eher spärlich vorhanden Lösungsansätze, so sie dem Ersteller von Unternehmensbewertungen (ohne Recherchemöglichkeiten mittels Internet) überhaupt bekannt waren, nicht in einem mit aktuellen technologischen Möglichkeiten vergleichbaren Ausmaß zugänglich – die Recherche bzw Literatursuche beschränkte sich vielfach noch auf den Besuch von Bibliotheken sowie die postalische Zusendung der entsprechenden Literatur.

Die in der Zeit der New Economy sehr populär gewordene Multiplikatormethode entstand vor allem aus dem Bedarf nach einem vereinfachten, praktikablen und auch bei schlechtem Informationsstand – wie es bei der Bewertung von Unternehmen der New

Economy fast durchgehend der Fall war – durchführbaren Bewertungsverfahren.[38] Da in der Literatur die Anwendungseignung des Ertragswert- und DCF-Verfahrens auf Unternehmen der New Economy insgesamt kritisch gesehen wird[39] und aufgrund der im Gegensatz zu den ertragswertorientierten Verfahren einfacheren Handhabung erfreuen sich die vergleichswertorientierten Verfahren wie die Multiplikatormethode in der Praxis, insbesondere bei den Investmentbanken, nach wie vor großer Beliebtheit.[40]

1.3.4. Zusammenfassung der Problemstellungen für den Sacheinlageprüfer und die Gerichtssachverständigen

Der Sacheinlageprüfer hatte bei der Bewertung der Sacheinlagen, wie bereits ausführlich erläutert, massive Probleme bei der Bewertung der eingebrachten Unternehmensanteile. Ebenso stellte sich die Unternehmenswertermittlung auch für die Gerichtssachverständigen, welche erst Jahre später die Bewertung der Sacheinlagen vorzunehmen hatten, aufgrund der gegebenen Umstände und Parameter als höchst diffizil dar und resultierte aufgrund der hohen Volatilität der Bewertungsparameter in einer sehr großen Bandbreite an errechneten Unternehmenswerten. Abschließend konnte im Rahmen des dargestellten Strafverfahrens nicht eindeutig geklärt werden, ob es tatsächlich zu einer Diskrepanz zwischen Leistung und Gegenleistung im Zuge der beschriebenen Sacheinlagen gekommen war und ob die handelnden Personen diese vorsätzlich herbeigeführt hatten. Aus Autorensicht ergab sich aus diesem Verfahren, dass bei ex post durchgeführten Unternehmensbewertungen aus einer Ex-ante-Betrachtungsweise die zwischenzeitlichen wissenschaftlichen Erkenntnisse – sofern diese dem Grundsatz „in dubio pro reo" im Strafverfahren entsprechen – nicht außer Acht bleiben dürfen, um die jeweilige Fragestellung – im vorliegenden Falle die Prüfung, ob eine Schädigung des Unternehmens überhaupt vorliegt – adäquat beantworten zu können.

Zusammenfassend listen wir an dieser Stelle die wesentlichen Herausforderungen für den Sacheinlageprüfer bei der damaligen Bewertung von Sacheinlagen auf:

- Unternehmen der New Economy verfügen zumeist über keine oder nur kurze Unternehmensvergangenheit, eine Plausibilisierung der Planungsrechnungen ist daher nur eingeschränkt möglich.
  - Es müsste eine umfangreiche Ergänzung der Planrechnungen erfolgen, um den Anforderungen einer der Bewertungspraxis und -literatur gemäßen Bewertung gerecht zu werden. Mittlerweile wurde im Fachgutachten vom 27.2.2006 auf dieses spezifische Problem von Wachstumsunternehmen durch vorzunehmende intensive Analysen verschiedener Unternehmensbereiche sowie auf die Risikoeinschätzung eingegangen. Im zuletzt erlassenen Fachgutachten vom 26.3.2014 wurden diese Ausführungen nochmals um die empfohlene Durchführung von Szenarioanalysen unter Berücksichtigung von Insolvenzwahrscheinlichkeiten erweitert.

---

38 *Coenenberg A./Schultze W.*, Das Multiplikator-Verfahren in der Unternehmensbewertung: Konzeption und Kritik, FinanzBetrieb 12/2002, 697.
39 *Krings U./Diehm S.*, Unternehmensbewertung in der New Economy – Alte Probleme bleiben, Der Schweizer Treuhänder 11/2001, 1133 ff.
40 *Timmreck C.*, Unternehmensbewertung bei Mergers & Acquisitions (2003) 37 ff.

- Die Anwendung von Diskontierungsmethoden führt zu einer „self fulfilling prophecy", das heißt zu niedrigen oder negativen Unternehmenswerten, da sämtliche Unternehmen der „New Economy" keine entsprechenden Ertrags- und Zahlungsstromdaten vorweisen können.
  - Historische Vergleiche sind nicht möglich, die gesamte Bewertung kann demnach ausschließlich nur zukunftsorientiert erfolgen; wenn die Planungsrechnungen aufgrund des Umstandes, dass eine Verplausibilisierung nicht möglich ist, angezweifelt werden, kommt es zu keinen darstellbaren Unternehmenswerten. Auch dieser Punkt wurde zwischenzeitlich im Fachgutachten vom 27.2.2006 sowie vom 26.3.2014 behandelt.
- Da Wachstumsunternehmen tendenziell mit neuen Technologien arbeiten bzw entwickeln, fehlen vielfach Vergleichsunternehmen – Peer Groups existieren, wenn überhaupt, nur eingeschränkt und können demnach nur bedingt für valide Vergleiche bzw Plausibilisierungen herangezogen werden bzw erfordern deren Daten umfangreiche Adaptierungen. In diesem Zusammenhang ist auch auf fehlende Vergleichswerte für wesentliche, im Rahmen der Diskontierungsverfahren zu bestimmende Parameter, wie etwa Beta-Faktoren, hinzuweisen.
  - De facto unlösbar, wenn Vergleichsunternehmen oder valide Beta-Faktoren für einzelne neue Branchen bzw Unternehmensaktivitäten nicht vorhanden sind.
- Multiplikatoren sind nach dem Fachgutachten der Kammer der Wirtschaftstreuhänder KFS/BW 1 in der Version vom 20.12.1989 nicht beachtlich, letztlich nicht einmal im Rahmen einer Plausibilisierung anzuwenden.
  - Für den Bewerter aus damaliger Sicht nicht lösbar – im Gegensatz dazu sieht das Fachgutachten vom 26.3.2014 mittlerweile eine zwingende Plausibilisierung der errechneten Unternehmenswerte mithilfe von Multiplikatoren vor.
- Synergieeffekte finden keine Berücksichtigung bei der Bewertung, damit bleiben strategische Überlegungen des Unternehmenskäufers de facto unberücksichtigt.
  - Für den Bewerter aus damaliger Sicht nicht lösbar – mittlerweile wurde sowohl im Fachgutachten vom 27.2.2006 als auch im Fachgutachten vom 26.3.2014 explizit auf Synergien und deren Behandlung bei der Errechnung eines subjektiven wie auch eines objektivierten Unternehmenswertes eingegangen.

Vor dem Hintergrund dieser damals nicht bzw ungenügend gelösten Probleme bei der Unternehmensbewertung erscheint die Ermittlung „korrekter" Bewertungsansätze nahezu unmöglich, während sich die Überprüfung der Unternehmenswerte für die Gerichtssachverständigen aufgrund des Zeitfaktors in Teilbereichen grundlegend anders präsentierte. So waren zwischenzeitlich beispielsweise die oben angeführten Ergänzungen hinsichtlich der fehlenden Unternehmensgeschichte bei Start-up-Unternehmen oder die Plausibilisierungsmöglichkeit mittels Multiplikatoren sowie Ausführungen zur Behandlung von Synergieeffekten im Fachgutachten vom 27.2.2006 inkludiert worden. Auch wenn im Rahmen der aus Ex-ante-Sicht erstellten Unternehmensbewertung durch den Sachverständigen die zwischenzeitlich eingetretenen Ereignisse „auszublenden" sind, ermöglicht dieser Zeitfaktor umfangreichere und möglicherweise bessere Einschätzungen der Weiterentwicklung des Wachstumsunternehmens. Auch erleichtern es die zwischenzeitlich erfolgten wissenschaftlichen und theoretischen Weiterentwicklungen dem Sachverständigen, zu entscheiden, ob eine seriöse Rekonstruktion der Planungsrechnung sowie der jeweiligen heranzuziehenden Parameter und somit eine Unternehmensbewertung aus einer Ex-ante-Betrachtung noch oder nicht mehr möglich ist. Auch wäre es für den Sachverständigen leichter, abzuschätzen, wovon die handelnden Personen seinerzeit ausgehen konnten oder mussten.

1.4. Fazit und Resümee

Auch wenn die Wahl der korrekten Bewertungsmethode letztendlich ausschließlich dem Bewerter (Sachverständigen) obliegt, empfiehlt es sich alleine schon aus haftungstechnischer Sicht, jene wissenschaftlich anerkannten und praxiserprobten Bewertungsmethoden heranzuziehen, welche auch durch das entsprechende gültige Fachgutachten der Kammer der Wirtschaftstreuhänder KFS/BW 1 präferiert werden. Ein wesentliches Merkmal von durch Sachverständigen ex post durchgeführten Unternehmensbewertungen ist die zugrunde zu legende Betrachtung ex ante. Demnach sind zwischenzeitlich erlangte, die Unternehmenswertermittlung beeinflussende Erkenntnisse auszublenden und zu einem späteren Zeitpunkt zugängliche Informationen, die zum seinerzeitigen Zeitpunkt der Bewertung unbekannt waren, unbeachtlich.

Nach Ansicht der Autoren sind davon jedoch Neuerungen im wissenschaftlichen Bereich der Unternehmensbewertung, sofern sie dem Grundsatz „in dubio pro reo" im Strafverfahren entsprechen, von dieser Ex-ante-Betrachtung ausgenommen. Die zwischenzeitlich erlangten wissenschaftlichen Erkenntnisse sind daher im Rahmen der ex ante erstellten Unternehmensbewertung zu berücksichtigen, zumal diese zur Lösung der bei der seinerzeitigen Unternehmensbewertung aufgetretenen Probleme bzw Restriktionen führen und somit zur adäquaten betriebswirtschaftlichen Beantwortung der gestellten Rechtsfrage beitragen können. So bestätigte sich im Rahmen des dargestellten Praxisbeispiels, dass einige Problemfelder, welche im Rahmen der Bewertung von Wachstumsunternehmen am Beginn der 2000er Jahre aufgeworfen wurden, erst mittels der später erlassenen Fachgutachten der Kammer der Wirtschaftstreuhänder behandelt bzw gelöst werden konnten.

Im Zeitablauf der entsprechenden Fachgutachten wird ersichtlich, dass mittlerweile ein umfangreiches Instrumentarium geschaffen wurde, welches dem Sachverständigen wesentliche Hilfestellungen und Erleichterungen im Rahmen von Unternehmensbewertungen bietet. Eine wesentliche Erleichterung ist jedenfalls die Möglichkeit der Anwendung von Multiplikatorverfahren als Bewertungsmethode bei sehr kleinen Unternehmen, zumal Sachverständige in überwiegender Anzahl mit der Bewertung dieser Unternehmen konfrontiert sind.

Trotz des mittlerweile umfangreichen Leitfadens zur Unternehmensbewertung im derzeit gültigen Fachgutachten kann es für den Sachverständigen zu wesentlichen, im Folgenden beispielhaft angeführten Unsicherheiten und Problemstellungen im Rahmen der Bewertung eines Unternehmens, insbesondere bei (kleineren) Wachstumsunternehmen, kommen:

- Das Bewertungsobjekt ist ein Start-up-Unternehmen und verfügt über keine historischen Daten bzw keine Unternehmensgeschichte.
- Die vorliegenden Planrechnungen können aufgrund neuer Technologien, fehlender Vergleichswerte bzw -unternehmen (Peer Groups) oder der oben angeführten fehlenden Unternehmensgeschichte nicht plausibilisiert werden.
- Branchen-Multiplikatoren sind nicht zugänglich oder nicht verfügbar.
- Wachstumsraten sind nicht plausibilisierbar bzw ableitbar.
- Synergieeffekte können nicht (ausreichend) quantifiziert und damit nicht plausibilisiert werden.

Letztendlich bleibt es in der Verantwortung des Sachverständigen, nach eingehender Recherche und Unterlagenprüfung festzustellen, ob eine Unternehmensbewertung trotz möglicher Einschränkungen durchgeführt werden kann oder nicht. Es empfiehlt sich jedenfalls, bei jeder durchgeführten Unternehmensbewertung neben den Ausführungen zum Bewertungszweck auch eine Nutzungsbeschränkung für das jeweilige Verfahren, in dessen Rahmen das Gutachten in Auftrag gegeben wurde, zu deklarieren.

Unternehmensbewertungen in Investmentbanken

Marcus Aschauer/Robert Ehrenhöfer

1. **Definition und Rollen von Investmentbanken**
2. **Methoden der Unternehmensbewertung von Investmentbanken**
   2.1. Substanzwertverfahren
   2.2. Marktwertorientierte Verfahren
      2.2.1. Vergleichbare börsennotierte Unternehmen
      2.2.2. Vergleichbare Transaktionen
   2.3. Discounted-Cashflow-Methode
   2.4. Ertragswertverfahren
   2.5. Leveraged Buy-out Analysis
   2.6. Premium Analysis
   2.7. Recapitalization Analysis (Recap Analysis)
   2.8. Sum-of-the-Parts Analysis (SOP Analysis)
   2.9. Discounted Future Equity Value Analysis
   2.10. Analyst Target Prices
   2.11. 52-Week High/Low
3. **Anwendung der Unternehmensbewertung im Rahmen von Equity Capital Markets**
   3.1. Struktur eines IPOs
   3.2. Unternehmensbewertung im Rahmen des Pricing Prozesses
4. **Anwendung der Unternehmensbewertung im Rahmen von Mergers & Acquisitions**

1. Definition und Rollen von Investmentbanken

Innerhalb des Bankensektors lässt sich allgemein zwischen Universalbanken, Commercial Banks, Merchant Banks sowie Investmentbanken unterscheiden. Die Entwicklung des Investmentbanking steht in engem Zusammenhang mit der historischen Entwicklung von Trennbankensystemen, die in den drei bedeutenden Finanzmärkten der Welt – den USA, Großbritannien und Japan – lange Tradition hatten. Die Trennung in „Commercial" und „Investmentbanking" geht in den USA auf den Glass-Steagall-Act in 1933 zurück, als Reaktion auf die große Bankenkrise. Im Jahr 1999 wurde schließlich der Glass-Steagall-Act gänzlich aufgehoben und seitdem dürfen Banken sämtliche Finanzdienstleistungen aus einer Hand anbieten.

Zentrale Elemente des Geschäfts von Investmentbanken bilden die folgende Bereiche:

- **Capital Markets:** In den Bereich Capital Markets fällt die Durchführung von Kapitalmarkttransaktionen auf dem Primärmarkt. Bei der Emission und Platzierung von Wertpapieren werden von den Emissionsbanken idR auch Platzierungsrisiken übernommen. In Abhängigkeit davon, ob es sich bei den Wertpapieren um Eigen- oder Fremdkapital handelt, werden die Bereiche Equity Capital Markets und Debt Capital Markets unterschieden.
- **Corporate Finance/Mergers & Acquisitions (M&A):** Im Corporate Finance werden finanzierungsorientierte Beratungsleistungen für Unternehmen und Institutionen erbracht, die sich mit der Strukturierung der Kapital- bzw Passivseite des Kunden befassen. M&A umfasst all jene Beratungsleistungen, die im Zusammenhang mit Unternehmenstransaktionen wie Fusionen, Akquisitionen oder Veräußerungen von Unternehmen oder Unternehmensteilen erbracht werden. Es wird entweder auf Seiten des Käufers oder Verkäufers beraten. Schwerpunkte der Dienstleistung sind Strategieberatung zur Durchführung oder Abwehr von Übernahmen, Identifikation geeigneter Kandidaten, Durchführung von Unternehmensbewertungen, Prozessführung und -strukturierung sowie Verhandlungsführung und Vertragsgestaltung. Ein weitere Aufgabe im Bereich M&A ist die Erstellung von „Fairness Opinons".
- **Structured Finance** erbringt Beratungsdienstleistungen bei Spezialfinanzierungen, die durch einen hohen Komplexitäts- und Individualisierungsgrad gekennzeichnet sind. Hierzu zählen Projekt-, Akquisitionsfinanzierungen und syndizierte Finanzierungen. Wesentliche Bezugspunkte sind die Entwicklung der Finanzierungsstruktur sowie der Risikoanalyse.
- **Sales & Trading:** Dieser Komplex umfasst Aktivitäten des Vertriebs (Sales) von Wertpapieren und wertpapierähnlichen Instrumenten des Handels (Trading). Im Rahmen des Eigenhandels werden Banken ohne Kundenauftrag an den Sekundärmärkten zum Zwecke der Erzielung von Handelsnutzen aktiv.
- **Research:** In allen genannten Bereichen ist ein hochentwickeltes Research in Bezug auf Kapitalmärkte, Unternehmensanalysen und Unternehmensbewertungen Voraussetzung für die Leistungsfähigkeit einer Investmentbank.

Unternehmensbewertungen sind Bestandteil des angebotenen Leistungsspektrums von Investmentbanken im Speziellen im Rahmen von IPOs (Initial Public Offering), bei

Übernahmen und Fusionen von Unternehmen (M&A) und im Research. Die Auswahl der Methode wird im Wesentlichen vom rechtlichen Hintergrund der Bewertung, von der Art des Deals und dem Hintergrund der zu bewertenden Gesellschaft dominiert. Üblicherweise werden unterschiedliche Methoden parallel zum Zwecke einer Plausibilitätsprüfung angewendet. Im Folgenden werden zuerst die von Investmentbanken angewendeten Methoden dargestellt und anschließend die Einsatzmöglichkeiten in den einzelnen Bereichen herausgearbeitet.

2. Methoden der Unternehmensbewertung von Investmentbanken

2.1. Substanzwertverfahren

In der Praxis von Investmentbanken haben substanzwertorientierte Verfahren eine eher geringe Relevanz und werden meist für die Findung einer Wert-/Preisuntergrenze angewendet. Der Einsatz beschränkt sich meist auf die Bewertung unselbständiger Unternehmensteile oder einzelner Anlagegüter. Substanzwertorientierte Verfahren basieren auf der Annahme, dass ein Unternehmen nach Bestand und der Qualität seiner Aktiva beurteilt werden soll. Ein potenzieller Käufer wird demnach den Preis bezahlen, der dem Wert der Vermögensgegenstände eines Unternehmens für ihn entspricht. Falls das Unternehmen weitergeführt werden soll, ist dies der Wiederbeschaffungswert, im Falle der Stilllegung der Liquidationswert. Die große Schwäche dieses Ansatzes liegt vor allem darin, dass einige wertbestimmende Faktoren, wie die Überwindung von Markteintrittsbarrieren durch die Akquisition eines Wettbewerbers oder die mögliche Realisierung von Synergien, keine Berücksichtigung finden. Diese Verfahren zeichnen sich andererseits durch eine relativ einfache Wertermittlung und im Falle einer gerichtlichen Überprüfung durch eine stichhaltige Nachvollziehbarkeit aus.

Beschreibung	Vorteile
• Substanzwertverfahren sehen Unternehmen als Ansammlung von Einzelaktiva und vernachlässigen interne Synergieeffekte • Verschiedene Varianten, die auf bilanziellen Buchwert, Wiederbeschaffungswert (Substanzwert) oder Liquidationswert abstellen • Summe der Werte der Einzelaktiva abzüglich der Verbindlichkeiten ergibt Wert des Eigenkapitals	• Geeignet, um Wertuntergrenze im Liquidationsfall zu ermitteln, • Geeignet, um die Bewertung einzelner Geschäftseinheiten oder einzelner Vermögensbestandteile zu ermitteln
	Nachteile
	• Nicht zukunftsbezogen • Nicht geeignet für Bewertung von Going-Concern-Unternehmen • Vernachlässigung unternehmensinterner Synergien • Vernachlässigung immaterieller Werte

Tabelle 1: Substanzwertverfahren

2.2. Marktwertorientierte Verfahren

2.2.1. Vergleichbare börsennotierte Unternehmen

Bei der Methode vergleichbarer börsennotierter Unternehmen („Compco Analysis") wird im ersten Schritt ein Universum an börsennotierten Vergleichsunternehmen ermittelt, die sogenannten „Comparables". Als Kriterien werden vor allem das Produktportfolio, die eingesetzten Produktionsverfahren bzw die vergleichbare Wertschöpfungskette, die Größe, die geografische Verteilung der Märkte und die Umsatzgröße und Profitabilität verglichen. Für diese Vergleichsunternehmen werden Verhältniszahlen („Multiples") als Vielfache zwischen der Börsenbewertung und bestimmten Leistungskennzahlen errechnet. Üblicherweise wird der Bruttounternehmenswert („Enterprise Value") des Unternehmens mit dem Umsatz, dem EBITDA und dem EBIT bzw der Wert des Eigenkapitals („Equity Value") mit dem Ergebnis vor Steuern oder dem Gewinn nach Steuern der vergleichbaren börsennotierten Unternehmen ins Verhältnis gesetzt. Je nach Industrie, zB bei Telekommunikations- oder Internetunternehmen, werden teilweise spezifische Leistungskennzahlen, wie das Umsatzwachstum oder die Anzahl der Kunden bzw Abschlüsse, verwendet. Der Mittelwert oder Median der ausgewählten Verhältniszahl wird mit den Werten des zu bewertenden Unternehmens multipliziert und ergibt somit den projizierten Unternehmenswert.

Beschreibung	Vorteile
• Wahl einer „Peer Group" von börsennotierten Unternehmen, die nach verschiedenen wertrelevanten Kriterien wie Wachstum, Risiko, Profitabilität etc vergleichbar mit dem Bewertungsobjekt sind • Berechnung von marktbasierten Multiples für Vergleichsunternehmen und Wahl des für die Bewertung relevanten Multiples • Anwendung des selektierten Multiples auf die entsprechende Bezugsgröße des zu bewertenden Unternehmens	• Weit verbreitete Methodik in der Praxis, geringe Bewertungskomplexität, einfach verständlich und deshalb anerkannt bei den meisten Investoren • Basis sind marktwertorientierte Vergleichswerte, deshalb ist die Methode weniger beeinflusst von subjektiven Annahmen • Zukunftsorientiert, unter Berücksichtigung von zukünftigen Ergebnisgrößen • Relevant für die Bewertung von Minderheitsanteilen und bei Börsengängen, da eine Kontrollprämie keine Berücksichtigung findet • Marktpreise der Peers enthalten implizite, aktuelle Annahmen zu Wachstum und Kapitalkosten • Referenzmethode und Plausibilisierung für komplexere Bewertungsverfahren

	Nachteile
	• Die Identifikation von „vergleichbaren" Unternehmen gestaltet sich in der Praxis oft schwierig und basiert auf einer subjektiven Auswahl • Unterschiedliche Rechnungslegungsvorschriften und deren Auslegungen können die Vergleichbarkeit und damit die Bewertung beeinflussen und verzerren • Berücksichtigung von kurzfristigen Prognosen und daher keine Berücksichtigung von langfristigen Potenzialen der Unternehmen • Über- und Unterbewertungen des Marktes haben Einfluss auf Bewertung • Beeinflusst durch aktuelle Marktstimmung oder begrenzter Liquidität bestimmter Aktien und spiegelt daher möglicherweise nicht den wahren inneren Wert eines Unternehmens wider • Berücksichtigung von kurzfristigen Prognosen und daher keine Berücksichtigung von langfristigen Potenzialen des Unternehmens • Marktbasierte Methoden haben eventuell inhärenten Minderheitenanteil Diskont • Vernachlässigt uU wertrelevante Bewertungsdetails

Tabelle 2: Übersicht Vergleichbare börsennotierte Unternehmen

Anwendungsfälle der Methode vergleichbarer Unternehmen:

- Analyse des Wertes eines börsennotierten Unternehmens im Vergleich zu anderen börsennotierten Unternehmen (Peer Group), um festzustellen, ob das Unternehmen vom Markt über- oder unterbewertet ist
- Um den Wert eines nicht börsennotierten Unternehmens oder den Wert eines Teilbereichs eines Unternehmens zu bestimmen
- Um den Wert eines Konglomerates auf Basis der Bewertung der Einzelteile „Sum-of-the-Parts"-Methode zu bestimmen
- In der Praxis wird die Methode auch angewandt, um zu analysieren, wie bestimmte Sektoren im Vergleich zu anderen Sektoren vom Markt beurteilt werden

Multiplikator	Vorteile	Nachteile
Enterprise Value (EV)/Umsatz	• Sehr leicht verfügbare Information • kaum Einfluss von Rechnungslegungsunterschieden • Die Kapitalstruktur hat keinen Einfluss	• keine Berücksichtigung von Betriebseffizienz und damit Ertragskraft, Kapitalstruktur usw
EV/EBITDA	• setzt den Unternehmenswert in Relation zur Profitabilität • generell leicht verfügbare Information • Annäherungsgröße für Cashflow-Ermittlung • keine Verzerrung aufgrund unterschiedlicher Rechnungslegungsvorschriften im Zusammenhang mit zahlungsunwirksamen Transaktionen, wie Abschreibung und Amortisation	• keine Aussage über die Fähigkeit eines Unternehmens Geldflüsse zu generieren, insbesondere bei anlagenintensiven Unternehmen • Steuerunterschiede bleiben unberücksichtigt
EV/EBITA	• wichtiger Cashflow-Indikator, nach Abschreibungen	• mögliche Verzerrung durch unterschiedliche Abschreibungsmethoden
EV/(EBITDA – CAPEX)	• Relation des Unternehmenswerts mit dem Cashflow nach Investitionstätigkeit • Die Kapitalstruktur hat keinen Einfluss	• beschränkte Vergleichbarkeit durch unterschiedliche Strategien/Lebenszyklen beim Anlagevermögen • Unterschiede von Steuern- und Working Capital bleiben unberücksichtigt
Kurs/Gewinn-Verhältnis (KGV)	• geeignet für Unternehmen derselben Branche • Leicht verfügbare Information • erfasst alle Abweichungen der Betriebs- und Kapitalstruktur (einschließlich steuerlicher Art) zwischen Unternehmen	• beschränkte Vergleichbarkeit aufgrund unterschiedlicher Rechnungslegungsvorschriften • erforderliche Bereinigung von Einmaleffekten, die zur Ergebnisverzerrung führen können • abhängig von der Kapitalstruktur
Dividende/Marktkapitalisierung (bekannt als Dividendenrendite)	• setzt den Eigenkapitalwert in Relation zur Gewinnausschüttung an Gesellschafter • geeignet für die Analyse der Ausschüttungspolitik (zB bei IPO)	• abhängig von der Ausschüttungspolitik • lässt Aktienrückkäufe gänzlich außer Acht • weniger geeignet für wachsende Unternehmen (mit geringer Ausschüttung)
FCF/Marktkapitalisierung (bekannt als Free Cashflow-Rendite)	• setzt den Eigenkapitalwert mit dem frei verfügbaren Cashflow in Zusammenhang • berücksichtigt Capex, Steuer- und Working-Capital-Aufwände	• beeinflusst von Einmaleffekten • abhängig von der Kapitalstruktur • zur Ermittlung sind eine Vielzahl an Bereinigungen erforderlich

Tabelle 3: Häufig verwendete Trading Multiplikatoren

Sektorspezifische Kriterien

Die Compco-Analyse wird häufig benutzt um die Bewertung von unterschiedlichen Sektoren und Unternehmen innerhalb eines Sektors zu vergleichen. In der Praxis werden je nach Sektor zum Teil auch spezifische Multiplikatoren verwendet, die im Folgenden kurz zusammengefasst werden sollen.

Multiplikator	Branche	Kommentare
EV/Umsatz	verschiedene	• Start-up Unternehmen
EV/Teilnehmer	verschiedene	• Teilnehmerbasierte Unternehmen, wie Telekom-, Kabel-, (soziale) Medien- und Internetunternehmen
EV/EBITDA	verschiedene	• Anwendbar bei einer Vielzahl von Industrie- und Konsumgüterunternehmen, nicht aber bei Banken, Versicherungen, Öl- und Gasindustrie sowie Immobilien
EV/EBITA	verschiedene	• weit verbreitet in mehreren Teilsektoren der Medienbranche, Glücksspiel-, Chemie-, Investitionsgüter- sowie Bus- und Schienenverkehrsindustrie; • anwendbar, wenn EBITDA-Multiplikatoren aufgrund von signifikanten Unterschieden in der Anlagenfinanzierung (zB unterschiedliche Leasingverhältnisse, Mieten, Eigentümer) weniger geeignet sind
EV/EBITDAX	Öl & Gas	• Explorationsaufwendungen nicht inkludiert
EV/EBITDAR	Einzelhandel, Airlines	• anwendbar im Falle von hohen Miet- und Leasingaufwendungen im Zuge der laufenden Geschäftstätigkeit
EV/Reserven	Öl & Gas	• anwendbar bei der Betrachtung von Öl- und Gasfeldern sowie von im Upstreambereich tätigen Unternehmen • Indikator für die Werthaltigkeit von Feldern, pro Barrel gemessen
EV/Produktionsmenge	Öl & Gas	• für produzierende Felder: Produktionsvolumen pro Barrels pro Tag
	Häfen	• für Containerhäfen: Ladungsvolumen pro Tonne
	Flughäfen	• für Flughäfen: Anzahl der Passagiere
EV/Kapazität	Öl & Gas	• für Raffinerien: Raffineriekapazität pro Barrels pro Tag
Marktkapitalisierung/ Buchwert des Eigenkapitals	Technologie/Banken/ Versicherungen	• geeignet für die Halbleiterindustrie aufgrund starker Ergebnisschwankungen in dieser Branche • Das Eigenkapital von Banken und Versicherungen hat eine wichtige Sicherheitsfunktion
EV/ Cashflow aus operativer Geschäftstätigkeit	Immobilien	• findet va in den USA Anwendung

KGV	verschiedene	• oftmals unter Verwendung bereinigter zahlungswirksamer Erträge unter Ausschluss von Einmaleffekten und Firmenwertabschreibung
Kurs-Gewinn-Wachstums-Verhältnis	Hightech-, Wachstumsbranchen	• Große Wachstumsunterschiede bei stark wachsenden Unternehmen
(EV/EBITDA)/EBITDA CAGR[1]	Wachstumsbranchen	• anwendbar in speziellen Einzelhandelssektoren und bei der Bewertung von IPO Kandidaten in Schwellenmärkten • Große Wachstumsunterschiede

Tabelle 4: Häufig verwendete Trading Multiplikatoren nach Branchen

2.2.2. Vergleichbare Transaktionen

Analog zu der Methodik der vergleichbaren börsennotierten Unternehmen geht man bei der Methode der vergleichbaren Transaktionen vor. Zur Wertermittlung werden Transaktionen vergleichbarer Unternehmen aus der Vergangenheit herangezogen. Anstelle des aktuellen Börsenwertes wird der Kaufpreis mit den entsprechen historischen Kennzahlen ins Verhältnis gesetzt und der sich ergebende Multiple für die Bewertung verwendet. Besonders bei M&A-Transaktionen hat diese Methode den Vorteil, dass auch Synergien und Akquisitionsprämien in die Wertanalyse mit einfließen. Implizit werden alle wertbeeinflussenden Faktoren, die Prämien, die Synergien und Markteintrittsbarrieren die bei historischen Transaktionen bezahlt werden, berücksichtigt. Gerade bei Mischkonzernen dienen diese Verfahren im Rahmen von „Sum-of-the-parts"-Bewertungen, eine Unterbewertung des gesamten Konzerns im Vergleich zum Wert der einzelnen Geschäftsfelder zu ermitteln, indem man passende Vergleichsunternehmen für die einzelnen Teile des Gesamten verwendet.

Beschreibung	Vorteile
• Gleiche Anwendungslogik wie bei Trading Multiples, allerdings hier Betrachtung vergleichbarer Übernahmetransaktionen • Implizite Kontrollprämien und im Kaufpreis abgegoltene Synergien vergleichbarer Transaktionen werden somit auf zu bewertendes Unternehmen übertragen	• Basis sind öffentlich verfügbare Informationen • Einfache Möglichkeit, Synergien und Kontrollprämien vergleichbarer Transaktionen in die Bewertung miteinzubeziehen • Zeigen, zu welchen Multiples Transaktionen erfolgreich abgeschlossen wurden, und sind damit ein realistischer Indikator, welche Multiples und Prämien in der Branche tatsächlich gezahlt werden • Hilft bei der Identifikation von potentiellen Käufern

---

1 Compound Average Growth Rate (CAGR).

	Nachteile
	• Mangelnde Vergleichbarkeit von Vergleichsunternehmen, Übernahmeumfeld und Käufernatur (Synergiepotential) können Bewertung verzerren • Erfordert industriespezifische Expertise und Kenntnis von relevanten Transaktionen und Preisen • Nicht alle Aspekte einer Transaktion können identifiziert werden (regulatorische Anforderungen, spezifische Ergebnisse der Due Diligence, Synergien ...) • Die Werte schwanken oft sehr stark und sind deshalb nicht sehr nützlich • Marktumstände können einen erheblichen Einfluss haben und verzerren damit die Ergebnisse (zB Branchenzyklus, Wettbewerbsumfeld, makroökonomisches Umfeld)

Tabelle 5: Vergleichbare Transaktionen

Marktwertorientierte Verfahren nutzen die Sichtweise des Kapitalmarktes als Instrument der Unternehmensbewertung und werden deshalb von Investmentbanken als ein wesentliches Instrument der Wertermittlung eingesetzt. Allerdings sind diese Verfahren auch mit einigen Nachteilen und Schwierigkeiten behaftet. So ist es in der Praxis oft schwierig, eine geeignete Anzahl an hinreichend vergleichbaren börsennotierten Unternehmen bzw Transaktionen zu identifizieren. Außerdem basieren die Methoden auf der sehr restriktiven Annahme effizienter Kapitalmärkte.

2.3. Discounted-Cashflow-Methode

Im Unterschied zu Marktwertmethoden, die externe Wertgrößen nutzen, orientieren sich fundamentale Methoden am „inneren Wert" eines Unternehmens. Analog einer jeden Investitionsentscheidung ergibt sich der Wert gemäß der Kapitalwertmethode aus der Summe der diskontierten zukünftigen Einzahlungsüberschüsse, die den Anteilseignern zustehen. Damit basieren fundamentale Ansätze auf Zukunftsgrößen. Das subjektive Risiko einer Transaktion aus Sicht des Käufers kann dabei im risikoadjustierten Zinsfuß der zur Diskontierung genutzt wird, berücksichtigt werden. Je nach den zu verwendenten Einzahlungsgrößen und Diskontierungssätzen unterscheidet man die Discounted-Cashflow-Methode (DCF) von den Ertragswertmethoden.

In der Bewertungspraxis von Investmentbanken bei IPOs, M&A und im Research haben sich DCF-Verfahren durchgesetzt.

Bei den DCF-Methoden werden die prognostizierten Zahlungsströme mit dem risikogewichteten Mittel aus Eigen- und Fremdkapitalkosten, dem so genannten Weighted Cost of Capital (WACC), abgezinst. Je nach Wahl der Cashflowgrößen kann der Wert des Gesamtunternehmens oder aber der Wert des Eigenkapitals direkt errechnet werden. Während die Fremdkapitalkosten sich aus den tatsächlichen Konditionen der verzinslichen Verbindlichkeiten ergeben, leiten Investmentbanken meist die Eigenkapitalkosten aus dem Capital Asset Pricing Model (CAPM) ab. Dieses theoretische Modell basiert auf der Annahme, dass Anleger auf vollkommenen Kapitalmärkten ihr Risiko optimal diversifizieren können und deshalb darf lediglich die Übernahme des firmenspezifischen Risikos berücksichtigt werden. Dieses orientiert sich an der Volatilität der Kursentwicklung einer Aktie im Vergleich zur Bewegung des Marktportfolios, das vereinfachend durch einen Aktienindex dargestellt wird. Diese Abhängigkeit wird durch den Beta-Faktor angegeben, der meist anhand der historischen Volatilität berechnet wird. Neben individuellen prognostizierten Unternehmenszahlen fließen somit ebenfalls Marktinformationen in die Bewertung ein und übernehmen eine gewisse Objektivierungsfunktion, die wiederum auf die Kapitalmärkte und damit implizit auf die Gesamtheit aller Investoren zurückgeht.

Der große Vorteil liegt in der gleichzeitigen Beachtung unternehmensinterner und -externer Bewertungsinformationen und der Zukunftsorientierung. Die jeweiligen subjektiven Prognosen aller relevanten monetären Größen einer Unternehmensbewertung können so transparent dargestellt und relativ objektiv verglichen werden. Auch Synergieeffekte oder subjektive Risiken fließen in die Bewertung ein. Fundamentale Verfahren, wie die DCF-Methode, helfen Entscheidungen zu plausibilisieren und zukunftsorientierte Werte zu ermitteln. Es lässt sich bei börsennotierten Unternehmen laut diversen Studien nachweisen, dass die Korrelation zwischen der Entwicklung von Cashflow und Börsenwerten mittel- und langfristig sehr hoch ist.

Beschreibung	Vorteile
• Unternehmenswert als Summe der diskontierten zukünftigen Free Cash Flows (FCF = freier Cashflow – Capex), die zur Ausschüttung zur Verfügung stehen • Basiert auf FCF an Aktionäre nach Abzug von Fremdkapitalzinsen (Equity-Ansatz) oder FCF zugunsten von Aktionären und Fremdkapitalgebern vor Abzug von Fremdkapitalzinsen (Entity-Ansatz) • Explizite Prognose der FCF über Detailplanungsperiode, danach Restwertberechnung • Restwertberechnung mit oder ohne Wachstum oder basierend auf Terminal Value Multiples • Führt nach Entity-Ansatz auf Enterprise Value, nach Equity-Ansatz auf Wert des Eigenkapitals • Bei Entity-Ansatz ergibt sich Eigenkapitalwert nach Abzug von Nettoverschuldung • Diskontierung der FCF des Gesamtunternehmens bei Entity-Ansatz entweder mittels gewichteter Kapitalkosten (WACC-Methode) oder Annahme eines voll eigenfinanzierten Unternehmens und separate Berechnung von Tax Shields (APV-Methode) • Ermittlung der Eigenkapitalkosten oft mit marktbasierten Methoden wie CAPM oder APM[1]	• Weit verbreitet und einfach verständlich • Zahlungsstromorientierung mit weniger Verzerrung durch Unterschiede in der Rechnungslegung als bei gewinnbasierten Methoden • Gut geeignet bei Unternehmen mit positiven FCF und relativ stabilem Wachstum
	Nachteile
	• Ergebnisse reagieren sehr sensibel in Bezug auf die Annahmen • Restwertproblem wie bei Ertragswertmethode • Zum Teil missverstandenes Liquidationskonzept: weniger Investitionen führen zu höherem Wert • Lange Prognoseperiode erforderlich, um bei wachsenden Investitionen Werteffekte zu erfassen • Schwierig bei jungen Firmen mit negativen FCF, Firmen mit Insolvenzgefahr, zyklischen Firmen mit unstetem Wachstum und Firmen mit sehr hohem Wachstum • Zahlreiche Einzelprobleme bei Kapitalkostenbestimmung (Zirkularität bei Gewichtung im WACC, periodenspezifische Verschuldungsgrade etc)

Tabelle 6: Discounted-Cashflow-Methode

Bei der Verwendung der DCF-Methode entwickeln Investmentbanken unterschiedliche Szenarien in Bezug auf den Business Plan (Best-, Base- und Worst-Case) und testen die Sensitivität der wichtigsten wertbeeinflussenden Annahmen, beispielsweise der verwendeten Kapitalkosten oder die Wachstumsrate, in Form von sogenannten Sensitivitätsanalysen.

---

2   Arbitrage Pricing Model (APM).

Abbildung 1: Beispiel für das Ergebnis einer Sensitvitätsanalyse[3]

Zusammenfassend kann man sagen, dass die DCF-Methode über alle Industrien, Transaktionsgrößen, und Transaktionstypen von Investmentbanken am häufigsten angewendet wird. Ausnahmen, bei denen die DCF-Methode nicht genutzt wird, sind zum Beispiel, wenn keine aussagekräftige Unternehmensplanung vorhanden ist oder die Industrie nach anderen Bewertungsregeln funktioniert. Bei Hightech- und Software-Unternehmen können beispielsweise mangelnde Profitabilität und Planerfüllung des Unternehmens in der Vergangenheit sowie die damit verbundene Unzuverlässigkeit der zukünftigen Geschäftspläne Grund für die Nichtverwendung sein. Weiters kann eine hohe Unsicherheit der Cashflows in der fernen Zukunft gegen die Verwendung der DCF-Methode sprechen.

2.4. Ertragswertverfahren

Dieses Verfahren wird kaum von Investmentbanken, aber häufig im Rahmen der Gutachtertätigkeit, zur formaljuristischen Bestimmung von Austauschverhältnissen, angewandt. Beim Ertragswertverfahren werden an Stelle von Cashflows aus dem Unternehmen nachhaltig entziehbare Ertragsüberschüsse verwendet. Die Ermittlung des Diskontierungssatzes ist bei dieser Methode weniger stark strukturiert und gibt grundsätzlich einen risikofreien Marktzins vor, der fallweise mittels eines Risikozuschlages der individuellen Situation angepasst wird. Dementsprechend weisen Ertragswertgutachten regelmäßig rein finanzwirtschaftliche Bewertungen auf Basis von Gewinn- und Verlustrechnungen auf. Im Gegensatz dazu ermöglicht das DCF-Verfahren eine Bewertung von Geldströmen zum Zeitpunkt des Unternehmenskaufes (Kaufpreis in Cash) und den dann entsprechenden erwartenden Cashflows in den kommenden Jahren.

---

3   Credit Suisse.

Beschreibung	Vorteile
• Unternehmenswert als Summe der diskontierten zukünftigen auschüttungsfähigen Gewinne • Ausschüttungsfähiger Gewinn, entweder voll ausgeschüttet oder gewisse Ergebnisthesaurierung • Restwertberechnung mit oder ohne Wachstum über ewige Rente • Eventuell Einsatz von Mehrphasenmodellen zur Wachstumsnormalisierung • Risikozuschlagsmethode berücksichtigt Unsicherheit über Risikozuschlag bei Eigenkapitalkosten (CoE) • Risikoabschlagsmethode nimmt Abschlag für Unsicherheit im Zähler vor und verwendet risikofreien Zins zur Diskontierung	• Verlangt explizite Annahmen zur Ausschüttungspolitik • Rechnungslegungsbasierte Bewertung mit Fokus auf periodengerechter Verbuchung
	Nachteile
	• Anfällig gegenüber Rechnungslegungsverzerrungen • Unsicherer und sensitiver Restwert macht Großteil des Unternehmenswertes aus • Keine direkte Wertverminderung durch Investitionen

Tabelle 7: Ertragswertverfahren

2.5. Leveraged Buy-out Analysis

Bei einem Leveraged Buy-out (LBO) handelt es sich um den Kauf eines Unternehmens oder Unternehmensanteiles, bei dem der Kaufpreis mehrheitlich aus dem zu übernehmenden Unternehmen selbst finanziert wird. Typisch für einen LBO ist, dass eine Investorengruppe, die meist aus einer oder mehreren Private-Equity-Gesellschaften besteht, den Kaufpreis zu einem großen Teil aus verschiedenen Fremdkapitalinstrumenten finanziert. Das Unternehmen wird dann über einen Zeitraum von 3–7 Jahren von der Investorengruppe gehalten und in dieser Zeit wird ein Großteil des Cashflows dazu verwendet, die Schulden zurückzuzahlen. Dies geschieht zusätzlich durch den Verkauf nicht betriebsnotwendigen Vermögens sowie durch operative Maßnahmen zur Ergebnisverbesserung. Schließlich wird das Unternehmen weiterverkauft oder an die Börse gebracht. Der Teil des Verkaufserlöses, der das Fremdkapital zum Verkaufszeitpunkt übersteigt, fällt an die Investorengruppe und fließt dieser als Gewinn zu. Bei der LBO Analysis wird die Sicht eines hypothetischen Finanzkäufers eingenommen und gefragt, was dieser bei gegebener Renditeerwartung maximal bereit wäre, für die Zielgesellschaft zu zahlen. Die Renditeerwartung von Private-Equity-Gesellschaften liegt meist bei ca 20–25% auf das eingesetzte Eigenkapital pro Jahr.

Die LBO Analysis sagt aus, was ein Investor bei gegebenen Cashflows, Leverage, Exit-Multiple und Zieleigenkapitalrendite (Target-IRR) bereit ist, für das Unternehmen zu zahlen, woraus sich der Unternehmenswert ergibt. Aus der Gegenüberstellung des zu Anfang investierten Eigenkapitals mit dem Eigenkapital nach Schuldentilgung zum Verkaufszeitpunkt resultiert die Eigenkapitalrendite oder „Internal Rate of Return" (IRR).

Die hohe Bedeutung der Finanzierung und damit eines detaillierten Finanzierungsplans bei einem LBO bedeutet, dass als Basis die Discounted-Cashflow-Methode, nicht aber eine Marktwertmethode, als Basis für die Bewertung dient. Im Rahmen eines LBOs wird grundsätzlich auf der gleichen Unternehmensplanung (Cashflow Forecasts) wie auch bei anderen Methoden abgestellt, allerdings hat eine LBO Analysis einige spezifische Bewertungsdeterminanten, die im Folgenden erläutert werden.

1. *Kapitalstruktur* – Der Investor will bei der Finanzierung der Transaktion den Fremdkapitalanteil grundsätzlich hoch halten, da dies zum einen steuerliche Vorteile hat und über den Leverageeffekt zu sehr hohen Eigenkapitalrenditen führen kann. Bei LBOs liegt der Eigenkapitalanteil deshalb lediglich meist zwischen 20 % und 40 % des Gesamtkaufpreises. Das maximale Verschuldungspotential ergibt sich aus einer Betrachtung der Höhe und Stabilität der zukünftigen Cashflows zur Schuldentilgung durch potentielle Fremdkapitalgeber. Mit dem hohen Fremdfinanzierungsanteil sind hohe Fremdkapitalkosten und ein überdurchschnittlich hohes Finanzierungsrisiko verbunden. Die Käufer eines LBO gehen in der Regel davon aus, dass sie aus dem erwarteten Cashflow außer den hohen Fremdkapitalzinsen einen Teil des Fremdkapitals bezahlen und durch erwirtschaftetes Eigenkapital ersetzen können. Bei der Bewertung eines LBO ist besonders darauf zu achten, dass sowohl für das Eigen- als auch das Fremdkapital adäquate Zinssätze verwendet werden, die der beabsichtigen Finanzierung zugrunde liegen.

2. *Cashflows* – Wird ein Unternehmen für 100 Mio € (Enterprise Value) gekauft und zu 70 % fremdfinanziert, so führt die sukzessive Schuldentilgung aus den Cashflows nach Zinsen unter der Annahme, dass der Gesamtunternehmenswert von 100 Mio € unverändert bleibt, zu einer entsprechenden Erhöhung des Eigenkapitals. Wird zB im ersten Jahr ein Cashflow nach Zinsen und Steuern von 10 Mio € erwirtschaftet und voll zur Schuldentilgung benutzt, verringert sich das Fremdkapital von 70 Mio € auf 60 Mio € und der Wert des Eigenkapitals erhöht sich von 30 Mio € auf 40 Mio €, was einer Rendite von 33 % entspricht. Damit verdeutlicht sich die Wichtigkeit der Optimierung der Cashflows im Rahmen von LBOs.

3. *Exit-Multiple* – Liegt das EBITDA der letzten zwölf Monate (last twelve months oder LTM) für das obige Beispielunternehmen zum Kaufzeitpunkt bei 20 Mio €, so beträgt das sogenannte „Entry-Multiple", dh das Multiple, zu dem das Unternehmen erworben wird, 5.0x EV/LTM EBITDA. Da Private-Equity-Investoren ein Unternehmen nach einer gewissen Zeit wieder abstoßen, ist die entscheidende Frage, wie hoch der realisierbare Veräußerungspreis sein wird. Zu dessen Bestimmung wird meist ein sogenanntes „Exit-Multiple" verwendet. Es wird zB angenommen, dass das Unternehmen nach drei Jahren wieder zu einem Multiple von 5.0x EV/LTM EBITDA weiterverkauft wird. Ist das EBITDA während dieser Zeit auf 30 Mio € angestiegen, so beträgt der Enterprise Value des Unternehmens beim Verkauf 150 Mio €. Nach Abzug des verzinslichen Fremdkapitals ergibt sich daraus der Wert des Eigenkapitals, der den Investoren zusteht. Hieraus wird die unmittelbare Wertrelevanz von EBITDA-Steigerungen ersichtlich. Weiterhin können strukturelle Verbesserungen des Unternehmens dazu führen, dass das Exit-Multiple über dem Entry-Multiple zu liegen kommt, was ebenfalls einen großen Werteinfluss hat.

Die Methode LBO Analysis wird vor allem bei Übernahmen durch einen Finanzinvestor (Private-Equity-Investor) eingesetzt, um zu überprüfen, welchen Betrag dieser bereit sein könnte, als Kaufpreis zu bezahlen. Die LBO Analysis kommt beispielsweise bei Going Privates zum Einsatz, da bei diesen Transaktionen in der Regel ein Finanzkäufer involviert ist. Verwendung findet die LBO-Analyse in der Regel in Sektoren, die sich durch relativ stabile Cashflows auszeichnen und sich deshalb besonders gut für Finanzinvestoren eignen. Hierzu werden va die Sektoren Einzelhandel, Industrie, Konsumgüter und Gesundheitsdienstleistungen gezählt. Dahingegen trifft man in Sektoren, die eher zyklisch und sehr kapitalintensiv (Öl und Gas, Energieversorger) oder mit höherer Unsicherheit behaftet sind, eher weniger Finanzinvestoren.

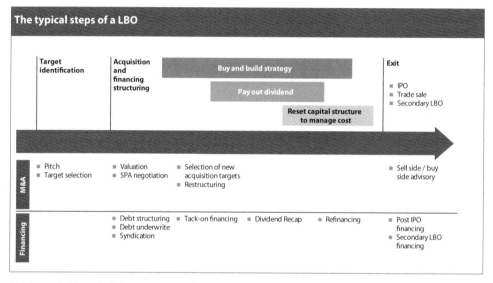

Abbildung 2: Typische Schritte eines LBO[4]

2.6. Premium Analysis

Diese Methode wird von Investmentbanken bei der Bewertung von börsennotierten Unternehmen im Zuge von Übernahmen angewandt. Die Erfolgschancen einer Übernahme hängen wesentlich vom den Aktionären offerierten Angebotspreis ab. Ziel der Premium Analysis ist es, die von Investoren bezahlten Prämien auf den Aktienkurs von ausgewählten Übernahmen von vergleichbaren börsennotierten Unternehmen zu vergleichen. Ausgangspunkt der Premium Analysis ist der Aktienpreis der Zielgesellschaft unmittelbar vor Bekanntwerden der Übernahmeabsicht („Unaffected Price"). Allerdings können auch weiter zurückliegende Marktpreise (zB ein bis sechs Monate vor Übernahme) oder Durchschnittspreise über eine bestimmte Periode (zB durchschnittlicher Marktpreis im letzten Monat vor Übernahme) als Basis genommen werden. Wichtig ist jedoch, dass der zugrunde gelegte Preis noch keine Übernahmespekulationen

---
4 Credit Suisse.

reflektiert. Daraufhin werden die Übernahmeprämien vergleichbarer öffentlicher Transaktionen ermittelt und eine relevante Bandbreite von Prämien ausgewählt (zB 20–30 %). Diese werden dann auf den zugrunde gelegten Aktienpreis der Zielgesellschaft angewandt, um eine hypothetische Preisspanne zu ermitteln, die in Bezug auf vergleichbare Transaktionen angemessen erscheint. Wichtig ist neben der Auswahl vergleichbarer Transaktionen die zeitliche Äquivalenz des Aktienpreises der Zielgesellschaft und der verwendeten Prämien. Oft reagiert der Aktienkurs schon vor der offiziellen Voranmeldung aufgrund von Marktgerüchten, dass die Gesellschaft potenziell ein Ziel einer Übernahme sein könnte. Die Gefahr bei dieser Methode ist, dass der zugrunde gelegte Marktpreis der Zielgesellschaft nicht den Fair Market Value für einen Minderheitsanteil reflektiert. Ist eine Aktie am Markt beispielsweise unterbewertet, so würde die Anwendung von Kontrollprämien vergleichbarer Transaktionen tendenziell in einem zu niedrigen Kontrollwert resultieren. Zudem muss beachtet werden, dass die Prämien der Vergleichstransaktionen eventuell eine Abgeltung für ein etwaiges Synergiepotential beinhalten, welches somit auf die Zielgesellschaft übertragen wird. Die Premium Analysis eignet sich folglich wie Transaction Multiples zur Messung von Kontrollwerten mit oder ohne Synergien.

2.7. Recapitalization Analysis (Recap Analysis)

Bei der Recapitalization Analysis (Recap Analysis) wird untersucht, welche Wertauswirkung eine Optimierung der Kapitalstruktur der Zielgesellschaft durch eine Erhöhung der Nettoverschuldung hat. Diese Methode findet in der Regel bei Finanzinvestoren Anwendung und wird häufig als Alternative zu einer LBO Analysis eingesetzt. Dazu wird angenommen, dass das Unternehmen eigene Aktien zu einer Prämie über den momentanen Marktpreis zurückkauft. Finanziert wird der Aktienrückkauf entweder aus Barreserven oder durch die Aufnahme von Fremdkapital. Dies hat zwei gegenläufige Effekte auf den zukünftigen Gewinn pro Aktie (Earnings per share – EPS). Die Verringerung der Anzahl der Aktien erhöht die EPS, während der höhere Verschuldungsgrad zu höheren Zinsen und damit niedrigeren EPS führt. Der Effekt auf den Unternehmenswert wird bei dieser Methode mit einer Trading-Multiples-Bewertung verbunden. So wird die zukünftige EPS nach dem Recap mit einem repräsentativen P/E-Multiple multipliziert. Hieraus ergibt sich ein vereinfachter Post-Recap-Eigenkapitalwert, der dann mit dem momentanen Marktpreis verglichen werden kann, um die wertmäßigen Auswirkungen der Kapitalstrukturoptimierung zu untersuchen. Oft wird diese Analysis über mehrere Jahre hinweg betrachtet, um die langfristigen Werteffekte zu erfassen, so dass die sich ergebenden Eigenkapitalwerte mit dem entsprechenden Eigenkapitalkostensatz auf den Bewertungszeitpunkt diskontiert werden müssen.

2.8. Sum-of-the-Parts Analysis (SOP Analysis)

Bei einer SOP Analysis werden die einzelnen Segmente oder Divisionen eines Unternehmens unabhängig voneinander mit den jeweils am besten dafür geeigneten Bewertungsmethoden bewertet. Die Methode findet va Anwendung bei Konzernen mit Geschäftsbereichen in unterschiedlichen Sektoren. Die so ermittelten Einzelwerte werden daraufhin summiert und eventuell noch um einen Abschlag für Corporate-Overhead-Kosten korrigiert, die sich nicht den einzelnen Segmenten zuordnen lassen. Die Summe der Einzelteile ergibt den Enterprise Value des Unternehmens. Es handelt sich bei der SOP Analysis nicht um eine „eigenständige" Bewertungsmethode, da sie auf andere Bewertungsmethoden zurückgreifen muss. Dieser Ansatz ermöglicht eine differenzierte Bewertung der einzelnen Segmente, indem zB segmentspezifische Kapitalkosten verwendet werden können. Zudem lassen sich die Werteffekte einer möglichen Zerschlagung des Unternehmens verdeutlichen. Allerdings werden potentielle Synergien zwischen einzelnen Konzernteilen vernachlässigt, sodass sich dieser Ansatz nur für Unternehmen mit relativ unabhängigen Sparten eignet.

2.9. Discounted Future Equity Value Analysis

Die Discounted Future Equity Value Analysis (DFEV Analysis) kann man als eine Trading-Multiples-Bewertung über einen längeren Zeitraum beschreiben, um hypothetische zukünftige Aktienpreise zu ermitteln, die dann auf den Bewertungszeitpunkt diskontiert werden. Es wird dabei ein repräsentatives, zukunftsbezogenes Multiple (zB 1-year-forward P/E-Multiple) jeweils mit den korrespondierenden Finanzgrößen (zB EPS) der nächsten Jahre multipliziert, um für jedes Jahr auf einen Unternehmenswert zu kommen. Dieser wird dann mit den relevanten Kapitalkosten auf den Bewertungszeitpunkt diskontiert. Geht man von wachsenden Gewinnen aus, steigen selbstverständlich die undiskontierten Unternehmenswerte mit der Zeit an. Würde der Gewinn jedes Jahr genau um die Kapitalkosten wachsen, so wären die diskontierten Unternehmenswerte bei konstantem Multiple für alle Jahre gleich hoch. Ist die Wachstumsrate im Geschäftsplan allerdings unterschiedlich zu den Kapitalkosten, können sich mehr oder weniger deutliche Wertschwankungen von Jahr zu Jahr ergeben. Diese Analysis kann somit Aufschluss darüber geben, wie sich der Marktwert des Unternehmens bei gegebener Geschäftsplandynamik in der Zukunft entwickeln könnte und ob man sich gegebenenfalls als Aktionär besser stellen würde, indem man eine solche Entwicklung abwartet, anstatt Unternehmensanteile jetzt zu verkaufen.

2.10. Analyst Target Prices

Finanzanalysten treffen Einschätzungen bezüglich der zukünftigen Geschäftsentwicklung eines von ihnen untersuchten Unternehmens, leiten daraus Erwartungen für die zukünftige finanzielle Entwicklung ab und führen auf dieser Basis Unternehmensbewertungen durch, die in Zielpreisen (Target Prices) für die Aktie resultieren. Diese Zielpreise repräsentieren den fundamentalen Fair Value der Aktie, der sich aus Sicht der Finanzanalysten über einen bestimmten Zeitraum, meist innerhalb des nächsten Jahres, am Aktienmarkt einstellen sollte. Dabei können die verschiedensten Unternehmensbewertungsmethoden zum Einsatz kommen, wobei Finanzanalysten vor allem auf Trading Multiples, aber auch auf die DCF-Methode zurückgreifen. Da die Finanzanalysten versuchen, den Fair Value der Aktie zu bestimmen, sollten sich die Target Prices grundsätzlich als *Bewertungsbenchmark* für die Fairness des Angebotspreises eignen. Ein Hauptunterschied zu anderen Methoden der Unternehmensbewertung besteht darin, dass der Analyst keinen Zugang zu den detaillierten Geschäftsplänen des Managements hat.

2.11. 52-Week High/Low

Hierbei handelt es sich schlicht um Höchst- und Tiefstkurs der Aktie über das letzte Jahr, so dass man nicht von einer Unternehmensbewertungsmethode sprechen kann. Vielmehr ist das 52-Week High/Low als *Bewertungsbenchmark* zu klassifizieren, mit dem sich Aussagen darüber machen lassen, wie sich der Marktpreis vor der Übernahme sowie der Angebotspreis zur Kursdynamik des letzten Jahres verhalten.

3. Anwendung der Unternehmensbewertung im Rahmen von Equity Capital Markets

3.1. Struktur eines IPOs

Im Bereich Equity Capital Markets stellt eine wesentliche Aufgabe von Investmentbanken die Beratung bei Börseneinführungen dar. In diesem Bereich spielt die Unternehmensbewertung naturgemäß eine besonders wichtige Rolle. Unter einem Börsengang (auch IPO = Initial Public Offering oder Going Public) versteht man die erstmalige Emission von Aktien auf dem Kapitalmarkt.

Ein IPO eröffnet dem Unternehmen neue strategische Möglichkeiten, wie die Finanzierung von Wachstum, Verbesserung der Kapitalstruktur und damit Senkung der Fremdkapitalkosten durch höhere Bonität, Zugang zum Kapitalmarkt für weitere Kapitalbeschaffung, Erhöhung des Bekanntheitsgrades sowie erhöhte Reputation bei Mitarbeitern, Kunden, Lieferanten, Geschäftspartnern und Banken. Darüber hinaus bietet ein Börsengang den Alteigentümern die Möglichkeit eines (Teil-)Verkaufs von Unternehmensanteilen, die Sicherung eines nachhaltigen unabhängigen Überlebens des Unternehmens, hohe Fungibilität ihrer Anteile sowie eine Risikoverteilung auf eine Vielzahl von Aktionären. Die Börsennotierung hat aber nicht nur Vorteile und positive Effekte, sondern ist auch mit negativen Konsequenzen verbunden, wie den hohen Kosten für die Kapitalaufnahme im IPO, erhöhten wiederkehrenden Kosten, hohen Publizitätserfordernissen durch Berichterstattung und Offenlegung sowie Mitbestimmungsrechten anderer Aktionäre.

Nachdem die Grundsatzentscheidung für einen Börsengang getroffen wurde und die wesentlichen Emissionsziele definiert sind, werden Investmentbanken anhand ihrer Ideen und Emissionskonzepte ausgewählt, die Transaktion als Lead Manager zu begleiten. Dieser trägt die Gesamtverantwortung und das Risiko für den Erfolg der Platzierung. Weitere Aufgaben sind die Strukturierung und Umsetzung des Emissionskonzepts, die Erarbeitung einer Investmentstory, die Due Diligence, die Projekterstellung und die Unternehmensbewertung. Des Weiteren übernimmt die Führungsbank das Platzierungsrisiko und führt das Orderbuch auf deren Basis die Preisfestsetzung der Aktien im Markt erfolgt. Zusätzlich dazu unterstützt die Bank das Unternehmen in der Nachmarktbetreuung durch Market Making und Research Coverage.

Die Investmentbank wird zwar von dem an die Börse gehenden Unternehmen ausgewählt und beauftragt, muss aber vielmehr als Intermediär einen Ausgleich der Interessen von Emittent und Investor zustande bringen. Der Emittent hat grundsätzlich das Interesse, einen möglichst hohen Emissionserlös zu erzielen. Hingegen ist für einen Investor eine Börseneinführung erfolgreich, wenn sich die Aktie nach der Einführung besonders gut entwickelt, und daher ein tieferer Börseneinführungskurs angesetzt wird. Dieser Interessenausgleich kann aus Sicht des Unternehmens dadurch geschehen, dass das Unternehmen mit Blick auf ihr zukünftiges Kapitalmarktstanding nicht an einem maximalen, sondern einem optimalen Börseneinführungskurs interessiert ist. Aus Sicht der Investoren ist hingegen das Urteil der Investmentbank mit ihrer Reputation wichtig, dass sie das betreffende Unternehmen nach der durchgeführten Prüfung für börsenreif hält und mit ihrem Ruf für die Findung eines angemessenen Preises einsteht.

Werden bereits existente alte Aktien an der Börse platziert, wird ein Teil des Unternehmens an eine breite und zumindest teilweise anonyme Zahl von Marktteilnehmern verkauft. Das Gesamtkapital des Unternehmens bleibt dabei konstant. Der Emissionserlös fließt ausschließlich den Alteigentümern zu. Es ergibt sich somit keine Konsequenz für die Unternehmensbewertung. Werden junge Aktien im Rahmen einer Kapitalerhöhung platziert, vor allem zum Zwecke von Wachstum und Expansion, steigt das Eigenkapital und der Emissionserlös erhöht die liquiden Mittel des betreffenden Unternehmens und damit auch in gleicher Höhe den Unternehmenswert (post-money).

3.2. Unternehmensbewertung im Rahmen des Pricing Prozesses

Vorgelagert zum Bewertungs- und Pricing-Prozess wird im Rahmen eines Börsengangs für den Aufbau der Equity Story und die Erstellung der juristisch vorgeschriebenen Dokumente, insbesondere des Börseneinführungsprospekts, für den eine strenge Haftung gilt, eine Due Diligence, wie auch bei Unternehmenskäufen üblich, durchgeführt. Diese gliedert sich in eine Management Due Diligence, Legal Due Diligence, Financial Due Diligence und Tax Due Diligence und erstreckt sich eventuell auf weitere Prüfungsbereiche wie zB Umwelt.

Die Festsetzung des Emissionspreises (Pricing) gehört zu den zentralen Aufgaben der begleitenden Investmentbank. Dabei wird in der Regel im Rahmen eines strukturierten Prozesses vorgegangen:

- Fundamentalbewertung
- Bewertung von Soft Facts
- Peer-Group-Vergleich mit börsennotierten Unternehmen
- Feedback aus Pre-Marketing
- Festsetzung Preisspanne
- Bookbuilding
- Preisfeststellung und Zuteilung

Im Rahmen der Fundamentalbewertung wird eine theoretische Wertüberlegung, meist in Form von Discounted-Cashflow-Kalkulationen oder Dividend-Discount-Model-Bewertungen aufbauend auf internen Geschäftsplänen und unter Berücksichtigung der Marktposition des Emittenten sowie der Wettbewerbssituation der Branche, entwickelt. Die angewendete Bewertungsmethodik weist hier noch keine Spezifika auf. Bei Börsengängen von jungen und/oder stark wachsenden Unternehmen ist aber deren Aussagekraft durch das Fehlen von historischen Vergleichswerten oft sehr eingeschränkt.

Anschließend werden Nicht-Finanzinformationen, sogenannte Soft Facts, in die Fundamentalbewertung mit einbezogen. Diese meist sehr spezifischen Faktoren werden im Rahmen der Due Diligence erhoben und finden auch im Prospekt Erwähnung. Darunter fällt zum Beispiel die Mittelverwendung aus dem IPO. Handelt es sich um ein spezifisches Investitionsprojekt oder eine Akquisition, im Gegensatz zur Abgabe alter Aktien, hat dies Einfluss auf die erwarteten Wachstumsraten von Umsätzen und Ergebnissen. Ebenso wird die Erfahrung des Management-Teams für die Geschäftsplanerreichung, aber auch für die erfolgreiche Entwicklung als börsennotierte Unternehmung am Kapitalmarkt, entscheidend sein. Genauso wichtig ist das Signal von Insidern (zB Alteigentümern oder Managern) hinsichtlich der Dauer der Haltepflichten ihrer Aktien nach dem IPO sowie von Management Incentives im Rahmen von Stock-Option-Programmen. Darüber hinaus sind auch spezifische potentielle Risikofaktoren des Emittenten zu berücksichtigen, denn Investoren erwarten einen niedrigeren Emissionskurs bei der Partizipation bei einem Börsengang eines risikoreicheren Unternehmens.

Die Ergebnisse der Fundamentalbewertung inklusive Berücksichtigung von Soft Facts wird dann mit Marktrealitäten, also dem Vergleich mit einer Peer Group börsennotierter Unternehmen sowie dem Feedback von Vorgesprächen mit Investoren (Pre-Marketing), in Einklang gebracht.

Der Auswahl der relevanten Vergleichsgruppe kommt dabei entscheidende Bedeutung zu. Diese besteht aus börsennotierten Unternehmen derselben Branche sowie ähnlichen Business Modellen mit vergleichbarer Größe, ähnlichen Wachstumsraten (für Umsätze und Ergebnisse), vergleichbaren Investmentrisikos sowie ähnlicher Kapitalausstattung. Besonderer Sorgfalt bedürfen Vergleiche über Grenzen, beispielsweise aufgrund verschiedener Rechnungslegungsstandards oder Steuersysteme. Unterschiedliche Kapitalmarktentwicklungen sind ebenso zu eliminieren wie unternehmensspezifische Sondereinflüsse. Es kann auch sinnvoll sein, sich mit Unternehmen anderer Industriezweige zu vergleichen, soweit diese über die gleichen Wachstumscharakteristika verfügen. Im Vordergrund der Auswahl stehen, je nach Industrie, Wachstums-, Kosten-, Gewinn- beziehungsweise Cashflow-Faktoren sowie Auftragswachstum, Kundengewinnung, neue Produkte, Marketingaufwendungen, F&E-Kosten, Inventarumschläge, relative Kostenpositionen oder Umsatzmargen. Dabei vergleicht man den Emittenten relativ zu den Marktführern und identifiziert wertfördernde Verbesserungspotenziale beziehungsweise bezieht diese in die Bewertung ein. Je nach Einstufung des Börsenkandidaten sind dann die wesentlichen Vergleichsparameter festzulegen. Diese sind in der Regel das Kurs-Gewinn-Verhältnis (KGV), Kurs-Cashflow- Verhältnis sowie ein Enterprise Value Multiple des Earning before Interest and Taxes (EBIT) beziehungsweise des Earning before Interest, Taxes, Depreciation and Amortisation (EBITDA), wobei EBIT eine Näherungsgröße für den operativen Gewinn und EBITDA für den Cashflow darstellt.

Ungefähr zwei bis drei Wochen vor der geplanten Erstnotiz beginnt die Pre-Marketing-Phase. Analysten des Lead Managers präsentieren wichtigen institutionellen Investoren ihren Research Report, einerseits um auf die bevorstehende Platzierung aufmerksam zu machen und um Interesse zu wecken, andererseits um ein Gefühl dafür zu bekommen, zu welchem Preis und in welchem Volumen institutionelle Investoren interessiert wären, Aktien dieses Unternehmens zu zeichnen. Der Kern des Research Reports stellt die Equity Story, also das Konzept zur Positionierung des Unternehmens am Kapitalmarkt, sowie die Unternehmensbewertung, wie oben beschrieben, dar.

Das Feedback aus dem Pre-Marketing komplettiert die Unternehmensbewertung, die anschließend zwischen Emissionsbank, dem Emittenten und den Altgesellschaftern diskutiert wird, um sich auf eine Preisspanne, zu der die Aktien angeboten werden, zu einigen. Zusätzlich wird ein Einführungsabschlag zur Bewertung (IPO Discount) von in der Regel 15–20 % einbezogen, um das Angebot für neue Investoren entsprechend attraktiv zu machen. Nach Einigung über die Preisspanne beginnt die Angebotsfrist (Bookbuilding-Verfahren), die am Ende dieser Phase zu einer endgültigen Festsetzung des Emissionspreises führt. Dabei werden die jeweiligen Zeichnungen von Investoren auf ihre Qualität analysiert. Ziel ist es, den endgültigen Preis in jenem Bereich, wo die größte Nachfrage erstklassiger Investoren verzeichnet wurde, festzulegen. Diese Vorgehensweise soll einerseits den Emissionserlös maximieren, andererseits eine stabile und langfristig orientierte Aktionärsstruktur schaffen und zusätzlich die Basis für eine zukünftige Sekundärmarktnachfrage generieren.

4. Anwendung der Unternehmensbewertung im Rahmen von Mergers & Acquisitions

Im Investmentbanking steht der Begriff „Mergers und Acquisitions" (M&A) als Überbegriff für all jene Beratungsdienstleistungen, die im Zusammenhang mit Unternehmenstransaktionen wie Fusionen, Akquisitionen oder Veräußerungen von Unternehmen oder Konzernteilen erbracht werden. Investmentbanken nehmen bei Unternehmenstransaktionen grundsätzlich vier Funktionen wahr.

Es sind/ist (1) geeignete Strategien in Bezug auf die möglichen Unternehmenstransaktion ausfindig zu machen, (2) die involvierten Parteien/Unternehmen hinsichtlich des Kauf- bzw Verkaufspreises zu beraten und Verhandlungen zu führen, (3) im Falle einer unfreundlichen Übernahme dem Target eine Abwehrstrategie auszuarbeiten und (4) bei Bedarf die Finanzierung einer Übernahme zu arrangieren.

Abbildung 3 zeigt die phasenspezifischen Aufgabenkomplexe nach dem idealtypischen Ablauf von Kauf- und Verkaufsmandaten. Angesichts der Komplexität der Transaktionsprozesse, die vielfach unter Zeitdruck und Einbindung externer Ressourcen (zB Wirtschaftsprüfer, Rechtsanwälte) vollzogen werden, besteht meist auf Seiten der Investmentbank umfangreicher Koordinationsbedarf. Eine erfolgreiche Durchführung einer Unternehmenstransaktion setzt voraus, dass die Investmentbank ein strukturiertes Projektmanagement etabliert und einen effizienten Prozessablauf durch fortlaufende Kontrolle sicherstellt.

Ergebnis eines erfolgreichen M&A-Prozesses ist eine Einigung von Käufer und Verkäufer über den Kaufpreis für die Unternehmensanteile bzw Assets. Als Basis für die Preisverhandlung dienen Wertbandbreiten, die sich Käufer und Verkäufer aus ihrer jeweiligen Sicht voneinander unabhängig erarbeiten. Da in der Bewertung situations- und personenbedingt vielfältige subjektive Einflussfaktoren berücksichtigt werden, ergeben sich unterschiedliche Bandbreiten aus Käufer- und Verkäufersicht. Darüber hinaus muss auch analysiert werden, inwieweit durch die M&A-Transaktion selbst, also den Eigentümerwechsel, zusätzlicher Wert geschaffen werden kann.

Abbildung 3: Die Rolle von Investmentbanken in M&A Situationen[5]

Aufgabe der Investmentbank ist es daher, den subjektiven Wert des Targets für den Auftraggeber festzustellen und anschließend im Rahmen der Preisfindung einen Interessenausgleich zwischen den Parteien herzustellen. In der Wertermittlung wird zwischen der Wertober- bzw -untergrenze inklusive realisierbare Synergien, dem Stand-alone-Wert und dem Marktwert unterschieden. Investmentbanken werden, wenn möglich, dabei das DCF-Verfahren mit den bereits diskutierten Einschränkungen anwenden, da es näher an der investitionstheoretischen Grundlage ist, eine bessere argumentative Basis bietet und im internationalen Umfeld bei Cross-Border-Transaktionen Marktstandard ist. Üblicherweise werden weitere Methoden (zB LBO-Analyse) parallel zum Zwecke einer Plausibilitätsprüfung angewendet. Für die Berechnung des Marktwertes eines Unternehmens werden die Verfahren von börsennotierten Vergleichsunternehmen und vergleichbaren Transaktionen herangezogen. Dabei ist zu unterscheiden, dass Ersteres lediglich den Wert von Minderheitsanteilen bei liquiden Gesellschaften abbildet und Zweiteres potentielle Synergien, aber auch Vereinbarungen zur Struktur und Bedingungen des Kaufes, die im Unternehmenskaufvertrag festgelegt sind, berücksichtigt. Eine erste mit Unsicherheit behaftete Unternehmenswertermittlung wird üblicherweise vor der Due Diligence durchgeführt. Da verlässliche Informationen über das Target in vielen Bereichen noch nicht zur Verfügung stehen, unterliegt der ermittelte Wert noch

---

5 *Achleitner*, Handbuch Investment Banking 155.

einer hohen Unsicherheit, der erst im Rahmen der nachfolgenden Due Diligence teilweise verringert werden kann und die Bewertungsbandbreite verkleinert oder verschiebt. In der Praxis bereiten bei Unternehmenstransaktionen meist nicht die Bewertungsverfahren – auch nicht in ihren komplexeren Formen – nennenswerte Probleme, sondern die Daten, die in den Bewertungsprozess einfließen.

In der Verhandlungsphase kommt der Investmentbank die Rolle eines parteiischen Beraters zu, der im Auftrag einer Verhandlungsseite eine bestmögliche Vertragsgestaltung und Abwicklung sicherstellen soll. Wichtiger kaufpreisbeeinflussender Faktor ist die Berücksichtigung von Synergien. Der Käufer ist meist nicht interessiert, die potentiellen Synergien im Kaufpreis zu berücksichtigen. Hingegen liegt dem Verkäufer meist viel daran, die Synergiewirkungen zu analysieren und im Preis widerzuspiegeln. Der am Ende vereinbarte Kaufpreis sowie die Zahlungsbedingungen und möglichen Garantien sind in hohem Maße von den Verhandlungen bis zum Closing abhängig. Dabei ist der finale Preis vom Verhandlungsgeschick, von internen und externen Zwängen, von Angebot und Nachfrage von Investoren bzw Targets sowie Emotion bestimmt, so beispielsweise bei einem Unternehmer, der die von ihm gegründete und aufgebaute Gesellschaft bei seinem Ausscheiden verkauft. Abbildung 4 beschreibt nochmals die wesentlichen wertbeeinflussenden Faktoren.

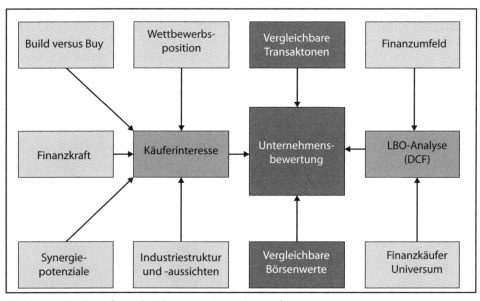

Abbildung 4: Wertbeeinflussende Faktoren von Transaktionen[6]

Durchgriffsrecht und Investorentypus und die Auswirkung auf den Unternehmenswert

Bei der Wert- und Preisermittlung im Rahmen von M&A bzw IPOs am Kapitalmarkt spielen auch die Durchgriffsrechte des Käufers sowie der Investorentyp eine relevante Rolle.

---

6 *Achleitner*, Handbuch Investment Banking 170.

Aus ökonomischer Sicht haben unterschiedliche Anteilsgrößen in der Regel auch einen unterschiedlichen Wert. Wertunterschiede ergeben sich in erster Linie aus der Möglichkeit, Einfluss auf die Geschäftsführung und Thesaurierungspolitik des Unternehmens zu nehmen. Der Wert von Kontrolle ergibt sich als Differenz zwischen dem Wert des Unternehmens bei geänderter („optimaler") Unternehmensführung und dem Wert des Unternehmens mit der Unternehmensführung im Status Quo. Der Wert der Kontrolle hängt stark vom konkreten Einzelfall ab. Unterschiede zwischen dem Wert eines Minderheits- und dem des Mehrheitsanteils kommen auch durch sogenannte aktionärsstrukturbedingte Determinanten in Betracht. Für den Minderheitsgesellschafter besteht beispielsweise die Gefahr, dass der Mehrheitsgesellschafter Maßnahmen zu seinen Lasten durchführen könnte. Diese Risiken würden sich aus wirtschaftlicher Sicht in einem Wertabschlag bei einem Minderheitsanteil niederschlagen. In der Praxis ergeben sich dadurch Wertunterschiede für Minderheitsanteile im Vergleich zu Mehrheitsanteilen und für das Überschreiten von Kontrollschwellen werden dadurch Paketzuschläge gezahlt.

Die Methode der vergleichbaren Unternehmen berücksichtigt die Bewertung von Minderheitsanteilen von Unternehmen, da diese auf der Marktkapitalisierung (Börsenkurs * Anzahl der Aktien) beruht. Diese Vorgangsweise berücksichtigt nicht, dass für die Übernahme von Mehrheitsanteilen in der Regel eine Kontrollprämie bzw ein Paketzuschlag bezahlt wird. Dieses Bewertungsverfahren ist vor allem im Zuge von Unternehmensbewertungen im Zusammenhang von Börsengängen (IPO) und Kapitalerhöhungen über die Börse sowie bei Übernahmen von Minderheitsanteilen von Relevanz. Im Unterschied dazu berücksichtigt die Methode der vergleichbaren Transaktionen implizit Paketzuschläge, da diese bei Mehrheitsübernahmen im Kaufpreis bereits inbegriffen sind.

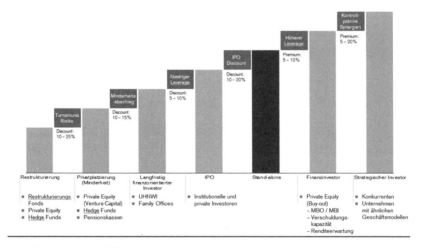

Abbildung 5: Illustrative Wertdifferenz beim Verkauf einer Minderheit vs Mehrheit und unterschiedlichen Käufergruppen[7]

---

7   Credit Suisse.

Ausgehend vom Stand-alone-Wert, der aber nicht automatisch mit dem Ergebnis einer Marktbewertung gleichgesetzt werden kann, sondern durch ein DCF-Verfahren ermittelt wurde, sind Bewertungszuschläge für einen Finanzinvestor durch den Einsatz eines höheren Leverage möglich. Ein zusätzliches Premium kann für einen strategischen Investor bei vollständiger Kontrolle, das heißt Integration in die eigene Gruppe, und unter Berücksichtigung von entsprechenden Ertrags- und/oder Kostensynergien, anfallen. Bei einem IPO wird üblicherweise ein Discount als Kaufanreiz für die neuen Investoren angesetzt. Steigt ein langfristig finanzorientierter Investor bei einem Unternehmen, insbesondere mit einem Minoritätsanteil ein, sieht man häufig einen weiteren Preisabschlag. Dieser kann bei der Übernahme eines Minderheitsanteils durch einen Finanzinvestor (z.B. bei Venture Capital) in der Regel noch größer werden. Die höchsten Abschläge sieht man in einer Restrukturierungsphase eines Unternehmens, bei dem der einsteigende Investor das Turnaround-Risiko trägt.

Fairness Opinion

Eine weitere Aufgabe von Investmentbanken im Zuge von M&A ist die Erstellung einer Fairness Opinion. In den USA ist es bereits seit den frühen 1980er-Jahren üblich, dass der Verwaltungsrat (Board of Directors) wesentliche Transaktionsentscheidungen auf Basis von extern erstellten Fairness Opinions absichert. Aber auch im deutschsprachigen Raum haben Fairness Opinions in der Transaktionspraxis in den vergangenen Jahren an Bedeutung gewonnen. Fairness Opinions wurden zunächst vordringlich im Zusammenhang mit Transaktionen von börsennotierten Unternehmen eingesetzt; es zeigt sich mittlerweile ein verstärkter Trend, solche Fairness Opinions auch für private (außerbörsliche) Transaktionen einzusetzen, um die Entscheidung über den Verkauf/Kauf des Unternehmens und den Kaufpreis auf fundierter Grundlage zu treffen.

Nach den üblichen Definitionen handelt es sich bei einer Fairness Opinion um eine Stellungnahme beauftragter Sachverständiger, die die marktbezogene Angemessenheit der finanziellen Parameter einer Unternehmenstransaktion untersuchen. Im Gegensatz zu einer Unternehmensbewertung, die der Ermittlung des Wertes dient, nimmt die Fairness Opinion dazu Stellung, ob ein – etwa im Rahmen einer Unternehmensbewertung – ermittelter und von einer Partei angebotener Kaufpreis angemessen ist. Kernaussage der Fairness Opinion ist stets eine Aussage zu einer bestimmten Bandbreite angemessener Transaktionspreise, nicht allerdings, welchen konkreten Preis der Sachverständige für angemessen hält. Sie stellt letztlich eine subjektive Beurteilung einer Strukturmaßnahme auf Basis zahlreicher Annahmen dar. Fairness Opinions werden zumeist von Investmentbanken im Auftrag der Geschäftsleitung einer transaktionsbeteiligten Gesellschaft erteilt.

Typischerweise dienen Fairness Opinions drei Zwecken: erstens der Kommunikation der Geschäftsleitung mit den Aktionären – was insbesondere bei öffentlichen Übernahmen eine große Rolle spielt, wo die Fairness Opinion die Meinung der Verwaltung zu einem Übernahmeangebot bestätigen soll. Die Intention zur Einholung einer Fairness Opinion aus Sicht des Entscheidungsträgers ist daher häufig Schutz vor eigener Haftung im Falle kommerziell nachteiliger Entwicklungen ob der Transaktion. Zweitens dient eine Fairness Opinion dazu, die Organe einer an einer Unternehmenstransaktion beteiligten Gesellschaft bei der Erfüllung ihrer Sorgfaltspflichten zu unterstützen. Grund hierfür ist, dass die Durchführung einer Unternehmenstransaktion eine sog unternehmerische Entscheidung ist, für die in organhaftungsrechtlicher Hinsicht die sog „Business Judgement Rule" (BJR) gilt. Nach der BJR erfüllt ein Mitglied eines Organs seine Sorgfaltspflichten, wenn es – bei gleichzeitiger Beachtung der übrigen Vorgaben der BJR – *„auf Grundlage angemessener Informationen"* tätig wird. Dieses Merkmal setzt voraus, dass im Zeitpunkt der Entscheidung die zugrunde liegenden Informationen über Chancen und Risiken nach Umfang und Qualität angemessen sind. Die Fairness Opinion kann vor diesem Hintergrund ein Instrument sein, um für die entscheidenden Organmitglieder eine angemessene Informationsgrundlage zu schaffen. Diese zweitgenannte Zwecksetzung der Fairness Opinion spielt insbesondere bei M&A-Transaktionen eine sehr große Rolle. Drittens tragen Fairness Opinions zum Abbau von Informationsasymmetrien bei und dienen somit auch als zusätzliche Informationsgrundlage im Zuge eines Verhandlungsprozesses zwischen Käufer und Verkäufer.

Als Bewertungsmethoden werden in der Regel Diskontierungsverfahren der Unternehmensbewertung herangezogen; sie sind insbesondere für die Quantifizierung von Synergieeffekten gut geeignet. Daneben finden auch auf Multiplikatoren gestützte Vergleichsverfahren der Unternehmensbewertung Anwendung. Durch den Vergleich des gebotenen Preises mit transaktionsbezogenen Multiplikatoren aus anderen Übernahmen und vergleichbaren Kapitalmarktbewertungen lässt sich eine Beurteilung des Preises und der gebotenen Prämie der Übernahme durchführen. Zur Urteilsbildung werden vom Ersteller der Fairness Opinion regelmäßig mehrere Vergleichs- und Bewertungsmaßstäbe herangezogen. Neben der Dokumentierung der durchgeführten Analysen und herangezogenen Vergleichs- und Bewertungsmaßstäbe muss in Erläuterungen der Fairness Opinion den Organen deutlich gemacht machen werden, welchen Einfluss die einzelnen Ergebnisse auf Basis der unterschiedlichen Vergleichs- und Bewertungsmaßstäbe auf das Gesamturteil haben.

Daraus ergeben sich Mindestanforderungen an die Transparenz und Nachvollziehbarkeit der vorgenommenen Beurteilung/ Bewertung in der Stellungnahme:

- Im Falle einer vergleichenden Marktbewertung sind die für diesen Vergleich herangezogenen Multiplikatoren (zB Enterprise Value/EBIT, Price/Earnings-Ratio) zu nennen und die auf der Basis dieser Größen resultierende Bandbreite von Anteilswerten anzugeben. Zugleich ist offenzulegen, ob die zugrunde gelegten Anteilswerte bzw Anteilspreise über den Vergleich mit aktuellen Börsenkursen oder mit in der jüngeren Vergangenheit realisierten Akquisitionspreisen ermittelt wurden.
- Die Prüfung der Angemessenheit der angebotenen Prämie auf den Börsenkurs zum Stichtag ist Bestandteil der Empfehlungen zur Gestaltung von Fairness Opinions. In der Stellungnahme der Organe der Zielgesellschaft sind das Ergebnis dieser Prüfung in der Fairness Opinion und die dort verwendeten Vergleichsmaßstäbe offenzulegen. Eine Abweichung von den oben angeführten Empfehlungen in der Fairness Opinion ist in der Stellungnahme der Organe zu dokumentieren und zu begründen.

- Wird als Maßstab für die Beurteilung der Angemessenheit in der Fairness Opinion der mit Hilfe eines Diskontierungsverfahrens ermittelte Stand-alone-Unternehmenswert herangezogen, so ist in der Stellungnahme das zugrunde liegende Bewertungsmodell (zB DCF-WACC-Modell, DCF-Flow-to-Equity-Modell) in Grundzügen darzustellen.

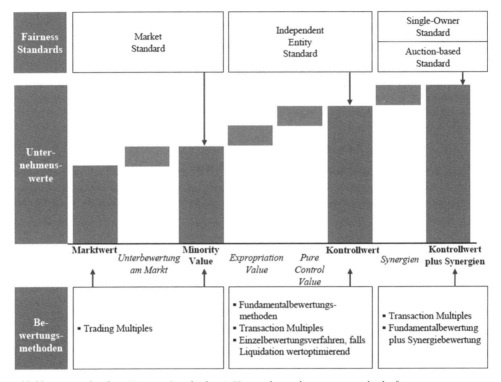

Abbildung 6: Verbindung Fairness Standards mit Unternehmensbewertungsmethoden[8]

Die Bewertung eines konkreten Angebots für die Aktien der Zielgesellschaft erfordert dabei die Berücksichtigung folgender Faktoren:

- Den Wert des Zielunternehmens als Stand-alone plus den Wert der aus dem Zusammenschluss für die Aktionäre der Bietergesellschaft erzielbaren finanziellen Vorteile.
- Die Erfolgswahrscheinlichkeit des Angebotes, welche mit dem gebotenen Angebotspreis zunimmt. Innerhalb der Bandbreite der angemessenen Angebote ist den Aktionären in der Regel eine Prämie auf den aktuellen Börsenkurs ihrer Anteile zu bieten, um sie zur Annahme des Angebotes zu bewegen. Für die Beurteilung der Erfolgswahrscheinlichkeit wird auch die Anzahl aktueller oder potentiell später auftretender konkurrierender Bieter und die Organisation des Bietprozesses (zB als Auktion) von Bedeutung sein.

---

8 Schönefelder L., Unternehmensbewertungen im Rahmen von Fairness Opinion 59.

- Das Kapitalmarktumfeld und die damit verbundenen Erwartungen der Anteilseigner der Zielgesellschaft bezüglich Übernahmeprämie und zukünftig erzielbarer Kursgewinne.

Sowohl in den USA als auch in Kontinentaleuropa sind DCF-Methode, Trading und Transaction Multiples die meistverwendeten Ansätze, wobei einige industrieabhängige und transaktionsspezifische Unterschiede in Bezug auf die Verwendungshäufigkeiten bestehen. Diese Methoden, allen voran die DCF-Methode, sind in der Bewertungsliteratur und vor Gericht allgemeinhin akzeptiert. In den USA kommen darüber hinaus zahlreiche weitere Unternehmensbewertungsmethoden und -benchmarks zum Einsatz, für deren Verwendung zT transaktionsspezifische Erklärungen angeführt werden können. In den USA wird tendenziell die Philosophie vertreten, die Fairness des Angebots durch mehrere Bewertungsschätzer zu prüfen und sich dadurch gegenüber möglichst vielen Bewertungseventualitäten abzusichern. US-amerikanische DCF-Bewertungen verwenden meist den *Entity-Ansatz* in Kombination mit der *WACC-Methode*. Varianten wie die APV-Methode kommen überhaupt nicht zum Einsatz. Bei der Eigenkapitalkostenermittlung in der Fairness-Opinion-Praxis ist das CAPM vorherrschend. Während DCF-Methode und Transaction Multiples relativ gute Vergleichsmaßstäbe für den Angebotspreis abgeben, korrespondieren Bewertungsverfahren auf Basis von Trading Multiples wesentlich besser mit dem Marktpreis.

Unternehmensbewertung im Rahmen von Privatisierungen öffentlicher Unternehmen

Gottwald Kranebitter

Die Europäische Kommission hat in Hinblick auf Artikel 107 ff AEUV Grundsätze für die Privatisierung öffentlicher Unternehmen entwickelt.[1] Wesentlich sind

- die Bekanntmachung der Kommission zum Begriff der staatlichen Beihilfe (2016/ C 262/01) und
- der Leitfaden zur beihilfenkonformen Finanzierung, Umstrukturierung und Privatisierung staatseigener Unternehmen (Arbeitsunterlage der Kommissionsdienststellen vom 10.2.2012).

Zentraler Begriff ist das **„Kriterium des marktwirtschaftlich handelnden Wirtschaftsbeteiligten"**. Eine (genehmigungspflichtige) Beihilfe liegt dann nicht vor, wenn wirtschaftliche Transaktionen von öffentlichen Stellen zu marktüblichen Bedingungen vorgenommen werden, und der Gegenseite durch die Transaktion kein Vorteil entsteht, den sie unter normalen Marktbedingungen nicht erhalten hätte. Nicht genehmigte Beihilfen unterliegen einem Durchführungsverbot.

Ob eine staatliche Maßnahme den Marktbedingungen entspricht, wird ex ante auf Grundlage der zum Zeitpunkt der Entscheidung über die Maßnahme verfügbaren Informationen geprüft.

Bei Anwendung des Kriteriums des marktwirtschaftlich handelnden Wirtschaftsbeteiligten wird unterschieden zwischen Fällen, in denen die Marktkonformität der Transaktion

- direkt mittels transaktionsspezifischer Marktdaten festgestellt werden kann, und
- Fällen, in denen die Marktkonformität mangels transaktionsspezifischer Marktdaten nach anderen Methoden

geprüft werden muss.

Gemäß diesen Grundsätzen wird bei einem **Börsegang** oder einem Verkauf von Aktien **über die Börse** grundsätzlich davon ausgegangen, dass die Privatisierung zu Marktbe-

---

[1] Kommission, 21. Bericht über die Wettbewerbspolitik 1991, Ziff 248; 22. Bericht über die Wettbewerbspolitik 1992, Ziff 464; 23. Bericht über die Wettbewerbspolitik 1993, Ziff 402 f; bestätigt in der Mitteilung der Kommission, ABL 1998 C 111/9 (13) – *Stardust Marine*; Bekanntmachung der Kommission zum Begriff der staatlichen Beihilfe im Sinne des Artikels 107 Absatz 1 des Vertrags über die Arbeitsweise der Europäischen Union (2016/C 262/01).

dingungen erfolgt und kein Beihilfeelement enthalten ist. In diesem Fall steht die Marktkonformität der Transaktion im Regelfall anhand der Börsekurse als transaktionsspezifische Marktdaten fest. Ausnahmen können sich in Zeiten finanzieller oder wirtschaftlicher Instabilität ergeben.

Bei **außerbörslichen Privatisierungen** sind kumulativ folgende Bedingungen einzuhalten, um eine Anmeldepflicht als Beihilfefall ausschließen zu können:

- es muss eine Ausschreibung durchgeführt werden, die **offen** (hinreichende Publizierung über einen längeren Zeitraum, allenfalls international, zusätzliche Verbreitung durch Makler), **nicht diskriminierend** und **transparent** stattfindet, und weiters **keine** mit der Ausschreibung unmittelbar zusammenhängenden **Bedingungen** enthält (nur solche Bedingungen sind beihilfefrei, die von allen potenziellen Käufern erfüllbar sind und die nicht zu einem niedrigeren Verkaufspreis führen);
- das Unternehmen muss an den **Meistbietenden** veräußert werden, und
- die Bieter müssen über **genügend Zeit** (zwei Monate und mehr) und Informationen verfügen, um eine angemessene Bewertung der Vermögenswerte vornehmen zu können, auf die sich ihr Angebot stützt.

In potenziell beihilfeverdächtigen Fällen ist der **Nachweis** erforderlich, dass die Beteiligungsveräußerung zum **Marktwert** erfolgt.

Beihilfeanmeldungen sind jedenfalls bei Privatisierungen im Anschluss an eine Verhandlung mit einem einzigen oder einer Reihe ausgewählter Bieter, bei Privatisierungen nach Schuldenschnitten oder anderen Kapitalmaßnahmen durch die öffentliche Hand sowie bei Privatisierungen zu nicht marktüblichen Bedingungen geboten.

Im Sonderfall eines **negativen Verkaufspreises** ist zusätzlich ein Vergleich mit dem Ergebnis einer Liquidation oder Insolvenz vorzunehmen, um den Verlust für die öffentliche Hand so gering wie möglich zu halten.

In Sonderfällen kann vom **Meistbieter-Gebot** abgegangen werden. So hat der deutsche Bundesgerichtshof in Bezug auf den Grundstücksverkauf ausgesprochen, dass trotz eines offenen, transparenten und bedingungsfreien Ausschreibungsverfahrens in rechtmäßiger Weise nicht an den Meistbietenden verkauft werden muss, wenn das Höchstgebot nicht den Marktwert widerspiegelt, sondern spekulativ überhöht ist.[2]

Wenn eine Transaktion weder über die Börse noch durch ein geeignetes Ausschreibungsverfahren zustande gekommen ist, kann die Einhaltung der Marktkonformität durch **Benchmarking** oder **anderen Bewertungsmethoden** nachgewiesen werden.

Ein **Benchmarking** erfordert vergleichbare Transaktionen von vergleichbaren privaten Wirtschaftsbeteiligten in einer vergleichbaren Lage. Dabei ist auf die Art des Wirtschaftsbeteiligten (spekulativer oder langfristiger Investor), die Art der Transaktion (Beteiligung, Kreditgewährung) und die betroffenen Märkte (Finanzmärkte, Technologiemärkte, Infrastrukturmärkte) zu achten.

---

2   Bundesgerichtshof, Beschluss vom 29.4.2016 BLw 2/12 in Anlehnung an GrdstVG § 9 Abs 1 Nr 3.

Ergebnis des Benchmarking ist häufig eine Bandbreite.

Die Feststellung des Marktwertes mithilfe **anderer Bewertungsmethoden** muss mittels

- allgemein anerkannter Standard-Bewertungsmethoden festgestellt werden, und auf
- verfügbaren objektiven, überprüfbaren und zuverlässigen Daten beruhen, die hinreichend detailliert sein müssen, und unter
- Berücksichtigung der Höhe des Risikos und der
- Erwartungen für die Zukunft
- die wirtschaftliche Lage zum Zeitpunkt der Entscheidung über die Transaktion widerspiegeln.

Die Belastbarkeit des Bewertungsergebnisses, das im Regelfall eine Bandbreite ist, soll durch eine Sensitivitätsanalyse bestätigt werden, bei der verschiedene Geschäftsszenarios unterstellt werden.

Die am besten geeignete Bewertungsmethode hängt von der Marktsituation, der Verfügbarkeit von Daten und der Art der Transaktion ab.

Es ist davon auszugehen, dass die Feststellung des Marktwertes mithilfe einer Unternehmensbewertung durch einen unabhängigen Sachverständigen zu erfolgen hat.[3]

Aus den vergaberechtlichen Bestimmungen (national: österreichisches Bundesvergabegesetz) sind keine (zusätzlichen) Hinweise für die Bewertung von Unternehmen abzuleiten.

---

[3] Bericht über die Wettbewerbspolitik 2008, KOM(2009)374, Rz 162.

Anhang

1. KFS BW 1 (2014)

1.1. KFS/BW1 2014

Abdruck mit freundlicher Genehmigung der Kammer der Wirtschaftstreuhänder.

Fachgutachten

**des Fachsenats für Betriebswirtschaft und Organisation
der Kammer der Wirtschaftstreuhänder zur**

Unternehmensbewertung

*(beschlossen in der Sitzung des Fachsenats für Betriebswirtschaft und Organisation
am 26. März 2014 als Neufassung des Fachgutachtens KFS/BW 1)*

Inhaltsverzeichnis

1. **Vorbemerkungen**
2. **Grundlagen**
    - 2.1. Bewertungsobjekt
    - 2.2. Bewertungssubjekt
    - 2.3. Bewertungsverfahren
    - 2.4. Bewertungsanlässe
    - 2.5. Bewertungszwecke und Funktionen des Wirtschaftstreuhänders
        - 2.5.1. Bewertungszwecke
        - 2.5.2. Ermittlung eines objektivierten Unternehmenswerts
        - 2.5.3. Ermittlung eines subjektiven Unternehmenswerts
        - 2.5.4. Ermittlung eines Schiedswerts
        - 2.5.5. Funktionen des Wirtschaftstreuhänders
3. **Grundsätze der Ermittlung von Unternehmenswerten**
    - 3.1. Maßgeblichkeit des Bewertungszwecks
    - 3.2. Stichtagsprinzip
    - 3.3. Betriebsnotwendiges Vermögen
    - 3.4. Nicht betriebsnotwendiges Vermögen
    - 3.5. Berücksichtigung von Transaktionskosten und transaktionsbedingten Ertragsteuerwirkungen
4. **Bewertung mit Diskontierungsverfahren**
    - 4.1. Grundlagen
        - 4.1.1. Anwendung des Ertragswert- oder eines DCF-Verfahrens
        - 4.1.2. Brutto- und Nettoverfahren

4.2. DCF-Verfahren
    4.2.1. Grundsätzliches
    4.2.2. Bruttoverfahren (Entity-Ansatz)
        4.2.2.1. Ermittlung der Free Cash-Flows
        4.2.2.2. WACC-Verfahren
        4.2.2.3. APV-Verfahren
    4.2.3. Equity-Ansatz
4.3. Ertragswertverfahren
4.4. Ermittlung der künftigen finanziellen Überschüsse
    4.4.1. Planung der finanziellen Überschüsse
        4.4.1.1. Überblick
        4.4.1.2. Informationsbeschaffung
        4.4.1.3. Vergangenheitsanalyse
        4.4.1.4. Planung (Phasenmethode)
        4.4.1.5. Plausibilitätsbeurteilung der Planung
        4.4.1.6. Mangelhafte oder fehlende Planungsrechnung
    4.4.2. Finanzielle Überschüsse bei der Ermittlung eines objektivierten Unternehmenswerts
        4.4.2.1. Unternehmenskonzept
        4.4.2.2. Finanzierungs- und Ausschüttungsannahmen
        4.4.2.3. Managementfaktoren
        4.4.2.4. Berücksichtigung von Ertragsteuern
        4.4.2.5. Synergieeffekte
    4.4.3. Finanzielle Überschüsse bei der Ermittlung eines subjektiven Unternehmenswerts
        4.4.3.1. Unternehmenskonzept
        4.4.3.2. Finanzierungs- und Ausschüttungsannahmen
        4.4.3.3. Managementfaktoren
        4.4.3.4. Berücksichtigung von Ertragsteuern
        4.4.3.5. Synergieeffekte
4.5. Diskontierung der künftigen finanziellen Überschüsse
    4.5.1. Grundlagen
    4.5.2. Renditeforderung der Eigenkapitalgeber bei Ermittlung eines objektivierten Unternehmenswerts
        4.5.2.1. Berücksichtigung des Risikos
        4.5.2.2. Renditeforderung der Eigenkapitalgeber
    4.5.3. Renditeforderung der Eigenkapitalgeber bei Ermittlung eines subjektiven Unternehmenswerts
    4.5.4. Renditeforderung der Fremdkapitalgeber
    4.5.5. Wachstum in der Rentenphase
4.5. Diskontierung der künftigen finanziellen Überschüsse
4.6. Anwendung unterschiedlicher Diskontierungsverfahren

5. **Plausibilitätsbeurteilung mit Multiplikatorverfahren**
    5.1. Konzept
    5.2. Auswahl der Bezugsgrößen
    5.3. Ermittlung und Anwendung der Multiplikatoren
6. **Liquidationswert**
7. **Besonderheiten bei der Bewertung bestimmter Unternehmen**
    7.1. Wachstumsunternehmen
    7.2. Ertragsschwache Unternehmen
    7.3. Unternehmen mit bedarfswirtschaftlichem Leistungsauftrag
    7.4. Unternehmen mit negativen finanziellen Überschüssen
    7.5. Kleine und mittlere Unternehmen
        7.5.1. Kennzeichen
        7.5.2. Abgrenzung des Bewertungsobjekts
        7.5.3. Bestimmung des Unternehmerlohns
        7.5.4. Analyse der Ertragskraft auf Basis von Vergangenheitsdaten
8. **Bewertung von Unternehmensanteilen**
9. **Dokumentation und Berichterstattung**
    9.1. Dokumentation des Auftrags
    9.2. Arbeitspapiere
    9.3. Vollständigkeitserklärung
    9.4. Bewertungsgutachten

Anlage: Muster einer Vollständigkeitserklärung für Unternehmensbewertungen

1. Vorbemerkungen

(1) Der Fachsenat für Betriebswirtschaft und Organisation des Instituts für Betriebswirtschaft, Steuerrecht und Organisation der Kammer der Wirtschaftstreuhänder hat nach eingehenden Beratungen am 26. März 2014 das vorliegende Fachgutachten beschlossen, welches das Fachgutachten KFS/BW 1 vom 27. Februar 2006 ersetzt. Das vorliegende Fachgutachten ist auf Bewertungen anzuwenden, die nach dem 30. Juni 2014 erstattet werden. Eine frühere Anwendung ist zulässig.

(2) Dieses Fachgutachten legt vor dem Hintergrund der in Theorie, Praxis und Rechtsprechung entwickelten Standpunkte die Grundsätze dar, nach denen Wirtschaftstreuhänder Unternehmen bewerten. Dem Fachsenat war es ein Anliegen, die derzeit international gängigen Methoden sowie die Besonderheiten bei der Bewertung von kleinen und mittleren Unternehmen zu berücksichtigen.

(3) Der Fachsenat verweist darauf, dass es sich bei diesem Fachgutachten um allgemeine Grundsätze zur Ermittlung von Unternehmenswerten handelt. Diese Grundsätze können nur den Rahmen festlegen, in dem die fachgerechte Problemlösung im Einzelfall liegen muss. Die Auswahl und Anwendung einer bestimmten Methode sowie Abweichungen von den vorgegebenen Grundsätzen liegen in der alleinigen Entscheidung und Verantwortung des Wirtschaftstreuhänders.

(4) Fälle vertraglicher oder auftragsgemäßer Wertfeststellungen, die sich nach abweichenden vorgegebenen Regelungen richten, bleiben insoweit von diesem Fachgutachten unberührt.

(5) Die Arbeitsgruppe Unternehmensbewertung des Fachsenats für Betriebswirtschaft und Organisation gibt Empfehlungen zu Fragen der Unternehmensbewertung von allgemeiner Bedeutung ab.

2. Grundlagen

2.1. Bewertungsobjekt

(6) Bewertungsobjekt (Gegenstand der Unternehmensbewertung) ist ein Unternehmen. Unter einem Unternehmen wird eine als Gesamtheit zu betrachtende wirtschaftliche Einheit verstanden. In der Regel ist das ein rechtlich abgegrenztes Unternehmen, es kann aber auch ein Unternehmensverbund, eine Betriebsstätte, ein Teilbetrieb oder eine strategische Geschäftseinheit sein.

(7) Die wirtschaftliche Einheit muss selbständig geführt werden können, dh dass sie in ihren Beziehungen zum Beschaffungs- und Absatzmarkt und bei ihrer Leistungserstellung nicht der Eingliederung in einen anderen Betrieb bedarf. Teilbereiche der wirtschaftlichen Einheit (zB Beschaffung, Absatz, Forschung und Organisation), die für sich allein keine finanziellen Überschüsse erzielen, sind kein Bewertungsobjekt. Der Wert der wirtschaftlichen Einheit ergibt sich daher nicht aus dem Wert der einzelnen Faktoren, sondern aus dem Zusammenwirken aller Faktoren.

(8) Das Bewertungsobjekt umfasst auch das nicht betriebsnotwendige Vermögen.

2.2. Bewertungssubjekt

(9) Unternehmen sind immer aus der Sicht einer Partei oder mehrerer Parteien zu bewerten. Diese Parteien werden als Bewertungssubjekte bezeichnet.

2.3. Bewertungsverfahren

(10) Die im Folgenden beschriebenen Bewertungsverfahren gehen davon aus, dass der Unternehmenswert unter Zugrundelegung ausschließlich finanzieller Ziele zu bestimmen ist.

(11) Bei Diskontierungsverfahren ergibt sich der Unternehmenswert aus dem Barwert finanzieller Überschüsse, die aus der Fortführung des Unternehmens und aus der Veräußerung etwaigen nicht betriebsnotwendigen Vermögens erzielt werden. Die Berechnung des Barwerts erfolgt mit jenem Diskontierungssatz, der der Renditeforderung der Kapitalgeber entspricht. Zu den Diskontierungsverfahren zählen die Discounted Cash-Flow-Verfahren (siehe Rz (34) ff) und das Ertragswertverfahren (siehe Rz (48) ff).

(12) Bei Marktpreis-orientierten Verfahren (Multiplikatorverfahren) wird der Unternehmenswert als potentieller Marktpreis unter Anwendung von Multiplikatoren ermittelt, die aus Börsenkursen vergleichbarer Unternehmen oder Transaktionspreisen für vergleichbare Unternehmen abgeleitet werden oder Erfahrungssätzen entsprechen (siehe Rz (118) ff).

(13) Die Untergrenze für den Unternehmenswert bildet der Liquidationswert (siehe Rz (132) f), sofern der Liquidation nicht rechtliche oder tatsächliche Zwänge entgegenstehen.

2.4. Bewertungsanlässe

(14) Die Anlässe für Unternehmensbewertungen sind vielfältig. Bewertungen können aufgrund rechtlicher Vorschriften, aufgrund vertraglicher Vereinbarungen oder aus sonstigen Gründen erfolgen. Als Beispiele seien genannt:

Erwerb und Veräußerung von Unternehmen und Unternehmensanteilen, Ein- und Austritt von Gesellschaftern in ein bzw aus einem Unternehmen, Umgründung (Verschmelzung, Umwandlung, Einbringung, Zusammenschluss, Realteilung und Spaltung), Abfindung, Börseneinführung, Privatisierung, Erbteilung, Feststellung von Pflichtteilsansprüchen, Enteignung, Kreditwürdigkeitsprüfung, Sanierung, wertorientierte Vergütung von Managern.

2.5. Bewertungszwecke und Funktionen des Wirtschaftstreuhänders

2.5.1. Bewertungszwecke

(15) Aus der Gesamtheit der in der Realität vorkommenden Bewertungsanlässe können für die Praxis des Wirtschaftstreuhänders folgende bedeutsame Zwecksetzungen abgeleitet werden:

a) Ermittlung eines objektivierten Unternehmenswerts
b) Ermittlung eines subjektiven Unternehmenswerts
c) Ermittlung eines Schiedswerts

2.5.2. Ermittlung eines objektivierten Unternehmenswerts

(16) Der objektivierte Unternehmenswert wird unter typisierenden Annahmen mit Hilfe eines Diskontierungsverfahrens ermittelt. Er repräsentiert jenen Unternehmenswert, der sich bei Fortführung des Unternehmens auf Basis des bestehenden Unternehmenskonzepts mit allen realistischen Zukunftserwartungen im Rahmen der Marktchancen und -risiken, der finanziellen Möglichkeiten des Unternehmens sowie der sonstigen Einflussfaktoren ergibt. Bestehen rechtliche Vorgaben für die Wertermittlung, richten sich der Blickwinkel der Bewertung sowie der Umfang der erforderlichen Typisierungen und Objektivierungen nach den für die Wertermittlung relevanten rechtlichen Regelungen.

(17) Die Plausibilität des auf Basis eines Diskontierungsverfahrens ermittelten Ergebnisses ist zu beurteilen. Dies kann ua durch Anwendung eines Multiplikatorverfahrens erfolgen. Notieren Anteile am zu bewertenden Unternehmen an einer Börse oder liegen für das zu bewertende Unternehmen Informationen über realisierte Transaktionspreise in zeitlicher Nähe zum Bewertungsstichtag vor, ist die Plausibilität des Bewertungsergebnisses durch eine Analyse dieser Börsenkurse oder Transaktionspreise zu beurteilen. Führt die Plausibilitätsbeurteilung zu wesentlichen Abweichungen vom Bewertungsergebnis auf Basis eines Diskontierungsverfahrens, sind die Abweichungen zu analysieren und die Plausibilität des Bewertungsergebnisses zu würdigen.

(18) Bei sehr kleinen Unternehmen kann der objektivierte Unternehmenswert vereinfachend durch die Anwendung eines Multiplikatorverfahrens auf Basis von Erfahrungssätzen ermittelt werden, wenn sich über die auf das Bewertungsobjekt anzuwendenden Erfahrungssätze eine feste allgemeine Verkehrsauffassung gebildet hat und die Anwendung dieser Erfahrungssätze nach der Einschätzung des Wirtschaftstreuhänders mit ausreichender Sicherheit eine verlässliche Grundlage der Wertermittlung darstellt. Als sehr kleine Unternehmen gelten solche, die die Buchführungsgrenze des § 189 Abs 1 Z 2 UGB nicht überschreiten.

2.5.3. Ermittlung eines subjektiven Unternehmenswerts

(19) Der subjektive Unternehmenswert ist ein Entscheidungswert und wird mit Hilfe eines Diskontierungsverfahrens ermittelt. In ihn fließen die subjektiven Vorstellungen und persönlichen Verhältnisse sowie sonstige Gegebenheiten (zB Synergieeffekte) des Bewertungssubjekts ein. Für einen potentiellen Käufer bzw Verkäufer soll dieser Wert die relevante Preisober- bzw Preisuntergrenze aufzeigen. Die Plausibilität des auf Basis eines Diskontierungsverfahrens ermittelten Ergebnisses ist unter sinngemäßer Anwendung der in Rz (17) festgelegten Grundsätze zu beurteilen. Rz (18) ist sinngemäß anzuwenden.

2.5.4. Ermittlung eines Schiedswerts

(20) Der Schiedswert wird in einer Konfliktsituation unter Berücksichtigung der unterschiedlichen Wertvorstellungen der Parteien ausschließlich nach sachlichen Gesichtspunkten festgestellt oder vorgeschlagen. Indem er die Investitionsalternativen und die persönlichen Verhältnisse der Bewertungssubjekte in angemessenem Umfang einbezieht, stellt der Schiedswert einen fairen und angemessenen Interessenausgleich zwischen den betroffenen Bewertungssubjekten dar.

2.5.5. Funktionen des Wirtschaftstreuhänders

(21) Der Wirtschaftstreuhänder kann in der Funktion eines neutralen Gutachters, eines Beraters einer Partei oder eines Schiedsgutachters/Vermittlers tätig werden.

3. Grundsätze der Ermittlung von Unternehmenswerten
3.1. Maßgeblichkeit des Bewertungszwecks

(22) Da mit einem Bewertungsanlass unterschiedliche Bewertungszwecke verbunden sein können, ist die Aufgabenstellung für die Unternehmensbewertung allein aus dem mit der Bewertung verbundenen Zweck abzuleiten. Dieser bestimmt die Vorgangsweise bei der Unternehmensbewertung, insbesondere die Auswahl des geeigneten Bewertungsverfahrens und die Annahmen hinsichtlich Planung und Diskontierung der künftigen finanziellen Überschüsse. Eine sachgerechte Unternehmenswertermittlung setzt daher voraus, dass im Rahmen der Auftragserteilung der Bewertungszweck und die Funktion, in der der Wirtschaftstreuhänder tätig wird, festgelegt werden.

3.2. Stichtagsprinzip

(23) Unternehmenswerte sind zeitpunktbezogen. Bewertungsstichtag ist jener Zeitpunkt, für den der Wert des Unternehmens festgestellt wird; er ergibt sich aus dem Auftrag oder aus vertraglichen oder rechtlichen Regelungen. Ab diesem Zeitpunkt sind die finanziellen Überschüsse in die Unternehmensbewertung einzubeziehen.

(24) Bei der Ermittlung eines Unternehmenswerts sind alle für die Wertermittlung beachtlichen Informationen, die bei angemessener Sorgfalt zum Bewertungsstichtag hätten erlangt werden können, zu berücksichtigen. Änderungen der wertbestimmenden Faktoren zwischen dem Bewertungsstichtag und dem Abschluss der Bewertung sind nur dann zu berücksichtigen, wenn ihre Wurzel vor dem Bewertungsstichtag liegt.

3.3. Betriebsnotwendiges Vermögen

(25) Das betriebsnotwendige Vermögen umfasst die Gesamtheit der immateriellen und materiellen Gegenstände sowie Schulden, die dem Unternehmen für seine Leistungserstellung notwendigerweise zur Verfügung stehen.

(26) Dem Substanzwert, verstanden als Rekonstruktionszeitwert (Vermögen abzüglich Schulden) des betriebsnotwendigen Vermögens, kommt bei der Ermittlung des Unternehmenswerts keine eigenständige Bedeutung zu.

3.4. Nicht betriebsnotwendiges Vermögen

(27) Nicht betriebsnotwendiges Vermögen sind jene Vermögensteile, die für die Fortführung des Bewertungsobjekts nicht notwendig sind (zB betrieblich nicht genutzte Grundstücke und Gebäude oder Überbestände an liquiden Mitteln).

(28) Die Bewertung des nicht betriebsnotwendigen Vermögens erfolgt grundsätzlich zum Barwert der daraus resultierenden künftigen finanziellen Überschüsse. Untergrenze ist der Liquidationswert.

3.5. Berücksichtigung von Transaktionskosten und transaktions-bedingten Ertragsteuerwirkungen

(29) Bei der Ermittlung eines objektivierten Unternehmenswerts hat eine Berücksichtigung von Transaktionskosten und transaktionsbedingten Ertragsteuerwirkungen grundsätzlich zu unterbleiben. Eine Berücksichtigung derartiger Faktoren ist nur dann geboten, wenn sich dies aus rechtlichen Vorgaben für den Bewertungsanlass oder aus dem Auftrag ergibt, etwa bei der Ermittlung eines subjektiven Unternehmenswerts.

(30) Transaktionskosten sind Kosten in Verbindung mit dem Kauf bzw Verkauf des Unternehmens, zB Verkehrsteuerbelastungen bei der Übernahme von Grundstücken. Zu den transaktionsbedingten Ertragsteuerwirkungen zählen insbesondere Ertragsteuerersparnisse aus einem erhöhten Abschreibungspotential aus aufgedeckten stillen Reserven und Firmenwertkomponenten bzw Ertragsteuerbelastungen aus einem Veräußerungsgewinn.

4. Bewertung mit Diskontierungsverfahren

4.1. Grundlagen

4.1.1. Anwendung des Ertragswert- oder eines DCF-Verfahrens

(31) Das Ertragswertverfahren und die DCF-Verfahren (Discounted Cash-Flow-Verfahren) beruhen insoweit auf der gleichen konzeptionellen Grundlage, als sie den Unternehmenswert als Barwert künftiger finanzieller Überschüsse ermitteln (Kapitalwertkalkül). Diese Verfahren werden als Diskontierungsverfahren bezeichnet. Sie eignen sich zur Bestimmung sowohl von objektivierten als auch von subjektiven Unternehmenswerten.

4.1.2. Brutto- und Nettoverfahren

(32) Bei den Bruttoverfahren (Entity-Ansatz) wird vorerst der Wert des Gesamtkapitals aus der Sicht der Eigen- und Fremdkapitalgeber bestimmt. Danach wird durch Abzug des Marktwerts des verzinslichen Fremdkapitals der Wert des Eigenkapitals ermittelt. Zu den Bruttoverfahren gehören das WACC-Verfahren (Weighted Average Cost of Capital-Verfahren) und das APV-Verfahren (Adjusted Present Value-Verfahren) als Varianten der DCF-Verfahren.

(33) Bei den Nettoverfahren wird der Wert des Eigenkapitals direkt durch Diskontierung der den Unternehmenseignern zufließenden künftigen finanziellen Überschüsse (Flows to Equity) ermittelt. Zu den Nettoverfahren gehören das Ertragswertverfahren und der Equity-Ansatz als Variante der DCF-Verfahren.

4.2. DCF-Verfahren

4.2.1. Grundsätzliches

(34) Bei Anwendung von DCF-Verfahren wird der Unternehmenswert durch Diskontierung von Cash-Flows ermittelt, die je nach Verfahren unterschiedlich definiert werden. DCF-Verfahren werden im Allgemeinen zur Bewertung von Kapitalgesellschaften herangezogen. Im Folgenden wird daher auf die Bewertung von Kapitalgesellschaften abgestellt. Dabei wird es in der Regel als zulässig erachtet, vereinfachend auf die Berücksichtigung der persönlichen Ertragsteuern sowohl bei den zu diskontierenden Cash-Flows als auch im Diskontierungssatz zu verzichten (vgl Rz (84)).

(35) Die Anwendung von DCF-Verfahren erfordert Informationen bzw Annahmen über die Renditeforderung der Eigenkapitalgeber (Eigenkapitalkosten) sowie über die Finanzierungspolitik des Bewertungsobjekts.

4.2.2. Bruttoverfahren (Entity-Ansatz)

4.2.2.1. Ermittlung der Free Cash-Flows

(36) Bei den Bruttoverfahren wird der Marktwert des Gesamtkapitals (Enterprise Value) durch Diskontierung von Free Cash-Flows ermittelt. Die Free Cash-Flows werden unter der Fiktion vollständiger Eigenfinanzierung berechnet. Aus einer integrierten Planungsrechnung, die explizite Annahmen über die Entwicklung des verzinslichen Fremdkapitals enthält, lässt sich der Free Cash-Flow indirekt wie folgt errechnen:

	Unternehmensrechtliches Jahresergebnis
+	Fremdkapitalzinsen
−	Steuerersparnis aus der Absetzbarkeit der Fremdkapitalzinsen (Tax Shield)
=	Ergebnis vor Zinsen nach angepassten Ertragsteuern
+/−	Aufwendungen/Erträge aus Anlagenabgängen
+/−	Abschreibungen/Zuschreibungen
+/−	Bildung/Auflösung langfristiger Rückstellungen und sonstige zahlungsunwirksame Aufwendungen/Erträge
−/+	Erhöhung/Verminderung des Nettoumlaufvermögens (ohne kurzfristige verzinsliche Verbindlichkeiten)
−/+	Cash-Flow aus Investitionen/Desinvestitionen
=	Free Cash-Flow (FCF)

(37) Da die Free Cash-Flows unter der Fiktion vollständiger Eigenfinanzierung ermittelt werden, sind – ausgehend vom unternehmensrechtlichen Jahresergebnis – zunächst die Fremdkapitalzinsen hinzuzurechnen und die mit der steuerlichen Absetzbarkeit der Fremdkapitalzinsen verbundene Steuerersparnis (Tax Shield) abzuziehen.

4.2.2.2. WACC-Verfahren

(38) Beim WACC-Verfahren wird der Marktwert des Gesamtkapitals (Enterprise Value) durch Diskontierung der Free Cash-Flows mit dem WACC ermittelt. Der Marktwert des Eigenkapitals (Equity Value) ergibt sich, indem vom Marktwert des Gesamtkapitals der Marktwert des verzinslichen Fremdkapitals abgezogen wird.

(39) Der WACC ist ein gewichteter Mischzinssatz aus Eigenkapitalkosten (Renditeforderung der Eigenkapitalgeber) und Fremdkapitalkosten (Renditeforderung der Fremdkapitalgeber). Die Gewichtung erfolgt nach dem Verhältnis der Marktwerte von Eigen- und Fremdkapital. Die Fremdkapitalkosten sind um die Steuerersparnis aus der Fremdfinanzierung zu vermindern, weil diese Steuerersparnis im Free Cash-Flow nicht berücksichtigt wird. Zur Ermittlung der dem Verschuldungsgrad entsprechenden Eigenkapitalkosten wird auf die Ausführungen in Rz (107) verwiesen.

(40) Der Marktwert des verzinslichen Fremdkapitals entspricht bei marktkonformer Verzinsung in der Regel dem Nominalwert des Fremdkapitals. Wird das Fremdkapital niedriger oder höher verzinst, als es dem Marktzins entspricht, ergibt sich der Marktwert des Fremdkapitals aus den mit dem Marktzins diskontierten Zahlungen an die Fremdkapitalgeber.

(41) Werden die Free Cash-Flows auf der Grundlage einer integrierten Unternehmensplanung ermittelt, führt die Planung bzw Vorgabe der Fremdkapitalbestände in der Finanzplanung (autonome Finanzierungspolitik) in der Regel dazu, dass der Verschuldungsgrad in der Detailplanungsphase von Periode zu Periode schwankt, sodass sowohl der WACC im Zeitablauf nicht konstant bleibt als auch periodenspezifische Anpassungen der Eigenkapitalkosten bzw des Beta-Faktors (vgl Rz (103) ff) aufgrund des sich ändernden Kapitalstrukturrisikos notwendig werden.

(42) Eine vereinfachte Anwendung des WACC-Verfahrens besteht darin, eine im Zeitablauf konstante Kapitalstruktur (Zielkapitalstruktur) auf Basis von Marktwerten vorzugeben, sodass

auch der WACC im Zeitablauf konstant bleibt. Mit der Annahme einer im Zeitablauf konstanten Kapitalstruktur wird implizit unterstellt, dass der Bestand an verzinslichem Fremdkapital bei einer Änderung des Marktwerts des Gesamtkapitals im Zeitablauf entsprechend angepasst wird (wertorientierte Finanzierungspolitik). Um die Plausibilität dieser Finanzierungspolitik beurteilen zu können, hat der Wirtschaftstreuhänder die im Zeitablauf implizit unterstellten Anpassungen der Bestände des verzinslichen Fremdkapitals sowie die aus dieser Finanzierungspolitik resultierenden Flows to Equity für die einzelnen Perioden zu ermitteln und in seinem Bericht offenzulegen. Die Plausibilität dieser Finanzierungspolitik ist auf dieser Grundlage durch den Wirtschaftstreuhänder zu beurteilen.

4.2.2.3. APV-Verfahren

(43) Nach dem APV-Konzept wird zunächst unter der Annahme vollständiger Eigenfinanzierung der Marktwert des (fiktiv) unverschuldeten Unternehmens ermittelt. Dazu werden die Free Cash-Flows mit den Eigenkapitalkosten des unverschuldeten Unternehmens diskontiert. Der Marktwert des unverschuldeten Unternehmens wird um die durch die Verschuldung bewirkten diskontierten Steuerersparnisse aus den Fremdkapitalzinsen (Tax Shields) erhöht. Die Summe aus Marktwert des unverschuldeten Unternehmens und Wertbeitrag der Tax Shields ergibt den Marktwert des Gesamtkapitals. Nach Abzug des Marktwerts des Fremdkapitals verbleibt der Marktwert des Eigenkapitals (Equity Value).

	Barwert der Free Cash-Flows bei Diskontierung mit r(EK)u
+	Marktwert des nicht betriebsnotwendigen Vermögens
=	Marktwert des unverschuldeten Unternehmens
+	Marktwerterhöhung durch Fremdfinanzierung (Wertbeitrag der Tax Shields)
=	Marktwert des Gesamtkapitals des verschuldeten Unternehmens
–	Marktwert des verzinslichen Fremdkapitals
=	Marktwert des Eigenkapitals (Equity Value)

$r(EK)_u$ = Eigenkapitalkosten für das unverschuldete Unternehmen

(44) Die Marktwerterhöhung durch Fremdfinanzierung (Wertbeitrag der Tax Shields) wird durch Diskontierung der Steuerersparnisse aus der steuerlichen Abzugsfähigkeit der Fremdkapitalzinsen (Tax Shields) ermittelt. Zur Diskontierung der Tax Shields ist ein risikoadäquater Zinssatz zu verwenden. Die diesbezüglich getroffenen Annahmen sind im Bewertungsgutachten zu erläutern und zu begründen.

(45) Beim APV-Verfahren werden die Free Cash-Flows unabhängig von der Kapitalstruktur des zu bewertenden Unternehmens mit den Eigenkapitalkosten für unverschuldete Unternehmen diskontiert, sodass das Erfordernis der Verwendung periodenspezifischer Diskontierungssätze entfällt. Allerdings müssen die Eigenkapitalkosten für das unverschuldete Unternehmen bekannt sein bzw mittels Anpassungsformeln aus den auf dem Markt erhobenen Eigenkapitalkosten für das verschuldete Unternehmen abgeleitet werden.

4.2.3. Equity-Ansatz

(46) Beim Equity-Ansatz werden die den Unternehmenseignern zufließenden finanziellen Überschüsse (Flows to Equity) mit den Eigenkapitalkosten für das verschuldete Unternehmen diskontiert.

(47) Ausgehend vom Free Cash-Flow lässt sich der Flow to Equity wie folgt ermitteln:

	Free Cash-Flow (FCF)
−	Fremdkapitalzinsen
+	Steuerersparnis aus der Absetzbarkeit der Fremdkapitalzinsen (Tax Shield)
+/−	Erhöhung/Verminderung des verzinslichen Fremdkapitals
=	Flow to Equity (FTE)

Der Flow to Equity entspricht den im Rahmen der integrierten Unternehmensplanung ermittelten Zahlungsströmen zwischen dem Bewertungsobjekt und den Eigenkapitalgebern.

4.3. Ertragswertverfahren

(48) Beim Ertragswertverfahren wird der Unternehmenswert durch Diskontierung der den Unternehmenseignern zufließenden finanziellen Überschüsse ermittelt.

(49) Bei identen Annahmen betreffend die finanziellen Überschüsse und die Ableitung der Renditeforderung der Eigenkapitalgeber entspricht das Ertragswertverfahren dem Equity-Ansatz der DCF-Verfahren.

(50) Anders als bei den DCF-Verfahren, bei denen die Renditeforderung der Eigenkapitalgeber stets kapitalmarktorientiert abgeleitet wird, kann der Diskontierungssatz beim Ertragswertverfahren auch auf Basis der individuellen Verhältnisse oder Vorgaben des Bewertungssubjekts festgelegt werden. Die Festlegung des Diskontierungssatzes auf Basis von individuellen Verhältnissen oder Vorgaben führt zur Ermittlung eines subjektiven Unternehmenswerts (siehe dazu Rz (113)).

4.4. Ermittlung der künftigen finanziellen Überschüsse

4.4.1. Planung der finanziellen Überschüsse

4.4.1.1. Überblick

(51) Die Planung der finanziellen Überschüsse stellt ein zentrales Element jeder Unternehmensbewertung dar. Sie erfordert eine umfangreiche Informationsbeschaffung und darauf aufbauende vergangenheits-, stichtags- und zukunftsorientierte Unternehmensanalysen und ist durch Plausibilitätsüberlegungen hinsichtlich ihrer Angemessenheit und Widerspruchsfreiheit zu überprüfen.

4.4.1.2. Informationsbeschaffung

(52) Grundsätzlich sind alle Informationen zu erheben, die für die Planung der finanziellen Überschüsse des Unternehmens von Bedeutung sind. Dazu gehören in erster Linie zukunftsbezogene unternehmens- und marktorientierte Informationen. Unternehmensbezogene Informationen sind insbesondere interne Plandaten sowie Analysen der Stärken und Schwächen des Unternehmens und der von diesem angebotenen Leistungen. Marktbezogene Informationen sind unter anderem Daten über die Entwicklung der Branche, der Konkurrenzsituation und der bearbeiteten Absatzmärkte, aber auch langfristige gesamtwirtschaftliche sowie länder- und branchenspezifische Trendprognosen.

(53) Vergangenheits- und stichtagsbezogene Informationen dienen als Orientierungsgrundlage für die Planung künftiger Entwicklungen und für die Vornahme von Plausibilitätskontrollen.

(54) Der Wirtschaftstreuhänder hat die Vollständigkeit und die Verlässlichkeit der verwendeten Planungsunterlagen zu beurteilen.

4.4.1.3. Vergangenheitsanalyse

(55) Die Vergangenheitsanalyse soll auf der Grundlage der Jahresabschlüsse, der Geldflussrechnungen sowie der internen Ergebnisrechnungen konkrete Anhaltspunkte für die Planung der Unternehmenserfolge liefern. Die Vergangenheitsdaten sind dabei um einmalige, aperiodische und außerordentliche Faktoren zu bereinigen bzw zu normalisieren. Erfolgsfaktoren der Vergangenheit sind insbesondere daraufhin zu analysieren, inwieweit sie auch künftig wirksam sein werden (siehe dazu auch Rz (147) f) und ob sie das nicht betriebsnotwendige Vermögen betreffen.

(56) Die unternehmensbezogenen Informationen sind um eine Analyse der Unternehmensumwelt in der (jüngeren) Vergangenheit zu ergänzen. Hierzu gehören die Entwicklung der Marktstellung des Unternehmens und sonstige Markt- und Umweltentwicklungen (zB Entwicklungen in politischer, rechtlicher, ökonomischer, technischer, ökologischer und sozialer Hinsicht).

4.4.1.4. Planung (Phasenmethode)

(57) Die künftigen finanziellen Überschüsse können nominell oder real, dh kaufkraftbereinigt, geplant werden. Der Anwendung der Nominalrechnung, bei der nominell geplante finanzielle Überschüsse mit nominellen Diskontierungssätzen abgezinst werden, wird in Theorie und Praxis der Vorzug gegeben.

(58) Die Unternehmensbewertung basiert grundsätzlich auf einer möglichst umfassenden von der Unternehmensleitung erstellten integrierten Planungsrechnung, die ihre Zusammenfassung in Plan-Bilanzen, Plan-Gewinn- und Verlustrechnungen und Finanzplänen findet. Die Planungsrechnung hat die prognostizierte leistungs- und finanzwirtschaftliche Entwicklung im Rahmen der erwarteten Markt- und Umweltbedingungen zu reflektieren. Unter Berücksichtigung der beschafften Informationen und der Erkenntnisse aus der vergangenheits- und stichtagsorientierten Unternehmensanalyse sind aus dieser Planungsrechnung die künftigen finanziellen Überschüsse abzuleiten. Thesaurierungen finanzieller Überschüsse des Unternehmens und deren Verwendung sind in der Planungsrechnung zu berücksichtigen.

(59) Die finanziellen Überschüsse des zu bewertenden Unternehmens werden in der Regel in mehreren Phasen geplant (Phasenmethode). Die Phasen können in Abhängigkeit von Größe, Struktur, Branche und Lebensdauer des zu bewertenden Unternehmens unterschiedlich lang sein. In den meisten Fällen wird die Planung in zwei bis drei Phasen vorgenommen.

(60) Die Detailplanungsphase, für die eine periodenspezifische Planung der finanziellen Überschüsse erfolgen kann, ist in Abhängigkeit von Größe, Struktur und Branche des Unternehmens häufig auf drei bis fünf Jahre begrenzt (Phase I).

(61) Die Detailplanungsphase ist um eine Grobplanungsphase (Phase II) zu ergänzen, wenn die Annahme, das Unternehmen gehe unmittelbar nach der Detailplanungsphase in einen Gleichgewichts- und Beharrungszustand über, nicht plausibel erscheint. Dies kann beispielsweise der Fall sein, wenn Investitionszyklen noch nicht abgeschlossen sind; auch längerfristige Produktlebenszyklen, überdurchschnittliche Wachstumsraten, Steuer- oder andere Sondereffekte können eine Grobplanungsphase erfordern.

(62) In der Regel kann sich die Planung der Grobplanungsphase auf die periodenspezifische Entwicklung der wesentlichen unternehmensspezifischen Werttreiber konzentrieren.

(63) Für die Zeit nach dem Planungshorizont können bei unterstellter unbegrenzter Lebensdauer des zu bewertenden Unternehmens lediglich globale bzw pauschale Annahmen getroffen werden. In der Regel wird hier auf Basis von Annahmen über das Ausschüttungsverhalten und das Rentabilitätsniveau eine Unternehmensentwicklung mit gleichbleibenden oder konstant wachsenden finanziellen Überschüssen unterstellt (Rentenphase bzw Phase III). Quellen des Wachstums der finanziellen Überschüsse können neben Preissteigerungen auch Kapazitätsausweitungen sein.

(64) Über die zu erwartende langfristige Entwicklung des Rentabilitätsniveaus des zu bewertenden Unternehmens in der Rentenphase sind unter Berücksichtigung der dafür relevanten Einflussfaktoren wie die Widerstandsfähigkeit des Unternehmens gegen den Abbau von Überrenditen (Konvergenzprozesse) geeignete Annahmen zu treffen. Dabei kann unterstellt werden, dass die Rendite (nach Unternehmenssteuern) aus der Wiederveranlagung thesaurierter Beträge langfristig den Kapitalkosten entspricht (Konvergenzannahme). Ist davon abweichend zu erwarten, dass die Rendite langfristig über den Kapitalkosten liegen wird, sind die dafür maßgeblichen Gründe anzugeben. Generell ist in der Rentenphase auf die Konsistenz der Annahmen zu Renditeerwartungen, Wachstumsrate und Thesaurierung zu achten.

(65) Wegen des oft starken Gewichts der Wertbeiträge der finanziellen Überschüsse in der Rentenphase kommt der kritischen Überprüfung der zugrunde liegenden Annahmen besondere Bedeutung zu. In diesem Zusammenhang kann es zweckmäßig sein, die integrierte Planungsrechnung über einen längeren Zeitraum fortzuschreiben, um die Auswirkungen insbesondere von Wachstums- und Thesaurierungsannahmen darzustellen und auf Konsistenz zu überprüfen.

(66) Die zu diskontierenden künftigen finanziellen Überschüsse sollen Erwartungswerte repräsentieren. Die Erwartungswerte können auch aus Szenarien abgeleitet werden, denen Eintrittswahrscheinlichkeiten zugeordnet werden. Der wahrscheinlichste Wert (Modalwert) der künftigen finanziellen Überschüsse kann vom Erwartungswert abweichen.

(67) Bei der Ermittlung der Erwartungswerte ist zu untersuchen, inwieweit das Unternehmen Insolvenzrisiken ausgesetzt ist. Die Berücksichtigung von bewertungsrelevanten Insolvenzrisiken kann durch den Ansatz von Insolvenzwahrscheinlichkeiten erfolgen, die ua aus Ratings abgeleitet werden können.

4.4.1.5. Plausibilitätsbeurteilung der Planung

(68) Die Planung der finanziellen Überschüsse ist auf ihre Plausibilität hin zu beurteilen. Dabei ist zwischen der Beurteilung der formellen und der materiellen Plausibilität zu differenzieren.

(69) Im Zuge der Beurteilung der formellen Plausibilität hat der Wirtschaftstreuhänder zunächst die Dokumentation der Planung sowie den Prozess zur Erstellung der Planung zu analysieren. Dabei ist insbesondere darauf einzugehen, zu welchem Zeitpunkt, zu welchem Zweck und von wem die Planung erstellt wurde, ob diese von einem Aufsichtsorgan genehmigt wurde und welche Verbindlichkeit sie hat. Ebenso ist zu berücksichtigen, ob die Planung anlassbezogen für Zwecke der Unternehmensbewertung oder im Rahmen eines standardisierten, beispielsweise jährlichen, Planungsprozesses erstellt wurde.

(70) Aus formeller Sicht ist weiters zu beurteilen, ob die Planung rechnerisch nachvollziehbar und richtig ist sowie den methodischen Anforderungen einer integrierten Planungsrechnung entspricht. Dabei ist insbesondere darauf einzugehen, ob die einzelnen Teilpläne (Plan-Bilanzen, Plan-Gewinn- und Verlustrechnungen und Finanzpläne sowie gegebenenfalls weitere Teilpläne wie bspw Absatzpläne, Personalpläne, Investitionspläne) vollständig und miteinander abgestimmt sind.

(71) Im Rahmen der Beurteilung der materiellen Plausibilität sind die der Planung zugrunde liegenden Annahmen kritisch zu würdigen. Dabei empfiehlt es sich, in einem ersten Schritt die wesentlichen wertbeeinflussenden Annahmen zu identifizieren. In einem weiteren Schritt sind die Nachweise bzw Argumente, die diese Annahmen untermauern, zu analysieren. Letztendlich ist zu beurteilen, ob die Planung schlüssig und widerspruchsfrei aus den getroffenen Annahmen abgeleitet wurde und alle Konsequenzen dieser Annahmen berücksichtigt wurden.

(72) Wesentliche Grundlagen für die Beurteilung der materiellen Plausibilität lassen sich aus der Vergangenheitsanalyse ableiten, die sich sowohl auf unternehmensbezogene Informationen als auch auf eine Analyse der Unternehmensumwelt in der (jüngeren) Vergangenheit erstreckt (vgl Rz (55) f). Der Wirtschaftstreuhänder hat zu analysieren, ob die Annahmen der Planung in Widerspruch zu den Ergebnissen der Vergangenheitsanalyse stehen. Für die Beurteilung der Verlässlichkeit der Planung der finanziellen Überschüsse kann auch ein Soll-Ist-Vergleich von in der Vergangenheit vom Unternehmen erstellten Planungsrechnungen dienlich sein.

(73) Die Einholung einer Vollständigkeitserklärung (vgl Rz (154)) entbindet den Wirtschaftstreuhänder nicht davon, sich selbst ein Urteil über die Plausibilität der Planung der finanziellen Überschüsse zu bilden.

4.4.1.6. Mangelhafte oder fehlende Planungsrechnung

(74) Stellt der Wirtschaftstreuhänder bei der Beurteilung der formellen Plausibilität (vgl Rz (69) f) Mängel fest, ist zunächst die Unternehmensleitung aufzufordern, die Planungsrechnung zu vervollständigen bzw zu überarbeiten. Eine Mitwirkung des Wirtschaftstreuhänders bei der Vervollständigung bzw Überarbeitung der Planungsrechnung ist zulässig, sofern sich diese ausschließlich auf die rechnerische Richtigkeit sowie auf die Methodik einer integrierten Planungsrechnung erstreckt.

(75) Stellt der Wirtschaftstreuhänder im Zuge der Beurteilung der materiellen Plausibilität (vgl Rz (71) f) Mängel fest, ist die Unternehmensleitung aufzufordern, die Planungsrechnung anzupassen. Wenn die aufgezeigten Mängel dadurch nicht beseitigt werden können, sind vom Wirtschaftstreuhänder entsprechende Anpassungen vorzunehmen. Die vom Wirtschaftstreuhänder vorgenommenen Anpassungen bzw eigenständig getroffenen Annahmen sind im Bewertungsgutachten explizit zu beschreiben. Der Wirtschaftstreuhänder hat auf die Mangelhaftigkeit der von der Unternehmensleitung erstellten Planungsrechnung und eine damit allenfalls verbundene eingeschränkte Verlässlichkeit des Bewertungsergebnisses im Bewertungsgutachten hinzuweisen.

(76) Liegt eine ausreichend dokumentierte Planungsrechnung nicht vor, ist die Unternehmensleitung zu veranlassen, unter Zugrundelegung ihrer Vorstellungen über die künftige Entwicklung des Unternehmens eine Erfolgs-, Finanz- und Bilanzplanung zu erstellen. Dabei sind neben den verfügbaren externen Informationen (zB Branchenanalysen, Marktstudien) als weitere Grundlage für die Planung der Zukunftserträge die im Rahmen einer Vergangenheitsanalyse festgestellten Entwicklungslinien zu beachten (siehe dazu Rz (55) f).

(77) Sofern von der Unternehmensleitung eine für Zwecke der Unternehmensbewertung geeignete Unternehmensplanung nicht zu erhalten ist, kann der Wirtschaftstreuhänder auf Basis der Vergangenheitsanalyse, der von ihm hierbei festgestellten Entwicklungslinien und der übrigen verfügbaren Informationen (siehe Rz (52) ff) eine Planung der finanziellen Überschüsse nach Maßgabe der unter Rz (58) definierten Anforderungen (integrierte Planungsrechnung) erstellen. Dabei sind die Ausführungen in den Rz (147) f zu beachten. Es empfiehlt sich, eine Szenarioanalyse durchzuführen. Die vom Wirtschaftstreuhänder eigenständig getroffenen Annahmen sind im Bewertungsgutachten explizit zu beschreiben. Der Wirtschaftstreuhänder hat auf das Fehlen einer Planungsrechnung und eine damit allenfalls verbundene eingeschränkte Verlässlichkeit des Bewertungsergebnisses im Bewertungsgutachten hinzuweisen.

(78) Unsicherheiten, die ausschließlich auf Mängel der oder das Fehlen einer Planungsrechnung zurückzuführen sind, dürfen bei der Bewertung weder durch Abschläge von den zu diskontierenden finanziellen Überschüssen noch durch Zuschläge zum Diskontierungssatz berücksichtigt werden.

4.4.2. Finanzielle Überschüsse bei der Ermittlung eines objektivierten Unternehmenswerts

4.4.2.1. Unternehmenskonzept

(79) Es ist darauf zu achten, dass die Planungsrechnung mit den darin zum Ausdruck kommenden Erfolgs- und Finanzplanungen auf dem zum Bewertungsstichtag bestehenden Unternehmenskonzept aufbaut. Dies bedeutet, dass Maßnahmen, die zu strukturellen Veränderungen des Unternehmens führen sollen, nur dann berücksichtigt werden dürfen, wenn sie zu diesem Zeitpunkt bereits eingeleitet bzw hinreichend konkretisiert sind.

4.4.2.2. Finanzierungs- und Ausschüttungsannahmen

(80) In der Detailplanungsphase ist von der Ausschüttung derjenigen finanziellen Überschüsse auszugehen, die entsprechend der Planungsrechnung weder für Investitionen noch für Fremdkapitaltilgungen benötigt werden und unter Berücksichtigung rechtlicher Restriktionen zur Ausschüttung zur Verfügung stehen. In der Grobplanungs- und Rentenphase ist auf die Konsistenz der Annahmen zu Renditeerwartungen, Wachstum und Thesaurierung zu achten.

4.4.2.3. Managementfaktoren

(81) Im Rahmen der objektivierten Unternehmensbewertung ist grundsätzlich von einem unveränderten Management oder für den Fall des Wechsels des Managements von durchschnittlichen Managementleistungen auszugehen (typisierte Managementfaktoren).

(82) Soweit bei personenbezogenen Unternehmen die in der Person des Unternehmenseigners (der Unternehmenseigner) begründeten Erfolgsbeiträge in Zukunft nicht realisiert werden können, sind sie bei der Planung der finanziellen Überschüsse außer Acht zu lassen. Ebenso sind Einflüsse aus einem Unternehmensverbund oder aus sonstigen Beziehungen personeller oder familiärer Art zwischen Management und dritten Unternehmen, die bei einem Eigentümerwechsel nicht mit übergehen würden, zu eliminieren.

4.4.2.4. Berücksichtigung von Ertragsteuern

(83) Bei der Ermittlung der künftigen finanziellen Überschüsse sind grundsätzlich sowohl die Ertragsteuern des Unternehmens als auch die aufgrund des Eigentums am Unternehmen entstehenden Ertragsteuern der Unternehmenseigner (persönliche Ertragsteuern) zu berücksichtigen. Welche Ertragsteuern im Rahmen der Planung der finanziellen Überschüsse zu berücksichtigen sind, richtet sich nach den Verhältnissen zum Bewertungsstichtag, die sich aus der Rechtsform des Bewertungsobjekts in Verbindung mit der Rechtsform des Bewertungssubjekts ergeben. Rechtsformänderungen sind zu berücksichtigen, wenn diese Änderungen zum Bewertungsstichtag zu erwarten sind, insbesondere wenn bereits Maßnahmen getroffen wurden, um diese Änderungen herbeizuführen.

(84) Bei der Bewertung von Kapitalgesellschaften mindert die Körperschaftsteuer die finanziellen Überschüsse auf Unternehmensebene. Da bei der Bewertung von Kapitalgesellschaften in der Regel davon ausgegangen werden kann, dass eine Bewertung vor persönlichen Ertragsteuern annähernd zum gleichen Bewertungsergebnis führt wie eine Bewertung nach persönlichen Ertragsteuern, kann auf eine Berücksichtigung der persönlichen Ertragsteuern auf den Unternehmenseignern zufließende finanzielle Überschüsse vereinfachend verzichtet werden. In diesem Fall hat die Diskontierung mit den Kapitalkosten vor persönlichen Ertragsteuern zu erfolgen. Wird bei der Bewertung von Kapitalgesellschaften eine Auskehr von nicht betriebsnotwendigem Vermögen (etwa von Überbeständen an liquiden Mitteln) an die Gesellschafter unterstellt, kommt die vereinfachende Nichtberücksichtigung der persönlichen Ertragsteuern insoweit nicht in Betracht.

(85) Bei der Bewertung von Einzelunternehmen oder Personengesellschaften aus dem Blickwinkel natürlicher Personen sind die finanziellen Überschüsse grundsätzlich um die beim jeweiligen Bewertungssubjekt entstehende Ertragsteuerbelastung, die aus den steuerpflichtigen Einkünften aus dem zu bewertenden Unternehmen resultiert, zu kürzen.

(86) Bei Einzelunternehmen oder Personengesellschaften kann die Bewertung im Hinblick auf die Ertragsbesteuerung vereinfachend so vorgenommen werden, als läge eine Kapitalgesellschaft vor. Damit kann der Bewertung vereinfachend die für Kapitalgesellschaften geltende Ertragsbesteuerung zugrunde gelegt werden. In diesem Fall ist auch der vereinfachende Verzicht auf die Berücksichtigung der persönlichen Ertragsteuern (vgl Rz (84)) zulässig.

4.4.2.5. Synergieeffekte

(87) Unter Synergieeffekten versteht man die Veränderung der finanziellen Überschüsse, die durch den wirtschaftlichen Verbund zweier oder mehrerer Unternehmen entsteht und dazu führt, dass der Gesamtbetrag der finanziellen Überschüsse von der Summe der isoliert entstehenden Überschüsse abweicht.

(88) Soweit sich nicht aus rechtlichen Vorgaben für den konkreten Bewertungsanlass etwas anderes ergibt, sind bei der Ermittlung eines objektivierten Unternehmenswerts nur solche Synergieeffekte zu berücksichtigen, deren Realisierung zum Bewertungsstichtag bereits eingeleitet oder im Unternehmenskonzept dokumentiert ist (realisierte Synergieeffekte). Nicht zu berücksichtigen sind hingegen solche Synergieeffekte, die sich nur bei Umsetzung der konkreten, den Bewertungsanlass bildenden Unternehmenskombination realisieren lassen (nicht realisierte Synergieeffekte).

4.4.3. Finanzielle Überschüsse bei der Ermittlung eines subjektiven Unternehmenswerts

4.4.3.1. Unternehmenskonzept

(89) Bei der Ermittlung eines subjektiven Unternehmenswerts (Entscheidungswerts) werden die bei der Ermittlung objektivierter Unternehmenswerte erforderlichen Typisierungen durch individuelle auftragsbezogene Konzepte bzw Annahmen ersetzt. Daher können auch geplante, aber zum Bewertungsstichtag noch nicht eingeleitete oder noch nicht im Unternehmenskonzept dokumentierte Maßnahmen strukturverändernder Art wie Erweiterungsinvestitionen, Desinvestitionen, Bereinigungen des Produktprogramms oder Veränderungen der strategischen Geschäftsfelder berücksichtigt werden.

4.4.3.2. Finanzierungs- und Ausschüttungsannahmen

(90) Die Annahmen über die künftige Finanzierungs- und Ausschüttungspolitik (Kapitalstruktur) sind auf Basis der Vorgaben bzw Vorstellungen des Bewertungssubjekts unter Beachtung rechtlicher Restriktionen (zB gesetzlicher oder vertraglicher Ausschüttungsbeschränkungen) zu treffen.

4.4.3.3. Managementfaktoren

(91) Aus der Sicht eines Käufers sind jene finanziellen Überschüsse anzusetzen, die mit dem geplanten Management erwartet werden können (individuelle Managementfaktoren).

(92) Die Preisuntergrenze eines potentiellen Verkäufers berücksichtigt nicht nur die übertragbare Ertragskraft des Bewertungsobjekts, sondern zB auch persönliche Managementfaktoren.

4.4.3.4. Berücksichtigung von Ertragsteuern

(93) Die Ertragsteuerbelastung der finanziellen Überschüsse ist nach Maßgabe der Rechtsform des Bewertungsobjekts unter Berücksichtigung der individuellen steuerlichen Verhältnisse (zB Steuersätze, steuerliche Verlustvorträge) des Bewertungssubjekts zu ermitteln. Rechtsformänderungen sind auf Basis der Vorgaben bzw Vorstellungen des Bewertungssubjekts zu berücksichtigen. Vereinfachungen (siehe zB Rz (84) und (86)) sind auftragsbezogen zulässig.

4.4.3.5. Synergieeffekte

(94) Noch nicht realisierte Synergieeffekte (vgl Rz (88)) können je nach der konkreten Situation des Bewertungssubjekts (Käufer bzw Verkäufer) einbezogen werden.

4.5. Diskontierung der künftigen finanziellen Überschüsse

4.5.1. Grundlagen

(95) Der Unternehmenswert ergibt sich bei Diskontierungsverfahren grundsätzlich aus der Diskontierung der künftigen finanziellen Überschüsse unter Verwendung eines dem angewendeten Bewertungsverfahren entsprechenden Diskontierungssatzes (siehe dazu Rz (31) ff).

(96) Wenn die Planung der künftigen finanziellen Überschüsse auf nomineller Grundlage beruht, sind diese mit einem nominellen Diskontierungssatz zu diskontieren (Nominalrechnung, vgl Rz (57)). Die nachfolgenden Aussagen beziehen sich auf die Ermittlung nomineller Diskontierungssätze.

(97) Bei unbegrenzter Lebensdauer entspricht der Unternehmenswert grundsätzlich dem Barwert der künftig den Unternehmenseignern für eine unbegrenzte Zeit zufließenden finanziellen Überschüsse.

(98) Ist eine begrenzte Dauer des Unternehmens zu unterstellen, ergibt sich der Unternehmenswert aus dem Barwert der künftigen finanziellen Überschüsse bis zur Beendigung des Unternehmens zuzüglich des Barwerts der finanziellen Überschüsse aus der Beendigung des Unternehmens (zB der Liquidation).

4.5.2. Renditeforderung der Eigenkapitalgeber bei Ermittlung eines objektivierten Unternehmenswerts

4.5.2.1. Berücksichtigung des Risikos

(99) Jede Investition in ein Unternehmen ist mit dem Risiko verbunden, dass künftige finanzielle Überschüsse nicht im erwarteten Umfang anfallen, dh sie können sowohl niedriger als auch höher ausfallen als erwartet.

(100) Das Risiko kann entweder in Form der Sicherheitsäquivalenzmethode durch einen Abschlag vom Erwartungswert der finanziellen Überschüsse oder in Form der Risikozuschlagsmethode durch einen Risikozuschlag zum risikolosen Zinssatz (Basiszinssatz) berücksichtigt werden. Da die Risikozuschlagsmethode national und international gebräuchlich ist, wird im Folgenden von ihrer Anwendung ausgegangen.

(101) Werden die Risikozuschläge aus Kapitalmarktdaten abgeleitet, spricht man von marktorientierten Risikozuschlägen bzw Risikoprämien. Sie werden in der Regel auf Grundlage des Capital Asset Pricing Model (CAPM) ermittelt. Risikoprämien nach dem CAPM enthalten nur eine Abgeltung für das systematische Risiko, weil unterstellt wird, dass das unsystematische Risiko durch vollständige Diversifikation des Investors eliminiert wird.

(102) Ein allfälliges Risiko aus einer vergleichsweise geringeren Mobilität der Veranlagung in das zu bewertende Unternehmen ist nur dann zu berücksichtigen, wenn von einer begrenzten Behaltedauer auszugehen ist.

4.5.2.2. Renditeforderung der Eigenkapitalgeber

(103) Der Diskontierungssatz nach dem CAPM setzt sich aus der risikolosen Verzinsung (Basiszinssatz) und dem marktorientierten Risikozuschlag in Form des Produkts aus Marktrisikoprämie und Beta-Faktor zusammen.

(104) Bei der Bestimmung des Basiszinssatzes ist von einer risikolosen Kapitalmarktanlage auszugehen. Der Basiszinssatz ist unter Berücksichtigung der Laufzeitäquivalenz zum zu bewertenden Unternehmen aus der zum Bewertungsstichtag gültigen Zinsstrukturkurve abzuleiten.

(105) Zur Höhe der Marktrisikoprämie wird auf die einschlägigen Empfehlungen der Arbeitsgruppe Unternehmensbewertung des Fachsenats für Betriebswirtschaft und Organisation verwiesen.

(106) Bei der Bewertung börsennotierter Unternehmen können unternehmensindividuelle Beta-Faktoren aus den Börsenkursen des zu bewertenden Unternehmens berechnet werden. Sie werden auch von Finanzdienstleistern erhoben bzw können einschlägigen Publikationen entnommen werden. Ist der unternehmensindividuelle Beta-Faktor nicht aussagekräftig, ist ein Beta-Faktor vergleichbarer Unternehmen heranzuziehen (Peer Group-Beta). Bei der Auswahl der Peer Group-Unternehmen ist auf die Vergleichbarkeit des Geschäftsrisikos zu achten (vgl Rz (126)). Bei der Bewertung nicht börsennotierter Unternehmen können vereinfachend Beta-Faktoren für vergleichbare Unternehmen (Peer Group-Beta) oder für Branchen herangezogen werden.

(107) Risikoprämien nach dem CAPM erfassen neben dem Geschäftsrisiko (Business Risk) auch das Kapitalstrukturrisiko (Financial Risk). Der Beta-Faktor für ein verschuldetes Unternehmen ist höher als jener für ein unverschuldetes Unternehmen, weil er auch das Kapitalstrukturrisiko berücksichtigt. Veränderungen in der Kapitalstruktur erfordern daher eine Anpassung der Risikoprämie. Zur Anpassung des Beta-Faktors an die Kapitalstruktur wurden Anpassungsformeln entwickelt. Diese Anpassungsformeln erfassen teilweise auch das Beta des Fremdkapitals (Debt Beta). Die Berücksichtigung des Debt Betas ist erforderlich, wenn die zum Basiszinssatz laufzeitäquivalenten Fremdkapitalkosten des Unternehmens wesentlich vom Basiszinssatz abweichen.

(108) Die Planung bzw Vorgabe der Fremdkapitalbestände in der Finanzplanung führt in der Regel dazu, dass sich die Kapitalstruktur in der Detailplanungsphase von Periode zu Periode verändert. Die daraus resultierende Veränderung des Kapitalstrukturrisikos erfordert eine periodenspezifische Anpassung der Eigenkapitalkosten (zu den Anpassungen der Eigenkapitalkosten bzw der Beta-Faktoren siehe Rz (107)). Verändert sich die Kapitalstruktur im Zeitablauf nur unwesentlich, kann auf eine periodenspezifische Anpassung der Eigenkapitalkosten verzichtet werden.

(109) Die auf Basis des CAPM ermittelten Renditeforderungen bzw Risikozuschläge sind Renditeforderungen bzw Risikozuschläge nach Körperschaftsteuer, jedoch vor persönlichen Ertragsteuern. Diese Renditeforderungen sind zur Diskontierung von finanziellen Überschüssen nach Körperschaftsteuer, jedoch vor persönlichen Ertragsteuern heranzuziehen. Eine solche Vorgangsweise kommt zum Tragen, wenn bei der Bewertung von Kapitalgesellschaften vereinfachend auf die Berücksichtigung persönlicher Ertragsteuern verzichtet wird (vgl Rz (84)).

(110) Werden der Wertermittlung finanzielle Überschüsse nach persönlichen Ertragsteuern zugrunde gelegt, hat die Diskontierung mit der Renditeforderung nach persönlichen Ertragsteuern zu erfolgen. In diesem Fall kann die Renditeforderung auf Basis des Tax-CAPM ermittelt werden. Das Tax-CAPM erweitert das Standard-CAPM um die persönlichen Ertragsteuern.

(111) Trotz seiner restriktiven Prämissen stellt das CAPM das bei der Ermittlung objektivierter Unternehmenswerte vorrangig anzuwendende Kapitalkostenkonzept dar. Ist jedoch nach den Umständen des konkreten Bewertungsanlasses davon auszugehen, dass eine davon abweichende Bestimmung der Eigenkapitalkosten vorzuziehen ist, können die Eigenkapitalkosten auch nach anderen üblichen und anerkannten Verfahren bestimmt werden.

(112) Der Wirtschaftstreuhänder hat die Auswahl seiner Vorgangsweise zur Bestimmung der Eigenkapitalkosten zu begründen, die auf dieser Grundlage ermittelten Eigenkapitalkosten nachvollziehbar abzuleiten und die dafür maßgeblichen Annahmen vollständig darzustellen.

4.5.3. Renditeforderung der Eigenkapitalgeber bei Ermittlung eines subjektiven Unternehmenswerts

(113) Bei der Ermittlung eines subjektiven Unternehmenswerts wird der Diskontierungssatz durch die individuellen Verhältnisse bzw Vorgaben des jeweiligen Bewertungssubjekts bestimmt. Als Diskontierungssatz können individuelle Renditevorgaben, die Renditeerwartung der besten Alternative oder aus Kapitalmarktdaten abgeleitete Renditen (siehe dazu Rz (103) ff) dienen.

4.5.4. Renditeforderung der Fremdkapitalgeber

(114) Die Renditeforderung der Fremdkapitalgeber kann eine Risikoprämie enthalten, der gegebenenfalls bei der Bestimmung der Renditeforderung der Eigenkapitalgeber durch Berücksichtigung eines Debt Betas Rechnung zu tragen ist (siehe Rz (107)).

4.5.5. Wachstum in der Rentenphase

(115) Kann im konkreten Bewertungsfall in der Rentenphase auf der Grundlage der getroffenen Annahmen über das Ausschüttungsverhalten und das Rentabilitätsniveau ein nachhaltiges Wachstum der den Unternehmenseignern zufließenden finanziellen Überschüsse angenommen werden, ist dies in dieser Phase durch den Abzug der Wachstumsrate vom Diskontierungssatz zu berücksichtigen. Die weitere Abzinsung des Rentenbarwerts auf den Bewertungsstichtag hat hingegen mit dem Diskontierungssatz vor Abzug der Wachstumsrate zu erfolgen.

4.6. Anwendung unterschiedlicher Diskontierungsverfahren

(116) Bei der Anwendung der Diskontierungsverfahren sind geeignete Annahmen über die Finanzierungspolitik des Bewertungsobjekts (zB wertorientiert oder autonom, vgl Rz (41) f) sowie über den Risikogehalt der Steuerersparnisse aus der Abzugsfähigkeit der Fremdkapitalkosten (Tax Shields) zu treffen. Diese Annahmen sind im Bewertungsgutachten anzugeben und zu begründen.

(117) Bei identen Annahmen für die Bewertungsparameter, insbesondere betreffend die Finanzierung und den Risikogehalt der Tax Shields, sowie bei Verwendung geeigneter Formeln zur Anpassung des Beta-Faktors an die Kapitalstruktur sollte die Wahl des Diskontierungsverfahrens das Bewertungsergebnis nicht beeinflussen.

5. Plausibilitätsbeurteilung mit Multiplikatorverfahren

5.1. Konzept

(118) Multiplikatorverfahren ermitteln den Unternehmenswert als potentiellen Marktpreis durch Multiplikation des Multiplikators mit einer Bezugsgröße (Überschussgröße) als Referenzgröße. Das Ergebnis der Bewertung ist entweder der potentielle Marktpreis des Eigenkapitals oder der potentielle Marktpreis des Gesamtkapitals. Durch Abzug der Nettofinanzverbindlichkeiten (Net Debt) vom potentiellen Marktpreis des Gesamtkapitals erhält man den potentiellen Marktpreis des Eigenkapitals.

5.2. Auswahl der Bezugsgrößen

(119) Als Bezugsgrößen kommen insbesondere in Frage:

a) Umsatz
b) Gewinn vor Zinsen und Steuern (EBIT)
c) Gewinn vor Zinsen, Steuern und Abschreibungen (EBITDA)
d) Jahresüberschuss

(120) Bei der Auswahl der Bezugsgrößen sind deren unterschiedliche Vor- und Nachteile -sowie branchenspezifische Besonderheiten zu berücksichtigen. Die parallele Anwendung mehrerer Bezugsgrößen wird empfohlen. Auf die Konsistenz der Ermittlung der Bezugsgrößen für das Bewertungsobjekt und die Peer Group-Unternehmen (vgl Rz (126)) ist zu achten.

(121) Die unterschiedlichen Bezugsgrößen führen entweder zum potentiellen Marktpreis des Gesamtkapitals oder zum potentiellen Marktpreis des Eigenkapitals:

Bezugsgröße	Ergebnis
Umsatz	potentieller Marktpreis des Gesamtkapitals
EBIT	potentieller Marktpreis des Gesamtkapitals
EBITDA	potentieller Marktpreis des Gesamtkapitals
Jahresüberschuss	potentieller Marktpreis des Eigenkapitals

(122) Da der Wert eines Unternehmens entscheidend durch seine Fähigkeit bestimmt wird, im operativen Geschäft Gewinne und Überrenditen über die Kapitalkosten zu erwirtschaften, wird für produzierende und dienstleistende Unternehmen die vorrangige Anwendung von Gesamtkapital-basierten Multiplikatoren, insbesondere mit den Bezugsgrößen EBIT und EBITDA, empfohlen. Bei Umsatzmultiplikatoren ist zu beachten, dass ihre Anwendung eine Umsatzrendite des Bewertungsobjekts unterstellt, die mit jener der Peer Group-Unternehmen vergleichbar ist.

(123) Die Bezugsgrößen können sich auf verschiedene Zeiträume beziehen. „Trailing Multiples" verwenden historische Daten, während bei „Forward Multiples" zukünftig erwartete Größen einbezogen werden.

(124) Die verwendeten Bezugsgrößen sollten als dauerhaft erzielbare Größen anzusehen sein, was Bereinigungen um Sondereffekte wie einmalige Erträge und Aufwendungen erfordert. Bei der Herleitung der Bezugsgrößen aus Vergangenheitsdaten sind die Rz (55) f sinngemäß anzuwenden. Durchgeführte Bereinigungen sind offenzulegen und zu begründen.

5.3. Ermittlung und Anwendung der Multiplikatoren

(125) Der Multiplikator ergibt sich grundsätzlich als Quotient aus dem Marktpreis des Eigenkapitals bzw dem Marktpreis des Gesamtkapitals eines vergleichbaren Unternehmens und der Bezugsgröße eines vergleichbaren Unternehmens. Diese Marktpreise werden aus der Marktkapitalisierung vergleichbarer börsennotierter Unternehmen (Börsenmultiplikatoren) oder aus Transaktionspreisen für vergleichbare Unternehmen (Transaktionsmultiplikatoren) gewonnen.

(126) Zur Ermittlung der Multiplikatoren ist in einem ersten Schritt eine Gruppe vergleichbarer Unternehmen (Peer Group) zu identifizieren. Diese Unternehmen sollten in ihren wesentlichen Eigenschaften mit dem zu bewertenden Unternehmen übereinstimmen. Als Auswahlkriterien dienen häufig Branche bzw Vergleichbarkeit des Geschäftsmodells, geografische Abdeckung, Profitabilität und Wachstum.

(127) Die Anzahl der Multiplikatoren aus den vergleichbaren Unternehmen (Peer Group) ergibt in der Regel eine Bandbreite, die zu einer Größe verdichtet werden kann. Dazu werden in der Regel das arithmetische Mittel oder der Median herangezogen. Zu beachten ist, dass das arithmetische Mittel stark von Ausreißern beeinflusst wird, sodass vor seiner Berechnung eine Bereinigung um diese Ausreißer vorgenommen werden sollte.

(128) Kann eine Gruppe vergleichbarer Unternehmen nicht identifiziert werden, kann auf Branchen-Multiplikatoren abgestellt werden. Dabei ist zu beachten, dass diese Multiplikatoren bei Heterogenität der einbezogenen Unternehmen von nur geringer Aussagekraft sein können.

(129) Da die Anwendung von Börsenmultiplikatoren auf Marktpreisen für einzelne Aktien basiert, ist das Bewertungsergebnis als potentieller Marktpreis für einen fungiblen Minderheitsanteil am zu bewertenden Unternehmen zu interpretieren. Paketzuschläge oder Kon-trollprämien sind darin nicht enthalten.

(130) Bei der Anwendung von Transaktionsmultiplikatoren ist zu untersuchen, ob diese auf Transaktionen betreffend Minderheits- oder Mehrheitsanteile beruhen. Transaktionsmultiplikatoren, die aus Transaktionen betreffend Mehrheitsanteile abgeleitet werden, führen zu potentiellen Marktpreisen für Mehrheitsanteile, die allfällige Kontrollprämien bereits beinhalten.

(131) Bei sehr kleinen Unternehmen können unter bestimmten Voraussetzungen Multiplikatoren in Form von Erfahrungssätzen zur Anwendung gelangen (vgl Rz (18)). In der Berichterstattung ist anzugeben, auf welcher Grundlage diese Erfahrungssätze gewonnen wurden.

6. Liquidationswert

(132) Übersteigt der Barwert der finanziellen Überschüsse, die sich bei Liquidation des gesamten Unternehmens ergeben, den Fortführungswert, bildet der Liquidationswert die Untergrenze für den Unternehmenswert. Bestehen jedoch rechtliche oder tatsächliche Zwänge zur Unternehmensfortführung, ist abweichend davon auf den Fortführungswert abzustellen.

(133) Der Liquidationswert ergibt sich als Barwert der finanziellen Überschüsse aus der Veräußerung der Vermögenswerte und der Bedeckung der Schulden unter Berücksichtigung der Liquidationskosten und der mit der Liquidation verbundenen Steuerwirkungen. Die Abhängigkeit des Liquidationswerts von der Zerschlagungsintensität und der Zerschlagungsgeschwindigkeit ist zu beachten.

7. Besonderheiten bei der Bewertung bestimmter Unternehmen

7.1. Wachstumsunternehmen

(134) Wachstumsunternehmen sind Unternehmen mit erwarteten überdurchschnittlichen Wachstumsraten der Umsätze. Sie sind insbesondere durch Produktinnovationen gekennzeichnet, die mit hohen Investitionen und Vorleistungen in Entwicklung, Produktion und Absatz, begleitet von wachsendem Kapitalbedarf, verbunden sind. Vielfach befinden sich derartige Unternehmen erfolgsmäßig zum Zeitpunkt der Bewertung in einer Verlustphase, sodass eine Vergangenheitsanalyse für Plausibilitätsüberlegungen im Hinblick auf die künftige Entwicklung des Unternehmens in der Regel nicht geeignet ist.

(135) Die Planung der finanziellen Überschüsse unterliegt in diesem Fall erheblichen Unsicherheiten, weshalb vor allem die nachhaltige Wettbewerbsfähigkeit des Produkt- und Leistungsprogramms, das Marktvolumen, die Ressourcenverfügbarkeit, die wachstumsbedingten Anpassungsmaßnahmen der internen Organisation und die Finanzierbarkeit des Unternehmenswachstums analysiert werden müssen. Besonderes Augenmerk ist auf die Risikoeinschätzung zu legen.

(136) Bei der Planung der finanziellen Überschüsse erscheint es sinnvoll, die Planung in mehreren Phasen (Anlaufphase, Phase mit überdurchschnittlichem Umsatz- und Ertragswachstum und Phase mit normalem Wachstum) vorzunehmen und Ergebnisbandbreiten abzuleiten (vgl Rz (59) ff). Die Durchführung von Szenarioanalysen unter Berücksichtigung von Insolvenzwahrscheinlichkeiten wird empfohlen.

7.2. Ertragsschwache Unternehmen

(137) Die Ertragsschwäche eines Unternehmens zeigt sich darin, dass seine Rentabilität nachhaltig geringer ist als die Kapitalkosten.

(138) Bei der Bewertung ertragsschwacher Unternehmen ist neben der Beurteilung von Fortführungskonzepten auch die Beurteilung von Zerschlagungskonzepten erforderlich. Führt das optimale Zerschlagungskonzept zu einem höheren Barwert finanzieller Überschüsse als das optimale Fortführungskonzept, entspricht der Unternehmenswert grundsätzlich dem Liquidationswert (vgl Rz (132) f). Erweist sich die Fortführung des Unternehmens aufgrund der zur Verbesserung der Ertragskraft geplanten Maßnahmen als vorteilhaft, hat der Wirtschaftstreuhänder diese Maßnahmen hinsichtlich ihrer Plausibilität und Realisierbarkeit kritisch zu beurteilen.

7.3. Unternehmen mit bedarfswirtschaftlichem Leistungsauftrag

(139) Unternehmen mit bedarfswirtschaftlichem Leistungsauftrag (Non-Profit-Unternehmen) erhalten diesen entweder vom Unternehmensträger (zB bestimmte kommunale Institutionen, Sozialwerke, Genossenschaften, gemeinnützige Vereine) oder von einem Subventionsgeber (zB Gemeinde, Land, Bund).

(140) In solchen Unternehmen hat das Kostendeckungsprinzip zwecks Sicherung der Leistungserstellung Vorrang vor einer (begrenzten) Gewinnerzielung. Da nicht-finanzielle Ziele dominieren, ist als Unternehmenswert nicht der Zukunftserfolgswert anzusetzen, sondern der Rekonstruktionszeitwert, wobei zu berücksichtigen ist, ob die Leistungserstellung allenfalls mit einer effizienteren Substanz oder Struktur erreicht werden kann. Wegen der Dominanz des Leistungserstellungszwecks kommt bei unzureichender Ertragskraft eine Liquidation als Alternative zur Fortführung des Unternehmens nicht in Frage, es sei denn, die erforderliche Kostendeckung (einschließlich aller Zuschüsse) ist künftig nicht mehr gewährleistet.

7.4. Unternehmen mit negativen finanziellen Überschüssen

(141) Ergibt die Unternehmensplanung negative finanzielle Überschüsse, ist zunächst zu untersuchen, inwieweit diese durch Fremdkapitalaufnahmen oder Gewinnthesaurierungen ausgeglichen werden können bzw sollen. Sieht zB die Planung bei Kraftwerken, Abbau- oder Deponieunternehmen für die Nachsorgephase negative finanzielle Überschüsse vor, muss sie in der Regel dahingehend überarbeitet werden, dass dafür in der Aktivphase durch ausreichende Rückstellungsbildung und Einbehaltung finanzieller Mittel vorgesorgt wird.

(142) Weist eine nach Rz (141) adaptierte Planungsrechnung negative finanzielle Überschüsse aus, die durch entsprechende Einzahlungen der Unternehmenseigner zu bedecken sind, ist bei der Ermittlung subjektiver Unternehmenswerte der Diskontierungssatz für diese Einzahlungen durch Vornahme eines Risikoabschlags vom Basiszinssatz zu ermitteln. Bezieht man jedoch den Kapitalmarkt in die Bewertung ein, wie es für die Ermittlung des objektivierten Unternehmenswerts vorgesehen ist (vgl Rz (103) ff), dann ist davon auszugehen, dass sowohl für positive als auch für negative finanzielle Überschüsse in der Regel ein marktorientierter Risikozuschlag zum Basiszinssatz anzusetzen ist.

7.5. Kleine und mittlere Unternehmen

7.5.1. Kennzeichen

(143) Kennzeichen vieler kleiner und mittlerer Unternehmen (KMU) sind insbesondere ein begrenzter Kreis von Unternehmenseignern, Unternehmenseigner mit geschäftsführender Funktion, Mitarbeit von Familienmitgliedern des Unternehmenseigners (der Unternehmenseigner) im Unternehmen, keine eindeutige Abgrenzung zwischen Betriebs- und Privatvermögen, wenige Geschäftsbereiche, einfaches Rechnungswesen und einfache interne Kontrollen. Bei diesen Unternehmen resultieren daher Risiken insbesondere aus den unternehmerischen Fähigkeiten des Unternehmenseigners (der Unternehmenseigner), der Abhängigkeit von nur wenigen Produkten, Dienstleistungen oder Kunden, einer fehlenden bzw nicht dokumentierten Unternehmensplanung, einer ungenügenden Eigenkapitalausstattung und eingeschränkten Finanzierungsmöglichkeiten. Aufgrund dieser spezifischen Risikofaktoren hat der Wirtschaftstreuhänder besonderes Augenmerk auf die Abgrenzung des Bewertungsobjekts, die Bestimmung des Unternehmerlohns und die Zuverlässigkeit der vorhandenen Informationsquellen zu richten.

7.5.2. Abgrenzung des Bewertungsobjekts

(144) Bei personenbezogenen, von den Eigentümern dominierten Unternehmen ist bei der Abgrenzung des Bewertungsobjekts auf eine korrekte Trennung zwischen betrieblicher und privater Sphäre zu achten. Dabei kann zB die Heranziehung steuerlicher Sonderbilanzen für die Identifikation von nicht bilanziertem, aber betriebsnotwendigem Vermögen hilfreich sein. Werden wesentliche Bestandteile des Anlagevermögens (insbesondere Grundstücke und Patente) im Privatvermögen gehalten, müssen sie in das betriebsnotwendige Vermögen einbezogen oder anderweitig (zB durch den Ansatz von Miet-, Pacht- oder Lizenzzahlungen) berücksichtigt werden.

(145) Bei der Ermittlung eines objektivierten Unternehmenswerts sind typisierende Annahmen über die künftige Innen- und Außenfinanzierung bzw Kapitalstruktur zu treffen, wenn dafür kein dokumentiertes Unternehmenskonzept vorliegt. Im Fall der Beibringung von Sicherheiten aus dem Privatbereich von Unternehmenseignern sind in der Planung der finanziellen Überschüsse entweder entsprechende Aufwendungen für Avalprovisionen oder Fremdkapitalzinsen, die ohne diese Sicherheiten anfallen würden, anzusetzen.

7.5.3. Bestimmung des Unternehmerlohns

(146) Bei KMU sind die persönlichen Kenntnisse, Fähigkeiten und Beziehungen sowie das persönliche Engagement der Unternehmenseigner oft von herausragender Bedeutung für die Höhe der finanziellen Überschüsse. Es ist daher darauf zu achten, dass diese Erfolgsfaktoren durch einen angemessenen Unternehmerlohn berücksichtigt werden. Die Höhe des Unternehmerlohns wird nach den Aufwendungen bestimmt, die für eine Fremdgeschäftsführung anfallen würden. Soweit Familienangehörige des Unternehmenseigners (der Unternehmenseigner) oder andere nahestehende Personen im Unternehmen unentgeltlich tätig sind, ist ein angemessener Lohnaufwand anzusetzen.

7.5.4. Analyse der Ertragskraft auf Basis von Vergangenheitsdaten

(147) Bei der Bewertung von KMU ist im Vergleich zu großen Unternehmen die Zuverlässigkeit der vorhandenen Informationen stärker zu hinterfragen. Da Jahresabschlüsse dieser Unternehmen in der Regel nicht geprüft werden oder steuerlich ausgerichtet sind, muss sich der Wirtschaftstreuhänder im Rahmen der Feststellung der Ertragskraft durch eine Analyse der Vergangenheitsergebnisse von der Plausibilität der wesentlichen Basisdaten überzeugen. Dabei sind die Vergangenheitserfolge um außerordentliche Komponenten und einmalige Einflüsse, die sich

künftig voraussichtlich nicht wiederholen werden, zu bereinigen. Zu beachten ist ferner, dass bei langen Investitionsintervallen die Gewinn- und Verlustrechnungen der nächstzurückliegenden Perioden die Ergebnisse möglicherweise nicht zutreffend widerspiegeln.

(148) Die bereinigten Vergangenheitserfolge sind weiters um die bei Durchführung der Unternehmensbewertung bereits eingetretenen oder erkennbaren Veränderungen der für die Vergangenheit wirksam gewesenen Erfolgsfaktoren zu berichten. Derartige Veränderungen liegen insbesondere vor,

a) wenn sich das Leistungsprogramm oder die Kapazität des Unternehmens in der jüngeren Vergangenheit erheblich geändert hat oder solche Änderungen bereits in Durchführung oder beschlossen sind,
b) wenn die Erfolge der Vergangenheit durch Strukturänderungen negativ beeinflusst waren, das Unternehmen in der Zwischenzeit aber an die geänderten strukturellen Gegebenheiten angepasst wurde,
c) wenn in den Vergleichsjahren der Vergangenheit außerordentlich günstige oder ungünstige Konjunkturverhältnisse vorlagen und künftig mit Änderungen der Konjunkturlage gerechnet werden muss,
d) wenn sich die Wettbewerbsverhältnisse auf den Beschaffungs- oder Absatzmärkten gegenüber den Vergleichsjahren wesentlich verändert haben,
e) wenn damit gerechnet werden muss, dass wesentliche Änderungen bei den Führungskräften und im Mitarbeiterstab des Unternehmens eintreten werden, und
f) wenn in den Vergleichsjahren der Vergangenheit entweder besonders intensiv und mit konkreter Aussicht auf erfolgbringende Innovationen geforscht oder die Forschung vernachlässigt wurde.

8. Bewertung von Unternehmensanteilen

(149) Der objektivierte Wert eines Unternehmensanteils ergibt sich in der Regel aus der Multiplikation des objektivierten Gesamtwerts des Unternehmens mit dem jeweiligen Beteiligungsprozentsatz (indirekte Methode). Die Berücksichtigung von Minderheitsab- oder -zuschlägen ist unzulässig. Einer unterschiedlichen Ausstattung von Unternehmensanteilen mit Vermögensrechten (zB Vorzugsaktien) ist allerdings bei der Bewertung Rechnung zu tragen.

(150) Im Rahmen der Bewertung von Unternehmensanteilen börsennotierter Unternehmen ist zu beurteilen, inwieweit der Börsenkurs als Wertuntergrenze relevant ist.

(151) Die Ermittlung eines subjektiven Anteilswerts erfolgt unter Berücksichtigung der spezifischen Möglichkeiten des (potentiellen) Anteilseigners zur Einflussnahme auf das Unternehmen durch Abstellen auf die für den konkreten Anteilseigner erwarteten Nettoeinnahmen (direkte Methode). Die Anwendung der indirekten Methode ist insoweit problematisch, als in diesem Fall in der Regel subjektive Zu- und Abschläge zum bzw vom quotalen Wert vorzunehmen sind.

9. Dokumentation und Berichterstattung

9.1. Dokumentation des Auftrags

(152) Bei Beginn der Arbeiten zu einer Unternehmensbewertung soll der Wirtschaftstreuhänder einen schriftlichen Auftrag mit folgendem Mindestinhalt einholen:

Auftraggeber, Auftragnehmer, Auftragsbedingungen, Bewertungsobjekt, Bewertungssubjekt, Bewertungsanlass, Bewertungszweck, Funktion des Wirtschaftstreuhänders, Bewertungsstichtag, eventuelle Weitergabebeschränkungen für das Bewertungsgutachten, Hinweis auf die Einholung einer Vollständigkeitserklärung vor Ausfertigung des Bewertungsgutachtens.

9.2. Arbeitspapiere

(153) Bei der Ermittlung von Unternehmenswerten sind die berufsüblichen Grundsätze in Bezug auf die Anlage von Arbeitspapieren entsprechend anzuwenden. Die Arbeitspapiere dienen einerseits der Dokumentation des Umfangs der geleisteten Arbeiten und sollen andererseits einem sachverständigen Dritten den Nachvollzug der Bewertungsschritte und des Bewertungsergebnisses ermöglichen.

9.3. Vollständigkeitserklärung

(154) Der Wirtschaftstreuhänder hat vom Unternehmen (Bewertungsobjekt) eine Vollständigkeitserklärung (siehe dazu das in der Anlage beigeschlossene Muster) einzuholen. Darin ist auch zu erklären, dass die vorgelegten Plandaten den aktuellen Erwartungen der Unternehmensleitung entsprechen, plausibel abgeleitet sind und alle erkennbaren Chancen und Risiken berücksichtigen.

9.4. Bewertungsgutachten

(155) Das Bewertungsgutachten hat Aussagen zu folgenden Punkten zu enthalten:

a) Auftrag (siehe Rz (152)),
b) Beschreibung des Bewertungsobjekts, insbesondere in wirtschaftlicher, rechtlicher und steuerlicher Hinsicht,
c) erhaltene und verwendete Unterlagen (einschließlich Gutachten Dritter) sowie sonstige verwendete Informationen,
d) Entwicklung des Bewertungsobjekts in der Vergangenheit und Vergangenheitsanalyse,
e) Planungsrechnungen,
f) Plausibilitätsbeurteilung der Planung,
g) angewandte Bewertungsmethode und Begründung ihrer Anwendung,
h) Bewertungsschritte,
i) Darstellung und Bewertung des nicht betriebsnotwendigen Vermögens,
j) Bewertungsergebnis,
k) Plausibilitätsbeurteilung des Bewertungsergebnisses.

(156) Sofern vertrauliche Unternehmensdaten zu schützen sind, kann die Berichterstattung dergestalt erfolgen, dass das Bewertungsgutachten nur eine verbale Darstellung einschließlich des Bewertungsergebnisses enthält und in einem getrennten Anhang die geheimhaltungsbedürftigen Daten angeführt werden.

Anlage:

Muster einer Vollständigkeitserklärung für Unternehmensbewertungen

Vollständigkeitserklärung

_____, den _____

An

(Firmenstempel)   in _____

Betr: Gutachten über den Unternehmenswert der/des
_____ zum _____

Ich erkläre/Wir erklären als Vorstandsmitglied(er)/Geschäftsführer/geschäftsführende(r) Gesellschafter/Einzelunternehmer, dass alle Ihnen vorgelegten Unterlagen sowie die gegebenen Informationen zur Durchführung der Unternehmensbewertung vollständig sind und nach bestem Wissen und Gewissen richtig erteilt wurden. Dabei habe ich/haben wir außer meinen/unseren persönlichen Kenntnissen auch die Kenntnisse der übrigen Mitglieder des Geschäftsführungsorgans an Sie weitergegeben.

Insbesondere erkläre ich/erklären wir, dass

die Ihnen vorgelegte Unternehmensplanung mit Stand vom _____ für die Geschäftsjahre von _____ bis _____ sowie die Prämissen, auf denen sie basiert, und die Ihnen dazu gegebenen Informationen meinen/unseren aktuellen Erwartungen in Bezug auf die Entwicklung der zukünftigen Erträge und Aufwendungen sowie der zukünftigen Ein- und Auszahlungen des Bewertungsobjekts entsprechen. Diese Erwartungen sind nach unserer Einschätzung plausibel abgeleitet worden und berücksichtigen alle erkennbaren Umstände, Chancen und Risken.

Im Einzelnen versichere ich/versichern wir:

1. Die Ihnen mitgeteilten rechtlichen, steuerlichen und wirtschaftlichen Verhältnisse sind vollständig und richtig und spiegeln die wesentlichen Grundlagen des Bewertungsobjekts wider. Sie sind im Entwurf Ihres Bewertungsgutachtens vom _____ zutreffend wiedergegeben.
2. Erkennbare Veränderungen im rechtlichen und wirtschaftlichen Umfeld des Bewertungsobjekts, die für die Ertragskraft bzw. für die Fähigkeit, Einzahlungsüberschüsse zu erwirtschaften, von Bedeutung, sowie geplante oder eingeleitete Maßnahmen, die für die künftige Entwicklung des Bewertungsobjektes bedeutsam sind,
   - ☐ lagen an dem maßgebenden Bewertungsstichtag und zur Zeit der Erstattung des Bewertungsgutachtens nicht vor.
   - ☐ sind in der Unternehmensplanung vollständig berücksichtigt.
   - ☐ haben wir Ihnen vollständig erläutert und schriftlich mitgeteilt (Anlage _____).
3. Die Ihnen vorgelegten Jahresabschlüsse/Konzernabschlüsse, Lageberichte/Konzernlageberichte sowie Zwischenberichte sind vollständig. Auf alle bedeutsamen Einflüsse, die nicht als wiederkehrend anzusehen sind, haben wir Sie schriftlich hingewiesen.
4. Interne oder externe Gutachten und Studien (zB zur Unternehmensstrategie) etc, die für die Bewertung des Unternehmens bedeutsam sein können,
   - ☐ sind uns nicht bekannt.
   - ☐ haben wir Ihnen vollständig erläutert und schriftlich mitgeteilt (Anlage _____).
5. Vermögensteile, die im Rahmen des bestehenden Unternehmenskonzepts als nicht betriebsnotwendig zu qualifizieren sind, sowie andere wesentliche ggf. gesondert zu bewertende Vermögensteile
   - ☐ sind uns nicht bekannt.
   - ☐ haben wir Ihnen vollständig erläutert und schriftlich mitgeteilt (Anlage _____).

6. Wesentliche Veränderungen der Zukunftserwartungen im Zeitraum zwischen der Erstellung der Unternehmensplanung und dem Zeitpunkt der Unterzeichnung dieser Erklärung
   ☐ sind nicht eingetreten.
   ☐ haben wir Ihnen vollständig erläutert und schriftlich mitgeteilt (Anlage _____).
   Sollten solche Vorgänge bis zur Auslieferung der endgültigen Fassung Ihres Bewertungsgutachtens noch eintreten, so werden wir Sie unverzüglich hiervon unterrichten.
7. Zusätze und Bemerkungen

_____
_____
_____
_____
_____
_____

_____
Unterschrift(en) des(r) Vorstands(mitglieder)/Geschäftsführer(s)/geschäftsführenden Gesellschafter(s)/Einzelunternehmers

1.2. Empfehlungen der AG UBW

Empfehlung der Arbeitsgruppe Unternehmensbewertung des Fachsenats für Betriebswirtschaft und Organisation zur Bestimmung des Basiszinsfußes vom 18.10.2006

Die Arbeitsgruppe „Unternehmensbewertung" des Fachsenats für Betriebswirtschaft und Organisation hat sich in ihrer Sitzung vom 18.10.2006 mit Fragen zur Bestimmung des Basiszinsfußes befasst und gibt dazu folgende Empfehlung ab:

Nach KFS BW 1 Tz 67 setzt sich der Kapitalisierungszinssatz im Allgemeinen aus einem Basiszinssatz und einem Risikozuschlag zusammen. Nach KFS BW 1 Tz 68 ist bei der Bestimmung des Basiszinssatzes von einer risikolosen Kapitalmarktanlage auszugehen. KFS BW 1 sieht zwei Alternativen zur Bestimmung des Basiszinsfußes vor:

(1) Die Ableitung aus der zum Bewertungsstichtag gültigen Zinsstrukturkurve oder
(2) die Heranziehung der Effektivrendite einer Staatsanleihe mit einer Laufzeit von 10 bis 30 Jahren

1. Ableitung aus der Zinsstrukturkurve

Der Basiszinsfuß stellt konzeptionell jene Rendite dar, die das Bewertungssubjekt zum Bewertungsstichtag aus einer laufzeitäquivalenten Anlage in risikolose Wertpapiere erzielen kann. Nach Ansicht der Arbeitsgruppe entspricht die Ableitung von Basiszinssätzen aus der Zinsstrukturkurve von Staatsanleihen zum Bewertungsstichtag der theoriegerechten Vorgangsweise. Die aus der Zinsstrukturkurve abgeleiteten fristadäquaten Zerobondzinssätze (spot rates) gewährleisten die Einhaltung der Laufzeitäquivalenz (vgl. *Gebhardt/Daske*, WPg 12/2005, 655).

Es bestehen verschiedene Möglichkeiten zur Schätzung von Zinsstrukturkurven. Nach Ansicht der Arbeitsgruppe stellt die Schätzung der Zinsstrukturkurve aus Staatsanleihen mit Hilfe des *Svensson*-Verfahrens das geeignetste Verfahren zur Operationalisierung des Basiszinssatzes dar. Auf dieser Grundlage schätzen z.B. die Österreichische Kontrollbank (www.profitweb.at/public/main/start.jsp) und die DeutscheBundesbank (www.bundesbank.de/download/statistik/stat_zinsstuktur.pdf) laufend Zinsstrukturkurven aus den nationalen Staatsanleihen. Während Unternehmensbewertungen häufig unendliche Betrachtungszeiträume zugrunde gelegt werden, erstrecken sich die von der Österreichischen Kontrollbank und der Deutschen Bundesbank veröffentlichten spot rates nur auf einen Zeitraum von 10 Jahren. Spot rates für danach liegende Zeitpunkte können jedoch bei Kenntnis der Parametervektoren der Zinsstrukturkurve errechnet werden (s. dazu *Wagner/Jonas/Ballwieser/Tschöpl*, WPg 16/2006, 1015ff, 1026ff). Die für eine Verlängerung der Zinsstrukturkurve erforderlichen Parametervektoren werden von der Deutschen Bundesbank veröffentlicht, nicht hingegen von der Österreichischen Kontrollbank. Da deutsche Staatsanleihen aus österreichischer Sicht weder ein Währungsrisiko noch ein im Vergleich zu österreichischen Staatsanleihen höheres Ausfall- oder Terminrisiko aufweisen und die Liquidität deutscher Staatsanleihen im Vergleich zu österreichischen höher ist, empfiehlt die Arbeitsgruppe die Verwendung der von der Deutschen Bundesbank veröffentlichten Daten.

Aufgrund des Stichtagsprinzips sind die spot rates aus der zum Bewertungsstichtag gültigen Zinsstrukturkurve abzuleiten. Diese Vorgangsweise führt zu periodenspezifischen Basiszinsfüßen, die in die Bestimmung der (periodenspezifischen) Kapitalisierungssätze einfließen. Für die Rentenphase kann die Verwendung periodenspezifischer Kapitalisierungszinssätze vermieden werden, indem die periodenspezifischen Basiszinssätze für diese Phase in einen einheitlichen, im Zeitablauf konstanten Basiszinsfuß umgerechnet werden. Die Umrechnung hat unter Berücksichtigung der für die Cash-flows unterstellten Wachstumsrate so zu erfolgen, dass Barwertidentität besteht (s. dazu *Wagner/Jonas/Ballwieser/Tschöpl*, WPg 16/2006, 1015ff, 1026ff).

Wird für das zu bewertende Unternehmen unbegrenzte Lebensdauer angenommen, stellt die Heranziehung der zum Bewertungsstichtag gültigen spot rate für eine Laufzeit von 30 Jahren als (im Zeitablauf konstanten) Basiszinsfuß nach Ansicht der Arbeitsgruppe beim derzeitigen Verlauf der Zinsstrukturkurve eine zulässige Näherung zur beschriebenen Vorgangsweise dar. Dies gilt sowohl für die Detailplanungsphase als auch für die Rentenphase.

Die spot rates für Laufzeiten von mehr als 10 Jahren können unter Verwendung der von der Deutschen Bundesbank veröffentlichten Parameter ($\beta_0, \beta_1, \beta_2, \beta_3, \tau_1$ und τ_2) aus der *Svensson*-Formel wie folgt abgeleitet werden, wobei z die spot rate und n die Laufzeit (in Jahren) bezeichnen:

$$z(n,\beta,\tau) = \beta_0 + \beta_1 \left(\frac{1-e^{-n/\tau_1}}{n/\tau_1} \right) + \beta_2 \left(\frac{1-e^{-n/\tau_1}}{n/\tau_1} - e^{-n/\tau_1} \right) + \beta_3 \left(\frac{1-e^{-n/\tau_2}}{n/\tau_2} - e^{-n/\tau_2} \right)$$

Beispiel:
Die spot rate für eine Laufzeit von 30 Jahren soll berechnet werden, wobei folgende Parameter zur Verfügung stehen (12.7.2006):

β_0=4,61556 β_1=-2,12068 β_2=0,00004 β_3=-1,90925 T_1=0,45600 T_2=2,00926

$$z(30) = 4,61556 + (-2,12068)\left(\frac{1-e^{-30/0,456}}{30/0,456}\right) + 0,00004 \left(\frac{1-e^{-30/0,456}}{30/0,456} - e^{-30/0,456}\right) + (-1,90925)\left(\frac{1-e^{-30/2,00926}}{30/2,00926} - e^{-30/2,00926}\right)$$

z(30) = 0,0446 bzw. 4,46%

2. Effektivrenditen langfristiger Staatsanleihen

Gegenüber der Ableitung des Basiszinssatzes aus der Zinsstrukturkurve stellt die Heranziehung von Effektivrenditen langfristiger Staatsanleihen eine Vereinfachung dar und führt direkt zu einem einheitlichen, im Zeitablauf konstanten Basiszinsfuß.

Im Abschnitt 1 („Ableitung aus der Zinsstrukturkurve") wird vorgeschlagen, die zum Bewertungsstichtag gültige spot rate für eine Laufzeit von 30 Jahren als zulässige Näherung für den (im Zeitablauf konstanten) Basiszinsfuß heranzuziehen. Vergleicht man die Ergebnisse dieser Schätzungen mit der Effektivrendite deutscher Bundesanleihen mit einer Restlaufzeit von (ungefähr) 30 Jahren, zeigen sich im Allgemeinen keine wesentlichen Abweichungen.

3. Empfehlung

Die Arbeitsgruppe empfiehlt im Fall unbegrenzter Lebensdauer die Ableitung des Basiszinsfußes aus der Zinsstrukturkurve unter Verwendung der von der Deutschen Bundesbank veröffentlichten Daten. Beim derzeitigen Verlauf der Zinsstrukturkurve stellt die Heranziehung der zum Bewertungsstichtag gültigen spot rate für eine Laufzeit von 30 Jahren als (im Zeitablauf konstanten) Basiszinsfuß eine zulässige Näherung dar.

Alternativ kann der Basiszinssatz vereinfachend in Höhe der Effektivrendite von Staatsanleihen mit einer Restlaufzeit von (ungefähr) 30 Jahren erfolgen. Aus den bereits in Abschnitt 1. angeführten Gründen wird empfohlen, auf die Effektivrenditen deutscher Bundesanleihen abzustellen (s. dazu z.B. die Informationen der Börse Stuttgart).

[Die zum jeweiligen Monatsende aktualisierten Basiszinssätze sind auf der Website der KWT (im Mitgliederportal unter weitere Fachsenate / FS Betriebswirtschaft und Organisation) veröffentlicht.]

Empfehlung der Arbeitsgruppe Unternehmensbewertung des Fachsenats für Betriebswirtschaft und Organisation zur Frage der Berücksichtigung eines allfälligen Mobilitätsrisikos vom 27.11.2007

Nach Tz 62 des Fachgutachtens KFS BW 1 ist ein allfälliges Risiko, das sich aus einer im Vergleich zur Alternativanlage geringeren Mobilität der Veranlagung in das zu bewertende Unternehmen ergibt, nur dann zu berücksichtigen, wenn von einer begrenzten Behaltedauer auszugehen ist. Die Arbeitsgruppe Unternehmensbewertung des Fachsenats für Betriebswirtschaft und Organisation gibt dazu folgende Empfehlung ab:

Unter Mobilität kann die Fähigkeit verstanden werden, ein Unternehmen bzw. einen Unternehmensanteil rasch und ohne hohe Kosten durch Geld substituieren zu können. Mobilität und Fungibilität sind in diesem Zusammenhang synonym verwendete Begriffe.

Mangelnde Mobilität kann beispielsweise bei nicht notierenden Anteilen an einer Aktiengesellschaft, bei GmbH-Anteilen, Anteilen an Personengesellschaften oder Einzelunternehmen konstatiert werden. Sie bringt zum Ausdruck, dass eine Veräußerung derartiger Unternehmen bzw. Unternehmensanteile im Vergleich zur Alternativanlage (z.B. Aktienportefeuille beim objektivierten Unternehmenswert) nur unter erschwerten Bedingungen – insbesondere durch erforderliche Vorlaufzeiten und höhere Veräußerungskosten – möglich ist.

Über die Frage, ob bzw. in welcher Form das Mobilitätsrisiko bei der Bewertung von Unternehmen zu berücksichtigen ist, herrscht weder in der Theorie noch in der Bewertungspraxis oder der Rechtsprechung Einigkeit. Es finden sich Vorschläge zur Behandlung mangelnder Mobilität, die von einem Zuschlag zum Kapitalisierungszinssatz über einen Abschlag vom Unternehmenswert bis hin zu einer expliziten Prognose des Verkaufszeitpunktes und Veräußerungsüberschusses bis zur Nichtberücksichtigung reichen.

Für Mobilitätszuschläge zum Kapitalisierungszinssatz fehlt die theoretische Basis. Zur Schätzung von Abschlägen vom Unternehmenswert stehen in Österreich (und auch in Deutschland) keine Marktdaten zur Verfügung. Hingegen sind in den USA Abschläge vom Unternehmenswert wegen mangelnder Mobilität sehr verbreitet und werden auf empirische Studien gestützt. Allerdings basieren diese Studien zum Teil auf sehr einschränkenden Annahmen und sind sowohl in Bezug auf ihre Methodik als auch hinsichtlich der Höhe der erhobenen Abschläge sehr unterschiedlich. Schließlich erscheinen auch die in den USA erhobenen Parameter nicht auf den österreichischen Kapitalmarkt übertragbar.

Die Arbeitsgruppe Unternehmensbewertung ist daher der Ansicht, dass bei der Ermittlung von **objektivierten** Unternehmenswerten im Hinblick auf die damit verbundenen Typisierungs- und Objektivierungserfordernisse im Fall unbegrenzter Behaltedauer aus dem Titel mangelnder Mobilität weder Zuschläge zum Kapitalisierungszinssatz noch Abschläge vom Unternehmenswert vorzunehmen sind, soweit sich nicht aus rechtlichen Vorgaben etwas anderes ergibt. Ist von begrenzter Behaltedauer auszugehen, sind explizite Prognosen über den voraussichtlichen Veräußerungs- oder Beendigungszeitpunkt und die Höhe des zu erwartenden Verkaufs- oder Liquidationsüberschusses in das Bewertungskalkül aufzunehmen.

Für die Ermittlung **subjektiver** Unternehmenswerte empfiehlt die Arbeitsgruppe Unternehmensbewertung im Fall unbegrenzter Behaltedauer auf eine Berücksichtigung des Mobilitätsrisikos im Hinblick auf die mit seiner Bestimmung verbundenen Probleme zu verzichten. Der Auftraggeber ist jedoch auf die mit der mangelnden Mobilität allenfalls verbundenen Risikofaktoren und deren Nichtberücksichtigung im Rahmen der Bewertung ausdrücklich hinzuweisen. Im Fall begrenzter Behaltedauer sind wiederum explizite Prognosen über den voraussichtlichen Veräußerungszeitpunkt und die Höhe des erwarteten Verkaufs- oder Liquidationsüberschusses in das Bewertungskalkül aufzunehmen.

Empfehlung der Arbeitsgruppe Unternehmensbewertung des Fachsenats für Betriebswirtschaft und Organisation zu Fragen der Auswirkungen der Staatsschuldenkrise auf die Unternehmensbewertung vom 18.6.2012

Die Arbeitsgruppe „Unternehmensbewertung" des Fachsenats für Betriebswirtschaft und Organisation hat sich in Ihrer Sitzung am 18.6.2012 mit Fragen der **Auswirkungen der Staatsschuldenkrise auf die Unternehmensbewertung** befasst und gibt dazu folgende **Empfehlung** ab:

Im Zuge der sich ab 2011 verschärfenden Staatsschuldenkrise ist eine signifikante Reduktion des nach der Empfehlung der Arbeitsgruppe berechneten Basiszinssatzes beobachtbar. So wiesen bspw. viele deutsche Bundesanleihen gegen Ende des Jahres 2011 eine negative Realverzinsung auf, da die aktuellen bzw. erwarteten Inflationsraten höher als die nominalen Renditen waren (vgl. *Zeidler/Tschöpel/Bertram*: Kapitalkosten in Zeiten der Finanz- und Schuldenkrise, in: *Corporate Finance biz 2/2012, S. 70 – 80*).

Auch wenn der Rückgang der Nominalrenditen für sich gesehen kein Grund wäre, diese nicht in das Unternehmensbewertungskalkül einfließen zu lassen, würde jedoch eine unreflektierte Übernahme dieses in jüngster Vergangenheit beobachtbaren Basiszinssatzes in ein Bewertungskalkül, ohne Berücksichtigung der Auswirkungen der aktuellen ökonomischen Situation auf die anderen Parameter des Kapitalisierungszinssatzes sowie auf die Unternehmensplanung, die Bewertungsergebnisse verzerren.

Aus historischen Daten abgeleitete Parameter spiegeln nur Vergangenheitsentwicklungen wider, in die (nur mit großem zeitlichen Abstand auftretende) Extremsituationen nicht hinreichend einfließen. Die Finanz- und Wirtschaftskrise der Jahre 2008/2009 sowie die ab 2011 zusätzlich einsetzende Schuldenkrise stellt nach Ansicht der Arbeitsgruppe eine Extremsituation dar, die nicht mit üblichen Konjunktur- bzw. Kapitalmarktschwankungen vergleichbar ist.

Der stichtagsbedingt gebotene Ansatz des aktuellen Basiszinssatzes im Bewertungskalkül muss bei der Bestimmung konsistenter Kapitalkosten somit einhergehen mit einer Veränderung der Risikoprämie, so sich in der Unternehmensplanung nicht nachhaltig deutlich verminderte (Real-)Renditeerwartungen widerspiegeln. Geht das Management in seiner Unternehmensplanung von nachhaltig deutlich verminderten (Real-)Renditeerwartungen aus, die aus Komplexitätsgründen auch vereinfachend durch eine sehr konservative Schätzung des Wachstumsabschlages in der Ewigen Rente angenähert werden können, so sind keine Anpassungen im Kapitalisierungszinssatz erforderlich.

Empfehlung der Arbeitsgruppe Unternehmensbewertung des Fachsenats für Betriebswirtschaft und Organisation zur Bestimmung der Marktrisikoprämie vom 4.10.2012[1]

Die Arbeitsgruppe „Unternehmensbewertung" des Fachsenats für Betriebswirtschaft und Organisation hat sich in ihrer Sitzung am 4.10.2012 erneut mit Fragen der **Auswirkungen der Staatsschuldenkrise auf die Unternehmensbewertung** befasst und gibt dazu folgende **Empfehlung** ab:

Durch die Staatsschuldenkrise ist seit geraumer Zeit eine signifikante Reduktion des Basiszinssatzes beobachtbar, so dass deutsche Bundesanleihen teilweise bereits negative Realverzinsungen aufweisen. Eine Veränderung dieser Verzerrung oder eine Rückkehr auf ein in der Zeit vor der Krise beobachtbares Zinsniveau ist derzeit nicht absehbar. Im Rahmen der Berücksichtigung des Basiszinssatzes in der Unternehmensbewertung führt dieses Zinsniveau c.p. zu nach oben verzerrten Unternehmenswerten. Dies gilt insbesondere in den Fällen, in denen die krisenbedingte Verschlechterung der Marktaussichten von Unternehmen in der der Bewertung zugrunde liegenden Unternehmensplanung nicht ausreichend berücksichtigt ist.

Wie bereits in der Stellungnahme der Arbeitsgruppe vom 18.6.2012 ausgeführt, spiegeln die aus historischen Daten abgeleiteten Parameter der Bewertung eine langfristige Vergangenheit als Durchschnittswert wider, in dem seltene Extremsituationen (wie die jetzige Krise) naturgemäß nicht hinreichend abgebildet sind. Ob die jetzige Krise in diesen historischen Daten angemessen berücksichtigt ist, darf daher bezweifelt werden. Dieser Umstand wurde in Literaturbeiträgen und internationalen Fachgremien intensiv diskutiert.

Im Ergebnis kommt die Arbeitsgruppe nach eingehender Diskussion zu dem Schluss, dass die basierend auf historischen Daten ermittelte Marktrisikoprämie im derzeitigen Marktumfeld als zu niedrig einzustufen ist. Die Arbeitsgruppe hält daher eine Marktrisikoprämie vor persönlichen Steuern in einer Bandbreite von 5,5% bis 7,0% im derzeitigen Marktumfeld für einen angemessenen Ansatz.

Dem Bewerter steht es nach wie vor frei, im Hinblick auf seine eigenverantwortliche Beurteilung vor dem Hintergrund des Einzelfalles zusätzliche Überlegungen anzustellen.

Die Arbeitsgruppe wird die weitere Entwicklung an den Kapitalmärkten beobachten und gegebenenfalls mit ergänzenden Hinweisen und Empfehlungen reagieren.

---

1   Die Empfehlung vom 4.10.2012 ersetzt die Empfehlung vom 17.1.2012.

Empfehlung der Arbeitsgruppe Unternehmensbewertung des Fachsenats für Betriebswirtschaft und Organisation der Kammer der Wirtschaftstreuhänder zur Berücksichtigung eines Debt Beta [Endfassung vom 21.5.2015]

1. Fachgutachten KFS/BW1

(1) Nach Rz 107 KFS/BW1 ist die Berücksichtigung eines Beta-Faktors für das Fremdkapital (Debt Beta) erforderlich, wenn die zum Basiszinssatz laufzeitäquivalenten Fremdkapitalkosten des Unternehmens wesentlich vom Basiszinssatz abweichen. Nach Rz 114 KFS/BW1 kann die Renditeforderung der Fremdkapitalgeber, die den Fremdkapitalkosten entspricht, eine Risikoprämie enthalten, der gegebenenfalls bei der Bestimmung der Renditeforderung der Eigenkapitalgeber durch Berücksichtigung eines Debt Beta Rechnung zu tragen ist. Nach Rz 117 KFS/BW1 sind zur Anpassung des Beta-Faktors an die Kapitalstruktur geeignete Anpassungsformeln zu verwenden, die gemäß Rz 107 KFS/BW1 teilweise auch ein Debt Beta berücksichtigen.

(2) Nach dem Fachgutachten KFS/BW1 ist zwischen den Begriffen „Fremdkapitalkosten" und „Fremdkapitalzinsen" zu differenzieren. Die Fremdkapitalkosten, die mit der Renditeerwartung bzw. Renditeforderung der Fremdkapitalgeber gleichzusetzen sind, sind für die Ermittlung der Diskontierungssätze – wie auch für die Ableitung des Debt Beta – relevant (vgl Rz 39, 107, 114 KFS/BW1). Die vertraglich vereinbarten Fremdkapitalzinsen sind bei der Ermittlung der bewertungsrelevanten finanziellen Überschüsse heranzuziehen (vgl Rz 36f, 47 KFS/BW1).

2. Anwendungsbereich

(3) Gegenstand dieser Empfehlung sind Beta-Faktoren für das Fremdkapital (Debt Beta). Das Debt Beta ist zunächst vom Beta-Faktor für das Eigenkapital (Equity Beta) zu differenzieren. Das Equity Beta wird in der Regel aus Börsenkursen von Aktien des zu bewertenden Unternehmens oder vergleichbarer Unternehmen (Peer Group) abgeleitet (vgl Rz 106 KFS/BW1). Für Finanztitel, die im Wesentlichen ein zu Aktien vergleichbares Risiko aufweisen (zB Genussrechte, Hybridkapital, Partizipationskapital, atypische stille Beteiligungen, sofern diese für Zwecke der Unternehmensbewertung als Eigenkapital zu qualifizieren sind), ist in der Regel das **Equity Beta** zur Ermittlung der Kapitalkosten heranzuziehen.

(4) Finanztitel, die nahezu keinem (weder systematischem noch unsystematischem) Risiko unterliegen (zB Staatsanleihen bester Bonität) und Finanztitel, bei denen die Kapitalgeber kein systematisches Risiko übernehmen (zB „klassische" Bankkredite von KMUs iSd Rz 14 dieser Empfehlung), weisen einen Beta Faktor von Null auf. In diesen Fällen entsprechen die Fremdkapitalkosten gemäß CAPM dem risikolosen Zinssatz, sodass die **Berücksichtigung eines Debt Beta nicht erforderlich** ist. Auf die Anpassung der Bewertungsgleichungen, wie in Rz 15 bis 17 erläutert, ist jedoch hinzuweisen.

(5) Liegt der Risikograd eines Finanztitels zwischen Aktienkapital und „klassischen" Bankkrediten iSd Rz 14 dieser Empfehlung und ist somit weder das Equity Beta noch ein Debt Beta von Null anwendbar, ist zu prüfen, ob ein Debt Beta iSd folgenden Empfehlung anzuwenden ist.

(6) Die Anwendung des Debt Beta ist erforderlich, wenn davon auszugehen ist, dass die Nichtberücksichtigung einen wesentlichen Einfluss auf das Bewertungsergebnis hat. Es kann – sowohl beim unlevern als auch beim relevern – vereinfachend davon ausgegangen werden, dass die Nichtberücksichtigung bei einem Credit Spread (Differenz zwischen laufzeitäquivalenten Fremdkapitalzinsen und risikolosem Zinssatz) von weniger als 200 Basispunkten bzw. bei einem Debt Beta von kleiner als 0,1 in der Regel nur unwesentliche Auswirkungen auf das Bewertungsergebnis haben wird.

3. Definitionen

(7) Die **Fremdkapitalkosten** (r_{FK}), lassen sich – wie in der folgenden Formel gezeigt – anhand des Capital Asset Pricing Models (CAPM) definieren und beinhalten ausschließlich den risikolosen Zinssatz (i_r) sowie einen Zuschlag für die Kompensation des systematischen Risikos (Debt Beta β_{FK} multipliziert mit der Markrisikoprämie MRP).

$$r_{FK} = i_r + \beta_{FK} \cdot MRP$$

(8) Die „**vertraglich vereinbarten Fremdkapitalzinsen**" (i_{FK}) bestimmen sich als effektive Zinsbelastung im Sinne einer „Yield to Maturity" inklusive aller Nebenkosten.

(9) Der **Beta-Faktor für das Fremdkapital (Debt Beta)** zeigt, in welchem Ausmaß die Fremdkapitalgeber systematisches, d.h. nicht durch Diversifikation eliminierbares, Risiko iSd CAPM übernehmen. Die Ermittlung des Debt Betas erfolgt – analog zu jener des Equity Betas – unter Anwendung des CAPM. Das Debt Beta errechnet sich prinzipiell als Kovarianz der unsicheren Rendite des betrachteten Fremdkapitaltitels und der unsicheren Rendite des Marktportfolios [$Cov(r_j, r_m)$] dividiert durch die Varianz der unsicheren Rendite des Marktportfolios (σ^2_m).

4. Empfehlung

(10) Da das Debt Beta zeigt, in welchem Ausmaß die Fremdkapitalgeber systematisches Risiko iSd CAPM übernehmen, sind für seine Ermittlung die **Fremdkapitalkosten gemäß CAPM** und nicht die vertraglich vereinbarten Fremdkapitalzinsen heranzuziehen. Je nach Form und Ausgestaltung des Fremdkapitals ist im Einzelfall zu beurteilen, ob die Annahme, dass systematisches Risiko auf die Fremdkapitalgeber überwälzt wird, gerechtfertigt ist. **Nur wenn die Fremdkapitalgeber tatsächlich Teile des systematischen Risikos übernehmen, ist der Ansatz eines Debt Beta von ungleich Null gerechtfertigt.** Die Berücksichtigung eines Debt Beta bei der Bestimmung der Renditeforderung der Eigenkapitalgeber führt – wie anhand der Anpassungsformel nach *Harris/Pringle* gezeigt – zu einer Verminderung des (Kapitalstruktur-) Risikos der Eigenkapitalgeber.

$$\beta_v = \beta_u + (\beta_u - \beta_{FK}) \cdot \frac{FK_{t-1}}{EK_{t-1}}$$

Verfügt ein Unternehmen über mehrere Fremdkapitaltitel, die ein unterschiedliches Risiko aufweisen (zB zum einen Teil ein Debt Beta von Null, zum anderen Teil ein Debt Beta größer Null) ist bei Anwendung der oben gezeigten Anpassungsformel ein nach Marktwerten der Fremdkapitaltitel gewichtetes Debt Beta heranzuziehen.

(11) Das Debt Beta lässt sich theoretisch sowohl direkt über eine lineare Regression von beobachtbaren Fremdkapitalrenditen gegenüber einem Vergleichsindex als auch indirekt aus Credit Spreads ableiten. Für die praktische Anwendung empfiehlt sich die **Anwendung der indirekten Methode**.

(12) Ausgangspunkt für die Ermittlung des Debt Beta anhand der indirekten Methode ist der **Credit Spread**, der als Differenz zwischen den laufzeitäquivalenten Fremdkapitalzinsen (i_{FK}) und dem risikolosen Zinssatz (i_r) definiert ist. Dieser Credit Spread ($i_{FK} - i_r$) beinhaltet Komponenten für die Kompensation des von den Fremdkapitalgebern zu tragenden systematischen und unsystematischen Risikos sowie andere Kosten (zB Liquiditäts- und Verwaltungskosten) und eine Gewinnmarge der Fremdkapitalgeber. Da sich das Debt Beta anhand der Fremdkapitalkosten und nicht der Fremdkapitalzinsen ermittelt, sind aus dem Credit Spread die Komponenten für die Kompensation des von den Fremdkapitalgebern zu tragenden unsystematischen Risikos sowie andere Kosten und die Gewinnmarge zu eliminieren. Der verbleibende Teil des Credit Spread,

der nur mehr auf systematische Risiken iSd CAPM zurückzuführen ist, entspricht der Differenz zwischen den Fremdkapitalkosten und dem risikolosen Zinssatz ($r_{FK} - i_r$). Zur Abschätzung des Anteils der systematischen Risiken am Credit Spread wird auf die weiterführende Literatur verwiesen. Empirische Studien lassen auf einen Anteil des systematischen Risikos am gesamten Credit Spread in Höhe von 20% bis 40% schließen, wobei der Anteil im Einzelfall auch unter oder über dieser Bandbreite liegen kann. Dabei ist zu beachten, dass der Anteil des systematischen Risikos am Credit Spread zum einen vom Rating bzw der Insolvenzwahrscheinlichkeit sowie zum anderen von der konkreten Ausgestaltung des Fremdkapitaltitels abhängig ist. Je eigenkapitalnäher ein Fremdkapitaltitel ausgestaltet ist, desto höher ist idR auch der Anteil des systematischen Risikos am Credit Spread.

(13) Unter Anwendung des CAPM kann das Debt Beta (β_{FK}) wie folgt indirekt ermittelt werden:

$$\beta_{FK} = \frac{r_{FK} - i_r}{MRP}$$

(14) Finanziert sich ein Unternehmen durch **„klassische" Bankkredite**, die in der Regel weitgehend oder vollständig besichert sind und häufig bei Verschlechterung der wirtschaftlichen Lage eine Zinsanpassungsmöglichkeit vorsehen – wie dies zumeist bei kleineren und mittleren Unternehmen (KMU) der Fall ist -, so bestehen keine Bedenken, wenn ein Debt Beta von Null angenommen wird. Es wird somit unterstellt, dass die finanzierenden Kreditinstitute bei „klassischen" Bankkrediten kein systematisches Risiko übernehmen und die Fremdkapitalkosten nach dem CAPM dem risikolosen Zinssatz (Basiszinssatz) entsprechen.

(15) Bei Anwendung des **Adjusted Present Value (APV)-Verfahrens** in seiner klassischen Form wird implizit unterstellt, dass der vertraglich vereinbarte Fremdkapitalzins (i_{FK}) den Fremdkapitalkosten (r_{FK}) entspricht und somit der Credit Spread ausschließlich auf systematische Risiken zurückzuführen ist. Trifft diese Annahme nicht zu, etwa weil trotz Vorliegens eines Credit Spreads ein Debt Beta von Null unterstellt wird, ist die Bewertungsgleichung des APV-Verfahrens anzupassen. Die Summe aus Marktwert des unverschuldeten Unternehmens (EV^u) und Wertbeitrag der Tax Shields (WBTS) ist um einen Wertabschlag für nicht durch das CAPM erklärbare Komponenten im Credit Spread (Wertabschlag Credit Spread, WACS) zu kürzen. Zur Vorgehensweise in diesem Fall wird auf die weiterführende Literatur verwiesen.

(16) Wird beim **WACC-Verfahren** der WACC anhand der Fremdkapitalzinsen (i_{FK}) ermittelt, so ist unabhängig davon, ob ein Debt Beta von Null oder ungleich Null angenommen wird, keine Anpassung der bewertungsrelevanten Cash Flows erforderlich.

(17) Bei Anwendung des **Equity-Verfahrens** sind für die Ermittlung der Flows to Equity generell die Fremdkapitalzinsen (i_{FK}) zu berücksichtigen.

5. Weiterführende Literatur

Aders/Wagner, Kapitalkosten in der Bewertungspraxis: Zu hoch für die „New Economy" und zu niedrig für die „Old Economy", FinanzBetrieb 2004, 30.

Aschauer/Purtscher, Einführung in die Unternehmensbewertung (2011) 187.

Ballwieser, Unternehmensbewertung[4] (2013) 108.

Dörschell/Franken/Schulte, Der Kapitalisierungszinssatz in der Unternehmensbewertung[2] (2012) 291.

Drukarczyk/Schüler, Unternehmensbewertung[6] (2009) 228.

Enzinger/Pellet/Leitner, Debt Beta und Konsistenz der Bewertungsergebnisse, RWZ 2014/49, 211.

Anhang

Enzinger/Pellet/Leitner, Der Wertabschlag Credit Spread (WACS) beim APV-Verfahren, BewertungsPraktiker 2014, 114.

IDW (Hrsg.), WP Handbuch 2014, Band II[14], A 129.

Koller/Goedhart/Wessels, Valuation (2010) 255.

Mandl/Rabel, Unternehmensbewertung (1997) 299.

Meitner/Streitferdt, Unternehmensbewertung (2011) 17.

Meitner/Streitferdt, Die Bestimmung des Betafaktors, in Peemöller (Hrsg.), Praxishandbuch der Unternehmensbewertung[6] (2015) 553.

Pratt/Grabowski, Cost of Capital[5] (2014) 218.

Schulte/Franken/Koelen/Lehmann, Konsequenzen einer (Nicht-)Berücksichtigung von Debt Beta in der Bewertungspraxis, BewertungsPraktiker 2010, 13.

Empfehlung der Arbeitsgruppe Unternehmensbewertung des Fachsenats für Betriebswirtschaft der Kammer der Wirtschaftstreuhänder zur Grobplanungsphase und zur Rentenphase (Terminal Value) [Endfassung vom 4.11.2015]

1. Fachgutachten KFS/BW1

(1) Nach Rz 61 KFS/BW1 ist die Detailplanungsphase um eine Grobplanungsphase (Phase II) zu ergänzen, wenn die Annahme, das Unternehmen gehe unmittelbar nach der Detailplanungsphase in einen Gleichgewichts- und Beharrungszustand (eingeschwungener Zustand, steady state) über, nicht plausibel erscheint. Als mögliche Gründe für die Verwendung eines Drei-Phasen-Modells werden zum Ende der Detailplanungsphase noch nicht abgeschlossene Investitionszyklen, längerfristige Produktlebenszyklen, überdurchschnittliche Wachstumsraten, Steuer- oder andere Sondereffekte genannt. Nach Rz 62 KFS/BW1 kann sich die Planung in der Grobplanungsphase in der Regel auf die Entwicklung der wesentlichen unternehmensspezifischen Werttreiber konzentrieren.

(2) Nach Rz 63 KFS/BW1 werden für die Rentenphase (Phase III) in der Regel auf Basis pauschaler Annahmen über das Ausschüttungsverhalten und das Rentabilitätsniveau gleichbleibende oder konstant wachsende finanzielle Überschüsse unterstellt.

(3) Rz 64 KFS/BW1 fordert explizite Annahmen über die zu erwartende langfristige Entwicklung des Rentabilitätsniveaus des zu bewertenden Unternehmens in der Rentenphase, wobei Einflussfaktoren wie die Widerstandsfähigkeit des Unternehmens gegen den Abbau von Überrenditen (Konvergenzprozesse) zu berücksichtigen sind. Dabei kann unterstellt werden, dass die Rendite (nach Unternehmenssteuern) aus der Wiederveranlagung thesaurierter Beträge langfristig den Kapitalkosten entspricht. Ist davon abweichend zu erwarten, dass die Rendite langfristig über den Kapitalkosten liegen wird, sind die dafür maßgeblichen Gründe anzugeben. Generell ist in der Rentenphase auf die Konsistenz der für die Rentenphase getroffenen Annahmen zu Renditeerwartungen, Wachstumsrate und Thesaurierung zu achten.

(4) Wegen des oft starken Gewichts der Wertbeiträge der finanziellen Überschüsse in der Rentenphase kommt der kritischen Überprüfung der zugrunde liegenden Annahmen nach Rz 65 KFS/BW1 besondere Bedeutung zu.

2. Anwendungsbereich

(5) Gegenstand dieser Empfehlung sind Fragen der Grobplanungsphase und der Rentenphase bzw. der Ermittlung des Terminal Value. Sie sind insbesondere dann von Bedeutung, wenn im

Rahmen der Bewertung von einer **unbegrenzten Lebensdauer** des zu bewertenden Unternehmens ausgegangen wird. Die Empfehlungen zur Grobplanungsphase sind auch in den Fällen einer begrenzten Lebensdauer des zu bewertenden Unternehmens, die über die Detailplanungsphase hinausgeht, zu beachten.

(6) Die Berücksichtigung einer Grobplanungsphase ist bei unbegrenzter Lebensdauer des Unternehmens nur erforderlich, wenn die Annahme, das Unternehmen gehe unmittelbar nach der Detailplanungsphase in einen Gleichgewichts- und Beharrungszustand über, nicht plausibel erscheint. Gegen das Vorliegen eines Gleichgewichts- und Beharrungszustands zum Ende der Detailplanungsphase können z.B. noch nicht abgeschlossene Investitionszyklen, längerfristige Produktlebenszyklen, überdurchschnittliche Wachstumsraten, Überrenditen, steuerliche Verlustvorträge oder andere Sondereffekte sprechen. Erscheint die Annahme eines Gleichgewichts- und Beharrungszustands zum Ende der Detailplanungsphase hingegen plausibel, ist die Berücksichtigung einer Grobplanungsphase nicht erforderlich.

3. Definitionen

(7) Durch eine **Grobplanungsphase** (Phase II) wird der Planungshorizont und damit der Zeitpunkt des Eintritts in die Rentenphase (Phase III) hinausgeschoben. Sie bietet die Möglichkeit, die Entwicklung einzelner wesentlicher Werttreiber (z.B. Umsatzwachstum, Margen, Renditen, Investitionen, Steuerwirkungen aus der Verwertung von Verlustvorträgen, Kapitalstruktur) über einen längeren Zeitraum periodenspezifisch zu modellieren, während die übrigen Bewertungsparameter pauschal fortgeschrieben werden. Die Abbildung der Grobplanungsphase erfolgt – wie jene der Detailplanungsphase (Phase I) – in Form einer integrierten Planungsrechnung.

(8) Ein Unternehmen befindet sich in einem **Gleichgewichts- und Beharrungszustand** im Sinne der Rz 61 KFS/BW1, wenn davon ausgegangen werden kann, dass die bewertungsrelevanten finanziellen Überschüsse in Zukunft konstant bleiben oder mit einer konstanten Wachstumsrate wachsen. Ein Gleichgewichts- und Beharrungszustand wird insbesondere ab jenem Zeitpunkt erreicht sein, ab dem für das zu bewertende Unternehmen im Zeitablauf annähernd konstante Renditen anzunehmen sind. Der Gleichgewichts- und Beharrungszustand wird auch als „Steady State" oder „eingeschwungener Zustand" bezeichnet.

(9) Der **Terminal Value** entspricht dem Barwert der für die Rentenphase erwarteten finanziellen Überschüsse. Er wird in der Regel auf Basis von Annahmen über das langfristige Rentabilitätsniveau und das Ausschüttungsverhalten ermittelt. In der Literatur wird der Terminal Value auch als „Continuing Value", „Restwert", „Endwert" oder „Fortführungswert" bezeichnet.

(10) Das **Rentabilitätsniveau** des zu bewertenden Unternehmens ist grundsätzlich anhand ökonomischer Renditen (z.B. interner Zinsfuß) zu messen. In der Praxis kann vereinfachend auf rechnungslegungsbasierte Kapitalrenditen nach Unternehmenssteuern (z.B. Return on Invested Capital im Entity Approach oder Return on Equity im Equity Approach, s. Tz 11 und 12) zurückgegriffen werden. Als Messgröße für die Performance von Unternehmen kommen auch Residualgewinne (s. Tz 13) in Frage.

(11) Der **Return on Invested Capital** (ROIC) wird als Quotient zwischen dem operativen Gewinn nach adaptierten Steuern (Net Operating Profit Less Adjusted Taxes bzw. NOPLAT) und dem investierten Kapital (Invested Capital bzw. IC) ermittelt. Das investierte Kapital entspricht der Summe von Eigenkapital und verzinslichem Fremdkapital und wird ausgehend von den Buchwerten unter Berücksichtigung allfälliger Adaptierungen ermittelt.

$$ROIC = \frac{NOPLAT}{IC}$$

(12) Der **Return on Equity** (ROE) errechnet sich als Quotient aus dem Jahresüberschuss (JÜ) und dem bilanziellen Eigenkapital (EK).

$$ROE = \frac{JÜ}{EK}$$

(13) Der **Residualgewinn** entspricht dem Periodenerfolg abzüglich der Verzinsung des gebundenen Kapitals. Im Bruttoansatz kann der Brutto-Residualgewinn (RG^B) als Differenz zwischen dem NOPLAT und dem Produkt aus investiertem Kapital (IC) und gewogenen Kapitalkosten (WACC) ermittelt werden. Im Nettoansatz kann der Netto-Residualgewinn (RG^N) als Differenz zwischen dem Jahresüberschuss (JÜ) und dem Produkt aus bilanziellem Eigenkapital (EK) und den Eigenkapitalkosten (Cost of Equity bzw. COE) ermittelt werden.

$RG^B = NOPLAT - WACC \times IC$

$RG^N = JÜ - COE \times EK$

(14) Von **Überrendite** wird gesprochen, wenn die vom Unternehmen in einer Periode erwirtschaftete Kapitalrendite (nach Unternehmenssteuern) die (vergleichbaren) Kapitalkosten übersteigt. Bezeichnet $WACC_t$ die gewogenen Kapitalkosten in der Periode t und COE_t die Renditeforderung der Eigenkapitalgeber in der Periode t, gilt bei Vorliegen von Überrenditen im Entity Approach $ROIC_t > WACC_t$ bzw. im Equity Approach $ROE_t > COE_t$. Ausschlaggebend für die Fähigkeit eines Unternehmens, Überrenditen zu erwirtschaften, sind Wettbewerbsvorteile.

(15) Im Rahmen von **Konvergenzprozessen** wird unterstellt, dass Wettbewerbskräfte dazu führen, dass die aus Wettbewerbsvorteilen resultierenden Überrenditen im Laufe der Zeit kleiner werden bzw. sich langfristig überhaupt verflüchtigen. Konvergenzprozesse werden häufig für die Grobplanungsphase und für die Rentenphase unterstellt. Sie können durch unterschiedliche Annahmen über die Dauer, die Geschwindigkeit (i.d.R. linearer oder konvexer Verlauf) und Tiefe (vollständiger oder nur teilweiser Abbau der Überrendite) des Abbauprozesses charakterisiert sein.

(16) **Nettoinvestitionen** bezeichnen die Summe aus Investitionen in das Anlagevermögen, die über die Abschreibungen hinausgehen, und Erhöhungen des Netto-Umlaufvermögens.

4. Empfehlungen

4.1 Grobplanungsphase

(17) Bei unbegrenzter Lebensdauer des zu bewertenden Unternehmens bildet die Grobplanungsphase den Übergang von der Detailplanungsphase in die Rentenphase ab und soll dazu beitragen, dass die Annahme eines eingeschwungenen Zustands bei Eintritt in die Rentenphase plausibel erscheint. Ferner soll sie die Transparenz der Wertermittlung erhöhen, indem die unterstellte Entwicklung unternehmensspezifischer Werttreiber über den Detailplanungszeitraum hinaus nachvollziehbar wird.

(18) Die Länge der Grobplanungsphase ist im Einzelfall festzulegen und hängt von der unterstellten Entwicklung der wesentlichen Werttreiber (vgl. Tz 6) bzw dem für deren Einschwingen auf ein nachhaltiges Niveau anzunehmenden Zeitraum ab.

(19) Es erscheint zweckmäßig, bereits in der Grobplanungsphase die unterstellte Entwicklung des Rentabilitätsniveaus des zu bewertenden Unternehmens, gegebenenfalls unter Berücksichtigung von Konvergenzprozessen bzw. eines allfälligen Abbaus von Überrenditen bis zum Planungshorizont darzustellen. Der Abbau von Überrenditen während der Grobplanungsphase kann dabei auf

ein langfristig erzielbares Renditeniveau in Höhe der Kapitalkosten oder ein davon abweichendes langfristiges Renditeniveau erfolgen.

(20) Bei Unternehmen mit verhältnismäßig geringem Kapitalbedarf (z.B. Dienstleistungsunternehmen) kommt Kapitalrenditen idR wenig Aussagekraft zu. Die Performance solcher Unternehmen kann anhand der Entwicklung von Residualgewinnen oder Umsatzrenditen (z.B. EBIT-Marge, EBITDA-Marge) beurteilt werden.

(21) Vor allem bei kleinen und mittelgroßen Unternehmen (KMU) ist darauf zu achten, inwieweit die Renditen des zu bewertenden Unternehmens auf personenbezogene Erfolgsfaktoren zurückzuführen sind. Nach Rz 82 KFS/BW1 sind in der Person des Unternehmenseigners begründete Erfolgsbeiträge bei der Ermittlung eines objektivierten Unternehmenswerts insoweit außer Acht zu lassen, als sie in Zukunft nicht realisiert werden können. Nur partiell oder temporär übertragbare Erfolgsfaktoren spiegeln sich bei KMU häufig im Vorhandensein bestimmter immaterieller Faktoren wider, die durch die prägende Tätigkeit eines oder mehrerer Eigentümer bedingt sind. Dies ist etwa der Fall, wenn der Eigentümer als (Haupt-)Leistungserbringer fungiert, dessen Leistung z.B. für den Vertrieb bzw. die Kundenbindung entscheidend ist, oder wenn er Träger bestimmten Wissens ist, aufgrund dessen neue Produkte und Verfahren entwickelt werden.

(22) Alternativ zu ihrer Integration in eine Grobplanungsphase kann der Wertbeitrag aus der Entwicklung einzelner, spezifischer Faktoren nach der Detailplanungsphase (z.B. Steuereffekte aus der Verwertung von Verlustvorträgen) auch im Rahmen eines sog. Sonderwerts erfasst werden. Dabei wird die aus der Entwicklung des betreffenden Bewertungsparameters resultierende Veränderung der finanziellen Überschüsse außerhalb der Planungsrechnung dargestellt und gesondert diskontiert. Bei der Ermittlung von Sonderwerten ist darauf zu achten, dass alle Folgewirkungen erfasst und die zugrunde gelegten Annahmen in nachvollziehbarer Form offen gelegt werden.

4.2 Rentenphase (Terminal Value)

(23) Der Schätzung des zu erwartenden langfristigen Rentabilitätsniveaus des zu bewertenden Unternehmens in der Rentenphase geht in der Regel eine Analyse der erwarteten Entwicklung des Rentabilitätsniveaus bis zum Beginn der Rentenphase und der dafür maßgeblichen Einflussgrößen voraus. Diese Analyse basiert idealerweise auf den Ergebnissen der Vergangenheitsanalyse, dem Verständnis des Geschäftsmodells, der Markt- und Wettbewerbsanalyse und der daraus abgeleiteten strategischen Wettbewerbsposition des Unternehmens.

(24) Liegt die zu Beginn der Rentenphase erwirtschaftete Rendite über den Kapitalkosten und ist das Unternehmen nachhaltig in der Lage, Überrenditen zu erwirtschaften, sind die dafür maßgeblichen Gründe im Bewertungsgutachten anzugeben. Die Fähigkeit des zu bewertenden Unternehmens zur Erwirtschaftung nachhaltiger Überrenditen muss im Einzelfall beurteilt werden. Dabei können folgende Aspekte eine Rolle spielen:

- Abhängigkeit des Geschäftsmodells vom Kapitaleinsatz
- Intensität des Wettbewerbs,
- Existenz von nachhaltigen Wettbewerbsvorteilen (z.B. Marktstellung, Marktzutrittsbarrieren, immaterielle Faktoren wie Marken/Lizenzen/Patente, Einkaufsvorteile, Prozessvorteile, Größenvorteile, Standortvorteile, vorteilhafte Verträge, Produktionseffizienz, F&E und Verfahrens-Know-how, Vertriebsnetz)
- Geschwindigkeit von Veränderungen in der Branche
- Dauer und Verlauf der Anpassungsprozesse und Widerstandfähigkeit gegenüber dem Anpassungsdruck in der Vergangenheit
- Von Wettbewerbern und vergleichbaren Unternehmen erzielte Renditen

(25) Als branchenspezifische Einflussfaktoren auf das langfristige Rentabilitätsniveau und die Widerstandsfähigkeit gegen Konvergenzprozesse kommen strukturelle Einschränkungen der Wettbewerbskräfte (z.B. Markteintrittsbarrieren) in Frage. Ein hoher Konzentrationsgrad, hohe Marketingintensität und hohes Wachstum einer Branche wirken tendenziell positiv auf das langfristige Rentabilitätsniveau. Ein hoher Spezialisierungsgrad, eine hohe Bedeutung von Skaleneffekten und ein hoher Anteil von Endverbrauchern in einer Branche sprechen für eine höhere Widerstandsfähigkeit gegen Konvergenzprozesse.

(26) Als unternehmensspezifische Faktoren, die einen positiven Einfluss auf das langfristige Rentabilitätsniveau und die Widerstandsfähigkeit gegen Konvergenzprozesse entfalten, werden z.B. immaterielle Ressourcen (Marken, Technologie-Kompetenz, etc.), Wachstum, Unternehmensgröße, Grad der vertikalen Integration, Fokussierung (etwa hohe Konzentration des Gesamtumsatzes in wenigen Marktsegmenten) und Marktanteil angesehen. Einem hohen Exportanteil kann zwar ein positiver Einfluss auf das langfristige Rentabilitätsniveau zukommen, er kann jedoch negativ auf die Widerstandsfähigkeit gegen Konvergenzprozesse wirken. Eine hohe Marketingintensität kann hingegen negativ auf das langfristige Rentabilitätsniveau und positiv auf die Widerstandsfähigkeit gegen Konvergenzprozesse wirken.

(27) Liegt die zu Beginn der Rentenphase erwirtschaftete Rendite über den Kapitalkosten und ist zu erwarten, dass die Überrendite im Zeitablauf auf das Niveau der Kapitalkosten abschmilzt, kann von dem in Rz 64 KFS/BW1 für die Rentenphase beschriebenen Konvergenzprozess ausgegangen werden. Dieser Konvergenzprozess unterstellt, dass die Rendite (nach Unternehmenssteuern) der aus den thesaurierten Mitteln finanzierten Nettoinvestitionen nur noch den Kapitalkosten entspricht. Da der Kapitalwert von Investitionen, die eine Rendite (nach Unternehmenssteuern) genau in Höhe der Kapitalkosten erbringen, gleich Null ist, führt diese Annahme dazu, dass Nettoinvestitionen in der Rentenphase keine Erhöhung des Unternehmenswerts bewirken bzw. den Unternehmenswert unverändert lassen. Dies hat zur Folge, dass Wachstumsannahmen keine (positiven oder negativen) Wertbeiträge nach sich ziehen.

(28) Die in Rz 64 KFS/BW1 beschriebene Konvergenzprozess bezieht sich nur auf die Rendite auf die aus den thesaurierten Mitteln finanzierten Nettoinvestitionen, sodass die Frage, welche Rendite für das bereits zu Beginn der Rentenphase investierte Kapital zu erwarten ist, offen bleibt. Wird unterstellt, dass das zu Beginn der Rentenphase investierte Kapital weiterhin Überrenditen in konstanter Höhe erbringt, kann der Terminal Value mit Hilfe der sog. „Konvergenz-Formel" nach dem Value Driver-Modell ermittelt werden (s. Tz 32). Da hier gleichzeitig unterstellt wird, dass Nettoinvestitionen aus thesaurierten Mitteln nur eine Rendite in Höhe der Kapitalkosten erbringen, wird ein stetiges Abschmelzen der Überrenditen im Sinne einer Annäherung der Gesamtrendite an die Kapitalkosten über einen unendlichen Zeitraum angenommen.

(29) Um die Konsistenz der Annahmen zu Renditeerwartungen, Wachstumsrate und Thesaurierung in der Rentenphase zu gewährleisten, ist der Ermittlung des Terminal Value ein konsistentes Wachstumsmodell zugrunde zu legen. Dafür kommt u.a. das Value Driver-Modell von *Copeland/Koller/Murrin* in Frage. Dieses Modell stellt zwar auf kapitalintensive Unternehmen ab, ist aber grundsätzlich auch auf solche Dienstleistungsunternehmen übertragbar, für die Thesaurierungsbedarf für Investitionen besteht.

(30) Nach dem Value Driver-Modell kann der Terminal Value zum Planungshorizont T (TV_T^{WACC}) im WACC-Verfahren nach folgender allgemeiner Formel ermittelt werden:[2]

$$TV_T^{WACC} = \frac{NOPLAT_{T+1} \cdot (1 - \frac{g}{RONIC})}{WACC - g} = \frac{FCF_{T+1}}{WACC - g}$$

(31) Da das Wachstum bzw. die wachstumsbedingte Erhöhung der Aktiva in der Rentenphase zum Teil durch Gewinneinbehalte finanziert werden muss, ist der den Kapitalgebern zufließende Free Cash-flow stets niedriger als der jeweilige Periodengewinn nach Unternehmenssteuern. Eine Erhöhung der Wachstumsrate wirkt sich sowohl positiv als auch negativ auf die Höhe des Terminal Value aus: Positiv wirkt die Kürzung des Diskontierungssatzes, negativ wirkt die Kürzung des ausschüttbaren NOPLAT durch die Erhöhung der Thesaurierungsquote g/RONIC. Wachstum erbringt unter diesen Annahmen nur dann einen positiven Wertbeitrag, wenn die erwartete Rendite der Nettoinvestitionen in der Rentenphase die Kapitalkosten übersteigt.

(32) Entspricht aber – im Sinne des in Rz 64 KFS/BW1 beschriebenen Konvergenzprozesses – die erwartete Rendite auf die Nettoinvestitionen genau den Kapitalkosten, gilt also RONIC = WACC, liefert das Wachstum weder einen positiven noch einen negativen Wertbeitrag, sondern lässt den Terminal Value unverändert. Die Höhe der Wachstumsrate ist dann für den Terminal Value irrelevant. In diesem Fall kann der Terminal Value nach der folgenden Formel (sog. „Konvergenz-Formel") ermittelt werden:

$$TV_T^{WACC} = \frac{NOPLAT_{t+1}}{WACC}$$

(33) Bei Anwendung der Konvergenz-Formel wird unterstellt, dass das zu Beginn der Rentenphase investierte Kapital weiterhin Überrenditen in konstanter Höhe erwirtschaftet. Die Angemessenheit dieser Annahme ist im Einzelfall kritisch zu würdigen.

(34) Zu beachten ist, dass bei Zugrundelegung des in Rz 64 KFS/BW1 beschriebenen Konvergenzprozesses eine Kürzung des Nenners um die Wachstumsrate g nicht in Betracht kommt, da dies zur Unterschätzung von Thesaurierungserfordernissen und folglich zu einer Überschätzung des Terminal Value führen würde. Dies gilt unabhängig davon, ob ein rein inflationsbedingtes Wachstum oder ein sog. thesaurierungsbedingtes Wachstum unterstellt wird. Wird daher für die Rentenphase ausschließlich inflationsbedingtes Wachstum unterstellt, ist bei Anwendung der Konvergenz-Formel eine Kürzung des Nenners um die Inflationsrate nicht vorzunehmen.

(35) Im Equity Approach kann der Terminal Value zum Planungshorizont T (TV_T^E) nach dem Value Driver-Modell mit Hilfe folgender allgemeiner Formel ermittelt werden:[3]

$$TV_T^E = \frac{JÜ_{T+1} \cdot (1 - \frac{g}{RONE})}{COE - g} = \frac{FTE_{T+1}}{COE - g}$$

(36) Wird der in Rz 64 KFS/BW1 beschriebene Konvergenzprozess unterstellt, entspricht die erwartete Eigenkapitalrendite auf die Nettoinvestitionen genau den Eigenkapitalkosten, es gilt also RONE = COE. In diesem Fall kann der Terminal Value im Equity Approach nach der folgenden Formel („Konvergenz-Formel") ermittelt werden:

---

[2] Dabei bezeichnen FCF_{T+1} den für die erste Periode der Rentenphase prognostizierten Free Cash-flow, WACC die gewogenen Kapitalkosten, g die jährliche Wachstumsrate (es gilt stets g < WACC), $NOPLAT_{T+1}$ den für die erste Periode der Rentenphase prognostizierten operativen Gewinn nach adaptierten Steuern und RONIC die erwartete Rendite auf die in der Rentenphase durchzuführenden Nettoinvestitionen (Return on New Invested Capital).

[3] Dabei bezeichnen FTE_{T+1} den für die erste Periode der Rentenphase prognostizierten Flow to Equity, COE die Eigenkapitalkosten, g die jährliche Wachstumsrate (es gilt stets g < COE), $JÜ_{T+1}$ den für die erste Periode der Rentenphase prognostizierten Gewinn nach Steuern und RONE die erwartete Eigenkapitalrendite auf die in der Rentenphase durchzuführenden Nettoinvestitionen (Return on New Equity).

Anhang

$$TV_t^E = \frac{J\ddot{U}_{t+1}}{COE}$$

(37) Entspricht die zu Beginn der Rentenphase erwirtschaftete Rendite den Kapitalkosten, etwa weil ein vollständiger Abbau von Überrenditen bereits in der Grobplanungsphase angenommen wurde, und wird unterstellt, dass sich das langfristige Rentabilitätsniveau ebenfalls mit den Kapitalkosten deckt, entspricht der Terminal Value dem Buchwert des zu Beginn der Rentenphase investierten Kapitals (Entity Approach) bzw. dem Buchwert des Eigenkapitals zu Beginn der Rentenphase (Equity Approach).

(38) Liegt die zu Beginn der Rentenphase erwirtschaftete Rendite unter den Kapitalkosten, würde die Anwendung der Konvergenzformel gemäß Tz 35 gleichbedeutend mit der Annahme einer Renditeverbesserung während der Rentenphase sein. Die Plausibilität einer solchen Annahme ist im Einzelfall kritisch zu würdigen. Sollte keine Renditeverbesserung zu erwarten sein, empfiehlt es sich, die Liquidation als Alternative zur Fortführung des ertragsschwachen Unternehmens zu analysieren.

5. Weiterführende Literatur

Friedl/Schwetzler, Unternehmensbewertung bei Inflation und Wachstum, ZfB 2010, 417 ff.

Friedl/Schwetzler, Homogenitätsprinzip, Unternehmensbewertung und Erfolgsmessung, RWZ 2015, 161 ff.

Gordon, Dividends, Earnings and Stock Prices, Review of Economics and Statistics 1959, 99 ff.

Gordon/Shapiro, Capital Equipment Analysis: The Required Rate of Profit, Management Science 1956, 102 ff.

IDW Praxishinweis 1/2014: Hinweise der Bundessteuerberaterkammer zu den Besonderheiten bei der Ermittlung eines objektivierten Unternehmenswerts kleiner und mittelgroßer Unternehmen vom 13.3.2014, WPg 2014, 463 ff.

Knoll, Ewige Rente und Wachstum – the Final Cut?, RWZ 2014, 271 ff.

Koller/Goedhart/Wessels, Valuation – Measuring and Managing the Value of Companies, 6th ed., Hoboken 2015 (bis zur 3. Auflage veröffentlicht von *Copeland/Koller/Murrin*)

Kreyer, Strategieorientierte Restwertbestimmung in der Unternehmensbewertung, Wiesbaden 2009

Lobe, Unternehmensbewertung und Terminal Value, Frankfurt a.M. 2006

Meitner, Der Terminal Value in der Unternehmensbewertung, in Peemöller (Hrsg), Praxishandbuch der Unternehmensbewertung, 6. Aufl., Herne 2015, 647 ff.

Meitner/Streitferd, Unternehmensbewertung, Stuttgart 2011

Porter, Wettbewerbsstrategie: Methoden zur Analyse von Branchen und Konkurrenten, 3. Aufl., Frankfurt a.M. 1984

Purtscher/Sylle, Grobplanungsphase und Konvergenz – Anmerkungen für die Umsetzung in der Praxis, RWZ 2015, 178 ff.

Rabel, Der Terminal Value nach der Neufassung des Standards KFS BW1, RWZ 2014, 218 ff.

Stellbrink, Der Restwert in der Unternehmensbewertung, Düsseldorf 2005

Stewart, The Quest for Value, New York 1991

Weiler, Verbesserung der Prognosegüte bei der Unternehmensbewertung, Aachen 2005

2. IDW S 1 (2008)

Abdruck mit freundlicher Genehmigung der IDW Verlag GmbH (IDW Prüfungsstandards, IDW Stellungnahmen zur Rechnungslegung, Loseblattausgabe).

IDW Standard:
Grundsätze zur Durchführung von Unternehmensbewertungen
(IDW S 1 i.d.F. 2008)

(Stand: 2.4.2008)[4]

Inhaltsverzeichnis

1. **Vorbemerkungen**
2. **Begriffliche Grundlagen**
   - 2.1. Inhalt des Unternehmenswerts
   - 2.2. Bewertungsanlässe
   - 2.3. Funktionen des Wirtschaftsprüfers
   - 2.4. Wert und Preis von Unternehmen und Unternehmensanteilen
3. **Relevanz von Börsenkursen**
4. **Grundsätze zur Ermittlung von Unternehmenswerten**
   - 4.1. Maßgeblichkeit des Bewertungszwecks
   - 4.2. Bewertung der wirtschaftlichen Unternehmenseinheit
   - 4.3. Stichtagsprinzip
   - 4.4. Bewertung des betriebsnotwendigen Vermögens
      - 4.4.1. Grundlagen der Ermittlung finanzieller Überschüsse
         - 4.4.1.1. Zahlungsstromorientierung
         - 4.4.1.2. Ertragsteuerliche Einflüsse
      - 4.4.2. Finanzielle Überschüsse bei Ermittlung eines objektivierten Unternehmenswerts
         - 4.4.2.1. Zum Stichtag bereits eingeleitete oder im Unternehmenskonzept dokumentierte Maßnahmen
         - 4.4.2.2. So genannte unechte Synergieeffekte
         - 4.4.2.3. Ausschüttungsannahme
         - 4.4.2.4. Managementfaktoren
         - 4.4.2.5. Ertragsteuern der Unternehmenseigner

---

[4] Verabschiedet vom Fachausschuss für Unternehmensbewertung und Betriebswirtschaft (FAUB) am 02.04.2008. Billigende Kenntnisnahme durch den HFA am 30.05.2008. Die Neufassung des *IDW Standards 1* dient im Wesentlichen der Anpassung der Grundsätze zur Ermittlung von objektivierten Unternehmenswerten an die Neuregelungen der Unternehmensteuerreform 2008. Der Bundesrat hat der Unternehmensteuerreform 2008 am 06.07.2007 zugestimmt. Die Neuerungen sind damit für die Ermittlung objektivierter Unternehmenswerte hinreichend konkretisiert und für Bewertungsstichtage ab dem 07.07.2007 zu berücksichtigen.

Anhang

    4.4.3. Finanzielle Überschüsse bei Ermittlung subjektiver Entscheidungswerte
        4.4.3.1. Geplante, aber zum Stichtag noch nicht eingeleitete oder noch nicht im Unternehmenskonzept dokumentierte Maßnahmen
        4.4.3.2. So genannte echte Synergieeffekte
        4.4.3.3. Finanzierungsannahmen
        4.4.3.4. Managementfaktoren
        4.4.3.5. Ertragsteuern der Unternehmenseigner
  4.5. Bewertung des nicht betriebsnotwendigen Vermögens
  4.6. Unbeachtlichkeit des (bilanziellen) Vorsichtsprinzips
  4.7. Nachvollziehbarkeit der Bewertungsansätze

5. Prognose der künftigen finanziellen Überschüsse
  5.1. Informationsbeschaffung
  5.2. Vergangenheitsanalyse
  5.3. Planung und Prognose (Phasenmethode)
  5.4. Plausibilitätsbeurteilung der Planungen
  5.5. Verwendung verlässlicher Bewertungsunterlagen

6. Kapitalisierung der künftigen finanziellen Überschüsse
  6.1. Grundlagen
  6.2. Berücksichtigung des Risikos
  6.3. Berücksichtigung persönlicher Ertragsteuern im Kapitalisierungszinssatz
  6.4. Berücksichtigung wachsender finanzieller Überschüsse
  6.5. Brutto- oder Nettokapitalisierung

7. Bewertungsverfahren
  7.1. Anwendung von Ertragswert- oder DCF-Verfahren
  7.2. Ermittlung des Unternehmenswerts nach dem Ertragswertverfahren
    7.2.1. Grundsätzliches Vorgehen
    7.2.2. Ermittlung der Ertragsüberschüsse aus dem betriebsnotwendigen Vermögen
        7.2.2.1. Bereinigung der Vergangenheitserfolgsrechnung
        7.2.2.2. Planung der Aufwendungen und Erträge
        7.2.2.3. Finanzplanung und Zinsprognose
    7.2.3. Ermittlung der Überschüsse aus nicht betriebsnotwendigem Vermögen
    7.2.4. Ermittlung des Kapitalisierungszinssatzes
        7.2.4.1. Kapitalisierungszinssatz bei der Ermittlung objektivierter Unternehmenswerte
        7.2.4.2. Kapitalisierungszinssatz bei der Ermittlung subjektiver Entscheidungswerte
  7.3. Ermittlung des Unternehmenswerts nach den DCF-Verfahren
    7.3.1. Überblick
    7.3.2. Das Konzept der gewogenen Kapitalkosten (WACC-Ansatz)
        7.3.2.1. Grundsätzliches Vorgehen
        7.3.2.2. Bestimmung der künftigen Free Cashflows

                7.3.2.3. Ermittlung des Residualwerts
                7.3.2.4. Wert des nicht betriebsnotwendigen Vermögens
                7.3.2.5. Ermittlung der Kapitalkosten
        7.3.3. Das Konzept des angepassten Barwerts (APV-Ansatz)
        7.3.4. Das Konzept der direkten Ermittlung des Werts des Eigenkapitals (Equity-Ansatz)
        7.3.5. Berücksichtigung der persönlichen Ertragsteuern der Unternehmenseigner
    7.4. Ermittlung von Liquidationswerten
    7.5. Anhaltspunkte für Plausibilitätsbeurteilungen
        7.5.1. Börsenpreis
        7.5.2. Vereinfachte Preisfindungen
8. **Besonderheiten bei der Unternehmensbewertung**
    8.1. Bewertung wachstumsstarker Unternehmen
    8.2. Bewertung ertragsschwacher Unternehmen
        8.2.1. Grundsätzliches
        8.2.2. Unternehmen mit nicht vorrangig finanzieller Zielsetzung
    8.3. Bewertung kleiner und mittelgroßer Unternehmen
        8.3.1. Abgrenzung des Bewertungsobjekts
        8.3.2. Bestimmung des Unternehmerlohns
        8.3.3. Eingeschränkte Informationsquellen
                8.3.3.1. Bereinigung der Vergangenheitsergebnisse
                8.3.3.2. Analyse der Ertragskraft
        8.3.4. Vereinfachte Preisfindungen
    8.4. Substanzwert
9. **Dokumentation und Berichterstattung**
    9.1. Arbeitspapiere
    9.2. Bewertungsgutachten

1. Vorbemerkungen

(1) Dieser *IDW Standard* legt vor dem Hintergrund der in Theorie, Praxis und Rechtsprechung entwickelten Standpunkte die Grundsätze dar, nach denen Wirtschaftsprüfer Unternehmen bewerten. Die Ausführungen stellen wesentliche allgemeine Grundsätze dar. Jeder Bewertungsfall verlangt seine eigene fachgerechte Problemlösung. Insoweit können die Grundsätze nur den Rahmen festlegen, in dem die eigenverantwortliche Lösung im Einzelfall liegen muss.

(2) Fälle vertraglicher oder auftragsgemäßer Wertfeststellungen, die sich nach abweichenden vorgegebenen Regelungen richten, bleiben von diesem *IDW Standard* unberührt. So können beispielsweise durch den Bewertungsauftrag andere Bewertungsverfahren, die Berücksichtigung nicht finanzieller Ziele, Besonderheiten des Prognoseverfahrens oder andere von diesem *IDW Standard* abweichende Vorgaben umschrieben sein.

(3) Dieser *IDW Standard* ersetzt den *IDW Standard: Grundsätze zur Durchführung von Unternehmensbewertungen (IDW S 1)* i.d.F. vom 18.10.2005.[5]

---
5   WPg 2005, S. 1303, FN-IDW 2005, S. 690.

2. Begriffliche Grundlagen

2.1. Inhalt des Unternehmenswerts

(4) Der Wert eines Unternehmens bestimmt sich unter der Voraussetzung ausschließlich finanzieller Ziele durch den Barwert der mit dem Eigentum an dem Unternehmen verbundenen Nettozuflüsse an die Unternehmenseigner (Nettoeinnahmen als Saldo von Ausschüttungen bzw. Entnahmen, Kapitalrückzahlungen und Einlagen). Zur Ermittlung dieses Barwerts wird ein Kapitalisierungszinssatz verwendet, der die Rendite aus einer zur Investition in das zu bewertende Unternehmen adäquaten Alternativanlage repräsentiert. Demnach wird der Wert des Unternehmens allein aus seiner Ertragskraft, d.h. seiner Eigenschaft, -finanzielle Überschüsse für die Unternehmenseigner zu erwirtschaften, abgeleitet.

(5) Dieser Wert ergibt sich grundsätzlich aus den finanziellen Überschüssen, die bei Fortführung des Unternehmens und Veräußerung etwaigen nicht betriebsnotwendigen Vermögens erwirtschaftet werden (Zukunftserfolgswert). Nur für den Fall, dass der Barwert der finanziellen Überschüsse, die sich bei Liquidation des gesamten Unternehmens ergeben (Liquidationswert), den Fortführungswert übersteigt, kommt der Liquidationswert als Unternehmenswert in Betracht.

(6) Dagegen kommt dem Substanzwert bei der Ermittlung des Unternehmenswerts keine eigenständige Bedeutung zu.

(7) Der Unternehmenswert wird grundsätzlich als Zukunftserfolgswert ermittelt. In der Unternehmensbewertungspraxis haben sich als gängige Verfahren das Ertragswertverfahren (vgl. Abschn. 7.2.) und die Discounted Cash Flow-Verfahren (vgl. Abschn. 7.3.) herausgebildet.

2.2. Bewertungsanlässe

(8) Die Anlässe für Unternehmensbewertungen können sich im Zusammenhang mit unternehmerischen Initiativen, aus Gründen der externen Rechnungslegung, aus gesellschaftsrechtlichen oder anderen gesetzlichen Vorschriften bzw. vertraglichen Vereinbarungen oder aus sonstigen Gründen ergeben.

(9) Unternehmensbewertungen werden bei vielfältigen Anlässen unternehmerischer Initiativen, wie z.B. Kauf oder Verkauf von Unternehmen, Fusionen, Zuführungen von Eigen- oder Fremdkapital, Sacheinlagen (einschließlich der Übertragung des ganzen Gesellschaftsvermögens), Börsengang, Management Buy Out oder im Rahmen von wertorientierten Managementkonzepten vorgenommen.

(10) Unternehmen sind ferner ggf. unter Anwendung spezieller Bewertungsstandards[6] regelmäßig für Zwecke der externen Rechnungslegung (z.B. Kaufpreisallokation und Impairmenttest) und aus steuerrechtlichen Gründen (z.B. konzerninterne Umstrukturierung) zu bewerten.

(11) Bewertungen aufgrund gesellschaftsrechtlicher Regelungen ergeben sich insbesondere aus den aktienrechtlichen Regelungen zum Abschluss von Unternehmensverträgen bzw. zur Eingliederung oder zum Squeeze Out (Ermittlung des angemessenen Ausgleichs, der Abfindung in Aktien sowie der Barabfindung). Darüber hinaus sieht z.B. das Umwandlungsgesetz die Ermittlung von Barabfindungen sowie von Umtauschverhältnissen im Zusammenhang mit der Prüfung des Verschmelzungs- bzw. Spaltungsberichts vor.

---

6   Vgl. *IDW Stellungnahme zur Rechnungslegung: Anwendung der Grundsätze des IDW S 1 bei der Bewertung von Beteiligungen und sonstigen Unternehmensanteilen für die Zwecke eines handelsrechtlichen Jahresabschlusses (IDW RS HFA 10)*, WPg 2005, S. 1322, FN-IDW 2005, S. 718 sowie *IDW Stellungnahme zur Rechnungslegung: Bewertungen bei der Abbildung von Unternehmenserwerben und bei Werthaltigkeitsprüfungen nach IFRS (IDW RS HFA 16)*, WPg 2005, S. 1415, FN-IDW 2005, S. 721.

Bewertungen auf vertraglicher Grundlage erfolgen insbesondere beim Eintritt und Austritt von Gesellschaftern aus einer Personengesellschaft, bei Erbauseinandersetzungen und Erbteilungen sowie bei Abfindungsfällen im Familienrecht.[7]

2.3. Funktionen des Wirtschaftsprüfers

(12) Bei der Bewertung von Unternehmen kann der Wirtschaftsprüfer in verschiedenen Funktionen tätig werden:

- Neutraler Gutachter
  In der Funktion als neutraler Gutachter wird der Wirtschaftsprüfer als Sachverständiger tätig, der mit nachvollziehbarer Methodik einen von den individuellen Wertvorstellungen betroffener Parteien unabhängigen Wert des Unternehmens – den objektivierten Unternehmenswert – ermittelt.
- Berater
  In der Beratungsfunktion ermittelt der Wirtschaftsprüfer einen subjektiven Entscheidungswert, der z.B. angeben kann, was – unter Berücksichtigung der vorhandenen individuellen Möglichkeiten und Planungen – ein bestimmter Investor für ein Unternehmen höchstens anlegen darf (Preisobergrenze) oder ein Verkäufer mindestens verlangen muss (Preisuntergrenze), um seine ökonomische Situation durch die Transaktion nicht zu verschlechtern.
- Schiedsgutachter/Vermittler
  In der Schiedsgutachter-/Vermittlerfunktion wird der Wirtschaftsprüfer tätig, der in einer Konfliktsituation unter Berücksichtigung der verschiedenen subjektiven Wertvorstellungen der Parteien einen Einigungswert als Schiedsgutachter feststellt oder als Vermittler vorschlägt.

2.4. Wert und Preis von Unternehmen und Unternehmensanteilen

(13) Während sich der Unternehmenswert als Gesamtwert des Unternehmens auf alle Unternehmenseigner bezieht, entspricht der Wert eines Unternehmensanteils dem jeweiligen Anteil eines Unternehmenseigners am Unternehmen.

Der Wert für einen Unternehmensanteil kann direkt oder indirekt ermittelt werden. Bei der direkten Anteilsbewertung wird der Anteilswert direkt aus den Zahlungsströmen zwischen dem Unternehmen und dem einzelnen Anteilseigner abgeleitet. Bei der indirekten Anteilsbewertung wird der Wert des Unternehmensanteils aus dem Gesamtwert des Unternehmens abgeleitet.

Der objektivierte Wert des Unternehmensanteils entspricht dem quotalen Wertanteil am objektivierten Gesamtwert des Unternehmens. Der subjektive Wert eines Unternehmensanteils beinhaltet die Einschätzung des Werts der Beteiligung an einem Unternehmen unter Berücksichtigung der individuellen persönlichen Verhältnisse und Ziele des (jeweiligen) Anteilseigners; Bewertungsparameter sind deshalb neben der Anteilsquote insbesondere der damit verbundene Einfluss des Anteilseigners auf die Unternehmenspolitik sowie erwartete Synergieeffekte.

Der Preis für Unternehmen und Unternehmensanteile bildet sich auf freien Kapitalmärkten aus Angebot und Nachfrage. Er wird wesentlich von der Nutzenschätzung (Grenznutzen) der jeweiligen Käufer und Verkäufer bestimmt und kann je nach dem mengenmäßigen Verhältnis zwischen Angebot und Nachfrage sowie den Einflussmöglichkeiten der Unternehmenseigner auf die Unternehmenspolitik (Alleineigentum, qualifizierte oder einfache Mehrheit, Sperrminorität oder Streubesitz) mehr oder weniger stark von dem Wert des gesamten Unternehmens oder dem quotalen Anteil am Unternehmensgesamtwert abweichen.

---

7 Vgl. *IDW Stellungnahme HFA 2/1995: Zur Unternehmensbewertung im Familien- und Erbrecht*, WPg 1995, S. 522, FN-IDW 1995, S. 309.

Anhang

Tatsächlich gezahlte Preise für Unternehmen und Unternehmensanteile können – sofern Vergleichbarkeit mit dem Bewertungsobjekt und hinreichende Zeitnähe gegeben sind – zur Beurteilung der Plausibilität von Unternehmenswerten und Anteilswerten dienen, sie ersetzen aber keine Unternehmensbewertung.

3. Relevanz von Börsenkursen

(14) Der nach den in diesem *IDW Standard* dargestellten Grundsätzen ermittelte Unternehmenswert bzw. Wert von Unternehmensanteilen ist zu unterscheiden von Börsenkursen bzw. einer auf Basis von Börsenkursen ermittelten Börsenkapitalisierung (Anzahl der Aktien multipliziert mit dem Börsenkurs): So beruhen Unternehmensbewertungen auf detailliert analysierten Daten zum Bewertungsobjekt, insbesondere der i.d.R. dem Kapitalmarkt und einer breiteren Öffentlichkeit nicht zugänglichen Planungsrechnung und dem Unternehmenskonzept.

(15) Sofern für Unternehmensanteile Börsenkurse zur Verfügung stehen, sind diese bei Unternehmensbewertungen zur Plausibilitätsbeurteilung des nach den Grundsätzen dieses *IDW Standards* ermittelten Unternehmens- oder Anteilswerts heranzuziehen. Hierbei sind besondere Einflüsse, die sich möglicherweise auf die Börsenpreisbildung ausgewirkt haben, sorgfältig zu analysieren und darzustellen (z.B. geringer Anteil börsengehandelter Anteile, besondere Marktsituationen). Sachlich nicht begründbare wesentliche Abweichungen zwischen dem ermittelten Zukunftserfolgswert und dem Börsenkurs sollten zum Anlass genommen werden, die der Bewertung zugrunde liegenden Ausgangsdaten und Prämissen kritisch zu überprüfen.

(16) Bei einigen speziellen Unternehmensbewertungsanlässen (z.B. Abfindung und Ausgleich gemäß §§ 304, 305 AktG, § 320b AktG sowie §§ 327a f. AktG) ist der Verkehrswert von börsennotierten Aktien nach der höchstrichterlichen Rechtsprechung nicht ohne Rücksicht auf den Börsenkurs zu ermitteln.[8] Grundsätzlich ist das Ertragswertverfahren auch in diesen Bewertungsanlässen höchstrichterlich anerkannt. Sofern in diesen Fällen der Ertragswert aber unter dem Börsenkurs liegt, ist der Börsenkurs als Mindestgröße heranzuziehen. Dies gilt jedoch nicht, wenn der Börsenkurs – z.B. bei fehlender Marktgängigkeit oder Manipulation des Börsenkurses – nicht dem Verkehrswert der Aktien entspricht.[9] Stets ist beim Heranziehen des Börsenkurses auf einen geeigneten Durchschnittskurs abzustellen.

4. Grundsätze zur Ermittlung von Unternehmenswerten

4.1. Maßgeblichkeit des Bewertungszwecks

(17) In Abhängigkeit vom zu ermittelnden Unternehmenswert (objektivierter Unternehmenswert, subjektiver Entscheidungswert, Einigungswert) ergeben sich i.d.R. unterschiedliche Annahmen über die Prognose und Diskontierung der künftigen finanziellen Überschüsse, Art und Umfang einzubeziehender Synergien sowie zu persönlichen Verhältnissen der Anteilseigner bzw. deren anlassbezogener Typisierung. Daher setzt eine sachgerechte Unternehmenswertermittlung voraus, dass im Rahmen der Auftragserteilung festgelegt wird, in welcher Funktion der Wirtschaftsprüfer tätig wird, um daraus die dem jeweiligen Bewertungszweck entsprechenden Annahmen und Typisierungen herleiten zu können.

4.2. Bewertung der wirtschaftlichen Unternehmenseinheit

(18) Unternehmen sind zweckgerichtete Kombinationen von materiellen und immateriellen Werten, durch deren Zusammenwirken finanzielle Überschüsse erwirtschaftet werden sollen.

---

8   Vgl. BVerfG, Beschluss vom 27.04.1999 – 1 BvR 1613/94, DB 1999, S. 1693.
9   Vgl. BGH, Beschluss vom 12.03.2001 – II ZB 15/00, DB 2001, S. 969.

Der Wert eines Unternehmens wird deshalb nicht durch die Werte der einzelnen Bestandteile des Vermögens und der Schulden bestimmt, sondern durch das Zusammenwirken aller Werte.

(19) Bei der Abgrenzung des Bewertungsobjekts ist die Gesamtheit aller zusammenwirkenden Bereiche eines Unternehmens, wie z.B. Beschaffungs- und Absatzbeziehungen bzw. -märkte, Forschung und Entwicklung, Organisation, Finanzierung und Management zu erfassen, da alle Unternehmensbereiche gemeinsam zu den zukünftigen finanziellen Überschüssen beitragen (Gesamtbewertung). Das Bewertungsobjekt muss nicht mit der recht-lichen Abgrenzung des Unternehmens identisch sein; zugrunde zu legen ist vielmehr das nach wirtschaftlichen Kriterien definierte Bewertungsobjekt (z.B. Konzern, Betriebsstätte, strategische Geschäftseinheit).

(20) Zu den Besonderheiten der Abgrenzung des Bewertungsobjekts bei der Bewertung von kleinen und mittelgroßen Unternehmen vgl. Abschn. 8.3.1.

(21) Bei der Bewertung von Unternehmen ist grundsätzlich zwischen betriebsnotwendigem Vermögen und nicht betriebsnotwendigem Vermögen zu unterscheiden.

4.3. Stichtagsprinzip

(22) Unternehmenswerte sind zeitpunktbezogen auf den Bewertungsstichtag zu ermitteln.

(23) Die Erwartungen der an der Bewertung interessierten Parteien über die künftigen finanziellen Überschüsse sowohl des Bewertungsobjekts als auch der bestmöglichen Alternativinvestition hängen von dem Umfang der im Zeitablauf zufließenden Informationen ab. Bei Auseinanderfallen des Bewertungsstichtags und des Zeitpunkts der Durchführung der Bewertung ist daher nur der Informationsstand zu berücksichtigen, der bei angemessener Sorgfalt zum Bewertungsstichtag hätte erlangt werden können. Dies gilt auch für den Informationsstand über die Ertragsteuerbelastung der finanziellen Überschüsse, d.h. maßgeblich ist das am Bewertungsstichtag geltende bzw. das mit Wirkung für die Zukunft vom Gesetzgeber beschlossene Steuerrecht.

4.4. Bewertung des betriebsnotwendigen Vermögens
4.4.1. Grundlagen der Ermittlung finanzieller Überschüsse
4.4.1.1. Zahlungsstromorientierung

(24) Die zur Ermittlung des Unternehmenswerts abzuzinsenden Nettoeinnahmen der Unternehmenseigner ergeben sich vorrangig aufgrund des Anspruchs der Unternehmenseigner auf Ausschüttung bzw. Entnahme der vom Unternehmen erwirtschafteten finanziellen Überschüsse abzüglich von zu erbringenden Einlagen der Eigner. Ferner sind weitere mit dem Eigentum am Unternehmen verbundene Zahlungsstromveränderungen zu berücksichtigen.

(25) Die Nettoeinnahmen der Unternehmenseigner hängen in erster Linie von der Fähigkeit des Unternehmens ab, finanzielle Überschüsse zu erwirtschaften. Eine Unternehmensbewertung setzt daher die Prognose der entziehbaren künftigen finanziellen Überschüsse des Unternehmens voraus. Wertbestimmend sind aber nur diejenigen finanziellen Überschüsse des Unternehmens, die als Nettoeinnahmen in den Verfügungsbereich der Eigentümer gelangen (Zuflussprinzip).

(26) Zur Ermittlung der Nettoeinnahmen der Unternehmenseigner sind die Thesaurierungen finanzieller Überschüsse des Unternehmens sowie die Verwendung nicht ausgeschütteter Beträge zu berücksichtigen. Diese Beträge können zur Investition, zur Tilgung von Fremdkapital oder zur Rückführung von Eigenkapital verwendet werden. Dabei sind die Nebenbedingungen der gesellschaftsrechtlichen Ausschüttungsfähigkeit und der Finanzierung der Ausschüttungen zu beachten.

(27) Eine ordnungsgemäße Unternehmensbewertung setzt aufeinander abgestimmte Plan-Bilanzen, Plan-Gewinn- und Verlustrechnungen sowie Finanzplanungen voraus. Hierbei können ergänzende Rechnungen zur Ermittlung der steuerlichen Bemessungsgrundlagen notwendig werden.

4.4.1.2. Ertragsteuerliche Einflüsse

(28) Der Wert eines Unternehmens wird durch die Höhe der Nettozuflüsse an den Investor bestimmt, die er zu seiner freien Verfügung hat. Diese Nettozuflüsse sind unter Berücksichtigung der inländischen und ausländischen Ertragsteuern des Unternehmens und grundsätzlich der aufgrund des Eigentums am Unternehmen entstehenden persönlichen Ertragsteuern der Unternehmenseigner zu ermitteln.

4.4.2. Finanzielle Überschüsse bei Ermittlung eines objektivierten Unternehmenswerts

(29) Der objektivierte Unternehmenswert stellt einen intersubjektiv nachprüfbaren Zukunftserfolgswert aus Sicht der Anteilseigner dar. Dieser ergibt sich bei Fortführung des Unternehmens auf Basis des bestehenden Unternehmenskonzepts und mit allen realistischen Zukunftserwartungen im Rahmen der Marktchancen, -risiken und finanziellen Möglichkeiten des Unternehmens sowie sonstigen Einflussfaktoren. Wegen der Wertrelevanz der persönlichen Ertragsteuern sind zur Ermittlung des objektivierten Unternehmenswerts anlassbezogene Typisierungen der steuerlichen Verhältnisse der Anteilseigner erforderlich.

(30) Häufig ist der Wirtschaftsprüfer als neutraler Gutachter zur Ermittlung eines objektivierten Unternehmenswerts im Rahmen unternehmerischer Initiativen tätig, bei denen die Bewertung als objektivierte Informationsgrundlage (z.B. für Kaufpreisverhandlungen, Fairness Opinions, Kreditwürdigkeitsprüfungen) dient. Im Hinblick auf das Informationsbedürfnis und die Informationserwartungen der Adressaten der Bewertung sowie vor dem Hintergrund der Internationalisierung der Kapitalmärkte und der Unternehmenstransaktionen ist in diesen Fällen eine mittelbare Typisierung der steuerlichen Verhältnisse der Anteilseigner sachgerecht. Hierbei wird die Annahme getroffen, dass die Nettozuflüsse aus dem Bewertungsobjekt und aus der Alternativinvestition in ein Aktienportfolio auf der Anteilseignerebene einer vergleichbaren persönlichen Besteuerung unterliegen. Im Bewertungskalkül wird dann auf eine explizite Berücksichtigung persönlicher Ertragsteuern bei der Ermittlung der finanziellen Überschüsse und des Kapitalisierungszinssatzes verzichtet.

(31) Bei gesellschaftsrechtlichen und vertraglichen Bewertungsanlässen (z.B. Squeeze Out) wird der objektivierte Unternehmenswert im Einklang mit der langjährigen Bewertungspraxis und deutschen Rechtsprechung aus der Perspektive einer inländischen unbeschränkt steuerpflichtigen natürlichen Person als Anteilseigner ermittelt. Bei dieser Typisierung sind demgemäß zur unmittelbaren Berücksichtigung der persönlichen Ertragsteuern sachgerechte Annahmen zu deren Höhe sowohl bei den finanziellen Überschüssen als auch beim Kapitalisierungszinssatz zu treffen.

4.4.2.1. Zum Stichtag bereits eingeleitete oder im Unternehmenskonzept dokumentierte Maßnahmen

(32) Die Bewertung eines Unternehmens basiert auf der am Bewertungsstichtag vorhandenen Ertragskraft. Grundsätzlich beruht die vorhandene Ertragskraft auf den zum Bewertungsstichtag vorhandenen Erfolgsfaktoren. Die bewertbare Ertragskraft beinhaltet die Erfolgschancen, die sich zum Bewertungsstichtag aus bereits eingeleiteten Maßnahmen oder aus hinreichend konkretisierten Maßnahmen im Rahmen des bisherigen Unternehmenskonzepts und der Marktgegebenheiten ergeben. Mögliche, aber noch nicht hinreichend konkretisierte Maßnahmen (z.B. Erweiterungsinvestitionen/Desinvestitionen) sowie die daraus vermutlich resultierenden finanziellen Überschüsse sind danach bei der Ermittlung objektivierter Unternehmenswerte unbeachtlich.

4.4.2.2. So genannte unechte Synergieeffekte

(33) Unter Synergieeffekten versteht man die Veränderung der finanziellen Überschüsse, die durch den wirtschaftlichen Verbund zweier oder mehrerer Unternehmen entstehen und von der Summe der isoliert entstehenden Überschüsse abweichen.

(34) So genannte unechte Synergieeffekte sind dadurch gekennzeichnet, dass sie sich ohne Durchführung der dem Bewertungsanlass zugrunde liegenden Maßnahme realisieren lassen. Im Rahmen der Ermittlung des objektivierten Unternehmenswerts sind die Überschüsse aus unechten Synergieeffekten zu berücksichtigen; jedoch nur insoweit, als die Synergie stiftenden Maßnahmen bereits eingeleitet oder im Unternehmenskonzept dokumentiert sind.

4.4.2.3. Ausschüttungsannahme

(35) Bei der Ermittlung des objektivierten Unternehmenswerts ist von der Ausschüttung derjenigen finanziellen Überschüsse auszugehen, die nach Berücksichtigung des zum Bewertungsstichtag dokumentierten Unternehmenskonzepts und rechtlicher Restriktionen (z.B. Bilanzgewinn, ausschüttbares Jahresergebnis) zur Ausschüttung zur Verfügung stehen.

(36) Soweit die Planung zwei Phasen unterscheidet, ist die Aufteilung der finanziellen Überschüsse auf Ausschüttungen und Thesaurierungen für die erste Phase der Planung (Detailplanungsphase) (vgl. Abschn. 5.3.) auf der Basis des individuellen Unternehmenskonzepts und unter Berücksichtigung der bisherigen und geplanten Ausschüttungspolitik, der Eigenkapitalausstattung und der steuerlichen Rahmenbedingungen vorzunehmen. Sofern für die Verwendung thesaurierter Beträge keine Planungen vorliegen und auch die Investitionsplanung keine konkrete Verwendung vorsieht, ist eine sachgerechte Prämisse zur Mittelverwendung zu treffen. Unterliegen die thesaurierungsbedingten Wertzuwächse einer effektiven Veräußerungsgewinnbesteuerung, so ist dies bei der Bewertung zu berücksichtigen.

(37) Im Rahmen der zweiten Phase (vgl. Abschn. 5.3.) wird grundsätzlich angenommen, dass das Ausschüttungsverhalten des zu bewertenden Unternehmens äquivalent zum Ausschüttungsverhalten der Alternativanlage ist, sofern nicht Besonderheiten der Branche, der Kapitalstruktur oder der rechtlichen Rahmenbedingungen zu beachten sind. Für die thesaurierten Beträge wird die Annahme einer kapitalwertneutralen Verwendung getroffen.

4.4.2.4. Managementfaktoren

(38) Bei der Ermittlung des objektivierten Unternehmenswerts ist die dem Unternehmen innewohnende und übertragbare Ertragskraft zu bewerten. Diese kann auch davon abhängig sein, ob das bisher für die Unternehmensentwicklung verantwortliche Management auch in Zukunft für das Unternehmen tätig wird.

(39) Das Verbleiben des Managements oder ein gleichwertiger Ersatz wird zur Ermittlung des objektivierten Unternehmenswerts i.d.R. unterstellt, sodass eine Eliminierung personenbezogener Einflüsse auf die finanziellen Überschüsse grundsätzlich nicht notwendig ist.

(40) Bei personenbezogenen Unternehmen sind jedoch in der Person des Eigentümers begründete positive oder negative Erfolgsbeiträge, die losgelöst vom bisherigen Eigentümer nicht realisiert werden können, bei der Prognose künftiger finanzieller Überschüsse außer Betracht zu lassen. Soweit für die Mitarbeit der Inhaber in der bisherigen Ergebnisrechnung kein angemessener Unternehmerlohn berücksichtigt worden ist, sind die künftigen finanziellen Überschüsse entsprechend zu korrigieren. Die Höhe des Unternehmerlohns wird nach der Vergütung bestimmt, die eine nichtbeteiligte Geschäftsführung erhalten würde. Neben dem Unternehmerlohn kann auch fiktiver Lohnaufwand für bislang unentgeltlich tätige Familienangehörige des Eigentümers zu berücksichtigen sein.

(41) Zu den zu eliminierenden Managementfaktoren gehören auch Einflüsse aus einem Unternehmensverbund oder aus sonstigen Beziehungen personeller oder familiärer Art zwischen dem Management des zu bewertenden Unternehmens und dritten Unternehmen, die im Rahmen eines Eigentümerwechsels nicht mit übergehen würden.

(42) Steht die bisherige Unternehmensleitung künftig nicht mehr zur Verfügung und ist eine Unternehmensfortführung ohne die bisherige Unternehmensleitung nicht möglich, so ist regelmäßig davon auszugehen, dass der Unternehmenswert dem Liquidationswert entspricht. Dies gilt auch, wenn der Ertragswert aufgrund der Berücksichtigung eines angemessenen Unternehmerlohns den Liquidationswert unterschreitet. Im Familien- und Erbrecht können dagegen auch personenbezogene, nicht übertragbare Faktoren bei der Ermittlung des Ertragswerts einzubeziehen sein.[10]

4.4.2.5. Ertragsteuern der Unternehmenseigner

(43) Von der Unternehmensbewertungstheorie und -praxis sowie der Rechtsprechung ist die Notwendigkeit der Berücksichtigung persönlicher Ertragsteuern allgemein anerkannt (vgl. Tz. 28 – 31). Daher sind die wertrelevanten steuerlichen Verhältnisse der Anteilseigner bei der Ermittlung des objektivierten Unternehmenswertes im Bewertungskalkül sachgerecht zu typisieren.

(44) Die künftigen Nettozuflüsse werden bei unmittelbarer Berücksichtigung der persönlichen Ertragsteuern um diese gekürzt und mit einem ebenfalls durch die persönlichen Ertragsteuern beeinflussten Kapitalisierungszinssatz diskontiert. Die praktische Umsetzung der Berücksichtigung persönlicher Ertragsteuern im Rahmen der objektivierten Unternehmensbewertung erfordert daher grundsätzlich Typisierungen hinsichtlich der Höhe des effektiven persönlichen Steuersatzes des Anteilseigners als Ausfluss seiner steuerlich relevanten Verhältnisse und Verhaltensweisen. So sind bei der Bewertung von Kapitalgesellschaften bei differenzierter Effektivbesteuerung von Dividenden und Veräußerungsgewinnen zusätzliche Annahmen, z.B. über den Zeitraum des Haltens der Unternehmensanteile, zu treffen.

(45) Bei Unternehmensbewertungen im Rahmen von Unternehmensveräußerungen und anderen unternehmerischen Initiativen ist eine mittelbare Typisierung (vgl. Tz. 30) sachgerecht, die davon ausgeht, dass im Bewertungsfall die persönliche Ertragsteuerbelastung der Nettozuflüsse aus dem zu bewertenden Unternehmen der persönlichen Ertragsteuerbelastung der Alternativinvestition in ein Aktienportfolio entspricht. Entsprechend dieser Annahme kann in diesen Fällen auf eine unmittelbare Berücksichtigung persönlicher Steuern bei den finanziellen Überschüssen verzichtet werden.

(46) Für Unternehmensbewertungen aufgrund gesellschaftsrechtlicher oder vertraglicher Vorschriften, insbesondere zur Ermittlung eines Abfindungsanspruchs bei Verlust von -Eigentums- und Gesellschafterrechten, z.B. Squeeze Out, sind wegen der Typisierung einer inländischen unbeschränkt steuerpflichtigen natürlichen Person als Anteilseigner (vgl. Tz. 31) weitergehende Analysen zu den effektiven Auswirkungen der persönlichen Steuern auf die künftigen Nettozuflüsse und den Kapitalisierungszinssatz erforderlich. Die dabei getroffenen Annahmen sind in der Berichterstattung zu erläutern.

(47) Die Bewertung eines Einzelunternehmens oder einer Personengesellschaft erfordert stets eine Berücksichtigung persönlicher Ertragsteuern, wenn – wie im Fall des derzeitigen Steuersystems – die persönliche Einkommensteuer teilweise oder ganz an die Stelle der in der Alternativrendite bereits berücksichtigten Unternehmensteuer tritt.

4.4.3. Finanzielle Überschüsse bei Ermittlung subjektiver Entscheidungswerte

(48) Im Rahmen der Ermittlung subjektiver Entscheidungswerte ersetzt der Wirtschaftsprüfer in der Beratungsfunktion die bei der Ermittlung objektivierter Unternehmenswerte erforderlichen Typisierungen durch individuelle auftraggeberbezogene Konzepte bzw. Annahmen.

---

10 Vgl. *IDW Stellungnahme HFA 2/1995*, Abschn. III.4.

4.4.3.1. Geplante, aber zum Stichtag noch nicht eingeleitete oder noch nicht im Unternehmenskonzept dokumentierte Maßnahmen

(49) Bei der Ermittlung eines subjektiven Entscheidungswerts für den potenziellen Erwerber eines Unternehmens sind auch solche strukturverändernden Vorhaben sowie bereits erkannte und realisierbare Möglichkeiten zu berücksichtigen, die (noch) nicht Bestandteil des zum Bewertungsstichtag dokumentierten Unternehmenskonzepts sind. Dies können z.B. vom Erwerber beabsichtigte Erweiterungsinvestitionen, Desinvestitionen, Bereinigungen des Produktprogramms oder Veränderungen der strategischen Geschäftsfelder sein, deren Auswirkungen auf die künftigen finanziellen Überschüsse den Grenzpreis eines Erwerbers beeinflussen. Der Barwert der finanziellen Überschüsse aus der rentabelsten Nutzung des Betriebs, die unter den voraussichtlichen individuellen Verhältnissen des Erwerbers möglich ist, bestimmt üblicherweise dessen subjektiven Wert.

4.4.3.2. So genannte echte Synergieeffekte

(50) Für die Ermittlung subjektiver Entscheidungswerte potenzieller Käufer ist es unerheblich, ob zu erwartende Synergieeffekte und die zu ihrer Erschließung erforderlichen Maßnahmen bereits eingeleitet sind oder nicht. In den subjektiven Entscheidungswert eines Kaufinteressenten sind sowohl unechte als auch echte, sich erst mit Durchführung der dem Bewertungsanlass zugrunde liegenden Maßnahme ergebende, Synergieeffekte in vollem Umfang einzubeziehen.

(51) Für den subjektiven Entscheidungswert des Verkäufers bzw. der bisherigen Unternehmenseigner sind mögliche Synergieeffekte für die Ermittlung der Preisuntergrenze nur insoweit relevant, als sie ohne die Veräußerung realisierbar sind (sog. unechte Synergieeffekte) und für den Verkäufer nach der Transaktion wegfallen würden.

4.4.3.3. Finanzierungsannahmen

(52) Für den Unternehmenseigner oder den potenziellen Erwerber des Unternehmens können vom maßgeblichen Unternehmenskonzept zum Bewertungsstichtag abweichende Finanzierungsmöglichkeiten (Kapitalstruktur) des Bewertungsobjekts zu einer Änderung des Unternehmenswerts führen.

(53) Falls der Eigentümer oder Erwerber beispielsweise Fremdkapital zu günstigeren Konditionen erhalten kann, als sie den laufenden Krediten zugrunde liegen, wird er soweit wie möglich Altkredite tilgen und zinsgünstigere Neukredite aufnehmen, sodass sein subjektiver Entscheidungswert gegenüber dem objektivierten Wert infolge geringerer Zinsbelastungen höher ist.

(54) Aufgrund einer anderen Risikoeinstellung oder infolge der Einbringung des Zielunternehmens in einen Unternehmensverbund kann eine veränderte Kapitalstruktur (Verschuldungsgrad) angestrebt werden. Neben den nach den subjektiven Finanzierungsannahmen des Auftraggebers entstehenden Veränderungen der finanziellen Überschüsse sind auch die Auswirkungen eines veränderten Finanzierungsrisikos auf den Kapitalisierungszinssatz bei der Ermittlung subjektiver Entscheidungswerte zu beachten.

(55) Ausgehend von der individuell getroffenen Ausschüttungsannahme ist ferner insbesondere der vom Auftraggeber geplante Umfang der Innenfinanzierung durch Einbehaltung finanzieller Überschüsse sowie die Kapitalzuführung durch die Eigenkapitalgeber zu berücksichtigen.

4.4.3.4. Managementfaktoren

(56) Aus der Sicht eines Käufers ist allein ausschlaggebend, welche finanziellen Überschüsse mit der von ihm tatsächlich geplanten Besetzung der Geschäftsführung voraussichtlich erzielt werden. Dabei sind soweit wie möglich alle künftigen finanziellen Auswirkungen, z.B. auch aufgrund der Veränderung der Geschäftsführungsorganisation, zu berücksichtigen.

(57) Der Grenzpreis eines potenziellen Verkäufers berücksichtigt nicht nur die übertragbare Ertragskraft des Bewertungsobjekts, sondern z.B. auch persönliche Erfolgsfaktoren.

4.4.3.5. Ertragsteuern der Unternehmenseigner

(58) Der Bewertung ist die tatsächliche Steuerbelastung der Unternehmenseigner zugrunde zu legen, soweit diese bekannt ist. Im Einzelfall kann auch eine Typisierung der steuerlichen Verhältnisse sachgerecht sein.

4.5. Bewertung des nicht betriebsnotwendigen Vermögens

(59) Neben dem betriebsnotwendigen Vermögen verfügt ein Unternehmen häufig auch über nicht betriebsnotwendiges Vermögen. Solche Vermögensteile können frei veräußert werden, ohne dass davon die eigentliche Unternehmensaufgabe berührt wird (funktionales Abgrenzungskriterium).

(60) Bei der Bewertung des gesamten Unternehmens zum Zukunftserfolgswert müssen die nicht betriebsnotwendigen Vermögensgegenstände einschließlich der dazugehörigen Schulden unter Berücksichtigung ihrer bestmöglichen Verwertung und unter Berücksichtigung der Verwendung freigesetzter Mittel gesondert bewertet werden. Sofern der Liquidationswert dieser Vermögensgegenstände unter Berücksichtigung der steuerlichen Auswirkungen einer Veräußerung den Barwert ihrer finanziellen Überschüsse bei Verbleib im Unternehmen übersteigt, stellt nicht die anderenfalls zu unterstellende Fortführung der bisherigen Nutzung, sondern die Liquidation die vorteilhaftere Verwertung dar. Für die Ermittlung des Gesamtwerts ist dann der Liquidationswert des nicht betriebsnotwendigen Vermögens dem Barwert der finanziellen Überschüsse des betriebsnotwendigen Vermögens hinzuzufügen.

(61) Bei der Bewertung des nicht betriebsnotwendigen Vermögens mit dem Liquidationswert sind die Kosten der Liquidation von den Liquidationserlösen abzusetzen sowie die steuerlichen Folgen auf Unternehmensebene zu berücksichtigen. Inwieweit Steuern auf der Eigentümerebene zu berücksichtigen sind, hängt von der beabsichtigten Verwendung der erzielten Erlöse ab. Soweit nicht mit einer sofortigen Liquidation zu rechnen ist, muss ein Liquidationskonzept entwickelt, ein angemessener Liquidationszeitraum angesetzt und der Liquidationserlös abzüglich der Kosten der Liquidation auf den Bewertungsstichtag abgezinst werden.

(62) Soweit den nicht betriebsnotwendigen Vermögensteilen Schulden zuzurechnen sind, müssen die aus der Veräußerung der Vermögensteile zu erzielenden Liquidationserlöse um die bei der Ablösung der zugehörigen Schulden anfallenden Ausgaben gekürzt werden.

(63) Wird Vermögen, das der Kreditsicherung dient, als nicht betriebsnotwendiges Vermögen ausgesondert, ist zu beachten, dass eine Entnahme zur Veränderung der Finanzierungssituation (z.B. der Finanzierungskonditionen) des Unternehmens führen kann.

4.6. Unbeachtlichkeit des (bilanziellen) Vorsichtsprinzips

(64) In der Funktion als neutraler Gutachter oder als Schiedsgutachter hat der Wirtschaftsprüfer das Gebot der Unparteilichkeit zu beachten. Das für die handelsrechtliche Bilanzierung verbindliche Vorsichtsprinzip bringt eine ungleiche Gewichtung der z.T. gegenläufigen Interessen von Gläubigern (Kapitalerhaltung durch Ausschüttungssperren) und Unternehmenseignern (Ausschüttung erwirtschafteter Gewinne) zugunsten des Gläubigerschutzes zum Ausdruck und darf deshalb nicht berücksichtigt werden.

Die ungewisse künftige Entwicklung darf nicht in einer Weise in den ermittelten Unternehmenswert einfließen, die eine der beteiligten Parteien – das wären bei „vorsichtiger Schätzung" der künftigen finanziellen Überschüsse der Verkäufer bzw. die abzufindenden Gesellschafter – einseitig benachteiligt.

(65) Die Unbeachtlichkeit des (bilanziellen) Vorsichtsprinzips bedeutet nicht, dass von einer Risikoneutralität des Investors auszugehen ist (vgl. Abschn. 6.2.).

4.7. Nachvollziehbarkeit der Bewertungsansätze

(66) Gutachtlich ermittelte Unternehmenswerte basieren regelmäßig auf einer Vielzahl von Prämissen, die erheblichen Einfluss auf das Bewertungsergebnis haben. Dem Grundsatz der Klarheit der Berichterstattung entsprechend hat der Wirtschaftsprüfer in seinem Bewertungsgutachten deutlich zu machen, auf welchen wesentlichen Annahmen und Typisierungen der von ihm ermittelte Unternehmenswert beruht (vgl. Abschn. 9.2.).

(67) Aus der Berichterstattung muss hervorgehen, ob es sich bei den getroffenen Annahmen um solche des Gutachters, des Managements des zu bewertenden Unternehmens oder sachverständiger Dritter handelt.

5. Prognose der künftigen finanziellen Überschüsse

(68) Kernproblem einer jeden Unternehmensbewertung ist die Prognose der finanziellen Überschüsse aus dem betriebsnotwendigen Vermögen. Sie erfordert eine umfangreiche Informationsbeschaffung und darauf aufbauende vergangenheits-, stichtags- und zukunftsorientierte Unternehmensanalysen, die durch Plausibilitätsüberlegungen im Hinblick auf ihre Angemessenheit und Widerspruchsfreiheit zu überprüfen sind.

5.1. Informationsbeschaffung

(69) Die inhaltliche Qualität einer Unternehmensanalyse wird durch Qualität und Umfang der verfügbaren Informationen bestimmt.

(70) Für die Prognose der finanziellen Überschüsse sind grundsätzlich unternehmens- und marktorientierte zukunftsbezogene Informationen erforderlich.[11] Vergangenheits- und stichtagsbezogene Informationen sind nur insoweit von Bedeutung, als sie als Grundlage für die Schätzung künftiger Entwicklungen oder für die Vornahme von Plausibilitätsbeurteilungen dienen können.

(71) Als unternehmensbezogene Informationen sind vor allem interne Planungsdaten sowie daraus entwickelte Plan-Bilanzen, Plan-Gewinn- und Verlustrechnungen sowie Plan-Kapitalflussrechnungen heranzuziehen. Als marktbezogene Daten können insbesondere Informationen über branchenspezifische Märkte und volkswirtschaftliche Zusammenhänge verwendet werden.

5.2. Vergangenheitsanalyse

(72) Die Vergangenheitsanalyse bildet den Ausgangspunkt für die Prognose künftiger Entwicklungen und für die Vornahme von Plausibilitätsüberlegungen.

(73) Zur Beurteilung der bisherigen leistungs- und finanzwirtschaftlichen Entwicklungen des zu bewertenden Unternehmens, sind in aller Regel Gewinn- und Verlustrechnungen, Kapitalflussrechnungen, Bilanzen und interne Ergebnisrechnungen heranzuziehen. Um die in der Vergangenheit wirksamen Erfolgsursachen erkennbar zu machen, sind die Vergangenheitsrechnungen zu bereinigen.

(74) Da die bisherige leistungs- und finanzwirtschaftliche Entwicklung des Unternehmens Resultat der Geschäftstätigkeit in bestimmten Märkten ist, müssen unternehmensbezogene Informa-

---

11 Bei der Informationsbeschaffung kann der vom Arbeitskreis „Unternehmensbewertung" entwickelte Erhebungsbogen zur Unternehmensbewertung herangezogen werden, der bei der IDW Verlag GmbH, Postfach 320580, 40420 Düsseldorf, erhältlich ist.

tionen über die erwiesene Ertragskraft sowie die Vermögens- und Finanzverhältnisse vor dem Hintergrund der vergangenen Markt- und Umweltentwicklungen (z.B. politische, gesamtwirtschaftliche und technische Entwicklungen, Branchenentwicklungen, Entwicklungen der Märkte und der Marktstellung des Unternehmens) analysiert werden.

5.3. Planung und Prognose (Phasenmethode)

(75) Aufbauend auf der Vergangenheitsanalyse sind die künftigen finanziellen Überschüsse zu prognostizieren. Hierzu ist eine Analyse der erwarteten leistungs- und finanzwirtschaftlichen Entwicklungen des Unternehmens unter Berücksichtigung der erwarteten Markt- und Umweltentwicklungen erforderlich.

(76) Dabei lassen sich für einen gewissen Zeitraum (nähere erste Phase) voraussichtliche Entwicklungen der finanziellen Überschüsse plausibler beurteilen und sicherer prognostizieren als für die späteren Jahre. Zwangsläufig ergibt sich damit ein Horizont für die Zukunftsbetrachtung, jenseits dessen die Quantifizierung der finanziellen Überschüsse nur noch auf globale Annahmen zu stützen ist. In der Praxis hat es sich daher als hilfreich erwiesen, die finanziellen Überschüsse in unterschiedlichen Zukunftsphasen zu planen und zu prognostizieren. Die Phasen können in Abhängigkeit von Größe, Struktur und Branche des zu bewertenden Unternehmens unterschiedlich lange Zeiträume umfassen.

(77) In den meisten Fällen wird die Planung in zwei Phasen vorgenommen. Für die nähere erste Phase (Detailplanungsphase), die häufig einen überschaubaren Zeitraum von drei bis fünf Jahren umfasst, stehen dem Wirtschaftsprüfer zumeist hinreichend detaillierte Planungsrechnungen zur Verfügung. In dieser zeitlich näheren Phase werden die zahlreichen Einflussgrößen meist einzeln zur Prognose der finanziellen Überschüsse veranschlagt. Insbesondere längerfristige Investitions- oder Produktlebenszyklen können eine Verlängerung der Detailplanungsphase notwendig machen.

(78) Die Planungsjahre der ferneren zweiten Phase basieren i.d.R. – ausgehend von der Detailplanung der ersten Phase – auf langfristigen Fortschreibungen von Trendentwicklungen. Dabei ist zu untersuchen, ob sich die Vermögens-, Finanz- und Ertragslage des zu bewertenden Unternehmens nach der Phase der detaillierten Planung im sog. Gleichgewichts- oder Beharrungszustand befindet oder ob sich die jährlichen finanziellen Überschüsse zwar noch verändern, jedoch eine als konstant oder mit konstanter Rate wachsend angesetzte Größe die sich ändernden finanziellen Überschüsse (finanzmathematisch) angemessen repräsentiert.

(79) Wegen des starken Gewichts der finanziellen Überschüsse in der zweiten Phase kommt der kritischen Überprüfung der zugrunde liegenden Annahmen eine besondere Bedeutung zu. Dabei ist insbesondere das Unternehmenskonzept mit den erwarteten Rahmenbedingungen des Marktes und Wettbewerbs und deren Veränderungen abzustimmen. Ferner sind Branchenkennzahlen (z.B. Umsatzrenditen) zu analysieren.

Die Planansätze der ersten Phase sind im Hinblick auf ihre Eignung als Bezugsgröße für die finanziellen Überschüsse der zweiten Phase zu überprüfen, wobei insbesondere folgende ausgewählte Sachverhalte zu beachten und ggf. entsprechende Anpassungen vorzunehmen sind: Berücksichtigung wesentlicher und nachhaltiger Veränderungen auf dem Absatz- und Beschaffungsmarkt, Analyse des Produkt- und Marktpotenzials auf Ausgewogenheit im Produktlebenszyklus, Analyse der Markt- und Wettbewerbspositionierung der Produkte und Leistungen im Hinblick auf noch nicht berücksichtigte zukünftige Marktchancen sowie Einbeziehung noch nicht berücksichtigter Kosten für die zukünftige Marktbearbeitung, Normalisierung wesentlicher Kostenkomponenten, wie z.B. Forschung und Entwicklung und Altersversorgung, Berücksichtigung nachhaltig wirkender Kostensenkungs- und Restrukturierungsmaßnahmen.

(80) Aufgrund der Fülle von Einflussfaktoren kann es sich empfehlen, mehrwertige Planungen, Szenarien oder Ergebnisbandbreiten zu erstellen, um das Ausmaß der Unsicherheit der künftigen finanziellen Überschüsse zu verdeutlichen und erste Anhaltspunkte für die Berücksichtigung der Unsicherheit im Rahmen des Bewertungskalküls (vgl. Abschn. 6.2.) zu gewinnen.

5.4. Plausibilitätsbeurteilung der Planungen

(81) Die Prognose der künftigen finanziellen Überschüsse ist auf ihre Plausibilität hin zu beurteilen.

Die einzelnen Teilplanungen (insbesondere Plan-Bilanzen, Plan-Gewinn- und Verlustrechnungen und Finanzplanungen) müssen aufeinander abgestimmt und in sich plausibel sein. Im Rahmen der Planung der Gewinn- und Verlustrechnungen ist auch zu beachten, dass die Entwicklungen einzelner Positionen zueinander im Zeitablauf nachvollziehbar sind. In der Finanzplanung müssen die getroffenen Finanzierungsprämissen insbesondere unter Berücksichtigung des jeweiligen Ausschüttungsverhaltens zutreffend umgesetzt sein.

5.5. Verwendung verlässlicher Bewertungsunterlagen

(82) Der Wirtschaftsprüfer hat die Verlässlichkeit und Vollständigkeit der Bewertungsgrundlagen zu beurteilen.

(83) Grundsätzlich sind die (bereinigten) Überschüsse der Vergangenheit unter Verwendung geprüfter Jahresabschlüsse abzuleiten. Sofern die vorgelegten Jahresabschlüsse nicht geprüft sind, muss sich der Wirtschaftsprüfer von der Verlässlichkeit der wesentlichen Basisdaten überzeugen und seine hierzu getroffenen Feststellungen im Bewertungsgutachten darlegen (vgl. Abschn. 9.2.).

(84) Der Wirtschaftsprüfer hat von dem Unternehmen eine Vollständigkeitserklärung einzuholen.[12] Diese entbindet jedoch nicht davon, dass sich der Wirtschaftsprüfer selbst ein Urteil über die Plausibilität der Planungen und Prognosen zu bilden hat.

6. Kapitalisierung der künftigen finanziellen Überschüsse

6.1. Grundlagen

(85) Der Unternehmenswert (Zukunftserfolgswert) wird durch Diskontierung der künftigen finanziellen Überschüsse auf den Bewertungsstichtag ermittelt. In der Mehrzahl der Bewertungsfälle ist von einer unbegrenzten Lebensdauer des zu bewertenden Unternehmens auszugehen. In bestimmten Fällen kann es aber auch sachgerecht sein, eine begrenzte Lebensdauer des zu bewertenden Unternehmens anzunehmen.

(86) Bei unbegrenzter Lebensdauer des zu bewertenden Unternehmens entspricht der Unternehmenswert dem Barwert der künftigen finanziellen Überschüsse aus dem betriebsnotwendigen Vermögen zuzüglich des Barwerts der künftigen finanziellen Überschüsse aus dem nicht betriebsnotwendigen Vermögen.

(87) Bei begrenzter Lebensdauer des zu bewertenden Unternehmens ist der Unternehmenswert zu berechnen als Summe aus dem Barwert der künftigen finanziellen Überschüsse aus dem betriebsnotwendigen Vermögen (bis zur Aufgabe des Unternehmens), dem Barwert der künftigen finanziellen Überschüsse aus dem nicht betriebsnotwendigen Vermögen (bis zur Aufgabe des Unternehmens) und dem Barwert der künftigen finanziellen Überschüsse, die aus der Aufgabe (z.B. der Liquidation) des Unternehmens resultieren.

---

12 Das Muster einer Vollständigkeitserklärung zur Unternehmensbewertung ist bei der IDW Verlag GmbH, Postfach 320580, 40420 Düsseldorf, erhältlich.

6.2. Berücksichtigung des Risikos

(88) Die künftigen finanziellen Überschüsse können aufgrund der Ungewissheit der Zukunft nicht mit Sicherheit prognostiziert werden. Ein unternehmerisches Engagement ist stets mit Risiken und Chancen verbunden. Die Übernahme dieser unternehmerischen Unsicherheit (des Unternehmerrisikos) lassen sich Marktteilnehmer durch Risikoprämien abgelten; Theorie und Praxis gehen übereinstimmend davon aus, dass die Wirtschaftssubjekte zukünftige Risiken stärker gewichten als zukünftige Chancen (Risikoaversion).

(89) Unter Berücksichtigung dieser Risikoeinstellung kann die Unsicherheit der künftigen finanziellen Überschüsse grundsätzlich durch zwei Vorgehensweisen in die Bewertung eingehen: Als Abschlag vom Erwartungswert der finanziellen Überschüsse (Sicherheitsäquivalenzmethode, Ergebnisabschlagsmethode) oder als Zuschlag zum Kapitalisierungszinssatz (Zinszuschlagsmethode, Risikozuschlagsmethode). Für den Fall negativer finanzieller Überschüsse kann die Unsicherheit grundsätzlich als Zuschlag zum Absolutbetrag des Erwartungswerts der negativen finanziellen Überschüsse (Sicherheitsäquivalenzmethode) oder als Abschlag vom Kapitalisierungszinssatz (Zinszuschlagsmethode) berücksichtigt werden.

(90) Die national und international üblicherweise angewandte Zinszuschlagsmethode hat den Vorteil, dass sie sich auf empirisch beobachtbares Verhalten stützen kann und erlaubt damit eine marktorientierte Vorgehensweise bei der Bemessung von Risikozuschlägen. Wegen der Problematik einer eindeutigen Abgrenzung sollte nicht zwischen unternehmensspeziellen und allgemeinen Risiken unterschieden und das (gesamte) Unternehmerrisiko ausschließlich im Kapitalisierungszinssatz berücksichtigt werden. Im Zähler der Bewertungsformeln sind dann die Erwartungswerte anzusetzen. Planungsrechnungen des Unternehmens sind entsprechend zu korrigieren, wenn sie andere Werte widerspiegeln.

(91) Die konkrete Höhe des Risikozuschlags wird in der Praxis insbesondere hinsichtlich unterschiedlicher Grade der Risikoaversion nur mithilfe von Typisierungen und vereinfachenden Annahmen festzulegen sein. Am Markt beobachtete Risikoprämien sind hierfür geeignete Ausgangsgrößen, die an die Besonderheiten des Bewertungsfalls anzupassen sind. Eine bloße Übernahme beobachteter Risikoprämien scheidet grundsätzlich aus, weil sich das zu bewertende Unternehmen in aller Regel hinsichtlich seiner – durch externe und interne Einflüsse (z.B. Standort-, Umwelt- und Brancheneinflüsse, Kapitalstruktur, Kundenabhängigkeit, Produktprogramm) geprägten – spezifischen Risikostruktur von den Unternehmen unterscheidet, für die Risikoprämien am Markt beobachtet worden sind. Darüber hinaus müssen für die Vergangenheit beobachtete Risikoprämien angepasst werden, wenn für die Zukunft andere Einflüsse erwartet werden. Dabei hat der unternehmensspezifische Risikozuschlag sowohl das operative Risiko aus der Art der betrieblichen Tätigkeit als auch das vom Verschuldungsgrad beeinflusste Kapitalstrukturrisiko abzudecken.

(92) Eine marktgestützte Ermittlung des Risikozuschlags kann insbesondere auf der Basis des Capital Asset Pricing Model (CAPM) oder des Tax-Capital Asset Pricing Model (Tax-CAPM) vorgenommen werden.[13]

6.3. Berücksichtigung persönlicher Ertragsteuern im Kapitalisierungszinssatz

(93) Die finanziellen Überschüsse aus dem Unternehmen sind mit den aus einer gleichartigen Alternativinvestition in Unternehmen zu erzielenden finanziellen Überschüssen zu vergleichen.

---

[13] Zu Erläuterungen des CAPM und des Tax-CAPM im Hinblick auf die Anwendung bei Unternehmensbewertungen gemäß *IDW S 1* vgl. WP Handbuch 2008, Band II, 13. Aufl., Abschn. A. VI 2.

Hierzu ist bei der Ermittlung eines objektivierten Unternehmenswerts typisierend auf Renditen eines Bündels von am Kapitalmarkt notierten Unternehmensanteilen (Aktienportfolio) als Ausgangsgröße abzustellen. Sofern die zu diskontierenden finanziellen Überschüsse um persönliche Ertragsteuern vermindert werden, ist der Kapitalisierungszinssatz ebenfalls unter unmittelbarer Berücksichtigung persönlicher Ertragsteuern anzusetzen.

6.4. Berücksichtigung wachsender finanzieller Überschüsse

(94) Die finanziellen Überschüsse werden auch durch Preisänderungen beeinflusst. Zu erwartende Preissteigerungen werden bei der Unternehmensbewertung im Rahmen einer Nominalrechnung berücksichtigt. Finanzielle Überschüsse und Kapitalisierungszinssatz sind in einer Nominalrechnung einschließlich erwarteter Preissteigerungen zu veranschlagen. Ebenso enthält der landesübliche risikofreie Zinssatz, der bei der Ermittlung eines objektivierten Unternehmenswerts einen Bestandteil des Kapitalisierungszinssatzes darstellt, eine Geldentwertungsprämie und ist damit eine Nominalgröße.

(95) Ferner können nicht nur Preissteigerungen, sondern auch Mengen- und Strukturveränderungen (Absatzausweitungen oder -einbrüche, Kosteneinsparungen) Ursachen für Veränderungen der nominalen finanziellen Überschüsse sein.

(96) Für die Schätzung des künftigen nominalen Wachstums der finanziellen Überschüsse kann die erwartete Geldentwertungsrate daher nur ein erster Anhaltspunkt sein. Die Preissteigerungen, denen sich das Unternehmen auf den Beschaffungsmärkten gegenübersieht, können mehr oder weniger stark von dieser Geldentwertungsrate abweichen und sind zudem meist für die jeweiligen Einsatzfaktoren unterschiedlich hoch. Darüber hinaus kann nicht ohne Weiteres unterstellt werden, dass diese Preissteigerungen voll auf die Kunden überwälzt werden können. Vielmehr ist im konkreten Bewertungsfall eine Annahme dar-über zu treffen, ob und in welcher Höhe Preissteigerungen überwälzt werden können und darüber hinaus Mengen- und Strukturänderungen zu erwarten sind.

(97) Während das Wachstum in der Detailplanungsphase direkt in der Unternehmensplanung und somit in den finanziellen Überschüssen abgebildet wird, erfordert die Ermittlung eines nachhaltigen Wachstums in der zweiten Phase zunächst eine eingehende Analyse auf der Basis langfristig zu prognostizierender Wachstumstrends und die Berücksichtigung der damit verbundenen Investitionserfordernisse.

(98) Wachsen die finanziellen Überschüsse unendlich lange mit konstanter Rate, ist zur Barwertermittlung der erste finanzielle Überschuss dieser Reihe mit einem um die Wachstumsrate verminderten (nominalen, ggf. um persönliche Ertragsteuern gekürzten) Kapitalisierungszinssatz zu diskontieren.

Bei der Phasenmethode sind daher zunächst die in der Detailplanungsphase einzeln veranschlagten finanziellen Überschüsse mit einem – nur um persönliche Ertragsteuern gekürzten – nominalen Kapitalisierungszinssatz zu diskontieren, da ein Wachstum bereits in den finanziellen Überschüssen abzubilden ist. Erst die finanziellen Überschüsse der ferneren Phase sind mit einem um einen Wachstumsabschlag geminderten – zuvor um persönliche Ertragsteuern gekürzten – Kapitalisierungszinssatz auf den Zeitpunkt des Beginns dieser Phase zu diskontieren; die weitere Abzinsung auf den Bewertungsstichtag ist dann wiederum mit dem – nur um persönliche Ertragsteuern gekürzten – nominalen Kapitalisierungszinssatz vorzunehmen.

6.5. Brutto- oder Nettokapitalisierung

(99) Der Unternehmenswert lässt sich rechentechnisch direkt (einstufig) durch Nettokapitalisierung ermitteln, indem die um Fremdkapitalkosten verminderten finanziellen Überschüsse in

einem Schritt diskontiert werden (Ertragswertverfahren, Equity-Ansatz als eine Variante der DCF-Verfahren). Der Unternehmenswert lässt sich rechentechnisch aber auch indirekt (mehrstufig) durch Bruttokapitalisierung ermitteln, indem einzelne Komponenten der finanziellen Überschüsse mit unterschiedlichen Zinssätzen kapitalisiert werden oder indem nur die finanziellen Überschüsse aus der Geschäftätigkeit in einem Schritt diskontiert und anschließend um den Marktwert des Fremdkapitals gemindert werden. Diese Betrachtungsweise liegt dem Konzept des angepassten Barwerts (Adjusted Present Value-Ansatz, APV-Ansatz) und auch dem Konzept der gewogenen Kapitalkosten (Weighted Average Cost of Capital-Ansatz, WACC-Ansatz) zugrunde, die weitere Varianten der DCF-Verfahren darstellen. Bei diesen Verfahren sind die einzelnen Komponenten der finanziellen Überschüsse grundsätzlich mit einem risikoadäquaten Zinssatz zu kapitalisieren; Zähler und Nenner der Bewertungsformeln müssen auch insoweit aufeinander abgestimmt werden.

(100) Unabhängig davon, welche Bewertungsmethode angewendet wird, ist der Einfluss der Kapitalstruktur des zu bewertenden Unternehmens auf die Kapitalisierungszinssätze zu berücksichtigen. Für die Bestimmung der Kapitalstruktur sind sog. Marktwerte (d.h. beim Eigenkapital gutachtlich ermittelte Werte) und nicht Buchwerte relevant. Es ist davon auszugehen, dass ein hoher Verschuldungsgrad mit einem hohen finanziellen Risiko korreliert und ceteris paribus zu höheren Risikozuschlägen führt. Daher ist der Risikozuschlag anzupassen, wenn sich die Kapitalstruktur im Zeitablauf ändert. Wird der Kapitalisierungszinssatz entsprechend Abschn. 6.2. kapitalmarktorientiert abgeleitet, sollte auch die Kapitalstruktur mittels eines Marktmodells (z.B. auf dem Modigliani-Miller-Theorem basierende Arbitragemodelle) im Risikozuschlag erfasst werden. Wird von dieser Vorgehensweise abgewichen, ist die stattdessen gewählte Vorgehensweise zu erläutern und zu begründen. Auf die gesonderte Berücksichtigung der Kapitalstruktur des Bewertungsobjekts kann verzichtet werden, wenn sie der Kapitalstruktur der Alternativanlage nahezu entspricht und im Zeitablauf kaum schwankt.

7. Bewertungsverfahren

7.1. Anwendung von Ertragswert- oder DCF-Verfahren

(101) Ertragswert- und Discounted Cash Flow-Verfahren beruhen auf der gleichen konzeptionellen Grundlage (Kapitalwertkalkül); in beiden Fällen wird der Barwert zukünftiger finanzieller Überschüsse ermittelt. Konzeptionell können sowohl objektivierte Unternehmenswerte als auch subjektive Entscheidungswerte mit beiden Bewertungsverfahren ermittelt werden. Bei gleichen Bewertungsannahmen bzw. -vereinfachungen, insbesondere hinsichtlich der Finanzierung, führen beide Verfahren zu gleichen Unternehmenswerten. Beobachtet man in der Praxis unterschiedliche Unternehmenswerte aufgrund der beiden Verfahren, so ist dies regelmäßig auf unterschiedliche Annahmen – insbesondere hinsichtlich Zielkapitalstruktur, Risikozuschlag und sonstiger Plandaten – zurückzuführen.

7.2. Ermittlung des Unternehmenswerts nach dem -Ertragswertverfahren

7.2.1. Grundsätzliches Vorgehen

(102) Das Ertragswertverfahren ermittelt den Unternehmenswert durch Diskontierung der den Unternehmenseignern künftig zufließenden finanziellen Überschüsse, wobei diese üblicherweise aus den für die Zukunft geplanten Jahresergebnissen abgeleitet werden. Die dabei zugrunde liegende Planungsrechnung kann nach handelsrechtlichen oder nach anderen Vorschriften (z.B. IFRS, US GAAP) aufgestellt sein.

7.2.2. Ermittlung der Ertragsüberschüsse aus dem betriebsnotwendigen Vermögen

7.2.2.1. Bereinigung der Vergangenheitserfolgsrechnung

(103) Es ist sachgerecht, eine Bereinigung der Vergangenheitserfolgsrechnung (vgl. Abschn. 5.2.) für die folgenden wesentlichen Tatbestände vorzunehmen:

- Eliminierung der Aufwendungen und Erträge des nicht betriebsnotwendigen Vermögens
- Bereinigung zur Ermittlung eines periodengerechten Erfolgsausweises
- Bereinigung zum Ausgleich ausgeübter Bilanzierungswahlrechte
- Bereinigung um personenbezogene und andere spezifische Erfolgsfaktoren
- Erfassung von Folgeänderungen vorgenommener Bereinigungsvorgänge.

7.2.2.2. Planung der Aufwendungen und Erträge

(104) Da die bereinigten Vergangenheitsergebnisse unter Verwendung von Gewinn- und Verlustrechnungen ermittelt werden, empfiehlt es sich, die künftigen finanziellen Überschüsse ausgehend von den Aufwands- und Ertragsplanungen für verschiedene Planungsphasen zu prognostizieren.

(105) Soweit möglich werden Erfolgsanalysen der einzelnen Produkte und Produktbereiche sowie Analysen der Entwicklungstendenzen der Aufwendungen und Erträge im Einzelnen vorgenommen, um daraus die Planungsrechnungen und Prognosen zu entwickeln. Hierfür kann es sinnvoll sein, eine Zuordnung der Aufwands- und Ertragsrechnung nach Erfolgsbereichen vorzunehmen.

(106) Die künftigen Erträge eines Unternehmens umfassen in erster Linie die Umsatzerlöse. Für die Beurteilung der in den Plan-Gewinn- und Verlustrechnungen angesetzten Umsatzerlöse ist im Allgemeinen auf die betriebliche Umsatzplanung des Unternehmens zurückzugreifen. Dabei ist insbesondere festzustellen, wie die branchenbezogene konjunkturelle Entwicklung in der Zukunft voraussichtlich sein wird, ob Anhaltspunkte für eine von dem Branchentrend abweichende Unternehmensentwicklung bestehen und welche regelmäßig wiederkehrenden saisonalen Einflüsse bei der Prognose des Absatzes berücksichtigt wurden bzw. werden müssen.

(107) Aufgabe des Wirtschaftsprüfers ist es, die geplante Absatzentwicklung und die ihr zugrunde liegenden Prämissen unter Zuhilfenahme von Plausibilitätsüberlegungen und Sensitivitätsanalysen kritisch zu hinterfragen, um so die aus seiner Sicht erwartbare Entwicklung bei der Planung anzusetzen.

(108) Vor dem Hintergrund der geplanten Umsatzerlöse ist neben der Plausibilität der Entwicklung einzelner Aufwandsarten auch die zukünftige Entwicklung der Kosten-Erlös-Relationen zu untersuchen.

7.2.2.3. Finanzplanung und Zinsprognose

(109) Jede Ertragswertrechnung hat dem in aller Regel mehr oder weniger schwankenden Finanzierungsvolumen eines Unternehmens Rechnung zu tragen. Insoweit kommt der Prognose der Zinsaufwendungen und -erträge die Aufgabe zu, die Finanzierung des Unternehmens und ihre zukünftigen Veränderungen auszudrücken.

(110) Jeder zusätzliche Finanzbedarf oder -überschuss wirkt unmittelbar auf die Aufnahme oder Rückzahlung von Fremdmitteln bzw. führt zu Veränderungen der Aktivseite (z.B. beim Erwerb von Finanzanlagen aus einem Finanzüberschuss). Dies führt zu entsprechenden Zinsaufwendungen und -erträgen, die sich in der Ertragsüberschussrechnung niederschlagen.

(111) Das Zinsergebnis leitet sich rechnerisch aus dem Bestand an verzinslichen Aktiva und Passiva sowie den jeweiligen Zinssätzen ab. Aus Praktikabilitätsgründen kann das Zinsergebnis basierend

auf einer saldierten Netto-Finanzposition und einem durchschnittlichen langfristigen Zinssatz abgeleitet werden.

7.2.3. Ermittlung der Überschüsse aus nicht betriebsnotwendigem Vermögen

(112) Zur Wertermittlung des nicht betriebsnotwendigen Vermögens vgl. Abschn. 4.5.

7.2.4. Ermittlung des Kapitalisierungszinssatzes

(113) Die finanziellen Überschüsse aus dem Unternehmen sind mit dem Kapitalisierungszinssatz auf den Bewertungsstichtag abzuzinsen, um sie mit der dem Investor zur Verfügung stehenden Anlagealternative vergleichbar zu machen.

7.2.4.1. Kapitalisierungszinssatz bei der Ermittlung objektivierter Unternehmenswerte

(114) Der Kapitalisierungszinssatz repräsentiert die Rendite aus einer zur Investition in das zu bewertende Unternehmen adäquaten Alternativanlage und muss dem zu kapitalisierenden Zahlungsstrom hinsichtlich Fristigkeit, Risiko und Besteuerung äquivalent sein. Den Ausgangspunkt für die Bestimmung der Rendite der Alternativanlage bildet die beobachtete Rendite einer Anlage in Unternehmensanteile. Dies gilt unabhängig von der Rechtsform des zu bewertenden Unternehmens, da diese Form der Alternativanlage grundsätzlich allen Anteilseignern zur Verfügung steht.

(115) Als Ausgangsgrößen für die Bestimmung von Alternativrenditen kommen insbesondere Kapitalmarktrenditen für Unternehmensbeteiligungen (in Form eines Aktienportfolios) in Betracht. Diese Renditen für Unternehmensanteile lassen sich grundsätzlich in einen Basiszinssatz und in eine von den Anteilseignern aufgrund der Übernahme unternehmerischen Risikos geforderte Risikoprämie zerlegen.

(116) Für den objektivierten Unternehmenswert ist bei der Bestimmung des Basiszinssatzes von dem landesüblichen Zinssatz für eine (quasi-)risikofreie Kapitalmarktanlage auszugehen. Daher wird für den Basiszinssatz grundsätzlich auf die langfristig erzielbare Rendite öffentlicher Anleihen abgestellt.

(117) Bei der Festlegung des Basiszinssatzes ist zu berücksichtigen, dass die Geldanlage im zu bewertenden Unternehmen mit einer fristadäquaten alternativen Geldanlage zu vergleichen ist, sodass der Basiszinssatz ein fristadäquater Zinssatz sein muss (Laufzeitäquivalenz). Sofern ein Unternehmen mit zeitlich unbegrenzter Lebensdauer bewertet wird, müsste daher als Basiszinssatz die am Bewertungsstichtag beobachtbare Rendite aus einer Anlage in zeitlich nicht begrenzte Anleihen der öffentlichen Hand herangezogen werden. In Ermangelung solcher Wertpapiere empfiehlt es sich, den Basiszins ausgehend von aktuellen Zinsstrukturkurven und zeitlich darüber hinausgehenden Prognosen abzuleiten. Bei Unternehmen mit einer zeitlich begrenzten Lebensdauer ist ein für diese Frist geltender Zinssatz heranzuziehen.

(118) Aus den am Kapitalmarkt empirisch ermittelten Aktienrenditen können mithilfe von Kapitalmarktpreisbildungsmodellen (CAPM, Tax-CAPM) Risikoprämien abgeleitet werden.

(119) Aktienrenditen und Risikoprämien werden grundsätzlich durch persönliche Ertragsteuern beeinflusst. Das CAPM stellt ein Kapitalmarktmodell dar, in dem Kapitalkosten und Risikoprämien ohne die Berücksichtigung der Wirkungen von persönlichen Ertragsteuern erklärt werden. Eine Erklärung der empirisch beobachtbaren Aktienrenditen erfolgt durch das Tax-CAPM, welches das CAPM um die explizite Berücksichtigung der Wirkungen persönlicher Ertragsteuern erweitert. Sofern nach den dargestellten Grundsätzen die Unternehmensbewertung ohne unmittelbare Berücksichtigung persönlicher Einkommensteuer erfolgt, können die hierzu erforderlichen Vorsteuerrenditen der Alternativanlage anhand des CAPM abgeleitet werden.

(120) Nach dem Tax-CAPM werden die erwarteten Renditen nach typisierter Ertragsteuer als Summe aus dem risikolosen Basiszinssatz nach Ertragsteuer und einer Risikoprämie nach Ertragsteuer, die mittels des unternehmensindividuellen Betafaktors zu einer unternehmensindividuellen Risikoprämie transformiert wird, erklärt. Entspricht im Einzelfall das Risiko des zu bewertenden Unternehmens dem Risiko des herangezogenen Aktienportfolios, stimmt die Rendite des Aktienportfolios nach Ertragsteuern mit dem Kapitalisierungszinssatz nach Steuern überein.

(121) Der unternehmensindividuelle Betafaktor ergibt sich als Kovarianz zwischen den Aktienrenditen des zu bewertenden Unternehmens oder vergleichbarer Unternehmen und der Rendite eines Aktienindex, dividiert durch die Varianz der Renditen des Aktienindex. Von Finanzdienstleistern werden auch Prognosen für Betafaktoren angeboten. Die Prognose-eignung von Betafaktoren ist im jeweiligen Einzelfall zu würdigen (Zukunftsausrichtung, Datenqualität, Angemessenheit im Hinblick auf die Kapitalstruktur, Übertragung ausländischer Betafaktoren).

(122) Der Kapitalisierungszinssatz setzt sich bei unmittelbarer Berücksichtigung von persönlichen Steuern aus dem um die typisierte persönliche Ertragsteuer gekürzten Basiszinssatz und der auf der Basis des Tax-CAPM ermittelten Risikoprämie zusammen. Für die Unternehmensbewertung ohne unmittelbare Berücksichtigung persönlicher Ertragsteuern ergibt sich der zu verwendende Kapitalisierungszinssatz als Summe aus (unversteuertem) Basiszinssatz und dem auf Basis des CAPM abgeleiteten Risikozuschlag. In beiden Fällen kann der Erwartung wachsender finanzieller Überschüsse in der zweiten Phase durch einen Wachstumsabschlag Rechnung zu tragen sein (vgl. Abschn. 6.4.).

7.2.4.2. Kapitalisierungszinssatz bei der Ermittlung subjektiver Entscheidungswerte

(123) Bei der Ermittlung subjektiver Entscheidungswerte richtet sich der Kapitalisierungszinssatz nach den individuellen Verhältnissen des jeweiligen Investors. Als Kapitalisierungszinssatz kommt dabei z.B. die individuelle Renditeerwartung des Investors bei einer Alternativinvestition, der Zinssatz zur Ablösung vorgesehener Kredite oder ein Zinssatz, der sich aus einer subjektiven Einschätzung der Komponenten (Basiszinssatz, Risiko-zuschlag) ableitet, in Betracht. Auch in diesem Fall ist das Erfordernis der Laufzeitäquivalenz zu beachten und ggf. ein Wachstumsabschlag zu berücksichtigen.

7.3. Ermittlung des Unternehmenswerts nach den DCF-Verfahren
7.3.1. Überblick

(124) DCF-Verfahren bestimmen den Unternehmenswert durch Diskontierung von Cashflows. Die Cashflows stellen erwartete Zahlungen an die Kapitalgeber dar. Je nach Verfahren sind sie unterschiedlich definiert (vgl. insbesondere Abschn. 7.2.2.2., 7.3.3. und 7.3.4.). Während nach dem Konzept der gewogenen Kapitalkosten (WACC-Ansatz) und nach dem Konzept des angepassten Barwerts (APV-Ansatz) der Marktwert des Eigenkapitals sich indirekt als Differenz aus einem Gesamtkapitalwert und dem Marktwert des Fremdkapitals ermittelt, wird nach dem Konzept der direkten Ermittlung des Werts des Eigenkapitals (Equity-Ansatz) der Marktwert des Eigenkapitals durch Abzinsung der um die Fremdkapitalkosten verminderten Cashflows mit der Rendite des Eigenkapitals („Eigenkapitalkosten") berechnet. Das Konzept der gewogenen Kapitalkosten und das Konzept des angepassten Barwerts gehen von einer Bruttokapitalisierung aus (Entity-Ansätze), das Konzept der direkten Ermittlung des Werts des Eigenkapitals geht dagegen von einer Nettokapitalisierung aus (vgl. Abschn. 6.5.). Ungeachtet der Unterschiede in der Rechentechnik führen die einzelnen DCF-Verfahren bei konsistenten Annahmen grundsätzlich zu übereinstimmenden Ergebnissen.

7.3.2. Das Konzept der gewogenen Kapitalkosten (WACC-Ansatz)

7.3.2.1. Grundsätzliches Vorgehen

(125) Der Gesamtkapitalwert nach dem Konzept der gewogenen Kapitalkosten ergibt sich durch Diskontierung der Free Cashflows (vor Zinsen). Dabei werden die Free Cashflows der ersten Phase detailliert prognostiziert (vgl. Abschn. 5.3.). Für die sich daran anschließende zweite Phase wird ein Residualwert angesetzt. Die Diskontierung erfolgt mit den gewogenen Kapitalkosten. Zu dem Gesamtkapitalwert wird der Wert des nicht betriebsnotwendigen Vermögens hinzugerechnet.

(126) Der WACC-Ansatz unterstellt, dass der Gesamtkapitalwert – abgesehen von Steuereinflüssen – unabhängig von der Art der Finanzierung ist. In einem zweiten Schritt ist der Gesamtkapitalwert auf das Eigen- und das Fremdkapital aufzuteilen. Den Marktwert des Fremdkapitals erhält man, indem die Free Cashflows an die Fremdkapitalgeber mit einem das Risikopotenzial dieser Zahlungsströme widerspiegelnden Zinssatz diskontiert werden. Die Differenz aus Gesamtkapitalwert und Marktwert des Fremdkapitals entspricht dem Marktwert des Eigenkapitals (Unternehmenswert).

7.3.2.2. Bestimmung der künftigen Free Cashflows

(127) Die künftigen Free Cashflows sind jene finanziellen Überschüsse, die unter Berücksichtigung gesellschaftsrechtlicher Ausschüttungsgrenzen allen Kapitalgebern des Unternehmens zur Verfügung stehen. Die Free Cashflows stellen finanzielle Überschüsse nach Investitionen und Unternehmenssteuern, jedoch vor Zinsen sowie nach Veränderungen des Nettoumlaufvermögens dar. Thesaurierte Cashflows werden insoweit durch die Veränderung entsprechender Bilanzposten berücksichtigt. Bei indirekter Ermittlung ergeben sich die Cashflows aus Plan-Gewinn- und Verlustrechnungen jeweils wie folgt:

	Jahresergebnis
+	Fremdkapitalzinsen
–	Unternehmenssteuer-Ersparnis infolge der Abzugsfähigkeit der Fremdkapitalzinsen (tax shield)
+	Abschreibungen und andere zahlungsunwirksame Aufwendungen
–	zahlungsunwirksame Erträge
–	Investitionsauszahlungen abzüglich Einzahlungen aus Desinvestitionen
+/–	Verminderung/Erhöhung des Nettoumlaufvermögens
=	Free Cashflow

(128) Die Hinzurechnung der Fremdkapitalzinsen kann sowohl Zinsen aufgrund einer expliziten Vereinbarung als auch implizite Zinsen (insbesondere bei Pensionsverpflichtungen) umfassen. Letzteres setzt voraus, dass die Pensionsverpflichtungen als Bestandteil des Fremdkapitals berücksichtigt werden und die damit verbundenen Fremdkapitalkosten im Rahmen der gewogenen Kapitalkosten erfasst werden. Die von dem Unternehmen gezahlten Unternehmenssteuern werden bei der Ermittlung der Free Cashflows abgezogen. Da der Free Cashflow unter der Annahme ermittelt wird, dass keine Gewinn mindernden Fremdkapitalzinsen zu zahlen sind, ist die durch den Abzug der Fremdkapitalzinsen bewirkte Steuerersparnis (bei in- und ausländischen Ertragsteuern) im Jahresergebnis zu korrigieren.

7.3.2.3. Ermittlung des Residualwerts

(129) Der Residualwert wird unter der Annahme der Fortführung oder der Veräußerung des Unternehmens ermittelt. Maßgeblich ist – falls keine rechtlichen oder wirtschaftlichen Gegebenheiten der Fortführung bzw. Liquidation entgegenstehen – der jeweils höhere Wert (vgl. Abschn. 7.4.).

(130) Der Fortführungswert entspricht dem Barwert der Free Cashflows nach Ablauf des Detailprognosezeitraums. Dabei werden die gewogenen Kapitalkosten i.d.R. als konstant angenommen.

(131) Bei unterstellter Veräußerung des Unternehmens ist der voraussichtliche Veräußerungswert des Unternehmens als Ganzes abzüglich der damit verbundenen Kosten anzusetzen.

7.3.2.4. Wert des nicht betriebsnotwendigen Vermögens

(132) Bezüglich der Wertermittlung des nicht betriebsnotwendigen Vermögens vgl. Abschn. 4.5.

7.3.2.5. Ermittlung der Kapitalkosten

(133) Die gewogenen Kapitalkosten hängen von der Höhe der Eigen- und der Fremdkapitalkosten sowie infolge der fehlenden Finanzierungsneutralität der (Unternehmens-)Besteuerung vom Verschuldungsgrad (gemessen als Verhältnis des Marktwerts des Fremdkapitals zum Marktwert des Eigenkapitals) ab. Sofern sich das Verhältnis der Marktwerte von Fremdkapital und Eigenkapital in der Zukunft voraussichtlich in wesentlichem Umfang ändern wird, sind die gewogenen Kapitalkosten entsprechend anzupassen. Anpassungen sind darüber hinaus bei wesentlichen Änderungen der Eigenkapitalkosten und/oder der Fremdkapitalkosten erforderlich.

(134) Die Kapitalkosten der Fremdkapitalgeber errechnen sich als gewogener durchschnittlicher Kostensatz der einzelnen Fremdkapitalformen. Bei nicht explizit verzinslichen Posten des Fremdkapitals (insbesondere Pensionsrückstellungen) ist ein Marktzins für fristadäquate Kredite heranzuziehen. Die Ertragsteuern (Gewerbesteuer, Definitiv-Körperschaftsteuer) sind abzusetzen.

(135) Zur Bestimmung der Eigenkapitalkosten im Rahmen der Ermittlung objektivierter Unternehmenswerte empfiehlt es sich, auf die für das Ertragswertverfahren dargestellten Grundsätze zurückzugreifen (vgl. Abschn. 7.2.4.1.).

7.3.3. Das Konzept des angepassten Barwerts (APV-Ansatz)

(136) Das Konzept des angepassten Barwerts bestimmt den Gesamtkapitalwert komponentenweise. Zunächst wird eine ausschließliche Eigenfinanzierung angenommen und somit der Marktwert eines nicht verschuldeten Unternehmens ermittelt; anschließend wird der Wertbeitrag der Verschuldung berechnet. Die Summe aus dem Marktwert des nicht verschuldeten Unternehmens und dem Wertbeitrag der Verschuldung entspricht dem Gesamtkapitalwert, der nach Minderung um den Marktwert der Ansprüche der Fremdkapitalgeber den Wert des Eigenkapitals ergibt.

(137) Die Diskontierung der Free Cashflows erfolgt mit den Eigenkapitalkosten eines unverschuldeten Unternehmens; die Diskontierung des Wertbeitrags der Verschuldung erfolgt mit dem Fremdkapitalzinssatz, sofern die Steuervorteile so sicher sind wie das Fremdkapital.

7.3.4. Das Konzept der direkten Ermittlung des Werts des Eigenkapitals (Equity-Ansatz)

(138) Bei dem Konzept der direkten Ermittlung des Werts des Eigenkapitals werden die den Eigentümern zufließenden Überschüsse mit den Eigenkapitalkosten (eines verschuldeten Unternehmens) diskontiert. Die Netto-Cashflows werden folglich um die periodenspezifischen Zahlungen an die Fremdkapitalgeber gekürzt und mit dem Kapitalkostensatz abgezinst, der sowohl das operative Risiko des Unternehmens als auch das durch die Kapitalstruktur des Unternehmens entstehende Finanzierungsrisiko widerspiegelt.

7.3.5. Berücksichtigung der persönlichen Ertragsteuern der Unternehmenseigner

(139) Auch bei der Unternehmensbewertung nach den DCF-Verfahren bestimmt sich der Wert des Unternehmens für den Unternehmenseigner nach den ihm zufließenden Nettoeinnahmen. Die für das Ertragswertverfahren geltenden Grundsätze zur Berücksichtigung persönlicher Ertragsteuern finden gleichermaßen für die DCF-Verfahren Anwendung.

7.4. Ermittlung von Liquidationswerten

(140) Insbesondere bei schlechter Ergebnislage kann der Barwert der finanziellen Überschüsse, die sich bei Liquidation des gesamten Unternehmens ergeben, den Fortführungswert übersteigen. In diesem Falle bildet grundsätzlich der Liquidationswert des Unternehmens die Wertuntergrenze für den Unternehmenswert; nur bei Vorliegen eines rechtlichen oder tatsächlichen Zwangs zur Unternehmensfortführung ist gleichwohl auf den Fortführungswert des Unternehmens abzustellen.

(141) Der Liquidationswert wird ermittelt als Barwert der Nettoerlöse, die sich aus der Veräußerung der Vermögensgegenstände abzüglich Schulden und Liquidationskosten ergeben. Dabei ist ggf. zu berücksichtigen, dass zukünftig entstehende Ertragsteuern diesen Barwert mindern.

7.5. Anhaltspunkte für Plausibilitätsbeurteilungen

7.5.1. Börsenpreis

(142) Liegen für Unternehmensanteile Börsenkurse vor, so sind diese zur Plausibilitätsbeurteilung des nach vorstehenden Grundsätzen ermittelten Unternehmens- oder Anteilswerts heranzuziehen (vgl. im Einzelnen Abschn. 3.).

7.5.2. Vereinfachte Preisfindungen

(143) Vereinfachte Preisfindungen (z.B. Ergebnismultiplikatoren, umsatz- oder produktmengenorientierte Multiplikatoren) können im Einzelfall Anhaltspunkte für eine Plausibilitätskontrolle der Ergebnisse der Bewertung nach dem Ertragswertverfahren bzw. nach den DCF-Verfahren bieten.

(144) Insbesondere im Zusammenhang mit kleinen und mittelgroßen Unternehmen wird in der Praxis gelegentlich auf vereinfachte Preisfindungen für Unternehmen zurückgegriffen (vgl. Abschn. 8.3.4.). Diese können nicht an die Stelle einer Unternehmensbewertung treten.

8. Besonderheiten bei der Unternehmensbewertung

(145) Grundsätzlich ist die Ermittlung von Unternehmenswerten unabhängig von Art und Größe des Unternehmens nach den allgemeinen Grundsätzen (vgl. Abschn. 4.) vorzunehmen. In Einzelfällen können jedoch Besonderheiten bei der Unternehmensbewertung zu beachten sein. Bei Zugrundelegung ausschließlich finanzieller Ziele ist der Unternehmenswert auch in diesen Fällen allein aus der Eigenschaft der Unternehmen abzuleiten, entziehbare finanzielle Überschüsse zu erwirtschaften.

8.1. Bewertung wachstumsstarker Unternehmen

(146) Wachstumsunternehmen sind häufig durch Produkt- und Leistungsinnovation, hohe Investitionen in Human- und Sachkapital, erhebliche Vorleistungen im Entwicklungs-, Produktions- und Absatzbereich, wachsenden Kapitalbedarf und Einsatz von Risikokapital, dynamische Veränderung der Unternehmensorganisation und – damit verbunden – progressiv steigende Umsätze geprägt.

(147) Bei diesen Unternehmen liefern Vergangenheitsergebnisse im Regelfall keinen geeigneten Anhaltspunkt für die Prognose zukünftiger Entwicklungen und für die Vornahme von Plausibilitätsüberlegungen.

(148) Die Prognose der finanziellen Überschüsse und insbesondere des Gleichgewichts- oder Beharrungszustands unterliegt erheblichen Unsicherheiten und Schwankungen, verbunden mit einer hohen Sensitivität bezüglich der Veränderung von Planungsparametern. Bei der Wertfindung müssen daher insbesondere die nachhaltige Markt- und Wettbewerbsfähigkeit des Produkt-

und Leistungsprogramms, die Ressourcenverfügbarkeit, die infolge des Wachstums erforderlichen Anpassungsmaßnahmen der internen Organisation und die Finanzierbarkeit des Unternehmenswachstums analysiert werden. Schließlich müssen die Risikoprämie und der Wachstumsabschlag die Besonderheiten der schnell wachsenden Unternehmen hinreichend berücksichtigen.

8.2. Bewertung ertragsschwacher Unternehmen

8.2.1. Grundsätzliches

(149) Ein Unternehmen kann als ertragsschwach bezeichnet werden, wenn seine Kapitalverzinsung nachhaltig geringer als der Kapitalisierungszinssatz ist. Eine andauernde Ertragsschwäche kann zur Insolvenz wegen Zahlungsunfähigkeit und Überschuldung führen.[14]

(150) Bei der Bewertung ertragsschwacher Unternehmen hat der Wirtschaftsprüfer daher neben der Beurteilung von Fortführungskonzepten auch die Beurteilung von Zerschlagungskonzepten vorzunehmen, sofern Zerschlagungskonzepte im jeweiligen Einzelfall eine mögliche Handlungsalternative darstellen. Ist der Barwert der finanziellen Überschüsse aus der Zerschlagung (Liquidation) eines Unternehmens höher als der Barwert der finanziellen Überschüsse bei Fortführung eines Unternehmens, bildet grundsätzlich der Liquidationswert die Wertuntergrenze bei der Unternehmensbewertung (vgl. hierzu und zur Ermittlung von Liquidationswerten Abschn. 7.4.).

(151) Wird bei der Bewertung ertragsschwacher Unternehmen von deren Fortführung ausgegangen, ist der Bestimmung des zugrunde zu legenden Unternehmenskonzepts besondere Bedeutung beizumessen. Wird ein objektivierter Unternehmenswert ermittelt, sind nur bereits eingeleitete Maßnahmen oder hinreichend konkretisierte Maßnahmen im Rahmen des bisherigen Unternehmenskonzepts zur Überwindung der Ertragsschwäche zu berücksichtigen (vgl. Abschn. 4.4.2.1.), während ein subjektiver Entscheidungswert darüber hinaus auch geplante, aber noch nicht eingeleitete Maßnahmen oder noch nicht im Unternehmenskonzept dokumentierte Maßnahmen beinhaltet (vgl. Abschn. 4.4.3.1.). Der Wirtschaftsprüfer hat die in den Konzepten zur Überwindung der Ertragsschwäche geplanten Maßnahmen sowie die vom Unternehmen geplanten finanziellen Überschüsse auf ihre Plausibilität und Realisierbarkeit hin zu untersuchen und darauf aufbauend die künftigen finanziellen Überschüsse des Unternehmens zu prognostizieren (vgl. Abschn. 5.).

8.2.2. Unternehmen mit nicht vorrangig finanzieller Zielsetzung

(152) Stehen bei einem Unternehmen mit unzureichender Rentabilität nicht finanzielle Zielsetzungen, sondern Gesichtspunkte der Leistungserstellung im Vordergrund (z.B. Non-Profit-Unternehmen), so ist als Wert des Unternehmens aus der Sicht des Leistungserstellers nicht der Zukunftserfolgswert, sondern ein Rekonstruktionswert maßgeblich (vgl. Abschn. 8.4.). Kann die dem zu bewertenden Unternehmen vorgegebene Leistungserstellung bei unverändertem laufenden Nettobetriebsaufwand auch durch die Schaffung einer effizienteren Unternehmenssubstanz oder -struktur erreicht werden, deren Aufbau wesentlich geringere Ausgaben verursacht, so ist der Rekonstruktionswert entsprechend niedriger anzusetzen. Nicht betriebsnotwendiges Vermögen ist mit seinem Liquidationswert anzusetzen.

(153) Der Unternehmenszweck ist insbesondere bei solchen Unternehmen vorrangig auf die Leistungserstellung ausgerichtet, die Aufgaben der öffentlichen Daseinsvorsorge erfüllen (z.B. in der Wohnungs- und Stadtentwicklung oder im Verkehrswesen) oder karitativen Zwecken dienen.

---

14 Vgl. *IDW Stellungnahme FAR 1/1996: Empfehlungen zur Überschuldungsprüfung bei Unternehmen*, WPg 1997, S. 22, FN-IDW 1996, S. 523 sowie *IDW Prüfungsstandard: Empfehlungen zur Prüfung eingetretener oder drohender Zahlungsunfähigkeit bei Unternehmen (IDW PS 800)*, WPg 1999, S. 250, FN-IDW 1999, S. 85, 2001, S. 189, liegt derzeit als Entwurf einer Neufassung des IDW Prüfungsstandards: *Beurteilung eingetretener oder drohender Zahlungsunfähigkeit bei Unternehmen (IDW EPS 800 n.F.)*, WPg Supplement 1/2008, FN-IDW 2008, S. 100, vor.

In derartigen Fällen ist anzunehmen, dass die Leistungserstellung im öffentlichen bzw. gemeinnützigen Interesse liegt und auch unabhängig von einer unternehmerischen Betätigung erfolgen würde. Auch bei unzureichender Ertragskraft kommt in diesen Fällen als Alternative zur Fortführung des Unternehmens nicht eine Liquidation infrage, sondern eine anderweitige entsprechende Investition außerhalb des zu bewertenden Unternehmens.

8.3. Bewertung kleiner und mittelgroßer Unternehmen

(154) Besonderheiten bei der Bewertung von kleinen und mittelgroßen Unternehmen können sich – neben quantitativen Merkmalen – insbesondere aus der Tatsache ergeben, dass sie im Gegensatz zu großen Unternehmen oftmals nicht über ein von den Unternehmenseignern weitgehend unabhängiges Management verfügen, sodass der unternehmerischen Fähigkeit der Eigentümer erhebliche Bedeutung zukommt.

(155) Zur Berücksichtigung individueller persönlicher Verhältnisse bei der Ermittlung eines Einigungswerts siehe Abschn. IV. der *IDW Stellungnahme HFA 2/1995*.

(156) Bei der Ermittlung eines Unternehmenswerts für kleine und mittelgroße Unternehmen ist besonderes Augenmerk auf die Abgrenzung des Bewertungsobjekts, die Bestimmung des Unternehmerlohns im Rahmen der Bewertung des Managementfaktors und die Zuverlässigkeit der vorhandenen Informationsquellen zu richten.

8.3.1. Abgrenzung des Bewertungsobjekts

(157) Zur Ermittlung der wirtschaftlichen Unternehmenseinheit i.S.d. Abschn. 4.2. ist bei personenbezogenen, von den Eigentümern dominierten Unternehmen die Abgrenzung von betrieblicher und privater Sphäre von besonderer Bedeutung. Dabei können z.B. steuerliche Sonderbilanzen zur Ermittlung von nicht bilanziertem, aber betriebsnotwendigem Vermögen und von damit korrespondierenden künftigen finanziellen Überschüssen herangezogen werden. Wesentliche Bestandteile des Anlagevermögens (insbesondere Patente, Grundstücke) werden häufig im Privatvermögen gehalten. Demgemäß ist für Zwecke der Unternehmensbewertung darauf zu achten, dass diese entweder in die zu bewertende Vermögensmasse eingebracht oder anderweitig (z.B. durch Berechnung von Miet-, Pacht- oder Lizenzzahlungen) berücksichtigt werden. In diesem Zusammenhang ist auch festzustellen, ob sämtliche Aufwendungen und Erträge betrieblich veranlasst und vollständig im Rechnungswesen erfasst sind.

(158) Bei kleinen und mittelgroßen Unternehmen ist häufig ein nach betriebswirtschaftlichen Gesichtspunkten angemessenes Eigenkapital nicht vorhanden. Im Falle einer bei Nichtberücksichtigung der persönlichen Haftung von Gesellschaftern zu niedrigen Eigenkapitalausstattung sind künftige Maßnahmen zur Stärkung der Unternehmenssubstanz (z.B. Gewinnthesaurierungen, Kapitalerhöhungen) und deren Auswirkungen auf die künftigen finanziellen Überschüsse zu berücksichtigen. Dabei ist beschränkten Finanzierungsmöglichkeiten aufgrund fehlenden Zugangs zum Kapitalmarkt Rechnung zu tragen.

(159) Ist anstelle einer Stärkung der Unternehmenssubstanz durch Maßnahmen der Eigenfinanzierung vorgesehen, dass aus dem Privatbereich Sicherheiten zur Verfügung gestellt werden, sind entsprechende Aufwendungen für Avalprovisionen zu berücksichtigen.

8.3.2. Bestimmung des Unternehmerlohns

(160) Da bei kleinen und mittelgroßen Unternehmen die Höhe der künftigen finanziellen Überschüsse maßgeblich vom persönlichen Engagement und den persönlichen Kenntnissen, Fähigkeiten und Beziehungen der Eigentümer abhängig ist, hat die Bewertung des Managementfaktors (Unternehmerlohn unter Berücksichtigung sämtlicher personenbezogener Wertfaktoren) besondere Bedeutung (vgl. Abschn. 4.4.2.4.).

8.3.3. Eingeschränkte Informationsquellen

8.3.3.1. Bereinigung der Vergangenheitsergebnisse

(161) Bei der Analyse der Vergangenheitsergebnisse ist zu beachten, dass die Jahresabschlüsse kleiner und mittelgroßer Unternehmen oftmals betont steuerlich ausgerichtet sind. Ferner ist zu berücksichtigen, dass Investitionen häufig nur in langen Intervallen vorgenommen werden. Die Gewinn- und Verlustrechnungen der nächstzurückliegenden Perioden spiegeln dann die durchschnittlichen Ergebnisse möglicherweise nicht zutreffend wider und müssen entsprechend korrigiert werden.

8.3.3.2. Analyse der Ertragskraft

(162) Im Falle einer fehlenden oder nicht dokumentierten Unternehmensplanung hat der Wirtschaftsprüfer die Unternehmensleitung aufzufordern, speziell für die Zwecke der Unternehmensbewertung eine Planung für den nächsten Zeitraum von ein bis fünf Jahren vorzulegen. Solche Planungsrechnungen sind im Hinblick auf ihre Zuverlässigkeit kritisch zu würdigen.

(163) Oft wird die Unternehmensleitung keine Planungsrechnung erstellen, sondern lediglich allgemeine Vorstellungen über die künftige Entwicklung des Unternehmens vortragen. Soweit diese nicht durch konkrete Anhaltspunkte bestätigt werden können, kann der Wirtschaftsprüfer nur aufgrund der Vergangenheitsanalyse und der von ihm hierbei festgestellten Entwicklungslinien eine Ertragsprognose erstellen. Es empfiehlt sich, in diesen Fällen eine Szenarioanalyse durchzuführen.

8.3.4. Vereinfachte Preisfindungen

(164) In der Praxis wird gelegentlich auf vereinfachte Preisfindungen für Unternehmen zurückgegriffen. Hierzu gehört insbesondere die Anwendung von Ergebnismultiplikatoren sowie von umsatz- oder produktmengenorientierten Multiplikatoren.

(165) Bei Anwendung von Ergebnismultiplikatoren ergibt sich der Preis für das Unternehmen als Produkt eines als repräsentativ angesehenen Ergebnisses vor Steuern mit einem branchen- bzw. unternehmensspezifischen Faktor. Dieser ist insbesondere Ausdruck der aktuellen Kapitalkosten, der Risikoneigung potenzieller Erwerber sowie des Verhältnisses zwischen Angebot und Nachfrage auf dem Markt für Unternehmenstransaktionen.

(166) Umsatz- oder produktmengenorientierte Multiplikatoren werden in der Praxis insbesondere zur Ermittlung der Marktpreise für kleinere Dienstleistungsunternehmen angewandt. Diese Marktpreise werden oftmals weitgehend durch den Wert des verkehrsfähigen Kundenstamms geprägt. Auch der Marktwert von freiberuflichen Praxen wird im Wesentlichen durch den übertragbaren Mandantenstamm bestimmt.

(167) Vereinfachte Preisfindungen können Anhaltspunkte bei der Plausibilitätskontrolle der Ergebnisse der Bewertung nach Ertragswert- oder DCF-Verfahren bieten.

Ergibt sich eine Differenz zwischen dem Zukunftserfolgswert und einem zur Plausibilitätskontrolle anhand einer vereinfachten Preisfindung ermittelten Preis für das Unternehmen, so kann dies ein Anlass sein, neben den zur Plausibilitätskontrolle herangezogenen Größen auch die der Unternehmensbewertung zugrunde gelegten Ausgangsdaten und Prämissen kritisch zu überprüfen und – soweit dabei gewonnene bessere Erkenntnisse (z.B. in Bezug auf die Ertragserwartungen) dies erfordern – zu korrigieren. Zur Berücksichtigung im gewöhnlichen Geschäftsverkehr zustande gekommener, stichtagsnaher Marktpreise bei der Unternehmensbewertung im Familien- und Erbrecht wird auf die *IDW Stellungnahme HFA 2/1995*, Abschn. III.4. verwiesen.

(168) Tritt der Wirtschaftsprüfer als Berater bei der Ermittlung eines subjektiven Entscheidungswerts auf, kann der Vergleich des Zukunftserfolgswerts mit einem anhand einer vereinfachten Preisfindung bestimmten Marktpreis Anhaltspunkte für eine Empfehlung im Hinblick auf den Kauf bzw. Verkauf des Unternehmens geben.

(169) In seinem Bewertungsgutachten (vgl. Abschn. 9.2.) hat der Wirtschaftsprüfer klarzustellen, inwieweit und mit welchen Konsequenzen vereinfachte Preisfindungen eingesetzt wurden.

8.4. Substanzwert

(170) Im Gegensatz zum Liquidationswert als Verkaufs- oder Zerschlagungswert handelt es sich bei dem Substanzwert um den Gebrauchswert der betrieblichen Substanz. Der Substanzwert ergibt sich als Rekonstruktions- oder Wiederbeschaffungswert aller im Unternehmen vorhandenen immateriellen und materiellen Werte (und Schulden). Er ist insoweit Ausdruck vorgeleisteter Ausgaben, die durch den Verzicht auf den Aufbau eines identischen Unternehmens erspart bleiben. Dem Alter der Substanz ist durch Abschläge vom Rekonstruktionsneuwert Rechnung zu tragen, die sich aus dem Verhältnis der Restnutzungszeit zur Gesamtnutzungszeit der Vermögensteile bzw. aus dem Verhältnis des Restnutzungspotenzials zum Gesamtnutzungspotenzial ergeben (Rekonstruktionszeitwert). Aufgrund der Schwierigkeiten, die sich in der Praxis bei der Ermittlung nicht bilanzierungs-fähiger, vor allem immaterieller Werte ergeben, wird i.d.R. ein Substanzwert i.S. eines -(Netto-)Teilrekonstruktionszeitwerts ermittelt.

(171) Dem Substanzwert, verstanden als (Netto-)Teilrekonstruktionszeitwert, fehlt grundsätzlich der direkte Bezug zu künftigen finanziellen Überschüssen. Daher kommt ihm bei der Ermittlung des Unternehmenswerts keine eigenständige Bedeutung zu.

(172) Substanzwerte sind vom Wirtschaftsprüfer nur dann zu ermitteln, wenn dies im Auftrag für das Bewertungsgutachten ausdrücklich festgelegt ist. Für die Ermittlung von Substanzwerten gelten sinngemäß die allgemeinen Grundsätze der Maßgeblichkeit des Bewertungszwecks (vgl. Abschn. 4.1.), der Bewertung der wirtschaftlichen Unternehmenseinheit (vgl. Abschn. 4.2.), der gesonderten Bewertung des nicht betriebsnotwendigen Vermögens (vgl. Abschn. 4.5.), der Unbeachtlichkeit des (bilanziellen) Vorsichtsprinzips (vgl. Abschn. 4.6.) und der Nachvollziehbarkeit der Bewertungsansätze (vgl. Abschn. 4.7.) sowie das Stichtagsprinzip (vgl. Abschn. 4.8.).

9. Dokumentation und Berichterstattung

9.1. Arbeitspapiere

(173) Bei der Ermittlung von Unternehmenswerten sind die berufsüblichen Grundsätze in Bezug auf die Anlage von Arbeitspapieren entsprechend anzuwenden.[15] Hierzu gehört auch die Einholung einer Vollständigkeitserklärung (vgl. Abschn. 5.5.).

(174) Die Arbeitspapiere müssen es einem sachkundigen Dritten ermöglichen, das Bewertungsergebnis nachzuvollziehen und die Auswirkungen der getroffenen Annahmen auf den Unternehmenswert abzuschätzen (intersubjektive Nachprüfbarkeit).

9.2. Bewertungsgutachten

(175) Im Bewertungsgutachten muss der Wirtschaftsprüfer einen eindeutigen Unternehmenswert bzw. eine -wertspanne nennen und begründen. Die Berichterstattung verfolgt grundsätzlich das Ziel, den Empfänger des Gutachtens in die Lage zu versetzen, die Wertfindung und ihre Methodik, die getroffenen Annahmen, Grundsatzüberlegungen und Schlussfolgerungen mit vertretbarem Aufwand nachvollziehen und aus seiner Sicht würdigen zu können, sodass das Gutachten

---

15 Vgl. *Neufassung IDW Prüfungsstandard: Arbeitspapiere des Abschlussprüfers (IDW PS 460 n.F. vom 22.02.2008)*, WPg Supplement 2/2008, FN-IDW 2008, S. 178.

die Grundlage einer sachlichen Beurteilung bilden kann. Einzelheiten und Überlegungen zur Unternehmensbewertung sind daher so ausführlich darzulegen, wie es den Grundsätzen ordnungsmäßiger Berichterstattung unter der oben genannten Zielsetzung entspricht.

(176) Aus dem Bewertungsgutachten muss ersichtlich sein, in welcher Funktion der Wirtschaftsprüfer die Bewertung vorgenommen hat und welches Wertkonzept (objektivierter Unternehmenswert, subjektiver Entscheidungswert, Einigungswert) der Bewertung zugrunde liegt.

(177) Weiterhin ist eine angemessene Beschreibung der Vorgehensweise bei der Unternehmensbewertung erforderlich. Dabei ist auf das angewandte Bewertungsverfahren (Ertragswertverfahren, DCF-Verfahren) einzugehen. Ferner ist das Vorgehen bei der Prognose und der Diskontierung der finanziellen Überschüsse darzustellen. Umfang und Qualität der zugrunde gelegten Daten müssen ebenso wie der Umfang von Schätzungen und Annahmen mit den dahinter stehenden Überlegungen ersichtlich sein. Insbesondere ist entsprechend dem Grundsatz der Klarheit der Berichterstattung im Bewertungsgutachten deutlich zu machen, auf welchen wesentlichen Annahmen der ermittelte Unternehmenswert beruht. Soweit Vereinfachungen für zulässig erachtet werden, sind auch diese zu erörtern.

(178) Gegebenenfalls vorgenommene Plausibilitätsbeurteilungen des Bewertungsergebnisses anhand von Börsenkursen des zu bewertenden Unternehmens sind darzustellen. In den Fällen, in denen der Börsenkurs von Unternehmensanteilen grundsätzlich als Mindestwert heranzuziehen ist (vgl. Abschn. 3.), ist ausdrücklich auf den Börsenkurs und dessen Eignung einzugehen.

(179) Der Inhalt des Gutachtens sollte im Wesentlichen Folgendes umfassen:

- Darstellung der Bewertungsaufgabe
  - Auftraggeber
  - Auftrag (Bewertungsanlass; Funktion, in der die Wertermittlung durchgeführt wird; zugrunde liegender Bewertungsstandard)
- Darstellung der angewandten Bewertungsgrundsätze und -methoden
- Beschreibung des Bewertungsobjekts
  - rechtliche Grundlagen
  - wirtschaftliche Grundlagen
  - steuerliche Gegebenheiten
- Darstellung der der Bewertung zugrunde liegenden Informationen
  - Vergangenheitsanalyse
  - Planungsrechnungen vor dem Hintergrund der zugrunde liegenden Annahmen
  - Verfügbarkeit und Qualität der Ausgangsdaten (einschließlich Gutachten Dritter)
  - Plausibilitätsbeurteilung der Planungen
  - Abgrenzung der Verantwortung für übernommene Auskünfte
- Darstellung der Bewertung des betriebsnotwendigen Vermögens
  - Ableitung der erwarteten finanziellen Überschüsse
    - - Überschüsse im Detailplanungszeitraum
    - - nachhaltige Überschüsse der ewigen Rente
  - Ableitung des Kapitalisierungszinssatzes
    - - Basiszinssatz
    - - Risikozuschlag
    - - Wachstumsabschlag
  - Ermittlung des Barwertes der finanziellen Überschüsse
- Darstellung der gesonderten Bewertung des nicht betriebsnotwendigen Vermögens
- Unternehmenswert
  - ggf. Plausibilitätsbeurteilungen des Bewertungsergebnisses
- abschließende Feststellungen.

3. Fachmitteilung der Schweizer Treuhandkammer: Unternehmensbewertung – Richtlinien und Grundsätze für die Bewertenden

Als Autoren und Lektoren für die Überarbeitung der vorliegenden Fachmitteilung wirkten mit: Markus H. Bucher, Stefan Elmiger, Shirine Imoberdorf, Thomas Koller, Rolf Langenegger, Giorgio Meier, Louis Siegrist.

Inhaltsverzeichnis

1 Einleitung
2 Ziel dieser Fachmitteilung
3 Abgrenzung der Unternehmensbewertung
    3.1 Abgrenzung Unternehmensbewertung zur „Due Dilligence"
    3.2 Abgrenzung Unternehmensbewertung gegenüber Wertüberlegung
4 Funktion des Bewerters bei der Unternehmensbewertung
5 Anforderungen an den Bewerter
    5.1 Gesetzliche Voraussetzungen
    5.2 Fachliche Kompetenz
    5.3 Unabhängigkeit
        5.3.1 Grundsatz
        5.3.2 Unabhängigkeit als Revisionsstelle
        5.3.3 Unabhängigkeit als neutraler Bewerter und als Schiedsgutachter
        5.3.4 Unabhängigkeit als Parteigutachter
        5.3.5 Integrität
6 Mandatsannahme
    6.1 Vorgängige Überlegungen
    6.2 Bestätigung der Mandatsannahme
7 Mandatsabwicklung
    7.1 Bewertungstechnische Grundsätze
        7.1.1 Bewertung der wirtschaftlichen Einheit
        7.1.2 Massgeblichkeit des Bewertungszwecks
        7.1.3 Stichtagsprinzip
        7.1.4 Unbeachtlichkeit des (bilanziellen) Vorsichtsprinzips
        7.1.5 Nachvollziehbarkeit der Bewertungsansätze
    7.2 Umfang der Bewertungsarbeiten

- 7.3 Bewertungsmethoden
  - 7.3.1 Discounted Cashflow-Methode (DCF-Methode)
  - 7.3.2 Marktwertmethode
  - 7.3.3 Ertragswertmethode
  - 7.3.4 Substanzwertmethode
  - 7.3.5 Mittelwertverfahren
  - 7.3.6 Nicht betriebsnotwendiges Vermögen
  - 7.3.7 Latente Steuern
- 8 Berichterstattung
  - 8.1 Bewertungsgutachten
  - 8.2 Zusammenfassung Bewertungsgutachten
  - 8.3 Wertüberlegungen
  - 8.4 Berichtinhalt
- 9 Qualitätskontrolle
- 10 Schlussbemerkung

Literaturhinweise

1. Einleitung

Der Unternehmenswert bzw. die Ermittlung des Unternehmenswertes ist von weit reichender Bedeutung. Die Bewertung eines Unternehmens erfolgt aus verschiedenen Gründen. Der klassische Fall ist der Kauf oder Verkauf einer Unternehmung. Weitere Anlässe zur Unternehmensbewertung sind Umstrukturierungen, Fusionen, Going Public, Kapitalerhöhungen/-herabsetzungen etc.

Wegen der Komplexität jeder Unternehmensbewertung ist der Beizug von Beratern üblich. Die Erfahrung zeigt, dass auch für die Wirtschaftsprüfer[16] die Unternehmensbewertung immer mehr zu einer wichtigen Dienstleistung avanciert ist. Diese Tatsache war Anlass genug für eine Überarbeitung und Erweiterung der aus dem Jahr 1994 stammenden Fachmitteilung der Treuhand-Kammer.

Auf den folgenden Seiten wird verschiedentlich auf das Handbuch der Wirtschaftsprüfer (HWP) verwiesen. Dies deshalb, weil die besagte Publikation als Basiswerk der Wirtschaftsprüfer gilt und sinngemäss auch für die Durchführung von Sonderaufträgen wie etwa einer Unternehmensbewertung herangezogen werden kann. Allerdings sollen hier nur abweichende Besonderheiten oder Ergänzungen zur Sprache kommen. Weiter weisen wir explizit darauf hin, dass die in der Fachmitteilung abgegebenen Empfehlungen keinen Prüfungscharakter im Sinne des HWP oder der Schweizerischen Prüfungsstandards (PS) haben und somit auch nicht als solche zu verstehen sind.

2. Ziel dieser Fachmitteilung

An Büchern, welche sich mit dem Thema Unternehmensbewertung befassen, fehlt es nicht. In der Regel tragen diese den besonderen Bedürfnissen der kleinen und mittleren Unternehmen (KMU) zu wenig Rechnung. Die vorliegende Fachmitteilung zielt darauf hin, den Ansprüchen einer brei-

---

16 Die verwendete männliche Form schließt das weibliche Geschlecht mit ein.

ten Spannweite verschiedenster Unternehmen zu genügen – jedoch nicht im Sinne eines Fachbuches, sondern vielmehr von der praktischen Seite her. Im Vordergrund stehen der Ablauf einer Bewertung und die Berichterstattung und nicht die Bewertungstheorien.

Daneben will diese Fachmitteilung durch Darstellungen von Rahmenbedingungen die Auffassung und Vorgehensweise bei Unternehmensbewertungen innerhalb des Berufsstandes vereinheitlichen und somit einen Beitrag zur Hebung und Sicherstellung der Dienstleistungsqualität leisten. Überdies wird dieses Dokument ergänzt mit nützlichen Muster, Checklisten und Literaturhinweisen.

Themen wie Anlässe oder Vorgänge, welche eine Unternehmensbewertung auslösen können, sowie Anleitungen zu den Bewertungsmethoden und Technik der Wertfindung werden hier nicht behandelt. In diesem Zusammenhang sei auf die allgemeine Literatur verwiesen.

3. Abgrenzung der Unternehmensbewertung

3.1 Abgrenzung Unternehmensbewertung zur „Due Diligence"

Unternehmenstransaktionen sind durch Unvollkommenheit von Informationen geprägt. Einerseits besteht eine asymmetrische Informationsverteilung zwischen den potenziellen Vertragsparteien und andererseits besteht Unsicherheit über die mögliche zukünftige Entwicklung des Kaufobjektes. Mit einer „Due Diligence" („gebührende Sorgfalt") soll die Verringerung respektive Überwindung der Informationsasymmetrie erreicht werden.

Dabei sollen bestimmte Untersuchungen durchgeführt werden mit dem Ziel, die wesentlichen Einflussfaktoren für eine beabsichtigte Transaktion aufzuzeigen. Es handelt sich primär um ein Instrument der Käuferseite. Von der käuferorientierten Due Diligence wird die so genannte „Vendor Due Diligence" unterschieden. Bei einer Vendor Due Diligence ist der Verkäufer der Auftraggeber. Ziel einer Vendor Due Diligence ist die Eigeninformation zur Stärkung der Verhandlungsposition und zur Schaffung einer einheitlichen Informationsbasis, die an die Kaufinteressenten weitergegeben werden kann.

Das Tätigkeitsfeld in einer Due Diligence umfasst nicht nur finanzielle Aspekte, sondern kann auch steuerliche, rechtliche und weitere Bereiche wie Umwelt und Absatzmärkte beinhalten. Der Umfang der im Rahmen einer Due Diligence abzudeckenden Felder wird bei jedem Auftrag neu festgelegt. Die Due Diligence ist keine Unternehmensbewertung. Sie liefert aber Anhaltspunkte für wert- und preisrelevante Faktoren.

Demgegenüber befasst sich eine Unternehmensbewertung primär mit der finanziellen Situation eines Unternehmens, um aus einem Zahlenwerk, das aufbereitet und plausibilisiert wird, einen Wert abzuleiten. Im Gegenzug untersucht die Unternehmensbewertung das Unternehmen nicht, sondern basiert in aller Regel auf den vorhandenen Unternehmenszahlen, ausser dies wird separat vereinbart.

Obwohl die beiden Tätigkeiten Due Diligence und Unternehmensbewertung begrifflich klar voneinander unterschieden werden können, greifen sie teilweise doch ineinander. Bei einer Unternehmensbewertung wie auch in der Regel bei einer Due Diligence erfolgt eine Plausibilitätsanalyse der Planungsrechnungen. Die im Rahmen einer Due Diligence aufgezeigten Chancen und Risiken finden letztlich Eingang in die Zukunftszahlen und damit in die Wertfindung.

Die vorliegende Publikation bezieht sich ausschliesslich auf das Thema Unternehmensbewertung.

3.2 Abgrenzung Unternehmensbewertung gegenüber Wertüberlegung

In der Praxis kommt es immer wieder zu Situationen, in welchen vereinfachte Wertfindungen benötigt werden. Vereinfachte Wertfindungen werden auch als Wertüberlegung bezeichnet. Analog werden in der Praxis weitere Begriffe wie grobe Wertschätzung, summarische Bewertung etc. verwendet. Das Ziel einer vereinfachten Wertfindung ist, mit einfachen Mitteln eine erste Wertbandbreite festzulegen.

Die Berichterstattung bei einer vereinfachten Wertfindung muss klar darauf hinweisen, dass es sich um ein vereinfachtes Vorgehen handelt (siehe dazu auch Ziffer 8.3), bei dem die sonst in einer eigentlichen Unternehmensbewertung üblichen Analysen und Arbeiten nur in reduziertem Mass vorgenommen worden sind.

4. Funktion des Bewerters bei der Unternehmensbewertung

Ausgangslage für eine Unternehmensbewertung ist regelmässig ein bestimmter Bewertungsanlass, wobei vor allem folgende unterschieden werden können:

- Verkauf bzw. Kauf eines Unternehmens;
- Rechtliche Umstrukturierung eines Unternehmens (Fusion, Spaltung, Umwandlung, Vermögensübertragung);
- Eigen- oder Fremdkapitalerhöhung bei einem Unternehmen;
- Austritt oder Ausschluss von Gesellschaftern oder Minderheitsbeteiligten aus einem Unternehmen;
- Übertragung eines Unternehmens im Rahmen des Güter- oder Erbrechts;
- Beteiligung von Mitarbeitern an einem Unternehmen;
- Steuerliche Zwecke wie Ermittlung eines Vermögenssteuerwertes eines Unternehmens für die Vermögenssteuer oder den Verkehrswert eines Unternehmens als Steuerberechnungsgrundlage für die Emissionsabgabe.

Der zu ermittelnde Unternehmenswert ist keine absolute Grösse, sondern steht vielmehr in Abhängigkeit zum konkreten Bewertungsanlass einerseits und zum Inhalt und Umfang des Auftrags zur Unternehmensbewertung anderseits. Der Unternehmenswert ist bezogen auf die Stellung des Bewerters somit wesentlich von der ihm im Auftrag zugewiesenen Funktion bestimmt, in der er tätig wird. Die Unternehmensbewertung und mithin der Unternehmenswert sind folglich funktionsbezogen und der zu ermittelnde Unternehmenswert wird in diesem Zusammenhang als funktionaler Unternehmenswert bezeichnet.

Der Begriff des funktionalen Unternehmenswerts besagt, dass der Bewerter aufgrund des Bewertungsanlasses und der zu lösenden Aufgaben die Unterscheidungskriterien für die Unternehmensbewertung treffen wird. Die Frage für den Bewerter lautet folglich, welches die Funktion (Aufgabe) der konkreten Unternehmensbewertung ist, in deren Rahmen er wie folgt tätig werden kann:

- als neutraler Bewerter,
- als Vermittler bzw. Schiedsgutachter oder
- als Parteigutachter (Berater).

Im Einzelnen bedeutet dies für den Bewerter Folgendes:

Neutraler Bewerter

In der Funktion als neutraler Gutachter wird der Bewerter als Sachverständiger tätig, der mit nachvollziehbarer Methodik einen objektivierten, von den individuellen Wertvorstellungen der betroffenen Parteien unabhängigen Wert des Unternehmens ermittelt. Der objektivierte Unternehmenswert ist ein typisierter Zukunftserfolgswert, der sich bei Fortführung des Unternehmens in unverändertem Konzept und mit allen realistischen Zukunftserwartungen im Rahmen der Marktchancen und -risiken, finanziellen Möglichkeiten des Unternehmens sowie sonstigen Einflussfaktoren ergibt.

Vermittler bzw. Schiedsgutachter

In der Funktion als Vermittler bzw. Schiedsgutachter wird der Bewerter tätig, der in einer Konfliktsituation unter Berücksichtigung der verschiedenen subjektiven Wertvorstellungen der Parteien und gegebenenfalls vertraglicher Regeln einen Einigungswert als Schiedsgutachter feststellt oder als Vermittler vorschlägt.

Parteigutachter (Berater)

In der Beratungsfunktion ermittelt der Bewerter einen subjektiven Entscheidungswert, der bspw. angeben kann, welchen Betrag – unter Berücksichtigung der vorhandenen individuellen Möglichkeiten und Planungen – ein bestimmter Investor für ein Unternehmen höchstens anlegen darf (Preisobergrenze) oder ein Verkäufer mindestens verlangen muss (Preisuntergrenze), um seine ökonomische Situation durch die Transaktion nicht zu verschlechtern. Mittels des Argumentationswerts liefert der Bewerter Argumente zur Untermauerung eines subjektiven Unternehmungswerts.

5. Anforderungen an den Bewerter

5.1 Gesetzliche Voraussetzungen

Für die Durchführung von Bewertungsarbeiten im Rahmen einer aktienrechtlichen Gründungs- oder Kapitalerhöhungsprüfung wird auf die allgemeinen Befähigungsvorschriften gemäss Art. 727b OR und damit indirekt auf das Revisionsaufsichtsgesetz verwiesen. Die in Artikel 728 OR sowie 729 OR geforderte, aktienrechtliche Unabhängigkeit des Abschlussprüfers (resp. in Art. 83a ZGB für Stiftungen) sind sinngemäss auch als neutraler Bewerter zu befolgen. Gleiches gilt für Bewertungen nach Fusionsgesetz, bei welchen der Bewerter eine Bestätigung als besonders befähigter Revisor bzw. neu als Revisionsexperte abgibt.

Ansonsten bestehen von gesetzgeberischer Seite keine weiteren Voraussetzungen an das Anforderungsprofil eines Unternehmensbewerters, weder im Aktienrecht noch im Auftragsrecht.

Aus dem Auftragsrecht ergeben sich die entsprechenden vom Bewerter zu beachtenden Besonderheiten und Verantwortlichkeiten, worauf hier nicht weiter eingegangen wird. Es sei auf die weiter führende Judikatur und Literatur verwiesen.

5.2 Fachliche Kompetenz

Der Bewerter deklariert gegenüber dem Auftraggeber seine fachlichen Fähigkeiten und übernimmt nur Aufträge, für deren Durchführung ihm die erforderliche Fachkompetenz, Erfahrung und falls notwendig Mitarbeiter zur Verfügung stehen. Unternehmensbewertungen stellen hohe Ansprüche an den Bewerter. Aus der besonderen Situation, die sich aus der Interessenlage von Käufer und Verkäufer ergibt, ist abzuleiten, dass bei Bewertungsaufgaben sinngemäss gleiche sachliche und persönliche Anforderungen gestellt werden, wie bei aktienrechtlichen Abschlussprüfungen. Gemäss Berufsordnung der Treuhand-Kammer sowie Schweizer Prüfungsstandards sind dies:

- Sachkenntnis,
- Zuverlässigkeit,
- Sorgfalt,
- Verantwortungsbewusstsein,
- Integrität,
- Verschwiegenheit.

Im Speziellen sollte der Bewerter die geeigneten Bewertungsverfahren und -theorien kennen sowie über genügend Erfahrung verfügen um diese korrekt anwenden zu können. Für eine abschliessende Beurteilung des Unternehmenswertes sind zusätzlich Kenntnisse über

- die Branche des zu bewertenden Unternehmens,
- und die gesetzlichen Anforderungen

empfehlenswert. Eine gezielte Ausbildung aller Mitarbeiter trägt zur Verbesserung der Kenntnisse, Fähigkeiten und Methoden bei.

5.3 Unabhängigkeit

5.3.1 Grundsatz

Je nach den Interessen des Auftraggebers (Käufer oder Verkäufer), der Auftragsstellung und der Stellung des Beauftragten kann der Unternehmenswert unterschiedlich ausfallen. Der Bewerter hat bei Ausübung seiner Tätigkeit jedoch trotzdem eine berufliche Unabhängigkeit zu wahren. Er erstellt keine Gefälligkeitsgutachten, sondern führt die Bewertung unvoreingenommen und objektiv durch. Ist die Unabhängigkeit (auch als Parteigutachter) aufgrund von Interessenskonflikten nicht (mehr) gewährleistet, weist er den Auftraggeber darauf hin und wird allenfalls eine entsprechende Offenlegung in seinem Bericht vornehmen.

5.3.2 Unabhängigkeit als Revisionsstelle

Falls die Unternehmensbewertung für einen Kunden erbracht wird, für den der Bewerter oder seine Firma auch den Jahresabschluss prüft, wird primär auf die Richtlinien zur Unabhängigkeit der Treuhand-Kammer verwiesen. Zu unterscheiden gilt es zwischen der ordentlichen und der eingeschränkten Revision.

Die Unabhängigkeit bei der ordentlichen Revision ist in Art. 728 OR geregelt. Im Zusammenhang mit der Unabhängigkeit gilt es, insbesondere Abs. 2 Ziff. 4. zu beachten:

> „4. Das Mitwirken bei der Buchführung sowie das Erbringen anderer Dienstleistungen, durch die das Risiko entsteht, als Revisionsstelle eigene Arbeiten überprüfen zu müssen."

Die Unabhängigkeit ist nicht mehr gegeben, wenn Resultate aus der Unternehmensbewertung die Jahresrechnung respektive Teile davon wesentlich beeinflussen und diese Resultate im Rahmen der Prüfung der Jahresrechnung verifiziert werden müssen.

Im Rahmen der eingeschränkten Revision sind gemäss Art. 729 OR Tätigkeiten gemäss Art. 728 Abs. 2 Ziff. 4. OR erlaubt. Sofern das Risiko der Überprüfung eigener Arbeiten entsteht, muss durch organisatorische und personelle Massnahmen eine verlässliche Prüfung sichergestellt werden.

5.3.3 Unabhängigkeit als neutraler Bewerter und als Schiedsgutachter

Die Richtlinien zu Unabhängigkeit der Treuhand-Kammer beziehen sich in erster Linie auf die in Art. 728 OR geforderte, aktienrechtliche Unabhängigkeit des Abschlussprüfers. Diese Unabhängigkeitkriterien sind sinngemäss für die Tätigkeit als neutraler Bewerter und als Schiedsgutachter im Sinne von Ziffer 4.1 zu befolgen. Die Unabhängigkeit eines Bewerters kann soweit gehen, dass eine als aktienrechtliche Revisionsstelle tätige juristische oder natürliche Person nicht mit einer Unternehmensbewertung beauftragt wird, weil durch die Organfunktion bei dem zu bewertenden Unternehmen bereits gewisse Abhängigkeiten bestehen können.

5.3.4 Unabhängigkeit als Parteigutachter

Anders ist das Erfordernis der Unabhängigkeit zu beurteilen, wenn es um eine „Parteibewertung" im Sinne von Ziffer 4.1 geht. In diesem Fall kann die enge Bindung zu einer Partei in Form fundierter Kenntnisse des Unternehmens und eine bestehende Vertrauensbasis nützlich und sinnvoll sein. Trotz der Parteibindung gibt der in einer solchen Situation tätige Bewerter keine Gefälligkeitsgutachten ab, sondern ist dafür besorgt, dass die von ihm ermittelten Randwerte nicht ausserhalb einer vertretbaren Bandbreite und damit nicht ausserhalb des Ermessensspielraumes liegen. Kommen aus verhandlungstaktischen Gründen Preisvorstellungen ins Spiel, die ausserhalb dieser Bandbreite liegen, müssen diese von der Partei und nicht durch den Bewerter geäussert und vertreten werden. Die Stellung des Bewerters ist im Bericht transparent offen zu legen.

5.3.5 Integrität

Der Bewerter behandelt sämtliche ihm zur Verfügung gestellten Unterlagen und Informationen vertraulich und leitet auftragsbezogene Informationen nur mit ausdrücklicher Zustimmung des Auftraggebers an Dritte weiter. Die Grundsätze gelten auch für die Mitarbeiter. Der Bewerter hat seine Mitarbeiter auf diese Grundsätze hinzuweisen.

6. Mandatsannahme
6.1 Vorgängige Überlegungen

Vor der Annahme eines Bewertungsmandates muss der Bewerter gewisse Überlegungen anstellen. Abgesehen von den Fragen zur Unabhängigkeit (vgl. dazu Kapitel 5) sind weitere Überlegungen notwendig.

Neben der fachlichen Qualifikation des Bewerters sind auch eventuelle Auflagen zum Bewertungsauftrag differenziert zu analysieren und zu beurteilen.

Es ist möglich, dass der Auftraggeber aus seiner Interessenlage heraus Einschränkungen auferlegt. So kann es Auflagen geben hinsichtlich

- der zeitlichen Dimension, in welcher ein Auftrag durchgeführt werden soll,
- der Verfügbarkeit der üblicherweise notwendigen Unterlagen oder Ansprechpersonen aus Gründen der Diskretion,
- der anzuwendenden Bewertungsmethode,
- der Tiefe des Auftrags, wobei bewusst auf eine umfassende Unternehmensbewertung verzichtet und dafür eine Wertüberlegung angestrebt wird.

Sämtliche Einschränkungen seitens des Auftraggebers sind in der Auftragsbestätigung festzuhalten (vgl. Anhang Muster 1). Die Berichterstattung sollte die für den Auftrag bestehenden Einschränkungen ebenfalls offen legen.

Ob und inwieweit Auflagen und Einschränkungen des Auftraggebers vom Bewerter hingenommen werden können, ist stets aufgrund des jeweiligen Einzelfalles zu entscheiden.

Mögliche Gründe, die zur Ablehnung des Auftrages führen können, sind folgende:

- unverhältnismässige Risiken aufgrund falscher Erwartungshaltungen;
- unzumutbare Einschränkungen und Auflagen des Auftraggebers hinsichtlich der Mandatsabwicklung oder der Ergebniserwartung Hinweise, dass das Gutachten für einen anderen Zweck als den vereinbarten zum Schaden des Bewerters verwendet werden könnte;
- potenzielle Interessenkonflikte mit der bestehenden Tätigkeit als Revisionsstelle oder anderen bestehenden Aufträgen.

6.2 Bestätigung der Mandatsannahme

Die Bestätigung der Mandatsannahme sollte, obwohl es kein gesetzliches Erfordernis ist, in der Regel schriftlich erfolgen. Die Auftragsbestätigung sollte durch den Bewerter verfasst werden. Durch die Schriftlichkeit wird sichergestellt, dass die wesentlichen Rahmenbedingungen und Auflagen belegt sind und Missverständnisse vermieden werden können.

Kernelemente einer Auftragsbestätigung sind folgende Punkte:

- Anlass und Ziel der Bewertung,
- Bewertungsobjekt,
- Bewertungszeitpunkt,
- Angaben der der Bewertung zugrunde zu liegenden Informationen,
- Angaben zu der(n) anzuwendende(n) Bewertungsmethode(n),
- Angaben zur Mandatsabwicklung (Ansprechpersonen, Art der Berichterstattung, Zeitplan),
- Auflagen zur Verwendungsweise und Adressat der Bewertungsergebnisse,
- Verantwortung und Stellung des Bewerters,
- Verantwortung des Auftraggebers,
- Vollständigkeitserklärung.

Sollte sich der vereinbarte Auftragsumfang im Verlauf der Auftragsabwicklung erheblich ändern, empfiehlt es sich, dies schriftlich festzuhalten und als Ergänzung zur ursprünglichen Auftragsbestätigung beizufügen (vgl. Anhang Muster 1) bzw. alternativ auch im Bewertungsbericht offenzulegen.

7. Mandatsabwicklung

7.1 Bewertungstechnische Grundsätze

7.1.1 Bewertung der wirtschaftlichen Einheit

Ein Unternehmen besteht aus einer Vielzahl von materiellen und immateriellen Werten, welche durch ihr Zusammenwirken finanzielle Überschüsse erwirtschaften sollten. Die Wertbestimmung einer Unternehmung erfolgt nicht aus der Summenbildung dieser Einzelelemente, sondern unter Berücksichtigung des Zusammenwirkens aller Werte. Bei der Abgrenzung des Bewertungsobjektes ist deshalb auf die Gesamtheit aller Bereiche eines Unternehmens abzustellen, wobei das Bewertungsobjekt nicht mit der rechtlichen Einheit des Unternehmens identisch sein muss. Vielmehr ist auf das, nach wirtschaftlichen Kriterien definierte Bewertungsobjekt abzustellen (z.B. einzelne Aktiven und/oder Passiven, Betriebsstätte, strategische Einheit, Ländergesellschaften).

7.1.2 Massgeblichkeit des Bewertungszwecks

In Abhängigkeit von der Natur des zu ermittelnden Unternehmenswerts (objektivierter Unternehmenswert, subjektiver Entscheidungswert, Schiedsgutachten) können sich andere Annahmen für die Bewertungsparameter ergeben. Dementsprechend sollte schon im Rahmen der Auftragserteilung festgelegt werden, in welcher Stellung der Bewerter tätig wird, damit die dem Bewertungszweck entsprechenden Annahmen hergeleitet werden können.

7.1.3 Stichtagsprinzip

Unternehmenswerte sind zeitbezogene Grössen. Der Bewertungsstichtag legt fest, welche finanziellen Überschüsse zu berücksichtigen sind, da sie dem Eigentümer noch nicht zugeflossen sind. Sollten die Bewertungsarbeiten nicht zeitnah zum Bewertungsstichtag durchgeführt werden, so ist nur derjenige Informationsstand zu berücksichtigen, welcher bei angemessener Sorgfalt zum Bewertungsstichtag hätte erlangt werden können.

7.1.4 Unbeachtlichkeit des (bilanziellen) Vorsichtsprinzips

In seiner Stellung als neutraler Gutachter oder als Schiedsgutachter hat der Bewerter das Gebot der Unparteilichkeit zu beachten. Das für die handelsrechtliche Bilanzierung verbindliche Vorsichtsprinzip bringt eine ungleiche Gewichtung der zum Teil gegenläufigen Interessen von Gläubigern und Unternehmenseignern zum Ausdruck und darf deshalb nicht unbesehen für Bewertungsarbeiten berücksichtigt werden.

7.1.5 Nachvollziehbarkeit der Bewertungsansätze

Eine Unternehmensbewertung basiert auf einer Vielzahl von Annahmen, welche erheblichen Einfluss auf das Bewertungsergebnis haben. Dem Grundsatz der Klarheit der Berichterstattung entsprechend, hat der Bewerter in seiner Berichterstattung deutlich zu machen, auf welchen wesentlichen Annahmen der von ihm ermittelte Unternehmenswert beruht und wie der Unternehmenswert berechnet wurde.

7.2 Umfang der Bewertungsarbeiten

Über den Umfang der Bewertungsarbeiten lassen sich keine allgemeingültigen Regeln aufstellen. Letztlich hängt der Umfang in erster Linie von folgenden Faktoren ab:

- Anlass für die Unternehmensbewertung
  Bewertungsanlässe können grundsätzlich danach unterschieden werden, ob aufgrund gesetzlicher Vorschrift, vertraglicher Vereinbarung oder vor dem Hintergrund unternehmerischer Initiativen wie z.B. Kauf oder Verkauf von Unternehmen, Fusionen, Sacheinlagen etc. zu bewerten ist.
- Stellung des Bewerters
  Ob der Bewerter als neutraler Gutachter, Berater oder Schiedsgutachter fungiert, bestimmt in grossem Masse die Tiefe der Überprüfung der vorhandenen Datenbasis. Ausserdem kann etwa bei einer Bewertung als Berater die Berücksichtigung subjektiver Interessen des Auftraggebers (z.B. die Beurteilung von Synergieeffekten) erheblichen Zeitaufwand erfordern.
- Gewählte Bewertungsmethode.
- Vom Auftraggeber gewünschter Genauigkeitsgrad.
- Qualität der vorhandenen Datenbasis
  Die Qualität der vorhandenen Datenbasis bestimmt im hohen Masse, inwiefern die Daten einer eingehenden Überprüfung und Anpassungen zu unterziehen sind sowie inwiefern zusätzliche Daten beschafft werden müssen.
- Umfang sowie Art und Weise der Gewinnung von Daten
  Vor allem bei der Analyse und Beurteilung der Haupttreiber des Business Plans (Märkte, Produkte, Technologien usw.) kann ohne Unterstützung des zu bewertenden Unternehmens ein enormer Zeitaufwand entstehen. Letztlich ist der Arbeitsaufwand zur Gewinnung von Daten davon abhängig, ob und inwieweit der Bewerter sich auf bereits vorhanden Daten stützen kann oder diese selber erarbeiten muss.

Nicht nur der Umfang der Bewertungsarbeiten, sondern auch die Frage, ob und inwieweit die in die Bewertung einfliessenden Daten zu analysieren und plausibilisieren sind, ist stets im konkreten Einzelfall zu vereinbaren. Immerhin lassen sich in diesem Zusammenhang gewisse Regeln aufstellen:

- Als Grundsatz gilt, dass das für Bewertungsarbeiten verwendete Basismaterial vom Bewerter nicht unbesehen übernommen werden darf.
- Kommen in Ausnahmefällen (z.B. Wertüberlegungen) und in Absprache mit der oder den Parteien gleichwohl solche nicht weiter analysierte oder plausibilisierte Daten zur Verwen-

dung, ist dies im Rahmen der Auftragsbestätigung, der Arbeitsdokumentation und bei Bekanntgabe der Bewertungsergebnisse im Bericht klar zum Ausdruck zu bringen.
- Ein Mindestmass an Verifizierungen, das bei allen Bewertungsaufträgen zur Pflicht gehört, ist die plausibilitätsmässige Kontrolle der zu verwendenden Daten. Selbst wenn sich der Bewerter in seinem Bericht darauf beruft, die Daten seien in Abstimmung mit der oder den Parteien unbesehen übernommen worden, wird er sich – falls sich diese Daten später als offensichtlich und erkennbar falsch erweisen sollten – dem Vorwurf mangelnder Sorgfalt nicht entziehen können.
- Ergeben sich aus der plausibilitätsmässigen Verifizierung Widersprüche, Zweifel oder wesentliche offene Fragen, sind eigene, ergänzende Arbeiten im erforderlichen Ausmass vorzunehmen oder im Bericht darauf hinzuweisen.
- Jahresabschlüsse, die zur Wertermittlung verwendet werden, sollten geprüft sein oder der Qualität eines geprüften Abschlusses entsprechen. Aus nahe liegenden Gründen haben allerdings Jahresrechnungen, die nicht dem „true and fair view"-Prinzip entsprechen, für Bewertungszwecke nur einen eingeschränkten Nutzen. In diesem Falle müssen Anpassungen vorgenommen werden.
- Stützt sich der Bewerter auf die Arbeit anderer Prüfer oder Experten, ist gemäss den Schweizer Prüfungsstandards vorzugehen.
- Zukunftsdaten (Budgets, Mittelfristplanungen und weitere Prognosegrössen),
- die zur Wertermittlung verwendet werden, sind ebenfalls zu plausibilisieren. Die Analyse vergangener Erfolgsrechnungen ist zur Plausibilisierung der künftigen Ergebnisse ein sehr hilfreicher und wichtiger Arbeitsschritt.
- In den meisten Fällen wird die Planung der Zukunftsdaten in zwei Phasen vorgenommen, einer Detailplanungsphase und einer ferneren zweiten Phase (Endwert). Die Planungsjahre des Endwerts basieren in der Regel – ausgehend von der Detailplanung der ersten Phase – auf langfristigen Fortschreibungen von Trendentwicklungen. Dabei ist zu analysieren, ob sich die Vermögens-, Finanz- und Ertragslage des zu bewertenden Unternehmens nach der Phase der detaillierten Planung im so genannten Gleichgewichtszustand befindet. Wegen des starken Gewichts der finanziellen Überschüsse in der zweiten Phase kommt der kritischen Verifizierung der zugrunde liegenden Annahmen eine besondere Bedeutung zu.
- Unumgänglich ist in der Regel auch die Analyse der Substanz, weil normalerweise nur bei diesem Arbeitsschritt die nicht betriebsnotwendigen Vermögensteile (oder auch fehlende Substanz) erkennbar werden, die nach gängigen Bewertungsregeln gesondert zu bewerten sind.
- Es empfiehlt sich, von den Verantwortlichen die Vollständigkeit und Richtigkeit der zur Kenntnis gebrachten Sachverhalte, oder bei Plandaten die Erstellung nach bestem Wissen mit einer Vollständigkeitserklärung bestätigen zu lassen (vgl. Anhang Muster 2). Diese entbindet jedoch nicht davon, dass sich der Bewerter selbst ein Urteil über die Plausibilität der Daten zu bilden hat.

7.3 Bewertungsmethoden

Grundsätzlich können für die Bewertung von Unternehmungen verschiedene Methoden angewendet werden, wobei die ertragsorientierten Methoden klar im Vordergrund stehen. Best Practice stellt heute die Discounted Cashflow-Methode (DCF) dar. Zur Plausibilisierung der DCF-Methode sowie für Wertüberlegungen wird oft die Marktwertmethode (Multiples) angewendet. In Fällen, in denen keine Businesspläne vorliegen und vor allem in kleineren Verhältnissen wird auch eine vergangenheitsorientierte Ertragswertmethode angewendet.

7.3.1 Discounted Cashflow-Methode (DCF-Methode)

Bei der Discounted Cashflow-Methode setzt sich der Wert aus der Summe der diskontierten, zukünftig zu erwartenden Free Cashflows zusammen. Dabei gilt es, zwei unterschiedliche Sichtweisen zu unterscheiden. Während sich der Marktwert des Eigenkapitals beim so genannten Entity-Verfahren (Bruttomethode) indirekt als Differenz aus einem Gesamtkapitalwert und dem Marktwert des Fremdkapitals ermittelt, wird beim Equity-Verfahren (Nettomethode) der Marktwert des Eigenkapitals direkt durch Abzinsung der um die Fremdkapitalkosten verminderten Free Cashflows mit der erwarteten Rendite des Eigenkapitals berechnet.

In der Praxis kommt – mit Ausnahme von Banken- und Versicherungsbewertungen – in der Regel der Entity-Ansatz zur Anwendung.

Artverwandte Methoden wie Adjusted Present Value (APV) und Economic Value Added (EVA)[17] sind analog anzuwenden.

7.3.2 Marktwertmethode

Der Marktwert wird anhand der Werte vergleichbarer börsenkotierter Unternehmen (Börsenwerte) oder bezahlter Übernahmepreise (Transaktionswerte) vergleichbarer Unternehmen abgeleitet. Um die Multiplikatoren zu erhalten, werden die Börsenwerte oder Transaktionswerte zuzüglich verzinsliches Fremdkapital (Entity-Ansatz) durch eine Bezugsgrösse (z.B. Umsatz, Earnings before Interest and Taxes EBIT oder Earnings before Interest, Taxes, Depreciation and Amortization EBITDA) dividiert. Der daraus resultierende durchschnittliche Multiplikator wird dann mit der entsprechenden Bezugsgrösse des zu bewertenden Unternehmens multipliziert. Zieht man von diesem Wert den Marktwert des verzinslichen Fremdkapitals ab, so resultiert der Wert des Eigenkapitals. Verwendet man die Bezugsgrösse Gewinn, setzt man diesen direkt mit dem Börsenwert respektive dem Transaktionswert in Bezug (Equity-Ansatz).

Die Marktwertmethode setzt voraus, dass die Vergleichsunternehmen betreffend Geschäftstätigkeit, Grösse und Wachstumserwartungen ähnlich sind.

7.3.3 Ertragswertmethode

Wie das DCF-Verfahren beruht die Ertragswertmethode auf der konzeptionellen Grundlage der Kapitalwertkalkulation: in beiden Fällen wird der Barwert zukünftiger finanzieller Überschüsse ermittelt. Im Gegensatz zur DCF-Methode verzichtet man beim Ertragswertverfahren jedoch auf eine detaillierte Planungsperiode und rechnet üblicherweise mit einem konstanten nachhaltigen Gewinn. Auch bei der Ertragswertmethode kann zwischen einem Entity- und einem Equity-Ansatz unterschieden werden. Beim Entity- Ansatz werden die Earnings before Interest (EBI, Gewinn vor Zinsen) mit den Weighted Average Cost of Capital (WACC, ohne Steuerkorrektur) kapitalisiert, währenddem beim Equity-Ansatz der Reingewinn mit den Eigenkapitalkosten kapitalisiert wird.

Bei gleichen Bewertungsannahmen, insbesondere hinsichtlich der Finanzierung, sollten die Verfahren zu gleichen Ergebnissen führen.

Die Ertragswertmethode führt insbesondere in kleineren übersichtlichen Verhältnissen dann zu brauchbaren Ergebnissen, wenn das Geschäft stabil ist und die Investitionen gleichmässig anfallen.

---

17 Economic Value Added ist ein markenrechtlich geschützter Begriff, der dazu dient, die Wertentwicklung einer Investition zu überprüfen. Mit einer Modellrechnung wird ermittelt, ob zumindest die Kapitalkosten gedeckt sind. Ist das nicht der Fall, hat die Investition nicht zur Wertsteigerung des Unternehmens beigetragen.

7.3.4 Substanzwertmethode

Der Substanzwert (Vollsubstanz) ist der Reproduktions- oder Wiederbeschaffungszeitwert aller immateriellen und materiellen Güter der Unternehmung. Meistens werden vereinfacht nur die materiellen Werte ermittelt (Teilsubstanz). Eine Bilanz zu Statuswerten unterscheidet sich hinsichtlich Bilanz gemäss OR durch die Aufrechnung der stillen Reserven. Diese begründen eine latente Steuerlast. Für diese Steuerlast muss im Rahmen der Substanzwertbetrachtung eine entsprechende Rückstellung gebildet werden. Vereinfachend kann der Gesamtbetrag der Bewertungsdifferenzen für die betrieblichen Werte mit dem halben Gewinnsteuersatz multipliziert werden. Eine solche reduzierte Anrechnung berücksichtigt einerseits, dass die Steuern erst in Zukunft anfallen werden (Zeitwert des Geldes) und andererseits, dass der Zeitpunkt einer allfälligen Zahlung meist im Entscheidungsbereich der Unternehmung liegt und dementsprechend optimiert werden kann.

Zieht man nun von der Bruttosubstanz (Gesamtvermögen) das Fremdkapital ab, so resultiert die Nettosubstanz, welche den Substanzwert des Eigenkapitals darstellt.

Der Substanzwert alleine bildet nie einen Unternehmenswert. Er dient jedoch als Basis zur Ermittlung eines allfälligen Liquidationswertes.

7.3.5 Mittelwertverfahren

Das Mittelwertverfahren, in der Schweiz auch unter dem Begriff „Praktikermethode" bekannt, berechnet sich als arithmetisches Mittel zwischen Ertrags- und Substanzwert. Oft wird in der Praxis eine Gewichtung von zweimal Ertragswert und einmal Substanzwert gewählt. Die Mittelwertmethode kann von der Theorie her nicht begründet werden. Sie sollte nur in speziellen Fällen, z.B. wenn in Aktionärsbindungsverträgen vorgesehen, angewendet werden.

7.3.6 Nicht betriebsnotwendiges Vermögen

Bei sämtlichen Bewertungsverfahren ist der Ausscheidung des nicht betrieblichen Vermögens grosse Beachtung zu schenken. Diese Zusatzvermögen werfen häufig eine ungenügende Rendite ab und werden deshalb bei der Kapitalisierung der Erträge nicht genügend berücksichtigt. Sie sind zum Liquidationswert zu bewerten, unter Berücksichtigung der vollen latenten Steuerlast.

7.3.7 Latente Steuern

Die Berücksichtigung latenter Steuern hat ausschliesslich auf der Stufe des Bewertungsobjektes zu erfolgen. Steuerfolgen auf Stufe des Investors sind nicht zu berücksichtigen ausser dies wird mit dem Auftraggeber speziell vereinbart.

8. Berichterstattung

Unter Berichterstattung ist die schriftliche Kommunikation in Form eines Berichtes an den Auftraggeber zu verstehen. Grundsätzlich sind das Vorgehen, die Bewertungsmethoden, die zugrunde liegenden Annahmen, die Resultate und deren Interpretation im Bericht so ausführlich darzustellen, dass der fachkundige Leser deren Einfluss auf das Bewertungsergebnis abschätzen kann.

Es kann zwischen drei Arten von Berichten unterschieden werden:
- Bewertungsgutachten,
- Zusammenfassung Bewertungsgutachten,
- Wertüberlegungen.

8.1 Bewertungsgutachten

Als Bewertungsgutachten sollte die Berichterstattung über Unternehmensbewertungen nur bezeichnet werden, wenn sie die Anforderungen dieser Publikation vollumfänglich erfüllt. Werden einzelne Anforderungen nicht erfüllt oder ausgelassen, so sollte im Bericht darauf hingewiesen werden.

8.2 Zusammenfassung Bewertungsgutachten

Bei der Berichterstattung kann es z.B. aus Vertraulichkeits- oder Interessensgründen geboten sein, auf die Darstellung von Detailinformationen zu verzichten. In diesen Fällen kann eine Zusammenfassung der Ergebnisse erstellt werden. Wichtige Annahmen oder Einschränkungen in der Ergebnisaussage sind aber auch in eine solche Zusammenfassung aufzunehmen, um den Leser nicht zu falschen Schlüssen zu verleiten. Es ist im Bericht darauf hinzuweisen, dass es sich um ein zusammengefasstes Bewertungsgutachten handelt.

8.3 Wertüberlegungen

Beinhaltet die Berichtertattung lediglich Wertüberlegungen (siehe dazu auch Ziffer 3.2) so ist klar darauf hinzuweisen. Inbesondere sollte der Bericht nicht als „Unternehmensbewertung" bezeichnet werden.

8.4 Berichtsinhalt

Der Bericht sollte für alle drei Arten mindestens die nachfolgenden Inhaltspunkte aufweisen. Der Detaillierungsgrad der Ausführungen ist in Abhängigkeit der Art des Berichts vorzunehmen.

- Auftrag und Stellung des Bewerters,
- Beschreibung des Bewertungsobjektes,
- Darstellung der der Bewertung zugrunde liegenden Informationen,
- angewandte(n) Bewertungsmethode(n),
- Bewertungsergebnis,
- Auftragsbestätigung.

Ausführungen zu den einzelnen Inhaltspunkten sind im Anhang (vgl. Muster 4) dargestellt.

9. Qualitätskontrolle

Insbesondere dem Vieraugen-Prinzip ist erhöhte Aufmerksamkeit zu schenken. So ist es besonders wichtig, die Bewertungsarbeiten vor der Berichtsabgabe durch eine nicht in den Auftrag einbezogene, berufserfahrene Person kritisch überprüfen zu lassen. Aufgrund der hohen Komplexität von Unternehmensbewertungen ist zusätzlich darauf zu achten, dass die Arbeiten jenen Mitarbeitern zugewiesen werden, die den erforderlichen Grad an fachlicher Ausbildung und Können mitbringen. Bei kritischen Mandaten kann es zudem sinnvoll sein, Experten innerhalb oder ausserhalb des Unternehmens zu konsultieren.

10. Schlussbemerkung

Die Unternehmensbewertung bleibt ein wichtiges Thema sowohl des Rechnungswesens als auch der Finanzwirtschaft. Das Grundproblem ist, dass es den absolut richtigen Wert einer Unternehmung nicht gibt. Die Bewertung ist stets subjektiv, und der Unternehmenswert entspricht meist nicht einfach der Summe einzelner Vermögensteile. Auch müssen immaterielle Werte mitberücksichtigt werden. Wichtig sind ferner die Kenntnisse der bisherigen Entwicklung des Unternehmens und dessen Stärken und Schwächen für die Zukunft, um das Erfolgs- und Wachstumspotenzial abschätzen zu können.

Zudem ist der Unterschied zwischen Wert und Preis zu beachten. Der Wert ist das Ergebnis einer Schätzung oder Rechnung, welche auf betriebswirtschaftlichen Kriterien beruht. Der Preis ergibt sich aus Angebot und Nachfrage und kann daher vom Wert abweichen. Die Gefahr, dass Bewertungsergebnisse nicht den Erwartungen der Empfänger entsprechen oder gar kritisch hinterfragt bzw. angezweifelt werden, besteht regelmässig. Verstärkt wird diese Tatsache dadurch, dass sich die Arbeit des Bewerters im Spannungsfeld gegensätzlicher Interessen der beteiligten Parteien vollzieht.

Literaturhinweise

Copeland Tom/Koller Tim/Murrin Jack, Unternehmenswert. Methoden und Strategien für eine wertorientierte Führung, 3. Auflage, Frankfurt/Main 2002.

Helbling Carl, Unternehmensbewertung und Steuern, 9. Auflage, Düsseldorf 1998.

Institut der Wirtschaftsprüfer in Deutschland e.V., Hrsg., IDW Standard: Grundsätze zur Durchführung von Unternehmensbewertungen (IDW S 1), in: Die Wirtschaftsprüfung, S. 1303 ff., Heft 23/2005, Stand: 18.10.2005.

Loderer Claudio/Jörg Petra/Pichler Karl/Roth Lukas/Zgraggen Pius, Handbuch der Bewertung. Praktische Methoden und Modelle zur Bewertung von Projekten, Unternehmen und Strategien, 2. Auflage, Zürich 2002.

Schön Etienne, Unternehmensbewertung im Gesellschafts- und Vertragsrecht, Diss., Zürich 2000.

Treuhand-Kammer, Schweizerische Kammer der Wirtschaftsprüfer, Steuerexperten und Treuhandexperten, Hrsg., Schweizer Prüfungsstandards (PS) Ausgabe 2004, Zürich 2004.

Treuhand-Kammer, Schweizerische Kammer der Wirtschaftsprüfer, Steuerexperten und Treuhandexperten, Hrsg., Handbuch für Wirtschaftsprüfer 1998, Zürich 1998.

Volkart Rudolf, Unternehmensbewertung und Akquisition, 2. Auflage, Zürich 2002.

4. Richtlinien zur Ermittlung des gemeinen Wertes von inländischen nicht notierten Wertpapieren und Anteilen (Wiener Verfahren 1996), AÖF 1996/189

(Erlaß d. BM. f. Finanzen vom 13. November 1996, Z 08 1037/1-IV/8/96)

I. Allgemeines
II. Ableitung des gemeinen Wertes aus Verkäufen
III. Schätzung des gemeinen Wertes („Wiener Verfahren 1996")
  1. Vermögenswert (V)
  2. Ertragswert (E)
  3. Nennkapital (N)
  4. Gemeiner Wert (G)
     4.1 Gemeiner Wert im Normalfall
     4.2 Gemeiner Wert bei Verlustaussichten
     4.3 Gemeiner Wert bei Beteiligungsbesitz
     4.4 Gemeiner Wert bei Besitz von eigenen Anteilen
     4.5 Gemeiner Wert bei Konzentration des Anteilsbesitzes
     4.6 Gemeiner Wert bei nicht voll eingezahltem Kapital
     4.7 Gemeiner Wert bei Neugründung, Einbringung und Umgründung
     4.8 Gemeiner Wert bei Besonderheiten in Einzelfällen
     4.9 Gemeiner Wert von Anteilen an ausländischen Gesellschaften
  5. Verfahren

I. Allgemeines

A. Rechtslage ab 1. Jänner 1994

1. Durch Art XI des Steuerreformgesetzes 1993, BGBl 1993/818 (FN 1), wurde ua
   - der mit 1. Jänner 1989 begonnene Hauptfeststellungszeitraum der Einheitswerte des Betriebsvermögens mit 31. Dezember 1993 beendet (Z 10) und
   - die §§ 71 bis 75 BewG mit Wirkung ab 1. Jänner 1994 aufgehoben (Z 5 und 11), sowie durch Art XII
   - der zeitliche Anwendungsbereich des Vermögensteuergesetzes und des Erbschaftssteueräquivalentgesetzes mit 31. Dezember 1993 beendet.
2. Ab 1. Jänner 1994 erfolgt die Bewertung der Wertpapiere und Anteile somit ausschließlich nach den §§ 13 und 14 BewG.
   Ab diesem Zeitpunkt entfallen auch
   - Feststellungen von Einheitswerten des Betriebsvermögens und
   - Feststellungen gemeiner Werte von Anteilen und nicht notierten Aktien (siehe auch Art 56 Z 5 des Strukturanpassungsgesetzes 1996, BGBl 1996/201 (FN 2): § 323 Abs 4 BAO).
3. Die Ermittlung des gemeinen Wertes von Anteilen und Wertpapieren verlagert sich somit ab 1. Jänner 1994 von gesonderten Feststellungsverfahren der Betriebsfinanzämter in das individuelle Bemessungsverfahren bei den Finanzämtern für Gebühren.

B. Bewertungsstichtag

1. Der Zeitpunkt, zu dem Bewertungen von Wertpapieren und Anteilen durchzuführen sind, richtet sich ab 1. Jänner 1994 nach den Zeitpunkten der Verwirklichung der in Frage kommenden Steuertatbestände.
2. Während bei notierten Wertpapieren die Bewertung ausgehend von den Börsekursen für beliebige Zeitpunkte keine Schwierigkeiten bereitet, ist es bei nicht notierten Wertpapieren und Anteilen in den meisten Fällen nicht ohne weiteres möglich, eine exakte stichtagsbezogene Bewertung vorzunehmen, weil die erforderlichen Daten nicht zur Verfügung stehen.
Es bestehen keine Bedenken in Fällen, in denen das Unternehmen keine unvorhersehbare wirtschaftliche Entwicklung genommen hat, den auf einen dem Stichtag möglichst naheliegenden Zeitpunkt ermittelten Wert der Anteile der Besteuerung zugrundezulegen.
Es wird dies auf der Basis des dem Bewertungsstichtag nächstliegenden Bilanzstichtages erfolgen können.
Über Antrag kann der Ermittlung auch eine zum Bewertungsstichtag erstellte Bilanz oder Vermögensstatus zugrundegelegt werden. Grundsätzlich werden die Handelsbilanzdaten herangezogen werden können, sofern sich aus den steuerlichen Daten des Unternehmens wegen schwerwiegender Mängel der Buchhaltung nicht erhebliche Zweifel an deren Verwendbarkeit ergeben.
Der gemeine Wert von Wertpapieren richtet sich nach der Art des Rechtes, das durch das Wertpapier verbrieft ist. Ist dieses Recht zB eine Kapitalforderung, so ist der gemeine Wert nach den Vorschriften des § 14 BewG zu ermitteln. Der gemeine Wert für Anteile an Kapitalgesellschaften wird in der Regel nach den Vorschriften des § 13 Abs 2 BewG ermittelt. Dabei ist es gleichgültig, ob die Anteile durch ein Wertpapier verbrieft sind (zB Aktien) oder nicht (zB Anteile an Gesellschaften mbH).

II. Ableitung des gemeinen Wertes aus Verkäufen

Der gemeine Wert von Aktien, Anteilen an Gesellschaften mbH, Genußscheinen und Partizipationsscheinen ist gemäß § 13 Abs 2 BewG in erster Linie aus Verkäufen abzuleiten. Dabei kommen grundsätzlich alle Verkäufe (nicht zusammenhängende Verkaufsvorgänge) aus dem Ermittlungszeitraum (III, Abschnitt 2 (1)) in Betracht. Unter Umständen kann auch ein nicht unwesentlicher einzelner Anteilsverkauf für die Beurteilung des gemeinen Wertes von Bedeutung sein. Die Verkäufe sind weiters dahin gehend zu untersuchen, ob sie im gewöhnlichen Geschäftsverkehr erfolgen und gemäß § 10 BewG zur Ableitung des gemeinen Wertes geeignet sind. Verkäufen, die zeitlich näher – vor oder nach dem – Ermittlungszeitpunkt liegen, wird größere Bedeutung beizumessen sein als anderen.

III. Schätzung des gemeinen Wertes („Wiener Verfahren 1996")

Wenn sich der gemeine Wert von Anteilen an Kapitalgesellschaften nicht aus Verkäufen ableiten läßt, ist er unter Berücksichtigung des gesamten Vermögens und der Ertragsaussichten der Gesellschaft zu schätzen (§ 13 Abs 2 BewG). Die Schätzung erfolgte seit 1. Jänner 1989 bis einschließlich 1. Jänner 1993 aufgrund des sogenannten Wiener Verfahrens 1989 (Erlaß des Bundesministeriums für Finanzen vom 15. Dezember 1989, Bw 555, Z 08 1031/2-IV/8/89) (FN 3). Dieses Verfahren, das das gesamte Vermögen der Gesellschaft in der Form des Vermögenswertes und die Ertragsaussichten in der Form des Ertragswertes berücksichtigt und daraus im Mittelwertverfahren den gemeinen Wert ableitet, wird aus Gründen der Kontinuität, Gesetzeskonformität und Verwaltungsökonomie grundsätzlich beibehalten.

Die inzwischen eingetretenen Änderungen der Rechtslage und das Bestreben nach möglichst weitgehender Vereinfachung des Verfahrens bewirken im wesentlichen die Unterschiede zum Wiener Verfahren 1989.

Anhang

Das Schätzungsverfahren wird im folgenden dargestellt und kann in der Regel als Richtlinie zur Schätzung dienen:

1. Vermögenswert (V)

(1) Maßgeblich ist das Gesellschaftsvermögen zum Stichtag (= Ermittlungszeitpunkt = Zeitpunkt der Verwirklichung des Steuertatbestandes, nicht Zeitpunkt der Durchführung der Berechnung). Hiezu bildet regelmäßig die Handelsbilanz des dem Stichtag nächstliegenden Bilanzzeitpunktes die Ausgangsgrundlage.

(2) Um eine den Ansprüchen als wirtschaftlicher Wert gerecht werdende Größe zu erhalten, sind folgende Zu- und Abrechnungen vorzunehmen:

A. Handelsrechtlicher Ausgangswert

Bilanzsumme ....

– Passivposten
  (§ 224 Abs 3 C, D, E HGB) – ....

– Handelsrechtl Eigenkapital
  (§ 224 Abs 3 A, B HGB) ....

B. Steuerliche Zu- und Abrechnungen

Pos. 1: Betriebsgrundstücke: Bilanzansatz, mindestens

    1.1   3-facher geltender Einheitswert oder[1)]   + – Bilanzansatz

    1.2   gemeiner Wert (über Nachweis und Antrag)[1)]   + – Bilanzansatz

Pos. 2: Beteiligungen[2)] an Kap. Ges.; (Aktien, GmbH-Anteile)   + –

Pos. 3: Latente Steuern auf unversteuerte Rücklagen gemäß § 224 Abs 3 B   –
HGB mit 34 Prozent, soweit diese aus steuerlichen Sondervorschriften stammen, (nur über Antrag und Nachweis)

Pos. 4: Auslandsforderungen (von 85 auf 100 Prozent) + 3)   + [3)]

Erläuterungen:

1) Der Berechnung liegt primär der Bilanzansatz der Betriebsgrundstücke zugrunde. Ist der Bilanzansatz niedriger als der dreifache (erhöhte) Einheitswert so ist der dreifache Einheitswert anzusetzen und der Bilanzansatz (Buchwert) der Betriebsgrundstücke in Abzug zu bringen. Ebenso ist beim allfälligen Ansatz des nachgewiesenen gemeinen Wertes der Betriebsgrundstücke der Buchwert abzuziehen.

2) Die Kürzung erfolgt mit dem Bilanzansatz, die Zurechnung mit dem Bilanzansatz der mit der Anschaffung der Beteiligung zusammenhängenden Schulden. Hinweis: Beteiligungen an Personengesellschaften fallen nicht unter Pos. 2. Sie sind mit dem Wert anzusetzen, der sich aus der Handelsbilanz der Personengesellschaften aliquot unter Berücksichtigung der gesellschaftsvertraglichen Bestimmungen ergibt.

3) Die Zurechnung kann unter Umständen bei Nachweis oder Glaubhaftmachung eines drohenden Forderungsverlustes in geringerem Ausmaß vorzunehmen sein.

C. Steuerlicher Vermögenswert

(3) Der so ermittelte Vermögensbetrag ist, sofern es sich um einen positiven Wert handelt, um 10 Prozent zu kürzen. Mit dieser pauschalen Kürzung sind alle sonst noch in Frage kommenden, aber aus Vereinfachungsgründen im einzelnen nicht vorgenommenen Abrechnungen abgegolten. Die pauschale Kürzung vermindert sich auf 5 Prozent, wenn vom Antragsrecht nach Position

4. Wiener Verfahren 1996

3 Gebrauch gemacht wird. Die gegenüber dem „Wiener Verfahren 1989" geringere pauschale Kürzung ist durch die weitgehende Berücksichtigung der Handelsbilanzansätze begründet.

(4) Dieser (pauschal gekürzte) Vermögensbetrag ist mit 100 zu multiplizieren und durch das Nennkapital N (Abschnitt 3) zu dividieren. Der der Ableitung des gemeinen Wertes G je 100 Schilling (Abschnitt 4) zugrunde zu legende Vermögenswert V ergibt sich somit nach der Formel

$$V = \frac{(\text{Vermögensbetrag} \times 100)}{N}$$

Beispiel 1:
Vermögenswert ohne Ausnützung von Antragsrechten

Bilanzsumme	67,000.000
– Passivposten (§ 224 HGB Abs 3 Pos. C, D, E)	– 15,000.000
Ausgangswert	52,000.000
Summe der Zu-/Abrechnungen (Pos. 1, 2)	
ohne Ausnützung von Antragsrechten	– 5,000.000
Zwischensumme	= 47,000.000
Kürzung 10 Prozent	– 4,700.000
Vermögensbetrag	= 42,300.000

$$\frac{(\text{Vermögensbetrag} \times 100)}{N \text{ (Beispiel 5)}} = \frac{42,300.000 \times 100}{10,000.000} = 423$$

V = 423 S je 100 S Nennkapital.

Beispiel 2:
Vermögenswert mit Ausnützung von Antragsrechten

Ausgangswert wie Beispiel 1	52,000.000
Summe der Zu-/Abrechnungen (Pos. 1 bis 4)	
mit Ausnützung von Antragsrechten	– 8,000.000
Zwischensumme	= 44,000.000
Kürzung 5 Prozent	– 2,200.000
Vermögensbetrag	= 41,800.000

$$\frac{(\text{Vermögensbetrag} \times 100)}{N \text{ (Beispiel 5)}} = \frac{41,800.000 \times 100}{10,000.000} = 418$$

V = 418 S je 100 S Nennkapital.

2. Ertragswert (E)

(1) Unter dem Gesichtspunkt des dem BewG eigenen Stichtagsprinzip ist der künftige Ertrag nach den Verhältnissen zum Ermittlungszeitpunkt (Abschnitt 1 (1)) zu beurteilen. Die Ertragsaussichten sind, wie auch die Rechtsprechung des Verwaltungsgerichtshofes bestätigt, nicht nach den nach dem Stichtag tatsächlich erzielten Betriebsergebnissen zu beurteilen, sondern nach der bereits am Stichtag erkennbaren Entwicklung zu schätzen.

Anhang

Als Ausgangsgrundlage werden in der Regel die drei letzten Wirtschaftsjahre vor dem Ermittlungszeitpunkt (= Ermittlungszeitraum) für die Beurteilung in Frage kommen. Da jedoch einem dem Stichtag näherliegenden Betriebsergebnis höhere Gewichtung als einem zeitlich entfernteren zuzumessen ist, bestehen keine Bedenken, ein etwa schon vorliegendes Ergebnis des Stichtagsjahres anstatt des dritten vor dem Stichtag erzielten Ergebnisses in die Berechnung einzubeziehen. Umstände, die am Stichtag erkennbar waren und von offenkundigem Einfluß auf die nach dem Stichtag zu erwartende Ertragsentwicklung sind, können allenfalls durch Zu- oder Abschläge über Antrag und Nachweis (Glaubhaftmachung) beim gemeinen Wert berücksichtigt werden (Abschnitt 4.8).

(2) Die Ausgangsgröße zur Ertragswertermittlung bildet **das Ergebnis der gewöhnlichen Geschäftstätigkeit (EGT, § 231 HGB) aus drei Wirtschaftsjahren** (Abs 1). Um eine den Ansprüchen als wirtschaftlicher Wert gerecht werdende Größe zu erhalten, sind gegebenenfalls **folgende Zu- und Abrechnungen vorzunehmen**:

KöSt-relevante Zu- und Abrechnungen[1]:

Pos. 1:	–	Sanierungsgewinne
Pos. 2:	–	nach DBA in Österreich nicht zu besteuernde positive Einkünfte, vermindert um die nachgewiesenen, darauf entfallenden, nicht abziehbaren ausländischen Steuern (zB ausländische Betriebsstätte)
	+	nach DBA in Österreich nicht zu berücksichtigende negative Einkünfte
Pos. 3:	–	Beteiligungserträge aus inländischen Gesellschaften
Pos. 4:	–	Beteiligungserträge aus ausländischen Gesellschaften
Pos. 5:	–	AfA-Nachholung[2][3]
sonstige:	+/–	

Zwischensumme

Nicht KöSt-relevante Zu- und Abrechnungen[1]:

Pos. 6:	–	rechnerische Körperschaftsteuer (34 Prozent der Zwischensumme bzw Mindest-KöSt)
Pos. 2a:	+	nach DBA in Österreich nicht zu besteuernde positive Einkünfte, vermindert um die nachgewiesenen, darauf entfallenden, nicht abziehbaren ausländischen Steuern (zB ausländische Betriebsstätte)
	–	nach DBA in Österreich nicht zu berücksichtigende negative Einkünfte
Pos. 7:	–	auf ausländische Beteiligungen entfallende nicht abzugsfähige Personensteuern[3]
Pos. 8:	–	steuerlich nicht abzugsfähige Aufwendungen[3]
sonstige:	+/–.	

Erläuterungen:
1) Die Zu-/Abrechnungen entsprechen jenen des Berechnungsformulares V 96.
2) Für abnutzbare Wirtschaftsgüter des Anlagevermögens, die bis 31. Dezember 1988 angeschafft bzw hergestellt wurden, und für die eine **vorzeitige Abschreibung** vorgenommen, oder die gemäß § 13 EStG 1988 sofort abgeschrieben wurden, und deren betriebsgewöhnliche Nutzungsdauer noch in den Ermittlungszeitraum (Abschnitt 2 (1)) reicht, kann über Antrag und bei zahlenmäßiger Darstellung die infolge des vorweggenommenen Aufwandes im Ermittlungszeitraum fehlende Normalabschreibung nachgeholt werden.
3) Die Zu-/Abrechnungen sind nur über Antrag und bei zahlenmäßiger Darstellung vorzunehmen.

(3) Die Pos. 1, 2, 3 und 4 sind nur dann abzurechnen, wenn sie das EGT erhöht haben. Eine Zurechnung laut Pos. 2a hat nur dann zu erfolgen, wenn eine Abrechnung nach Pos. 2 vorgenommen wurde. Die Abrechnungen laut Pos. 7 und 8 sind nur dann vorzunehmen, wenn diese das EGT nicht gemindert haben.

(4) Nach getrennter Berechnung des Ergebnisses jedes der drei maßgeblichen Jahre ist **aus den drei Ergebnissen der Durchschnitt** zu bilden. Ist dieser Durchschnittswert positiv, wird der so ermittelte Durchschnittsertrag **um 10 Prozent** gekürzt. Dieser pauschale Abschlag **vermindert sich auf 7 Prozent**, wenn von Antragsrechten Gebrauch gemacht wird. Mit dieser pauschalen Kürzung sind alle sonst noch in Frage kommenden, aber aus Vereinfachungsgründen im einzelnen nicht vorgenommenen Abrechnungen abgegolten. Antragsrechte sind, sofern der entsprechende Sachverhalt in den einzelnen Jahren gegeben ist, gleichmäßig zu handhaben.

(5) Dieser (pauschal gekürzte) Durchschnittsertrag ist mit 100 zu multiplizieren und durch das Nennkapital N (Abschnitt 3) zu dividieren. Der Durchschnittsertrag ist als Rente mit einer **Kapitalverzinsung von 9 Prozent pa** aufzufassen. Der der Abgeltung des gemeinen Wertes G je 100 Schilling (Abschnitt 4) zugrunde zu legende Ertragswert E ergibt sich somit nach der Formel

$$E = \frac{\text{Durchschnittsertrag} \times 100 \times 100}{N \times 9}$$

Beispiel 3:
Ertragswert:

	3. Jahr vor Stichtag	2. Jahr vor Stichtag	1. Jahr vor Stichtag
EGT	2,700.000	2,300.000	3,100.000
Summe der Zu-/Abrechnungen **ohne** Ausnützung von Antragsrechten	− 700.000	− 600.000	− 800.000
Zwischensumme	= 2,000.000	= 1,700.000	= 2,300.000

Zwischensumme der Jahre:	3.	2,000.000
	2.	1,700.000
	1.	2,300.000
Summe	=	6,000.000 : 3
Durchschnitt	=	2,000.000
Kürzung 10 Prozent	−	200.000
Durchschnittsertrag	=	1,800.000

$$\frac{\text{Durchschnittsertrag} \times 100 \times 100}{N \text{ (Beispiel 5)} \times 9} = \frac{1,800.000 \times 100 \times 100}{10,000.000 \times 9} = 200$$

E = **200 S** je 100 S Nennkapital.

(6) Ein negativer Durchschnittswert ist nur mit 100 zu multiplizieren und durch N zu dividieren, sodaß sich bei **Verlustaussichten** der Ertragswert E nach der folgender Formel

$$E = \frac{\text{Durchschnittsverlust} \times 100}{N} \text{ errechnet.}$$

Anhang

Beispiel 4:
Ertragswert bei Verlustaussichten:

	3. Jahr vor Stichtag	2. Jahr vor Stichtag	1. Jahr vor Stichtag
EGT	+ 200.000	− 3,700.000	+ 2,200.000
Summe der Zu-/Abrechnungen mit Ausnützung von Antragsrechten	− 400.000	− 400.000	− 900.000
Zwischensumme	= − 200.000	= − 4,100.000	= + 1,300.000

Zwischensumme der Jahre:	3.	− 200.000
	2.	− 4,100.000
	1.	+ 1,300.000
Summe	= −	3,000.000 : 3
Durchschnitt	= −	1,000.000
keine Kürzung		0
Durchschnittsertrag	= −	1,000.000

$$\frac{\text{Durchschnittsverlust} \times 100}{\text{N (Beispiel 5)}} = \frac{-1,000.000 \times 100}{10,000.000} = -10$$

E = − 10 S je 100 S Nennkapital.

Beispiel 4a:
Ertragswert bei Verlustaussichten:

	3. Jahr vor Stichtag	2. Jahr vor Stichtag	1. Jahr vor Stichtag
EGT	− 10,000.000	− 11,000.000	− 9,000.000
Summe der Zu-/Abrechnungen mit Ausnützung von Antragsrechten	− 1.000.000	− 1.000.000	− 1.000.000
Zwischensumme	= − 11,000.000	= − 12,000.000	= − 10,000.000

Zwischensumme der Jahre:	3.	− 11,000.000
	2.	− 12,000.000
	1.	− 10,000.000
Summe	= −	33,000.000 : 3
Durchschnitt	= −	11,000.000
keine Kürzung		0
Durchschnittsertrag	=	11,000.000

$$\frac{\text{Durchschnittsverlust} \times 100}{\text{N (Beispiel 5)}} = \frac{-11,000.000 \times 100}{10,000.000} = -110$$

E = − 110 S je 100 S Nennkapital.

3. Nennkapital (N)

Vermögenswert V (Abschnitt 1) und Ertragswert E (Abschnitt 2) ergeben sich durch Vergleich des Vermögensbetrages und des Durchschnittsertrages(-verlustes) mit dem Nennkapital. Sie werden auf 100 S des Nennkapitals bezogen.

Beim Nennkapital handelt es sich um die aus der **Summe aus**

- **Grundkapital** (bei AG)
- **Stammkapital** (bei GmbH)
- **Partizipationskapital** (nur wenn börsenotiert)

gebildete Größe. Dabei ist es in der Regel unerheblich, ob das Kapital voll eingezahlt ist (Abschnitt 4.6) sowie, ob das Unternehmen eigene Anteile besitzt (Abschnitt 4.4). Lediglich der Nennbetrag der Eigenanteile, die nach Abschnitt 4.4 nicht bewertbar sind, verringert die Größe des Nennkapitals.

Allfällige **Substanzgenußrechte**, die eine Beteiligung begründen, sind mit dem ihnen aufgrund der Ausgabe- und Rücknahmebedingungen im Einzelfall zukommenden Wert (Rücknahmewert) anzusetzen.

Beispiel 5:
Nennkapital

Grundkapital	9,000.000
Partizipationskapital	1,000.000
	10,000.000

N = **10,000.000 S.**

4. GemeinerWert (G)

4.1 GemeinerWert im Normalfall

Der gemeine Wert wird im Normalfall als Mittelwert vom Vermögens- und Ertragswert errechnet. Die Formel lautet daher

$$G = \frac{V + E}{2}.$$

Die Berechnung des Vermögenswertes V ist nach Abschnitt 1, die des Ertragswertes E nach Abschnitt 2 vorzunehmen. Bei Ertragslosigkeit ergibt sich der gemeine Wert somit als halber Vermögenswert. In obige Formel ist auch ein **negativer Vermögenswert** einzusetzen, doch ist der Ansatz eines rechnerisch sich ergebenden „negativen gemeinen Wertes" ausgeschlossen.

Beispiel 6:
Gemeiner Wert

$$G = \frac{V \text{ (Beispiel 1)} + E \text{ (Beispiel 3)}}{2} = \frac{423 + 200}{2} = 311{,}5$$

G = **311 S** je 100 S Nennkapital.

4.2 Gemeiner Wert bei Verlustaussichten

Bei Verlustaussichten (Abschnitt 2 (7)) wird stets der **Liquidationswert** des Unternehmens die Untergrenze bilden. Dieser hängt wesentlich von der Zusammensetzung des Vermögens ab, sodaß der Liquidationswert aus Vereinfachungsgründen mit **40 Prozent des Vermögenswertes V** angenommen werden kann. Bei Nachweis eines niedrigeren Liquidationswertes ist dieser anzusetzen. Somit ergibt sich der gemeine Wert bei Verlustaussichten nach der Formel

$$G = \frac{V - E}{2}, \text{ mindestens aber } \frac{V}{2,5}.$$

Beispiel 7:
Gemeiner Wert bei Verlustaussichten

$$G = \frac{V \text{ (Beispiel 2)} - E \text{ (Beispiel 4)}}{2} = \frac{418 - 10}{2} = 204$$

G = 204 S je 100 S Nennkapital.

Beispiel 7a:
Gemeiner Wert bei Verlustaussichten; Liquidationswert

$$G = \frac{V \text{ (Beispiel 2)} - E \text{ (Beispiel 4a)}}{2} = \frac{418 - 110}{2} = 154$$

$$\text{mindestens: } \frac{V \text{ (Beispiel 2)}}{2,5} = \frac{418}{2,5} = 167,2$$

G = 167 S je 100 S Nennkapital.

4.3 Gemeiner Wert bei Beteiligungsbesitz

(1) Bestehen Beteiligungen an inländischen Kapitalgesellschaften und an ausländischen Gesellschaften, die einer inländischen Kapitalgesellschaft vergleichbar sind, werden der **Vermögenswert V** nach Abschnitt 1 und der Ertragswert E nach Abschnitt 2 ermittelt, wobei zur Vermeidung des Kaskadeneffektes weder in V der Wert noch in E die Erträge der Beteiligung enthalten sein dürfen.

(2) Der **gemeine Wert des Beteiligungsbesitzes B** wird sodann bei der Ermittlung des gemeinen Wertes G in die Berechnung einbezogen. Um den gemeinen Wert des Beteiligungsbesitzes auf das Nennkapital der Obergesellschaft zu beziehen, ist vorerst der gemeine Wert der Beteiligung (Anteile)

- bei GmbH-Anteilen, nicht notierten Aktien und nicht notierten Partizipationsscheinen aus dem aus Verkäufen abgeleiteten oder nach diesem Verfahren ermittelten Wert je 100 Schilling des Nennkapitals der Untergesellschaft und
- bei notierten Aktien und Partizipationsscheinen aus dem am Ermittlungszeitpunkt oder davor erzielten Börsekurs je 100 Schilling des Nennkapitals der Untergesellschaft

zu errechnen und mit dem Nennkapital der von der Obergesellschaft gehaltenen Anteile zu multiplizieren. Bei Vorliegen mehrerer Beteiligungen ist die Summe der gemeinen Werte zu bilden. Wurde **Schulden zur Anschaffung der Beteiligung** aufgenommen, so sind sie in ihrer zum Ermittlungszeitpunkt (Abschnitt 1 [1]) aushaftenden Höhe vom gemeinen Wert der Beteiligung abzuziehen.

4. Wiener Verfahren 1996

Der so ermittelte Betrag wird mit 100 multipliziert, durch das Nennkapital N (der Obergesellschaft, Abschnitt 3) dividiert und ergibt die anzuwendende Größe B (Wert der gesamten Beteiligungen umgerechnet auf 100 S des Nennkapitals der Obergesellschaft).

Der gemeine Wert ergibt sich somit nach der Formel

$$G = \frac{V + E}{2} + B,$$

wobei **B für den gemeinen Wert der Beteiligung je 100 Schilling Nennkapital der Obergesellschaft** steht.

Beispiel 8:
Gemeiner Wert bei Beteiligungsbesitz

Beteiligung an:	gemeiner Wert der Beteiligung
AG (Börsekurs)	1,000.000 [s Abs (4)]
AG (ausl Börsekurswert 700.000 in S)	700.000
GmbH (ermittelter Wert 200.000)	200.000
Summe der gemeinen Werte	= 1,900.000
Schulden	– 200.000
Summe	= 1,700.000

$$B = \frac{\text{Summe} \times 100}{N \text{ (Beispiel 5)}} = \frac{1{,}700.000 \times 100}{10{,}000.000 \text{ (Beispiel 5)}} = 17$$

$$G = \frac{V \text{ (Beispiel 1)} + E \text{ (Beispiel 3)}}{2} + B = \frac{423 + 200}{2} + 17 = 299{,}5 + 17 = 328{,}5$$

G = 328 S je Nennkapital.

(3) ist **E eine negative Größe**, kann sich nach Abschnitt 4.2 die Notwendigkeit der Begrenzung mit 40 Prozent des Vermögenswertes ergeben. In diesem Fall lautet die Formel

$$G = \frac{V - E}{2} + B, \text{ mindestens aber } \frac{V + B}{2{,}5}.$$

Beispiel 9:
Gemeiner Wert bei Verlustaussichten und Beteiligungsbesitz

$$G = \frac{V \text{ (Beispiel 2)} - E \text{ (Beispiel 4)}}{2} + B \text{ (Beispiel 8)} = \frac{418 - 110}{2} + 17 = 204 + 17 = 221$$

G = 221 S je 100 S Nennkapital.

Beispiel 9a:
Gemeiner Wert bei Verlustaussichten und Beteiligungsbesitz; Liquidationswert

$$G = \frac{V \text{ (Beispiel 2)} - E \text{ (Beispiel 4a)}}{2} + B \text{ (Beispiel 8)} = \frac{418 - 110}{2} + 17 = 154 + 17 = 171$$

mindestens: $\dfrac{V \text{ (Beispiel 2)} + B \text{ (Beispiel 8)}}{2{,}5} = \dfrac{418 + 17}{2{,}5} = 174$

G = 174 S je 100 S Nennkapital.

(4) Bei notierten Anteilspapieren ist der Kurswert vom Stichtag zugrundezulegen.

(5) Bei der Ermittlung des gemeinen Wertes einer Gesellschaft, die aufgrund der handelsrechtlichen Vorschriften oder freiwillig einen konsolidierten Abschluß erstellt, kann anstelle der getrennten Ermittlung der gemeinen Werte für Unter- und Obergesellschaft(en) über Antrag und Nachweis der Bilanzdaten der verbundenen Unternehmen (§ 228 Abs 3 HGB) der gemeine Wert aus dem konsolidierten Jahresabschluß abgeleitet werden.

4.4 Gemeiner Wert bei Besitz von eigenen Anteilen

Eigenanteile im Ausmaß von mindestens 10 Prozent des Nennkapitals der Gesellschaft sind – mit Ausnahme der wegen ihrer Bestimmung zur Einziehung oder wegen ihrer Unverkäuflichkeit nicht bewertbaren Eigenanteile – mit ihrem gemeinen Wert zu bewerten. Zu diesem Zweck ist der gemeine Wert G vorläufig zu ermitteln, wobei jedoch bei V die Eigenanteile außer Ansatz bleiben. Der so ermittelte vorläufige gemeine Wert wird mit dem Faktor

$$\frac{N}{N - 0{,}424\ \text{Eig}}, \text{multipliziert, sodaß die Formel}$$

$$\text{vorl. } G \times \frac{N}{N - 0{,}425\ \text{Eig}} \text{ lautet.}$$

Dabei sind N das gesamte Nennkapital (Abschnitt 3) und **Eig der Nennbetrag der Eigenanteile**.

Beispiel 10:

Gemeiner Wert bei Besitz eigener Anteile

Im Betriebsvermögen befinden sich Eigenaktien im Nennwert von 1,000.000 S, die bei Ermittlung des Vermögenswertes aber außer Ansatz bleiben:

V (Beispiel 1) = 423
E (Beispiel 3) = 200
Eigenanteile (Nominale) = 1,000.000

Der vorläufige gemeine Wert beträgt daher (wie in Beispiel 6): 311.

$$G = \text{vorl. } G \times \frac{N\ (\text{Beispiel 5})}{N\ (\text{Beispiel 5}) - 0{,}425 \times \text{Eigenanteile (Nominale)}} =$$

$$311 \times \frac{10{,}000.000}{10{,}000.000 - (0{,}425 \times 1{,}000.000)} =$$

$$311 \times \frac{10{,}000.000}{10{,}000.000 - 425.000} = 311 \times 1{,}044 = 324{,}7$$

G = 324 S je 100 S Nennkapital.

4.5 Gemeiner Wert bei Konzentration des Anteilsbesitzes

Gemäß § 13 Abs 3 BewG ist der gemeine Wert einer Beteiligung maßgebend, wenn er infolge besonderer Umstände (zB bei gesellschaftsbeherrschender Konzentration des Anteilsbesitzes in einer Hand) höher ist als die Summe der gemeinen Werte der Einzelanteile. Ein solcher „**Paketzuschlag**" kann jedoch nicht im Rahmen dieses Verfahrens, sondern allenfalls bei Vorliegen besonderer Umstände und Gründe, die einen wesentlich höheren Wert rechtfertigen und die nicht

4. Wiener Verfahren 1996

auf ungewöhnliche oder persönliche Verhältnisse zurückzuführen sind (§ 10 Abs 2 letzter Satz BewG) im Bemessungsverfahren vorzunehmen sein.

4.6 Gemeiner Wert bei nicht voll eingezahltem Kapital

Die Beteiligung der Gesellschafter am Vermögen und am Gewinn der Gesellschaft richtet sich in der Regel nach dem Verhältnis der Anteile am vollen Nennkapital (Abschnitt 3). Sofern die Gesellschafter nicht ausdrücklich eine davon abweichende Vereinbarung getroffen haben, gilt dies auch dann, wenn das Nennkapital der Gesellschaft noch nicht voll eingezahlt ist. Es ist dabei unerheblich, ob noch mit einer Einzahlung des Restkapitals zu rechnen ist oder nicht. Wenn sich jedoch die Beteiligung am Vermögen und am Gewinn aufgrund einer ausdrücklichen Vereinbarung der Gesellschafter nach der jeweiligen Höhe des eingezahlten Nennkapitals richtet, dann gilt der gemeine Wert für je 100 Schilling des jeweils eingezahlten Nennkapitals.

4.7 Gemeiner Wert bei Neugründung, Einbringung und Umgründung

(1) Der gemeine Wert der Anteile an einem **neu gegründeten Unternehmen** wird in der Regel mit 85 Prozent des Vermögenswertes V (Abschnitt 1) angenommen werden können. Kann der Steuerpflichtige nachweisen, zB durch den ersten Jahresabschluß nach dem Gründungsstichtag, daß darüber hinausgehende Wertminderungen, insbesondere durch Anlaufverluste, eingetreten sind, so ist der niedrigere nachgewiesene Vermögens- und Ertragswert als Grundlage für die Feststellung des Gemeinen Wertes heranzuziehen.

(2) Bei **Einbringung** eines Betriebes, Teilbetriebes, Einzelunternehmens oder einer Personengesellschaft in eine Kapitalgesellschaft sowie bei **Verschmelzungen und Umwandlungen zum Buchwert** (aufgrund der Bestimmungen des Umgründungssteuergesetzes) kann der Ertragswert der übernehmenden Gesellschaft aus den Ertragsaussichten aller beteiligten Unternehmen abgeleitet werden.

Bei **Kauf oder Umgründungsvorgängen, die nicht zum Buchwert** erfolgen, werden die Ertragsaussichten eines jeden einzelnen Unternehmens gesondert zu beurteilen sein.

Tatsächlich eingetretene Verluste, die später als in dem Wirtschaftsjahr, in dem der Bewertungszeitpunkt liegt, erzielt werden, sind aufgrund des Stichtagsprinzips nicht zu berücksichtigen.

Allenfalls kann sich ein Grund für Zu- oder Abschläge nach Abschnitt 4.8 ergeben.

(3) Bei der Ermittlung des Ertragswertes kann auch das **Ausscheiden** eines Betriebes oder Teilbetriebes entsprechend zu berücksichtigen sein.

4.8 Gemeiner Wert bei Besonderheiten in Einzelfällen

In der Regel wird die Ermittlung des gemeinen Wertes durch das vorstehende Verfahren ohne Anwendung weiterer Zu- oder Abschläge möglich sein. Dies gilt auch bei Abweichungen des Ertragswertes vom Vermögenswert. Zu- oder Abschläge vom gemeinen Wert können insbesondere bei einer Änderung der wirtschaftlichen Entwicklung des Unternehmens gerechtfertigt sein, soweit sie zum Ermittlungszeitpunkt (Abschnitt 1 (1)) konkret – zB durch die Auftragslage zum Ermittlungszeitpunkt – erkennbar war.

4.9 Gemeiner Wert von Anteilen an ausländischen Gesellschaften

Läßt sich der gemeine Wert von Anteilen an ausländischen Gesellschaften nicht aus Verkäufen ableiten (zB in- oder ausländische Börsennotierungen), kann das Wiener Verfahren 1996 als Schätzungsanleitung angewendet werden. Auch eine etwa vorliegende, nach einem ähnlichen Verfahren oder nach dem § 13 Abs 2 BewG entsprechenden Bestimmungen (zB Bundesrepublik Deutschland) amtliche Ermittlung des Gemeinen Wertes kann als Grundlage herangezogen werden.

5. Verfahren

Das Schätzungsverfahren ist im Rahmen noch nicht rechtskräftig abgeschlossener Bemessungsfälle für Steuertatbestände, die ab 1. Jänner 1994 verwirklicht wurden, anzuwenden. Eine gesonderte Feststellung von gemeinen Werten erfolgt ab 1994 nicht mehr.

Stichwortverzeichnis

Abfindung 200, 242
Abschlag 354
Abschlussprüfungs-Qualitätssicherungsgesetz (A-QSG) 383
Abschreibung 334
Additional Tier 1 275 f
Angemessenheit 230
Anlagenintensität 333
Appraisal Value 299
APV-Ansatz 44, 211
Äquivalenzprinzip 255
Äquivalenzverletzung 248, 253
Arithmetisches Mittel 113
Ausfallsrate 367
Ausfallswahrscheinlichkeit 367
Ausschüttungspotenzial 81

Bandbreitenplanung 566
Barabfindung 247
– angemessene 238
Barwert der Wiederbeschaffungskosten 84
Basel III 273
Basiszinssatz 148, 175, 214
Besteuerungsäquivalenz 93
Beta eines verschuldeten Unternehmens 100
Beta-Ansatz 456
Beta-Faktor 149, 177, 219, 338
Betriebsergebnisrechnung 265
Betriebsnotwendiges Vermögen 140
Bewertungsanlass 4, 139
Bewertungsfunktion 19
Bewertungsgrundsätze 167, 235
Bewertungsgutachten 158
Bewertungsmethode 238
Bewertungsstichtag 140, 213, 246
Bewertungsverfahren 141
– Hierarchie 142
Bewertungszeitpunkt 213
Bewertungszweck 139
Biotechnologie 361
Biotechnologieunternehmen 359

Börsenkurs 223, 241 ff
Bottom-up 348
Branchenbeta 101
Branchen-Betafaktoren 397
Brutto-DCF-Verfahren 96
Bruttokapitalisierung 39
Bruttoverfahren 95
Buchführungsgrenze 157
Business judgement rule 477

Capital Asset Pricing Model (CAPM) 97, 217
CAPM oder Tax-CAPM 216
Cash-Flow-Prognose 396
Cashflows an die Anteilseigner 263
CET1 275
Confusio 250
Continuing Value 77
Cost Approach 506
CRD IV 273
CRD-IV-Paket 274
CRR 274

DCF-Verfahren 39
Debt Beta 149
Detailplanungsphase 39, 144
Detailplanungszeitraum 77, 78
Discount for Lack of Marketability 548
Discounted-Cash-Flow-Verfahren 38, 210
Diskontierungsverfahren 74, 141
Diversifikation 99
Dividend Discount Model 264, 295
Dreiphasenmethode 171
Drittelgrenze 254
Due Diligence 330, 335

Echte Synergieeffekte 405
Eigenkapitalkosten 148
Eigenkapitalquote 83
Eigenkapitalrendite CAPM 99
Einbringung 249
Einlagenrückgewähr 233

Stichwortverzeichnis

Einzelbewertungsverfahren 74, 207
Embedded Value 300
Enterprise Value 342
Entity-Ansatz 211
Entity-Value 95
Entscheidungswert 83
Entsteuerung WACC 102
Equity-Value 95, 343
Ergänzungskapital 275 f
Ertragsbesteuerung
– Personengesellschaft 155
Ertragsschwache Unternehmen 155
Ertragsteuerwirkungen
– transaktionsbedingte 140
Ertragsüberschussrechnung 264
Ertragswertmethode 264
Ertragswertorientiertes Verfahren 208
Ertragswertverfahren 74, 209
Erwartungswert der Rendite 88
Excess Earnings Approach 519
EXPERTsuisse 184, 187

Factual Memorandum 490
Fairness Opinion 476
– Anforderungen 484
– Dokumentation 488
– Funktion 482
– Wirkung 492
FAUB 164, 175
Finanzielle Synergien 405
Finanzierungspolitik 150
Firmenwert 237, 250
– höchstpersönliche Eigenschaften 250
First-Chicago-Methode 356
Flow to Equity 95
Fortführungswert 77
Forward Multiples 115
Free Cashflows an die Anteilseigner 272
Free-Cashflow 96
Fremdkapitalkosten 149
Fungibilitätsabschlag 116

Geometrisches Mittel 114
Gerichtssachverständiger 588
Gesamtbewertungsverfahren 74
Gesamtkennziffer 280
Gesellschafterausschluss 9, 202
Gläubigerschutz 234
Going-Concern-Kapital 275

Goodwill 388
Gordon Growth 288
Gordon-Shapiro-Modell 466
Grenzpreis 94
Grobplanungsphase 39, 78, 144, 336
Gründungsprüfung 230
Gutachten eines Sachverständigen 247

Handelsergebnis 269
Handelsunternehmen 315
Harmonisches Mittel 114

IDW S 1 163
IDW S 8 480
Immaterieller Vermögenswert 501
Impact Investment 436
Income Approach 505
Incremental Income Analysis 513
Industrie 330
Insolvenzwahrscheinlichkeit 156, 462
Integrierte Planungsrechnung 145
Integrierte Unternehmensplanung 79

Kanzleibewertung 393
Kapitalerhaltungspuffer 280
Kapitalpuffer, antizyklischer 280
Kapitalisierungszinssatz 214
Kapitalkosten 338
Kapitalmarkt 98
Kapitalmarktmodell 97
Kapitalstruktur 149
– konstant 150
– periodenspezifisch 150
Kapitalzuschlag für systemische
  Risiken 280
Kaufkrafterhaltung 94
Kernkapital 275
KFS/BW 1 139
KMU 154
Kontrollprämie 153, 545
Kontrollzuschlag 117
Konvergenzannahme 145
Konvergenzprozess 145, 336
Konzentrationsprozess 383
Korrelation 99
Kreditrisiko 277
KS 28 184
Kurs/Gewinn-Multiplikator 298
Kurs-Gewinnverhältnis (KGV) 131

Stichwortverzeichnis

Lambda-Ansatz 457
Länderrating 451
Länderrisiko 448
Leverage Ratio 281
Leveraged Buy-out Analysis 619
Like for like 318
Liquidationswert 207, 226
Liquidity Coverage Ratio 282

Market Approach 506
Marktmachtsynergien 405
Marktportfolio 99
Marktrisiko 278
Marktrisikoprämie 99, 149, 176, 216
Median 113
Mehr-Phasen-Methode 296
Meldepflicht gem § 121a BAO 248, 251
Merger of equals 243
Minderheitenanteil 121
Minderheitsabschläge 157
Minority Discount 552
MREL 282
Multiples 354
Multiplikator 110
Multiplikatorverfahren 107, 142, 152

Nachhaltigkeit 425
– der Umsatzerlöse 389
Nachhaltigkeitskriterium 429
Net Asset Value 300
Net Stable Funding Ratio 282
Nettoaktivvermögen 230
Nettokapitalisierung 39
Nettoverfahren 95
New Economy 595
Nutzenfunktion 88

Objektivierter Unternehmenswert 75, 141
Online-Handel 325
Operationelle Risiken 278
Operative Synergien 405
Opinion Letter 490
ORSA 294

Paketzuschlag 153
Partizipationskapital 244
Peer Group 120, 153, 352
Peer Group-Beta 149
Pflichtteilsrecht 11
Phasenmethode 144

Planungshorizont 395
Planungsprozess 143
Planungsrechnung 331
– fehlende 147
– integrierte 145
– mangelhafte 147
Planungstreue 143
Plausibilisierung der Planung 82
Plausibilität
– formelle 146
– materielle 146
Plausibilitätsbeurteilung
 der Planung 331
Positiver Verkehrswert 232, 235, 249, 252
Post Money 354 f
Prämienprognose 303
Pre money 355
Preis/Buch-Multiplikator 298
Price Earnings Ratio 131
Private Equity 342
Provisionsprognose 303
Provisionsüberschuss 268
Purchase Price Allocation 11

Realteilung 253
– zu Buchwerten 253
Recapitalization Analysis 622
Rechts- und Tatfrage 206
Reinvestitionen 85
Rekonstruktionszeitwert 156
Relief-from-Royalty-Methode 516
Renditeerwartung 349
Rentenphase 145
Reproduzierbarkeit 395
Residual-Value-Methode 519
Restvermögensprüfung 230
Retourenquote 326
Risikomaß β 99
Risikopräferenzen 78
Risikoprämie 86
– und Fremdfinanzierung 90
Risikoprofil 261
Risikovorsorge 270
Risikozuschlagsmethode 148
Risk Weighted Assets 277
Risk-adjusted NPV 374
Rückwirkungsfiktion 253
RWA 277

Stichwortverzeichnis

Sacheinlage 6, 204, 231
– Bewertung 230
– Kapitalerhöhung 232
– Sachgründung 232
– verdeckte 231
Sacheinlagenprüfung 594
Sachverständiger 588 f
Schadenprognose 303
Schiedsgutachter 24
Schiedswert 141
Schwankungsrückstellung 304
Schweiz 184
Sicherheitsäquivalent 88
Single Rule Book 274
Skaleneffekt 321
Socially Responsible Investment 426
Soft Fact 444
Solvency 294
Solvency II 294
Spaltung 8, 202, 254
– nicht verhältniswahrend 254
– verhältniswahrend 254
Stand-alone-Betrachtung 250
Standardabweichung 88
Steuerberatung 384
Steuerliche Kapitalgesellschaftsfiktion 93
Steuern auf Unternehmensebene 271
Stichtagsprinzip 140
Strafverfahren 591
Strukturwandel 382, 384
Subjektive Unternehmensbewertung 83
Subjektiver Unternehmenswert 75, 141
Substanz- und Liquidationswert 207
Substanzerhaltung 83
Substanzwert 74, 142, 207
Sum-of-the-Parts Analysis 622
Synergieeffekt 220, 239 f, 250

Tangentialportfolio 98
Tax Amortization Benefit 530
Tax shield 40
Tax-CAPM 217
TCF Ansatz 43
Terminal value 350
Thesaurierung 145
TLAC 282
Top-down 348
Trailing Multiples 115
Transaktionskosten 140
Treuhand-Kammer 187

Übernahme 205
Überrendite 145
Umgründung 202, 230, 247
Umgründungsmaßnahme 202
Umgründungsstichtag 246
Umsatzmultiplikator 390
Umsatzverfahren 388 f, 392 f
Umtauschverhältnis 231, 238, 242
Umwandlung 7, 249
Unechte Synergieeffekte 405
Unternehmensanteile 157
Unternehmenskauf 205
Unternehmenskonzept 141, 144
Unternehmenswert
– objektivierter 141
– subjektiver 141
– Untergrenze 142
Unternehmerlohn 154, 395
Unternehmerlohn kalkulatorisch 250

Valuation Memorandum 490
Value of Business In-Force 300
Value of New Business 300
Venture Capital 342
Venture-Capital-Methode 356
Verbundeffekte 239
Vergangenheitsanalyse 143
Vergleichswertverfahren 346, 352
Verkehrsauffassung 392
Verkehrswert 197
Verlassenschaftsverfahren 590
Vermögen
– betriebsnotwendiges 140
– nicht betriebsnotwendiges 140
Verschmelzung 6, 203, 230, 233, 242, 247
Verschmelzungswertrelation 241
Verwaltungsaufwand 269
Vollausschüttung 222
Vollausschüttungsprämisse 91
Vollständigkeitserklärung 158

WACC 40, 42, 338
WACC-Ansatz 211
Wachstum
– nachhaltiges 150
Wachstumsabschlag 150, 179
Wachstumsrate 77, 172
Wachstumsunternehmen 156
Warenbewertung 322

Weighted Average Cost of Capital
 (WACC) 101
Wert
– gemeiner 197
– innerer 197
– objektiver 14, 197
– objektivierter 16, 168
– subjektiver 14, 168
Wertäquivalenz 247
Werttheorie 14
Wiederveranlagungsprämisse 87
Wiener Verfahren 212, 251
Wirtschaftsprüfer
– Funktion 165
Wirtschaftsprüfung 382
Wirtschaftstreuhänder
– Funktion des Gutachters 141
Working Capital 332
Wurzeltheorie 140, 213

Zerschlagungskonzept 155
Zinsstrukturkurve 148, 215
Zinsüberschuss 267
Zirkularitätsproblem 102
Zusammenschluss 252
Zuzahlung 254
Zweiphasenmethode 170